Droit international public

HyperCours Dalloz

sous la direction de

■ Dominique Chagnollaud de Sabouret
Professeur à l'Université Panthéon-Assas (Paris II)

■ Serge Guinchard
Professeur émérite de l'Université Panthéon-Assas (Paris II)

Droit international public

12e édition 2020

Emmanuel Decaux
Professeur émérite de l'Université Panthéon-Assas (Paris II)

Olivier de Frouville
Professeur à l'Université Panthéon-Assas (Paris II)

Éditions DALLOZ
31-35 rue Froidevaux,
75685 Paris Cedex 14

ISBN 978-2-247-19931-0

En un seul ouvrage, l'HyperCours de *Droit international public* met à la portée des étudiants des moyens d'acquisition, de révision et d'entraînement performants. Il fournit en effet les connaissances théoriques indispensables, et propose les références, exemples, exercices et thèmes de réflexion qui permettent d'appréhender correctement la mise en application de ces connaissances.

• Le cours, complet est décomposé en chapitres thématiques correspondant aux séances de travaux dirigés. La structure de chacun d'eux est annoncée, en début de chapitre, par un plan analytique.

– Parallèlement au cours, sur la même page, l'ensemble du texte est découpé en blocs d'idées homogènes, selon une numérotation située dans la marge. Cette numérotation permet d'accéder à des définitions ou à des idées connexes (v. ss rubrique « *Quid* »).

– Des mots ou expressions-clés sont signalés par la lettre « Q » en exposant. S'ils ne sont pas définis dans le cours même, il faut se reporter là encore à la rubrique « *Quid* » pour en connaître la signification précise.

• Des rubriques pédagogiques (pages signalées par un bandeau de couleur) complètent le cours de chaque chapitre. Elles ont une double fonction : mieux faire comprendre et assimiler le cours, mais aussi préparer efficacement les étudiants aux épreuves des travaux dirigés, examens et concours.

– La rubrique « *Mémo* » permet de synthétiser rapidement l'ensemble d'un cours.

– La rubrique « *Quid* » permet de disposer immédiatement de définitions extensives des mots-clés du cours (signalés dans le cours par la lettre « *Q* » – pour « *Quid* » – en exposant). À chaque mot-clé est accolé un ou des numéro(s) correspondant au découpage signalé en marge dans le cours afin de les repérer plus rapidement, le tout à la façon des liens hypertextes. Parfois cependant, les numéros ne renvoient pas à un mot ou à une expression mais à des idées connexes.

– La rubrique « *Documents* » offre une très large gamme de textes de référence.

– La rubrique « *Biblio* » donne accès à une bibliographie sélective spécifique du chapitre.

– La rubrique « *Quiz* » regroupe des tests corrigés (connaissances, compréhension) et sujets corrigés d'entraînement (commentaires d'arrêts, cas pratiques, dissertations). Pour ces derniers, elle comprend parfois une approche méthodologique.

• Présentant une synthèse de la matière, des éléments de pratique et de documentation viennent à la suite du cours et des compléments pédagogiques.

– Le *sujet terminal* propose un sujet d'examen corrigé correspondant à une épreuve type donnée en fin de semestre ou d'année et faisant appel à l'ensemble des connaissances acquises.

– La *bibliographie générale* présente les ouvrages essentiels de la matière.

• Pour s'orienter à l'intérieur du manuel :

– Au début de l'ouvrage, après le *plan général* de celui-ci, le *sommaire des Quiz* répertorie les sujets corrigés par genre (tests de connaissances ou de compréhension, dissertations, commentaires d'arrêts, cas pratiques).

– Situé en fin d'ouvrage, l'*index alphabétique* des termes utilisés prend pour repères les blocs d'idées homogènes numérotés en marge du cours et permet de trouver une notion rapidement. Les mots *Quid* y sont intégrés pour faciliter la lecture des définitions.

– La *table des matières* en fin d'ouvrage permet d'accéder facilement au cours et à sa structure.

Principales abréviations

ABM	Anti Ballistic Missiles
ADM	Armes de destruction massive
aff.	affaire
AFDI	*Annuaire français de droit international*
AG	Assemblée générale
AIEA	Agence internationale de l'énergie atomique
AMI	Accord multilatéral sur l'investissement
APCE	Assemblée parlementaire du Conseil de l'Europe
art.	article
ARYM	Ancienne République Yougoslave de Macédoine
Ass.	assemblée
ASEAN	Association des Nations de l'Asie du Sud-Est
BIDDH	Bureau des institutions démocratiques et des droits de l'homme
BIRD	Banque internationale pour la reconstruction et le développement(Banque mondiale)
BIT	Bureau international du travail
BRICS	Brésil, Russie, Inde, Chine, Afrique du Sud
c/	*contre*
CDI	Commission du droit international des Nations Unies
CE	Conseil d'État
CEDEAO	Communauté économique des États d'Afrique de l'Ouest
CEDH	Cour européenne des droits de l'homme
CEI	Communauté des États indépendants
cep.	cependant
CETC	Chambres extraordinaires au sein des tribunaux cambodgiens
CFE	*Conventional Forces in Europe* (traité sur la réduction des forces conventionnelles en Europe)
Ch.	chambre
CICR	Comité international de la Croix-Rouge
CIJ	Cour internationale de justice
CIO	Comité international olympique
CIRDI	Centre international pour le règlement des différends relatifs aux investissements
Civ.	Chambre(s) civile(s) de la Cour de Cassation
CNCDH	Commission nationale consultative des droits de l'homme
CNUCED	Conférence des Nations Unies pour le commerce et le développement
Cons. const.	Conseil constitutionnel
Conv.	Convention

COP	*UN Climate Change Conference of Parties*
CPA	Cour permanente d'arbitrage
CPI	Cour pénale internationale
CPJI	Cour permanente de justice internationale
Crim.	Chambre criminelle de la Cour de Cassation
CSCE	Conférence sur la sécurité et la coopération en Europe
CTBT	*Comprehensive Test Ban Treaty* (traité d'interdiction complète des essais nucléaires)
Décis.	décision
DIP	*Droit international public*
Doc. fr.	Documentation française
DUDH	Déclaration Universelle des Droits de l'Homme du 10 décembre 1948
Ecosoc	Conseil économique et social
Ed.	édition
égal.	également
EPU	Examen périodique universel
ex.	exemple
FINUL	Force intérimaire des Nations Unies au Liban
FMI	Fonds monétaire international
GAJA	Grands arrêts de la jurisprudence administrative
GATT	*General Agreement for Tariffs and Trade*
Gr. ch.	Grande chambre
GDCC	Grandes décisions du Conseil constitutionnel
GDDIP	Grandes décisions du droit international public
HCR	Haut Commissariat pour les réfugiés
Lebon	*Recueil des arrêts du Conseil d'État*
MANUTO	Mission d'appui des Nations Unies au Timor oriental
MINUEE	Mission des Nations Unies en Éthiopie et en Érythrée
MINUK	Mission des Nations Unies au Kosovo
MINUL	Mission des Nations Unies au Liberia
MINURSO	Mission des Nations Unies pour l'organisation d'un référendum au Sahara Occidental
MINUSIL	Mission des Nations Unies en Sierra Leone
MINUSTAH	Mission des Nations Unies pour la stabilisation en Haïti
MISNUS	Mission de supervision des Nations Unies en Syrie
MINUSCA	*United Nations Multidimensional Integrated Stabilization Mission in the Central African Republic*
MINUSMA	*United Nations Multidimensional Integrated Stabilization Mission in Mali*
MINUSTAH	*United Nations Stabilization Mission in Haïti*
MONUC	Mission des Nations Unies en République démocratique du Congo
MONUSCO	*United Nations Organization Mission in the Democratic Republic of the Congo*
not.	notamment
OCI	Organisation de la Conférence islamique
ODD	Objectifs de développement durable
OEA	Organisation des États d'Amérique
OIAC	Organisation internationale pour l'interdiction des armes chimiques
OIF	Organisation internationale de la Francophonie
OIT	Organisation internationale du travail

OMC	Organisation mondiale du commerce
OMD	Objectifs du Millénaire pour le développement
OMP	Opération du maintien de la paix
OMS	Organisation mondiale de la santé
ONG	Organisation non gouvernementale
ONU	Organisation des Nations Unies
ONUB	Opération des Nations Unies au Burundi
ONUCI	Opération des Nations Unies en Côte d'Ivoire
Ord.	ordonnance
ORD	Organe de règlement des différends
OSCE	Organisation pour la coopération et la sécurité en Europe
OTAN	Organisation du traité de l'Atlantique nord
OUA	Organisation de l'unité africaine
PMA	Pays les moins avancés
PKK	Parti des travailleurs du Kurdistan
PNUD	Programme des Nations Unies pour le développement
PNUE	Programme des Nations Unies pour l'environnement
préc.	précité
PVD	Pays en voie de développement
Rapp.	rapport
RCADI	*Recueil des cours de l'Académie de droit international*
Rec.	*Recueil*
reed.	réédition
réimp.	réimpression
req.	requête
résol.	Résolution
RDLF	*Revue des droits et libertés fondamentaux*
RFDA	*Revue française de droit administratif*
RGDIP	*Revue générale de droit international public*
RPP	Règlement de procédure et de preuve
RTDH	*Revue trimestrielle des droits de l'homme*
s.	et suivants
ss	sous
RSA	*Recueil des sentences arbitrales*
SALT	*Strategic Arms Limitation Talks* (négociations sur la limitation des armes stratégiques)
SDN	Société des nations
sect.	section
SFDI	Société française pour le droit international
START	*Strategic Arms Reduction Talks* (négociations sur la réduction des armes stratégiques)
TA	Tribunal administratif
TANU	Tribunal administratif des Nations Unies
TAOIT	Tribunal administratif de l'Organisation internationale du travail
TNP	Traité de non-prolifération nucléaire
TPICE	Tribunal de première instance des Communautés européennes
TPIY	Tribunal pénal international pour l'ex-Yougoslavie
TPIR	Tribunal pénal international pour le Rwanda
trad.	traduction

UNAMID	*African Union-United Nations Hybrid Operation in Darfur*
UNDOF	*United Nations Disengagement Observer Force*
UNFICYP	Force des Nations Unies chargée du maintien de la paix à Chypre
UNFPA	*United Nations Fund for Population Activities* (Fonds des Nations Unies pour la population)
UNIFIL	*United Nations Interim Force in Lebanon*
UNMIK	*United Nations Interim Administration Mission in Kosovo*
UNMIL	*United Nations Mission in Liberia*
UNMISS	*United Nations Mission in the Republic of South Sudan*
UNMOGIP	*United Nations Military Observer Group in India and Pakistan*
UNISFA	*United Nations Interim Security Force for Abiyé*
UNOCI	*United Nations Operation in Côte d'Ivoire*
UNRWA	*United Nations Relief and Works Agency for Palestine Refugees in the Near East*
UNTSO	*United nations Truce Supervision Organization*
v.	voir
ZEE	Zone économique exclusive

Avant-propos

C'est assurément une gageure de tenter de présenter en quelques centaines de pages la richesse du droit international public. Celui-ci s'étend en effet à tous les domaines des relations internationales, qu'ils concernent les États et les organisations internationales, les entreprises et les organisations non gouvernementales, ou les individus. L'emprise du droit international ne cesse de se renforcer, avec l'accélération du processus de mondialisation qui rend tous les pays et les peuples interdépendants et les confronte à des défis globaux comme le réchauffement climatique ou les pandémies. La crise majeure qui vient de s'ouvrir en 2020 avec la maladie COVID-19 le confirme, si cela était encore nécessaire : le droit international et son développement institutionnel, le multilatéralisme, sont plus que jamais les clés si ce n'est de la prospérité, du moins de la survie de l'espèce humaine. Dans le même temps, la tentation de l'unilatéralisme et la dissémination de la violence anarchique ont rarement été aussi fortes, au risque de saper les bases mêmes de la Charte des Nations Unies. Les réactions à la crise mondiale de 2008 se sont traduites par de nouvelles formes de concertation, en dehors des structures internationales mises en place depuis 1945. L'arrivée au pouvoir de l'administration du président Obama en 2009 avait marqué un retour salutaire des États-Unis au multilatéralisme. Mais parallèlement, l'émergence de nouvelles puissances régionales rendait difficile la définition d'un nouvel ordre mondial. Le retour à une politique de puissance de la Russie et de la Chine, n'a fait que renforcer cette paralysie collective en contribuant au blocage du Conseil de sécurité. Cette tendance s'est encore renforcée lors de l'accession de Donald Trump à la présidence des États-Unis en janvier 2017 avec le slogan « *America First* » marquant un rejet franc du multilatéralisme au profit d'une politique de puissance par ailleurs confuse dans ses objectifs tout autant que dans ses méthodes. À cet égard, l'élection présidentielle de novembre 2020 constitue une échéance capitale pour l'avenir d'un système international confronté à une mutiplication de crises globales et de défis géopolitiques à la suite de la pandémie de la COVID-19.

Les points de vue sur le droit international sont multiples, les lectures nationales du droit international se juxtaposant à travers des sources et des analyses le plus souvent cloisonnées. À défaut d'une « communauté internationale » digne de ce nom, il s'agit de dégager les valeurs communes et les règles collectives permettant la coopération internationale.

Pour obéir aux lois de cette collection, nous avons cherché à dégager l'essentiel, en soulignant de manière subjective quelques lignes de force permettant de situer les enjeux actuels du droit international. À défaut de pouvoir décrire avec précision les différents régimes juridiques du droit matériel – notamment le droit international économique, le droit de l'environnement ou le droit des espaces qui nécessiteraient des études beaucoup plus approfondies – nous avons cherché à décrire le cadre formel du droit international public tout en resituant les grands enjeux « matériels » au tournant du XXIe siècle. Il s'agit donc d'une introduction générale confrontant en permanence les données de base du droit international et les grandes perspectives de l'actualité internationale, ce que permet un rythme de révision tous les deux ans.

De nombreux documents viennent illustrer cette problématique d'ensemble tandis que des « compléments pédagogiques » et des instruments de recherche offrent des pistes pour permettre à chacun de prolonger et d'approfondir la réflexion ainsi entamée. Si nous avons pu susciter cet intérêt pour une discipline aussi passionnante que controversée, aussi indispensable que fragile, cette entreprise n'aura pas été vaine.

Une progression a été ménagée dans les thèmes retenus pour ces « compléments pédagogiques », mais il est évident que « tout est dans tout », qu'on ne peut illustrer les sources du droit international sans citer la jurisprudence de la Cour internationale de justice ni évoquer le contenu du droit matériel. Ce faisant, à travers la variété des documents présentés, le lecteur retrouvera des *leitmotiv* qui marquent la problématique d'ensemble. La Charte des Nations Unies est le meilleur guide pour ce parcours, et si nous ne l'avons pas citée en pièces détachées au fil des chapitres, c'est en recommandant au lecteur de garder le « petit livre bleu » sous la main.

Plan général de l'ouvrage

Sommaire des Quiz

Les chiffres envoient aux numéros des pages. Tous les sujets sont corrigés en fin de la rubrique pédagogique sauf ceux indiqués en italiques.

Questions

Commentaire comparé, commentaire d'avis

Cas pratique

Dissertations

Introduction : Droit international et société internationale

Selon l'adage latin, *ubi societas, ibi jus*, toute société sécrète son propre droit. Un droit international existe, dans la mesure même où une société internationale existe. Cette société est faite d'échanges, d'alliances et de rivalités qui transcendent les frontières des systèmes étatiques. Les débats actuels sur les conséquences de la « mondialisation » ou sur les enjeux du « choc des civilisations » ne font que confirmer l'importance prise par la société internationale dans un monde fini où nul individu, comme nul État, ne peut vivre en autarcie, en s'affranchissant des règles communes. Mais ce simple constat d'existence n'empêche pas les interrogations sur l'essence du *droit international*[Q]. Pour mieux saisir l'originalité du droit international, il faut s'attacher à l'évolution du droit international (section 1) avant de s'interroger sur la contestation du droit international (section 2). 1

Plan analytique

section 1

L'évolution du droit international

Malgré des racines anciennes, le droit international reste une discipline relativement neuve, caractérisée depuis le XXe siècle, par une dynamique permanente de l'institutionnalisation et de l'universalisation. 2

§ 1 Les origines du droit international

Si l'on définit le « droit international » comme étant tout système de régulation juridique des relations entre entités politiques indépendantes, le droit international est aussi ancien que l'histoire. Les grands empires comme les cités antiques ont connu des alternances de guerre et de paix obéissant à des règles juridiques minimales, des alliances militaires et des traités de paix, des échanges d'ambassades et des accords de commerce, des formes d'arbitrage. Mais ces systèmes pionniers fondés sur l'équilibre entre les acteurs, tout à la fois partenaires et rivaux, restent des moments trop rares, au milieu de nombreuses périodes d'anarchie et de violence. 3

C'est au XVIe siècle, avec le développement de l'État, lorsque les premières « nations » européennes ouvrent l'ère des grandes découvertes que le système du droit international moderne prend forme avec ses caractéristiques et ses contradictions. Le droit international est alors compris comme émanant des États, qui sont la source du droit, en engageant leur volonté et en limitant leur souveraineté. Le droit est également fait pour les États, qui sont les premiers sujets du droit international, éclipsant les individus derrière le rempart de la souveraineté étatique. Ce modèle de l'État européen, par son dynamisme même, sera profondément destructeur de toutes les autres formes de société, en Amérique puis en Asie et en Afrique. Avec la décolonisation, c'est pourtant ce même modèle qui se répandra dans le monde entier, en Amérique latine dès 1820, puis après 1945 pour les autres continents. 4

Paradoxalement c'est le « choc des civilisations » entraîné par la découverte de « nouveaux mondes » qui va faire naître les premières interrogations sur la nature du droit international, avec la réflexion des théologiens espagnols, comme Vitoria, Suarez ou Las Casas – le protecteur des Indiens du Chiapas – opposant les principes d'un « droit naturel » d'inspiration morale aux exactions du droit de conquête. Cette réflexion sera laïcisée au XVIIe siècle, dans l'Europe de l'équilibre des souverainetés étatiques des traités de Westphalie, par des théoriciens comme Grotius et Pufendorf, puis profondément transformée par Vattel, le fondateur du positivisme dans l'Europe du XVIIIe siècle. Mais à côté de cette tradition qui donne naissance au droit interétatique des XIXe et XXe siècles, persiste une théorie cosmopolitique, trouvant son apogée avec Emmanuel Kant, qui prône le dépassement de l'état de nature international et inspirera les efforts d'organisations internationales à partir de la fin du premier conflit mondial.

5 Malgré ces efforts, le droit international sera longtemps un « droit international européen », limitant la convivialité interétatique au cadre européen, à travers un dualisme des normes, laissant hors du droit les relations avec les « peuples sauvages » dont les terres sont déclarées *terra nullius*, des « territoires sans maître » offerts à la conquête et à la spoliation. Jusqu'au début du XXe siècle, le droit international justifiera ainsi le partage du monde par les puissances coloniales, soit à travers la colonisation directe de vastes empires, notamment en Afrique, soit au moyen de traités inégaux ou de statuts de vassalité pour les États extra-européens (protectorats, capitulations).

L'idée d'une universalité d'États égaux en droit, qui fonde le droit international contemporain, sera donc une conquête récente. Mais le concept de « grandes puissances » et le rôle des « directoires internationaux de fait » ont continué à dominer les relations internationales – de la conférence des « trois grands » de Yalta en février 1945 qui est à l'origine de la Charte des Nations Unies où les grandes puissances ont un siège permanent au Conseil de sécurité, jusqu'aux sommets des « sept pays les plus industrialisés » – le G7, devenu de manière éphémère le G8 avec la participation de la Russie, remise en cause en 2014 après l'annexion de la Crimée. La crise de 2008 a accéléré cette évolution en conférant un rôle politique inédit à un « groupe des vingt », le G20, où les puissances émergentes, comme le Brésil, la Russie, l'Inde, la Chine et l'Afrique du Sud (BRICS) pèsent de tout leur poids, à défaut d'une impossible réforme du Conseil de sécurité. Même si ces directoires, fondés sur des rapports de forces politiques, militaires, démographiques et économiques, demeurent des données centrales des relations internationales, le droit international n'en a pas moins pleinement consacré les principes d'égalité et de souveraineté des États, à l'échelle mondiale.

§ 2 L'institutionnalisation progressive du droit international

6 Cette idée d'un système juridique universel s'est développée peu à peu sur le plan technique comme sur le plan politique. Certains instruments traditionnels du droit international se sont modernisés au cours du XIXe siècle. Ainsi la forme classique des traités qui s'était développée au moyen de faisceaux de traités bilatéraux pour fixer les relations entre une série d'États, notamment à l'occasion des grands traités de paix du XVIIe et du XVIIIe siècle, fait place pour la première fois en 1815, lors du deuxième Congrès de Vienne, à un « traité multilatéral », instrument unique signé par toutes les parties prenantes, ouvrant la voie à une universalisation et à une institutionnalisation plus poussée. Bien plus, l'Acte final du Congrès de Vienne comporte une déclaration adoptée le 8 février 1815, visant l'abolition de la traite négrière « comme répugnant aux principes d'humanité et de morale universelle ». Les premières organisations internationales, d'abord techniques, apparaissent dans le courant du XIXe siècle, avec la création de la Commission centrale du Rhin en 1831, puis

la Commission européenne du Danube en 1856. Dans la seconde moitié du XIXe siècle, les progrès des communications et des télécommunications imposent la mise en place de « régimes juridiques » internationaux, à travers des organisations techniques, comme les premières « unions » : Union télégraphique internationale, Union postale universelle, etc De même dès 1851 se tient à Paris la première conférence sanitaire internationale, destinée à lutter contre les grandes épidémies – comme la peste, le choléra et la fièvre jaune – favorisées par le développement du commerce international, qui sera l'ancêtre lointain de l'Organisation mondiale de la santé (OMS).

L'arbitrage, comme moyen de règlement pacifique des différends, connaît lui aussi un essor important. Alors que l'arbitrage par Souverain était essentiellement un arbitrage politique, l'arbitrage prend une forme technique, dès le traité Jay de 1794 conclu entre les États-Unis et le Royaume-Uni, avec la mise en place de « commissions mixtes » pour régler les séquelles de la guerre d'indépendance. En 1872, à Genève, avec l'arbitrage de l'Alabama, opposant une nouvelle fois les États-Unis et le Royaume-Uni après la guerre de sécession, c'est la forme moderne de l'arbitrage par un tribunal impartial qui est consacrée. De même avec le développement du droit humanitaire, à la suite de la bataille de Solferino en 1859 (H. Dunant, *Un souvenir de Solferino*), les États précisent pour la première fois « les limites techniques où les nécessités de la guerre doivent s'arrêter devant les exigences de l'humanité » selon la déclaration de Saint-Pétersbourg de 1868. Par la suite, la « clause de Martens », mentionnant « les lois de l'humanité et les exigences de la conscience publique », sera introduite dans le préambule de la convention II de La Haye de 1899. 7

Les grandes « conférences de la paix » de La Haye convoquées à l'initiative du Tsar en 1899 et en 1907 marqueront l'aboutissement de ces efforts pour rationaliser les relations des États, en codifiant les « lois et coutumes de la guerre » et en institutionnalisant le règlement pacifique des différends. D'une certaine manière, on peut dire que le système multilatéral des conférences de La Haye était le premier embryon d'un véritable « ordre institutionnel », mais il était limité à une vingtaine d'États européens ou plus ou moins étroitement intégrés dans le « concert européen », comme l'Empire ottoman ou le Japon. Toutefois l'Acte final de la conférence de 1907 a été signé par 44 États dont un grand nombre d'États latino-américains, traduisant une certaine ouverture. Mais le système restait essentiellement fragile, soumis qu'il était à la volonté de puissance des Empires européens. Il tentait selon la formule de Léon Bourgeois, un des premiers Prix Nobel de la paix, à substituer « la force du droit au droit de la force » (*La Société des nations*). L'ironie du sort fait que sept ans après, une troisième conférence était prévue en 1914... 8

Le traité de Versailles qui fonde en 1919 la Société des nations (SDN) et l'Organisation internationale du travail (OIT) est à l'origine du premier système d'organisations internationales de nature politique, à vocation universelle. Dépassant les précédentes tentatives d'arbitrage institutionnalisé, la SDN crée une Cour permanente de justice internationale, chargée de dire le droit. L'idéologie qui sous-tend cette création est celle qui a animé la « guerre pour le droit », avec les « quatorze points » du président Wilson et le cosmopolitisme juridique des projets de paix perpétuelle, tout comme la tradition du « solidarisme » incarnée par Léon Bourgeois. En refusant de ratifier le traité de Versailles, le Sénat américain affaiblira d'emblée le système, alors même qu'il incarnait des valeurs profondément américaines, fondées sur l'universalisme et 9 le juridisme. D'une certaine manière, la SDN reste une organisation essentiellement européenne, même si les États latino-américains y jouent un rôle non négligeable. Et c'est en Europe même, comme en Asie, que l'échec de la SDN, lors des années 1930, avec la montée des dictatures, puis la seconde guerre mondiale, va mettre en péril ces valeurs.

La création de l'Organisation des Nations Unies (ONU) en 1945 est une nouvelle tentative, là encore fortement influencée par l'idéalisme américain, de créer un ordre fondé sur le droit. Il s'agit bien sûr du droit des vainqueurs, qui occupent une place privilégiée au cœur du système et restent tentés par toutes les formes d'hégémonie, mais c'est aussi un droit poussant jusqu'au bout le principe universaliste et la logique égalitaire, à travers un multilatéralisme grandissant. La Charte des Nations Unies pose, sans ambiguïté, les principes d'un système fondé sur l'égalité et la souveraineté des États. De même les principaux organes de l'ONU, à commencer par la Cour internationale de justice, son « organe judiciaire principal », ont pour vocation de faire pleinement respecter ces principes.

§ 3 Le cadre universel du droit international

■ 10 Pour la première fois, dans le cadre onusien mis en place depuis 1945, on peut véritablement parler d'« *un* » droit international. Jusque-là, des visions antagonistes du monde remettaient en cause l'universalité même du droit international. Les puissances européennes en avaient longtemps exclu les continents colonisés, on l'a vu. Les idéologies du XXe siècle en dénonçant un « droit occidental » ou un « droit bourgeois » allaient à leur tour introduire la « lutte des classes » entre les États, pays nantis et « nations prolétaires ». La crise de la SDN illustre bien ces nouveaux antagonismes, avec l'Union soviétique longtemps tenue à l'écart par un « cordon sanitaire » et les nouvelles dictatures comme l'Allemagne, le Japon et l'Italie, quittant un forum dont elles bafouaient toutes les valeurs. Après la seconde guerre, on retrouve l'antagonisme fondamental entre les États occidentaux et les pays communistes, illustré par la phrase de Maxime Litvinoff, un ministre soviétique des Affaires étrangères, refusant toute formule d'arbitrage obligatoire : « Seul un ange pourrait être neutre entre les deux camps... ». Le droit de la coexistence pacifique qui a dominé les années d'après-guerre trouve vite ses limites, avec pour contrepartie un droit propre à la « communauté des États socialistes » marqué par la « doctrine Brejnev » de la souveraineté limitée, en contradiction avec tous les principes de la Charte des Nations Unies, l'autodétermination des peuples et l'égalité souveraine des États.

■ 11 Le grand mérite d'avoir proclamé la primauté des « valeurs universelles » et du droit international sur les « valeurs du camp socialiste » revient à M. Gorbatchev, que ce soit dans le cadre onusien ou dans le cadre européen. Plus discrètement la Chine communiste, depuis qu'elle a été réintroduite dans ses droits comme membre originaire du système des Nations Unies en 1971, n'a cessé d'invoquer les principes du droit international, notamment le respect de l'égalité juridique entre les États, mais aussi le principe de non-ingérence dans les affaires internes. Loin d'opposer radicalement un système international à un autre, c'est donc le droit international qui lui sert de rempart contre le droit international. Au-delà de l'universalité de fait des Nations Unies qui – depuis la création d'un nouvel État, le Sud-Soudan, en 2011 – regroupent désormais 193 États membres, il s'agit d'un passage à un véritable universalisme.

Il n'y a plus aujourd'hui de contestation radicale du droit international au nom d'une conception révolutionnaire du droit, si ce n'est sur le plan doctrinal. De manière significative, Antonio Cassese, en pleine coexistence pacifique, a pu intituler un livre *Le droit international dans un monde divisé*. Si le monde reste divisé politiquement, culturellement et économiquement, il est plus unifié que jamais sur le plan juridique en ce début de XXIe siècle. La révolution de l'information fait du « village planétaire » une réalité apparente, tandis que les écrans de CNN trônent dans les couloirs du Conseil de sécurité. Les démagogues qui contestent les Nations Unies le font de sa tribune, assurés ainsi d'une audience disproportionnée par rapport à leur influence effective. 12

Certains voudraient voir dans le droit international le dernier masque de la « mondialisation » et l'alibi de la « pensée unique », assimilant hâtivement le capitalisme au libéralisme politique. C'est sans doute oublier un peu trop vite les atouts du multilatéralisme sur l'unilatéralisme. Or, la globalisation des problèmes – qu'il s'agisse de la prolifération des armes de destruction massive, de la gouvernance des nouvelles technologies, du développement durable et de la sauvegarde de l'environnement ou de la lutte contre les pandémies – tout comme la multiplication des crises régionales rendent plus nécessaire que jamais une véritable solidarité entre les États comme entre les peuples. Mais cette solidarité durable implique une coopération librement acceptée, fondée sur un droit international égal pour tous, élaboré par tous et applicable à tous. Par ses valeurs enracinées dans la notion d'« humanité » et ses techniques juridiques liées à la réciprocité des droits et des obligations, le droit international reste le seul régulateur possible, le seul facteur d'équilibre pour relever les défis globaux tout en dépassant les égoïsmes nationaux.

section 2

La contestation du droit international

Alors qu'il n'a jamais connu une aussi grande diffusion qu'aujourd'hui, le droit international reste une matière incertaine et contestée. Cette contestation est d'une double nature, tout à la fois théorique et pratique. 13

§ 1 La contestation théorique du droit international

Son ancienneté elle-même est facteur d'incertitude, puisqu'elle entraîne une confrontation permanente avec l'histoire diplomatique ou la sociologie des relations internationales, à travers les figures classiques du « diplomate » et du « guerrier » qui servent de fil conducteur à une importante littérature politique de Machiavel à Raymond Aron. Tout un courant, privilégiant la *Realpolitik*, dénonce ainsi le droit international comme une vaine utopie : ce n'est pas le droit qui gouverne les peuples, 14 mais la violence de l'histoire. Faute de « juge » et de « gendarme » – ces figures tout aussi mythiques de l'ordre interne – le droit international n'existerait pas. « Il n'y a pas de « préteur » mais tout au plus des arbitres ou des médiateurs entre les États, et encore ils ne le sont que d'une manière accidentelle, c'est-à-dire selon leur volonté particulière », disait déjà Hegel (*Principes de la philosophie du droit*, § 333) pour réfuter Kant et son *Projet de paix perpétuelle*.

Cet argument, répété à temps et à contretemps, repose sur une transposition du modèle étatique qui, en elle-même, est par trop simplificatrice. On le retrouve pourtant dans le vaste *Traité de science politique* de Georges Burdeau, qui, au fil d'une dizaine de volumes, daigne consacrer quelques pages au droit international pour constater son inexistence tout en magnifiant l'« idée de droit », à la base de tous les systèmes politiques.

15 La lecture marxiste va plus loin encore et dénonce cette utopie comme un idéalisme trompeur : le droit ne serait que l'alibi des rapports de force, la superstructure derrière laquelle se dissimulent les intérêts des nations nanties, les *beati possidentes*, soucieux de protéger l'ordre établi aux dépens du progrès de l'humanité tout entière. Le positivisme juridique, qui reste la doctrine dominante, serait faussement neutre dans sa vision prétendument objective des normes et des situations, les juristes devenant ainsi les pourvoyeurs zélés du « désordre établi » imposé par les puissances dominantes. L'universalité deviendrait elle-même un faux-semblant, l'« homme abstrait » de la Déclaration des droits de l'homme et du citoyen dissimulant les intérêts très concrets du « bourgeois » de 1789. À l'autre extrême du spectre politique, c'est la même lecture des « vaincus de l'histoire » que prolonge, après guerre, Carl Schmitt – juriste du régime nazi de 1933 à 1936 – dans *Le Nomos de la Terre*, opposant un droit international des espaces, fondé sur la conquête de « l'espace vital », au droit international des temps nouveaux, inscrit dans la vision universelle de la Charte de 1945. Fausse neutralité, fausse universalité, fausse « science pure du droit », mais vraie domination, allant de pair avec la « justice des vainqueurs ».

16 Même si les États ne sont pas dépourvus d'arrière-pensées dans leur volontarisme juridique, force est de constater que le droit international en diffusant des principes abstraits, renforcés par l'importance des précédents ou de la réciprocité, a favorisé une réelle égalité juridique des États, en évitant les « doubles standards ». De même, le principe de non-discrimination entre les individus, consacré par la Charte des Nations Unies, a-t-il eu un rôle profondément égalisateur, rendant le principe de la légalité inséparable du principe d'égalité. Le préambule de la Charte de 1945 invoque dans la même phrase « notre foi dans les droits fondamentaux de l'homme, dans la dignité et la valeur de la personne humaine, dans l'égalité des droits des hommes et des femmes, ainsi que des nations, grandes et petites » après avoir souligné dans un premier considérant « le fléau de la guerre qui deux fois en l'espace d'une vie humaine a infligé à l'humanité d'indicibles souffrances ». Comme l'écrivait Hannah Arendt, c'est « l'idée d'humanité qui constitue la seule idée régulatrice en termes de droit international » (*Les origines du totalitarisme*). Ce lien profond entre dignité de la personne humaine et égalité des États est dans le droit fil de la pensée kantienne avec son *Projet de paix perpétuelle*.

Par le jeu du temps et de l'espace, un droit international a pris corps, s'est cristallisé sans cesser d'évoluer, qui dépasse les vœux à courte vue des États, ces éternels « apprentis sorciers ». Création des États, le droit international n'en a pas moins acquis une autonomie propre, une dynamique juridique encore accentuée dans la société internationale contemporaine.

Il est significatif que les acteurs des relations internationales soient conscients de la place non négligeable occupée par le droit dans les jeux de puissance. Guy de Lacharrière a pu parler de « politique juridique extérieure » pour évoquer la prise en compte des éléments juridiques par les jurisconsultes des différents États pour défendre les positions nationales. Le droit international est ainsi un champ de l'action diplomatique, même s'il n'est pas le seul. On le constate à l'occasion de chaque crise majeure où la « guerre du droit » et la « défense du droit international » sont invoquées tout à la fois comme des slogans de la propagande officielle, mais aussi comme des arguments techniques pour fonder la légitimité d'une cause et la légalité d'une action. Cela a été notamment le cas pour la « crise de Suez » en 1956, la guerre du Golfe en 1991, l'intervention de l'OTAN au Kosovo en 1999, comme pour l'invasion de l'Irak en 2003. Le rôle de « légitimation » du droit international tout au long du XXe siècle ne saurait être négligé, les vieux débats autour de la notion théologique de « guerre juste » trouvant une nouvelle actualité, avec la « responsabilité de protéger », malgré le risque de doubles standards comme en 2011 avec l'intervention de l'OTAN en Libye suivie du blocage du Conseil de sécurité face à la crise en Syrie. Tout le dilemme actuel naît précisément du divorce de plus en plus fréquemment invoqué par les grandes puissances entre légalité et légitimité.

En ce sens l'analogie des réalistes avec l'ordre interne, comme la dénonciation des marxistes d'une superstructure artificielle, négligent les développements propres du droit international au cours du XXe siècle. Les lacunes et les échecs du droit international sont évidents mais, on l'a souvent dit, ces limites ne suffisent pas plus à nier l'existence même du droit international, que les crises familiales à remettre en cause le Code civil ou les guerres civiles et les révolutions à récuser le droit constitutionnel. Surtout l'ère de l'impérialisme juridique du « droit européen » est depuis longtemps achevée : le modèle étatique s'est généralisé à travers les continents, ainsi que les nouvelles formes d'« organisation internationale ». C'est dans ce cadre que peut s'exercer désormais la contestation, si contestation il y a. 17

§ 2 La contestation pratique du droit international

Ce sont les États qui font le droit international, mais ce sont également eux qui le défont. C'est assez dire que le droit international n'est pas statique, comme le droit civil enraciné dans le droit romain et codifié depuis Napoléon, c'est une création permanente. Ainsi, la critique du droit international est également un élément d'une dialectique qui permet la recherche de nouveaux ajustements et la détermination de nouveaux équilibres. Dans ce cadre global, plusieurs tentations s'offrent aux États ou aux groupes d'États. 18

La première est le risque de fragmentation du droit international. L'idée même d'un « ordre universel » a longtemps été une utopie, née du droit naturel, mais renouvelée par les tenants d'une vision sociologique du droit fondée sur la « solidarité », mot-clé de Durkheim que l'on retrouve aussi bien chez Léon Bourgeois que chez Georges Scelle, autour de la SDN naissante. Georges Scelle parle de « *droit des gens*[Q] », 19 retrouvant la vieille formule latine de *jus gentium*, pour bien montrer que le droit international ne s'adresse pas seulement aux États, mais à l'universalité des peuples. Les espoirs ainsi mis à chaque génération dans l'ordre international, celui de la SDN et de l'idéalisme wilsonien après la « der des der », celui de l'ONU après la Seconde Guerre mondiale, le « nouvel ordre international » annoncé par Georges Bush Sr., le président américain, après la chute du mur de Berlin et la guerre du Golfe, risquent à chaque fois de susciter les déceptions et les replis.

Paradoxalement l'extension même du cadre universel, avec 193 États, provoque aussi sa dilution, à travers des groupes régionaux de nature géopolitique. Mais il y a deux manières de concevoir cette régionalisation du droit international en une série de sous-systèmes. Il peut s'agir d'éléments de proximité où peut jouer une solidarité plus forte, dans le respect des principes du cadre d'ensemble. En ce sens, le chapitre VIII de la Charte des Nations Unies prévoit, on le verra, que des arrangements régionaux puissent assurer le relais des efforts onusiens en matière de « sécurité collective ». Il en va de même avec les systèmes régionaux de protection des droits de l'homme qui peuvent assurer une garantie collective renforcée du respect de principes universellement consacrés.

■ 20 Si les blocs idéologiques, longtemps constitués en systèmes alternatifs, ont aujourd'hui disparu, l'après-guerre froide voit s'esquisser de nouveaux ensembles régionaux, obéissant à une logique d'intégration économique, en Asie, en Amérique et en Europe ainsi que de manière plus fragmentée, en Afrique. La coopération sud-sud reste peu développée, même si le développement spectaculaire de l'Organisation de la Coopération Islamique (anciennement Organisation de la Conférence Islamique : OCI) depuis sa création en 1969, fait d'elle, avec 57 États membres, la plus grande organisation régionale, à cheval sur deux continents. De plus, en matière de sécurité, les organisations régionales apparaissent désormais comme des partenaires incontournables : c'est en particulier le cas de l'Union africaine qui a rénové ces dernières années ses structures afin d'être en mesure de répondre aux défis du maintien de la paix sur le continent, tout en respectant le cadre du Chapitre VIII de la Charte des Nations Unies.

Ces regroupements sont volontaires et s'effectuent dans le respect des normes générales. Mais le problème reste posé sur le terrain de la sécurité collective comme sur celui des droits de l'homme ou du commerce. Le droit international tel qu'il s'est développé depuis le XIXe siècle est-il à même de rester la structure juridique d'ensemble régissant les relations entre États ? Certes le droit international a toujours trouvé en son sein une certaine souplesse, qu'il s'agisse de droit des traités ou des coutumes régionales, mais encore faut-il que les principes d'un ordre public international soient respectés. C'est toute la question du *jus cogens* que l'on retrouvera par la suite.

■ 21 Cette régionalisation ne va pas toujours sans ambiguïté, comme on le voit avec la « doctrine Monrœ » du nom du Secrétaire d'État américain établie dès 1822, lors de la décolonisation espagnole pour écarter toute menace d'ingérence européenne mais aussi pour assurer une sphère d'influence propre aux États-Unis sur l'ensemble de l'« hémisphère occidental ». Le fait que le Pacte de la SDN consacre directement cette doctrine politique et que le chapitre VIII de la Charte la vise implicitement, montre bien le risque d'une différenciation politique des normes internationales, même si cette « dérogation » est elle-même prise en compte par le système existant en raison du poids américain. *A fortiori* la régionalisation peut être conçue comme un « contre-système », fondé sur des valeurs et des principes différents. Une contradiction entre le droit international et le droit régional risque alors de se faire jour, comme on l'a vu avec la « doctrine Brejnev » de la souveraineté limitée, heurtant de front le droit des peuples à disposer d'eux-mêmes. Peut-on imaginer un système régional faisant primer ses propres principes sur ceux du système universel ? C'est à cette tendance que semble céder progressivement l'Union européenne, lorsque la Cour de justice considère que le droit des Nations Unies – y compris les résolutions du Conseil de sécurité – ne saurait prévaloir sur les traités européens et sur les principes généraux du droit communautaire, dont font partie les droits fondamentaux (CJCE 3 sept. 2008, *Yasin Abdullah Kadi et al.*, v. rubrique Documents, n° 4, compléments pédagogiques du chapitre 1 de la Partie 1).

À côté de ce risque de fragmentation, il faut faire une place à la tentation d'une remise en cause radicale des principes du droit international. Cette négation n'a jamais été durablement le fait des États. Les États « révolutionnaires » qui s'y sont essayés, à commencer par l'Union soviétique des années 1920, ont vite réintégré la société internationale, en constatant que toute autarcie était impossible. Ainsi s'agissant de dettes ou d'expropriations, d'assassinats ou d'enlèvements à l'étranger, le retour aux normes internationales finit le plus souvent par s'imposer à tout État soucieux de normalisation diplomatique ou d'aide économique. Cela a été le cas de la Libye du colonel Kadhafi qui, après avoir supprimé les « ambassades » et s'être fait un promoteur du terrorisme international, a cherché à rentrer dans le rang, auprès des grandes puissances occidentales, à la suite de la guerre en Irak de 2003, avant d'être définitivement placé hors-jeu lors de l'intervention occidentale en 2011. On ne peut évidemment exclure la dérive durable d'un régime totalitaire mais même la République Populaire Démocratique de Corée (Corée du Nord) sort de son isolement, marqué par les sanctions collectives du Conseil de sécurité, pour manifester un activisme diplomatique : depuis le début de l'année 2018, le régime de Kim Jong-un n'a cessé de souffler le chaud et le froid, la tenue d'un sommet inter-Corée en avril 2018 étant suivie de contacts au sommet avec les États-Unis, le président Trump renforçant ainsi la main d'un adversaire qui n'a rien cédé sur le fond et multiplie les provocations militaires. 22

Les règles de base du droit international jouent au bénéfice de tous les États, comme l'a rappelé la Cour internationale de justice après la prise en otage de diplomates américains par les « étudiants » iraniens : la diplomatie constitue un « instrument essentiel de coopération efficace dans la communauté internationale qui permet aux États, nonobstant les différences de leurs systèmes constitutionnels et sociaux, de parvenir à la compréhension mutuelle et de résoudre leurs divergences par des moyens pacifiques » (Ord. du 15 déc. 1979 ; *D.* 1979. 19). On pourrait en dire autant des principes du droit interétatique, comme les immunités d'État, et notamment les immunités de juridiction et d'exécution des dirigeants (CIJ 14 févr. 2002, *Affaire relative au mandat d'arrêt, République Démocratique du Congo c/ Belgique*).

Les derniers États à emprisonner leurs peuples dans une sorte d'autarcie le font, non pas au nom d'une contestation messianique du droit international qui aurait pour but une « révolution universelle » propagée par la violence, comme dans le passé, mais en s'abritant derrière les aspects les plus conservateurs du droit international : la souveraineté absolue, la neutralité permanente, la non-ingérence dans les affaires internes, les immunités d'État au service de l'impunité…

23 Reste que la fonction stabilisatrice de la réciprocité ne joue que pour les partenaires égaux que sont les États. D'autres entités que les États peuvent avoir la tentation de déstabiliser un ordre qui les marginalise. Cela a été le cas des Mouvements de libération nationale avant d'obtenir la consécration étatique et la reconnaissance internationale. Le droit international humanitaire a lui-même reconnu leur légitimité en considérant que leur lutte relevait des conflits armés internationaux régis par le Protocole I de 1977 aux conventions de Genève. Encore convient-il d'établir une forme de symétrie dans le respect du droit, et notamment des « lois et coutumes de la guerre », en distinguant clairement lutte armée et terrorisme aveugle.

C'est également le cas des forces plus occultes qui cherchent, non à créer un État, mais au contraire à déstabiliser l'État en tant que tel, comme on l'a vu dans les années 1970 en Europe, notamment en Italie et en Allemagne, et comme on le voit avec le développement du « narco-terrorisme » en Amérique latine et dans le Sud-Est asiatique. Cette guerre à l'État déborde vite sur le plan international, pour devenir une menace pour la stabilité du système tout entier. Mafias, milices para-militaires et réseaux internationaux constituent ce qu'on a pu qualifier de « société incivile » (v. Habib Gherari, Sandra Szurek (dir.), *L'émergence de la société civile internationale. Vers la privatisation du droit international ?*, Pedone, 2003) face à la société interétatique.

Il y a enfin le cas des « États malades » en proie aux « seigneurs de la guerre » et aux factions armées dans une anarchie propice à tous les trafics comme aux pires exactions, de la Somalie à l'Afghanistan. On le constate aussi au développement de phénomènes criminels comme celui des prises d'otages, en Colombie ou au Proche-Orient, et désormais au Sahel, ou de la piraterie maritime, au large de la Somalie ou dans les détroits de Malaisie. Longtemps le fruit de luttes fratricides de décolonisation, envenimées par la guerre froide, comme en Angola ou dans la Corne de l'Afrique, ces conflits ont de plus en plus une dimension ethnique ou religieuse, au Mali, au Soudan ou en Indonésie. Ainsi se dessine à travers le tiers-monde un « arc de crises » de pays pauvres et fragilisés, voués à tous les dangers.

24 Le lien entre ces divers phénomènes a été dramatiquement mis au grand jour par les attaques terroristes du 11 septembre 2001 contre les États-Unis, à partir de la « base arrière » qu'a constitué l'Afghanistan du « régime des Taliban » pour les réseaux d'Al Qaïda. Dans les résolutions adoptées à partir du 11 septembre concernant cette crise, le Conseil de sécurité a mis en cause non seulement la responsabilité du régime des Taliban – non reconnu par les Nations Unies mais exerçant un pouvoir de fait dans tout le pays – mais également celle d'Oussama Ben Laden et de ses réseaux, montrant bien que la crise ne concernait pas seulement les relations interétatiques, mais opposait la communauté internationale dans son ensemble et une nébuleuse terroriste, avec ses ramifications en matière de trafics d'armes et de stupéfiants, ses relais financiers d'associations philanthropiques et ses camps d'entraînement. Les États ont joué « les apprentis sorciers » en essayant de manipuler une menace terroriste, vite devenue incontrôlable, au profit de leurs intérêts idéologiques ou géopolitiques.

La guerre « préventive » menée en 2003 par les États-Unis contre l'Irak de Saddam Hussein, sans l'aval du Conseil de sécurité et au prix d'une division profonde de l'Union européenne – le Royaume-Uni, l'Italie et l'Espagne participant à la coalition américaine, la France et l'Allemagne s'y opposant aux côtés de la Russie – n'aura fait qu'accroître l'onde de choc du terrorisme, en affaiblissant la légitimité des démocraties et la « légalité » du droit international. Faute de toute planification d'une « sortie de crise » par les États-Unis, les Nations Unies, vite redevenues incontournables, ont dû entreprendre de reconstruire simultanément deux pays menacés d'éclatement – l'Afghanistan et l'Irak – alors que d'autres crises menaçaient déjà les pays voisins, avec un axe reliant l'Iran, la Syrie et les territoires palestiniens, sans qu'aucune solution durable n'apparaisse pour un « grand Moyen-Orient » qui serait réconcilié avec la paix, le progrès et la démocratie. La « coalition » dirigée par les États-Unis en Irak et en Afghanistan a été conduite à la retraite sans être parvenue à rétablir une nécessaire stabilité fondée sur un pouvoir national reconnu par les communautés ethniques et religieuses rivales. Dans le même temps, l'immobilisme diplomatique d'Israël écartait toute perspective de solution à la question palestinienne, comme si la seule réponse à la crise pouvait être l'escalade du terrorisme palestinien et de la répression militaire.

Le « printemps arabe » en 2011 avait fait naître l'espoir d'une nouvelle donne dans la région qui, en mettant à bas les régimes dictatoriaux, aurait permis de faire progresser la paix. Mais loin des lendemains qui chantent, c'est plutôt le chaos qui s'est progressivement installé dans la région. La chute du régime Kadhafi a entraîné des flux d'armes et de mercenaires qui ont déstabilisé les pays voisins les plus fragiles, déjà en proie au terrorisme de l'AQMI (Al Qaïda au Mahgreb islamique), entraînant une rapide intervention militaire française cautionnée par l'ONU au Mali. Paradoxalement, le fruit de ce chaos n'a pas été une nouvelle force « post-moderne », une organisation décentralisée, en réseau, mais un groupe armé qui présentait beaucoup plus de similitudes avec les anciens mouvements de libération nationale. Avant d'être vaincu dans ses fiefs de Mossoul et de Raqqa, l'État Islamique ou *Daech* rompait avec les émules d'Al Qaïda – qui pour beaucoup s'étaient d'ailleurs ralliées sous son drapeau noir – par sa volonté d'occupation effective d'un territoire conquis sur le territoire des États (Irak, Syrie, Libye) qu'il entendait administrer comme un vrai État. Pour autant, il ne faut pas sous-estimer le potentiel révolutionnaire de l'organisation, qui n'entend pas – en tout cas jusqu'à maintenant – jouer le jeu de l'ordre international, mais plutôt retrouver un ordre ancien idéalisé, fondé essentiellement sur des préceptes religieux. Ce qui en soi est incompatible avec le droit international moderne, cadre volontairement neutre sur le plan religieux et idéologique, mis en place au lendemain des guerres de religions dans l'Europe westphalienne du XVIIe siècle.

Ainsi perdure une contestation radicale de tout ordre international, mettant en cause 25
l'ensemble des États, au nom d'une idéologie de destruction et de mort. De la nature de la riposte des États dépendra la consolidation ou la ruine d'un ordre international fondé sur le respect du droit. Le terrorisme est la négation du droit. C'est dans le cadre du droit international que les États, et en premier lieu les démocraties, doivent y répondre. Les États-Unis ne sont plus les seuls candidats, aujourd'hui, à un *leadership* international qui, suivant leur mauvais exemple, semble devoir passer par la démonstration d'une capacité de s'affranchir du droit international. Ainsi les veto russe et chinois opposés à toutes les tentatives faites, au Conseil de sécurité, pour faire face à la crise syrienne, ont-ils montré les limites du concept de responsabilité de protéger, qui devait permettre d'interdire à ce qu'un État ne massacre impunément sa population civile. De même, l'intervention directe et indirecte de la Russie dans la crise ukrainienne, au moment où cet État se rapprochait de l'Union européenne, marque un retour à une politique de puissance, dans « l'étranger proche », rappelant les beaux jours de la « doctrine Brejnev » de la souveraineté limitée.

26 Le risque d'un retour à l'anarchie, ce vieil « état de nature » où selon Hobbes, l'« homme est un loup pour l'homme », *homo homini lupus*, est loin d'être négligeable. Et ce d'autant plus que l'« état de nature » a longtemps été le seul modèle de la société internationale, cette société sans droit, avant les efforts de « contrat social » dont on retrouve les échos dans la terminologie même du « Pacte » (« *Covenant* ») de la Société des Nations. La Charte des Nations Unies se veut à son tour un pacte fondateur, puisqu'elle débute par ces mots : « Nous peuples des Nations Unies », même si ensuite les peuples sont vite éclipsés par les États. C'est dans la mesure où le droit international saura faire respecter le droit de tous les peuples qu'il jouera pleinement son rôle intégrateur, face à tous ces défis. Comme l'observait l'ancien secrétaire général des Nations Unies, M. Ban Ki Moon, dans son « plan d'action » présenté dans le cadre de la Stratégie antiterroriste mondiale en 2016, si « rien ne saurait justifier l'extrémisme violent (...) force est de reconnaître que ce phénomène n'est pas le fruit du hasard ». Et des efforts doivent être faits tout autant pour réprimer le terrorisme, que pour en prévenir l'émergence, ce qui implique de s'interroger « sur les raisons pour lesquelles les groupes extrémistes violents séduisent », tout en faisant du respect des droits de l'Homme dans le cadre de la lutte antiterroriste une question de principe (*Plan d'action pour la prévention de l'extrémisme violent*, A/70/674, 24 décembre 2015 §§ 3 et 7). Le premier but de la Charte des Nations Unies est d'agir « conformément aux principes de la justice et du droit international » (art. 1er, § 1). Il leur appartient de réconcilier le droit et la justice. Il ne s'agit pas seulement de défendre un état de choses bénéficiant aux *beati possidentes*, un droit immuable, figé sur des privilèges comme une pendule arrêtée, mais bien de faire du droit international la matrice des buts et principes de la Charte et de l'Organisation le « centre où s'harmonisent les efforts des nations vers ces fins communes » (art. 1er, § 4).

27 Aussi bien le droit international n'est plus un droit interétatique, limité aux seules relations d'États clos sur eux-mêmes, c'est le droit de la société internationale tout entière, régissant une série de sujets dont les relations transnationales se multiplient. On a pu distinguer trois « âges » du droit international, mais comme l'a remarqué Paul Reuter, ces trois âges cohabitent selon les domaines du droit international. Le premier droit, le plus primitif, est le « droit de la force », marqué par l'usage de la contrainte, de la menace de la force armée, des représailles. Le deuxième droit, correspondant au jeu classique des États, est le « droit de la réciprocité », fondé sur l'équilibre des intérêts croisés, le donnant-donnant, le *do ut des*. Mais un troisième droit, plus récent, le « droit de la coopération » traduit la prise en compte d'intérêts communs à tous les États, d'un « patrimoine commun de l'humanité » et la nécessité d'une « organisation mondiale », au-delà des États.

28 Entre l'utopie et le réalisme, le droit international reste avant tout l'instrument juridique d'une société internationale en devenir. Encore ne faut-il pas se résigner aux « doubles standards » – les fameux « deux poids, deux mesures » – qui minent l'effectivité et la crédibilité du droit international, ni transformer la dérégulation internationale entraînée par la mondialisation libérale en instrument de la volonté d'une seule puissance. Charles Maurras définissait la monarchie, comme « l'anarchie plus un ». Ce serait une tragique régression de remettre en cause un *droit international public*[Q] fondé sur le multilatéralisme inhérent à la société internationale – même si elle est loin de ressembler à la « République universelle » idéale préconisée par Kant

– pour laisser place à un unilatéralisme, où la volonté d'un seul, la loi du plus fort, serait le seul rempart face au « nouveau désordre international » engendré par le terrorisme mondial.

Face aux défis globaux et aux crises régionales, un nouveau système international, plus efficace et plus juste, doit être mis en place, alors que de nouvelles hégémonies apparaissent derrière la dictature anonyme des marchés et des agences de notation. De la crise de 2008 à la pandémie de COVID-19, tous les développements récents semblent souligner chaque fois davantage l'interdépendance immédiate de toutes les parties du monde, des plus riches aux plus pauvres, impliquant une réponse collective sinon solidaire de tous les États. Mais, face à la crise et au volontarisme politique qu'elle a entraîné, le droit international a semblé à la fois lourd et fragile : un château de cartes impossible à réformer. Ce n'est pas seulement le droit international qui est menacé, c'est la capacité des peuples à décider de leur destin.

Compléments pédagogiques

Introduction méthodologique

Le droit international public (DIP) est généralement enseigné, dans les facultés de droit françaises, à partir de la troisième année de licence. Il donne parfois lieu à un cours d'introduction en première année, mais il est plus fréquent d'y voir délivré un enseignement en *relations internationales* qui, tout en abordant certains rudiments du droit international, relève avant tout de la science politique.

Une telle place n'est pas illogique, si l'on considère que la grande majorité des étudiants se destinent à des métiers qui les conduiront avant tout à appliquer le droit interne. En même temps, à l'ère de la mondialisation, les programmes d'enseignement ne devraient-ils pas prendre acte de la *montée en puissance des « sources internationales »* ? Une telle prise en compte se fait la plupart du temps à travers un chapitre qui, dans les cours de droit constitutionnel, de droit administratif ou d'introduction au droit, met en avant l'importance du droit international comme source directe ou indirecte du droit applicable dans l'ordre juridique interne. Par ailleurs le droit communautaire – devenu droit de l'Union européenne – est de plus en plus enseigné comme une discipline à part, sans lien avec ses sources internationales.

Sur un autre plan, on peut considérer que *les grandes figures du Droit* – les grands concepts du droit des obligations, par exemple, ou encore les différentes formes de la responsabilité – doivent être enseignées en priorité, avant d'en arriver à des applications plus spécifiques. À cet égard, il est incontestable que le droit international public présente certaines spécificités, qui en font une technique un peu à part, dont l'approche est facilitée par la *maîtrise – ou au moins la connaissance préalable – des concepts et des raisonnements de base du Droit*.

Cette introduction méthodologique a justement pour objet d'attirer l'attention de l'étudiant sur ces spécificités et sur les précautions à prendre en abordant la matière. Il ne s'agira en tout cas pas ici de reprendre en détail les règles afférentes aux exercices classiques effectués en travaux dirigés : dissertation, commentaire de texte, cas pratique. On se bornera sur ce point à quelques observations relatives à la nature des exercices proposés dans le cadre des « outils pédagogiques » qui vont suivre.

La découverte du DIP par l'étudiant de L3 suscite souvent une certaine surprise, voire une incrédulité. Ces sentiments seront d'autant plus forts que l'étudiant s'est laissé pénétrer par la logique du droit privé et du droit pénal ; ils le seront moins s'il a médité sur les ressorts des matières du droit public. Car, en effet, la surprise est essentiellement causée par l'impression d'être face à un droit dépourvu de « sanctions », du moins au sens où le droit civil et le droit pénal entendent ce terme – c'est-à-dire l'usage de la contrainte (c'est-à-dire, finalement, d'une violence « légale ») qui suit le constat, par une autorité habilitée, de la transgression d'une règle de l'ordre juridique. En ce sens, il est certain que le DIP est rarement sanctionné – même si ce phénomène n'est pas absent et tend même à se développer au sein des organisations internationales comme on le verra. Mais cette rareté de la sanction ainsi entendue n'est pas l'apanage du DIP : elle était partagée jusqu'à récemment par le droit administratif lorsqu'il était question de contraindre l'administration à faire ou à ne pas faire quelque chose ; et plus encore par le droit constitutionnel, dont l'exécution repose avant tout sur l'équilibre et la « bonne entente » entre les différents organes de l'État.

Seulement, *l'État* est souvent perçu – vu depuis nos pays occidentaux policés par plusieurs siècles de tribulations politiques et constitutionnelles – comme un phénomène par essence assimilable ou réductible à un *ordre juridique*, présentant la forme de la pyramide kelsenienne : un *agencement bien ordonné de normes, les unes déduites des autres, hiérarchisées et « efficaces en gros »*. Si l'on prenait soin de changer d'angle de vue, de regarder l'État depuis des pays encore instables politiquement, peut-être relativiserait-on cette assimilation et, du même coup, la soi-disant différence de nature qui sépare le droit interne du droit international.

En fait, ce que doit absolument comprendre l'étudiant apprenti juriste, c'est que le *Droit est un, à la fois comme concept et comme technique*. Mais qu'en même temps, ce concept et cette technique interviennent dans des milieux sociaux et dans des contextes très divers, qui font que le Droit prend à chaque fois des masques différents. *Le Droit s'adapte aux contours des sociétés dont il est appelé à régir l'activité*. Il s'adapte également aux contextes dans lesquels il intervient : ainsi le Droit ne fonctionnera pas de la même manière en matière pénale ou en matière constitutionnelle. À cette aune, on comprend que la sanction comme usage d'une violence légale est davantage révélatrice d'une hiérarchie sociale ou politique que de la juridicité du Droit. *Cette sanction apparaît lorsque la règle de droit s'impose à des sujets qui sont soumis à une autorité. Elle tend à disparaître, au contraire, lorsque la règle met en relation des sujets égaux* ou dont, tout au moins, on cherche à égaliser la position. Car dans ce cas, *l'équilibre* prend le pas sur la contrainte dans l'application de la règle. Celle-ci n'est pas réalisée par la *sujétion*, mais par l'influence réciproque de pouvoirs en action.

Si l'on voulait schématiser les différents cas de figure qui peuvent se présenter, on pourrait distinguer entre ceux qui s'ordonnent globalement autour d'un *axe vertical (représentant la hiérarchie)* et ceux qui s'ordonnent au contraire autour d'un *axe horizontal (représentant l'égalité)*. Plus la société dans son ensemble ou simplement le contexte d'application de la règle tendent vers la verticalité, plus la sanction devient indissociable de la règle de droit. Inversement, plus l'on tend vers l'horizontalité, moins la sanction est associée au droit, parce que l'égalité des sujets la rend inutilisable (aucun sujet ne peut imposer sa volonté aux autres). Tout étudiant ayant quelques notions de relations internationales – ou lisant avec plus ou moins d'attention les journaux – comprendra que ce que l'on peut appeler la *« société internationale »* – un terme problématique en soi, mais qu'il n'est pas opportun de discuter ici – *se rapproche plutôt de l'axe horizontal que de l'axe vertical*. S'il fallait énoncer une seule raison pour justifier une telle appréciation (et l'on s'en tiendra à cette seule raison dans le cadre limité de ce propos), on pourrait avancer que la « société internationale » ne comporte pas de « gouvernement » et que même, plus largement, elle n'est pas encadrée par un État susceptible d'exercer une quelconque autorité sur des sujets.

Premier contre sens que l'étudiant abordant le DIP doit absolument sortir de son esprit : l'*Organisation des Nations Unies* (ONU) n'est pas un État mondial ! Elle est, avant toute chose, une *organisation internationale (OI) interétatique*, c'est-à-dire constituée par les États, gouvernée par les États avec pour objectif de faciliter la coopération entre les États.

Voici le postulat de base que l'on doit absolument garder en tête : la « société internationale » est, dit-on souvent, une *société inorganique*, en ce sens où elle n'est pas représentée par des organes qui lui seraient propres. Tous les *organes internationaux* sont *a priori* dérivés des États. Dans la doctrine classique du droit international public – dont la force est encore aujourd'hui très grande – même les individus, les personnes privées, lorsqu'ils agissent en tant qu'organes internationaux, ne sont que des créations de l'État. Raison pour laquelle on donne, dans presque tous les manuels, à l'État le titre de *sujet originaire* du droit international, là où les autres sujets (OI et individus) n'apparaissent que comme des *sujets dérivés* du droit international.

Une fois admis ce postulat, la surprise et l'incrédulité doivent en principe, sinon disparaître, du moins être en grande partie dissipés. Rien d'étonnant à ce que dans cette société horizontale la sanction comme usage d'une contrainte de l'autorité sur un « sujet » soit si rare : le respect du droit y est assuré pour l'essentiel par d'autres moyens, à commencer par celui de l'équilibre, qui trouve très souvent son origine dans la réciprocité. Appliquée à la règle de droit, celle-ci crée, chez chaque État, une attente légitime de voir respectée à son égard la règle que lui-même respectera à l'égard des autres. *La réciprocité constitue donc, d'une certaine manière, le ciment qui tient ensemble les pièces du système juridique dans une société inorganique*. À cela s'ajoute d'autres moyens relevant de l'incitation ou de la pression : promesse d'un avantage, ou menace au contraire de retrait de cet avantage – comme dans la conditionnalité en matière économique – exposition publique et dommage à la réputation, le *naming and shaming*, ou plus simplement compréhension par les acteurs des gains mutuels qu'ils peuvent tirer d'une coopération loyale… les raisons de *respecter* le droit international sont multiples. Et de fait le droit international est respecté dans l'immense majorité des domaines dans lesquels il intervient.

Ce postulat de la société inorganique, une fois fermement ancré dans l'esprit, devra toutefois à son tour être nuancé pour que l'étudiant approche d'encore un peu plus près la nature de la matière étudiée. C'est que la « société internationale » n'est pas figée. Là encore, une première approche par les relations internationales a normalement dû permettre de constater que les États n'étaient plus, loin de là, les seuls « acteurs » des relations internationales ; que ces relations sont de plus en plus investies par les individus, les acteurs non gouvernementaux, la société « civile » ou « incivile » ; que les organisations internationales jouent désormais, à côté des États, un rôle chaque jour plus important ; que ce que l'on appelle l'interdépendance, c'est-à-dire cette communauté de destins des peuples qui est la conséquence, notamment, du caractère limité des ressources naturelles, de la fragilité de notre environnement victime d'une activité humaine qui n'a pas de frontière, de notre prise de conscience, aussi, de valeurs communes, propres à une « humanité » dont les contours s'affirment de plus en plus nettement… que cette interdépendance appelle et rend même vitale un dépassement de l'interétatisme classique fondé sur la coopération et la réciprocité.

Dès lors, l'étudiant comprendra qu'après avoir insisté sur la primauté de l'État, le présent manuel envisage *le rôle central de l'Organisation des Nations Unies et… la consécration de l'individu comme sujet de droit international*. Certes, l'ONU, comme on l'a dit plus haut, n'est nullement l'équivalent d'un gouvernement au sens du droit interne ; elle n'en assume pas moins, à l'heure actuelle, une fonction de *gouvernance mondiale*, c'est-à-dire qu'elle assure, de manière éparpillée, parfois diffuse, souvent désordonnée, un certain nombre de fonctions gouvernementales à l'échelle internationale, dans des domaines qui ne peuvent de toute évidence pas être traités de manière efficace ou rationnelle ou à l'échelon étatique. Dans cette « administration internationale » au sens large, l'individu apparaît de plus en plus comme un sujet autonome, en prise direct avec les institutions internationales et le droit international, en dehors de toute médiation de l'État.

De ce qui précède, on peut tirer un deuxième postulat, tout aussi important que le premier : *la société internationale est une société en mutation*. Elle doit toujours être considérée dans son mouvement et non de manière fixiste. Pour cette raison, le droit international présente une difficulté particulière sur le plan méthodologique : il impose d'emblée de savoir *manier la nuance et la relativité*, des qualités dont on fait souvent l'apprentissage en dernier dans les autres matières. Moins encore que dans toute autre discipline juridique, le droit international ne permet pas à l'étudiant de réduire le raisonnement juridique à un simple syllogisme. Le lien entre le droit international et la diplomatie, voire la politique, est évident et il serait naïf de dénoncer la « politisation » de la vie internationale. De même qu'il serait réducteur, à l'inverse, de ne pas constater une « juridicisation », et même une « juridictionnalisation », de la vie internationale avec le *développement d'une justice décentralisée*.

Un autre aspect pourra également étonner l'étudiant abordant la matière : c'est la manière dont se présentent les normes applicables. Le praticien du droit interne est habitué à manier des normes d'application générale (législation, règlement) et la plupart du temps écrites. Le droit international contraste avec ces deux caractères.

Comme il n'existe pas de « législateur » international, *le droit se « fabrique » pour une grande partie par voie consensuelle*, c'est-à-dire par le biais des traités, aussi appelés conventions internationales. Les dispositions de ces traités ne lient en principe que ceux qui les ont acceptées (qui les ont ratifiées). D'où la nécessité pour l'étudiant de faire preuve d'une grande *prudence en parlant des « obligations » des États* : avant de dire qu'un État est lié par une convention, encore faut-il vérifier qu'il l'a ratifiée, mais aussi qu'il n'a pas formulé de *« réserve »* valide au regard de telle ou telle obligation…

Mais l'accord de volontés n'est pas la seule « source » du droit international. Dans beaucoup de domaines de la coopération internationale très mouvants et évolutifs, ou bien très techniques, le traité paraît un instrument trop lourd du fait de ses conditions de négociations et d'entrée en vigueur. De plus, le traité a l'inconvénient de ne se négocier en principe qu'entre États, là où il importe d'impliquer d'autres acteurs dans la phase de rédaction comme dans la phase de mise en œuvre des normes. Bien souvent, il est donc fait usage d'autres instruments : actes concertés non conventionnels, résolutions, lignes directrices, codes de conduite, etc. Ces instruments sont rangé trop hâtivement dans une catégorie fourre-tout de *soft law* qui pourrait laisser penser qu'ils jouent un rôle négligeable, alors qu'ils ont parfois beaucoup plus d'impact qu'un traité en bonne et du forme. Un sens de la nuance s'impose donc en la matière. Enfin, le droit international est aussi fait de ce que l'on appelle le droit coutumier, c'est-à-dire un droit *non écrit*. Là encore, la plupart des droits internes prennent aujourd'hui une forme écrite – y compris ceux qui, auparavant, étaient le plus ancrés dans la *common law*, comme le droit britannique. Le droit international conserve quant à lui une place très importante à la norme non écrite : des pans entiers de l'activité des États restent régis par le droit coutumier.

Cependant, les œuvres de codification sont de plus en plus nombreuses, qui permettent de donner une transcription écrite de la norme coutumière. C'est le cas, par exemple, pour des questions aussi centrales que le *droit des traités* ou le *droit de la responsabilité internationale*. Là encore, toutefois, la prudence s'impose car certains textes codificateurs prennent la forme de traités internationaux et ne produisent donc d'obligations qu'à l'égard des États qui les ont ratifiés.

Les propos qui précèdent pourraient laisser l'étudiant, non plus surpris et incrédule, mais déconcerté et un rien apeuré à l'idée d'avoir à être évalué sur des bases aussi floues. Qu'il se rassure tout de suite ! Dire que le DIP ne se résume pas au syllogisme ne signifie pas que ce mode de raisonnement en soit totalement exclu, loin de là.

Dans la plupart des cas, l'exercice de DIP pratiqué lors des travaux dirigés ne nécessite pas de faire preuve de qualités supérieures ou particulièrement originales par rapport à celles qui sont demandées pour les autres matières du droit et à un niveau équivalent. Nombreux sont les domaines du DIP où la règle est, fort heureusement, précise et bien établie.

Les exercices proposés dans les outils pédagogiques essayent de représenter l'éventail du type de travaux qui seront demandés aux étudiants lors des séances de travaux dirigés. Cela commence, bien entendu, par la dissertation, qui est l'exercice le plus classique.

La *dissertation* porte en général sur un sujet de réflexion. Elle demande à l'étudiant d'avoir parfaitement assimilé son cours et d'élaborer sa propre pensée à partir de ses connaissances. Le sujet peut être très théorique (v. « Le changement de nature du droit international », à la suite de l'introduction) ou plus ancré dans le droit positif (v. « Le *jus cogens* est-il introuvable ? » à la suite du chapitre 1 de la partie I, ou « La place de la coutume internationale en droit français », chapitre 2 de la partie I). Dans les deux cas, l'étudiant se doit de faire le bilan de ses connaissances, avant de construire un plan obéissant aux « canons » en usage dans les universités françaises (deux parties et deux sous-parties). Un soin tout particulier doit être attaché à la rédaction de l'introduction, qui permet au lecteur de vérifier si l'étudiant maîtrise le sujet ou pas.

Un deuxième type de sujet classique est le *commentaire de texte* (par exemple, commentaire du passage de l'avis de la Cour internationale de justice dans l'affaire de la *réparation des dommages subis au service des Nations Unies*, à la suite du chapitre 2 de la partie II). Les règles applicables sont à peu près semblables à celle de la dissertation, à ceci près que l'étudiant ne doit jamais oublier que le texte constitue sa base de départ ! Trop souvent, on voit des copies se contenter d'une simple paraphrase ou au contraire s'éloigner du texte pour développer des connaissances qui ne s'y rattachent pas explicitement. Cette exigence du commentaire doit se manifester dès l'introduction : celle-ci a essentiellement pour objet d'analyser finement le texte. C'est uniquement sur le fondement de cette analyse que se construit le plan et que s'articule le propos.

Une variante du commentaire de texte est ce que l'on appelle parfois la « note de synthèse » (par ex. à la suite du chapitre 3 de la partie II) : l'étudiant se voit proposer la lecture non plus d'un seul texte mais de plusieurs. Ces textes portent bien entendu sur le même sujet et ont un rapport entre eux. L'exercice consiste à mettre en valeur ce rapport, à souligner, par exemple, la contradiction entre les thèses soutenues ou, au contraire, le lien ou la filiation qui s'établissent entre elles (confirmation et approfondissement d'une jurisprudence, par ex.).

Le *cas pratique* est le troisième type d'exercice classique que l'on rencontrera non seulement en DIP mais aussi dans d'autres matières. Il est représenté ici, notamment, par le « sujet terminal » placé à la suite de la conclusion. L'énoncé présente certains faits plus ou moins complexes, parfois tirés de cas réels ; il fournit également, en général, certaines données sur les obligations juridiques qui lient les parties ou sur leur statut particulier face à certaines organisations internationales. La question elle-même peut être très générale (« L'État vous demande conseil… ») ou beaucoup plus précise (« Quelles sont les voies de recours disponibles ? »). Lorsque l'étudiant répond à un cas pratique, il doit se mettre « dans la peau » d'un consultant en droit international : avocat d'une partie, conseil dans la direction des affaires juridiques d'un ministère, membre d'une ONG… Votre fonction consiste donc à éclairer celui qui vous pose une question. Vous devez considérer que cette personne ne connaît *rien* au droit international : il faut donc tout lui expliquer et le plus clairement possible.

La réponse comprendra en général un très bref rappel des faits : c'est l'occasion de faire un tri dans l'énoncé et de dégager les éléments qui sont vraiment importants pour répondre à la question posée. Il faut ensuite identifier les prétentions des parties et qualifier juridiquement les faits, non sans avoir isolé la règle de droit applicable. On en tire ensuite la solution de droit et l'on formule le conseil qui semble le plus approprié. Encore une fois, le cas pratique n'est pas un problème de mathématique : certains raisonnements « tombent juste » parce que la réponse est univoque ; d'autres conduiront l'étudiant à *discuter* plusieurs solutions possibles, probables, plus ou moins souhaitables.

Un dernier type d'exercice, moins classique, consiste à répondre à un certain nombre de *questions posées en lien avec un ou plusieurs textes ou documents* (par exemple les questions relatives à la Commission des limites du plateau continental à la suite du chapitre 1 de la partie II). On cherche ici essentiellement à former la capacité de *lecture* et d'analyse d'un document écrit. C'est donc, en quelque sorte, un exercice préalable aux trois autres. Il est aussi moins formel et permet, en TD, une correction plus rapide et, souvent, un débat plus vivant. Le plus important ici est de lire très attentivement les documents qui sont proposés. Si cette lecture est effectivement bien faite, la réponse doit en découler naturellement. Il ne reste plus, alors, qu'à l'articuler de manière claire et synthétique.

Quid

■ Droit des gens n° 19

Expression de droit romain (*jus gentium*) visant un droit commun à tous les hommes, le « droit des gens » (*law of nations*) est devenu à partir du XVIIe siècle la dénomination usuelle du droit interétatique avant d'être remplacé, au XIXe siècle, par l'expression « droit international public » et de devenir archaïque. Mais depuis le *Précis de droit des gens*, de Georges Scelle, elle vise un droit qui, au-delà des États, s'adresse aux individus comme étant les premiers sujets de la communauté internationale.

■ Droit international **n° 1**

Ensemble de règles juridiques régissant les relations entre sujets de droit de nationalité différente ou des questions internationales parce qu'elles concernent tous les États et tous les peuples (par exemple l'économie internationale ou le changement climatique). Le droit international comporte deux branches, le droit international public et le droit international privé.

■ Droit international public **n° 28**

Historiquement il s'agit du droit élaboré par et pour les États, un droit « interétatique » régissant les relations entre entités souveraines en temps de paix et en temps de guerre. À partir de la fin de la fin du XIXe siècle, le droit international public sert de fondement à la création d'organisations internationales et d'instruments juridiques ayant pour finalité la coopération internationale dans un grand nombre de domaines : communications, santé, développement, commerce, etc. Aujourd'hui il se définit davantage par son objet : c'est le droit qui s'applique à la matière « publique » internationale, quels que soient ses auteurs et ses destinataires, États, organisations internationales ou personnes privées.

Documents

1) Les bases de l'organisation internationale

Convention pour le règlement pacifique des conflits internationaux, première convention de la deuxième conférence de la paix réunie à La Haye, 15 juin-18 oct. 1907

Les souverains et chefs d'États des puissances représentées à La Haye (...)
Animés de la ferme volonté de concourir au maintien de la paix générale ;
Résolus à favoriser de tous leurs efforts le règlement amiable des conflits internationaux ;
Reconnaissant la solidarité qui unit les membres de la Société des nations civilisées ;
Voulant étendre l'empire du droit et fortifier le sentiment de la justice internationale ;
Convaincus que l'institution permanente d'une juridiction arbitrale accessible à tous, au sein des puissances indépendantes, peut contribuer efficacement à ce résultat ;
(...)
Titre premier. – Du maintien de la paix générale.
Article premier. – En vue de prévenir autant que possible le recours à la force dans les rapports entre les États, les puissances contractantes conviennent d'employer tous leurs efforts pour assurer le règlement pacifique des différends internationaux.
Titre II. – Des bons offices et de la médiation.
Article 2. – En cas de dissentiment grave ou de conflit, avant d'en appeler aux armes, les puissances contractantes conviennent d'avoir recours, en tant que les circonstances le permettront, aux bons offices ou à la médiation d'une ou de plusieurs puissances amies.

Traité de Versailles, signé le 28 juin 1919

Partie I : Pacte de la Société des nations
Les hautes parties contractantes

Considérant que, pour développer la coopération entre les nations et pour leur garantir la paix et la sûreté, il importe d'accepter certaines obligations de ne pas recourir à la guerre, d'entretenir au grand jour des relations internationales fondées sur la justice et l'honneur,
d'observer rigoureusement les prescriptions du droit international, reconnues désormais comme règle de conduite effective des gouvernements,
de faire régner la justice et de respecter scrupuleusement toutes les obligations des traités dans les rapports mutuels des peuples organisés,
Adoptent le présent Pacte qui institue la Société des nations (...).
Partie XIII : Organisation du travail
Attendu que la Société des nations a pour but d'établir la paix universelle et qu'une telle paix ne peut être fondée que sur la base de la justice sociale ;
Attendu qu'il existe des conditions de travail impliquant pour un grand nombre de personnes l'injustice, la misère et les privations ce qui engendre un tel mécontentement que la paix et l'harmonie universelles sont mises en danger, et attendu qu'il est urgent d'améliorer ces conditions : par exemple, en ce qui concerne la réglementation des heures de travail, la fixation d'une durée maximum de la journée et de la semaine de travail, le recrutement de la main-d'œuvre, la lutte contre le chômage, la garantie d'un salaire assurant des conditions d'existence convenables, la protection des travailleurs contre les maladies générales ou professionnelles et les accidents résultant du travail, la protection des enfants, des adolescents et des femmes, les pensions de vieillesse et d'invalidité, la défense des intérêts des travailleurs occupés à l'étranger, l'affirmation du principe de la liberté syndicale, l'organisation de l'enseignement professionnel et technique et autres mesures analogues ;
Attendu que la non-adoption par une nation quelconque d'un régime de travail réellement humain fait obstacle aux efforts des autres nations désireuses d'améliorer le sort des travailleurs dans leurs propres pays ;
Les Hautes parties contractantes, mues par des sentiments de justice et d'humanité aussi bien que par le désir d'assurer une paix mondiale durable, ont convenu ce qui suit (...)

Charte des Nations Unies, signée le 26 juin 1945

NOUS, PEUPLES DES NATIONS UNIES, RÉSOLUS
à préserver les générations futures du fléau de la guerre qui deux fois en l'espace d'une vie humaine a infligé à l'humanité d'indicibles souffrances,
à proclamer à nouveau notre foi dans les droits fondamentaux de l'homme, dans la dignité et la valeur de la personne humaine, dans l'égalité des droits des hommes et des femmes, ainsi que des Nations, grandes et petites,
à créer les conditions nécessaires au maintien de la justice et du respect des obligations nées des traités et autres sources du droit international,
à favoriser le progrès social et instaurer de meilleures conditions de vie dans une liberté plus grande,
ET À CES FINS
à pratiquer la tolérance, à vivre en paix l'un avec l'autre dans un esprit de bon voisinage,
à unir nos forces pour maintenir la paix et la sécurité internationales,
à accepter des principes et instituer des méthodes garantissant qu'il ne sera pas fait usage de la force des armes, sauf dans l'intérêt commun,
à recourir aux institutions internationales pour favoriser le progrès économique et social de tous les peuples,
AVONS DÉCIDÉ D'ASSOCIER NOS EFFORTS POUR RÉALISER CES DESSEINS

En conséquence, nos gouvernements respectifs, par l'intermédiaire de leurs représentants, réunis en la ville de San Francisco, et munis de pleins pouvoirs reconnus en bonne et due forme, ont adopté la présente Charte des Nations Unies et établissent par les présentes une organisation internationale qui prendra le nom de Nations Unies.

Acte constitutif de l'Unesco, 16 nov. 1945

Les gouvernements des États parties à la présente convention, au nom de leurs peuples, déclarent que, les guerres prenant naissance dans l'esprit des hommes, c'est dans l'esprit des hommes que doivent être élevées les défenses de la paix ;
que l'incompréhension mutuelle des peuples a toujours été, au cours de l'histoire, à l'origine de la suspicion et de la méfiance entre nations, par où leurs désaccords ont trop souvent dégénéré en guerre ;
que la grande et terrible guerre qui vient de finir a été rendue possible par le reniement de l'idéal démocratique de dignité, d'égalité et de respect de la personne humaine et par la volonté de lui substituer, en exploitant l'ignorance et le préjugé, le dogme de l'inégalité des races et des hommes ; que, la dignité de l'homme exigeant la diffusion de la culture et l'éducation de tous en vue de la justice, de la liberté et de la paix, il y a là, pour toutes les nations, des devoirs sacrés à remplir dans un esprit de mutuelle assistance ;
qu'une paix fondée sur les seuls accords économiques et politiques des gouvernements ne saurait entraîner l'adhésion unanime, durable et sincère des peuples et que, par conséquent, cette paix doit être établie sur le fondement de la solidarité intellectuelle et morale de l'humanité.
Pour ces motifs, les États signataires de cette convention, résolus à assurer à tous le plein et égal accès à l'éducation, la libre poursuite de la vérité objective et le libre-échange des idées et des connaissances, décident de développer et de multiplier les relations entre leurs peuples en vue de se mieux comprendre et d'acquérir une connaissance plus précise et plus vraie de leurs coutumes respectives.

2) Les fondements du droit international

Francisco Suarez, *De legibus ac de Deo legislatore*, 1612, cité et traduit par Giorgio del Vecchio
(*in* « La Société des Nations au point de vue de la philosophie du droit international », *RCADI 1931 (IV), t. 38, p. 589)*

La raison de cette branche du droit (c'est-à-dire le droit des gens) consiste en ce que le genre humain, quoique divisé en peuples et en royaumes divers, a toujours une certaine unité, non seulement spécifique, mais même politique et morale, qui est indiquée par le précepte naturel de l'amour et de la pitié réciproques, qui s'étend à tous, même aux étrangers, et de n'importe quelle nation. C'est pourquoi, bien que toute cité souveraine, toute République ou tout royaume, soit une communauté parfaite et homogène en soi, cette communauté ne laisse pas d'être, en quelque sorte, un membre de cet univers par rapport au genre humain. Jamais à la vérité, ces communautés ne se suffisent assez bien à elles-mêmes pour n'avoir besoin d'aucune aide réciproque, d'aucune relation, d'aucune communication avec les autres communautés, soit dans un but d'utilité et de plus grand bien-être, soit par nécessité et par besoin moral, ainsi que le démontre la pratique elle-même. C'est pour ces raisons que ces communautés ont besoin d'un certain droit qui puisse les guider et les ordonner dans ce genre de communication et de société.

⇨ *Le genre humain est un. Les États sont interdépendants et ont besoin d'un droit pour régir leurs relations.*

Emer de Vattel, *Le droit des gens ou principes de la loi naturelle appliqués à la conduite et aux affaires des Nations et des souverains*, 1758 (trad. Paul Pradier-Fodéré, Paris, Librairie de Guillaumin et Cie, 1863, t. I, p. 99-100)

Puisque les hommes sont naturellement égaux, et que leurs droits et leurs obligations sont les mêmes, comme venant également de la nature, les Nations composées d'hommes et considérées comme autant de personnes libres qui vivent ensemble dans l'état de nature, sont naturellement égales et tiennent de la nature les mêmes obligations et les mêmes droits. La puissance ou la faiblesse ne produisent, à cet égard, aucune différence. Un nain est aussi bien un homme qu'un géant : une petite République n'est pas moins un État souverain que le plus puissant royaume.

⇨ *Le principe de l'égalité entre États est lié au principe de l'égalité entre les hommes.*

Emmanuel Kant, *Vers la paix perpétuelle*, 1795 (trad. Françoise Proust, Flammarion, 1991, p. 92)

Qu'un peuple dise : « il ne doit y avoir entre nous aucune guerre, car nous voulons ne former qu'un État, c'est-à-dire nous voulons instituer un pouvoir suprême législatif, exécutif et judiciaire qui réglera pacifiquement nos conflits », – cela se comprend. Mais si cet État dit : « il ne doit y avoir aucune guerre entre moi et d'autres États, bien que je ne reconnaisse aucun pouvoir législatif suprême qui m'assure mon droit et moi le sien », on ne comprend plus du tout sur quoi je peux fonder la confiance en mon droit, sauf s'il y a un équivalent de l'alliance sociale civique, à savoir le libre fédéralisme que la raison doit lier d'une manière nécessaire au concept de droit des gens, si l'on veut d'une manière générale continuer à penser quelque chose sous ce terme.

⇨ *L'abolition de la guerre entre États a pour condition l'institution d'une fédération d'États libres.*

Raymond Aron, *Paix et guerre entre les nations*, 1962 (Calmann-Lévy, 8e éd., 1984, p. 738)

La voie de la Fédération planétaire est la même que celle de la paix par le droit. La démarche décisive serait l'abandon du droit de se faire justice à soi-même, c'est-à-dire de ce qui a été et de ce qui est encore l'essence de la « souveraineté externe ». Mais cet abandon, à son tour, qui n'a été ni imposé ni accompli ni par le Pacte de la Société des Nations ni par la Charte des Nations Unies sera vainement réclamé par les hommes de bonne volonté aussi longtemps que ne seront pas développées, entre les membres de la société planétaire, des relations comparables à celles qui lient entre eux les membres – individus ou groupes – de chaque société nationale : conscience de communauté, consentement à un régime, juridique et politique, monopole de la force armée. Répétons-le encore une fois : aucune de ces trois conditions n'est, à l'heure présente, réalisée, aucune ne promet de l'être dans le proche avenir.

⇨ *La fédération d'États libres préconisée par Kant implique l'existence d'une conscience de communauté entre les hommes.*

Jürgen Habermas, *Après l'État-nation. Une nouvelle constellation politique*, 2000
(Paris, Fayard, p. 120)

[La mondialisation] nous révèle toujours plus clairement l'étroitesse de nos théâtres sociaux, la communauté de risque et le tissu des destins collectifs que nous formons. L'accélération et l'intensification de la communication et des échanges réduisent les écarts spatiaux et temporels, alors même que l'expansion des marchés se heurte aux limites de la planète et l'exploitation des ressources à celles de la nature. Ne serait-ce qu'à moyen terme, l'horizon rétréci ne nous permet plus de nous débarrasser des conséquences de nos actions ; de plus en plus rarement, en effet, nous pouvons, sans encourir de sanctions, nous débarrasser de nos faux frais et de nos risques au détriment d'autres secteurs de la société, de régions lointaines, de cultures étrangères ou de générations futures. [...] Les puissances capables d'agir au niveau mondial n'opèrent plus dans l'« état de nature » du droit international classique, mais au niveau médian d'une politique mondiale en voie de formation.

⇨ *La mondialisation crée les conditions de formation d'une gouvernance mondiale qui se met en place sous la pression des faits, alors même que les États continuent de revendiquer leur souveraineté.*

Biblio

1) Une précieuse approche historique est offerte par :

– D. Gaurier, É. Mondielli, Ph.-J. Hesse, *Histoire du droit international : auteurs, doctrines et développement de l'Antiquité à l'aube de la période contemporaine*, PU Rennes, 2007.

– P. Kovacs (éd.), *L'histoire en droit international, History in International Law*, Budapest, Bibor Kiado, 2004.

– S. Laghmani, *Histoire du droit des gens*, Pedone, 2004.

– A. Truyol y Serra, *Histoire du droit international*, Economica, 1995.

– P. Leuprecht, *Reason, Justice and Dignity, A Journey to some unexplored sources of Human Rights*, Nijhoff, 2011.

2) Voir aussi pour une histoire des courants doctrinaux :

– M. Koskenniemi, *The Gentle Civilizer of Nations, The Rise and Fall of International Law*, 1870-1960, Cambridge Univ. Press, 2001.

– A. Truyol y Serra, R. Kolb, *Doctrines sur le fondement du droit des gens*, Pedone, 2007.

– E. Jouannet, *Le droit international libéral - providence, L'histoire du droit international*, Bruylant, 2011.

– E. Roucounas, *A Landscape of Contemporary Theories of International Law*, Brill/Nijhoff, 2019.

3) Des éditions et des exégèses récentes rendent très aisé le retour aux grands textes, comme :

– S. Goyard-Fabre, *Pufendorf et le droit naturel*, PUF, coll. « Léviathan », 1991.

– H. de Groot, dit Grotius, *Le droit de la guerre et de la paix* (1625), trad. P. Pradier-Fodéré, Paris, PUF, coll. « Léviathan », 1999.
– P. Haggenmacher, *Grotius et la doctrine de la guerre juste*, PUF, 1983.
– E. Jouannet, *Emer de Vattel et l'émergence doctrinale du droit international classique*, Pedone, 1998.

4) On citera aussi chez les théoriciens qui ont marqué, parfois de manière controversée, le XXe siècle :

– D. Anzilotti, *Cours de droit international* (1929), trad. G. Gidel, Paris, éd. Panthéon-Assas, LGDJ, 1999.
Avec une mise en perspective particulièrement féconde : D. Alland, *Anzilotti et le droit international*, Pedone, 2012.
– H. Kelsen, *Théorie pure du droit*, trad. Ch. Eisenmann, Paris, LGDJ, coll. « La pensée juridique », 1999.
Et surtout, de ce même auteur, *Écrits français de droit international*, réunis par Ch. Leben, Paris, PUF, coll. « Doctrine juridique », 2001.
– C. Schmitt, *Le nomos de la terre dans le droit des gens du jus publicum europæum*, Paris, PUF, coll. « Léviathan », 2001.
À compléter par des textes de cet auteur récemment publiés en français :
– *La guerre civile mondiale, essais* (1943-1978), trad. et présenté C. Jouin, éd. Ère, 2007.
– Deux *textes de Carl Schmitt : la question de la Société des nations. Le passage au concept de guerre discriminatoire*, trad. et présenté R. Kolb, Pedone, 2009.

5) On se reportera toujours avec le plus grand profit aux grands auteurs de la doctrine de langue française :

– P. Guggenheim, *Traité de droit international public*, Librairie Univ. Genève, 1967, t. I.
– P. Reuter, *Droit international public*, PUF, coll. « Thémis », 7e éd., 1992 (réimp. dernière édition parue du vivant de l'auteur : 6e éd., 1983, d'un ouvrage qui reste irremplaçable).
– P. Reuter, *Le développement de l'ordre juridique international, Écrits de droit international*, Economica, 1995.
– G. Scelle, *Précis du droit des gens*, réimp. CNRS, 1984 ; reprint du tome premier, présentation C. Santulli, *Précis du droit des gens. Principes et systématique*, Dalloz, 2008.
– M. Virally, *L'organisation mondiale*, coll. « U », Armand Colin, 1972 ; *Le droit international en devenir, essais écrits au fil des ans*, PUF, 1990.
– Ch. de Visscher, *Théories et réalités du droit international public*, Pedone, 4e éd., 1970.
– P. Weil, *Le droit international en quête de son identité*, *RCADI*, 1992, t. 237, Nijhoff, 1996 ; *Écrits de droit international*, PUF, 2000.

6) Pour une introduction au débat sur la nature et la portée du droit international, la lecture de plusieurs essais stimulants est recommandée :

– R.-J. Dupuy, *Le droit international*, PUF, coll. « Que sais-je » ?, 1996, n° 1060 et la nouvelle approche proposée dans la même collection, en 2013, par E. Tourme-Jouannet.

– G. Guillaume, *Les crises internationales et le droit*, Le Seuil, coll. « Point », 1994 (analyse de la place du droit international dans certains « cas » contemporains par un ancien président de la CIJ, qui a été directeur des affaires juridiques du Quai d'Orsay).

V. aussi le recueil d'études, *La Cour internationale de Justice à l'aube du XXIe siècle, Le regard d'un juge*, Pedone, 2003.

– G. de Lacharrière, *La politique juridique extérieure*, IFRI, Economica, 1983 (synthèse sur le rôle du droit au service de la diplomatie par un ancien directeur des affaires juridiques du Quai d'Orsay devenu lui aussi juge à la CIJ).

7) Pour une illustration récente des positions françaises :

– G. Cahin, Fl. Poirat, S. Szurek (dir.), *La France et le droit international*, t. 1 : Ouverture, Pedone, 2007 ; *La France et les organisations internationales*, Pedone, 2014.

– Colloque Genève SFDI, *La pratique et le droit international*, Pedone, 2003.

– M. Perrin de Brichambaut, J.-Fr. Dobelle, F. Coulée, *Leçons de droit international public*, Presses Sciences Po/ Dalloz, 2e éd., 2011.

8) Pour une vision marxiste du droit international, lors de la coexistence pacifique :

– G. Tunkin, *Droit international public, problèmes théoriques* (trad. fr.), Pedone, 1965.

9) Pour une approche progressiste traduisant une remise en cause du cadre classique du droit international :

– M. Bedjaoui, *Pour un nouvel ordre économique international*, Unesco, 1979.

– M. Benchikh, *Droit international du sous-développement*, Paris, Berger-Levrault, 1983.

– M. Benchikh, R. Charvin, F. Demichel, *Introduction critique au droit international*, Presses Universitaires de Lyon, 1986.

– M. Benchikh, *Droit international public*, Casbah éditions, 2016.

– A. Cassese, *Le droit international dans un monde divisé*, Berger-Levrault, 1986.

– M. Chemillier-Gendreau, *Humanité et souverainetés*, La Découverte, 1995. Et plus récemment, *De la guerre à la communauté universelle*, Paris, Fayard, 2013 ; *Un autre droit pour un autre monde. Comment sortir des impasses du droit international contemporain ?*, Paris, Pedone coll. « Doctrine(s) », 2020 ; *Pour un Conseil mondial de la Résistance*, éditions Textuel, 2020.

– J. Salmon, *Le droit international à l'épreuve au tournant du XXIe siècle*, vol. VI, Cours euro-méditerranéens Bancaja de droit international, 2002.

10) On doit aussi évoquer un renouveau des études critiques, d'inspiration « post-moderne », illustré par la nouvelle collection « Doctrine(s) » qui comporte des traductions françaises rendant plus facile d'accès la pensée complexe d'auteurs écrivant le plus souvent en anglais :

– N. Bermann, *Passions et ambivalences. Le colonialisme, le nationalisme et le droit international*, Pedone, 2008.

– H. Charlesworth, *Sexe, genre et droit international*, Pedone, 2013.
– D. Kennedy, *Nouvelles approches de droit international*, Pedone, 2009.
– M. Koskenniemi, *La politique du droit international*, Pedone, 2007.
– W. M. Reisman, *L'École de New Haven de droit international*, Pedone, 2010.

11) Dans l'optique plus vaste d'un droit global ou cosmopolitique :

– E. Benvenisti, *The Law of Global Governance*, *RCADI* 2013, t. 368, p. 47-279.
– C. Bories (dir.), *Un droit administratif global ?*, Pedone, 2012.
– M. Delmas-Marty, *Aux quatre vents du monde. Petit guide de navigation sur l'océan de la mondialisation*, Seuil, 2016.
- O. de Frouville (dir.), *Le cosmopolitisme juridique*, Pedone, 2015.
– M. Kamto, *Droit international de la gouvernance*, Pedone, 2013.
– A. Peters, *Humanisme, constitutionnalisme, universalisme. Étude de droit international et comparé*, Paris, Pedone coll. « Doctrine(s) », 2019.
– Valéry Pratt, *Nuremberg, les droits de l'homme, le cosmopolitisme. Pour une philosophie du droit international*, Lormond, Éditions Le Bord de l'eau, 2018.
- E. Tourme Jouannet, *Qu'est-ce qu'une société internationale juste ? Le droit international entre développement et reconnaissance*, Paris, Pedone, 2011. Ce dernier ouvrage ayant donné lieu à plusieurs commentaires, notamment :
– E. Tourme Jouannet, H. Muir-Watt, O. de Frouville, J. Matringe, *Droit international et reconnaissance*, Paris, Pedone, 2016.

12) Pour de magistrales synthèses de ces approches contradictoires :

– Le cours général de G. Abi-Saab, *RCADI* 1987, t. 207, Nijhoff, 1996.
– Le cours général de M. Bedjaoui publié en deux volumes, *L'humanité en quête de paix et de développement*, *RCADI* 2006, t. 324 et t. 325.
– Le cours général de P.-M. Dupuy, *L'unité de l'ordre juridique international*, *RCADI* 2002, t. 297, Nijhoff, 2003, t. 324 et Nijhoff, 2008, t. 325.
– Le cours général d'A. Mahiou, *Le droit international ou la dialectique de la rigueur et de la flexibilité*, *RCADI* 2008, t. 337, Nijhoff, 2009.
– Le cours général de S. Sur, *La créativité du droit international*, *RCADI* 2012, t. 363, Nijhoff, 2014.
Ainsi que des recueils d'articles très utiles, toujours dans la collection « Doctrines », d'O. Corten, S. Sur, A. Pellet, L. Condorelli, C. Kessedjian, Y. Onuma et P.-M. Dupuy.

13) Voir aussi pour le débat politique sur la place du droit dans les relations internationales :

– G. Andreani, P. Hassner (dir.), *Justifier la guerre, De l'humanitaire au contre-terrorisme*, 2e ed., Presses Sciences Po, 2013.
– B. Badie, G. Devin (dir.), *Le multilatéralisme, nouvelles formes de l'action internationale*, La Découverte, 2007.
– A. Colonomos, *La morale dans les relations internationales*, Odile Jacob, 2005.
– M. Delmas-Marty, *Libertés et sûreté dans un monde dangereux*, Le Seuil, 2010.
– F. Ramel, *L'attraction mondiale*, Paris, Presses de Sciences Po, 2012.

– Ainsi que la journée d'étude de la SFDI, *Droit international et relations internationales, divergences et convergences*, Pedone, 2010.

Quiz

1) Sujet corrigé

Dissertation

Le changement de nature du droit international.

Voir le corrigé en fin de rubrique.

2) Sujets d'examen

A) Commentaire comparé

À la lumière de l'actualité du droit international (développement de l'Organisation des Nations Unies, lutte contre le changement climatique, réaction à la pandémie de la COVID-19) et des relations internationales (nouvelles crises et nouveaux conflits, interventions extérieures, Syrie, Ukraine, Libye, Yémen...), commentez les extraits reproduits ci-dessus des textes d'Emmanuel Kant (*Vers la paix perpétuelle*) de Raymond Aron et de Jürgen Habermas.

B) Dissertations

Peut-on nier l'existence du droit international ?

Le droit international : universel ou relatif ?

3) Corrigé

Dissertation

Le droit est un outil vivant, qui s'adapte sans cesse aux nouvelles réalités de la société qu'il régit. De ce point de vue, depuis la paix de Westphalie en 1648 – souvent présentée comme l'acte de naissance du droit international moderne – le droit international a sans nul doute changé en profondeur. Pour autant, a-t-il changé de « nature » ? Est-il essentiellement différent au XXIe siècle, à l'âge de la mondialisation, de ce qu'il était au XVIIe siècle, à l'émergence des États modernes européens ?

La lecture des grands textes du droit international contemporain permettrait de le penser : au départ simple droit de coexistence entre des entités rivales, le droit international tend aujourd'hui à devenir un véritable « droit global », quant à son champ d'application et quant à ses fonctions (I).

En même temps, ces aspirations à l'unité semblent sans cesse contredites par la persistance de relations internationales fondées sur la force. S'instaure ainsi une dialectique entre un modèle institutionnel, qui pousse à la mise en place d'un pouvoir centralisé de contrainte supérieur aux États, et un ordre relationnel qui met en évidence l'égalité souveraine comme donnée irréductible de l'ordre juridique international (II).

I. Le droit international comme droit global

Le droit international a changé quant à sa portée : d'un droit interétatique européen, il s'est transformé en un droit de la société humaine universelle (A). Mais le droit international a également changé de fonction : les États ne se bornent plus à régir leurs relations de coexistence plus ou moins pacifiques, mais se fixent des buts communs qu'ils cherchent à réaliser par le moyen de la coopération (B).

A. Le changement de la portée du droit international

– *Le droit international « classique »* est le droit de la modernité, celui d'un monde chrétien divisé par la Réforme. Un monde où naissent les États au sens moderne du terme, affirmant leur souveraineté au-dedans mais aussi dans les relations qu'ils entretiennent avec les autres États. Ce droit international est donc essentiellement un « droit public européen », appelé à réglementer la coexistence entre des puissances concurrentes, sur la base du principe de l'équilibre, qui justifie le partage de l'Europe et des colonies. Ces dernières ne font pas partie de la société internationale régie par le droit des gens. Encore, au XIXe siècle, la théorie des trois cercles de Lorimer réserve à l'humanité civilisée le bénéfice de la protection du droit international, tandis que les relations avec l'humanité barbare et l'humanité sauvage sont régies essentiellement par le « droit rationnel », compris ici comme recouvrant quelques règles minimales d'humanité.

Le droit international est aussi un droit exclusivement interétatique qui ne connaît pas d'autres sujets de droit que les États. Ses règles trouvent leur fondement dans la volonté de l'État, dans son consentement à être lié. L'individu n'a pas sa place dans ce système : il est relégué à la « sphère interne », nettement séparée par une cloison étanche de la « sphère internationale ».

– *L'évolution du droit international depuis la fin du XIXe siècle jusqu'à nos jours* traduit une expansion à la fois horizontale et verticale. Horizontale, car les différentes vagues de décolonisation aboutissent à la création de nouveaux États qui réclament que leur soit appliqué le « droit public européen » dont les frontières reculent progressivement avant de disparaître totalement avec la formation d'un authentique droit international universel. Verticale, dans la mesure où la séparation autrefois très nette entre une sphère interne et une sphère internationale devient de plus en plus floue, entraînant deux conséquences.

D'une part, un nombre croissant d'activités traditionnellement de la « compétence exclusive » des États sont régies par le droit international. La portée matérielle de celui-ci ne cesse de croître, conséquence du progrès technologique, de la multiplication des communications et des échanges et, plus largement, du phénomène dit de la « mondialisation ».

D'autre part, le droit international ne se borne plus à réglementer les rapports entre États mais prend en compte de nouveaux sujets, et pas seulement des sujets « dérivés » comme les organisations internationales. Les individus deviennent ainsi titulaires de droits et d'obligations internationales, avec le développement des normes et des mécanismes dans les domaines des droits de l'homme, du droit international pénal, du droit humanitaire ou du droit des réfugiés. De la même manière, les entreprises transnationales ne dépendent plus seulement du droit interne ou du droit international privé, mais sont parties prenantes des relations internationales, par les contrats qu'elles concluent avec les États mais aussi du fait des incidences que peuvent avoir leurs activités sur l'économie mondiale ou l'environnement. Du droit interétatique européen, on est ainsi passé progressivement à un droit universel qui régit les relations entre tous les « acteurs » des relations internationales.

Mais ce n'est pas seulement la portée du droit international qui a changé. Plus profondément encore, la fonction du droit international contemporain n'est plus la même que celle du droit international « classique ».

B. Le changement de fonction du droit international

– Dans The Changing Structure of International Law (London, Stevens & sons, 1964), Wolfgang G. Friedmann décrit le passage d'un droit de coexistence à un droit de coopération. Il est manifeste que la fonction du droit international a évolué.

Au XVIIIe siècle, le droit international a pour objet de réguler les relations entre des entités souveraines qui excluent toute soumission à une autorité extérieure. Ces relations internationales sont faites d'une alternance de paix et de guerres, qui constituent aussi les deux principaux chapitres du droit international : régulation de l'affrontement en temps de conflit armé, avec le *jus in bello*, et le droit de conquête comme principe d'acquisition territoriale ; régulation de la coexistence entre entités exclusives les unes des autres en temps de paix, avec les relations diplomatiques et consulaires, les traités d'amitié et de commerce ou encore la liberté de la mer, et cela dans l'attente des conflits à venir. Si l'on peut parler de « communauté internationale », c'est uniquement dans un sens très restreint, comme englobant les grandes puissances qui, au sein du « directoire européen » puis du « concert européen », garantissent l'équilibre du système.

La fin du XIXe siècle se caractérise par une prise en compte accrue de l'interdépendance entre États et de la nécessité de conduire certaines activités en commun. Au début, cette mise en commun ne concerne que des domaines très techniques, avec les différentes unions administratives, puis elle évolue vers des projets plus larges d'organisations mondiales à vocation politique. La Société des Nations et l'Organisation des Nations Unies sont le fruit tout autant d'une prise de conscience de l'insuffisance du principe de l'équilibre pour maintenir la paix, que de la prise en compte des limites d'une action non coordonnée des États, autrement dit du maintien d'un système anarchique des relations internationales.

– C'est à contre-courant de la volonté des États qu'une communauté internationale a progressivement vu le jour, si l'on entend par « communauté » un ensemble de personnes ayant en partage certaines valeurs juridiques et morales et ayant pour projet de traduire ces valeurs dans les faits. Cette communauté internationale est aujourd'hui à la fois une réalité et un mythe, une donnée et un idéal.

Une certaine conscience de communauté existe à l'échelle de l'humanité : le droit international l'enregistre par l'intermédiaire de certaines valeurs juridiques haussées au rang de principes généraux du droit international ou de normes impératives à caractère indérogeable (*jus cogens*), qui esquissent une hiérarchie des normes. Mais en même temps cette conscience ne se manifeste guère qu'en réaction à certains faits liés à l'interdépendance et à la globalisation : catastrophes naturelles, violations massives des droits de l'homme, pénuries alimentaires, épidémies… Elle ne semble pas avoir atteint le stade d'une construction positive dans laquelle tout individu pourrait se reconnaître comme citoyen du monde avant de s'affirmer citoyen de son État. Les vagues de replis identitaires auxquelles on assiste depuis la fin de la guerre montrent que le temps des nations n'a pas encore touché à sa fin.

De toute évidence, l'évolution du droit international tend vers une institutionnalisation de la « communauté internationale ». Mais ce processus d'institutionnalisation semble sans cesse entravé par les poussées d'unilatéralisme qui, se fondant sur la souveraineté de l'État, s'inscrivent pleinement dans le modèle « classique » du droit international.

II. La dialectique du relationnel et de l'institutionnel

René-Jean Dupuy a décrit l'évolution du droit international comme le produit d'une dialectique constante entre deux modèles : un modèle relationnel, répondant à la vision traditionnelle de la société internationale composée d'États également souverains ; et un modèle institutionnel, calqué sur le droit étatique centralisé et doté d'institutions aptes à mettre en œuvre un pouvoir de contrainte. Cette dialectique « ouverte », qui n'entend pas annoncer la victoire future d'un modèle sur un autre, permet de mieux comprendre l'évolution du droit international, tant dans sa fonction de création (A) que d'application du droit (B).

A. Les changements dans la création du droit

– Depuis les grandes conférences de La Haye en 1899 et en 1907, qui ont abouti aux premiers efforts de codification du droit international, la « diplomatie normative » s'est progressivement institutionnalisée dans le cadre des organisations internationales, aboutissant ainsi à une relative centralisation du processus de création du droit.

C'est dans le cadre ou sous les auspices des organisations internationales que sont négociés les grands traités multilatéraux qui régissent tous les aspects de la vie internationale. De plus en plus, ces traités prennent l'aspect de véritables « législations » internationales et, dans certains cas, leurs dispositions sont utilisées comme reflétant le droit positif avant même leur entrée en vigueur.

Mais il n'y a pas que les traités : d'autres types de textes sont également adoptés au sein des organisations internationales. Bien que non obligatoires, ils participent à un processus de maturation de la coutume internationale, ou constituent les jalons des conventions à venir. Dans certains cas, ils peuvent à eux seuls constituer la base de certains engagements souples des États, mais dont l'influence et l'impact sur la pratique s'avèrent souvent supérieurs aux traités classiques.

L'institutionnalisation de la diplomatie normative, en rendant publiques la plupart des négociations, facilite également l'intervention des nouveaux acteurs des relations internationales : de plus en plus, les États ne sont plus les seuls auteurs des normes internationales, lorsqu'ils ne sont pas relégués tout simplement au rang de simples prête-noms au profit d'entités privées.

– En même temps, ces évolutions notables n'aboutissent pas à une transformation radicale des modes de création du droit international : au moins formellement, les organisations internationales demeurent composées d'États qui conservent seuls le droit de vote au sein des assemblées ; les conventions internationales, en dépit de prétentions universelles, restent soumises, pour entrer en vigueur, à la volonté des États. Qui plus est, les gouvernements gardent en général, sur le plan interne, la mainmise sur les processus de négociation – et de décision dans les enceintes

internationales. La faible implication des parlements nationaux ou des citoyens contribue à maintenir une séparation entre la « sphère internationale » et la « sphère interne » à laquelle répond la distinction entre un droit interne soumis aux exigences de la démocratie et un droit international encore largement conçu comme interétatique et le plus souvent hors de portée des citoyens.

B. Les changements dans l'application du droit

– Si la logique de la communauté internationale trouve assez aisément à s'introduire dans les mots, elle peine à s'imposer dès qu'il s'agit de la mettre en œuvre. L'usage de la force dans les relations internationales constituait jusqu'au début du XXe siècle la technique de droit commun d'application du droit international. Les efforts ont consisté à réduire progressivement la portée de la coercition armée jusqu'à l'interdire totalement avec la Charte des Nations Unies. Parallèlement, on a cherché à mettre en place des techniques institutionnelles centralisées : le mécanisme de sécurité collective du chapitre VII de la Charte des Nations Unies constitue l'aboutissement de ces techniques et en résume toutes les contradictions. En fait, l'interdiction de la guerre, conjuguée à la dissuasion nucléaire a conduit à une multiplication des conflits locaux, plus généralement internes aux États. Les puissances se sont affrontées par pions interposés, faisant en cinquante ans un nombre considérable de victimes sans pour autant que soit remis en cause le tracé des frontières. Neutralisé pendant la guerre froide, le système du chapitre VII a connu une « relance » fulgurante au début des années 1990, qui a vu l'activité du Conseil de sécurité croître sans discontinuer depuis. Mais même si le Conseil joue aujourd'hui un rôle central dans les affaires de paix et de sécurité à l'échelle mondiale, son action reste l'otage du *veto* de ses membres permanents, mis en œuvre pour protéger leurs intérêts nationaux et ceux de leurs alliés les plus proches. La renaissance de l'unilatéralisme américain au début des années 2000, de même que les ambitions nationales russe et chinoise, ont rendu le Conseil de sécurité particulièrement vulnérable à la critique du « deux poids, deux mesures ».

– Le développement des organisations internationales a aussi encouragé le développement de mécanismes souples d'application du droit, en particulier en matière de droits de l'homme ou de différends commerciaux, sous la forme de « commissions d'experts indépendants », d'organes d'enquête ou de mécanismes de bons offices. Non contraignantes, ces techniques de contrôle n'en sont pas pour autant moins efficaces, dans la mesure où elles combinent la souplesse des procédures et du fonctionnement avec une certaine rigueur dans l'interprétation et l'application du droit. Qui plus est, ces mécanismes doivent être situés dans leur contexte institutionnel : apparaissent ainsi des « chaînes de contrôle » qui procèdent d'une articulation entre des organes indépendants et des organes intergouvernementaux, permettant ainsi de combiner expertise juridique et autorité politique. Ainsi, à défaut d'une véritable communauté universelle, des systèmes ouverts se trouvent juxtaposés face aux États dont les structures continuent à perpétuer l'image d'unités closes sur elles-mêmes. Si le droit international paraît en voie d'institutionnalisation, c'est de manière diffuse et indécise, sous la forme d'une « gouvernance internationale », par le biais des organisations internationales et des réseaux transnationaux travaillant le plus souvent sur une base thématique.

Conclusion

Le droit international peine à accomplir les promesses qui sont inscrites dans ses principes et dans les buts qui lui ont été fixés par les États. Aux aspirations à la sortie de l'état de nature s'opposent la persistance de l'unilatéralisme et la logique de la force. Ceci ressort particulièrement dans les temps de crise. Un véritable « changement de nature » du droit international impliquerait une reconnaissance plus profonde par les États et les peuples de leur interdépendance. Il n'est pas certain que le droit international, tel qu'il demeure pensé aujourd'hui, soit en mesure d'accompagner cette mutation. Sous certains aspects, il demeure encore trop lié à une logique de souverainetés, ayant pour seul objet de répartir des compétences entre des entités indépendantes qui coexistent et ceci dans l'intérêt de la préservation des intérêts de chacune de ces entités prises séparément, et non pour la défense d'un quelconque intérêt général à l'échelle globale. Pour autant, les structures de base du cosmopolitisme juridique sont déjà en place : interdiction du recours à la force, protection des droits de l'homme, régimes globaux visant à administrer des biens communs, comme l'environnement ou la santé... Face aux périls collectifs grandissant, un « changement de nature » du droit international n'est peut-être pas aussi éloigné qu'il semble.

partie 1

La formation du droit international

Le droit international est un droit jeune, mais c'est surtout un droit vivant. Si les principes de base de la société internationale tels qu'ils sont énoncés dans la Charte des Nations Unies restent une référence incontestée, les États demeurent, dans ce cadre, les principaux créateurs et destinataires des normes internationales. Ils sont donc, par définition même, le plus souvent « juges et parties » de leur propre cause. Chaque État fait valoir, vis-à-vis des autres, son point de vue sur l'existence des normes invoquées, sur leur valeur juridique et leur portée pratique, sur la qualification des situations au regard du droit. Ce qui pour un État sera un acte d'agression caractérisé, sera pour un autre État l'exercice du droit de légitime défense. 29

Dès lors, le droit international, dans sa structure interétatique originaire, est essentiellement marqué par le volontarisme et le relativisme. En « exerçant leur souveraineté », les États peuvent s'engager de « bonne foi », accepter de se lier pour lier les autres États à leur égard grâce au jeu de la réciprocité, ou même pratiquer une auto-limitation unilatérale. Ainsi a-t-on pu définir le droit international comme un « droit de juxtaposition », né de la volonté souveraine d'États égaux en droit, dressés comme des « sentinelles en armes », là où le droit interne est un « droit de subordination », l'État seul souverain, détenteur du monopole de la force, imposant sa loi aux « sujets du droit ». La notion même de « hiérarchie des normes », qui est au cœur de la construction en cascade des normes internes, a longtemps été complètement étrangère au droit international, traduisant là encore le plus grand relativisme.

La formation du droit international a elle-même donné lieu a de nombreux débats théoriques et pratiques. Elle reste en partie mystérieuse, puisque l'origine du droit ne peut être qu'extra-juridique, comme l'avait montré Kelsen. Ce mystère des origines se retrouve à chaque niveau : l'origine première du droit des *traités*[Q] est de nature coutumière, quant à l'origine de la coutume elle relève d'une pratique continue associée à un sentiment d'obligation, la fameuse *opinio juris sive necessitatis*... En fin de compte, c'est la vie en société qui exige des règles stables et des comportements prévisibles de la part des sujets, à l'opposé de l'arbitraire. Il en va de la sécurité juridique et de la confiance mutuelle entre ces différents sujets : si la volonté de l'État est la source du droit international, il s'agit d'une volonté formalisée, coulée dans le temps, non d'une volonté fluctuante, soumise aux caprices de l'instant. Selon la formule éloquente de Léon Bourgeois, la paix, « c'est la durée du droit ».

30 Pour examiner les conditions de formation du droit international, il faudra chercher quelles sont les sources formelles du droit international (chapitre 1), avant d'envisager les modalités d'application du droit international (chapitre 2).

chapitre 1

Les sources du droit international

Plan analytique

section 1

Les traités

§ 1 Nature et classification des traités

§ 2 La formation des traités

- **A.** Les étapes de la conclusion des traités
- **B.** La modulation du consentement

§ 3 La vie des traités

- **A.** Le principe *Pacta sunt servanda*
- **B.** Licéité de l'objet du traité et hiérarchie des normes
- **C.** Les « vices du consentement »
- **D.** Le régime des révisions

section 2

La coutume et les principes généraux du droit

§ 1 La coutume ordinaire

§ 2 Les principes généraux

section 3

Les actes unilatéraux

§ 1 Les actes unilatéraux des États

§ 2 Les actes unilatéraux des organisations internationales

Compléments pédagogiques

Pour établir une liste des sources du droit international, un bon point de départ 31 consiste à se référer à l'article 38 du statut de la Cour internationale de justice, qui figure en annexe de la Charte des Nations Unies de 1945 mais a été rédigé à l'origine pour la Cour permanente de justice internationale en 1920. Après avoir rappelé que la mission de la Cour est « de régler conformément au droit international, les différends qui lui sont soumis », l'article 38 énumère les sources que la Cour « applique » pour ce faire, donnant ainsi un premier inventaire approximatif des différentes « sources du droit international ». Ce sont :

« a) les conventions internationales, soit générales, soit spéciales, établissant des règles expressément reconnues par les États en litige ;

b) la coutume internationale, comme preuve d'une pratique générale, acceptée comme étant le droit ;

c) les principes généraux de droit reconnus par les nations civilisées ;

d) (...) les décisions judiciaires et la doctrine des publicistes les plus qualifiés des différentes nations, comme moyen auxiliaire de détermination des règles de droit ».

Cette énumération est doublement datée. Elle est quelque peu obsolète dans sa forme et aujourd'hui la référence à la « doctrine des publicistes les plus qualifiés » n'a guère de sens. De même, la mention des « nations civilisées » est très marquée par l'esprit de l'époque, avec la distinction entre « nations civilisées » et « peuples sauvages » qui est à la base de la colonisation, comme cela a été rappelé dans le chapitre introductif. Pour autant, cette notion peut trouver un sens nouveau dans le contexte actuel, puisque la Charte des Nations Unies précise elle-même des « standards de civilisation » communs à tous ses membres, en proclamant « notre foi dans les droits fondamentaux de l'homme, dans la dignité et la valeur de la personne humaine, dans l'égalité des droits des hommes et des femmes ». Ne peut-on considérer que tout État qui ne respecte pas ces principes de dignité et d'égalité, à travers un régime d'*apartheid* ou un système de discrimination à l'égard des femmes, va à l'encontre des « principes généraux de droit reconnus par les nations civilisées » ?

Mais surtout l'énumération est incomplète et ne tient pas compte des développements du droit international depuis la création de la SDN, avec la naissance de tout un « droit dérivé », issu des « actes unilatéraux » des organisations internationales (résolutions, décisions, recommandations...). Par ailleurs, la jurisprudence a pris de plus en plus de place, y compris en tant que source autonome, et non plus seulement comme « moyen auxiliaire » existant. La fonction normative de la Cour internationale de justice est d'autant plus grande qu'elle se dissimule ainsi derrière la recherche des éléments constitutifs d'autres sources, conventionnelles ou coutumières. Enfin, par définition, l'article 38 qui a été rédigé à son usage ne lie que la Cour elle-même, ou les États qui se présentent devant elle, et ne saurait avoir de validité « objective ».

En fait, si l'article 38 du statut de la Cour internationale de justice fournit un point de 32 départ commode, la formation du droit international procède de trois séries de sources principales d'importance inégale qui existent dans tout ordre juridique : les actes conventionnels que sont les traités (section 1), la coutume et les principes généraux du droit (section 2) et les actes unilatéraux (section 3).

section 1

Les traités

33 Après avoir envisagé la nature et la classification des traités, puis leur hiérarchie et leur interaction, les différentes phases de la vie des traités seront passées en revue pour mesurer la « teneur » des engagements conventionnels.

§ 1 Nature et classification des traités

34 Par leur nature conventionnelle, née de l'accord de volonté de deux ou plusieurs États (le *negocium*), comme par leur caractère écrit (l'*instrumentum*[Q]), les traités offrent un cadre précis aux engagements internationaux. Cette apparente sécurité juridique de la forme écrite est à l'origine des efforts de codification entrepris depuis les conférences de La Haye de 1899 et de 1907, il y a un siècle, en transformant des normes coutumières – non écrites et souvent incertaines – en règles conventionnelles.

L'entreprise de codification, de par sa dimension multilatérale, tend également à une démocratisation du droit, en faisant entériner les normes ainsi définies par un plus grand nombre d'États, alors que les précédents constitutifs de la coutume provenaient le plus souvent de la pratique des vieux États européens. L'inconvénient reste le risque de cristalliser le droit à un moment donné de son évolution, sans rencontrer l'approbation massive des États qui était recherchée, ou au contraire en déclenchant de nouvelles revendications et en jouant ainsi un rôle déstabilisateur.

35 Le droit des traités a lui-même été codifié à la suite des travaux de la Commission du droit international, un organe subsidiaire de l'Assemblée générale des Nations Unies, composé d'experts indépendants qui est aujourd'hui chargé de la « codification et du développement progressif du droit international ». Cette codification exemplaire, marquée par une série de rapporteurs spéciaux britanniques comme Sir Gerald Fitzmaurice et Sir Humphrey Waldock, a donné naissance à un *traité sur les traités* : la convention de Vienne sur le droit des traités adoptée le 23 mai 1969.

La convention de Vienne de 1969 s'est vue appliquer les règles qu'elle codifie, notamment le principe de l'« effet relatif des traités ». En vertu de ses dispositions finales, son entrée en vigueur était soumise à la ratification de 35 États. Celle-ci est intervenue le 27 janvier 1980 pour les États ayant alors ratifié la convention. La convention a été très largement ratifiée depuis, mais la France a dès le départ pris une position singulière. Lors de l'adoption de la convention par la conférence de Vienne, la France est le seul État à avoir voté contre l'adoption, en raison de critiques de fond sur la notion de « *jus cogens* » (v. ss 44). Ainsi la France, *stricto sensu*, n'est pas liée par la convention en elle-même. Toutefois, celle-ci sur bien des points ne fait que codifier des normes coutumières. À plusieurs reprises, lors d'arbitrages, la France a explicitement invoqué des articles de la convention de Vienne, notamment ceux relatifs au jeu des réserves ou à l'interprétation des traités, en les considérant comme la simple codification des règles coutumières préexistantes. Autrement dit, une nette distinction est faite entre la codification « à droit constant » et le « développement progressif » du droit.

La convention de Vienne de 1969 concerne les traités entre États, mais ses principes ont été transposés, à la suite des travaux de Paul Reuter, le rapporteur spécial de la CDI, dans la convention de Vienne de 1986 sur le droit des traités entre États et organisations internationales ou entre organisations internationales. En dehors de cette distinction fondamentale, la convention de Vienne de 1969 ne comporte pas de classification systématique des traités : sa portée est donc générale mais son rôle reste supplétif en l'absence de régimes particuliers qui pourraient avoir été établis.

Comme le précise l'article 2 de la convention de Vienne, « l'expression "traité" 36 ■
s'entend d'un accord international conclu par écrit entre États et régi par le droit international ». En ce sens, se trouvent exclus tout aussi bien les accords verbaux que les arrangements informels qui ne sont pas soumis au droit international et que l'on réunit généralement dans la catégorie « négative » des actes concertés *non conventionnels*. La vie internationale connaît de nombreuses déclarations d'intention, des engagements politiques qui ne constituent pas des engagements juridiques, sans que cela n'implique qu'ils soient sans importance. Ainsi les documents principaux de la Conférence sur la sécurité et la coopération en Europe (CSCE), comme l'Acte final d'Helsinki de 1975 ou la Charte de Paris pour une nouvelle Europe de 1990, alors même qu'ils ont été solennellement signés par les chefs d'État et de gouvernement, ne sont pas des traités créant des obligations juridiques, mais des engagements d'une « haute importance politique » qui ont constitué le cadre du dialogue politique et de sécurité entre les deux blocs durant les quinze dernières années de l'opposition Est-Ouest. Bien plus, c'est également sur la base d'un « acte concerté non conventionnel », la Déclaration finale du Sommet de Budapest en 1994, que s'est effectuée la transition vers une organisation internationale – l'OSCE – en lieu et place de la technique classique du traité constitutif. Il en va de même de toutes les déclarations conjointes ou les communiqués de presse à la suite des rencontres internationales, qu'il s'agisse de sommets politiques comme le G7 ou le G20 ou de grandes conférences internationales ou encore de sommets mondiaux organisés dans le cadre des Nations Unies, comme le Sommet qui a donné lieu à l'adoption des objectifs de développement durable en septembre 2015 (résolution 70/1 de l'Assemblée générale des Nations Unies). Comme on le verra tout au long de cet ouvrage, ces « actes concertés non conventionnels » occupent, aux côtés des traités et des autres « sources », une place croissante dans la vie internationale.

De nombreuses classifications des traités ont été faites par la doctrine. Une des plus stimulantes reste la vieille distinction théorique entre « traités-lois » et « traités-contrats ». En fait, dans la pratique, cette opposition doit être nuancée : d'une certaine manière, en tant qu'actes conventionnels, tous les traités sont des « contrats » entre les parties, mais en même temps, comme en droit interne, ces contrats sont la « loi des parties ». Ainsi le traité franco-britannique signé le 12 février 1986 à Cantorbéry concernant la « liaison fixe transmanche » peut-il être considéré comme le type même du traité bilatéral de nature contractuelle imposant des droits et des obligations réciproques aux deux États. Mais, en même temps, les États poursuivent un intérêt commun et établissent un régime objectif qui s'impose aux tiers.

A fortiori, si l'on considère des « actes complexes », on peut trouver dans le même traité une juxtaposition d'éléments de nature différente. Le traité de Versailles de 1919 n'est pas seulement un « traité de paix » imposé au vaincu qui marque de profonds réaménagements territoriaux et précise les obligations économiques de l'Allemagne, il établit aussi des règles de responsabilité pénale internationale, fixe le régime de fleuves internationaux et comporte même le statut constitutif de deux organisations internationales, la SDN et l'OIT...

Ainsi la technique conventionnelle répond-elle à des fonctions juridiques très diverses. Le traité est bien l'« homme à tout faire » du droit international. Il peut établir la charte d'une organisation internationale, exerçant une véritable fonction « constitutive ». Il s'agit alors d'un traité-institution, conférant une personnalité juridique de sujet du droit international à l'organisation internationale ainsi créée. Il peut également fixer des régimes juridiques ayant vocation à s'appliquer à tous les États, que ce soit par le biais de conventions générales établissant une sorte de législation universelle, comme les conventions de codification – la convention de Vienne de 1969, ou la convention de Montego Bay de 1982 sur le droit de la mer – ou par des traités restreints ayant une nature objective – comme le traité bilatéral de 1901 entre les États-Unis et le Royaume-Uni fixant le statut du canal de Panama ou le traité de 1959 sur l'Antarctique. Il fixe aussi bien les règles réciproques applicables aux relations bilatérales, comme dans les traités d'extraditon ou certains traités de désarmement, que des règles objectives et non-réciproques ayant pour objet de définir un régime juridique applicable à tous, à l'image des traités en matière de droits de l'homme.

■ 37 On le voit, ces distinctions concernant la nature des traités dépassent le seul élément quantitatif. Certes, les traités bilatéraux se rapprochent le plus souvent de la forme contractuelle et les traités universels correspondent à l'idéal de « législation collective », mais il existe toute une série de situations intermédiaires. Une autre distinction mérite à cet égard d'être retenue, c'est l'opposition entre « traités ouverts » et « traités fermés ». Les traités ouverts, même s'ils restent soumis au relativisme des adhésions, ont pour vocation de rassembler tous les États. Les traités fermés gardent un caractère exclusif avec des conditions strictes de participation. Ils visent à créer des solidarités renforcées. Ainsi avait-on envisagé, lors des travaux de la CDI, de distinguer les « traités multilatéraux » et les « traités plurilatéraux », restreints à un petit groupe d'États, un « club fermé », comme dans le cas du traité de Rome de 1957 créant la Communauté économique européenne. Le contexte de la guerre froide n'a pas permis cette consécration officielle de la spécificité « communautaire », mais il a été admis implicitement que les traités fermés puissent obéir à des règles propres, à travers notamment l'article 5 de la convention de Vienne : « la présente convention s'applique à tout traité qui est l'acte constitutif d'une organisation internationale et à tout traité adopté au sein d'une organisation internationale, sous réserve de toute règle pertinente de l'organisation ». Il en va de même du traité de Lisbonne de 2007, ratifié par les 27 États membres de l'Union européenne pour entrer en vigueur le 1er décembre 2009. Pour autant, la terminologie du traité de Madrid de 2004 sur la « *Constitution européenne* » avait introduit une ambiguïté qui a peut-être participé à son désaveu, notamment lors du référendum français, alors qu'il s'agissait d'un *traité constitutif*[Q], comme le Conseil constitutionnel l'a rappelé dans sa décision du 19 novembre 2004 relative au « Traité établissant une Constitution pour l'Europe ». Même si la dynamique du droit communautaire a entraîné un renouveau des études sur le fédéralisme (comparer O. Beaud, *Théorie de la fédération*, PUF, 2007, L. Le Fur, *État fédéral et confédération d'États*, rééd éd. Panthéon-Assas, 2000 et la lecture fédéraliste de Georges Scelle dans le *Précis de droit des gens*), force est de constater que les fondements formels de l'Union européenne restent des traités internationaux.

§ 2 La formation des traités

A. Les étapes de la conclusion des traités

La conclusion des traités renvoie d'abord à une procédure d'élaboration du traité 38 ■
comme acte juridique. Le droit des traités se montre à cet égard très souple, même s'il réserve le droit de négocier et de participer à la conclusion du traité à certaines personnes officiellement habilitées. Comme l'indique l'article 7 de la convention de Vienne, certaines autorités de l'État sont d'emblée présumées le représenter, comme les chefs d'État et de gouvernement ou les ministres des Affaires étrangères, mais les autres personnes, comme les ambassadeurs, doivent passer par la procédure des « pleins pouvoirs ». La négociation d'un traité n'obéit à aucune règle particulière. Certains traités bilatéraux sont négociés puis conclus par un simple échange de lettres, comme la « deuxième déclaration franco-britannique » dans l'affaire *Cameroun c/ Nigeria*, qui portait sur la frontière entre les deux pays sur la presqu'île de Bakassi (arrêt du 10 octobre 2002 sur le fond). Pour savoir s'il y a consentement à être lié, le juge international recherche en général la volonté des parties telle qu'on peut la déduire du texte ou du contexte. Dans l'affaire du *Plateau continental de la Mer Egée*, la Cour internationale de Justice a ainsi jugé que ne constituait pas un engagement le communiqué de presse publié par les deux Premiers ministres de la Grèce et la Turquie dans lequel ils affirmaient leur volonté de résoudre leur différend sur le plateau continental en le soumettant à la juridiction de la Cour.

À l'autre extrême du spectre, on trouve des procédures très formelles et institutionnalisées de négociation des traités au sein des organisations internationales comme les Nations Unies : les négociations ont alors lieu au sein de « groupes de travail » *ad hoc* ou d'organes d'experts constitués sur une base permanente comme la Commission du droit international. Le projet de texte est alors soumis à l'approbation de l'organe plénier, qui l'adopte comme annexe d'une résolution et le soumet à la ratification des États. Mais les États peuvent aussi choisir de solenniser davantage la procédure et aussi de l'extraire au moins partiellement du cadre institutionnel, en convoquant une conférence de plénipotentiaires, comme ce fut le cas par exemple pour la mise au point de la Conférence de Montego Bay sur le droit de la mer en 1982 ou du statut de Rome de la Cour pénale internationale en 1998. À cet égard, l'article 9 de la convention de Vienne prévoit qu'en principe un texte est définitivement adopté « par le consentement de tous les États » ou par la majorité des deux-tiers dans une conférence internationale, mais il s'agit de règles supplétives, comme d'ailleurs toutes les autres règles de la Convention.

La souplesse se retrouve pour les « modes d'expression du consentement à être lié par 39 ■
un traité », mais classiquement deux étapes doivent être distinguées : l'authentification

et la ratification. Pour les traités dits « en forme simplifiée », ces deux opérations sont confondues et la signature vaut consentement à être lié : il suffit que le traité le prévoit expressément (*v.* par ex. le « mémorandum d'accord » signé par le Kenya et la Somalie dans l'affaire de la *Délimitation maritime dans l'Océan indien*, CIJ, arrêt sur les exceptions préliminaires du 2 février 2017, § 45). À l'inverse, elles sont clairement dissociées pour les traités conclus en forme « solennelle ». L'authentification se fait par la signature, qui peut être provisoire pour être confirmée ultérieurement par l'autorité compétente (article 10 de la convention de Vienne). La signature ne signifie pas en général le consentement à être lié, mais elle n'est pas pour autant dénuée d'effet juridique puisque, d'une part, les clauses finales du traité sont obligatoires dès l'adoption (article 24, § 1), et que, d'autre part, le principe de bonne foi oblige les États à ne pas adopter d'actes « qui priveraient le traité de son objet et de son but (...) tant qu'il n'a pas manifesté son intention de ne pas en devenir partie » (article 18). Pour autant, un État qui a signé un traité ne s'oblige pas à le ratifier par la suite et, de fait, il existe souvent un décalage entre le nombre d'États ayant signé un traité et le nombre d'États l'ayant ratifié. L'adhésion désigne la procédure par laquelle un État qui n'a pas antérieurement signé le traité exprime son consentement à être lié. La procédure de ratification est elle-même réglée par les ordres juridiques internes des États. En France, par exemple, c'est le président qui ratifie en principe les traités, mais l'article 53 de la Constitution prévoit que cette ratification n'intervient, pour certaines catégories de traités, qu'après l'autorisation du Parlement ou la tenue d'un référendum, ou encore, pour les traités qui impliquent des mutations territoriales, une fois établi le consentement des populations intéressées. L'entrée en vigueur du traité lui-même ne peut intervenir qu'après l'échange des instruments de ratification ou selon les cas, le dépôt de l'instrument de ratification auprès du dépositaire, qui est choisi par les rédacteurs du traité. Pour beaucoup de traités multilatéraux, il s'agit du secrétaire général des Nations Unies, mais il peut tout aussi bien s'agir d'un État – comme la Suisse pour les traités de droit humanitaire. Généralement, le traité fixe lui-même les conditions de son entrée en vigueur, en définissant un nombre minimal de ratifications et un délai après le dépôt du dernier instrument requis. L'article 102 de la Charte des Nations Unies fait obligation aux États membres d'enregistrer leurs traités auprès du Secrétariat, ceci afin de lutter contre la pratique des accords secrets : un traité non enregistré ne pourra pas être invoqué devant un organe de l'Organisation !

B. La modulation du consentement

■ 40 Les États peuvent également moduler leurs engagements par le jeu des déclarations ou des *réserves*[Q] faites soit au moment de la signature, soit lors de la ratification. Celles-ci ont un caractère destructeur du lien conventionnel, puisqu'elles visent à mettre entre parenthèses certaines dispositions de manière unilatérale, tandis que par le biais de la réciprocité des engagements, elles ont un effet multiplicateur « en miroir ». Pendant longtemps, les réserves ont été écartées ou soumises à l'approbation unanime des autres parties. Cette logique s'impose encore avec les traités bilatéraux où les réserves ne peuvent avoir que le sens d'une renégociation. Pourtant, avec le développement des traités multilatéraux, l'intérêt d'une large participation des États a prévalu sur la sauvegarde de l'homogénéité, de l'« intégrité » du traité, au risque de vider parfois de son contenu un engagement général aussitôt remis en cause par une série de réserves.

Certains traités n'acceptent pas les réserves, que ce soient des traités plurilatéraux, comme les traités communautaires, ou des traités de codification, comme la convention sur le droit de la mer de 1982 ou le statut de Rome de la Cour pénale internationale de 1998. D'autres n'acceptent de réserves que sur des « dispositions particulières » en écartant les « réserves de caractère général », comme la Convention européenne des droits de l'homme de 1950. Mais la plupart du temps, c'est le laxisme qui a prévalu depuis la guerre en raison, notamment, des réticences de l'URSS à accepter des clauses de juridiction dans les grands traités onusiens. Dans un avis du 28 mai 1951 sur les réserves à la Convention de 1948 contre le génocide, la Cour internationale de justice a fixé les principes du volontarisme qui seront par la suite développés par la convention de Vienne de 1969.

En fait, les formules retenues à Vienne correspondent plus à un tour de passe-passe diplomatique qu'à une véritable solution technique, en prévoyant un système formel d'acceptation ou d'objection aux réserves de la part des cocontractants (art. 20), permettant ainsi de moduler les « effets juridiques des réserves et des objections aux réserves » sur les engagements liant réciproquement les parties prises deux par deux (art. 21). Mais la diversité des obligations et des réserves rend impossible toute solution générale. Le régime juridique de garde-fous établi par la convention de Vienne s'est vite révélé difficilement praticable à l'usage (v. par ex. pour les incertitudes découlant du jeu réciproque des réserves, l'arbitrage franco-britannique dans l'affaire de la *Mer d'Iroise*, sentence du 30 juin 1977). Les États n'ont retenu que le principe de la liberté des réserves, sans veiller à faire vivre les sauvegardes collectives qui en étaient pourtant la contrepartie logique. C'est seulement en matière de droits de l'homme que les organes de contrôle, à commencer par la Cour européenne des droits de l'homme – suivie par le Comité des droits de l'homme des Nations Unies avec son observation générale n° 24 – ont saisi l'occasion du contentieux pour remettre en cause des réserves contraires à la lettre ou à l'esprit des traités, ouvrant ainsi un nouveau débat au sein de la CDI qui a trouvé sa conclusion avec l'adoption d'un « guide de la pratique », sous l'impulsion de son rapporteur spécial Alain Pellet (v. les compléments pédagogiques, document n° 1).

§ 3 La vie des traités

A. Le principe *Pacta sunt servanda*

Le principe de base du droit des traités est l'obligation pour les États parties de 41
respecter leurs engagements. Comme le rappelle la convention de Vienne à l'article 26 consacré au principe *Pacta sunt servanda*[Q] : « tout traité en vigueur lie les parties et doit être exécuté de bonne foi ». La « cause juridique » de cette obligation tient sans doute à la nature conventionnelle des engagements : les États se lient mutuellement les uns les autres. Ce qui explique que tout traité, pour entrer en vigueur, nécessite au moins deux ratifications, alors même que des traités-lois, comme les conventions internationales du travail ou les traités relatifs aux droits de l'homme, ne créent pas des obligations réciproques.

Le fait qu'un État puisse se lier durablement envers un autre État ou un groupe d'États constitue une limitation volontaire de sa souveraineté. Mais, en même temps, cette autolimitation est la base de toute la vie internationale en faisant naître des attentes légitimes – des « *expectations* » – et en permettant d'anticiper le comportement des cocontractants. Comme le soulignait la CPJI dès 1923 dans l'affaire du *Vapeur Wimbledon* : « toute convention (...) apporte une restriction à l'exercice des droits souverains de l'État, en ce sens qu'elle imprime à cet exercice une direction déterminée. Mais la faculté de contracter des engagements internationaux est précisément un attribut de la souveraineté de l'État » (CPJI 17 août 1923, série A, n° 1, p. 25). Il en résulte qu'un État ne peut pas, après avoir exprimé son consentement à être lié par un traité, se prévaloir de son droit interne – et donc de sa souveraineté – pour prétendre se soustraire à ses obligations internationales ou justifier la non-exécution du traité. Cette règle est d'ailleurs consacrée par l'article 27 de la convention de Vienne, qui suit donc immédiatement *Pacta sunt servanda* à l'article 26.

■ 42 L'étendue de l'engagement de l'État est généralement définie par le traité ou peut faire l'objet de modulations dans l'acte par lequel l'État exprime son consentement à être lié, sous la forme de réserves. Une fois de plus la convention de Vienne fixe deux règles supplétives pour l'application *ratione temporis* et *ratione loci*. Sur le plan temporel, le principe est celui de la non-rétroactivité des traités : « les dispositions d'un traité ne lient pas une partie en ce qui concerne un acte ou fait antérieur à la date d'entrée en vigueur » du traité. Mais cette règle connaît des exceptions importantes pour les faits de nature continue, telle que les expropriations (par ex. l'affaire *Papamichalopoulos et autres c/ Grèce* devant la Cour européenne des droits de l'homme, 24 juin 1993) ou les disparitions forcées (par ex. Cour interaméricaine des droits de l'homme *Radilla Pacheco c/ Mexique*, arrêt du 23 novembre 2009). De même, la convention de Vienne pose le principe de l'application territoriale des traités, « à moins qu'une intention différente ne ressorte du traité », autorisant ainsi soit des restrictions dans l'application au territoire (par ex. avec les clauses dites « coloniales »), soit une extension extraterritoriale de la portée des obligations, notamment lorsque l'État s'engage, comme dans certains traités en matière de droits de l'homme, au regard de la notion plus large de « juridiction » équivalent à un contrôle de fait exercé sur des personnes.

B. Licéité de l'objet du traité et hiérarchie des normes

■ 43 On considère généralement que tous les engagements des États se trouvent de plain-pied au regard du droit international. Un traité bilatéral n'est pas – en soi – supérieur ou inférieur à un traité multilatéral, à un traité récent, à un traité ancien... Les États peuvent accepter des traités contradictoires donnant naissance à des engagements à l'égard des tiers tout aussi valables les uns que les autres au regard du droit international. Seul le jeu de la responsabilité (v. ss 105 s.) permet de régler ces conflits de normes, sur le terrain de la réparation pour inexécution d'une obligation.

L'idée d'une hiérarchie des traités n'est donc que difficilement admise. On en trouve un jalon dans l'article 103 de la Charte des Nations Unies, puisqu'« en cas de conflit entre les obligations des membres des Nations Unies en vertu de la présente Charte et leurs obligations en vertu de tout autre accord international, les premières prévaudront ». Certes, il s'agit d'un engagement relatif, pesant sur les seuls États membres, mais ceux-ci, au nombre de 193, représentent aujourd'hui la quasi-totalité des États de la planète. En même temps, cette primauté n'est pas automatique et n'occasionne pas une nullité des obligations contraires. Elle peut même se heurter à l'affirmation concurrente de la primauté d'obligations issues d'autres ordres juridiques : ainsi des traités et des principes généraux relatifs aux droits fondamentaux dans l'Union européenne (v. dans les outils pédagogiques l'affaire *Yasin Abdullah Kadi et autres* devant la CJCE).

Parallèlement à cette ébauche de constitutionnalisation du droit international, la CDI a consacré, dans la convention de Vienne, la notion de « *jus cogens*[Q] », en établissant un régime juridique de nullité des traités contraires à de telles normes. La définition du « *jus cogens* » donnée à l'article 53 peut sembler quelque peu tautologique : « aux fins de la présente convention, une norme impérative de *droit international général*[Q] est une norme acceptée et reconnue par la communauté internationale des États dans son ensemble en tant que norme à laquelle aucune dérogation n'est permise et qui ne peut être modifiée que par une nouvelle norme de droit international général ayant le même caractère ». 44 ■

En se référant au « droit international général », la convention de Vienne semble écarter l'hypothèse d'un *jus cogens* de nature conventionnelle. Il conviendrait donc, pour déterminer l'existence d'une norme de *jus cogens*, de constater la présence des éléments constitutifs d'une coutume, puis de démontrer l'existence d'une *opinio juris* renforcée, à travers l'acceptation et la reconnaissance de la norme en tant que telle par « la communauté internationale des États dans son ensemble », cette notion méritant à son tour d'être élucidée.

Les exemples de normes de *jus cogens* qui sont le plus souvent évoqués par la doctrine et la jurisprudence concernent des normes faisant l'objet de conventions universelles qui ne prêtent pas à discussion, comme l'interdiction de l'esclavage ou de la traite, la prohibition de l'apartheid, du génocide ou de l'agression. Encore qu'on puisse s'interroger sur le moment critique où une telle norme s'est imposée et sur sa portée, s'agissant par exemple de l'esclavage moderne (E. Decaux, *Les formes contemporaines de l'esclavage*, Nijhoff, coll. « Livres de poche Académie droit international », 2009) ou de l'interdiction du génocide. Mais peut-on en dire autant de notions aussi sujettes à interprétation que l'interdiction de l'agression ou même la prohibition des actes terroristes ? En fait il est difficilement imaginable que deux États concluent un accord en bonne et due forme allant à l'encontre de ces interdits, comme cela a pu être le cas du pacte germano-soviétique de 1939 planifiant le partage de la Pologne. Quant aux accords de Munich de 1938, par lesquels la France et le Royaume-Uni ont cautionné le démembrement de la Tchécoslovaquie, ouvrant la voie à l'agression allemande quelques mois plus tard, ils ont été considérés comme nuls, tant par l'accord de normalisation intervenu entre la République Fédérale d'Allemagne et la Tchécoslovaquie en 1973 que par le traité d'amitié, de coopération et d'assistance mutuelle, signé par l'URSS et la Tchécoslovaquie en 1970, ce dernier allant même jusqu'à reconnaître une nullité *ab initio* (Ph. Bretton, « Les négociations germano-tchécoslovaques sur l'accord de Munich du 29 septembre 1938 », *AFDI* 1973, vol. 19, pp. 189-209). La convention de Vienne semble tirer les leçons de cette expérience tragique : selon l'article 53, « est nul tout traité qui, au moment de la conclusion, est en conflit avec une norme impérative du droit international général ». Et en vertu de l'article 64 : « si une nouvelle norme impérative du droit international général survient, tout traité existant qui est en conflit avec cette norme devient nul et prend fin ». La CDI, dans des « principes directeurs » adoptés en 2006, a étendu les effets de nullité aux actes unilatéraux des États : « une déclaration unilatérale en conflit avec une norme impérative du droit international général est nulle » (principe

8). En fait le débat dépasse maintenant largement la question des sources du droit international, puisque le *jus cogens* semble déployer des conséquences spécifiques tant dans le droit de la responsabilité que dans le droit international pénal. C'est finalement tout un ensemble de normes d'ordre public qui, peu à peu prend corps, avec l'obligation corrélative d'utiliser tous les moyens autorisés par le droit international pour mettre un terme à leurs violations et poursuivre pénalement leurs auteurs.

■ 45 Face à la définition tautologique donnée par la convention de Vienne, le scepticisme a pu gagner les esprits quant à la possibilité d'identifier concrètement et de manière relativement consensuelle des normes de *jus cogens*. En réalité, cette tâche est revenue essentiellement au juge international (v. compléments pédagogiques, document n° 4 et exercice corrigé n° 1). C'est à travers des périphrases que la Cour internationale de justice a progressivement approché la notion : « obligations impératives » dans l'*Affaire du personnel diplomatique et consulaire des États-Unis à Téhéran*, puis principes « intransgressibles » dans l'avis consultatif sur la *Licéité de la menace ou de l'emploi d'armes nucléaires*, en 1996. En réalité, c'est le Tribunal pénal pour l'ex-Yougoslavie qui, le premier, a osé concrétiser la notion, lorsqu'une de ses chambres de première instance a qualifié l'interdiction de la torture de norme de *jus cogens* en 1998 (jugement *Furundzija*), suivi de près, en 2001, par la Cour européenne des droits de l'homme dans l'affaire *Al-Adsani*. Ne voulant pas être en reste, la Cour mondiale a franchi une nouvelle étape décisive en parlant, et cette fois expressément, de *jus cogens*, dans plusieurs affaires qui ont permis d'en préciser le régime juridique. Ainsi, dans son arrêt du 3 février 2006 sur *Les activités armées sur le territoire du Congo, RD Congo c/ Rwanda*, la Cour considère que l'allégation d'une violation d'une norme de *jus cogens*, comme en l'espèce la convention de 1948 sur le génocide, ne vaut pas à elle seule titre de juridiction pour la Cour. Dans une affaire parallèle, la Cour s'est prononcée sur le fond, avec son arrêt du 19 décembre 2005, *RD Congo c/ Ouganda*. Elle a dû qualifier les violations de plusieurs « principes conventionnels et coutumiers » particulièrement importants, à commencer par « le principe du non-recours à la force et l'interdiction de l'agression », ou encore « le principe conventionnel et coutumier qui impose de respecter et de faire respecter les droits fondamentaux de la personne, y compris en période de conflit armé, conformément au droit international humanitaire ». Mais, ayant qualifié ces violations, la Cour ne cherche pas à préciser leur nature juridique. La doctrine a été ainsi amenée à tenter de distinguer les normes de *jus cogens* et les obligations *erga omnes*[Q], en considérant que si toutes les normes de *jus cogens* correspondent à des obligations *erga omnes*, intéressant la communauté internationale dans son ensemble, conformément à l'*obiter dictum*[Q] de 1970, l'inverse n'est pas vrai : toutes les obligations *erga omnes* ne relèvent pas du *jus cogens* (sur les normes *erga omnes*, v. chapitre 2, section 2, § 2, v. ss 116 s.). L'affaire *Hissène Habré*, qui opposait la Belgique au Sénégal à propos de l'obligation de juger ou extrader l'ancien dictateur tchadien, a fourni à la Cour l'occasion d'affirmer de manière éclatante que l'interdiction de la torture revêtait ces deux caractères (*Questions concernant l'obligation de poursuivre ou d'extrader (Belgique c/ Sénégal)*, arrêt du 20 juillet 2012, § 69 et 99).

■ 46 Les incertitudes qui continuaient à entourer la notion de droit impératif ont poussé la Commission du droit international à inscrire cette question à son programme de travail en 2015 et à nommer un Rapporteur spécial sur ce sujet controversé, entreprenant un délicat exercice de clarification de la pratique, sous la forme de « conclusions ». À l'Assemblée générale, seuls trois États ont toutefois émis des réserves sur le sujet, à savoir la France, les États-Unis et les Pays-Bas, mais le Rapporteur a pu constater dans son premier rapport que s'il demeurait des controverses sur les contours et les conséquences du droit impératif, il n'était plus question d'en contester l'existence même (doc. A/CN.4/693). Après avoir tenté d'identifier les critères applicables pour identifier les normes impératives du droit international général (A/CN.4/706), le Rapporteur spécial a présenté, en 2018, un troisième rapport sur leurs conséquences et leurs effets juridiques (A/CN.4/714). En 2019, la CDI a examiné le 4ᵉ rapport (A/CN.4/727) et commencé à rédiger le texte d'une vingtaine de « projets de conclusion » concernant « *les normes impératives de droit international général (jus cogens)* » (A/CN.4/L.936) qui ont été soumises aux États pour commentaires. Il est douteux, au vu des discussions ayant eu lieu jusque-là à la sixième commission de l'Assemblée générale, que les travaux en cours parviennent à mettre tous les États d'accord sur le sujet. Les divergences d'approches demeurent vives, tant sur les sources des normes impératives, que sur l'identification de ces normes et sur leurs conséquences. Au moins l'exercice a-t-il pour mérite, sinon d'éclairer un consensus, du moins de clarifier quelque peu les termes du débat. Ainsi à titre d'état des lieux, le dernier projet de conclusion indique que « sans préjudice de l'existence ou de l'émergence ultérieure d'autres normes impératives de droit international général (*jus cogens*), une liste non exhaustive de normes que la CDI avait précédemment désignées comme ayant ce statut se trouve dans l'annexe aux présents projets de conclusion ». Sans que le statut de cette annexe soit clairement précisé, c'est là qu'on peut découvrir la « liste non exhaustive » de normes, très sommairement définies, sans indication sur leur origine et leur contenu, ni justification sur leur ordre :

« *(a) l'interdiction de l'agression ;*
(b) l'interdiction du génocide ;
(c) l'interdiction des crimes contre l'humanité ;
(d) les règles fondamentales du droit international humanitaire ;
(e) l'interdiction de la discrimination raciale et de l'apartheid ;
(f) l'interdiction de l'esclavage ;
(g) l'interdiction de la torture ;
(h) le droit à l'autodétermination ».

C. Les « vices du consentement »

Pour que le traité traduise un véritable engagement des volontés, il faut également 47
que cette volonté ne soit pas entachée de « vices du consentement ». La convention de Vienne, transposant largement des principes du droit contractuel, a déterminé une série de causes de nullité telles que l'erreur (art. 48), le dol (art. 49) ou la corruption (art. 50). S'agissant de la contrainte, la convention de Vienne a distingué deux hypothèses, la « contrainte exercée sur le représentant d'un État » (art. 51) – telles que les pressions exercées pour extorquer une signature à un plénipotentiaire – et la « contrainte exercée sur un État par la menace ou l'emploi de la force » (art. 52). Certains cas limites relèvent de telles hypothèses, mais ils sont rares. On pense en particulier au traité du 14 octobre 1968 entre l'URSS et la Tchécoslovaquie sur le stationnement des troupes après le Printemps de Prague (contrainte sur un État). Ou au cas du traité du 15 mars 1939, établissant un Protectorat allemand sur la Bohême-

Moravie (contrainte sur un représentant de l'État). Le jugement de Nuremberg retient la responsabilité de Goering à cet égard : « Il a reconnu devant le Tribunal qu'au cours d'une conférence tenue avec Hitler et Hacha, il avait, la nuit précédant l'invasion de la Tchécoslovaquie et l'annexion de la Bohême-Moravie, menacé de bombarder Prague, si le Président Hacha ne se soumettait pas. » (p. 297). Au-delà, ces dispositions se révèlent difficilement applicables dans la mesure où toute négociation traduit un rapport de forces entraînant souvent de la part d'un État une acceptation « contrainte et forcée ». Même dans une situation limite, comme celle des « accords d'Alger » du 19 janvier 1981 conclus entre les États-Unis et l'Iran, grâce aux bons offices de l'Algérie, pour mettre fin à la prise en otages de diplomates américains, les États-Unis n'ont pas invoqué le chantage qu'ils avaient subi, comme ils auraient pu très légitimement le faire, préférant montrer qu'un grand pays doit toujours respecter la parole donnée.

Plus généralement, la place de la « contrainte » dans les traités pose le problème des « traités inégaux », c'est-à-dire des traités consacrant une inégalité de droit ou de fait entre les cocontractants. Par définition, tout traité de paix est un traité inégal, où les vainqueurs imposent des concessions aux vaincus sans autre contrepartie que la cessation définitive des hostilités. Ainsi lors du traité de Versailles de 1919 les plénipotentiaires allemands n'ont pas participé à la négociation et n'ont eu qu'à signer le traité qui leur était soumis. Pourtant, même dans ces conditions extrêmes, une manifestation de volonté a été librement exprimée et il est difficile de parler de « diktat » pour nier la validité juridique de l'engagement assumé.

Peut-on aller plus loin en admettant qu'un déséquilibre des obligations – une inégalité matérielle du traité – constitue un vice du consentement, ou la présomption d'un vice du consentement – c'est-à-dire une inégalité formelle du traité ? La question des traités imposés par les puissances coloniales à leurs partenaires extra-européens, notamment l'Empire ottoman ou la Chine tout au long du XIXe siècle – régime des « capitulations » faisant bénéficier les étrangers d'une justice personnelle, statut de la « porte ouverte » en matière commerciale, concessions territoriales ou cessions-à-bail comme pour Hong Kong – a été au cœur des travaux préparatoires de la convention de Vienne. Il en va de même des traités de protectorat, instituant un régime de « semi-souveraineté » ou de vassalité entre l'État protégé et l'État protecteur. Toute inégalité est-elle un signe de contrainte illicite ?

La convention de Vienne a esquivé ce sujet délicat par deux biais. D'une part, il est prévu que la convention ne vaut que pour l'avenir, en application stricte du principe de la non-rétroactivité des traités (art. 4 et 28). Quant aux dispositions les plus controversées sur la « contrainte », renvoi a été fait à une simple déclaration qui figure en annexe de la convention et vise les autres modalités de « contrainte » que le recours à la force armée, notamment la contrainte économique. L'accent mis à l'époque par les États du tiers-monde sur la « contrainte économique » liée à l'exploitation coloniale, peut d'ailleurs se retourner comme on l'a vu avec le recours dans les années soixante-dix à l'« arme du pétrole » pour exercer un chantage économique sur les pays occidentaux.

D. Le régime des révisions

48 La vie du traité c'est aussi son adaptation à travers le régime des révisions. Celles-ci peuvent être le fait de la volonté des États et ne posent pas de problèmes de principe. Tout au plus l'existence de traités successifs ou d'accords partiels *inter se* qui ne lient

pas tous les États du traité originaire peut multiplier les difficultés pratiques pour préciser les engagements mutuels des États. La difficulté théorique concerne la notion de « changement des circonstances », avec la clause *rebus sic stantibus*[Q] qui vient miner le principe *Pacta sunt servanda*[Q]. L'engagement des États serait conditionnel et pourrait être remis en cause en cas de « situation nouvelle ». Il s'agit d'une échappatoire, invoquée pour la première fois au XIXe siècle par la Russie lors de la guerre de Crimée, qui ne fait que traduire un changement d'intérêt ou de rapport de forces, fragilisant ainsi l'obligation née du traité.

C'est assez dire qu'au nom de la « sécurité juridique », la plus grande prudence s'est imposée en la matière. La convention de Vienne ne prend en compte le « changement fondamental de circonstances », qu'à une double condition : « l'existence de ces circonstances » doit avoir « constitué une base essentielle du consentement des parties à être liées par le traité » et le changement doit avoir « pour effet de transformer radicalement la nature des obligations qui restent à exécuter en vertu du traité » (art. 62). Même dans ces hypothèses, la notion ne peut être invoquée s'agissant notamment d'un « traité établissant une frontière ». Dans les autres cas, la notion peut seulement être « invoquée » pour mettre fin ou suspendre un traité, c'est-à-dire que la partie qui s'estime lésée ne peut pas se faire justice à elle-même, mais doit aller devant un juge international pour faire droit à sa demande. Elle peut aussi demander une révision du traité à ses partenaires afin de rétablir l'« équilibre » contractuel qui aurait été remis en cause.

Ainsi le traité de Paris du 19 novembre 1990 sur la réduction des forces conventionnelles en Europe (FCE) liait les États membres des deux alliances militaires l'OTAN et le pacte de Varsovie en établissant un équilibre militaire entre les forces des deux blocs et en fixant des plafonds nationaux dans plusieurs catégories d'armes et des limitations quantitatives aux déploiements des forces notamment au sud de l'Union soviétique face à la Turquie. L'éclatement de l'Union soviétique et la dissolution du pacte de Varsovie ont bouleversé les données politiques et stratégiques en Europe, faisant disparaître toute notion d'un équilibre bilatéral entre les deux blocs et faisant apparaître au contraire de nouvelles crises potentielles, entre anciens alliés, comme la Hongrie et la Roumanie. Des problèmes de succession d'États au traité se sont également posés pour les nouveaux États issus de l'Union soviétique. Pour autant, un État peut-il remettre en cause les plafonds d'armes ou les contraintes assumées en vertu du traité de 1990 ? La Russie a invoqué le « changement de circonstances » pour justifier sa concentration de troupes dans la zone nord-ouest, près de la Baltique, et dans la zone sud-ouest, en raison de la guerre en Tchétchénie, malgré les restrictions imposées par le traité de 1990. Sans entrer dans un débat de principe, les Occidentaux ont préféré renégocier les modalités de mise en œuvre du traité, lors d'une réunion sur l'application du traité FCE tenue à Vienne en 1996, pour éviter de mettre la Russie dans une situation où elle aurait à violer le traité ou à le dénoncer en vertu de l'article 62 de la convention sur le droit des traités, ce qui aurait constitué un précédent particulièrement dangereux pour toute l'entreprise de désarmement qui repose essentiellement sur la réduction des incertitudes. La révision d'un traité adapté a finalement été entérinée lors du sommet tenu par l'OSCE à Istanbul en novembre 1999 et soumis à ratification de l'ensemble des États parties pour entrer formellement en vigueur. Tandis que la Russie ratifiait le traité FCE adapté en 2004, suivi par la Biélorussie, le Kazakhstan et l'Ukraine, les pays de l'OTAN conditionnaient pour leur part la ratification au retrait des troupes russes des territoires 49 ■

sécessionnistes de Moldavie et de Géorgie. Refusant de se plier à ces conditions, la Russie a annoncé en 2007 un « moratoire unilatéral » sur l'application du traité de 1990, ce qui revenait à invoquer une suspension du traité en raison du changement de circonstance. À la suite de la dégradation constante des relations entre l'OTAN et la Russie, cette dernière a finalement fait part de sa volonté de se retirer complètement du traité le 11 mars 2015, le vice-ministre russe de la défense ayant déclaré auparavant que le traité était un anachronisme et était « en fait mort » (propos rapportés par le service d'information officiel Sputnik le 24 décembre 2014). Indépendamment des conséquences en termes de sécurité, reste à savoir quels sont les effets juridiques d'une telle déclaration, à la lumière du droit des traités.

Parfois, c'est le traité lui-même qui prévoit l'hypothèse d'un changement fondamental de circonstances. Ainsi le traité sur la non-prolifération des armes nucléaires de 1968 contient un article 10, paragraphe 1, ouvrant la voie à un retrait, selon des formules qui anticipent les termes de la convention de Vienne : « toute partie contractante aura, dans l'exercice de sa souveraineté nationale, le droit de se retirer du traité si elle décide que des événements extraordinaires, reliés à l'objet du traité, ont mis en péril les intérêts suprêmes du pays ». Par ailleurs, le traité de non-prolifération prévoit une clause générale de révision au bout de vingt-cinq ans : « vingt-cinq ans après l'entrée en vigueur du traité, une conférence sera convoquée pour décider s'il doit rester en vigueur indéfiniment, ou être prolongé par une ou plusieurs périodes déterminées. Cette décision sera prise à la majorité des parties contractantes » (art. 10, § 2). Cette conférence a eu lieu en 1995, vingt-cinq ans après l'entrée en vigueur survenue en 1970, pour décider de proroger indéfiniment le traité. La disposition sur les « événements extraordinaires » n'en subsiste pas moins.

■ 50 En définitive, la convention de Vienne – en dehors de son caractère quelque peu vague en matière de réserves ou porteur d'incertitudes avec le *jus cogens* – offre un cadre rationnel à la pratique conventionnelle. L'instrument qui appartient d'abord aux États reste malléable à leur guise. Dans chaque cas, ils peuvent assouplir les contraintes ou renforcer les solidarités, selon leur volonté collective. La force des traités relève en définitive de cette adéquation durable entre les mécanismes juridiques et le but social poursuivi par les États. « Les traités, disait Paul Valéry, sont conclus entre des arrière-pensées. » Encore faut-il que ces arrière-pensées se rencontrent dans un « faisceau de volontés » qui est la cause première du respect des engagements. En cas de divorce durable entre les attentes et les comportements des parties, le problème se pose sur un tout autre terrain, celui de la responsabilité conventionnelle (v. chapitre 2, section 2, § 2, v. ss 100 et 111).

section 2

La coutume et les principes généraux du droit

■ 51 En dépit de l'importance grandissante du traité, le droit non écrit, coutumier, continue de régir des pans entiers du droit international, depuis le droit des traités jusqu'au droit de la responsabilité internationale, en passant par les immunités et le droit international pénal. Certes, l'œuvre de codification a progressivement donné une forme écrite aux règles coutumières, quitte à leur donner une forme conventionnelle, comme avec la convention de Vienne sur le droit des traités. Mais comme on le verra, si la codification facilite l'accès à la règle coutumière, il n'en épuise pas toutes les virtualités, loin de là, ne serait-ce que parce que tous les États ne sont pas nécessairement parties aux conventions de codification, mais aussi parce que la règle coutumière continue d'évoluer, là où l'écrit reste en général figé au jour de son adoption. La notion de « *coutume*[Q] » peut sembler évanescente pour le juriste : elle ressemble au premier abord à un mirage qui s'éloigne au fur à mesure que l'on tente de l'approcher. Et ce d'autant plus que la notion a tendance à se dédoubler si, à côté des « règles » de la coutume « ordinaire », on fait une place aux « principes » d'une coutume transcendée.

§ 1 La coutume ordinaire

La coutume est pourtant une forme juridique connue dans tous les systèmes, y compris dans notre droit de tradition écrite. Le statut de la Cour internationale de justice, on l'a vu, lui fait également la part belle, lorsqu'il évoque la « coutume internationale, comme preuve d'une pratique générale, acceptée comme étant le droit ». Cette définition contient en germe les deux éléments constitutifs de la coutume, d'une part l'élément matériel constitué par une « pratique générale », d'autre part l'élément psychologique caractérisé par la conscience que cette pratique obéit au droit, autrement dit l'*opinio juris sive necessitatis*. Il peut en effet exister toute une série de « pratiques » de la vie internationale qui sont respectées, sans pour autant correspondre à cette idée d'une « nécessité juridique ». Les vieux auteurs parlaient de « courtoisie » ou de *comitia gentium*, s'agissant de pratiques diplomatiques acceptées sans pour autant constituer des « précédents ». Il en a longtemps été ainsi de l'usage de la langue française dans les traités, une clause précisant que cet emploi ne saurait faire naître une quelconque obligation pour l'avenir. Les deux éléments constitutifs de la coutume sont donc indispensables. 52 ■

Si la doctrine des « deux éléments » paraît simple, elle n'en pose pas moins de nombreux problèmes d'interprétation qui compliquent le processus d'identification des normes coutumières et entretiennent les controverses entre États à ce sujet. Sur le plan doctrinal, il existe au moins deux lectures. La première, volontariste, privilégie le consentement de l'État à être lié. Ainsi la Cour permanente de Justice internationale, dans l'affaire du *Lotus* (arrêt du 7 septembre 1927), fait procéder tout le droit international de la volonté des États, « volonté manifestée dans des conventions ou dans des usages acceptés généralement comme consacrant des principes de droit… ». Il en résulte une conception consensuelle de la coutume, empêchant sa concrétisation comme « droit international général », c'est-à-dire comme droit applicable à tous les États de la « communauté internationale ». La deuxième conception, objectiviste, voit la coutume comme une émanation de la « nécessité sociale » ou du « fait social » et tend à mettre en exergue l'*opinio juris*, le sentiment d'obligation et à minorer l'importance de la pratique, tout en niant le rôle de la volonté. Comme souvent, la vérité, c'est-à-dire la « pratique » de la coutume, se trouve un peu entre ces deux positions : on comprend dès lors l'intérêt du processus lancé par la Commission du 53 ■

droit international qui a entrepris, en 2012, de rédiger une série de « conclusions » relatives à la « détermination du droit international coutumier », pour tenter de formuler par écrit une position équilibrée, qui reflète autant que possible les vues des États ou de la majorité des États sur le sujet. Le texte a finalement été adopté par la Commission lors de sa 70e session en 2018.

■ 54 La notion de précédent constitutif d'une « pratique générale » n'est pas toujours aisée à manier. Tout d'abord, il existe toute une gamme de coutumes de portée très différente : la coutume constitutive du « droit international général », mais aussi, comme la Cour internationale de justice l'a admis, la coutume régionale, propre à un groupe d'États, comme le système latino-américain en matière d'asile politique (Arrêt 1950, aff. *Haya de la Torre, Rec.* 277) ou même la coutume bilatérale, créant des servitudes à l'égard d'un État (Arrêt 1960, aff. *Droit de passage en territoire indien, Rec.* 39). On doit donc se demander sur quelle échelle rechercher les précédents d'une coutume. Par ailleurs, les précédents peuvent résulter non seulement de la pratique « interne » de l'État – du comportement de ses organes dans l'ordre juridique de l'État, comme les décisions judiciaires – mais aussi de sa pratique « internationale », y compris les déclarations officielles de ses représentants ou la position adoptée lors d'une négociation multilatérale, par exemple à l'occasion de l'adoption d'une résolution ou d'un traité. Même l'inaction peut apparaître comme une pratique, mais encore faut-il qu'elle traduise une intention « délibérée » (v. à cet égard les explications apportées par le Rapporteur de la CDI dans son Cinquième rapport à propos du projet de conclusion n° 6 adopté en première lecture, doc. A/CN.4/717, § 52 et s.) Ces précédents, pour être à même d'établir une « pratique générale », doivent être répétés et suffisamment concordants. Dans une conception classique, la pratique devait également pouvoir se constater sur une longue période. Mais on a pu, à cet égard, constater une accélération du processus coutumier, ce dont a pris acte la Cour internationale de Justice dans les *Affaires du Plateau continental de la mer du Nord* et, après elle, la CDI dans son projet de conclusion n° 8 en notant qu'« il n'est prescrit aucune durée particulière de la pratique, pour autant que celle-ci soit générale ».

■ 55 Paradoxalement, la preuve du deuxième élément, psychologique – cette conviction d'agir conformément au droit – recoupe au moins en partie celle de la « pratique ». Il ne s'agit pas d'une « acceptation » au sens du consentement – comme dans la théorie volontariste – mais bien plus d'un état d'esprit que l'on peut relever à travers des actes et des paroles imputables aux organes de l'État. En même temps qu'il exprime son adhésion à la valeur coutumière de la pratique, l'État se la rend opposable. Ceci explique à l'opposé le soin pris par certains États pour se poser en « objecteur » dès les premiers stades de la formation de la règle, pour devenir par la suite des « objecteurs persistants » par la réitération de leur opposition. Les États peuvent-ils ainsi s'excepter d'une règle du droit international général, ayant par conséquent vocation à s'appliquer à tous les États ? La question reste discutée. La Commission du droit international, dans son « projet de conclusions » semble l'accepter (conclusion 15), sans préjudice toutefois de toute question concernant les normes de *jus cogens*. On peut à tout le moins admettre que cet État émet une prétention, mais la question de savoir si celle-ci peut effectivement se réaliser et le dispenser de l'obligation dépend sans doute de la valeur de la règle coutumière. Mais l'adoption d'un comportement contraire par l'objecteur ne saurait en soi empêcher la formation de la règle si elle est soutenue par une pratique majoritaire, en particulier lorsque celle-ci provient des « États les plus intéressés », comme le soulignait la Cour internationale de Justice dans les *Affaires du Plateau continental de la mer du Nord.* En fait, la conduite contraire peut même venir conforter la règle, si l'État en reconnaît publiquement l'existence. De même, contrairement à ce que l'on pourrait penser intuitivement, une pratique contraire, même répandue, ne fragilise pas une règle coutumière si l'*opinio juris* demeure : ainsi les règles du droit international humanitaire, constamment violées dans les conflits, n'en perdent pas pour autant leur valeur coutumière à raison de cet hommage que le vice rend à la vertu.

Les rapports entre norme coutumière et conventionnelle peuvent s'avérer complexes. Généralement, la coutume se forme à partir d'une pratique associée à une *opinio juris* et il n'est pas rare de voir la règle coutumière formulée par écrit dans une convention internationale, voire un simple projet de convention, qui, d'une certaine manière, en donne une version écrite. C'est évidemment ce qui se passe dans la codification, avec pour effet qu'à un certain point la règle coutumière en vient à s'identifier tout à fait avec la version écrite qui en a été donnée (par exemple les « articles » de la CDI sur le droit de la responsabilité internationale, auxquels tous les acteurs se réfèrent couramment pour évoquer les règles coutumières qui régissent l'attribution). Mais le processus inverse peut également avoir lieu, à savoir qu'une règle établie par une norme conventionnelle peut servir de point de départ au développement d'une norme coutumière, ou à tout le moins la « cristalliser », c'est-à-dire en quelque sorte en parfaire l'élaboration par une formulation écrite. C'est ce processus que la Cour internationale de Justice a évoqué dans son arrêt *Plateau continental de la mer du Nord*, en partant de la thèse des Danemark et des Pays-Bas selon laquelle le principe de l'équidistance se serait développé à partir de l'article 6 de la Convention de Genève sur le plateau continental (arrêt du 20 févr. 1969, *Rec.* 1969, p. 3, §§ 70-74). 56 ■

Enfin, l'*opinio juris* peut aussi se déduire de la pratique des États à travers l'adoption de différents instruments, conventions internationales ou résolutions d'organisations internationales. Ainsi la Cour internationale de Justice, dans son avis consultatif sur la *Licéité de la menace ou de l'emploi d'armes nucléaires* a reconnu que les résolutions de l'Assemblée générale « même si elles n'ont pas force obligatoire, peuvent avoir parfois une valeur normative » et « fournir, dans certaines circonstances, des éléments de preuve importants pour établir l'existence d'une règle ou l'émergence d'une *opinio juris.* Pour savoir si cela est vrai d'une résolution donnée de l'Assemblée générale, il faut en examiner le contenu ainsi que les conditions d'adoption ; il faut en outre vérifier s'il existe une *opinio juris* quant à son caractère normatif. Par ailleurs des résolutions successives peuvent illustrer l'évolution progressive de l'*opinio juris* nécessaire à l'établissement du règle nouvelle. » (CIJ, avis consultatif, 8 juill. 1996, *Rec.* 1996, p. 226, § 70).

La codification du droit coutumier a pour objet non seulement de clarifier le contenu des règles non écrites, mais aussi, en les mettant par écrit, de les rendre plus facilement accessibles et praticables. Et c'est un fait que beaucoup d'œuvres de codification, en particulier issues des travaux de la Commission du droit international, ont été plébiscitées par leurs premiers destinataires : les praticiens du droit international, diplomates au sein des chancelleries ou dans les organisations internationales, juges internationaux et arbitres, avocats et conseillers juridiques... La 57 ■

codification donne une référence écrite commune pour le maniement de règles qui faisaient autrefois l'objet d'autant de formulations qu'il y avait d'interprètes. Pour autant, la codification ne résout pas tous les problèmes et peut même, dans certains cas, compliquer le processus d'identification de la règle. Si l'entreprise de codification atteint son but premier, grâce à la ratification de nombreux États, les normes acquièrent ainsi une double nature, tout à la fois coutumière et conventionnelle. L'arrêt du 10 mai 1984 de la Cour dans l'affaire des *Activités militaires et paramilitaires au Nicaragua (compétence)* l'a souligné : « le fait que les principes (...) sont codifiés ou incorporés dans des conventions multilatérales ne veut pas dire qu'ils cessent d'exister et de s'appliquer en tant que principes de droit coutumier, même à l'égard des pays qui sont parties auxdites conventions » (Arrêt 1984, *Rec.* 421).

Il en va ainsi, par exemple, du droit humanitaire avec les principes des conventions de Genève de 1949 qui conservent de manière sous-jacente leur valeur coutumière initiale. À supposer que l'obligation conventionnelle soit écartée, en raison des règles propres du droit des traités, on constaterait une « résurgence » de la norme coutumière, comme l'avait bien montré en son temps le précédent du Tribunal international de Nuremberg. Pour autant, il est toujours difficile de définir le contenu précis de ces normes coutumières. Le Comité international de la Croix-Rouge (CICR) s'y est essayé en publiant, en 2005, un volume recensant 161 « règles » du droit international humanitaire coutumier, sans viser une nouvelle codification, fut-elle d'initiative privée. Depuis, l'étude est continûment mise à jour sur le site internet du CICR, en intégrant de nouvelles pratiques nationales qui viennent étayer le statut coutumier de la règle.

La question s'est posée lors de l'élaboration du statut du Tribunal pénal international pour l'ex-Yougoslavie, l'accent étant mis, pour des raisons de facilité textuelle et de sécurité juridique, sur les « sources écrites », avec la mention des « infractions graves aux conventions de Genève » (art. 2). En l'occurrence, le fait que les États successeurs de l'ex-Yougoslavie se trouvaient tous liés, à un titre ou à un autre, par les conventions visées simplifiait sans doute la détermination des sources applicables. Mais les règles en cause auraient été tout autant applicables sur une base coutumière. En omettant de préciser cette référence sous-jacente dans le statut du tribunal, un important précédent a été négligé. Heureusement, le Tribunal pénal international lui-même n'a pas hésité à invoquer des principes coutumiers relatifs aux conflits armés non internationaux, dès l'arrêt *Tadić* du 2 octobre 1995. Avec le statut de la Cour pénale internationale adopté à Rome en juillet 1998, les « infractions graves aux conventions de Genève de 1949 » énumérées à l'article 8 sur les « crimes de guerre » se trouvent minutieusement complétées par une série d'infractions relevant « des lois et coutumes applicables aux conflits armés internationaux... dans le cadre établi du droit international ». Par ailleurs, l'article 21 sur le droit applicable confère un statut de sources secondaires aux « principes et règles du droit international, y compris les principes établis du droit international des conflits armés. »

58 Mais la codification peut ne pas atteindre directement son but, faute de susciter une adhésion suffisamment large et explicite de la part des acteurs du droit international. Les protagonistes de la codification, comme le juge italien Roberto Ago, ont pu déplorer ce phénomène de codification laissée en plan par le désintérêt des États. Bien plus, la codification peut avoir un effet profondément déstabilisateur, en remettant en cause des règles conventionnelles antérieures, sans réussir à les remplacer par de nouvelles normes.

La codification du droit de la mer donne un bon exemple de ce travail de Pénélope, où la codification détruit la nuit ce qu'elle a tissé le jour. Les conventions sur le droit de la mer de 1958 avaient marqué le succès d'une première phase de codification, venant consacrer des règles coutumières admises depuis des siècles. Sur la pression des États en développement, un nouvel effort de codification fut entrepris, dans les années soixante-dix, remettant largement en cause les conventions de 1958 qui continuaient pourtant à lier entre eux nombre d'États. L'adoption de la convention sur le droit de la mer de 1982 a dans un premier temps créé un vide juridique, en attendant son entrée en vigueur en 1995.

Paradoxalement, comme l'avait constaté Guy de Lacharrière évoquant à ce sujet un principe de « *serendipity* » – un heureux hasard – la codification a donc abouti à faire naître de nouvelles pratiques, de « nouvelles tendances du droit de la mer », les coutumes émergentes venant ainsi balayer les anciennes conventions. Ce faisant les États ont pu faire un tri dans le « bloc juridique » que devait constituer la convention de Montego Bay, comme un « tout ou rien », insusceptible de réserves, à prendre ou à laisser.

Les États ont consacré, par leurs pratiques unilatérales, les nouvelles notions qui les avantageaient directement comme l'« extension de la mer territoriale à 12 milles marins » ou l'« appropriation d'une zone économique exclusive de 200 milles marins ». Au contraire, les dispositions de la convention nécessitant une coopération internationale en référence à la notion de « patrimoine commun de l'humanité » sont restées lettre morte. Qui plus est, ce sont ces dispositions qui ont été mises entre parenthèses, sur l'instance des États-Unis, pour favoriser l'entrée en vigueur « partielle » de la convention, selon une procédure de révision expéditive décidée par l'Assemblée générale des Nations Unies.

L'entrée en vigueur de la convention de Montego Bay ne simplifie pas la question puisqu'elle ne fait que juxtaposer des normes conventionnelles pour les États ayant ratifié la convention à des normes coutumières, cristallisées lors de la longue gestation de la convention. Ainsi, à la question classique de la succession des traités dans le temps, s'ajoute celle de l'enchevêtrement des coutumes.

L'irruption de la codification a donc contribué à bousculer la conception classique de 59
la coutume. Un autre phénomène déstabilisateur a été évoqué par René-Jean Dupuy lorsqu'il a opposé la « coutume sage » et la « coutume sauvage ». La coutume classique était le fruit de précédents établis au fil du temps, selon l'image des pas traçant un sentier. La coutume spontanée correspond au besoin rapide de règles, à travers l'accumulation de précédents collectifs. Elle s'appuie sur le phénomène de « l'institutionnalisation de la diplomatie normative » (P.M. Dupuy, Y. Kerbrat, *Droit international public*, 13e éd., Dalloz, 2016) et la centralisation croissante de la fonction législative en droit international. Désormais, le développement des normes s'opère essentiellement au sein des organisations internationales, dans un continuum qui va de la réflexion prospective (séminaires et rapports d'experts, groupes de travail, panels de discussions) à la rédaction de textes relevant soit du *droit conventionnel*[Q] (conventions multilatérales) soit d'instruments formellement plus souples mais dont les contenus normatifs n'en sont pas moins « durs » quant à leurs effets : directives, ensemble de principes, conclusions, « articles »... Ces processus deviennent le chaudron dans lequel se forment progressivement des règles de la coutume « nouvelle » – des règles qui lient les États en dehors de leur consentement à être lié, et qui ne

trouvent dans des dispositions écrites qu'une expression provisoire, elles-mêmes appelées à être dépassées par une interprétation évolutive, jusqu'à leur prochaine formulation.

En définitive, il revient d'ailleurs souvent au juge, saisi d'un contentieux ou d'une demande d'avis consultatif, de formuler la règle aux fins de son application à un cas particulier, prenant ainsi part au processus normatif (v. en particulier l'extrait de l'arrêt de la Cour dans l'affaire des *Immunités juridictionnelles de l'État (Allemagne c/ Italie ; Grèce (intervenant))*, dans les compléments pédagogiques, document n° 2). À cet égard, le projet de conclusion n° 13 de la CDI paraît bien en dessous de la réalité lorsqu'il désigne comme simples « moyens auxiliaire de détermination » des règles coutumières « les décisions de juridictions internationales, en particulier celles de la Cour internationale de Justice ».

§ 2 Les principes généraux

60 La référence faite par l'article 38 du statut de la Cour aux « principes généraux de droit » peut offrir un point de départ à l'analyse. Traditionnellement, on distingue deux catégories de « principes généraux ». Il y a tout d'abord les « principes généraux *de* droit », communs aux divers systèmes juridiques, et relevant en quelque sorte de la logique intrinsèque du droit, qui sont évoqués par le juge afin de combler d'éventuelles lacunes techniques du droit international. En recherchant des « analogies » entre les systèmes juridiques, le juge international peut ainsi dégager des « figures juridiques » ou des institutions transposables, ainsi les grands principes du droit contractuel en matière d'inexécution ou de réparation (v. par ex. les arbitrages transnationaux, comme les éléments de droit comparé en matière contractuelle dans la sentence rendue par R.-J. Dupuy dans l'affaire *Texaco c/ Libye* du 19 janv. 1977).

61 Mais il existe une autre catégorie, plus spécifique, celle des « principes généraux *du* droit international ». Le principal problème pour les déterminer est l'incohérence du vocabulaire en la matière, tant celui de la Cour internationale de justice elle-même (v. la tentative assez confuse de remise en ordre des « principes » et des « règles » du droit de la mer dans l'arrêt du 12 oct. 1984 relatif à l'affaire du *Golfe du Maine*, *Rec.* 349) que celui des instances internationales qui multiplient les références à des « principes directeurs », des « principes fondamentaux », sans distinguer clairement entre principes de nature juridique et principes de portée politique.

Tout l'enjeu est pourtant de savoir si ces divers « principes politiques » sont ou peuvent être des principes juridiques ? On pourrait même dire que certains principes sont pré-juridiques puisqu'ils conditionnent l'existence de tout ordre juridique international, comme le principe *Pacta sunt servanda*[Q], ou le principe de la bonne foi. On peut en rapprocher les principes de stabilité qui garantissent la sécurité juridique des États, comme le principe de l'*uti possidetis*, impliquant le respect des frontières héritées de la colonisation ou, pour le droit de la mer, la notion de « délimitation selon des principes équitables ». Certaines notions de base, de pure logique juridique, comme le principe de réciprocité, peuvent néanmoins être écartées en présence de principes ou de valeurs supérieurs. On admettra des exceptions à la réciprocité pour favoriser le commerce des pays en voie de développement (la « clause d'habilitation » du GATT, toujours valable et déclinée selon diverses modalités à l'OMC) et on refusera toute forme de représailles mettant en cause les droits de l'homme (v. par ex. l'art. 60, § 5 Conv. Vienne sur le droit des traités concernant les « dispositions relatives à la protection de la personne humaine contenues dans des traités de caractère humanitaire »). Ainsi, certains principes sont relatifs alors que d'autres s'imposent par leur caractère absolu.

D'autres principes se présentent comme les bases constitutionnelles de l'ordre juridique international contemporain. Il en est ainsi des principes figurant au début de la Charte des Nations Unies dans le chapitre I intitulé *Buts et principes* tels que l'égale souveraineté des États ou l'interdiction du recours à la force. Ces principes ont été développés dans le contexte ambigu de la coexistence pacifique, avec l'adoption par l'Assemblée générale, en 1970, de la « Déclaration relative aux principes du droit international touchant les relations amicales et la coopération des États, conformément à la Charte des Nations Unies » (Résol. n° 2625, xxv). L'Assemblée générale précise que : « les principes de la Charte qui sont inscrits dans la présente Déclaration constituent des principes fondamentaux du droit international et demande en conséquence à tous les États de s'inspirer de ces principes dans leur conduite internationale et de développer leurs relations mutuelles sur la base du respect rigoureux desdits principes ». De même, dans un cadre régional cette fois, ces mêmes principes avaient été ramassés en 1975, en tête de l'Acte final d'Helsinki, sous la forme de dix principes, qualifiés parfois de « décalogue » d'Helsinki. Après 1990 et la fin de l'affrontement Est-Ouest, ces principes sont désormais rituellement rappelés et il ne viendrait à nul État l'idée d'en contester la légitimité. Ainsi, dans le Document final du Sommet mondial de 2005 de l'ONU, les chefs d'État et de gouvernement réaffirment leur « attachement aux buts et principes consacrés dans la Charte des Nations Unies et au droit international, qui sont les fondements indispensables d'un monde plus pacifique, plus prospère et plus juste » ainsi que leur « volonté de les faire strictement respecter ». Mieux encore, la Déclaration sur les Objectifs du Développement Durable adoptée par l'Assemblée générale le 25 septembre 2015 étend le cadre constitutionnel du droit international, en élaborant un programme « guidé » par les buts et principes de la Charte et « fondé » sur « la Déclaration universelle des droits de l'homme, les instruments internationaux relatifs aux droits de l'homme, la Déclaration du Millénaire et le Document final du Sommet mondial de 2005. » (Résolution 70/1, § 10) 62 ■

Pourtant, le problème est de savoir si ces principes restent valables en l'absence de pratique concordante des États, voire même face à une série de violations. Autrement dit, ces principes peuvent-ils être réduits à une sous-catégorie de la coutume répondant aux mêmes critères, ou s'agit-il d'une source autonome ?

C'est sur ce terrain que la jurisprudence de la Cour internationale vient apporter des lumières (v. compléments pédagogiques, document n° 3). Déjà en 1949, la Cour avait distingué, dans l'*Affaire du détroit de Corfou*, entre la source conventionnelle de certaines normes du droit des conflits armés et « certains principes généraux et bien reconnus, telles que des considérations élémentaires d'humanité, plus absolues encore en temps de paix qu'en temps de guerre » (CIJ 9 avr. 1949). Puis en 1951, dans son avis consultatif sur les *Réserves à la convention pour la prévention et la répression du crime de génocide*, la Cour qualifiait les principes qui sont à la base de la Convention de « principes reconnus par les Nations civilisées comme obligeant les États même en dehors de tout lien conventionnel. » 63 ■

De manière encore plus précise, la Cour, dans l'arrêt du 27 juin 1986 sur *Les activités militaires et paramilitaires au Nicaragua*, souligne l'importance du principe de l'interdiction du recours à la force, en relevant que « les représentants des États le mentionnent souvent comme étant non seulement un principe de droit international coutumier, mais encore un principe fondamental ou essentiel de ce droit (...) maintenant admis comme faisant partie du *jus cogens* » (Arrêt 1986, *Rec.* 100). Autrement dit, il y a bien une distinction à opérer entre coutume et principes, ceux-ci apparaissant comme une catégorie autonome, une coutume en quelque sorte transcendée, pouvant atteindre, dans certains cas, la valeur de normes de *jus cogens*, c'est-à-dire de droit impératif.

64 À ce stade, on peut retenir l'hypothèse d'une *opinio juris* renforcée permettant de consacrer certaines règles coutumières en tant que « principes généraux » et, pour certains, comme « principes fondamentaux » insusceptibles de dérogation, le tout constituant ainsi le substrat du droit international général. Ce fonds commun de principes serait dégagé par le juge, à partir des principes de la Charte, mais aussi d'autres références essentielles comme les « principes généraux du droit humanitaire ». L'idée même d'une reconnaissance par « la communauté internationale des États dans son ensemble » trouverait ainsi une double formulation, tout à la fois immanente et transcendante, avec des principes codifiés dans un instrument de portée universelle, traduisant une large reconnaissance subjective, mais aussi l'objectivation apportée par la consécration du juge international venant extraire la norme de sa gangue initiale.

section 3

Les actes unilatéraux

65 À côté des sources conventionnelles et coutumières évoquées par l'article 38 du statut de la Cour internationale de justice, il convient de faire une place aux actes unilatéraux. Ceux-ci peuvent être le fait des États comme des organisations internationales.

§ 1 Les actes unilatéraux des États

66 Si l'on met l'accent sur le volontarisme des États, il est évident que les diverses sources du droit international peuvent se décomposer en autant d'actes unilatéraux marquant l'engagement de l'État. La coutume est constituée par l'ensemble des précédents marquant l'*opinio juris* des États, ceux-ci étant le plus souvent de nature unilatérale, même si des « actes collectifs » sont pris en compte, mais ceux-ci peuvent à leur tour s'analyser en autant de manifestations unilatérales de la volonté. Le traité est un « acte complexe », marquant le croisement de séries d'actes unilatéraux – qu'il s'agisse de la négociation, de la signature, de la ratification, de la formulation de

réserves ou de déclarations facultatives – jalonnant les étapes de la procédure. Mais la volonté commune – la *vereinbarung* des théoriciens comme Triepel – instaure un « nœud contractuel » qui vient lier ces engagements mutuels.

S'en tenir à ne voir dans tout traité qu'une série d'actes unilatéraux, serait la même erreur que de réduire le cinéma à une succession d'images fixes. Il ne s'agit pas seulement du paradoxe de Zénon d'Élée arrêtant le mouvement – « cette flèche qui vibre, vole et ne vole pas » – mais de la négation de la dynamique conventionnelle : l'acte unilatéral n'est pas un pur solipsisme, hors du temps, c'est aussi un engagement pour l'avenir.

Une situation limite est celle des acceptations de la compétence obligatoire de la Cour internationale de justice (v. ss 332 s.). Tous les États membres des Nations Unies sont, par le fait même, parties au statut de la Cour qui figure en annexe de la Charte, mais les États, pour accepter la compétence de la Cour à l'égard des différends les mettant en cause, doivent en manifester spécifiquement la volonté. Cet acte peut être fait au cas par cas, mais il peut également être fait pour l'avenir, par le biais de « déclarations facultatives » d'acceptation de compétence obligatoire de la Cour prévues à l'article 36, paragraphe 2 du statut. Ces déclarations sont des actes unilatéraux faits par les États, avec des limitations de durée et des réserves matérielles, qui contribuent encore plus à l'individualisation des engagements. Pour que la compétence de la Cour soit acquise dans un litige donné concernant deux États, il faut que leurs déclarations se recoupent au moins partiellement, pour couvrir le champ de compétence propre au litige. 67 ■

Autrement dit la déclaration facultative d'un État reste une offre virtuelle, « dans le vide », tant qu'elle ne rencontre pas l'acceptation d'un autre État pour établir un engagement commun des deux États. Pour autant, l'acte unilatéral une fois posé ne peut pas être remis en cause pendant sa durée de validité – par exemple une déclaration faite pour cinq ans... C'est dire qu'avant tout lien bilatéral « à l'égard de tout autre État acceptant la même obligation », il y a déjà un engagement à l'égard de l'ensemble des États parties au statut formant un accord-cadre sur lequel viennent ainsi se greffer une série d'actes unilatéraux convergents.

Malgré ces rapprochements, l'acte unilatéral de l'État garde sa spécificité au regard du droit international. On parle alors d'acte unilatéral autonome. Dans la multiplicité des actes posés par les organes, les ressortissants ou les représentants d'un État, quels sont ceux qui peuvent lui être imputés comme des « actes juridiques » l'engageant sur le plan international ? Parfois la réponse est claire, lorsque cet acte est posé comme tel, ainsi la « notification » ou la « reconnaissance » – la notification étant l'acte par lequel un État informe les tiers d'une décision ou d'une situation qu'il entend pouvoir invoquer, tandis que la reconnaissance traduit la prise en compte par un État d'une décision ou d'une situation qui concerne un tiers. Il en va de même des différentes formes de « déclaration » qui marquent en elles-mêmes une manifestation de volonté qu'il s'agisse d'acceptation, de protestation, d'objection, etc. La CDI a d'ailleurs recherché la sécurité juridique en définissant, dans des « principes directeurs » adoptés en 2006, la catégorie des « actes unilatéraux *stricto sensu* », entendu comme les actes « revêtant la forme de déclarations formelles formulées par un État dans l'intention de produire des obligations en vertu du droit international ». 68 ■

69 Plus délicat est de déterminer quels sont les actes internes qui peuvent lier l'État sur le plan international. La jurisprudence a montré un certain subjectivisme en la matière. Dans l'affaire des *essais nucléaires* qui opposait en 1974 l'Australie et la Nouvelle-Zélande à la France, la Cour a pris acte d'un simple communiqué de presse, à la suite d'un Conseil des ministres, annonçant la décision du président de la République de mettre fin aux essais nucléaires français dans l'atmosphère : « Il est reconnu que des déclarations revêtant la forme d'actes unilatéraux et concernant des situations de droit ou de fait peuvent avoir pour effet de créer des obligations juridiques. Quand l'auteur de la déclaration entend être lié conformément à ces termes, cette intention confère à sa prise de position le caractère d'un engagement juridique, l'État intéressé étant désormais tenu en droit de suivre une ligne de conduite conforme à sa déclaration. Un engagement de cette nature, exprimé publiquement et dans l'intention de se lier, même hors du cadre de négociations internationales, a un effet obligatoire » (Arrêt 1974, *Rec.* 270).

En l'espèce, la Cour a voulu « verrouiller » la concession française, ce qui lui permettait à son tour de mettre un terme à l'affaire en proclamant que le contentieux était devenu « sans objet », renonçant du même coup à régler les problèmes de compétence ou de fond qui avaient été soulevés. Tout s'est donc passé comme si un « règlement amiable » était intervenu dont la Cour pouvait prendre acte, sans que personne ne perde la face, ce qui était loin d'être le cas, puisque la France contestait le principe même de la compétence de la Cour en l'espèce. De leur côté, l'Australie et la Nouvelle-Zélande n'ont même pas eu à faire acte de désistement en invoquant la décision française car, selon la Cour, aucune « acceptation ultérieure ni même une réplique ou une réaction » n'était nécessaire pour sceller un engagement irréversible.

La décision prise par Valéry Giscard d'Estaing était pourtant une décision interne qui, en principe du moins, aurait pu être remise en cause selon la procédure de l'acte-contraire. Alors que la Cour invoque l'« intention » de l'État pour y voir une sorte d'engagement juridique irréversible, la décision prise reste un acte d'autolimitation dans le plein exercice de la souveraineté. On l'a vu par la suite, lorsque le moratoire sur les essais nucléaires souterrains décidé par François Mitterrand en 1992, sans pouvoir lier son successeur sur le plan interne, a été remis en cause par Jacques Chirac en 1995. À cette occasion l'Australie et la Nouvelle-Zélande ont essayé de faire « revivre le contentieux », en invoquant les dispositions de l'arrêt du 20 décembre 1974 où la Cour prévoyait une sorte de « suivi » de l'engagement ainsi imposé à la France. Cette tentative de relance a tourné court, la Cour rendant une ordonnance pour constater l'absence d'une base de compétence pour rouvrir l'affaire (Ord. du 22 sept. 1995).

70 Dans d'autres cas, la Cour a été beaucoup plus réservée. Elle a écarté des prises de position écrites d'un fonctionnaire technique, en considérant que celui-ci n'avait pas capacité pour engager l'État, alors même qu'il agissait dans le cadre de relations suivies entre services compétents des affaires maritimes (Arrêt 1984, aff. *Golfe du Maine, Rec.* 307). Elle a même refusé de tenir compte d'un engagement du chef d'État malien, pris lors d'une conférence de presse à l'occasion d'un sommet de l'OUA, comme si une telle prise de position sur la scène internationale était dépourvue de toute portée juridique, faute pour les États concernés d'avoir par la suite confirmé cet engagement « par la voie normale, celle d'un accord fondé sur une condition de réciprocité » (Arrêt 1986, aff. *Différend frontalier Burkina Faso-Mali, Rec.* 574).

Ainsi dans toutes ces hypothèses, c'est le juge qui confère à une déclaration sa portée d'acte unilatéral imputable à l'État sur le plan international. Du coup, l'acte unilatéral perd son autonomie pour devenir un élément au service du juge, qui fait jouer des principes comme la bonne foi, l'acquiescement ou l'*estoppel*. 71 ■

L'« *estoppel* » est une notion de droit procédural, d'origine anglo-saxonne (le mot étant lui-même issu du vieux français « étouppe », « baillon ») qui empêche un État de revenir devant le juge sur une attitude ou un comportement qui aurait pu créer une certaine attente de la part des autres États. Elle traduit ainsi, sur le plan de la procédure, pour les États une obligation de cohérence (*consistency*), assez proche du principe de la bonne foi. Comme le disait de manière imagée un membre chinois de la CDI : « Il ne peut pas y avoir du soleil et de la neige sur un même toit ».

Dans une acception internationale, plus large que son origine technique en droit interne, l'*estoppel* est ainsi devenu une forme d'acquiescement ou de désuétude. Ainsi dans l'affaire de *La sentence arbitrale rendue par le roi d'Espagne*, que le Nicaragua tentait de remettre en cause devant la Cour internationale de justice, plus de cinquante ans après, la Cour a relevé tous les actes des autorités de l'époque se félicitant officiellement de la sentence (Arrêt 1960, *Rec.* 192).

§ 2 Les actes unilatéraux des organisations internationales

Dans le cadre de leurs compétences statutaires, les organisations internationales sont amenées à adopter des actes unilatéraux dont certains peuvent avoir une portée normative. Sur ce plan, la terminologie n'est pas toujours d'un grand secours car les actes se présentent sous des dénominations variées qui ne laissent pas immédiatement deviner leur statut juridique : résolutions, décisions, recommandations, objectifs, programmes d'action, lignes directrices… De plus, tout comme les traités, les actes peuvent être d'un contenu hétérogène : certaines « décisions » en apparence obligatoires contiennent des exhortations ou incitations ou sont formulées au conditionnel (« les États *devraient*… il serait souhaitable que… »). Il convient donc, en toute occasion, d'être attentif non seulement aux classifications propres à chaque organisation, mais aussi aux travaux préparatoires, aux intentions des rédacteurs de l'acte et aux formules employées. La Cour internationale de Justice s'est plusieurs fois livrée à cet objectif, en lien avec les résolutions du Conseil de sécurité (v. par exemple l'avis du 21 juin 1971 sur les *Conséquences juridiques pour les États de la présence continue de l'Afrique du Sud en Namibie – Sud-Ouest Africain – nonobstant la résolution 276 (1970) du Conseil de sécurité*, § 114). 72 ■

Aux fins d'analyse du contenu des actes unilatéraux des organisations internationales, la doctrine utilise généralement la distinction entre les recommandations, qui n'ont qu'une valeur indicative ou incitative, et les décisions, qui ont une valeur obligatoire en droit. Cette terminologie est d'ailleurs souvent utilisée au sein des organisations internationales elles-mêmes, à commencer par l'Organisation des Nations Unies. Par exemple l'article 10 de la Charte prévoit que l'Assemblée générale « peut discuter toutes questions ou affaires rentrant dans le cadre de la présente Charte ou se rapportant aux pouvoirs et fonctions de l'un quelconque des organes prévus dans la présente Charte et, sous réserve des dispositions de l'article 12, formuler sur ces questions ou affaires des recommandations aux Membres de l'Organisation des Nations Unies, au Conseil de sécurité, ou aux Membres de 73 ■

l'Organisation et au Conseil de sécurité ». De même les articles 13 et 14 renforcent ce pouvoir général de « recommandation ». Mais l'article 17 prévoit que l'Assemblée « examine et approuve le budget de l'Organisation », ce qui constitue une « décision » ; et l'article 18 dispose que « [l]es décisions de l'Assemblée générale sur les questions importantes sont prises à la majorité des deux tiers des membres présents et votants. Sont considérées comme questions importantes : [...] l'admission de nouveaux Membres dans l'Organisation, la suspension des droits et privilèges de Membres, l'exclusion de Membres, les questions relatives au fonctionnement du régime de tutelle et les questions budgétaires. » S'agissant du Conseil de sécurité, l'article 25 de la Charte dispose que « [l]es Membres de l'Organisation conviennent d'accepter et d'appliquer les décisions du Conseil de sécurité conformément à la présente Charte ». Par la suite, il est très clairement fait la distinction entre l'action du Conseil de sécurité au titre du règlement pacifique des différends (Chap. VI) – où le Conseil est appelé à « recommander les procédures ou méthodes d'ajustement appropriées (art. 36§1) – et celle au titre du Chapitre VII pour le maintien de la paix et de la sécurité internationale, où le Conseil « constate l'existence d'une menace contre la paix, d'une rupture de la paix ou d'un acte d'agression » et peut en conséquence « faire des recommandations » mais aussi « décider » « quelles mesures seront prises conformément aux articles 41 et 42 pour maintenir ou rétablir la paix et la sécurité internationales ». Dans la pratique, le Conseil de sécurité fait en général figurer une mention explicite du Chapitre VII avant les paragraphes opératifs de sa résolution pour signifier son intention d'édicter des mesures obligatoires pour les Membres.

■ 74 Parmi tous les actes unilatéraux des organisations internationales, il est aussi important de distinguer ceux qui ont une portée strictement interne à l'organisation et ceux qui s'adressent aux membres, voire aux États tiers. Les premiers ont souvent une portée obligatoire et exécutoire en ce qu'ils procèdent à des nominations (par exemple du chef de l'administration), à des élections, à la création d'organes subsidiaires ou adoptent le règlement intérieur qui détermine les procédures à suivre : ainsi la création des tribunaux pénaux internationaux par le Conseil de sécurité, du Conseil des droits de l'Homme par l'Assemblée générale, ou encore la fixation des barêmes des contributions des membres sont des décisions qui s'imposent à tous. Lorsque les actes s'adressent aux membres, ils prennent le plus souvent la forme de recommandations, mais, comme on l'a vu, peuvent aussi revêtir une valeur obligatoire. Ainsi, si l'on met à part le cas du Conseil de sécurité mentionné plus haut, nombre d'organisations aux compétences techniques se sont vus confiés un pouvoir de décision leur permettant d'édicter des actes quasi-législatifs, obligatoires pour l'ensemble des États membres. C'est le cas par exemple de l'OMS, les articles 21 et 22 de sa Constitution permettant à son Assemblée d'adopter des « réglements » qui entrent automatiquement en vigueur et sont obligatoires pour les Membres : c'est sur fondement qu'a été adopté le Règlement sanitaire international. De même l'OACI peut adopter des « normes, pratiques recommandées et procédures internationales » obligatoires (art. 37). Dans les deux cas, toutefois, il est laissé la possibilité aux États membres de s'excepter du champ d'application de la réglementation en notifiant leur rejet motivé dans un certain délai. Toutefois, au sein des organisations internationales, il importe de relativiser cette distinction entre l'obligatoire et le non-obligatoire : en pratique, les États préfèrent recourir aux « recommandations dont les modalités de négociation et d'éventuelles renégociation sont plus souples ». Cette *soft law* s'avère par ailleurs souvent plus « dure » que les actes désignés comme « *hard law* » en fonction du degré de consensus atteint par les membres, mais aussi des modalités de contrôle de leur respect. Le suivi public du respect peut en effet avoir une incidence importante, en poussant les États à prendre des engagements ou à devoir se justifier en cas de « non-conformité » et à expliquer les mesures qu'il entend prendre pour se conformer aux recommandations.

L'action normative des organisations internationales se manifeste aussi par l'adoption de résolution contenant des textes qui visent clairement à poser de nouvelles normes ou à tout le moins à en préparer l'émergence. Cette action législative s'est particulièrement développée dans la phase où le Groupe des 77 (les États issus de la décolonisation) était en mesure de réunir la majorité à l'Assemblée générale pour poser les bases d'un ordre international plus juste fondé sur la répartition des revenus mondiaux en faveur des États en développement, prenant le contre-pied de l'ordre libéral qui se mettait en place autour du GATT et des organisations issues des accords de Bretton Woods. Ainsi, la Déclaration relative à un nouvel ordre économique international (résol. n° 3201 session extraordinaire AG adoptée le 1er mai 1974) ou la Charte des droits et devoirs économiques des États (résol. n° 3281, XXIX du 12 déc. 1974) ont été adoptées, à des majorités écrasantes, dans des conditions très controversées. Le vote négatif de quelques États – mais qui constituaient le noyau des principaux pays industrialisés, comme les États-Unis, le Royaume-Uni, le Japon ou l'Allemagne – l'abstention d'autres États comme la France traduisaient une nette opposition à ces textes marquant les revendications du tiers-monde. Il était par conséquent difficile de voir dans la « majorité automatique » de l'Assemblée générale une expression de « la communauté internationale des États dans son ensemble » (v. le constat fait « à chaud » sur ce point par la sentence arbitrale de R.-J. Dupuy dans l'aff. *Texaco-Calasiatic c/ Libye* du 19 janv. 1977). Dans une période plus récente et sur des sujets moins controversés, cette activité déclarative s'est toutefois accélérée sur tous les fronts pour produire et adopter des textes qui, s'ils n'ont pas de portée formellement obligatoire, n'en ont pas moins un fort effet d'impulsion et d'incitation, lorsqu'ils ne servent pas tout simplement de référence de base à des activités opérationnelles. La CDI elle-même a pris ce « tournant déclaratoire », en privilégiant dans sa production récente des « guides de la pratique » (sur les réserves), des « projets d'articles » (sur la responsabilité) ou encore des « projets de conclusions » (sur la pratique subséquent des parties à traité ou sur la formation de la coutume)... Surtout, les Nations Unies ont généralisé la pratique consistant à adopter des « déclarations » ou « programmes d'action » à l'issue de grandes conférences internationales thématiques ou de sommets tenus en marge de l'Assemblée générale. Ces textes, recueillis dans des résolutions de l'Assemblée générale ou dans les rapports des conférences internationales, ont une valeur programmatoire, en ce sens où ils contribuent à forger un discours, à fixer des concepts, mais aussi à déterminer des objectifs et des moyens à mettre en œuvre, ceci non seulement à l'adresse des États mais aussi d'autres acteurs privés ou publics. Les Objectifs du développement durables, adoptés dans la résolution 70/1 de l'Assemblée générale en sont un exemple particulièrement éloquent en tant qu'ils fournissent désormais le cadre « holistique » de l'action des Nations Unies en faveur du développement durable et social pour les années 2015-2030 (v. chap. 8, v. ss 421). 75 ■

Reste le cas particulier de la Déclaration universelle des droits de l'homme, adoptée le 10 décembre 1948 par un vote de l'Assemblée générale, avec une demi-douzaine 76 ■

d'abstentions provenant de l'Afrique du Sud, de l'Arabie, de l'Union soviétique et de ses satellites. À l'époque la Déclaration avait même été publiée en France par le *Journal officiel*, mais comme devait le répéter le Conseil d'État dans plusieurs arrêts (CE, 1951, *Élections de Nolay ;* 1960, *Car ;* 1984, *Roujanski*), cette information n'était pas faite au titre de la « publication » officielle des traités prévue par la Constitution. Cette jurisprudence du Conseil d'État, fondée sur une évidence factuelle, ne saurait pour autant constituer le dernier mot du débat sur la portée de la Déclaration universelle, contrairement à ce que l'on répète encore trop souvent en France. Trois pistes méritent au moins d'être discutées (v. la thèse de Marc Gambaraza, *Le statut de la Déclaration universelle des droits de l'homme*, Pedone, 2016) :

– tout d'abord, celle de la valeur constitutionnelle de la Déclaration, pour de nombreux pays, notamment au moment des indépendances – comme le Sénégal – ou pour de nouvelles démocraties au sortir d'une dictature, comme en Argentine ou en Espagne qui ont incorporé la Déclaration de 1948 dans leur Constitution, avec une jurisprudence interne de plus en plus nourrie ; dans d'autres cas, notamment dans des pays de tradition de *common law*, les juridictions suprêmes s'en inspirent pour interpréter leur Constitution ou le droit interne.

– ensuite, l'hypothèse conventionnelle, si l'on se rappelle que la Charte des Nations Unies consacre « le respect des droits de l'homme et des libertés fondamentales pour tous » parmi ses buts. En l'absence de définition ou d'énumération donnée par la Charte elle-même, ne peut-on considérer, comme l'a proposé Theodor Meron, que la Déclaration est une sorte d'acte-condition qui vient seulement préciser les notions consacrées par la Charte, acquérant ainsi une valeur conventionnelle au deuxième degré, « par ricochet » ; de fait, tout le droit dérivé des Nations Unies s'en inspire, qu'il s'agisse d'organes politiques ou de procédures indépendantes.

– enfin, il reste la nature coutumière de la Déclaration, qui pourrait être recherchée à travers l'*opinio juris* manifestée dans les positions des différents États et les références collectives de plus en plus nombreuses faites à la Déclaration. Là encore un large inventaire serait nécessaire avant de prétendre écarter l'argument.

À tout le moins la Déclaration est le « socle » du droit dérivé de l'Organisation en matière de droits de l'homme et constitue un instrument juridique « pertinent » pour tous les États membres, comme le montre la pratique constante des organes des Nations Unies en la matière (colloque SFDI, *La protection des droits de l'homme et l'évolution du droit international*, Pedone, 1998 ; colloque CNCDH, *La Déclaration universelle des droits de l'homme 1948-1988, Avenir d'un idéal commun*, Doc. fr., 1999, *La Déclaration universelle des droits de l'homme, 1948-2008, Réalité d'un idéal commun ?*, Doc. fr., 2009). Ainsi, la procédure de l'examen périodique universel (EPU) mise en place en 2007 par la résolution n° 5/1 du Conseil des droits de l'homme est fondée sur trois séries d'éléments : la Charte des Nations Unies, la Déclaration universelle des droits de l'homme, « les instruments internationaux relatifs aux droits de l'homme auxquels l'État est partie ». En citant la Déclaration entre la Charte constitutive et les traités ratifiés, la résolution souligne son rôle charnière sans pour autant préciser sa nature juridique (v. E. Decaux, « Brève histoire juridique de la Déclaration universelle des droits de l'homme », *RTDH* oct. 2018).

1

Compléments pédagogiques

Quid

■ Coutume n° 51

Norme non écrite découlant d'« une pratique générale, acceptée comme étant le droit » (art. 38, § 1.b statut CIJ). On distingue ainsi un élément matériel de la coutume – les précédents attestant d'une pratique – et un élément moral – l'*opinio juris sive necessitatis*, c'est-à-dire la conscience d'obéir à une obligation juridique.

■ Droit conventionnel n° 59

Ensemble des obligations découlant des traités ou accords conclus entre États ou entre États et organisations internationales ou entre organisations internationales entre elles. Par opposition au droit international général.

■ Droit international général n° 44

Normes du droit international qui lient tous les États en dehors de tout lien conventionnel : principes généraux *de* et *du* droit international, normes coutumières.

■ *Erga omnes* n° 45

Littéralement, « à l'égard de tous ». On parle de « normes *erga omnes* » lorsque tous les États ont un intérêt juridique au respect de la norme. Dans son arrêt *Barcelona Traction*, la Cour internationale de justice a ainsi opéré une « distinction essentielle » entre les obligations vis-à-vis d'États particuliers et les obligations « envers la communauté internationale dans son ensemble », qui peuvent dès lors être qualifiées d'*erga omnes*.

■ *Jus cogens* n° 44

Littéralement « droit contraignant » (par opposition à *jus dispositivum*, « droit supplétif »), droit impératif, auquel aucune dérogation ne saurait être apportée. Il s'agit donc de normes d'ordre public pouvant s'imposer malgré la volonté contraire des États. Synonymes : normes impératives, normes indérogeables, normes intransgressibles, *mandatory rules, peremptory rules*...

■ *Instrumentum* n° 34

« Instrument » élément formel d'un traité, par opposition au *negotium* qui correspond au contenu de l'accord. On oppose aussi l'« acte », au sens notarial, comme source, et la « norme », au sens substantiel, en tant qu'obligation.

■ *Obiter dictum* n° 45

Argumentation latérale, superfétatoire, inutile pour la motivation d'une décision, qui est littéralement dite en passant (au pluriel *obiter dicta*).

■ *Pacta sunt servanda* n°s 41, 48, 61

Littéralement « les engagements doivent être observés ». Obligation de respecter les traités : « tout traité en vigueur lie les parties et doit être exécuté par elles de bonne foi » (art. 26 conv. Vienne). Principe général de droit qui est le fondement même du droit des traités.

■ *Rebus sic stantibus* n° 48

Littéralement « les choses restant ce qu'elles sont ». Condition implicite ou clause expresse qui prévoit la révision d'un traité en cas de « changement fondamental des circonstances » (art. 62 conv. Vienne).

■ Réserve n°°40

Déclaration unilatérale d'un État venant moduler la portée d'un engagement conventionnel (art. 2 § 1d conv. Vienne). On distingue, du moins en théorie, une « déclaration interprétative » qui précise la portée de l'engagement et une « réserve » qui modifie la substance de l'obligation assumée.

■ Traité n° 29

Accord international écrit entre deux ou plusieurs États ou organisations internationales (Conv. Vienne, art. 2, § 1.a). Les termes d'accord, de convention, de pacte, de traité sont synonymes en droit international. On peut distinguer le traité bilatéral, entre deux sujets, le traité multilatéral, entre plusieurs sujets, le traité universel qui a vocation à régir l'ensemble des États.

■ Traité constitutif n° 37

Statut d'une organisation internationale, acte constitutif, Charte… Ne pas confondre avec les traités adoptés au sein d'une organisation internationale, ou « sous les auspices » d'une organisation internationale (Conv. Vienne, art. 5).

Documents

1) Les réserves aux traités

Convention de Vienne sur le droit des traités, 23 mai 1969 (extraits)

Article 2 – Expressions employées (…)

d) L'expression « réserve » s'entend d'une déclaration unilatérale, quel que soit son libellé ou sa désignation, faite par un État quand il signe, ratifie, accepte ou approuve un traité ou y adhère, par laquelle il vise à exclure ou à modifier l'effet juridique de certaines dispositions du traité dans leur application à cet État ;

Article 19

FORMULATION DES RÉSERVES

Un État, au moment de signer, de ratifier, d'accepter, d'approuver un traité ou d'y adhérer, peut formuler une réserve, à moins :

a) Que la réserve ne soit interdite par le traité ;

b) Que le traité ne dispose que seules des réserves déterminées, parmi lesquelles ne figure pas la réserve en question, peuvent être faites ; ou

c) Que, dans les cas autres que ceux visés aux alinéas *a* et *b*, la réserve ne soit incompatible avec l'objet et le but du traité.

Article 20

ACCEPTATION DES RÉSERVES ET OBJECTIONS AUX RÉSERVES

1. Une réserve expressément autorisée par un traité n'a pas à être ultérieurement acceptée par les autres États contractants, à moins que le traité ne le prévoie.

2. Lorsqu'il ressort du nombre restreint des États ayant participé à la négociation, ainsi que de l'objet et du but d'un traité, que l'application du traité dans son intégralité entre toutes les parties est une condition essentielle du consentement de chacune d'elles à être liée par le traité, une réserve doit être acceptée par toutes les parties.

3. Lorsqu'un traité est un acte constitutif d'une organisation internationale et à moins qu'il n'en dispose autrement, une réserve exige l'acceptation de l'organe compétent de cette organisation.

4. Dans les cas autres que ceux visés aux paragraphes précédents et à moins que le traité n'en dispose autrement :

a) L'acceptation d'une réserve par un autre État contractant fait de l'État auteur de la réserve une partie au traité par rapport à cet autre État si le traité est en vigueur ou lorsqu'il entre en vigueur pour ces États ;

b) L'objection faite à une réserve par un autre État contractant n'empêche pas le traité d'entrer en vigueur entre l'État qui a formulé l'objection et l'État auteur de la réserve, à moins que l'intention contraire n'ait été nettement exprimée par l'État qui a formulé l'objection ;

c) Un acte exprimant le consentement d'un État à être lié par le traité et contenant une réserve prend effet dès qu'au moins un autre État contractant a accepté la réserve.

5. Aux fins des paragraphes 2 et 4 et à moins que le traité n'en dispose autrement, une réserve est réputée avoir été acceptée par un État si ce dernier n'a pas formulé d'objection à la réserve soit à l'expiration des douze mois qui suivent la date à laquelle il en a reçu notification, soit à la date à laquelle il a exprimé son consentement à être lié par le traité, si celle-ci est postérieure.

Article 21

EFFETS JURIDIQUES DES RÉSERVES ET DES OBJECTIONS AUX RÉSERVES

1. Une réserve établie à l'égard d'une autre partie conformément aux articles 19, 20 et 23 :

a) Modifie pour l'État auteur de la réserve dans ses relations avec cette autre partie les dispositions du traité sur lesquelles porte la réserve, dans la mesure prévue par cette réserve ; et

b) Modifie ces dispositions dans la même mesure pour cette autre partie dans ses relations avec l'État auteur de la réserve.

2. La réserve ne modifie pas les dispositions du traité pour les autres parties au traité dans leurs rapports *inter se*.

3. Lorsqu'un État qui a formulé une objection à une réserve ne s'est pas opposé à l'entrée en vigueur du traité entre lui-même et l'État auteur de la réserve, les dispositions sur lesquelles porte la réserve ne s'appliquent pas entre les deux États dans la mesure prévue par la réserve.

CEDH 29 avr. 1988, *Belilos c/ Suisse*, req. n° 10328/83

EN DROIT

I. SUR L'EXCEPTION PRÉLIMINAIRE DU GOUVERNEMENT

38. Par voie d'exception préliminaire, le Gouvernement plaide l'incompatibilité de la requête de Mme Belilos avec les engagements internationaux assumés par la Suisse au titre de l'article 6, § 1 (art. 6-1) de la Convention. Il invoque la déclaration interprétative formulée lors du dépôt de l'instrument de ratification et ainsi libellée :
« Pour le Conseil fédéral suisse, la garantie d'un procès équitable figurant à l'article 6, paragraphe 1 (art. 6-1), de la Convention, en ce qui concerne soit les contestations portant sur des droits et obligations de caractère civil, soit le bien-fondé de toute accusation en matière pénale dirigée contre la personne en cause, vise uniquement à assurer un contrôle judiciaire final des actes ou décisions de l'autorité publique qui touchent à de tels droits ou obligations ou à l'examen du bien-fondé d'une telle accusation. »
À ses yeux, la Commission aurait dû décliner sa compétence car la requête portait sur un droit non reconnu par la Suisse.
39. La Cour examinera la nature de la déclaration litigieuse puis, le cas échéant, sa validité au regard de l'article 64 (art. 64) de la Convention, aux termes duquel
« 1. Tout État peut, au moment de la signature de la (...) Convention ou du dépôt de son instrument de ratification, formuler une réserve au sujet d'une disposition particulière de la Convention, dans la mesure où une loi alors en vigueur sur son territoire n'est pas conforme à cette disposition. Les réserves de caractère général ne sont pas autorisées aux termes du présent article (art. 64).
2. Toute réserve émise conformément au présent article (art. 64) comporte un bref exposé de la loi en cause. » (...)
A. Sur la nature de la déclaration (...)
49. (...) Pour dégager la nature juridique d'une telle "déclaration", il y a lieu de regarder au-delà du seul intitulé et de s'attacher à cerner le contenu matériel. En l'occurrence, il s'avère que la Suisse entendait soustraire à l'empire de l'article 6 § 1 (art. 6-1) certaines catégories de litiges et se prémunir contre une interprétation, à son sens trop large, de ce dernier. Or la Cour doit veiller à éviter que les obligations découlant de la Convention ne subissent des restrictions qui ne répondraient pas aux exigences de l'article 64 (art. 64), relatif aux réserves. Partant, elle examinera sous l'angle de cette disposition, comme dans le cas d'une réserve, la validité de la déclaration interprétative dont il s'agit.
B. Sur la validité de la déclaration
1. Sur la compétence de la Cour
50. La compétence de la Cour pour apprécier au regard de l'article 64 (art. 64) la validité d'une réserve ou, s'il échet, d'une déclaration interprétative n'a pas prêté à contestation en l'occurrence. Elle ressort tant des articles 45 et 49 (art. 45, 49) de la Convention, cités par le Gouvernement, que de l'article 19 (art. 19) et de la jurisprudence de la Cour (v., en dernier lieu, l'arrêt Ettl et a. du 23 avr. 1987, série A n° 117, p. 19, § 42).
2. Sur l'observation de l'article 64 (art. 64) de la Convention
51. Il y a lieu, dès lors, de rechercher si la déclaration suisse litigieuse répondait aux exigences de l'article 64 (art. 64) de la Convention.
a) Article 64, § 1 (art. 64-1) (...)
Par "réserve de caractère général", l'article 64 (art. 64) entend notamment une réserve rédigée en des termes trop vagues ou amples pour que l'on puisse en apprécier le sens et le champ d'application exacts. Or si les travaux préparatoires et les explications fournies par le Gouvernement montrent avec netteté quel était le souci de l'État défendeur à l'époque du dépôt de l'instrument de ratification, ils ne sauraient occulter une réalité objective : le libellé même de la déclaration. Les mots "contrôle judiciaire final des actes ou décisions de l'autorité publique qui

touchent à de[s] (…) droits ou obligations [de caractère civil] ou à l'examen du bien-fondé d'une (…) accusation [en matière pénale]" ne permettent pas de mesurer au juste la portée de l'engagement de la Suisse, en particulier quant aux catégories de litiges visés et quant au point de savoir si le "contrôle judiciaire final" s'exerce ou non sur les faits d'une cause. Ils se prêtent donc à différentes interprétations alors que l'article 64, § 1 (art. 64-1) exige précision et clarté. Bref, ils tombent sous le coup de la prohibition des réserves de caractère général.

b) Article 64, § 2 (art. 64-2) (…)

58. Aux yeux de la Commission, les indéniables difficultés d'ordre pratique avancées par le Gouvernement ne sauraient légitimer l'inobservation du paragraphe 2 de l'article 64 (art. 64-2). Il s'adresserait à tous les États parties sans distinction aucune, unitaires ou fédéraux et dotés ou non d'un droit de procédure unifié. Se référant à son rapport du 5 mai 1982 dans l'affaire Temeltasch, la Commission insiste sur deux aspects. En premier lieu, le paragraphe 2 de l'article 64 (art. 64-2) doit, d'après elle, se lire à la lumière du paragraphe 1 (art. 64-1), lequel ne vaut que pour une "loi alors en vigueur" et interdit les réserves de caractère général ; les précisions demandées aux États en cause contribueraient à éviter l'acceptation de pareilles réserves. Ensuite, l'obligation de joindre à la réserve un bref exposé des lois qu'un État entend préserver permettrait aux autres Parties contractantes, ainsi qu'aux organes de la Convention et à toute personne concernée, de prendre connaissance de cette législation. Un tel élément présenterait un intérêt non négligeable ; l'étendue de la norme dont l'État veut empêcher l'application par une réserve ou une déclaration interprétative entrerait en ligne de compte, car l'utilité d'inclure un exposé de la loi serait d'autant plus grande que la portée de ladite norme est plus large.

59. La Cour souscrit pour l'essentiel à l'avis de la Commission sur ce point. Elle ajoute que le "bref exposé de la loi en cause" constitue à la fois un élément de preuve et un facteur de sécurité juridique. En effet, l'article 64, § 2 (art. 64-2) vise à offrir, notamment aux autres Parties contractantes et aux organes de la Convention, la garantie que la réserve ne va pas au-delà des dispositions explicitement écartées par l'État concerné. Il ne contient pas une simple exigence de forme ; il édicte une condition de fond. L'omission constatée en l'espèce ne saurait donc se justifier, même par des difficultés pratiques importantes.

C. Conclusion

60. En résumé, la déclaration litigieuse ne répond pas à deux des impératifs de l'article 64 (art. 64) de la Convention, de sorte qu'il échet de la réputer non valide. Or, à n'en pas douter, la Suisse est et s'estime liée par la Convention indépendamment de la validité de la déclaration. Du reste, son Gouvernement reconnaît la compétence de la Cour pour trancher cette dernière question, dont il a traité devant elle. Partant, il y a lieu de rejeter l'exception préliminaire soulevée par lui.

⇨ *Dans cet arrêt, la Cour européenne des droits de l'Homme décide d'une part de se déclarer compétente pour contrôler la validité d'une réserve au regard des exigences de l'article 64 de la Convention ; et d'autre part que l'invalidité d'une réserve entraîne sa nullité, ce qui a pour effet que l'État partie reste lié par la Convention, mais sans le bénéfice de cette réserve.*

Comité des droits de l'Homme, *Observation générale n° 24*, 52e session (1994)

5. Le Pacte n'interdit pas les réserves ni ne mentionne aucun type de réserves autorisées. (…)

6. Le fait que les réserves ne soient pas interdites ne signifie pas qu'un État peut émettre n'importe quelle réserve. La question des réserves au titre du Pacte et du premier Protocole facultatif est régie par le droit international. (...)
7. Dans un instrument énonçant un très grand nombre de droits civils et politiques, chacun des nombreux articles, et en fait leur conjugaison, tend à assurer la réalisation des objectifs visés par le Pacte. L'objet et le but du Pacte sont de créer des normes relatives aux droits de l'homme juridiquement contraignantes en définissant certains droits civils et politiques et en les plaçant dans un cadre d'obligations juridiquement contraignantes pour les États qui le ratifient, ainsi que de fournir un mécanisme permettant de surveiller efficacement les obligations souscrites. (...)
8. Des réserves contraires à des normes impératives ne seraient pas compatibles avec l'objet et le but du Pacte. Les traités qui constituent un simple échange d'obligations entre États autorisent certes ceux-ci à formuler entre eux des réserves à l'application de règles du droit international général, mais il en est autrement dans le cas des instruments relatifs aux droits de l'homme qui visent à protéger les personnes relevant de la juridiction des États. En conséquence, les dispositions du Pacte qui représentent des règles de droit international coutumier (*a fortiori* lorsqu'elles ont le caractère de normes impératives) ne peuvent pas faire l'objet de réserves. (...)
10. (...) Bien qu'il n'existe pas de corrélation automatique entre les réserves émises à l'égard de dispositions auxquelles il ne peut être dérogé et celles qui portent atteinte à l'objet et au but du Pacte, il incombe à un État de justifier pareille réserve. (...)
11. Le Pacte non seulement consacre des droits spécifiques, mais les assortit de sérieuses garanties. Ces garanties fournissent le cadre nécessaire pour que les droits énoncés dans le Pacte soient assurés et elles sont donc essentielles au respect de son objet et de son but. Certaines s'appliquent au niveau national et d'autres au niveau international. Des réserves visant à les éliminer sont donc inacceptables. (...)
12. (...) Ce qui est particulièrement préoccupant, ce sont les réserves formulées en termes généraux qui ont essentiellement pour effet de rendre inopérants tous les droits énoncés dans le Pacte dont le respect exigerait une modification du droit interne. Il n'y a donc aucune acceptation réelle des droits ou obligations énoncés dans un instrument international. Lorsque à cela s'ajoutent l'absence de dispositions donnant la possibilité d'invoquer les droits consacrés dans le Pacte devant les tribunaux nationaux et, de plus, l'impossibilité pour les particuliers de saisir le Comité en vertu du premier Protocole facultatif, tous les éléments essentiels des garanties prévues par le Pacte sont supprimés. (...)
18. Il incombe nécessairement au Comité de déterminer si une réserve donnée est compatible avec l'objet et le but du Pacte, en partie parce que, comme on l'a vu plus haut, cette tâche n'est pas du ressort des États parties s'agissant d'instruments relatifs aux droits de l'homme, et en partie parce que le Comité ne peut se soustraire à cette tâche dans l'exercice de ses fonctions. Afin de savoir jusqu'où va son devoir d'examiner dans quelle mesure un État s'acquitte de ses obligations au titre de l'article 40 ou d'examiner une communication soumise en vertu du premier Protocole facultatif, il doit nécessairement se faire une idée de la compatibilité d'une réserve avec l'objet et le but du Pacte et avec le droit international général. En raison du caractère particulier d'un instrument relatif aux droits de l'homme, la compatibilité d'une réserve avec l'objet et le but du Pacte doit être établie objectivement, en se référant à des principes juridiques. Le Comité est particulièrement bien placé pour s'acquitter de cette tâche. La conséquence normale d'une réserve inacceptable n'est pas que le Pacte restera totalement lettre morte pour l'État auteur de la réserve. Une telle réserve est dissociable, c'est-à-dire que le Pacte s'appliquera à l'État qui en est l'auteur, sans bénéficier de la réserve.

⇨ *Dans son observation générale, le Comité des droits de l'Homme défend l'idée d'une « spécificité » des conventions en matière de droits de l'Homme – et particulièrement du Pacte sur les droits civils et politiques – qui justifierait une interprétation particulière du « régime de Vienne ». Le Comité se déclare à son tour compétent pour contrôler la validité des réserves formulées par les États. Dans la mesure où le Pacte ne comporte aucune clause de réglementation des réserves, c'est le critère supplétif de l'objet et du but du traité qui s'applique : le Comité donne une interprétation contextualisée de ce critère, en l'appliquant à un certain nombre de questions concrètes (réserves à des normes impératives, réserves touchant les garanties des droits de l'Homme etc.) Finalement, le Comité, comme la Cour européenne dans l'affaire Belilos, estime que la conséquence « normale » du constat de l'invalidité d'une réserve est que l'État reste lié par le traité, mais sans le bénéfice de sa réserve.*

Commission du droit international, *Deuxième rapport sur le droit et la pratique concernant les réserves aux traités*, par M. Alain Pellet, rapporteur spécial, 48e session (1996) (doc. ONU A/CN.4/477)

Conclusion : la coexistence des mécanismes de contrôle

252. En conclusion, il apparaît que : a) Si les traités relatifs aux droits de l'homme ne présentent pas, quant à leur contenu, une spécificité justifiant de leur appliquer un régime de réserves dérogatoire, en revanche, la création, par la plupart d'entre eux, d'organes de surveillance de leur mise en œuvre a une influence sur les modalités du contrôle de la licéité des réserves ;

b) Bien que cela ne soit pas prévu par leurs statuts, ces organes ont entrepris de contrôler la licéité des réserves aux instruments les instituant ; une compétence à cette fin doit leur être reconnue : elle est une condition nécessaire à l'exercice des fonctions générales de surveillance dont ils sont investis ;

c) Comme les parties contractantes elles-mêmes dans leurs rapports *inter se* ou les autres organes de règlement des différends éventuellement compétents, les organes de surveillance contrôlent la licéité des réserves aux traités relatifs aux droits de l'homme en se fondant sur le critère de l'objet et du but, confirmant ainsi l'adaptation à ces instruments du régime souple de réserves consacré par les Conventions de Vienne de 1969 et 1986 ;

d) La valeur juridique des constatations faites par ces organes dans l'exercice de ce pouvoir de contrôle ne saurait excéder celle résultant des pouvoirs dont ils sont dotés pour s'acquitter de leur mission générale de surveillance ; toutefois, dans tous les cas, les États doivent examiner ces constatations de bonne foi et, le cas échéant, remédier aux illicéités constatées ;

e) Les organes de contrôle de la licéité des réserves, quels qu'ils soient, ne peuvent se substituer à l'État réservataire dans la détermination de ses intentions quant à l'étendue des obligations conventionnelles qu'il est prêt à assumer ; c'est donc à lui seul qu'il appartient de décider de quelle manière il convient de mettre fin au vice qui affecte l'expression de son consentement du fait de l'illicéité de la réserve ;

f) Cette « mise en conformité » peut se traduire par le retrait pur et simple de la réserve illicite ou par sa modification.

⇨ *À la suite de la jurisprudence Belilos et de l'observation générale n° 24, le nouveau Rapporteur spécial de la CDI, Alain Pellet, souhaite faire entendre la « voix du droit international » dans le débat. Il conteste la spécificité des conventions en matière de droits de l'Homme en la matière et insiste sur l'adaptabilité du « régime de Vienne », qui devrait être réaffirmé. Il concède toutefois que la création d'organes de surveillance dans le cadre de ces traités a une influence sur les modalités de contrôle des réserves, et reconnaît que ces organes doivent se reconnaître une telle compétence. Mais le Rapporteur spécial estime qu'il revient aux États – et non à l'organe de contrôle – de tirer les conséquences du constat de l'invalidité d'une réserve.*

Commission du droit international, *Guide de la pratique sur les réserves aux traités*, 63e session (2011) (doc. ONU A/66/10, § 75)

3.1.5. Incompatibilité d'une réserve avec l'objet et le but du traité

Une réserve est incompatible avec l'objet et le but du traité si elle porte atteinte à un élément essentiel du traité, nécessaire à son économie générale, de telle manière que sa raison d'être se trouve compromise.

3.1.5.1 Détermination de l'objet et du but du traité

L'objet et le but du traité doivent être déterminés de bonne foi, en tenant compte de ses termes dans leur contexte, en particulier du titre et du préambule du traité. On peut également avoir recours aux travaux préparatoires du traité et aux circonstances de sa conclusion et, le cas échéant, à la pratique subséquente des parties.

3.1.5.2 Réserves vagues ou générales

Une réserve doit être rédigée en des termes permettant d'en apprécier la signification, afin d'en déterminer en particulier la compatibilité avec l'objet et le but du traité.

3.1.5.3 Réserves portant sur une disposition reflétant une règle coutumière

Le fait qu'une disposition conventionnelle reflète une règle de droit international coutumier n'empêche pas par lui-même la formulation d'une réserve à cette disposition.

3.1.5.4 Réserves à des dispositions portant sur des droits auxquels il n'est permis de déroger en aucune circonstance

Un État ou une organisation internationale ne peut formuler une réserve à une disposition conventionnelle portant sur des droits auxquels il n'est permis de déroger en aucune circonstance que si la réserve en question est compatible avec les droits et obligations essentiels résultant du traité. Dans l'appréciation de cette compatibilité, il convient de tenir compte de l'importance que les parties ont accordée aux droits en question en leur conférant un caractère indérogeable.

3.1.5.5 Réserves relatives au droit interne

Une réserve par laquelle un État ou une organisation internationale vise à exclure ou à modifier l'effet juridique de certaines dispositions d'un traité ou du traité dans son ensemble pour préserver l'intégrité de règles particulières du droit interne de cet État ou de règles particulières de cette organisation en vigueur au moment de la formulation de la réserve ne peut être formulée que dans la mesure où elle ne porte pas atteinte à un élément essentiel du traité ni à son économie générale.

3.1.5.6 Réserves aux traités contenant de nombreux droits et obligations interdépendants

Pour apprécier la compatibilité d'une réserve avec l'objet et le but d'un traité contenant de nombreux droits et obligations interdépendants, il convient de tenir compte de cette interdépendance ainsi que de l'importance que revêt la disposition faisant l'objet de la réserve dans l'économie générale du traité et de l'ampleur de l'atteinte que lui porte la réserve.

3.1.5.7 Réserves aux clauses conventionnelles de règlement des différends ou de contrôle de la mise en œuvre du traité

Une réserve à une disposition conventionnelle relative au règlement des différends ou au contrôle de la mise en œuvre du traité n'est pas, en elle-même, incompatible avec l'objet et le but du traité à moins que :

i) La réserve vise à exclure ou modifier l'effet juridique d'une disposition du traité qui est essentielle pour sa *raison d'être ;* ou

ii) La réserve ait pour effet de soustraire son auteur à un mécanisme de règlement des différends ou de contrôle de la mise en œuvre du traité au sujet d'une disposition conventionnelle qu'il a antérieurement acceptée si l'objet même du traité est la mise en œuvre d'un tel mécanisme.

3.2.1 Compétence des organes de contrôle de l'application de traités en matière d'appréciation de la validité substantielle d'une réserve

1.En vue de s'acquitter des fonctions dont il est chargé, un organe de contrôle de l'application d'un traité peut apprécier la validité substantielle des réserves formulées par un État ou une organisation internationale.

2.L'appréciation faite par un tel organe dans l'exercice de cette compétence n'a pas davantage d'effets juridiques que ceux de l'acte qui la contient. (...)

3.3.1 Indifférence de la distinction entre les chefs d'invalidité

Une réserve formulée en dépit d'une interdiction résultant des dispositions du traité ou de son incompatibilité avec l'objet et le but du traité n'est pas valide, sans qu'il y ait lieu d'opérer de distinction entre les conséquences de ces chefs d'invalidité. (...)

4.5.1 Nullité d'une réserve non valide

Une réserve qui ne respecte pas les conditions de validité formelle et substantielle énoncées dans les deuxième et troisième parties du Guide de la pratique est nulle de plein droit et, en conséquence, dépourvue de tout effet juridique. (...)

4.5.3 Statut de l'auteur d'une réserve non valide à l'égard du traité

1. Le statut de l'auteur d'une réserve non valide à l'égard du traité dépend de l'intention exprimée par l'État ou l'organisation internationale qui a formulé la réserve sur la question de savoir s'il entend être lié par le traité sans le bénéfice de la réserve ou s'il estime ne pas être lié par le traité.

2. À moins que l'auteur de la réserve non valide ait exprimé une intention contraire ou qu'une telle intention soit établie autrement, il est considéré comme État contractant ou organisation contractante sans le bénéfice de la réserve.

3. Nonobstant les paragraphes 1 et 2, l'auteur d'une réserve non valide peut exprimer à tout moment son intention de ne pas être lié par le traité sans le bénéfice de la réserve.

4. Si un organe de contrôle de l'application du traité exprime le point de vue selon lequel une réserve n'est pas valide, et si l'État ou l'organisation internationale auteur de la réserve entend ne pas être lié par le traité sans le bénéfice de la réserve, il devrait exprimer une telle intention dans un délai de douze mois suivant la date à laquelle l'organe de contrôle s'est prononcé.

⇨ *Le Guide de la pratique conclut les travaux de la CDI sur le régime des réserves aux traités. Lors de sa 66ᵉ session (2011), la Commission a décidé de recommander à l'Assemblée générale de prendre note du Guide et d'en assurer la plus large diffusion. La Commission a par ailleurs recommandé la mise en place d'un « mécanisme d'assistance en matière de réserves », sous la forme d'un « observatoire », composé d'experts, chargé d'examiner « les problèmes liés aux réserves et aux objections aux réserves ou à leur acceptation, qui lui seraient soumis. » (À/66/10, § 73).*

CEDH 14 déc. 2011, *Minas Sargsyan*, req. n° 40167/06

C. La déclaration émise par le gouvernement défendeur lorsqu'il a ratifié la Convention

43. L'instrument de ratification déposé par la République d'Azerbaïdjan le 15 avril 2002 contient la déclaration suivante :

« La République d'Azerbaïdjan déclare qu'elle n'est pas en mesure de garantir l'application des dispositions de la Convention dans les territoires occupés par la République d'Arménie jusqu'à ce que ces territoires soient libérés de cette occupation. » (…)

2. Appréciation de la Cour

59. L'article 1 de la Convention est ainsi libellé :

« Les Hautes Parties contractantes reconnaissent à toute personne relevant de leur juridiction les droits et libertés définis au titre I de la (…) Convention. »

La Cour doit déterminer si les faits litigieux relèvent de la juridiction et de la responsabilité de l'État défendeur.

a) La déclaration de l'État défendeur

60. La Cour observe que la République d'Azerbaïdjan a ratifié la Convention avec effet sur l'ensemble de son territoire mais a déposé avec son instrument de ratification une déclaration (paragraphe 43 ci-dessus).

61. S'appuyant sur cette déclaration, le gouvernement défendeur argue que sa responsabilité en vertu de l'article 1er de la Convention n'est engagée que pour les parties de son territoire sur lesquelles la République d'Azerbaïdjan exerce son contrôle. (…)

66. Même si le Gouvernement n'a pas allégué que la déclaration en cause pouvait être qualifiée de réserve au sens de l'article 57 de la Convention, la Cour juge nécessaire d'examiner cette question. L'article 57 est ainsi libellé :

« 1. Tout État peut, au moment de la signature de la (…) Convention ou du dépôt de son instrument de ratification, formuler une réserve au sujet d'une disposition particulière de la Convention, dans la mesure où une loi alors en vigueur sur son territoire n'est pas conforme à cette disposition. Les réserves de caractère général ne sont pas autorisées aux termes du présent article.

2. Toute réserve émise conformément au présent article comporte un bref exposé de la loi en cause. »

67. La Cour rappelle que, pour déterminer la nature juridique d'une telle déclaration, il y a lieu d'aller au-delà de son seul intitulé et de s'attacher à cerner son contenu matériel ou l'intention du gouvernement défendeur (*Ila�cu et a.*, décision préc., et *Belilos c/ Suisse*, 29 avr. 1988, § 49, série A, n° 132).

68. Elle rappelle en outre que l'article 57 § 1 ne permet pas les « réserves de caractère général ». Une réserve est de caractère général « soit lorsqu'elle ne se rapporte pas à une disposition spécifique de la Convention, soit lorsqu'elle est libellée d'une manière telle qu'elle ne permet pas d'en définir la portée » (*Ila�cu et a.*, décision précitée).

69. En l'espèce, la Cour note que la déclaration faite par la République d'Azerbaïdjan ne vise aucune disposition particulière de la Convention et ne renvoie par ailleurs à aucun texte de loi précis en vigueur dans le pays. Les termes « dans les territoires occupés par la République d'Arménie jusqu'à ce que ces territoires soient libérés de cette occupation » employés par l'État défendeur indiquent plutôt que la déclaration est d'une portée générale, non restreinte à certaines dispositions de la Convention, mais limitée dans l'espace et dans le temps, et qu'elle emporterait comme conséquence que les personnes se trouvant sur les territoires concernés seraient totalement privées de la protection de la Convention pour une durée indéterminée.

70. Au vu de ce qui précède, la Cour considère que cette déclaration ne peut être considérée comme une réserve conforme aux exigences de l'article 57 de la Convention et qu'elle doit donc être réputée non valide.

⇨ *La Cour européenne réitère, en décembre 2011, sa jurisprudence Belilos et déclare une réserve invalide.*

2) La recherche de l'existence d'une norme coutumière

CIJ 8 juill. 1996, *Licéité de la menace ou de l'emploi d'armes nucléaires*, Avis consultatif

68. Selon certains États, l'abondante série de résolutions de l'Assemblée générale qui, depuis la résolution 1653 (XVI) du 24 novembre 1961, ont trait aux armes nucléaires et affirment avec une constante régularité l'illicéité des armes nucléaires traduit l'existence d'une règle de droit international coutumier qui prohibe le recours à ces armes. Selon d'autres États, cependant, ces résolutions n'ont aucun caractère obligatoire par elles-mêmes et ne sont déclaratoires d'aucune règle coutumière d'interdiction de l'arme nucléaire ; certains de ces États ont également fait observer que cette série de résolutions non seulement n'a pas été approuvée par la totalité des États dotés d'armes nucléaires, mais ne l'a pas davantage été par de nombreux autres États.

69. Les États qui considèrent que l'emploi d'armes nucléaires est illicite ont indiqué que ces résolutions ne prétendaient pas créer de nouvelles règles, mais se bornaient à confirmer le droit coutumier relatif à la prohibition des moyens ou méthodes de guerre qui excèdent, par leur utilisation, les limites de ce qui est autorisé dans la conduite d'hostilités. Ils sont d'avis que les résolutions considérées n'ont fait qu'appliquer aux armes nucléaires les règles existantes du droit international applicable dans les conflits armés ; elles n'auraient constitué que l'« enveloppe » ou l'instrumentum contenant des règles coutumières de droit international déjà existantes. Pour ces États, il importerait donc peu que l'instrumentum se soit heurté à des votes négatifs, qui ne peuvent avoir pour effet d'annihiler ces règles coutumières, confirmées par le droit conventionnel.

70. La Cour rappellera que les résolutions de l'Assemblée générale, même si elles n'ont pas force obligatoire, peuvent parfois avoir une valeur normative. Elles peuvent, dans certaines circonstances, fournir des éléments de preuve importants pour établir l'existence d'une règle ou l'émergence d'une *opinio juris*. Pour savoir si cela est vrai d'une résolution donnée de l'Assemblée générale, il faut en examiner le contenu ainsi que les conditions d'adoption ; il faut en outre vérifier s'il existe une *opinio juris* quant à son caractère normatif. Par ailleurs des résolutions successives peuvent illustrer l'évolution progressive de l'*opinio juris* nécessaire à l'établissement d'une règle nouvelle.

71. Si on les considère dans leur ensemble, les résolutions de 1'Assemblée générale invoquées devant la Cour déclarent que l'emploi d'armes nucléaires serait « une violation directe de la Charte » et, dans certaines versions, que cet emploi « doit… être interdit » ; dans ces résolutions, l'Assemblée générale a parfois mis l'accent, plutôt, sur diverses questions connexes. Plusieurs résolutions dont il est question en l'espèce ont cependant été adoptées avec un nombre non négligeable de voix contre et d'abstentions. Ainsi, bien que lesdites résolutions constituent la manifestation claire d'une inquiétude profonde à l'égard du problème des armes nucléaires, elles n'établissent pas encore l'existence d'une opinio juris quant à l'illicéité de l'emploi de ces armes.

72. La Cour note par ailleurs que la première des résolutions de l'Assemblée générale à avoir proclamé expressément l'illicéité du recours à l'arme nucléaire – la résolution 1653 (XVI) du 24 novembre 1961 (mentionnée dans des résolutions ultérieures) –, après avoir fait référence à certaines déclarations internationales et à certains accords obligatoires allant de la déclaration de Saint-Pétersbourg de 1868 au protocole de Genève de 1925, a procédé à une qualification de la nature juridique de l'arme nucléaire, à une détermination de ses effets et à l'application de règles générales du droit international coutumier à l'arme nucléaire en particulier. Cette application par l'Assemblée de règles générales du droit coutumier au cas particulier de l'arme nucléaire indique qu'à ses yeux il n'existait pas de règle spécifique de droit coutumier interdisant l'emploi de l'arme nucléaire ; si une telle règle avait existé, l'Assemblée générale aurait, en effet, pu se contenter de s'y référer et n'aurait pas eu à se livrer à un tel exercice de qualification juridique.
73. Cela étant, la Cour observera que l'adoption chaque année par l'Assemblée générale, à une large majorité, de résolutions rappelant le contenu de la résolution 1653 (XVI) et priant les États Membres de conclure une convention interdisant l'emploi d'armes nucléaires en toute circonstance est révélatrice du désir d'une très grande partie de la communauté internationale de franchir, par une interdiction spécifique et expresse de l'emploi de l'arme nucléaire, une étape significative sur le chemin menant au désarmement nucléaire complet. L'apparition, en tant que *lex lata*, d'une règle coutumière prohibant spécifiquement l'emploi des armes nucléaires en tant que telles se heurte aux tensions qui subsistent entre, d'une part, une *opinio juris* naissante et, d'autre part, une adhésion encore forte à la pratique de la dissuasion.

CIJ 3 févr. 2012, *Immunités juridictionnelles de l'État (Allemagne c/ Italie ; Grèce (intervenant))*

54. Dans les rapports entre l'Allemagne et l'Italie, c'est seulement le droit international coutumier qui fonde le droit à l'immunité, et non pas des dispositions conventionnelles. Si l'Allemagne est l'un des huit États parties à la convention européenne sur l'immunité des États du 16 mai 1972 (Conseil de l'Europe, *Série des traités européens (STE)* n° 74 ; *RTNU*, vol. 1495, p. 182) (ci-après la « convention européenne »)), tel n'est pas le cas de l'Italie, que cet instrument ne lie donc pas. Par ailleurs, aucun des deux États n'est partie à la convention des Nations Unies sur l'immunité juridictionnelle des États et de leurs biens, adoptée le 2 décembre 2004 (ci-après « la convention des Nations Unies »), laquelle n'est, en tout état de cause, pas encore entrée en vigueur. (...)
55. La Cour doit donc, conformément à l'alinéa *b)* du paragraphe 1 de l'article 38 de son Statut, déterminer l'existence d'une « coutume internationale comme preuve d'une pratique générale acceptée comme étant le droit » conférant l'immunité à l'État et, le cas échéant, quelle en est la portée et l'étendue. Elle appliquera pour ce faire les critères, qu'elle a maintes fois énoncés, permettant d'identifier une règle de droit international coutumier. Ainsi qu'elle l'a clairement indiqué dans les affaires du *Plateau continental de la mer du Nord*, une « pratique effective » assortie d'une *opinio juris* est en particulier requise pour qu'existe une telle règle (*Plateau continental de la mer du Nord (République fédérale d'Allemagne/Danemark ; République fédérale d'Allemagne/Pays-Bas), arrêt, CIJ 1969, Rec.* 44, § 77). La Cour a en outre relevé ce qui suit :
« [i]l est bien évident que la substance du droit international coutumier doit être recherchée en premier lieu dans la pratique effective et l'*opinio juris* des États, même si les conventions

multilatérales peuvent avoir un rôle important à jouer en enregistrant et définissant les règles dérivées de la coutume ou même en les développant » (*Plateau continental (Jamahiriya arabe libyenne/Malte), arrêt, CIJ 1985, Rec.* 29-30, § 27.)

Dans le cas d'espèce, une pratique étatique particulièrement importante se dégage de la jurisprudence des tribunaux internes qui ont été amenés à se prononcer sur l'immunité d'un État étranger, des lois adoptées par ceux des États qui ont légiféré en la matière, de l'invocation de l'immunité par certains États devant des tribunaux étrangers, ainsi que des déclarations faites par les États à l'occasion de l'examen approfondi de cette question par la Commission du droit international puis de l'adoption de la convention des Nations Unies. Dans ce contexte, l'*opinio juris* est reflétée notamment par l'affirmation, de la part des États qui invoquent l'immunité de juridiction devant les tribunaux d'autres États, qu'ils sont, en vertu du droit international, fondés à en bénéficier ; par la reconnaissance, de la part des États qui accordent cette immunité, qu'il s'agit d'une obligation que leur impose le droit international ; et, inversement, par l'affirmation par des États, dans d'autres affaires, de leur droit d'exercer leur juridiction à l'égard d'États étrangers. S'il est vrai que les États décident parfois d'accorder une immunité plus large que ne l'impose le droit international, le fait est que, aux fins de la présente instance, la reconnaissance de l'immunité en pareil cas n'est pas assortie de l'*opinio juris* requise et, partant, n'éclaire pas la question dont la Cour est saisie.

56. Quoique la question des origines de l'immunité des États et des principes qui la sous-tendent ait fait l'objet de longs débats, la Commission du droit international a, en 1980, constaté que la règle de l'immunité des États avait « été adoptée en tant que règle générale du droit international coutumier solidement enracinée dans la pratique contemporaine des États » (*Annuaire de la Commission du droit international*, 1980, vol. II, deuxième partie, p. 144, par. 26). La Cour estime que cette conclusion, qui reposait sur une analyse exhaustive de la pratique des États, a depuis lors été confirmée par un ensemble de lois nationales, de décisions judiciaires, d'affirmations d'un droit à l'immunité, ainsi que par les commentaires des États sur ce qui allait devenir la convention des Nations Unies. Il ressort de cette pratique que les États, que ce soit lorsqu'ils invoquent l'immunité pour leur propre compte ou qu'ils l'accordent à d'autres, partent généralement du principe qu'il existe en droit international un droit à l'immunité de l'État étranger, dont découle pour les autres États l'obligation de le respecter et de lui donner effet.

⇨ *La Cour constate l'existence en droit international coutumier d'une règle de l'immunité des États devant les juridictions étrangères en matière civile en se fondant sur la « doctrine des deux éléments » : pratique effective et constante ; opinio juris des États qui reflète leur conviction de se conformer à une règle de droit.*

3) Les principes généraux du droit international

CIJ 9 avr. 1949, *Détroit de Corfou – Royaume-Uni c/ Albanie* (*Rec. CIJ* 22)

Les obligations qui incombaient aux autorités albanaises consistaient à faire connaître, dans l'intérêt de la navigation en général, l'existence d'un champ de mines dans les eaux territoriales albanaises et à avertir les navires de guerre britanniques, au moment où ils s'approchaient, du danger imminent auquel les exposait ce champ de mines. Ces obligations sont fondées non pas sur la convention VIII de La Haye, de 1907, qui est applicable en temps de guerre, mais sur certains principes généraux et bien reconnus, tels que des considérations élémentaires d'humanité, plus absolues encore en temps de paix qu'en temps de guerre, le principe de la liberté des communications maritimes et l'obligation, pour tout État, de ne pas laisser utiliser son territoire aux fins d'actes contraires aux droits d'autres États.

⇨ *Considérations élémentaires d'humanité.*

CIJ 28 mai 1951, avis consultatif, *Réserves à la convention pour la prévention et la répression du crime de génocide* (*Rec. CIJ* 22-24)

La Cour reconnaît ainsi qu'une entente s'est formée au sein de l'Assemblée générale quant à la faculté d'apporter des réserves à la convention sur le génocide et qu'il est permis d'en conclure qu'au moment d'y devenir parties les États y ont donné leur assentiment. Il reste à déterminer le caractère des réserves qui peuvent être formulées ainsi que le caractère des objections qui peuvent y être opposées.

La réponse à ces questions doit être cherchée dans les traits particuliers que présente la convention sur le génocide. Les origines et le caractère de la convention, les fins poursuivies par l'Assemblée générale et par les parties contractantes, les rapports que présentent les dispositions de la convention entre elles et avec ces fins, fournissent des éléments d'interprétation de la volonté de l'Assemblée générale et des parties. Les origines de la convention révèlent l'intention des Nations Unies de condamner et de réprimer le génocide comme « un crime de droit des gens » impliquant le refus du droit à l'existence de groupes humains entiers, refus qui bouleverse la conscience humaine, inflige de grandes pertes à l'humanité et qui est contraire à la fois à la loi morale et à l'esprit et aux fins des Nations Unies (résol. n° 96 (I) AG du 11 déc. 1946). Cette conception entraîne une première conséquence : les principes qui sont à la base de la convention sont des principes reconnus par les Nations civilisées comme obligeant les États même en dehors de tout lien conventionnel. Une deuxième conséquence est le caractère universel à la fois de la condamnation du génocide et de la coopération nécessaire « pour libérer l'humanité d'un fléau aussi odieux » (préambule conv.). La convention sur le génocide a donc été voulue tant par l'Assemblée générale que par les parties contractantes comme une convention de portée nettement universelle. En fait, elle fut approuvée, le 9 décembre 1948, par une résolution qui fut votée unanimement par 56 États.

Les fins d'une telle convention doivent également être retenues. La convention a été manifestement adoptée dans un but purement humain et civilisateur. On ne peut même pas concevoir une convention qui offrirait à un plus haut degré ce double caractère, puisqu'elle vise d'une part à sauvegarder l'existence même de certains groupes humains, d'autre part à confirmer et à sanctionner les principes de morale les plus élémentaires. Dans une telle convention, les États contractants n'ont pas d'intérêts propres ; ils ont seulement tous et chacun, un intérêt commun, celui de préserver les fins supérieures qui sont la raison d'être de la convention. Il en résulte que l'on ne saurait, pour une convention de ce type, parler d'avantages ou de désavantages individuels des États, non plus que d'un exact équilibre contractuel à maintenir entre les droits et les charges. La considération des fins supérieures de la convention est, en vertu de la volonté commune des parties, le fondement et la mesure de toutes les dispositions qu'il renferme.

⇨ *Principes de morale élémentaire obligeant les États en dehors de tout lien conventionnel.*

4) Le *jus cogens* dans la jurisprudence internationale

CIJ 15 déc. 1979, aff. relative au personnel diplomatique et consulaire des États-Unis à Téhéran, États-Unis d'Amérique c/ Iran, demande en indication de mesures conservatoires (*Rec. CIJ* 18-20, § 35-44)

39. Considérant que l'institution de la diplomatie, avec les privilèges et immunités qui s'y rattachent, a résisté à l'épreuve des siècles et s'est avérée un instrument essentiel de coopération efficace dans la communauté internationale, qui permet aux États, nonobstant les différences de leurs systèmes constitutionnels et sociaux, de parvenir à la compréhension mutuelle et de résoudre leurs divergences par des moyens pacifiques ;

40. Considérant que le déroulement sans entrave des relations consulaires, également nouées entre les peuples depuis des temps anciens, n'est pas moins important dans le contexte du droit international contemporain, en ce qu'il favorise le développement des relations amicales entre les Nations et assure protection et assistance aux étrangers résidant sur le territoire d'autres États ; considérant dès lors que les privilèges et immunités des fonctionnaires et employés consulaires et l'inviolabilité des locaux et archives consulaires sont eux aussi des principes de droit international profondément enracinés ;

41. Considérant qu'aucun État n'a l'obligation d'entretenir des relations diplomatiques ou consulaires avec un autre État, mais qu'il ne saurait manquer de reconnaître les obligations impératives qu'elles comportent et qui sont maintenant codifiées dans les conventions de Vienne de 1961 et 1963 auxquelles l'Iran et les États-Unis sont parties.

⇨ *Obligations « impératives » (dans la version anglaise : « imperative obligations » et non « peremptory obligations »).*

CIJ 27 juin 1986, *aff. des activités militaires et paramilitaires au Nicaragua et contre celui-ci, Nicaragua c/ États-Unis d'Amérique* (*Rec. CIJ* 100-101, § 190)

La validité en droit coutumier du principe de la prohibition de l'emploi de la force exprimé à l'article 2, § 4 de la Charte des Nations Unies trouve une autre confirmation dans le fait que les représentants des États le mentionnent souvent comme étant non seulement un principe de droit international coutumier, mais encore un principe fondamental ou essentiel de ce droit. Dans ses travaux de codification du droit des traités la Commission du droit international a exprimé l'opinion que « le droit de la Charte concernant l'interdiction de l'emploi de la force constitue en soi un exemple frappant d'une règle de droit international qui relève du *jus cogens* » (§ 1 commentaire Commission sur l'art. 50 de ses projets d'articles sur le droit des traités, *Ann. Commission* 1966. II. 270). Dans le mémoire sur le fond qu'il a présenté en l'espèce le Nicaragua déclare que le principe de l'interdiction de l'emploi de la force consacré par l'article 2, § 4 de la Charte des Nations Unies « est maintenant admis comme faisant partie du *jus cogens* ». Dans leur contre-mémoire sur la compétence et la recevabilité, les États-Unis quant à eux ont cru devoir citer les commentateurs pour qui ce principe constitue une « norme universelle », une règle de « droit international universel », un « principe de droit international universellement reconnu » et un « principe de *jus cogens* ».

⇨ *Selon les parties au litige, l'interdiction de l'emploi de la force fait partie du jus cogens.*

CIJ 8 juill. 1996, avis consultatif, *Licéité de la menace ou de l'emploi d'armes nucléaires* (*Rec. CIJ* 257-258)

78. Les principes cardinaux contenus dans les textes formant le tissu du droit humanitaire sont les suivants. Le premier principe est destiné à protéger la population civile et les biens de caractère civil, et établit la distinction entre combattants et non-combattants ; les États ne doivent jamais prendre pour cible des civils, ni en conséquence utiliser des armes qui sont dans l'incapacité de distinguer entre cibles civiles et cibles militaires. Selon le second principe, il ne faut pas causer des maux superflus aux combattants : il est donc interdit d'utiliser des armes leur causant de tels maux ou aggravant inutilement leurs souffrances ; en application de ce second principe, les États n'ont pas un choix illimité quant aux armes qu'ils emploient. (…)
79. C'est sans doute parce qu'un grand nombre de règles du droit humanitaire applicable dans les conflits armés sont si fondamentales pour le respect de la personne humaine et pour des « considérations élémentaires d'humanité », selon l'expression utilisée par la Cour dans son arrêt du 9 avril 1949 rendu en l'affaire du *Détroit de Corfou* (*Rec.* 22), que la convention IV de La Haye et les conventions de Genève ont bénéficié d'une large adhésion des États. Ces règles fondamentales s'imposent d'ailleurs à tous les États, qu'ils aient ou non ratifié les instruments conventionnels qui les expriment, parce qu'elles constituent des principes intransgressibles du droit international coutumier. (…)
82. La large codification du droit humanitaire et l'étendue de l'adhésion aux traités qui en ont résulté, ainsi que le fait que les clauses de dénonciation contenues dans les instruments de codification n'ont jamais été utilisées, ont permis à la communauté internationale de disposer d'un corps de règles conventionnelles qui étaient déjà devenues coutumières dans leur grande majorité et qui correspondaient aux principes humanitaires les plus universellement reconnus. Ces règles indiquent ce que sont les conduites et comportements normalement attendus des États.
83. Il a été soutenu au cours de la présente procédure que ces principes et règles du droit humanitaire font partie du *jus cogens* tel que le définit l'article 53 de la convention de Vienne sur le droit des traités du 23 mai 1969. La question de savoir si une règle fait partie du *jus cogens* a trait à la nature juridique de cette règle. La demande que l'Assemblée générale a adressée à la Cour soulève la question de l'applicabilité des principes et règles du droit humanitaire en cas de recours aux armes nucléaires, et celle des conséquences que cette applicabilité aurait sur la licéité du recours à ces armes ; mais elle ne soulève pas la question de savoir quelle serait la nature du droit humanitaire qui s'appliquerait à l'emploi des armes nucléaires. La Cour n'a donc pas à se prononcer sur ce point.

⇨ *Principes « cardinaux » et « intransgressibles » du droit international humanitaire. La Cour évite de se prononcer sur leur appartenance au jus cogens.*

Tribunal pénal pour l'ex-Yougoslavie (TPIY), Ch. 1re instance, 10 déc. 1998, *Le procureur c/ Anto Furundzija*, IT-95-17/1-T

3. Principaux traits de l'interdiction de la torture en droit international
147. La torture suscite désormais une répulsion universelle. Comme l'a fait remarquer une juridiction des États-Unis dans l'affaire *Filartiga c/ Peña-Irala*, « le tortionnaire est devenu comme le pirate et le marchand d'esclaves d'autrefois, *hostis humani generis*, un ennemi de l'humanité toute entière ». Cette répulsion, tout comme l'importance que les États attachent à l'éradication de la torture, a donné lieu à toute une série de règles conventionnelles et coutumières ayant une

place élevée dans le système normatif international, une place comparable à celle d'autres principes, comme la prohibition du génocide, de l'esclavage, de la discrimination raciale, de l'agression, de l'acquisition de territoires par la force et de la suppression par la force du droit des peuples à disposer d'eux-mêmes (...).

b) L'interdiction impose des obligations *erga omnes*

151. (...) l'interdiction de la torture impose aux États des obligations *erga omnes*, c'est-à-dire des obligations vis-à-vis de tous les autres membres de la communauté internationale dont chacun a un droit corrélatif. En outre, la violation de ces obligations porte simultanément atteinte au droit corrélatif de tous les membres de la communauté internationale et autorise chacun d'entre eux à exiger que l'État en cause remplisse son obligation ou, à tout le moins, cesse d'y contrevenir ou ne récidive pas.

152. Lorsqu'elles existent, les instances internationales chargées de contrôler en toute impartialité l'application des dispositions des traités sur la torture ont la primauté sur les différents États lorsqu'il s'agit d'établir si un État donné a pris ou non toutes les mesures nécessaires pour prévenir ou sanctionner le recours à la torture et, sinon, de le rappeler à ses obligations internationales. Ces instances permettent de veiller au respect du droit international en toute neutralité et impartialité.

c) L'interdiction de la torture a désormais valeur de *jus cogens*

153. Alors que la nature *erga omnes* dont il vient d'être question ressortit au domaine de la coercition internationale (au sens large), l'autre trait majeur du principe interdisant la torture touche à la hiérarchie des règles dans l'ordre normatif international. En raison de l'importance des valeurs qu'il protège, ce principe est devenu une norme impérative ou *jus cogens*, c'est-à-dire une norme qui se situe dans la hiérarchie internationale à un rang plus élevé que le droit conventionnel et même que les règles du droit coutumier « ordinaire ». La conséquence la plus manifeste en est que les États ne peuvent déroger à ce principe par le biais de traités internationaux, de coutumes locales ou spéciales ou même de règles coutumières générales qui n'ont pas la même valeur normative.

154. Clairement, la valeur de *jus cogens* de l'interdiction de la torture rend compte de l'idée que celle-ci est désormais l'une des normes les plus fondamentales de la communauté internationale. En outre, cette interdiction doit avoir un effet de dissuasion en ce sens qu'elle rappelle à tous les membres de la communauté internationale et aux individus sur lesquels ils ont autorité qu'il s'agit là d'une valeur absolue que nul ne peut transgresser.

⇨ *L'interdiction de la torture est une obligation erga omnes et une norme de jus cogens.*

CEDH 21 nov. 2001, *Al-Adsani*, req. n° 357631/97

1. L'importance primordiale que revêt l'interdiction de la torture est de plus en plus reconnue, comme en témoignent d'autres domaines du droit international. Ainsi, la torture est prohibée par l'article 5 de la Déclaration universelle des droits de l'homme et l'article 7 du Pacte international relatif aux droits civils et politiques. En son article 2, la convention des Nations Unies contre la torture et autres peines ou traitements cruels, inhumains ou dégradants commande à tout État partie de prendre des mesures législatives, administratives, judiciaires et autres mesures efficaces pour empêcher que des actes de torture soient commis dans tout territoire sous sa juridiction et, en son article 4, de veiller à ce que tous les actes de torture constituent des infractions au regard de son droit pénal (...). En outre, selon plusieurs décisions de justice, l'interdiction de la torture a désormais valeur de norme impérative, c'est-à-dire de *jus cogens*. (...).

2. Certes, la Cour admet, sur la foi de ces précédents jurisprudentiels, que l'interdiction de la torture est devenue une règle impérative du droit international, mais la présente affaire ne concerne pas, comme c'était le cas des décisions *Furundzija* et *Pinochet*, la responsabilité pénale d'un individu pour des actes de torture qui auraient été commis, mais l'immunité dont l'État jouit en cas d'action civile en dommages-intérêts pour des actes de torture qui se sont produits sur son territoire. Nonobstant le caractère particulier que le droit international reconnaît à la prohibition de la torture, la Cour n'aperçoit dans les instruments internationaux, les décisions judiciaires ou les autres documents en sa possession aucun élément solide lui permettant de conclure qu'en droit international, un État ne jouit plus de l'immunité d'une action civile devant les cours et tribunaux d'un autre État devant lesquels sont formulées des allégations de torture. La Cour relève notamment qu'aucun des instruments internationaux primordiaux auxquels elle a fait référence (DUDH, art. 5, l'art. 7 du Pacte international relatif aux droits civils et politiques et les art. 2 et 4 de la convention des Nations Unies contre la torture) n'ont trait à une procédure civile ou à l'immunité des États.

⇨ *La Cour européenne des droits de l'Homme reconnaît que l'interdiction de la torture est devenue « une règle impérative du droit international ». Mais la Cour estime que ce « caractère particulier » de la norme ne fait pas exception aux immunités dont jouissent les États devant les tribunaux étrangers en matière civile.*

Comité des droits de l'homme des Nations Unies, *Observation générale n° 29 sur l'article 4 du pacte international relatif aux droits civils et politiques, adoptée le 24 juill. 2001, 1950e session* (CCPR/C/21/Rev.1/Add.11, § 11)

L'énumération des dispositions non susceptibles de dérogation figurant à l'article 4 est liée – sans se confondre avec elle – à la question de savoir si certaines obligations relatives aux droits de l'homme revêtent le caractère de normes impératives du droit international. Le fait que certaines dispositions du Pacte soient, au § 2 de l'article 4, proclamées non susceptibles de dérogation doit être interprété en partie comme une constatation du caractère impératif de quelques droits fondamentaux garantis par traité dans le Pacte (par ex. art. 6 et 7). Il est évident toutefois que d'autres dispositions du Pacte ont été incluses dans la liste de celles auxquelles il ne peut être dérogé parce qu'elles portent sur des droits dont la dérogation ne peut jamais être rendue nécessaire par la proclamation d'un état d'exception (par ex. art. 11 et 18). De plus, la catégorie des normes impératives est plus étendue que la liste des dispositions intangibles figurant au § 2 de l'article 4. Les États parties ne peuvent en aucune circonstance invoquer l'article 4 du Pacte pour justifier des actes attentatoires au droit humanitaire ou aux normes impératives du droit international, par exemple une prise d'otages, des châtiments collectifs, des privations arbitraires de liberté ou l'inobservation de principes fondamentaux garantissant un procès équitable comme la présomption d'innocence.

⇨ *La catégorie des droits indérogeables reconnus par les instruments internationaux de protection des droits de l'Homme est liée à la question de l'identification des normes de jus cogens, mais ne se confond pas avec elle.*

CIJ 3 févr. 2006, *Aff. des activités armées sur le territoire du Congo (nouvelle requête : 2002) – République démocratique du Congo c/ Rwanda*, compétence de la Cour et recevabilité de la requête, § 64-70

64. La Cour commencera par réaffirmer que « les principes qui sont à la base de la convention [sur le génocide] sont des principes reconnus par les nations civilisées comme obligeant les États même en dehors de tout lien conventionnel » et que la conception ainsi retenue a pour conséquence « le caractère universel à la fois de la condamnation du génocide et de la coopération nécessaire "pour libérer l'humanité d'un fléau aussi odieux" (préambule de la convention) » (Réserves à la convention pour la prévention et la répression du crime de génocide, avis consultatif (1951), *Rec.* 23). Il en résulte que « les droits et obligations consacrés par la convention sont des droits et obligations *erga omnes* » (*Application de la convention pour la prévention et la répression du crime de génocide (Bosnie-Herzégovine c/ Yougoslavie)*, exceptions préliminaires, arrêt 1996, *Rec.* 616, § 31).

La Cour observe toutefois qu'elle a déjà eu l'occasion de souligner que « l'opposabilité *erga omnes* d'une norme et la règle du consentement à la juridiction sont deux choses différentes » (Arrêt 1995, aff. *Timor oriental – Portugal c/ Australie*, *Rec.* 102, § 29), et que le seul fait que des droits et obligations *erga omnes* seraient en cause dans un différend ne saurait donner compétence à la Cour pour connaître de ce différend.

Il en va de même quant aux rapports entre les normes impératives du droit international général (*jus cogens*) et l'établissement de la compétence de la Cour : le fait qu'un différend porte sur le respect d'une norme possédant un tel caractère, ce qui est assurément le cas de l'interdiction du génocide, ne saurait en lui-même fonder la compétence de la Cour pour en connaître. En vertu du statut de la Cour, cette compétence est toujours fondée sur le consentement des parties.

65. Comme elle l'a rappelé dans son ordonnance du 10 juillet 2002, la Cour n'a de juridiction à l'égard des États que dans la mesure où ceux-ci y ont consenti (*Activités armées sur le territoire du Congo* (nouvelle requête : 2002) – *République démocratique du Congo c/ Rwanda*, mesures conservatoires, Ord. du 10 juill. 2002, *Rec.* 241, § 57).

Lorsque sa compétence est prévue dans une clause compromissoire contenue dans un traité, cette compétence n'existe qu'à l'égard des parties au traité qui sont liées par ladite clause, dans les limites stipulées par celle-ci (*Rec.* 245, § 71).

66. La Cour relève cependant qu'elle a déjà conclu que les réserves ne sont pas interdites par la convention sur le génocide (avis consultatif (1951) sur les *Réserves à la convention pour la prévention et la répression du crime de génocide*, *Rec.* 22 s.). Cette situation juridique n'est en rien affectée par le fait que le statut de la Cour pénale internationale, en son article 120, n'admette aucune réserve audit statut, pas même aux dispositions relatives à la compétence de la Cour pénale internationale à l'égard du crime de génocide. Aussi, de l'avis de la Cour, une réserve à la convention sur le génocide serait permise pour autant que cette réserve ne soit pas incompatible avec l'objet et le but de la convention.

67. La réserve du Rwanda à l'article IX de la convention sur le génocide porte sur la compétence de la Cour et n'affecte pas les obligations de fond qui découlent de cette convention s'agissant des actes de génocide eux-mêmes. Dans les circonstances de l'espèce, la Cour ne peut conclure que la réserve du Rwanda, qui vise à exclure un moyen particulier de régler un différend relatif à l'interprétation, à l'application ou à l'exécution de la convention, doit être regardée comme incompatible avec l'objet et le but de cette convention.

68. De fait, la Cour a déjà eu l'occasion, par le passé, de donner effet à de telles réserves à l'article IX de la convention (*Licéité de l'emploi de la force – Yougoslavie c/ Espagne*, mesures conservatoires, Ord. du 2 juin 1999, *Rec.* 772, § 32-33 ; *Licéité de l'emploi de la force – Yougoslavie c/ États-Unis d'Amérique*, mesures conservatoires, Ord. du 2 juin 1999, *Rec.* 924, § 24-25). S'agissant du droit des traités, la Cour notera par ailleurs que, lorsque le Rwanda a adhéré à la convention sur le génocide et a formulé la réserve en question, la *RDC* n'y a pas fait objection.
69. Dans la mesure où la *RDC* a en outre soutenu que la réserve du Rwanda est en conflit avec une norme impérative du droit international général, il suffit à la Cour de constater qu'il n'existe actuellement aucune norme de cette nature qui imposerait à un État de consentir à la compétence de la Cour pour régler un différend relatif à la convention sur le génocide. La réserve du Rwanda ne saurait donc être regardée comme dépourvue d'effets juridiques sur une telle base.
70. La Cour conclut de ce qui précède que, eu égard à la réserve du Rwanda à l'article IX de la convention sur le génocide, cette disposition ne saurait constituer une base de compétence de la Cour dans la présente espèce.

⇨ *La Cour reconnaît pour la première fois explicitement l'existence d'une norme de jus cogens : l'interdiction du génocide. Mais elle juge d'une part que le seul fait qu'un différend porte sur une norme d'un tel caractère ne saurait en lui-même fonder sa compétence pour en connaître, et d'autre part que la réserve du Rwanda à l'article IX de la convention sur le génocide n'est pas incompatible avec l'objet et le but de ce traité.*

TPICE 2e ch. élargie 21 sept. 2005, *Ahmed Ali Yusuf et Al Barakaat International Foundation c/ Conseil et Commission*, aff. T-306/01

14. Le 19 décembre 2000, le Conseil de sécurité a adopté la résolution n° 1333 (2000) exigeant, notamment, que les Taliban se conforment à la résolution 1267 (1999), en particulier en cessant d'offrir refuge et entraînement aux terroristes internationaux et à leurs organisations et en remettant Oussama ben Laden aux autorités compétentes pour qu'il soit traduit en justice. Le Conseil de sécurité a décidé, en particulier, de renforcer l'interdiction des vols et le gel des fonds imposés conformément à la résolution n° 1267 (1999). C'est ainsi que le paragraphe 8, sous c), de la résolution n° 1333 (2000) dispose que tous les États devront, notamment, « [g]eler sans retard les fonds et autres actifs financiers d'Oussama ben Laden et des individus et entités qui lui sont associés, tels qu'identifiés par le [comité des sanctions], y compris l'organisation Al Qaida, et les fonds tirés de biens appartenant à Oussama ben Laden et aux individus et entités qui lui sont associés ou contrôlés directement ou indirectement par eux, et veiller à ce que ni les fonds et autres ressources financières en question, ni tous autres fonds ou ressources financières ne soient mis à la disposition ou utilisés directement ou indirectement au bénéfice d'Oussama ben Laden, de ses associés ou de toute autre entité leur appartenant ou contrôlée directement ou indirectement par eux, y compris l'organisation Al Qaida, que ce soit par leurs nationaux ou par toute autre personne se trouvant sur leur territoire ».
15. Dans cette même disposition, le Conseil de sécurité a chargé le comité des sanctions de tenir, sur la base des informations communiquées par les États et les organisations régionales, une liste à jour des individus et entités que ledit comité a identifiés comme associés à Oussama ben Laden, y compris l'organisation Al Qaida. (…)

17. Considérant qu'une action de la Communauté était nécessaire afin de mettre en œuvre cette résolution, le Conseil a adopté, le 26 février 2001, la position commune n° 2001/154/PESC, concernant des mesures restrictives supplémentaires à l'encontre des Taliban et modifiant la position commune n° 96/746/PESC (*JO* L 57, p. 1). L'article 4 de cette position commune dispose :
« Les fonds et autres actifs financiers d'Oussama ben Laden et des personnes et entités associées à celui-ci, telles que les a identifiées le [comité des sanctions], seront gelés, et aucuns fonds ou autres ressources financières ne seront mis à la disposition d'Oussama ben Laden, ni des personnes et entités associées à celui-ci, telles que les a identifiées le [comité des sanctions], conformément aux dispositions de la [résolution n° 1333 (2000)]. »
18. Le 6 mars 2001, le Conseil a adopté, sur la base des articles 60 CE et 301 CE, le règlement (CE) n° 467/2001, interdisant l'exportation de certaines marchandises et de certains services vers l'Afghanistan, renforçant l'interdiction des vols et étendant le gel des fonds et autres ressources financières décidés à l'encontre des Taliban d'Afghanistan, et abrogeant le règlement n° 337/2000 (*JO* L 67, p. 1). (...)
22. L'annexe I du règlement n° 467/2001 contient la liste des personnes, des entités et des organismes visés par le gel des fonds imposé par l'article 2. Aux termes de l'article 10, paragraphe 1, du règlement n° 467/2001, la Commission est habilitée à modifier ou à compléter ladite annexe I sur la base des décisions du Conseil de sécurité ou du comité des sanctions.
23. Le 8 mars 2001, le comité des sanctions a publié une première liste consolidée des personnes et entités devant être soumises au gel des fonds en vertu des résolutions 1267 (1999) et 1333 (2000) du Conseil de sécurité. Cette liste a été modifiée et complétée à diverses reprises depuis lors. La Commission a, dès lors, adopté divers règlements au titre de l'article 10 du règlement n° 467/2001, par lesquels elle a modifié ou complété l'annexe I dudit règlement.
24. Le 9 novembre 2001, le comité des sanctions a publié un nouvel addendum à sa liste du 8 mars 2001, comprenant notamment les noms de l'entité et des trois personnes suivantes :
– « Barakaat International Foundation, Box 4036, Spånga, Stockholm, Sweden ; Rinkebytorget 1, 04 Spånga, Sweden » ;
– « Aden, Abdirisak, Akaftingebacken 8, 16367 Spånga, Sweden ; DOB : 01 June 1968 » ;
– « Ali, Abdi Abdulaziz, Drabantvagen 21, 17750 Spånga, Sweden ; DOB : 01 January 1955 » ;
– « Ali, Yusaf Ahmed, Hallbybybacken 15, 70 Spånga, Sweden ; DOB : 20 november 1974 ».
25. Par le règlement (CE) n° 2199/2001 de la Commission, du 12 novembre 2001, modifiant, pour la quatrième fois, le règlement n° 467/2001 (*JO* L 295, p. 16), les noms de l'entité et des trois personnes physiques en question ont été ajoutés, avec d'autres, à l'annexe I dudit règlement. (...)
42. Par requête déposée au greffe du Tribunal le 10 décembre 2001, enregistrée sous le numéro T 306/01, MM. Abdirisak Aden, Abdulaziz Ali et Ahmed Yusuf, ainsi que Al Barakaat International Foundation (ci-après « Al Barakaat »), ont introduit, contre le Conseil et la Commission, un recours au titre de l'article 230 CE, dans lequel ils concluent à ce qu'il plaise au Tribunal :
– annuler le règlement n° 2199/2001 ;
– annuler le règlement n° 467/2001 et, subsidiairement, le déclarer inapplicable en vertu de l'article 241 CE ;
– statuer sur les dépens, dont le *quantum* sera précisé ultérieurement. (...)
263. La question qui se pose en l'espèce est toutefois celle de savoir s'il existe des limites structurelles, imposées par le droit international général ou par le traité CE lui-même, au contrôle juridictionnel qu'il revient au Tribunal d'exercer à l'égard de ce règlement.

264. Il y a en effet lieu de rappeler que le règlement attaqué, adopté au vu de la position commune 2002/402, constitue la mise en œuvre, au niveau de la Communauté, de l'obligation qui pèse sur ses États membres, en tant que membres de l'ONU, de donner effet, le cas échéant par le moyen d'un acte communautaire, aux sanctions à l'encontre d'Oussama ben Laden, du réseau Al Qaida ainsi que des Taliban et autres personnes, groupes, entreprises et entités associés, qui ont été décidées et ensuite renforcées par plusieurs résolutions du Conseil de sécurité adoptées au titre du chapitre VII de la Charte des Nations Unies. Les considérants de ce règlement font expressément référence aux résolutions 1267 (1999), 1333 (2000) et 1390 (2002).

265. Dans ce contexte, ainsi que l'ont fait valoir à juste titre les institutions, celles-ci ont agi au titre d'une compétence liée, de sorte qu'elles ne disposaient d'aucune marge d'appréciation autonome. En particulier, elles ne pouvaient ni modifier directement le contenu des résolutions en question ni mettre en place un mécanisme susceptible de donner lieu à une telle modification.

266. Tout contrôle de la légalité interne du règlement attaqué, notamment au regard des dispositions ou principes généraux du droit communautaire relatifs à la protection des droits fondamentaux, impliquerait donc que le Tribunal examine, de façon incidente, la légalité desdites résolutions. Dans l'hypothèse sous examen, en effet, la source de l'illégalité invoquée par les requérants devrait être recherchée non pas dans l'adoption du règlement attaqué, mais dans les résolutions du Conseil de sécurité qui ont décrété les sanctions (...).

267. En particulier, si le Tribunal devait annuler le règlement attaqué, conformément aux conclusions des requérants, bien que celui-ci paraisse imposé par le droit international, au motif que cet acte viole les droits fondamentaux des requérants tels qu'ils sont protégés par l'ordre juridique communautaire, une telle annulation impliquerait, indirectement, que les résolutions en cause du Conseil de sécurité elles-mêmes violent lesdits droits fondamentaux. En d'autres termes, les requérants demandent au Tribunal de déclarer implicitement que la norme du droit international en cause porte atteinte aux droits fondamentaux de l'individu, tels qu'ils sont protégés par l'ordre juridique communautaire.

268. Les institutions et le Royaume-Uni invitent le Tribunal à décliner par principe toute compétence pour procéder à un tel contrôle indirect de la légalité de ces résolutions qui, en tant que règles de droit international liant les États membres de la Communauté, s'imposeraient à lui comme à toutes les institutions de la Communauté. Ces parties estiment, en substance, que le contrôle du Tribunal devrait se limiter, d'une part, à la vérification du respect des règles de forme, de procédure et de compétence qui s'imposaient, en l'espèce, aux institutions communautaires et, d'autre part, à la vérification de l'adéquation et de la proportionnalité des mesures communautaires en cause par rapport aux résolutions du Conseil de sécurité qu'elles mettent en œuvre.

269. Force est de reconnaître qu'une telle limitation de compétence s'impose en tant que corollaire des principes dégagés ci-dessus, dans le cadre de l'examen de l'articulation des rapports entre l'ordre juridique international issu des Nations Unies et l'ordre juridique communautaire.

270. Ainsi qu'il a déjà été exposé, les résolutions en cause du Conseil de sécurité ont été adoptées au titre du chapitre VII de la Charte des Nations Unies. Dans ce contexte, la détermination de ce qui constitue une menace contre la paix et la sécurité internationales, ainsi que des mesures nécessaires pour les maintenir ou les rétablir, relève de la responsabilité

exclusive du Conseil de sécurité et échappe, comme telle, à la compétence des autorités et juridictions nationales ou communautaires, sous la seule réserve du droit naturel de légitime défense, individuelle ou collective, visé à l'article 51 de ladite Charte.

271. Dès lors que, agissant au titre du chapitre VII de la Charte des Nations Unies, le Conseil de sécurité, par le biais de son comité des sanctions, décide que les fonds de certains individus ou entités doivent être gelés, sa décision s'impose à tous les membres des Nations Unies, conformément à l'article 48 de la Charte.

272. Au regard des considérations énoncées aux points 243 à 254 ci-dessus, l'affirmation d'une compétence du Tribunal pour contrôler de manière incidente la légalité d'une telle décision à l'aune du standard de protection des droits fondamentaux tels qu'ils sont reconnus dans l'ordre juridique communautaire ne saurait dès lors se justifier ni sur la base du droit international ni sur la base du droit communautaire. (...)

276. Force est donc de considérer que les résolutions en cause du Conseil de sécurité échappent en principe au contrôle juridictionnel du Tribunal et que celui-ci n'est pas autorisé à remettre en cause, fût-ce de manière incidente, leur légalité au regard du droit communautaire. Au contraire, le Tribunal est tenu, dans toute la mesure du possible, d'interpréter et d'appliquer ce droit d'une manière qui soit compatible avec les obligations des États membres au titre de la Charte des Nations Unies.

277. Le Tribunal est néanmoins habilité à contrôler, de manière incidente, la légalité des résolutions en cause du Conseil de sécurité au regard du *jus cogens*, entendu comme un ordre public international qui s'impose à tous les sujets du droit international, y compris les instances de l'ONU, et auquel il est impossible de déroger.

278. Il convient de relever, à cet égard, que la convention de Vienne sur le droit des traités, qui codifie le droit international coutumier (et dont l'art. 5 dispose qu'elle s'applique « à tout traité qui est l'acte constitutif d'une organisation internationale et à tout traité adopté au sein d'une organisation internationale »), prévoit, en son article 53, la nullité des traités en conflit avec une norme impérative du droit international général (*jus cogens*), définie comme « une norme acceptée et reconnue par la communauté internationale des États dans son ensemble en tant que norme à laquelle aucune dérogation n'est permise et qui ne peut être modifiée que par une nouvelle norme du droit international général ayant le même caractère ». De même, l'article 64 de la convention de Vienne dispose que, « si une nouvelle norme impérative du droit international général survient, tout traité existant qui est en conflit avec cette norme devient nul et prend fin ».

279. Au demeurant, la Charte des Nations Unies elle-même présuppose l'existence de principes impératifs de droit international et, notamment, la protection des droits fondamentaux de la personne humaine. Dans le préambule de la Charte, les peuples des Nations Unies se sont ainsi déclarés résolus à « proclamer [... leur] foi dans les droits fondamentaux de l'homme, dans la dignité et la valeur de la personne humaine ». Il ressort en outre du chapitre premier de la Charte, intitulé « Buts et principes », que les Nations Unies ont notamment pour but d'encourager le respect des droits de l'homme et des libertés fondamentales.

280. Ces principes s'imposent tant aux membres de l'ONU qu'à ses organes. Ainsi, aux termes de l'article 24, paragraphe 2, de la Charte des Nations Unies, le Conseil de sécurité doit, dans l'accomplissement des devoirs que lui impose la responsabilité principale du maintien de la paix et de la sécurité internationales, agir « conformément aux buts et principes des Nations Unies ». Les pouvoirs de sanction que possède le Conseil de sécurité dans l'exercice de cette responsabilité doivent donc être utilisés dans le respect du droit international et, en particulier, des buts et principes des Nations Unies.

281. Le droit international permet ainsi de considérer qu'il existe une limite au principe de l'effet obligatoire des résolutions du Conseil de sécurité : elles doivent respecter les dispositions péremptoires fondamentales du *jus cogens*. Dans le cas contraire, aussi improbable soit-il, elles ne lieraient pas les États membres de l'ONU ni, dès lors, la Communauté.
282. Le contrôle juridictionnel incident exercé par le Tribunal, dans le cadre d'un recours en annulation d'un acte communautaire adopté, sans exercice d'une quelconque marge d'appréciation, en vue de mettre en œuvre une résolution du Conseil de sécurité, peut donc s'étendre, le cas échéant, à la vérification du respect des règles supérieures du droit international relevant du *jus cogens* et, notamment, des normes impératives visant à la protection universelle des droits de l'homme, auxquelles ni les États membres ni les instances de l'ONU ne peuvent déroger parce qu'elles constituent des « principes intransgressibles du droit international coutumier » (avis consultatif CIJ 8 juill. 1996, *Licéité de la menace ou de l'emploi d'armes nucléaires, Rec.* 226, pt 79 ; v. égal., en ce sens, concl. avocat général M. Jacobs sous l'arrêt *Bosphorus*, pt 239 ; ss pt 65).
283. C'est à la lumière de ces considérations générales qu'il convient d'examiner le moyen tiré de la violation des droits fondamentaux des requérants.

⇨ *Le Tribunal de première instance se reconnaît incompétent pour contrôler la légalité des résolutions du Conseil de sécurité au regard du droit communautaire… mais s'estime habilité à effectuer ce même contrôle au regard des normes de jus cogens qui s'imposent, selon lui, au Conseil de sécurité. Les résolutions du Conseil contraires à des normes de jus cogens ne lieraient pas les États membres de l'ONU ni, dès lors, la Communauté européenne. V. aussi l'arrêt du même jour dans l'aff. T-315/01, Yassin Abdullah Kadi c/ Conseil et Commission.*

CJCE 3 sept. 2008, *Yasin Abdullah Kadi, Al Barakaat International Foundation*, aff. C-402/05 P et C-415/05 P

280 Il convient d'examiner les griefs par lesquels les requérants reprochent au Tribunal d'avoir jugé, en substance, qu'il découle des principes régissant l'articulation des rapports entre l'ordre juridique international issu des Nations Unies et l'ordre juridique communautaire que le règlement litigieux, dès lors qu'il vise à mettre en œuvre une résolution adoptée par le Conseil de sécurité au titre du chapitre VII de la charte des Nations Unies ne laissant place à aucune marge à cet effet, ne peut faire l'objet d'un contrôle juridictionnel quant à sa légalité interne, sauf pour ce qui concerne sa compatibilité avec les normes relevant du *jus cogens*, et bénéficie donc dans cette mesure d'une immunité juridictionnelle.
281 À cet égard, il y a lieu de rappeler que la Communauté est une communauté de droit en ce que ni ses États membres ni ses institutions n'échappent au contrôle de la conformité de leurs actes à la charte constitutionnelle de base qu'est le traité CE et que ce dernier a établi un système complet de voies de recours et de procédures destiné à confier à la Cour le contrôle de la légalité des actes des institutions (Arrêt du 23 avr. 1986, *Les Verts/Parlement*, n° 294/83, *Rec.* 1339. Point 23).
282 Il convient de rappeler également qu'un accord international ne saurait porter atteinte à l'ordre des compétences fixé par les traités et, partant, à l'autonomie du système juridique communautaire dont la Cour assure le respect en vertu de la compétence exclusive dont elle est investie par l'article 220 CE, compétence que la Cour a d'ailleurs déjà considérée comme relevant des fondements mêmes de la Communauté (v., en ce sens, avis n° 1/91 du 14 déc. 1991, *Rec.* 6079. Points 35 et 71, ainsi que l'arrêt du 30 mai 2006, Commission/Irlande, C-459/03, *Rec.* 4635. Point 123 et jurisprudence citée).

283 En outre, selon une jurisprudence constante, les droits fondamentaux font partie intégrante des principes généraux du droit dont la Cour assure le respect. À cet effet, la Cour s'inspire des traditions constitutionnelles communes aux États membres ainsi que des indications fournies par les instruments internationaux concernant la protection des droits de l'homme auxquels les États membres ont coopéré ou adhéré. La CEDH revêt, à cet égard, une signification particulière (v., not., arrêt du 26 juin 2007, Ordre des barreaux francophone et germanophone e.a., C-305/05, *Rec.* 5305. Point 29 et jurisprudence citée).
284 Il ressort également de la jurisprudence de la Cour que le respect des droits de l'homme constitue une condition de la légalité des actes communautaires (avis n° 2/94, préc., point 34) et que ne sauraient être admises dans la Communauté des mesures incompatibles avec le respect de ceux-ci (Arrêt du 12 juin 2003, Schmidberger, C-112/00, *Rec.* 5659. Point 73 et jurisprudence citée).
285 Il découle de l'ensemble de ces éléments que les obligations qu'impose un accord international ne sauraient avoir pour effet de porter atteinte aux principes constitutionnels du traité CE, au nombre desquels figure le principe selon lequel tous les actes communautaires doivent respecter les droits fondamentaux, ce respect constituant une condition de leur légalité qu'il incombe à la Cour de contrôler dans le cadre du système complet de voies de recours qu'établit ce traité. (...)
305 Une immunité juridictionnelle du règlement litigieux quant au contrôle de la compatibilité de celui-ci avec les droits fondamentaux qui trouverait sa source dans une prétendue primauté absolue des résolutions du Conseil de sécurité que cet acte vise à mettre en œuvre ne pourrait pas non plus être fondée sur la place qu'occuperaient les obligations découlant de la charte des Nations Unies dans la hiérarchie des normes au sein de l'ordre juridique communautaire si ces obligations étaient classifiées dans cette hiérarchie.
306 En effet, l'article 300, paragraphe 7, CE prévoit que les accords conclus selon les conditions fixées à cet article lient les institutions de la Communauté et les États membres.
307 Ainsi, en vertu de cette disposition, si elle était applicable à la charte des Nations Unies, cette dernière bénéficierait de la primauté sur les actes de droit communautaire dérivé (voir, en ce sens, arrêt du 3 juin 2008, Intertanko e.a., C-308/06, non encore publié au Recueil, point 42 et jurisprudence citée).
308 Toutefois, cette primauté au plan du droit communautaire ne s'étendrait pas au droit primaire et, en particulier, aux principes généraux dont font partie les droits fondamentaux.
309 Cette interprétation est corroborée par le paragraphe 6 du même article 300 CE, selon lequel un accord international ne peut entrer en vigueur si la Cour a rendu un avis négatif sur sa compatibilité avec le traité CE, à moins que celui-ci n'ait été modifié au préalable. (...)
316 En effet, ainsi qu'il a déjà été rappelé aux points 281 à 284 du présent arrêt, le contrôle, par la Cour, de la validité de tout acte communautaire au regard des droits fondamentaux doit être considéré comme l'expression, dans une communauté de droit, d'une garantie constitutionnelle découlant du traité CE en tant que système juridique autonome à laquelle un accord international ne saurait porter atteinte.
317 La question de la compétence de la Cour se pose en effet dans le cadre de l'ordre juridique interne et autonome de la Communauté, dont relève le règlement litigieux, et dans lequel la Cour est compétente pour contrôler la validité des actes communautaires au regard des droits fondamentaux. (...)

321 (…) [L]'existence, dans le cadre [du] régime des Nations Unies, de la procédure de réexamen devant le comité des sanctions, même en tenant compte des modifications récentes apportées à celle-ci, ne peut entraîner une immunité juridictionnelle généralisée dans le cadre de l'ordre juridique interne de la Communauté.
322 En effet, une telle immunité, qui constituerait une dérogation importante au régime de protection juridictionnelle des droits fondamentaux prévu par le traité CE, n'apparaît pas justifiée, dès lors que cette procédure de réexamen n'offre manifestement pas les garanties d'une protection juridictionnelle.
323 À cet égard, s'il est désormais possible pour toute personne ou entité de s'adresser directement au comité des sanctions en soumettant sa demande de radiation de la liste récapitulative au point dit « focal », force est de constater que la procédure devant ce comité demeure essentiellement de nature diplomatique et interétatique, les personnes ou entités concernées n'ayant pas de possibilité réelle de défendre leurs droits et ledit comité prenant ses décisions par consensus, chacun de ses membres disposant d'un droit de *veto*.
324 Il ressort à cet égard des directives du comité des sanctions, telles que modifiées en dernier lieu le 12 février 2007, que le requérant ayant présenté une demande de radiation ne peut en aucune manière faire valoir lui-même ses droits lors de la procédure devant le comité des sanctions ni se faire représenter à cet effet, le gouvernement de l'État de sa résidence ou de sa nationalité ayant seul la faculté de transmettre éventuellement des observations sur cette demande.
325 En outre, lesdites directives n'imposent pas au comité des sanctions de communiquer audit requérant les raisons et les éléments de preuve justifiant l'inscription de celui-ci sur la liste récapitulative ni de lui donner un accès, même limité, à ces données. Enfin, en cas de rejet de la demande de radiation par ce comité, aucune obligation de motivation ne pèse sur ce dernier.
326 Il découle de ce qui précède que les juridictions communautaires doivent, conformément aux compétences dont elles sont investies en vertu du traité CE, assurer un contrôle, en principe complet, de la légalité de l'ensemble des actes communautaires au regard des droits fondamentaux faisant partie intégrante des principes généraux du droit communautaire, y compris sur les actes communautaires qui, tel le règlement litigieux, visent à mettre en œuvre des résolutions adoptées par le Conseil de sécurité au titre du chapitre VII de la charte des Nations Unies.
327 Partant, le Tribunal a commis une erreur de droit en jugeant, aux points 212 à 231 de l'arrêt attaqué Kadi ainsi que 263 à 282 de l'arrêt attaqué Yusuf et Al Barakaat, qu'il découle des principes régissant l'articulation des rapports entre l'ordre juridique international issu des Nations Unies et l'ordre juridique communautaire que le règlement litigieux, dès lors qu'il vise à mettre en œuvre une résolution adoptée par le Conseil de sécurité au titre du chapitre VII de la charte des Nations Unies ne laissant aucune marge à cet effet, doit bénéficier d'une immunité juridictionnelle quant à sa légalité interne sauf pour ce qui concerne sa compatibilité avec les normes relevant du *jus cogens*.
328 Les moyens des requérants sont donc fondés sur ce point, de sorte qu'il y a lieu d'annuler les arrêts attaqués à cet égard.
329 Il en découle qu'il n'y a plus lieu d'examiner les griefs dirigés contre la partie des arrêts attaqués relative au contrôle du règlement litigieux au regard des règles de droit international relevant du *jus cogens* et, partant, il n'est pas non plus nécessaire d'examiner le pourvoi incident du Royaume-Uni sur ce point.

⇨ *La Cour de Justice annule les arrêts du Tribunal de première instance : elle considère que ce dernier a fait une erreur de droit en jugeant qu'un acte communautaire mettant en œuvre une résolution du Conseil de sécurité au titre du Chapitre VII de la Charte devait bénéficier d'une immunité juridictionnelle, sauf en ce qui concerne les normes de jus cogens. La Cour estime au contraire que le droit international – et en particulier la Charte des Nations Unies et les résolutions du Conseil de sécurité – ne sauraient prévaloir sur les traités et sur les principes généraux du droit communautaire, dont font partie les droits fondamentaux. Elle estime par ailleurs que les procédures mises en place par le Conseil de sécurité pour garantir les droits des personnes visés par les sanctions n'offrent pas les garanties d'une procédure juridictionnelle : en conséquence, la Cour estime nécessaire d'exercer un contrôle complet, au regard du droit communautaire, de la légalité des actes communautaires mettant en œuvre des résolutions du Conseil de sécurité. Ce faisant, la Cour affirme, contrairement au Tribunal, une vision dualiste des rapports de systèmes juridiques.*

CIJ 3 févr. 2012, *Immunités juridictionnelles de l'État (Allemagne c/ Italie ; Grèce (intervenant))*, arrêt. V. complément pédagogique du chapitre 2, document.

CIJ 20 juillet 2012, *Questions concernant l'obligation de poursuivre et d'extrader (Belgique c/ Sénégal)*, arrêt.

68. Ainsi qu'il est précisé dans son préambule, l'objet et le but de la convention est « d'accroître l'efficacité de la lutte contre la torture… dans le monde entier ». En raison des valeurs qu'ils partagent, les États parties à cet instrument ont un intérêt commun à assurer la prévention des actes de torture et, si de tels actes sont commis, à veiller à ce que leurs auteurs ne bénéficient pas de l'impunité. Les obligations qui incombent à un État partie de procéder à une enquête préliminaire en vue d'établir les faits et de soumettre l'affaire à ses autorités compétentes pour l'exercice de l'action pénale s'appliquent du fait de la présence de l'auteur présumé sur son territoire, quelle que soit la nationalité de l'intéressé ou celle des victimes, et quel que soit le lieu où les infractions alléguées ont été commises. Tous les autres États parties à la convention ont un intérêt commun à ce que l'État sur le territoire duquel se trouve l'auteur présumé respecte ces obligations. Cet intérêt commun implique que les obligations en question s'imposent à tout État partie à la convention à l'égard de tous les autres États parties. L'ensemble des États parties ont « un intérêt juridique » à ce que les droits en cause soient protégés (*Barcelona Traction, Light and Power Company, Limited, arrêt, C.I.J. Recueil 1970*, p. 32, par. 33). Les obligations correspondantes peuvent donc être qualifiées d'« obligations *erga omnes partes* », en ce sens que, quelle que soit l'affaire, chaque État partie a un intérêt à ce qu'elles soient respectées. De ce point de vue, les dispositions pertinentes de la convention contre la torture sont comparables à celles de la convention pour la prévention et la répression du crime de génocide, au sujet desquelles la Cour a fait observer ce qui suit :

« Dans une telle convention, les États contractants n'ont pas d'intérêts propres ; ils ont seulement tous et chacun, un intérêt commun, celui de préserver les fins supérieures qui sont la raison d'être de la convention. » (*Réserves à la convention pour la prévention et la répression du crime de génocide, avis consultatif, C.I.J. Recueil 1951*, p. 23.)

69. L'intérêt commun des États parties à ce que soient respectées les obligations pertinentes énoncées dans la convention contre la torture implique que chacun d'entre eux puisse demander qu'un autre État partie, qui aurait manqué auxdites obligations, mette fin à ces manquements. Si un intérêt particulier était requis à cet effet, aucun État ne serait, dans bien des cas, en mesure de présenter une telle demande. Il s'ensuit que tout État partie à la convention contre la torture peut invoquer la responsabilité d'un autre État partie dans le but de faire

constater le manquement allégué de celui-ci à des obligations *erga omnes partes*, telles que celles qui lui incombent en application du paragraphe 2 de l'article 6 et du paragraphe 1 de l'article 7, et de mettre fin à un tel manquement.
70. Dès lors, la Cour conclut qu'en la présente espèce la Belgique a, en tant qu'État partie à la convention contre la torture, qualité pour invoquer la responsabilité du Sénégal à raison des manquements allégués de celui-ci aux obligations prévues au paragraphe 2 de l'article 6 et au paragraphe 1 de l'article 7 de la convention. Dès lors, les demandes de la Belgique fondées sur ces dispositions sont recevables.
En conséquence, il n'y a pas lieu pour la Cour de se prononcer sur la question de savoir si la Belgique a aussi un intérêt particulier à ce que le Sénégal se conforme aux dispositions pertinentes de la convention dans le cas de M. Habré.
99. Selon la Cour, l'interdiction de la torture relève du droit international coutumier et elle a acquis le caractère de norme impérative (*jus cogens*).
Cette interdiction repose sur une pratique internationale élargie et sur l'*opinio juris* des États. Elle figure dans de nombreux instruments internationaux à vocation universelle (notamment la Déclaration universelle des droits de l'homme de 1948 ; les conventions de Genève pour la protection des victimes de guerre de 1949 ; le Pacte international relatif aux droits civils et politiques de 1966 ; la résolution 3452/30 de l'Assemblée générale sur la protection de toutes les personnes contre la torture et autres peines et traitements cruels, inhumains ou dégradants, en date du 9 décembre 1975), et elle a été introduite dans le droit interne de la quasi-totalité des États ; enfin, les actes de torture sont dénoncés régulièrement au sein des instances nationales et internationales.

⇨ *La Cour reconnaît le caractère erga omnes partes de la Convention contre la torture : tout État partie a un intérêt à ce que soient respectées les obligations énoncées dans la Convention. Il en résulte que la Belgique a, en tant qu'État partie, qualité pour invoquer la responsabilité du Sénégal pour manquements à ses obligations conventionnelles. La Cour reconnaît également que l'interdiction de la torture relève du droit international coutumier et a acquis le caractère du norme impérative (jus cogens).*

Biblio

1) Il existe peu d'ouvrages généraux sur les sources, toutefois :

– J. d'Aspremont, S. Besson, S. Knuchel, *The Oxford Handbook of the Sources of International Law*, Oxford University Press, 2017.
- J. d'Aspremont, *Formalism and the Sources of International Law. A Theory of the Ascertainment of Legal Rules*, Oxford University Press, 2011.
– V. Degan, *Sources of International Law*, Nijhoff, 1997.
– M. Kamto, *La volonté de l'État en droit international*, *RCADI* 2004, t. 310.
- H. Thirlway, *The Sources of International Law*, Oxford University Press, 2014.
-A. Marie, *Le silence de l'Etat comme manifestation de sa volonté*, Pedone, 2018.

2) Et une très belle synthèse avec une perspective originale et stimulante :

– J. Dehaussy, *Sur les sources du droit international. L'exercice de la fonction normatrice dans un ordre juridique singulier*, Pedone, 2017.

3) Les ouvrages de P. Reuter restent la première référence en matière de droit des traités, notamment :

– *La convention de Vienne sur le droit des traités*, coll. « U2 », Armand Colin, 1970.

– *Introduction au droit des traités*, PUF, 3e éd., 1995 (éd. mise à jour par Ph. Cahier).

4) À compléter par :

– S. Bastid, *Les traités dans la vie internationale*, Economica, 1985.

– J. Combacau, *Le droit des traités*, PUF, coll. « Que sais-je ? », 1994, no 2613.

– La journée d'étude de la SFDI de Nanterre, *Actualités des réserves aux traités*, Pedone, 2014.

5) On dispose désormais de sommes sur la codification du droit des traités :

– O. Corten, P. Klein (dir.), *Les Conventions de Vienne, commentaire article par article*, Bruylant, 2006, 3 vol.

– M. Villiger, *Commentary on the 1969 Vienna Convention on the Law of Treaties*, Nijhoff, 2009.

6) À prolonger dans une optique historique par :

– S. Rosenne, *A Guide to the Legislative History of the Vienna Convention*, Sijthoff, 1970 ; *Developments in the Law of Treaties*, 1945-1986, Cambridge Univ. Press, 1989.

– J. Greenville, B. Wasserstein, *The Major International Treaties of the Twentieth Century, A History and Guide with Texts*, Routledge, 2001.

7) Et sur le terrain du droit comparé :

– *Treaty Making – Expression of Consent by States to be bound by a Treaty. Conclusion des traités – Expression par les États du consentement à être liés par un traité*, Conseil de l'Europe, Kluwer, 2001.

8) Voir également plusieurs thèses sur certains aspects plus particuliers :

– E. Decaux, *La réciprocité en droit international*, LGDJ, 1980.

– P.-H. Imbert, *Les réserves aux traités multilatéraux*, Pedone, 1979.

– J.-P. Jacqué, *Éléments pour une théorie de l'acte juridique en droit international public*, LGDJ, 1972.

– S. Sur, *L'interprétation en droit international public*, LGDJ, 1974.

– É. Zoller, *La bonne foi en droit international public*, Pedone, 1977.

9) Avec une série de travaux plus récents :

– F. Coulée, *Droit des traités et non-réciprocité : recherches sur l'obligation intégrale en droit international public* (dact.), 1999.
– A. Gheslin, *La mise en application provisoire des traités*, Pedone, 2005.
– R. Kolb, *La bonne foi en droit international public, contribution à l'étude des principes généraux du droit*, PUF, 2000.
– R. Kolb, *Théorie du jus cogens international, essai de relecture du concept*, PUF, 2001.
– C. Laly-Chevalier, *La violation du traité*, Bruylant, 2005.
– P. Pazartzis, *La succession d'États aux traités multilatéraux*, Pedone 2002.
– Fl. Poirat, *Le traité, acte juridique international, recherches sur le traité international comme mode de production et comme produit*, Nijhoff, 2004.
- R. Le Bœuf, *Le traité de paix en droit international,* Pedone, 2018.

10) Il faut souligner le renouveau de thèses sur l'organisation internationale :

– G. Cahin, *La coutume internationale et les organisations internationales*, Pedone, 2001.
– J. Matringe, *La contestation des actes unilatéraux des organisations internationales* (dact.), 2000.

11) Pour le débat de la normativité :

– Le débat sur la « crise de la normativité » a brillamment été lancé par P. Weil : « Vers une normativité relative en droit international », *RGDIP* 1982 ; avant de faire l'objet de son cours général à La Haye en 1992 : *Le droit international en quête d'identité, RCADI* 1992, t. 237, 1996.
– Et pour le débat sur la fragmentation du droit international : M. Koskenniemi, *Fragmentation of International Law : Difficulties Arising from the Diversification and Expansion of International Law, Report of the Study Group of the International Law Commission*, E. Castren Institute, University of Helsinki, 2007.

12) Pour un bilan de la codification :

– Colloque SFDI Aix-en-Provence, *La codification du droit international*, Pedone, 1999.
– *La Commission du droit international et son œuvre*, 2 vol., Nations Unies, 2005.
– A. Watts, *The international Law Commission*, 1948-1998, 3 vol., Oxford Univ. Press, 1999 (recueil thématique des travaux de la CDI).

Quiz

1) Sujet corrigé

Dissertation

Le *jus cogens* est-il introuvable ?

Voir le corrigé en fin de rubrique.

2) Sujets d'examen

Commentaires de texte

Comparez les documents fournis ci-dessus relatifs à la question des réserves aux traités. Peut-on parler d'une différence d'approche, voire d'approches conflictuelles entre les organes de protection des droits de l'Homme (CEDH et Comité des droits de l'Homme) et la Commission du droit international ?

Commentez le passage suivant de l'arrêt de la Cour internationale de justice du 10 mai 1984 dans l'affaire des *Activités militaires et paramilitaires au Nicaragua et contre celui-ci (compétence)* : « le fait que les principes (...) sont codifiés ou incorporés dans des conventions multilatérales ne veut pas dire qu'ils cessent d'exister et de s'appliquer en tant que principes de droit coutumier, même à l'égard des pays qui sont parties auxdites conventions » (*Rec. CIJ* 1984, p. 421).

Dissertations

Les réserves : intégrité du traité contre souveraineté de l'État.

Droit conventionnel et droit international général : quelles relations ?

Cas pratique

La Béthanie est un État gouverné par un régime nationaliste, dont le principal programme politique réside dans la défense des minorités béthaniennes disséminées dans les pays voisins. En 2020, la Béthanie s'insurge contre le traitement discriminatoire réservé, selon elle, à la minorité béthanienne en Ousmanie. La tension monte entre les États jusqu'au printemps, où la puissante armée béthanienne pénètre sur le territoire ousmanien. L'armée ousmanienne, inférieure en nombre et en équipement, doit battre en retraite, de même que l'administration de l'État ousmanien. Les forces armées béthanienne établissent leur autorité sur les deux provinces orientales de l'Ousmanie (les provinces Ai et Bi), peuplées toutes deux d'une forte minorité béthanienne. Entretemps, le gouvernement béthanien a dénoncé le traité perpétuel d'amitié entre la Béthanie et l'Ousmanie, signé et ratifié par les deux États en 2014 – traité qui ne comportait aucune clause de dénonciation. Ce traité rappelait notamment l'intangibilité des frontières entre les deux États, telles qu'elles étaient issues du processus de décolonisation qui avait abouti à leur formation en 1960.

Des négociations s'engagent au plus haut niveau entre les deux États. À l'issue de ces négociations, un nouveau traité d'amitié est conclu. Les principales clauses de ce traité sont les suivantes : 1°) La Béthanie s'engage à renoncer à l'avenir à toute revendication de souveraineté sur le territoire ousmanien ; 2°) L'Ousmanie s'engage à céder la province Ai à la Béthanie et à établir un régime de large autonomie pour la province Bi, par une révision de la constitution ousmanienne qui doit intervenir dans les trois mois.

Quelques mois plus tard, les troupes de la Béthanie se retirent du territoire Ousmanien. L'Ousmanie dépose une requête devant la Cour internationale de justice, en invoquant les déclarations d'acceptation de la juridiction de la Cour faites par les deux États en vertu de l'article 36 § 2. Les États déposent leurs mémoires et contre-mémoires dans les délais prescrits par la Cour.

Les principaux arguments des parties sont les suivants :

Selon l'Ousmanie :

- La dénonciation par la Béthanie du traité d'amitié perpétuelle de 2014 est contraire au droit international et n'a pu dès lors produire aucun effet juridique. La Béthanie reste donc liée par ce traité, qui rappelle l'intangibilité des frontières entre les deux États, un principe qui, du reste, est également valable hors de tout lien conventionnel (*uti possidetis juris*).

- Le traité rappelait également un principe de non-agression mutuelle, interdisant toute forme de contrainte ou d'intervention armée – un principe qui, là aussi, était de toute façon garanti par le droit international général et avait valeur de *jus cogens*.

- Le nouveau traité d'amitié conclu en 2020 à l'issue de l'agression béthanienne est nul, car conclu sous la contrainte, le chef d'État de la Béthanie ayant menacé d'envahir les autres provinces de l'Ousmanie. Du reste, les clauses du traité portent la marque de cette contrainte, dans la mesure où la renonciation aux prétentions territoriales de la Béthanie est conditionnée à la cession d'une partie du territoire ousmanien et à l'établissement d'un régime d'autonomie sur une autre partie de ce territoire.

Selon la Béthanie :

- La dénonciation du traité de 2014 est conforme au droit international car un changement fondamental de circonstances s'est produit entre 2014 et 2020, qui autorisait la Béthanie à le dénoncer : en effet, des mesures législatives discriminatoires ont été adoptées en 2019, qui revenaient à instaurer un régime d'apartheid à l'encontre de la minorité béthanienne sur le territoire ousmanien.

- Il existait une coutume locale, fondée sur une pratique ancestrale considérée par les deux États comme étant de droit, en vertu de laquelle toute atteinte au droit d'une minorité nationale faisait naître, au profit de l'État national, un droit d'intervention sur le territoire de l'État auteur de telles violations. Dans l'hypothèse même où le traité d'amitié perpétuelle aurait continué à être en vigueur – ce que l'on ne saurait admettre, puisque la Béthanie l'a valablement dénoncé – la règle de non-agression contenue dans ce traité ne saurait prévaloir sur cette coutume locale qui conférait à la Béthanie un droit d'intervention.

Rédigez un projet d'arrêt sur la base de ces arguments.

3) Corrigé

Dissertation

Hors de l'article 38 du statut de la Cour internationale de justice, une grande confusion règne sur la question des sources du droit international. D'autres « sources » sont en effet venues s'ajouter à l'énumération de l'article 38 : les principes généraux du droit international, les actes unilatéraux des États et des organisations internationales et même, dans une certaine mesure, la jurisprudence… La confusion ne fait que croître lorsqu'on aborde le problème d'une hiérarchie des normes en droit international, avec la question du *jus cogens*. Le concept a été pour la première fois consacré dans trois articles de la convention de Vienne sur le droit des traités de 1969 (art. 53, 64 et 71).

Mais la convention se concentre sur la *fonction* des « normes impératives du droit international général » : tout traité qui rentre en conflit avec l'une de ces normes est nul. Elle laisse en revanche de côté le problème de l'origine ou du contenu de ces normes, en adoptant une simple définition au premier abord tautologique : « une norme impérative du droit international général est une norme acceptée et reconnue par la communauté internationale des États dans son ensemble en tant que norme à laquelle aucune dérogation n'est permise et qui ne peut être modifiée que par une nouvelle norme du droit international général ayant le même caractère ».

On sait que c'est cette indétermination qui a conduit la France à être le seul État à voter contre la convention de Vienne. Pour la France, en effet, mieux valait abandonner l'idée même du « *jus cogens* » que de cautionner une notion introuvable, surtout lorsque cette notion pouvait être utilisée comme une arme politique par des États nouvellement indépendants pour remettre en cause certains traités jugés contraires à leurs intérêts ou imposer de nouvelles normes impératives sans le consentement explicite des États concernés.

Trente ans après ces controverses, la définition problématique de la convention de Vienne semble avoir trouvé une double formulation, « tout à la fois immanente et transcendante » avec, dans un premier temps, la naissance de la règle dans des traités de codification à vocation universelle (I) ; puis, dans un deuxième temps, la « reconnaissance » par le juge international venant « objectiver » la norme conventionnelle préexistante (II). On parvient ainsi à une « liste » précise de normes de *jus cogens* qui contribuent à faire de ce concept une réalité juridique, permettant une réévaluation de l'opposition de principe qui a longtemps caractérisé la position française.

I. La formulation immanente du *jus cogens* à travers les traités à vocation universelle

L'intégration de certaines normes dans des conventions à vocation universelle est le signe d'une *opinio juris* renforcée, caractéristique des normes de *jus cogens* (A). En même temps, cette reconnaissance se limite au cercle des États parties à la convention considérée, conformément au principe de l'effet relatif des traités (B).

A. Formulation d'une *opinio juris* renforcée

Un certain nombre de conventions multilatérales ont vocation à s'appliquer à tous les États et fixent des normes qui, par leur généralité, s'apparentent sur le fond à une législation universelle. Dans ces conventions, certaines normes ou certains principes sont nettement revêtus d'une autorité supérieure à celle des normes « ordinaires » du droit international.

Dans son avis consultatif sur les *Réserves à la convention pour la prévention et la répression du crime de génocide*, la Cour internationale de justice a relevé les « traits particuliers » de la convention sur le génocide : pour la Cour, en effet, « les origines de la convention révèlent l'intention des Nations Unies de condamner et de réprimer le génocide comme "un crime de droit des gens" impliquant le refus du droit à l'existence de groupes humains entiers, refus qui bouleverse la conscience humaine, inflige de grandes pertes à l'humanité, et qui est contraire à la fois à la loi morale et à l'esprit et aux fins des Nations Unies » (résol. n° 96 (I) AG du 11 déc. 1946).

La convention visait donc à instituer entre les États parties une prohibition absolue du crime de génocide. Même s'il s'agit d'une conséquence indirecte, ne peut-on en déduire qu'une convention conclue entre deux ou plusieurs États qui aurait pour objet la commission d'un génocide serait nulle ?

Le même raisonnement peut être tenu à propos d'autres infractions érigées conventionnellement, comme l'esclavage, l'*apartheid*, la torture ou les disparitions forcées, mais aussi à propos de principes fondamentaux du droit international, comme le principe d'interdiction du recours à la force et le principe du droit des peuples à disposer d'eux-mêmes, présents dans la Charte des Nations Unies.

La qualification de *jus cogens* peut sans doute être déduite dans certains cas du régime des obligations conventionnelles en cause même si, en cette matière, il convient d'avancer avec prudence. Ainsi, dans les instruments en matière de droits de l'homme, le fait que certains droits soient déclarés indérogeables en cas de circonstances exceptionnelles peut être un indice de « l'importance » des droits en cause, comme le montre le Comité des droits de l'homme dans son Observation générale n° 29 sur l'article 4 du Pacte international relatif aux droits civils et politiques.

Mais la nature du traité comme instrument juridique implique normalement que la reconnaissance du caractère éminent d'un droit ou d'une obligation ne dépasse pas, par sa portée, le cercle des États parties.

B. Portée de la norme formulée

« Un traité ne crée ni obligations ni droits pour un État tiers sans son consentement ». Telle est la règle générale applicable, inhérente à la logique du traité, telle que codifiée par l'article 34 de la convention de Vienne sur le droit des traités de 1969. Il en résulte qu'un État tiers au traité ne saurait être lié par une qualification faite dans ce traité selon laquelle telle ou telle norme possède un caractère indérogeable. Cette qualification ne lie formellement que les États parties au traité.

En même temps, un tel formalisme ne prend pas en compte la dynamique multilatérale. Tout concourt en effet pour que la norme reconnue comme indérogeable dans une convention à vocation universelle le devienne effectivement aux yeux de tous les États. Le processus d'élaboration des conventions multilatérales, tout d'abord – qui se déroule essentiellement au sein des organisations internationales – conduit à impliquer une grande majorité des États de la communauté internationale, comme en témoigne par exemple récemment le processus d'élaboration du statut de la Cour pénale internationale.

Cent soixante États étaient présents lors de la Conférence de Rome qui, en juillet 1998, a abouti à l'adoption du statut. Même si certains États se sont opposés à l'adoption de ce texte, ou se sont simplement abstenus, tous les États présents ont participé à la négociation, exprimant un consensus général sur le fait que certains actes sont aujourd'hui inacceptables pour la communauté internationale dans son ensemble. La longueur du processus lui-même – de 1994, date de la transmission par la Commission du droit international du projet de statut à l'Assemblée générale, à 1998 – atteste du caractère substantiel des négociations qui ont eu lieu entre les États et de la maturation qui a pu en résulter. Le plus souvent également les conventions de codification reprennent largement des obligations coutumières antérieures, renforçant ainsi des normes générales qui finissent par lier tous les États, qu'ils aient ratifié ou non la convention en cause.

Qui plus est, certaines normes ont incontestablement une valeur immanente : dans ce cas, il arrive que le contenu de la norme provoque, à terme, un ralliement de la majorité des États à la convention considérée, une fois apaisées les tensions qui ont marqué la négociation. Ce processus a été parfaitement mis en valeur par la Cour internationale de justice dans son avis consultatif du 8 juillet 1996 sur la *Licéité de la menace ou de l'emploi d'armes nucléaires* à propos des règles du droit humanitaire : « c'est sans doute parce qu'un grand nombre de règles du droit humanitaire applicable dans les conflits armés sont si fondamentales pour le respect de la personne humaine et pour des "considérations élémentaires d'humanité" (...) que la convention IV de La Haye et les conventions de Genève ont bénéficié d'une large adhésion des États » (§ 79).

Or, comme le dit la Cour dans le même avis, le nombre élevé de ratifications d'une convention normative générale témoigne du fait que la plupart sinon la totalité des normes contenue dans la convention ont acquis un caractère coutumier (§ 82).

Il ne reste plus dès lors au juge qu'à « constater » l'existence de normes générales de droit international public, portant ainsi à son terme le processus d'objectivation.

II. La formulation transcendante du *jus cogens* grâce à la reconnaissance par le juge international

Le juge est resté longtemps très prudent dans son œuvre de consécration des normes de *jus cogens*. Les mentions directes, qui utilisent les termes mêmes de « normes impératives du droit international » ou de *jus cogens*, se sont toutefois multipliées ces dernières années (B). On ne doit pas ignorer cependant que cette évolution a été préparée de longue date par de nombreuses consécrations implicites, fût-ce par l'intermédiaire de concepts voisins qu'il convient de distinguer (A).

A. L'apport des consécrations implicites

La Cour internationale de justice a en effet utilisé à plusieurs reprises des concepts voisins du *jus cogens*, dans la mesure où ils se rattachent tous à la notion d'« ordre public international ».

La Cour a tout d'abord consacré l'existence de valeurs juridiques éminentes dans l'ordre juridique international. Dans l'affaire du *Détroit de Corfou*, la Cour a ainsi écarté la convention VIII de La Haye comme fondement à une obligation de l'Albanie de notifier au Royaume-Uni l'existence de mines dans ses eaux territoriales, au profit de « considérations élémentaires d'humanité », valables en dehors de tout lien conventionnel et « plus absolues encore en temps de paix qu'en temps de guerre » (Arrêt du 9 avr. 1949, *Rec.* 22). De la même manière, dans son avis sur les *Réserves à la convention pour la prévention et la répression du crime de génocide*, la Cour souligne qu'un des buts poursuivis par la convention consiste à « confirmer et sanctionner les principes de morale les plus élémentaires », principes qui, dit-elle plus haut « sont des principes reconnus par les nations civilisées comme obligeant les États même en dehors de tout lien conventionnel » (Avis du 28 mai 1951, *Rec.* 24). Ce caractère à la fois « moral » et « élémentaire » des principes invoqués permet certainement d'en déduire leur caractère indérogeable en droit international.

Un autre aspect de l'ordre public est invoqué par la Cour avec la notion d'« obligation *erga omnes* », clairement consacrée dans son arrêt *Barcelona Traction Light and Power Company Limited* : dans cet arrêt, la Cour établit en effet qu'une « distinction essentielle » doit être opérée entre « les obligations des États envers la communauté internationale dans son ensemble et celles qui naissent vis-à-vis d'un autre État dans le cadre de la protection diplomatique ». La Cour souligne « l'importance des droits en cause » pour en déduire que « tous les États peuvent être considérés comme ayant un intérêt juridique à ce que ces droits soient protégés » et que « les obligations dont il s'agit sont des obligations *erga omnes* ». Soucieuse de préciser sa pensée, la Cour donne quelques exemples dans un fameux *obiter dictum* : « la mise hors la loi des actes d'agression et du génocide mais aussi des principes et des règles concernant les droits fondamentaux de la personne humaine, y compris la protection contre la pratique de l'esclavage et la discrimination raciale » (Arrêt 5 févr. 1970, *Rec.* 32).

La notion d'« obligation *erga omnes* » sera reprise par la suite dans l'affaire *du Timor oriental* à propos du droit des peuples à disposer d'eux-mêmes : dans cet arrêt, la Cour estime qu'« il n'y a rien à redire à l'affirmation du Portugal » selon laquelle ce principe est un droit opposable *erga omnes*. Elle ajoute qu'il constitue même « un des principes essentiels du droit international », rapprochant ainsi encore considérablement la notion de celle de « norme impérative » (Arrêt du 30 juin 1995, *Rec.*, § 29).

L'ambiguïté est donc cultivée par la Cour qui ne sépare jamais vraiment le caractère « objectif » de la norme de son « importance » ou de son caractère essentiel. Cette ambiguïté se trouve encore renforcée dans l'avis consultatif sur la *Licéité de la menace ou de l'emploi d'armes nucléaires*, où la Cour parle, à propos des principes du droit humanitaire, de « principes cardinaux » (*op. cit.*, § 78), mais également de « principes intransgressibles du droit international coutumier » qui s'imposent à tous les États « qu'ils aient ou non ratifié les instruments conventionnels qui les expriment » (§ 79). Ce jeu sur les mots rappelle le rendez-vous manqué de 1979, dans une ordonnance sur la demande en indication de mesures conservatoires rendue dans l'affaire des *Otages américains à Téhéran* : le texte français mentionne les « obligations impératives » du droit des relations diplomatiques et consulaires. Mais le texte anglais qui constitue l'original utilise le même terme – « *imperative* » – alors que la traduction de « normes impérative » au sens de *jus cogens* est « *peremptory norms* »...

Cette ambiguïté est caractéristique de la réserve de la Cour sur la question du *jus cogens*. Une telle réserve ne va toutefois pas empêcher les consécrations directes de se multiplier.

B. La multiplication des consécrations directes

Pendant très longtemps, la Cour a en effet évité soigneusement de prendre partie dans la querelle doctrinale qui divisait les États et les juges eux-mêmes – comme en témoignent les opinions dissidentes. Elle préférait contourner le problème, quitte à interpréter les questions qui lui étaient posées de manière restrictive.

Ainsi, dans son avis consultatif sur la *Licéité de la menace ou de l'emploi d'armes nucléaires*, la Cour consacre un paragraphe entier à expliquer les raisons pour lesquelles elle ne se prononcera pas sur le caractère de *jus cogens* des règles de droit humanitaire : « la question de savoir si une règle fait partie du *jus cogens* a trait à la nature juridique de cette règle. La demande que l'Assemblée générale a adressée à la Cour soulève la question de l'applicabilité des principes et règles du droit humanitaire en cas de recours aux armes nucléaires et celle des conséquences que cette applicabilité aurait sur la licéité du recours à ces armes, mais elle ne soulève pas la question de savoir quelle serait la nature du droit humanitaire qui s'appliquerait à l'emploi des armes nucléaires. La Cour n'a donc pas à se prononcer sur ce point » (*op. cit.*, § 83).

Jusqu'en 2006, la seule évocation positive et directe du *jus cogens* ne résultait même pas d'une prise de position de la part de la Cour : dans l'affaire des *Activités militaires et paramilitaires au Nicaragua et contre celui-ci*, la Cour s'était en effet bornée à constater que les deux parties au litige étaient d'accord pour qualifier la prohibition de l'emploi de la force de règle de *jus cogens* (Arrêt du 27 juin 1986, *Rec.*, § 190).

Mais d'autres juridictions, internationales ou internes, s'étaient montrées plus audacieuses sur ce terrain. À commencer par la Cour interaméricaine des droits de l'homme qui, dès 1993, dans l'affaire *Aloeboetoe y otros c/ Suriname* évoque la notion de *jus cogens* à propos de l'esclavage avant de reconnaître ce caractère à l'interdiction de la torture (Arrêt *Maritza Urrutia c/ Guatemala*, 2003), au principe d'égalité et de non-discrimination (avis consultatif n° 18 de 2003 sur les travailleurs migrants), à la prohibition des exécutions extra-judiciaires (Arrêt *Hermanos Gómez Paquiyauri c/ Pérou*, 2004) et des disparitions forcées (Arrêt *Goiburú c/ Paraguay*, 2006). Entre-temps, le Tribunal pénal pour l'ex-Yougoslavie consacre de longs développements, dans son jugement rendu dans l'affaire *Furundzija* le 10 décembre 1998, à démontrer le caractère de *jus cogens* de la prohibition de la torture en droit international. Ce jugement a par la suite été cité par la chambre des Lords britannique dans l'affaire *Pinochet*, où la qualification de *jus cogens* donnée à la prohibition de la torture a joué un rôle clé pour écarter l'immunité de l'ex-président chilien. Puis, c'est la Cour européenne des droits de l'homme qui cite l'une et l'autre des décisions dans son arrêt *Al-Adsani* du 21 novembre 2001, lorsqu'il lui est demandé de se prononcer sur la compatibilité de l'immunité accordée à un État étranger devant les tribunaux britanniques avec l'article 3 de la Convention européenne des droits de l'homme. On voit ainsi se développer une véritable dynamique juridictionnelle autour du *jus cogens*, chaque juridiction appuyant sa qualification sur des précédents, appelés à devenir de plus en plus nombreux. La reconnaissance la plus éclatante provient toutefois du Tribunal de première instance des Communautés européennes, dans ses arrêts *Ahmed Ali Yusuf, Al Barakaat International Foundation* et *Yassin Abdullah Kadi* : le Tribunal reconnaît en effet la primauté des normes de *jus cogens* sur la Charte des Nations Unies et, par voie de conséquence, sur les résolutions du Conseil de sécurité prises en vertu du chapitre VII. Il affirme dès lors sa compétence pour contrôler la légalité de ces résolutions et des règlements communautaires pris pour leur application au regard des normes de *jus cogens* sur les droits fondamentaux. Cet arrêt a toutefois été infirmé par la Cour de justice des Communautés européennes qui a préféré ne pas s'engager dans cette voie, privilégiant une interprétation dualiste des rapports entre l'ordre juridique communautaire et l'ordre juridique international dans son arrêt du 3 septembre 2008. Il n'en reste pas moins que la thématique du *jus cogens* en ressort une fois de plus confortée.

Il était difficile pour la Cour de rester en marge de cette évolution. Elle franchit le pas dans son arrêt du 3 février 2006 rendu dans l'*Affaire des activités armées sur le territoire du Congo* (nouvelle requête : 2002) (*République démocratique du Congo c/ Rwanda*) : l'interdiction du génocide y est qualifiée explicitement de norme de *jus cogens*. Mais les conséquences que la Cour tire de cette qualification sont décevantes, puisqu'elle admet la validité de la réserve du Rwanda à l'article IX de la convention sur le génocide, une clause compromissoire qui aurait pu lui donner compétence dans cette affaire. Peut-on prendre au sérieux une norme « impérative », lorsque le moyen de contrôle qui lui est associé par les États apparaît comme facultatif ? Depuis, la Cour a réitéré son adhésion au concept de *jus cogens* à plusieurs reprises, notamment dans l'affaire du *Génocide bosniaque* ou dans l'affaire des *Immunités juridictionnelles de l'État (Allemagne c/ Italie)*, sans pour autant lui faire produire d'effet particulier sur le plan juridique.

Conclusion

Si le « *jus cogens* » n'est plus introuvable comme il y a trente ans – lorsque la France s'élevait contre une notion qui, selon elle, était à la fois floue juridiquement et politiquement – il n'est pas pour autant totalement dévoilé. La méthode pour établir les normes impératives du droit international semble à présent stabilisée avec une intervention combinée de la collectivité des États et du juge. Mais si ce dernier hésite de moins en moins à user de la qualification de *jus cogens*, il ne semble pas toujours prêt à en tirer toutes les conséquences juridiques. Qui plus est, la consécration explicite reste finalement limitée à deux normes, à savoir l'interdiction du génocide et celle de la torture. Enfin, il reste à clarifier les liens entretenus entre les différents types de principes et d'obligations invoquées – *erga omnes*, intransgressibles, cardinaux, élémentaires, moraux, etc. – et le concept de *jus cogens*. À multiplier ainsi les périphrases, les qualifications et les catégories, ne risque-t-on pas en effet de perdre de vue l'essentiel, d'avoir le contenu sans l'étiquette, les obligations pesant sur tous les États, sans les garanties nées d'une reconnaissance par la communauté internationale dans son ensemble ? Et de ralentir encore le dévoilement des normes impératives du droit international ?

chapitre 2

Les modalités d'application du droit international

Plan analytique

section 1

L'application interne du droit international

§ 1 Les relations verticales

A. La forme de l'engagement de l'État

B. L'applicabilité du droit international

C. La place du droit international dans la hiérarchie interne des normes

D. La spécificité du droit de l'Union européenne

§ 2 Les relations horizontales

A. L'exercice extra-territorial des compétences

B. Le jeu de la compétence universelle

C. L'obstacle procédural des immunités

section 2

L'application internationale du droit international

§ 1 L'application des obligations primaires

§ 2 La mise en jeu de la responsabilité internationale

A. La codification du droit de la responsabilité internationale

B. Les conditions de la responsabilité

C. Une hiérarchie interne en matière de responsabilité ?

D. La mise en œuvre de la responsabilité

E. Les conséquences de la responsabilité

Compléments pédagogiques

Les modalités d'application du droit international

L'étude de la formation du droit international resterait incomplète si l'on s'en tenait à l'inventaire des sources formelles du droit international. Non seulement l'efficacité pratique, mais également l'effectivité du droit international, c'est-à-dire son existence même en tant qu'ensemble de normes juridiques, dépendent de ses modalités de mise en œuvre. La place faite au volontarisme des États impose là aussi des particularités au système international, l'État constituant l'interface obligée entre les engagements internationaux et les normes internes. Il conviendra donc d'envisager successivement l'application interne du droit international (section 1) puis l'application internationale du droit international (section 2). 77

section 1

L'application interne du droit international

La question de l'insertion du droit international dans le droit interne fait l'objet d'un vieux débat théorique opposant le « dualisme » et le « monisme ». Le dualisme est fondé sur une distinction radicale entre l'ordre interne et l'ordre international, tandis que le monisme implique une interpénétration entre les deux ordres et comporte deux variantes selon que l'on fait prévaloir l'ordre international sur l'ordre interne, ou l'ordre interne sur l'ordre international. Beaucoup d'auteurs estiment ce débat dépassé et prônent à la place un « pluralisme » des ordres juridiques, qui n'éclaire pas beaucoup plus la question. 78

Au-delà des débats doctrinaux, il convient d'étudier les relations entre les divers ordres juridiques dans leur complexité, que l'on se penche sur les relations verticales entre l'ordre international et l'ordre interne, ou bien les relations horizontales entre les différents ordres internes juxtaposés.

§ 1 Les relations verticales

Dans chaque ordre juridique national, l'application du droit international dépend d'une série de conditions. Et celles-ci ne sont pas identiques selon les diverses sources du droit. Ainsi le Royaume-Uni, qui est considéré comme étant l'exemple type d'un État dualiste en matière de traités, est très ouvert aux coutumes internationales, puisque selon la formule classique du juge anglais « le droit international fait partie de la loi du pays ». Au contraire, la France qui est présentée comme un État moniste, était, jusqu'il y a peu, très peu réceptive à la coutume, malgré l'alinéa 14 du préambule de la Constitution de 1946 qui rappelle que « la République française, fidèle à ses traditions, se conforme aux règles du *droit public international*[Q] ». Cette 79 mention du « *droit public* international », inspirée par l'œuvre de Duguit, visait à mettre l'accent sur les solidarités plus que sur les souverainetés (E. Zoller, *Introduction au droit public*, 2e éd., Dalloz, 2013). Elle pouvait paraître purement symbolique, alors que la Constitution de 1946, tout comme la Constitution de 1958, notamment dans son article 55, se focalisait sur le traité, laissant de côté les autres sources du droit international, considérées dès lors comme insignifiantes. Même sur le terrain en apparence plus solide du conventionnel « écrit », le monisme est loin d'être automatique et complet, comme on va le voir. On peut à cet égard, en privilégiant ici l'exemple français, mettre en relief plusieurs questions qu'il convient de nettement distinguer.

A. La forme de l'engagement de l'État

80 Le premier aspect concerne la portée de l'engagement de l'État sur le plan international. Comme on l'a vu, le droit des traités ne fixe pas de forme précise aux « modes d'expression du consentement à être lié par un traité ». Mais, inversement, selon l'article 46 de la convention de Vienne sur le droit des traités, « le fait que le consentement d'un État à être lié par un traité a été exprimé en violation d'une disposition de son droit interne concernant la compétence pour conclure des traités ne peut être invoqué par cet État comme viciant son consentement, à moins que cette violation n'ait été manifeste et ne concerne une règle de son droit interne d'importance fondamentale ». Ainsi en dehors d'une évidence « pour tout État se comportant en la matière conformément à la pratique habituelle et de bonne foi », ce sont les apparences qui priment.

Cette solution, visant à assurer la sécurité juridique pour les États tiers en dehors de toute ingérence dans l'ordre interne, est d'autant plus logique que les modalités choisies peuvent être très complexes.

Sous le régime de la Constitution de 1958, une double distinction se superpose dans la pratique française. La première est la distinction implicite entre traités et accords : le président de la République « négocie » les traités (art. 52 Constit.) alors que les accords engagent le gouvernement représenté par le ministre des Affaires étrangères. La pratique a vu le développement d'une troisième catégorie d'actes, les simples « arrangements administratifs » conclus par un ministre technique qui intervient, en principe, au nom du ministre des Affaires étrangères, mais il arrive qu'un ministre agisse de son propre chef, sans concertation préalable.

La deuxième distinction, introduite par l'article 53 de la Constitution vise les domaines où une autorisation parlementaire est nécessaire : « les traités de paix, les traités de commerce, les traités ou accords relatifs à l'organisation internationale, ceux qui engagent les finances de l'État, ceux qui modifient des dispositions de nature législative, ceux qui sont relatifs à l'état des personnes, ceux qui comportent cession, échange ou adjonction de territoire, ne peuvent être ratifiés ou approuvés qu'en vertu d'une loi ».

L'énumération est quelque peu maladroite, mais soumet à autorisation parlementaire les engagements les plus importants, qu'il s'agisse de traités ou d'accords, notamment ceux qui empiètent sur le domaine législatif, avec des incidences financières ou des implications « de nature législative ». Dans tous ces cas, le Parlement doit voter une loi autorisant la ratification du traité, ou l'approbation de l'accord, qui lui est soumis. La loi d'autorisation qui comporte un seul article ne peut comporter d'amendements aux dispositions du traité, pas plus que le Parlement n'a à se prononcer sur les réserves qui seront éventuellement formulées lors de la ratification. Le Parlement se borne à « autoriser » la ratification, mais l'exécutif reste maître du moment, de la portée et même de l'opportunité de la ratification. Si, dans la pratique, depuis une trentaine d'années, l'exécutif informe les commissions parlementaires des réserves et déclarations interprétatives qu'il entend formuler, c'est à titre de simple courtoisie vis-à-vis du Parlement, mais sans se lier pour autant. Inversement, c'est le privilège de l'exécutif de lever les réserves au moment jugé opportun.

On peut considérer qu'en dehors du champ de l'article 53, on se trouve en présence d'une « procédure en forme simplifiée » qui échappe au contrôle du Parlement, qu'il s'agisse d'un traité ou d'un accord. Ainsi, la terminologie internationale des « accords en forme simplifiée » (*gentlemen's agreement*) ne coïncide pas avec le vocabulaire constitutionnel français des « accords » soumis à approbation.

B. L'applicabilité du droit international

Comme on l'a dit, la Constitution offre une base juridique incertaine à l'application 81 ■
de la coutume en droit interne, à travers l'elliptique alinéa 14 du Préambule de la Constitution de 1946, qui prévoit que « la République française, fidèle à ses traditions, se conforme aux règles du droit public international. » La disposition semble de peu de poids face à l'article 55 de la Constitution, surtout pour des juges français *a priori* peu sensibles aux charmes du droit non écrit. La coutume internationale a pourtant progressivement fait sa place dans l'ordre juridique interne, même si l'évolution n'a probablement pas atteint son terme. Les normes coutumières et principes généraux du droit sont en effet aujourd'hui invoqués sur le plan normatif tant par le Conseil d'État (CE 6 juin 1997, *Aquarone*) que par la Cour de Cassation (Crim. 13 mars 2001, *Procureur général près la cour d'appel de Paris c/ Association SOS Attentats et autres*, qui vise explicitement les « principes généraux du droit international »), tandis que le Conseil constitutionnel se réfère volontiers à l'alinéa 14 du Préambule de la Constitution de 1946 pour invoquer les « principes généraux du droit international », non directement comme normes de référence à son contrôle, mais à tout le moins comme éléments à prendre en compte dans l'interprétation des dispositions de la Constitution (v. notamment la décision n° 98-408 DC relative à la conformité du statut de la Cour pénale internationale avec la Constitution). La coutume internationale a également trouvé une consécration dans le contentieux de la responsabilité : un arrêt du Conseil d'État du 14 octobre 2011, *Om Hashem Saleh et autres*, ouvre ainsi un nouveau cas d'engagement de la responsabilité de l'État sans faute, sur la base d'une rupture de l'égalité des citoyens devant les charges publiques. En l'espèce, réparation est accordée au préjudice grave et spécial encouru par la requérante du fait de l'application de la règle de l'immunité de juridiction de l'État au civil, empêchant toute poursuite contre des diplomates indélicats devant les tribunaux nationaux. Ce faisant, le Conseil d'État transpose une jurisprudence classique sur la rupture d'égalité entre les citoyens résultant de l'effet des traités à une charge exorbitante résultant de l'effet d'une coutume internationale.

Mais c'est sans doute sur le terrain conventionnel que les difficultés et les évolutions 82 ■
les plus importantes ont eu lieu ces vingt dernières années. La ratification par l'État d'un traité n'entraîne pas pour autant l'applicabilité directe du droit international issu de ce traité dans l'ordre interne. Il s'agit d'une question de principe, à la charnière du dualisme et du monisme, puisqu'une insertion du droit international

dans le droit interne est nécessaire. C'était autrefois le rôle de la « promulgation » des traités qui a été supprimée avec la Constitution de 1946. Même si cet acte d'incorporation n'est plus aujourd'hui qu'une transformation résiduelle, concernant la publication du traité, il n'en traduit pas moins un vestige de dualisme.

En vertu de l'article 55 de la Constitution, « les traités ou accords régulièrement ratifiés ou approuvés ont, dès leur publication, une autorité supérieure à celle des lois, sous réserve pour chaque accord ou traité de son application par l'autre partie ». La publication interne n'est qu'une formalité mais elle conditionne l'invocabilité du traité par les particuliers, sans remettre en cause l'existence de l'engagement international de l'État à l'égard des États cocontractants. Le juge français n'appliquera que les accords publiés au *Journal officiel*, écartant toute autre forme de publicité, même officieuse.

Un décret du 14 mars 1953 sur la ratification et la publication des engagements internationaux souscrits par la France, révisé par un décret du 11 avril 1986, précise que la publication ne doit être effectuée que pour les traités « de nature à affecter par leur application les droits et obligations des particuliers ». En dehors même des retards assez habituels de la publication des traités, parfois palliés par une application rétroactive, la distinction de principe n'est pas toujours facile à faire.

Le pouvoir de faire primer un traité sur une loi a en tout cas entraîné pour le Conseil d'État la nécessité d'examiner le caractère « régulier » de la ratification au regard des exigences de la Constitution et notamment de l'article 53 qui précise les domaines où l'intervention du législateur est de droit, avec l'arrêt *Parc d'attraction de Blotzeim* du 19 décembre 1998. De même, s'agissant de l'indemnisation tardive des emprunts russes, le Conseil d'État a été amené à envisager la compatibilité des obligations conventionnelles entre elles, en présence d'une contradiction entre un traité bilatéral franco-russe conclu en 1997 et la Convention européenne des droits de l'homme, à défaut de pouvoir dégager une interprétation conciliant les textes en présence. Le juge administratif s'en est tenu à des règles formelles (principe d'antériorité ou dérogation, *lex specialis*, etc.) – comme indiqué par l'ancien président de la CIJ, Gilbert Guillaume, dans un *amicus curiae* sollicité par le président de la section du contentieux de manière inédite – plutôt que de rechercher une hiérarchie substantielle selon la nature ou la portée des traités (CE, ass., 23 déc. 2011, *Brito Paiva*, n° 303678, v. not. le commentaire de D. Alland, *RFDA* 2012. 26-37 ; CE, ass. plén., 19 juill. 2019, *Association des américains accidentels*, n° 424216, *Lebon* p. 296 ; *RGDIP* 2020, vol. 2, p. 435, note H. Raspail). De même le Conseil d'État a décliné sa compétence pour contrôler la validité d'une réserve formulée par la France lors de la ratification d'un traité – en l'occurrence le Protocole n° 7 à la Convention européenne des droits de l'Homme : « [d]e telles réserves définissant la portée de l'engagement que l'État a entendu souscrire et n'étant pas détachables de la conduite des relations internationales, il n'appartient pas au juge administratif d'en apprécier la validité ». Dès lors, le juge administratif se doit de faire application du « texte international en tenant compte de la réserve » après avoir simplement vérifié que la réserve a fait l'objet des mêmes mesures de publicité que le traité (*Société Super coiffeur*, 12 oct. 2018, n° 408567, très commenté, v. notamment *AFDI* 2018. 766 et note J. Cazala, *RGDIP* 2019, vol. 1, p. 309). La Cour de cassation, quelques mois plus tard, est arrivé à un résultat similaire, mais avec une motivation différente : renonçant à invoquer l'acte de gouvernement, elle s'en est plutôt remis au contrôle (futur) de la Cour européenne des droits de l'homme en considérant que la réserve ne pouvait être remise en cause puisque la Cour européenne ne l'avait pas écartée en la déclarant invalide (Crim. 11 sept. 2019, n° 18-81067, note B. Tranchant, *RGDIP* 2020, vol. 1, p. 193).

Une autre condition posée par l'article 55 pour tous les traités est celle de la réciprocité, alors qu'il était évident qu'elle ne trouverait à s'appliquer que pour les traités synallagmatiques, et non pour les traités « objectifs », posant des obligations que chaque État s'engage à respecter indépendamment de leur respect par les autres parties. Le Conseil constitutionnel a reconnu l'inapplicabilité de la condition pour ce type de traité à propos du statut de la Cour pénale internationale dans sa décision du 22 janvier 1999. De son côté, le Conseil d'État s'est reconnu compétent pour apprécier la réalisation de cette condition, sans renvoi au ministère des Affaires étrangères (CE, ass., 9 juill. 2010, *Mme Cheriet-Benseghir* et plus récemment CE, ass. plén., 19 juill. 2019, *Association des américains accidentels*, n° 424216, préc.), renvoi qui avait été condamné par la Cour européenne des droits de l'homme dans son arrêt *Chevrol c/ France* (CEDH 13 févr. 2003, n° 49636/99, *Rec. CEDH* 67). Le Conseil d'État s'inscrivait ainsi dans la lignée de son arrêt *Gisti* du 29 juin 1990, par lequel il avait affirmé la pleine compétence du juge pour interpréter les traités, alors qu'une vieille pratique prévoyait le « renvoi pour interprétation » au ministère des Affaires étrangères (jurisprudence suivie par la chambre civile de la Cour de cassation dans son arrêt *Banque africaine de développement* du 19 décembre 1995).

Mais l'applicabilité d'un traité comporte un autre élément pratique qui concerne la **83**
nature des normes qu'il contient. Les États ont-ils voulu s'engager directement par le traité ou ont-ils seulement voulu marquer des « intentions » qu'il leur appartiendra ultérieurement de traduire sur le plan interne ? Au-delà de l'intention des parties, les dispositions du traité sont-elles assez claires et précises pour être automatiquement applicables et invocables par les particuliers sans qu'il soit nécessaire de prendre des mesures d'adaptation ? Là encore l'interprétation de l'effet direct (*self-executing*) d'un traité est souvent assez subjective. Parfois l'autorisation de ratifier un traité est assortie du vote d'une loi introduisant les réformes nécessaires à la pleine application du traité sur le plan interne.

La jurisprudence française a beaucoup évolué sur ce point, notamment dans le domaine des droits de l'homme et du droit social international. Ainsi il est depuis longtemps admis que la Convention européenne des droits de l'homme ratifiée par la France en 1974 est d'application directe et invocable par les particuliers, même si certains arrêts ont marqué quelques tâtonnements. Au contraire, la Charte sociale européenne a longtemps été considérée comme comportant des dispositions trop vagues s'adressant au législateur comme une « inspiration », sans créer de droits directement invocables par les particuliers. Plus généralement, ce sont les droits économiques et sociaux qui, une fois de plus, pouvaient apparaître comme des « droits des pauvres, pauvres droits », selon la forte expression de Pierre-Henri Imbert, considérés comme de vagues objectifs programmatoires par le juge interne. Ce débat semble à présent au moins en partie dépassé. Dans un arrêt du 16 décembre 2008, *Eichenlaub*, la chambre sociale de la Cour de cassation a reconnu pour la première fois l'effet direct de l'article 6-1 du pacte international relatif aux droits économiques, sociaux et culturels, dans un contentieux sur le droit du travail, ouvrant ainsi des perspectives nouvelles en matière de justiciabilité des droits de l'homme. Cette jurisprudence de la chambre sociale s'est étendue par la suite à la Charte sociale européenne (v. Carole Nivard, « L'effet direct de la Charte sociale européenne devant les juridictions suprêmes françaises », *RDLF* 2012, chron. n° 28, www.revuedlf.com).

De son côté, le Conseil d'État a opéré en 2012 une synthèse constructive de sa doctrine relative à l'effet direct, dans un arrêt largement commenté *Gisti et Fapil* (CE, ass., 11 avr. 2012). Selon le Conseil d'État, d'une part peuvent être invoquées par un particulier les dispositions d'un traité « dès lors qu'elles créent des droits dont les particuliers peuvent directement se prévaloir » ; d'autre part, a un effet direct toute stipulation conventionnelle lorsqu'« eu égard à l'intention exprimée des parties et à l'économie générale du traité invoqué, ainsi qu'à son contenu et à ses termes, elle n'a pas pour objet exclusif de régir les relations entre États et ne requiert l'intervention d'aucun acte complémentaire pour produire des effets à l'égard des particuliers ». Le Conseil d'État précise par ailleurs que l'« absence de tels effets ne saurait être déduite de la seule circonstance que la stipulation désigne les États parties comme sujets de l'obligation qu'elle définit ». Autrement dit, le simple fait qu'une disposition d'un traité commence par les termes « Les États reconnaissent le droit de toute personne à... » et non par « Toute personne a droit à... » ne devrait pas être un critère déterminant. Sur cette base, le Conseil d'État a notamment été conduit à reconnaître l'effet direct et l'invocabilité des articles 2 et 24 de la Charte sociale européenne (CE 12 déc. 2012, n° 354635, *Syndicat des médecins inspecteurs de santé publique*, *Lebon* p. 412 ; CE 10 févr. 2014, n° 358992, M. B., *Dr. soc.* 2014. 474, obs. J. Mouly). Il n'en reste pas moins que la jurisprudence issue du considérant de principe de l'arrêt *Gisti et Fapil* a montré que l'interprétation des critères dégagés par le Conseil laissait place à une certaine incertitude (v. D. Burriez, « Retour sur les critères de l'effet direct depuis l'arrêt *Gisti* du Conseil d'État du 11 avril 2012 », *RFDA* 2015. 1031). Pour déterminer si le traité crée des droits subjectifs dont peuvent se prévaloir les particuliers, la Haute juridiction continue à rechercher l'« intention » des parties sur la base d'indices divers, en négligeant bien souvent l'objet et le but du traité. Bien plus, le juge administratif continue de refuser d'opérer une distinction entre effet direct et invocabilité : ainsi l'absence d'effet direct qui résulte de l'obligation de faire intervenir « un acte complémentaire » entraîne du même coup la non-invocabilité par les particuliers. À deux reprises, les commissaires du gouvernement auprès du Conseil d'État, en 1997 et en 2012, avaient pourtant recommandé au Conseil d'État de dissocier les deux effets, permettant de faire jouer une disposition d'un traité sans effet direct à l'appui d'un recours pour excès de pouvoir à l'encontre d'une décision individuelle ou réglementaire. Une distinction un peu artificielle est ainsi opérée avec le droit de l'Union européenne, puisque l'invocabilité des directives sans effet direct a été admise dans un premier temps à l'encontre d'actes réglementaires à la suite de l'arrêt *Cohn-Bendit* de 1978 puis, avec l'abandon de cette jurisprudence, à l'encontre d'actes administratifs individuels (CE, ass., 30 oct. 2010, *Perreux*, *Lebon* 407).

84 La question de l'effet direct s'est posée de manière symptomatique à propos de la convention sur les droits de l'enfant adoptée à New York en 1989. Les deux ordres de juridiction ont au départ adopté des approches différentes. La Cour de cassation a longtemps considéré qu'en tant que telle et dans son entier la convention de 1989 était trop vague pour être directement applicable, négligeant le fait que certaines clauses sont tout à fait précises. Par ailleurs, au moment du vote de l'autorisation

parlementaire, une loi avait été adoptée pour adapter la législation française, ce qui pouvait laisser supposer que pour les dispositions non visées par la loi, il n'y avait pas de problèmes d'applicabilité qui se posaient.

Pour sa part, le Conseil d'État a été d'emblée plus prudent en ne se prononçant que sur la disposition qui était invoquée devant lui pour écarter ou non l'application directe, mais sans se prononcer de manière catégorique sur la question d'ensemble comme l'avait fait la Cour de cassation (CE 22 sept. 1997, *Cinar*). Il a fallu attendre 2005 pour voir la Cour de cassation se rallier à la position du Conseil d'État en appliquant l'article 3 et l'article 12 de la convention (Civ. 1re, 18 mai 2005, *Bull. civ. I*, nº 212 ; 14 juin 2005, *Bull. civ. I*, nº 245). Sans nul doute le développement des « communications » devant le Comité des droits économiques, sociaux et culturels, à la suite de la ratification par la France du Protocole facultatif au Pacte international relatif aux droits économiques, sociaux et culturels, tout comme les procédures devant le Comité des droits de l'enfant ou le Comité des droits des personnes handicapées, vont donner une nouvelle dimension à la question de la « justiciabilité » de ces droits, à travers la règle de l'épuisement des voies de recours internes.

C. La place du droit international dans la hiérarchie interne des normes

Une fois admise l'applicabilité du droit international, il reste à déterminer sa place 85 ■
dans la hiérarchie interne des normes. Sur le plan théorique, là aussi, la primauté du droit international n'est pas contestée. Mais l'article 55 de la Constitution se borne à viser les « traités ou accords régulièrement ratifiés », laissant de côté tout le droit non écrit international, le « droit international général ». Le rang hiérarchique de la coutume et des principes généraux reste donc encore incertain. Si la jurisprudence de la Cour de cassation tend à leur accorder une autorité supérieure à celle des lois, le Conseil d'État les relègue très nettement à un rang infra-législatif et supra-réglementaire (v. CE 6 juin 1997, *Aquarone* et, pour les principes généraux, CE 28 juill. 2000, *Paulin*). Pourtant l'alinéa 14 du Préambule de la Constitution de 1946 aurait dû inciter le juge administratif à accorder à la coutume le même rang qu'aux traités, cela d'autant plus que, s'agissant du droit communautaire, le Conseil d'État a reconnu que les principes généraux du droit communautaire avaient la même valeur juridique que les traités.

Si l'article 55 donne sans ambiguïté aux traités une valeur supra-législative, la Constitution reste la référence suprême en vertu du principe de souveraineté dont la portée a été rappelée à de nombreuses reprises par le Conseil constitutionnel. Ainsi, le Conseil constitutionnel a considéré qu'un traité qui ne pouvait pas être dénoncé était de ce seul fait contraire à la Constitution (Décis. du 13 oct. 2005, *Engagements internationaux relatifs à l'abolition de la peine de mort*). Jacques Chirac, en tant que président de la République, a tiré les conséquences de cette décision en faisant inscrire à l'article 66-1 de la Constitution, le 19 février 2007, le principe de l'abolition de la peine de mort, ce qui a permis ensuite de ratifier le protocole nº 2 du Pacte relatif aux droits civils et politiques – qui ne comporte pas de clause de dénonciation – et accessoirement le protocole nº 13 à la Convention européenne des droits de l'homme. Ce faisant, la révision a créé indirectement une forme de supra-constitutionnalité, la ratification du protocole n° 2 étant irréversible, alors même que toute disposition constitutionnelle peut être révisée par un « acte contraire » du constituant, en respectant les formes prévues à cet effet.

En cas de contradiction potentielle entre un projet de traité et la Constitution, l'article 54 prévoit la possibilité de saisir le Conseil constitutionnel. Si celui-ci déclare « qu'un engagement international comporte une clause contraire à la Constitution, l'autorisation de le ratifier ou de l'approuver ne peut intervenir qu'après la révision de la Constitution ». C'est ce qui s'est passé pour la ratification du traité de Maastricht, à la suite de la décision du Conseil constitutionnel du 9 avril 1992, avec l'adoption par le Congrès de la loi constitutionnelle du 25 juin 1992. Ce n'est qu'après cette révision que le traité lui-même a été soumis à référendum, en application de l'article 11 de la Constitution, le 20 septembre 1992. Il en a été de même lors de la procédure parlementaire suivie pour le traité d'Amsterdam ou pour le statut de la Cour pénale internationale adopté à Rome en 1998. La question s'est également posée au sujet du traité de Madrid sur la « Constitution européenne », à la suite de la décision du 19 novembre 2004 du Conseil constitutionnel, qui avait nécessité une révision constitutionnelle votée par le Congrès le 28 février 2005 avant de faire l'objet d'un référendum le 29 mai 2005. La victoire des « non » au référendum a entraîné la caducité de certaines de ces modifications constitutionnelles. Par la suite, le traité de Lisbonne a fait l'objet d'une ratification ordinaire par le Parlement, en 2008, le Conseil constitutionnel ayant considéré dans une décision du 20 décembre 2007, qu'aucune novation n'était intervenue par rapport à la révision de 2005.

Ainsi il ne peut y avoir de contradiction durable entre un traité et la Constitution : ou bien la Constitution est révisée pour permettre la ratification du traité, ou bien le traité ne peut être ratifié et lier la France. La question serait plus délicate pour une coutume, et notamment des principes généraux relevant du *jus cogens*, car la contradiction théorique entre la primauté constitutionnelle de la souveraineté nationale, d'une part, et la nature d'une norme insusceptible de dérogation, d'autre part, mettrait en présence deux absolus. Il faudrait alors savoir si l'on se trouve en présence d'un monisme bâti à partir de l'ordre interne, avec la Constitution comme source directe ou indirecte de tout droit, ou d'un monisme faisant prévaloir le droit international, à partir de principes reconnus par « la communauté internationale des États dans son ensemble ». La réponse n'a pas seulement une portée interne, pour un État comme la France qui s'est toujours voulu un « soldat du droit », elle aurait également des implications internationales, en tant que précédent pour des États moins soucieux de la souveraineté populaire.

86 En pratique toutefois, la reconnaissance de la supériorité du traité sur la loi, n'a pas été sans combats d'arrière-garde. Le Conseil constitutionnel lui-même, dans une décision du 15 janvier 1975 à propos de la loi sur l'interruption volontaire de grossesse (IVG), avait considéré qu'il ne lui appartenait pas de veiller à la conformité de la loi au traité, en consacrant celle-ci comme une composante indirecte du « bloc de constitutionnalité ». Mais, par là même, il confiait implicitement au juge ordinaire la mission de faire prévaloir le traité sur la loi, conformément à l'article 55 de la Constitution. La Cour de cassation, avec l'arrêt *Cafés Jacques Vabre* du 24 mai 1975 a fait prévaloir le traité de Rome sur une loi ultérieure contraire.

Le Conseil d'État a, pendant plusieurs années, refusé de consacrer l'« autorité supérieure » des traités et de devenir ainsi, même indirectement, le « juge de la loi ». Pour lui « on ne peut distinguer entre deux oiseaux dans le ciel celui qui vole le plus haut »... Il a placé le traité et la loi sur le même plan, en se contentant de considérer leurs rapports dans le temps. Si le traité était postérieur à la loi, le Conseil d'État faisait prévaloir le traité, en considérant que c'était le dernier acte qui traduisait la volonté du législateur. Mais si la loi était intervenue après le traité, il donnait le dernier mot à la loi plus récente, en admettant que le législateur ait voulu remettre en cause l'application de certaines dispositions du traité sur le plan interne, alors même que celui-ci engageait toujours la France sur le plan international, faute d'avoir été dénoncé.

Ce *distinguo*, peu conforme à la lettre de la Constitution et au respect du droit international, a été abandonné par le Conseil d'État avec l'arrêt *Nicolo* du 20 octobre 1989, ouvrant la voie à une jurisprudence foisonnante relative au contrôle de conventionnalité, avec pour conséquence la mise à l'écart de la loi inconventionnelle.

En revanche, la logique dessinée par le Conseil constitutionnel de primauté de la Constitution sur les engagements internationaux a été suivie tant par le Conseil d'État que par la Cour de Cassation. Le premier, dans son arrêt *Sarran* du 30 octobre 1998, a exclu toute primauté des traités sur la Constitution, conformément à l'article 55, bientôt imité par la Cour de cassation dans un arrêt d'assemblée plénière *Pauline Fraisse* du 2 juin 2000. La Constitution est donc comprise comme l'ultime barrage de la souveraineté face aux assauts des « sources internationales ». Pourtant, une logique un peu différente a été définie pour un « autre » droit international, certes spécifique, le droit de l'Union européenne.

D. La spécificité du droit de l'Union européenne

En consacrant un titre spécifique aux Communautés européennes, devenu depuis 87 ■
2009, le titre XV, *De l'Union européenne*, la Constitution française marque la supériorité de principe du droit constitutionnel, émanation de la souveraineté populaire, tout en faisant au droit européen une place distincte de celle des *Traités et accords internationaux* visés au titre VI. Comme l'a souligné le Conseil constitutionnel dans sa décision du 19 novembre 2004, « le Constituant a consacré l'existence d'un ordre juridique communautaire intégré à l'ordre juridique interne et distinct de l'ordre juridique international » (*Traité établissant une Constitution pour l'Europe*, n° 2004-505 DC, GDCC, n° 25, cons. 11). L'article 88-1 de la Constitution stipule que « [l]a République participe à l'Union européenne constituée d'États qui ont choisi librement d'exercer en commun certaines de leurs compétences en vertu du Traité sur l'Union européenne et du Traité sur le fonctionnement de l'Union européenne tels qu'ils résultent du traité signé à Lisbonne le 13 décembre 2007 » Le Conseil constitutionnel a déduit de cette formulation une exigence constitutionnelle de transposition en droit interne d'une directive de l'Union européenne (Cons. const. 10 juin 2004, décis. n° 2004-496 DC *relative à la loi sur l'économie numérique*). Ainsi le principe de primauté du droit dérivé de l'Union européenne se trouve-t-il intégré à la Constitution, posant en de nouveaux termes la question des relations entre le droit de l'Union européenne et le droit constitutionnel. Le Conseil constitutionnel est ainsi appelé à contrôler le respect de l'obligation *constitutionnelle* (posée par l'article 88-1) de transposition de la directive. Il n'est pas pour autant le juge de la conformité du droit dérivé aux traités européens et il revient au juge européen d'interpréter le droit de l'Union : ainsi, en cas de doute, le Conseil constitutionnel peut adresser à la Cour de justice une question préjudicielle en vue de l'éclairer sur l'interprétation qu'il convient de donner au droit européen, par exemple de la décision-cadre du 13 juin

2002 relative au mandat d'arrêt européen (Cons. const. 14 juin 2013, n° 2013-314 QPC, *Jeremy F.*, *GDDIP*, n° 58, obs. M. Benlolo-Carabot). Pour autant, dans ce cadre, le juge constitutionnel français reste compétent pour contrôler la conformité à la Constitution des dispositions législatives qui procèdent de la marge d'appréciation prévue par l'article 34 du Traité sur l'UE.

Le Conseil n'est pas non plus le juge de la constitutionnalité du droit de l'Union européenne ; encore moins est-il le juge de la conformité des lois au droit de l'Union, un rôle qui est dévolu aux juridictions administratives et judiciaires. Est-ce à dire que le droit dérivé de l'Union européenne se trouverait en quelque sorte immunisé contre toute forme de critique fondée sur la Constitution, le Conseil se bornant à se faire le gardien de l'intégrité des actes de transposition du droit de l'Union européenne ? Le Conseil a voulu ménager à cet égard une forme de clause de sauvegarde : dans un premier temps, il a réservé le cas d'une « disposition expresse contraire à la Constitution » (n° 2004-505 DC), avant, sous le feu des critiques tenant à l'imprécision d'une telle notion, de considérer que l'immunité d'une directive pourrait éventuellement être tenue en échec par « une règle ou un principe inhérent à l'identité constitutionnelle de la France, sauf à ce que le constituant y ait consenti » (Cons. const. 27 juill. 2006, décis. n° 2006-540 DC, cons. 9 et Cons. const. 30 nov. 2006, décis. 2006-543 DC, *Secteur de l'énergie*, *GDCC*, n° 18). À vrai dire, la référence à l'identité constitutionnelle de la France est sans doute plus restreinte dans sa portée mais guère plus limpide que l'idée de « disposition expresse contraire à la Constitution ».

Le Conseil d'État a emprunté le même chemin subtil visant à préserver la primauté de la Constitution tout en faisant droit à la supériorité du droit de l'Union sur le droit interne : saisi d'un recours pour excès de pouvoir invoquant l'inconstitutionnalité d'un décret transposant une directive, le Conseil s'impose de rechercher dans le droit de l'Union un principe ou une règle équivalents à la règle constitutionnelle invoquée et, en cas de difficulté d'interprétation, de saisir la Cour de justice de l'Union d'une question préjudicielle. Ce n'est qu'en l'absence d'une telle règle ou principe assurant l'équivalence de garantie que le Conseil d'État peut s'autoriser à recourir à la Constitution (CE 8 févr. 2007, *Société Arcelor Atlantique et Lorraine*), à condition toutefois que les dispositions réglementaires attaquées ne soient pas l'application d'une loi qui ferait écran. Auquel cas, c'est la question prioritaire de constitutionnalité qui entre en jeu (CE 6 déc. 2012, *Société Air Algérie*, req. n° 347870, 347871). Dès lors le respect de la Constitution est-il assuré, pour ce qui est d'un acte transposant une directive, par le recours au droit de l'Union, évitant ainsi d'avoir à contrôler la constitutionnalité du droit communautaire. Mais on retrouve, toujours, *in fine*, la primauté de la Constitution qui reprend ses droits au cas où le droit de l'Union s'avérerait défaillant.

Dans la mesure où c'est la souveraineté nationale qui a autorisé la primauté du droit communautaire, on peut donc considérer que la Constitution reste au sommet de la pyramide juridique. Dans son arrêt du 2 décembre 2001, *Syndicat national de l'industrie pharmaceutique*, le Conseil d'État avait tenu à rappeler que le principe de la primauté du droit communautaire « ne saurait conduire dans l'ordre interne à remettre en cause la suprématie de la Constitution ».

Au-delà de cette question pratique de primauté des normes, se pose désormais le problème plus théorique de l'articulation des ordres juridiques. Alors que la logique initiale de la Constitution et la jurisprudence du Conseil constitutionnel étaient fondées sur une opposition binaire entre droit interne et droit international, tout se passe comme si le droit de l'Union, longtemps banalisé dans le fourre-tout du droit international, bénéficiait d'un transfert – à la manière d'un joueur de football qui changerait d'équipe – pour se trouver « intégré » dans le droit interne. Mais, à défaut d'une lecture ternaire distinguant trois étages, ce nouveau bloc peut paraître bien hétérogène et ne retrouve-t-on pas un *distinguo* dans le *distinguo*, avec une subdivision binaire dans cet « ordre juridique interne » élargi ? Il n'en reste pas moins que la fine pointe de la pyramide est la Constitution, c'est-à-dire, en dernier ressort, la volonté du peuple souverain inscrite dans le droit.

§ 2 Les relations horizontales

L'application du droit international ne saurait se réduire aux rapports binaires entre 88 ■
le droit international et un ordre interne donné. Le système international est également fait de la juxtaposition des divers ordres nationaux. Pour l'essentiel, la question des rapports entre les ordres juridiques nationaux relève du *droit international privé*[Q], qui détermine quel est le droit applicable en cas de conflit de compétences ou de conflit de lois. À défaut d'harmonisation législative, par le biais de traités-lois venant codifier un droit uniforme pour toutes les personnes concernées, il faut en effet déterminer dans un litige donné quel est le juge compétent et quelle est la législation applicable.

Les États ont mis en avant plusieurs critères pour tenter de régler ces conflits, mais ceux-ci sont souvent contradictoires, faisant apparaître des « conflits positifs » où deux États se déclarent compétents pour régir une situation particulière. Ainsi peut-on opposer la compétence *personnelle* qui revient à l'État dont un individu est le ressortissant – et par analogie une société, un aéronef ou un navire – et la compétence *territoriale* qui est celle de l'État sur le territoire duquel un événement est survenu, tandis que la compétence « réelle » concerne les infractions qui portent atteinte aux intérêts fondamentaux d'un État. Ainsi, s'agissant d'un acte de terrorisme ou de piraterie, comme le détournement de l'*Achille Lauro* en octobre 1985, une série de compétences concurrentes se trouvent en jeu : compétence personnelle de l'Italie dont le navire a la « nationalité », compétence personnelle « passive » des États-Unis pour leur ressortissant assassiné – mais également compétence passive de tous les États dont un national était à bord du navire et compétence personnelle « active » des États dont les terroristes étaient les ressortissants – compétence territoriale de l'Égypte dans les eaux territoriales de laquelle le détournement a été entrepris avant que le navire ne gagne la haute mer... Ainsi, les États sont-ils souvent amenés à exercer cumulativement ou successivement leurs compétences respectives, sauf à définir des priorités par des conventions ou au cas par cas, lors du règlement d'un litige.

De son côté, le droit international public joue un rôle de répartiteur des compétences en définissant les limites territoriales et personnelles de l'exercice de leurs différents pouvoirs par les États. Dès 1927, dans son fameux arrêt rendu dans l'affaire du navire français le *Lotus* (Série A, n° 9), la Cour permanente de justice internationale a fixé les règles fondamentales relatives à cette fonction de répartition, en précisant que la « juridiction » des États est avant tout territoriale. La seule « limitation primordiale qu'impose le droit international », rappelle toutefois la Cour, réside dans l'interdiction, sauf « règle permissive contraire » de l'exercice de la compétence d'un État sur le territoire d'un autre État (p. 18). Ainsi est en général prohibé l'exercice extra-territorial des compétences (A). Pour autant, il reste en général loisible à un État de conférer à sa législation des effets extra-territoriaux, comme avec le principe de « compétence universelle » (B). Mais même dans ce cas, l'exercice des compétences de l'État peut se heurter à certaines limites du droit international, et notamment aux immunités, qui découlent du principe d'égale souveraineté entre États et de l'interdiction qui leur est par conséquent faite de se juger entre eux (C).

A. L'exercice extra-territorial des compétences

89 Le droit international réglemente l'exercice de leurs compétences par les États en leur interdisant, sauf exception, de les exercer sur le territoire d'un autre État. Bien entendu, un État peut toujours consentir à ce qu'un État tiers exerce ses compétences sur son territoire. Il le fait soit de manière *ad hoc*, par exemple lors d'un conflit armé non international, comme en Irak ou au Mali, où la France intervient militairement aux côtés des gouvernements pour combattre des groupes armés. Mais il peut aussi agir sur la base d'un engagement conventionnel, comme en matière d'entraide judiciaire, avec la Convention européenne d'entraide judiciaire en matière pénale du 20 avril 1959 que la France a ratifiée. En vertu de la Convention, les autorités requérantes peuvent assister à l'exécution de la demande, avec le consentement exprès de l'État requis. Mais certaines conventions bilatérales vont plus loin et permettent aux agents de l'État requérant d'agir directement (v. D. Rebut, *Droit pénal international*, 3e éd., Dalloz, 2019, n° 525). De manière comparable, l'article 99 § 4 du statut de la Cour pénale internationale autorise le Procureur à effectuer des actes d'enquête sur le territoire d'un État partie, hors la présence des autorités de cet État : saisi du projet de loi de ratification du statut, le Conseil constitutionnel a jugé qu'un tel pouvoir portait atteinte « aux conditions essentielles d'exercice de la souveraineté nationale » et nécessitait donc une révision de la Constitution (*GDDI*, n° 26, obs. O. de Frouville). Ce faisant, le Conseil ne faisait qu'appliquer le principe d'exclusivité de l'exercice des compétences de l'État sur son territoire.

90 En l'absence du consentement de l'État territorialement compétent ou d'un engagement international spécifique, toute mesure d'exécution de la part d'un État tiers constitue un acte illicite. Ainsi l'Irak proteste régulièrement contre les incursions de la Turquie sur son territoire lorsque celle-ci pourchasse la guérilla du PKK retranchée dans les montagnes du Kurdistan irakien. De même, le Pakistan invoque rituellement une violation de sa souveraineté territoriale lorsque les drones ou les forces américaines viennent frapper des « cibles » terroristes sur son territoire, comme lors de l'opération qui a visé le fondateur d'Al Qaïda, Oussama Ben Laden, en mai 2011. De ce point de vue, la « guerre contre le terrorisme » a entraîné une relativisation croissante du principe de souveraineté territoriale, en banalisant la mise en œuvre d'actions armées ou d'opérations secrètes d'États sur les territoires d'autres États.

Faute de pouvoir recourir à l'extradition ou à l'entraide pénale, les États peuvent notamment être tentés d'agir directement, comme l'ont fait les États-Unis en kidnappant un ressortissant mexicain pour le juger sur le sol américain (décis. Cour suprême 15 juin 1992, aff. *Alvarez Machain*), suscitant des protestations diplomatiques d'États voisins liés par de tels traités, comme le Mexique ou le Canada. Les États-Unis ont même été plus loin en lançant une opération militaire à Panama, en 1990, pour arrêter et faire juger le général Noriega, accusé de trafic de stupéfiants.

Là encore, toutefois, les protestations qui suivent de telles interventions peuvent relever de la mise en scène, alors qu'elles dissimulent un accord tacite à l'intervention, voire une coopération souterraine entre les services de renseignement des deux pays, alors que le recours aux instruments juridiques plus classiques comme l'extradition est jugé soit impraticable, soit politiquement peu opportun. Ainsi, lorsque la France a enlevé le terroriste Ramirez Sanchez dit « Carlos » au Soudan en 1994, ou lorsque la Turquie a intercepté Öcalan, le chef du PKK, au Kenya en 1999, pour les remettre à la justice, la Cour européenne des droits de l'homme a considéré que seuls les États concernés pouvaient invoquer cette atteinte à leur souveraineté territoriale, mais qu'ils avaient tacitement approuvé ces opérations clandestines.

À une autre échelle, l'administration Bush, dans sa « guerre contre le terrorisme », a multiplié les enlèvements et les prisons secrètes, y compris sur le sol européen, comme l'ont révélé les enquêtes du Conseil de l'Europe sur les vols clandestins de la CIA et la Cour européenne des droits de l'homme, notamment dans l'arrêt de Grande chambre rendu en l'affaire *El-Masri c/ l'ex-République Yougoslave de Macédoine* le 13 décembre 2012. Dans cette affaire, la Cour condamne sur le fondement de l'article 3 de la Convention, les différentes phases de la séquestration et de la « remise extraordinaire » du requérant par les autorités de l'ARYM aux États-Unis et cela en dehors de toute procédure d'extradition ou autre procédure de transfert de détenus à des autorités étrangères reconnue par le droit international. De même, l'enlèvement de l'imam Abou Omar en pleine rue de Milan le 17 février 2003 a entraîné la mise en cause d'agents américains et des services secrets italiens devant la justice italienne, malgré l'invocation du secret défense par le gouvernement Berlusconi.

L'exercice illicite des compétences d'un État sur le territoire d'un autre État engage en principe sa responsabilité internationale, mais il est assez rare que celle-ci soit effectivement mise en œuvre. Dans la classique affaire *Savarkar*, un tribunal arbitral était appelé à déterminer la responsabilité de la Grande-Bretagne, parce que ses agents avaient poursuivi dans un port français un nationaliste indien qu'ils voulaient arrêter. Comme des agents français avaient eux-mêmes participé à la poursuite, le Tribunal considéra que la France avait consenti à cette action sur son territoire (sentence arbitrale du 24 février 1911, *RSA* vol. 11, p. 243). Plus récemment, la France a été amenée à reconnaître sa responsabilité à la suite de l'opération des services de renseignement le 10 juillet 1985, à Auckland, en Nouvelle-Zélande, visant à couler le navire de l'organisation *Greenpeace*, le *Rainbown Warrior*, opération qui en plus des pertes matérielles, fit également une victime. Faute de parvenir à un règlement négocié, les deux parties firent appel à la « médiation » du secrétaire général des Nations Unies, aux termes de laquelle la France s'engagea a présenter des excuses formelles à la Nouvelle-Zélande et à lui verser une somme de sept millions de dollars (v. J. Charpentier, « L'affaire du Rainbow Warrior : le règlement interétatique », *AFDI*, vol. 32, 1986, pp. 873-885). 91

B. Le jeu de la compétence universelle

À côté de ces compétences nationales fondées sur un lien direct de rattachement, il faut également faire place à la notion de « compétence universelle » qui permet aux juridictions d'un État de se reconnaître compétentes pour connaître d'un litige ou pour juger une personne, et cela alors même qu'aucun lien de rattachement traditionnel ne peut être établi : ni compétence personnelle passive ou active, ni 92 compétence territoriale ou réelle. Jusqu'à présent, cette forme de compétence a le plus souvent été attribuée aux États par des conventions multilatérales spéciales, conclues notamment à cet effet, en vue de faciliter la lutte commune contre certaines infractions ayant une portée transnationale ou universelle. C'est notamment le cas d'une série de conventions destinées à lutter contre le terrorisme, comme la convention de La Haye du 16 décembre 1970 pour la répression de la capture illicite d'aéronefs (v. le cours de G. Guillaume, « Terrorisme et droit international », *RCADI* 1989-II, t. 215), mais aussi de conventions pour la prévention et la répression de violations graves des droits de l'Homme.

En matière de crimes internationaux, les conventions plus anciennes comme la convention de 1948 pour la prévention et la répression du crime de génocide se bornaient à prévoir de traduire les personnes accusées devant « les tribunaux compétents de l'État sur le territoire duquel l'acte a été commis, ou devant la Cour criminelle internationale qui sera compétente à l'égard de celles des parties contractantes qui en auront reconnu la juridiction » (art. 6), alors même qu'à l'époque aucune cour internationale de ce type n'existait. Même si la pratique est de plus en plus en plus répandue, beaucoup d'États considèrent toujours qu'ils ne sont pas tenus par le droit coutumier d'établir leur compétence universelle sur les crimes graves de droit international, tels que les crimes de guerre et les crimes contre l'Humanité. C'est ce qui a en partie motivée la Commission du droit international à entreprendre la rédaction d'une convention internationale en vue de faciliter la répression des crimes contre l'Humanité, objectif louable en soi, mais qui néglige le risque de voir les États profiter de l'exercice pour limiter les possibilités ouvertes par la jurisprudence et les pratiques nationales (v. les articles proposés par le Rapporteur spécial, M. Sean D. Murphy, dans le rapport annuel de la Commission, A/72/10 (2017) et le projet adopté en 2e lecture par le CDI en 2019 (A/74/10), ainsi que l'avis de la Commission nationale consultative des droits de l'homme française du 27 mars 2018).

Un des fondements conventionnels les plus utilisés ces dernières années est la convention des Nations Unies contre la torture de 1984 qui donne un cadre particulièrement large aux compétences répressives de l'État. En vertu de son article 5, elle vise au paragraphe 1 tout à la fois la compétence territoriale, la compétence personnelle active et passive, avant d'ajouter au paragraphe 2 : « tout État partie prend également les mesures nécessaires pour établir sa compétence aux fins de connaître desdites infractions dans le cas où l'auteur présumé de celles-ci se trouve sur tout territoire sous sa juridiction et où ledit État ne l'extrade pas conformément à l'article 8 vers l'un des États visés au paragraphe 1 du présent article ». Cette compétence a été illustrée en 1998 avec « l'affaire *Pinochet* » portée devant la chambre des Lords, sur la base de la demande d'extradition présentée par la justice espagnole. Mais la Cour internationale de justice a rappelé les limites de la compétence universelle dans l'affaire *Yerodia* qui opposait la République démocratique du Congo et la Belgique, en invoquant les immunités de juridiction d'un ancien ministre congolais des Affaires étrangères pour ordonner à la Belgique « la mise à néant du mandat d'arrêt » délivré « au mépris de l'immunité internationale de l'intéressé » (Arrêt du 14 févr. 2002, *Mandat d'arrêt du 11 avr. 2000*). La question de savoir si cette immunité internationale s'étend à d'autres ministres ou responsables a été posée dans un différend opposant la République du Congo (Brazzaville) et la France (Ord. du 11 juill. 2003, *Certaines procédures pénales engagées en France*), s'agissant de poursuites lancées par le juge d'instruction de Meaux, dans l'affaire dite des

« disparus du Beach », mais, après plusieurs reports, l'affaire a été radiée du rôle (Ord. du 16 nov. 2010). Dans une autre affaire soumise à la Cour, concernant Hissène Habré, la Belgique considérait que la justice du Sénégal était trop lente à mener les poursuites et entendait relancer sa demande d'extradition pour lutter contre l'impunité dont bénéficiait l'ancien chef d'État tchadien, en invoquant l'application effective du principe *aut dedere aut punire* (ord. 28 mai 2009, *Questions concernant l'obligation de poursuivre ou d'extrader*). Le 20 juillet 2012, la Cour a rendu un arrêt demandant au Sénégal de juger l'ancien président tchadien dans les meilleurs délais, ce qui a permis par la suite la mise en place des Chambres africaines extraordinaires au Sénégal, qui ont finalement prononcé leur verdict le 30 mai 2016.

Comme la convention contre la torture, la convention de 2007 sur la protection de toutes les personnes contre les disparitions forcées prévoit (art. 9) la compétence universelle des tribunaux nationaux couplée à l'obligation *aut dedere aut punire*, mais innove en étendant celui-ci à une troisième option, à savoir la remise du suspect « à une juridiction pénale internationale », consacrant ainsi les évolutions de la justice pénale internationale des vingt dernières années.

Comme on le sait, cette juridiction pénale internationale prévue dès 1948 n'a pas vu le jour avant le statut de Rome adopté en juillet 1998, en dehors du cas spécifique du Tribunal pénal international pour l'ex-Yougoslavie et du Tribunal pénal international pour le Rwanda qui ont été créés par le Conseil de sécurité sur une base *ad hoc*. La question de « l'extradition des nationaux » a été invoquée sur le plan constitutionnel par les autorités yougoslaves, notamment pour l'affaire *Milošević*, alors même que le statut du Tribunal pénal international s'imposait à elles en vertu de la Charte des Nations Unies. La procédure originale prévue par l'article 29 du statut était celle d'un « transfert » (*surrender*) d'un accusé, le Tribunal ayant en outre « la primauté sur les juridictions nationales » et pouvant demander à celles-ci à tout moment de se dessaisir en cas de « compétences concurrentes » (art. 9). 93 ■

Le statut de la CPI souligne expressément la distinction entre « extradition » classique entre États et « remise » (art. 102), toujours avec le sens particulièrement fort de « *surrender* » qui évoque la « reddition inconditionnelle » de l'Allemagne en 1945. Mais les règles en matière de « demandes concurrentes » sont plus complexes, en raison du principe de complémentarité qui est substitué à la primauté des juridictions *ad hoc*, les relations horizontales entre États, notamment à l'égard d'États tiers, pouvant prévaloir sur la coopération verticale avec la Cour. Ainsi, à la suite de l'arrestation le 16 mars 2012 par la Mauritanie du colonel El Senoussi qui était en fuite, ce dernier a fait l'objet de demandes d'extradition de la Libye mais aussi de la France.

La France, qui n'a adopté que tardivement la loi du 9 août 2010 d'adaptation du Code pénal aux incriminations du statut de Rome, reste réticente à l'idée de consacrer une compétence universelle à l'égard de l'ensemble des crimes internationaux, en fixant à l'article 8 de la loi des « verrous » pratiques qui la rendent difficilement opérationnelle, alors même qu'elle est déjà liée par des conventions spécifiques, comme la convention contre la torture de 1984 et la convention sur les disparitions forcées de 2007 (v. avis rendu par la Commission nationale consultative des droits de l'homme, 4 févr. 2010). Ce n'est qu'après plusieurs années de tentatives infructueuses qu'un assouplissement a finalement été adopté par le parlement français dans le cadre de la loi n° 2019-222 du 23 mars 2019 de programmation et de réforme de la justice, du fait de l'abandon d'une condition de toute évidence contraire au Statut de Rome lui-même, à savoir l'obligation pour le ministère public de s'assurer auprès de la CPI qu'elle déclinait expressément sa compétence (v. note 2019/2.35, S. Jamal, *RGDIP* 2020, vol. 2, p. 439).

■ 94 Une autre hypothèse est celle de la compétence universelle non plus pénale mais civile, à savoir la compétence des juridictions des États pour accorder une réparation en conséquence d'un dommage subi à l'étranger par une victime étrangère de la part d'un auteur étranger. Paradoxalement, alors que cette forme de responsabilité paraît potentiellement moins sensible sur un plan politique que la mise en cause au pénal de responsables étrangers, sa mise en œuvre est encore plus rare. C'est surtout les États-Unis qui ont offert un for pour cette forme d'action, sur la base d'une vieille loi qui était tombée dans l'oubli, l'*Alien Tort Statute* de 1789 qui, à l'époque, visait essentiellement la piraterie, mais qui a été ramené à la vie juridique en 1980, lorsqu'il fut utilisé par une famille paraguayenne résidant aux États-Unis pour demander réparation pour des actes de torture et de meurtre par un ancien chef de la police du Paraguay (aff. *Filartiga v. Pena-Irala*). Après plusieurs années de pratique et quelques succès, les juridictions américaines ont commencé à vouloir restreindre l'accès au for pour les victimes, en particulier lorsque les demandes visaient des entreprises accusées de se rendre complices de violations des droits de l'homme (v. en particulier les affaires *TOTAL et UNOCAL* au Myanmar : O. De Schutter, *AFDI* 2006, p. 55-101). Finalement, la Cour suprême a pratiquement fermé la porte, en considérant qu'il existait une présomption contre l'application extraterritoriale de la loi et qu'il était nécessaire, pour que celle-ci s'applique, de démontrer l'existence de liens étroits entre la société mise en cause et les États-Unis (aff. *Kiobel*, 17 avr. 2013). Dès lors, l'avenir de la compétence universelle civile semble pour l'instant compromis, à moins que certains États ne se décident à l'autoriser explicitement, ce qui ne paraît guère être la tendance actuelle. Dans une affaire *Naït-Liman c/ Suisse* examinée par la Grande chambre de la Cour européenne des droits de l'homme, le requérant avait été victime de torture en Tunisie et cherchait à obtenir réparation devant les juridictions suisses sur la base de la doctrine du *forum* de nécessité. La Cour, sur la base d'une étude de droit comparé, constate que sur 39 États européens examinés, seuls les Pays-Bas reconnaissent cette compétence, le Canada et les États-Unis faisant aussi figure d'exception hors Europe (arrêt du 15 mars 2018, req. n° 51357/07, obs. L. Milano, *Semaine juridique* 26 mars 2018, n° 13, 360). La Cour conclut à l'absence de coutume internationale et également à l'absence d'obligation conventionnelle spécifique, faisant au passage une lecture restrictive de l'article 14 de la Convention sur la torture des Nations Unies. Pour autant, elle laisse la porte ouverte à des évolutions futures en réitérant que le rejet de la demande en l'espèce « ne met pas en cause le large consensus dans la communauté internationale sur l'existence d'un droit des victimes d'actes de torture à une réparation appropriée et effective, ni le fait que les États sont encouragés à donner effet à ce droit en dotant leurs juridictions de la compétence pour connaître de telles demandes de réparation, y compris quand elles résultent de faits commis en dehors de leurs frontières géographiques » (§ 218).

C. L'obstacle procédural des immunités

■ 95 « *Par in parem non habet imperium* » : cette locution latine reflète l'un des principaux corollaires du principe d'égale souveraineté, au fondement du droit international moderne, qui entérine la disparition de toute autorité supérieure à celle des États, temporelle ou spirituelle. Ni Pape, ni Empereur au-dessus d'eux, les États sont « souverains », c'est-à-dire qu'ils sont autonomes, libres de se donner à eux-mêmes leurs normes. Pour que le système tienne, il faut qu'à chaque État soient attribués les mêmes droits de souveraineté. Il en résulte qu'aucun État n'est habilité à faire exercice de son autorité publique sur un de ses « pairs ». Les immunités du droit international sont la traduction juridique de ce principe. Elles ne font pas disparaître une compétence établie par le droit interne pour connaître de telle ou telle situation : elles font simplement échec à la mise en œuvre de cette compétence. Ce qui est de nature, dans certains cas, à empêcher l'application du droit international dans les relations horizontales entre États. Les immunités portent à la fois sur la juridiction des tribunaux nationaux et sur les voies d'exécution. Immunités de juridiction et d'exécution sont indépendantes les unes des autres : un État peut consentir à la levée de son immunité de juridiction, mais opposer son immunité d'exécution lorsque vient le moment pour le jugement d'être mis en œuvre (Civ. 1re, 6 juill. 2000, *Creighton, Bull. civ. I* n° 207, comm. I. Pingel-Lenuzza, *JDI* 2000, p. 1054 et Civ. 1re, 28 mars 2013, *Sté NML Capital c/ République argentine* et deux autres arrêts rendus le même jour). L'évolution du droit international a conduit à une restriction progressive de ce qui peut paraître comme un privilège de souveraineté qui ne semble pas toujours justifié au regard d'un autre principe égalitaire, le principe démocratique.

Ainsi les jurisprudences nationales ont-elles été amenées progressivement à réserver le bénéfice des immunités aux actes de souveraineté, ou *jure imperii*, contrairement aux actes que l'État effectue au même titre qu'une personne privée, *jure gestionis*. Autrement dit, un contrat de bail passé avec une personne privée par l'État pour louer ses locaux diplomatiques ou le recrutement du chauffeur de l'ambassadeur ne sont en principe pas couverts pas les immunités du droit international. À l'inverse, relèvent des immunités tous les actes qui, « par leur nature ou leur finalité », participent à l'exercice de la souveraineté de l'État (Cass., ch. mixte, 20 juin 2003, *Soliman c/ École saoudienne de Paris et Royaume d'Arabie Saoudite*). Comme l'a relevé la Cour internationale de justice dans l'affaire qui opposait l'Allemagne à l'Italie, sont considérés comme *jure imperii* des actes dommageables commis par des forces armées lors d'un conflit armé, y compris sur le territoire d'un État tiers (CIJ 3 févr. 2012, *Immunités juridictionnelles de l'État* (*Allemagne c/ Italie ; Grèce (intervenant))*, §§ 77-78, v. les extraits reproduits en rubrique « Documents » ci-dessous). Pour les agents de l'État étranger, on distingue généralement entre les immunités qui bénéficient à la personne et celles qui bénéficient à la fonction. À l'immunité *fonctionnelle* s'ajoute en effet une immunité *personnelle*, qui protège l'agent de l'État en vue de lui permettre de remplir librement et pleinement sa fonction, ceci pendant toute la durée où il occupe un poste de représentation à l'étranger. Les actes couverts par l'immunité fonctionnelle continuent de l'être une fois que les fonctions de l'intéressé ont cessé. En revanche, l'immunité personnelle ne s'applique que pendant la durée des fonctions. Mais elle couvre tous les actes du représentant de l'État, y compris ceux qu'il a accomplis en tant que personne privée ou avant sa prise de fonction.

La coutume internationale, comme le droit conventionnel, tendent à reconnaître que toute personne ayant des fonctions de représentations de l'État à l'étranger bénéficie à la fois de l'immunité fonctionnelle et d'une immunité personnelle pendant la durée des fonctions. Ainsi la Cour internationale de justice a-t-elle reconnu l'illicéité d'un mandat d'arrêt dirigé contre le ministre des Affaires étrangères de la République du Congo en exercice (CIJ 14 févr. 2002, *Mandat d'arrêt du*

11 avril 2000 (République démocratique du Congo c/ Belgique)). À l'inverse, la Cour, dans une autre affaire, a estimé qu'il n'existait en droit international aucune base permettant d'affirmer que le procureur de la République et le chef de la sécurité nationale de Djibouti pouvaient bénéficier d'immunités personnelles (CIJ 4 juin 2008, *Affaires relatives à certaines questions concernant l'entraide judiciaire en matière pénale (Djibouti c/ France)*, § 194).

La question demeure toutefois de savoir si les immunités ne rencontrent pas certaines exceptions, au-delà du cadre général qui vient d'être présenté. Ces dernières années, les immunités ont de plus en plus été perçues comme un bouclier utilisé par des auteurs de violations graves des droits de l'homme pour assurer leur propre impunité. Depuis les jugements de Nuremberg et de Tokyo, l'idée que la souveraineté puisse être le paravent d'une activité criminelle – qui plus est lorsqu'il s'agit de crimes de masse – semble de plus en plus contestable.

■ 96 La question se pose à la fois sur le plan de l'action pénale contre les auteurs de violations graves des droits de l'homme et de l'action civile contre l'État auquel les actes sont imputables en droit international. Sur le plan pénal, la non-pertinence de la qualité officielle d'un accusé « soit comme chef d'État, soit comme haut fonctionnaire » est un des « principes de Nuremberg » inscrit dans les statuts des deux tribunaux militaires internationaux, réaffirmé par l'Assemblée générale des Nations Unies (résolution 95(I) du 11 décembre 1946), puis dans tous les autres statuts des tribunaux internationaux qui verront le jour à partir du début des années 1990. Le statut de la Cour pénale internationale le reprend dans son article 27§1. Cette indifférence à la qualité officielle est logique s'agissant d'institutions supranationales instaurées par les États pour poursuivre et juger des auteurs de crimes internationaux. Un tribunal international qui juge un chef d'État ne tombe pas sous le coup de la sentence *par in parem* parce qu'il n'est pas l'égal d'un État. Ainsi Carla del Ponte, procureur du Tribunal pénal pour l'ex-Yougoslavie, avait-elle pu émettre un mandat d'arrêt contre Slobodan Milošević, alors président de la Serbie. De même la Cour pénale internationale n'a pas hésité à confirmer une demande de mandat d'arrêt à l'encontre du Président du Soudan en exercice. En revanche, la question reste posée pour les États nationaux, qu'il s'agisse pour eux de coopérer avec une juridiction pénale internationale – par exemple en arrêtant un chef d'État qui, comme le président du Soudan, est sous le coup d'un mandat d'arrêt – ou de juger eux-mêmes le représentant d'un État.

La question est donc de savoir si la non-pertinence de la qualité officielle reconnue devant les tribunaux internationaux peut être invoquée devant les juridictions nationales. Sur le plan théorique, une première solution consiste à dire que les actes qualifiables de crimes internationaux ne peuvent être considérés comme des actes de fonction (v. à cet égard le quatrième rapport bien documenté de la rapporteure spéciale de la CDI sur l'immunité de juridiction pénale étrangère des représentants de l'État, Mme Escobar Hernandez, présenté en 2015, A/70/10). Une autre manière de poser le problème est de se demander si la commission d'un crime grave de droit international ne constitue pas une *exception* à la règle des immunités. Cette thèse de l'exception avait été retenue par certains des Lords britanniques, appelés à se prononcer sur le cas du général-sénateur Augusto Pinochet, l'ancien dictateur chilien arrêté pendant l'hiver 1999 lors d'un passage en Grande-Bretagne, alors qu'il faisait l'objet de plusieurs demandes d'arrestation et d'extradition, notamment de la part du juge espagnol Baltazar Garzón. Mais il est vrai qu'il s'agissait là d'un *ancien chef d'État* et que la chambre des Lords se bornait donc à reconnaître une exception temporelle à l'immunité fonctionnelle, censée s'appliquer même après la cessation des fonctions. En revanche, s'agissant d'un chef d'État ou d'un autre agent *en exercice* habilité à représenter l'État à l'étranger, on comprend que la plupart des juridictions nationales continuent, aujourd'hui, de considérer que ceux-ci bénéficient d'une immunité qui empêche toute arrestation et poursuite, sauf à compliquer considérablement la conduite des relations internationales. Dans son arrêt rendu dans l'affaire qui opposait la Belgique au Congo, la Cour internationale de justice dit ne pas avoir pu déduire de la pratique internationale « l'existence, en droit international coutumier, d'une exception quelconque à la règle consacrant l'immunité de juridiction pénale et l'inviolabilité des ministres des affaires étrangères en exercice, lorsqu'ils sont soupçonnés d'avoir commis des crimes de guerre ou des crimes contre l'humanité » (arrêt précité, § 58). À propos de l'attentat du DC 10 d'UTA, la Cour de cassation avait affirmé la même solution en 2001, en considérant qu'« en l'état du droit international, le crime dénoncé, qu'elle qu'en soit la gravité, ne relève pas des exceptions au principe de l'immunité de juridiction des chefs d'États étrangers en exercice » (Crim. 13 mars 2001). Ne voulant pas trancher entre les deux théories, le Rapporteur de la CDI a proposé une approche neutre consistant à poser une règle selon laquelle l'immunité *ratione materiae* à l'égard de l'exercice de la juridiction pénale étrangère *ne s'applique pas* en ce qui concerne une liste de crimes de droit international – l'article renvoyant par ailleurs à une liste de traités définissant ces crimes. Mais avant même de provoquer le débat entre les États au sein de la sixième Commission de l'Assemblée générale, ce projet d'article 7 a divisé la Commission elle-même qui, fait rarissime, a recouru au vote et l'a adopté à titre provisoire par 21 voix contre 8, avec une abstention (v. le rapport annuel de la Commission, A/72/10, § 74).

La question demeure également pendante pour ce qui est des actions civiles lancées 97 ■
contre l'État, pour demander réparation d'un préjudice causé par des violations des droits de l'homme. Deux arguments ont été discutés. Le premier consiste à opposer le *jus cogens* aux immunités : ces dernières devraient céder lorsque l'acte imputable à l'État constitue une violation d'une norme de *jus cogens*, car en aucune manière une telle violation ne pourrait être considérée comme « participant à l'exercice de la souveraineté ». Tant la Cour européenne des droits de l'homme, dans son arrêt *Al-Adsani* de 2001, puis dans l'arrêt *Kalogeropoulou* de 2002, que la Cour internationale de justice, dans l'affaire *Allemagne c/ Italie*, ont rejeté cet argument sur la base de raisonnements en grande partie sophistiques. Ainsi la CIJ se fonde sur la différence d'objet des deux types de règle pour écarter toute possibilité de conflit, ce qui est une manière formaliste d'esquiver une question difficile (v. extrait reproduit dans les compléments pédagogiques, § 92) Dans son arrêt, la CIJ fait d'ailleurs une lecture à contresens de l'arrêt *GIE La Réunion aérienne* de la Cour de cassation qui, au contraire, accueille l'argument sur le principe, même si elle le rejette dans son application au cas d'espèce (v. extrait reproduit en rubrique « Documents » ci-dessous).

Le deuxième type d'argument se fonde sur le droit à l'accès à un juge indépendant et impartial, notamment garanti par l'article 6§1 de la Convention européenne des droits de l'homme. Alors que le *jus cogens* doit primer sur toute autre règle, en tant que principe d'ordre public, le « droit au juge » peut faire l'objet de limitations, à condition qu'elles soient proportionnées et qu'elles poursuivent un but légitime. Nul ne conteste que les immunités poursuivent un tel but qui va certainement, d'ailleurs, au-delà de la nécessité de « favoriser la courtoisie et les bonnes relations entre États », comme l'affirme maladroitement la Cour européenne. Celle-ci manifeste sur ce point une déférence excessive au droit international « classique », en considérant que l'octroi de l'immunité constitue toujours une limitation « proportionnée », alors même qu'aucune autre voie de recours ne serait disponible. La Cour internationale de justice procède avec tout autant de frilosité en considérant que rien dans le droit international ne fait dépendre le droit d'un État à l'immunité de l'existence d'autres voies effectives permettant d'obtenir réparation. Les victimes doivent se consoler avec l'invitation faite par la Cour aux deux États concernés (Allemagne et Italie) d'entreprendre de nouvelles négociations pour régler la question de leurs réclamations... Cette manière d'approuver la compatibilité d'un déni de justice avec l'article 6 de la Convention contraste pourtant avec la jurisprudence de la Cour européenne sur l'immunité des organisations internationales, dont la compatibilité avec l'article 6 est conditionnée à l'existence de garanties équivalentes au sein de l'organisation considérée. Position d'ailleurs suivie par la chambre sociale de la Cour de cassation française dans l'affaire *Banque africaine de développement* : « en l'absence de toute juridiction de travail instituée en son sein, une organisation internationale ne peut, dans le litige l'opposant à un ancien salarié, se prévaloir de son immunité de juridiction, dont le jeu priverait ce salarié de son droit d'accès à un juge. L'impossibilité d'exercer ce droit, qui relève de l'ordre public international, constitue un déni de justice fondant la compétence des juridictions françaises lorsqu'il existe un rattachement avec la France. » (Soc. 25 janv. 2005).

section 2

L'application internationale du droit international

98 Les sources formelles du droit international permettent de dégager un ensemble d'obligations juridiques liant les États qui prescrivent, interdisent ou autorisent certains comportements. On peut ainsi parler d'*obligations primaires*[Q]. Mais lorsque ces obligations ne sont pas respectées, apparaissent d'autres obligations qui découlent de la mise en jeu de la responsabilité étatique, qualifiées d'*obligations secondaires*[Q], venant ainsi redoubler les obligations premières des États. C'est ce double niveau d'application qu'il convient d'évoquer.

§ 1 L'application des obligations primaires

99 L'application du droit international n'est pas un processus univoque. Chaque État est le premier juge de ses engagements et des obligations d'autrui à son encontre. À ce volontarisme des engagements répond un volontarisme des compétences : le recours

à un « tiers juge », au-dessus des parties, dépend généralement d'une acceptation spécifique de l'État, même lorsqu'il est mis en place dans un cadre institutionnel, comme celui de la Charte des Nations Unies pour la Cour internationale de justice.

À défaut de ce regard extérieur impartial, les États sont cantonnés dans le champ clos de leurs appréciations subjectives. Ainsi, il existe toute une gamme de situations intermédiaires entre le licite et l'illicite, offrant à chaque État une marge de manœuvre entre l'application partielle d'une obligation, l'interprétation biaisée de la norme, l'invocation de causes exonératoires ou de vices du consentement, la remise en cause ou la terminaison unilatérale de l'engagement... Nul État n'avoue violer une obligation, il lui suffira d'invoquer une norme contraire ou une interprétation différente de l'obligation qui lui est opposée.

Malgré toutes ces limites inhérentes à sa nature juridique, il faut reconnaître que le droit international est le plus souvent respecté par les États. Il sert de cadre à toutes les relations transnationales entre les individus, sans même qu'ils s'en rendent compte, qu'il s'agisse d'un bidon d'essence, d'une lettre timbrée, d'un billet d'avion, ou d'un certificat de vaccination. Même sur le plan des relations interétatiques, la plupart du temps le droit international est respecté de manière spontanée, à travers des milliers de transactions, mais ce sont évidemment les hypothèses où le droit est violé qui retiennent l'attention, car elles remettent en cause la « confiance » entre les États qui est à la base de la sécurité juridique : agression, terrorisme d'État, génocide et « purification ethnique », violations massives et systématiques des droits de l'homme... Il appartient à la société internationale tout entière de réagir à ces défis.

La réaction aux violations du droit international trouve un premier terrain d'application avec le droit des traités où l'« exception d'inexécution » peut être invoquée par un État pour se délier d'une obligation qu'un État contractant ne respecte pas à son égard, par analogie avec une vieille règle de droit contractuel. L'article 60 de la convention de Vienne, intitulé « extinction d'un traité ou suspension de son application comme conséquence de sa violation », précise les contours de cette règle de manière stricte, en distinguant les traités bilatéraux et les traités multilatéraux. 100 ■

Dans chaque cas, « seule une violation substantielle », c'est-à-dire « la violation d'une disposition essentielle pour la réalisation de l'objet ou du but du traité » peut être invoquée. Si l'on peut concevoir assez facilement le jeu de la clause dans les traités bilatéraux, avec la possibilité d'« invoquer la violation comme motif pour mettre fin au traité », mais aussi de « suspendre » l'application du traité « en totalité ou en partie » (art. 60, § 1), il est beaucoup plus délicat de faire intervenir l'exception d'inexécution dans un traité multilatéral, sans léser les États tiers (art. 60, § 2).

Bien plus, pour certains types de traité créant non des obligations réciproques, mais des obligations objectives, l'inexécution irait à l'encontre de l'objet même du traité. C'est ce que rappelle le dernier alinéa, introduit lors de la conférence de Vienne à la demande de la délégation suisse, en précisant que les paragraphes précédents « ne s'appliquent pas aux dispositions relatives à la protection de la personne humaine contenues dans des traités de caractère humanitaire, notamment aux dispositions excluant toute forme de représailles à l'égard des personnes protégées par lesdits traités » (art. 60, § 5).

Au-delà de ce mécanisme propre au droit des traités, tout État peut prendre des mesures « d'auto-protection » pour réagir à des violations du droit international. Pendant longtemps, on a parlé de « représailles », pour évoquer des mesures illicites 101 ■

qui seraient justifiées comme riposte à des mesures elles-mêmes illicites de la part d'un autre État. Il s'agit d'une forme de loi du talion (*retaliation*) : « œil pour œil, dent pour dent ». Parallèlement, les simples mesures de « rétorsion » sont des mesures licites, prises à l'encontre d'un acte lui-même licite mais inamical, notamment dans le domaine des relations diplomatiques ou des échanges commerciaux.

Aujourd'hui la portée des représailles est limitée par l'interdiction des représailles armées qui découle de la Charte des Nations Unies dont l'article 2, paragraphe 4 interdit de « recourir à la menace ou à l'emploi de la force », même si en pratique les États invoquent parfois la « légitime défense » pour recourir à des « représailles », voire même à des « représailles préventives » (v. ss 357).

Les représailles non armées, quant à elles, restent licites si elles obéissent à un certain nombre de conditions. Sur le plan juridique, l'arbitrage du 31 juillet 1928, dans l'affaire de *Naulilaa* opposant l'Allemagne et le Portugal, avait clairement fixé les conditions du recours aux représailles, en mettant l'accent sur l'urgence de la riposte, la proportionnalité et le rétablissement de la situation antérieure, le *statu quo ante*, dans les meilleurs délais. En marge des travaux de la CDI sur la responsabilité, c'est toutefois un autre vocabulaire qui s'est imposé, avec la notion de « contre-mesures ». Cette notion a été consacrée par la sentence arbitrale du 9 décembre 1978 dans l'affaire de l'*Accord relatif aux services aériens* qui opposait la France et les États-Unis : « dans l'état actuel du droit international général (...) chaque État apprécie pour lui-même sa situation juridique au regard des autres États. En présence d'une situation qui comporte à son avis la violation du droit international par un autre État, il a le droit, sous réserve des règles générales du droit international relatives aux contraintes armées, de faire respecter son droit par des contre-mesures. » Pour les arbitres, ces mesures « ont pour objet de reconstituer l'égalité entre les parties et de les inciter à poursuivre la négociation avec un désir mutuel d'aboutir à un résultat acceptable ». Prolongeant cette idée, les travaux de la CDI ont cherché à « domestiquer » le phénomène des contre-mesures en l'intégrant dans le régime coutumier de la responsabilité de l'État pour fait internationalement illicite. Désormais, les contre-mesures, conçues au titre de la « mise en œuvre de la responsabilité internationale de l'État » ne devraient avoir pour autre objet que d'amener l'État auteur d'un fait illicite à respecter les obligations « secondaires » qui lui incombent, notamment la cessation du fait illicite et la réparation. Les articles précisent que les « contre-mesures sont limitées à l'inexécution temporaire d'obligations internationales de l'État prenant les mesures envers l'État responsable » (art. 49). Elles ne doivent pas porter atteinte aux normes de *jus cogens* (art. 50), elles doivent être proportionnelles au préjudice subi (art. 51) et ne peuvent être prises qu'en suivant une procédure précise impliquant notamment une obligation de notification (art. 52).

■ 102 Des problèmes spécifiques de licéité résultent toutefois du caractère parfois extra-territorial des régimes de sanction adoptés. Cela avait été le cas lors de l'affaire du *gazoduc euro-sibérien*, dans les années 1970, les États-Unis prenant des sanctions à l'égard des entreprises ayant des filiales sur le sol américain ou bénéficiant de brevets américains, participant à la réalisation du projet européen, malgré les protestations des différents États concernés. De manière encore plus controversée, les pays arabes avaient établi une « liste noire » des entreprises faisant commerce avec Israël ou représentant des « intérêts juifs », pour les boycotter. Ce débat est revenu sur le premier plan en 1996, avec deux lois votées coup sur coup par le Congrès américain : la loi Helms-Burton vise à sanctionner les entreprises étrangères qui ne se soumettraient pas à l'embargo économique décidé par les États-Unis à l'encontre de Cuba ; de même la loi d'Amato menace de sanctions les compagnies pétrolières étrangères qui effectueraient des investissements en Libye ou en Iran. Si un État reste libre de commercer avec qui il veut et peut donc interdire à titre de « sanctions primaires » à ses entreprises nationales des relations économiques avec un autre État, il n'est pas habilité à étendre ces mesures, par le biais de « sanctions secondaires », à des entreprises d'États tiers faisant un commerce licite au regard de leur droit interne comme du droit international. Dans toutes ces situations, l'exercice extraterritorial de ses compétences par un État empiète sur les compétences d'un autre État, entraînant des risques de « représailles » ou de surenchères.

En pratique, ces trente dernières années ont vu un développement sans précédent de l'utilisation des « sanctions internationales » – un terme de plus en plus utilisé de manière générique pour désigner toutes les actions internationales visant à amener un État à exécuter ses obligations internationales, primaires ou secondaires. Ainsi les premières sanctions des États-Unis contre l'Iran datent de 1979 en réaction à la prise d'otage des diplomates américains à Téhéran, relayées bientôt par l'inscription de l'Iran sur la liste des États soutenant le terrorisme en janvier 1984, à la suite de l'attaque du Hezbollah au Liban qui coûta la vie à 241 marines... Plus récemment, les sanctions sont également devenues une des armes pour appuyer la réalisation des objectifs de la politique étrangère et de sécurité commune de l'Union européenne. L'Union a, ces quinze dernières années, multiplié les régimes établissant des « mesures restrictives » touchant plus de trente États mais aussi nombre de personnes privées ou d'entités non étatiques, comme Al Qaïda, Daech ou d'autres organisations terroristes (v. la liste à jour des sanctions en vigueur sur le site du service d'action extérieure de l'UE). 103 ■

Sur le plan juridique, certaines de ces sanctions trouvent leur fondement dans des résolutions adoptées par le Conseil de sécurité décidant ou permettant la prise de sanctions non militaires, en vertu de l'article 41 de la Charte, comme les sanctions prises en 1992 à l'encontre de la Libye, après l'attentat de Lockerbie, en vertu de la résolution n° 748 et levées dix ans après par la résolution n° 1506 (2003). Mais certains États comme les États-Unis, de même que l'UE, se reconnaissent le droit d'adopter soit des sanctions allant au-delà de celles préconisées par le Conseil de sécurité, soit des mesures « autonomes », qui trouvent leur fondement dans le droit international général, soit qu'elles répondent à un acte illicite préalable (contre-mesures), soit que, licites, elles s'inscrivent dans la logique des rétorsions. Ainsi, à la suite de la rupture des relations avec l'AIEA et des négociations sur le programme nucléaire iranien, le Conseil de sécurité a adopté plusieurs résolutions préconisant des sanctions diversifiées contre l'Iran. Sur ce fondement, l'Union européenne a adopté son propre programme de sanction, allant au-delà des mesures ordonnées par le Conseil, y compris un embargo total sur le pétrole iranien. Mais face au blocage du Conseil de sécurité, dans le cas de la crise syrienne ou de l'annexion de la Crimée et des interventions russes dans l'Est de l'Ukraine, l'Union européenne a su adopter son propre régime de sanctions « autonomes » en vue de poursuivre les objectifs de sa politique étrangère.

Les sanctions peuvent s'avérer utiles dans certains cas bien déterminés. Il est ainsi incontestable que les sanctions européennes contre le Myanmar ont favorisé la transition vers un régime civil et l'accession au pouvoir de la Ligue nationale pour 104 ■

la Démocratie d'Aung San Suu Kyi. De même, sans parvenir à faire renoncer entièrement le pouvoir iranien à son programme nucléaire, du moins les sanctions l'ont-elles sans doute aidé à revenir à la table des négociations, ce qui a permis *in fine* d'aboutir à l'accord de Vienne entre l'Iran et les « P5+1 » en juillet 2015 et à la levée des sanctions six mois après. Le président Trump, en dénonçant cet accord, a relancé l'escalade des sanctions unilatérales contre l'Iran, mais également contre ses partenaires commerciaux. Bien souvent, le jeu des contre-mesures, tout comme des représailles ou de l'exception d'inexécution, entraîne les États dans une spirale sans fin, aux mesures des uns, répondant les contre-mesures des autres, qui entraînent de nouvelles contre-contre-mesures, avec les risques de « guerre commerciale » que cela implique si, pour répondre à une législation extraterritoriale inacceptable au regard du droit international, les autres États adoptent à leur tour des législations défensives ou même offensives, à l'instar de la Russie, répondant aux sanctions européennes et américaines qu'elle juge contraire au droit international, car adoptées en dehors de tout cadre onusien. Comme la sentence arbitrale de 1978 l'a rappelé, le but de ces mesures ne peut être que de lancer un coup de semonce pour permettre de retourner à la table de négociation sans accepter le fait accompli. Si les États ne sont pas à même de rétablir l'« équilibre » de leurs droits et obligations réciproques, c'est seulement sur le terrain de la responsabilité internationale que le litige peut alors être posé.

§ 2 La mise en jeu de la responsabilité internationale

■ 105 La question de la responsabilité est au cœur de tout ordre juridique. *A fortiori* dans un système international où le droit du plus fort l'a longtemps emporté et où chaque État reste le juge de sa cause. Ainsi les traités de paix imposaient, à côté de cessions territoriales, un « tribut » au vaincu non parce qu'il était responsable d'une quelconque violation du droit international, mais par le simple fait qu'il était vaincu, comme le traité de Francfort du 10 mai 1871 qui imposait à la France de verser à la Prusse 5 milliards de francs or. Pourtant, dès les premiers pas de l'arbitrage moderne, avec le traité Jay de 1794 entre les États-Unis et le Royaume-Uni, l'idée d'un contentieux de la responsabilité est apparue, notamment en ce qui concerne la protection de la personne et des biens des ressortissants étrangers.

■ 106 La pratique a souvent favorisé des formes de réparation gracieuse, *ex gratia*, sur le terrain de l'équité, et non sur celui du droit de la responsabilité, afin de ne pas créer de précédent. Mais la jurisprudence arbitrale, puis celle de la Cour permanente de justice internationale, ont contribué à constituer tout un corps de principes, en se dégageant des analogies avec les grandes catégories internes de la responsabilité, qui sont difficilement transposables dans un système interétatique où trône l'État. Bien plus, les conceptions nationales sont souvent intraduisibles, comme l'opposition anglo-saxonne entre *responsibility* et *liability* ou l'opposition du droit français entre « responsabilité pour faute » et « responsabilité pour risque ». L'accent récent mis sur le « principe de précaution », notamment en matière de sécurité, contribue à brouiller les frontières entre responsabilité subjective et responsabilité objective.

A. La codification du droit de la responsabilité internationale

C'est sur la base de ces précédents que la codification du droit de la responsabilité a été tentée, d'abord sans succès lors de la conférence de codification de 1930, puis plus récemment, la Commission du droit international s'étant attachée à ce sujet depuis 1969. Une première série de travaux sur « la responsabilité internationale de l'État » a été marquée par la personnalité du rapporteur spécial de la CDI, Roberto Ago, jusqu'en 1980, puis continuée par ses successeurs, avec Willem Riphagen et Gaetano Arangio-Ruiz. Après avoir achevé sa première lecture de l'ensemble du projet en 1996, la CDI a reçu une nouvelle impulsion du nouveau rapporteur spécial sur la question, James Crawford, lui permettant de revenir sur des décisions controversées, notamment le fameux article 19 (v. ss 112) et d'arriver enfin en 2000 au terme de ses efforts. Par la suite on se référera aux « articles de la CDI » pour parler de cet instrument essentiel de codification. 107 ■

Parallèlement, depuis 1979, des travaux sur la « responsabilité internationale pour les conséquences préjudiciables d'activités qui ne sont pas interdites par le droit international » ont été conduits par les rapporteurs spéciaux de la CDI R. B. Quentin-Baxter et J. Barboza, sans parvenir à une conclusion définitive sur le sujet, hormis deux projets plus particuliers relatifs aux dommages transfrontières résultant d'activités dangereuses. La CDI a également décidé de transposer les solutions des articles sur la responsabilité à la question de la responsabilité des organisations internationales, sous la direction du rapporteur spécial Giorgio Gaja (résolution de l'Assemblée générale 66/100 du 9 décembre 2011) ; et d'adopter des articles plus particuliers sur la protection diplomatique, rédigés par le rapporteur spécial John Dugard. Si l'on rappelle également que la CDI avait confié en 1981 à son doyen Doudou Thiam le soin d'examiner les différents aspects de la responsabilité internationale de l'individu, en rédigeant un « Code des crimes contre la paix et la sécurité de l'humanité », puis en 1992 de préparer le statut d'une Cour criminelle internationale (v. ss 284), on comprend que le membre français, Alain Pellet, ait pu faire remarquer qu'à une certaine période de son histoire, la « CDI était devenue la Commission du droit de la responsabilité internationale ».

Faute de pouvoir figer un processus de codification où les éléments de développement progressif du droit international, les audaces initiales suivies de replis tactiques, ont suscité autant de commentaires que de polémiques, on peut relever le succès croissant rencontré par les « articles » de la Commission du droit international. Dans sa résolution 56/83 (2001), l'Assemblée générale des Nations Unies avait seulement « pris note » des articles de la Commission, placés en annexe de la résolution, repoussant à plus tard une décision éventuelle relative à la forme définitive que prendraient les articles. En fait, la décision a été continuellement repoussée depuis, les avis étant partagés quant à l'intérêt que présenterait un nouveau processus intergouvernemental en vue d'aboutir à l'adoption d'une convention de codification en bonne et due forme. En 2004, l'Assemblée générale avait confié au secrétaire général le soin de recenser les décisions et arrêts des juges et arbitres internationaux se référant aux « articles » : ce premier rapport faisait état de pas moins de 129 affaires citant les articles (A/62/62, 2007). Quatre autres compilations en 2010, 2013, 2016 et en 2019 ne démentent pas le succès rencontré par les articles, qui semblent répondre à un besoin de droit de la part de ceux qui sont chargés de le dire (A/65/76, A/68/72, A/71/80 et A/74/83). Dès lors, on voit mal l'avantage qu'il y aurait à entrer dans un 108 ■

nouveau processus qui ne manquerait pas d'être long et fastidieux, pour des résultats sans doute décevants par rapport au produit actuel. Roberto Ago avait lui-même semblé en prendre son parti, lorsqu'il souhaitait qu'une codification inachevée devienne une source d'inspiration pour la jurisprudence internationale, passant ainsi le relais de la CDI à la CIJ (R. Ago, « Nouvelles réflexions sur la codification du droit international », *RGDIP* 1988, p. 539).

Dès lors, on se contentera de situer quelques enjeux concernant les fondements et les conséquences de la responsabilité internationale de l'État. La responsabilité internationale fait pour l'essentiel naître à la charge d'un État qui a violé une obligation primaire du droit international l'obligation secondaire de réparer cette violation.

B. Les conditions de la responsabilité

■ 109 Pour reprendre le vocabulaire du projet de la CDI, « tout fait internationalement illicite d'un État engage sa responsabilité internationale » (art. 1er). Le *fait illicite*[Q] est un « comportement », qui peut être soit une action, soit une omission ; soit un fait juridique, soit un acte juridique : un acte de torture, le fait de ne pas adopter un comportement prescrit, tout comme l'adoption d'une loi contraire à une convention internationale sont des « faits illicites », parce qu'ils sont contraires aux obligations internationales de l'État, quelle que soit la source en droit international de cette obligation : traité, coutume, principe général ou acte unilatéral. Ce qui est certain, c'est qu'un fait demeure illicite au regard du droit international même s'il est conforme au droit interne (art. 3 de la CDI). Ce qui renvoie à la règle symétrique consignée à l'article 27 de la convention de Vienne sur le droit des traités selon laquelle un État ne peut pas se prévaloir de son droit interne pour justifier la non-exécution d'un traité. Par ailleurs, la conception de la responsabilité issue des travaux de la CDI n'exige pas, pour qu'il y ait responsabilité internationale, la preuve d'une faute ni même d'un dommage. En pratique, toutefois, on peut dire qu'il y a toujours « préjudice » : le fait même d'avoir violé une obligation internationale cause un préjudice « juridique » pour les États à qui cette obligation est due, sans qu'il soit nécessaire d'identifier un dommage matériel particulier. On en arrive par cette voie à une conception beaucoup plus légaliste et objectiviste de la responsabilité, là où la conception classique était centrée sur les conséquences subjectives de l'acte.

■ 110 Pour qu'il y ait responsabilité internationale, en revanche, il ne suffit pas qu'il y ait un comportement contraire au droit international : il faut que ce comportement puisse faire l'objet d'une *imputation*[Q] à un sujet de droit international, autrement dit, il doit être « attribuable » à l'État (ou à une organisation internationale). L'attribution est évidente lorsque le comportement est directement attribuable à un organe de l'État (art. 4) ou même à une personne ou une entité qui, sans être un organe de l'État, est habilité à exercer des prérogatives de puissance publique (art. 5). Elle est plus complexe lorsque l'acte ou l'omission sont accomplis par des personnes privées. La règle est que de tels comportements ne sont pas attribuables à l'État, à moins bien sûr que celui-ci ne les endosse ou ne les approuve *a posteriori* (art. 11 des articles CDI). Ainsi, dans l'affaire du *Personnel diplomatique et consulaire des États-Unis à Téhéran* (arrêt du 24 mai 1980, *Rec.* 1980, p. 29), la Cour distingue bien deux phases dans l'attaque de l'ambassade : une première où les actes portant atteinte au droit diplomatique sont imputables aux particuliers et une deuxième phase, où l'Iran, comme État, à travers des déclarations de ses représentants, reconnaît ces comportements qui lui sont, par conséquent, directement attribuables. Mais que faire des hypothèses où ces personnes privées agissent *de facto* sinon *de jure* sous le contrôle de l'État ou pour le compte de l'État, mais que l'État n'admet pas officiellement la réalité d'un tel contrôle ? Ce sont toutes les hypothèses où des individus ou des groupes sont soutenus en sous-main, depuis les mercenaires envoyés par les grandes puissances pour défendre leurs intérêts jusqu'aux groupes armés dans des conflits prétendument internes, mais où des États intéressés interviennent par procuration. L'article 8 des articles de la CDI attribue ces actes à l'État lorsque « cette personne ou ce groupe de personnes, en adoptant ce comportement, agit en fait sur les instructions ou les directives ou sous le contrôle de cet État. »

Au-delà des termes utilisés, le critère d'attribution reste discuté. Dans son célèbre arrêt de 1986 rendu dans l'affaire des *Activités militaires et paramilitaires au Nicaragua et contre celui-ci*, la Cour internationale de Justice a dégagé le critère du « contrôle effectif », en exigeant qu'un groupe armé agisse « sous les instructions directes » du personnel des États-Unis pour que ses actes soient attribuables à ce dernier. Mais dans son arrêt *Tadić* du 15 juillet 1999, la chambre d'appel du Tribunal pénal international pour l'ex-Yougoslavie a jugé ce critère trop restrictif et lui a substitué celui du « contrôle global » pour constater l'intervention directe de la Serbie dans le conflit en Bosnie, par l'intermédiaire de son soutien à l'armée des Serbes de Bosnie. Ce faisant, toutefois, le Tribunal ne se prononçait pas vraiment sur une question d'attribution, mais cherchait plutôt à qualifier le conflit – international ou non international ? – aux fins de l'application du droit international humanitaire. C'est une des raisons pour lesquelles la Cour mondiale, dans son arrêt du 26 février 2007 (*Affaire relative à l'application de la Convention pour la prévention et la répression du crime de génocide*), a cru pouvoir réaffirmer la pertinence du critère du contrôle effectif et, sur le fond, a conclu à l'absence de preuve suffisante pour démontrer que les Serbes de Bosnie étaient sous le contrôle effectif de la Serbie, avec cette conséquence qu'il n'était pas possible d'attribuer à cette dernière le génocide de Srebrenica. De son côté, la Cour européenne des droits de l'homme, tout en utilisant l'expression « contrôle effectif », estime que sont attribuables à la Russie les actes de la « République Moldave de Transnistrie » (reconnue uniquement par la Russie), sans qu'il y ait lieu de déterminer si elle « exerçait un contrôle précis sur les politiques et les actes de l'administration locale subordonnée », mais « du fait de son soutien militaire, économique et politique continu à la “RMT”, laquelle n'aurait pu survivre autrement » (arrêt de Grande chambre, *Affaire Catan et autres c/ Moldova et Russie*, 19 octobre 2012, req. n° 43370/04, 8252/05 et 18454/06, § 150).

En tout état de cause, l'État engage sa responsabilité lorsque, vis-à-vis d'un comportement imputable à une personne privée, il manque à une obligation internationale : c'est ce que Roberto Ago avait appelé la « responsabilité par catalyse », car ce n'est pas l'acte du particulier qui engage la responsabilité de l'État, mais l'omission de ce dernier qui a manqué à son devoir d'agir. On retrouve l'hypothèse classique de l'obligation de « *diligence due* », avec de nombreuses applications, y compris dans le droit conventionnel lorsque sont établies à la charge des États des obligations positives d'agir (v. SFDI, *Le standard de* due diligence *et la responsabilité internationale. Journées d'étude franco-italienne du Mans*, Pedone, 2018). Pour reprendre l'exemple classique de l'affaire des *Otages américains à Téhéran*, dans la première phase l'attaque était imputable à des personnes privées, mais l'État voit engagé sa responsabilité du fait de son inaction, puisque le droit des relations diplomatiques et consulaire, codifié par les conventions de Vienne de 1961 et de 1963, lui faisait obligation d'agir pour protéger les locaux, le personnel et les archives de la mission des États-Unis (arrêt préc., p. 31-32).

■ 111 Bien sûr, l'État à qui il est reproché d'avoir violé ses obligations internationales peut chercher à éviter que sa responsabilité ne soit engagée. Pour ce faire, si son engagement trouve sa source dans un traité, il peut se placer sur le terrain de l'exception d'inexécution, voire invoquer la nullité de son engagement pour contrainte ou contrariété au *jus cogens*. Il cherche ainsi à se dégager de ses obligations. Mais il peut aussi invoquer un certain nombre de circonstances qui *a posteriori* viendraient soit exclure l'illicéité de son comportement, soit le justifier : dans ce cas, l'obligation reste intacte (art. 27), mais la responsabilité ne peut pas être engagée. Les articles de la CDI envisagent différents types de moyens sous le chapeau des « circonstances excluant l'illicéité » (chapitre IV de la Première partie). Au-delà des hypothèses classiques – mais pas toujours aisées à manier – du consentement, de la force majeure, de la détresse et de l'état de nécessité, les articles s'attaquent à la question délicate des contre-mesures, autre terme pour désigner les représailles, dont l'illicéité est effectivement exclue si « et dans la mesure où » – précise l'article 22 – elles répondent au fait illicite d'un autre État. Bien plus, la CDI mentionne séparément le cas particulier de la légitime défense (art. 21) – une forme comme une autre de contre-mesure – faisant ainsi du droit de la Charte des Nations Unies une partie intégrante du droit de la responsabilité internationale.

C. Une hiérarchie interne en matière de responsabilité ?

■ 112 Sur cette base, pouvait-on aller plus loin et établir une hiérarchie interne en matière de responsabilité qui répondrait à la hiérarchie de la normativité consacrée avec la notion de « *jus cogens* » ? C'est le point où les travaux de la CDI, sous l'impulsion de Roberto Ago, ont paru particulièrement novateurs. En effet, tous les efforts du droit classique de la responsabilité tendaient à écarter la notion de « faute », pour se concentrer sur l'imputation d'un « fait générateur », le lien de causalité avec un dommage subi et la réparation de ce préjudice. Pour la CDI, le « fait internationalement illicite » devrait au contraire être qualifié, soit de « délit international », soit de « *crime international*[Q] », distinguant ainsi entre des degrés de gravité de l'illicité, par référence à la notion de *jus cogens* – les normes impératives du droit international – dégagées par la même CDI dans la convention de Vienne sur le droit des traités. Selon l'article 19 du projet adopté en première lecture en 1996, « le fait internationalement illicite qui résulte d'une violation par un État d'une obligation internationale si essentielle pour la sauvegarde d'intérêts fondamentaux de la communauté internationale que sa violation est reconnue comme un crime par cette communauté dans son ensemble constitue un crime international » (art. 19, § 2).

■ 113 Il s'agissait du même nominalisme que pour le *jus cogens* : est « crime international » ce que la « communauté internationale dans son ensemble » désigne comme faisant partie de cette catégorie, sans prendre le soin de préciser qui est cette « communauté internationale » magnifique et quelque peu magique. La « reconnaissance » évoquée était tout aussi vague : était-ce une reconnaissance *hic et nunc* ou le constat d'une donnée intemporelle, issue du vieux « droit naturel » ou d'un droit objectif ? À défaut de pouvoir ou de vouloir être plus explicite, la CDI fournissait une liste indicative d'exemples en précisant qu'un crime international « peut notamment résulter :

a) d'une violation grave d'une obligation internationale d'importance essentielle pour le maintien de la paix et de la sécurité internationales, comme celle interdisant l'agression ;

b) d'une violation grave d'une obligation internationale d'importance essentielle pour la sauvegarde du droit des peuples à disposer d'eux-mêmes, comme elle interdisant l'établissement ou le maintien par la force d'une domination coloniale ;

c) d'une violation grave et à une large échelle d'une obligation internationale d'importance essentielle pour la sauvegarde de l'être humain, comme celles interdisant l'esclavage, le génocide, l'*apartheid* ;

d) d'une violation grave d'une obligation internationale d'importance essentielle pour la sauvegarde et la préservation de l'environnement humain, comme celles interdisant la pollution massive de l'atmosphère ou des mers ».

Cette liste semblait déjà datée au moment où elle était établie. Il était facile d'imaginer à l'avance les arguties des plaideurs : est-on en présence d'une violation bénigne ou d'une obligation essentielle ? D'une violation grave d'une obligation secondaire ? La guerre des Malouines relève-t-elle de la catégorie a) avec une agression militaire de l'Argentine ou de la catégorie ; b) avec une présence coloniale de la Grande-Bretagne, ou peut-être des deux à la fois ? 114 ■

Le paradoxe est qu'en voulant mettre l'accent sur les violations les plus graves du droit international, la CDI multipliait les échappatoires juridiques, affaiblissant ainsi le « noyau dur » de la responsabilité qu'elle entendait promouvoir. Surtout, cette hiérarchie entre « délits » et « crimes » n'aurait eu vraiment de sens que si la CDI avait pu lui attacher des conséquences juridiques précises. Or sur ce point, malgré les propositions ambitieuses de Gaetano Arangio-Ruiz, la Commission n'avait pu parvenir à des conclusions très fermes et la montagne semblait accoucher d'une souris, et le « crime » ne trouver qu'une réponse anémiée, à la mesure des déficiences organiques de la « communauté internationale ». Surtout, le choix de la terminologie ne pouvait manquer d'introduire un malaise dans le droit international : il tendait à donner un caractère pénal à la responsabilité internationale qu'elle n'avait jamais eu et dont il était douteux qu'elle tire un grand bénéfice. Si l'on voyait bien les avantages, au moment où se négociait le futur statut de Rome de la Cour pénale internationale, de rechercher la responsabilité pénale des individus pour crimes internationaux, on peinait à voir quelle contribution à la paix pourrait avoir une recherche équivalente pour les États.

Le dernier rapporteur spécial de la CDI, James Crawford, a tiré les leçons de ces interrogations qui avaient hypothéqué la codification de la responsabilité des États pendant plusieurs années. En 2000, la CDI a ainsi pu achever une deuxième lecture des 59 articles du projet, qui a été transmis à l'Assemblée générale pour observations des États (J. Crawford, P. Bodeau, J. Peel, « La seconde lecture du projet d'articles sur la responsabilité des États de la CDI », *RGDIP* 2000, p. 911 ; *ibid.* p. 1117 pour le texte du projet). Cette relecture du projet a entraîné l'abandon pur et simple du « sacro-saint » article 19 de Roberto Ago, en substituant à l'ancienne dualité entre « crimes » et « délits » une conception modulée de la responsabilité, fondée sur la notion nouvelle de « violation aggravée » à travers les « violations graves d'obligations essentielles 115 ■

envers la communauté internationale ». Comme le précise James Crawford lui-même, « cette approche est en réalité le fruit d'un compromis entre les positions des partisans d'une catégorie distincte consacrée aux faits illicites les plus graves et celles des tenants d'un régime unique et indifférencié de faits internationalement illicites ». Il s'agissait en fait de garder l'idée essentielle, mais en évacuant les connotations pénales de la terminologie, sources de controverses et d'incertitudes quant à l'avenir du droit international.

Les articles consacrent donc désormais, dans la deuxième partie sur le « contenu de la responsabilité internationale de l'État », un bref chapitre III aux « violations graves d'obligations découlant de normes impératives du droit international général », en insistant sur les conséquences d'une telle violation. Ainsi l'article 40, paragraphe 1, vise « la responsabilité internationale qui résulte d'une violation grave par l'État d'une obligation découlant d'une norme impérative du droit international », tandis que le paragraphe 2 du même article définit la notion de « gravité » : « La violation d'une telle obligation est grave si elle dénote de la part de l'État responsable un manquement flagrant et systématique à l'exécution de l'obligation. » L'article 41 définit alors les « conséquences particulières d'une violation grave d'une obligation en vertu du présent chapitre », à savoir :

« 1. les États doivent coopérer pour mettre fin, par des moyens licites, à toute violation grave au sens de l'article 40 ;

2. aucun État ne doit reconnaître comme licite une situation créée par une violation grave au sens de l'article 40, ni prêter aide ou assistance au maintien de cette situation ;

3. le présent article est sans préjudice des autres conséquences prévues dans la présente partie et de toute conséquence supplémentaire que peut entraîner, d'après le droit international, une violation à laquelle s'applique le présent chapitre ».

L'idée d'une hiérarchie de l'illicite semble donc bien établie dans le droit de la responsabilité internationale : il est désormais admis que la commission d'un génocide ou l'organisation de l'*apartheid* n'est pas une violation de même degré que la violation d'une règle coutumière sur un droit de passage ou d'une clause d'un traité d'extradition. Quant aux conséquences, la CDI s'en tient au minimum, comme l'exprime bien la clause de « non-préjudice » du paragraphe 3, qui réserve non seulement la possibilité pour les États de prendre des engagements plus spécifiques, y compris au sein d'organisations internationales, mais aussi l'évolution du droit coutumier.

D. La mise en œuvre de la responsabilité

116 La responsabilité ne peut pas demeurer à l'état virtuel : pour qu'elle existe et donne lieu à des conséquences concrètes, et notamment à la réparation du préjudice, il faut qu'elle soit mise en œuvre. Pour cela, il faut qu'un État l'invoque, c'est-à-dire émette officiellement une prétention selon laquelle un autre État a commis un acte internationalement illicite et a, de ce fait, engagé sa responsabilité. Une protestation ne suffit pas : on peut protester sans invoquer la responsabilité. Il faut quelque chose de plus : une réclamation, une demande formelle de réparation passant par la voie diplomatique, voire l'engagement d'une procédure devant un tribunal international. Le droit de présenter une telle réclamation appartient en principe à « l'État lésé », c'est-à-dire à un État dont un droit a été violé par l'acte illicite. Par exemple, si un État intervient de manière illicite sur le territoire d'un autre État aux côtés d'un groupe

armé d'opposition au gouvernement, l'État victime sur le territoire duquel se déroule l'intervention peut à bon droit invoquer la responsabilité de l'État intervenant. Mais s'agissant de certaines obligations, ce droit d'invocation peut aller au-delà du seul État lésé : on parle alors d'obligations *erga omnes*, littéralement « à l'égard de tous ». La Cour internationale de Justice avait déjà évoqué ce type d'obligation dans son avis du 28 mai 1951 sur les *Réserves à la Convention sur le génocide* : « La Convention a été manifestement adoptée dans un but purement humain et civilisateur. (...) Dans une telle convention, les États contractants n'ont pas d'intérêts propres ; ils ont seulement tous et chacun, un intérêt commun, celui de préserver les fins supérieures qui sont la raison d'être de la convention » (*Rec.* 1951, p. 12). Un peu moins de vingt ans plus tard, le 5 février 1970, la Cour est encore venue préciser cette distinction à opérer entre deux catégories d'obligations aux fins de l'invocation de la responsabilité dans un *obiter dictum* célèbre de son arrêt rendu dans l'affaire de la *Barcelona Traction* : « une distinction essentielle doit (...) être établie entre les obligations des États envers la communauté internationale dans son ensemble et celles qui naissent vis-à-vis d'un autre État (...). Par leur nature même, les premières concernent tous les États. Vu l'importance des droits en cause, tous les États peuvent être considérés comme ayant un intérêt juridique à ce que ces droits soient protégés ; les obligations dont il s'agit sont des obligations *erga omnes* » (Arrêt 1970, *Rec.*, § 33). Et la Cour citait un certain nombre d'exemples à l'appui de sa démonstration : « Ces obligations découlent par exemple, dans le droit international contemporain, de la mise hors la loi des actes d'agression et du génocide mais aussi des principes et des règles concernant les droits fondamentaux de la personne humaine, y compris la protection contre la pratique de l'esclavage et de la discrimination raciale » (*ibid.*). Quant aux sources de ces obligations, la Cour note qu'elles peuvent être soit coutumières soit conventionnelles : « Certains droits de protection correspondant se sont intégrés au droit international général (...) ; d'autres sont conférés par des instruments internationaux de caractère universel ou quasi-universel » (arrêt préc., § 34).

La CDI a repris cette distinction fondamentale dans ses articles. L'article 42 régle- 117 ■
mente l'invocation de la responsabilité par un État lésé, tandis que l'article 48 traite de l'invocation de la responsabilité « par un État autre que l'État lésé ». Il est donc admis qu'un État qui n'a pas subi de préjudice puisse néanmoins avoir un intérêt juridique à invoquer la responsabilité de l'État auteur du fait illicite. Deux hypothèses sont mentionnées, dans la ligne de l'arrêt de la CIJ de 1970 : celle où « l'obligation violée est due à un groupe d'États dont il fait partie, et si l'obligation est établie aux fins de la protection d'un intérêt collectif du groupe » – ce que la Commission a appelé les « obligations *erga omnes partes* » – et celle où « l'obligation violée est due à la communauté internationale dans son ensemble » ou obligations *erga omnes omnium*. Ainsi, dans son arrêt du 20 juillet 2012 rendu dans l'affaire des *Questions concernant l'obligation de poursuivre ou d'extrader (Belgique c/ Sénégal)*, la Cour internationale de justice a reconnu que la convention des Nations Unies contre la torture de 1984 établissait des obligations *erga omnes partes* « en ce sens que, quelle que soit l'affaire, chaque État partie a un intérêt à ce qu'elles soient respectées » (§ 68).

En vertu de cet intérêt juridique au respect de l'obligation *erga omnes*, l'État peut exiger d'une part la cessation du fait illicite et des assurances et garanties de non-répétition, et d'autre part l'exécution de l'obligation de réparation, y compris dans l'intérêt de tiers, à savoir les « bénéficiaires de l'obligation violée ». Pour autant, l'existence d'un intérêt à invoquer la responsabilité internationale n'ouvre pas nécessairement droit à une action devant un tribunal international : intérêt et compétence sont distincts. Ainsi, dans l'affaire du *Timor oriental* (*Portugal c/ Australie*, arrêt du 30 juin 1995), la CIJ a considéré qu'elle n'avait « rien à redire à l'affirmation du Portugal selon laquelle le droit des peuples à disposer d'eux-mêmes, tel qu'il s'est développé à partir de la Charte et de la pratique de l'Organisation des Nations Unies, est un droit opposable *erga omnes*. (...) Toutefois, la Cour estime que l'opposabilité *erga omnes* d'une norme et la règle du consentement à la juridiction sont deux choses différentes » (*Rec.* 1995, p. 16).

■ 118 Un cas particulier d'invocation de la responsabilité se présente lorsque le préjudice a été causé non à l'État lui-même, mais à un de ses ressortissants : c'est l'hypothèse de la protection diplomatique. Dans un droit international où les individus étaient réduits au rôle d'incapables et ne disposaient pas de voies d'action propres, il s'agissait bien de la seule manière de faire valoir des droits individuels « dans la sphère internationale », c'est-à-dire d'État à État. Ainsi, pour l'essentiel, la pratique de la protection diplomatique s'est développée pour la protection des nationaux à l'étranger, y compris les entreprises étrangères investissant dans d'autres États, et victimes d'expropriation ou de diverses mesures pouvant entraîner des pertes financières importantes.

Avec la multiplication des accords bilatéraux sur l'investissement étranger et prévoyant des clauses de règlement des différends devant des tribunaux arbitraux (notamment dans le cadre de la convention de Washington de 1965 sur le règlement des différends relatifs aux investissements créant le CIRDI et qui prévoit un renoncement au recours à la protection diplomatique), la Cour internationale de justice a pu noter que « le rôle de la protection diplomatique s'est estompé, celle-ci n'étant en pratique appelée à intervenir que dans les rares cas où les régimes conventionnels n'existent pas ou se sont révélés inopérants » (arrêt sur les exceptions préliminaires dans l'affaire *Ahmadou Sadio Diallo*, 24 mai 2007, p. 30, § 88). Mais parallèlement, l'institution a connu un renouveau relatif du fait de sa mobilisation par les États pour défendre les droits nationaux victimes de violations des droits de l'homme à l'étranger. Toujours dans l'affaire *Diallo*, la Cour a pris acte de ce changement : « En raison de l'évolution matérielle du droit international au cours de ces dernières décennies, dans le domaine des droits reconnus aux personnes, le champ d'application *ratione materiae* de la protection diplomatique, à l'origine limité aux violations alléguées du standard minimum de traitement des étrangers, s'est étendu par la suite pour inclure notamment les droits de l'homme internationalement garantis » (arrêt préc., p. 17, § 39). Mais en même temps ce renouveau est limité, en raison des conditions strictes posées pour mettre en œuvre la protection diplomatique : caractère discrétionnaire, épuisement des voies de recours internes par le particulier victime et surtout règle de nationalité, qui fait que l'État ne peut invoquer la protection diplomatique qu'au bénéfice de ses nationaux, et non de toute « personne humaine » quelle que soit la nationalité, comme le voudrait la logique des normes *erga omnes* découlant des droits de l'homme. La règle de la nationalité souligne la logique propre de la protection diplomatique, telle que l'avait exprimée la Cour permanente de Justice internationale dans l'affaire des *Concessions Mavrommatis en Palestine* (arrêt du 30 août 1924, Série A, n° 2) : « en prenant fait et cause pour l'un des siens, en mettant en mouvement en sa faveur l'action diplomatique ou l'action judiciaire internationale, cet État fait, à vrai dire, valoir son propre droit, le droit qu'il a de faire respecter, en la personne de ses ressortissants, le droit international ».

La protection diplomatique est donc une fiction juridique : l'État est supposé avoir 119 ■
subi un dommage « médiat » (au contraire d'immédiat) ; en endossant la réclamation de son ressortissant, il fait alors comme s'il s'agissait de sa propre réclamation et fait à cet égard valoir « son droit propre » dans la sphère internationale. Le dommage infligé à l'individu se « transforme » donc en un préjudice « médiat » causé à l'État, qui justifierait la qualité d'État lésé et donc l'intérêt à agir. Si la fiction est séduisante, elle apparaît peu convaincante, à la fois en théorie et en pratique, et on lui préfère désormais une vision plus réaliste qui distingue le préjudice et l'intérêt : d'une part, en effet, il y a préjudice causé à l'individu et à lui seul ; d'autre part, il y a un intérêt à agir de l'État fondé sur le fait que les droits d'un de ses ressortissants ont été touchés. La protection diplomatique est donc une forme de protection fonctionnelle au bénéfice des nationaux, une action en représentation. C'est cette vision que la Commission du droit international a codifié dans des « articles » sur la protection diplomatique, dont l'Assemblée générale a pris note dans sa résolution 62/67 du 6 décembre 2007. L'article 1er des articles donne en effet une définition renouvelée de l'institution, qui contraste avec la définition donnée par la Cour permanente en 1924 dans l'arrêt *Mavrommatis* : « ... la protection diplomatique consiste en l'invocation par un État, par une action diplomatique ou d'autres moyens de règlement pacifique, de la responsabilité d'un autre État pour un préjudice causé par un fait internationalement illicite dudit État à une personne physique ou morale ayant la nationalité du premier État en vue de la mise en œuvre de cette responsabilité ». Pour autant, la Commission n'a pas cru devoir consacrer un « droit » au bénéfice des particuliers : si la protection diplomatique peut être mise à contribution pour la protection des droits, et notamment des droits de l'homme, elle reste une prérogative de l'État, qui la met en œuvre de manière discrétionnaire.

La liberté laissée à l'État dans la décision d'exercer ou non sa protection diplomatique se retrouve dans la possibilité qui lui est laissée d'accepter un règlement amiable au lieu de la voie contentieuse, la réparation accordée ne correspondant pas nécessairement aux réclamations présentées par les requérants. C'est fréquemment le cas pour des indemnisations forfaitaires (*lump sum agreements*) concernant des nationalisations ou des expropriations à l'étranger, où l'État lésé fait prévaloir le maintien ou rétablissement de bonnes relations avec l'État responsable et finit par accepter une transaction de principe, souvent en contrepartie d'un prêt ou de facilités financières, pour une somme globale qui ne correspond pas au total des créances individuelles. L'État met alors en place, dans le cadre national, une commission administrative chargée de la répartition de l'indemnisation des biens spoliés, en fonction de la somme disponible. Le Conseil d'État, dans une affaire concernant l'indemnisation de terres expropriées au Maroc, a considéré que le principe de la transaction était un « acte de gouvernement » qui mettait en cause les relations internationales de la France et qui comme tel était insusceptible de tout recours devant le juge administratif, mais que les décisions de la commission chargée de la répartition sur le plan interne étaient des « actes détachables » qui pouvaient dès lors faire l'objet d'un recours pour excès de pouvoir (CE 7 juill. 1978, *Jonquières d'Oriola*).

120 Invoquer la responsabilité ne suffit souvent pas à engager la responsabilité de manière effective. Aussi la Commission du droit international a-t-elle réfléchi aux moyens licites qui pouvaient être mis à disposition de l'État lésé pour amener un État responsable éventuellement récalcitrant à se conformer à ses obligations, y compris en termes de réparation. C'était aussi une tentative, de la part de la Commission, pour tenter de « domestiquer » cette expression de la justice privée entre États qu'étaient les représailles : mettre celles-ci au service de la responsabilité en les désignant, sous le terme de « contre-mesures », comme des réactions à l'illicite. L'article 49 des articles de la CDI définit donc de manière restrictive l'objet et les limites des contre-mesures : « L'État lésé ne peut prendre de contre-mesures à l'encontre de l'État responsable du fait internationalement illicite que pour amener cet État à s'acquitter des obligations qui lui incombent en vertu de la deuxième partie [consacrée au "contenu de la responsabilité" et comprenant donc les obligations relatives à la réparation et à la mise en œuvre] ». De même les articles suivants encadrent soigneusement la pratique des contre-mesures à la fois par des limites normatives (par le respect du principe de proportionnalité et l'interdiction de porter atteinte à un certain nombre d'obligations qui demeurent intangibles) ou procédurales (notification, obligation de cessation en cas de saisine d'un tribunal). L'article 54, enfin, précise la portée des mesures qui peuvent être adoptées « par des États autres qu'un État lésé », autrement dit dans les hypothèses envisagées à l'article 48, y compris en cas d'invocation de violation d'une obligation *erga omnes* : ainsi tous les États intéressés peuvent « prendre des mesures licites (...) afin d'assurer la cessation de la violation ainsi que la réparation dans l'intérêt de l'État lésé ou des bénéficiaires de l'obligation violée ». On le voit, la Commission ne va pas jusqu'à autoriser des « contre-mesures d'intérêt général », dont l'actualité montre pourtant la place grandissante, alors que se multiplient les régimes de sanctions qui ont pour objet non plus seulement de défendre les intérêts d'un État ou d'une organisation internationale (comme l'Union européenne), mais aussi de réagir à des violations de normes d'intérêt général à portée *erga omnes* (à propos, par ex., de mesures prises par l'UE contre la Russie, v. la chronique de D. Alland et D. Berlin, *RGDIP* 2016-3, p. 645-652 et plus généralement D. Alland, « Les contre-mesures d'intérêt général », *in* P. M. Dupuy (dir.), *Obligations multilatérales, droit impératif et responsabilité internationale des États*, Pedone, 2003, p. 167-187).

E. Les conséquences de la responsabilité

121 La première des conséquences de la responsabilité internationale de l'État consiste en l'obligation de réparer, comme l'a énoncé la CPJI, dans un passage constamment cité : « C'est un principe de droit international que la violation d'un engagement entraîne l'obligation de réparer dans une forme adéquate » (CPJI 26 juillet 1927, *Affaire de l'usine de Chorzow (demande en indemnité) (compétence)*, Série A, n° 9, p. 21). Mais la CDI a distingué d'autres conséquences juridiques, non moins importantes. Sans même reparler des conséquences particulières d'une violation grave d'une obligation découlant de normes impératives du droit international, il faut retenir l'obligation de cessation du fait illicite, mais aussi et surtout les « assurances et garanties de non-répétition » (art. 30 des articles de la CDI). Pour ces dernières, on a pu hésiter à les ranger dans les mesures de réparation et elles sont encore parfois considérées comme une forme de « satisfaction ». La CDI a préféré en faire une

catégorie autonome, en considérant que, conceptuellement, elles avaient une dimension prospective et préventive, là où la réparation est essentiellement rétrospective. À ce titre, l'État responsable peut être tenu de prendre toutes sortes de mesures, y compris la modification de ses pratiques administratives, voire de ses lois nationales, ceci en vue d'empêcher la récurrence d'une violation à l'avenir. Dans l'affaire *LaGrand* (*Allemagne c/ États-Unis*, arrêt du 27 juin 2001), la Cour internationale de Justice constata la violation par les États-Unis de leur obligation de notification du droit à bénéficier à une assistance consulaire à deux ressortissants allemands qui furent par la suite condamnés à mort et exécutés. Au titre des mesures de non-répétition, sollicitées par l'Allemagne, la Cour prit acte de l'engagement des États-Unis d'adopter des mesures en vue de promouvoir l'application de l'obligation de notification consulaire sur tout le territoire américain. Par ailleurs, elle prescrivit une obligation pour les États-Unis de permettre le réexamen ou la révision du verdict de culpabilité de personnes qui n'auraient pas pu bénéficier de l'assistance consulaire. Les garanties de non-répétition sont également très fréquemment utilisées par les tribunaux spécialisés en matière de droits de l'homme, par exemple en ordonnant aux États de modifier une législation nationale ou de ne pas l'appliquer (v. par ex., à propos de la loi d'amnistie au Pérou, l'affaire *Barrios Altos* devant la Cour interaméricaine des droits de l'homme, arrêt sur l'interprétation de l'arrêt quant au fond, 3 septembre 2001, Série C, n° 83).

La *réparation*[Q] elle-même peut prendre plusieurs formes, comme le soulignait déjà la **122 ■**
CPJI, toujours dans l'affaire de *l'Usine de Chorzow* : « le principe essentiel qui découle de la notion même d'acte illicite (...) est que la réparation doit autant que possible effacer toutes les conséquences de l'acte illicite et rétablir l'état qui aurait vraisemblablement existé si ledit acte n'avait pas été commis. Restitution en nature ou, si elle n'est pas possible, paiement d'une somme correspondant à la valeur qu'aurait la restitution en nature » (CPJI 13 sept. 1928, fond, série A, n° 17, p. 47). La CDI en tire un principe de réparation *intégrale* du préjudice causé par le fait internationalement illicite (art. 31). Ce qui exige non seulement de démontrer l'existence d'un préjudice, quel qu'il soit – matériel, immatériel ou même juridique – mais aussi un lien de causalité, ce qui n'est pas toujours simple, en particulier lorsque le préjudice est causé par une conjonction de facteurs ou d'actes dont il est difficile de démêler la part respective. Ainsi, à propos des dommages environnementaux, la CIJ a noté que « la question de leur existence et du lien de causalité peut soulever des difficultés particulières. Il se peut en effet que le dommage soit attribuable à plusieurs causes concomitantes ou encore que l'état des connaissances scientifiques ne permette pas de le relier avec certitude au fait illicite par un lien de causalité ». Dans ce cas, il revient au juge d'examiner les faits propres à l'affaire et les éléments de preuve présentés à la Cour et de décider au cas par cas (*Certaines activités menées par le Nicaragua dans la région frontalière (Costa Rica c/ Nicaragua). Indemnisation*, arrêt du 2 février 2018, § 34).

Aussi la réparation du préjudice peut passer par la combinaison de différentes formes de réparation. La *restitutio in integrum*[Q] consiste « dans le rétablissement de la situation qui existait avant que le fait illicite ne soit commis » (art. 35 des articles CDI). C'est parfois difficile et l'article 35 prévoit bien qu'une telle restitution doit intervenir pour autant qu'elle n'est pas matériellement impossible ou qu'elle n'impose pas une charge disproportionnée. La restitution peut par exemple consister dans le retrait d'un acte juridique illicite. Dans l'*Affaire relative au mandat d'arrêt du*

11 avril 2000, un juge belge avait émis un mandat d'arrêt à l'encontre du ministre des Affaires étrangères en exercice de la République démocratique du Congo. La CIJ a considéré qu'un tel mandat d'arrêt était contraire aux obligations de la Belgique en matière d'immunité : au titre de la restitution, elle lui a par conséquent ordonné de « mettre à néant le mandat d'arrêt du 11 avril 2000 » (arrêt du 14 février 2002). De même, la libération d'une personne arbitrairement détenue, la réouverture d'un procès jugé inéquitable ou encore la réintégration dans l'emploi d'une personne abusivement licenciée constituent des mesures de restitution, souvent préconisées par les juridictions en matière de droits de l'homme comme le Comité des droits de l'homme ou la Cour interaméricaine. Mais souvent le retour au *statu quo ante* est impossible, par exemple lorsque le préjudice est la destruction irréparable d'un bien ou la privation de la vie. Dans ce cas, la réparation la plus appropriée est effectivement le paiement d'une somme, l'indemnisation. Celle-ci est finalement la forme de réparation la plus courante : elle donne au dommage matériel ou immatériel un prix, fondé soit sur la valeur d'un bien, soit sur une évaluation, le plus souvent en équité, de la valeur d'un préjudice matériel (la mort, par exemple, par essence irréparable) ou immatériel (la souffrance, avec le *pretium doloris*). « De l'avis de la Cour, un préjudice immatériel peut être établi même en l'absence de preuve précise ». Dans l'affaire *Ahmadou Sadio Diallo (République de Guinée c/ République démocratique du Congo)*, il suffit à la CIJ de relever que M. Diallo a fait l'objet d'une détention arbitraire : celle-ci entraîne nécessairement d'importantes souffrances psychologiques et porte atteinte à sa réputation et doit donc être indemnisée (arrêt sur l'indemnisation du 19 juin 2012, § 21). Mais parfois, l'argent ne suffit pas, et la demande de réparation s'exprime sous la forme d'un besoin de reconnaissance du préjudice causé par son auteur : c'est alors la satisfaction qui rentre en jeu, qui peut consister, comme l'énonce l'article 37 des articles de la CDI « en une reconnaissance de la violation, une expression de regrets, des excuses formelles ou toute autre modalité appropriée. »

Souvent, les tribunaux considèrent que la constatation d'une violation est déjà une « satisfaction » appropriée pour l'État victime d'une violation. Parfois s'y ajoutent des « excuses » de la part de l'État responsable. C'est ainsi qu'à la suite de la médiation du secrétaire général des Nations Unies intervenue en 1986 dans l'affaire du *Rainbow Warrior*, le Premier ministre français a dû envoyer une lettre d'excuses à son homologue néo-zélandais. De même les États-Unis ont présenté des excuses à l'Allemagne dans le cadre de l'affaire *LaGrand*. Mais au-delà de ces gestes un peu formels, la satisfaction peut aussi consister en des mesures plus concrètes, voire des formes de réparation collective, avec la construction d'un monument ou la pose d'une plaque commémorative (v. sur la pratique du Comité des droits de l'homme les *Directives concernant les mesures de réparation demandées en vertu du Protocole facultatif se rapportant au Pacte international relatif aux droits civils et politiques*, CCPR/C/158). Enfin, la situation particulière de personnes qui ont subi un dommage matériel du fait d'une violation, par exemple les victimes de torture, peut exiger l'adoption de mesures de réadaptation, notamment sous la forme d'une prise en charge médicale et psychologique ainsi que l'accès à des services juridiques et sociaux.

123 D'un point de vue pratique, le soin de déterminer la forme des réparations à accorder et le montant des indemnités revient souvent à un tribunal international, soit permanent, comme la CIJ ou la Cour européenne des droits de l'homme, soit *ad hoc*, avec les tribunaux d'arbitrage, comme cela fut le cas des contentieux économiques au XIXe siècle et, à la suite des deux guerres mondiales, avec les tribunaux d'arbitrage mixte après les traités de 1919 (comme le tribunal d'arbitrage mixte franco-allemand) et les commissions de conciliation après les traités de 1947 (par ex. la commission de conciliation franco-italienne). De même, les accords d'Alger de 1981 ont mis sur pied un tribunal des différends irano-américain chargé d'épurer le contentieux financier entre les deux États à la suite de la crise des otages américains de Téhéran, selon les principes de l'arbitrage. Mais une solution plus institutionnalisée peut être préférée : à la suite de l'invasion du Koweït par l'Irak puis de l'opération internationale menée à bien contre l'État agresseur, le Conseil de sécurité a adopté la résolution n° 687 qui prévoit la réparation des dommages subis par le Koweït et les États tiers, avec la création d'une commission de compensation des Nations Unies imposant ses décisions à l'Irak. En 1996, la commission avait reçu 2,6 millions de demandes, émanant de 89 pays, à hauteur de 190 milliards de dollars, dont plus de la moitié pour le Koweït, mais seulement un peu plus de 13 millions de dollars avaient pu être versés aux dossiers prioritaires, en attendant les fonds débloqués par la mise en œuvre de la résolution n° 986 « pétrole contre nourriture » (L. Ezzarqui, *Résolution* n° *986 : « Pétrole contre nourriture »*, CEDIN, Montchrestien, 1998). Dans ce dernier cas, les aspects politiques mettant en cause les relations internationales et les aspects économiques concernant les particuliers sont difficilement dissociables : le régime de la réparation des dommages s'inscrit dans un ensemble de sanctions et de contrôles imposés à l'Irak par la communauté internationale. On peut donc parler d'une responsabilité politique pour le « crime international » que constitue l'agression, sans que sur ce point le Conseil de sécurité n'éprouve le besoin de se référer aux concepts de la CDI (A. Kolliopoulos, *La commission d'indemnisation des Nations Unies et le droit de la responsabilité internationale*, LGDJ, 2001).

Enfin, de plus en plus, le droit international fait obligation aux États de mettre eux-mêmes en place des mécanismes *ad hoc*, sous la forme de commissions sur la vérité et la réconciliation qui ont aussi pour fonction d'accorder une réparation aux victimes des crimes graves de droit international : les exemples se sont multipliés, du Guatemala à la Sierra Leone, en passant par l'Afrique du Sud et le Maroc. La réparation, autrefois considérée comme partie d'une relation purement interétatique, devient un droit de l'homme, exigé au titre du droit à un recours effectif, amenant ainsi progressivement le droit de la responsabilité internationale à englober les relations entre États et individus (v. les *Principes fondamentaux et directives concernant le droit à un recours et à réparation des victimes de violations flagrantes du droit international relatif aux droits de l'homme et de violations graves du droit international humanitaire*, résolution 60/147 de l'Assemblée générale des Nations Unies du 16 décembre 2005 et l'*Ensemble de principes pour la protection et la promotion des droits de l'homme par la lutte contre l'impunité*, résolution 2005/81 du 21 avril 2005).

2

Compléments pédagogiques

Quid

■ Crime international n° 112

Au sens de l'article 19 du projet de la CDI sur la responsabilité des États adopté en première lecture, il s'agissait d'un « fait internationalement illicite qui résulte d'une violation par un État d'une obligation internationale si essentielle pour la sauvegarde d'intérêts fondamentaux de la communauté internationale que sa violation est reconnue comme un crime par cette communauté dans son ensemble ».

■ Droit international privé n° 88

Règles des différents droits nationaux applicables aux relations internationales entre personnes privées. Par ailleurs ces personnes privées peuvent créer leur propre ordre juridique transnational, notamment en matière commerciale avec la *lex mercatoria* qui tend ainsi à échapper aux droits nationaux.

■ Droit public international n° 79

Archaïsme qui subsiste dans le préambule de la Constitution française de 1946 et vise sans doute un « ordre public international », c'est-à-dire les principes généraux du droit international public. Au XIXe siècle, on parlait de « droit public européen », dans le même sens.

■ Fait illicite n° 109

Élément constitutif de la responsabilité internationale d'un État, délit international. Il peut s'agir d'une action, d'une « commission » ou d'une omission. Ce terme unique volontairement neutre et objectif a été préféré à la terminologie interne de « faute », qui renvoie à l'idée d'une volonté subjective.

■ *Gentlemen's agreement* n° 80

L'expression peut avoir deux sens très différents : acte informel au sens d'un « acte concerté non conventionnel », accord liant politiquement les parties sans créer d'obligations juridiques ; mais aussi accord en forme simplifiée..

■ Imputation n° 110

Attribution d'un fait illicite à un sujet de droit, notamment à un État du comportement de ses agents ou de ses ressortissants.

■ Obligations primaires n° 98

Normes substantielles, règles de fond régissant les relations internationales.

■ Obligations secondaires n° 98

Normes relatives « à la formation, à l'application ou à la sanction des règles primaires » (*Dictionnaire Salmon*), et notamment obligations liées à la sanction de la violation de normes primaires, la formule visant les règles du droit de la responsabilité internationale.

■ Réparation n° 122

Compensation d'un préjudice subi, sous forme de « réparation morale » – le constat d'une violation – ou de « réparation matérielle » – par la restitution (v. ss « *Restitutio in integrum* ») ou le versement d'une indemnité. Il peut s'agir d'une réparation à titre gracieux, *ex gratia*, sans mise en cause de la responsabilité internationale, ou d'une obligation de réparer qui découle de la violation d'une obligation internationale.

■ *Restitutio in integrum* n° 122

Littéralement, « restitution en nature », rétablissement de la situation antérieure à la violation visant à « effacer toutes les conséquences de l'acte illicite » (CPJI 13 sept. 1928, *Usine Chorzow*, série A, n° 17), « réparation directe » par opposition à réparation par indemnisation ou satisfaction.

Documents

1) La hiérarchie des normes en France

La Constitution de 1958

CONSTITUTION

|

TRAITÉS ET ACCORDS INTERNATIONAUX

(titre VI: art. 55)

|

LOIS

|

RÈGLEMENTS

La Constitution révisée en 2008

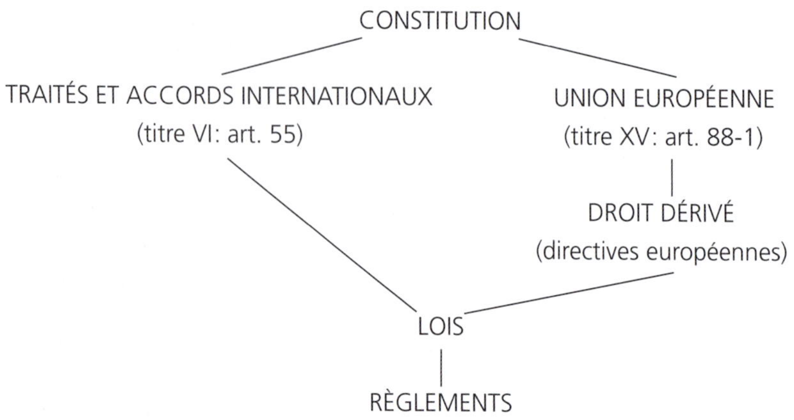

2) La portée du droit interne en droit international

CPJI 25 mai 1926, *aff. relative à certains intérêts allemands en Haute-Silésie polonaise*, fond (*Rec.* 19, série A, n° 7)

On pourrait se demander si une difficulté ne surgit pas du fait que la Cour devrait s'occuper de la loi polonaise du 14 juillet 1920. Tel ne semble cependant pas être le cas. Au regard du droit international et de la Cour qui en est l'organe, les lois nationales sont de simples faits, manifestations de la volonté et de l'activité des États, au même titre que les décisions judiciaires ou les mesures administratives. La Cour n'est certainement pas appelée à interpréter la loi polonaise comme telle ; mais rien ne s'oppose à ce qu'elle se prononce sur la question de savoir si, en appliquant ladite loi, la Pologne agit ou non en conformité avec les obligations que la convention de Genève lui impose envers l'Allemagne.

⇨ *Les lois nationales sont de simples faits au regard du droit international.*

CPJI 4 févr. 1932, *Traitement des nationaux polonais et des autres personnes d'origine ou de langue polonaise dans le territoire de Dantzig* (*Rec.* 24, série A/B, n° 44)

Il faut observer (…) que si, d'une part, d'après les principes généralement admis, un État ne peut, vis-à-vis d'un autre État, se prévaloir des dispositions constitutionnelles de ce dernier, mais seulement du droit international et des engagements internationaux valablement contractés, d'autre part et inversement, un État ne saurait invoquer vis-à-vis d'un autre État sa propre Constitution pour se soustraire aux obligations que lui imposent le droit international ou les traités en vigueur.

⇨ *Au regard du droit international, ce dernier prime sur toutes les normes de droit interne, y compris la Constitution.*

3) La portée du droit international conventionnel et dérivé en droit français

CE, ass., 20 oct. 1989, *Nicolo* (*Lebon* 190)

Vu la Constitution, notamment son article 55 ; Vu le Traité en date du 25 mars 1957, instituant la Communauté économique européenne ; Vu la loi n° 77-729 du 7 juillet 1977 ; Vu le Code électoral ; Vu l'ordonnance n° 45-1708 du 31 juillet 1945, le décret n° 53-934 du 30 septembre 1953 et la loi n° 87-1127 du 31 décembre 1987 ; (...)

Considérant qu'aux termes de l'article 4 de la loi n° 77-729 du 7 juillet 1977 relative à l'élection des représentants à l'assemblée des Communautés européennes « le territoire de la République forme une circonscription unique » pour l'élection des représentants français au Parlement européen ; qu'en vertu de cette disposition législative, combinée avec celles des articles 2 et 72 de la Constitution du 4 octobre 1958, desquelles il résulte que les départements et territoires d'outre-mer font partie intégrante de la République française, lesdits départements et territoires sont nécessairement inclus dans la circonscription unique à l'intérieur de laquelle il est procédé à l'élection des représentants au Parlement européen ;

Considérant qu'aux termes de l'article 227-1 du traité en date du 25 mars 1957 instituant la Communauté économique européenne : « le présent traité s'applique (...) à la République française » ; que les règles ci-dessus rappelées, définies par la loi du 7 juillet 1977, ne sont pas incompatibles avec les stipulations claires de l'article 227-1 précité du traité de Rome ;

Considérant qu'il résulte de ce qui précède que les personnes ayant, en vertu des dispositions du chapitre 1er du titre 1er du livre 1er du Code électoral, la qualité d'électeur dans les départements et territoires d'outre-mer ont aussi cette qualité pour l'élection des représentants au Parlement européen ; qu'elles sont également éligibles, en vertu des dispositions de l'article L. O. 127 du Code électoral, rendu applicable à l'élection au Parlement européen par l'article 5 de la loi susvisée du 7 juillet 1977 ; que, par suite, M. Nicolo n'est fondé à soutenir ni que la participation des citoyens français des départements et territoires d'outre-mer à l'élection des représentants au Parlement européen, ni que la présence de certains d'entre eux sur des listes de candidats auraient vicié ladite élection ; que, dès lors, sa requête doit être rejetée.

⇨ *Le Conseil d'État revient sur sa jurisprudence Syndicat général des fabricants de semoule de France du 1er mars 1968 en reconnaissant, sur le fondement de l'article 55 de la Constitution, la supériorité des traités sur les lois, même postérieures.*

CE, ass., 30 oct. 1998, *Sarran* (*Lebon* 369)

Sur les conclusions à fin d'annulation du décret attaqué :

Considérant que l'article 76 de la Constitution, dans la rédaction qui lui a été donnée par l'article 2 de la loi constitutionnelle du 20 juillet 1998 énonce, dans son premier alinéa, que : « les populations de la Nouvelle-Calédonie sont appelées à se prononcer avant le 31 décembre 1998 sur les dispositions de l'accord signé à Nouméa le 5 mai 1998 et publié le 27 mai 1998 au *Journal officiel de la République française* » ; qu'en vertu du deuxième alinéa de l'article 76 : « sont admises à participer au scrutin les personnes remplissant les conditions fixées à l'article 2 de la loi n° 88-1028 du 9 novembre 1988 » ; qu'enfin, aux termes du troisième alinéa de l'article 76 : « les mesures nécessaires à l'organisation du scrutin sont prises par décret en Conseil d'État délibéré en Conseil des ministres » ; que le décret du 20 juillet 1998 a été pris sur le fondement de ces dernières dispositions ; (...)

En ce qui concerne les moyens de légalité interne :
Quant aux moyens dirigés contre les articles 3 et 8 du décret attaqué :
Considérant que l'article 3 du décret du 20 août 1998 dispose que : « conformément à l'article 76 de la Constitution et à l'article 2 de la loi du 9 novembre 1988 (...) sont admis à participer à la consultation du 8 novembre 1998 les électeurs inscrits à cette date sur les listes électorales du territoire et qui ont leur domicile en Nouvelle-Calédonie depuis le 6 novembre 1988 » ; qu'il est spécifié que : « sont réputées avoir leur domicile en Nouvelle-Calédonie alors même qu'elles accomplissent le service national ou poursuivent un cycle d'études ou de formation continue hors du territoire, les personnes qui avaient antérieurement leur domicile dans le territoire » ; que l'article 8 du décret précise dans son premier alinéa, que la commission administrative chargée de l'établissement de la liste des personnes admises à participer à la consultation, inscrit sur cette liste les électeurs remplissant à la date de la consultation la condition de domicile exigée par l'article 2 de la loi du 9 novembre 1988 ;
Considérant qu'ainsi qu'il a été dit ci-dessus, le deuxième alinéa de l'article 76 de la Constitution dispose que : « sont admises à participer au scrutin les personnes remplissant les conditions fixées à l'article 2 de la loi n° 88-1028 du 9 novembre 1988 » ; que ce dernier article exige que les intéressés soient domiciliés en Nouvelle-Calédonie depuis le 6 novembre 1988, sous réserve des exceptions qu'il énumère dans son second alinéa et qui sont reprises par l'article 3 du décret attaqué ; qu'ainsi, les articles 3 et 8 dudit décret, loin de méconnaître l'article 76 de la Constitution en ont fait une exacte application ;
Considérant que l'article 76 de la Constitution ayant entendu déroger aux autres normes de valeur constitutionnelle relatives au droit de suffrage, le moyen tiré de ce que les dispositions contestées du décret attaqué seraient contraires aux articles 1er et 6 de la Déclaration des droits de l'homme et du citoyen, à laquelle renvoie le préambule de la Constitution ou à l'article 3 de la Constitution ne peut qu'être écarté ;
Considérant que si l'article 55 de la Constitution dispose que « les traités ou accords régulièrement ratifiés ou approuvés ont, dès leur publication, une autorité supérieure à celle des lois sous réserve, pour chaque accord ou traité, de son application par l'autre partie », la suprématie ainsi conférée aux engagements internationaux ne s'applique pas, dans l'ordre interne, aux dispositions de nature constitutionnelle ; qu'ainsi, le moyen tiré de ce que le décret attaqué, en ce qu'il méconnaîtrait les stipulations d'engagements internationaux régulièrement introduits dans l'ordre interne, serait par là même contraire à l'article 55 de la Constitution, ne peut lui aussi qu'être écarté ;
Considérant que si les requérants invitent le Conseil d'État à faire prévaloir les stipulations des articles 2, 25 et 26 du pacte des Nations Unies sur les droits civils et politiques, de l'article 14 de la Convention européenne de sauvegarde des droits de l'homme et des libertés fondamentales et de l'article 3 du protocole additionnel n° 1 à cette convention, sur les dispositions de l'article 2 de la loi du 9 novembre 1988, un tel moyen ne peut qu'être écarté dès lors que par l'effet du renvoi opéré par l'article 76 de la Constitution aux dispositions dudit article 2, ces dernières ont elles-mêmes valeur constitutionnelle.

⇨ *Le Conseil d'État juge que la primauté accordée aux traités sur le droit interne par l'article 55 de la Constitution ne s'applique pas aux dispositions de nature constitutionnelle. La Cour de cassation a adopté la même position dans son arrêt rendu en assemblée plénière le 2 juin 2000, Fraisse, Bull. ass. plén., n° 4, p. 7.*

Cons. const. 19 nov. 2004, n° 2004-505 DC, *Traité établissant une Constitution pour l'Europe*

Le Conseil constitutionnel,

Vu la Constitution du 4 octobre 1958, notamment son titre XV : « Des Communautés européennes et de l'Union européenne » ;

Vu l'ordonnance n° 58-1067 du 7 novembre 1958 modifiée portant loi organique sur le Conseil constitutionnel ;

Vu le Traité instituant la Communauté européenne ;

Vu le Traité sur l'Union européenne ;

Vu les autres engagements souscrits par la France et relatifs aux Communautés européennes et à l'Union européenne ;

Vu la Convention européenne de sauvegarde des droits de l'homme et des libertés fondamentales ;

Vu les décisions du Conseil constitutionnel n°s 2004-496 DC du 10 juin 2004, 2004-497 DC du 1er juillet 2004, 2004-498 DC et 2004-499 DC du 29 juillet 2004 ;

Vu l'arrêt de la Cour européenne des droits de l'homme n° 4774/98 (*aff. Leyla Sahin c/ Turquie*) du 29 juin 2004 ; (...)

– Sur le principe de primauté du droit de l'Union européenne : (...)

9. Considérant, en premier lieu, qu'il résulte des stipulations du traité soumis au Conseil constitutionnel, intitulé « Traité établissant une Constitution pour l'Europe », et notamment de celles relatives à son entrée en vigueur, à sa révision et à la possibilité de le dénoncer, qu'il conserve le caractère d'un traité international souscrit par les États signataires du traité instituant la Communauté européenne et du traité sur l'Union européenne ;

10. Considérant, en particulier, que n'appelle pas de remarque de constitutionnalité la dénomination de ce nouveau traité ; qu'en effet, il résulte notamment de son article I-5, relatif aux relations entre l'Union et les États membres, que cette dénomination est sans incidence sur l'existence de la Constitution française et sa place au sommet de l'ordre juridique interne ;

11. Considérant, en second lieu, qu'aux termes de l'article 88-1 de la Constitution : « la République participe aux Communautés européennes et à l'Union européenne, constituées d'États qui ont choisi librement, en vertu des traités qui les ont instituées, d'exercer en commun certaines de leurs compétences » ; que le constituant a ainsi consacré l'existence d'un ordre juridique communautaire intégré à l'ordre juridique interne et distinct de l'ordre juridique international ;

12. Considérant qu'aux termes de l'article I-1 du Traité : « inspirée par la volonté des citoyens et des États d'Europe de bâtir leur avenir commun, la présente Constitution établit l'Union européenne, à laquelle les États membres attribuent des compétences pour atteindre leurs objectifs communs. L'Union coordonne les politiques des États membres visant à atteindre ces objectifs et exerce sur le mode communautaire les compétences qu'ils lui attribuent » ; qu'en vertu de l'article I-5, l'Union respecte l'identité nationale des États membres « inhérente à leurs structures fondamentales politiques et constitutionnelles » ; qu'aux termes de l'article I-6 : « la Constitution et le droit adopté par les institutions de l'Union, dans l'exercice des compétences qui sont attribuées à celle-ci, priment le droit des États membres » ; qu'il résulte d'une déclaration annexée au traité que cet article ne confère pas au principe de primauté une portée autre que celle qui était antérieurement la sienne ;

13. Considérant que, si l'article I-1 du Traité substitue aux organisations établies par les traités antérieurs une organisation unique, l'Union européenne, dotée en vertu de l'article I-7 de la

personnalité juridique, il ressort de l'ensemble des stipulations de ce Traité, et notamment du rapprochement de ses articles I-5 et I-6, qu'il ne modifie ni la nature de l'Union européenne, ni la portée du principe de primauté du droit de l'Union telle qu'elle résulte, ainsi que l'a jugé le Conseil constitutionnel par ses décisions susvisées, de l'article 88-1 de la Constitution ; que, dès lors, l'article I-6 du Traité soumis à l'examen du Conseil n'implique pas de révision de la Constitution.

⇨ *Dans la lignée de sa jurisprudence de l'été 2004 (à commencer par la décision relative à la Loi pour la confiance dans l'économie numérique, n° 2004-496 DC), le Conseil constitutionnel juge que le principe de primauté posé par l'article I-6 du projet de Traité établissant une Constitution par l'Europe n'est pas contraire à la Constitution française, qui le consacre dans son article 88-1. Il ne peut dès lors être fait obstacle, en droit interne, à une norme communautaire « qu'en raison d'une disposition expresse contraire de la Constitution ».*

CE, ass., 8 févr. 2007, *Sté Arcelor Atlantique et Lorraine* (M. Long, P. Weil, G. Braibant, P. Delvolvé, B. Genevois, *GAJA*, 20e éd., Dalloz, 2015, n° 109)

Considérant que si, aux termes de l'article 55 de la Constitution, « les traités ou accords régulièrement ratifiés ou approuvés ont, dès leur publication, une autorité supérieure à celle des lois, sous réserve, pour chaque accord ou traité, de son application par l'autre partie », la suprématie ainsi conférée aux engagements internationaux ne saurait s'imposer, dans l'ordre interne, aux principes et dispositions à valeur constitutionnelle ; qu'eu égard aux dispositions de l'article 88-1 de la Constitution, selon lesquelles « la République participe aux Communautés européennes et à l'Union européenne, constituées d'États qui ont choisi librement, en vertu des traités qui les ont instituées, d'exercer en commun certaines de leurs compétences », dont découle une obligation constitutionnelle de transposition des directives, le contrôle de constitutionnalité des actes réglementaires assurant directement cette transposition est appelé à s'exercer selon des modalités particulières dans le cas où sont transposées des dispositions précises et inconditionnelles ; qu'alors, si le contrôle des règles de compétence et de procédure ne se trouve pas affecté, il appartient au juge administratif, saisi d'un moyen tiré de la méconnaissance d'une disposition ou d'un principe de valeur constitutionnelle, de rechercher s'il existe une règle ou un principe général du droit communautaire qui, eu égard à sa nature et à sa portée, tel qu'il est interprété en l'état actuel de la jurisprudence du juge communautaire, garantit par son application l'effectivité du respect de la disposition ou du principe constitutionnel invoqué ; que, dans l'affirmative, il y a lieu pour le juge administratif, afin de s'assurer de la constitutionnalité du décret, de rechercher si la directive que ce décret transpose est conforme à cette règle ou à ce principe général du droit communautaire ; qu'il lui revient, en l'absence de difficulté sérieuse, d'écarter le moyen invoqué, ou, dans le cas contraire, de saisir la Cour de justice des Communautés européennes d'une question préjudicielle, dans les conditions prévues par l'article 234 du Traité instituant la Communauté européenne ; qu'en revanche, s'il n'existe pas de règle ou de principe général du droit communautaire garantissant l'effectivité du respect de la disposition ou du principe constitutionnel invoqué, il revient au juge administratif d'examiner directement la constitutionnalité des dispositions réglementaires contestées ;

⇨ *Par cet arrêt, le Conseil établit une méthode permettant de concilier, d'une part, le principe de primauté de la Constitution sur le droit communautaire et, d'autre part, l'obligation constitutionnelle de transposition des directives communautaires résultant de l'article 88-1 de la Constitution. Saisi d'un recours pour excès de pouvoir invoquant l'inconstitutionnalité d'un décret transposant les dispositions « précises et inconditionnelles » d'une directive, le Conseil doit appliquer en priorité les règles et les principes du droit communautaire ou bien saisir la CJCE d'une question préjudicielle en cas de difficulté d'interprétation. Ce n'est qu'en l'absence d'une règle ou d'un principe général de droit communautaire « garantissant l'effectivité du respect de la disposition ou du principe constitutionnel invoqué » qu'il lui sera loisible d'appliquer directement la Constitution.*

CE, ass., 8 févr. 2007, *Gardedieu* (*Lebon* 78)

Considérant que la responsabilité de l'État du fait des lois est susceptible d'être engagée, d'une part, sur le fondement de l'égalité des citoyens devant les charges publiques, pour assurer la réparation de préjudices nés de l'adoption d'une loi à la condition que cette loi n'ait pas entendu exclure toute indemnisation et que le préjudice dont il est demandé réparation, revêtant un caractère grave et spécial, ne puisse, dès lors, être regardé comme une charge incombant normalement aux intéressés, d'autre part, en raison des obligations qui sont les siennes pour assurer le respect des conventions internationales par les autorités publiques, pour réparer l'ensemble des préjudices qui résultent de l'intervention d'une loi adoptée en méconnaissance des engagements internationaux de la France ;

⇨ *Jusqu'à l'arrêt Gardedieu, la responsabilité de l'État pour un dommage résultant de la violation d'une convention internationale ne pouvait être reconnue que sur le fondement d'une responsabilité sans faute pour rupture de l'égalité des citoyens devant les charges publiques, et ceci dans des conditions extrêmement restrictives. L'arrêt Gardedieu vient ajouter un nouveau fondement à la responsabilité, qui facilite sa mise en œuvre : l'obligation de la France de respecter les conventions internationales. Désormais, peuvent être réparés sur ce fondement les préjudices qui résultent de l'intervention d'une loi contraire au droit international.*

CE 27 oct. 2015, *Allenbach et autres* (n° 393026)

7. Considérant qu'aux termes de l'article 5 de la Charte : « Pour toute modification des limites territoriales locales, les collectivités locales concernées doivent être consultées préalablement, éventuellement par voie de référendum là où la loi le permet » ; que si, en vertu des dispositions de l'article 55 de la Constitution, le juge devant lequel un acte administratif est contesté au motif que les dispositions législatives dont il fait application sont contraires à une norme juridique contenue dans un traité ou un accord régulièrement introduit dans l'ordre juridique interne est habilité à écarter l'application de celle-ci, il ne peut être utilement saisi d'un moyen tiré de ce que la procédure d'adoption de la loi n'aurait pas été conforme aux stipulations d'un tel traité ou accord ; qu'ainsi le moyen tiré de ce que la loi du 16 janvier 2015 fixant la nouvelle délimitation des régions aurait été adoptée en méconnaissance des stipulations de l'article 5 de la Charte européenne de l'autonomie locale imposant la consultation préalable des collectivités locales ne peut qu'être écarté (...)

⇨ *Le Conseil d'État refuse de contrôler la procédure nationale d'adoption de la loi au regard des dispositions d'un traité international, en l'espèce la Charte européenne de l'autonomie locale. Implicitement, dans la ligne de la jurisprudence Sarran, le Conseil d'État considère que la procédure législative est une matière régie par la Constitution et n'est donc pas susceptible d'être affectée par un traité.*

4) La portée du droit international coutumier et des principes généraux du droit communautaire en droit français

Cons. const. 9 avr. 1992, n° 92-308 DC, *Traité sur l'Union européenne (Maastricht I)*

(L. Favoreu, L. Philip, *GDCC*, 12e éd., Dalloz, 2003, n° 45-1)

Considérant que le quatorzième alinéa du préambule de la Constitution de 1946, auquel se réfère le préambule de la Constitution de 1958, proclame que la République française « se conforme aux règles du droit public international » ; qu'au nombre de celles-ci figure la règle *Pacta sunt servanda* qui implique que tout traité en vigueur lie les parties et doit être exécuté par elles de bonne foi ; que l'article 55 de la Constitution de 1958 dispose, en outre, que « les traités ou accords régulièrement ratifiés ou approuvés ont, dès leur publication, une autorité supérieure à celle des lois, sous réserve, pour chaque accord ou traité, de son application par l'autre partie » ;

Considérant qu'il appartient au Conseil constitutionnel, saisi, au titre de la procédure instituée par l'article 54 de la Constitution, d'un traité qui modifie ou complète un ou plusieurs engagements internationaux déjà introduits dans l'ordre juridique interne de déterminer la portée du traité soumis à son examen en fonction des engagements internationaux que ce traité a pour objet de modifier ou compléter ;

⇨ *Pacta sunt servanda fait partie des règles du « droit public international » évoquées par l'alinéa 14 du préambule de la Constitution.*

Crim. 13 mars 2001, *Procureur général près la cour d'appel de Paris c/ Assoc. SOS Attentats et a.*

(*Gaz. Pal.* 25 mai 2001, n° 145-149, p. 32-33)

Sur le moyen unique de cassation, pris de la violation du droit pénal coutumier international relatif à l'immunité de juridiction reconnue aux chefs d'État étrangers ;

Vu les principes généraux du droit international ;

Attendu que la coutume internationale s'oppose à ce que les chefs d'État en exercice puissent, en l'absence de dispositions internationales contraires s'imposant aux parties concernées, faire l'objet de poursuites devant les juridictions pénales d'un État étranger ;

Attendu que l'association *SOS Attentats* et Béatrice Castelnau d'Esnault ont porté plainte avec constitution de partie civile du chef de complicité de destruction d'un bien par l'effet d'une substance explosive ayant entraîné la mort d'autrui, en relation avec une entreprise terroriste contre Mouammar Khadafi, chef d'État en exercice de la Jamahiriya arabe libyenne, à qui elles reprochent son implication dans l'attentat commis le 19 septembre 1989 contre un avion DC 10 de la compagnie UTA, lequel, en explosant au-dessus du Niger, a causé la mort de 170 personnes, plusieurs d'entre elles étant de nationalité française ;

Attendu que, pour confirmer l'ordonnance du juge d'instruction disant y avoir lieu à informer, nonobstant des réquisitions contraires du ministère public, les juges du second degré retiennent que, si l'immunité des chefs d'État étrangers a toujours été admise par la société internationale, y compris la France, aucune immunité ne saurait couvrir les faits de complicité de destruction d'un bien par l'effet d'une substance explosive ayant entraîné la mort d'autrui, en relation avec une entreprise terroriste ;

Mais attendu qu'en se prononçant ainsi, alors qu'en l'état du droit international, le crime dénoncé, quelle qu'en soit la gravité, ne relève pas des exceptions au principe de l'immunité de juridiction des chefs d'États étrangers en exercice, la chambre d'accusation a méconnu le principe susvisé ;
(...) par ces motifs,
CASSE et ANNULE, en toutes ses dispositions, l'arrêt de la chambre d'accusation de la cour d'appel de PARIS, en date du 20 octobre 2000 (...)

⇨ *Application de la coutume internationale relative aux exceptions à l'immunité de juridiction des chefs d'États étrangers.*

CE, sect., 23 oct. 1987, *Sté Nachfolger navigation Company Ltd* (*Lebon* 319-320)

Sur la responsabilité pour faute :
Considérant qu'il résulte de l'instruction que le navire chypriote Ammersee, après avoir subi de nombreuses et graves avaries, a été évacué par son équipage et son capitaine dans la soirée du 4 octobre 1974 alors qu'il naviguait en Manche au-delà des eaux territoriales françaises qui bordent le département des Côtes-du-Nord, à un moment où il menaçait de sombrer ; qu'à demi submergé, il a ensuite dérivé pendant trente-six heures, sans feu ni signalisation, sous l'effet des vents et des courants, laissé sans surveillance par le capitaine et son équipage et abandonné par son armateur qui, quoiqu'averti dès le début des événements, n'a ni tenté de le faire assister ni pris de mesure de garde ; qu'ainsi ce navire qui n'était plus en état de naviguer, était réduit, avec sa cargaison, à l'état d'épave ;
Considérant qu'en raison du caractère dangereux de la cargaison, constituée principalement de 200 tonnes d'explosifs et de dynamite, et compte tenu de l'impossibilité de signaler l'épave de façon efficace, le préfet maritime de la deuxième région maritime en a ordonné la destruction, qui fut exécutée par un navire de la Marine nationale le 6 octobre au matin ;
Considérant que, dans les circonstances sus-rappelées, l'autorité maritime française a pu, afin de parer au danger grave et immédiat que constituait l'épave de l'*Ammersee* tant pour la sécurité des côtes et des eaux territoriales françaises que pour la sécurité de la navigation dans ces eaux et alors qu'aucune autre mesure n'était susceptible d'écarter le danger ainsi créé, ordonner la destruction en haute mer de cette épave sans méconnaître aucun principe de droit international ; que la décision ainsi prise n'a pas constitué une faute susceptible d'engager la responsabilité de l'État ; (...)
Considérant qu'il résulte de tout ce qui précède que les requérantes ne sont pas fondées à soutenir que c'est à tort que, par le jugement attaqué, qui est suffisamment motivé, le tribunal administratif de Paris a rejeté leurs demandes ; (...) (rejet).

⇨ *La méconnaissance d'un principe de droit international peut constituer une faute susceptible d'engager la responsabilité de l'État.*

CE 6 juin 1997, *Aquarone* (*Lebon* 206)

Considérant en premier lieu, qu'aux termes de l'article 4 A du Code général des impôts : « les personnes qui ont en France leur domicile fiscal sont passibles de l'impôt sur le revenu en raison de l'ensemble de leurs revenus » ; qu'aux termes de l'article 79 du même Code : « les traitements, indemnités, émoluments, salaires, pensions et rentes viagères concourent à la formation du revenu global servant de base à l'impôt sur le revenu » ; que la cour administrative d'appel de

Lyon n'a pas commis d'erreur de droit en jugeant que la pension de retraite versée à M. Aquarone domicilié en France, par la caisse commune du personnel de l'ONU en sa qualité d'ancien greffier de la cour internationale de justice entrait dans le champ d'application de ces dispositions ; (...)

Considérant, en troisième lieu, qu'aux termes de l'article 55 de la Constitution du 4 octobre 1958 : « les traités ou accords régulièrement ratifiés ou approuvés ont, dès leur publication, une autorité supérieure à celle des lois, sous réserve, pour chaque accord ou traité, de son application par l'autre partie » ; que ni cet article ni aucune autre disposition de valeur constitutionnelle ne prescrit ni n'implique que le juge administratif fasse prévaloir la coutume internationale sur la loi en cas de conflit entre ces deux normes ; qu'ainsi, en écartant comme inopérant le moyen tiré par M. Aquarone de la contrariété entre la loi fiscale française et de telles règles coutumières, la cour administrative d'appel, qui a également relevé que la coutume invoquée n'existait pas, n'a pas commis d'erreur de droit ;

Considérant qu'il résulte de tout ce qui précède que M. Aquarone n'est pas fondé à demander l'annulation de l'arrêt attaqué, qui est suffisamment motivé.

⇨ *Le juge administratif n'a pas l'obligation de faire prévaloir la coutume internationale sur la loi interne.*

CE 3 déc. 2001, *Syndicat national de l'industrie pharmaceutique* (*Lebon* 624-626)

Sur la légalité interne :

Considérant que les dispositions du III de l'article 12 de l'ordonnance n° 96-51 du 24 janvier 1996 relative aux mesures urgentes tendant au rétablissement de l'équilibre financier de la sécurité sociale ont institué une contribution exceptionnelle mise à la charge des entreprises pharmaceutiques, dont l'assiette était constituée par leur chiffre d'affaires hors taxes réalisé en 1995 dont étaient retranchées les charges comptabilisées au titre des dépenses afférentes aux opérations de recherche réalisées en France ; que ces dispositions ont été annulées le 15 octobre 1999 par une décision du Conseil d'État statuant au contentieux, qui a tiré les conséquences d'un arrêt de la Cour de justice des Communautés européennes en date du 8 juillet 1999 par lequel la cour, saisie d'une question préjudicielle, a jugé incompatible avec le Traité instituant la Communauté européenne une législation telle celle définissant l'assiette de la contribution en tant qu'elle ne permettait de déduire que les dépenses de recherche réalisées en France, à l'exclusion de celles réalisées dans les autres États de la Communauté européenne ;

Considérant qu'à la suite de cette décision du Conseil d'État, les entreprises assujetties à la contribution ont été remboursées des sommes qu'elles avaient versées ; que, toutefois, pour compenser le manque à gagner subi par la caisse nationale de l'assurance-maladie des travailleurs salariés, l'article 30 de la loi n° 99-1140 du 29 décembre 1999 de financement de la sécurité sociale pour 2000 a institué au profit de la même caisse une contribution exceptionnelle mise à la charge des entreprises exploitant des spécialités pharmaceutiques remboursables et des médicaments agréés à l'usage des collectivités, assise sur le chiffre d'affaires hors taxes réalisé en 1999 à ce titre ; que ne sont plus déductibles de cette assiette les dépenses de recherche ; que sont en revanche exemptées de la contribution, les entreprises dont le chiffre d'affaires hors taxes réalisé en 1999 est inférieur à 100 millions de F, sauf si elles sont filiales à 50 pour 100 au moins d'une entreprise ou d'un groupe dont le chiffre d'affaires consolidé réalisé en France au titre de ces mêmes spécialités dépasse cette limite ; qu'en application de ces dispositions, qui renvoyaient à un décret la fixation du taux de la contribution à un niveau compris entre 1,2 et 1,3 % du chiffre d'affaires considéré, le gouvernement, par le décret attaqué, a fixé ce taux à 1,2 % ;

Considérant que s'il n'est pas contesté que cette contribution a été instaurée, comme il vient d'être dit, afin de compenser intégralement les conséquences financières pour la gestion de la branche assurance-maladie de la sécurité sociale de l'annulation et du remboursement corrélatif aux entreprises concernées, de la contribution exceptionnelle instituée en 1996 sur le chiffre d'affaires réalisé en 1995, la nouvelle contribution ne concerne cependant pas les mêmes assujettis, retient une assiette différente, en particulier en ne permettant plus de déduire les dépenses de recherche, et ne prévoit pas les mêmes exonérations que la précédente ;

Considérant par suite qu'il n'y a pas en raison de l'intervention de l'article 30 de la loi précitée, dont le décret attaqué fait application, d'atteinte à la chose jugée par l'arrêt rendu le 8 juillet 1999 par la Cour de justice des Communautés européennes, ni davantage de méconnaissance de la chose jugée par le Conseil d'État statuant au contentieux dont la décision d'annulation du 15 octobre 1999 concernait une autre imposition ; que dans ces conditions, et sans qu'il soit besoin de saisir la Cour de justice des Communautés européennes d'une question préjudicielle, l'argumentation des requêtes qui s'efforce de rattacher la prétendue atteinte à la chose jugée par le juge communautaire et par le juge national à la violation de traités régulièrement introduits dans l'ordre juridique interne ne peut qu'être écartée ; qu'ainsi, les requérants ne peuvent utilement se prévaloir d'une incompatibilité de la loi servant de support au décret attaqué, d'une part, avec les stipulations des engagements internationaux qu'ils invoquent, qu'il s'agisse de l'article 10 du Traité instituant la Communauté européenne qui fait obligation aux États membres d'assurer l'exécution des obligations découlant du Traité, de l'article 6-1 de la Convention européenne de sauvegarde des droits de l'homme et des libertés fondamentales relatif au droit à un procès équitable, de l'article 1er du premier protocole additionnel à cette convention relatif au droit de propriété et, d'autre part, avec des principes généraux de l'ordre juridique communautaire déduits du traité instituant la Communauté européenne et ayant la même valeur juridique que ce dernier, qu'il s'agisse du principe de la confiance légitime et du principe de la sécurité juridique applicables aux situations régies par le droit communautaire, du principe de loyauté qui se confond d'ailleurs avec le respect de l'article 10 du Traité CE ou encore du principe de primauté, lequel au demeurant ne saurait conduire, dans l'ordre interne, à remettre en cause la suprématie de la Constitution ;

⇨ *Le Conseil d'État reconnaît que les principes généraux de l'ordre juridique communautaire déduits du traité de Rome ont la même valeur juridique que ce dernier, c'est-à-dire une valeur supérieure à celle des lois. Mais ces principes – y compris le principe de primauté du droit communautaire – ne remettent pas en cause la suprématie de la Constitution.*

CE, sect., 14 oct. 2011, *Om Hashem Saleh et a.*

(...) Considérant qu'il résulte d'une règle coutumière du droit public international que les États bénéficient par principe de l'immunité d'exécution pour les actes qu'ils accomplissent à l'étranger ; que cette immunité fait obstacle à la saisie de leurs biens, à l'exception de ceux qui ne se rattachent pas à l'exercice d'une mission de souveraineté ;

Considérant qu'en vertu du quatorzième alinéa du Préambule de la constitution du 27 octobre 1946, auquel se réfère le Préambule de la Constitution du 4 octobre 1958, la République française, fidèle à ses traditions, se conforme aux règles du droit public international ; que l'article 1er de la loi du 9 juillet 1991 portant réforme des procédures civiles d'exécution prévoit que l'exécution forcée et les mesures conservatoires ne sont pas applicables aux personnes qui bénéficient d'une immunité d'exécution ; qu'il en résulte que la règle coutumière du droit public international d'immunité d'exécution des États, qui n'est écartée ni par cette loi ni par aucune autre disposition législative, s'applique dans l'ordre juridique interne ; que la responsabilité de l'État est, par suite, susceptible d'être recherchée, sur le fondement de la rupture de l'égalité devant les charges publiques, dans le cas où son application entraîne un préjudice grave et spécial ; (...)

Sur le règlement au fond :

Considérant, d'une part, qu'il ne résulte ni de la règle coutumière du droit public international de l'immunité d'exécution des États étrangers ni d'aucune disposition législative que soit exclue l'indemnisation par l'État des préjudices invoqués nés de l'application de cette règle ;

Considérant, d'autre part, qu'il résulte de l'instruction qu'eu égard au montant des sommes en cause et à la situation des requérantes, le préjudice invoqué par chacune d'entre elles revêt un caractère de gravité de nature à ouvrir droit à indemnisation ; que compte tenu du faible nombre des victimes d'agissements analogues imputables à des ambassades d'États étrangers, sur le territoire français, les préjudices dont elles se prévalent peuvent être regardés comme présentant un caractère spécial et, dès lors, comme ne constituant pas une charge incombant normalement aux requérantes ; que par ailleurs, la circonstance que leur employeur soit un État étranger, qui comme tel bénéficie d'immunités, ne peut faire obstacle à la reconnaissance du caractère spécial de leur préjudice, les requérantes ne pouvant, ainsi qu'il a été rappelé ci-dessus, être réputées avoir par avance accepté le risque résultant de la méconnaissance par leur employeur des dispositions d'ordre public applicables à la conclusion, à l'exécution et à la rupture de leur contrat de travail ni, par suite, avoir renoncé aux dispositions permettant le recouvrement, même contraint, de leurs créances salariales sur cet employeur en contrepartie du travail effectué et des indemnités pouvant résulter de la rupture de ce contrat par l'employeur ;

Considérant, enfin, qu'il résulte également de l'instruction que si Mme D et autres, qui n'ont pu obtenir de leur ancien employeur, l'État du Koweït, l'exécution des décisions de justice le condamnant au versement des sommes dont il est redevable au titre des salaires et de diverses indemnités dues à raison de leur licenciement, n'ont pas saisi le juge de l'exécution, cette abstention ne saurait être regardée, dans les circonstances de l'espèce, comme les ayant privées d'une chance sérieuse de recouvrer leur créance, alors que l'immunité d'exécution a été opposée par l'État du Koweït aux procédures de saisie attribution qu'elles avaient engagées sur un compte en banque de l'ambassade qui, utilisé pour le paiement des salaires de ses employés, participait à l'accomplissement de l'ensemble des fonctions de la mission diplomatique koweïtienne et n'était ainsi pas dissociable de l'exercice par cet État de ses missions de souveraineté ; que par suite, les préjudices dont se prévalent Mme D et autres doivent être également regardés comme présentant un caractère certain (...)

⇨ *Le Conseil d'État reconnaît un nouveau cas d'engagement de la responsabilité sans faute de l'État pour rupture de l'égalité des citoyens devant les charges publiques en cas de préjudice grave et spécial : l'application d'une coutume internationale. En l'espèce, le principe en cause est celui de l'immunité d'exécution des États étrangers. L'État français est donc amené, par l'application de cette jurisprudence, à indemniser les préjudices causés par un État étranger protégé par la règle de l'immunité.*

5) Les immunités de l'État devant les tribunaux nationaux en matière civile

CEDH 12 déc. 2002, *Aikaterini Kalogeropoulou et a. c/ la Grèce et l'Allemagne*, req. n° 59021/00, décision sur la recevabilité

Dans le cas d'espèce, les requérants ont été reconnus titulaires d'un droit à indemnisation vis-à-vis de l'État allemand, mais n'ont pas pour autant pu obtenir le versement des sommes fixées, en raison du refus de l'État grec de leur permettre d'engager la procédure d'exécution forcée à l'encontre de leur adversaire. Ce refus a été confirmé par les juridictions internes. De l'avis de la Cour, il s'agit là d'une limitation imposée au droit d'accès à un tribunal garanti aux requérants.
La Cour doit d'abord rechercher si la limitation poursuivait un but légitime. Elle note à cet égard que l'immunité des États souverains est un concept de droit international, issu du principe *par in parem non habet imperium*, en vertu duquel un État ne peut être soumis à la juridiction d'un autre État. La Cour estime que l'octroi de l'immunité souveraine à un État dans une procédure civile poursuit le but légitime d'observer le droit international afin de favoriser la courtoisie et les bonnes relations entre États.
La Cour doit déterminer ensuite si la restriction était proportionnée au but poursuivi. Elle rappelle que la Convention doit s'interpréter à la lumière des principes énoncés par la convention de Vienne du 23 mai 1969 sur le droit des traités, qui énonce en son art. 31, § 3 c) qu'il faut tenir compte de « toute règle de droit international applicable aux relations entre les parties ». La Convention, y compris son article 6, ne saurait s'interpréter dans le vide. La Cour ne doit pas perdre de vue le caractère spécifique de traité de garantie collective des droits de l'homme que revêt la Convention, et elle doit tenir compte des principes pertinents du droit international (v., *mutatis mutandis*, *Loizidou c/ Turquie* (fond), Arrêt du 18 déc. 1996, *Rec.* 2231, § 43). La Convention doit s'interpréter de manière à se concilier avec les autres règles du droit international, dont elle fait partie intégrante, y compris celles relatives à l'octroi de l'immunité aux États.
On ne peut dès lors de façon générale considérer comme une restriction disproportionnée au droit d'accès à un tribunal tel que le consacre l'article 6, § 1 des mesures prises par une Haute Partie contractante qui reflètent des règles de droit international généralement reconnues en matière d'immunité des États. De même que le droit d'accès à un tribunal est inhérent à la garantie d'un procès équitable accordée par cet article, de même certaines restrictions à l'accès doivent être tenues pour lui être inhérentes ; on en trouve un exemple dans les limitations généralement admises par la communauté des nations comme relevant de la doctrine de l'immunité des États (*Al-Adsani c/ Royaume-Uni*, *op. cit.*, § 52-56).
Au vu de ce qui précède, la Cour estime que si les tribunaux grecs ont condamné l'État allemand à payer des dommages-intérêts aux requérants, cela n'emporte pas nécessairement obligation pour l'État grec de garantir aux requérants le recouvrement de leur créance au travers d'une procédure d'exécution forcée sur le sol grec. En se référant à l'arrêt n° 11/2000 de la Cour de cassation, les requérants semblent affirmer que le droit international relatif aux crimes contre l'humanité est si fondamental qu'il constitue une norme de *jus cogens* qui l'emporte sur tous les autres principes de droit international, y compris le principe de l'immunité souveraine. Toutefois, la Cour ne juge pas établi qu'il soit déjà admis en droit international que les États ne peuvent prétendre à l'immunité en cas d'actions civiles en dommages-intérêts pour crimes contre l'humanité qui sont introduites sur le sol d'un autre État (v. *Al-Adsani c/ Royaume-Uni*, *op. cit.*, § 66). Il ne saurait donc être demandé au gouvernement grec d'outrepasser contre son gré la règle de l'immunité des États. Cela est au moins vrai dans la situation du droit international public actuelle, telle que la Cour l'a constaté dans l'affaire *Al-Adsani* précitée, ce qui n'exclut pas un développement du droit international coutumier dans le futur.

Dès lors, le refus du ministre de la Justice d'accorder aux requérants l'autorisation de procéder à la saisie de certains biens allemands situés en Grèce ne saurait passer pour une restriction injustifiée au droit d'accès des requérants à un tribunal, d'autant qu'il a été examiné par les juridictions internes et confirmé par un arrêt de la Cour de cassation grecque.
Il s'ensuit que ce grief doit être rejeté comme manifestement mal fondé, en application de l'article 35 §§ 3 et 4 de la Convention.

⇨ *La Cour européenne des droits de l'Homme rejette comme manifestement mal fondée la requête des ayants droit des victimes du massacre de Distomo, perpétré dans ce village grec par les forces armées allemandes le 10 juin 1944. Les tribunaux grecs avaient accordé aux requérants des dommages-intérêts à l'encontre de l'Allemagne. Mais selon la loi grecque, une décision rendue contre un État étranger ne peut être exécutée qu'avec l'autorisation du Ministre de la Justice. Cette autorisation avait été refusée. Dans sa décision sur la recevabilité, la Cour se fonde sur sa jurisprudence Al Adsani (v. outils sur les sources du droit international, documents sur le jus cogens) pour rejeter la requête : l'immunité de l'État constitue une restriction non disproportionnée au droit d'accès à un tribunal garanti par l'article 6, § 1 de la Convention.*

CIJ 3 févr. 2012, *Immunités juridictionnelles de l'État (Allemagne c/ Italie ; Grèce (intervenant))*

52. La Cour commencera par relever que les actions intentées devant les juridictions italiennes ont pour origine des actes perpétrés par les forces armées et autres organes du Reich allemand. L'Allemagne a pleinement reconnu « les souffrances indicibles infligées aux hommes et aux femmes d'Italie, en particulier lors des massacres, ainsi qu'aux anciens internés militaires italiens » (déclaration conjointe de l'Allemagne et de l'Italie, Trieste, 18 nov. 2008) ; elle convient que ces actes étaient illicites et a déclaré devant la Cour qu'elle était « tout à fait consciente de sa responsabilité à cet égard ». La Cour estime que les actes en cause ont incontestablement été commis au mépris le plus total des « considérations élémentaires d'humanité » (*Détroit de Corfou* (CIJ 1949, *Royaume-Uni c/ Albanie*), *fond*, *Rec.* 22 ; *Activités militaires et paramilitaires au Nicaragua et contre celui-ci (CIJ 1986, Nicaragua c/ États-Unis d'Amérique), fond*, *Rec.* 112). (…)
53. Toutefois, la Cour n'est pas appelée à se prononcer sur la question de savoir si ces actes étaient illicites, point qui n'est pas contesté. La question qu'il lui incombe de trancher est en effet celle de savoir si, dans le cadre des actions en réparation engagées sur le fondement de ces actes, la justice italienne était tenue d'accorder l'immunité à l'Allemagne. À cet égard, la Cour constate qu'il existe un très large accord entre les Parties quant au droit applicable, celles-ci convenant en particulier que l'immunité est régie par le droit international et ne relève pas simplement de la courtoisie. (…)
60. La Cour n'est pas appelée, en l'espèce, à se prononcer sur la manière dont le droit international règle la question de l'immunité des États lorsque les actes en cause sont des actes *jure gestionis*. Les actes des forces armées et d'autres organes de l'État allemand en cause devant la justice italienne étaient assurément des actes *jure imperii*. La Cour relève que, en réponse à une question posée par un membre de la Cour, l'Italie a reconnu que les actes concernés devaient être qualifiés d'actes *jure imperii*, et ce, malgré leur caractère illicite. La Cour considère que les expressions « *jure imperii* » et « *jure gestionis* » n'impliquent en rien que les actes visés soient licites, mais indiquent seulement s'ils doivent être appréciés au regard du droit régissant l'exercice du pouvoir souverain (*jus imperii*) ou du droit régissant les activités non souveraines de l'État, en particulier celles d'ordre privé et commercial (*jus gestionis*). (…)

61. Les Parties s'accordent à considérer que les États jouissent, en règle générale, de l'immunité dans le cas d'actes *jure imperii*. (...) L'Allemagne soutient que l'immunité est applicable et qu'aucune des exceptions à l'immunité dont jouit un État à l'égard des actes *jure imperii* ne trouve ici à s'appliquer. L'Italie, quant à elle, fait valoir que l'Allemagne n'est pas fondée à bénéficier de l'immunité dans les procédures qui ont été engagées devant ses tribunaux au double motif que, premièrement, cette immunité ne s'étend pas, en ce qui concerne les actes *jure imperii*, aux actes dommageables ou délictueux ayant entraîné la mort, un préjudice corporel ou un préjudice matériel, commis sur le territoire de l'État du for et, que, deuxièmement, indépendamment du lieu où se sont produits les actes en question, l'Allemagne ne saurait en bénéficier parce que ceux-ci étaient constitutifs des violations les plus graves de règles de droit international à caractère impératif, et qu'il n'existait, pour y remédier, aucune autre voie de recours. La Cour examinera tour à tour chacun des arguments de l'Italie. (...)

77. De l'avis de la Cour, la pratique étatique qui ressort des décisions judiciaires atteste qu'un État continue de jouir, dans le cadre d'instances civiles, de l'immunité à raison d'actes *jure imperii* lorsque sont en cause des actes ayant entraîné la mort, un préjudice corporel ou un préjudice matériel commis par ses forces armées et autres organes dans le cadre d'un conflit armé, même lorsque les actes en question ont eu lieu sur le territoire de l'État du for. Cette pratique est assortie de l'*opinio juris*, ainsi que l'attestent les positions de divers États et la jurisprudence d'un certain nombre de juridictions nationales, qui ont clairement indiqué qu'elles considéraient que le droit international coutumier exigeait de reconnaître l'immunité. L'absence presque totale de toute jurisprudence contraire est également significative, tout comme le fait qu'aucun État n'a jamais déclaré – que ce soit dans le cadre des travaux de la Commission du droit international sur l'immunité de l'État, de l'adoption de la convention des Nations Unies ou dans tout autre contexte dont la Cour pourrait avoir connaissance – que le droit international coutumier ne prescrirait pas l'immunité dans ce type d'affaires.

78. À la lumière de ce qui précède, la Cour estime que le droit international coutumier impose toujours de reconnaître l'immunité à l'État dont les forces armées ou d'autres organes sont accusés d'avoir commis sur le territoire d'un autre État des actes dommageables au cours d'un conflit armé. Cette conclusion est confirmée par les décisions de la Cour européenne des droits de l'homme dont il a été fait mention ci-dessus [ndle : notamment la décision *Kalogeropoulou*] (v. paragraphes 72, 73 et 76). (...)

91. La Cour conclut que, en l'état actuel du droit international coutumier, un État n'est pas privé de l'immunité pour la seule raison qu'il est accusé de violations graves du droit international des droits de l'homme ou du droit international des conflits armés. En formulant cette conclusion, la Cour tient à souligner qu'elle ne se prononce que sur l'immunité de juridiction de l'État lui-même devant les tribunaux d'un autre État ; la question de savoir si et, le cas échéant, dans quelle mesure l'immunité peut s'appliquer dans le cadre de procédures pénales engagées contre un représentant de l'État n'est pas posée en l'espèce. (...)

92. La Cour en vient maintenant au deuxième volet de l'argument de l'Italie, selon lequel les règles violées par l'Allemagne entre 1943 et 1945 relèveraient du *jus cogens*. Cet aspect de la défense italienne repose sur l'hypothèse qu'il existerait un conflit entre les règles de *jus cogens* qui font partie du droit des conflits armés et la reconnaissance de l'immunité de l'Allemagne. Selon l'Italie, les règles de *jus cogens* prévalent toujours sur toute règle contraire du droit international, qu'elle figure dans un traité ou relève du droit international coutumier ; la règle en vertu de laquelle un État jouit de l'immunité devant les juridictions d'un autre État n'ayant pas le statut de *jus cogens*, elle devrait donc être écartée.

93. Par conséquent, cet argument repose sur l'existence d'un conflit entre une règle, ou des règles, de *jus cogens* et la règle de droit coutumier qui fait obligation à un État d'accorder l'immunité à un autre. Or, de l'avis de la Cour, pareil conflit n'existe pas. À supposer, aux fins du présent examen, que les règles du droit des conflits armés qui interdisent de tuer des civils en territoire occupé ou de déporter des civils ou des prisonniers de guerre pour les astreindre au travail forcé soient des normes de *jus cogens*, ces règles n'entrent pas en conflit avec celles qui régissent l'immunité de l'État. Ces deux catégories de règles se rapportent en effet à des questions différentes. Celles qui régissent l'immunité de l'État sont de nature procédurale et se bornent à déterminer si les tribunaux d'un État sont fondés à exercer leur juridiction à l'égard d'un autre. Elles sont sans incidence sur la question de savoir si le comportement à l'égard duquel les actions ont été engagées était licite ou illicite. C'est pourquoi le fait d'appliquer le droit contemporain de l'immunité de l'État à une instance relative à des événements survenus entre 1943 et 1945 ne porte pas atteinte au principe selon lequel les tribunaux ne doivent pas appliquer le droit de manière rétroactive aux fins de se prononcer sur des questions de licéité et de responsabilité (comme la Cour l'a expliqué au paragraphe 58 ci-dessus). Pour la même raison, le fait de reconnaître l'immunité d'un État étranger conformément au droit international coutumier ne revient pas à juger licite une situation créée par la violation d'une règle de *jus cogens*, ni à prêter aide ou assistance au maintien de cette situation, et ne saurait donc contrevenir au principe énoncé à l'article 41 des articles de la Commission du droit international sur la responsabilité de l'État. (...)

95. Pour autant qu'il serait soutenu qu'une règle n'ayant pas le caractère de *jus cogens* ne saurait être appliquée si cela devait affaiblir la mise en œuvre d'une règle de cette nature, même en l'absence de conflit direct entre elles, la Cour ne voit rien qui vienne fonder pareille assertion. Une règle de *jus cogens* est une règle qui ne souffre aucune dérogation, mais les règles qui déterminent la portée et l'étendue de la juridiction, ainsi que les conditions dans lesquelles cette juridiction peut être exercée, ne dérogent pas aux règles de nature matérielle ayant valeur de *jus cogens*, et il n'est rien d'intrinsèque à la notion de *jus cogens* qui imposerait de les modifier ou d'en écarter l'application. (...)

96. En outre, cet argument tiré de la primauté du *jus cogens* sur le droit de l'immunité des États a été écarté par les tribunaux nationaux du Royaume-Uni (...), du Canada (...),de la Pologne (...),de la Slovénie (...),et de la Grèce (...),ainsi que par la Cour européenne des droits de l'homme dans les affaires *Al-Adsani c/ Royaume-Uni* et *Kalogeropoulou et a. c/ Grèce et Allemagne* (...) ; chaque fois, l'argument a été écarté après un examen attentif. La Cour n'estime pas qu'une conclusion différente puisse être tirée de l'arrêt rendu le 9 mars 2011 par la Cour de cassation française en l'affaire *La Réunion aérienne c/ Jamahiriya arabe libyenne* (Civ. 1re, 9 mars 2011, n° 09-14.743, *Bull. civ.* I, n° 49, p. 49). Dans cette affaire, la Cour de cassation a seulement décidé qu'en admettant qu'une norme de *jus cogens* puisse constituer une restriction légitime à l'immunité de l'État, les faits de l'espèce ne justifiaient pas pareille restriction. Il en résulte que les décisions des tribunaux italiens qui font l'objet de la présente instance sont les seules décisions de juridictions nationales dans lesquelles a été retenu le raisonnement sur lequel est fondée cette partie du deuxième argument de l'Italie. En outre, aucune des lois nationales relatives à l'immunité de l'État qui ont été examinées aux paragraphes 70 et 71 ci-dessus n'a limité l'immunité de l'État dans les cas où sont en cause des violations du *jus cogens*.

97. En conséquence, la Cour conclut que, même en admettant que les actions intentées devant les juridictions italiennes mettaient en cause des violations de règles de *jus cogens*, l'application du droit international coutumier relatif à l'immunité des États ne s'en trouvait pas affectée.

99. La Cour relève que l'Allemagne a pris des mesures importantes pour faire en sorte que les victimes italiennes de crimes de guerre et de crimes contre l'humanité bénéficient d'une certaine forme de réparation. L'Allemagne a toutefois décidé d'exclure du champ d'application de son régime national de réparation la plupart des demandes formulées par les internés militaires italiens, au motif que les prisonniers de guerre ne pouvaient prétendre à réparation pour avoir été astreints au travail forcé (voir paragraphe 26 ci-dessus). Or, dans les faits, la très grande majorité des internés militaires italiens s'étaient vus dénier le statut de prisonnier de guerre par les autorités nazies. Ce nonobstant, le Gouvernement allemand a, en 2001, décidé que ces internés militaires ne pouvaient bénéficier d'une réparation, puisqu'ils auraient pu prétendre, en droit, au statut de prisonnier de guerre. La Cour considère qu'il est surprenant, et regrettable, que l'Allemagne ait refusé d'accorder réparation à un groupe de victimes au motif que celles-ci auraient eu droit à un statut que, à l'époque pertinente, elle a refusé de leur reconnaître, particulièrement parce que ces victimes se sont vues, de ce fait, privées de la protection juridique à laquelle ce statut leur donnait droit. (...)

101. Ce nonobstant, la Cour ne saurait faire droit à l'argument de l'Italie selon lequel les tribunaux italiens étaient fondés à refuser à l'Allemagne l'immunité de juridiction en raison des insuffisances que présenteraient les dispositions adoptées par celle-ci en vue d'accorder réparation aux victimes italiennes. Elle ne voit, dans la pratique des États dont découle le droit international coutumier, aucun élément permettant d'affirmer que le droit international ferait dépendre le droit d'un État à l'immunité de l'existence d'autres voies effectives permettant d'obtenir réparation.

103. En conséquence, la Cour de cassation rejette l'argument de l'Italie selon lequel l'immunité pouvait être refusée à l'Allemagne pour ce motif.

104. En formulant cette conclusion, la Cour de cassation n'ignore pas que l'immunité de juridiction reconnue à l'Allemagne conformément au droit international pourrait empêcher les ressortissants italiens concernés d'obtenir une réparation judiciaire.

Elle considère cependant que les demandes résultant du traitement des internés militaires italiens mentionnées au paragraphe 99, ainsi que d'autres réclamations de nationaux italiens qui resteraient à régler qui ont été à l'origine des procédures italiennes pourraient faire l'objet de nouvelles négociations impliquant les deux États en vue de parvenir à une solution.

⇨ *La Cour de cassation accueille la requête de l'Allemagne et considère illicite la condamnation de l'Allemagne par les tribunaux italiens à payer des dommages-intérêts aux victimes italiennes de crimes de guerre commis pendant la seconde guerre mondiale, de même que la saisie des biens de l'Allemagne sur le territoire italien. Elle rejette les quatre principaux arguments italiens et affirme le caractère quasi-absolu des immunités de juridiction et d'exécution de l'État devant les tribunaux étrangers, y compris lorsque celles-ci font obstacle à des actions en réparation pour des violations graves du droit international ou des violations de normes de jus cogens.*

Civ. 1re, 9 mars 2011, *GIE La Réunion aérienne et a. c/ La Jamahiriya Arabe Libyenne populaire et socialiste*

LA COUR (...)

Attendu que le 19 septembre 1989, un aéronef DC 10 de la compagnie UTA, ralliant Brazzaville à Paris, a explosé au-dessus du désert du Ténéré, au Niger, provoquant la mort de ses occupants ; (...) que, par jugement du 7 décembre 2005, le tribunal de grande instance de Paris a notamment dit que la Jamahiriya bénéficiait de l'immunité de juridiction des États et a donc déclaré irrecevables les demandes formées contre elle sauf en ce qui concernait certains demandeurs français à l'égard desquels elle avait renoncé à cette immunité par conclusions du 14 mai 2003 ; que l'État libyen a été condamné à verser des indemnités à ces demandeurs ;

Sur le premier moyen, pris en ses trois branches :

Attendu que le GIE La Réunion aérienne, ses membres et ses co-assureurs font grief à l'arrêt attaqué (Paris, du 16 janv. 2009) d'avoir déclaré leurs demandes contre l'État libyen irrecevables, alors, selon le moyen :

1° que les États étrangers ne bénéficient de l'immunité de juridiction qu'autant que l'acte qui donne lieu au litige participe par sa nature ou sa finalité, à l'exercice de la souveraineté de l'État ; que ne constitue pas un acte de souveraineté bénéficiant de l'immunité de juridiction, le fait de complicité de destruction d'un bien par l'effet d'une substance explosive ayant entraîné la mort d'autrui en relation avec une entreprise terroriste ou le fait d'approuver officiellement ou par un comportement passif au lieu de les réprimer, de telles actions dommageables ; qu'en l'espèce, la responsabilité de l'État libyen était recherchée pour avoir manqué à son devoir de répression, et endossé, voire approuvé ou soutenu les actes de terrorismes commis par ses ressortissants à l'égard de victimes étrangères ; que dès lors, en statuant comme elle l'a fait, la cour d'appel a violé le principe de droit international relatif à l'immunité de juridiction des États étrangers ; (...)

Mais attendu que les États étrangers et les organisations qui en constituent l'émanation ne bénéficient de l'immunité de juridiction, immunité relative et non absolue, qu'autant que l'acte qui donne lieu au litige ou qui leur est imputé à faute participe, par sa nature et sa finalité, à l'exercice de la souveraineté de ces États et n'est donc pas un acte de gestion ; qu'en l'espèce, il est reproché à la Jamahiriya non pas d'avoir commis les actes de terrorisme incriminés mais de ne les avoir ni réprimés ni désavoués, ou même de les avoir soutenus ; qu'ayant relevé que la responsabilité de cet attentat ne pouvait être imputée à cet État étranger et que seuls six de ses ressortissants avaient été pénalement condamnés, la cour d'appel a pu juger que la Jamahiriya pouvait opposer une immunité de juridiction dès lors que la nature criminelle d'un acte de terrorisme ne permet pas, à elle seule, d'écarter une prérogative de souveraineté ; que le moyen n'est pas fondé ;

Sur le deuxième moyen :

Attendu que les assureurs font le même grief à l'arrêt, alors, selon le moyen :

1° (...) qu'en énonçant que l'article 6, paragraphe 1, de la Convention européenne des droits de l'homme ne pourrait être valablement opposé à l'État libyen, la cour d'appel a violé l'article 1er de la Convention européenne des droits de l'homme et l'article 12 du Code de procédure civile ;

2° que l'impossibilité pour une partie d'accéder au juge chargé de se prononcer sur sa prétention et d'exercer un droit qui relève de l'ordre public international constitue un déni de justice fondant la compétence de la juridiction française lorsqu'il existe un rattachement avec la France ; (...)

3° que le droit d'accès à un tribunal consacré par la Convention européenne de sauvegarde des droits de l'homme ne peut être valablement restreint par le principe de l'immunité de juridiction des États étrangers, que si cette limitation tend à un but légitime et s'il existe un rapport raisonnable de proportionnalité entre les moyens employés et le but visé ; que l'existence d'un but légitime et d'un rapport raisonnable de proportionnalité sont exclus lorsque la responsabilité d'un État est recherchée sur le fondement d'actes de terrorisme ; qu'ainsi, l'arrêt attaqué a violé l'article 6, paragraphe 1, de la Convention européenne des droits de l'homme ;

Mais attendu que la Cour européenne des droits de l'homme a jugé dans son arrêt *Al-Adsani c/ Royaume-Uni* du 21 novembre 2001, que « l'octroi de l'immunité souveraine à un État dans une procédure civile poursuit le but légitime d'observer le droit international » et « qu'on ne peut dès lors en règle générale considérer comme une restriction disproportionnée au droit d'accès à un tribunal tel que le consacre l'article 6, paragraphe 1, des mesures prises par une Haute Partie Contractante qui reflètent des principes de droit international généralement reconnus en matière d'immunité des États. De même que le droit d'accès à un tribunal est inhérent à la garantie d'un procès équitable accordée par cet article, de même certaines restrictions à l'accès doivent être tenues pour lui être inhérentes ; on en trouve un exemple dans les limitations généralement admises par la communauté des nations comme relevant de la doctrine de l'immunité des États » ;

Attendu que, à supposer que l'interdiction des actes de terrorisme puisse être mise au rang de norme de *jus cogens* du droit international, laquelle prime les autres règles du droit international et peut constituer une restriction légitime à l'immunité de juridiction, une telle restriction serait en l'espèce disproportionnée au regard du but poursuivi dès lors que la mise en cause de l'État étranger n'est pas fondée sur la commission des actes de terrorisme mais sur sa responsabilité morale ; qu'ensuite, si le risque de déni de justice à l'étranger peut, dans certaines hypothèses exceptionnelles, constituer un chef complémentaire de compétence internationale des tribunaux français, il ne peut en aucun cas faire fléchir une règle par laquelle le droit français interdit aux tribunaux français de connaître d'un litige ; que le moyen n'est pas fondé ;

⇨ *La Cour de cassation réitère la règle selon laquelle l'immunité de juridiction ne s'applique qu'aux actes jure imperii : en l'espèce le fait qu'il soit reproché à la Libye non d'avoir commis des actes de terrorisme, mais de ne les avoir ni réprimés ni désavoués, ou même de les avoir soutenus ne suffit pas à faire sortir ces actes de la catégorie des actes participant à l'exercice de la souveraineté. La Cour décide par ailleurs qu'une norme de jus cogens peut constituer une restriction « légitime » à l'immunité juridique. En l'espèce, toutefois, le fait que les actes ne soient pas imputés à la Libye rendrait cette restriction disproportionnée. Enfin, la Cour rejette l'exception du déni de justice, tout en admettant que le constat d'un tel déni puisse « constituer un chef complémentaire de compétence ».*

6) La codification du droit de la responsabilité internationale

R. Ago, « Cinquième rapport sur la responsabilité des États, Le fait internationalement illicite de l'État, source de responsabilité internationale (suite) »
(*Ann. CDI* 1976, vol. II, 1re partie, p. 3-57)

4. Contenu de l'obligation internationale. (...)

80. Autrefois, la quasi-totalité des internationalistes défendait la thèse d'après laquelle les règles du droit international général relatives à la responsabilité des États ne prévoyaient qu'un régime unique de responsabilité s'appliquant à toute hypothèse de fait internationalement illicite de l'État, quel que soit le contenu de l'obligation à laquelle ce fait portait atteinte. Aujourd'hui, cette thèse est vivement contestée. Pendant l'entre-deux-guerres, déjà, des doutes ont été avancés de différents côtés à propos de la validité de la thèse « classique ». Mais ce n'est qu'après le deuxième conflit mondial qu'un véritable courant d'opinion en faveur d'une thèse différente s'est développé, courant d'opinions qui recueille une adhésion de plus en plus large. D'après ce courant, le droit international général prévoirait deux régimes de responsabilité absolument différents. L'un s'appliquerait en cas de violation par l'État d'une obligation dont le respect revêt une importance fondamentale pour la communauté internationale dans son

ensemble : les obligations de s'abstenir de tout acte d'agression, de ne pas commettre de génocide, de ne pas pratiquer l'*apartheid* en seraient des exemples. L'autre régime s'appliquerait par contre, là où l'État n'aurait manqué qu'au respect d'une obligation d'une importance moins grande et moins générale. Sur cette base, les tenants de la thèse en question distinguent entre deux catégories très différentes de faits illicites de l'État : une catégorie plus restreinte, comprenant des infractions particulièrement graves, généralement appelées « crimes » internationaux, et une catégorie beaucoup plus étendue, englobant la vaste gamme des infractions moins graves, généralement appelées « violations simples ». Il se pose donc le problème suivant : ce dernier courant d'opinion interprète-t-il correctement l'évolution récente du droit international en la matière, ou est-ce au contraire, la thèse « classique » qui répond aujourd'hui encore aux réalités de la vie juridique internationale ? (...)

88. Cependant, une opinion plus nette de la jurisprudence internationale quant à une éventuelle distinction entre deux régimes différents de responsabilité internationale (distinction à faire en raison du contenu différent de l'obligation violée) pourrait se faire jour sous un autre aspect. Son point de vue pourrait s'être concrétisé autour de la question de savoir quel est, dans les différentes hypothèses possibles, le sujet ayant titre pour faire valoir la responsabilité de l'État auteur du fait illicite. Le critère de l'éventuelle distinction se trouverait alors, non pas dans la forme – réparation ou sanction – de la responsabilité applicable à l'État coupable par l'État lésé, mais dans la détermination du sujet « actif » du rapport de responsabilité. Il nous faut donc encore vérifier si, dans certains cas, des tribunaux internationaux auraient exprimé l'avis que la violation de certaines obligations internationales, à la différence d'autres, autoriserait aussi les sujets autres que l'État directement lésé dans ses propres « intérêts juridiques » le droit de présenter une réclamation pour faire valoir la responsabilité de l'État auteur d'un fait internationalement illicite. Appelée à se prononcer sur ce point, la CIJ, dans son arrêt du 18 juillet 1966 relatif aux *affaires du Sud-Ouest africain*, s'est refusée à admettre que le droit international actuel connaissait « une sorte d'*actio popularis* » et reconnaissait « un droit pour chaque membre d'une collectivité d'intenter une action pour la défense d'un intérêt public ». Toutefois, dans un arrêt postérieur (5 févr. 1970), rendu dans l'*affaire de la Barcelona Traction*, la Cour a ajouté une précision d'une grande importance pour notre problème. Se référant à la détermination des sujets ayant un intérêt juridique au respect des obligations internationales, la Cour a déclaré :

Ce passage a été l'objet d'interprétations divergentes, mais il semble incontestable que, par de telles affirmations, la Cour ait entendu faire une distinction de base entre les obligations internationales et, partant, entre les agissements commis en violation de ces obligations. En outre, elle a implicitement reconnu que cette distinction doit avoir une influence sur la détermination des sujets autorisés à faire valoir la responsabilité de l'État. D'après la Cour, il existe en effet un nombre, à vrai dire restreint, d'obligations internationales qui, de par l'importance qu'elles ont pour la communauté internationale dans son ensemble, sont – à la différence des autres – des obligations au respect desquelles tous les États ont un intérêt juridique. Il en découle, toujours d'après la Cour, que la responsabilité découlant de la violation de ces obligations n'est pas seulement engagée envers l'État qui a été la victime directe de la violation (*exempli gratia* l'État ayant subi sur son territoire un acte d'agression). Elle se trouve engagée aussi envers tous les autres membres de la communauté internationale. Tout État, même s'il n'est pas immédiatement et directement affecté par la violation, devrait donc être considéré comme justifié à faire valoir la responsabilité de l'État auteur du fait internationalement illicite. (...)

114. Nous n'avons évidemment pas à prendre parti dans ces divergences de vues qui séparent les États sur de délicats points de droit. À ce stade, notre tâche se borne à examiner les conclusions à tirer objectivement de l'attitude prise par les États, dans le cadre de l'ONU notamment. Or, les divergences constatées ci-dessus ne nous semblent pas infirmer la conclusion principale, à savoir que la communauté internationale dans son ensemble paraît désormais reconnaître que des faits tels que le maintien par la force de l'*apartheid* ou de la domination coloniale constituent des faits internationalement illicites et des faits illicites particulièrement graves. Par contre, ces divergences nous empêchent de conclure à l'existence d'une même convergence d'opinions de toutes les composantes essentielles de la communauté internationale quant au type d'« actions » ou de « mesures » susceptibles d'être légitimement prises à l'encontre des faits mentionnés. (...)

147. L'opération à laquelle il s'agit de procéder maintenant nous amène inévitablement à prendre en considération le contenu des obligations découlant de « règles primaires » du droit international. Dans ses rapports, la CDI a mis en évidence cette nécessité, qui a aussi été reconnue par la sixième Commission de l'Assemblée générale. Il ne saurait en être autrement puisque c'est en fonction du contenu desdites obligations qu'il s'agit d'établir les différentes catégories d'infractions. Cependant, à cet égard aussi, il nous faut soigneusement éviter de tomber dans l'erreur qui fut l'écueil des tentatives de codification de la responsabilité des États pour dommages causés aux étrangers. Nous n'avons pas à définir nous-mêmes les règles « primaires » devant régir les rapports interétatiques dans tel ou tel domaine.

Projet d'articles sur la responsabilité des États, adopté par la Commission du droit international en première lecture à sa 48ᵉ session, 1996 (Rapp. Commission droit international, A/51/10, p. 154-155)

Article 19 – Crimes et délits internationaux

1. Le fait d'un État qui constitue une violation d'une obligation internationale est un fait internationalement illicite quel que soit l'objet de l'obligation violée.

2. Le fait internationalement illicite qui résulte d'une violation par un État d'une obligation internationale si essentielle pour la sauvegarde d'intérêts fondamentaux de la communauté internationale que sa violation est reconnue comme un crime par cette communauté dans son ensemble constitue un crime international.

3. Sous réserve des dispositions du paragraphe 2 et d'après les règles du droit international en vigueur, un crime international peut notamment résulter :

a) d'une violation grave d'une obligation internationale d'importance essentielle pour le maintien de la paix et de la sécurité internationales, comme celle interdisant l'agression ;

b) d'une violation grave d'une obligation internationale d'importance essentielle pour la sauvegarde du droit des peuples à disposer d'eux-mêmes, comme celle interdisant l'établissement ou le maintien par la force d'une domination coloniale ;

c) d'une violation grave et à une large échelle d'une obligation internationale d'importance essentielle pour la sauvegarde de l'être humain, comme celles interdisant l'esclavage, le génocide, l'*apartheid* ;

d) d'une violation grave d'une obligation internationale d'importance essentielle pour la sauvegarde et la préservation de l'environnement humain, comme celles interdisant la pollution massive de l'atmosphère ou des mers.

4. Tout fait internationalement illicite qui n'est pas un crime international conformément au paragraphe 2 constitue un délit international.

Commission du droit international, *Responsabilité des États. Commentaires et observations reçus des gouvernements*, 1998 (Doc. À/CN.4/488, art. 19, commentaires de la France, p. 57-58)

La France propose de supprimer cet article.

(...) L'ensemble du projet, et particulièrement son article 19 (...) donne (...) l'impression, sans doute fausse au demeurant, que l'on cherche à « pénaliser » le droit international public. Pour la Commission du droit international, c'est en effet la fonction punitive qui semble caractériser la responsabilité internationale. Or cette fonction était, jusqu'à présent, inconnue du droit de la responsabilité internationale, qui privilégiait la fonction réparatrice et compensatoire. La France ne pense pas que le fait internationalement illicite doive exposer l'État qui en est l'auteur à des conséquences juridiques qui relèvent de la punition.

La France a souligné à plusieurs reprises devant la sixième Commission de l'Assemblée générale des Nations Unies que la responsabilité des États n'était ni pénale ni civile, mais qu'elle était simplement *sui generis.* Toute transposition mécanique de notions propres au droit interne, et particulièrement au droit pénal, serait, de son point de vue, purement artificielle, théorique et inopérante. Elle mènerait à de fausses pistes. (...)

La France a critiqué, à maintes reprises, la notion de « crime international » telle qu'elle est définie à l'article 19 du projet, ainsi que la distinction entre les crimes et les délits internationaux. S'il est difficile de nier qu'il existe des actes illicites qui sont plus graves que d'autres, la dichotomie que retient la Commission entre les « crimes » et les « délits » se révèle vague et inopérante. La Commission ne tire d'ailleurs que très peu de conséquences de la distinction qu'elle établit. Au demeurant, on ajoutera que cette distinction est, comme l'ont justement souligné MM. Reuter et Weil, en rupture avec la tradition d'unité du droit de la responsabilité internationale.

Responsabilité de l'État pour fait internationalement illicite (Annexe de la résolution 56/83 adoptée par l'Assemblée générale des Nations Unies le 12 décembre 2001)

Chapitre III – Violations graves d'obligations découlant de normes impératives du droit international général

Article 40 – Application du présent chapitre

1. Le présent chapitre s'applique à la responsabilité internationale qui résulte d'une violation grave par l'État d'une obligation découlant d'une norme impérative du droit international général.

2. La violation d'une telle obligation est grave si elle dénote de la part de l'État responsable un manquement flagrant ou systématique à l'exécution de l'obligation.

Article 41 – Conséquences particulières d'une violation grave d'une obligation en vertu du présent chapitre.

1. Les États doivent coopérer pour mettre fin, par des moyens licites, à toute violation grave au sens de l'article 40.

2. Aucun État ne doit reconnaître comme licite une situation créée par une violation grave au sens de l'article 40, ni prêter aide ou assistance au maintien de cette situation.

3. Le présent article est sans préjudice des autres conséquences prévues dans la présente partie et de toute conséquence supplémentaire que peut entraîner, d'après le droit international, une violation à laquelle s'applique le présent chapitre. (...)

Article 48 – Invocation de la responsabilité par un État autre qu'un État lésé

1. Conformément au paragraphe 2, tout État autre qu'un État lésé est en droit d'invoquer la responsabilité d'un autre État, si :

a) L'obligation violée est due à un groupe d'États dont il fait partie, et si l'obligation est établie aux fins de la protection d'un intérêt collectif du groupe ; ou

b) L'obligation violée est due à la communauté internationale dans son ensemble.

2. Tout État en droit d'invoquer la responsabilité en vertu du paragraphe 1 peut exiger de l'État responsable :

a) La cessation du fait internationalement illicite et des assurances et garanties de non-répétition, conformément à l'article 30 ; et

b) L'exécution de l'obligation de réparation conformément aux articles précédents, dans l'intérêt de l'État lésé ou des bénéficiaires de l'obligation violée.

Commission du droit international, *Commentaire du projet d'articles sur la responsabilité internationale de l'État* (Rapp. Commission, 53e session, 2001, A/56/10, p. 300-303)

5. (...) Au départ, on avait pensé se référer à la catégorie de « crimes internationaux des États », par opposition à tous les autres types de fait internationalement illicite (« délits internationaux »). Cependant, on n'a pas vu se développer de conséquences pénales pour les États en cas de violation de ces normes fondamentales. Ainsi, l'allocation de dommages-intérêts punitifs n'est pas reconnue en droit international, même en cas de violations graves d'obligations découlant de normes impératives. Conformément à l'article 34, les dommages-intérêts sont essentiellement de nature compensatoire. Il n'en demeure pas moins, comme l'a indiqué le tribunal militaire international en 1946 que : « ce sont des hommes, et non des entités abstraites, qui commettent les crimes dont la répression s'impose, comme sanction du droit international. »

6. En accord avec cette approche, et bien que les tribunaux militaires de Nuremberg et de Tokyo aient jugé et condamné des agents de l'État pour des crimes commis dans l'exercice de leurs fonctions officielles, ni l'Allemagne ni le Japon n'étaient qualifiés d'« États criminels » dans les instruments créant ces tribunaux. Dans la pratique internationale plus récente, c'est une approche analogue qui sous-tend la création des tribunaux spéciaux pour l'ex-Yougoslavie et le Rwanda, qui a été décidée par le Conseil de sécurité de l'Organisation des Nations Unies. Les deux tribunaux ont été constitués uniquement pour poursuivre des personnes. (...)

7. En conséquence, les présents articles n'établissent pas de distinction aux fins de la première partie, entre « crimes » et « délits » des États. Il doit toutefois en ressortir que les notions fondamentales de normes impératives du droit international général et d'obligations envers la communauté internationale dans son ensemble emportent certaines *conséquences* dans le cadre de la responsabilité des États. Que les normes impératives du droit international général et les obligations envers la communauté internationale dans son ensemble soient ou non des aspects différents d'un même concept, on peut dire en tout cas que ces deux notions se recoupent de façon substantielle. (...)

Cela étant, il existe à tout le moins une différence de perspective. Alors que les normes impératives du droit international général traitent de la portée d'un certain nombre d'obligations fondamentales et du rang de priorité qu'il convient de leur accorder, les obligations envers la communauté internationale dans son ensemble sont axées sur l'intérêt juridique qu'ont tous les États à leur respect, à savoir, dans le cadre du présent article, le fait qu'ils sont habilités à invoquer la responsabilité de tout autre État en cas de violation. Par conséquent, il est bon de faire le départ entre les conséquences de l'une et de l'autre notion. Premièrement, les violations graves d'obligations découlant de normes impératives du droit international général peuvent entraîner des conséquences supplémentaires, non seulement pour l'État responsable mais pour tous les autres États. Deuxièmement, tous les États ont le droit d'invoquer la responsabilité pour la violation d'obligations envers la communauté internationale dans son ensemble. La première de ces propositions fait l'objet du présent chapitre ; la seconde est traitée à l'article 48.

Articles de la CDI sur la responsabilité de l'État pour fait internationalement illicite
(Annexe de la résolution 56/83 adoptée par l'Assemblée générale des Nations Unies le 12 décembre 2001)

Deuxième partie – Contenu de la responsabilité internationale de l'État (...)

Chapitre III – Violations graves d'obligations découlant de normes impératives du droit international général

Article 40 – Application du présent chapitre

1. Le présent chapitre s'applique à la responsabilité internationale qui résulte d'une violation grave par l'État d'une obligation découlant d'une norme impérative du droit international général.

2. La violation d'une telle obligation est grave si elle dénote de la part de l'État responsable un manquement flagrant et systématique à l'exécution de l'obligation.

Article 41 – Conséquences particulières d'une violation grave d'une obligation en vertu du présent chapitre

1. Les États doivent coopérer pour mettre fin, par des moyens licites, à toute violation grave au sens de l'article 40.

2. Aucun État ne doit reconnaître comme licite une situation créée par une violation grave au sens de l'article 40, ni prêter aide ou assistance au maintien de cette situation.

3. Le présent article est sans préjudice des autres conséquences prévues dans la présente partie et de toute conséquence supplémentaire que peut entraîner, d'après le droit international, une violation à laquelle s'applique le présent chapitre. (...)

Troisième partie – Mise en œuvre de la responsabilité internationale de l'État

Chapitre premier – Invocation de la responsabilité de l'État (...)

Article 48 – Invocation de la responsabilité par un État autre qu'un État lésé

1. Conformément au présent paragraphe 2, tout État autre qu'un État lésé est en droit d'invoquer la responsabilité d'un autre État, si :

a) L'obligation violée est due à un groupe d'États dont il fait partie, et si l'obligation est établie aux fins de la protection d'un intérêt collectif du groupe ; ou

b) L'obligation violée est due à la communauté internationale dans son ensemble.

2. Tout État en droit d'invoquer la responsabilité en vertu du paragraphe 1 peut exiger de l'État responsable :

a) La cessation du fait internationalement illicite et des assurances et garanties de non-répétition, conformément à l'article 30 ; et

b) L'exécution de l'obligation de réparation conformément aux articles précédents, dans l'intérêt de l'État lésé ou des bénéficiaires de l'obligation violée.

3. Les conditions posées par les articles 43, 44 et 45 à l'invocation de la responsabilité par un État lésé s'appliquent à l'invocation de la responsabilité par un État en droit de le faire en vertu du paragraphe 1. »

7) Les normes *erga omnes* dans la jurisprudence internationale

CIJ 5 févr. 1970, *Barcelona Traction Light and Power Company Limited – Belgique c/ Espagne*, 2e phase (*Rec.* 32, § 34)

Une distinction essentielle doit en particulier être établie entre les obligations des États envers la communauté internationale dans son ensemble et celles qui naissent vis-à-vis d'un autre État dans le cadre de la protection diplomatique. Par leur nature même, les premières concernent tous les États. Vu l'importance des droits en cause, tous les États peuvent être considérés comme ayant un intérêt juridique à ce que ces droits soient protégés ; les obligations dont il s'agit sont des obligations *erga omnes*.

Ces obligations découlent, par exemple dans le droit international contemporain, de la mise hors la loi des actes d'agression et du génocide mais aussi des principes et des règles concernant les droits fondamentaux de la personne humaine, y compris la protection contre la pratique de l'esclavage et la discrimination raciale. Certains droits de protection correspondants se sont intégrés au droit international général (...) ; d'autres sont conférés par des instruments internationaux de caractère universel ou quasi-universel.

⇨ *La Cour identifie la notion d'obligation erga omnes et donne des exemples en distinguant les obligations issues du droit coutumier ou des principes généraux du droit international (erga omnes omnium) et celles qui sont issues des traités (erga omnes partes).*

CIJ 30 juin 1995, aff. *Timor oriental – Portugal c/ Australie* (*Rec.* 102, § 28-29)

28. La Cour a examiné attentivement l'argumentation du Portugal tendant à dissocier le comportement de l'Australie de celui de l'Indonésie. Elle est toutefois d'avis qu'il ne lui est pas possible de porter un jugement sur le comportement de l'Australie sans examiner d'abord les raisons pour lesquelles l'Indonésie n'aurait pu licitement conclure le traité de 1989 alors que le Portugal aurait pu le faire ; l'objet même de la décision de la Cour serait nécessairement de déterminer si, compte tenu des circonstances dans lesquelles l'Indonésie est entrée et s'est maintenue au Timor oriental, elle pouvait ou non acquérir le pouvoir de conclure au nom de celui-ci des traités portant sur les ressources de son plateau continental. La Cour ne saurait rendre une telle décision en l'absence du consentement de l'Indonésie.

29. Le Portugal avance cependant un argument additionnel aux fins de démontrer que le principe formulé par la Cour dans l'affaire de l'*Or monétaire pris à Rome en 1943* ne trouve pas à s'appliquer en l'espèce. Il soutient en effet que les droits que l'Australie aurait violés étaient opposables *erga omnes* et que, par conséquent, le Portugal pouvait exiger de l'Australie, prise individuellement, le respect de ces droits, qu'un autre État ait ou non adopté un comportement illicite analogue.

La Cour considère qu'il n'y a rien à redire à l'affirmation du Portugal selon laquelle le droit des peuples à disposer d'eux-mêmes, tel qu'il est développé à partir de la Charte et de la pratique de l'Organisation des Nations Unies, est un droit opposable *erga omnes*. Le principe du droit des peuples à disposer d'eux-mêmes a été reconnu par la Charte des Nations Unies dans la jurisprudence de la Cour (*Conséquences juridiques pour les États de la présence continue de l'Afrique du Sud en Namibie (Sud-Ouest africain) nonobstant la résolution* n° *276 (1970) du Conseil de sécurité*, avis consultatif (1971), *Rec.* 31-32, § 52-53 ; *Sahara occidental*, avis consultatif (1975), *Rec.* 31-33, § 54-59) ; il s'agit là d'un des principes essentiels du droit international contemporain. Toutefois, la Cour estime que l'opposabilité *erga omnes* d'une norme et la règle du consentement à la juridiction sont deux choses différentes. Quelle que soit la nature des obligations invoquées, la Cour ne saurait statuer sur la licéité du comportement d'un État lorsque la décision à prendre implique une appréciation de la licéité du comportement d'un autre État qui n'est pas partie à l'instance. En pareil cas, la Cour ne saurait se prononcer, même si le droit en cause est opposable *erga omnes*.

⇨ *Le principe du droit des peuples à disposer d'eux-mêmes est une obligation erga omnes et un principe « essentiel » du droit international contemporain. Pour autant, la Cour distingue entre la portée d'une obligation et la règle du consentement à la juridiction : la Cour fait jouer le principe dit de « l'Or monétaire » (en référence à l'affaire du même nom) et estime qu'elle ne peut se prononcer sur les droits d'un État (en l'occurrence l'Indonésie) qui n'a pas consenti à sa juridiction, même lorsque l'obligation en cause est erga omnes.*

CIJ 20 juillet 2012, *Questions concernant l'obligation de poursuivre ou d'extrader – (Belgique c/ Sénégal)* (*Rec.* § 67-70)

67. La Cour commencera par rechercher si le seul fait d'être partie à la convention est suffisant pour qu'un État soit fondé à la saisir d'une demande tendant à ce qu'elle ordonne à un autre État partie de mettre fin à des manquements allégués aux obligations que lui impose cet instrument.

68. Ainsi qu'il est précisé dans son préambule, l'objet et le but de la convention est « d'accroître l'efficacité de la lutte contre la torture… dans le monde entier ». En raison des valeurs qu'ils partagent, les États parties à cet instrument ont un intérêt commun à assurer la prévention des actes de torture et, si de tels actes sont commis, à veiller à ce que leurs auteurs ne bénéficient pas de l'impunité. Les obligations qui incombent à un État partie de procéder à une enquête préliminaire en vue d'établir les faits et de soumettre l'affaire à ses autorités compétentes pour l'exercice de l'action pénale s'appliquent du fait de la présence de l'auteur présumé sur son territoire, quelle que soit la nationalité de l'intéressé ou celle des victimes, et quel que soit le lieu où les infractions alléguées ont été commises. Tous les autres États parties à la convention ont un intérêt commun à ce que l'État sur le territoire duquel se trouve l'auteur présumé respecte ces obligations. Cet intérêt commun implique que les obligations en question s'imposent à tout État partie à la convention à l'égard de tous les autres États parties. L'ensemble des États parties ont « un intérêt juridique » à ce que les droits en cause soient protégés (*Barcelona Traction, Light and Power Company, Limited, arrêt, C.I.J. Recueil 1970*, p. 32, par. 33). Les obligations correspondantes peuvent donc être qualifiées d'« obligations *erga omnes partes* », en ce sens que, quelle que soit l'affaire, chaque État partie a un intérêt à ce qu'elles soient respectées. De ce point de vue, les dispositions pertinentes de la convention contre la torture sont comparables à celles de la convention pour la prévention et la répression du crime de génocide, au sujet desquelles la Cour a fait observer ce qui suit :

« Dans une telle convention, les États contractants n'ont pas d'intérêts propres ; ils ont seulement tous et chacun, un intérêt commun, celui de préserver les fins supérieures qui sont la raison d'être de la convention. » (*Réserves à la convention pour la prévention et la répression du crime de génocide, avis consultatif, C.I.J. Recueil 1951*, p. 23.)

69. L'intérêt commun des États parties à ce que soient respectées les obligations pertinentes énoncées dans la convention contre la torture implique que chacun d'entre eux puisse demander qu'un autre État partie, qui aurait manqué auxdites obligations, mette fin à ces

manquements. Si un intérêt particulier était requis à cet effet, aucun État ne serait, dans bien des cas, en mesure de présenter une telle demande. Il s'ensuit que tout État partie à la convention contre la torture peut invoquer la responsabilité d'un autre État partie dans le but de faire constater le manquement allégué de celui-ci à des obligations *erga omnes partes,* telles que celles qui lui incombent en application du paragraphe 2 de l'article 6 et du paragraphe 1 de l'article 7, et de mettre fin à un tel manquement.

70. Dès lors, la Cour conclut qu'en la présente espèce la Belgique a, en tant qu'État partie à la convention contre la torture, qualité pour invoquer la responsabilité du Sénégal à raison des manquements allégués de celui-ci aux obligations prévues au paragraphe 2 de l'article 6 et au paragraphe 1 de l'article 7 de la convention. Dès lors, les demandes de la Belgique fondées sur ces dispositions sont recevables.

En conséquence, il n'y a pas lieu pour la Cour de se prononcer sur la question de savoir si la Belgique a aussi un intérêt particulier à ce que le Sénégal se conforme aux dispositions pertinentes de la convention dans le cas de M. Habré.

⇨ *La Cour raisonne à partir de la Convention contre la torture de 1984, dont les dispositions sont comparables à celles de la Convention sur le génocide, à savoir que dans une telle convention, les États parties n'ont pas d'intérêts propres, mais seulement un intérêt commun, qui est la préservation des fins supérieures de la Convention. Il en résulte que les obligations posées par la Convention ont un caractère erga omnes, au sens de l'arrêt Barcelona Traction. Il s'agit plus précisément d'obligations erga omnes partes, c'est-à-dire d'obligations conventionnelles que toutes les parties ont un intérêt juridique à voir exécuter.*

Biblio

1) Sur les rapports entre droit international et droit interne, on lira avec profit :

- La somme que constitue le recueil *Les grandes décisions de la jurisprudence française de droit international*, sous la direction d'A. Pellet et d'A. Miron, (préface de R. Abraham), Dalloz, 2015.

À compléter par :

– H. P. Aust, G. Nolte, *The Interpretation of International Law by Domestic Courts. Uniformity, Diversity, Convergence*, Oxford University Press, 2016.

– A. Dickinson, R. Lindsay, J. Loonam, C. Chance, *State immunity : Selected Materials and Commentary*, Oxford University Press, 2004.

– E. Chukwuemeke Okeke, *Jurisdictional Immunities of States and International Organizations*, Oxford University Press, 2018.

– P.-M. Dupuy (dir.), *Droit international et droit interne dans la jurisprudence comparée du Conseil constitutionnel et du Conseil d'État*, Éd. Panthéon-Assas, 1999.

– H. Fox P. Webb, *The Law of State Immunity*, 3e éd., Oxford Univ. Press, 2013.

– V. Goesel Le Bihan, *La répartition des compétences en matière de conclusion des accords internationaux sous la Ve République*, Pedone, 1995.

– D. Shelton (dir.), *International Law and Domestic Legal Systems : Incorporation, Transformation, and Persuasion*, Oxford University Press, 2011.

Et un cours à l'Académie de La Haye :

– Yuji Iwasawa, *Domestic Application of International Law, RCADI* vol. 378, pp. 9-261.

2) Sur la notion de « contre-mesures », on peut se reporter à trois excellentes thèses :

– D. Alland, *Justice privée et ordre juridique international. Étude théorique des contre-mesures en droit international*, Pedone, 1994.

– L. Boisson de Chazournes, *Les contre-mesures dans les relations économiques internationales*, Pedone, 1992.

– A.-L. Sicilianos, *Les réactions décentralisées à l'illicite, des contre-mesures à la légitime défense*, Pedone, 1992.

3) Et pour la responsabilité internationale :

– L. Condorelli, *L'imputation à l'État d'un fait internationalement illicite*, *RCADI* 1984-VI, t. 189.

– P.-M. Dupuy, *Le fait générateur de la responsabilité internationale*, *RCADI* 1984-V, t. 188.

– À compléter par le bilan d'étape effectué lors du colloque du Mans de la SFDI, *La responsabilité dans le système international*, Pedone, 1991.

– Et surtout par un colloque de l'Institut universitaire européen de Florence, P.-M. Dupuy (dir.), *Obligations multilatérales, droit impératif et responsabilité internationale des États*, Pedone, 2003.

– Le dernier état des travaux de codification est présenté par J. Crawford, *Les articles de la CDI sur la responsabilité de l'État, introduction, textes et commentaires*, Pedone, 2003. Pour la version anglaise, *The International Law Commission's Articles on State Responsibility, Introduction, Text and Commentaries*, Cambridge Univ. Press, 2002.

– À comparer avec S. Rosenne, *The International Law Commission's Draft Articles on State Responsibility*, Part I, articles 1-35, Nijhoff, 1991.

– B. Stern, *Le préjudice dans la théorie de la responsabilité internationale*, Pedone, 1973.

4) Et pour de nouvelles perspectives :

– M. Aznar Gomez, *Responsabilidad internacional del estado y accion del Consejo de seguridad de las Naciones Unidas*, Biblioteca diplomatica espanola, n° 7, 2000.

– M. Forteau, *Droit de la sécurité collective et droit de la responsabilité internationale de l'État*, Paris, Pedone, 2006.

– P. Klein, *La responsabilité des organisations internationales*, Bruylant, 1998.

– A. Kolliopoulos, *La Commission d'indemnisation des Nations Unies et le droit de la responsabilité internationale*, LGDJ, 2001.

– J. Moussé, *Le contentieux des organisations internationales et de l'Union européenne*, Bruylant, 1997.

– S. Villalpando, *L'émergence de la communauté internationale dans la responsabilité des États*, PUF, 2005.

Quiz

1) Sujets corrigés

A) Dissertation

La place de la coutume internationale en droit français.

Voir le corrigé en fin de rubrique.

B) Test de compréhension

1. En quoi consiste la distinction – présentée par le rapporteur spécial de la Commission du droit international Roberto Ago et développée dans le projet d'article adopté par la Commission en 1996 – entre « crimes » et « délits » internationaux ?

2. Quelles sont les conséquences de cette distinction en matière de responsabilité internationale de l'État ? Et quels sont les problèmes qu'elle soulève ?

3. Comment le projet d'article de la CDI – dont l'Assemblée générale a pris note en 2001 – se propose-t-il de résoudre ces problèmes ?

Voir le corrigé en fin de rubrique.

C) Construction d'un plan

Construisez un plan sur le sujet suivant: Que reste-t-il de l'article 19 du projet de codification par la CDI du droit de la responsabilité ?

Voir le corrigé en fin de rubrique.

2) Sujets d'examen

Dissertations

Cumul et concurrence de responsabilités.

L'influence des juridictions internationales sur la jurisprudence du Conseil d'État.

Cas pratique

L'opinion publique de la République d'Hyrcanie s'indigne de ce qu'un État voisin et allié, le Balzora, ait donné asile à l'ancien dictateur d'un pays tiers, l'Eldorado. Cet ancien dictateur, le colonel Moabdar, est en effet accusé, sur la base de plusieurs rapports officiels d'organisations internationales, d'avoir ordonné la perpétration d'actes de torture systématique à l'encontre des prisonniers d'opinions détenus, parfois pendant de nombreuses années, dans ses prisons. Sous pression, le gouvernement de la République d'Hyrcanie se résout à entreprendre une démarche diplomatique auprès du Balzora: il lui intime de juger le colonel Moabdar, sans quoi il entreprendra une action contentieuse sur le plan international.

Vous êtes le conseiller juridique du ministre des Affaires étrangères du Balzora et vous êtes chargé de donner un avis sur les risques encourus sur le plan contentieux.

Eléments juridiques: l'Hyrcanie a ratifié la Convention contre la torture en 2000. Le Balzora l'a également ratifiée en 1992 mais l'a dénoncée en 1998. Aucun des deux

États n'est partie au Pacte international relatif aux droits civils et politiques. Les deux États sont membres de l'Organisation des Nations Unies, mais aucun n'a fait la déclaration facultative acceptant la compétence obligatoire de la Cour internationale de justice, en vertu de l'article 36§2 du statut.

3) Corrigés

Dissertation

Les rapports entre ordre juridique international et ordre juridique interne sont souvent résumés par l'alternative simpliste entre deux conceptions : le monisme et le dualisme. La première conception voit dans l'ordre juridique un tout, avec cette double conséquence que les normes internationales sont applicables directement en droit interne et que les normes de droit international priment systématiquement sur les normes de droit interne (une autre version du monisme *à primauté de droit interne* constitue simplement une négation du droit international). La deuxième conception, au contraire, considère que les deux ordres juridiques – interne et international – ne sont pas en contact et obéissent à des logiques distinctes : dans l'ordre interne, il en résulte que le droit international ne peut s'appliquer qu'au prix d'une mesure de transposition, tandis que son rang dans la hiérarchie des normes est défini par le droit national, le plus souvent par la Constitution.

Le problème de la place de la coutume internationale en droit français montre que la réalité est parfois plus complexe. Car si le droit coutumier international bénéficie d'une application directe dans l'ordre juridique français – conformément à la tradition moniste française – (I) son rang dans la hiérarchie des normes demeure indéterminé (II).

I. L'applicabilité de la coutume internationale en droit interne

A. Les fondements de l'applicabilité de la coutume internationale dans le droit interne

L'applicabilité de la coutume internationale en droit interne est avant tout une construction jurisprudentielle, puisque dès la première moitié du XIXe siècle, la Cour de cassation s'est référée expressément aux « principes du droit des gens ».

Cette tradition – il est vrai plus affirmée du côté du juge judiciaire que de celui du juge administratif – a été consacrée par l'alinéa 14 du préambule de la Constitution de 1946, auquel se réfère le préambule de la Constitution de 1958, et qui énonce : « la République française, fidèle à ses traditions, se conforme aux règles du droit public international ».

Mais les normes du droit international non écrit peuvent également être appliquées indirectement, dans la mesure où un certain nombre de dispositions ou de principes constitutionnels reprennent simplement certaines de ces normes. Ainsi, le droit des peuples à disposer d'eux-mêmes est explicitement reconnu dans le deuxième alinéa de la Constitution de 1958 et le Conseil constitutionnel en a fait application dans sa décision du 30 décembre 1975 à propos des îles Comores (n° 75-59 DC). De la même manière, les règles fondamentales du droit des traités se trouvent reflétées par l'article 55 de la Constitution qui dispose que, sous condition de réciprocité, les traités régulièrement ratifiés et publiés ont une autorité supérieure à celle des lois. Le Conseil constitutionnel a pu de la sorte déceler un double fondement du principe *Pacta sunt servanda* en droit interne : la règle fait partie du « droit public international » mentionné dans l'alinéa 14 du préambule de 1946 ; et elle est impliquée dans l'article 55 de la Constitution de 1958 (Cons. const. 9 avr. 1992, n° 92-308 DC, *Maastricht I*).

Si le principe de l'application de la coutume internationale en droit français ne pose donc pas de problèmes, il reste à savoir dans quels cas de figure ces normes sont susceptibles de s'appliquer.

B. Les cas d'application de la coutume internationale

La coutume internationale trouve tout d'abord à s'appliquer comme norme objective dans l'ordre juridique français. Ainsi, dans l'arrêt *Procureur de la République c/ SOS Attentats*, la chambre criminelle de la Cour de cassation s'est fondée sur la règle coutumière de l'immunité de juridiction des chefs d'États étrangers et a recherché si une exception à cette règle pouvait justifier l'engagement de poursuites contre le colonel Kadhafi. Le Conseil d'État, pour sa part, a recouru aux règles coutumières codifiées par la convention de Vienne de 1969 sur le droit des traités en vue de résoudre le conflit entre deux conventions internationales contradictoires (CE 21 avr. 2000, *Zaïdi* et plus récemment, CE 23 déc. 2011, *Kandyrine de Brito Païva*).

Dans le contentieux administratif, la coutume internationale peut être invoquée pour engager la responsabilité de l'administration, qu'il s'agisse d'une responsabilité pour faute et, depuis 2011, d'une responsabilité sans faute. Le principe de l'engagement de la responsabilité pour faute a été reconnu *a contrario* dans un arrêt *Société Nachfolger navigation Company*, où le Conseil d'État a constaté que le préfet maritime de la deuxième région maritime avait pu ordonner la destruction d'un navire-épave dangereux « sans méconnaître aucun principe du droit international » et par conséquent sans engager la responsabilité de l'État. Quant à l'hypothèse de l'engagement d'une responsabilité sans faute, elle a été consacrée par le Conseil d'État dans son arrêt du 14 octobre 2011, *Om Hashem Saleh et autres*. Dans cet arrêt, le Conseil d'État admet un nouveau type d'engagement de la responsabilité de l'État sur la base d'une rupture de l'égalité des citoyens devant les charges publiques, dans le fil de la jurisprudence *Couitéas* : le Conseil en fait une application éclatante, dont les conséquences restent difficiles à mesurer, à règle coutumière de l'immunité d'exécution des États étrangers : ainsi, toute personne victime d'un préjudice imputable à un État étranger, mais qui n'aura pu en obtenir réparation devant les tribunaux français en raison de l'immunité de l'État étranger, pourra se retourner contre l'État français, à condition de démontrer le caractère grave et spécial de son préjudice

La coutume internationale constitue donc une norme de référence applicable par le juge national. Mais qu'en est-il lorsqu'un conflit apparaît entre une norme coutumière internationale et une norme de droit interne ? Le juge doit-il faire prévaloir le droit coutumier international et écarter le droit interne pertinent ? Ceci pose le problème de la place de la coutume internationale dans la hiérarchie des normes en droit français.

II. La place de la coutume internationale dans la hiérarchie des normes

Il semble difficile de donner une réponse univoque à cette question, tant elle semble dépendante du point de vue adopté au départ. Il faut en effet clairement distinguer le point de vue du droit international (A) de celui du droit interne, tel qu'exprimé par le juge administratif français (B).

A. Le point de vue du droit international

La Cour permanente de justice internationale a parfaitement décrit le « point de vue du droit international », dans son arrêt rendu en 1926 dans l'*Affaire relative à certains intérêts allemands en Haute-Silésie polonaise* : « au regard du droit international et de la Cour qui en est l'organe, les lois nationales sont de simples faits, manifestations de la volonté et de l'activité de l'État ». La tâche incombant au juge international, dès lors, peut consister à vérifier si ces faits particuliers sont conformes aux obligations internationales de l'État et revêtent un caractère licite au regard du droit international. Le juge international est donc amené, par sa fonction, à faire prévaloir le droit international sur le droit interne, dans la mesure où la contrariété entre les deux est susceptible d'engager la responsabilité internationale de l'État.

Ceci a une conséquence fondamentale, décrite par la même Cour permanente de justice internationale, cette fois dans un avis consultatif rendu en 1932 sur le *Traitement des nationaux polonais et des autres personnes d'origine ou de langue polonaise dans le territoire de Dantzig* : devant le juge international, un État ne peut pas invoquer son droit national – y compris sa norme suprême, la Constitution – pour se soustraire à ses obligations internationales.

On voit donc que le droit international ne peut admettre la primauté du droit national, primauté qui constituerait en quelque sorte sa négation. Pourtant, c'est cette solution de la primauté du droit national que fait prévaloir le juge administratif français en cas de conflit entre la loi nationale et une coutume internationale.

B. Le point de vue du juge administratif français

Dans deux arrêts successifs, le Conseil d'État a en effet affirmé la primauté de la loi nationale sur la coutume internationale, non sans toutefois laisser planer quelques incertitudes. Le premier arrêt – l'arrêt *Aquarone* du 6 juin 1997 – était en effet caractérisé par une certaine ambiguïté. En l'espèce, un ancien greffier de la Cour internationale de justice se plaignait de ce que sa pension de retraite versée par l'ONU fût imposable au titre de l'impôt sur le revenu en France. Il estimait qu'une coutume internationale s'opposait à une telle imposition. Le Conseil d'État cite l'article 55 de la Constitution pour constater que « ni cet article ni aucune autre disposition de valeur constitutionnelle ne prescrit ni n'implique que le juge administratif fasse prévaloir la coutume internationale sur la loi en cas de conflit entre ces deux normes ». Il en déduit qu'« en écartant comme inopérant le moyen tiré par M. Aquarone de la contrariété entre la loi fiscale française et de telles règles coutumières, la cour administrative d'appel, qui a également relevé que la coutume invoquée n'existait pas, n'a pas commis d'erreur de droit ».

On pouvait légitimement se poser la question de savoir ce qui, dans le raisonnement du Conseil, emportait la décision finale : l'impossibilité pour le juge administratif, en l'absence de disposition allant dans ce sens dans la Constitution, de faire prévaloir la coutume sur la loi, ou l'inexistence, dans le cas d'espèce, de la coutume invoquée ?

Le Conseil d'État a répondu à cette interrogation dans un arrêt *Paulin*, rendu le 28 juillet 2000, qui posait le problème dans des termes identiques à ceux de l'arrêt *Aquarone*. Dans cet arrêt, le Conseil a simplement supprimé l'incise « qui a également relevé que la coutume invoquée n'existait pas », pour laisser uniquement le constat de l'absence d'une disposition de la Constitution qui ferait obligation au juge administratif de faire prévaloir la coutume sur la loi nationale.

Par cet arrêt, le Conseil d'État a donc non seulement confirmé, mais aussi précisé sa doctrine élaborée dans l'arrêt *Aquarone* : la primauté de la loi nationale sur la coutume internationale – celle-ci venant donc se placer, dans la hiérarchie des normes, à un rang infra-législatif – découle essentiellement d'une lacune de la Constitution. En l'absence d'indication précise sur le rang à accorder à la coutume internationale dans l'ordre interne, le juge administratif fait prévaloir la loi nationale, venant ainsi contredire de manière flagrante le « point de vue du droit international » mentionné plus haut.

Une telle interprétation de l'article 55 peut sembler restrictive. Et cela d'autant plus que le juge administratif semble accorder un tout autre statut aux « principes généraux de l'ordre juridique communautaire » : dans son arrêt du 3 décembre 2001, *Syndicat national des industries pharmaceutiques*, le Conseil d'État juge en effet que ces principes ont la même valeur que le Traité instituant les Communautés européennes. Autrement dit, ces principes non écrits ont une valeur supra-législative. Certes, le droit communautaire présente une spécificité incontestée ; de plus, comme le précise le Conseil d'État, ces principes sont pour la plupart « déduits » du traité de Rome. On peut toutefois se demander si ces deux éléments suffisent à les distinguer, sur le plan de la hiérarchie des normes, de la coutume internationale.

Conclusion

La coutume est donc bien applicable dans l'ordre juridique français. L'arrêt du Conseil d'État rendu en 2011 dans l'affaire *Om Hashem Saleh* est sans doute de nature à lui faire jouer un rôle croissant dans le contentieux de la responsabilité. Mais sur le plan normatif, elle continue à jouer un rôle quasi-résiduel. Ceci peut paraître choquant au regard du libellé de l'alinéa 14 du préambule de la Constitution de 1946 : mais il faut bien se rendre à l'évidence que cette disposition, tout en consacrant l'applicabilité de la coutume en droit interne, n'en fixe nullement la place dans la hiérarchie des normes. On se trouve dès lors devant cette contradiction que si la place du droit conventionnel est bien assurée à un rang supra-législatif par le biais de l'article 55, le droit international général, quant à lui, se voit relégué à un rang infra-législatif, ce qui est peu compatible avec la tonalité généralement moniste de la Constitution. Pour résoudre ce problème, le juge pourrait accepter de rehausser le statut normatif de la coutume, aux termes d'une interprétation constructive de l'article 55, comme il l'a fait, du reste, pour les principes généraux du droit communautaire. Mais si le juge refuse de s'aventurer jusque-là, alors il revient au constituant de combler cette lacune de la Constitution de 1958, en donnant à la coutume internationale dans l'ordre juridique français un rang au moins égal à celui du droit conventionnel.

Test de compréhension

1. Dans son rapport de 1976 sur la responsabilité des États, le rapporteur spécial de la Commission du droit international Roberto Ago évoque deux courants d'opinion relatifs au régime de la responsabilité internationale des États. Le premier courant qualifié de « classique » défend l'idée d'un régime de responsabilité unique, tandis que le second prône une distinction entre deux régimes, correspondant à deux types d'actes illicites : les « crimes internationaux » et les « violations simples » ou « délits internationaux ». Le premier type d'actes illicites se rapporte à un nombre restreint d'obligations fondamentales pour la communauté internationale dans son ensemble. Le second type d'actes illicites, en revanche, se rapporte à des obligations « ordinaires » du droit international. Le projet d'article 19 adopté en 1996 par la Commission reprend cette distinction, à ceci

près que la définition du « crime international » reprend la forme tautologique de la définition du *jus cogens* dans la convention de Vienne de 1969 : les crimes internationaux sont les faits internationalement illicites reconnus comme crimes internationaux par la communauté internationale dans son ensemble en raison du caractère « essentiel » de l'obligation affectée.

2. Une conséquence certaine de la distinction réside dans l'étendue de l'intérêt à agir en fonction du type d'acte illicite envisagé. Roberto Ago rapproche dans son rapport de 1976 la notion de crime de la distinction opérée par la Cour internationale de justice en 1970 dans son arrêt *Barcelona Traction* entre des obligations essentiellement bilatérales et des obligations « envers la communauté internationale dans son ensemble » ou *erga omnes*. Le rapporteur en déduit que la commission d'un crime international entraîne normalement pour tout État membre de la communauté internationale un intérêt à agir pour faire valoir la responsabilité de l'État auteur du crime.

Mais, déjà en 1976, plusieurs incertitudes apparaissent. La conséquence normale de l'engagement de la responsabilité internationale d'un État se situe dans l'obligation de réparer. Or, de toute évidence, la commission d'un crime international devrait entraîner des conséquences supplémentaires en termes d'action collective, voire de « sanction ». Mais Roberto Ago se refuse à se prononcer sur la nature de ces mesures, faute de pouvoir s'appuyer sur une pratique consistante des États. Plus tard, la France condamnera la dérive « pénaliste » du projet de la Commission : en voulant dépasser la fonction réparatrice et compensatoire de la responsabilité internationale de l'État, la Commission aboutit à l'idée selon laquelle un État pourrait faire l'objet de sanctions pénales, à l'instar d'un individu. Cette orientation semble encore renforcée par la terminologie choisie – « crime » et « délit » – qui évoque des concepts de droit pénal interne. Or « punir » un État semble non seulement difficilement réalisable mais aussi peu souhaitable. En réalité, le régime de la responsabilité internationale ne pourrait pas être rapproché des catégories du droit interne : il présenterait un caractère foncièrement *sui generis*.

Une autre question rejoint un problème déjà rencontré à propos du *jus cogens* : comment identifier les fameuses obligations fondamentales dont la violation est susceptible d'être qualifiée de « crime international » ? Poser cette question, c'est s'intéresser au « contenu » des « normes primaires » du droit international, plutôt qu'au régime de la responsabilité lui-même, constitué de « normes secondaires » du droit international. Or Roberto Ago affirme clairement qu'il ne souhaite pas reproduire ce qui, selon lui, fut « l'erreur » des tentatives de codification de la responsabilité des États pour dommages causés par les étrangers : son rôle de codificateur tel qu'il le conçoit doit se concentrer exclusivement sur les « normes secondaire » du droit de la responsabilité internationale, au risque de plonger dans des débats sans issue.

3. La première mesure proposée par la Commission du droit international dans son nouveau projet consiste à renoncer à faire figurer dans le texte même certains exemples de normes primaires dont la violation pourrait entraîner des conséquences particulières. Ces exemples figureront à titre indicatif dans le commentaire des articles. La Commission ne fait ici que tirer toutes les conséquences de l'avertissement de Roberto Ago en 1976.

Mais, surtout, la Commission décide d'abandonner la distinction formelle entre « crimes » et « délits ». Il s'agit de retirer toute connotation pénale au régime esquissé, sans pour autant renoncer à l'intuition de départ selon laquelle le régime de la responsabilité internationale a perdu son unité. La Commission propose dès lors de distinguer deux notions qui, tout en se recoupant de façon substantielle, ne se confondent pas pour autant : « les normes impératives du droit international » et « les obligations envers la communauté internationale dans son ensemble (*erga omnes*) ». À chacune de ces deux notions correspondent des conséquences particulières dans le régime de la responsabilité : la violation *grave* d'une norme impérative du droit international – qui fait l'objet du chapitre III du texte – fait obligation aux États de ne pas en reconnaître les conséquences et de coopérer pour y mettre fin par des moyens licites (art. 41). D'un autre côté, la violation d'une norme due « à la communauté internationale dans son ensemble », traitée dans l'article 48, fait de tout État membre de cette communauté un « État lésé » en droit d'invoquer la responsabilité de l'État auteur de la violation.

On peut donc dire que le texte adopté par la Commission et entériné par l'Assemblée générale a su laisser de côté tous les aspects les plus controversés de l'ancien article 19 du projet d'articles, sans pour autant abandonner ce qui faisait l'essentiel des propositions de Roberto Ago.

Construction d'un plan

Dans une première partie, on explicitera les raisons ayant poussé à l'abandon de la distinction entre « crimes » et « délits » internationaux contenue dans l'article 19 du projet d'article ; la seconde montrera qu'en dépit de cet abandon, l'essence de cet article 19 demeure dans le nouveau texte, à travers son chapitre III et son article 48, dans la mesure où sont mis en place des régimes de responsabilité différenciés en fonction de la qualité de l'obligation violée.

I. L'abandon de la distinction entre « crimes » et « délits » internationaux

A. Une connotation trop pénale pour un régime de responsabilité *sui generis*

B. Des conséquences incertaines

II. Le maintien de régimes différenciés en fonction du type d'obligation violée

A. Les « conséquences supplémentaires » attachées à la violation d'une norme de *jus cogens*

B. L'étendue de l'intérêt à agir en cas de violation d'une obligation *erga omnes*

partie 2

L'organisation de la société internationale

Si la formation du droit international reste encore aujourd'hui dominée par le volontarisme étatique, la société internationale qui en résulte a, quant à elle, profondément évolué. Pendant des siècles le droit international a été un droit interétatique, fait par les États pour les États, dans une société relationnelle, cernée de frontières. Ce système de base compte aujourd'hui un peu moins de 200 États – 193 si l'on s'en tient au nombre des membres des Nations Unies, après l'admission de la Suisse, mettant fin en 2002 au vieil isolement maintenu au nom de sa « neutralité », et celle de nouveaux États indépendants : le Timor oriental, également en 2002, puis le Montenegro en 2006 et le Sud-Soudan en 2011 –, auxquels il faut ajouter deux « États non membres », le Saint-Siège et, depuis 2012, la Palestine (résolution de l'Assemblée générale des Nations Unies 67/19, 29 novembre 2012), qui disposent d'un statut *sui generis* d'observateur. 124

Mais peu à peu, les États comme sujets originaires du droit international ont mis en place des organisations internationales qui constituent dès lors des « sujets dérivés » du droit international. Les organisations internationales dépendent des États dans leur fondement comme pour leur fonctionnement. Elles n'en ont pas moins, en droit, une personnalité juridique internationale et, en pratique, une certaine marge de manœuvre. Le nombre des organisations internationales est assez proche de celui des États : 250 ou 300 selon les estimations. Mais, alors que tous les États ont le même statut juridique, chaque organisation internationale a ses propres règles statutaires voulues par les membres fondateurs. Certaines ont un rôle purement technique, d'autres ont une vocation politique globale, que ce soit dans un cadre régional ou sur le plan universel. Ainsi depuis la première après-guerre, avec la SDN, et surtout depuis 1945, avec l'ONU, voit-on se développer un « droit institutionnel » de plus en plus complexe qui, sans supplanter le « droit relationnel » classique, vient se surajouter à lui (sur cette distinction, v. R.-J. Dupuy, *Le droit international*, PUF, coll. « Que sais-je ? », 1963). 125

Bien plus, l'interaction de ces deux niveaux d'organisation de la société internationale a permis d'échapper au tête à tête des États, en faisant apparaître d'autres acteurs non-étatiques qui tendent à devenir en propre des « sujets » du droit international, titulaires de droits mais aussi d'obligations, que ce soient les individus eux-mêmes ou des groupements, comme les organisations non gouvernementales (ONG) issues de la société civile ou les acteurs économiques, au premier rang desquels les entreprises nationales ou multinationales. On parle souvent de « relations transnationales » pour évoquer ces relations de toutes natures qui traversent les frontières en échappant au monopole des « relations internationales » établi par les États.

126 À l'image traditionnelle d'un droit international se réduisant aux relations interétatiques, s'est donc substituée – pour l'essentiel depuis soixante-dix ans à peine – une société internationale élargie, marquée par l'articulation de trois séries d'entités fortement hétérogènes dans leur nature et leurs buts.

Après avoir examiné la primauté de l'État souverain (chapitre 3), seront pris en compte le rôle central de l'Organisation des Nations Unies (chapitre 4) puis la consécration des personnes privées, comme sujets du droit international (chapitre 5).

chapitre 3

La primauté de l'État souverain

Plan analytique

section 1

Les conditions d'existence de l'État

§ 1 La naissance de l'État

A. Les trois éléments constitutifs

B. La reconnaissance d'État

§ 2 La succession d'États

section 2

L'exercice des relations interétatiques

§ 1 Les principes des relations internationales

§ 2 Les organes des relations diplomatiques

section 3

La répartition des espaces étatiques

§ 1 Les espaces terrestres

§ 2 Les espaces maritimes

§ 3 Les espaces aériens

Compléments pédagogiques

La primauté de l'État souverain

À tout seigneur, tout honneur. L'État reste le sujet principal du droit international, jouant sur le double registre de la souveraineté interne et de la souveraineté internationale. L'État a pu évoluer, s'adapter aux chocs de la colonisation puis à ceux de la décolonisation, subir des tentatives de dépassement à travers des fédérations, des confédérations ou des « communautés », le modèle étatique, né à la Renaissance avec les premières nations européennes, a aujourd'hui essaimé sur tout le globe. Que l'État moderne soit en crise face à la mondialisation de l'économie dominante et des circuits de l'information, avec le risque de laisser sur le côté les États les plus démunis ou les plus fragiles, contribue à rendre paradoxal ce succès juridique. Les États sont partagés entre la tentation de l'unilatéralisme pour imposer la loi du plus fort et les avantages procurés par le statut formel de l'égalité juridique. 127

On retrouve cette tension permanente, à tous les stades, qu'il s'agisse des conditions d'existence de l'État (section 1), de l'exercice des relations interétatiques (section 2) ou de la répartition des espaces étatiques (section 3).

section 1

Les conditions d'existence de l'État

À partir de la deuxième moitié du XXe siècle, la forme juridique de l'État s'est imposée comme forme quasi-exclusive d'exercice d'un pouvoir sur un territoire et une population. Le droit international y est pour beaucoup : tout peuple qui accède à la qualité d'État acquiert par là même les droits et privilèges qui s'attachent à ce statut en droit international. Si la « naissance » de l'État est un fait, un événement historique, il ne prend sens dans la vie juridique que parce que le droit international l'encadre étroitement, de même d'ailleurs qu'il fixe le régime de sa « mort » et de sa succession. 128

§ 1 La naissance de l'État

A. Les trois éléments constitutifs

Selon la conception classique de l'État, trois éléments constitutifs sont nécessaires pour qu'un État puisse exister : un territoire, une population et un gouvernement. En fait ces éléments constitutifs ne sont pas spécifiques à la définition de l'État puisqu'ils caractérisent aussi bien les collectivités infra-étatiques, qui sont des « démembrements de l'État », ou les regroupements supra-nationaux, dans le cadre du fédéralisme (v. la thèse de L. Le Fur, *État fédéral et confédération d'États*, Paris, 1896, reprint 129

Éditions Panthéon-Assas, 2000) ou, de manière *sui generis*, avec la construction originale de l'Union européenne. Ces éléments sont des faits qui sont eux-mêmes le produit de l'Histoire. Ils ne suffisent pas à eux seuls à faire un « État » au sens du droit international. La constitution de l'État est en réalité le produit de la rencontre d'un fait – l'exercice par des gouvernants d'un pouvoir sur un territoire et une population – et d'un acte à la fois juridique et politique – la reconnaissance qui conditionne l'application du droit international à cette nouvelle entité indépendante (pour la reconnaissance, v. ss 134 s.)

■ **130** Le territoire est traditionnellement indissociable de la souveraineté au sens du droit international. La souveraineté, en effet, est avant tout territoriale, en ce sens qu'elle désigne une compétence exclusive d'exécution de l'État sur l'ensemble de son territoire et sur les biens et personnes qui s'y trouvent. Ce principe a été affirmé avec force par le juriste suisse Max Huber dans son arbitrage du 4 avril 1928 entre les États-Unis et les Pays-Bas dans l'affaire de l'*Île des Palmes :* « la souveraineté dans les relations entre États signifie l'indépendance. L'indépendance relativement à une partie du globe est le droit d'y exercer, à l'exclusion de tout autre État, les fonctions étatiques. Le développement de l'organisation nationale des États durant les derniers siècles et, comme corollaire, le développement du droit international, ont établi le principe de la compétence exclusive de l'État en ce qui concerne son propre territoire, de manière à en faire le point de départ du règlement de la plupart des questions qui touchent aux rapports internationaux » (*RSA* II, p. 281). Le territoire lui-même comprend les espaces terrestres, maritimes et aériens, à l'exclusion toutefois des espaces où l'État n'exerce que certaines compétences limitées définies par le droit international, comme le plateau continental ou la zone économique exclusive. Il ne présente pas nécessairement une continuité géographique : en témoigne par exemple le territoire français, étalé sur plusieurs continents. La répartition des territoires, la délimitation des frontières est un des rôles principaux du droit international classique, ayant vocation à assurer la coexistence entre ces entités souveraines que sont les États. Aujourd'hui encore et même s'il n'existe plus de territoire sans maître, les conflits territoriaux restent nombreux et occupent une bonne partie du rôle de la Cour internationale de Justice – et encore ne s'agit-il que de la fine pointe de l'iceberg ! (sur la répartition des territoires, v. ci-dessous Section 3).

■ **131** De même, il n'y a pas d'État sans population, quand bien même celle-ci serait-elle très peu nombreuse, comme c'est le cas des « micro-États » comme Monaco ou certains petits États insulaires du Pacifique. La « population » elle-même ne reçoit aucune définition et ne désigne aucune substance en droit international : il s'agit d'un concept creux, et il revient à l'État lui-même d'en définir les contours, c'est-à-dire d'établir les règles qui établissent sa compétence personnelle. Depuis longtemps, le droit international reconnaît d'ailleurs qu'il appartient à chaque État de définir qui sont ses nationaux (v. notamment l'arrêt du 6 avril 1955 rendu par la CIJ dans la deuxième phase de l'affaire *Nottebohm*, p. 23). Ce qui ne veut pas dire que l'État ait un pouvoir complètement discrétionnaire en cette matière : la liberté d'accorder, de refuser, voire de retirer la nationalité se retrouve de plus en plus contrainte par des règles du droit international, y compris dans le domaine des droits de l'homme. La Déclaration universelle des droits de l'homme reconnaît le droit de tout individu à une nationalité, ce qui a conduit d'abord à tenter de réduire au maximum les cas d'apatridie. La Convention du 30 août 1961 sur la réduction des cas d'apatridie n'a été ratifiée que par 75 États et aujourd'hui encore, le HCR estime qu'au moins 10 millions de personnes dans le monde sont sans nationalité. Les instruments internationaux en matière de droits de l'homme et leurs organes de contrôle constituent dès lors un moyen privilégié de lutter contre ce phénomène. Ils reconnaissent le droit de chaque enfant d'acquérir une nationalité et l'obligation pour les États de mettre en place des procédures d'enregistrement accessibles sur tout le territoire (v. par ex. l'article 24 du Pacte international sur les droits civils et politiques et l'article 7 de la Convention sur les droits de l'enfant et la jurisprudence correspondante). De même les procédures d'attribution de la nationalité doivent être non discriminatoires (v. par ex. l'article 9 de la Convention sur l'élimination de la discrimination à l'égard des femmes) et un État ne peut pas déchoir arbitrairement une personne de sa nationalité (v. les affaires *Ramadan c/ Malte*, n° 76136/12 et *K2 c/ Royaume-Uni*, req. n° 42387/13, 7 février 2017). Par ailleurs, le droit d'entrer dans son propre pays, reconnu notamment par l'article 12 du Pacte sur les droits civils et politiques, vient étendre la notion de « population » de l'État au-delà de la nationalité et vient contraindre un peu plus les compétences de l'État : « La signification des termes “son propre pays” (...) n'est pas limitée à la nationalité au sens strict du terme, à savoir la nationalité conférée à la naissance ou acquise par la suite ; l'expression s'applique pour le moins à toute personne qui, en raison de ses liens particuliers avec un pays ou de ses prétentions à l'égard d'un pays, ne peut être considérée dans ce même pays comme un simple étranger » (Comité des droits de l'homme, Observation générale n° 27, § 20). Une même tendance trouve une traduction à l'article 8 des articles de la CDI sur la protection diplomatique qui, au titre du développement progressif du droit international, précise la Commission, permet aux États d'exercer leur protection diplomatique pour le compte des réfugiés et des apatrides qui résident habituellement sur leur territoire.

La forme du gouvernement n'est pas prise en compte de manière particulière par le droit classique qui se fonde sur un principe de neutralité idéologique, en évoquant « le droit inaliénable de choisir son système politique, économique, social et culturel, sans aucune forme d'ingérence de la part d'un autre État » (AG, résol. n° 2625 [XXV] 1970, *Déclaration relative aux principes du droit international touchant les relations amicales et la coopération entre États*). Ce principe est présenté comme une conséquence du droit des peuples à disposer d'eux-mêmes. Selon la *Déclaration sur l'octroi de l'indépendance aux pays et peuples coloniaux*, il est précisé que : « tous les peuples ont le droit de libre détermination ; en vertu de ce droit, ils déterminent librement leur statut politique et poursuivent librement leur développement économique, social et culturel » (AG, résol. n° 1514 [XV] 1960). 132 ■

En pratique, il faut cependant constater que la portée de ce principe est longtemps restée limitée à la sphère internationale en dissociant souveraineté internationale et souveraineté interne : le principe est invoqué pour justifier l'indépendance des nouveaux États mais non pour favoriser le libre choix par le peuple de son régime politique. Notamment, la référence unanime à la démocratie a toujours été ambiguë. Jusqu'au début des années 1990, elle était prisonnière de la guerre froide, avec d'un côté la démocratie libérale et de l'autre les démocraties populaires, le « malentendu » continuant à être entretenu par une double série de résolutions annuelles sur les élections libres, adoptées par l'Assemblée générale, mettant l'accent soit sur la souveraineté étatique, soit sur l'impératif démocratique (A. Sicilianos, *L'ONU et la démocratisation de l'État*, Pedone, 2000). Après l'écroulement du bloc soviétique, une convergence sur les mêmes principes politiques est apparue dans le cadre de la Conférence sur la sécurité et la coopération en Europe (CSCE), consacrée par la Charte de Paris pour une nouvelle Europe du 21 novembre 1990 qui associe étroitement « État de droit, démocratie et droits de l'homme » en soulignant que la démocratie est devenue le seul mode de gouvernement légitime dans l'espace de la CSCE. Ces « acquis démocratiques » ont été développés dans le document de Copenhague et le document de Moscou de la conférence sur la dimension humaine de la CSCE, allant de pair avec le développement de l'observation internationale des élections.

Sur le plan international, la même évolution s'est fait jour. La Conférence mondiale des droits de l'homme de Vienne, qui s'est tenue en 1993, a mis l'accent sur le lien entre démocratie et droits de l'homme, comme l'avait préconisé le secrétaire général des Nations Unies, Boutros Boutros-Ghali dans son discours d'ouverture. Les Nations Unies ont même pris fait et cause pour la première fois dans une crise purement interne, en exigeant la restauration de la démocratie à Haïti, après le coup d'État militaire qui avait déposé le « président légitimement élu » (Cons. sécurité, résol. n° 940 du 31 août 1994).

■ 133 Depuis le début des années 2000, un consensus fragile commence à se faire jour, mais le sens du compromis reste marqué dans les formules de l'Assemblée générale : « Réaffirmant que la démocratie est une valeur universelle qui émane de la volonté librement exprimée des peuples de définir leur propre système politique, économique, social et culturel et qui repose sur leur pleine participation à tous les aspects de leur existence. Réaffirmant également que, quand bien même les démocraties ont des caractéristiques communes, il n'existe pas de modèle unique de démocratie et que la démocratie n'est pas l'apanage d'un pays ou d'une région, et réaffirmant en outre qu'il importe de respecter pleinement la souveraineté et le droit à l'autodétermination » (résolution n° 64/155, 18 décembre 2009).

Non sans mal, un principe de « légitimité démocratique » tendrait ainsi à remplacer la vieille règle de « non-ingérence politique ». De même, les processus récents de « construction » ou de reconstruction d'un État (*peace-building*) impliquent désormais l'organisation d'élections libres et la mise en place d'institutions démocratiques, malgré les difficultés à imposer ce choix aux parties prenantes d'un conflit interne, que ce soit au Cambodge, en Sierra Leone, au Kosovo ou en Afghanistan, ou plus récemment en Côte d'Ivoire et en Centrafrique. De son côté, la communauté internationale a pris conscience que la démocratie ne s'imposait pas de l'extérieur et ne se réduisait pas à l'organisation d'élections libres, le jour J. C'est un processus de longue haleine qui associe la mise en place d'un État de droit avec des institutions judiciaires garantes des droits de l'homme et le développement d'une société ouverte et pluraliste (colloque SFDI, *L'État de droit en droit international*, Pedone, 2009).

B. La reconnaissance d'État

■ 134 La *reconnaissance* ᵠest un acte unilatéral autonome par lequel un État se rend opposable une situation de fait ou de droit, ce qui entraîne un certain nombre de conséquences juridiques. Appliquée à l'État, la reconnaissance joue un rôle fondamental en ce qu'elle conditionne l'application du droit international à une entité dans ses relations avec d'autres États ou avec d'autres acteurs. Dans la société internationale, il n'existe aucune autorité centrale qui pourrait enregistrer et officialiser la « naissance » d'un État comme sujet de droit, autrement dit lui conférer, en quelque sorte objectivement, sa personnalité juridique. Dès lors, l'acquisition de la qualité de sujet de droit s'opère de manière décentralisée, chaque État déjà « né » ayant la faculté pour lui-même de reconnaître une entité particulière comme un autre État également souverain, et par conséquent de se rendre opposable les droits et obligations attachés à cette qualité en droit international. Ce n'est que lorsque le nombre de ces relations bilatérales atteint un certain seuil critique que l'État nouvellement constitué acquiert une personnalité objective, souvent enregistrée à travers l'admission comme État membre de l'Organisation des Nations Unies et d'autres organisations internationales. D'autres États peuvent alors persister dans leur attitude de non reconnaissance, mais celle-ci a des effets strictement limités aux relations bilatérales – ou plutôt à l'absence de relations bilatérales – entre les deux États, sans même d'ailleurs nécessairement affecter les relations transnationales, voire la prise en compte de l'État non reconnu par les juridictions de l'État non-reconnaissant (v. à cet égard la position déjà ancienne de la Cour de cassation affirmant l'immunité de juridiction d'un État nonobstant l'absence de reconnaissance par la France : Civ. 1re, 2 nov. 1971 ; *JCP G* 1972, II, 16969, note Ruzié). La reconnaissance apparaît donc comme une formalité par laquelle un État déjà constitué décide d'établir des relations avec une entité dont il constate officiellement la qualité d'État souverain et le fait qu'il est soumis aux règles du droit international.

En pratique, l'institution de la reconnaissance joue un rôle important lors des **135 ■**
bouleversements territoriaux. Plusieurs « vagues » de reconnaissance ont ainsi eu lieu depuis le XIXe siècle, d'ailleurs concomittantes de vagues de successions d'États : l'indépendance des colonies espagnoles en Amérique latine au début du XIXe siècle, le démantèlement des empires ottoman et austro-hongrois à la fin du XIXe siècle puis à la fin de la Première guerre mondiale, la décolonisation à partir de la fin de la Seconde guerre mondiale et enfin la décomposition de l'URSS et plus généralement du Bloc de l'Est (avec notamment le cas de la Yougoslavie).

Il n'y a pas d'obligation de reconnaissance en droit international, il s'agit par conséquent d'une compétence discrétionnaire des États, avec cette conséquence que la reconnaissance ne coïncide pas nécessairement avec la réunion des trois éléments constitutifs qui sont censés constituer l'État *de facto*. En fait, la reconnaissance est, en plus d'un acte juridique, un acte politique dont les effets sont d'ailleurs en grande partie cantonnés dans le champ des relations interétatiques. Un État peut très bien décider de ne pas reconnaître une entité qui réunit vraisemblablement les trois éléments, par exemple en raison des circonstances dans lesquels cet État est né, comme les États arabes au moment de la création d'Israël ou encore la Chine populaire vis-à-vis de Taïwan.

Plus récemment, la revendication d'indépendance du Kosovo a donné lieu à une profonde division au sein de la communauté des États. À la suite de l'intervention armée de l'OTAN contre la Serbie, la résolution n° 1244 du Conseil de sécurité du 10 juin 1999 avait, d'une part, rappelé la souveraineté et l'intégrité territoriale de la République fédérale de Yougoslavie, d'autre part, mis en place une « présence internationale » et une administration intérimaire afin de garantir au Kosovo une « autonomie substantielle » pendant une période transitoire. Ce compromis négocié avec la Russie ne réglait rien pour l'avenir. Les efforts de divers médiateurs ayant échoué, le Kosovo a proclamé unilatéralement son indépendance, en février 2008, indépendance immédiatement reconnue par les États-Unis et par les principales capitales européennes, comme Londres, Paris, Berlin et Rome, malgré les mises en garde de la Russie. Celle-ci a riposté sur le plan géopolitique en invoquant ce précédent pour intervenir en Géorgie en août 2008 puis pour annexer la Crimée en 2014. Mais la Russie a également réagi dans un deuxième temps sur le terrain juridique, en étant à l'origine de la résolution n° 63/3 du 8 octobre 2008 par laquelle l'Assemblée générale demande à la CIJ un avis consultatif sur la question suivante : « la déclaration unilatérale d'indépendance des institutions provisoires d'administration autonome du Kosovo est-elle conforme au droit international ? ». La Cour qui a rendu son avis le 22 juillet 2010, a entendu s'en tenir à un terrain purement technique. D'un côté la déclaration unilatérale n'est pas contraire au droit international, mais de l'autre la Cour n'est pas appelée à se prononcer sur le point de savoir si la déclaration d'indépendance a créé un nouvel État ni sur la valeur des actes de reconnaissance. La Cour ne s'aventure pas non plus à répondre à la question de l'existence d'un droit de sécession-remède face à des violations massives des droits de l'homme. Demeure donc une controverse sur la question de la reconnaissance qui favorise le maintien d'un *statu quo* ambigu, la Russie étant à même de bloquer l'admission du Kosovo à l'ONU, comme à l'OSCE ou au Conseil de l'Europe. De plus, l'Union européenne elle-même est divisée, avec des pays comme l'Espagne qui n'ont pas reconnu l'indépendance du Kosovo, pour ne pas créer un précédent qui puisse être invoqué par la Catalogne ou le Pays Basque.

136 Mais s'il n'y a pas d'obligation de reconnaître un État factuellement constitué, inversement, le fait qu'une entité soit reconnue en tant qu'État par un autre État n'implique pas nécessairement qu'il en soit un en fait. C'est le cas de ce qu'il est coutume d'appeler les « États fantoches », comme le Mandchoukouo, créé par le Japon en 1932, ou les « Bantoustans » créés par l'Afrique du Sud, en 1976. C'est le cas également de la partition de Chypre, depuis l'occupation turque de 1974, seule la Turquie reconnaissant la République de Chypre du nord qu'elle a mise en place. La Cour européenne des droits de l'homme dans son arrêt *Chypre c/ Turquie* de 2001 a confirmé la pleine responsabilité de la Turquie pour les violations commises dans cette zone occupée, en écartant toute reconnaissance d'un « gouvernement de fait », sauf s'agissant de l'épuisement des voies de recours internes. De même, la volonté de la Russie de réaffirmer son influence sur le territoire de l'ex-URSS, en s'appuyant sur les populations russophones, conduit à une série de conflits territoriaux et à la formation de « républiques autonomes » reconnues par Moscou et quelques alliés proches. Il en est ainsi en Moldavie, avec la République du Dniestr ou Transnistrie mais aussi, après le conflit georgien de 2008, avec les deux républiques d'Abkhazie et d'Ossétie du Nord. Plus récemment, la même carte autonomiste a été jouée lors de la « crise ukrainienne », à la faveur de l'agitation entretenue par Moscou, avec la déclaration d'indépendance de la Crimée, vite intégrée au territoire de la Russie, mais aussi avec la création des deux « républiques populaires » de Donetsk et de Lougansk à l'Est. Cette série d'exemples démontre une chose : c'est que si la reconnaissance d'États fantoches est possible, elle ne produit guère d'effectivités à l'égard des tiers. Ces entités ne maintiennent de relations internationales qu'avec les rares États qui leur accordent leur reconnaissance, mais lorsqu'il s'agit de rechercher la responsabilité du fait de l'agissement de leurs organes, c'est vers leur « parrain » et protecteur que le droit international se tourne. Ainsi, dans ses arrêts *Ila□cu* (8 juill. 2004), *Catan* (19 oct. 2012) et *Mozer* (23 févr. 2016), la Cour a constaté que la « République Moldave de Transnistrie » relevait bien de la juridiction de la Fédération de Russie, avec cette conséquence que les violations de la Convention pouvaient lui être attribuées. De même, la situation en Géorgie a donné lieu à trois affaires interétatiques *Géorgie c/ Russie* devant la Cour européenne des droits de l'homme, avec un premier arrêt du 3 juillet 2014, condamnant la Russie au fond pour les arrestations et les expulsions collectives de milliers de Géorgiens survenues en 2006. Saisie de son côté sur le fondement de la Convention sur l'élimination de toutes les formes de discrimination raciale, la Cour internationale de justice a rendu une décision d'irrecevabilité dans son arrêt du 1er avril 2011, alors que l'ordonnance du 15 octobre 2008 avait requis des mesures conservatoires. La crise ukrainienne a provoqué le même type de contentieux, en parallèle devant la Cour européenne et devant la CIJ (v. cinq requêtes *Ukraine c/ Russie* pendantes devant la Cour européenne, dont deux devant la Grande Chambre et l'arrêt sur les exceptions préliminaires rendu par la CIJ le 8 novembre 2019 dans l'affaire de l'*Application de la convention internationale pour la répression du financement du terrorisme et de la convention internationale sur l'élimination de toutes les formes de discrimination raciale*).

Dans certains cas limites, la reconnaissance d'État peut précéder la réunion de tous les éléments requis. Il en a été ainsi lors de la décolonisation avec des mouvements de libération nationale reconnus comme États par certains de leurs soutiens avant même leur victoire. De nombreux États avaient reconnu l'Organisation de libération palestinienne (OLP) comme un État, bien avant que l'Autorité palestinienne ne soit mise en place, avec un contrôle officiel sur certains territoires, à la suite des accords de Washington conclus en 1993 entre Israël et l'OLP (G. Deniau, *L'autonomie palestinienne intérimaire dans la bande de Gaza*, CEDIN, Montchrestien, 1999). Une telle reconnaissance, même de la part d'une majorité des États de la communauté internationale, n'ouvre pas forcément droit à devenir membre d'une organisation internationale, la procédure d'acquisition de la qualité de membre obéissant à des règles définies par le traité constitutif. La Palestine s'est heurtée à cette réalité : cantonnée pendant des années à un statut d'observateur, renforcé de nouveaux droits en 1998, elle s'est finalement décidée, après bien des atermoiements, à présenter une demande d'admission devant l'Assemblée générale des Nations Unies le 23 septembre 2011. L'article 4, § 2 de la Charte est sans ambiguïté : l'admission d'un nouvel État membre « se fait par décision de l'Assemblée générale sur recommandation du Conseil de sécurité ». Autrement dit, la demande doit être soumise au préalable au Conseil de sécurité qui reste bloqué par l'opposition américaine, alors même qu'une large majorité en faveur de l'admission existe au sein de l'Assemblée générale. Parallèlement, les responsables palestiniens ont obtenu un succès spectaculaire avec la décision de la conférence générale de l'UNESCO qui, le 31 octobre 2011, par 107 voix contre 14 et 52 abstentions, a admis la Palestine comme État membre. Les États-Unis et Israël ont aussitôt suspendu leur contribution financière plongeant l'organisation dans une nouvelle crise. Faute de pouvoir atteindre un résultat équivalent à l'ONU, la Palestine a obtenu le 29 novembre 2012 de l'Assemblée générale l'octroi du statut d'État non membre, jusque-là accordé au seul Saint-Siège (résolution n° 67/19). Le vote a été acquis sans difficulté, 132 États ayant à cette date reconnu la Palestine comme État et la majorité pour l'adoption d'une résolution à l'Assemblée étant fixée à 128 États. À partir de là, la Palestine a pu se prévaloir de cette qualité d'« État » pour reconnaître la compétence de la Cour pénale internationale en vertu de l'article 12 § 3 du statut et demander l'examen par le Procureur de la 137 situation sur son propre territoire, ce qui a entraîné l'ouverture d'un « examen préliminaire ». En avril 2014, la Palestine a également déposé les instruments de ratification de quinze conventions internationales, en réponse au refus d'Israël de libérer des prisonniers palestiniens, provoquant en retour des « représailles » d'Israël, sous la forme d'un gel du transfert des taxes collectées par elle au profit de l'Autorité et représentant les deux-tiers du budget de l'Autorité.

■ **138** On a dit que la reconnaissance est toujours, en plus d'un acte juridique, un acte politique, en ce sens que, discrétionnaire, elle trouve sa cause dans une décision de politique étrangère. Il peut arriver toutefois que la reconnaissance soit davantage politique que juridique, en ce sens que l'État qui reconnaît ne souhaite pas attacher à cet acte des effets juridiques très précis, et en tout cas souhaite garder la possibilité de se désengager. On parle en général alors de reconnaissance « de fait », par opposition à une reconnaissance « de droit ». Si la reconnaissance *de facto* peut être mise à profit pour la reconnaissance d'État, elle est le plus souvent utilisée pour la reconnaissance de gouvernement en raison de la flexibilité qu'elle autorise dans des circonstances marquées par l'incertitude et l'instabilité. La reconnaissance de gouvernement elle-même se distingue de la reconnaissance d'État : il ne s'agit pas de reconnaître un sujet de droit international nouveau, mais bien plutôt l'organe qui est habilité à représenter cet État sur le plan international et par conséquent non seulement à adopter des actes qui lui sont imputables, mais aussi à engager sa responsabilité internationale. Pour cette raison, les États qui pratiquent ce type de reconnaissance tendent en général à s'appuyer sur l'effectivité d'un gouvernement, c'est-à-dire sur sa capacité à exercer un pouvoir sur un territoire et une population. Mais la reconnaissance de gouvernement peut aussi être utilisée dans un but politique, en vue de promouvoir une entité particulière face à une autre dans sa compétition pour la prise de pouvoir et la quête de légitimité. Ainsi, lors de la crise libyenne en 2011 on a pu voir des États, à commencer par la France, reconnaître de manière convergente comme gouvernement légitime le Conseil national de la transition, alors même que celui-ci ne disposait pas du pouvoir effectif sur le territoire libyen (v. notamment la déclaration de la part de 32 États à l'issue de la quatrième rencontre du Groupe de contact sur la Libye le 15 juillet 2011). Le même scénario s'est reproduit quelques années plus tard avec la Syrie, à partir de la création de la Coalition de l'opposition syrienne en novembre 2012. À nouveau, la France fut la première, par la voix du président Hollande, à reconnaître la Coalition comme le « seul représentant légitime du peuple syrien » le 13 novembre 2012, suivie par un grand nombre d'autres États, au risque de négliger l'évolution des rapports de force sur le terrain diplomatique et une situation militaire marquée par les interventions extérieures de puissances régionales comme la Russie et la Turquie.

■ **139** S'il n'existe aucune obligation de reconnaissance, comme on l'a vu, il n'est pas impossible de déduire tant du droit international général que de la pratique une obligation de non reconnaissance, à tout le moins lorsque la naissance d'un État ou l'annexion d'un territoire et son intégration dans un État sont issues d'une violation d'une norme de *jus cogens*, comme l'interdiction du recours à la force ou de l'apartheid. On se souvient que la CDI, dans ses articles sur la responsabilité internationale a prévu, au titre des conséquences particulières d'une violation grave d'une norme de *jus cogens*, une obligation de non reconnaissance de la licéité d'une situation créée par une telle violation (v. ss 115). Dans son avis consultatif du 21 juin

1971 sur les *Conséquences juridiques pour les États de la présence continue de l'Afrique du Sud en Namibie*, la Cour internationale de Justice a considéré que les Membres des Nations Unies avaient l'obligation non seulement de reconnaître l'illégalité de la présence de l'Afrique du Sud en Namibie, mais aussi « de s'abstenir de tous actes et en particulier de toutes relations avec le Gouvernement sud-africain qui impliqueraient la reconnaissance de la légalité de cette présence et de cette administration, ou qui constitueraient une aide ou une assistance à cet égard ». Un peu plus de quarante ans après l'avis de la CIJ, c'est l'Assemblée générale – faute pour le Conseil de sécurité de pouvoir se prononcer en raison du veto russe – qui reprend à peu près les mêmes formules à propos de l'annexion de la Crimée : « Demande à tous les États, organisations internationales et institutions spécialisées de ne reconnaître aucune modification du statut de la République autonome de Crimée et de la ville de Sébastopol sur la base de ce référendum et de s'abstenir de tout acte ou contact susceptible d'être interprété comme valant reconnaissance d'une telle modification de statut. » (Résolution n° 68/262 du 27 mars 2014, adoptée par 100 voix contre 11, avec 58 abstentions). Dans le même sens, une pratique croissante tend à soumettre la reconnaissance de gouvernement à des conditions tenant à son mode d'investiture : s'il n'existe pas encore de conditionnalité démocratique, qui soumettrait la reconnaissance à la tenue d'élections périodiques, libres et honnêtes, à tout le moins beaucoup d'États, et les Nations Unies, refusent en principe de reconnaître *de jure* un gouvernement issu d'un coup d'État renversant un gouvernement démocratiquement élu. Une telle conditionnalité de la reconnaissance tend même à s'institutionnaliser que ce soit au sein des Nations Unies (*v.* par ex. dans le contexte de la crise postélectorale en Côte d'Ivoire les résolutions du Conseil de sécurité n° 1962 du 20 décembre 2010 et n° 1975 du 30 mars 2011) ou des organisations régionales (*cf.* par ex., au plan africain, la Charte africaine de la démocratie, des élections et de la gouvernance du 30 janvier 2007 et la *Déclaration sur le cadre pour une réaction de l'OUA face aux changements anticonstitutionnels de gouvernement* du 2 février 2000).

Face à cette pratique foisonnante, la vieille querelle doctrinale pour savoir si la 140 ■
reconnaissance est « déclarative » ou bien « constitutive » paraît un peu dépassée. La reconnaissance est bien « déclarative » en ce sens qu'elle « constate » un phénomène qui ne saurait se réduire à sa dimension historique, politique ou sociologique, mais constitue également un ensemble de relations juridiques, voire un ordre juridique qu'il s'agit de se rendre opposable. Mais la reconnaissance peut également être « constitutive », au sens où confère à une entité un « statut », qui est celui de l'État « souverain », avec une série de droits et obligations fixés par le droit international général. Par ailleurs, on l'a vu, la reconnaissance peut être utilisée à des fins politiques, afin de favoriser la constitution en droit de situations qui n'existent pas encore en fait. Un tel exercice contrefactuel peut avoir un intérêt politique se suffisant à lui-même (l'affirmation et le maintien d'une position de principe) voire un intérêt juridique lorsqu'il s'agit, par exemple, de fonder certaines relations entretenues avec un gouvernement sans effectivité ou d'anticiper sur un retour de la situation à la normale. Mais les faits sont têtus : un État, ou même quelques États ne peuvent par la reconnaissance faire qu'une entité soit ce qu'elle n'est pas. C'est cette « objectivité » du fait qui revient en force lorsque le juge international, par exemple, se prononce sur l'attribution du fait illicite des organes d'un État fantoche à l'État qui exerce sur lui un contrôle effectif.

§ 2 La succession d'États

■ 141 Le plus souvent, l'État ne naît pas de rien. Sa naissance est aussi le démembrement d'un ancien ensemble politique ou la recomposition de plusieurs entités. Dans tous ces cas, il y a *succession d'États*[Q]. La CDI s'est attachée à codifier ces questions, dans le contexte des expériences alors récentes de la décolonisation, sous l'impulsion de son rapporteur spécial Mohammed Bedjaoui, avec l'adoption de la convention de Vienne de 1978 sur la succession d'États en matière de traités et de la convention de Vienne de 1983 sur la succession d'États en matière de biens, archives et dettes d'État. Alors que ces travaux n'avaient suscité qu'un intérêt doctrinal, la problématique de la succession d'États est devenue d'une grande actualité avec les bouleversements subis en Europe : éclatement de l'Union soviétique en quinze nouveaux États, divorce pacifique entre la République tchèque et la Slovaquie, disparition violente de l'ancienne Yougoslavie. La question se pose également pour les nouveaux États africains, comme l'Érythrée et le Sud-Soudan. Un aspect de la question avait toutefois été laissé dans l'ombre : celui de la succession à la responsabilité. Sans doute fallait-il attendre l'aboutissement des travaux sur la responsabilité internationale de l'État pour aborder ce sujet avec les bonnes clés conceptuelles. La CDI a donc décidé d'inscrire cette nouvelle question à son ordre du jour en 2017 en nommant le professeur Pavel Šturma (République tchèque) comme rapporteur spécial.

■ 142 S'agissant de la succession d'États aux traités, plusieurs principes contradictoires sont en jeu : la sécurité juridique qui impose une grande stabilité des engagements conventionnels, qu'il s'agisse des situations territoriales avec les traités de frontière ou de conventions relatives à l'état des personnes. Inversement l'autonomie de la volonté voudrait que le nouvel État soit pleinement maître de son destin, sans hériter d'une série d'hypothèques imposées par l'État prédécesseur, parfois dans son seul intérêt.

Entre ces deux exigences, il s'agit donc de faire la part du feu. La pratique de la décolonisation mettant l'accent sur la continuité juridique a parfois été critiquée comme une « carte forcée » et un pays comme le Sénégal n'a pas hésité à dénoncer la convention de Genève de 1958 sur le droit de la mer, plusieurs années après son accession à l'indépendance, en l'absence de toute clause de dénonciation dans une telle convention de codification (D. Bardonnet, *AFDI* 1972). La convention de 1978 met quant à elle l'accent sur la notion de « table rase », mais ceci implique que l'État puisse dans les meilleurs délais faire le tri des traités en jeu et reconstruire sur une base volontaire tout un dispositif normatif, ce qui n'est pas forcément sa priorité la plus urgente.

■ 143 La pratique de la succession d'États en Europe orientale a montré que le problème se compliquait avec la prise en compte des relations entre « État prédécesseur » et « États successeurs ». Certaines nouvelles entités se présentent comme le « continuateur » naturel de l'État prédécesseur, c'est le cas de la Russie qui a pris la suite automatique de l'Union soviétique, sur la base d'une simple notification, y compris dans le cadre des Nations Unies. Les autres démembrements de l'Union soviétique – en dehors du cas particulier de l'Ukraine et de la Biélorussie qui faisaient juridiquement partie de l'ONU dès l'origine, à la suite d'un compromis passé à Yalta pour donner trois voix à l'URSS – ont dû au contraire faire des déclarations de succession pour être liés à nouveau par les anciens traités auxquels l'Union soviétique était partie.

La fragile Fédération de Yougoslavie (Serbie-Montenegro) a eu la même prétention, affirmant sa continuité avec la République socialiste fédérative de Yougoslavie (RSFY) dont la commission d'arbitrage de la conférence pour la paix en Yougoslavie avait constaté la dissolution, faisant place à de nouveaux États qui « sont tous des États successeurs de l'ancienne RSFY » (v. not. 29 nov. 1991, avis n° 1, ; 4 août 1992, avis n° 9). Dès lors, aucune succession automatique exclusive ne pouvait bénéficier en propre à la Yougoslavie (Serbie-Monténégro). Mais, après la chute du président Milošević, la Yougoslavie a été admise, le 1er novembre 2000, aux Nations Unies comme « nouveau membre » (A/RES/55/12). Les autorités yougoslaves ont invoqué ce « fait nouveau » pour déposer devant la Cour internationale de justice en avril 2001 « une demande de révision de l'arrêt du 11 juillet 1996 » dans l'affaire *relative à la convention contre le génocide* qui oppose la Bosnie-Herzégovine et la Yougoslavie : si la Fédération de Yougoslavie est un nouveau membre des Nations Unies, elle ne saurait être liée en tant que « continuateur » de la République socialiste fédérative, par le statut de la Cour ou par la convention de 1948 sur le génocide. La Cour a rejeté cette requête comme irrecevable dans un arrêt du 3 février 2003, laissant l'affaire se poursuivre sur le fond. À défaut de fédération, la Serbie a ainsi retrouvé son nom historique en 2006.

Une des questions les plus importantes de la succession d'États concerne les frontières, que ce soit le respect des anciens traités de frontières avec les États tiers (comme la reconnaissance de la frontière germano-polonaise par la RFA au moment de la réunification allemande en 1990) ou la transformation d'anciennes limites administratives en frontières internationales. 144 ■

À la suite de la vague d'indépendances de 1820, l'Amérique latine, déjà, eut à résoudre ce double problème et avait dégagé le principe de l'*uti possidetis juris* qui vise à maintenir la situation territoriale telle qu'elle était au moment de l'accès à l'indépendance. Ce principe, longtemps purement régional, a été transposé en Afrique à la suite d'une résolution de l'Organisation de l'unité africaine (OUA) adoptée dès sa première session de 1964, afin d'éviter d'ouvrir des contentieux sans fin entre les nouveaux États issus de la décolonisation. La Cour internationale de justice a elle-même consacré la portée générale du principe de l'*uti possidetis*, d'abord implicitement pour l'affaire du *Plateau continental Tunisie-Libye* (CIJ 24 févr. 1982, fond, *Rec.* 18), puis explicitement avec son arrêt du 22 décembre 1986 dans l'affaire *du différend frontalier* Burkina Faso-Mali : c'est « un principe général logiquement lié au phénomène de l'accession à l'indépendance où qu'il se manifeste » (Arrêt 1986, *Rec.*, § 20).

Tout le problème est de savoir si ce principe peut bel et bien s'appliquer aux récentes « indépendances » survenues en Europe, notamment sur le territoire de l'ancienne Union soviétique, alors que des transferts de territoires et de populations ont bouleversé arbitrairement la situation locale, comme avec le rattachement tardif de la Crimée à l'Ukraine dans les années cinquante. Dans la déclaration d'Alma-Ata adoptée le 21 décembre 1991, tous les États de la Communauté des États indépendants (CEI) « reconnaiss(e)nt et respect(e)nt l'intégrité territoriale et l'immutabilité des frontières existantes des uns et des autres ». 145 ■

Il en va de même avec la situation des anciennes Républiques yougoslaves, de la Slovénie à la Macédoine, devenues des États souverains avec des frontières compliquées et fragiles – particulièrement difficiles à protéger ou à surveiller – qui n'en ont pas moins été consacrées par les accords sur la Bosnie-Herzégovine signés à Dayton en 1995, sous réserve de quelques aménagements, pour bien marquer le principe de la non-acquisition de territoires par la force, même si, sur le plan local, la « purification ethnique » a bouleversé la géographie du pays. Le rêve d'une « grande Serbie » – comme celui d'une « grande Croatie » – a précipité l'écroulement de la Fédération de Yougoslavie, avec la création d'une nouvelle entité Serbie-Monténégro, en 2002 sous la pression américaine, avant l'accession du Monténégro à l'indépendance en 2006. Reste que les institutions décentralisées mises en place en Bosnie-Herzégovine depuis plus de 25 ans fonctionnent mal, avec pour conséquence d'entretenir les crispations identitaires, instrumentalisées par les politiciens pour canaliser le mécontentement dû à une économie chancelante. La situation est encore plus complexe, si l'on intègre les répercussions de la déclaration unilatérale d'indépendance du Kosovo, au détriment d'une minorité serbe qui reste protégée par la présence internationale. Le principe du retour des personnes déplacées, resté largement théorique, n'a jamais effacé les conséquences tragiques de l'épuration ethnique, aboutissant en pratique à des « échanges de population ». Seule la crainte de répercussions en chaîne, avec la revendication d'une « grande Albanie » qui remettrait en cause toutes les frontières de la région, notamment en Macédoine et en Bulgarie, avec leur contrecoup pour la Grèce et la Turquie explique le souci de stabilité des grandes puissances. Les puissances régionales du tiers-monde sont tout autant attachées au principe de l'intégrité territoriale qui les concerne directement. La contrepartie de ce *statu quo* territorial désormais partout invoqué est la garantie effective des droits des minorités nationales, faute de quoi les transferts forcés de populations n'auront constitué qu'un triste substitut aux redécoupages territoriaux.

section 2

L'exercice des relations interétatiques

■ 146 Une fois l'État reconnu par ses pairs, dans le cadre de leurs relations bilatérales, et admis dans les organisations internationales, il a les mêmes droits et les mêmes obligations que tous les autres États. Ceci se traduit tant dans la nature des principes des relations internationales que dans l'action des organes des relations diplomatiques.

§ 1 Les principes des relations internationales

■ 147 Ces principes qui sont à la base de la Charte des Nations Unies ont été précisés, dans le fil de la décolonisation puis de la coexistence pacifique (v. les « cinq principes de la coexistence pacifique » mis au point par la Chine et l'Inde en 1954), par plusieurs résolutions de l'Assemblée générale, notamment la déclaration relative aux principes du droit international touchant les relations internationales et la coopération entre

États, conformément à la Charte des Nations Unies (résol. n° 2625 [XXV], 1970) ainsi que, sur le plan européen, dans les documents de référence de la CSCE, comme l'Acte final d'Helsinki de 1975 et la Charte de Paris pour une nouvelle Europe de 1990.

Il s'agit de principes neutres, idéologiquement transparents en dehors de références vagues à la « paix » et à la « coopération », qui visent seulement l'« avantage mutuel des États ». Autrement dit, cette égalité de droits ne profite qu'aux États en place, les *beati possidentes*, et laisse de côté les « peuples » eux-mêmes, ceux qui n'ont pas acquis le statut étatique, ou ceux dont l'État confisque la parole. Ainsi ces principes ont le mérite de permettre à des États très différents de « cohabiter » malgré leurs rivalités, en l'absence de tout « gendarme du monde ». Mais à travers eux, l'État tend à rester toujours un écran et, trop souvent, un carcan.

Le premier principe que l'on peut mettre en relief est celui de la souveraineté pleine **148 ■**
et entière de l'État. Il s'agit de son attribut essentiel, de sa définition qui est presque tautologique : tous les États sont souverains, ils bénéficient d'une égale souveraineté, d'une égalité souveraine. Comme le dit la Charte dès son article 2, paragraphe 1 : « l'organisation est fondée sur le principe de l'égalité souveraine de tous ses membres ».

La déclaration de 1970 explicite la portée de ce principe : « tous les États jouissent de l'égalité souveraine. Ils ont des droits et des devoirs égaux et sont membres égaux de la communauté internationale, nonobstant les différences d'ordre économique, social, politique ou d'une autre nature. En particulier l'égalité souveraine comprend les éléments suivants :

a) les États sont juridiquement égaux ;
b) chaque État jouit des droits inhérents à la pleine souveraineté ;
c) chaque État a le devoir de respecter la personnalité des autres États ».

Une des conséquences que l'on peut tirer de ce principe de pleine et entière **149 ■**
souveraineté est de remettre en cause les situations de « souveraineté limitée ». Cela a été le cas, avec la décolonisation, alors que la Charte elle-même faisait une place aux « territoires non autonomes », en invoquant la « mission sacrée » (art. 73) des puissances administrantes à l'égard de la population de ces territoires.

La Charte organisait également un « régime international de tutelle » qui prenait la suite du régime des « mandats » mis en place par la SDN (v. not. le long contentieux concernant le mandat de l'Afrique du Sud sur le « Sud-Ouest africain », devenu enfin indépendant sous le nom de Namibie en 1990). Il fournissait un cadre institutionnel pour contrôler la « gestion » de ces territoires, avec pour objectif « leur évolution progressive vers la capacité à s'administrer eux-mêmes ou l'indépendance » (art. 76). Ce texte n'est plus qu'une survivance, après la vague de la décolonisation.

Les Nations Unies ont éminemment contribué à cette évolution, en fixant les principes d'un véritable droit de la décolonisation, notamment avec la déclaration 1514 (xv) de 1960 sur *l'octroi de l'indépendance aux pays et peuples coloniaux*. La mise en œuvre du principe de l'autodétermination des peuples peut cependant entraîner certaines contradictions, comme on l'a vu lors du référendum français aux Comores : fallait-il prendre en compte la volonté de chaque île, notamment la volonté de Mayotte de rester un territoire français, ou accorder l'indépendance en bloc, en vertu de la déclaration de 1960 qui considère que « toute tentative visant à détruire partiellement ou totalement l'unité nationale et l'intégrité territoriale d'un pays est incompatible avec les buts et les principes de la Charte des Nations Unies » ?

Le point reste à l'ordre du jour de l'Assemblée générale depuis lors et entraîne chaque année une condamnation assez théorique de la France pour maintenir le *statu quo* à Mayotte (Cons. const. 30 déc. 1975).

Beaucoup plus important est le problème de la décolonisation économique, avec comme corollaire le principe de la souveraineté permanente sur les ressources naturelles, proclamé en 1962 par la résolution n° 1803 (XVII) de l'Assemblée générale, qui a servi de base à une vague de nationalisations notamment dans le secteur des matières premières, ou à la remise en cause de contrats et de programmes d'investissements. Cette période de réaffirmation de la souveraineté économique allant de pair avec le dirigisme étatique est aujourd'hui passée. L'accent est désormais mis sur l'essor du secteur privé et l'accueil des investissements étrangers, dans le respect des règles de l'économie de marché.

■ 150 Comme la souveraineté, le principe de l'égalité des États est à la base de la Charte. Celle-ci évoque curieusement dans la disposition de son préambule consacré à la dignité de la personne humaine, l'« égalité de droits des hommes et des femmes, ainsi que des nations, grandes et petites ». Mais l'égalité des États obéit bien à la logique d'Orwell où « certains sont plus égaux que d'autres ». Certes tous les États ont les mêmes droits et les mêmes obligations, qu'il s'agisse d'États-continents ou de micro-États. La Chine insiste sur ce point, ne serait-ce que pour mieux dénoncer le « comportement de grande puissance » d'autres États et invoquer le principe de non-ingérence dans les affaires internes.

Mais le droit international lui-même consacre nombre de statuts différenciés et d'inégalités juridiques. Dans le système actuel, le privilège le plus marquant concerne le statut des cinq membres permanents du Conseil de sécurité – la Chine, les États-Unis, la France, le Royaume-Uni et la Fédération de Russie – qui disposent du « droit de *veto* » et du monopole juridique de l'arme nucléaire. Sur le plan technique, on trouverait bien d'autres exemples d'inégalité juridique, soit dans les organisations internationales financières qui tiennent compte du « poids » de la contribution financière de chaque État (v. ss 469), soit dans des situations objectives, comme cela a été longtemps le cas pour le statut du canal de Suez et celui du canal de Panama et le reste avec le traité sur l'Antarctique du 1er décembre 1959 qui constitue une sorte de « club fermé ». On a parlé parfois de « gouvernement international de fait » à propos de ces directoires de puissances imposant leurs décisions aux tiers. *A fortiori* sur le plan diplomatique, ce phénomène est plus actuel que jamais, malgré l'existence du cadre institutionnel que constituent les Nations Unies. C'est le cas de conférences internationales qui réunissent « grandes puissances » et « parties intéressées », selon une procédure rendue d'ailleurs nécessaire par le gigantisme de la « communauté internationale des États ».

■ 151 Face à ces inégalités de droit qui consacrent les inégalités de fait, on a cherché à instaurer une autre forme d'inégalité juridique, l'« inégalité compensatrice » en constatant que l'égalité formelle est souvent le comble de l'injustice. C'est ainsi que dans le cadre économique, où le principe de l'extension des avantages commerciaux accordés à tous les participants à la négociation est consacré par le GATT (« clause de la nation la plus favorisée »), une dérogation à ce principe a été introduite en 1971 en faveur des pays en voie de développement en permettant un « système généralisé de préférences » (SGP). De même, le système des conventions de Lomé, puis des accords de Cotonou entre l'Union européenne et ses partenaires ACP (Afrique, Caraïbes,

Pacifique) obéit au même principe de préférences accordées sur la base d'une inégalité de développement. Au départ, ces exceptions – fondées sur l'auto-élection des États qui entendaient en bénéficier – devaient rester provisoires, mais elles ont perduré sous d'autres formes, puisqu'aujourd'hui l'Union européenne privilégie la négociation d'accords bilatéraux « de partenariat économique ». À défaut d'une remise en cause du clivage entre les deux ensembles économiques Nord-Sud, c'est une typologie moins manichéenne qui apparaît pour réviser la liste des États bénéficiaires au nom d'un principe de réalité, avec la catégorie des pays en développement se distinguant des « pays les moins avancés » (PMA) qui bénéficient d'une totale non-réciprocité (initiative « Tout sauf les armes » de l'Union européenne), tandis que les « pays émergents » du BRICS (Brésil, Russie, Inde, Chine, Afrique du Sud) se situent à l'interface, portant les revendications des pays en développement tout en passant progressivement sous l'empire d'un régime de droit commun.

Derrière ces différenciations, une pleine égalité juridique reste l'idéal à atteindre. Tous les autres principes énumérés par la Charte ou la déclaration de 1970 en découlent logiquement, que ce soit « le devoir de remplir de bonne foi les obligations assumées conformément à la Charte », « le devoir de coopérer les uns avec les autres », « le devoir de ne pas intervenir dans les affaires relevant de la compétence nationale d'un État », la renonciation à l'emploi de la force et l'engagement de régler pacifiquement les différends. C'est la mise en œuvre concrète de ces principes qui fait réapparaître les clivages entre les États et leur volonté de puissance. Pour faire respecter ces principes et protéger les nations « petites et grandes », il faut en effet un système de sécurité collective qui mette la force au service du droit.

§ 2 Les organes des relations diplomatiques

L'égalité formelle des États se traduit dans les règles du « droit diplomatique », c'est-à-dire les règles qui régissent les relations officielles entre les États. Ce droit très ancien, d'abord de nature coutumière, a été peu à peu codifié, comme en 1815 avec le congrès de Vienne, et surtout pour l'époque moderne avec la convention de Vienne sur les relations diplomatiques de 1961, issue des travaux de la CDI, tout comme la convention de Vienne sur les relations consulaires de 1963. La reconnaissance d'un État par un autre est en fait une reconnaissance mutuelle qui implique l'établissement de relations diplomatiques, fondées sur la réciprocité des avantages accordés ou des restrictions imposées. Ainsi peuvent se trouver modulés les réchauffements ou les crises des relations bilatérales entre les deux États, jusqu'à la situation limite de la rupture des relations diplomatiques. 152 ■

La primauté de l'État dans les relations internationales, assortie à la tradition centralisatrice dans des États comme la France, a contribué à établir un monopole de l'État en la matière et, au sein de l'État, un monopole du ministère des Affaires étrangères. Se trouvaient ainsi exclus de l'activité diplomatique, non seulement les particuliers, mais aussi les différents pouvoirs publics, les autres ministères ou les collectivités territoriales. 153 ■

Ce monopole, qui avait été proclamé par un décret du Directoire signé par Talleyrand, qui figure en tête de l'*Annuaire diplomatique*, et qui a été rappelé sans cesse, notamment par le décret du 14 mars 1953, a été constamment battu en brèche. La « diplomatie parallèle » a pris les formes les plus diverses, « diplomatie secrète » à travers les émissaires personnels du chef de l'État, « diplomatie parlementaire » menée par les présidents des deux Assemblées qui reçoivent désormais des chefs d'État dans l'hémicycle, diplomatie des ministères techniques qui débordent parfois leur domaine d'attribution, sans parler d'intiatives individuelles de la part d'élus qui peuvent aller à l'encontre des intérêts de la France.

La décentralisation a par ailleurs permis aux collectivités territoriales une plus grande autonomie, à travers des « accords infra-étatiques », notamment avec la convention-cadre du Conseil de l'Europe relative à la *coopération transfrontière entre pouvoirs et autorités locales*, ratifiée par la France en 1984. Les régions périphériques ont ainsi pu conclure, sous la tutelle étatique, des accords qualifiés d'« ententes » avec les entités voisines, dans les Alpes et dans les Pyrénées. *A fortiori* cette marge d'initiative diplomatique pour développer des relations de bon voisinage s'applique aux départements et aux territoires d'outre-mer (journée d'étude SFDI, *Les collectivités territoriales non-étatiques dans le système juridique international*, Pedone, 2002).

154 Les organes habilités à représenter et à engager l'État peuvent être des organes politiques ou des organes administratifs. La convention de Vienne sur le droit des traités de 1969 rappelle d'ailleurs qu'« en vertu de leurs fonctions et sans avoir à produire de pleins pouvoirs sont considérés comme représentant leur État : a) Les chefs d'État, les chefs de gouvernement et les ministres des Affaires étrangères » (art. 7). Le chef de l'État, de par la Constitution, comme en vertu d'un droit international qui reste très marqué par la tradition monarchique, incarne l'État. Cette identification à l'État est à l'origine des immunités, immunités de juridiction et immunités d'exécution, dont il jouit.

Le chef de l'État négocie et ratifie les traités, nomme et accrédite les ambassadeurs. Sur le plan diplomatique, la personnalisation récente du pouvoir, avec le développement des rencontres au « sommet » a encore renforcé son importance. Mais dans un système de dyarchie à la française, depuis la IIIe République, un équilibre a dû s'instaurer avec les pouvoirs de chef de gouvernement ou de Premier ministre. Traditionnellement le chef de l'État devait être accompagné par le ministre des Affaires étrangères dans ses déplacements à l'étranger et leur relation directe de travail échappait au reste du gouvernement mais, sous la IVe République, le président de la République a fréquemment été tenu à l'écart d'initiatives importantes, comme le plan Schuman de 1950 lançant la construction européenne. Sous la Ve République, les moments les plus délicats ont été les périodes de cohabitation, avec la nécessité pour le président de la République et le Premier ministre d'afficher à l'extérieur une seule ligne politique – au risque pour ce dernier de faire de la figuration – sans pour autant céder sur leurs prérogatives respectives ni affaiblir la « fonction présidentielle » convoitée.

155 Dans tous ces cas, le ministre des Affaires étrangères joue un rôle fondamental, à la charnière des organes politiques et des organes administratifs. Il est à la fois membre du gouvernement et chef d'une administration, mais cette dualité peut prendre une coloration différente, s'il s'agit d'un ministre politique – un « élu » – ou d'un « ministre technicien », le plus souvent un ancien diplomate. Mais quel que soit le profil du ministre, une parfaite maîtrise des dossiers est nécessaire pour représenter dignement la France sur la scène internationale. Traditionnellement, des ministres délégués ou des secrétaires d'État assistent le ministre, notamment pour les Affaires européennes, pour la Coopération et la Francophonie, voire dans le passé pour les Droits de l'homme. Lorsque le périmètre du Quai d'Orsay a été élargi pour devenir un « ministère des Affaires étrangères et du Développement international », à l'initiative de Laurent Fabius (décr. 16 avr. 2014), trois secrétaires d'État ont été nommés, le premier pour les affaires européennes, le deuxième pour le commerce extérieur, la promotion du tourisme et les Français à l'étranger, le troisième pour le développement et la francophonie. La constitution du nouveau gouvernement en 2017 a derechef entrainé un changement de dénomination, avec un « ministère de l'Europe et des Affaires étrangères », qui comportait pour autant un ministre délégué chargé des « affaires européennes » et un secrétaire d'État sans attribution spécifique. Dans le gouvernement mis en place en juillet 2020, le ministre est assisté par un ministre délégué chargé du commerce extérieure et de l'attractivité, ainsi que par deux secrétaires d'État, un secrétaire d'État chargé du tourisme, des Français à l'étranger et de la francophonie et un secrétaire d'État chargé des affaires européennes.

Sous les ordres du ministre, les services diplomatiques s'articulent dans une double structure. La structure centrale est celle du ministère lui-même, avec sa pyramide interne. Traditionnellement, depuis 1915, avec Jules Cambon, le ministère est doté d'un secrétaire général, qui est chargé de la gestion d'ensemble du ministère, mais aussi de certaines missions extérieures, notamment des négociations délicates. Il est le n° 2 du ministère, assisté d'un secrétaire général adjoint, et en liaison étroite avec le cabinet du ministre. Dépendent directement du ministre le « centre de crise et de soutien » mis en place sous cette forme en 2008 et le « centre d'analyse, de prévision et de stratégie », nouveau nom du Centre d'analyse et de prévision (CAP) créé par Michel Jobert en 1973, après avoir rattaché de manière éphémère par Bernard Kouchner à une direction de la prospective.

La structure classique du ministère s'était étoffée, avec la création de grands ensembles, à la suite une réforme introduite en 1995 par M. Juppé, lorsqu'il était ministre des Affaires étrangères : la direction générale des affaires politiques et de sécurité d'une part, la direction générale de l'administration d'autre part. Parallèlement, une direction générale de la coopération internationale et du développement a été créée, pour remplacer la direction générale des relations culturelles, scientifiques et techniques et intégrer les services du ministère de la Coopération. Une nouvelle restructuration a été introduite par M. Kouchner en 2008, avec des intitulés particulièrement ambitieux. À côté de la « direction générale des affaires politique et de sécurité » figure, en effet, une « direction générale de la mondialisation, de la culture, de l'enseignement et du développement international », embrassant tous les volets de la coopération économique et culturelle. De même, la très classique direction générale de l'administration se voit placée sous le signe de la « modernisation ». La vocation européenne du ministère apparaît dans l'autonomie accordée à la nouvelle direction de l'Union européenne. De manière classique, il subsiste la traditionnelle direction des Français à l'étranger et des services consulaires mais celle-ci est amputée d'une partie de ses compétences concernant les étrangers en France et privée de la tutelle sur les réfugiés qu'elle avait depuis la convention de Genève de 1951. À un autre niveau, on retrouve au sein de la direction générale des affaires politiques et de sécurité, aussi bien les questions mutilatérales – avec la direction des Nations Unies des organisations internationales, des droits de l'homme et de la francophonie (NUOI) et la direction des affaires stratégiques, de sécurité et du désarmenent – que l'ensemble des « directions géographiques », en charge des relations bilatérales avec les États d'une région du monde. Enfin, il faut souligner le rôle traditionnel de directions spécialisées, comme la direction des Affaires juridiques, la direction de la Communication et de l'Information, la direction des Archives et le service du protocole (M.Vaïsse (dir.), *Diplomatie française, outils et acteurs depuis 1980*, Odile Jacob, 2018).

■ 156 Le ministère des Affaires étrangères dispose de structures décentralisées avec les différents postes diplomatiques à l'étranger. Un décret du 1er juin 1979 rappelle le rôle de l'ambassadeur, en tant qu'unique représentant de l'État, en transposant les dispositions du décret de 1964 sur le rôle du préfet dans le département. Comme chef de mission, tous les autres personnels spécialisés (conseillers militaires, conseillers commerciaux, conseillers financiers, conseillers culturels, etc.) lui sont hiérarchiquement rattachés, même si certains gardent des liens étroits avec leur administration d'origine. Des circulaires, notamment celle du 8 novembre 1993 *relative à l'organisation des services l'État à l'étranger et au rôle des ambassadeurs* et celle du 17 juillet 1995 *relative à la coordination de l'action extérieure de l'État* sont venues rappeler ces relations s'il en était besoin.

Le réseau diplomatique d'un pays comme la France reste particulièrement étendu, malgré les restrictions qui ont entraîné un « redéploiement géographique », pour créer des postes dans les nouveaux États indépendants. Il comprend 162 ambassades dans les capitales et une centaine de postes consulaires – en charge de la protection des intérêts des Français à l'étranger (état civil, protection diplomatique) – dans les principales villes d'un pays, ainsi que 16 « représentations permanentes » auprès des organisations internationales. Le *Livre blanc sur la politique étrangère et européenne de la France (2008-2020), La France et l'Europe dans le monde*, élaboré sous la présidence d'Alain Juppé et de Louis Schweizer en 2008, visait à moderniser ce réseau dans un contexte de crise budgétaire. Il n'est pas sûr que le classement officiel des postes en « ambassade de plein exercice », « ambassades à missions prioritaires » et « ambassade à missions simplifiées » soit le plus diplomatique à l'égard des capitales concernées, même si de telles catégories existent dans les faits. Au-delà de l'enjeu politique ou commercial, il ne faut pas négliger la présence culturelle française qui est la première victime des coupes budgétaires, malgré la création de *l'Institut français*, à compter du 1er janvier 2011, en tant qu'opérateur unique de l'action culturelle extérieure, en liaison avec le réseau diversifié des centres culturels français, et des Alliances françaises lancées à l'aube de la IIIe République.

■ 157 Sur le terrain, ce sont des fonctionnaires, les « agents diplomatiques » qui sont présents. Pour bénéficier des privilèges et immunités de la convention de Vienne de 1961, les personnels diplomatiques doivent être accrédités par l'État d'accueil. Comme le précise le préambule de la convention de 1961, « le but desdits privilèges et immunités est non pas d'avantager les individus mais d'assurer l'accomplissement efficace des fonctions des missions diplomatiques en tant que représentants des États ».

Ces immunités comportent l'inviolabilité des locaux et des archives, ainsi que de la « valise diplomatique » qui permet de transmettre le courrier à la capitale. Ils comportent également des immunités judiciaires et des exemptions fiscales à titre personnel. En cas d'abus, soit à titre politique, soit à titre individuel, la seule sanction possible est le retrait de l'accréditation en déclarant l'agent *persona non grata*, voire la rupture des relations diplomatiques.

section 3

La répartition des espaces étatiques

La souveraineté exclusive de l'État s'applique dans le cadre territorial, même si l'État peut exercer des compétences extra-territoriales en concurrence avec les autres États. La délimitation des espaces a toujours été un enjeu fondamental du droit international, faisant l'objet de rivalités et de contentieux entre États, qu'il s'agisse des espaces terrestres, maritimes ou aériens. 158 ■

§ 1 Les espaces terrestres

Les États ont longtemps cherché à étendre leur base territoriale – allant jusqu'à invoquer des théories comme celle de « l'espace vital » – avant de privilégier, avec l'ordre international de l'après-guerre, la recherche de la stabilité. Traditionnellement, le droit international faisait une grande place aux « modes d'acquisition territoriale ». 159 ■

À l'époque de l'expansion coloniale, de nombreux territoires étaient considérés comme des « terres sans maître » (*terra nullius*[Q]) offertes à l'appropriation au titre du « premier occupant ». Le congrès de Berlin de 1885 qui a marqué le partage de l'Afrique, a seulement exigé une occupation effective et une notification des frontières. En fait au nom du principe de continuité, l'occupation d'une base côtière entraînait l'acquisition de l'*hinterland*, ce qui se traduit encore aujourd'hui dans le découpage artificiel de nombreux États africains, comme autant de « tranches de gâteau ». Le caractère incertain des délimitations coloniales entre les différentes puissances ou au sein d'un même Empire, notamment dans les zones désertiques, et ce jusqu'à la période de la décolonisation, a donné lieu à de nombreux contentieux, comme l'affaire de la *Délimitation frontalière Burkina Faso - Mali* tranchée par la Cour internationale de justice le 22 décembre 1986 (*Rec.* 553) et l'affaire de *La bande d'Aouzou* entre le Tchad et la Libye jugée le 3 février 1994 (*Rec.* 5). Un contentieux concernant la *Frontière terrestre et maritime entre le Cameroun et le Nigeria*, opposant les deux voisins et accessoirement la Guinée équatoriale, depuis 1994 a donné lieu à deux arrêts, l'un rendu le 11 juillet 1998 (*Rec.* 275, arrêt sur *les exceptions préliminaires*) et l'autre le 10 octobre 2002 (*Rec.* 303), avec une délimitation sur le terrain effectuée par une commission mixte sous surveillance internationale. La Cour a également rendu un arrêt le 16 avril 2013 sur un différend frontalier entre le Burkina Faso et le Niger sur la base d'un compromis déposé en 2010... Cette accumulation de contentieux territoriaux en Afrique a conduit l'Union africaine à rechercher une solution plus globale à ce problème, à travers un *Programme Frontière de l'Union africaine* (PFUA), dont le principe a été acté en 2007. Le programme se donne pour objectif ambitieux la démarcation de la totalité des frontières terrestres, avec la coopération des anciens États coloniaux qui sont appelés à transférer leurs archives. Selon un communiqué du Quai d'Orsay, le 29 novembre 2013, « la France a remis à l'Union africaine les copies numérisées d'archives 160 ■

françaises relatives aux frontières africaines. Ces documents concernent 45 traités et cartes de pays d'Afrique de l'Ouest, du Nord et de l'Est, concernant la période 1845-1956. »

161 En fait, l'acquisition territoriale par un État se fait toujours au détriment d'une autre entité, car le monde n'a jamais été vide. La Cour internationale de justice a ainsi été amenée à examiner quelles étaient les structures pré-étatiques qui pouvaient exister sur le territoire du Sahara occidental, avant la colonisation espagnole, mais elle l'a fait sans s'écarter du « moule étatique », au risque de commettre un certain anachronisme en recherchant des formes de pouvoir étatique dans une société nomade pré-étatique et en transformant une allégeance religieuse au souverain chérifien en dépendance politique (16 oct. 1985, avis consultatif, *Rec.* 6). Le droit classique distinguait plusieurs procédés d'acquisition. Le premier mode était la cession faite sur une base volontaire – soit sous forme de la vente d'un territoire (acquisition de la Louisiane achetée à la France ou de l'Alaska achetée à la Russie par les États-Unis. On peut aussi évoquer la « vente à bail » d'un territoire comme la cession des « nouveaux territoires » de Hong kong pour 99 ans par la Chine au Royaume-Uni, qui a pris fin en 1997), soit sous forme d'échanges de territoire, voire à titre gracieux (annexion de Nice et de la Savoie par la France en 1860).

Un autre mode était la conquête (*debellatio*) qui supposait la disparition complète de l'État vaincu, comme la tentative d'annexion du Koweït en 1990 proclamé province irakienne. En fait, la plupart du temps, c'est un traité de paix qui prévoit la cession forcée d'une partie du territoire. En l'absence d'un traité de paix général après la seconde guerre mondiale, c'est sur la base de traités bilatéraux que l'URSS a réussi à faire reconnaître ses gains territoriaux, avant d'obtenir la consécration du *statu quo* territorial de l'après-guerre dans le cadre de la CSCE, avec l'Acte final d'Helsinki de 1975 et la Charte de Paris pour une nouvelle Europe de 1990. Traditionnellement les *beati possidentes*, les États bénéficiaires d'un nouvel « ordre international », comme en 1920 ou en 1945, cherchent ainsi à faire perdurer cet équilibre territorial en invoquant le droit international face aux tentatives révisionnistes qui peuvent se manifester, comme dans le cas de la Hongrie et de la Turquie, un siècle après les traités de paix.

Depuis le début du siècle, le « droit de conquête » a été peu à peu remis en cause. Dès le pacte de la SDN, les États renonçaient à la guerre de conquête, avant d'interdire le « recours à la force », avec le pacte Briand-Kellog de 1928. La Charte de 1945 consacre cette évolution, en rappelant que « les membres de l'Organisation s'abstiennent, dans leurs relations internationales, de recourir à la menace ou à l'emploi de la force (...) contre l'intégrité territoriale ou l'indépendance politique de tout État » (art. 2, § 4). On relèvera seulement qu'en limitant l'interdiction de la force au cadre des « relations internationales », la Charte semble *a contrario* autoriser aux États les diverses formes de répression interne pour défendre leur propre intégrité territoriale.

162 La sécurité juridique implique aussi une stricte délimitation du territoire, avec le tracé des *frontières*[Q]. On distingue à cet égard deux phases, la détermination juridique de la frontière, la « *délimitation*[Q] », et l'opération de matérialisation physique sur le terrain, la « *démarcation*[Q] ». Le plus souvent les deux aspects sont étroitement mêlés, l'absence de cartes probantes ou de repères sur le terrain rendant difficile l'établissement du « titre territorial ». Au contraire, *l'arbitrage de Taba* entre l'Égypte et Israël (sentence du 29 septembre 1988) offre un exemple strict de contentieux de la démarcation, où les pouvoirs des arbitres étaient précisés de manière très restrictive : il s'agissait seulement d'identifier l'emplacement d'anciennes « bornes » frontières perdues dans les sables, sans possibilité de s'écarter des points revendiqués soit par l'Égypte, soit par Israël (*RSA*, XX, p. 1).

Parfois le caractère poreux de la frontière, avec la structure des cultures extérieures aux villages africains, ou celles des premières colonies en Amérique latine, rend également difficile de faire coïncider le titre territorial et les effectivités (aff. *Burkina Faso – Mali, préc.* ; 11 sept. 1992, aff. *Différend frontalier, terrestre, insulaire et maritime, entre le Honduras et El Salvador, Rec.* 351). En l'absence de frontière établie avec certitude, le juge retrouve une marge d'appréciation : « le fait que des particularités topographiques offrent la possibilité de définir une frontière facilement identifiable et commode est un élément important à prendre en considération lorsqu'aucune conclusion qui conduirait à adopter une autre frontière ne ressort de la documentation » (Arrêt 1992, *Rec.* 422, § 101). On retrouve les mêmes difficultés lorsque les structures étatiques sont récentes dans des zones longtemps désertiques, peuplées de tribus nomades ou de pêcheurs de perles, comme le Golfe persique, avec le contentieux entre deux émirats qui a été tranché définitivement par la Cour internationale dans un arrêt du 16 mars 2001 sur la *Délimitation maritime et les questions territoriales entre Qatar et Bahreïn (Rec.* 40*)*. Ces vingt dernières années, la Cour a pris en compte de manière croissante le facteur « humain » dans la délimitation, en recherchant quel impact celle-ci pouvait avoir sur les populations locales. Déjà, dans l'affaire *Cameroun c/ Nigéria*, la Cour avait noté l'engagement du Cameroun à continuer d'assurer la protection aux populations nigérianes installées sur la presqu'île de Bakassi, attribuée par la Cour au Cameroun. Plus récemment, dans l'affaire *Burkina Faso/Niger*, la Cour a exprimé le souhait « que chaque Partie, en exerçant son autorité sur le territoire qui relève de sa souveraineté, tienne dûment compte des besoins des populations concernées, en particulier des populations nomades ou semi-nomades, et de la nécessité de surmonter les difficultés qui pourraient surgir pour ces populations du fait de la frontière. » (§ 112). Dans sa déclaration, le juge Bennouna note que « la frontière, sur le modèle westphalien, reste bien éloignée du patrimoine culturel de cette région du monde. Il appartient aux deux parties, dans le contexte d'une relation de bon voisinage, de renouer avec ce patrimoine, en approfondissant, comme les y encourage la Cour, leur coopération. » (v. aussi l'opinion individuelle du juge Cançado Trindade).

§ 2 Les espaces maritimes

Alors que toute l'évolution récente du droit international a tendu à la stabilité des frontières terrestres, le droit de la mer traduit une irrésistible poussée des acquisitions territoriales des États. La coutume, née de la pratique des nations maritimes bénéficiant de la « liberté des mers » consacrée par Grotius au XVIIe siècle (*Mare Liberum*[Q]), voyait dans la mer un bien commun insusceptible d'appropriation nationale : une *res communis*, voire une *res nullius*[Q]. Tout au plus les impératifs de sécurité des États côtiers avaient entraîné la constitution d'une « mer territoriale », dont la largeur de 3 milles marins (le mille marin mesure 1,852 km) correspondait à la distance d'un 163 ■

boulet de canon. Ainsi une dichotomie claire était établie entre la « *haute mer*[Q] », domaine commun de tous les États et la mince frange côtière constituée par la « mer territoriale » relevant de la souveraineté de l'État.

■ 164 Les tentatives de codification du droit de la mer vont remettre en cause ce schéma de plusieurs manières. Tout d'abord, la largeur de la *mer territoriale*[Q] va être de plus en plus contestée : la convention de Genève de 1958 marqua la poussée des revendications des États latino-américains invoquant une mer territoriale de 200 milles... Le compromis retenu par la Convention des Nations Unies sur le droit de la mer (dite convention de Montego Bay), adoptée le 10 décembre 1982, se borne à imposer une limite aux États : « tout État a le droit de fixer la largeur de sa mer territoriale : cette largeur ne dépasse pas 12 milles marins mesurés à partir de *lignes de base*[Q] établies conformément à la Convention » (art. 3).

En fait, la plupart des États qui défendaient la largeur des 3 milles vont très rapidement se rallier à la limite extérieure des 12 milles, comme la France avec la loi du 24 décembre 1971. D'autres États afficheront des revendications plus importantes, soit en maintenant leurs prétentions à une mer territoriale de 100 ou 200 milles, soit en jouant sur les lignes de base qui sont le point de départ pour établir la largeur de la mer territoriale (ainsi un État peut invoquer l'existence d'une mer intérieure, d'une côte accidentée ou d'une « baie historique » pour repousser les lignes de base de manière parfois très contestable ; v. l'ex. de la Libye avec le Golfe de Syrte).

La convention de Montego Bay consacre la souveraineté de l'État côtier sur la mer territoriale, sous réserve de la règle du « passage inoffensif » des navires étrangers (art. 16, § 4). Un régime particulier vise également à protéger la libre circulation dans les détroits, qui se sont multipliés puisque tout chenal de moins de 24 milles se trouve désormais sous le contrôle du ou des États riverains.

■ 165 Mais la souveraineté de l'État a des prolongements au-delà même de la mer territoriale, avec deux notions complémentaires. Il s'agit d'abord de la *zone économique exclusive (ZEE)*[Q] des 200 milles à partir des lignes de base, qui concerne la surface et la colonne d'eau, sur laquelle l'État a des « droits souverains » ainsi en matière économique et douanière. L'État peut notamment réglementer l'exploration et l'exploitation de la ZEE pour sauvegarder ses zones de pêche, au détriment des droits acquis des États tiers.

Par ailleurs, la notion de « *plateau continental*[Q] », d'abord purement physique pour désigner le sol et le sous-sol de la plate-forme continentale dans le prolongement des côtes, tend à devenir une notion abstraite. La Convention de 1958 donnait une limite externe alternative au plateau continental d'un État : soit celle forfaitaire – pourrait-on dire – de la profondeur de 200 mètres, soit au-delà selon une notion évolutive avec le progrès technologique « les possibilités d'exploitation des ressources ». La convention de Montego Bay, quant à elle, introduit deux nouveaux critères : soit le critère géométrique – forfaitaire là encore – des 200 milles vers le large, soit au-delà jusqu'au point où la profondeur des eaux surjacentes permet l'exploitation des ressources naturelles. D'une certaine manière, il s'agit d'une simplification qui entraîne un rapprochement entre les deux espaces superposés que sont la zone économique exclusive et le plateau continental, encore que les délimitations des deux espaces peuvent obéir à des considérations différentes d'équité (Arrêt du 12 oct. 1984, aff. *Golfe du Maine* entre le Canada et les États-Unis qui visait une « frontière maritime » unique, *Rec.* 252). Après les nombreux débats que ces notions ont entraînés devant la Cour, on peut retenir que chaque État dispose, de plein droit, d'un « plateau continental » minimum garanti de 200 milles, en dehors de toute considération géographique. Et qu'au-delà, le plateau continental « physique » peut être pris en compte, mais dans ce cas, l'État partie à la Convention doit soumettre une demande d'extension à la Commission des limites du plateau continental, composée d'experts. De nombreuses demandes ont été déposées depuis l'entrée en vigueur de la Convention et la Commission a émis des recommandations, à l'exception des cas où un différend entre États a surgi (v. les outils pédagogiques, Documents n° 6 et exercice corrigé). Par exemple, la France a pu opérer la délimitation de son plateau continental au large de la Guyane, des îles Kerguelen, de la Martinique et de la Guadeloupe et de la Nouvelle-Calédonie par décret, mais la demande française concernant Saint-Pierre-et-Miquelon s'est heurtée à l'objection du Canada, faisant ainsi obstacle à son examen (v. les outils pédagogiques, Documents n° 2 et, sur la délimitation des frontières maritimes de la France, v. l'excellente synthèse de J.-F. Dobelle, *AFDI* 2016, p. 519-540).

L'extension des prétentions des États sur des zones de 200 milles marins ou plus réduit considérablement l'espace international que constituent la « haute mer » et les grands *fonds marins*[Q] sous-jacents. Les ambitions initiales à l'égard de ce que la Convention qualifie de « *patrimoine commun de l'humanité*[Q] » (art. 136) – qui aurait été exploité par l'Autorité internationale des fonds marins au bénéfice des États les plus défavorisés – ont été revues à la baisse : l'entrée en vigueur de la convention de Montego Bay le 16 novembre 1994 s'est faite en laissant de côté les dispositions les plus contraignantes de la partie XI sur la « zone internationale », en vertu d'une révision déguisée de dernière heure, négociée par les États-Unis et entérinée par une simple résolution de l'Assemblée générale des Nations Unies (résol. n° 48/263 du 28 juill. 1994). L'Autorité, dont le siège est à Kingstown, (Jamaïque), n'en est pas moins devenue opérationelle en 1996. Elle est chargée principalement de réglementer l'exploration et l'exploitation dans la « Zone » et de veiller à ce que les activités minières ne nuisent pas à l'environnement. Mais si la Convention prévoyait que les activités dans la zone seraient menées en priorité par un organe minier propre, « l'entreprise », puis par les États et leurs entreprises, l'accord sur la partie XI a renversé cette logique : désormais l'entreprise ne peut plus agir seule, mais toujours conjointement avec les États (Section II). Du reste, les États n'ont plus l'obligation de financer des projets propres à l'entreprise (*id.*), tandis que les transferts de technologies prévus sont soumis à la dure loi du marché (Section V). L'Autorité a reconnu des droits d'exploration à huit « investisseurs pionniers » (sept États et un consortium d'États). Chaque entité signant un contrat d'exploration ou d'exploitation avec l'Autorité doit être « patronnée » par un investisseur pionnier, qui a une obligation positive de « diligence requise » et peut voir sa responsabilité engagée en cas de dommage causé au milieu marin (v. l'avis consultatif rendu par la Chambre pour le règlement des différends relatifs aux fonds marins du Tribunal international du droit de la mer, *Responsabilités et obligations des États qui patronnent des personnes et entités dans le cadre d'activités menées dans la Zone*, 1er février 2011, affaire n° 17). L'exploitation n'a pas encore commencé, mais lorsqu'elle sera d'actualité, l'Autorité aura la charge d'assurer « le partage équitable, sur une base non discriminatoire, des avantages financiers et autres avantages économiques tirés des activités menées dans la zone » (art. 140 § 2 de la Convention). 166 ■

167 Restent donc des revendications démultipliées de la part des États et qui se chevauchent partiellement. La convention de Montego Bay fixe une méthodologie en deux temps dans son article 15 s'agissant de la mer territoriale, avec une ligne d'équidistance éventuellement corrigée par la prise en compte de « circonstances spéciales » comme des titres historiques. Mais les moindres divergences d'angle ou de tracé, qui restent d'une portée limitée dans une marge de 12 milles, couvrent des secteurs importants à l'échelle des 200 milles. Aussi les États ont-ils préféré dans leur majorité maintenir un certain flou, en se bornant à prévoir que la délimitation devait intervenir par voie d'accord « conformément au droit international » et ceci « afin d'aboutir à une solution équitable » (articles 74 et 83 de la Convention). De son côté, et parallèlement aux négociations qui se poursuivaient, la Cour internationale de justice a tenté, à travers une série d'arrêts de référence depuis l'affaire du *Plateau continental de la mer du Nord* (20 févr. 1969), de dégager des « principes équitables » puis une méthodologie pour la délimitation du plateau continental et de la ZEE de deux États voisins, ou se faisant face. En dernier lieu, elle applique une méthode en trois temps en prenant pour point de départ l'équidistance, qu'elle corrige éventuellement par la prise en compte des « circonstances pertinentes », avant de vérifier l'absence de disproportion entre les zones maritimes attribuées à chaque État (v.. *Délimitation maritime en mer Noire entre la Roumanie et l'Ukraine*, 3 févr. 2009, les croquis sont reproduits dans les outils pédagogiques, Documents n° 2). L'affaire du *Différend territorial et maritime* opposant le Nicaragua à la Colombie (19 nov. 2012) semble toutefois avoir marqué les limites d'une application trop systématique de la méthode en trois étapes définie par la Cour : même si le « résultat » équitable atteint est finalement approuvé à l'unanimité, le choix de commencer par tracer une ligne médiane est contesté par certains juges, dans une situation où des îles colombiennes se trouvaient au beau milieu de la zone économique exclusive nicaraguayenne (v. notamment l'opinion individuelle du juge Abraham).

En fait, le principe ultime consiste à parvenir à une « solution équitable » pour reprendre les termes de la convention de Montego Bay : la frontière entre le concept juridique de « solution équitable » et le jugement en équité paraît donc souvent très mince, la décision du juge apparaissant parfois comme une décision en équité, cherchant avant tout à régler un différend dans l'intérêt bien compris des deux États (P. Weil, *Perspectives du droit de la délimitation maritime*, Pedone, 1988).

168 Fort de cette consolidation des principes de la délimitation maritime, on a pu constater un renouveau récent du contentieux maritime dans tous les continents devant la Cour internationale de Justice, avec surtout une série d'affaires en Amérique latine : le *Différend territorial et maritime* entre le Nicaragua et la Colombie qui a fait l'objet d'un arrêt sur le fond le 19 novembre 2012 ; le *Différend territorial et maritime entre le Nicaragua et le Honduras dans la mer des Caraïbes*, tranché par un arrêt du 8 octobre 2007 ; le *Différend maritime entre le Pérou et le Chili*, introduit en janvier 2008, qui s'est conclu par un arrêt du 27 janvier 2014 ; et l'affaire sur la *Délimitation maritime dans la mer des Caraïbes et l'Océan Pacifique* introduite par le Costa Rica contre le Nicaragua en 2014 et jointe à une autre instance sur la *Frontière terrestre dans la partie septentrionale d'Isla Portilos*, avec un arrêt du 2 février 2018. D'autres contentieux attendent encore une résolution définitive, après des arrêts sur les exceptions préliminaires : *Question de la délimitation du plateau continental entre le Nicaragua et la Colombie au-delà de 200 milles marins de la côte nicaraguayenne* ; et *Violations alléguées de droit souverains et d'espaces maritimes dans la*

mer des Caraïbes (avec des demandes reconventionnelles de la Colombie), qui fait suite au refus de la part de la Colombie d'exécuter l'arrêt de 2012 sur la délimitation maritime et à son retrait du Pacte de Bogota. En Europe, l'affaire de la *Délimitation maritime en mer Noire* qui opposait la Roumanie et l'Ukraine a donné lieu à un arrêt du 3 février 2009 (v. les outils pédagogiques, Documents n° 2) ; en Asie, l'affaire de la *Souveraineté sur Pedra Branca/Pulau Batu Puteh, Middle Rocks et South Ledge* qui opposait la Malaisie et Singapour, qui a fait l'objet d'un arrêt du 23 mai 2008 puis d'une double demande en interprétation et en révision. Et en Afrique, la Cour a rendu le 2 février 2017 un arrêt dans une affaire introduite par la Somalie contre le Kenya sur la *Délimitation maritime dans l'océan indien.* Pour autant, le quasi-monopole que détenait la cour de La Haye en matière de délimitation maritime a été remis en cause en janvier 2010 par la décision du Bangladesh de saisir le tribunal international du droit de la mer de Hambourg d'un *Différend relatif à la délimitation de la frontière maritime entre le Bangladesh et le Myanmar dans le golfe du Bengale.* L'arrêt a été rendu par le Tribunal le 14 mars 2012. Deux autres affaires du même type ont suivi : le *Différend relatif à la délimitation de la frontière maritime entre le Ghana et la Côte d'Ivoire dans l'océan Atlantique*, avec un arrêt du 23 septembre 2017 ; et la soumission le 24 septembre 2019, par Maurice et les Maldives, d'un *Différend relatif à la délimitation de la frontière maritime dans l'Océan indien.* De même, les demandes d'arbitrage dans ce domaine se multiplient – comme en Asie du sud-est ou en Méditerranée occidentale –, notamment sur le fondement de la clause compromissoire de la Convention sur le droit de la mer (article 287 et Annexe VII). Reste que malgré la diversité des possibilités techniques offertes par le droit international, certains États continuent de se montrer hostiles à soumettre leurs prétentions à un tiers indépendant, qu'il soit juge ou arbitre. Ainsi la Chine a-t-elle refusé de participer à l'arbitrage initié par les Philippines sur la base de la convention de Montego Bay, ce qui n'a pas empêché le tribunal de se déclarer compétent par une sentence rendue le 29 octobre 2015, puis de rendre sa sentence sur le fond le 12 juillet 2016, avec une solution satisfaisant entièrement les revendications des Philippines et immédiatement rejetée par la Chine (v. N. Aloupi, *RGDIP* 2016-4, p. 875-882 et R. Le Bœuf, *AFDI* 2016, p. 159-181). Pourtant, alors que les tensions et les risques d'incidents se mutiplient, en l'absence de négociations directes, le recours à un tiers indépendant semble la seule sortie de crise équilibrée et honorable pour toutes les parties.

§ 3 Les espaces aériens

L'espace aérien est le prolongement du territoire et de la mer territoriale de l'État. 169 ■
Cette solution est apparue dès les premières réglementations du droit aérien, avec la conférence de Paris de 1919 qui a fait prévaloir une conception « territoriale » de l'espace aérien : « les hautes parties contractantes reconnaissent que chaque puissance a la souveraineté complète et exclusive sur l'espace atmosphérique au-dessus de son territoire » (art. 1er). Les conventions sur le droit de la mer, notamment la convention de Montego Bay, n'ont fait que confirmer cette conception, en précisant que « la souveraineté de l'État côtier s'étend à l'espace aérien au-dessus de la mer territoriale » (art. 2, § 2). Pour autant cette souveraineté trouve des limites.

170 D'abord une limite spatiale, dans la mesure où le droit international distingue l'espace aérien et l'espace extra-atmosphérique, sans d'ailleurs nettement délimiter ces deux espaces. C'est ainsi que les États ne peuvent empêcher le survol de leur territoire par des fusées ou des satellites géostationnaires, malgré les prétentions de certains États équatoriaux pour faire valoir leur « souveraineté » sur l'orbite géostationnaire. Tout au plus peut-on mettre en cause la responsabilité objective d'un État pour « activités dangereuses », en cas d'accident, comme le prévoit la convention de 1972 sur la responsabilité internationale pour les dommages causés par les objets spatiaux. Le régime de l'espace extra-atmosphérique a d'ailleurs été établi à l'époque des premiers pas de la conquête de l'espace par analogie avec celui de la haute mer, puis d'espaces neutralisés comme l'Antarctique (traité de Washington de 1959). L'idée sous-jacente est celle d'un espace libre et inappropriable, voué à la recherche, non militarisé, et réservé à des activités menées dans l'intérêt de l'Humanité tout entière. L'article premier du traité sur les principes régissant les activités des États en matière d'exploration et d'utilisation de l'espace extra-atmosphérique du 19 décembre 1966 (entré en vigueur le 10 octobre 1967) déclare ainsi que l'exploration et l'utilisation de l'espace extra-atmosphérique doivent être libres et se faire « pour le bien et dans l'intérêt de tous les pays » car elles sont « l'apanage de l'humanité tout entière ». L'article II pose ensuite le principe selon lequel « l'espace extra-atmosphérique, y compris la lune et les autres corps célestes, ne peut faire l'objet d'appropriation nationale par proclamation de souveraineté, ni par voie d'utilisation ou d'occupation, ni par aucun autre moyen. » Pour autant, ce caractère non-appropriable ne couvre pas les ressources qui pourraient être tirées des corps célestes, ce qui, au moment où des entreprises privées acquièrent la capacité de les exploiter, pose la question de la réglementation applicable à de telles activités (v. P.-J. Delage, « Vers l'appropriation privée des ressources naturelles célestes : quelques remarques critiques », *D.* 2016. 551). D'une manière plus générale, de nouvelles problématiques apparaissent, alors que l'accès à l'espace, du moins ses régions les plus proches de la terre, est de plus en plus facilitée par l'évolution des technologies. La question d'un usage pacifique est remise en cause par la multiplication des sattellites d'observation et la militarisation de l'espace, dans un contexte de relance de la course aux armements et de tensions grandissantes entre États, la Chine étant venue s'ajouter au concert des « puissances spatiales » (v. Chronique des faits internationaux, *RGDIP* 2018, vol. 1, p. 120 et 2019, vol. 2, p. 430). De plus le droit international applicable à l'espace n'envisage pas l'hypothèse d'un usage purement commercial de l'espace, qui plus est assuré par une entreprise privée : or c'est bien cette hypothèse qui prend corps avec Space X, l'entreprise de Elon Musk, qui ne se contente plus d'envoyer des satellites en orbite (projet « Starlink ») et de ramener des astronautes de la NASA sur terre, mais annonce également l'avénement du « tourisme spatial », ce qui n'est pas sans poser de délicats problèmes juridiques dans un régime fondé sur la « responsabilité objective » des États (v. Chronique des faits internationaux, *RGDIP* 2019, vol. 2, p. 428).

171 L'autre limite à la souveraineté des États concerne l'espace aérien lui-même, afin de tenir compte des nécessités de la navigation aérienne. La convention de Chicago relative à l'aviation civile internationale de 1944 fixe un cadre général, en distinguant les « libertés de l'air » : liberté de transit sans escale, liberté d'escale non commerciale, droit d'embarquer et de débarquer des passagers et des marchandises, en provenance ou en direction de l'État d'origine, pour d'autres directions, etc. En dehors des deux premières libertés qui sont accordées de droit aux aéronefs civils des États parties, les États concluent des accords bilatéraux comprenant des facilités réciproques, plus ou moins larges, pour établir des lignes commerciales selon leurs intérêts. Mais l'établissement des routes aériennes peut s'avérer complexe, en raison des différends entre États (v. compléments pédagogiques, document 3). En 2013, la décision d'établir une liaison aérienne avec Erevan prise par le Haut-Karabakh – entité autoproclamée, qui n'est reconnue que par l'Arménie, au cœur du territoire de l'Azerbaïdjan – a provoqué l'ire des autorités azéries, qui ont protesté contre toute violation éventuelle de leur espace aérien. Qui plus est, une pratique s'est développée par analogie avec la « zone contiguë » au-delà des 12 milles marins de la mer territoriale, consistant à établir des « zones d'identification de la défense aérienne » en vue d'assurer la sécurité du territoire national et de l'espace aérien de l'État. Le 23 novembre 2013, la Chine a annoncé l'établissement d'une telle zone qui couvre l'archipel des Senkaku, sous contrôle japonais, mais revendiquée par Beijing sous le nom de Diaoyu : face aux protestations de plusieurs pays, dont le Japon et les États-Unis, la Chine a affirmé qu'une telle mesure respectait « la Charte des Nations Unies et les lois et pratiques internationales ». La même politique expansionniste a conduit la Chine à bâtir un aérodrome sur le récif de Fiery Cross et à y faire atterrir des avions civils. Or la souveraineté sur le récif est revendiquée par le Vietnam, qui a adressé en conséquence une plainte à l'OACI (v. chronique sur *Sentinelle* du 24 janvier 2016).

S'il reste à l'écart de la convention de Chicago, un État peut choisir de fermer son espace aérien aux tiers (cela a été le cas de la Corée-du-Nord jusqu'en 1996, forçant ainsi les vols étrangers à contourner son espace aérien). Mais, les États parties peuvent instaurer des zones interdites, pour des raisons de sécurité nationale, accepter ou refuser une demande exceptionnelle d'autorisation de survol (ainsi la France a-t-elle refusé le survol du territoire aux avions militaires américains basés en Angleterre et chargés d'effectuer un raid de bombardement sur Tripoli, à titre de « représailles » contre la Libye). Au début des années 2000, le scandale des vols clandestins et des prisons secrètes de la CIA a mis en cause la responsabilité des États européens ayant offert des escales, mais également ayant autorisé le survol de leur territoire, dans le cadre de la lutte contre le terrorisme, comme l'ont révélé les enquêtes de l'Assemblée parlementaire du Conseil de l'Europe et les résolutions du Parlement européen en 2006 et 2007. Enfin, certaines interdictions de survol peuvent provoquer des incidents diplomatiques graves, lorsqu'elles visent des aéronefs couverts par les immunités du droit international : aussi l'interdiction de survol opposée par la France le 2 juillet 2013 à l'avion du président bolivien Evo Morales, obligeant celui-ci à un atterrissage forcé à Vienne, au motif qu'Edward Snowden, l'ancien employé de la NSA en fuite, aurait pu se trouver à bord, a été dénoncée comme une violation grave du droit international par plusieurs chefs d'États latino-américains.

La violation de l'espace aérien d'un État peut avoir des conséquences dramatiques, 172
comme lorsque la chasse soviétique a abattu le 1er septembre 1983 un Boeing 747 de la Korean Airlines (G. Guillaume, *Les crises internationales et le droit*, préc.). À cette occasion, les États membres de l'Organisation de l'aviation civile internationale (OACI) ont précisé l'article 3 *bis* de la convention de Chicago par un protocole adopté le 10 mai 1984 en « reconnaiss(a)nt que chaque État doit s'abstenir de recourir à l'emploi des armes contre les aéronefs civils ». Il existe notamment un principe de proportionnalité portant sur les moyens employés pour faire respecter l'espace aérien.

Dans une autre affaire, celle du croiseur *Le Vincennes*, les États-Unis ont abattu un avion civil de ligne iranien dans la région du Golfe le 3 juillet 1988, lors d'une période de tension militaire. Ils ont par la suite présenté leurs excuses pour cet « accident » – par l'intermédiaire du vice-président Bush venu à la tribune du conseil de sécurité à cette occasion – et offert une réparation aux familles des victimes. L'Iran a porté l'affaire devant la Cour internationale de justice mais un règlement amiable est survenu entre les parties et l'affaire a été retirée du rôle de la Cour (Ord. du 22 févr. 1996). En 1996, l'attaque par la chasse militaire cubaine de deux avions privés – qui avaient survolé illégalement Cuba à plusieurs reprises, pour y déverser des tracts anti-castristes – a entraîné des sanctions unilatérales immédiates des États-Unis contre Cuba, mais certains ont vu dans cette action une « provocation politique ».

■ 173 Si la souveraineté complète et exclusive de l'État sur son espace aérien n'est pas remise en cause, les moyens utilisés pour faire respecter cette souveraineté sont désormais juridiquement limités. Cependant les impératifs de sécurité sont revenus au premier plan depuis les attaques du 11 septembre 2001. Certes le terrorisme aérien mis en œuvre lors de ces attaques est d'une tout autre nature puisque les terroristes ont détourné des avions des lignes intérieures américaines avant de prendre des cibles aux États-Unis. Le seul élément d'extranéité était donc la nationalité des auteurs des attentats et de leurs commanditaires, ou celle de nombreuses victimes du World Trade Center. Mais face à de telles menaces, les mesures de sécurité renforcées prises aux États-Unis comme en France prévoient l'hypothèse extrême où la défense aérienne devrait abattre un avion détourné, quelle que soit sa nationalité, pour éviter une catastrophe encore plus épouvantable. De même la tendance récente à une dérégulation anarchique obéissant aux seules lois de la concurrence entre compagnies privées fait désormais place à une réaffirmation des responsabilités et des prérogatives des États en matière de sécurité aérienne et de contrôle policier.

À côté des catastrophes aériennes liées au terrorisme international, les confits armés sont également une menace pour l'aviation civile, comme le montre la destruction d'un avion de la Malaysia Airlines abattu dans l'espace aérien ukrainien le 17 juillet 2014, par un missile sol/air. Les autorités ukrainiennes et russes se rejettent la responsabilité de la catastrophe qui a fait près de 300 morts, dont près de 200 touristes néerlandais, la zone de tir étant contrôlée par les forces rebelles pro-russes du Donetz. Cette destruction en pein vol a marqué un tournant dans la crise ukrainienne, avec une réaction ferme de l'Union européenne qui était directement touchée et une demande d'enquête indépendante de la part du Conseil de sécurité. À la suite de l'enquête officielle menée par le bureau de vérification des Pays-Bas (OVV) qui a rendu son rapport en octobre 2015, de nombreuses plaintes ont été déposées par les familles de victimes devant la justice, y compris en mai 2016, devant la Cour européenne des droits de l'homme, contre la Russie (affaires *Ayley et autres c. Russie* et *Angline et autres c. Russie*, au nom de 380 personnes de 14 pays différents, communiquées à la Russie le 3 avril 2019). La justice néerlandaise a ouvert le lundi 9 mars 2020 un procès - devant durer une année - pour juger par contumace trois ressortissants russes et un Ukrainien, soupçonnés d'avoir transféré le système de missile à l'origine de la destruction du Boeing de Malaysia Airlines.

Compléments pédagogiques

Quid

■ Délimitation n° 162

Opération juridique consistant à déterminer la frontière terrestre ou maritime entre deux États, ou la limite entre différents espaces maritimes (par ex. la délimitation du plateau continental).

■ Démarcation n° 162

Opération matérielle visant à baliser une frontière terrestre.

■ Fonds marins n° 166

Sol et sous-sol de la mer. Ainsi on distinguera la « colonne d'eau » de la « zone économique exclusive » et les « fonds marins » du « plateau continental ». Au contraire la mer territoriale englobe ces deux éléments.

■ Frontière n° 162

Limite de la souveraineté territoriale d'un État.

■ Haute mer n° 163

Parties de la mer au-delà des espaces placés sous la souveraineté des États, comme la mer territoriale et la zone économique exclusive, et bénéficiant du régime international de la liberté des mers.

■ Ligne de base n° 164

Tracé artificiel reliant les points saillants d'une côte servant de point de départ à la délimitation des espaces maritimes d'un État (art. 7 § 2 Montego Bay).

■ *Mare liberum* n° 163

« Mer libre » (*Grotius*), doctrine qui est au fondement de la liberté des mers par opposition à la *mare clausum*, la « mer fermée » (*Selden*) qui visait une appropriation étatique par les puissances navales.

■ Mer territoriale n° 164

Espace de 12 milles marins, à compter des « lignes de base » établies le long de la côte, qui se trouve placée sous la souveraineté de l'État riverain.

■ Patrimoine commun de l'humanité n° 166

Concept visant à écarter toute appropriation nationale d'un bien ou d'un espace afin de l'exploiter dans l'intérêt de l'humanité tout entière et de le préserver dans l'intérêt des « générations futures ».

■ Plateau continental n° 165

Dans sa définition physique, le plateau continental est le prolongement continu du continent sous la mer, mais il est interrompu par des failles océaniques. Dans sa double définition juridique c'est l'ensemble des fonds marins dans la zone de 200 milles marins déterminée à partir des lignes de base, ou son prolongement continu jusqu'au « rebord externe » du plateau physique (convention de Montego Bay, art. 76).

■ Reconnaissance n° 134

La reconnaissance est un acte unilatéral autonome par lequel un État se rend opposable une situation de fait ou de droit, ce qui entraîne un certain nombre de conséquences juridiques. Une reconnaissance de facto est la reconnaissance d'une situation de fait, par opposition à la reconnaissance *de jure*, reconnaissance en droit, « reconnaissance plénière ».

■ *Res nullius* n° 163

Littéralement « chose n'appartenant à personne », chose, espace sans maître...

■ *Terra nullius* n° 160

Littéralement « terre n'appartenant à personne », territoire sans maître...

■ Succession d'États n° 141

Conséquences juridiques des transformations territoriales d'un ou de plusieurs États, qu'il s'agisse de dissolution, de sécession, de démembrement, de décolonisation, etc. Ces conséquences concernent aussi bien l'État successeur que l'État prédécesseur, ce qui explique le pluriel du mot États dans la formule. Par analogie on parle de succession d'organisations internationales (par ex. entre la SDN et l'ONU, entre le GATT et l'OMC).

■ Zone économique exclusive n° 165

Partie de la mer, au-delà des 12 milles de la mer territoriale, où l'État riverain exerce des droits souverains. Cette zone peut s'étendre sur 200 milles, en partant des lignes de base (soit 188 milles à partir de la limite extérieure de la mer territoriale), sous réserve des droits concurrents des États voisins.

Documents

1) Frontières terrestres

Ex-Yougoslavie

⇨ *L'éclatement de la Fédération de Yougoslavie a entraîné l'apparition de nouveaux États indépendants, avec l'indépendance de la Slovénie, de la Croatie et de la Bosnie-Herzégovine, admis à l'ONU en 1992, puis la FYROM en 1993. Les accords de Dayton ont marqué une tentative pour fédéraliser la cohabitation des minorités nationales dans un État qui reste d'autant plus fragile que, par un effet de dominos, de nouveaux États se sont détachés de la Serbie, avec l'admission du Montenegro à l'ONU en 2006 et la déclaration unilatérale d'indépendance de la province du Kosovo en 2008, dix ans après l'intervention militaire de l'OTAN. En parlant de « micro-nationalisme » Boutros Boutros-Ghali a bien montré que le processus d'émiettement était sans fin, isolant un peu plus les minorités de minorités…*

Région du Caucase

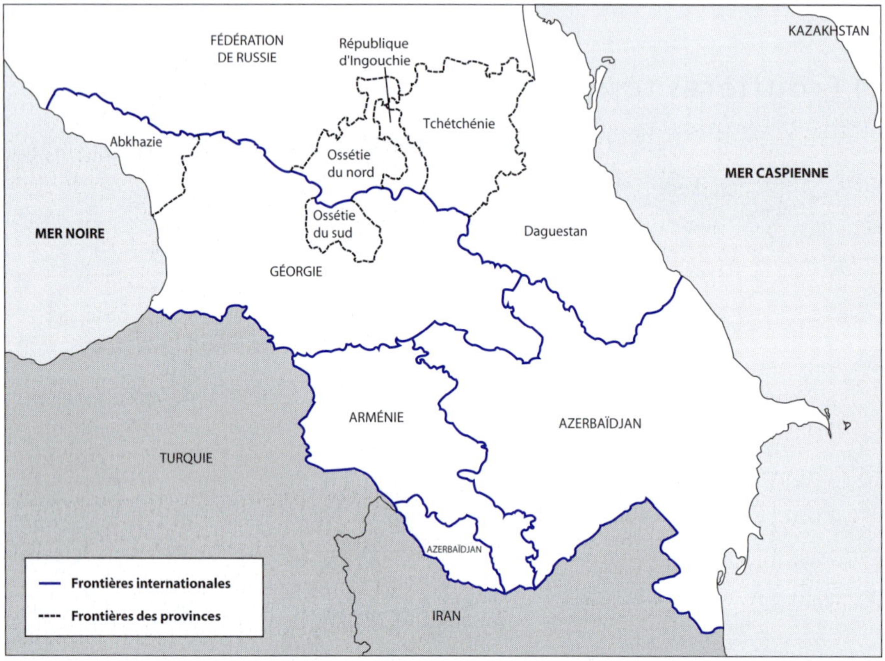

⇨ *L'éclatement de l'URSS en 1991 a entraîné l'apparition de nouveaux États indépendants comme l'Arménie, l'Azerbaidjan et la Géorgie, tous trois membres des Nations Unies, de l'OSCE et du Conseil de l'Europe. Depuis lors, la question des minorités nationales et des territoires enclavés, comme le Haut-Karabakh, n'a cessé d'opposer l'Arménie et l'Azerbaidjan. Au sein de la Fédération de Russie, la volonté d'indépendance de la Tchétchénie a entraîné deux longs conflits armés qui ont contribué à déstabiliser toute la région. La Russie est restée très active dans son « étranger proche » soutenant l'indépendance d'entités autoproclamées au sein de la Géorgie comme l'Abkhazie et l'Ossétie du sud et intervenant militairement en 2008 pour les protéger.*

2) Frontières maritimes

ZEE et plateau continental

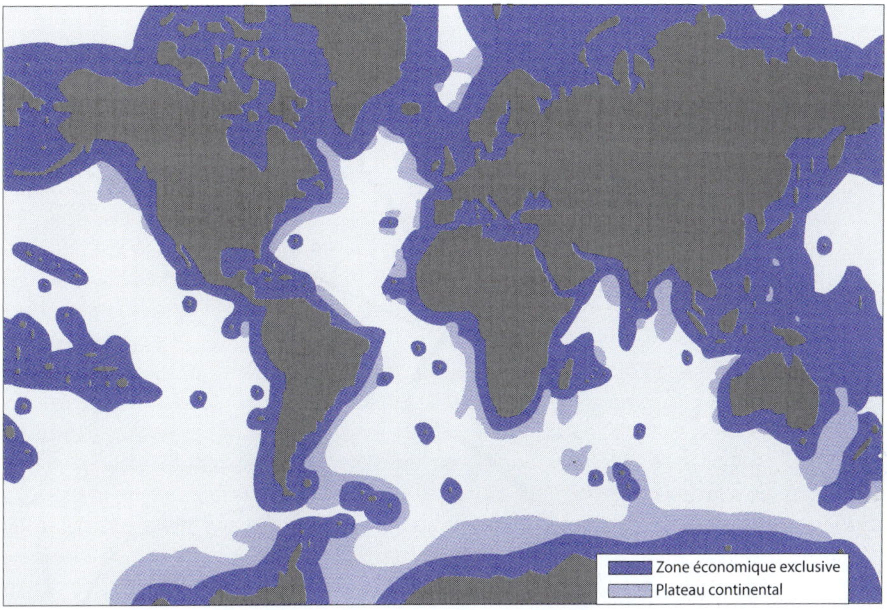

⇨ *Alors que la zone économique exclusive a une seule définition (une distance de 188 milles marins à partir de la limite extérieure de la mer territoriale qui se situe elle-même à 12 milles de la « ligne de base » déterminée par les côtes terrestres), le plateau continental correspond à une triple définition alternative : soit une distance « forfaitaire » de 200 milles des côtes, quelle que soit la réalité physique du fond des mers ; soit un prolongement naturel jusqu'à une profondeur de 200 mètres ; soit, enfin, une extension potentielle jusqu'à une limite de 350 milles, sur autorisation de la Commission des limites du plateau continental. Ces appropriations successives réduisent d'autant la zone internationale considérée comme un « patrimoine commun de l'humanité ».*

Limite extérieure du plateau continental dans la région de la Mer Celtique et du Golfe de Gascogne

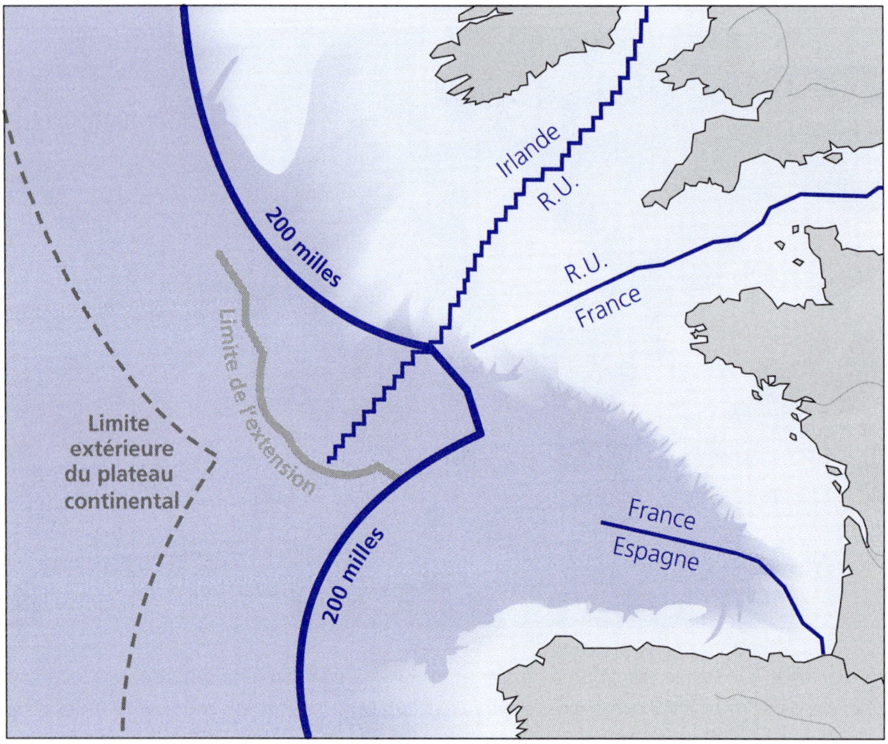

⇨ *La France a délimité les frontières maritimes de sa façade atlantique, avec l'Espagne dans le golfe de Gascogne, par une convention bilatérale de 1974 et avec le Royaume-Uni – notamment dans la mer d'Iroise, avec l'arbitrage de 1977 – sans prolonger ces lignes jusqu'au « point triple d'intersection » avec la délimitation en forme d'escalier effectuée par un accord bilatéral conclu en 1988 entre le Royaume-Uni et l'Irlande. Pour autant les quatre États ont déposé en 2006 une demande conjointe d'extension du plateau continental au-delà de la limite forfaitaire des 200 milles marins (370 km), auprès de la commission des limites du plateau continental de l'ONU, en vertu de l'article 76 § 8 de la convention de Montego Bay. En janvier 2010 la CLPC a attribué aux quatre États cette zone d'extension jusqu'à la limite extérieure du plateau continental « physique » qu'il leur reviendra soit de gérer de manière indivise, soit de partager entre elles par négociation directe ou par recours à un mode de règlement des différends.*

Monaco

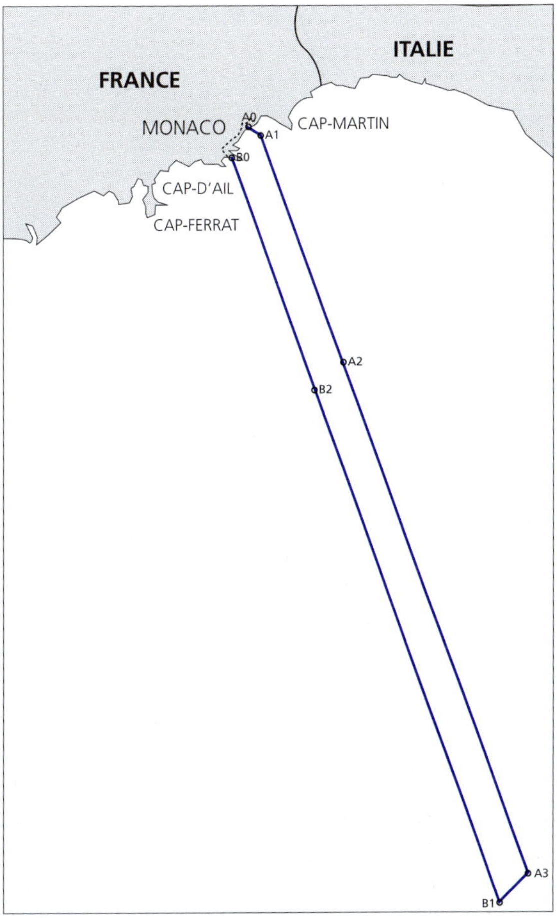

⇨ *La délimitation des frontières maritimes dépend de la configuration physique des côtes. Le cas de figure offert par l'espace maritime de la Guyane, entre ses deux voisins, est assez simple. Mais la notion désormais classique d'équidistance peut être corrigée par des considérations d'équité, notamment pour des États voisins, comme dans le cas de l'accord franco-monégasque qui assure à la principauté une bande côtière rectiligne.*

⇨ *Lorsque les États se font face, la détermination des « lignes de base » et la prise en compte totale ou partielle des îles et des îlots viennent également compliquer les règles de délimitation, comme dans les Antilles, pour la Réunion ou pour la Nouvelle-Calédonie…*

Guyane

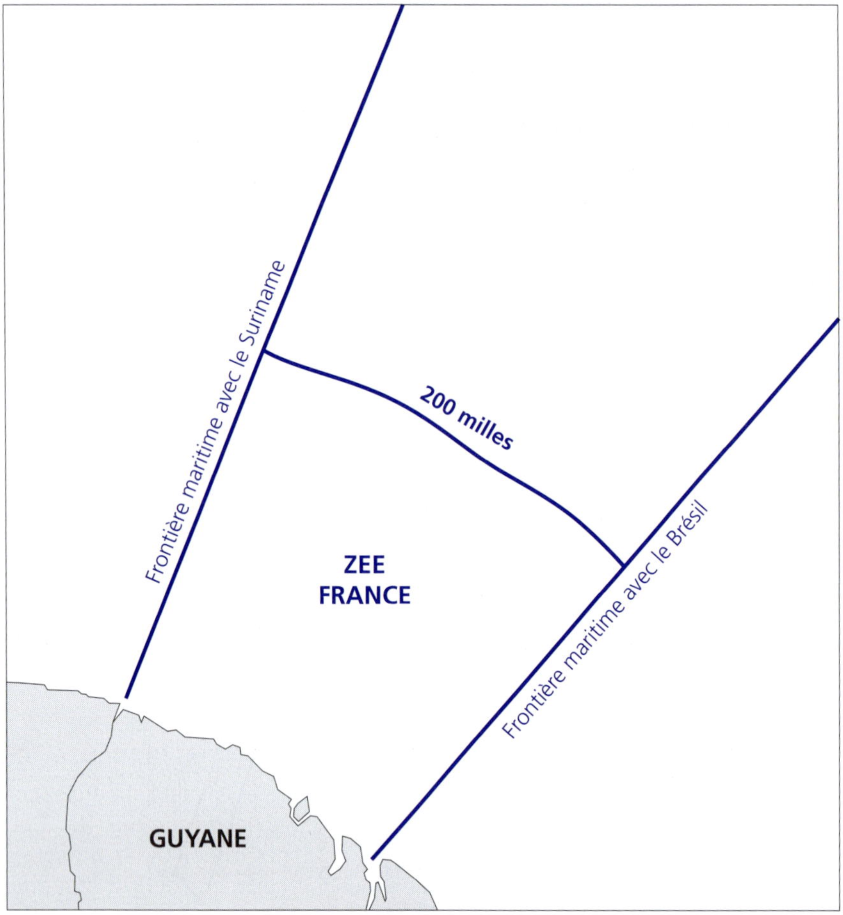
Frontière maritime avec le Suriname
200 milles
ZEE
FRANCE
Frontière maritime avec le Brésil
GUYANE

Antilles

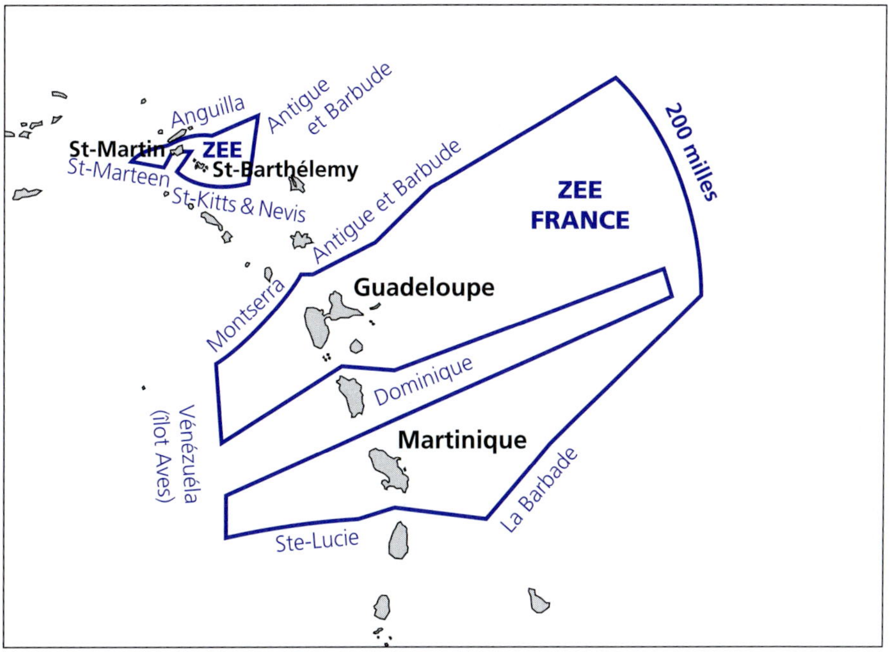

Nouvelle Calédonie

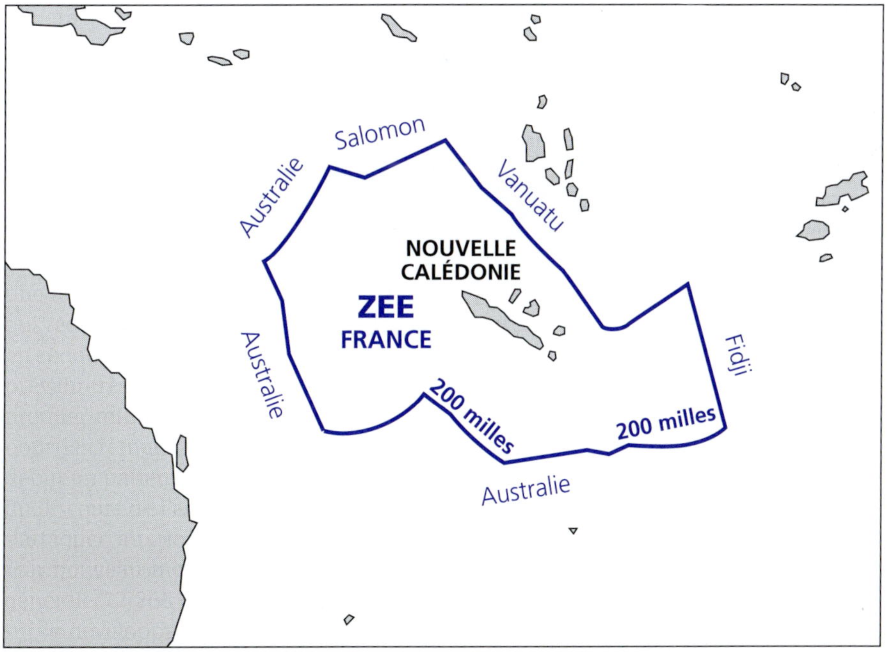

Réunion

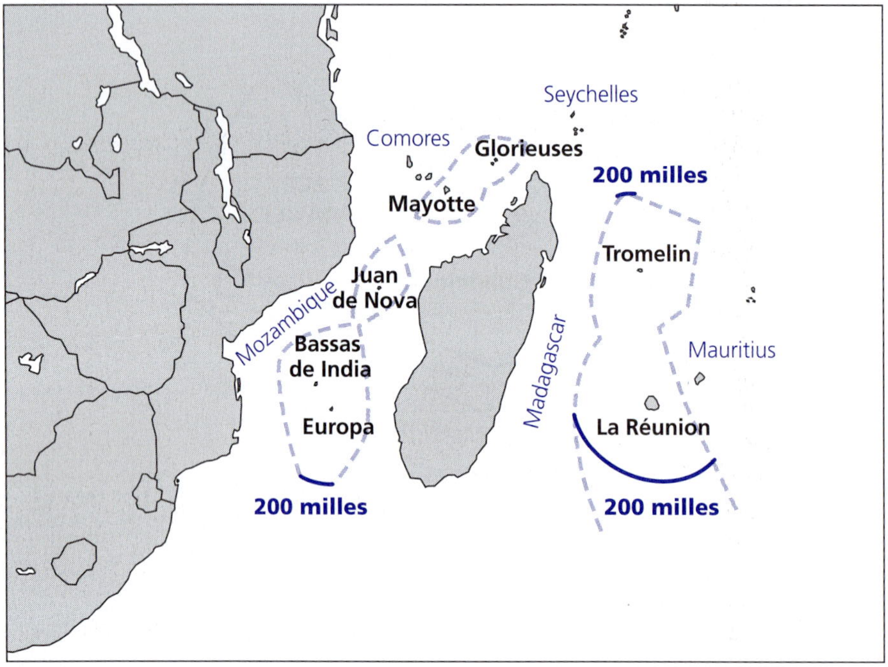
Seychelles
Comores
Glorieuses
200 milles
Mayotte
Tromelin
Juan de Nova
Mozambique
Bassas de India
Mauritius
Madagascar
Europa
La Réunion
200 milles
200 milles

Affaire de la délimitation maritime en mer noire (*Roumanie c/ Ukraine*)

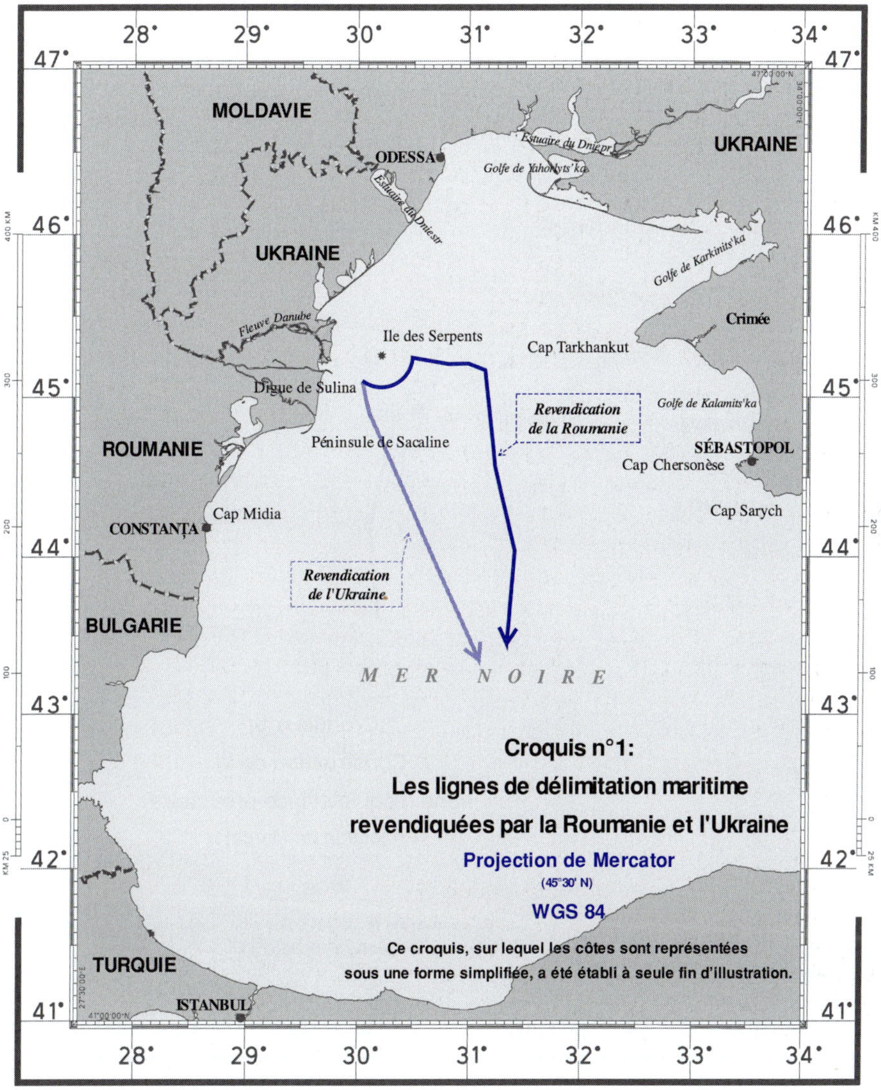

Croquis n°1:
Les lignes de délimitation maritime revendiquées par la Roumanie et l'Ukraine
Projection de Mercator
(45°30' N)
WGS 84
Ce croquis, sur lequel les côtes sont représentées sous une forme simplifiée, a été établi à seule fin d'illustration.

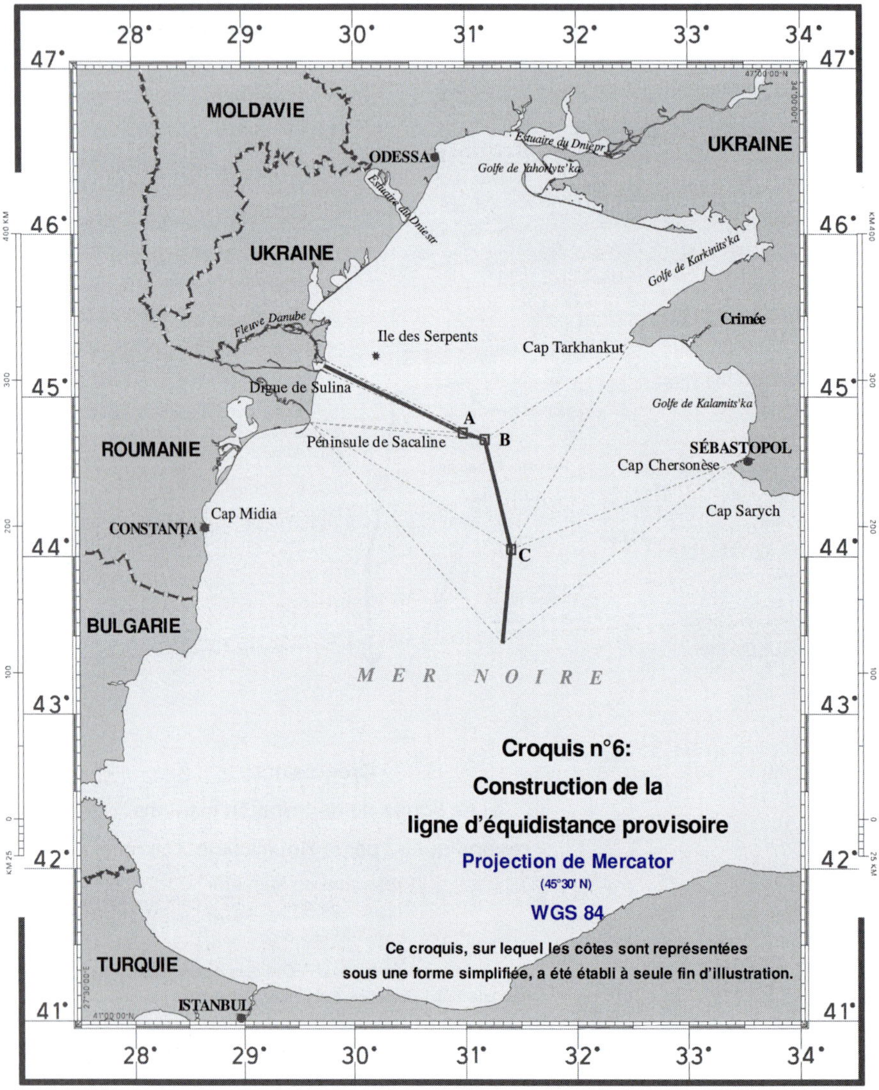

Croquis n°6 : Construction de la ligne d'équidistance provisoire

Projection de Mercator

(45°30' N)

WGS 84

Ce croquis, sur lequel les côtes sont représentées sous une forme simplifiée, a été établi à seule fin d'illustration.

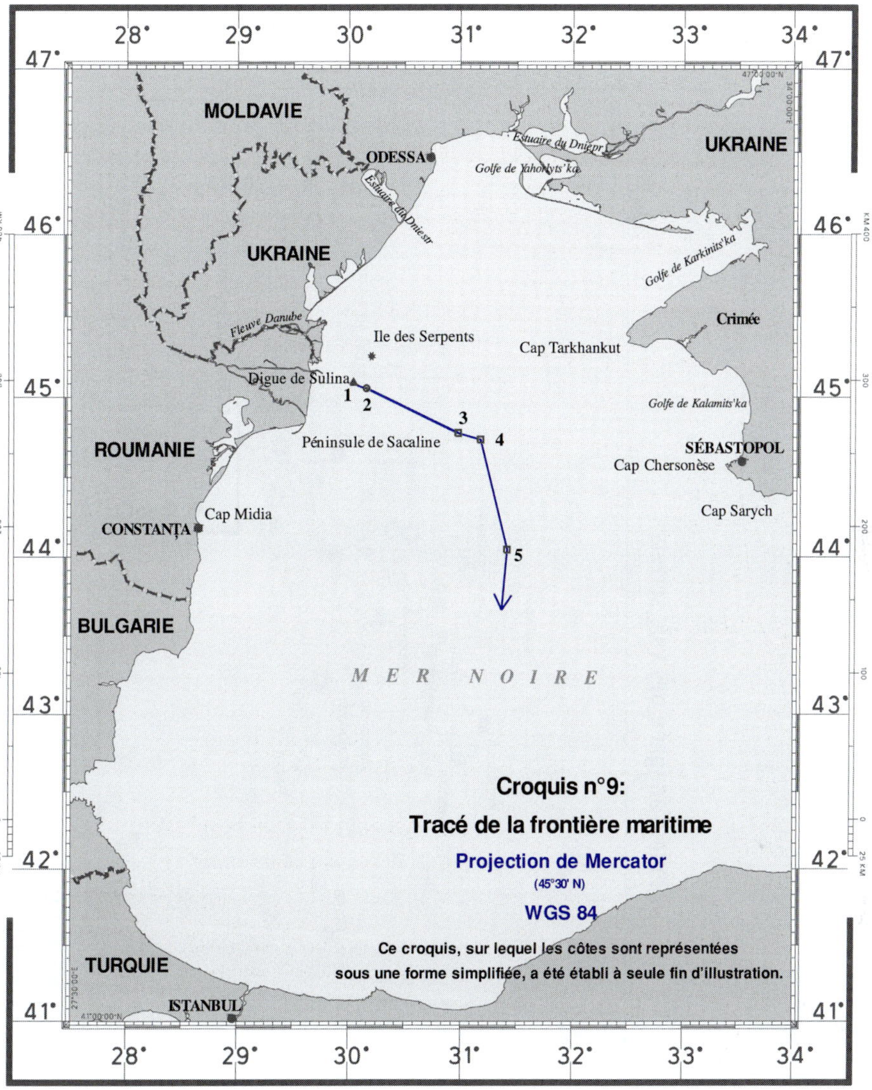

⇨ Cette série de croquis établis par la Cour internationale de Justice et contenus dans son arrêt du 3 février 2009 permet de comprendre la méthode en « trois étapes » définie par la Cour pour délimiter les espaces maritimes entre États dont les côtes se font face. Le premier croquis montre les revendications respectives des deux États au début de l'affaire. Le second matérialise la première étape, à savoir le tracé d'une ligne d'équidistance (croquis n° 6 de l'arrêt). Enfin, le tracé définitif confirme en l'espèce cette ligne à partir du constat qu'aucune circonstance pertinente n'impose de la modifier et qu'il n'y a pas de disproportion entre les zones attribuées et la longueur respective des côtes des deux États.

3) Espaces aériens

La toile d'araignée des vols secrets

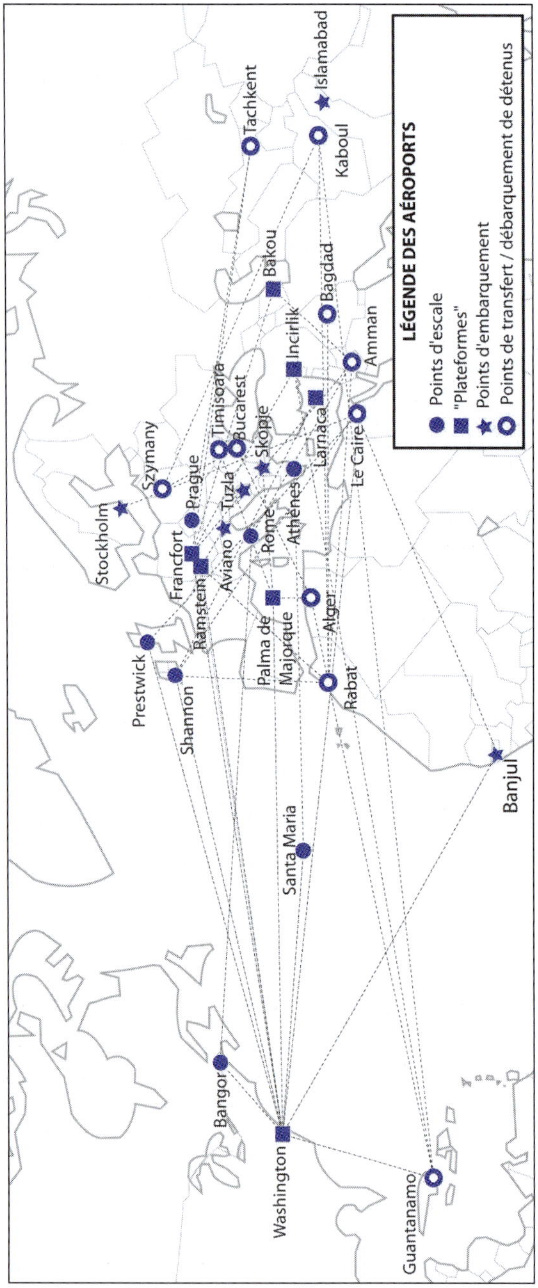

Source : Rapport de M. Dick Marty, Commission des questions juridiques et des droits de l'homme, APCE, AS/Jur (2006) 16, Partie II.

Les routes aériennes entre Bagdad et Kaboul

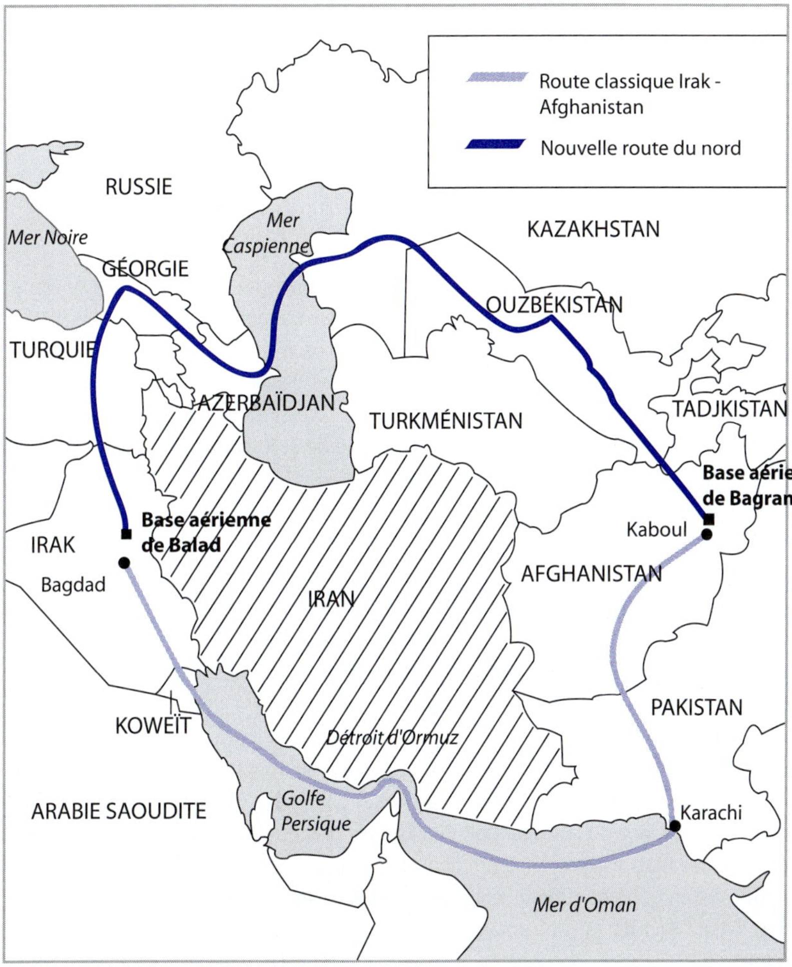

⇨ *Le respect de la souveraineté aérienne des États rend difficile les communications dans certaines régions du monde, comme l'illustre la carte des liaisons entre les forces américaines basées en Irak et en Afghanistan, sous un même commandement stratégique. Les transports militaires ne peuvent traverser l'Iran hostile ni le Turkménistan neutre et doivent soit survoler les détroits où patrouille la flotte américaine, soit faire un important détour au nord par l'espace aérien d'États alliés qui ont accordé des facilités de survol et parfois des bases. Par contre la carte des vols secrets de la CIA établie par l'assemblée parlementaire du Conseil de l'Europe montre clairement la « toile d'araignée » des transports clandestins, avec des escales techniques dans certains pays complices, ou faisant fi de la souveraineté des États survolés.*

4) La succession d'États : le devenir de la République socialiste fédérale de Yougoslavie

⇨ *Cette série de documents illustre la problématique de la succession d'États dans un cas particulièrement complexe : celui de l'ex-Yougoslavie, entrée dans un « processus de dissolution » au début des années 1990, mais dont une des Républiques qui la composaient prétendait néanmoins assurer la continuité. Une telle prétention a créé une situation juridique « sui generis » particulièrement troublante, dont les conséquences sur le contentieux à rebondissement qui a suivi l'éclatement de l'ex-Yougoslavie sont ici retracées.*

Commission d'arbitrage, avis n° 1, 29 nov. 1991, *Conférence pour la paix en Yougoslavie*

Le président de la commission d'arbitrage a reçu, le 20 novembre 1991, la lettre suivante de Lord Carrington, président de la conférence pour la paix en Yougoslavie :

« Nous sommes confrontés à une importante question de droit.

La Serbie considère que le fait que des républiques se soient déclarées ou voudraient se déclarer indépendantes ou souveraines, aient fait ou feraient sécession de la République socialiste fédérative de Yougoslavie (RSFY) n'affecte pas l'existence de celle-ci qui continuerait par ailleurs d'exister.

D'autres républiques considèrent au contraire qu'il n'est pas question de sécession mais qu'on assiste à la désintégration ou à l'éclatement de la RSFY sous l'effet de la volonté convergente d'un certain nombre de républiques ; elles considèrent que les six républiques doivent être tenues comme succédant sur un pied d'égalité à la RSFY sans qu'aucune d'entre elles ou groupe quelconque d'entre elles puissent prétendre en être le continuateur.

Je souhaiterais que la commission d'arbitrage se saisisse de cette question afin de formuler tout avis ou recommandation qu'elle jugerait utile ».

1) La commission considère :

a) que la réponse à la question posée doit être faite en fonction des principes du droit international public qui permettent de définir à quelles conditions une entité constitue un État ; qu'à cet égard, l'existence ou la disparition de l'État est une question de fait ; que la reconnaissance par les autres États a des effets purement déclaratifs ;

b) que l'État est communément défini comme une collectivité qui se compose d'un territoire et d'une population soumis à un pouvoir politique organisé ; qu'il se caractérise par la souveraineté ;

c) que pour la mise en œuvre de ces critères, la forme de l'organisation politique interne et les dispositions constitutionnelles constituent de simples faits, dont la prise en considération est cependant utile pour déterminer l'emprise du gouvernement sur la population et sur le territoire ;

d) que dans le cas d'un État de type fédéral, qui réunit des collectivités dotées d'une certaine autonomie et qui sont, en outre, associées à l'exercice du pouvoir politique dans le cadre d'institutions communes à la Fédération, l'existence de l'État implique que les organes fédéraux représentent les composantes de la Fédération et disposent d'un pouvoir effectif ;

e) que, conformément à la définition admise en droit international, l'expression « succession d'États » s'entend de la substitution d'un État à un autre dans la responsabilité des relations internationales d'un territoire. Un tel phénomène est régi par des principes de droit international dont s'inspirent les conventions de Vienne du 23 août 1978 et du 8 avril 1983. Conformément à ces principes, la succession doit conduire à un résultat équitable, les États intéressés demeurant libres d'en fixer par voie d'accord les modalités. En outre, les normes impératives du droit international général et, en particulier le respect des droits fondamentaux de la personne humaine et des droits des peuples et des minorités, s'imposent à toutes les parties prenantes à la succession.

2) La commission d'arbitrage constate que :

a) bien que la RSFY ait conservé à ce jour sa personnalité internationale, notamment au sein des organisations internationales, la volonté d'indépendance des Républiques s'est exprimée :

– en Slovénie, par un référendum tenu au mois de décembre 1990, puis par une déclaration d'indépendance en date du 25 juin 1991, suspendue pendant trois mois et confirmée le 8 octobre 1991 ;

– en Croatie, par un référendum tenu au mois de mai 1991, puis par une déclaration d'indépendance en date du 25 juin 1991, suspendue pendant trois mois et confirmée le 8 octobre 1991 ;

– en Macédoine, par un référendum tenu au mois de septembre 1991 en faveur d'une Macédoine souveraine et indépendante dans une association d'États yougoslaves ;

– en Bosnie-Herzégovine par une résolution de souveraineté adoptée par le Parlement le 14 octobre 1991, dont la communauté serbe de la République de Bosnie-Herzégovine a contesté la validité.

b) la composition et le fonctionnement des organes essentiels de la Fédération, qu'il s'agisse de la présidence fédérale, du conseil fédéral, du conseil des républiques et des provinces, du conseil exécutif fédéral, de la cour constitutionnelle et de l'armée fédérale, ne satisfont plus aux exigences de participation et de représentation inhérentes à un État fédéral ;

c) le recours à la force a entraîné un conflit armé opposant les uns aux autres différents éléments de la Fédération. Ce conflit, en quelques mois, a causé la mort de milliers de personnes et des destructions considérables. Les autorités de la Fédération et des Républiques se sont avérées impuissantes à faire respecter les accords successifs de cessez-le-feu conclus sous les auspices des Communautés européennes ou de l'Organisation des Nations Unies.

3) En conséquence, la commission d'arbitrage est d'avis :

– que la République socialiste fédérative de Yougoslavie est engagée dans un processus de dissolution ;

– qu'il appartient aux républiques de régler les problèmes de succession d'États pouvant résulter de ce processus conformément aux principes et aux règles du droit international, en assurant en particulier le respect des droits de l'homme et celui des peuples et des minorités ;

– qu'il revient aux républiques qui en manifesteraient la volonté de constituer ensemble une nouvelle association dotée des institutions démocratiques de leur choix.

⇨ *La Commission d'arbitrage est saisie, pour avis, du différend qui existe entre la Serbie et les autres Républiques qui composaient la République Fédérale Socialiste de Yougoslavie (RFSY) : la Serbie estime que la RFSY subsiste après la sécession de plusieurs de ses composantes ; au contraire, les Républiques sécessionnistes estiment que la RFSY a cessé d'exister et que la Serbie ne peut prétendre « continuer » la personnalité de l'ancienne RFSY. La Commission donne raison à ces dernières. Elle souligne l'obligation pour les différentes parties de régler les problèmes de succession et, dans ce cadre, de respecter les « normes impératives du droit international général » (jus cogens).*

Secrétaire général, *Déclarations, réserves, retraits des réserves et objections aux réserves et aux déclarations relatives à la convention internationale sur l'élimination de toutes les formes de discrimination raciale*
(Note CERD/C/60/Rev.4, *Informations de nature historique se rapportant au statut de la « Yougoslavie » au regard de la convention)*

L'ex-Yougoslavie avait signé la convention le 15 avril 1966 et l'avait ratifiée le 2 octobre 1967.

L'ex-Yougoslavie était membre originaire de l'Organisation des Nations Unies, la Charte ayant été signée et ratifiée en son nom respectivement le 26 juin 1945 et le 19 octobre 1945. Les républiques ci-après, qui constituaient l'ex-Yougoslavie, ont proclamé leur indépendance aux dates indiquées ci-après : Slovénie (25 juin 1991), ex-République yougoslave de Macédoine (17 sept. 1991), Croatie (8 oct. 1991) et Bosnie-Herzégovine (6 mars 1992). La Yougoslavie a vu le jour le 27 avril 1992, à la suite de la promulgation à cette date de la Constitution de la République fédérale de Yougoslavie. Il reste que la Yougoslavie a informé le secrétaire général, le 27 avril 1992, qu'elle entendait continuer d'incarner la personnalité juridique internationale de l'ex-Yougoslavie. En conséquence, elle a affirmé être membre des organisations internationales dont l'ex-Yougoslavie était membre. Elle a également affirmé que tous les actes conventionnels qui avaient été accomplis par l'ex-Yougoslavie étaient directement imputables à elle-même, car il s'agissait d'un seul et même État (doc. S/23877 et A/46/915). La Bosnie-Herzégovine, la Croatie, la Slovénie et l'ex-République yougoslave de Macédoine, qui ont toutes fait une demande d'admission à l'Organisation des Nations Unies et y ont été admises, conformément à l'article 4 de la Charte (respectivement par la résol. n°s 46/237, 46/238, 46/236 du 22 mai 1992 ; résol. n° 47/225 du 8 avr. 1993), ont fait objection à cette prétention.

Dans sa résolution n° 47/1 du 22 septembre 1992, l'Assemblée générale, agissant conformément à la recommandation formulée par le Conseil de sécurité dans sa résolution n° 777 (1992), du 19 septembre 1992, a considéré que la Yougoslavie ne pouvait pas assumer automatiquement la qualité de membre de l'Organisation des Nations Unies à la place de l'ex-Yougoslavie et décidé qu'elle devrait donc présenter une demande d'admission à l'Organisation. Elle a également décidé que la Yougoslavie ne participerait pas aux travaux de l'Assemblée générale. Toutefois, selon le conseiller juridique, cette résolution de l'Assemblée générale ne mettait pas fin à l'appartenance de l'ex-Yougoslavie à l'Organisation ni ne la suspendait. Toujours selon le conseil juridique, l'admission à l'Organisation d'une Yougoslavie nouvelle, en vertu de l'article 4 de la Charte des Nations Unies, mettrait un terme à la situation créée par la résolution n° 47/1 de l'Assemblée générale (doc. A/47/485).

La résolution n° 47/1 de l'Assemblée générale n'a pas abordé comme telle la question du statut de l'ex-Yougoslavie ou de la Yougoslavie sous le rapport des traités multilatéraux déposés auprès du secrétaire général.

Le conseiller juridique a estimé à cet égard que le secrétaire général n'était pas en mesure, en sa qualité de dépositaire, de rejeter ou d'ignorer la prétention de la Yougoslavie, qui affirmait continuer d'incarner la personnalité juridique de l'ex-Yougoslavie, en l'absence d'une quelconque décision en sens contraire émanant soit d'un organe compétent de l'ONU qui lui donnerait des instructions dans l'exercice de ses fonctions de dépositaire, soit d'un organe compétent créé par un traité, soit des États parties à un traité qui lui donneraient des instructions dans l'exercice de ses fonctions de dépositaire en ce qui concerne ce même traité, soit encore d'un organe compétent qui représenterait l'ensemble de la communauté internationale des États pour ce qui est de la question générale du maintien ou de la cessation de la qualité d'État que la revendication de la Yougoslavie soulevait.

Conformément à la prétention de la Yougoslavie de continuer à incarner la personnalité juridique internationale de l'ex-Yougoslavie, le secrétaire général, en sa qualité de dépositaire, a continué de consigner, sur les listes figurant dans la présente publication, les initiatives conventionnelles prises par l'ex-Yougoslavie, en utilisant à cette fin le nom abrégé de « Yougoslavie » sous lequel on désignait à cette époque-là l'ex-Yougoslavie. Du 27 avril 1992 au 1er novembre 2000, la Yougoslavie a pris de nombreuses initiatives en ce qui concerne les traités déposés auprès du secrétaire général. Conformément à la prétention de la Yougoslavie de continuer d'incarner la personnalité juridique internationale de l'ex-Yougoslavie, ces initiatives ont été consignées également sur les listes en regard du nom de « Yougoslavie ». Aussi le secrétaire général, en tant que dépositaire, n'a-t-il fait aucune distinction dans la présente publication entre les initiatives conventionnelles prises par l'ex-Yougoslavie et celles prises par la Yougoslavie, ces deux catégories d'initiatives étant consignées en regard du nom de « Yougoslavie ».

L'Assemblée générale a admis la Yougoslavie à l'Organisation par sa résolution n° 55/12 du 1er novembre 2000. Parallèlement, la Yougoslavie a renoncé à sa prétention d'avoir continué à incarner la personnalité juridique internationale de l'ex-Yougoslavie.

Par une notification datée du 8 mars 2001 et reçue par le secrétaire général le 12 mars 2001, le gouvernement de la République fédérale de Yougoslavie a, entre autres, fait part de son intention de succéder à différents traités multilatéraux déposés auprès du secrétaire général et confirmé certaines initiatives se rapportant à ces traités. L'acte ainsi notifié comportait notamment les précisions ci-après : « [l]e gouvernement de la République fédérale de Yougoslavie, ayant examiné les traités énumérés dans l'annexe 1 ci-jointe, succède à ceux-ci et s'engage à se conformer en tout point à leurs dispositions à compter du 27 avril 1992, date à laquelle la République fédérale de Yougoslavie a assumé la responsabilité de ses relations internationales. »

[Note de l'éditeur : l'annexe 1 jointe à la notification contient une liste de traités que la République socialiste fédérative de Yougoslavie avait signés ou auxquels elle était partie.]

« (...) [L]e gouvernement de la République fédérale de Yougoslavie maintient les signatures, réserves, déclarations et objections qui étaient celles de la République socialiste fédérative de Yougoslavie quant aux traités énumérés dans l'annexe 1 ci-jointe, pour autant qu'elles soient antérieures à la date à laquelle la République fédérale de Yougoslavie a assumé la responsabilité de ses relations internationales.

(...) [L]e gouvernement de la République fédérale de Yougoslavie confirme les initiatives et déclarations de la République fédérale de Yougoslavie relatives aux traités énumérés dans l'annexe 2 ci-jointe ».

(Note de l'éditeur : l'annexe 2 jointe à la notification contient une liste énumérant certaines initiatives conventionnelles prises par la République fédérale de Yougoslavie entre le 27 avr. 1992 et le 1er nov. 2000.)

⇨ *Cette note éclaire la situation juridique complexe dans laquelle s'est trouvée la « République Fédérale de Yougoslavie » (RFY, composée des anciennes Républiques de la RFSY, la Serbie et le Monténégro) entre 1992 et le 1er novembre 2000 (date d'admission de la « Yougoslavie » à l'ONU) : sa prétention à assurer la continuité de l'ancienne RFSY a été contestée tant par les Républiques sécessionnistes que par l'Assemblée générale des Nations Unies (résol. n° 47/1 du 22 sept. 1992). La RFY a ainsi été invitée dès 1992 à présenter une demande d'admission à l'Organisation. Pour autant, une telle invitation ne permettait pas de considérer la RFY comme un État non-membre de l'Organisation. De même, pour les traités multilatéraux, le secrétaire général, en tant que dépositaire, ne pouvait prendre position sur la question de savoir si la RFY devait être considérée comme étant partie aux traités ratifiés antérieurement par la RFSY.*

CIJ 3 févr. 2003, demande en révision de l'arrêt du 11 juill. 1996, *aff. relative à l'application de la convention pour la prévention et la répression du crime de génocide*, Bosnie-Herzégovine c/ Yougoslavie, exceptions préliminaires

17. La Cour observe qu'une requête en révision ne peut être admise que si chacune des conditions prévues à l'article 61 est remplie. Si l'une d'elles fait défaut, la requête doit être écartée. La Cour commencera par rechercher s'il existe en l'occurrence un « fait » qui, bien qu'existant à la date du prononcé de son arrêt du 11 juillet 1996, était à ce moment ignoré tant de la RFY que de la Cour.

18. À cet égard, la RFY, dans sa requête en révision de l'arrêt de la Cour du 11 juillet 1996, affirme ce qui suit :

« Il est incontestable que l'admission de la RFY à l'Organisation des Nations Unies le 1er novembre 2000 en tant que nouvel État membre constitue un fait nouveau. Il est également possible de montrer que ce fait nouveau est de nature à exercer une influence décisive sur la question de la compétence de la Cour *ratione personae* à l'égard de la RFY et telle est la thèse du demandeur. L'admission de la RFY le 1er novembre 2000 en tant que nouveau membre a résolu les difficultés concernant son statut et il est désormais patent que la RFY n'assurait pas la continuité de la personnalité juridique de la RFSY, n'était pas membre de l'Organisation des Nations Unies avant le 1er novembre 2000, et n'était pas un État partie au statut non plus qu'à la convention sur le génocide…

L'admission de la RFY à l'Organisation des Nations Unies en tant que nouveau membre lève les ambiguïtés et jette un nouvel éclairage sur sa qualité de membre de l'Organisation des Nations Unies et de partie au statut et à la convention sur le génocide. »

La RFY affirme en outre que sur la liste officielle établie le 8 décembre 2000, la « Yougoslavie » figure en tant que membre admis depuis le 1er novembre 2000 et que « la note explicative indique clairement que l'appellation désigne la RFY ». Elle conclut qu'« il s'agit là d'un fait nouveau de nature à exercer une influence décisive, inconnu de la Cour et du demandeur lors du prononcé de l'arrêt du 11 juillet 1996 ».

19. Dans ses plaidoiries, la RFY n'a pas invoqué son admission à l'Organisation des Nations Unies en novembre 2000 comme étant le « fait nouveau » décisif, au sens de l'article 61 du statut, de nature à fonder sa demande en révision de l'arrêt de 1996. Elle a soutenu que cette admission « en qualité de nouveau membre » ainsi que la lettre du conseiller juridique du 8 décembre 2000 l'invitant, selon elle, « à procéder aux formalités requises pour adhérer aux traités auxquels l'ex-Yougoslavie était partie » sont des « événements qui ont révélé deux faits décisifs :

1) la RFY n'était pas partie au statut au moment de l'arrêt ; et

2) la RFY ne demeurait pas liée par l'article IX de la convention sur le génocide en continuant d'assumer la personnalité juridique de l'ex-Yougoslavie ».

C'est sur ces deux « faits » que la RFY a en définitive fondé sa demande en révision à l'audience.

20. (…) À cet égard, elle affirme que « la RFY n'a jamais prétendu ni même considéré que le fait nouvellement découvert aurait ou pourrait avoir un effet rétroactif ». (…)

65. La Cour examinera maintenant la question de savoir si la RFY s'appuie sur des faits entrant dans les prévisions de l'article 61 du statut.

66. Comme cela a été rappelé plus haut (v. § 19), la RFY affirme que les faits qui existaient au moment du prononcé de l'arrêt de 1996 et sur la découverte desquels se fonde sa demande en révision de l'arrêt en question étaient que « la RFY n'était pas partie au statut et (...) ne demeurait pas liée par la convention sur le génocide en assurant la continuité de la personnalité de l'ex-Yougoslavie ». Elle soutient que ces « faits » ont été « révélés » par son admission à l'Organisation des Nations Unies le 1er novembre 2000 ainsi que par la lettre du conseiller juridique en date du 8 décembre 2000.

67. La Cour relèvera tout d'abord qu'aux termes du paragraphe 1 de l'article 61 du statut, la révision d'un arrêt ne peut être demandée qu'« en raison de la découverte » d'un fait qui, « avant le prononcé de l'arrêt », était inconnu. Tels sont les caractères que doit revêtir le fait « nouveau » visé au paragraphe 2 du même article. Ces deux paragraphes font donc référence à un fait préexistant au prononcé de l'arrêt et découvert ultérieurement. Un fait qui se produit plusieurs années après le prononcé d'un arrêt n'est pas un fait « nouveau » au sens de l'article 61 ; il en demeure ainsi quelles que soient les conséquences juridiques qu'un tel fait peut avoir.

68. Dans la présente espèce, l'admission de la RFY à l'Organisation des Nations Unies a eu lieu le 1er novembre 2000, bien après l'arrêt de 1996. La Cour en conclut que cette admission ne saurait être considérée comme un fait nouveau, au sens de l'article 61, susceptible de fonder une demande en révision dudit arrêt.

69. Aussi bien, la RFY, dans le dernier état de son argumentation, prétend-elle que son admission à l'Organisation des Nations Unies et la lettre du conseiller juridique du 8 décembre 2000 auraient simplement « révélé » deux faits existant dès 1996, mais inconnus à l'époque, à savoir qu'elle n'était pas alors partie au statut de la Cour et n'était pas liée par la convention sur le génocide. Ce faisant, la RFY ne se prévaut cependant pas de faits existant en 1996. Elle fonde en réalité sa requête en révision sur les conséquences juridiques qu'elle entend tirer de faits postérieurs à l'arrêt dont la révision est demandée. Ces conséquences, à les supposer établies, ne sauraient être regardées comme des faits au sens de l'article 61. L'argumentation de la RFY ne peut par suite être retenue.

70. En outre la Cour relèvera que l'admission de la RFY en tant que membre de l'ONU a eu lieu plus de quatre années après le prononcé de l'arrêt dont elle sollicite la révision. Or, au moment où cet arrêt a été rendu, la situation qui prévalait était celle créée par la résolution n° 47/1 de l'Assemblée générale. À cet égard, la Cour observera que les difficultés concernant le statut de la RFY, survenues entre l'adoption de cette résolution et l'admission de la RFY à l'ONU le 1er novembre 2000, découlaient de la circonstance que, même si la prétention de la Yougoslavie à assurer la continuité de la personnalité juridique internationale de la RSFY n'était pas « généralement acceptée » (v. § 28), les conséquences précises de cette situation (telles que la non-participation aux travaux de l'Assemblée générale ou du Conseil économique et social et aux réunions des États parties au pacte international relatif aux droits civils et politiques, etc.) étaient déterminées au cas par cas. La résolution n° 47/1 ne portait notamment pas atteinte au droit de la RFY d'ester devant la Cour ou d'être partie à un différend devant celle-ci dans les conditions fixées par le statut. Elle ne touchait pas davantage à la situation de la RFY au regard de la convention sur le génocide. Pour « mettr[e] fin à la situation créée par la résolution n° 47/1 », la RFY devait présenter une demande d'admission à l'Organisation des Nations Unies comme l'avaient fait les autres républiques composant la RSFY. Tous ces éléments étaient connus de la Cour et de la RFY au jour du prononcé de l'arrêt. Ce qui toutefois demeurait inconnu en juillet 1996 était la réponse à la question de savoir si et quand la RFY présenterait

une demande d'admission à l'Organisation des Nations Unies et si et quand cette demande serait accueillie, mettant ainsi un terme à la situation créée par la résolution n° 47/1 de l'Assemblée générale.

71. La Cour tient en outre à souligner que la résolution n° 55/12 de l'Assemblée générale en date du 1er novembre 2000 ne peut avoir rétroactivement modifié la situation *sui generis* dans laquelle se trouvait la RFY vis-à-vis de l'Organisation des Nations Unies pendant la période 1992-2000, ni sa situation à l'égard du statut de la Cour et de la convention sur le génocide. En outre, la lettre du conseiller juridique de l'Organisation des Nations Unies en date du 8 décembre 2000 ne peut avoir modifié le statut de la RFY à l'égard des traités.

La Cour relève également que, en tout état de cause, cette lettre ne comportait pas, à l'intention de la RFY, d'invitation à adhérer aux conventions pertinentes, mais plutôt à « accomplir les formalités conventionnelles, s'il y a lieu, (...) en qualité d'État successeur ».

72. Il découle de ce qui précède qu'il n'a pas été établi que la requête de la RFY reposerait sur la découverte « d'un fait » qui, « avant le prononcé de l'arrêt, était inconnu de la Cour et de la Partie qui demande la révision ». La Cour en conclut que l'une des conditions de recevabilité d'une demande en révision prescrites au paragraphe 1 de l'article 61 du statut n'est pas satisfaite.

73. L'article 61 du statut énonce d'autres conditions que doit remplir une demande en révision d'un arrêt pour être recevable. La Cour rappelle cependant que, « dès lors qu'il est établi que la demande en révision ne remplit pas l'une des conditions de recevabilité prévues, la Cour n'a pas à aller plus loin et à se demander si les autres sont satisfaites » (demande en révision et en interprétation de l'arrêt du 24 févr. 1982 dans l'aff. du *Plateau continental – Tunisie c/ Jamahiriya arabe libyenne*, *Rec.* 1985, p. 207, § 29). En l'espèce, la Cour a conclu qu'aucun fait entrant dans les prévisions de l'article 61 du statut n'avait été découvert depuis 1996. Point n'est donc besoin pour elle de s'interroger sur la question de savoir si les autres conditions de recevabilité de la requête de la Yougoslavie telles qu'elles découlent de l'article 61 du statut sont remplies.

74. La requête en révision de la RFY doit partant être rejetée.

⇨ *La RFY demande à la Cour la révision de son arrêt de 1996, par lequel la Cour s'est déclarée compétente pour connaître de la requête présentée par la Bosnie-Herzégovine portant sur la violation de la Convention sur le génocide. La Cour rejette la demande, au motif que la RFY ne présente à son appui aucun « fait nouveau » : la décision d'admission à l'ONU est intervenue postérieurement à l'adoption de l'arrêt et n'a pas modifié rétroactivement la situation « sui generis » dans laquelle se trouvait la RFY entre 1992 et 2000.*

CIJ 15 déc. 2004, aff. *relative à la licéité de l'emploi de la force – Serbie-et-Monténégro c/ huit États de l'OTAN*, exceptions préliminaires, huit arrêts

(le passage reproduit ci-dessous est tiré de l'arrêt *Serbie-et-Monténégro c/ France*)

74. Toutefois, en 2000, une nouvelle évolution marqua la fin de cette situation. Le 24 septembre 2000, M. Koštunica fut élu président de la République fédérale de Yougoslavie. En cette qualité, il adressa le 27 octobre 2000 au secrétaire général une lettre demandant l'admission de la République fédérale de Yougoslavie à l'Organisation des Nations Unies dans les termes suivants : « Après l'évolution démocratique fondamentale qui s'est produite en République fédérale de Yougoslavie, j'ai l'honneur, en ma qualité de président, de demander l'admission de la

République fédérale de Yougoslavie à l'Organisation des Nations Unies, *comme suite à la résolution* n° *777 (1992) du Conseil de sécurité* » (Nations Unies, doc. A/55/528-S/2000/1043 ; les italiques sont de la Cour.)

75. Donnant suite à cette demande d'admission de la République fédérale de Yougoslavie à l'Organisation des Nations Unies, le Conseil de sécurité, le 31 octobre 2000, « [r]ecommand[a] à l'Assemblée générale d'admettre la République fédérale de Yougoslavie en qualité de membre de l'Organisation des Nations Unies » (Nations Unies, doc. S/RES/1326). Le 1er novembre 2000, l'Assemblée générale, par sa résolution n° 55/12, « *[a]yant examiné* la recommandation du Conseil de sécurité, en date du 31 octobre 2000 » et « *[a]yant examiné* la demande d'admission présentée par la République fédérale de Yougoslavie », décida d'« admettre la République fédérale de Yougoslavie à l'Organisation des Nations Unies ».

76. Ainsi que l'atteste la lettre du président de la République fédérale de Yougoslavie citée ci-dessus, cette démarche de la République fédérale de Yougoslavie signifiait qu'elle avait finalement décidé de donner suite à la résolution n° 777 (1992) du Conseil de sécurité en se conformant à la position du Conseil exprimée dans cette résolution. En outre, le Conseil de sécurité confirma sa propre position en prenant des dispositions en vue de l'admission de la République fédérale de Yougoslavie comme nouveau membre de l'Organisation des Nations Unies – dispositions qui, conjuguées à celles que l'Assemblée générale adopta par la suite, parachevèrent la procédure d'admission d'un nouveau membre au titre de l'article 4 de la Charte —, au lieu de suivre une voie qui eût impliqué la reconnaissance de la continuité de la qualité de membre des Nations Unies de la République fédérale de Yougoslavie.

77. Cette évolution mit fin effectivement à la situation *sui generis* de la République fédérale de Yougoslavie au sein des Nations Unies, situation qui, ainsi que la Cour l'a observé dans de précédents prononcés, avait présenté de nombreuses « difficultés juridiques » durant toute la période comprise entre 1992 et 2000 (*Application de la convention pour la prévention et la répression du crime de génocide – Bosnie-Herzégovine c/ Yougoslavie* (*Serbie-et-Monténégro*), mesures conservatoires, ord. 8 avr. 1993, *Rec.* 14, § 18). Le demandeur a ainsi le statut de membre de l'Organisation des Nations Unies depuis le 1er novembre 2000. Toutefois, son admission au sein de l'Organisation des Nations Unies n'a pas remonté et n'a pu remonter à l'époque de l'éclatement et de la disparition de la République fédérative socialiste de Yougoslavie ; il n'était pas question en 2000 de rétablir les droits de la République fédérative socialiste de Yougoslavie en tant que membre de l'Organisation au bénéfice de la République fédérale de Yougoslavie. En même temps, il est apparu clairement que la situation *sui generis* du demandeur ne pouvait être regardée comme équivalant à la qualité de membre de l'Organisation.

78. De l'avis de la Cour, l'importance de cette évolution survenue en 2000 tient au fait qu'elle a clarifié la situation juridique, jusque-là indéterminée, quant au statut de la République fédérale de Yougoslavie vis-à-vis de l'Organisation des Nations Unies. C'est en ce sens que la situation qui se présente aujourd'hui à la Cour concernant la Serbie-et-Monténégro est manifestement différente de celle devant laquelle elle se trouvait en 1999. Si la Cour avait alors eu à se prononcer définitivement sur le statut du demandeur à l'égard de l'Organisation des Nations Unies, cette tâche aurait été compliquée par les incertitudes entourant la situation juridique, s'agissant de ce statut. Cependant, la Cour se trouvant aujourd'hui à même d'apprécier l'ensemble de la situation juridique, et compte tenu des conséquences juridiques du nouvel état de fait existant depuis le 1er novembre 2000, la Cour est amenée à conclure que la Serbie-

et-Monténégro n'était pas membre de l'Organisation des Nations Unies, ni en cette qualité partie au statut de la Cour internationale de Justice, au moment où elle a déposé sa requête introduisant la présente instance devant la Cour, le 29 avril 1999.

79. Un autre point est celui de la pertinence, aux fins de la présente instance, de l'arrêt rendu le 3 février 2003 en l'affaire de la *Demande en révision*. Cet arrêt ne saurait en aucun cas revêtir une quelconque autorité de la chose jugée pour la présente espèce. Sa pertinence pour la présente affaire n'en doit pas moins être examinée, dans la mesure où la Serbie-et-Monténégro a soulevé, dans le cadre de sa demande en révision, cette même question de savoir si elle avait accès à la Cour en vertu du paragraphe 1 de l'article 35 du statut, et dans la mesure où l'arrêt a été rendu en 2003, à un moment où la Cour avait eu connaissance du nouvel état de fait décrit plus haut. (...)

85. Dans l'arrêt rendu en l'affaire de la *Demande en révision*, la Cour a conclu à l'irrecevabilité de la requête. Il convient de noter que la Cour a expressément relevé ce qui suit :

« [En avançant cet argument], la RFY ne se prévaut cependant pas de faits existant en 1996. Elle fonde en réalité sa requête en révision sur les conséquences juridiques qu'elle entend tirer de faits postérieurs à l'arrêt dont la révision est demandée. Ces conséquences, à *les supposer établies*, ne sauraient être regardées comme des faits au sens de l'article 61. L'argumentation de la RFY ne peut par suite être retenue » (Arrêt 2003, *Rec.* 30, § 69 ; les italiques sont de la Cour).

86. Ainsi la Cour n'a-t-elle pas considéré les « faits décisifs » allégués par la Serbie-et-Monténégro comme des « faits existant en 1996 » aux fins de l'article 61. Elle n'a donc pas eu à se prononcer sur la question de savoir si des « conséquences juridiques » pouvaient bien être inférées des faits postérieurs ; en d'autres termes, la Cour n'a pas été appelée à dire s'il était exact que la Serbie-et-Monténégro n'était pas partie au statut ou à la convention sur le génocide en 1996. C'est la raison pour laquelle la Cour a inclus dans son arrêt le membre de phrase qui figure présentement en italiques dans l'extrait cité ci-dessus.

87. Dans son arrêt, la Cour a ajouté :

« La résolution n° 47/1 ne portait notamment pas atteinte au droit de la RFY d'ester devant la Cour ou d'être partie à un différend devant celle-ci dans les conditions fixées par le statut (...). Pour "mettr[e] fin à la situation créée par la résolution n° 47/1", la RFY devait présenter une demande d'admission à l'Organisation des Nations Unies comme l'avaient fait les autres républiques composant la RFSY. Tous ces éléments étaient connus de la Cour et de la RFY au jour du prononcé de l'arrêt. Ce qui toutefois demeurait inconnu en juillet 1996 était la réponse à la question de savoir si et quand la RFY présenterait une demande d'admission à l'Organisation des Nations Unies et si et quand cette demande serait accueillie, mettant ainsi un terme à la situation créée par la résolution n° 47/1 de l'Assemblée générale » (*ibid.*, p. 31, § 70).

Sur la question cruciale de l'admission de la République fédérale de Yougoslavie à l'Organisation des Nations Unies en qualité de nouveau membre, la Cour a souligné que :

« La résolution n° 55/12 de l'Assemblée générale en date du 1er novembre 2000 ne p[ouvait] avoir rétroactivement modifié la situation *sui generis* dans laquelle se trouvait la RFY vis-à-vis de l'Organisation des Nations Unies pendant la période 1992-2000, ni sa situation à l'égard du statut de la Cour et de la convention sur le génocide » (*ibid.*, § 71).

Ces déclarations ne sauraient toutefois être interprétées comme des conclusions quant au statut de la Serbie-et-Monténégro vis-à-vis de l'Organisation des Nations Unies et de la convention sur le génocide ; la Cour avait déjà laissé entendre qu'elle n'était pas appelée à se prononcer sur ces questions, et qu'elle ne faisait rien de tel.

88. Dans le paragraphe de l'arrêt qui suit immédiatement l'extrait cité, la Cour a indiqué :

« Il découle de ce qui précède qu'il n'a pas été établi que la requête de la RFY reposerait sur la découverte "d'un fait" qui, "avant le prononcé de l'arrêt, était inconnu de la Cour et de la Partie qui demande la révision". La Cour en conclut que l'une des conditions de recevabilité d'une demande en révision prescrites au paragraphe 1 de l'article 61 du statut n'est pas satisfaite » (*ibid.*, § 72).

La Cour a donc clairement exprimé sa position, à savoir qu'une modification rétroactive de la situation, constituant un fait nouveau, ne pouvait avoir eu lieu en 2000, et que les conditions énoncées à l'article 61 n'étaient donc pas satisfaites. Cela n'emportait, toutefois, aucune conclusion de la Cour, dans la procédure en révision, quant à ce qu'était la situation en réalité.

89. Compte tenu des spécificités de la procédure prévue à l'article 61 du statut, qui circonscrit rigoureusement les conditions à réunir pour qu'il soit fait droit à une demande en révision d'un arrêt, rien ne justifie de considérer que, dans l'arrêt qu'elle a rendu en l'affaire de la *Demande en révision*, la Cour s'est prononcée sur la question du statut juridique de la Serbie-et-Monténégro vis-à-vis de l'Organisation des Nations Unies. Dans cet arrêt, la Cour ne s'est pas davantage prononcée sur la situation de la Serbie-et-Monténégro au regard du statut de la Cour.

90. Pour tous les motifs qui précèdent, la Cour conclut que, au moment où il a déposé sa requête pour introduire la présente instance devant la Cour, le 29 avril 1999, le demandeur en l'espèce, la Serbie-et-Monténégro, n'était pas membre de l'Organisation des Nations Unies ni, dès lors, en cette qualité, partie au statut de la Cour internationale de Justice. Par voie de conséquence, la Cour n'était pas ouverte à la Serbie-et-Monténégro sur la base du paragraphe 1 de l'article 35 du statut.

⇨ *Lors de l'attaque de la Serbie par les pays de l'OTAN en 1999, la Serbie avait introduit une requête contre ces États devant la Cour internationale de Justice. Lorsque la Cour est amenée à se prononcer sur la requête, en 2004, la situation a fondamentalement changé : l'ancien dirigeant serbe, Slobodan Milošević, est poursuivi devant le Tribunal pénal pour l'ex-Yougoslavie et la Serbie cherche à se rapprocher de l'Union européenne. Pour se déclarer incompétente, la Cour reprend les arguments avancés par la Serbie dans sa demande en révision, examinée en 2003 (extrait précédent) : l'admission de la RFY à l'ONU en 2000 aurait « clarifié la situation juridique » de celle-ci et montré qu'elle n'était pas membre de l'ONU avant cette date. N'étant du même coup pas partie au statut de la Cour, elle ne pouvait valablement introduire une requête devant celle-ci. La Cour doit, pour se justifier, expliquer en quoi une telle décision ne contredit pas son jugement de 2003 sur la demande en révision…*

CIJ 26 févr. 2007, aff. relative à l'application de la Convention pour la prévention et la répression du crime de génocide – Bosnie-Herzégovine c/ Serbie-et-Monténégro, fond

5) Principe de l'autorité de la chose jugée

114. La Cour examinera à présent le principe de l'autorité de la chose jugée et son application à l'arrêt rendu en 1996 en l'espèce. (…)

115. Il n'existe pas de désaccord entre les Parties quant à l'existence du principe de l'autorité de la chose jugée, même si elles l'interprètent différemment lorsqu'il s'agit d'arrêts tranchant des questions de compétence. Le caractère fondamental de ce principe ressort des termes du Statut de la Cour et de la Charte des Nations Unies. La pratique judiciaire de la Cour en reflète les caractéristiques et objectifs sous-jacents. Selon ce principe, les décisions de la Cour sont non seulement obligatoires pour les parties, mais elles sont définitives, en ce sens qu'elles ne peuvent être remises en cause par les parties pour ce qui est des questions que ces décisions ont

tranchées, en dehors des procédures spécialement prévues à cet effet, qui présentent un caractère exceptionnel. L'article 59 du Statut, en dépit de sa formulation négative, a pour élément central la proposition positive selon laquelle la décision de la Cour est obligatoire pour les parties dans l'affaire qui a été tranchée. L'article 60 du Statut dispose que l'arrêt est définitif et sans recours ; l'article 61 assortit la faculté des parties de demander la révision de l'arrêt de strictes conditions de fond et de délais. La Cour a mis l'accent sur ces conditions en 2003, lorsqu'elle a jugé irrecevable la demande en révision de l'arrêt de 1996 présentée par la Serbie-et-Monténégro en l'affaire de la Demande en révision (CIJ 2003, *Rec.* 12, § 17). (...)
117. Le défendeur avance cependant qu'une distinction peut être opérée entre l'application du principe de l'autorité de la chose jugée aux arrêts portant sur le fond d'une affaire et son application aux arrêts dans lesquels la Cour se prononce sur sa compétence en réponse à des exceptions préliminaires ; le défendeur affirme en particulier que « [l]es décisions sur les exceptions préliminaires n'ont et ne peuvent pas avoir les mêmes conséquences que les décisions sur le fond ». La Cour fera toutefois observer que, conformément au paragraphe 6 de l'article 36 du Statut, les questions de compétence sont tranchées par un arrêt, et que l'article 60 du Statut dispose que « [l']arrêt est définitif et sans recours », sans opérer de distinction entre les arrêts relatifs à la compétence ou à la recevabilité et les arrêts portant sur le fond.
120. Cela ne signifie cependant pas que, si une partie à une affaire estime que se sont fait jour, postérieurement à la décision de la Cour, des éléments de nature à faire apparaître que les conclusions auxquelles celle-ci était parvenue pourraient avoir reposé sur des faits erronés ou insuffisants, cette décision doive garder son caractère définitif, alors même qu'elle serait en contradiction manifeste avec la réalité. Le Statut prévoit, à cette fin, une seule procédure : celle de l'article 61, qui ouvre la possibilité de la révision d'un arrêt aux conditions énumérées dans cet article, lesquelles doivent, dans l'intérêt de la stabilité des relations juridiques, être appliquées strictement. (...)
133. De l'avis de la Cour, examinée dans son contexte, la conclusion expresse énoncée dans l'arrêt de 1996 selon laquelle elle avait compétence *ratione materiae* en l'espèce sur la base de l'article IX de la convention sur le génocide n'est conciliable, en droit et en toute logique, qu'avec l'idée que, à l'égard des deux Parties, elle avait compétence *ratione personae* au sens large – c'est-à-dire que la situation de l'une et de l'autre était de nature à satisfaire aux conditions du Statut concernant la capacité des États à se présenter devant la Cour. (...) La décision de la Cour selon laquelle elle avait compétence en vertu de la convention sur le génocide doit donc être interprétée comme comprenant implicitement la conclusion que toutes les conditions relatives à la capacité des États à se présenter devant elle étaient remplies.
135. (...) En ce qui concerne les extraits des arrêts de 2004 sur lesquels s'appuie le défendeur, il faut tenir compte du fait que la Cour ne se préoccupait pas alors de la portée de l'autorité de la chose jugée à attacher à l'arrêt de 1996 puisque, de toute façon, une telle autorité ne pouvait s'étendre aux affaires dont elle avait alors à connaître, lesquelles opposaient des parties différentes. En 2004, il convenait seulement pour la Cour de rechercher s'il existait, dans une autre affaire, une conclusion expresse susceptible de l'éclairer. L'existence d'une telle conclusion expresse n'ayant pas été démontrée, la Cour n'était pas tenue en 2004, comme elle l'est en l'espèce, de poursuivre l'examen de ce que pouvaient être les fondements informulés d'un arrêt rendu dans une autre affaire, entre d'autres parties.
136. La Cour estime donc que l'arrêt de 1996 contenait une conclusion – que celle-ci soit considérée comme portant sur la compétence *ratione personae* ou comme antérieure aux

questions de compétence – découlant de la logique du raisonnement et concernant la question de la capacité de la RFY à se présenter devant la Cour en vertu du Statut. L'autorité de la chose jugée attachée à cet arrêt s'étend donc à cette conclusion particulière.

138. (…) Aussi fondamentale qu'elle puisse être, la question de la capacité des États à être parties à des affaires devant la Cour reste une question que la Cour doit trancher conformément au paragraphe 6 de l'article 36 du Statut et, dès lors qu'une conclusion favorable à la compétence a été énoncée avec l'autorité de la chose jugée, elle ne peut plus être remise en question ou réexaminée, si ce n'est par le biais de la procédure en révision prévue à l'article 61 du Statut. Il est donc impossible, juridiquement, que la Cour puisse « rendre une décision finale envers une partie à l'égard de laquelle elle ne peut pas exercer sa fonction judiciaire », parce que la question de savoir si un État est ou non une partie à l'égard de laquelle la Cour a compétence est de celles que seule la Cour a le pouvoir de trancher.

139. Le conseil du défendeur a en outre soutenu que, dans les circonstances de l'espèce, le recours au principe de l'autorité de la chose jugée aurait pour conséquence que « la Cour exercerait ses fonctions judiciaires en excédant ses pouvoirs au mépris des prescriptions impératives du Statut ». Toutefois, l'application « des prescriptions impératives du Statut » relève de la décision de la Cour dans chaque affaire qui lui est soumise et, lorsque la Cour s'est déclarée compétente avec l'autorité de la chose jugée, il ne peut y avoir excès de pouvoir aux fins de cette affaire, la Cour étant seule compétente pour se prononcer sur de telles questions en vertu de son Statut. Or, pour la Cour, *res judicata pro veritate habetur*, et la vérité judiciaire dans le contexte d'une affaire est telle que la Cour l'a déterminée, sous la seule réserve de la disposition du Statut concernant la révision des arrêts. La nature de la fonction judiciaire et la nécessité universellement reconnue de la stabilité des relations juridiques exigent qu'il en soit ainsi.

7) Conclusion : compétence retenue

140. En conséquence, la Cour conclut, concernant l'argument selon lequel le défendeur n'était pas, à la date du dépôt de la requête introductive d'instance, un État ayant qualité pour se présenter devant elle en vertu du Statut, que le principe de l'autorité de la chose jugée interdit toute remise en question de la décision contenue dans l'arrêt de 1996.

⇨ *En 2007, la Cour est appelée à se prononcer sur le fond dans l'affaire du Génocide en Bosnie-Herzégovine, pour laquelle elle s'est reconnue compétente en 1996. Dans son arrêt de 1996 sur les exceptions préliminaires, la Cour ne s'était toutefois pas prononcée sur la question de savoir si la RFY était bien membre de l'ONU et donc habilitée à se présenter devant la Cour. Or en 2004, la Cour juge, dans l'affaire du Kosovo, que tel n'était pas le cas. Dans l'arrêt de 2007, la Cour adopte la position inverse, en s'appuyant sur le principe d'autorité de la chose jugée : ayant jugé en 1996 que la RFY avait accès à la Cour, il ne lui est pas possible juridiquement de remettre en cause cette conclusion.*

CIJ 18 nov. 2008, *aff. relative à l'application de la Convention pour la prévention et la répression du crime de génocide – Croatie c/ Serbie*, exceptions préliminaires

73. La Cour passe donc à présent à la question de savoir si la Serbie a ou avait, à l'époque pertinente, la qualité de partie au Statut, qui suffirait à lui donner, en tout état de cause, la capacité nécessaire pour participer à une procédure devant la Cour, à quelque titre que ce soit.

74. Il convient de prendre comme point de départ du raisonnement les deux constatations suivantes, qui ne font pas l'objet de controverse entre les Parties.

75. En premier lieu, la Cour a, dans ses arrêts de 2004 rendus dans les affaires relatives à la Licéité de l'emploi de la force, clairement déterminé le statut juridique qui était celui de la RFY, devenue aujourd'hui la Serbie, au cours de la période allant de la dissolution de l'ancienne RFSY à l'admission de la RFY aux Nations Unies le 1er novembre 2000. (...)
76. Il n'est pas douteux que les arrêts précités de 2004 ne sont pas revêtus sur ce point – pas plus que sur aucun autre – de l'autorité de la chose jugée au regard du présent différend, puisqu'ils ont été rendus dans des affaires différentes et qui ne mettaient pas en présence les mêmes parties, comme cela a déjà été relevé plus haut en ce qui concerne un autre aspect de ces arrêts (voir par. 71).
Il est cependant également certain qu'ils pourraient posséder une pertinence en l'espèce puisque, d'une part, ils traitent de la situation juridique du défendeur en la présente affaire au cours d'une période – de 1992 à 2000 – dans laquelle est incluse la date d'introduction de la requête à propos de laquelle la Cour est appelée à se prononcer et que, d'autre part, comme il a été rappelé plus haut (§ 53), la Cour ne s'écarte d'une jurisprudence établie que si elle estime avoir pour cela des raisons très particulières.
Tel est le premier élément dont il faut tenir compte.
77. Le second élément est que, depuis le 1er novembre 2000 et de façon continue jusqu'à la date du présent arrêt, le défendeur est partie au Statut, en raison de sa qualité de Membre des Nations Unies, c'est-à-dire par l'effet de la disposition de l'article 93, paragraphe 1, de la Charte, qui attribue automatiquement à tous les Membres de l'Organisation la qualité de parties au Statut de la Cour.
Ainsi, il n'est pas discutable – et il n'a pas été contesté par les Parties au cours de leurs plaidoiries – que, à l'heure actuelle, tant la Croatie que la Serbie ont le droit d'accès à la Cour sur le fondement du paragraphe 1 de l'article 35 du Statut. Il en résulte que, sans nul doute, un différend entre ces deux États pourrait aujourd'hui être porté devant la Cour pourvu, bien sûr, qu'il existe une base de compétence *ratione materiae* permettant de soumettre le différend en cause à la Cour.
La requête de la Croatie eût-elle donc été introduite le 2 novembre 2000 au lieu de l'être le 2 juillet 1999, aucune exception d'incompétence n'aurait pu être tirée du défaut d'accès à la Cour au sens de l'article 35 du Statut, et la Cour aurait seulement dû s'interroger sur l'existence d'une base de compétence *ratione materiae*, c'est-à-dire d'un lien juridique entre les Parties tel que chacune d'elles aurait consenti à la juridiction de la Cour pour statuer sur le différend l'opposant à l'autre.
78. Cela conduit la Cour à aborder une question particulièrement importante en l'espèce, celle de savoir si la réalisation des conditions prévues à l'article 35 du Statut doit s'apprécier exclusivement à la date d'introduction de la requête ou si elle peut être appréciée, au moins dans les circonstances propres à la présente affaire, à une date postérieure, et plus précisément une date postérieure au 1er novembre 2000. (...)
79. (...) Étant donné que, comme il a été dit plus haut, la réalisation des conditions de l'article 35 commande la compétence de la Cour – qu'on en fasse ou non un élément de la compétence *ratione personae* —, c'est normalement à la date du dépôt de l'acte introductif d'instance que l'on doit se placer pour vérifier si lesdites conditions sont réalisées.
81. Cependant, il convient de rappeler que la Cour, comme sa devancière, a aussi fait preuve de réalisme et de souplesse dans certaines hypothèses où les conditions de la compétence de la Cour n'étaient pas toutes remplies à la date de l'introduction de l'instance mais l'avaient été postérieurement, et avant que la Cour décide sur sa compétence. (...)

88. Il est vrai que la Cour n'a apparemment pas tenu compte, dans ses arrêts de 2004, du fait que la Serbie-et-Monténégro était devenue à cette date partie au Statut : la Cour s'est en effet déclarée incompétente pour la seule raison que le demandeur n'avait pas accès à la Cour en 1999, date d'introduction des requêtes, sans aller plus loin dans son raisonnement.
89. Mais si, dans ces affaires, la Cour s'en est tenue strictement à la règle générale selon laquelle sa compétence s'apprécie à la date du dépôt de l'acte introductif d'instance, sans introduire l'élément de souplesse qui résulte des autres décisions précitées, c'est en raison de considérations propres à ces affaires.
Il était clair, en effet, que la Serbie-et-Monténégro n'avait pas l'intention de maintenir ses demandes sous la forme de nouvelles requêtes ; cet État soutenait lui-même devant la Cour qu'il n'était pas, et n'avait jamais été, lié par l'article IX de la convention sur le génocide, pourtant la base de compétence qu'il avait initialement invoquée (voir par exemple Licéité de l'emploi de la force (*Serbie-et-Monténégro c/ Belgique*), exceptions préliminaires, arrêt, CIJ 2004, *Rec.* 292-293, § 29). Certes, le demandeur dans ces affaires avait fait savoir qu'il n'entendait pas se désister des requêtes pendantes devant la Cour. Mais, compte tenu de la position juridique qu'il affirmait désormais au sujet de la convention sur le génocide, il était exclu que, à la suite d'arrêts rejetant ses requêtes en raison de son défaut d'accès à la Cour à la date de l'engagement des procédures, il introduise de nouvelles requêtes identiques en substance aux premières en se prévalant de sa qualité, désormais certaine, de partie au Statut de la Cour. Dans ces conditions, il eût été, dans les circonstances particulières de ces affaires, dépourvu de justification, de la part de la Cour, de passer outre au défaut initial de capacité de la RFY à la saisir, pour le motif que ce défaut avait été couvert en cours d'instance. Comme il a été dit plus haut (§ 85), c'est le souci d'économie de procédure, qui est une composante des exigences de bonne administration de la justice, qui justifie, dans les cas appropriés, l'application de la jurisprudence issue de l'arrêt *Mavrommatis*. Cette jurisprudence vise à éviter la multiplication inutile des procédures. Aucune considération de ce genre n'était présente en 2004 pour justifier que la Cour écarte alors le principe selon lequel sa compétence doit être établie à la date d'introduction des requêtes. Aussi bien, d'ailleurs, la Serbie-et-Monténégro s'était-elle gardée de le lui demander : si, dans la présente affaire, la Croatie demande à la Cour d'appliquer la jurisprudence issue de l'arrêt *Mavrommatis*, une telle demande n'avait pas été, et ne pouvait pas logiquement être, formulée par l'État requérant en 2004. (...)
91. La Cour conclut donc qu'elle était ouverte à la RFY le 1er novembre 2000.

⇨ *Cet arrêt se prononce sur les exceptions préliminaires soulevées par la Serbie dans l'affaire portée contre elle par la Croatie : la Serbie s'appuie à nouveau sur les arrêts de 2004 dans l'affaire du Kosovo pour décliner la compétence de la Cour. Puisqu'en 2004 la Cour a considéré que la Serbie n'était pas partie au Statut entre 1992 et 2000, elle ne pouvait pas être partie au Statut au moment de l'introduction de la requête croate. La Cour rejette cette argumentation : certes, la compétence doit en principe s'apprécier à la date du dépôt de l'acte introductif d'instance, mais la Cour peut faire preuve de « réalisme et de souplesse » lorsque les conditions de compétence, non réunies à la date d'introduction de l'instance, le sont par la suite. À la question de savoir pourquoi cette jurisprudence Mavrommatis n'a pas été appliquée en 2004, la Cour répond par des « considérations propres à l'affaire », à savoir que la Serbie en 2004 n'avait nullement l'intention de maintenir ses demandes par l'introduction de nouvelles requêtes...*

5) La délimitation maritime entre États dont les côtes sont adjacentes ou se font face

CIJ 3 févr. 2009, Délimitation maritime en mer Noire (*Roumanie c/ Ukraine*)

7. LA MÉTHODE DE DÉLIMITATION

115. Lorsque la Cour est priée de délimiter le plateau continental ou les zones économiques exclusives, ou de tracer une ligne de délimitation unique, elle procède par étapes bien déterminées.

116. Ces différentes étapes, présentées dans leurs grandes lignes dans l'affaire du *Plateau continental (Jamahiriya arabe libyenne/Malte)* (*arrêt, C.I.J. Recueil 1985*, p. 46, par. 60), ont été précisées au cours des dernières décennies. La Cour commence par établir une ligne de délimitation provisoire en utilisant des méthodes objectives d'un point de vue géométrique et adaptées à la géographie de la zone dans laquelle la délimitation doit être effectuée. Lorsqu'il s'agit de procéder à une délimitation entre côtes adjacentes, une ligne d'équidistance est tracée, à moins que des raisons impérieuses propres au cas d'espèce ne le permettent pas (voir *Différend territorial et maritime entre le Nicaragua et le Honduras dans la mer des Caraïbes (Nicaragua c/ Honduras), arrêt, C.I.J. Recueil 2007 (II)*, p. 745, par. 281). Dans l'hypothèse de côtes se faisant face, la ligne provisoire de délimitation est une ligne médiane. L'emploi des termes « ligne médiane » et « ligne d'équidistance » est sans incidence juridique puisque la méthode de délimitation utilisée est la même dans les deux cas.

117. Il convient de tracer la ligne d'équidistance et la ligne médiane à partir des points les plus pertinents des côtes des deux États concernés, en prêtant une attention particulière aux points saillants les plus proches de la zone à délimiter. La Cour se demande ailleurs (v. paragraphes 135-137 ci-dessous) dans quelle mesure elle peut, en traçant une ligne de délimitation unique, s'éloigner des points de base retenus par les parties aux fins de la délimitation de leurs mers territoriales. Lorsqu'elle doit construire une ligne d'équidistance provisoire entre des États adjacents, la Cour tient compte, dans le choix de ses propres points de base, de considérations relatives aux façades maritimes de l'une et l'autre partie. Le tracé ainsi adopté est largement fonction de la géographie physique et des points où les deux côtes s'avancent le plus vers le large.

118. Conformément à la jurisprudence constante de la Cour en matière de délimitation maritime, la première étape consiste à établir la ligne d'équidistance provisoire. À ce stade, la Cour ne s'intéresse pas encore aux éventuelles circonstances pertinentes, et la ligne est tracée selon des critères strictement géométriques, sur la base de données objectives.

119. En la présente affaire, la Cour commencera donc par tracer une ligne d'équidistance provisoire entre les côtes adjacentes de la Roumanie et de l'Ukraine, qui se prolongera par une ligne médiane entre leurs côtes se faisant face.

120. Le tracé de la ligne finale doit aboutir à une solution équitable (articles 74 et 83 de la CNUDM). La Cour examinera donc, lors de la deuxième phase, s'il existe des facteurs appelant un ajustement ou un déplacement de la ligne d'équidistance provisoire afin de parvenir à un résultat équitable (*Frontière terrestre et maritime entre le Cameroun et le Nigéria (Cameroun c/ Nigéria ; Guinée équatoriale (intervenant)), arrêt, C.I.J. Recueil 2002*, p. 441, par. 288). La Cour a par ailleurs indiqué clairement que, lorsque la ligne à tracer traverse plusieurs zones de juridiction qui coïncident, « la méthode dite des principes équitables et des circonstances pertinentes peut utilement être appliquée, cette méthode permettant également d'aboutir

dans ces zones maritimes à un résultat équitable » (*Différend territorial et maritime entre le Nicaragua et le Honduras dans la mer des Caraïbes (Nicaragua c/ Honduras), arrêt, C.I.J. Recueil 2007 (II)*, p. 741, par. 271).

121. Il s'agit là de la deuxième étape de la délimitation, à laquelle la Cour s'intéressera après avoir tracé la ligne d'équidistance provisoire.

122. Enfin, la Cour s'assurera, dans une troisième étape, que la ligne (une ligne d'équidistance provisoire ayant ou non été ajustée en fonction des circonstances pertinentes) ne donne pas lieu, en l'état, à un résultat inéquitable du fait d'une disproportion marquée entre le rapport des longueurs respectives des côtes et le rapport des zones maritimes pertinentes attribuées à chaque État par ladite ligne (voir paragraphes 214-215 ci-dessous). La vérification finale du caractère équitable du résultat obtenu doit permettre de s'assurer qu'aucune disproportion marquée entre les zones maritimes ne ressort de la comparaison avec le rapport des longueurs des côtes.

Cela ne signifie toutefois pas que les zones ainsi attribuées à chaque État doivent être proportionnelles aux longueurs des côtes : ainsi que la Cour l'a indiqué, « c'est… le partage de la région qui résulte de la délimitation et non l'inverse » (*Délimitation maritime dans la région située entre le Groenland et Jan Mayen (Danemark c/ Norvège), arrêt, C.I.J. Recueil 1993*, p. 67, par. 64).

6) La délimitation du plateau continental au-delà de 200 milles marins et le rôle de la Commission des limites du plateau continental

Convention des Nations Unies sur le droit de la mer, Montego Bay, 10 déc. 1982

Article 76 : Définition du plateau continental

1. Le plateau continental d'un État côtier comprend les fonds marins et leur sous-sol au-delà de sa mer territoriale, sur toute l'étendue du prolongement naturel du territoire terrestre de cet État jusqu'au rebord externe de la marge continentale, ou jusqu'à 200 milles marins des lignes de base à partir desquelles est mesurée la largeur de la mer territoriale, lorsque le rebord externe de la marge continentale se trouve à une distance inférieure. (…)

8. L'État côtier communique des informations sur les limites de son plateau continental, lorsque celui-ci s'étend au-delà de 200 milles marins des lignes de base à partir desquelles est mesurée la largeur de la mer territoriale, à la commission des limites du plateau continental constituée en vertu de l'annexe II sur la base d'une représentation géographique équitable. La commission adresse aux États côtiers des recommandations sur les questions concernant la fixation des limites extérieures de leur plateau continental. Les limites fixées par un État côtier sur la base de ces recommandations sont définitives et de caractère obligatoire.

9. L'État côtier remet au secrétaire général de l'Organisation des Nations Unies les cartes et renseignements pertinents, y compris les données géodésiques, qui indiquent de façon permanente la limite extérieure de son plateau continental. Le secrétaire général donne à ces documents la publicité voulue.

10. Le présent article ne préjuge pas de la question de la délimitation du plateau continental entre des États dont les côtes sont adjacentes ou se font face. (…)

Annexe II : Commission des limites du plateau continental

Article premier

En application de l'article 76, une commission des limites du plateau continental au-delà de 200 milles marins est créée conformément aux articles suivants.

Article 2

1. La commission comprend 21 membres, experts en matière de géologie, de géophysique ou d'hydrographie, élus par les États Parties à la convention parmi leurs ressortissants, compte dûment tenu de la nécessité d'assurer une représentation géographique équitable, ces membres exerçant leurs fonctions à titre individuel. (…)

Article 3

1. Les fonctions de la commission sont les suivantes :

a) examiner les données et autres renseignements présentés par les États côtiers en ce qui concerne la limite extérieure du plateau continental lorsque ce plateau s'étend au-delà de 200 milles marins et soumettre des recommandations conformément à l'article 76, et au mémorandum d'accord adopté le 29 août 1980 par la troisième conférence des Nations Unies sur le droit de la mer ;

b) émettre, à la demande de l'État côtier concerné, des avis scientifiques et techniques en vue de l'établissement des données visées à la lettre précédente. (…)

Article 4

L'État côtier qui se propose de fixer, en application de l'article 76, la limite extérieure de son plateau continental au-delà de 200 milles marins, soumet à la commission les caractéristiques de cette limite, avec données scientifiques et techniques à l'appui dès que possible et, en tout état de cause, dans un délai de dix ans à compter de l'entrée en vigueur de la convention pour cet État. L'État côtier communique en même temps les noms de tous membres de la commission qui lui ont fourni des avis scientifiques et techniques. (…)

Article 7

Les États côtiers fixent la limite extérieure de leur plateau continental conformément à l'article 76, paragraphe 8 et aux procédures nationales appropriées.

Article 8

S'il est en désaccord avec les recommandations de la commission, l'État côtier lui soumet, dans un délai raisonnable, une demande révisée ou une nouvelle demande.

Article 9

Les actes de la commission ne préjugent pas les questions relatives à l'établissement des limites entre États dont les côtes sont adjacentes ou se font face.

Règl. intérieur commission des limites du plateau continental (Doc. CLCS/3/Rev.3)

Annexe I – Demandes relatives à des différends entre États dont les côtes sont adjacentes ou se font face ou relatives à d'autres différends maritimes ou terrestres non résolus, article 5, paragraphe 1

a) Dans le cas où il existe un différend terrestre ou maritime, la commission n'examine pas la demande présentée par un État parti à ce différend et ne se prononce pas sur cette demande. Toutefois, avec l'accord préalable de tous les États Parties à ce différend, la commission peut examiner une ou plusieurs demandes concernant des régions visées par le différend ;

b) Les demandes présentées à la commission et les recommandations que celle-ci adopte sont sans préjudice de la position des États Parties à un différend maritime ou terrestre.

Secrétaire général des Nations Unies, *Réception de la demande présentée par la Fédération de Russie à la commission des limites du plateau continental*
(CLCS.01.2001. LOS, 20 déc. 2001, *notification plateau continental*)

Le secrétaire général de l'Organisation des Nations Unies communique ce qui suit.

Le 20 décembre 2001, la Fédération de Russie a soumis, par l'intermédiaire du secrétaire général, une demande à la commission des limites du plateau continental, en conformité avec le paragraphe 8 de l'article 76 de la convention. La demande comprend des informations sur les limites extérieures proposées du plateau continental de la Fédération de Russie au-delà de 200 milles marins des lignes de base à partir desquelles est mesurée la largeur de la mer territoriale. Il est noté que la convention est entrée en vigueur pour la Fédération de Russie le 11 avril 1997.

En conformité avec l'article 49 du règlement intérieur de la Commission (CLCS/3/Rev.3 et Corr.1), la présente communication est transmise à tous les membres de l'Organisation des Nations Unies, notamment les États parties à la convention, afin de rendre publiques les limites extérieures du plateau continental qui y sont proposées. Les listes des coordonnées géographiques de points indiquant les limites extérieures proposées du plateau continental et les cartes illustratives incluses dans la demande et montrant les limites extérieures proposées sont attachées à la présente communication.

L'examen de la demande soumise par la Fédération de Russie sera inscrit à l'ordre du jour de la dixième réunion de la commission qui aura lieu du 25 mars au 12 avril 2002 à New York. Une fois l'examen de la demande complété, la commission formulera des recommandations en conformité avec l'article 76 de la convention. Les limites fixées par la Fédération de Russie sur la base de ces recommandations seront définitives et de caractère obligatoire. Le Secrétaire général donnera ensuite la publicité voulue aux limites ainsi fixées.

Plusieurs États ont transmis au secrétaire général leur réaction à cette demande de la Fédération de Russie : le Canada, le Danemark, la Norvège, le Japon et les États-Unis d'Amérique.

Secrétaire général des Nations Unies, Danemark, *Notification concernant le texte soumis par la Fédération de Russie à la commission des limites du plateau continental*
(CLCS.01.2001. LOS/DNK, 4 févr. 2001, *notification plateau continental*)

Le Danemark n'est pas en mesure de se prononcer sur la demande présentée par la Russie. Pour formuler un avis autorisé, il lui faudrait disposer de données plus précises. Qu'il n'exprime pas d'opinion à ce stade n'implique pas de sa part consentement exprès ou tacite à la demande de la Fédération de Russie. Conformément à la convention des Nations Unies sur le droit de la mer de 1982, y compris son annexe II, et au règlement intérieur de la commission du plateau continental, notamment en son annexe I, les actes de la commission ne préjugent pas les questions relatives à l'établissement des limites entre États dont les côtes sont adjacentes ou se font face. Par conséquent, la demande de la Fédération de Russie et les recommandations de la commission ne préjugent pas la question de la délimitation du plateau continental entre le Danemark/Groenland et la Fédération de Russie. Le Danemark n'a pas encore ratifié la convention des Nations Unies sur le droit de la mer de 1982. Par suite, le délai de dix ans fixé par l'article 4 de l'annexe II de la convention n'est pas en vigueur en ce qui le concerne. Le gouvernement danois se prépare à recueillir et à traiter les données pertinentes à soumettre à la commission du plateau continental. Il ne peut dire à quelle date celles-ci pourront l'être.

De ce fait, le Danemark ne peut à ce stade apprécier l'incidence que l'extension du plateau continental russe au-delà de 200 milles marins pourrait avoir sur le plateau étendu attenant au Groenland et n'est dès lors pas en mesure de déclarer que le secteur demandé par la Russie ne chevaucherait pas ceux demandés par le Danemark/Groenland dans le plateau continental au-delà de la zone de 200 milles marins dans l'Arctique.
Le gouvernement danois a signifié sa réserve au gouvernement de la Fédération de Russie.

Secrétaire général des Nations Unies, Canada, *Notification concernant le texte soumis par la Fédération de Russie à la commission des limites du plateau continental*
(CLCS.01.2001. LOS/CAN, 18 janv. 2002, *notification plateau continental*)

La mission permanente du Canada auprès de l'Organisation des Nations Unies tient en outre à informer le secrétaire général que le Canada n'est pas en mesure de déterminer s'il souscrit à la demande de la Fédération de Russie concernant le plateau continental arctique en l'absence de complément d'information à l'appui de cette demande et que le fait qu'il ne puisse à ce stade formuler d'observations n'implique pas de sa part consentement exprès ou tacite à la demande de la Fédération de Russie.
La mission permanente du Canada auprès de l'Organisation des Nations Unies tient également à faire observer que la demande soumise à la commission des limites du plateau continental par la Fédération de Russie concernant les limites du plateau continental au-delà de 200 milles marins et toute recommandation qu'elle inspirerait à la commission ne préjugent pas la question de la délimitation du plateau continental entre le Canada et la Fédération de Russie.

Secrétaire général des Nations Unies, Japon, *Notification concernant le texte soumis par la Fédération de Russie à la commission des limites du plateau continental*
(CLCS.01.2001. LOS/JPN, 14 mars 2002, *notification plateau continental*)

Le gouvernement japonais entend exposer ci-après sa position concernant la demande soumise à la commission des limites du plateau continental par la Fédération de Russie conformément au paragraphe 8 de l'article 76 de la convention des Nations Unies sur le droit de la mer, afin que la commission et les États membres des Nations Unies puissent bien comprendre la position du Japon. Le gouvernement japonais prie instamment la commission de prendre des mesures justes et appropriées sur la question. En outre, étant donné qu'aucune évaluation spécialisée fondée sur des données scientifiques n'a encore été réalisée, le gouvernement japonais se réserve le droit de faire d'autres observations concernant la demande de la Fédération de Russie.
Le Japon est d'avis que les cartes présentant les îles de Étorofu, Kunashiri, Shikotan et Habomai (ci-après désignées les « quatre îles ») jointes à la demande de la Fédération de Russie ne peuvent valablement être examinées par la commission.
En effet, ces cartes présentent, comme faisant partie des eaux territoriales russes, la zone économique exclusive et le plateau continental autour des quatre îles, qui font partie intégrante du territoire japonais. De fait :
1) les points de base à partir desquels l'étendue de la mer territoriale de la Fédération de Russie est mesurée sont indiqués sur les quatre îles qui font partie intégrante du territoire japonais ;
2) une ligne indiquant les limites extérieures du plateau continental et de la zone économique exclusive a été tracée de manière unilatérale par la Fédération de Russie au large de Hokkaido et

des quatre îles. Pourtant, aucun accord sur le tracé des limites extérieures du plateau continental et de la zone économique exclusive n'a jamais été conclu entre le Japon et la Fédération de Russie. En outre, le tracé semble se fonder sur les points de base indiqués sur les quatre îles. La situation née de l'occupation illégale des quatre îles par l'Union soviétique à la fin de la seconde guerre mondiale s'est poursuivie jusqu'à ce jour. Pourtant, ces îles ont toujours été partie intégrante du territoire japonais et n'ont jamais été reconnues – ni dans l'histoire, ni juridiquement – comme faisant partie du territoire d'un autre État. Le Japon n'a cessé de demander que les quatre îles lui soient rendues. On trouvera ci-joint copie de la carte que le Japon a déposée auprès du Secrétaire général de l'ONU, qui indique les limites des eaux territoriales autour des quatre îles.

Par ailleurs, la Fédération de Russie reconnaît clairement que les frontières nationales dans cette zone n'ont pas été délimitées. Le Japon et la Fédération de Russie ont poursuivi des négociations franches, dans un climat d'amitié, étant entendu que les deux pays concluraient un traité de paix dès que serait résolue la question de l'attribution des quatre îles (v. égal. ci-joint copie de la déclaration d'Irkoutsk du Premier ministre du Japon et du président de la Fédération de Russie concernant la poursuite de négociations futures sur la question d'un traité de paix, signée le 25 mars 2001). Dans ces circonstances, il est extrêmement regrettable que la Fédération de Russie ait soumis à la Commission pour diffusion des cartes qui ne tiennent pas compte des négociations entre les deux pays.

Secrétaire général des Nations Unies, États-Unis d'Amérique, *Notification concernant le texte soumis par la Fédération de Russie à la commission des limites du plateau continental* (CLCS.01.2001. LOS/USA, 18 mars 2002, *notification plateau continental*)

Le représentant des États-Unis d'Amérique auprès de l'Organisation des Nations Unies

Le 28 février 2002

Monsieur le Secrétaire général adjoint,

Le gouvernement des États-Unis d'Amérique a examiné le résumé de la demande présentée par la Russie à la commission des limites du plateau continental (la « commission ») le 20 décembre 2001. Les États-Unis sont d'avis que la demande est entachée de plusieurs vices de fond pour ce qui est de la partie qui concerne le plateau continental de l'Arctique. La bonne application de la convention et le processus d'établissement des limites extérieures du plateau continental au-delà de 200 milles marins reposent en dernier ressort sur le respect des normes juridiques et sur le fait que les critères géologiques et les interprétations données sont confirmés comme valables par les milieux scientifiques.

Les États-Unis souhaitent que le document ci-joint soit distribué à tous les États membres des Nations Unies et à tous les membres de la commission avant la réunion de celle-ci le 25 mars.

Si je puis vous apporter un complément d'information, n'hésitez pas à me le faire savoir.

Veuillez agréer, Monsieur le Secrétaire général adjoint, l'expression de mes meilleurs sentiments.

(Signé) John D. Negroponte

[Annexe]

Frontières maritimes

Le gouvernement des États-Unis d'Amérique tient à faire remarquer que la demande russe est fondée sur la frontière établie dans l'accord du 1er juin 1990 entre les États-Unis d'Amérique et l'Union des Républiques socialistes soviétiques relatif au tracé de la frontière maritime entre ces pays, bien que la Douma n'ait pas encore ratifié ce traité. La référence à cette frontière est conforme aux intérêts mutuels et aux attentes réciproques de la Russie et des États-Unis et à l'article 9 de l'annexe II de la convention, qui dispose que les actes de la commission ne préjugent pas les questions relatives à l'établissement des limites entre États dont les côtes sont adjacentes ou se font face.

Secrétaire général des Nations Unies, Norvège, *Notification concernant le texte soumis par la Fédération de Russie à la commission des limites du plateau continental* (CLCS.01.2001. LOS/NOR, 2 avr. 2002, *notification plateau continental*)

La mission permanente de la Norvège auprès de l'Organisation des Nations Unies présente ses compliments au secrétaire général de l'Organisation et a l'honneur de se référer à la communication datée du 20 décembre 2001 (notification plateau continental CLCS.01.2001.LOS) dans laquelle il accusait réception d'une demande soumise par la Fédération de Russie à la commission des limites du plateau continental dont un résumé était joint.

Conformément à l'alinéa a) de l'article 5 de l'annexe I du règlement intérieur de ladite commission, la mission permanente de la Norvège a l'honneur de présenter les observations ci-après du gouvernement norvégien au sujet de la demande russe, qui concernent le problème non résolu de la délimitation du plateau continental entre la Norvège et la Fédération de Russie dans la mer de Barents. Ces observations sont soumises en accord avec la Fédération de Russie.

La question de la délimitation du plateau continental entre la Norvège et la Fédération de Russie n'a pas encore été réglée et fait l'objet de consultations suivies. Ce problème non résolu de délimitation dans la mer de Barents doit donc être considéré comme un « différend maritime » aux fins de l'alinéa a) de l'article 5 de l'annexe I du règlement intérieur de la commission. (…)

Biblio

1) Sur le rôle de l'État en droit international, v. plusieurs colloques de la SFDI :

– Colloque du Mans, *Le sujet du droit international*, Pedone, 2005.
– Colloque de Rennes, *Les compétences de l'État en droit international*, Pedone, 2006.
– Colloque de Bruxelles, *L'État de droit en droit international*, Pedone, 2009.
– Colloque de Nancy, *L'État dans la mondialisation*, Pedone, 2020.
– À compléter par le colloque de Nancy de la SFDI, *L'État souverain à l'aube du XXI*[e] *siècle*, Pedone, 1994, et par le colloque de Clermont-Ferrand, *Le chef d'État et le droit international*, Pedone, 2002.
– V. aussi la thèse de J. d'Aspremont, *L'État non démocratique en droit international*, Pedone, 2008.

À comparer avec

– J.-Y. Morin, *L'État de droit, l'émergence d'un principe du droit international*, *RCADI* 1995, t. 254, Nijhoff.
– A.-L. Sicilianos, *L'ONU et la démocratisation de l'État*, Pedone, 2000.

2) Pour la reconnaissance et l'effectivité, comparer les thèses de :

– J. Charpentier, *La reconnaissance internationale et l'évolution du droit des gens*, Pedone, 1956.

– J. Verhoeven, *La reconnaissance internationale dans la pratique contemporaine*, Pedone, 1975.

– M. Kohen, *Possession contestée et souveraineté territoriale*, PUF, 1997.

– Th. Christakis, *Le droit à l'autodétermination en dehors des situations de décolonisation*, Doc. fr., 1999.

– G. Distefano, *L'ordre international entre légalité et effectivité. Le titre juridique dans le contentieux territorial*, Pedone, 2002.

– V. aussi St. Talmon, *La non-reconnaissance collective d'États illégaux*, cours et travaux de l'IHEI, Pedone, 2007.

Et dans l'abondante littérature anglaise :

– A. Cassese, *Self-Determination of peoples, A legal reappraisal*, Cambridge Univ. Press, 1995.

– M. Kohen (dir.), *Secession, International Law Perpectives*, Cambridge Univ. Press, 2006.

3) Sur la problématique de la succession d'États, la série de trois colloques du CEDIN :

– G. Burdeau, B. Stern (dir.), *Dissolution, continuation et succession en Europe de l'Est*, Cah. CEDIN, n° 9, Montchrestien, 1994.

– E. Decaux, A. Pellet (dir.), *Nationalité, minorités et succession d'États en Europe de l'Est*, Cah. CEDIN, n° 10, Montchrestien, 1996.

– H. Ruiz-Fabri, P. Boniface (dir.), *Succession d'États en Europe de l'Est et avenir de la sécurité en Europe*, Cah. CEDIN n° 11, Montchrestien, 1995.

– Ainsi que le cours de B. Stern, *La succession d'États*, *RCADI* 1996, t. 262.

– P. Pazartzis, *La succession d'États aux traités multilatéraux à la lumière des mutations territoriales récentes*, Pedone, 2002.

4) Sur le droit des relations diplomatiques et consulaires, des travaux récents fournissent une synthèse claire :

– J.-P. Pancracio, *Droit et institutions diplomatiques*, Pedone, 2007.

– S. Touzé, *La protection des droits des nationaux à l'étranger*, Pedone, 2008.

– Enfin, la SFDI a consacré une journée d'étude à *La Protection consulaire*, Pedone, 2006.

5) Sur le droit des espaces en général et la notion de frontière en particulier :

– G. Distefano, *Droit international des espaces. Morceaux choisis*, Paris, Pedone, coll. « IHEI », 2017.

– J. P. Pancracio, *Droit international des espaces*, Armand Colin, 1997.

- Colloque de Poitiers de la SFDI, *La frontière*, Pedone, 1980.

- Journée d'étude franco-allemande de la SFDI, *Droit des frontières internationales*, Pedone, 2016.

6) Dans l'immense littérature sur le droit de la mer, on recommandera en priorité :

– Le monumental *Traité de droit international de la mer*, sous la direction de M. Forteau et J.-M. Thouvenin, Pedone, 2018.
– J.-P. Pancracio, *Droit de la mer*, Dalloz, coll. « Précis », 2010.
– Y. Tanaka, *The International Law of the Sea*, 2nd ed., Cambridge University Press, 2015.
– Ph. Vincent, *Droit de la mer*, Larcier, 2008.
Mais aussi quelques ouvrages désormais classiques :
– J. Combacau, *Le droit de la mer*, PUF, coll. « Que sais-je ? », n° 2257, 1985.
– R.-J. Dupuy, D. Vignes (éd.), *Traité du nouveau droit de la mer*, Economica, 1985.
– L. Lucchini, M. Voelckel, *Droit de la mer*, t. 1, 1990, t. 2 (en 2 vol.), Pedone, 1996.
– P. Weil, *Perspectives du droit de la délimitation maritime*, Pedone, 1988.
Ainsi que des Mélanges, comme :
– *La mer et son droit*, Mélanges L. Lucchini et J.-P. Quéneudec, Pedone, 2003.
– *Mélanges D. Vignes*, Bruylant, 2010.
– Sur la convention de Montego Bay, le commentaire collectif dirigé par M. Nordquist, *United Nations Convention on the Law of the Sea, 1982, A Commentary*, Nijhoff, t. I, 1985 ; t. II, 1993 ; t. III, 1995 ; t. IV, 1991 ; t. V, 1989 ; t. VI, 2002.
– Et sur le Tribunal de Hambourg : G. le Floch (dir.), *Les 20 ans du Tribunal international du droit de la mer*, Pedone, 2018.
– À compléter avec *l'Annuaire du droit de la mer*, publié depuis 1995 par l'Institut du droit économique de la mer (INDREMER), Pedone, t. XXIII (2018).
– V. aussi *l'Annuaire de droit maritime et océanique*, de Nantes, publié depuis le début des années quatre-vingt, Pedone, t. XXXVIII (2020).

Quiz

1) Sujet corrigé

Tests de compréhension

1. Décrivez le mécanisme mis en place par la convention de Montego Bay dans les cas où un État côtier revendique un plateau continental s'étendant au-delà de 200 milles marins à partir des lignes de base à partir desquelles est mesurée la largeur de la mer territoriale.

2. Expliquez la position des États dont les notifications sont reproduites ci-dessus (v. rubrique Documents).

3. Quels sont les principes applicables pour la délimitation du plateau continental entre ces États ? Citez des précédents jurisprudentiels.

Voir le corrigé en fin de rubrique.

2) Sujets

Dissertations

Reconnaissance d'État et organisations internationales.

La « table rase » en matière de succession d'État est-elle possible ?

Questions

Analysez les différents documents fournis au sujet de la succession de la République Fédérale Socialiste de Yougoslavie : pouvez-vous identifier des contradictions entre les différentes décisions prises par la Cour internationale de Justice au sujet du statut de la Yougoslavie entre 1992 et 2000 ? Expliquez.

3) Corrigé

Tests de compréhension

1. En vertu de l'article 76, paragraphe 1, de la convention de Montego Bay (CMB) sur le droit de la mer, tout État côtier dispose d'un plateau continental minimum garanti de 200 milles marins. Cette distance est en quelque sorte forfaitaire et ne se réfère à aucune donnée physique. Au-delà de ces 200 milles, c'est le plateau continental « naturel » qui est pris en compte : un État peut revendiquer l'existence d'un plateau continental au-delà de sa mer territoriale « sur toute l'étendue du prolongement naturel du territoire terrestre » de l'État « jusqu'au rebord externe de la marge continentale » (CMB, art. 76, § 1).

La convention régit étroitement ces revendications : le paragraphe 8 de l'article 76 de la convention fait obligation aux États côtiers de soumettre des informations sur les limites de leur plateau continental lorsque celui-ci s'étend physiquement au-delà de 200 milles marins. Ces informations sont transmises à une commission composée d'experts indépendants, la Commission des limites du plateau continental, dont le statut est précisé à l'annexe II de la CMB. La commission est composée de 21 membres « experts en matière de géologie, de géophysique ou d'hydrographie, élus par les États parties à la convention parmi leurs ressortissants » (art. 5 annexe 2). L'article 76 de la convention donne à la commission pour mandat principal de formuler des recommandations sur la base desquelles les États pourront fixer de manière « définitive » et « obligatoire » les limites extérieures de leur plateau continental. Le paragraphe 10 du même article et l'article 9 de l'annexe 2 réservent cependant « la question de la délimitation du plateau continental entre des États dont les côtes sont adjacentes ou se font face ».

À cet égard, l'annexe I du règlement intérieur de la commission (doc. CLCS/3/Rev.3) est consacrée aux « demandes relatives à des différends entre États dont les côtes sont adjacentes ou se font face ou relatives à d'autres différends maritimes ou terrestres non résolus. » Plus particulièrement, l'article 5, paragraphe 1, de cette annexe écarte toute possibilité d'interférence de la commission dans un différend : ainsi la commission n'examine pas la demande présentée par un État partie à un différend et ne se prononce pas sur cette demande, à moins de recueillir l'accord préalable de tous les États parties à ce différend. Qui plus est, « les demandes présentées à la commission et les recommandations sont sans préjudice de la position des États parties à un différend ».

2. Il faut sans doute distinguer la position du Japon de celle des autres États ayant répondu à la notification de la Fédération de Russie.

– L'objection japonaise trouve en effet sa source dans un différend avec la Russie sur la souveraineté sur les îles Kouriles du Sud (les « quatre îles ») et non dans un problème de délimitation du plateau continental à proprement parler. Plus exactement, le différend relatif à la délimitation du plateau continental découle d'un différend primaire sur la souveraineté.

– Le Japon rappelle dans sa notification que la situation née de l'occupation illégale des quatre îles Kouriles du Sud par l'Union soviétique depuis la fin de la Seconde Guerre mondiale se poursuit jusqu'à ce jour. Si des négociations sont en cours pour régler cette question de souveraineté, aucun accord n'a été conclu jusqu'alors. Dès lors, le Japon s'étonne et estime « regrettable » que la Russie ait fondé sa délimitation du plateau continental à partir de points de base indiqués sur les quatre îles.

– La situation des autres États objectant est différente. Tous sont des États côtiers de l'océan Arctique et, en ce sens, peuvent être considérés comme des États « dont les côtes sont adjacentes ou se font face ». On s'explique ainsi leur réserve extrême à l'égard de la notification russe, dans la mesure où l'article 76 de la CMB exclut précisément de la compétence de la commission toute situation de ce type lorsqu'un différend existe entre les États côtiers, à moins que ceux-ci ne consentent tous à ce que la demande soit effectivement traitée par la commission.

– Les États-Unis s'accommodent de la limite tracée par la Fédération de Russie dans le Pacifique, dans la mesure où cette limite reproduit celle tracée aux termes de l'accord conclu entre les deux États le 1er juin 1990, et cela en dépit du fait que la Douma n'ait pas ratifié cet accord. En revanche, les États-Unis contestent ostensiblement la position russe relative à son plateau continental dans l'Arctique, au motif qu'elle reposerait sur des données scientifiques erronées ou du moins contestables.

– Le Danemark n'a pas encore ratifié la CMB au moment où il notifie sa réaction. Il ne s'estime donc pas en mesure de se prononcer définitivement sur la notification russe et réserve sa position, en remarquant toutefois qu'un risque de chevauchement existe entre le plateau continental revendiqué par la Fédération de Russie et son propre plateau continental qui s'étend depuis le Groenland.

– La Norvège évoque un différend avec la Fédération de Russie en mer des Barents et fait en conséquence explicitement référence à l'article 5 de l'annexe I du règlement intérieur de la Commission, invitant celle-ci à ne pas se prononcer.

– Le Canada – dont on peut facilement imaginer qu'il entretient des prétentions importantes dans l'Arctique – se contente de réserver sa position et de souligner que tout acte pris par la commission ne saurait nullement préjuger des problèmes de délimitation maritime entre les deux États.

3. L'océan Arctique pose sans aucun doute des problèmes particuliers de délimitation. La « théorie des secteurs » – qui postule que chaque État riverain possède un plateau continental et une zone économique exclusive proportionnels à la largeur de leurs territoires respectifs et ayant pour sommet le pôle nord – est loin de faire l'objet d'un consensus. Dès lors, la délimitation dans cette zone tend plutôt à se fonder sur des négociations bilatérales entre les différents riverains. En l'absence de règle spécifique, on doit considérer que sont applicables les principes coutumiers relatifs à la délimitation du plateau continental entre États dont les côtes sont adjacentes ou se font face.

La règle de base est celle de l'interdiction d'une délimitation unilatérale. On retrouve cette règle tant dans l'article 6 de la convention de Genève de 1958 sur le plateau continental que dans l'article 83 de la CMB. La Cour internationale de justice en a confirmé le caractère coutumier à plusieurs reprises, en particulier dans son arrêt sur la *Délimitation de la frontière maritime dans la région du Golfe du Maine* :

« Aucune délimitation maritime entre États dont les côtes sont adjacentes ou se font face ne peut être effectuée unilatéralement par l'un de ces États. Cette délimitation doit être recherchée et réalisée au moyen d'un accord faisant suite à une négociation menée de bonne foi et dans l'intention réelle d'aboutir à un résultat positif. Au cas où, néanmoins, un tel accord ne serait pas réalisable, la délimitation doit être effectuée en recourant à une instance tierce dotée de la compétence nécessaire pour ce faire » (Arrêt 1984, *Rec.* 299).

À défaut d'accord, l'article 6 la convention de Genève fait obligation aux États parties d'appliquer, *sauf circonstances spéciales*, la règle de la ligne médiane dans le cas d'un plateau adjacent à deux ou plusieurs États dont les côtes se font face, et celle de l'équidistance des points les plus proches des lignes de base dans le cas d'un plateau adjacent aux territoires de deux États limitrophes. Mais dans son arrêt *Plateau continental de la mer du Nord*, du 20 février 1969, la Cour a considéré que cette règle « équidistance-circonstances spéciales » n'avait pas acquis un caractère coutumier et ne pouvait donc être applicable à des États qui n'avaient pas ratifié la convention de Genève. La Cour a considéré que la délimitation devait plutôt s'opérer « par voie d'accord conformément à des principes équitables et compte tenu de toutes les circonstances pertinentes, de manière à attribuer, dans toute la mesure du possible, à chaque partie la totalité des zones du plateau continental qui constituent le prolongement naturel de son territoire sous la mer et n'empiètent pas sur le prolongement naturel du territoire de l'autre » (Arrêt 1969, *Rec.* 53).

Dans sa sentence rendue le 30 juin 1977 dans l'*Affaire de la délimitation du plateau continental en Mer d'Iroise – Grande-Bretagne c/ France*, le tribunal arbitral a tenté quant à lui de réconcilier la règle de l'article 6 et la jurisprudence de la Cour en considérant qu'« en fait, la règle combinant « équidistance-circonstances spéciales » constitue l'expression particulière d'une norme générale suivant laquelle la limite entre des États qui donnent sur le même plateau continental doit, en l'absence d'accord, être déterminée selon des principes équitables » (*RSA*, XVIII, p. 175).

C'est cette jurisprudence qui a inspiré la rédaction de l'article 83, paragraphe 1er, de la CMB qui dispose : « la délimitation du plateau continental entre États dont les côtes sont adjacentes ou se font face est effectuée par voie d'accord conformément au droit international tel qu'il est visé à l'article 38 du statut de la Cour internationale de justice, afin d'aboutir à une solution équitable ».

Dans l'affaire de la *Délimitation maritime dans la région située entre le Groenland et Jan Mayen – Danemark c/ Norvège*, la Cour internationale de justice a considéré que cet article reflétait « les exigences du droit coutumier en ce qui concerne la délimitation tant du plateau continental que des zones économiques exclusives » (Arrêt 1993, *Rec.* 59, § 48).

La jurisprudence de la Cour et des tribunaux arbitraux a contribué à mieux identifier les « circonstances pertinentes » évoquées en 1969 : par exemple la structure physique et géologique du plateau ou encore la largeur des façades maritimes respectives des États en cause, deux facteurs qui, dans l'Arctique, semblent devoir être pris en compte. Le but étant *in fine* de parvenir à une « solution équitable » pour tous les États côtiers (v. l'exemple de la délimitation en mer Noire dans la rubrique Documents).

chapitre 4

Le rôle central de l'Organisation des Nations Unies

Plan analytique

section 1

La nature juridique de l'ONU

§ 1 La personnalité internationale des Nations Unies

- **A.** La personnalité objective des Nations Unies
- **B.** La procédure de révision de la Charte

§ 2 Le droit de l'Organisation

- **A.** L'accord de siège
- **B.** La fonction publique internationale

section 2

L'équilibre politique des organes

§ 1 Les organes interétatiques

- **A.** L'Assemblée générale
- **B.** Le Conseil économique et social
- **C.** Le Conseil de sécurité

§ 2 Les organes intégrés

- **A.** Le secrétaire général
- **B.** Le secrétariat
- **C.** Les organes indépendants

section 3

Le champ des compétences

§ 1 La répartition des compétences

§ 2 Les types d'activités

- **A.** Les activités normatives
- **B.** Les activités opérationnelles

Compléments pédagogiques

Le rôle central de l'Organisation des Nations Unies

Les *organisations internationales*[Q] sont généralement présentées comme des sujets « secondaires » du droit international, en ce sens que ce sont des sujets « dérivés », créés par les États pour des finalités particulières. Mais leur importance est devenue primordiale dans les relations entre États et plus largement pour les relations entre tous les acteurs d'un monde globalisé. Les principes des relations interétatiques qui viennent d'être examinés ont eux-mêmes souvent été codifiés dans le cadre institutionnel des organisations internationales et si la mise en œuvre du droit international repose en premier lieu sur les États, les organisations internationales jouent de manière croissante un rôle opérationnel. Bien plus, pour nombre de petits États, l'existence de tels forums multilatéraux tend à devenir un substitut au réseau de relations bilatérales qu'ils ne peuvent mettre en place faute de moyens suffisants. Même pour les grandes puissances, les organisations internationales constituent un cadre indispensable, ne serait-ce que pour légitimer ou relayer leurs politiques juridiques. Inversement, les organisations peuvent canaliser la tentation de « faire cavalier seul », en rappelant l'importance des précédents, la nécessité d'éviter les « doubles standards » et l'interdépendance entre les États. 174

Après l'histoire écourtée de la SDN pendant l'entre-deux-guerres, la création de l'Organisation des Nations Unies en 1945 constitue, encore aujourd'hui, la base de l'organisation de la société internationale. En fait, le système institutionnel tend à être structuré à deux niveaux principaux. À côté de l'ONU, il existe toute une série d'organisations spécialisées – quinze en tout – qui appartiennent à ce que l'on appelle généralement la « famille des Nations Unies », comme l'Organisation internationale du travail (OIT), l'Organisation des Nations Unies pour l'éducation, la science et la culture (UNESCO), l'Organisation mondiale de la santé (OMS), l'Organisation pour l'alimentation et l'agriculture (FAO), etc. Certaines organisations techniques qui étaient considérées comme *west-minded* (pro-occidentales) pendant la coexistence pacifique, alors que l'URSS essayait de créer à part un système concurrent, sont aujourd'hui pleinement universelles, marquant une mondialisation du cadre économique, que ce soit le Fonds monétaire international (FMI) et la Banque mondiale, ou le GATT intégré à partir de 1994 dans le cadre de l'Organisation mondiale du commerce (OMC). La dernière en date, l'Organisation internationale pour les migrations (OIM) qui avait été créée sous l'impulsion des États-Unis en 1951, dans le contexte de la guerre froide, a fini par conclure un accord avec l'ONU, le 19 septembre 2016 pour intégrer pleinement le « système des Nations Unies ». À côté de ces institutions, il faut aussi faire une place à tous les « programmes » et les « fonds » comme l'UNICEF (le fond des Nations Unies pour l'enfance) ou le PNUE (le programme des Nations Unies pour l'environnement). Créés généralement par les organes des Nations Unies sous la forme d'organes subsidiaires, ils sont parfois aussi importants, en termes d'activités, de budgets et d'influences, que de vraies organisations internationales. 175

176 Par ailleurs, les *organisations régionales*[Q] ont une dynamique propre. Certains continents sont structurés autour d'une grande organisation, comme l'Organisation des États d'Amérique (OEA) ou l'Union africaine – qui a remplacé, en 2002, l'Organisation de l'unité africaine (OUA) – avec de nombreux systèmes sous-régionaux. L'organisation de l'Asie est encore plus difficile, malgré l'émergence de sous-ensembles comme l'Association des nations de l'Asie du Sud-Est (ASEAN).

La situation du continent européen est plus évolutive puisqu'elle a d'abord été marquée par la fausse symétrie institutionnelle de la guerre froide, opposant terme à terme l'Est et l'Ouest, le pacte de Varsovie à l'OTAN, le COMECON, le « marché commun des pays socialistes » à la Communauté économique européenne. Depuis 1990, au contraire une « nouvelle architecture » se dessine, pour l'essentiel à partir d'une redéfinition des organisations ouest-européennes, afin de servir de cadre juridique à une « Europe une et libre », avec l'ouverture rapide du Conseil de l'Europe qui comporte aujourd'hui 47 États membres, l'adhésion plus sélective à l'OTAN et, surtout, l'élargissement à 28 États membres de l'Union européenne (revenus au nombre de 27 membres après le Brexit). Il faut citer à part les organisations transrégionales, fondées sur une solidarité politique, culturelle ou religieuse. C'est le cas du Commonwealth qui regroupe 53 États issus de l'Empire britannique autour de principes adoptés à Singapour en 1971, ou de l'Organisation internationale de la francophonie (OIF), dont l'existence a été formalisée en 1970, qui réunit les États et territoires ayant la « langue française en partage », sur la base d'une charte de la Francophonie, révisée en 2005, avec 57 membres et 20 observateurs. Par ailleurs, l'Organisation de la coopération islamique (OCI), instituée en 1969, avec Djeddah (Arabie Saoudite) comme siège, qui regroupe 57 États musulmans s'est imposée comme un acteur de premier plan à côté de la Ligue arabe, créée au Caire en 1945.

177 Il existe nombre d'organisations techniques aussi modestes qu'utiles mais le recensement en serait fastidieux. Quitte à extrapoler à partir des exemples choisis, on se concentrera sur la place centrale des Nations Unies, tout à la fois modèle administratif exemplaire et expérience politique unique. Depuis la Charte de 1945, l'Organisation a beaucoup évolué. Née de la volonté de « préserver les générations futures du fléau de la guerre qui deux fois en l'espace d'une vie humaine a infligé à l'humanité d'indicibles souffrances », elle a connu des échecs, mais soixante-quinze ans après sa création, elle offre un cadre irremplaçable à la diplomatie multilatérale des États.

La coalition des grands vainqueurs de la seconde guerre mondiale dont l'entente est à la base du système a vite fait place à la guerre froide, bloquant nombre des virtualités de la Charte. La décolonisation, puis la montée du tiers-monde, ont contribué à de nouvelles tensions, au fur et à mesure que les États-Unis ont vu la « majorité automatique » dont ils avaient d'abord bénéficié leur échapper. Les espoirs mis dans le renouveau des Nations Unies, au tournant des années quatre-vingt-dix, avec la chute du mur de Berlin et la guerre du Golfe, ont vite fait place à de nouvelles incertitudes : promesses non tenues en ex-Yougoslavie et au Rwanda, au prix de milliers de victimes, désastre humanitaire en Somalie et scandale dans la mise en œuvre de la résolution « Pétrole contre nourriture » en Irak. Si l'ONU n'a cessé d'essayer de tirer les leçons de ses échecs, la réaction américaine au 11 septembre et l'arrivée au pouvoir de néo-conservateurs vouant le multilatéralisme aux gémonies a de nouveau plongé l'Organisation dans une période d'instabilité profonde. L'intervention américaine en Irak, en 2003, sans l'aval du Conseil de sécurité, au nom d'une doctrine de la « guerre préventive », a marqué le point culminant d'une crise qui a mis en cause les fondements même de l'ONU que le président Bush n'hésitait pas à juger « obsolète ». La nécessité d'une coopération internationale pour sortir de l'impasse politique sur le terrain s'est cependant vite imposée, avec le retour devant le Conseil de sécurité. De même, la crise financière de 2008 n'a fait que renforcer la nécessité de réponses concertées de la part de tous les acteurs, grandes puissances comme organisations internationales. Le retour au multilatéralisme, affirmé avec éloquence par le président Barack Obama, lui a valu l'attribution du Prix Nobel de la paix dès 2009. Pour autant, la crise n'a pas débouché sur une réforme de fond du système des Nations Unies, pas plus que les tentatives antérieures en 1995 et en 2005. Et après les printemps arabe, l'ONU est entrée dans une nouvelle phase de doute, avec une position de plus en plus réservée et critique d'un certain nombre d'États dont, au sein du Conseil de sécurité, la Chine et la Russie, mis en garde par l'opération en Libye. L'arrivée au pouvoir de Donald Trump en 2017 a marqué le retour d'un unilatéralisme américain plus brutal que jamais, le président américain affichant ouvertement son mépris pour les Nations Unies, multipliant les menaces aboutissant à des retraits – que ce soit d'organes politiques comme le Conseil des droits de l'homme ou même d'organisations internationales, comme l'UNESCO et l'OMS – ou à des blocages – comme la paralysie de l'OMC – et revenant sur des engagements juridiques pris par les États-Unis – comme les accords de Paris de la COP 21 ou l'accord sur le nucléaire iranien négocié par les P5 et l'Allemagne.

Ainsi une dialectique permanente s'est-elle établie, entre la spécificité de l'Organisation des Nations Unies et la volonté des États membres, à travers sa nature juridique (section 1), l'équilibre politique de ses organes (section 2) et son champ de compétences (section 3). 178 ■

section 1

La nature juridique de l'ONU

L'ONU n'est pas seulement comme toute organisation internationale « une association d'États constituée par traité et possédant une personnalité juridique distincte de celle des États membres », selon une définition classique donnée par Sir Gerald Fitzmaurice devant la CDI. De par sa composition et sa vocation, elle constitue un système propre qui a une personnalité juridique objective. 179 ■

§ 1 La personnalité internationale des Nations Unies

A. La personnalité objective des Nations Unies

Dans le silence de la Charte, plusieurs avis consultatifs de la Cour internationale de justice sont venus rapidement préciser la nature juridique des Nations Unies. La Charte se borne à préciser, dans ses « dispositions diverses », que « l'Organisation jouit, sur le territoire de chacun de ses membres, de la capacité juridique qui lui est nécessaire pour exercer ses fonctions et atteindre ses buts » (art. 104). 180 ■

Dans son avis du 11 avril 1949 concernant la *Réparation des dommages subis au service des Nations Unies*, la Cour a affirmé que « l'Organisation était destinée à exercer des fonctions et à jouir de droits qui ne peuvent s'expliquer que si l'Organisation possède une large mesure de personnalité internationale et la capacité d'agir sur le plan international. Elle (...) ne pourrait répondre aux intentions de ses fondateurs si elle était dépourvue de la personnalité internationale. On doit admettre que ses membres, en lui assignant certaines fonctions avec les devoirs et les responsabilités qui les accompagnent, l'ont revêtue de la compétence nécessaire pour lui permettre de s'acquitter effectivement de ces fonctions » (*Rec.* 179).

Ainsi l'Organisation mondiale est-elle dotée d'une « large mesure de personnalité internationale », ainsi que de compétences implicites qui découlent des fonctions qui lui sont assignées. Mais la Cour est encore plus audacieuse lorsqu'elle prolonge cette personnalité juridique subjective, à l'égard des membres, en une personnalité juridique objective, qui s'impose aux États tiers. Ainsi, elle n'hésite pas à ajouter : « la Cour est d'avis que cinquante États, représentants une très large majorité des membres de la Communauté internationale, avaient le pouvoir, conformément au droit international, de créer une entité possédant une personnalité internationale objective et non pas seulement une personnalité reconnue par eux seuls » (*Rec.* 185).

■ 181 La Cour fonde en partie son argumentation sur les buts des Nations Unies, mais il n'en reste pas moins remarquable qu'elle donne ainsi à un groupe d'États le privilège de représenter la « communauté internationale », à une époque où les anciens « vaincus » étaient encore à l'écart de l'Organisation et où la Chine communiste allait être mise en quarantaine pendant plus de vingt ans. Aujourd'hui que l'universalité de l'ONU a été parachevée dans les faits, sa représentativité comme entité juridique incarnant la « communauté internationale », et par conséquent sa légitimité, semblent encore plus probantes qu'en 1949. Le contraste en tout cas est particulièrement frappant avec l'expérience de la SDN dont la faiblesse avait été d'emblée marquée par l'absence des États-Unis et le déclin, ponctué par le départ d'une vingtaine d'États, notamment les dictatures qui allaient mener le monde à la guerre. Bien plus, aucune organisation politique « concurrente » n'est apparue, malgré l'éphémère départ de l'Indonésie en 1965 pour tenter de créer une « ONU du tiers-monde ». Et aucun substitut au système actuel n'est pratiquement imaginable, même si celui-ci doit être profondément réformé et adapté. Les grandes puissances qui ont fondé le système en 1945 – et qui en demeurent les bénéficiaires privilégiés malgré leurs récriminations – sont en effet les gardiens de la Charte.

B. La procédure de révision de la Charte

■ 182 Sur le plan juridique, toute réforme des Nations Unies passe par la révision de la Charte qui obéit à des règles très strictes. Les amendements à la Charte doivent pour entrer en vigueur obtenir une double majorité : ils doivent avoir « été adoptés à la majorité des deux tiers des membres de l'Assemblée générale et ratifiés, conformément à leurs règles constitutionnelles respectives par les deux tiers des membres de l'Organisation, y compris tous les membres permanents du Conseil de sécurité » (art. 108). S'agissant d'une « révision » d'ensemble, une étape supplémentaire est prévue avec la convocation d'une « conférence générale », elle-même décidée par un double vote de l'Assemblée générale à la majorité des deux tiers et du Conseil de sécurité, « par un vote de neuf quelconques des membres du Conseil de sécurité » (art. 109). Ainsi, à cette étape initiale, le *veto* des membres permanents ne peut pas jouer, mais leur pouvoir de blocage reste entier au stade final.

Cette procédure complexe fournit aux membres permanents un bon moyen de défendre leurs privilèges : ils peuvent ainsi opposer leur *veto* à toute tentative de supprimer leur droit de *veto*. Mais plus généralement, elle permet aux cinq grands de contrôler toute réforme. En ce sens, la présence de grandes puissances aux intérêts aussi différents que les États-Unis, la Russie ou la Chine, garde un caractère stabilisateur. Il ne faudrait pas que ce *modus vivendi* leur fasse pour autant négliger les aspirations profondes des autres membres. Pour ceux-ci la procédure est en effet très contraignante : elle suppose qu'une réforme entérinée par les deux tiers des membres s'applique au tiers restant. Dans cette hypothèse, ces États n'ont d'autre alternative que de se soumettre en acceptant bon gré mal gré la réforme, ou de se démettre, en quittant l'Organisation (cette procédure de la « carte forcée », s'applique également dans d'autres organisations, v. pour le FMI, Cons. const. 29 avr. 1978).

À défaut de révision en bonne et due forme, les États membres n'hésitent pas à s'écarter de la lettre de la Charte, par une sorte de pratique constitutionnelle acceptée de tous. C'est ainsi que l'article 23 de la Charte n'a pas été révisé pour permettre à la République populaire de Chine ou la Fédération de Russie de siéger parmi les membres du Conseil de sécurité et que l'article 68 n'a pas empêché la disparition de la Commission des droits de l'homme en tant qu'organe subsidiaire de l'ECOSOC en 2006 lors de la création du Conseil des droits de l'homme, sans parler des dispositions tombées en désuétude, comme celles concernant le comité d'état-major (art. 47) ou le conseil de tutelle (Chapitre XIII), ce dernier ayant cessé de se réunir en 1994 après l'indépendance de la République de Palaos.

§ 2 Le droit de l'Organisation

A. L'accord de siège

Dans le cadre juridique ainsi défini, l'ONU a développé un droit propre concernant 183
aussi bien ses rapports avec les tiers que le statut de ses agents. Une organisation n'ayant pas de territoire doit en effet négocier un « accord de siège » avec le pays hôte, sur le sol duquel elle est implantée. À côté de cet accord bilatéral qui lie l'organisation et l'État-hôte, une convention multilatérale conclue entre les États-membres vient préciser les privilèges et immunités dont l'organisation bénéficie. Ainsi, un accord de siège entre les Nations Unies et les États-Unis a été conclu le 26 juin 1947 qui confère l'extraterritorialité au « district administratif » que constitue le siège des Nations Unies à New York. Les privilèges et immunités accordés à l'Organisation, à ses agents et aux représentations des États auprès du siège, sont transposés des privilèges et immunités diplomatiques dont elles partagent la finalité fonctionnelle.

La mise en œuvre de l'accord de siège suscite parfois des contentieux, traduisant un conflit entre la logique de l'État et celle de l'Organisation. Cela a été le cas lorsque le gouvernement américain, sous la pression du Congrès, a décidé de fermer les missions de représentation de l'OLP sur le territoire des États-Unis, pour mieux lutter contre le terrorisme. La fermeture du bureau de l'OLP (Organisation de libération de la Palestine) à Washington était une question purement américaine, mais la demande de fermeture du bureau de New York, auprès des Nations Unies, allait à l'encontre de l'accord de siège qui prévoit des « facilités » pour les personnes participant aux activités des Nations Unies. La Charte des Nations Unies stipule d'ailleurs que « les représentants des membres des Nations Unies et les fonctionnaires de l'Organisation jouissent également des privilèges et immunités qui leur sont nécessaires pour exercer en toute indépendance leurs fonctions en rapport avec l'Organisation » (art. 105, § 2). On pouvait dès lors se demander, à l'époque, si le cas de l'OLP qui bénéficiait du statut d'observateur auprès des Nations Unies pouvait être assimilé aux hypothèses ainsi prévues. Dans un premier temps, les États-Unis ont prétendu qu'il n'y avait pas de « différend juridique » concernant l'interprétation de l'accord de siège et que la question ne se posait qu'au regard de leur droit interne. Au contraire, le secrétaire général, au nom de l'Organisation, soutenait qu'il existait bien un conflit et que celui-ci devait être soumis à la procédure d'arbitrage international prévu par l'accord de siège. Devant cette impasse, le secrétaire général a demandé un avis consultatif de la Cour qui a confirmé dans son avis du 26 avril 1988 « l'applicabilité de l'obligation d'arbitrage en vertu de la section 21 de l'accord du 26 juin 1947 relatif au siège de l'ONU ». Entre-temps, la justice locale a renoncé à poursuivre la demande de fermeture de la mission d'observation de l'OLP permettant ainsi un retour à la normale.

D'autres incidents diplomatiques ont montré la difficulté politique, sans doute plus forte pour une grande puissance que pour un pays neutre comme la Suisse, d'accepter la cohabitation forcée qu'implique le rôle d'État-hôte. Ainsi en 1988, les États-Unis ont-ils refusé d'accepter la venue de Yasser Arafat à New York, ce qui a conduit les Nations Unies à lui trouver une tribune au siège de Genève. De même, en 1995, c'est le maire de New York qui a fait chasser de la salle Fidel Castro lors d'un concert marquant les festivités du cinquantième anniversaire des Nations Unies. Plus récemment encore, le 11 avril 2014, les États-Unis ont annoncé qu'ils refusaient de délivrer un visa au nouvel ambassadeur de l'Iran à l'ONU, Hamid Aboutalebi, au motif qu'il aurait participé à la prise d'otages de l'ambassade américaine à Téhéran en 1979.

B. La fonction publique internationale

184 La Charte souligne l'indépendance du personnel des Nations Unies, dans le fil de la tradition de la SDN qui avait été instaurée sur le modèle de la « fonction publique » française et du *civil service* britannique. Elle précise notamment à l'article 100 :

« 1. Dans l'accomplissement de leurs devoirs, le secrétaire général et le personnel ne solliciteront ni n'accepteront d'instructions d'aucun gouvernement ni d'aucune autorité extérieure à l'Organisation. Ils s'abstiendront de tout acte incompatible avec leur situation de fonctionnaires internationaux et ne sont responsables qu'envers l'Organisation.

2. Chaque membre de l'Organisation s'engage à respecter le caractère exclusivement international des fonctions du secrétaire général et du personnel et à ne pas chercher à les influencer dans l'exécution de leur tâche. »

Tout un droit de la « fonction publique internationale » a été mis en place pour définir les liens statutaires et contractuels entre les agents et l'Organisation, sous le contrôle d'une juridiction spécialisée, le tribunal administratif des Nations Unies (A. Pellet, D. Ruzié, *Les fonctionnaires internationaux*, PUF, coll. « Que sais-je ? »,

1992). Le statut du TANU qui a été adopté par la résolution n° 351 A (IV) de l'Assemblée générale le 24 novembre 1949, a été révisé à plusieurs reprises, notamment, par les résolutions n° 58/87 du 9 décembre 2003 et n° 59/283 du 13 avril 2005, avant une réforme de fond qui a mis fin à ses activités à compter du 31 décembre 2009. Un système plus rationnel, universel et indépendant a été mis en place, avec un « bureau de l'administration de la justice » qui gère les activités non-contentieuses, notamment l'assistance juridique et la recherche d'une solution amiable par un *ombudsperson*, et les activités contentieuses. Le TANU a été remplacé par une juridiction à deux degrés, conformément aux principes de bonne administration de la justice, avec un tribunal du contentieux administratif, mis en place à compter du 1er juillet 2009, avec des sièges à Genève, Nairobi et New York, composés de 3 juges permanents (un par siège) et de *juges ad litem*, et un tribunal d'appel composé de 7 juges nommés pour un mandat non renouvelable de 7 ans (3 juges tirés au sort ont fait un premier mandat de 3 ans, pour permettre un renouvellement partiel de la juridiction).

Les règles de base, tout en tenant compte de la situation propre de chaque organisation, sont largement communes. Toutefois, un certain particularisme prévaut, qui se traduit par la multiplication des juridictions administratives et l'existence de divergences d'interprétation, par exemple sur la notion de « droits acquis ». À côté du « système » de l'ONU, il existe en effet un tribunal administratif de l'OIT (TAOIT) qui est également compétent pour les organisations de la famille des Nations Unies dont le siège est en Europe (comme l'UNESCO, l'OMS ou la FAO) et un tribunal administratif de la Banque mondiale, depuis 1980, pour les organisations financières de Washington.

La Cour internationale de justice aurait pu jouer un certain rôle dans l'harmonisation des jurisprudences en procédant à la « réformation » des jugements du TAOIT et du TANU par la voie de demandes d'avis consultatif mais, malgré plusieurs demandes d'avis, cette expérience peu concluante a été remise en cause pour le TANU en 1995 (journée d'étude SFDI, *Le contentieux de la fonction publique internationale*, Pedone, 1995). À la suite de cette première réforme, les jugements du TANU sont définitifs, sauf découverte de faits nouveaux (art. 12). Il en va de même, *a fortiori*, pour le nouveau système à deux degrés mis en place en 2009. Le système reste en revanche valable pour les jugements du TAOIT, mais la Cour semble elle-même souhaiter un alignement sur le système des Nations Unies, plus respectueux des droits de la défense (v. l'avis consultatif de la Cour sur le jugement n° 2867 du TAOIT, sur requête contre le Fonds international de Développement agricole, 1er février 2012).

À l'égard de ses propres agents, l'Organisation exerce une « protection fonctionnelle », qui peut se substituer à la protection diplomatique de l'État d'origine, comme la Cour l'a indiqué dans son avis du 11 avril 1949 sur la *Réparation des dommages subis au service des Nations Unies*, à l'occasion de l'assassinat du comte Bernadotte, le médiateur des Nations Unies en Palestine : « à considérer le caractère des fonctions confiées à l'Organisation et la nature des missions des agents, il devient évident que la qualité de l'Organisation pour exercer, dans une certaine mesure, une protection fonctionnelle de ses agents, est nécessairement impliquée par la Charte » (*Rec.* 184). Pour autant, il existe une concurrence possible entre les deux institutions : 185

« en pareil cas, indique encore la Cour, il n'existe pas de règle de droit qui attribue une priorité à l'un ou à l'autre, ou qui oblige soit l'État, soit l'organisation à s'abstenir de présenter une réclamation internationale. »

Plus récemment, la Cour a été amenée à étendre la protection fonctionnelle aux « experts » des Nations Unies, qui ne sont pas des « agents » au sens contractuel du terme, mais qui sont des membres d'organes subsidiaires des Nations Unies. Lorsque M. Mazilu, un expert indépendant de la sous-commission des droits de l'homme, qui avait par ailleurs été désigné comme rapporteur, a été empêché de participer aux travaux des Nations Unies « retenu » de force dans son pays par les autorités roumaines, l'ECOSOC a soumis le cas à la Cour internationale de justice qui a rendu le 15 décembre 1989 un avis unanime sur *l'applicabilité de la section XXII, article VI de la convention sur les privilèges et immunités des Nations Unies* à un expert et ce, au besoin, à l'encontre de son propre pays (*Rec.* 175). La question de l'immunité de juridiction d'un rapporteur spécial de la Commission des droits de l'homme a également fait l'objet, à la demande de l'ECOSOC, d'une demande d'un avis consultatif rendu le 29 avril 1999, au sujet de M. Cumaraswany – rapporteur spécial sur l'indépendance des juges et des avocats, poursuivi pour diffamation contre la justice de son propre pays, la Malaisie, et condamné à une forte amende, ce qui peut sembler un comble – la Cour précisant à cette occasion la notion « *d'expert en mission* » au sens de la section XXII. À cet égard, précise la Cour, « c'est au secrétaire général que sont principalement conférés la responsabilité et le pouvoir de protéger les intérêts de l'Organisation et de ses agents, y compris les experts en mission » (§ 51). *A contrario*, en 2007, le secrétaire général n'a fait aucune démarche pour défendre le mandat du rapporteur spécial sur la traite des êtres humains créé par la résolution n° 2004/110 de la Commission des droits de l'homme, lorsque son premier titulaire, Mme Huda a été emprisonnée pour « corruption » dans son pays, le Bangladesh, à la suite d'une campagne contre son mari. Soit le président de la Commission des droits de l'homme a été mal avisé dans son choix initial, soit le secrétaire général a été d'une totale impuissance, dans les deux hypothèses les Nations Unies ne sortent pas grandies de l'affaire.

section 2

L'équilibre politique des *organes*

186 La dialectique entre l'influence résiduelle des États et le caractère « international » de l'Organisation, se retrouve au sein des organes des Nations Unies. La Charte distingue six « *organes principaux* » (art. 7) : « une Assemblée générale, un Conseil de sécurité, un Conseil économique et social, un Conseil de tutelle, une Cour internationale de justice et un Secrétariat ». Depuis 1945, cette hiérarchie formelle est restée inchangée, même s'il faut noter l'éclipse du Conseil de tutelle à la suite de la décolonisation et l'apparition d'organes subsidiaires ayant une indépendance statutaire en tant qu'instances judiciaires (le TANU créé par l'Assemblée générale, préc. ; le Tribunal pénal international pour l'ex-Yougoslavie et le Tribunal pénal international pour le Rwanda créés par le Conseil de sécurité, v. ss 271 s.).

Certains de ces organes, comme l'Assemblée générale (art. 22) ou le Conseil de sécurité (art. 29) peuvent en effet créer les « organes subsidiaires » jugés « nécessaires à l'exercice de ses fonctions », sans autre stipulation de la Charte. C'est sur cette base que le Conseil de sécurité a mis en place toute une série d'organes, à commencer par les tribunaux internationaux *ad hoc* sur l'ex-Yougoslavie et le Rwanda mais aussi les différents « comités de sanctions » qui supervisent l'application de ses résolutions prises en vertu de l'article 41 de la Charte. De même, le travail de l'Assemblée générale est préparé par différentes commissions thématiques – notamment six grandes commissions composée par l'ensemble des membres de l'Assemblée générale – et des organes subsidiaires – comme la Commission du droit international (CDI) composée d'experts indépendants qui a été créée en 1947 – et relayé par d'autres organes qui prolongent son action, comme les différents fonds et programmes tels que l'UNICEF (le fonds des Nations Unies pour l'enfance) ou le PNUD (le programme des Nations Unies pour le développement). On a même vu le Conseil de sécurité et l'Assemblée générale créer, par des résolutions parallèles de 2005, un organe subsidiaire mixte : la Commission pour la consolidation de la paix. De manière plus spécifique, la Charte prévoit elle-même que « le Conseil économique et social institue des commissions pour les questions économiques et sociales et le progrès des droits de l'homme ainsi que toutes autres commissions nécessaires à l'exercice de ses fonctions » (art. 68). C'est cette disposition qui a été à l'origine de la création de la « Commission des droits de l'homme » avant sa suppression en 2006 (v. ss 255 s.) ou des « commissions économiques » régionales (comme la commission économique pour l'Europe, CEE-NU, ou la commission économique pour Amérique latine, CEPAL, etc.).

Une distinction plus opérationnelle est fondée sur l'opposition entre des « organes interétatiques », où les États sont représentés en tant que tels, pour faire prévaloir leur « logique d'État » – même si les décisions collectives de ces organes sont des décisions de l'Organisation, par une sorte de transmutation faisant émerger l'international à partir d'une alchimie interétatique – et certains « organes intégrés » qui sont composés d'individus, statutairement dépouillés de toute allégeance nationale, que ce soient les fonctionnaires du secrétariat, les juges de la Cour internationale de justice ou les « experts indépendants » de certains organes subsidiaires.

§ 1 Les organes interétatiques

Parmi les organes interétatiques figurent des organes pléniers ou des organes restreints, ces structures servant de filtre aux jeux d'influence des États. S'il est abusif de parler de « démocratie » dans un cadre juridique comme celui des Nations Unies, l'Assemblée générale, composée de tous les États membres, marque une certaine « démocratisation du système », où tous les États ont la même voix. Elle traduit en tout cas le poids du nombre, avec comme contrepartie une lourdeur certaine de fonctionnement. 187

Alors que les États fondateurs étaient au nombre de 50, les Nations Unies comportent 193 États membres depuis 2011. En principe, l'admission obéit à des critères précis puisque peuvent être admis les « États pacifiques (*peace-loving states*) qui acceptent les obligations de la présente Charte et, au jugement de l'Organisation, sont capables de les remplir et disposés à le faire » (art. 4, § 1).

Dans un premier temps, pendant dix ans, cette clause a servi de prétexte à de nombreux blocages réciproques entre l'Est et l'Ouest, chaque camp récusant les « alliés » de l'autre bloc (v. dans ce contexte, CIJ 1948, avis sur *les conditions d'admission d'un État comme membre des Nations Unies*, *Rec.* 57 ; avis *sur la compétence de l'Assemblée générale pour l'admission d'un État comme membre* (1950), *Rec.* 4). Après le *package deal* intervenu en 1955 (résol. n° 918 [X] du 8 déc. 1955) pour admettre en bloc seize candidats, l'admission est devenue presque automatique, sauf pour quelques cas exceptionnels, concernant notamment des États divisés (le cas des deux Allemagnes, admis simultanément en 1972 ; du Vietnam réunifié faisant l'objet du *veto* américain en 1975 et en 1976 ; ou des deux Corées jusqu'en 1991).

La vague de la décolonisation a contribué à établir la prépondérance quantitative des États du tiers-monde, entraînant à partir du milieu des années soixante, une répartition géopolitique des États au sein de cinq groupes : Afrique, Asie, Europe de l'Ouest et « autres » (Australie, Canada, États-Unis en tant qu'observateur, Nouvelle-Zélande et enfin, depuis 2000 à New York et depuis 2013 à Genève, Israël), appelé aussi « WEOG », Amérique latine et Caraïbes ou « GRULAC » et le « groupe des États socialistes » qui a survécu à la fin du bloc communiste en 1990 sous la forme d'un groupe des États d'Europe de l'Est. Cette clé de répartition de cinq sert de base à la rotation de la présidence annuelle de l'Assemblée générale ou à l'élection des groupes restreints. Elle a l'avantage de rationaliser la procédure, en évitant un système par trop atomisé, même si certains États « inclassables » se trouvent isolés dans une région (notamment Israël, empêché de joindre le groupe asiatique et qui a finalement été progressivement accueilli au sein du « WEOG »). Vingt-cinq ans après la chute du mur de Berlin, elle ne correspond plus à la réalité politique. Il n'y a aucun rapport au sein du groupe de l'Europe de l'Est, entre les nouvelles démocraties devenues membres de l'Union européenne et les républiques d'Asie centrale, à régime de parti unique. Mais cette fiction est considérée comme un moindre mal par rapport à la montée en puissance de l'Organisation de la coopération islamique (OCI), forte de 57 États membres, à cheval entre le continent africain et l'Asie.

Par contre, l'admission des « micro-États », malgré certaines tentatives au début des années soixante-dix pour élaborer un statut adapté à leur situation, n'a pu être freinée, au risque de grossir de manière assez théorique les rangs de l'Organisation, avec un manque d'effectivité de la présence de ces États, voire une forme de « clientélisme » qu'on peut déplorer. Cette logique a été poussée jusqu'au bout en 1993 avec l'admission de Monaco et celle d'Andorre, comme États membres, ou encore celle de Kiribati, Tonga et Nauru en 1999... Comme dans les années soixante-dix, où les Occidentaux dénonçaient la « majorité automatique » du tiers-monde, il existe de nouveau aujourd'hui un divorce évident entre la loi du nombre et le partage des responsabilités ou, pour le dire crûment selon une formule anglaise, entre le vote et la note, entre « *the will and the bill* ».

A. L'Assemblée générale

188 L'Assemblée générale tient une session annuelle de plusieurs mois, à partir de septembre. Elle comporte des commissions plénières qui siègent simultanément (comme la « 6e commission » pour les questions juridiques, qui sert d'interlocuteur à la Commission du droit international, qui est elle-même composée d'un groupe restreint d'experts indépendants) et qui préparent les textes ensuite soumis au vote de l'Assemblée.

En principe, les décisions de l'Assemblée sont prises à la majorité des deux tiers pour les « questions importantes » et à la majorité simple dans les autres hypothèses. La Charte énumère à l'article 18 § 1 une série de questions considérées comme importantes : « les recommandations relatives au maintien de la paix et de la sécurité internationales, l'élection des membres non permanents du Conseil de sécurité, l'élection des membres du Conseil économique et social, l'élection des membres du Conseil de tutelle conformément au paragraphe 1 c de l'article 86, l'admission de nouveaux membres dans l'Organisation, la suspension des droits et privilèges des membres, l'exclusion des membres, les questions relatives au fonctionnement du régime de tutelle et les questions budgétaires ». L'élection des membres du nouveau Conseil des droits de l'homme a été alignée sur ce régime, avec une majorité qualifiée. Or en vertu de l'article 18, § 2 : « les décisions sur d'autres questions, y compris la détermination de nouvelles catégories de questions à trancher à la majorité des deux tiers, sont prises à la majorité des membres présents et votants ». Autrement dit c'est à la majorité simple qu'il est décidé de recourir à la majorité qualifiée ! Dans le passé ces règles de procédure ont pu jouer un rôle décisif. Ainsi lors du vote annuel sur la « question chinoise », lorsqu'il fallait trancher la question de la représentation de la Chine avec le « rétablissement de Pékin dans ses droits légitimes » aux dépens de la Chine nationaliste. S'agissait-il de l'admission d'un « nouveau membre » au sens du § 1, ou de l'invitation d'une nouvelle délégation ?

En pratique, la plupart des textes sont adoptés sans vote, sur la base du *consensus*[Q]. Certaines questions de principe donnent lieu à des votes, pour permettre aux États de se compter, mais rares sont les cas de division nette au sein de l'Assemblée. Il s'agit le plus souvent de décisions fortement politiques. Ainsi, la résolution n° 63/3 du 8 octobre 2008 saisissant la CIJ d'une demande d'avis consultatif à la suite de la déclaration unilatérale du Kosovo a été votée par 77 voix contre six (dont l'Albanie et les États-Unis), mais avec 74 abstentions et 35 refus de participer au vote. Plus récemment, la résolution 68/262 du 27 mars 2014 sur « l'intégrité territoriale de l'Ukraine » a été adoptée par 100 voix contre 11, avec 58 abstentions et 24 refus de participer au vote. Certaines questions thématiques suscitent également des clivages marqués, comme le sujet de la « diffamation des religions », avec la résolution n° 64/155 du 18 décembre 2009, votée par 80 voix contre 61 et 42 abstentions. Les déplacements de vote d'une année sur l'autre sont également des indices intéressants, qu'il s'agisse de situations par pays ou de questions thématiques comme l'abolition de la peine de mort.

Parallèlement, l'Assemblée peut se réunir pour des « sessions extraordinaires » sur un thème donné. On compte 31 sessions extraordinaires depuis les deux premières consacrées à la Palestine en 1947 et en 1948, avec le partage du territoire et la création de l'État d'Israël. La troisième session extraordinaire a été consacrée à la Tunisie en 1961, à la suite de la crise de Bizerte, au grand déplaisir du général de Gaulle. D'autres sessions extraordinaires ont été consacrées à la Namibie en 1967, en 1978 et en 1986. Mais une tendance nouvelle est vite apparue avec des sessions thématiques permettant de déterminer des priorités pour les Nations Unies. Cela a été le cas des sessions sur le « nouvel ordre économique international » en 1974, en 1975 et en 1980. De même, la relance des efforts en matière désarmement a été scandée par les sessions extraordinaires particulièrement importantes en 1978, 1982 et 1988. 189

Au début des années quatre-vingt-dix, la pratique plus souple de « conférences mondiales » thématiques permettant d'associer les ONG aux États, a semblé prendre le relais des sessions extraordinaires dans l'agenda des Nations Unies à l'initiative de Boutros Boutros-Ghali, avec la conférence de Rio sur l'environnement en 1992, la conférence mondiale des droits de l'homme à Vienne en 1993, le sommet de Copenhague sur le développement social en 1994, la conférence sur les femmes de Pékin en 1995, ou encore, dans un contexte déjà très différent, la conférence sur le racisme de Durban de 2001, etc. Toutefois, par un souci d'économie, les sessions extraordinaires au siège de New York ont repris leur cours avec la 19e session pour le sommet mondial de la terre (1997) et la 20e session pour le sommet de la drogue (1998). Depuis lors, des sessions extraordinaires ont permis de faire, à un rythme régulier, le bilan des précédents sommets : avec la 23e session extraordinaire « les femmes en l'an 2000 : Égalité entre les sexes, développement et paix pour le XXIe siècle », la 24o session extraordinaire sur le développement social (2000), la 25o session extraordinaire, Habitat II (2001), la 26e session extraordinaire consacrée au VIH/SIDA (2001) et la 27e session extraordinaire sur les enfants tenue en mai 2002. De manière symbolique, l'Assemblée générale a consacré une 28e session en janvier 2005, à « la commémoration du soixantième anniversaire de la libération des camps de concentration nazis », sur la base d'une résolution parrainée par l'État d'Israël. Ce consensus contraste avec la mauvaise préparation et la politisation extrême de la conférence mondiale contre le racisme, organisée par les Nations Unies à Durban en août 2001, qu'Israël et les États-Unis avaient dû quitter à titre de protestation. Il faudra attendre septembre 2014 pour voir se tenir la 29e session extraordinaire sur le suivi du programme d'action de la conférence sur la population et le développement (A/RES/67/250), tandis que la 30e session extraordinaire en avril 2016 a été consacrée au « problème mondial de la drogue » (A/RES/67/193). La 31e session a été convoquée en juillet 2020 à l'initiative de l'Azerbaïdjan pour discuter des conséquences de la pandémie de COVID-19 et s'est tenue en ligne, comme toutes les réunions des Nations Unies depuis fin mars 2020.

On peut cependant noter un déclin relatif des sessions extraordinaires au profit d'autres formules permettant de mettre l'accent sur certaines priorités thématiques. Ainsi, les échéances du sommet mondial sur l'environnement de Johannesburg, en septembre 2002, et du sommet mondial sur la société de l'information, lancé à Genève en décembre 2003 pour trouver sa conclusion à Tunis en novembre 2005, ont marqué le retour à des priorités plus techniques. *A fortiori* les États ont tout fait pour réduire la visibilité du dixième anniversaire de la conférence de Durban, en marge du Conseil des droits de l'homme à Genève. De même, les anniversaires de la conférence de Pékin ont été réduits à une commémoration dans le cadre d'un organe subsidiaire de l'ECOSOC, la commission sur le statut de la femme. Et le suivi de la conférence de Vienne sur les droits de l'homme de 1993 comme celle sur le racisme de Durban de 2001 est revenu au Conseil des droits de l'homme. La préférence est désormais donnée à des événements intégrés aux sessions de l'Assemblée générale et débouchant sur l'adoption de résolutions : cela a été le cas pour des événements aussi importants que le sommet qui s'est réuni en septembre 2000 pour adopter la « Déclaration du millénaire » (A/55/2), le sommet mondial réuni en septembre 2005, lors du 60e anniversaire des Nations Unies avec un « document final » particulièrement ambitieux (A/RES/60/1), ou encore pour le Sommet consacré à l'adoption des objectifs du développement durable, en septembre 2015 (A/RES/70/1), après une longue gestation impliquant de nombreux acteurs. On voit aussi se multiplier les

« dialogues de haut-niveau », les « débats généraux annuels » ou encore les « débats thématiques », autant d'occasions de donner à des échanges sinon routiniers une dimension plus ciblée et d'en faciliter la communication. Ainsi à l'ouverture de la 75e session ordinaire de l'Assemblée générale, en septembre 2020, trois segments de haut niveau se sont tenus, l'un pour marquer le 75e anniversaire de l'ONU, un autre pour donner une impulsion au plan d'action « Pékin +25 » – 25 ans après la conférence mondiale de Pékin sur les femmes – et le troisième pour évoquer l'interdiction des armes nucléaires (A/75/150).

Il faut faire une place à part aux « sessions extraordinaires d'urgence », convoquées dans les 24 heures en cas de crise. La procédure prévue par la résolution « Union pour le maintien de la paix » de 1950 (résol. n° 377 V), a été mise en œuvre en 1956 à la demande du Conseil de sécurité dans des conditions particulièrement difficiles avec coup sur coup la crise de Suez et la crise de Budapest. C'est surtout la situation au Proche-Orient qui a fait l'objet de telles sessions, d'abord de manière ponctuelle en 1956, en 1958, en 1967, puis de manière systématique à partir de 1980 sous des intitulés divers – « Palestine », « territoires arabes occupés » (ces deux sessions se chevauchant même en 1982) et depuis 1997 « mesures illégales prises par les autorités israéliennes à Jérusalem-Est occupée ainsi que dans le reste du territoire palestinien occupé » (10e session extraordinaire d'urgence à la demande du Qatar). Ce faisant, la procédure d'urgence est détournée pour inscrire de manière permanente une question politique à l'ordre du jour, comme cela avait déjà été le cas de la Namibie qui avait fait l'objet d'une série de sessions extraordinaires (1967, 1978 et 1988) ainsi que d'une session d'urgence (1981). C'est à l'occasion d'une reprise de la 10e session extraordinaire que l'Assemblée générale a adopté la résolution du 8 décembre 2003 (ES-10/14) demandant à la Cour internationale de justice de rendre d'urgence un avis consultatif sur « les conséquences juridiques de l'édification d'un mur dans le territoire palestinien occupé » (Avis du 9 juill. 2004). La 10e session extraordinaire d'urgence a repris ses travaux en janvier 2009 au sujet de la crise de Gaza puis à nouveau le 21 décembre 2017, afin d'adopter une résolution dénonçant la reconnaissance par les États-Unis de Donald Trump de Jérusalem comme capitale d'Israël, avec pour conséquence le transfert de l'ambassade américaine. Une nouvelle réunion (la 38e séance plénière) s'est tenue le 13 juin 2018, pour demander au secrétaire général de préparer « un mécanisme de protection international en faveur des civils palestiniens », par 120 voix contre 8 dont l'Australie, les États-Unis, Israël et le Togo (avec 48 abstentions). 190

B. Le Conseil économique et social

Par contraste, le Conseil économique et social (ECOSOC) peut sembler un organe « semi-restreint » avec ses 54 États membres, élus pour des mandats de trois ans par l'Assemblée générale, surtout si l'on se rappelle qu'avant cet élargissement entré en vigueur en 1973, ce nombre était de 18 États dans le texte initial de la Charte, puis de 27 États lors d'une première réforme en 1965. L'ECOSOC, « organe principal » placé « sous l'autorité de l'Assemblée générale » (art. 60) se trouve dès lors dans une situation intermédiaire, ne pouvant disposer ni de la représentativité de l'Assemblée générale, ni de l'efficacité du Conseil de sécurité. Un de ses atouts toutefois est sa 191 grande ouverture aux *ONG*[Q] prévue dès l'origine par la Charte à travers un « statut consultatif » (art. 71), alors que la société civile ne dispose d'aucun statut officiel devant l'Assemblée générale et le Conseil de sécurité (v. ss 214 s.).

Son importance a longtemps tenu à son rôle de tutelle dans le domaine économique et en matière de droits de l'homme. C'est l'ECOSOC qui élisait les 53 États membres de la Commission des droits de l'homme qui, à son tour, devait élire les 26 experts indépendants de la sous-commission des droits de l'homme, créant ainsi une « chaîne de commandement » particulièrement lente, pour qu'un texte préparé par un groupe de travail de la sous-commission finisse par être adopté par l'Assemblée générale elle-même, après être passé par la « 3e commission » de l'AG en charge des « questions sociales, humanitaires et culturelles ». La réforme introduite en 2006 a considérablement simplifié ce schéma en créant un nouveau Conseil des droits de l'homme, directement rattaché à l'Assemblée générale, soulignant ainsi l'importance politique prise par les droits de l'homme. Mais, de ce fait, la coordination établie au sein de l'ECOSOC avec des activités étroitement liées aux droits de l'homme est rendue plus complexe, s'agissant notamment du droit des femmes, qui relève de la « commission de la condition de la femme » (CSW), alors même que les Nations Unies préconisent le *mainstreaming*, c'est-à-dire une approche transversale de la question dans tous les domaines. C'est donc l'Assemblée générale, à travers ses commissions, notamment la 3e commission, qui est seule à même d'avoir une vue d'ensemble, non sans risque de duplication du travail effectué. En réalité, de plus en plus, le Conseil économique et social est amené à recentrer ses activités autour des questions de développement durable.

192 La dispersion des efforts dans le domaine économique, social mais aussi environnemental demeure en effet une préoccupation, au point qu'il avait été suggéré il y a trente ans déjà une restructuration complète de ce secteur, autour d'une sorte de « conseil de sécurité économique » d'une vingtaine de membres qui coordonnerait l'ensemble des activités des Nations Unies (programme des Nations Unies pour le développement, PNUD, conférence des Nations Unies pour le commerce et le développement, CNUCED, PNUE) avec celle des grandes organisations économiques (Banque mondiale, OMC, etc. ; v. not. les propositions de M. Bertrand, *Refaire l'ONU*, 1986, reprises ultérieurement par J. Delors et M. Rocard). Cette idée avait été officiellement relancée par le président Chirac en 2002, avec un « Conseil de sécurité économique et social » et par Mme Merkel en 2009 avec un « Conseil économique des Nations Unies ». En 2005, toutefois, le Groupe des sages désignés par le secrétaire général faisait le constat qu'« il ne serait pas réaliste de tenter de placer le Conseil au centre de la prise de décision mondiale en matière de commerce et de finance, ou de lui faire diriger les programmes des institutions spécialisées ou des institutions financières internationales » (A/59/565, § 275). Il préconisait plutôt la transformation du Conseil en un lieu de « rencontre au plus haut niveau pour ceux qui oeuvrent pour le développement », tout en se résignant à ce que la gouvernance mondiale de l'économie soit externalisée pour être confiée au G7/8, voire au G20, plus représentatif. Sur cette base, les chefs d'États et de gouvernement ont donné l'orientation de la réforme dans le Document final du Sommet de 2005, le Conseil étant désigné comme responsable d'une part de la « coordination, de l'examen des politiques, de la concertation et de la formulation de recommandations pour les questions relatives au développement économique et social » et, d'autre part de la « réalisation des objectifs de développement internationaux dont il a été convenu aux grandes conférences et réunions au sommet organisées par les Nations Unies, y compris les objectifs du millénaire pour le développement. » (v. Document final, A/60/1, § 155). Ainsi, la résolution n° 61/16 de l'Assemblée générale sur le renforcement du Conseil économique et social apporte déjà un certain nombre de modifications à l'ordre du jour et aux priorités thématiques, tout en prévoyant la tenue d'un bilan cinq ans après. Cette évaluation, confiée à l'ambassadeur du Chili, a été faite en juin 2011 et a été suivie d'un processus de consultation débouchant sur l'adoption, le 20 septembre 2013, de la résolution 68/1 en annexe de laquelle est placé le texte portant réforme du Conseil. Il s'agit en fait de « renforcer » le rôle du Conseil comme organe de coordination des efforts de l'Organisation dans les domaines économique, social et environnemental. Concrètement, les mesures visent à rendre plus lisibles et signifiants les débats qui se tiennent au Conseil, en les réunissant sous des intitulés thématiques plutôt que sous des points de l'ordre du jour et en créant des réunions ou des fora spécifiques (comme le « forum de la jeunesse » ou le « forum de partenariat »). Pour autant, le Conseil économique et social garde un simple rôle de « coordinateur », sans leadership particulier. L'adoption du Programme de développement durable à l'horizon 2030 vient en quelque sorte confirmer ce rôle limité du Conseil, en confiant le suivi de sa mise en œuvre au niveau mondial à un organe *ad hoc*, le Forum politique de haut niveau, à cheval entre le Conseil et l'Assemblée générale, qui avait été initialement créé à la suite de la conférence Rio+20 sur le développement durable (v. résolution 70/1 du 25 septembre 2015, § 82 s. et résolution 66/288 du 27 juillet 2012, § 84 s.)

C. Le Conseil de sécurité

Le Conseil de sécurité se voit confier, en vertu de la Charte (art. 24 § 2), la 193
« responsabilité principale du maintien de la paix et de la sécurité internationales ». Si cette responsabilité a été pendant longtemps interprétée de manière assez restrictive, tel n'est plus le cas depuis le début des années 1990 : le Conseil est progressivement devenu omniprésent et suractif, intervenant sur tous les fronts. Loin de se cantonner aux conflits interétatiques, devenus relativement rares, il se porte au chevet des pays en crise, confrontés à des conflits internes. La plupart du temps pompier, il est de plus en plus policier – administrant un impressionnant dispositif de sanctions – et parfois législateur, lorsqu'il impose à l'ensemble des États membres, et parfois des acteurs non étatiques, des obligations de portée générale, d'habitude élaborées sous forme de traités. C'est que le Conseil de sécurité dispose de cette particularité d'édicter des « décisions » obligatoires pour les membres de l'Organisation. L'article 25 dispose que ceux-ci « conviennent d'accepter et d'appliquer les décisions du Conseil de sécurité, conformément à la présente Charte. »

Ces décisions peuvent prendre différentes formes. La plupart du temps, il s'agit de « résolutions » qui, pour certaines, se placent désormais explicitement dans le cadre du « chapitre VII » de la Charte, dédié à l'action en cas de « menace contre la paix, de rupture de la paix et d'acte d'agression ». Mais il peut aussi s'agir de « déclarations du Président », qui sont préparées en consultation avec les membres et lues par le Président au nom des membres du Conseil. La déclaration présidentielle n'a pas valeur de décision, mais elle reflète toujours un consensus entre les membres, là où une résolution peut faire l'objet d'un vote.

194 Le Conseil de sécurité est l'organe restreint par excellence. Il comportait 11 sièges, dans la version de 1945 de la Charte, lorsque les Nations Unies étaient composées de 50 États et, depuis un amendement entré en vigueur en 1965, reste formé de 15 membres, pour une Organisation qui comporte désormais 193 États. Seule la Cour internationale de justice qui, depuis l'origine, est composée de 15 juges, présente aujourd'hui une structure aussi élitiste dans le système onusien. Ceci est d'autant plus frappant que le Conseil de sécurité est composé de deux catégories d'États : d'une part, les cinq « membres permanents », nommément désignés par la Charte et inchangés depuis l'origine, à savoir la Chine, la France, l'URSS (devenue la Russie), le Royaume-Uni et les États-Unis (art. 23 § 1) ; d'autre part, les « membres non permanents », élus tous les ans par moitié pour un mandat de deux ans par l'Assemblée générale – soit cinq États nouveaux prenant leur fonction le 1er janvier de chaque année. La Charte précise que, dans ce choix, l'Assemblée « tient spécialement compte, en premier lieu, de la contribution des membres de l'Organisation au maintien de la paix et de la sécurité internationales et aux autres fins de l'Organisation, et aussi d'une répartition géographique équitable » (art. 23, § 1). De fait, les grandes puissances régionales sont devenues en pratique des « membres semi-permanents », grâce à des réélections fréquentes, qu'il s'agisse de l'Allemagne et de l'Italie, du Japon, de l'Inde et du Pakistan, du Brésil, de l'Argentine et du Mexique. Cette répartition traduit le poids de puissances régionales à côté d'une logique de rotation bénéficiant à des pays n'ayant pas le même poids démographique et politique. En octobre 2013, l'Arabie saoudite qui avait fait campagne pour intégrer le Conseil de sécurité, a créé la surprise en démissionnant de ce poste, avant même d'avoir siégé, pour dénoncer « l'impuissance » de l'ONU. C'est la Jordanie qui a été élue en décembre 2013 pour la remplacer. Depuis cet incident, il a été décidé de procéder à l'élection des membres non-permanents dès juin (A/RES/68/307). Certains se présentent en tandem et partagent le mandat, exercé une seule année, ce qui peut sembler contraire à l'esprit de la Charte.

La différence entre les deux catégories de membres ne tient pas seulement au fait que quelques États privilégiés – les « vainqueurs » de la Seconde Guerre mondiale – siègent en permanence, tandis que les autres n'ont au mieux qu'une chance de siéger pendant deux ans. Elle repose plus fondamentalement sur le système de décision au sein du Conseil : ainsi, toutes les décisions sur des questions non procédurales – donc substantielles – sont prises à la majorité qualifiée de neuf membres du Conseil, y compris les voix de *tous les membres permanents*. Autrement dit, aucune décision ne peut être adoptée en cas d'opposition d'un des membres permanents – une coutume « constitutionnelle » interprétant une simple abstention comme ne faisant pas barrage à l'adoption. C'est ce que l'on appelle le « droit de veto » des membres permanents du Conseil de sécurité.

Il n'en résulte pas que la présence et la participation des membres non permanents soient insignifiantes : en pratique, la composition des membres non permanents a une incidence importante sur l'orientation du Conseil, y compris en cas de veto ou de menace de veto. Ainsi, lors de la crise irakienne de 2003, chaque camp essayait par tous les moyens de mobiliser les voix, jusqu'à ce que les États-Unis décident de contourner le Conseil de sécurité, devant le risque d'une minorité de blocage et la menace d'un veto français. De même, dans les débats sur le Myanmar ou le Soudan, le poids de certains membres non permanents, alignés sur la Chine et la Russie a freiné la mise en œuvre de la « *responsabilité de protéger* » qui pesait de toute évidence sur Conseil de sécurité. En même temps, l'intransigeance russe et chinoise a ses limites, comme on a pu le voir avec le cas de la Syrie. Alors qu'une « déclaration présidentielle » était adoptée par consensus le 3 août 2011, condamnant les violations des droits de l'homme et demandant aux autorités syriennes de se conformer à leurs obligations internationales, deux projets de résolutions successifs se heurtèrent aux vetos conjugués de la Chine et la Russie. Mais alors que le premier projet 2011/612, présenté par la France, provoqua les abstentions du Brésil, de l'Inde, du Liban et de l'Afrique du Sud, marquant la cohésion des BRICS sur le sujet, le projet 2012/77 du 4 février 2012, proposé par le Maroc, fut voté par l'ensemble des membres du Conseil, à l'exception de la Russie et de la Chine. Une troisième tentative, le 19 juillet 2012, menée par le Royaume-Uni, vit cette fois le Pakistan et l'Afrique du Sud s'abstenir, tandis que l'Inde votait en faveur du projet. Il a fallu les attaques chimiques d'août 2013 et l'amorce d'une intervention armée unilatérale pour créer un semblant de consensus sur la question syrienne au Conseil, avec l'adoption de la résolution 2118, le 27 septembre, puis celle d'une déclaration du président sur la situation humanitaire, le 2 octobre 2013. Plus récemment encore, l'importance des membres non permanents s'est manifestée de manière éclatante, lorsque le 18 décembre 2017 les États-Unis se sont retrouvés isolés, à un contre 14, lors du vote d'une résolution condamnant la reconnaissance de Jérusalem comme capitale d'Israël par l'administration Trump. Ce n'est qu'en faisant usage de son droit de veto que les États-Unis ont pu échapper à la condamnation unanime, sans pouvoir toutefois empêcher quelques jours après l'Assemblée générale de formuler la même condamnation, dans des termes similaires (v. résolution adoptée lors de la reprise de la 10e session extraordinaire d'urgence le 21 décembre, par 128 votes pour, 35 abstentions et 9 contre).

Si la liste des membres permanents est restée celle de l'origine (art. 23, § 1 ; v. aussi 195 ■
art. 110, § 3), le Conseil de sécurité n'en a pas moins connu deux modifications radicales. La Chine de 1945 était la Chine nationaliste, qui a perdu tout pouvoir sur le continent dès 1949, mais n'a été remplacée par la Chine communiste de Pékin dans les instances des Nations Unies qu'après de difficiles batailles de procédure. À proprement parler, il ne s'agit donc pas de l'« admission » d'un nouveau membre, mais de l'authentification des pouvoirs d'une délégation, entraînant le « rétablissement de la Chine dans ses droits légitimes », comme membre fondateur de l'Organisation, à partir de 1971. De même que l'absence de la Chine communiste avait été décisive lors de la gestion de la crise de Corée à partir de 1950, la présence de la Chine au sein des Nations Unies a donné une dimension supplémentaire à ses travaux dans des domaines aussi sensibles que le désarmement ou les droits de l'homme. Par comparaison, en 1991, le remplacement de l'Union soviétique par la Fédération de Russie, dans tous ses droits et notamment au sein du Conseil de sécurité, n'a été qu'une simple formalité, comme si le phénomène de succession d'États se réduisait à un simple changement d'appellation.

Depuis le début des années quatre-vingt-dix, la composition du Conseil de sécurité est de nouveau à l'ordre du jour, avec la création d'un « groupe de travail ouvert sur la question de la représentation équitable et de l'augmentation du nombre des membres du Conseil de sécurité et les autres matières liées au Conseil de sécurité ». La question a été soulevée par le Japon puis par l'Allemagne qui revendiquent le statut de membre permanent afin de voir consacrer leur rôle international – notamment leur contribution financière au budget des Nations Unies – et d'effacer ce qui subsiste dans la Charte de dispositions à leur encontre, comme « ex-ennemis » (art. 107), même si, par ailleurs, ces deux États se sont engagés à rester des puissances dénucléarisées, contrairement aux « cinq grands ».

Ces revendications généralement bien admises n'ont cependant pas pu aboutir à l'échéance du cinquantième anniversaire des Nations Unies en 1995, pas plus que, dix ans après, lors du sommet mondial de 2005, malgré les propositions mises en avant par un « groupe de personnalités de haut niveau » et reprises par le secrétaire général dans son rapport *Dans une liberté plus grande*. La consécration de l'Allemagne et du Japon comme nouveaux membres permanents accentuerait en effet un déséquilibre Nord-Sud au sein du Conseil de sécurité. La nécessité d'élargir le Conseil en faveur de trois États du tiers-monde ne pose pas de problème de principe, mais la désignation des puissances régionales qui pourraient « représenter » un continent suscite beaucoup de rivalités. Au-delà de ces considérations intéressées, il importe de préserver l'efficacité du Conseil de sécurité, en lui conservant une taille gérable : une vingtaine de membres semble constituer un maximum si l'on veut que le Conseil de sécurité puisse continuer d'exercer efficacement une fonction « exécutive ».

Enfin, il faudrait éviter de créer de nouveaux risques de blocage, en démultipliant le droit de *veto*[Q]. En ce sens, sa rivalité nucléaire avec le Pakistan hypothèque les chances de l'Inde qui constitue un candidat évident de par son poids démographique et sa place de « plus grande démocratie au monde ». Quant à la proposition de supprimer le droit de *veto*, elle a suscité l'opposition catégorique des cinq membres permanents. L'idée de compromis de créer des membres permanents sans droit de *veto*, ou encore des membres semi-permanents, n'a pas non plus surmonté les réticences. Mais ce sont surtout les obstacles politiques qui ont fait échouer la réforme. En 2005, les États-Unis n'ont soutenu officiellement que la candidature du Japon et celle d'« un autre pays asiatique » – sans doute l'Inde – mais se sont opposés à la candidature de l'Allemagne pour la « punir » de sa prise de position contre la guerre d'Irak en 2003. Inversement la candidature d'un Japon, tenté par un regain de nationalisme, n'a pu que se heurter de front au refus publiquement affirmé de la Chine. Si le Brésil a longtemps semblé le candidat naturel pour l'Amérique latine – malgré son caractère non hispanique et la candidature alternative de l'Argentine – l'impasse est complète s'agissant du continent africain qui ne trouve son unité que dans la surenchère. Le *leadership* naturel de l'Égypte ou de l'Afrique du Sud est lui-même remis en cause par la crise interne qui fragilise ces pays, tout comme les autres « géants » que sont le Nigeria et la République démocratique du Congo. En attendant, les négociations se poursuivent année après année au sein du groupe de négociation intergouvernemental, mais sans grandes avancées concrètes – le problème de l'élargissement ressemblant de plus en plus à celui de la quadrature du cercle, d'autant que la dérive nationaliste de certains candidats, comme l'Inde ou le Brésil, ne peut que heurter leurs voisins.

196 Pendant très longtemps, le Conseil de sécurité a été bloqué par l'opposition des Occidentaux et des Soviétiques, ruinant ainsi toutes les virtualités de la Charte. C'est seulement depuis le milieu des années quatre-vingt – grâce notamment à la *Perestroïka* lancée par M. Gorbatchev – que le Conseil de sécurité a pu multiplier les initiatives pour régler les crises régionales. Le premier signe de ce renouveau a été l'adoption de la résolution n° 598 du 20 juillet 1987 imposant un cessez-le-feu dans la guerre entre l'Irak et l'Iran (E. Decaux, « La résolution n° 598 (1987) du Conseil de sécurité et les efforts de paix entre l'Iran et l'Irak », *AFDI* 1988, vol. 34, pp. 63-90). Cette résolution, adoptée à l'unanimité par les quinze membres du Conseil de sécurité, représentés pour l'occasion par leurs ministres des Affaires étrangères, avait été préparée par une étroite concertation des cinq membres permanents. Cette procédure, qui a eu le mérite d'aplanir les difficultés entre les grandes puissances, avait cependant pour résultat de transformer les dix autres membres du Conseil en simples figurants. Or, si les membres permanents ont le privilège de pouvoir bloquer une décision, ils n'ont aucun droit particulier, ni individuellement, ni collectivement.

Depuis, cette procédure, qui devait rester exceptionnelle, s'est généralisée avec une efficacité certaine. Elle a contribué à diminuer le nombre de recours au *veto*, puisque toute réticence d'un membre permanent est prise en compte par ses pairs à un stade antérieur du processus, ce qui ne fait qu'accroître le pouvoir de marchandage de ces États. Parfois une réticence d'un membre permanent se traduit par son abstention – notamment de la part de la Chine qui a toujours été très prudente dans son maniement du droit de *veto* dès les années soixante-dix, contrairement à la pratique soviétique. Par une « coutume constitutionnelle » contraire à la lettre de l'article 27, paragraphe 3, qui exige pourtant un « vote affirmatif » de tous les membres permanents, l'abstention d'un membre permanent n'empêche pas l'adoption de la décision. L'*unanimité*[Q] de plus en plus fréquente des décisions du Conseil de sécurité se traduit aussi bien dans la série de décisions qui ont jalonné en 1990 et en 1991 l'autorisation du recours à la force contre l'Irak dans la guerre du Golfe que dans des précédents aussi importants que la création d'un premier Tribunal pénal international par la résolution n° 827 du 25 mai 1993.

En ce sens, il est abusif de parler d'une mainmise des États-Unis puisque, dans toutes ces décisions, les autres membres permanents, à commencer par la Chine et la Russie mais aussi la France et le Royaume-Uni, ont eu leur mot à dire. Reste que dans un tel système de décision – par définition – les grandes puissances sont « intouchables », alors qu'elles sont parfois loin d'être exemplaires. De fait, la simple menace du *veto* joue comme une arme de dissuasion en amont de la décision. Au blocage frontal de la guerre froide, lorsque le représentant soviétique était surnommé « Monsieur Niet », a succédé une impuissance feutrée du Conseil de sécurité lors des crises mettant aux prises les membres permanents. Il est impossible de recenser les « non-décisions » du Conseil, notamment lorsqu'il se réunit en séances privées, mais ses décisions sont le plus souvent unanimes. À s'en tenir par exemple aux deux années 2016 et 2017 : sur 77 résolutions adoptées en 2016, 10 l'ont été après un vote, et seulement deux sur les 61 résolutions adoptées en 2017. En revanche, on est passé de deux veto en 2016 à six veto en 2017, marquant pour l'essentiel une montée de la controverse autour du conflit syrien et plus généralement le retour d'une certaine « guerre froide » entre la Russie et les Occidentaux (*v.* ci-dessous).

197 On avait pu parler de l'entrée du Conseil de sécurité dans une « *zone de non veto* » à partir de 1990, mais cette accalmie n'a été que de courte durée. Certains États semblent avoir voulu rappeler leur « puissance de nuisance », comme la Russie lorsque, pour la première fois le 11 mai 1993, elle a mis son veto à une décision de routine concernant le financement de la force des Nations Unies à Chypre, une décision étant finalement prise, quinze jours après, avec la résolution n° 831 du 27 mai 1993. Lorsque la Russie a utilisé son veto une nouvelle fois, le 2 décembre 1994, c'était de manière beaucoup plus directe, au sujet de la Bosnie-Herzégovine.

L'hypothèque d'un veto russe n'a cessé de peser sur les tentatives des Occidentaux pour régler la crise yougoslave, que ce soit en Bosnie-Herzégovine ou au Kosovo. Mais, en même temps, la Russie était alors consciente que tout blocage systématique ne pouvait que renforcer la tentation américaine – et accessoirement européenne – d'un recours unilatéral à la force, en dehors du cadre des Nations Unies, comme avec les frappes aériennes lors de la crise irakienne de 1998 ou du Kosovo en 1999. Allant plus loin, la Russie n'a pas hésité à utiliser une nouvelle fois son veto le 21 avril 2004, à la veille du référendum sur Chypre, contribuant ainsi à miner les efforts de paix du secrétaire général que soutenait l'Union européenne, malgré les réticences grecques. Elle l'a encore utilisé, le 12 juin 2009, alors qu'elle était directement en cause, pour bloquer le renouvellement de la mission d'observation des Nations Unies en Géorgie (S/2009/310), puis à nouveau le 15 mars 2014, pour faire obstacle au projet américain condamnant l'annexion de la Crimée. De même, en 2015, la Russie a posé son veto contre deux résolutions, la première sur la commémoration du 20e anniversaire du génocide de Srebrenica et la seconde proposant la mise en place d'un tribunal international pour juger les auteurs du tir ayant provoqué la destruction du vol MH17 de la Malaysia Airlines à la frontière entre l'Ukraine et la Russie en juillet 2014. En 2016 et 2017, la Russie a continué de faire obstruction à toute tentative occidentale relative à la Syrie, avec pas moins de sept veto, auquel il faut ajouter un veto pour s'opposer à l'adoption d'une résolution proposée par le Royaume-Uni sur le Yemen (26 février 2017), mais condamnant l'Iran pour avoir violé l'embargo sur les armes. On retrouve 2 veto russes en 2018 concernant le Yemen et la Syrie et un « double veto » russe et chinois en 2019 au sujet du Venezuela.

De son côté, la Chine a utilisé son veto le 10 janvier 1997, retardant ainsi d'une dizaine de jours, l'adoption de la résolution n° 1094 du 20 janvier 1997 qui mettait en place la MINUGUA, une mission d'observation des Nations Unies au Guatemala pour garantir le respect d'accords mettant fin à une guerre civile de près de trente ans. Elle a également utilisé son veto le 25 février 1999 à l'occasion du renouvellement du mandat de la force de prévention des Nations Unies en Macédoine (FYROM), la FORDEPRENU, votée par 13 voix, avec l'abstention russe. Dans les deux cas, ce sont les relations établies par le Guatemala et la Macédoine avec Taïwan qui étaient la cause directe du veto chinois.

Plus gravement encore, le 12 janvier 2007, on a vu apparaître un « double veto » chinois et russe pour empêcher le Conseil de sécurité de se prononcer sur la répression militaire au Myanmar, avec un vote inhabituel de neuf voix pour la résolution, trois voix contre (Afrique du Sud, Chine et Russie) et trois abstentions (Congo, Jordanie, Qatar). Un blocage identique est survenu le 12 juillet 2008 pour empêcher l'adoption de sanctions contre le Zimbabwe, après les élections frauduleuses organisées par le président Mugabe, le projet occidental voté par neuf voix contre six (Afrique du Sud, Chine, Indonésie, Libye, Russie et Vietnam) ayant fait l'objet d'un « double veto » (S/2008/447). Le double veto chinois et russe s'est de nouveau manifesté lors de la crise syrienne, en réduisant le Conseil de sécurité à la paralysie, malgré des négociations intenses, lors d'un premier vote le 4 octobre 2011 (S/2011/612) – avec 9 voix pour, 2 voix contre, et 4 abstentions –, puis lors d'un deuxième vote le 4 février 2012 (S/2012/77) où l'isolement des deux puissances apparaissait encore plus clairement – 13 voix pour, deux voix contre. Il faudra attendre la mission de Kofi Annan, comme « envoyé spécial conjoint de l'ONU et de la Ligue arabe », pour voir le Conseil de sécurité prendre acte de sa proposition en six points, en votant à l'unanimité la résolution n° 2042 du 14 avril 2012 et la résolution n° 2043 du 21 avril 2012 créant la mission de supervision des Nations Unies en Syrie (MISNUS) vite vouée à l'impuissance. De nouveau, au plus fort de la crise, le 19 juillet 2012, la Chine et la Russie ont mis leur veto à un projet de résolution occidental, voté par 11 Membres du Conseil, contre 2 non et 2 abstentions, entraînant la fin du mandat de la MISNUS actée le lendemain au consensus par la résolution n° 2059 du 20 juillet 2012. Par la suite, la Chine a adopté une position plus flexible, au cas par cas, en prenant ses distances si besoin est avec la Russie : ainsi, elle se joint à nouveau à la Russie pour empêcher le renvoi de la situation en Syrie à la CPI (22 mai 2014), l'imposition d'un cessez-le-feu à Alep (5 décembre 2016) et l'adoption de mesures de sanction à la suite de l'usage d'armes chimiques (28 févr. 2017), mais en revanche, elle laisse par exemple la Russie opposer seule son veto à une résolution qui aurait créé un mécanisme d'enquête sur l'usage d'armes chimique à Douma, dans la banlieue de Damas (12 avr. 2018). En 2019, comme on l'a dit, la Chine et la Russie s'opposent à une résolution sur le Venezuela, marquant la solidarité des « like-minded ».

Pour leur part, les États-Unis ont utilisé leur veto à plusieurs reprises sur la question de Jérusalem, par exemple, le 17 mai 1995 – sur un projet approuvé par les 14 autres membres – puis les 7 mars 1997 – là encore contre 14 voix – et le 21 mars 1997 – contre 13 voix, avec l'abstention du Costa Rica. C'est aussi le veto opposé le 16 septembre 2003 et le 14 octobre 2003 par les États-Unis à un projet de résolution sur la construction par Israël d'un mur dans le territoire palestinien occupé qui est à l'origine de la demande d'un avis consultatif de la CIJ formulée par l'Assemblée générale. Ainsi « la Cour constate que, lorsque la dixième session extraordinaire d'urgence fut convoquée en 1997, le Conseil s'était effectivement trouvé, en raison du vote négatif d'un membre permanent, dans l'incapacité de prendre une décision concernant l'implantation de certaines colonies de peuplement dans le territoire palestinien occupé. (...) La Cour constate en outre que la dixième session extraordinaire d'urgence convoquée à nouveau le 20 octobre 2003, le fut sur la même base qu'en 1997, après le rejet par le Conseil de sécurité, le 14 octobre 2003 d'un projet de résolution portant sur la construction par Israël du mur dans le territoire palestinien occupé, du fait une nouvelle fois du vote négatif d'un membre permanent. La Cour considère que le Conseil de sécurité a là encore manqué à agir au sens de la résolution n° 377 A (V) » (CIJ, avis 9 juill. 2004, § 31).

Les États-Unis ont, de nouveau, opposé deux fois leur veto en 2004 à des résolutions concernant le Moyen-Orient. L'intervention militaire d'Israël dans la bande de Gaza a entraîné deux autres veto en 2006. Ainsi la résolution du 13 juillet 2006, avait voté par 10 voix, avec quatre abstentions (Danemark, Pérou, Royaume-Uni, Slovaquie) contre une, celle des États-Unis ; celle du 11 novembre 2006, par 10 voix, avec quatre abstentions (Danemark, Japon, Royaume-Uni, Slovaquie) contre la voix américaine. Toutefois, l'abstention américaine lors du vote, le 8 janvier 2009, de la résolution n° 1860 par les 14 autres membres au sujet de la crise de Gaza a marqué une inflexion. Mais de nouveau, le 18 février 2011, un veto est opposé à une résolution votée par les 14 autres membres du Conseil de sécurité. On retrouvera la même volte-face, mais cette fois suscitée par un changement d'administration : alors que Barack Obama décide d'exprimer sa défiance à l'égard du gouvernement israélien en s'abstenant lors du vote de la résolution le 23 décembre 2017 condamnant les implantations dans les territoires occupés, le veto américain revient en force le 18 décembre 2017 pour bloquer une résolution soumise par l'Egypte au nom du Groupe arabe condamnant implicitement... les États-Unis, pour avoir annoncé, par la voix de Donald Trump, la reconnaissance de Jérusalem comme capitale d'Israël et le déménagement prochain de l'ambassade américaine de Tel-Aviv à Jérusalem. La résolution recueille 14 voix contre celle des États-Unis, soulignant une fois de plus, si cela est encore nécessaire, leur isolement dans leur soutien inconditionnel à la politique d'Israël dans les territoires occupés. Le 1er juin 2018, on retrouve à nouveau la même configuration pour une résolution visant à condamner l'usage excessif de la force, en particulier l'usage de balles réelles, contre les Gazaouis participant à la « marche pour le retour ».

Alors que, dans le passé, un « triple veto » des Occidentaux avait joué sur des questions de principe concernant l'existence et la sécurité de l'État d'Israël, la France et la Grande-Bretagne n'ont pas utilisé leur droit de veto depuis 1989. Mais la plus grave crise entre alliés, depuis l'affaire de Suez en 1956 où les États-Unis s'étaient opposés à l'expédition militaire franco-britannique, est survenue en mars 2003 lorsque la France a annoncé qu'elle utiliserait son veto contre le projet de résolution présenté par les États-Unis, le Royaume-Uni et l'Espagne pour fixer un *ultimatum* à Saddam Hussein. Alors que les États-Unis ne disposaient sans doute pas de la majorité qualifiée, cette « menace » française a servi de prétexte à la coalition américaine pour engager la guerre contre l'Irak en dehors de toute autorisation du Conseil de sécurité. Au lieu de voir dans la diplomatie française un appel au droit et à la raison, les États-Unis y ont dénoncé une complicité du « camp de la paix » avec le dictateur de Bagdad.

Le recours au veto depuis le début des années 2000 reste donc relativement exceptionnel, avec douze veto américains sur Israël, vingt-trois veto russes et neuf veto chinois – sans parler des veto « virtuels ». Il faut bien sûr relativiser ces chiffres dans la mesure où les diplomates connaissent les « lignes rouges » de leurs partenaires et hésiteront à déposer un projet de résolution risquant de rencontrer l'opposition d'un membre permanent, sans rechercher à tout le moins son abstention, sauf à vouloir au contraire dramatiser une situation donnée, en provoquant le veto : ce fut le cas en 2014 avec le projet présenté par les États-Unis condamnant le référendum en Crimée – qui démontra l'isolement de la Russie, seule à voter contre le projet, tandis que la Chine se réfugiait dans une prudente absention. L'évolution n'en reste pas moins marquante, par rapport au 325 veto entre 1946 et 1990 (en comprenant les veto en série lors de l'élection du secrétaire général) : 124 veto soviétiques, 82 veto américains, 33 veto britanniques, 18 veto français et 22 veto chinois (dont un pour la Chine nationaliste), depuis 1945.

198 Mais au-delà de ce bilan quantitatif, les conséquences de l'usage du veto peuvent s'avérer dramatiques, en retardant durablement l'adoption de toute décision obligatoire par le Conseil en réaction à des situations de violations massives des droits de l'homme, comme en Syrie, ou en l'empêchant de réagir – contre l'avis de la majorité de ses membres – à l'annexion de la Crimée par la Russie, en violation des principes les plus fondamentaux de la Charte.

À cet égard, la France, regrettant que le Conseil de sécurité soit resté « trop longtemps impuissant face à la tragédie syrienne », a proposé « un encadrement volontaire » par les membres permanents de leur droit de veto : « [c]oncrètement, lorsque le Conseil de sécurité aurait à se prononcer sur une situation de crime de masse, les membres permanents s'engageraient à renoncer à leur droit de veto. » Toutefois « pour être réaliste, ce code exclurait les cas où seraient en cause les intérêts vitaux nationaux d'un membre permanent du Conseil. » (Laurent Fabius, « Réformer le droit de veto au Conseil de sécurité », *Le Monde*, 4 octobre 2013). L'initiative a pris la forme concrète d'une « déclaration politique » proposée par la France et le Mexique à la signature des membres de l'ONU. En mai 2016, elle avait recueilli 86 signatures. D'autres initiatives vont dans le même sens, à savoir celle du « *Accountability, Coherence and Transparency Group* », un groupe de 25 États qui a, à son tour, proposé un Code de conduite appuyé par 105 États, de même que celle du groupe des « Ainés » (*the Elders*), réunissant des personnalités menées par l'ancien secrétaire général Kofi Annan. Soutenues par deux membres permanents du Conseil de sécurité (la France et la Grande-Bretagne), de telles initiatives augmentent le coût politique du recours à cette arme par les autres membres permanents et témoignent de ce qu'un tel « privilège » ne va plus nécessairement de soi pour tous les États qui n'en jouissent pas.

§ 2 Les organes intégrés

A. Le secrétaire général

Face aux organes interétatiques, le secrétaire général, qui est « nommé par l'Assemblée générale sur recommandation du Conseil de sécurité » a un rôle particulièrement difficile. La Charte elle-même souligne son caractère subordonné par rapport aux États en le définissant comme « le plus haut fonctionnaire de l'Organisation » (art. 97). 199 ■

Dans la pratique, les secrétaires généraux qui se sont succédé depuis 1945 ont eu des conceptions très différentes de leur rôle, les uns affirmant leur vocation internationale, au risque d'entrer en conflit direct avec les grandes puissances et de voir leur mandat remis en cause, les autres adoptant un « profil bas » et se contentant d'un rôle protocolaire à la tête d'une bureaucratie proliférante.

De fait, le mandat de Trygve Lie, un solide syndicaliste norvégien, élu à compter du 1er février 1946, fut marqué par la crise de Corée et l'opposition de l'Union soviétique à sa réélection, en octobre 1950 pour son manque de « tact international ». Son mandat fut néanmoins prorogé de trois ans par l'Assemblée générale, le 1er novembre 1950, contournant ainsi le *veto* soviétique, mais s'acheva par sa démission annoncée le 10 novembre 1952, dans un climat de crise renforcé par le maccarthysme. C'est lui qui a pu affirmer en connaissance de cause que le rôle de secrétaire général était le pire métier du monde « *the worst job in the world* » (Trygve Lie, *Au service de la paix*, trad. Gallimard, 1957). Dans ce contexte, la désignation d'un nouveau secrétaire général fut particulièrement ardue, la candidature de Lester Pearson, le ministre canadien des Affaires étrangères et futur Prix Nobel de la paix, faisant l'objet d'un *veto* soviétique le 13 mars 1953. Un terme fut mis à cette impasse le 31 mars 1953 avec l'élection, à l'initiative de la diplomatie française, de Dag Hammarskjöld. Ce diplomate suédois idéaliste – qui reste à ce jour la personnalité la plus forte et la plus charismatique à avoir occupé ce poste (B. Urqhardt, *Dag Hammarskjöld*, Harper Books, 1984 ; v. aussi Dag Hammarskjöld, *To Speak to the World, Speeches an Statements, 1953-1961*, Atlantis, 2005) – n'hésita pas à s'opposer aux grandes puissances, à une période clé de la guerre froide et de la décolonisation.

Il avait été réélu à l'unanimité en 1957, pour un mandat de cinq ans, mais sa carrière fut prématurément interrompue, par un accident d'avion lors de la crise du Congo en novembre 1961. Le Prix Nobel de la paix lui a été attribué à titre posthume.

Depuis lors, au contraire, plusieurs secrétaires généraux ont effectué deux mandats de cinq ans, faisant pour certains de leur réélection une priorité. Cela a été le cas d'U Thant (1962-1971), un fonctionnaire birman, puis de Kurt Waldheim (1972-1981), un ancien ministre autrichien des Affaires étrangères – dont le passé de criminel de guerre dans les Balkans n'apparut que par la suite lorsqu'il fut élu président de la République autrichienne, alors qu'on peut supposer que les services secrets des grandes puissances en avaient connaissance – marquant toutes les ambiguïtés d'un système voué à l'impuissance. Seul l'usage répété du *veto* chinois empêcha alors M. Waldheim d'obtenir un troisième mandat, tandis que les États-Unis s'opposaient à la candidature de Salim A. Salim, le ministre des Affaires étrangères de Tanzanie, présenté par l'OUA. Le candidat de compromis fut Javier Perez de Cuellar, élu à l'unanimité le 11 décembre 1981, un diplomate péruvien de bonne école qui exercera deux mandats (1982-1991). Les Nations Unies vont connaître pendant cette décennie une phase de renouveau remarquable, grâce tout à la fois au renversement de la conjoncture internationale et à la diplomatie obstinée du secrétaire général.

L'élection de Boutros Boutros-Ghali, un ancien ministre égyptien des Affaires étrangères, pour un mandat de cinq ans à compter du 1er janvier 1992, a constitué à son tour un nouveau départ. Pour la première et unique fois, le secrétaire général est intronisé par un sommet des membres du Conseil de sécurité dont les chefs d'État se réunissent le 31 janvier 1992 pour lui donner un très large mandat politique vite remis en cause (*Mes années à la maison de verre*, Fayard, 1999 ; v. aussi Alain Déjammet, *Boutros Boutros-Ghali, Une histoire égyptienne*, Erikbonnier, 2016). L'épreuve de force ouverte en 1996 par les États-Unis traduit la volonté de cantonner le secrétaire général à un rôle subalterne, amorçant ainsi un nouveau cycle de déclin. Selon le mot de Madeleine Albright, la représentante américaine, « les Nations Unies n'ont pas besoin d'un général, mais d'un secrétaire ». Le 19 novembre 1996, la candidature de B. Boutros-Ghali pour un deuxième mandat a obtenu quatorze voix contre une, le *veto* américain l'obligeant à s'effacer afin de sauvegarder les chances d'un autre candidat africain.

Kofi Annan, le secrétaire adjoint pour les opérations de maintien de la paix, un fonctionnaire ghanéen issu du sérail de la fonction publique internationale – ce qui constituait une première –, fut élu à l'unanimité le 13 décembre 1996, malgré les réticences initiales de la France (résol. n° 1090) pour un mandat de cinq ans à compter du 1er janvier 1997. Candidat des États-Unis, il affirma vite son indépendance et son efficacité notamment à l'occasion de ses bons offices lors de la crise de 1998 avec l'Irak. Kofi Annan a fait montre de la même liberté de ton à l'égard des États en évoquant le dilemme entre souveraineté nationale et intervention humanitaire. Les succès obtenus sur le plan interne, dans la réforme en douceur de l'Organisation, tout comme à l'extérieur, avec son action diplomatique modeste mais résolue, ont entraîné une véritable consécration du secrétaire général qui s'est vu décerner, conjointement avec l'ONU, le Prix Nobel de la paix en octobre 2001. Sa réélection avait été anticipée – de manière inhabituelle, coupant ainsi court à toute campagne – avec une « recommandation » du Conseil de sécurité adoptée à l'unanimité dès le 27 juin 2001 (résol. n° 1358), pour un nouveau mandat de cinq ans devant prendre fin le 31 décembre 2006. Ce mandat s'est achevé dans une nouvelle confrontation avec les États-Unis, à la suite de la guerre en Irak, marquée en août 2003 par l'assassinat à Bagdad dans un attentat terroriste du représentant spécial du secrétaire général, Sergio Vieira de Mello. Kofi Annan a tenté de poursuivre avec méthode et clairvoyance le programme de réforme des Nations Unies, notamment à l'occasion du sommet mondial de 2005, malgré la diplomatie brutale du représentant permanent américain John Bolton, en lançant une réflexion de fond sur les missions de l'organisation, avec son rapport *Dans une liberté plus grande*. Mais la fin de son mandat a été hypothéquée par l'enquête sur le scandale « pétrole contre nourriture » avec la mise en cause de la déontologie et de l'efficacité de l'Organisation (Kofi Annan, *Interventions, A Life in War and Peace*, Penguin, 2012. trad fr., *Interventions*, Odile Jacob, 2013).

La mort tragique de Sergio Vieira de Mello a également été un coup porté à l'avenir des Nations Unies car le diplomate brésilien était considéré comme le successeur naturel de Kofi Annan et aurait pu être le secrétaire général le plus charismatique depuis Hammarskjöld, qui lui aussi a connu un sort tragique (S. Power, *Chasing the Flame, Sergio Vieira de Mello and the Fight to Save the World*, Allen Lane, 2008). Faute de candidat s'imposant, le principe de rotation a prévalu, le poste revenant à un candidat asiatique au profil de gestionnaire, à l'image d'U Thant, avec l'élection de Ban Ki moon, un diplomate coréen, soutenu par les États-Unis comme par la Chine, qui a pris ses fonctions le 1er janvier 2007. Après des débuts timides, marqués par certaines maladresses diplomatiques, le secrétaire général s'est affirmé sur des dossiers de fond, notamment en matière de désarmement, de droits de l'homme et de développement. Il a été reconduit pour un nouveau mandat de 5 ans, sans véritable débat, à la suite de la résolution n° 1987 du Conseil de sécurité qui le 17 juin 2011, a recommandé sa nomination à l'Assemblée générale. Ce second mandat de 5 ans de M. Ban Ki moon qui a pris fin le 31 décembre 2016 a également été marqué par les critiques liées au manque de leaderhip du secrétaire général. La campagne en vue de l'élection de son successeur a pris un tour nouveau, avec la décision de l'Assemblée générale dans sa résolution 69/321, d'organiser, pour la première fois dans l'histoire de l'Organisation, des auditions publiques des candidats et plus largement un processus « guidé par les principes de transparence et d'ouverture » (v. notamment la résolution 70/305 sur la « revitalisation des travaux de l'Assemblée générale » du 13 sept. 2016, § 34 s. et S. Zappala, *AFDI* 2016, p. 252-264). Une double logique semblait prévaloir, celle de la rotation, avec de nombreuses candidatures issues de l'Europe de l'est, mais aussi celle de la parité, avec une campagne internationale pour élire, pour la première fois depuis plus de 70 ans, une femme à la tête des Nations Unies. Reste la contradiction fondamentale des États qui réclament tout à la fois une visibilité personnelle du futur secrétaire général tout en redoutant ses initiatives politiques. Finalement, c'est un homme de l'ouest qui a prévalu très vite lors des auditions puis des votes secrets en la personne d'un ancien premier ministre portugais, António Guterres, qui fut également Haut Commissaire pour les réfugiés de 2005 à 2015. Le nouveau secrétaire général a conjugué dès le début un patient plaidoyer pour le renouveau du multilatéralisme – à contre-courant du discours de l'administration Trump – tout en prenant les premières mesures pour s'attaquer aux lourdeurs bureaucratiques de l'organisation. Les propositions pour « un nouveau modèle de gestion pour l'Organisation » (v. résolution de l'Assemblée générale 72/266 du 24 déc. 2017) et en vue de la rénovation du cadre opérationnel sur le développement (résolution 72/279 du 31 mai 2018) sont évidemment bienvenues, à un moment où l'Organisation a plus que jamais besoin de démontrer qu'elle n'est ni obsolète, ni inefficace, et qu'il faudra encore compter avec elle dans l'avenir.

B. Le secrétariat

200 Dans la Charte, le secrétaire général n'est pas dissocié du « secrétariat ». Ainsi s'est constitué un corps de fonctionnaires qui met en œuvre les buts de l'Organisation et les directives des organes. Connaissant la machine de l'intérieur, puisqu'il était le premier fonctionnaire international à avoir accédé au poste de secrétaire général, Kofi Annan a été chargé de la réforme de la bureaucratie onusienne. Là où les États-Unis – le principal débiteur de l'ONU – auraient voulu une réforme drastique immédiate, Kofi Annan a préféré prendre le temps de la réflexion pour présenter en juillet 1997 une rénovation en douceur (« Rénover l'Organisation des Nations Unies : un programme de réformes », A/51/950). Le secrétaire général a obtenu de l'Assemblée générale, par une résolution adoptée sans vote le 19 décembre 1997, la création d'un poste de vice-secrétaire général (*deputy secretary general*) « en tant que partie intégrante du cabinet du secrétaire général » et « sans préjudice du mandat que la Charte des Nations Unies confère au secrétaire général » (A/RES/52/12-B). En fait, certains États craignaient qu'en laissant au secrétaire général le libre choix du vice-secrétaire général de l'Organisation, cette désignation discrétionnaire remette en cause l'équilibre de la Charte. En même temps, il était difficile d'imposer au secrétaire général le choix de son plus proche collaborateur. Fort de l'autorisation de l'Assemblée générale, Kofi Annan a nommé, en 1998, un ancien ministre canadien de la Défense, Mme Louise Fréchette, pour occuper ce poste de numéro 2 chargé « d'aider le secrétaire général à diriger et à gérer les activités du secrétariat ». Mark Malloch Brown, un ancien directeur britannique du PNUD, qui était son chef de cabinet depuis janvier 2005, a exercé cette fonction pendant les neuf derniers mois du mandat de K. Annan. Dès son arrivée à la tête des Nations Unies, en janvier 2007, Ban Ki Moon a désigné Mme Asha Rose Migiro, qui était ministre des Affaires étrangères de Tanzanie, rétablissant ainsi le principe de parité. Il a également instauré des règles strictes d'éthique et de transparence financière. En 2012, c'est un ancien diplomate suédois, Ian Eliasson qui est devenu le n° 2 des Nations Unies, tandis qu'António Guterres a nommé Mme Amina J. Mohammed, une ancienne ministre de l'Environnement du Nigeria qui avait déjà travaillé aux côtés de Ban Ki-moon sur l'élaboration du Programme de développement durable à l'horizon 2030.

Chaque nouveau secrétaire général cherche à rationaliser la hiérarchie des fonctionnaires de l'ONU même si elle est composée d'une pléthore de sous-secrétaires généraux (*under-secretary general*) et de secrétaires généraux adjoints (*assistant secretary general*), dont les plus proches siégent au sein de son cabinet (*senior management group*), à New York, sans parler des responsables des agences et des bureaux extérieurs, ainsi que des nombreux représentants personnels du secrétaire général, parfois à titre bénévole, dans les champs les plus divers. En 2016, une liste officielle du protocole faisait état de 39 sous-secrétaires généraux à New York et 45 hors siège, ainsi que 46 secrétaires généraux adjoints au siège et 63 hors du siège, soit un total près de 200 personnes... Ainsi, le directeur du siège des Nations Unies à Genève, dont le rôle est purement administratif, a rang de sous-secrétaire général, tout comme le directeur de la Commission économique pour l'Europe et le haut-commissaire aux droits de l'homme, tandis que le haut-commissaire adjoint, qui fait la liaison à New York, a rang de secrétaire général adjoint, etc.

Le secrétaire général a également tenté d'améliorer la coordination et l'efficacité des différents services. Il a mis en place quatre « comités exécutifs » réunissant les responsables des principaux secteurs d'activités de l'ONU : les « questions de paix et de sécurité » – sous la direction du secrétaire général adjoint pour les affaires de paix et de sécurité – les « questions humanitaires » – sous la direction du coordinateur des activités humanitaires – les « questions économiques et sociales » – sous la direction du secrétaire général adjoint pour les questions économiques et sociales – le développement – sous la direction de l'administrateur du programme des Nations Unies pour le développement (PNUD). À travers des réunions régulières d'un « conseil de direction », une concertation permanente est établie avec l'Office des Nations Unies à Genève où siège le Haut-commissaire des Nations Unies pour les droits de l'homme et avec l'Office des Nations Unies à Vienne. La même coordination est recherchée sur le terrain, par la désignation de « coordinateurs résidents » qui dirigent les « équipes de pays des Nations Unies » dans les différents États.

C. Les organes indépendants

À côté des agents, soumis à l'autorité hiérarchique du secrétaire général (art. 101), les Nations Unies font de plus en plus souvent appel à des experts indépendants. Ceux-ci sont présentés par leur État d'origine et élus par les organes onusiens sur la base d'une répartition géopolitique équitable, mais ils sont désignés à titre personnel, *intuitu personae*, et une fois nommés n'obéissent qu'à leur conscience. C'est le cas des membres de la Commission du droit international ou de la sous-commission des droits de l'homme, désormais remplacée par le comité consultatif du Conseil des droits de l'homme, comme des membres des organes de supervision des traités relatifs aux droits de l'homme ou des experts des « procédures spéciales » du Conseil des droits de l'Homme. Il en va *a fortiori* de même pour les membres des juridictions spécialisées, tribunal administratif des Nations Unies, tribunal pénal international, etc. Ainsi, *ès qualités*, des individus eux-mêmes peuvent incarner, collectivement, le dépassement de la logique nationale au sein de l'Organisation. Certes, à travers le filtre obligé des organes interétatiques, les États gardent le premier et le dernier mot, mais une marge d'autonomie et d'initiative n'en existe pas moins. 201 ■

Enfin, il faut faire une place à part à la Cour internationale de justice qui est définie par la Charte comme l'« organe judiciaire principal des Nations Unies » (art. 92). Les juges, issus d'une double élection du Conseil de sécurité et de l'Assemblée générale, sont pleinement indépendants. Dans ce schéma institutionnel, la Cour pourrait être amenée à jouer un rôle comme « gardien » de la Charte, à travers une sorte de « contrôle de constitutionnalité », en cas de contestation des compétences ou des modalités d'action d'un des organes principaux, soit directement par une demande d'avis d'un autre organe, soit indirectement par le biais d'une requête étatique (v. s'agissant de l'Assemblée générale, CIJ, avis 20 juill. 1962 *relatif à certaines dépenses des Nations Unies*, *Rec.* 151). La multiplication des décisions récentes du Conseil de sécurité donne une nouvelle actualité à cette hypothèse, même si la Cour l'aborde avec la plus grande prudence, peu désireuse d'un conflit frontal avec le Conseil de sécurité (M. Bedjaoui, *Nouvel ordre mondial et contrôle de la légalité des actes du Conseil de sécurité*, Bruxelles, Éd. Bruylant, 1994). Saisie par un recours de la Libye contre les États-Unis et le Royaume-Uni des questions d'interprétation et d'application de la convention de Montréal de 1971 résultant de l'incident aérien de Lockerbie, la Cour a rendu le 14 avril 1992 une ordonnance considérant que *prima facie* la légalité des décisions du Conseil de sécurité devait être présumée (*Rec.* 1). On doit donc considérer qu'*a contrario* un examen au fond pourrait amener 202 ■

la Cour, dans une affaire donnée, à remettre en cause la conformité à la Charte d'une mesure du Conseil de sécurité. Malheureusement, par suite d'un accord entre les parties, l'affaire n'a jamais été tranchée sur le fond.

Le Conseil de sécurité peut créer le droit, il ne peut transgresser la Charte. Le risque est d'autant plus grand qu'avec des activités opérationnelles – notamment les sanctions ciblées et les « listes » établies par le comité contre le terrorisme – le Conseil de sécurité prend des décisions discrétionnaires qui peuvent avoir des effets graves sur la sécurité juridique des individus. Plus que dans le pouvoir moral du secrétaire général pour parler « au nom » de l'Organisation, c'est dans ce pouvoir judiciaire que devrait résider le véritable contrepoids à la toute puissance du Conseil de sécurité. De manière significative, le Conseil de sécurité a lui-même pris conscience des risques découlant de l'absence de tout contrôle en mettant en place un « médiateur » chargé de contrôler les listes établies par le « Comité 1267 » contre Al-Qaida du Conseil de sécurité, avec la résolution n° 1904 du 17 décembre 2009. Le mandat du Bureau du médiateur a été depuis régulièrement renouvelé, notamment par la résolution 2253 (2015), qui étend la compétence du Comité aux personnes associées à l'organisation État islamique.

section 3

Le champ des compétences

203 Sans pouvoir être exhaustif, il importe de préciser les règles de répartition des compétences entre les principaux organes et les différents types d'activités des Nations Unies.

§ 1 La répartition des compétences

204 Les buts des Nations Unies sont particulièrement généraux. Il s'agit en effet essentiellement, d'une part, de « maintenir la paix et la sécurité internationales et à cette fin : prendre des mesures collectives efficaces en vue de prévenir et d'écarter les menaces à la paix et de réprimer tout acte d'agression ou autre rupture de la paix, et réaliser, par des moyens pacifiques, conformément aux principes de la justice et du droit international, l'ajustement ou le règlement de différends ou de situations, de caractère international, susceptibles de mener à une rupture de la paix » et, d'autre part, de « réaliser la coopération internationale en résolvant les problèmes internationaux d'ordre économique, social, intellectuel ou humanitaire, en développant et en encourageant le respect des droits de l'homme et des libertés fondamentales pour tous, sans distinction de race, de sexe, de langue ou de religion ». Sur cette base particulièrement large, les compétences de l'ONU se répartissent principalement en trois grands domaines d'activité : le maintien de la paix et de la sécurité internationales, le développement – qui n'est plus seulement économique mais « durable » et intègre donc des préoccupations environnementales et sociales – et les droits de

l'homme, troisième pilier de l'Organisation, même si c'est un pilier nettement plus « court » que les autres au regard de la part du budget qui lui est allouée (environ 3 pour cent).

La Charte donne une compétence spécifique au Conseil de sécurité en lui attribuant « la responsabilité principale du maintien de la paix et de la sécurité internationales ». 205 ■
Il est même précisé que les membres des Nations Unies « reconnaissent qu'en s'acquittant des devoirs que lui impose cette responsabilité le Conseil de sécurité agit en leur nom » (art. 24, § 1). De son côté, le secrétaire général peut seulement « attirer l'attention du Conseil de sécurité sur toute affaire qui, à son avis, pourrait mettre en danger le maintien de la paix et de la sécurité internationales » (art. 99).

Cette compétence du Conseil de sécurité est exclusive puisque, comme le stipule l'article 12 : « tant que le Conseil de sécurité remplit à l'égard d'un différend ou d'une situation quelconque les fonctions qui lui sont attribuées par la présente Charte, l'Assemblée générale ne doit faire aucune recommandation sur ce différend ou cette situation ». Hormis cette limite, l'Assemblée générale « peut discuter toutes questions ou affaires rentrant dans le cadre de la présente Charte ou se rapportant aux pouvoirs et fonctions de l'un quelconque des organes prévus dans la présente Charte, et sous réserve des dispositions de l'article 12, formuler sur ces questions ou affaires des recommandations aux membres de l'Organisation des Nations Unies, au Conseil de sécurité, ou aux membres de l'Organisation et au Conseil de sécurité » (art. 10).

Cette répartition pourtant claire a posé un problème de principe lors de la guerre de 206 ■
Corée (M.-F. Labouz, *L'ONU et la Corée*, 1980). En 1950, en l'absence de l'Union soviétique – qui pratiquait la politique de la « chaise vide » pour protester contre l'absence de la Chine communiste – le Conseil de sécurité avait lancé une vaste opération militaire en Corée avant de se trouver de nouveau paralysé par le retour de l'URSS. Devant cette impasse, les États-Unis qui disposaient alors d'une majorité automatique à l'Assemblée générale, ont favorisé un glissement de compétences avec la résolution n° 377 (V) du 3 novembre 1950, *Union pour le maintien de la paix* (dite résol. Dean Acheson, du nom du secrétaire d'État américain). Celle-ci prévoit que lorsque « le Conseil de sécurité manque à s'acquitter de sa responsabilité principale », l'Assemblée peut recommander aux États « les mesures collectives à prendre », y compris l'« emploi de la force armée ».

Ce précédent, mis en œuvre avec la convocation d'une session extraordinaire d'urgence de l'Assemblée générale par le Conseil de sécurité lui-même, coup sur coup, en 1956 pour les crises de Suez et de Budapest, puis en 1960 avec « la question du Congo (ex-belge) » a été critiqué dès l'origine par l'URSS et, par la suite, par la France, notamment lors de l'affaire du Congo (Avis, 20 juill. 1962, *Certaines dépenses des Nations Unies, Rec.* 151). Il permet en effet à l'Assemblée générale d'intervenir dans le domaine de compétence propre du Conseil de sécurité pour remettre en cause le droit de veto des grandes puissances.

Dans son avis du 9 juillet 2004 sur les *Conséquences juridiques de l'édification d'un mur dans le territoire palestinien occupé*, la Cour internationale de Justice s'est penchée sur la pratique ultérieure de la résolution n° 377 A (V) en relevant que l'article 24 « fait mention d'une compétence principale mais pas nécessairement exclusive » (§ 26). Or la Cour constate une évolution de la pratique des deux organes : « [d]e fait, la Cour relève l'existence d'une tendance croissante à voir l'Assemblée générale et le Conseil de sécurité examiner parallèlement une même question relative au maintien de la paix et de la sécurité internationales (voir par exemple, les cas de Chypre, de l'Afrique du Sud, de l'Angola, de la Rhodésie du Sud et, plus récemment, de la Bosnie-Herzégovine et de la Somalie). Il est souvent arrivé qu'alors que le Conseil de sécurité tendait à privilégier les aspects de ces questions touchant à la paix et à la sécurité internationales, l'Assemblée générale les envisage sous un angle plus large et en examine également les aspects humanitaires, sociaux et économiques » (*id.*, § 27).

Cette question de la « primauté » du Conseil de sécurité reste son « talon d'Achille », alors que sa légitimité est de plus en plus remise en cause. La tentation est en effet de plus en plus grande de jouer l'Assemblée générale, ou ses organes subsidiaires comme le Conseil des droits de l'homme, contre le Conseil de sécurité en cas de paralysie prolongée de ce dernier qu'il s'agisse de la question palestinienne ou de la crise syrienne. C'est seulement en s'adaptant aux évolutions extérieures – en dehors même de toute réforme radicale comme son élargissement – par une plus grande transparence de ses méthodes et par un souci d'éviter les « doubles standards » que le Conseil de sécurité pourra justifier sa « responsabilité principale ». Encore faut-il que les États – à commencer par les plus puissants – ne remettent pas en cause eux-mêmes ce rôle en court-circuitant les Nations Unies. L'appui sur les organisations régionales visées au chapitre VIII peut constituer une voie moyenne pour régler des crises locales sur une base *ad hoc* avec les pays voisins et intéressés, en relayant l'action du Conseil de sécurité, comme avec la CEDEAO, pour la Côte d'Ivoire ou le Mali, ou avec la Ligue arabe en Syrie, alors que l'intervention de l'OTAN en Libye avait suscité de fortes réticences.

§ 2 Les types d'activités

207 Pour la Charte, les Nations Unies sont « un centre où s'harmonisent les efforts des nations vers ces fins communes » (art. 1er, § 4). À cet égard, l'Organisation mondiale est souvent dénoncée comme un simple forum de discussion qui agirait peu, voire pas du tout. Ce jugement est à la fois injuste et erroné. Injuste parce que dans une société internationale conflictuelle et marquée par la violence, servir de forum à des discussions entre États – agrégeant aussi des groupes nationaux ou transnationaux de la société civile – est déjà en soi une fonction essentielle, qui contribue à la compréhension mutuelle, à la résolution des conflits et au maintien de la paix internationale. Faux, parce que ces discussions infinies, loin de mener nulle part, conduisent à l'élaboration de nouvelles normes et à la mise en œuvre d'activités opérationnelles sur le terrain, en étroite coopération avec les États.

A. Les activités normatives

208 En dehors de leur capacité à développer le droit interne de l'Organisation, les Nations Unies ont une compétence normative, marquée en particulier par la mission « de développer la coopération internationale dans le domaine politique et encourager le développement progressif du droit international et sa codification » (art. 13, § 1). Ceci se traduit par le rôle des organes onusiens dans l'élaboration des normes internationales.

Les travaux de l'ONU servent tout d'abord de cadre à la diplomatie multilatérale, en permettant aux États d'adopter des conventions « sous les auspices des Nations

Unies ». Sans être partie prenante, au sens de la convention de Vienne de 1986 sur le droit des traités entre États et organisations internationales, l'ONU n'est pas non plus un « tiers » à l'égard de ces conventions. Très souvent, l'élaboration de la convention s'est faite en son sein, soit dans ses organes spécialisés (Commission du droit international, Commission des droits de l'homme, Commission du désarmement), soit lors de réunions *ad hoc* (IIIe conférence sur le droit de la mer par exemple). De même l'adoption peut être faite par l'Assemblée générale elle-même ou à l'occasion d'une conférence de plénipotentiaires (conférences de Vienne sur le droit des traités ou conférence de Rome sur la Cour pénale internationale). Mais surtout, l'Organisation garde un droit de regard sur le suivi du traité. Le secrétaire général est ainsi le dépositaire de nombreux traités parmi les plus importants (v. *L'État des traités dont le Secrétaire général est le dépositaire*, publié chaque année et disponible sur le site internet treaties.un.org). À ce titre, il lance chaque année un « appel à ratification » en regroupant une série de traités qui lui semblent prioritaires sous un titre qui se veut mobilisateur : « Vers une participation et une mise en œuvre universelles », et en organisant une cérémonie de signatures et de ratifications, en marge de l'ouverture de l'Assemblée générale des Nations Unies, la dernière semaine de septembre à New York.

Ces développements conventionnels sont d'une importance majeure, en ce qu'ils permettent l'adoption de régimes juridiques sur le long terme, mais ne sont pas pour autant majoritaires dans l'actitivité normative des Nations Unies. Celle-ci est en effet constituée essentiellement par la production d'instruments ou de normes que l'on qualifie souvent, un peu rapidement, de droit souple ou *soft law*[Q]. En fait, cette catégorie recouvre une très grande diversité d'instruments, allant de résolutions exploratoires, parfois fondées sur des rapports d'experts ou de groupes de travail, jusqu'aux déclarations, « principes » ou « directives », qui forment un « droit déclaratoire » dont le contenu normatif a parfois une plus grande postérité et une plus grande effectivité que les dispositions d'une convention internationale. Surtout, il faut prendre en compte l'effet retors que peut avoir un traité non ratifié, les États se prévalant souvent de leur non-consentement pour prétendre ne pas être lié par une norme contenue dans ce traité. Un tel effet n'existe pas avec le droit « déclaratoire », à partir du moment où il prétend précisément fixer sous une forme écrite des principes d'origine coutumière ou formulés suivant la technique des « principes généraux ». De tels textes sont adoptés par les organes politiques, comme les grandes « déclarations » (Déclaration universelle des droits de l'homme, Déclaration « 2625 » ou « 1514 »...), mais aussi, et y compris par l'organe de codification du droit international par excellence, la Commission du droit international, qui tend ces dernières années à privilégier la rédaction d'« articles » plutôt que de conventions internationales en bonne et due forme (par ex. les « articles » sur la responsabilité de l'État pour fait internationalement illicite, résolution 56/83 de l'Assemblée générale).

Il faut faire une place à part au « droit programmatoire » qui, sans être contraignant 209 ■
pour les États, fixe les principes et les orientations des activités des Nations Unies et de leurs membres. Ce peut être le fait aussi bien des organes réguliers de l'Organisation que de conférences convoquées dans le cadre des Nations Unies, comme la résolution n° S. 10/2 de la session extraordinaire de l'Assemblée générale sur le désarmement en 1978, le Sommet de Rio de 1992 sur l'environnement et le développement, ou encore la « déclaration et programme d'action » de la Conférence mondiale sur les droits de l'homme de Vienne en 1993. De même, les Objectifs du

millénaire pour le développement, adoptés lors du sommet mondial de 2000, ont servi de cadre de référence aux efforts entrepris jusqu'en 2015 dans une série de secteurs clefs, avec des évaluations annuelles et un premier bilan à mi-parcours (*Millenium Development Goals Report*, 2009), avant que le relais ne soit pris par les Objectifs pour le développement durable (ODD) adoptés lors du Sommet mondial de 2015, à l'horizon 2030. Ces textes traduisant un consensus de base constituent des références obligées pour les travaux ultérieurs de l'Organisation. Il en va de même pour les organisations spécialisées, avec par exemple le programme « Éducation pour tous » de l'UNESCO qui débouche sur des rapports annuels fondés sur des indicateurs quantitatifs et qualitatifs (*Education for All, Global Monitoring Report*).

B. Les activités opérationnelles

210 Les activités opérationnelles sont d'une tout autre nature. Elles mobilisent les moyens humains, matériels et financiers importants pour des activités sur le terrain. En dehors des activités de maintien de la paix qui feront l'objet d'une étude à part et qui occupent une place importante (v. ss 394 s.), il s'agit de missions très diverses de coopération internationale, menées le plus souvent par l'intermédiaire d'un *organe spécialisé*[Q] membre de la « famille des Nations Unies », ou encore d'un des fonds ou programmes créés par un des organes principaux des Nations Unies, comme l'Assemblée générale ou le Conseil économique et social. L'organigramme des Nations Unies (*v.* rubrique Documents ci-dessous) fait ainsi apparaître une véritable galaxie d'organisations, institutions et programmes qui interviennent dans le domaine du développement, de l'aide humanitaire ou des droits de l'homme. Le fonds des Nations Unies pour l'enfance (UNICEF), par exemple, coopère avec les États pour développer un cadre législatif approprié à la protection de l'enfance, mais aussi appuie les États ou leur donne les moyens d'opérer des campagnes de vaccinations ou participe à des opérations humanitaires en direction des enfants en situations d'urgence. De même, le programme des Nations Unies pour le développement (PNUD) constitue l'une des principales agences à intervenir à travers ses présences dans quelques 170 États sur des questions variées liées au développement, tout en publiant tous les ans le Rapport mondial sur le développement humain, qui se base sur des indicateurs tirés de la notion de « capabilité » dégagée par Amartya Sen pour mesurer le progrès des sociétés, plutôt que sur des indicateurs strictement économiques. Quant au Haut Commissariat aux droits de l'homme, une bonne partie de son activité se déploie sur le « terrain », à travers des bureaux dans une dizaine de pays, autant de bureaux « régionaux », et des personnels délégués dans le cadre des missions de maintien de la paix : les missions de ces fonctionnaires vont du soutien aux autorités dans l'élaboration des recommandations jusqu'à l'établissement des faits. À travers ces multiples opérations, le secrétaire général, en tant que « chef » de l'Organisation, met l'accent sur l'importance de la prévention, comme facteur de stabilité et de développement, mais les efforts à long terme des Nations Unies sont trop souvent éclipsés par la multiplication des crises urgentes, dans une situation de pénurie financière imposée par les États membres. Par la force des choses, l'ONU est souvent appelée à se concentrer sur son rôle de « pompier ». C'est dire si, sur le terrain, le relais des organisations non gouvernementales (ONG) et des grandes fondations privées s'avère indispensable.

Riche de toutes ses composantes, la « famille des Nations Unies » a souvent de la peine à mettre de l'ordre dans ses activités. Certes, la plupart des institutions, agences ou programmes ont un objectif bien particulier et en apparence limité : protection des enfants, promotion de la culture, fourniture d'aide alimentaire, défense des droits de l'homme... Mais c'est ignorer que les recoupements sont fréquents : un des textes de référence de l'UNICEF est la Convention sur les droits de l'enfant, un instrument en matière de droits de l'homme et si ses actions ciblent les enfants, elles visent à promouvoir leurs droits, à protéger leur santé et à leur porter une aide alimentaire en cas de catastrophe naturelle... 211 ■

Une des quêtes des Secrétaires généraux successifs a donc été de traquer les doubles-emplois et de tenter de « coordonner » différentes institutions qui, en persévérant dans leur être, tendent à devenir jalouses de leur autonomie et de leurs prérogatives et par conséquent à être rétives à toute forme de coordination.

Même si le problème est connu depuis longtemps, les États s'en sont saisis à travers le thème de la « cohérence du système des Nations Unies » dans le document du Sommet mondial de 2005, en préconisant notamment de « renforcer les liens entre les activités normatives et opérationnelles du système » et d'assurer « dans les pays une présence des Nations Unies qui soit plus efficace, rationnelle, cohérente et concertée et qui donne de meilleurs résultats, et [de] renforcer le rôle du haut fonctionnaire dans un pays » (Document final, résolution 60/1, § 168-169). Suivant ces suggestions, Kofi Annan a nommé un Groupe de haut niveau sur la cohérence de l'action du système des Nations Unies dirigé par trois Premiers ministres, qui dans son rapport (A/61/583, 20 novembre 2006) a mis le doigt sur la « fragmentation » et « le manque de rationalité et d'efficacité » du système, et préconisé une « unité » opérationnelle dans les pays, par-delà la diversité des agences impliquées. L'initiative « Unis dans l'action » n'a toutefois connu qu'un succès relatif, mais l'adoption du Programme pour le développement durable en 2015 a permis de remettre la question sur le métier, avec l'impulsion donnée par le nouveau secrétaire général António Guterres. À la suite de plusieurs rapports du secrétaire général, l'Assemblée générale a ainsi validé en 2017 une approche qui pourrait donner naissance à « une nouvelle génération d'équipes de pays » (rapport du 21 décembre 2017, A/72-/684-E/2018/7). Ainsi, le « coordinateur résident » qui jusqu'ici était le plus souvent également le chef du PNUD – et ce faisant mal placé pour coordonner les autres institutions – devrait être remplacé par une personnalité indépendante dotée d'une pleine autorité sur toutes les institutions parties prenantes et avec pour feuille de route le plan-cadre des Nations Unies pour l'aide au développement, celui-ci étant lui-même orienté vers la réalisation des objectifs du développement durable (résolution 72/279, *Repositionnement du système des Nations Unies pour le développement dans le cadre de l'examen quadriennal complet des activités opérationnelles de développement du système des Nations Unies*, 31 mai 2018, § 8). D'autres initiatives de « mise en cohérence » importantes ont été prises dans le même sens, y compris après le Sommet de 2005, telle que la création d'ONU-Femmes, décidée par l'Assemblée générale, qui procède de la fusion de quatre institutions préexistantes, ceci en vue de favoriser le *mainstreaming* de la problématique de l'égalité dans tout le système des Nations Unies (résolution A/64/289, 2 juillet 2010, § 49).

Compléments pédagogiques

Quid

■ Consensus n° 188

Accord général sur un texte qui se traduit par son adoption sans vote.

■ Juges *ad litem* n° 184

Littéralement « pour un procès ». Il s'agit de juges suppléants siégeant avec les juges permanents dans les chambres, pour renforcer de manière provisoire les effectifs d'une juridiction pénale et faire face à l'afflux du contentieux.

■ Organe n° 186

Composante, le plus souvent collective, de la structure interne d'une organisation internationale, ayant sa volonté propre.

■ Organe principal n° 186

La Charte crée six « organes principaux » : « une Assemblée générale, un Conseil de sécurité, un Conseil économique et social, un Conseil de tutelle, une Cour internationale de justice et un Secrétariat » (art. 7, § 1). Ces organes peuvent à leur tour créer des « organes subsidiaires ».

■ Organes spécialisés n° 210

Organisations internationales, ayant des compétences techniques mais « reliées » à l'Organisation (Charte, art. 57 et 63) pour former le « système des Nations Unies ».

■ Organisation internationale (OI) n° 174

Ou organisation internationale gouvernementale, ou encore organisation intergouvernementale, sujet de droit international créé par un groupe d'États et doté d'une personnalité juridique. Ne pas confondre « organe » et « organisation », s'agissant par exemple des branches du secrétariat et des institutions spécialisées.

■ Organisation non gouvernementale (ONG) n° 191

Association privée à but non lucratif, créée soit dans le cadre national soit dans le cadre international, pouvant bénéficier d'un « statut consultatif » auprès d'une organisation internationale (Charte, art. 71).

■ Organisation régionale n° 176

Organisation internationale créée dans un cadre régional. Par exemple les organisations européennes comme l'Union européenne et le Conseil de l'Europe.

■ *Soft law* n° **208**

Littéralement « droit souple », « droit vert » (R.-J. Dupuy), formule qui vise le « droit déclaratoire », issu des actes concertés non conventionnels ou des résolutions des organisations internationales, par opposition à *hard law* : « droit dur » ou « droit mûr »... En fait, il s'agit d'un droit en gestation qui n'a pas encore acquis le caractère d'une obligation juridique s'imposant aux États.

■ Veto n° **195**

Opposition à l'adoption d'un texte par un membre permanent du Conseil de sécurité. En principe la Charte exige le « vote affirmatif » des membres permanents dans le calcul de la majorité qualifiée nécessaire à l'adoption d'une résolution mais, en pratique, une abstention ne constitue pas un veto (Charte, art. 27, § 3).

■ Unanimité n° **196**

Vote qui recueille l'approbation de tous les participants. Ne pas confondre avec le consensus. Le vote peut être nominal ou anonyme.

Documents

1) La structure de l'ONU

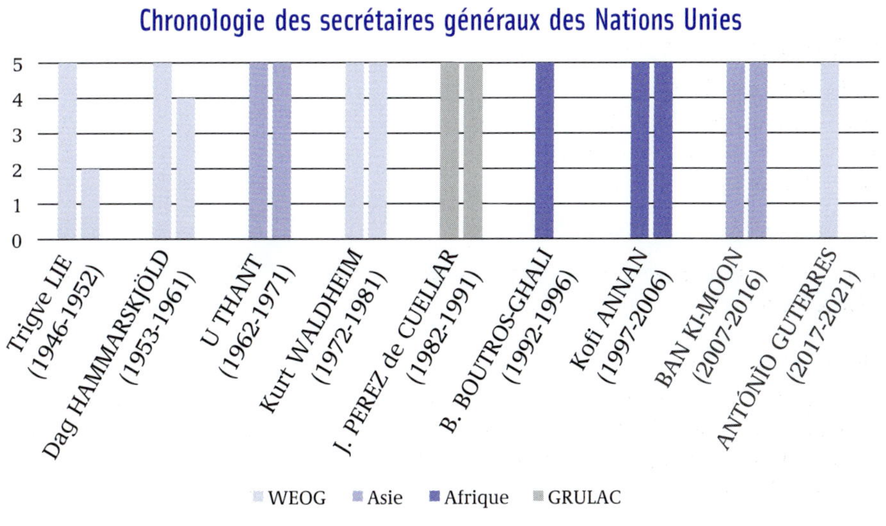

À partir de 1962, une logique de rotation entre les groupes géopolitiques s'est imposée avec la pratique générale de deux mandats consécutifs de cinq ans. Cette régularité, qui a marqué les mandats d'U Thant (Asie) pendant les années soixante, de Kurt Waldheim (Europe occidentale) pendant les années soixante-dix et de Javier Perez de Cuellar (Amérique latine) pendant les années quatre-vingt, a été rompue en 1996 par le veto américain à une réélection de Boutros Boutros-Ghali, le premier Africain à être secrétaire général. Après plus de 70 ans d'existence de l'ONU, les déséquilibres entre les groupes subsistent : trois membres du groupe occidental ont occupé le poste de secrétaire général (25 ans), deux membres du groupe asiatique (20 ans) et deux membres du groupe africain (15 ans), un membre du groupe latino-américain (10 ans) mais aucun membre du groupe d'Europe de l'Est, en raison même de la guerre froide. Mais d'autres critères sont apparus, à l'occasion de l'élection d'un nouveau secrétaire général en 2016, notamment l'exigence de parité qui se traduit par de nombreuses candidatures féminines même si, en définitive, c'est à nouveau un homme qui l'a remporté.

Organes principaux et organes subsidiaires (après la réforme de 2005-2006)

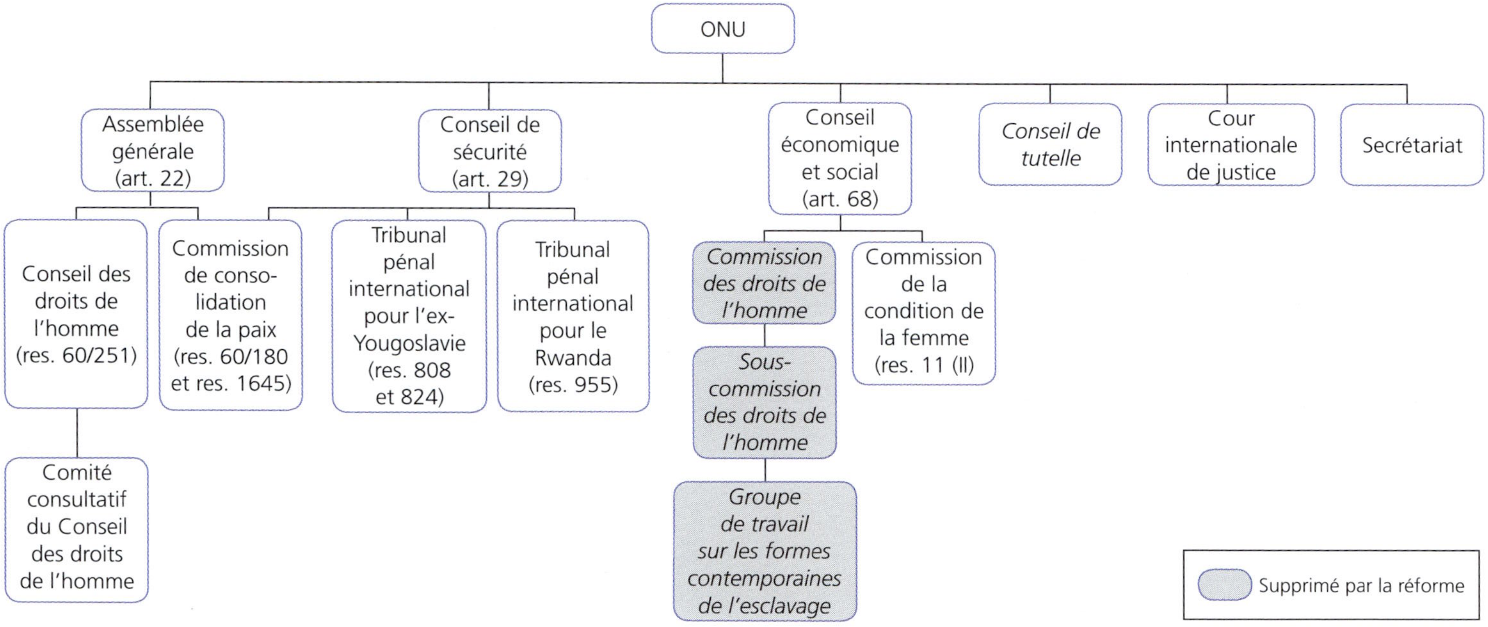

Les six organes principaux énumérés à l'article 7 de la Charte ont créé de nombreux organes subsidiaires : seuls quelques-uns sont présentés à titre d'illustration dans ce tableau. La réforme de 2005-2006 a entraîné la création de la commission de consolidation de la paix, organe subsidiaire commun au Conseil de sécurité et à l'Assemblée générale, et la création du Conseil des droits de l'homme. Dans le même temps des organes principaux, comme le conseil de tutelle, ou subsidiaire, comme la Commission des droits de l'homme, peuvent tomber en désuétude (ils figurent en italiques dans l'organigramme). Enfin, les organes subsidiaires également se voir dotés d'organes subsidiaires qui peuvent eux-mêmes avoir des organes subsidiaires, comme c'était le cas de la sous-commission des droits de l'homme. Là aussi, on s'en est tenu à un seul exemple.

La répartition des sièges au Conseil de sécurité

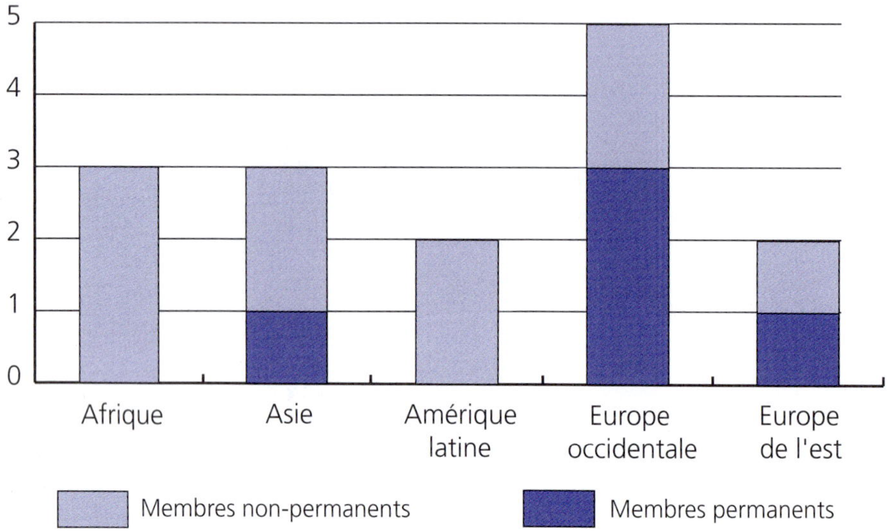

2) L'activité du Conseil de sécurité

Les résolutions du Conseil de sécurité

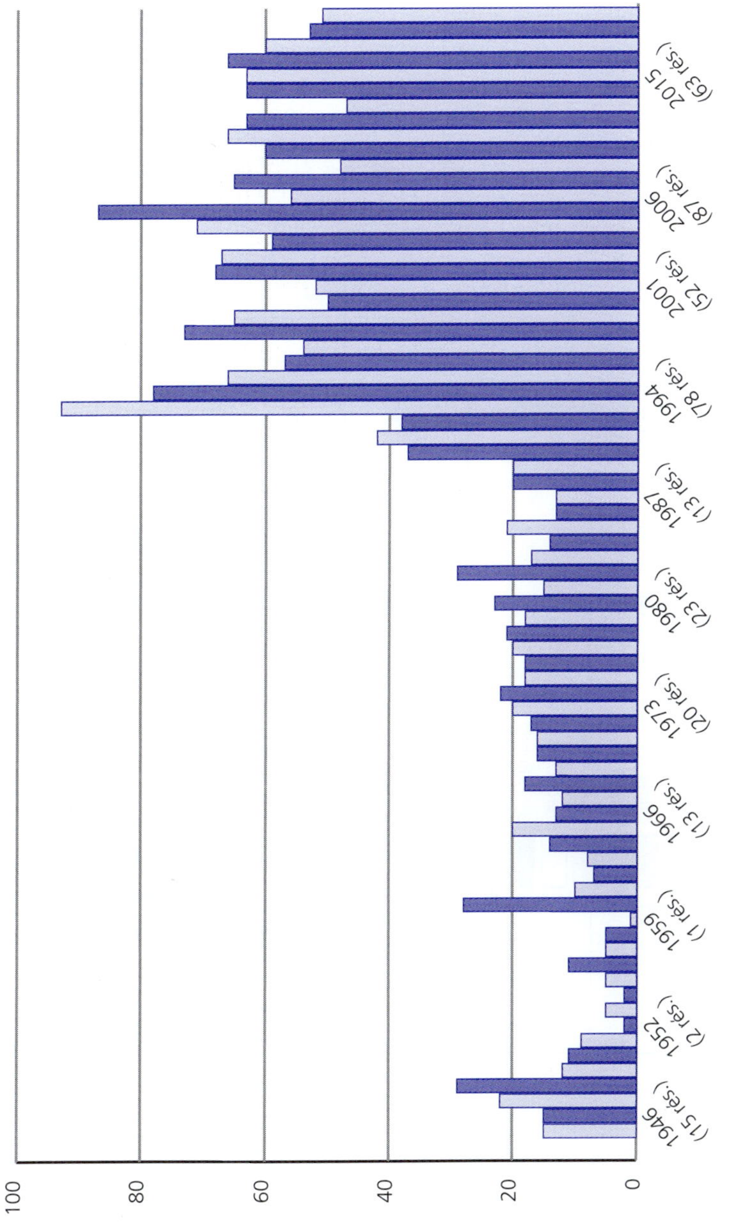

Le graphique montre l'activité croissante du Conseil de sécurité, avec des périodes de blocage complet pendant la guerre froide et des pics modestes, comme en 1948, en 1960 ou en 1982. Il a fallu attendre 1991 pour dépasser la barre de 40 résolutions, chiffre vite doublé avec un plafond de 97 résolutions en 1993. Pour les deux dernières années, 2018 et 2019, on note un retour à une cinquantaine de résolutions par an.

Évolution annuelle du nombre de veto au Conseil de sécurité

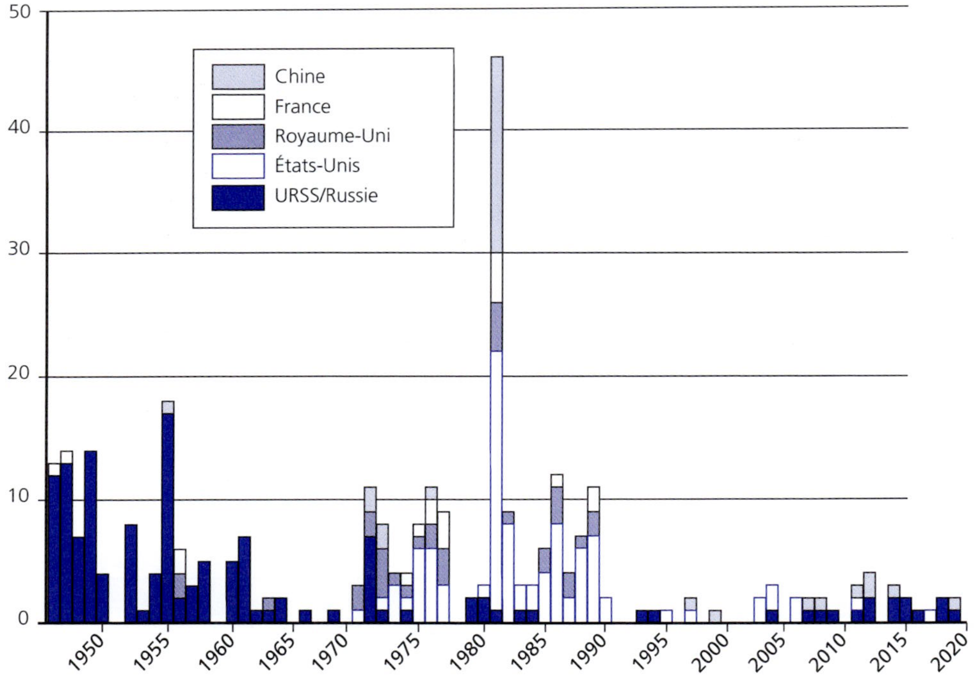

Le graphique fait apparaitre des cycles politiques de longue durée, même si les périodes de « non veto » restent rares, comme en 2013. Ainsi, à l'évidence, l'URSS a été un grand consommateur pendant toute la guerre froide, avant d'être relayée par les États-Unis dans les années 1970, avec la crise au Proche-Orient. Dans les années récentes, c'est de nouveau la Russie qui utilise sans scrupule le « droit de veto », même si les chiffres ne traduisent pas la paralysie persistante du Conseil de sécurité face aux crises, notamment en Syrie.

3) Les États membres de l'ONU et leur contribution au budget ordinaire

Progression du nombre des États membres de l'ONU (Source ONU)

1945	51 membres	Afrique du Sud, Arabie Saoudite, Argentine, Australie, Belarus, Belgique, Bolivie, Brésil, Canada, Chili, Chine, Colombie, Costa Rica, Cuba, Danemark, Égypte, El Salvador, Équateur, États-Unis d'Amérique, Éthiopie, Fédération de Russie, France, Grèce, Guatemala, Haïti, Honduras, Inde, Iran, Iraq, Liban, Libéria, Luxembourg, Mexique, Nicaragua, Norvège, Nouvelle-Zélande, Panama, Paraguay, Pays-Bas, Pérou, Philippines, Pologne, République arabe syrienne, République dominicaine, Royaume-Uni de Grande-Bretagne et d'Irlande du Nord, Tchécoslovaquie, Turquie, Ukraine, Uruguay, Venezuela, Yougoslavie (membres originaires)
1946	55	Afghanistan, Islande, Suède, Thaïlande
1947	57	Pakistan, Yémen
1948	58	Myanmar
1949	59	Israël
1950	60	Indonésie
1955	76	Albanie, Autriche, Bulgarie, Cambodge, Espagne, Finlande, Hongrie, Irlande, Italie, Jamahiriya arabe libyenne, Jordanie, Népal, Portugal, République démocratique populaire Lao, Roumanie, Sri Lanka
1956	80	Japon, Maroc, Soudan, Tunisie
1957	82	Ghana, Malaisie
1958	82	Guinée (*a*)
1960	99	Bénin, Burkina Faso, Cameroun, Chypre, Congo, Côte d'Ivoire, Gabon, Madagascar, Mali, Niger, Nigéria, République centrafricaine, République démocratique du Congo, Sénégal, Somalie, Tchad, Togo
1961	104	Mauritanie, Mongolie, République unie de Tanzanie, Sierra Leone
1962	110	Algérie, Burundi, Jamaïque, Ouganda, Rwanda, Trinité-et-Tobago
1963	112	Kenya, Koweït
1964	115	Malawi, Malte, Zambie
1965	117	Gambie, Maldives, Singapour
1966	122	Barbade, Botswana, Guyana, Lesotho

1967	123	Yémen démocratique
1968	126	Guinée équatoriale, Maurice, Swaziland
1970	127	Fidji
1971	132	Bahreïn, Bhoutan, Émirats arabes unis, Oman, Qatar
1973	135	Bahamas, République démocratique d'Allemagne, République fédérale d'Allemagne (*b*)
1974	138	Bangladesh, Grenade, Guinée-Bissau
1975	144	Cap-Vert, Comores, Mozambique, Papouasie-Nouvelle-Guinée, Sao Taomé-et-Principe, Suriname
1976	147	Angola, Samoa, Seychelles
1977	149	Djibouti, Viêtnam
1978	151	Dominique, Îles Salomon
1979	152	Sainte-Lucie
1980	154	Saint-Vincent-et-les Grenadines, Zimbabwe
1981	157	Antigua et Barbuda, Belize, Vanuatu
1983	158	Saint Kitts-et-Nevis
1984	159	Brunéi
1990	159	Liechtenstein, Namibie (*b*)
1991	166	Estonie, États fédérés de Micronésie, Îles Marshall, Lettonie, Lituanie, République de Corée, République populaire démocratique de Corée
1992	179	Arménie, Azerbaïdjan, Bosnie-Herzégovine, Croatie, Géorgie, Kazakhstan, Kirghizistan, Ouzbékistan, Moldova, Saint-Marin, Slovénie, Tadjikistan, Turkménistan
1993	184	Andorre, Erythrée, ex-République yougoslave de Macédoine (FYROM), Monaco, République slovaque, République tchèque
1994	185	Palaos
1999	188	Kiribati, Nauru, Tonga
2000	189	Tuvalu, Serbie-et-Montenegro (*c*)
2002	191	Timor Leste, Suisse
2006	192	Montenegro
2011	193	Sud-Soudan

(a) L'éphémère création de la République arabe unie (RAU), regroupant l'Égypte et la Syrie a laissé le total des États membres inchangé en 1958. (b) À la suite de la réunification allemande, qui a pris effet le 3 octobre 1990, seule la RFA a continué à siéger au sein des Nations Unies. (c) La Serbie-et-Montenegro est admise comme nouveau membre à la place de l'ancienne Yougoslavie. En 2006, à la suite de l'admission du Montenegro, elle prend le nom de Serbie.

États membres de l'ONU

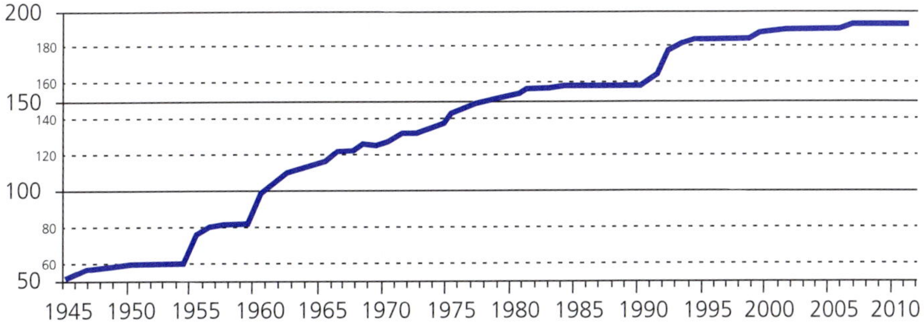

Quote-parts des principaux États contributeurs au budget ordinaire de l'ONU

	2019-2021 A/RES/73/271
ÉTATS-UNIS	22 %
CHINE	12 %
JAPON	8,56 %
ALLEMAGNE	6,09 %
UK	4,567 %
FRANCE	4,427 %
ITALIE	3,30 %
BRESIL	2,948 %
CANADA	2,734 %
RUSSIE	2,405 %
CORÉE	2,267 %
AUSTRALIE	2,21 %
ESPAGNE	2,146 %
TURQUIE	1,37 %
PAYS-BAS	1,35 %
MEXIQUE	1,29 %
ARABIE	1,17 %
SUISSE	1,15 %
ARGENTINE	0,915 %
SUÈDE	0,906 %

Évolution de la quote-part des principaux États contributeurs au budget ordinaire de l'ONU

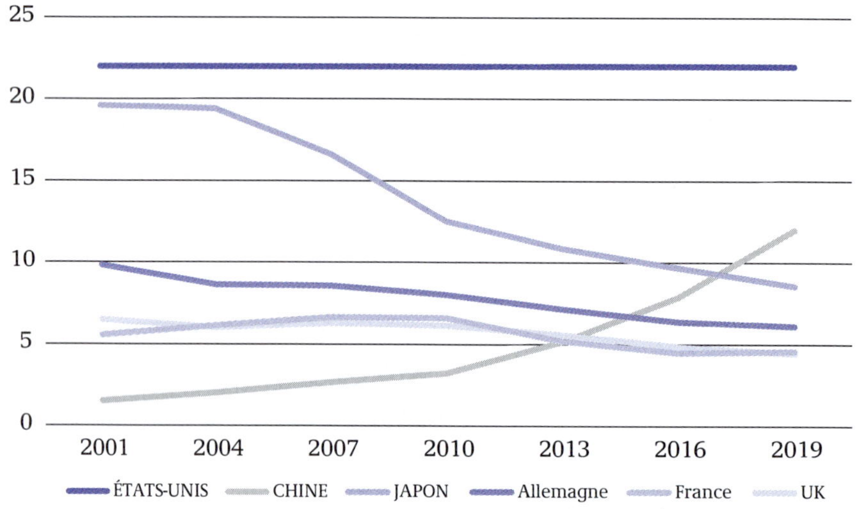

En vingt ans, le barème des contributions obligatoires a considérablement évolué, avec des ruptures marquées. Si les États-Unis restent le premier contributeur, avec une quote-part plafonnée à 22 %, il faut se rappeler que cette quote-part était de 33 % dans les années 1960 et 1970, avant de passer à 25 % dans les années 1980 et 1990. Le recul américain qui avait été compensé dans un premier temps par le Japon, se voit aujourd'hui comblé par la Chine, qui affirme son poids financier en devenant le 2e contributeur. Devancés par l'Allemagne, depuis les années 1980, la France et le Royaume-Uni s'efforcent de conserver la 5e place *ex aequo*. On notera que la Russie, en tant que membre permanent, n'a pas un poids économique à la hauteur de son rôle politique. Lors du dernier ajustement voté par la 5e Commission (A/RES/73/271) pour les années 2019-2021, la Russie se trouve au 10e rang, entre le Canada et la Corée du sud, avec une quote-part de 2,4 %.

Barème des contributions obligatoires au budget ordinaire des Nations Unies

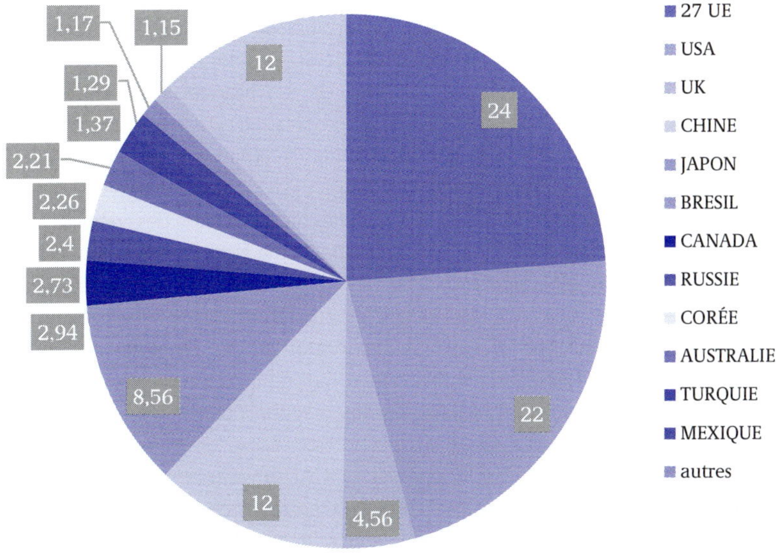

Ce que le barème des contributions obligatoires au budget ordinaire des Nations Unies pour les années 2019-2021 (A/RES/73/271), avec sa liste de quoteparts classées par ordre alphabétique, ne révèle pas d'un premier coup d'œil, c'est que les 27 États membres de l'Union européenne sont – collectivement – le plus gros contributeur, avec 24 %, devançant ainsi les Éats-Unis dont la contribution est plafonnée à 22 %. Autrement dit, l'UE, les USA et l'UK versent plus de la moitié du budget annuel, avec 50,56 %. En dehors de la Chine avec 12 % et du Japon, tombé à 8,56 %, une dizaine d'États ont une contribution supérieure à 1 %, du Brésil et du Canada, à l'Arabie saoudite et la Suisse. La contribution totale des 150 autres membres représente les 12 % restant, sachant que nombre d'États sont au plancher de 0,001 % qui a été fixé comme contribution minimum.

4) La personnalité internationale de l'ONU et le principe de spécialité

CIJ 11 mai 1949, avis consultatif, *Réparation des dommages subis au service des Nations Unies – « Comte Bernadotte »* (*Rec.* 178-180 ; *ibid.* 184-185)

Mais, dans l'ordre international, l'Organisation a-t-elle une nature qui comporte la qualité pour présenter une réclamation internationale ? Pour répondre à cette question, il faut tout d'abord déterminer si la Charte a donné à l'Organisation une condition telle qu'elle ait vis-à-vis de ses membres des droits dont elle ait qualité pour leur demander le respect. En d'autres termes, l'Organisation est-elle revêtue de la personnalité internationale ? Cette dernière expression est, sans doute, une expression de doctrine qui, parfois, a été contestée. Mais elle sera employée ici pour exprimer que l'Organisation, si elle est reconnue comme possédant cette personnalité, est une entité capable d'être bénéficiaire d'obligations incombant à ses membres.

Pour répondre à cette question, qui n'est pas tranchée par les termes mêmes de la Charte, il faut considérer les caractères que celle-ci a entendu donner à l'Organisation.
Les sujets de droit, dans un système juridique, ne sont pas nécessairement identiques quant à leur nature ou à l'étendue de leurs droits ; et leur nature dépend des besoins de la communauté. Le développement du droit international, au cours de son histoire, a été influencé par les exigences de la vie internationale, et l'accroissement progressif des activités collectives des États a déjà fait surgir des exemples d'action exercée sur le plan international par certaines entités qui ne sont pas des États. Ce développement aboutit, en juin 1945, à la création d'une organisation internationale dont les buts et les principes sont énoncés dans la Charte des Nations Unies. Pour atteindre ces buts, il est indispensable que l'Organisation ait la personnalité internationale.
La Charte ne s'est pas bornée à faire simplement de l'Organisation créée par elle un centre où s'harmoniseraient les efforts des nations vers des fins communes définies par elle (art. 1er, § 4). Elle lui a donné des organes ; elle lui a assigné une mission propre. Elle a défini la position des membres par rapport à l'Organisation en leur prescrivant de lui donner pleine assistance dans toute action entreprise par elle (art. 2, § 5), d'accepter et d'appliquer les décisions du Conseil de sécurité ; en autorisant l'Assemblée générale à leur adresser des recommandations, en octroyant à l'Organisation une capacité juridique, des privilèges et immunités sur le territoire de chacun de ses membres, en faisant prévision d'accords à conclure entre l'Organisation et ses membres. La pratique, notamment par la conclusion de conventions auxquelles l'Organisation est partie, a confirmé ce caractère d'une Organisation placée, à certains égards, en face de ses membres, et qui, le cas échéant, a le devoir de rappeler à ceux-ci certaines obligations. (...)
De l'avis de la Cour, l'Organisation était destinée à exercer des fonctions et à jouir de droits – et elle l'a fait – qui ne peuvent s'expliquer que si l'Organisation possède une large mesure de personnalité internationale et la capacité d'agir sur le plan international. Elle est actuellement le type le plus élevé d'organisation internationale, et elle ne pourrait répondre aux intentions de ses fondateurs si elle était dépourvue de la personnalité internationale. On doit admettre que ses membres, en lui assignant certaines fonctions, avec les devoirs et les responsabilités qui les accompagnent, l'ont revêtue de la compétence nécessaire pour lui permettre de s'acquitter effectivement de ces fonctions.
En conséquence, la Cour arrive à la conclusion que l'Organisation est une personne internationale. Ceci n'équivaut pas à dire que l'Organisation soit un État, ce qu'elle n'est certainement pas, ou que sa personnalité juridique, ses droits et ses devoirs soient les mêmes que ceux d'un État. Encore moins cela équivaut-il à dire que l'Organisation soit un « super-État », quel que soit le sens de cette expression. Cela n'implique même pas que tous les droits et devoirs de l'Organisation doivent se trouver sur le plan international, pas plus que tous les droits et devoirs d'un État ne doivent s'y trouver placés. Cela signifie que l'Organisation est un sujet de droit international, qu'elle a la capacité d'être titulaire de droits et devoirs internationaux et qu'elle a la capacité de se prévaloir de ses droits par voie de réclamation internationale.
La question à examiner ensuite est celle de savoir si la somme des droits internationaux de l'Organisation comprend le droit de présenter des réclamations internationales de la nature de celles visées dans la présente demande d'avis. Il s'agit d'une réclamation contre un État pour obtenir réparation à raison du préjudice provenant d'un dommage causé à un agent de l'Organisation dans l'exercice de ses fonctions. Alors qu'un État possède, dans leur totalité, les droits et devoirs internationaux reconnus par le droit international, les droits et devoirs d'une entité telle que l'Organisation doivent dépendre des buts et des fonctions de celle-ci, énoncés ou impliqués par son acte constitutif et développés dans la pratique. Les fonctions de l'Organisation sont d'un caractère tel qu'elles ne pourraient être effectivement remplies si elles impliquaient

l'action commune sur le plan international de cinquante-huit ministères des Affaires étrangères ou plus ; la Cour en conclut que les membres ont conféré à l'Organisation qualité pour présenter des réclamations internationales que nécessiterait l'exercice de ses fonctions. (...)
La Charte ne confère pas expressément à l'Organisation qualité pour comprendre, dans sa demande de réparation, les dommages causés à la victime ou à ses ayants droit. La Cour doit donc commencer par rechercher si les dispositions de la Charte afférentes aux fonctions de l'Organisation et à la part prise par les agents de celle-ci à l'exercice desdites fonctions impliquent, pour l'Organisation, le pouvoir d'assurer à ses agents la protection limitée qui consisterait à présenter une demande à leur profit, afin d'obtenir réparation des dommages subis en de telles circonstances. Selon le droit international, l'Organisation doit être considérée comme possédant ces pouvoirs qui, s'ils ne sont pas expressément énoncés dans la Charte sont, par une conséquence nécessaire, conférés à l'Organisation en tant qu'essentiels à l'exercice des fonctions de celle-ci. Ce principe de droit a été appliqué à l'Organisation internationale du travail par la Cour permanente de justice internationale dans son avis consultatif n° 13, du 23 juillet 1926 (série B, n° 13, p. 18), et il doit l'être aux Nations Unies. (...)
À considérer le caractère des fonctions confiées à l'Organisation et la nature des missions de ses agents, il devient évident que la qualité de l'Organisation pour exercer, dans une certaine mesure, une protection fonctionnelle de ses agents, est nécessairement impliquée par la Charte. (...)
Il reste à savoir si l'Organisation a qualité pour présenter contre le gouvernement *de jure* ou *de facto* responsable une réclamation internationale en vue d'obtenir la réparation des dommages causés a) aux Nations Unies, b) à la victime ou à ses « ayants droit » quand l'État défendeur n'est pas membre de l'Organisation.
Lorsque l'on examine cet aspect de la question I a) et b), on doit avoir présents à l'esprit les motifs qui ont conduit la Cour à donner à cette question une réponse affirmative quand l'État défendeur est un membre de l'Organisation. Il a été établi que l'Organisation a qualité pour présenter des réclamations sur le plan international et qu'elle possède un droit de protection fonctionnelle à l'égard de ses agents. Ici encore la Cour est autorisée à supposer que le dommage subi engage la responsabilité d'un État, et elle n'est pas appelée à exprimer une opinion sur les différentes manières dont pareille responsabilité pourrait être engagée. Par conséquent, la question qui se pose est celle de savoir si l'Organisation a qualité pour présenter une réclamation contre l'État défendeur afin d'obtenir réparation à raison de ce dommage, ou si, au contraire, cet État, s'il n'est pas membre de l'Organisation, est fondé à objecter que la qualité pour présenter une réclamation internationale fait défaut à l'Organisation. À cet égard, la Cour est d'avis que cinquante États, représentant une très large majorité des membres de la communauté internationale, avaient le pouvoir, conformément au droit international, de créer une entité possédant une personnalité internationale objective – et non pas simplement une personnalité reconnue par eux seuls – ainsi que la qualité de présenter des réclamations internationales.

⇨ *L'Organisation des Nations Unies dispose d'une personnalité internationale. Cette personnalité est « objective » et s'impose à tous les États, y compris les États non membres de l'ONU. Cette personnalité juridique internationale implique que l'Organisation dispose de la capacité d'agir sur le plan international et notamment d'exercer une protection fonctionnelle au bénéfice de ses agents.*

CIJ 8 juill. 1996, avis consultatif, *Licéité de l'utilisation des armes nucléaires par un État dans un conflit armé (avis OMS)*
(*Rec.*, § 25)

25. La Cour a à peine besoin de rappeler que les organisations internationales sont des sujets de droit international qui ne jouissent pas, à l'instar des États, de compétences générales. Les organisations internationales sont régies par le « principe de spécialité », c'est-à-dire dotées par les États qui les créent de compétences d'attribution dont les limites sont fonction des intérêts communs que ceux-ci leur donnent pour mission de promouvoir. (…)
Les compétences conférées aux organisations internationales font normalement l'objet d'une formulation expresse dans leur acte constitutif. Néanmoins, les exigences de la vie internationale peuvent mettre en lumière la nécessité pour les organisations de disposer, aux fins d'atteindre leurs buts, de compétences subsidiaires non expressément prévues dans les textes fondamentaux qui gouvernent leur activité. Il est généralement admis que les organisations internationales peuvent exercer de tels pouvoirs dits « implicites ». (…)
De l'avis de la Cour, reconnaître à l'OMS la compétence de traiter de la licéité de l'utilisation des armes nucléaires – même compte tenu de l'effet de ces armes sur la santé et l'environnement – équivaudrait à ignorer le principe de spécialité ; une telle compétence ne saurait en effet être considérée comme nécessairement impliquée par la Constitution de l'Organisation au vu des buts qui ont été assignés à cette dernière par ses États membres.

⇨ *Les organisations internationales sont régies par le « principe de spécialité ». Contrairement aux États, elles ne jouissent pas de la plénitude des compétences mais ont une compétence d'attribution. Dès lors, l'OMS n'est pas habilitée à faire une demande d'avis consultatif à la Cour relative à la licéité de l'utilisation des armes nucléaires.*

5) La « réforme » de l'ONU est-elle toujours pour demain ?

Les textes suivants mettent en valeur la difficulté de « réformer » l'Organisation des Nations Unies. La non-réélection du secrétaire général Boutros Boutros-Ghali en 1996, au profit de Kofi Annan, traduisait essentiellement la volonté des États-Unis et d'un certain nombre d'autres États de « rationaliser » le fonctionnement d'une organisation jugée bureaucratique, en vue de la rendre à la fois moins coûteuse et plus efficace. Kofi Annan a donc commencé son mandat en proposant une série de réformes qualifiées par lui-même de « radicales », tout en précisant que la rénovation de l'ONU était un processus qui s'inscrivait dans la durée. Très vite, pourtant, le secrétaire général s'est heurté à des limites difficilement surmontables : la faiblesse du budget de l'ONU – qu'aucune « rationalisation » ne peut vraiment compenser si les contributeurs ne respectent par leurs obligations statutaires mais se servent de leurs dettes comme un moyen de chantage pour remettre en cause les activités de l'Organisation – et le manque de volonté politique des États pour réformer en profondeur les structures de l'Organisation, à commencer par le Conseil de sécurité… Quelques propositions ont finalement été endossées par les États lors du sommet des chefs d'États et de gouvernement de septembre 2005 mais on est bien loin de la radicalité préconisée au début du mandat de Kofi Annan. Les négociations se poursuivent aujourd'hui encore, notamment sur la composition du Conseil de sécurité.

Kofi Annan, *Rapport du millénaire du secrétaire général des Nations Unies*, A/54/2000, *VI. Rénover l'Organisation des Nations Unies*

D. Poursuivre la « révolution tranquille »

352. Si la communauté internationale était appelée demain à créer une nouvelle ONU, le résultat serait à coup sûr différent de l'Organisation que nous avons. Notre structure, en 2000, est le résultat de plus d'un demi-siècle de mandats émanant des États membres et, dans certains cas, la survivance de profonds désaccords politiques. S'il est généralement admis qu'il est nécessaire de faire de l'ONU une organisation plus moderne et plus souple, ce que nous pouvons faire reste très limité, à moins que les États membres ne soient prêts à envisager une véritable réforme des structures.

353. Si nous mesurons nos responsabilités et les espoirs placés en nous à l'aune de nos ressources, la réalité nous donne à réfléchir. Le budget de nos activités de base – fonctionnement du secrétariat à New York, Genève, Nairobi, Vienne et dans cinq commissions régionales – ne s'élève qu'à 1 milliard 250 millions de dollars par an, ce qui correspond à 4 % environ du budget annuel de la ville de New York et près d'un milliard de dollars de moins que le coût annuel du fonctionnement du service des pompiers à Tokyo. Nos ressources ne sont absolument pas en rapport avec nos tâches à l'échelle mondiale.

354. Si les difficultés que créent pour nous des budgets stagnants et le non-paiement des contributions sont bien connues, on comprend moins bien les contraintes que nous imposent les États membres en ajoutant de nouveaux mandats sans prévoir de ressources supplémentaires. Il est certes possible d'accomplir plus en dépensant moins, mais il y a des limites à cela. Tôt ou tard, la qualité de notre travail en pâtira.

355. Nos contraintes sont loin d'être uniquement financières. Dans bien des domaines, nous ne pouvons pas faire notre travail parce que des divergences de vues entre les États membres font obstacle au consensus qui serait nécessaire pour une action efficace. Ceci est particulièrement vrai des opérations de maintien de la paix (...).

360. Désormais, l'ONU doit de plus en plus servir de catalyseur à une action collective, impliquant une collaboration à la fois entre les États membres et entre ceux-ci et la pléiade dynamique de nouveaux acteurs autres que des États. Nous devons demeurer le lieu où sont élaborées les nouvelles normes de la conduite internationale et où se dégage un vaste consensus à leur sujet. Nous devons exploiter le pouvoir de la technologie pour améliorer le lot des pays en développement. Enfin, nous-mêmes, en tant qu'organisation, nous devons être plus efficaces, plus à l'écoute des peuples du monde. En cas d'échec, nous devons être nos critiques les plus durs.

Assemblée générale, 8 sept. 2000, *Déclaration du millénaire*, résol. n° 55/2, *VIII. Renforcer l'Organisation des Nations Unies*

29. Nous n'épargnerons aucun effort pour faire de l'Organisation des Nations Unies un instrument plus efficace aux fins de la réalisation des objectifs prioritaires suivants : la lutte pour le développement de tous les peuples du monde, la lutte contre la pauvreté, l'ignorance et la maladie, la lutte contre l'injustice, la lutte contre la violence, la terreur et la criminalité et la lutte contre la dégradation et la destruction de notre planète.

30. Nous décidons par conséquent :

• de réaffirmer le rôle central de l'Assemblée générale en tant que principal organe délibérant et représentatif de l'Organisation des Nations Unies, et de lui permettre de s'en acquitter efficacement ;

• de redoubler d'efforts pour réformer les procédures du Conseil de sécurité sous tous leurs aspects ;

• de renforcer encore le Conseil économique et social, en faisant fond sur ses récents succès, afin qu'il puisse être en mesure de remplir le rôle qui lui est confié dans la Charte ;

• de renforcer la Cour internationale de justice, afin d'assurer la justice et le régime du droit dans les affaires internationales ;

• d'encourager des consultations et une coordination régulières entre les principaux organes des Nations Unies dans l'exercice de leur fonction ;

• de faire en sorte que l'Organisation dispose, en temps voulu et de façon prévisible, des ressources nécessaires pour s'acquitter de ses mandats ;

• d'inviter instamment le secrétariat à utiliser au mieux ces ressources, conformément aux règles et procédures clairement établies par l'Assemblée générale, dans l'intérêt de tous les États membres, en adoptant les meilleures méthodes de gestion, en utilisant les meilleures technologies disponibles et en concentrant ses efforts sur les activités qui reflètent les priorités dont sont convenus les États membres ; (...)

• de donner au secteur privé, aux organisations non gouvernementales et à la société civile en général la possibilité de contribuer davantage à la réalisation des objectifs et programmes de l'Organisation.

Secrétaire général, *Plan de campagne pour la mise en œuvre de la déclaration du millénaire*, A/56/326 (2001), *VIII. Renforcer l'Organisation des Nations Unies*

262. À la suite de l'adoption de la déclaration du millénaire, le président de l'Assemblée générale a entrepris de redynamiser les travaux de l'Assemblée pour faire face à la charge imposée par la multiplication des points de l'ordre du jour au fil des ans. Les États membres ont tenu une série de consultations officieuses ouvertes à tous et sont convenus de simplifier l'ordre du jour de l'Assemblée générale, son processus de présentation des rapports et le renvoi de certains points de l'ordre du jour à des organes subsidiaires. (...)

264. Le groupe de travail à composition non limitée sur la réforme du Conseil de sécurité, établi en 1993, a tenu en 2000 cinq réunions de fond sur la prise de décisions au Conseil de sécurité, et notamment l'usage du droit de *veto*, sur l'élargissement du Conseil, sur l'examen périodique du Conseil élargi ainsi que sur les méthodes de travail et la transparence des travaux du Conseil. (...)

265. Suivant la réforme envisagée, le Conseil de sécurité deviendrait à la fois un organe plus nombreux, pour faire leur place aux réalités politiques nouvelles et bien manifester l'égalité de représentation géographique de toutes les régions du monde, et un organe plus transparent, grâce à des améliorations de ses méthodes de travail, les deux évolutions étant considérées comme parallèles. En ce qui concerne l'élargissement, il y a des divergences de vues sur un certain nombre de questions, en particulier le nombre de nouveaux membres à ajouter, le point de savoir si l'un quelconque des nouveaux membres aurait la qualité de membre permanent, si l'un (ou plusieurs) des nouveaux membres permanents exercerait le droit de *veto* et si celui-ci devrait être limité (par ex., aux opérations relevant du chapitre VII), réduit, ou finalement supprimé.

Assemblée générale, 16 sept. 2005, résol. n° 60/1, *Document final du sommet mondial de 2005*

I. Valeurs et principes

1. Nous, chefs d'État et de gouvernement, nous sommes réunis au siège de l'Organisation des Nations Unies à New York du 14 au 16 septembre 2005.

2. Nous réaffirmons notre foi dans l'Organisation des Nations Unies ainsi que notre attachement aux buts et aux principes consacrés dans la Charte des Nations Unies et au droit international, qui sont les fondements indispensables d'un monde plus pacifique, plus prospère et plus juste, et nous redisons notre volonté de les faire strictement respecter. (…)

6. Nous réaffirmons l'importance vitale d'un système multilatéral efficace fondé sur le droit international pour mieux affronter les menaces et défis multiformes et interdépendants auxquels le monde doit faire face et pour aller de l'avant dans les domaines de la paix et de la sécurité, du développement et des droits de l'homme, en soulignant le rôle central dévolu à l'Organisation des Nations Unies, et nous nous engageons à promouvoir et renforcer l'efficacité de l'Organisation en appliquant ses décisions et ses résolutions.

V. Renforcement de l'Organisation des Nations Unies

146. Nous réaffirmons que nous tenons fermement à renforcer l'Organisation des Nations Unies afin de raffermir son autorité et de la rendre plus efficace, et à faire en sorte qu'elle soit mieux à même de s'attaquer, conformément aux buts et aux principes énoncés dans la Charte, à tout l'éventail des problèmes de notre temps. Nous sommes résolus à revitaliser les organes intergouvernementaux de l'Organisation et à les adapter aux besoins du XXIe siècle.

147. Nous soulignons qu'afin de s'acquitter efficacement des mandats qui leur sont confiés par la Charte, les organes de l'Organisation doivent nouer des liens de coopération et coordonner les efforts qu'ils déploient pour construire une Organisation plus efficace.

148. Nous soulignons qu'il faut que l'Organisation soit dotée de ressources suffisantes et prévisibles pour lui permettre d'accomplir ses missions. Une fois réformée, elle doit être à l'écoute de tous ses membres, fidèle à ses principes fondamentaux et adaptée aux tâches que suppose l'exécution de son mandat.

Assemblée générale

149. Nous réaffirmons que l'Assemblée générale occupe une place centrale en tant qu'instance représentative et principal organe délibérant chargé de fixer les orientations de l'Organisation, et qu'il lui incombe aussi de jouer son rôle dans l'établissement de normes et dans la codification du droit international.

150. Nous nous félicitons des mesures que l'Assemblée générale a adoptées pour renforcer son rôle et son autorité, ainsi que le rôle et l'autorité de son président et, à cette fin, nous demandons que ces mesures soient appliquées intégralement et rapidement.

151. Nous souhaiterions voir renforcées les relations entre l'Assemblée générale et les autres organes principaux, compte tenu de leurs mandats respectifs, afin que soit assurée une meilleure coordination sur les questions d'actualité qui appellent une action concertée de la part de l'Organisation.

Conseil de sécurité

152. Nous réaffirmons que les États Membres ont confié au Conseil de sécurité, agissant en leur nom et conformément à la Charte, la responsabilité principale du maintien de la paix et de la sécurité internationales.

153. Nous souhaitons – et c'est un élément central de la réforme générale de l'Organisation que nous menons – que le Conseil de sécurité soit réformé sans tarder, afin de le rendre plus

largement représentatif, plus performant et plus transparent, ce qui accroîtra encore son efficacité, la légitimité de ses décisions et la qualité de leur mise en œuvre. Nous nous engageons à continuer à nous efforcer d'aboutir à une décision à cette fin, et nous prions l'Assemblée générale d'examiner, d'ici à la fin de 2005, les progrès accomplis sur cette voie.

154. Nous recommandons que le Conseil de sécurité continue à adapter ses méthodes de travail de façon à ce que les États qui n'en sont pas membres participent davantage, le cas échéant, à ses travaux, à ce qu'il réponde mieux de son action devant l'ensemble des États membres et à ce qu'il fonctionne dans une plus grande transparence.

Conseil économique et social

155. Nous réaffirmons le rôle que la Charte et l'Assemblée générale ont confié au Conseil économique et social, et nous constatons qu'il faut renforcer l'efficacité de ses travaux en tant que principal organe responsable, d'une part, de la coordination, de l'examen des politiques, de la concertation et de la formulation de recommandations pour les questions relatives au développement économique et social, et, d'autre part, de la réalisation des objectifs de développement internationaux dont il a été convenu aux grandes conférences et réunions au sommet organisées par les Nations Unies, y compris les objectifs du millénaire pour le développement. À ces fins, le Conseil devrait :

a) Promouvoir un dialogue mondial et un partenariat sur les politiques et tendances mondiales dans les domaines économique, social, écologique et humanitaire. Pour ce faire, le Conseil devrait offrir un cadre approprié qui permette aux États membres, aux institutions financières internationales, au secteur privé et à la société civile d'engager au plus haut niveau un débat sur les nouvelles tendances, politiques et actions mondiales, et se donner les moyens de réagir mieux et plus rapidement aux événements survenant sur la scène internationale dans les domaines économique, écologique et social ;

b) Tenir tous les deux ans, au plus haut niveau, un forum de la coopération pour le développement, afin d'examiner les tendances de cette coopération, notamment en ce qui concerne les stratégies, les politiques et les moyens de financement, de favoriser une amélioration de la cohérence des activités de développement des différents partenaires et de renforcer les liens entre les activités normatives et opérationnelles de l'Organisation ;

c) Assurer le suivi de l'application des textes issus des grandes conférences et réunions au sommet des Nations Unies, notamment en ce qui concerne les objectifs de développement convenus sur le plan international, et tenir chaque année des réunions au niveau ministériel afin d'examiner sur le fond les progrès accomplis, en faisant appel à ses commissions techniques et régionales ainsi qu'à d'autres institutions internationales, conformément à leurs mandats respectifs ;

d) Appuyer et compléter l'action menée à l'échelon international pour faire face aux crises humanitaires, notamment en cas de catastrophe naturelle, en vue de favoriser l'amélioration de la qualité et de la coordination des interventions de l'Organisation ;

e) Jouer un rôle de premier plan dans la coordination générale des fonds, programmes et organismes, en veillant à la cohérence du système et en évitant que des mandats et activités fassent double emploi.

156. Nous soulignons que, pour permettre au Conseil économique et social de remplir pleinement les fonctions énoncées ci-dessus, il convient d'adapter l'organisation de ses travaux, son ordre du jour et ses méthodes de travail actuelles.

⇨ *Malgré la réaffirmation du « rôle central dévolu à l'Organisation », le document final traduit l'impossibilité de parvenir à une réforme en profondeur : le rôle de l'Assemblée générale est seulement confirmé, tandis que la « relance » du Conseil économique et social revient finalement à réaffirmer la tâche de coordination en matière de développement qu'il n'aurait jamais dû cesser d'assumer. Les éléments de réforme n'affectent donc pas directement les organes principaux des Nations Unies. Ils résident essentiellement dans la création de deux nouveaux organes : la commission pour la consolidation de la paix et le Conseil des droits de l'homme.*

Biblio

1) Sur l'ONU

La bibliographie sur l'ONU est aussi étendue qu'inégale, le plus souvent journalistique, allant de l'hagiographie au dénigrement. En dehors du commentaire de la Charte de J.-P. Cot et A. Pellet, cité dans la bibliographie générale (v. en fin d'ouvrage), le livre de référence en français reste la magnifique synthèse de M. Virally, *L'Organisation mondiale*, Armand Colin, coll. « U », 1972. Il faut faire une place à part au témoignage des acteurs, notamment aux souvenirs de Jean-Marc de la Sablière qui a été représentant permanent de la France à New York, *Dans les coulisses du monde*, Robert Laffont, 2013, ainsi que son cours de Sciences Po, *Le Conseil de sécurité des Nations Unies, ambitions et limites*, Larcier, 2015.

– Un très utile survol de la pratique est offert par D. Placidi (et al), *Les grandes résolutions du Conseil de sécurité*, Dalloz, 2012.

– Voir aussi Alexandra Novosseloff, *Le Conseil de sécurité des Nations Unies entre impuissance et toute puissance*, Biblis, 2016.

Il n'y a pas l'équivalent français des grandes synthèses publiées par des auteurs étrangers :

– B. Conforti, *The law and practice of the United Nations*, 3e éd., Kluwer, 2005.

– M. D. de Velasco Vallejo, *Les organisations internationales*, Economica, 2002.

– A. Del Vecchio, *Diritto delle organizzazioni internazionali*, Edizioni Scientiche, 2012.

– C. Zanghi, *Diritto delle organizzazioni internazionali*, 3e éd., Giappichelli éd., 2013.

2) Voir aussi

– D'un point de vue doctrinal, on doit se reporter à la thèse de J. Combacau, *Le pouvoir de sanction de l'ONU, Étude théorique de la coercition non militaire*, Pedone, 1974.

– A. Pellet, *Les Nations Unies, textes fondamentaux*, PUF, coll. « Que sais-je ? », 1995, n° 3035.

– P. Tavernier, *Les casques bleus*, coll. « Que sais-je ? », 1996, n° 3169.

– A. Patit, *The United Nations Veto in World Affairs, 1946-1990. À Complete Record and Case History of the Security Council's Veto*, Unifo, 1992.

À compléter par plusieurs thèses récentes donnant une vision concrète des rapports de force :

– A. Novoseloff, *Le Conseil de sécurité des Nations Unies et la maîtrise de la force armée*, Bruylant, 2003.

– F. Shaygan, *La compatibilité des sanctions économiques du Conseil de sécurité avec les droits de l'homme et le droit international humanitaire*, Bruylant, 2008.

3) Pour une approche théorique

– É. Lagrange, *La représentation institutionnelle dans l'ordre international. Une contribution à la théorie de la personnalité morale des organisations internationales*, Kluwer, 2002, thèse. Et dans la même perspective abstraite, assez éloignée des enjeux juridiques pratiques, E. Lagrange et J. M. Sorel (ed.), *Droit des organisations internationales*, LGDJ, 2013.

4) Pour une approche thématique, il faut signaler la série des colloques organisés par Y. Daudet puis R. Mehdi à l'Institut d'études politiques d'Aix, et notamment

– *Les Nations Unies et la restauration de l'État*, Pedone, 1995.

– *Les Nations Unies et les sanctions : quelle efficacité ?*, Pedone, 2000.

– *La démocratisation du système des Nations Unies*, Pedone, 2001.

Les nouvelles missions de l'Organisation sont également mises en valeur par A.-L. Sicilianos, *L'ONU et la démocratisation de l'État, systèmes régionaux et ordre juridique universel*, Pedone, 2000.

L'approche des sciences politiques est indispensable, avec les travaux de Marie-Claude Smouts, *La France à l'ONU*, Presses de Sciences Po, 1979, et Guillaume Devin, *Les organisations internationales*, 2e éd, Armand Colin, 2016. Ainsi que des monographies très utiles, comme Morgan Larhant, *Les Finances de l'ONU, ou la crise permanente*, Sciences Po Les Presses, 2016.

5) On peut également se référer utilement aux publications des Nations Unies, notamment à la série des « livres bleus »

– *Les Nations Unies et l'apartheid* (1948-1994), 1995.

– *Les Nations Unies et la non-prolifération nucléaire*, 1995.

– *Les Nations Unies et les droits de l'homme* (1945-1995), 1995.

Et pour un bilan plus large, H. Ruiz Fabri, A.-L. Sicilianos, J.-M. Sorel (éd.), *L'effectivité des organisations internationales : mécanisme de suivi et de contrôle*, Sakkoulas/Pedone, 2000.

Quiz

1) Sujet corrigé

Commentaire d'un avis

Commentez le passage reproduit ci-dessus de l'avis de la Cour internationale de justice sur les réparations des dommages subis au service des Nations Unies.

Voir le corrigé en fin de rubrique.

2) Sujets

Dissertations

Le veto des membres permanents du Conseil de sécurité : privilège indû ou nécessité du système ?

L'ONU : un gouvernement mondial ?

Questions

À la lumière des documents fournis au sujet de la réforme des Nations Unies (doc. 5°), décrivez l'écart entre les ambitions affichées au départ et les réalisations accomplies en 2005.

3) Corrigé

Commentaire d'un avis

Cet avis demandé par l'Assemblée générale est lié à l'assassinat en 1948 du médiateur de l'ONU en Palestine, le comte Bernadotte, un diplomate suédois. La question de principe qui se posait était de savoir si, lorsqu'un agent subi un dommage dans l'exercice de ses fonctions, l'ONU pouvait présenter une « réclamation internationale » contre l'État responsable de ce dommage pour obtenir réparation en son nom et au nom de la victime ou de ses ayants droit. Et accessoirement de préciser comment cette protection fonctionnelle s'articule avec la protection diplomatique exercée par un État national – en l'occurrence la Suède – au bénéfice d'un de ses ressortissants.

Pour répondre à cette série de questions techniques, la Cour est amenée à se prononcer sur des problèmes théoriques fondamentaux concernant la nature de l'Organisation internationale qui vient d'être créée en 1945 et sa nouvelle place dans la société des États. Usant d'une méthode dynamique d'interprétation, fondée sur la prise en compte de l'objet et du but de la Charte des Nations Unies, la Cour va dans un premier temps constater que l'ONU jouit de la personnalité internationale, ce qui lui permet d'être titulaire de droits et d'obligations (I). Puis, dans un second temps, elle se penchera sur la capacité à présenter une réclamation. Là encore, grâce à une méthode d'interprétation finaliste, elle jugera que l'ONU possède un pouvoir implicite de présenter des réclamations (II).

I. La reconnaissance de la personnalité internationale de l'ONU

Dans un ample raisonnement, animé par le souffle de l'histoire, la Cour détermine d'abord la nature théorique de la personnalité internationale de l'ONU (A) avant d'en préciser la portée fonctionnelle (B).

A. La nature théorique de la personnalité internationale de l'ONU

La personnalité de l'ONU découle du développement historique de la société internationale que traduit « l'intention » des fondateurs de l'Organisation : « ce développement aboutit, en juin 1945, à la création d'une organisation internationale dont les buts et les principes sont énoncés dans la Charte des Nations Unies. Pour atteindre ces buts, il est indispensable que l'Organisation ait la personnalité internationale ». Pour la Cour, dans une sorte de darwinisme juridique, l'ONU constitue « le type le plus élevé d'organisation internationale ».

Pour autant l'ONU n'est pas un État, encore moins un « super-État ». À la différence des États qui sont les « sujets primaires » du droit international, dotés d'une pleine personnalité internationale, les organisations internationales ne sont que des « sujets secondaires » : opposant en quelque sorte l'inné et l'acquis, la Cour précise que l'ONU elle-même est dotée d'une « large mesure de personnalité internationale ». C'est beaucoup, mais ce n'est que cela : la personnalité est « mesurée ».

B. La portée fonctionnelle de la personnalité internationale de l'ONU

La personnalité internationale de l'ONU implique la « capacité d'agir » sur le plan international pour mener à bien les missions qui lui ont été attribuées. « On doit admettre que ses membres, en lui assignant certaines fonctions, avec les devoirs et les responsabilités qui les accompagnent, l'ont revêtue de la compétence nécessaire pour lui permettre de s'acquitter effectivement de ces fonctions ». Il s'agit d'une personnalité fonctionnelle, à la différence de la personnalité naturelle des États.

La personnalité de l'ONU, comme celle de toute organisation internationale, est régie par le principe de spécialité : les compétences de l'Organisation sont des compétences d'attribution qui sont « fonction des intérêts communs que ceux-ci » donnent à l'Organisation pour mission de promouvoir (v. avis *OMS*).

II. La capacité à présenter une réclamation internationale

Pour préciser les conséquences pratiques de cette « capacité d'agir » liée à la personnalité internationale de l'ONU, la Cour est amenée à déterminer si elle implique la capacité de présenter une réclamation internationale (A), y compris à l'encontre d'un État tiers (B).

A. La théorie des pouvoirs implicites

Le droit de présenter des réclamations ne se trouve pas dans la lettre de la Charte, mais l'Organisation « doit être considérée comme possédant ces pouvoirs qui, s'ils ne sont pas expressément énoncés dans la Charte sont, par une conséquence nécessaire, conférés à l'Organisation en tant qu'essentiels à l'exercice des fonctions de celle-ci ». Autrement dit, l'ONU doit avoir les pouvoirs nécessaires à l'exercice de ses fonctions.

B. La reconnaissance d'une personnalité objective

La personnalité internationale de l'ONU a une dimension subjective : elle s'impose aux États membres. C'est la conséquence logique d'un raisonnement fondé sur les « intentions » des fondateurs et les « pouvoirs implicites ». La contrepartie c'est que l'ONU est « bénéficiaire d'obligations incombant à ses membres ». De la même manière la protection fonctionnelle accordée par l'Organisation à ses agents se substitue à la protection diplomatique de l'État national pour ses ressortissants.

Pour autant, l'ONU a-t-elle aussi une personnalité objective, opposable au gouvernement *de facto* ou *de jure* d'un État non membre et donc non lié par la Charte des Nations Unies ? De manière audacieuse pour l'époque, la Cour considère que : « cinquante États, représentant une très large majorité des États membres de la communauté internationale, avaient le pouvoir de créer une entité possédant une personnalité internationale objective ». L'ONU est beaucoup plus que ses membres, elle est la traduction de l'idéal de la Charte, l'incarnation d'une organisation internationale en devenir.

Au lendemain d'une guerre négatrice du droit, la nouvelle Cour internationale associe vision historique et rigueur juridique, pour doter l'Organisation des Nations Unies des moyens nécessaires à sa mission au service de « la communauté internationale ».

chapitre 5

La consécration des personnes privées comme sujets de droit international

Le droit international n'est plus le monopole des États. De nombreux acteurs non-étatiques sont venus s'introduire dans ce qui a longtemps été le champ clos des rivalités étatiques. Certes le phénomène n'est pas vraiment nouveau : les « grandes compagnies » ont joué un rôle moteur dès le XVIIe siècle dans la colonisation, comme les « sociétés anti-esclavagistes » dans l'abolition de la traite au XIXe. Les intérêts privés ont également toujours été prépondérants dans les « grands travaux » internationaux, du canal de Suez au tunnel sous la Manche. Bien plus, des utopies individuelles du XIXe siècle marquent encore notre temps, comme celle de Henry Dunant avec le mouvement de la Croix-Rouge (CICR) ou celle de Pierre de Coubertin avec la création du comité international olympique (CIO). Les grands philanthropes américains ont également toujours joué un rôle important en faveur de la paix et de la coopération internationale, comme un Carnegie, un Rockefeller, ou aujourd'hui un Georges Soros et un Bill Gates. Derrière la nébuleuse des acteurs privés transnationaux (section 1), l'évolution la plus marquante du droit international contemporain reste celle de la reconnaissance de l'individu comme sujet du droit international. Interétatique, dans sa conception classique, le droit international est devenu véritablement universel en s'adressant à toutes les personnes humaines, « sans considération de frontières », leur conférant des droits mais aussi des obligations. Si la place des individus dans les normes et les mécanismes internationaux n'a été conquise que peu à peu, elle concerne aujourd'hui aussi bien la protection des droits de l'homme (section 2) que la responsabilité pénale internationale de l'individu (section 3). 212

Plan analytique

section 1

La reconnaissance des acteurs privés transnationaux

§ 1 Les organisations de la société civile

§ 2 Les entreprises

section 2

La protection des droits de l'homme

§ 1 La protection régionale des droits de l'homme

A. Le système européen

B. Le système interaméricain

C. Le système africain

§ 2 La protection universelle des droits de l'homme

A. Les organes conventionnels

B. Le système institutionnel

section 3

La responsabilité pénale des individus

§ 1 La construction d'une justice pénale internationale ad hoc

A. L'œuvre des tribunaux pénaux internationaux sur l'ex-Yougoslavie et le Rwanda

B. Les voies d'une justice hybride

§ 2 L'institution de la Cour pénale internationale

A. La mise en place de la CPI

B. La compétence matérielle de la CPI

C. L'exercice de la compétence de la CPI

Compléments pédagogiques

section 1

La reconnaissance des acteurs privés transnationaux

Le droit international n'est plus seulement le droit de la coopération entre les États tel qu'il est né au XVIIe siècle et s'est développé jusqu'à la fin de la Seconde Guerre mondiale. Tout en gardant un cadre en apparence inchangé – le principe d'égale souveraineté et de non-intervention, le volontarisme – il s'est profondément transformé pour s'adapter à une société internationale en mutation. Le développement de la mondialisation et l'accélération de ce processus à partir de la fin du XXe siècle a renforcé l'interdépendance entre États et le « besoin de droit » dans des domaines de la vie sociale toujours plus nombreux (v. plus largement le chapitre 8, v. ss 421). Le développement des communications transnationales (poste, télégraphe, etc.) a favorisé les échanges humains et commerciaux et le commerce à son tour n'a cessé d'encourager et de promouvoir l'évolution des technologies de la communication, jusqu'à aboutir aux « nouvelles technologies de l'information et de la communication » qui font du monde un « village planétaire » et tranforment les marchés en « méga-marchés » mondiaux. L'accélération des échanges a encouragé les migrations, mais a aussi causé les pandémies – cette généralisation continentale ou mondiale d'une épidémie – dont la dernière, la COVID-19, démontre si cela était encore nécessaire que, comme l'annonçait Paul Valéry, le temps du « monde fini » est désormais le nôtre. Dans ce contexte, le droit international se mêle de tout : des questions de paix et de sécurité, bien sûr, mais aussi de métérologie, d'alimentation, de pauvreté, de protection des espèces menacées... Les États nationaux se voient dès lors delestés d'une part de leur compétence normative au profit des organisations internationales et autres cénacles de délibération. Il n'est donc pas surprenant que les acteurs non-étatiques soient désormais associés de près la vie du droit international : puisqu'ils souhaitent influencer les processus normatifs – qui n'ont plus lieu dans des cadres nationaux ou dont le contenu, à tout le moins, est prédéterminé sur le plan international – et parce qu'ils sont aussi, bien souvent, les premiers destinataires et les premiers agents d'exécution du droit international. 213

Il serait séduisant de reprendre la distinction hégelienne entre État et société civile – cette dernière englobant l'ensemble des acteurs privés y compris les acteurs économiques – mais aujourd'hui ce terme est employé de manière plus restrictive. Lorsqu'on parle de « société civile » ou d'« organisations de la société civile » (OSC), on vise en fait des organisations non gouvernementales (ONG) nationales ou internationales comme Amnesty International ou Greenpeace, mais aussi des réseaux transnationaux informels, des coalitions de citoyens ou d'organisations mobilisées autour d'une cause (le désarmement nucléaire, la lutte contre le réchauffement climatique, etc.) qui, contrairement aux ONG, ne sont pas constitués juridiquement sur le plan national. La signification le plus souvent donnée à la société civile aujourd'hui la désigne donc avant tout comme un « tiers-secteur », distinct à la fois de l'État et du secteur privé. Mais cette position de tiers-secteur ne suffit pas à la qualifier. La société civile se définit aussi par la qualité ou la nature de ses interventions, autrement dit sur une base plus fonctionnelle : elle promeut et défend des intérêts « publics », c'est à dire que ses interventions ont pour objet et pour but de défendre une certaine conception de l'intérêt général – intérêt général sur le plan national ou même, lorsqu'il s'agit de participer aux travaux d'une organisation, intérêt général global. Les organisations internationales elles-mêmes tendent aujourd'hui à distinguer les ONG ou, plus largement, les OSC, d'autres « partenaires » que sont par exemple les entreprises nationales ou transnationales, les universités, les *think tank*, les fondations, les médias, etc. À cela s'ajoute des acteurs « hybrides », personnes de droit privé, souvent enregistrées sur le plan national, mais qui remplissent en fait des fonctions internationales parfois essentielles. Le meilleur exemple en est l'ICANN (*Internet Corporation for Assigned Names and Numbers*) mais aussi, dans le domaine économique, une galaxie d'acteurs qui, comme le Comité de Bâle, participent à une gouvernance globale des marchés financiers. Il faudrait pouvoir étudier ces différentes sortes d'acteurs dont les statuts et les contributions diffèrent. Nous nous en tiendrons ici à étudier les deux principales catégories que sont les OSC et les entreprises transnationales.

§ 1 Les organisations de la société civile

214 Sauf à y voir une simple marque de cynisme, le « Nous, peuples des Nations Unies... » par lequel s'ouvre la Charte des Nations Unies témoigne d'une volonté, dans un monde encore composé d'États souverains, d'institutionnaliser la coopération internationale et la diplomatie en vue d'atteindre une paix durable qui réponde aux aspirations des « peuples », au-delà des rivalités entre États. Même si les États restent les maîtres du jeu, l'idée d'une prise en compte de « l'opinion publique internationale » est donc déjà présente en 1945 et l'article 71 de la Charte prévoit que le « Conseil économique et social peut prendre toutes dispositions pour consulter les organisations non gouvernementales qui s'occupent de questions relevant de sa compétence. » Pendant près de 30 ans, les relations entre les OSC et le Conseil ont ainsi été régies par la résolution 1296 (XLIV) du 23 mai 1968. Mais au début des années 1990 naissent des milliers d'OSC nationales, à la faveur des processus démocratiques à l'Est et au Sud. Ces organisations demandent l'accès aux organes de l'ONU, à égalité avec les grandes ONG internationales et investissent massivement les conférences mondiales sur l'environnement, le développement, les droits de l'homme ou le désarmement. Un groupe de travail est formé à l'Ecosoc pour réfléchir à une réforme, aboutissant à l'adoption par le Conseil, le 25 juillet 1996, de la résolution 1996/31, désormais appelée à remplacer la résolution 1296 pour régir les relations avec les ONG – puisque c'est cette désignation, plus étroite que celle d'OSC, qui demeure en usage à l'ONU.

La résolution 1996/31 de l'ECOSOC, sur les relations entre l'ONU et les ONG définit une ONG comme « une organisation qui n'a pas été constituée par une entité publique ou par voie d'un accord intergouvernemental, même si elle accepte des membres désignés par les autorités publiques, mais à condition que la présence de tels membres ne nuise pas à sa liberté d'expression. » (§12). Elle établit deux catégories de statut : général, pour les organisations qui s'intéressent « à la plupart des activités du Conseil » ; spécial pour les organisations dont l'activité s'exerce dans quelques-uns seulement des domaines d'activité du Conseil et de ses organes subsidiaires (§23). Qui plus est, une organisation qui n'a pas le statut général ou spécial peut être inscrite sur une *liste* lorsqu'elle peut « parfois, pour des questions relevant de son domaine de compétence, apporter une contribution utile aux travaux du Conseil, de ses organes subsidiaires ou d'autres organes de l'Organisation des Nations Unies » (§24). La résolution fixe un certain nombre de conditions qui devraient être respectées par les organisations dotées du statut consultatif : organisation privée ; programme de travail en rapport direct avec celui de l'organisation internationale concernée ; conformité des buts et des activités de l'ONG aux buts et principes des Nations Unies ; indépendance ; réputation établie dans le domaine considéré ou représentativité ; transparence sur les activités et le financement ; fonctionnement démocratique et renouvellement régulier des instances représentatives ; effectivité.

Mais, le mécanisme d'application de la résolution se révèle vicié : composé exclusivement d'États membres, le « Comité des ONG » de l'ECOSOC politise le processus de sélection et facilite l'entrisme de certains États, qui n'hésitent pas à pousser leurs « GONGOs » (*Governmental Non Governmental Organisations*) dans le système, tandis que parallèlement ils multiplient les demandes de suspension ou de retrait du statut à l'encontre d'ONG dont le seul tort est d'avoir exprimé librement leurs opinions ou de défendre des causes qui n'ont pas l'heur de plaire aux États (v. O. de Frouville, « Une société servile à l'ONU ? », *RGDIP* 2006-2, t. 110, pp. 391-434). Plusieurs propositions de réforme ambitieuses ont été faites par un panel de personnalités éminentes établi par le secrétaire général, dans un rapport publié en 2004, autour d'un cadre conceptuel solide mettant en avant les avantages d'une démocratie participative à l'échelle globale (v. rubrique « Documents » ci-dessous, n° 1). Mais le sujet reste sensible aux Nations Unies, où beaucoup d'États continuent de voir d'un mauvais œil la percée de ces nouveaux acteurs dans des processus dont ils voudraient conserver le caractère exclusivement intergouvernemental.

Il y a aujourd'hui près de 4 000 ONG dotées du statut consultatif auprès de l'ECOSOC 215 ■
et ce nombre ne cesse d'augmenter. Si seul un petit nombre sont en réalité actives, leur rôle n'a cessé de grandir, se déployant progressivement dans tous les secteurs d'activité de l'organisation. Sur le modèle des arrangements de l'ECOSOC, de nombreuses autres organisations internationales ou régionales possèdent aujourd'hui un statut « consultatif » voire « participatif » (Conseil de l'Europe) – traduisant ainsi le passage progressif d'une conception purement instrumentale des relations avec les ONG à un véritable partenariat. Les activités des ONG se déploient par ailleurs de manière plus informelle, à travers des arrangements *ad hoc* ou des consultations ponctuelles, comme devant l'Assemblée générale ou au Conseil de sécurité, avec la « formule Arria ». Surtout, les ONG sont concrètement devenues indispensables au fonctionnement des organisations internationales, qu'il s'agisse d'activités normatives ou opérationnelles. Sur le plan opérationnel, on peut se demander si les ONG ne finissent pas par remplir une sorte de rôle de « délégataire de service public », lorsqu'elles mènent des activités de développement ou des actions de secours humanitaire, « coordonnées » par une organisation internationale référente. Certains

peuvent y voir un effet de la mondialisation libérale, l'État se retirant progressivement d'un certain nombre d'activités sociales pour laisser la place à des acteurs privés, supposés mieux armés et surtout répondant mieux à une exigence de libre concurrence. Ainsi naîtrait un « *charity business* » qui, à chaque crise humanitaire, ne cesse d'attirer les critiques en raison de ses dysfonctionnements et de sa mauvaise gestion des fonds distribués. La seule réponse, apportée par les principales ONG du secteur, consiste à être irréprochable dans sa déontologie et dans ses comptes. Toutes autres sont les ONG qui agissent comme véritables contre-pouvoirs, notamment dans les enceintes des organisations internationales. Dans certains secteurs, notamment quand elles savent se structurer en réseaux et constituer des coalitions, elles sont à l'origine d'une grande partie des initiatives d'élaboration des normes, participent activement aux négociations menées par les États pour rédiger ces nouveaux instruments et, par la suite, réunissent les informations qui permettent aux organes de contrôle de fonctionner.

■ 216 Au-delà de cette participation active, on voit naître une nouvelle génération d'institutions ou de régimes juridiques qui, dès leur formation, intègrent la présence et le rôle des ONG comme une composante essentielle de leur fonctionnement. Ainsi, dans le domaine de l'environnement, la coalition d'ONG TRAFFIC joue-t-elle un rôle fondamental dans la mise en œuvre de la Convention sur les espèces menacées (CITES), d'une part en portant assistance au Secrétariat de la Convention (assuré par le PNUE) et d'autre part en présentant des rapports et des recommandations relatives aux propositions faites par les États en vue de la classification des espèces. Allant même au-delà de ce mode de participation « externe », les organisations internationales tendent aujourd'hui à favoriser la participation de l'ensemble des « *stakeholders* », des « parties prenantes » dans un même organe de délibération. ONUSIDA a été considérée comme pionnière à cet égard, au moment de sa création en 1996, en réunissant dans son Conseil de coordination et de programme 22 gouvernements, des organisations internationales et cinq représentants d'ONG, une par région géographique de l'ONU.

Car à côté des organisations de « citoyens du monde », qui s'inscrivent dans la perspective de la défense d'un intérêt général global, se situent d'autres entités privées, les entreprises qui, tout en défendant un intérêt particulier et lucratif, n'en sont pas moins les principaux agents de la mondialisation.

§ 2 Les entreprises

■ 217 Ni les États, ni les organisations internationales ne maîtrisent vraiment le système économique actuel dont la mondialisation traduit la victoire des « forces du marché » et des acteurs transnationaux, qui peuvent lancer de puissantes campagnes de boycott commercial ou de spéculation monétaire à l'encontre des politiques étatiques. Avec la « dérégulation » généralisée, le volontarisme juridique qu'incarne le droit international semble devoir céder la place à la « main invisible » du libéralisme économique. Ainsi avec le « moins d'État », la sphère des échanges s'internationalise à mesure que décline le rôle du droit public entendu comme porteur d'un intérêt général supérieur à la somme des intérêts particuliers des individus. Tout au plus, les États sont-ils désormais invités à fixer le statut des acteurs économiques et établir le cadre juridique approprié visant à faciliter cette libéralisation économique. Plus que d'une « dérégulation », il faut en réalité parler d'une transformation du rôle de l'État à qui il est désormais demandé d'être un « fournisseur de prestations normatives » en vue de « donner le cadre légal permettant aux agents privés d'entreprendre ce qui leur paraît le plus profitable » (Y. Nouvel, « L'État néolibéral au cœur de la mondialisation économique », *in* SFDI, *Colloque de Nancy. L'État dans la mondialisation*, Pedone, 2013, p. 135).

L'entreprise a une nationalité, comme un individu ou un navire, mais sa situation peut être beaucoup plus complexe. Les éléments de rattachement à un État sont en effet de nature très variés : siège social, lieu de l'incorporation, etc. Plus souvent encore que pour les individus (v. Arrêt 1955, *Nottebohm* qui concernait le Liechtenstein, *Rec.* 23), on se trouve devant des rattachements de pure convenance, notamment dans des « paradis fiscaux » propice au « blanchiment des capitaux ». On constate le même phénomène pour l'immatriculation des navires avec le développement des « pavillons de complaisance ». Le rattachement fictif de la société, comme personne morale, peut servir d'écran à la réalité du contrôle effectif par des intérêts privés. **218** ■

Ainsi, dans l'affaire de la *Barcelona Traction*, la Belgique a tenté en vain de faire prévaloir la protection diplomatique des actionnaires belges d'une compagnie de droit canadien créée à Toronto en 1911 ayant exercé ses activités en Espagne jusqu'aux années 1940, en opposant ainsi une nationalité effective, celle des actionnaires majoritaires à 88 % – et une nationalité fictive, celle de la société. Mais pour la Cour, dans son arrêt sur le fond du 5 février 1970, « le droit international se fonde, encore que dans une mesure limitée, sur une analogie avec les règles qui régissent la nationalité des individus ». La règle traditionnelle attribue le droit d'exercer la protection diplomatique d'une société à l'État « sous les lois duquel elle s'est constituée et sur le territoire duquel elle a son siège » (Arrêt 1970, *Rec.* 42).

Même le non-usage par le Canada de l'exercice de la protection diplomatique, ne donnait pas à la Belgique un pouvoir subsidiaire en la matière. C'est seulement dans l'hypothèse où la société, ou l'État lui-même, aurait porté atteinte aux droits des actionnaires, que ceux-ci pourraient faire valoir des droits propres. Ainsi la Cour s'est-elle penchée sur le cas d'une filiale italienne de deux sociétés américaines, dans son arrêt du 20 juillet 1989 relatif à l'affaire *Elettronica Sicula Spa (ELSI)* : les États-Unis considéraient en effet que le gouvernement italien avait porté atteinte aux intérêts des deux sociétés mères en n'appliquant pas les garanties d'un traité bilatéral à la filiale italienne acculée à la faillite.

Compte tenu des limites de la protection diplomatique, les actionnaires étaient susceptibles de retrouver leurs investissements sans protection. La question apparut en pleine lumière à l'occasion de la vague de nationalisations et d'expropriations menées à bien par les États ayant accédé à l'indépendance dans le courant des années 1960 et 1970. Pour prévenir toute expropriation abusive, certains contrats passés entre un État et une société étrangère prévoyaient que le contentieux échappait au juge local, pour éviter que l'État ne soit « juge et partie ». C'est ainsi qu'une série d'arbitrages transnationaux – rendus entre l'État et l'entreprise – précisèrent les bases d'un « droit du contrat » (*lex mercatoria*). **219** ■

Dès 1965, la Banque mondiale mit au point la convention de Washington instituant le Centre international pour le règlement des différends relatifs aux investissements (CIRDI), qui constitue un accord-cadre multilatéral, servant de chapeau à un ensemble de traités bilatéraux de protection des investissements (v. P. Juillard, « Les conventions d'investissement conclues par la France », *in JDI* 1979. 274) ou de dispositions nationales, comme les codes d'investissement. Les États renonçaient ainsi à faire jouer la protection diplomatique, mais c'était pour mieux soumettre tout contentieux éventuel à un système faisant toute sa place à l'arbitrage.

Dans le même esprit, par la convention de Séoul de 1985, la Banque mondiale institua une Agence multilatérale de garantie des investissements pour étendre la protection aux risques non commerciaux. La tendance à une meilleure sécurité juridique pour les investissements étrangers se trouva aussi consacrée par « les principes directeurs pour le traitement de l'investissement étranger » élaborés par la Banque mondiale en 1992. Le plus notable a été le ralliement des pays en voie de développement à ces formules — notamment à la convention CIRDI qui regroupe désormais 155 États — après avoir été très longtemps réticents à tout ce qui pouvait apparaître comme une limite de la souveraineté de l'État face aux intérêts étrangers. La dénonciation de plusieurs États latino-américain – la Bolivie en 2007, l'Equateur en 2010 et le Venezuela en 2012 – ne semble pas devoir affecter cette trajectoire, même si elle pourrait l'infléchir en imposant aux arbitres une prise en compte des normes en matière de droits de l'Homme et d'environnement, venant ainsi rééquilibrer une jurisprudence perçue comme favorisant trop souvent les intérêts des investisseurs (v. sur ce plan les développements consacrés à ce sujet dans A. de Nanteuil, *Droit international de l'investissement*, 2e éd., Paris, Pedone, 2017, pp. 428 s.)

220 Mais si les entreprises et leurs actionnaires doivent être protégés contre les États, des développements plus récents mettent aussi l'accent sur la nécessité de réglementer les activités des entreprises, y compris dans le contexte de leurs opérations extraterritoriales. Les entreprises multinationales ou « *sociétés transnationales* » se caractérisent en effet par leurs multiples filiales à l'étranger qui possèdent leur propre personnalité juridique et, par là même, tendent à échapper aux réglementations nationales applicables aux sociétés « mères ». C'est ainsi qu'on a pu assister à la « délocalisation » de nombreuses activités en vue de profiter de réglementations plus avantageuses dans les domaines social ou environnemental mais aussi bien souvent d'une capacité moindre de l'État hôte d'imposer ses conditions aux investisseurs étrangers. De nombreuses instances des Nations Unies se sont penchées sur ces questions : en marge des travaux de la Conférence des Nations Unies pour le commerce et le développement (CNUCED), l'ECOSOC a créé en 1974 une « Commission des sociétés transnationales » . Un premier pas a consisté dans l'élaboration de « codes de bonne conduite » dans le cadre universel, ou dans le cadre régional avec l'Organisation de coopération et de développement économique (OCDE) : il s'agit de directives (*guidelines*), de nature non contraignante, négociées avec toutes les parties prenantes, en dépassant ainsi le cercle interétatique. La forme conventionnelle du droit des traités est donc abandonnée pour des formules plus souples, mais aux engagements plus imprécis (v. E. Decaux, « La forme et le caractère obligatoire des codes de bonne conduite », *in AFDI* 1983).

Dans le même esprit, des concertations entre organisations internationales, États et entreprises ont pu aboutir à des solutions d'engagements volontaires, tendant à inciter les entreprises à respecter par elles-mêmes des standards internationaux ne s'imposant pas directement à elles. Ainsi, dès 1977, l'Organisation Internationale du

Travail adoptait « la déclaration de *principes tripartite de l'OIT*[Q] sur les entreprises multinationales et la politique sociale ». Plus récemment, la conférence internationale du travail adopta en 1998 une « Déclaration sur les principes et les droits fondamentaux au travail », codifiant les conventions internationales du travail les plus essentielles – liberté syndicale, non-discrimination, interdiction du travail forcé, interdiction du travail des enfants – pour en assurer le suivi à l'égard de tous les États membres, y compris lorsqu'ils n'ont pas ratifié ces conventions de base. Le suivi est fondé sur la coopération avec les États, mais peut aller jusqu'à des sanctions. Aux Nations Unies, l'ancien secrétaire général de l'ONU Kofi Annan lança à Davos en janvier 1999 l'idée d'un *« Pacte mondial » (global compact)*[Q] avec les entreprises multinationales. Adopté le 26 juillet 2000 par les responsables des Organisations internationales du système des Nations Unies, des grandes sociétés transnationales et des principales ONG, les principes du Pacte mondial renvoient à des normes existantes et applicables en principe aux États en matière de droits de l'Homme, de travail, d'environnement et de lutte contre la corruption. Quelques 9 000 entreprises dans 164 pays se sont ainsi engagées expressément, à intégrer ces principes dans leur fonctionnement à l'échelle mondiale, dans leurs structures et leur culture internes, revendiquant une pleine transparence à travers un contrôle de la part de la *société civile*[Q], des rapports publics et des audits indépendants.

Les entreprises transnationales restent pour autant très réticentes à se voir imposer, 221 ■
en vertu de la législation nationale ou du droit international, des contraintes qui viendraient limiter leur sacro-sainte liberté contractuelle. C'est ainsi que la chambre de commerce international a fait campagne contre « les principes et responsabilités des entreprises transnationales en matière de droits de l'homme » mis au point par la Sous-Commission des droits de l'homme des Nations Unies en 2003 et transmis à la Commission des droits de l'homme (v. E. Decaux, « la responsabilité des entreprises transnationales en matière de doits de l'homme », in *RSC* 2005. 789 ; *Dr. pénal comparé* 2005. 789). À la suite de l'interruption des travaux de la Sous-Commission, la Commission des droits de l'homme a confié un nouveau mandat à l'ancien responsable du Pacte mondial, John Ruggie, désigné comme représentant personnel du secrétaire général chargé de la question des droits de l'homme et des sociétés transnationales et autres entreprises. Le processus large de consultation et de réflexion a abouti à l'adoption des *Principes directeurs relatifs aux entreprises et aux droits de l'homme*, approuvés par le Conseil des droits de l'Homme dans sa résolution 17/4 du 16 juin 2011. Les Principes sont fondés sur trois piliers : obligations des États de respecter, protéger et mettre en œuvre les droits de l'homme ; « responsabilité » – et non « obligation » – incombant aux entreprises de respecter les droits de l'homme ; et accès à des voies de recours, contentieuses ou non-contentieuses, publiques ou privées. Les « Principes Ruggie » ont immédiatement été critiqués par les ONG et par un certain nombre d'États au motif qu'ils ne créaient pas de vraies obligations à l'égard des entreprises et restaient, dans leur formulation, souvent trop vagues, avec un risque de dilution du corpus des droits de l'homme et de relativisation du droit à un recours effectif. Pour tenter d'aller plus loin, l'Equateur et l'Afrique du Sud lancèrent en 2013 l'idée d'un « cadre plus robuste » sous la forme d'un traité international, initiative validée par le Conseil des droits de l'Homme en 2014 dans sa résolution 26/9. Un groupe de travail est créé, sous présidence equatorienne et, après

cinq sessions de travail, un « zero draft » et un « revised draft », une nouvelle mouture du texte (« second revised draft ») a été présentée en août 2020 pour être examinée lors de la sixième session en octobre 2020.

■ 222 Mêmes s'ils ont été critiqués, les « Principes Ruggie » ont connu une certaine fortune et ont eu un impact non négligeable en raison de leur appropriation par les différentes parties prenantes, y compris les entreprises elles-mêmes (v. par ex. le *Guides des droits humains à destination des PDG*). L'OCDE avait, dès 1976, pleinement intégré les droits de l'homme dans sa Déclaration sur l'investissement international et les entreprises multinationales, avec une annexe II comprenant des « principes directeurs de l'OCDE à l'intention des entreprises multinationales », révisés à plusieurs reprises depuis leur adoption en 1976, notamment en 2011 en tenant compte des « Principes Ruggie ». Un suivi de la mise en œuvre des principes directeurs est assuré par des Points de contact nationaux (PCN) aux structures variées selon les pays. Dans le cas de la France, le PCN qui est rattaché à Bercy a une structure tripartite qui contribue à son efficacité. C'est également le cas de l'Union européenne dont tous les États membres doivent adopter des plans nationaux d'action sur la mise en œuvre des principes directeurs des Nations Unies. Même si le nombre des États membres de l'OCDE reste restreint à un « club de pays riches », le caractère transnational des investissements donne une grande portée à ces normes, y compris dans des pays du Tiers-monde, comme le montre le rapport du PCN français sur la filière textile, à la suite de l'effondrement de l'immeuble du Rana Plaza qui a fait plus d'un millier de morts en avril 2013 au Bangladesh. En France, la prise de conscience de la problématique qui a suivi ce drame a conduit à l'adoption de la loi n° 2017-399 relative au devoir de vigilance du 27 mars 2017 (v. not. M. Lafargue, « La loi relative au devoir de vigilance des sociétés mères et des entreprises donneuses d'ordre : l'entrée dans une nouvelle ère ? » *La Semaine Juridique Social* 23 mai 2017, n° 20-21, 1169).

■ 223 Les travaux en cours pour lutter contre la corruption vont également dans le sens d'une moralisation de la vie économique et d'une « responsabilité sociale des entreprises ». Il faut citer notamment la convention de l'OCDE sur la lutte contre la *corruption*^Q d'agents publics étrangers dans les transactions commerciales internationales de 1997 – qui ne concerne que la corruption active – la convention pénale sur la corruption et la convention civile sur la corruption adoptées dans le cadre du Conseil de l'Europe en 1999, la convention des Nations Unies sur la criminalité transnationale organisée de 2000 qui a été signée à Palerme, et la convention des Nations Unies contre la corruption adoptée au consensus par l'Assemblée générale le 31 octobre 2003 et ouverte à la signature des États à Mérida (Mexique) en décembre 2003. Depuis, la Convention est devenue quasi-universelle, avec 187 États parties. Sa mise en œuvre est confiée à l'Assemblée des États parties et à un mécanisme d'examen par les pairs. Par ailleurs, la lutte contre la corruption a été intégrée comme un « principe » dans le cadre du « Pacte mondial » à destination des entreprises et participe également des cibles à atteindre à l'horizon 2030 dans le cadre des Objectifs du développement durables (Objectif 16).

section 2

La protection des droits de l'homme

Pendant longtemps c'est une conception quelque peu « paternaliste » des droits de l'homme qui a prévalu. À la vieille « protection diplomatique » qui transférait les droits de l'individu à son État d'origine, la Charte des Nations Unies substitue un objectif de « coopération internationale » assumé par les États « en développant et en encourageant le respect des droits de l'homme » (art. 1er, § 3). Il est significatif que ce soit dans le chapitre IX sur « la coopération économique et sociale internationale » que l'on retrouve un double engagement : celui des Nations Unies qui « favoriseront » *inter alia*, « le respect universel et effectif des droits de l'homme et des libertés fondamentales pour tous, sans distinction de race, de sexe, de langue ou de religion » (art. 55, c) ; celui des membres qui s'engagent pour atteindre ce but « à agir tant conjointement que séparément, en coopération avec l'Organisation » (art. 56). La question des droits de l'homme est donc expressément internationalisée comme un objet ordinaire de la coopération entre les États ou entre ceux-ci et l'Organisation. 224 ■

Autrement dit, les États ne peuvent plus se retrancher derrière une « compétence nationale » exclusive pour refuser tout débat. La Déclaration universelle des droits de l'homme adoptée à Paris le 10 décembre 1948 marque la volonté de dépasser les frontières étatiques et de s'adresser « à tous les peuples et toutes les nations » comme à « tous les individus et tous les organes de la société »...

Alors que la Charte constitue la base d'un système normatif et institutionnel des droits de l'homme qui a une vocation universelle, les blocages de la guerre froide et de la coexistence pacifique ont entraîné une multiplication de systèmes conventionnels, cloisonnés, que ce soit dans le cadre des Nations Unies ou dans celui des organisations régionales, regroupant sur la base du volontarisme les États partageant des valeurs communes et désireux d'aller plus loin dans la garantie collective des droits de l'homme. Il est significatif que la création du Conseil de l'Europe en 1949 marque un nouveau repli régional, à l'instar du système latino-américain se développant à partir de la « Déclaration américaine des droits et devoirs de l'homme », adoptée dès avril 1948 dans le cadre de l'OEA. Le changement n'est pas seulement politique, en permettant d'aller de l'avant à l'échelle régionale au moment où le stalinisme bafoue les droits de l'homme et paralyse tout progrès dans le cadre onusien, il est également juridique : la voie institutionnelle fondée sur un droit déclaratoire s'imposant à tous les États membres se trouve doublée par des obligations conventionnelles propres aux États parties à ces différents instruments. Cette contradiction fondamentale entre des principes universels, échappant – par définition – à tout relativisme et à tout volontarisme, et les règles classiques du droit des traités, n'est apparue que tardivement au grand jour. Le régime international de protection des droits de l'homme reste partagé entre la protection régionale et la garantie universelle, objet d'un débat sans fin entre universalisme et relativisme. 225 ■

§ 1 La protection régionale des droits de l'homme

A. Le système européen

226 Pour respecter la chronologie, il convient de partir du système européen qui, s'il n'est pas « un modèle » – comme on le dit parfois avec sans doute trop de complaisance –, a le mérite de l'antériorité. Il faudrait d'ailleurs plutôt parler « des » systèmes européens, dans la mesure où l'Europe des droits de l'homme est caractérisée par trois ensembles de normes et de mécanismes de protection, à la fois concurrents et complémentaires. Le premier ensemble est celui apparu avec le Conseil de l'Europe, dès 1949, on l'a dit, dans le contexte de la guerre froide. La conférence sur la sécurité et la coopération en Europe (CSCE) est à l'origine d'un autre ensemble, apparu à l'époque de la coexistence pacifique, avec l'Acte final de Helsinki, signé en 1975, par tous les États européens, mais aussi l'URSS, les États-Unis et le Canada. À la suite de la chute du mur de Berlin, la Charte de Paris pour une nouvelle Europe signée en 1990, a pleinement consacré les « acquis démocratiques » – avec le triptyque démocratie, droits de l'homme, État de droit. La CSCE est devenue l'Organisation pour la sécurité et la coopération en Europe (OSCE) tout en gardant une structure souple et un fonctionnement diplomatique fondé sur le consensus. Enfin, un troisième ensemble est apparu dans le cadre de l'Union européenne, avec l'adoption de la Charte des droits fondamentaux de l'Union européenne, à Nice, en 2000, et l'entrée en vigueur du Traité sur l'Union européenne de Lisbonne le 1er décembre 2009 dont l'article 6, § 1 consacre la valeur juridique de la Charte. Parallèlement les juges communautaires et les traités successifs ont consacré « les droits fondamentaux, tels qu'ils sont garantis par la Convention européenne de sauvegarde des droits de l'homme et des libertés fondamentales et tels qu'ils résultent des traditions constitutionnelles communes aux États membres » en tant que « principes généraux » du droit communautaire, selon la formule reprise par l'article 6, § 3 du traité de Lisbonne. De plus, l'article 6, § 2 du Traité prévoyait l'adhésion de l'Union européenne à la Convention européenne des droits de l'homme de 1950, même si dans une prise de position traduisant une certaine défiance à l'égard de la Cour européenne, la CJUE a rendu un avis négatif, rendant cette option caduque (avis 2/13 du 18 décembre 2014). Il y a ainsi des liens complexes entre ces trois ensembles, celui des 27 de l'Union européenne, celui des 47 du Conseil de l'Europe et celui des 56 de l'OSCE qui constituent des strates historiques et des cercles concentriques.

227 Le cœur du système de protection des droits de l'homme reste le Conseil de l'Europe. C'est en effet au sein du Conseil de l'Europe, à peine créé, que les États occidentaux ont décidé de mettre en œuvre les principes de la Déclaration universelle de 1948 en élaborant dans les meilleurs délais la Convention européenne des droits de l'homme adoptée le 4 novembre 1950. Ces États sont résolus, comme le précise le préambule de la Convention européenne des droits de l'homme, « en tant que gouvernements d'États européens animés d'un même esprit et possédant un patrimoine commun d'idéal et de traditions politiques, de respect de la liberté et de prééminence du droit, à prendre les premières mesures propres à assurer la garantie collective de certains des droits énoncés dans la Déclaration universelle ». Mais ce renforcement de la

« garantie collective » des droits de l'homme a un prix immédiat, dans la mesure où seuls « *certains* » droits sont pris en compte. En fait, la Convention a une triple dimension matérielle, judiciaire et politique.

1. *La portée matérielle de la Convention*

La première dimension est largement implicite, elle marque le fondement juridique 228 ■
commun des droits de l'homme, en mettant l'accent sur la notion de démocratie : le préambule évoque « un régime véritablement démocratique » – par opposition aux « fausses » démocraties, les démocraties populaires de l'Europe communiste – et les références à une « société démocratique » sont nombreuses lorsqu'il s'agit de fixer des bornes aux droits de l'homme. Si seul l'article 3 du premier protocole additionnel vise – d'ailleurs non sans flou – le droit à des « élections libres », tout le régime de protection des droits de l'homme implique l'existence de démocraties libérales fondées sur la prééminence du droit, la *rule of law*. La jurisprudence de la Cour a mis en exergue la notion de « société démocratique » fondée sur la tolérance, le pluralisme et l'ouverture, non seulement pour interpréter les dispositions de la Convention visant les ingérences de l'État dans l'exercice de certains droits garantis, comme la liberté d'expression (Arrêt du 7 sept. 1976, *Handyside c/ Royaume-Uni*) mais pour en faire la clef de voûte de l'interprétation de la convention dans son ensemble, qu'il s'agisse du droit à la vie ou de la justice. La Cour a également précisé sa conception des « valeurs démocratiques » à l'égard des partis politiques, soit qu'ils prônent le recours à la violence, soit qu'ils visent à la destruction de la démocratie (Arrêt du 13 février 2003, *Refah Partisi c/ Turquie*). L'article 17 de la convention constitue une ultime sauvegarde en interdisant l'abus de droit, et notamment de fait « pour un État, un groupement ou individu (...) de se livrer à une activité ou d'accomplir un acte visant à la destruction des droits et libertés reconnus dans la présente Convention ».

De manière significative, ces principes qui allaient de soi, ont été explicités dans le cadre de la CSCE, au tournant des années quatre-vingt, avec la consécration du triptyque démocratie/droits de l'homme/État de droit dans la Charte de Paris pour une nouvelle Europe de 1990, mais ils sont à la base du Conseil de l'Europe depuis 1949. C'est cette pré-condition qui sert de critère à l'admission des États au sein du Conseil de l'Europe qui a doublé le nombre de ses membres en dix ans, à la suite de la chute du mur de Berlin, pour comprendre 47 États membres depuis l'adhésion de Monaco en 2004 et du Monténégro en 2005, soit l'ensemble du continent européen, à l'exception du Belarus. Cette mutation du Conseil de l'Europe, longtemps demeuré un club de « vieilles démocraties », puis transformé par l'arrivée des « nouvelles démocraties » qui sont parfois encore des démocraties en transition, pose un important défi au Conseil de l'Europe qui doit maintenir l'effectivité de ses principes et de ses engagements. Or désormais tous les États membres du Conseil se doivent d'être parties à la convention qui garantit ainsi les droits de 800 millions d'habitants, de l'Islande à la Russie, sans parler des territoires d'outre-mer eux aussi couverts par la Convention en vertu de l'article 56. Comme l'a souligné l'ancien président de la Cour européenne des droits de l'homme, Sir Nicolas Bratza, la Convention demeure « un modèle unique et précieux de justice internationale, dont on ne saurait trop souligner la valeur en tant que garantie de la démocratie et de l'État de droit dans l'Europe du XXIe siècle » (Brighton, 18 avr. 2012).

229 La deuxième dimension de la Convention européenne est explicite, elle concerne la liste des droits garantis. La liste initiale adoptée en 1950 reprend un catalogue assez classique de libertés publiques et de garanties judiciaires, soulignant les urgences de l'après-guerre pour défendre les démocraties contre toute montée des périls. La porte restait ouverte pour la consécration de nouveaux droits, comme cela avait été le cas avec le premier protocole additionnel de 1952 visant le droit de propriété, la liberté de l'enseignement et le principe des élections libres – trois sujets politiquement sensibles pour les États membres – mais, par la suite, la marge d'innovation est restée très faible, les États se bornant le plus souvent à aligner les droits garantis par la Convention sur ceux énoncés dans le Pacte international relatif aux droits civils et politiques de 1966, comme c'est le cas avec le protocole n° 7 - adopté à Strasbourg en novembre 1984 qui vise notamment les garanties procédurales en cas d'expulsions d'étrangers et le droit à un double degré de juridiction en matière pénale ; ou avec le protocole n° 12 – adopté à Rome en novembre 2000 – qui se borne à étendre le principe de non-discrimination, à l'instar de l'article 26 du Pacte. Pour autant la France n'a pas encore signé le protocole n° 12. Le progrès le plus marquant a été introduit par le protocole n° 6 de 1983 sur l'abolition de la peine de mort, qui a été complété pour les périodes de guerre par le protocole n° 13 adopté en 2002, entraînant ainsi « l'abolition de la peine de mort en toutes circonstances ». La France a ratifié ces deux protocoles, à la suite de la décision du Conseil constitutionnel du 13 octobre 2005. À l'évidence, les États rechignent à étendre le contrôle matériel de la Cour à de nouveaux domaines, alors même qu'ils sont codifiés par le Conseil de l'Europe, comme la convention-cadre pour la protection des minorités nationales de 1995 (*RTE* n° 157) ou la convention sur les droits de l'homme et la bio-médecine d'Oviedo de 1997 (*RTE* n° 164).

230 La troisième dimension existe en creux, avec l'absence de toute prise en compte des droits économiques et sociaux, en dehors du droit de propriété et de la liberté syndicale. Certes la jurisprudence récente a tenté de donner une dimension sociale aux droits garantis, mais cet exercice trouve ses limites. De même des projets de protocoles additionnels portant sur certains droits spécifiques ont été négociés en vain, jusqu'au protocole n° 12 qui, consacrant de manière abstraite un principe de non-discrimination devant la loi, aura une portée sociale importante, bien au-delà de l'interprétation autonome de la notion de propriété pour y inclure des prestations sociales. À défaut, parallèlement à la Convention européenne des droits de l'homme, s'est mis en place un autre système de garantie autour de la Charte sociale européenne de 1961 (*RTE* n° 35), elle-même complétée et remplacée par la Charte sociale européenne révisée de 1996 (*RTE n°* 163). Le mécanisme de contrôle sur rapports devant un comité d'experts indépendants – devenu « comité des droits sociaux » – a été lui aussi complété en 1995 par un protocole additionnel « prévoyant un système de réclamations collectives ». Ce faisant, de manière pragmatique, les droits sociaux font l'objet d'une protection renforcée, à défaut d'une pleine garantie juridictionnelle. Reste que le parallélisme entre la Convention et la Charte sociale, auquel fait écho la différenciation entre les deux Pactes introduit un découplage au sein même des droits de l'homme, alors même que la Déclaration universelle avait une vue globale du « progrès des droits de l'homme », marquée par l'universalité et l'indivisibilité des droits.

2. *Le caractère judiciaire du système de garantie*

Le système de garantie mis en place par la Convention européenne des droits de l'homme est lui aussi le fruit de compromis entre les États. Le système initial prévoyait deux types de recours juridictionnels soumis aux organes de la convention qu'étaient la Commission européenne des droits de l'homme, la Cour européenne des droits de l'homme et, plus accessoirement, le Comité des ministres du Conseil de l'Europe (L.-E. Pettiti, E. Decaux, P.-H. Imbert, *La Convention européenne des droits de l'homme, Economica*, 2e éd., 1999). L'articulation de principe entre ces organes découlait de déclarations facultatives des États acceptant d'une part la possibilité de requêtes des individus, d'autre part la compétence de la Cour. Ainsi un État pouvait ratifier la Convention et s'engager à respecter dans l'ordre interne les droits garantis, comme la France l'a fait en 1974, sans accepter pour autant les requêtes individuelles, la déclaration française étant formulée en 1981, soit plus de trente ans après la signature de la Convention par la France. Saisie la première, la Commission jouait un rôle de filtre, notamment en matière de recevabilité, d'établissement des faits et de recherche d'une solution amiable, avant un second examen de l'affaire soit par la Cour – avec l'autorité de la chose jugée – soit par le Comité des ministres. Ce système transitoire, lourd et fragile, avec des doubles emplois et des failles graves, restait donc quasi juridictionnel, dans la mesure où la place du requérant n'était pas pleinement assurée et où un organe politique pouvait avoir le dernier mot. Mais son grand mérite a été de permettre aux États de s'acclimater progressivement à une justice supranationale ouverte aux individus, venant condamner des violations des droits de l'homme résultant non seulement de « bavures » d'exécutants ou de « dysfonctionnements » administratifs, mais aussi de lois nationales ou de décisions de juridictions suprêmes en touchant ainsi le cœur de la souveraineté. 231 ■

Le protocole n° 11 à la Convention européenne des droits de l'homme est venu consacrer le caractère judiciaire du système, avec – à compter du 1er novembre 1998 – la mise en place d'une « nouvelle » Cour permanente et unique, marquant la disparition de la Commission européenne des droits de l'homme et ne laissant au Comité des ministres que la mission du suivi de la bonne exécution des arrêts de la Cour. On peut donc dire que c'est en 1998 que la Convention est devenue un système judiciaire et non plus quasi judiciaire, laissant une part à la « justice politique » exercée par les ambassadeurs au sein du Comité des ministres. Une pleine consécration du système s'imposait à la fois sur le plan politique pour marquer l'engagement de tous les États européens et sur le plan technique pour rationaliser un système lent et complexe. Depuis l'entrée en vigueur du protocole n° 11 qui lie tous les États membres du Conseil de l'Europe, l'engagement des États est désormais définitif, laissant de côté les déclarations facultatives unilatérales faites pour une durée limitée. La seule échappatoire serait pour un État la dénonciation de la Convention elle-même (art. 58) et sa mise au ban du Conseil de l'Europe. Dans ce cadre rénové, la compétence de la Cour s'exerce pour les « affaires interétatiques » (art. 33), comme pour les « requêtes individuelles » (art. 34) ainsi qu'en matière consultative (art. 48). 232 ■

L'adoption en 2004 du protocole n° 14 – entré en vigueur que très tardivement le 1er juin 2010, en raison du retard mis par la Russie à ratifier – ne remettait pas en cause le nouveau système inauguré en 1998, mais visait à y apporter des réformes de détail, afin d'améliorer l'organisation et le fonctionnement de la Cour. Il s'agissait notamment de fixer un mandat non renouvelable de neuf ans pour les juges élus à la

Cour, afin de renforcer leur indépendance en évitant aux juges sortants de se soumettre à une procédure électorale comme les autres candidats, mais surtout de renforcer le « rendement » de la Cour, en prévoyant la mise en place de juges uniques en matière d'irrecevabilité des requêtes manifestement mal fondées, ou selon un nouveau critère introduit par le protocole n° 14 « lorsque le requérant n'a subi aucun préjudice important » (art. 35 § 3 b) ; les comités de trois juges devenant un premier échelon de jugement sur le fond, pour les affaires répétitives.

Le refus persistant de la Russie de ratifier ce protocole, contrairement aux 46 autres États parties, a longtemps créé une impasse sérieuse. Dans l'espoir d'une entrée en vigueur du protocole dans un délai de deux ans, le sommet de Varsovie de 2005 avait multiplié les initiatives, en mettant en place un « groupe de sages » pour renforcer l'efficacité à long terme de la Convention qui a remis son rapport à la fin 2007. Parallèlement le Premier ministre du Luxembourg, qui était chargé d'un rapport sur les relations entre l'Union européenne et le Conseil de l'Europe, avait préconisé non seulement une adhésion rapide de l'Union européenne – qui serait dotée de la personnalité juridique – à la Convention européenne des droits de l'homme, mais également à terme l'adhésion de l'Union au Conseil de l'Europe. Des solutions de transition ont même été cherchées avec un « protocole n° 14 *bis* » adopté à Madrid le 12 mai 2009 afin de permettre une entrée en vigueur à la carte de certaines dispositions du protocole n° 14… Une nouvelle conférence ministérielle, réunie en février 2010 à Interlaken à l'initiative de la Suisse, a permis de débloquer la situation avec le dépôt de la ratification russe par le ministre de la Justice, ce qui a permis l'entrée en vigueur du protocole n° 14, en refermant la parenthèse douteuse qu'a constitué le protocole n° 14 *bis*.

Toutes ces années perdues n'ont fait que renforcer l'urgence d'une refonte radicale, comme si le Conseil de l'Europe, avec la lourdeur de ses mécanismes, était toujours en retard d'une réforme : l'idée d'une cour permanente comme organe unique lancée dès 1987 a abouti à l'entrée en vigueur du protocole 11 en 1998, dans un tout autre contexte ; alors que certains rêvaient d'une véritable « cour constitutionnelle européenne », le climat est aujourd'hui tout autre : une fois entré en vigueur le protocole n° 14 en 2010, la nécessité d'une « réforme de la réforme » a été placée sous le signe de la « subsidiarité » pour désengorger la Cour européenne des droits de l'homme.

■ 233 Le nombre des affaires pendantes ne cessait en effet de croître, avec plus de 120 000 requêtes sur le rôle en 2010 et 150 000 en 2011. La plupart des requêtes étaient jugées irrecevables à un stade ou à un autre de la procédure, certaines n'étant même pas communiquées à l'État défendeur. Mais le poids de toutes ces affaires sur le système était particulièrement lourd. Il suffit de rappeler que la Cour avait rendu 1 000 arrêts entre 1959 et 1999, soit pendant 40 ans, alors que la nouvelle Cour a dépassé ce chiffre pour la seule année 2005, avec 1 105 arrêts, pour atteindre une pointe de 1 625 arrêts en 2009… Depuis cette date, le bilan chiffré de la Cour montre que les réformes ont porté leurs fruits, même si la décrue n'a été que de courte durée. Le bilan chiffré de la Cour traduit l'effet vertueux amorcé avec l'entrée en vigueur du protocole n° 14, avec 823 arrêts rendus en 2015, contre 891 en 2014 ou 916 en 2013, mais la tendance est repartie à la hausse en 2016 (993 arrêts) et 2017 (1068 arrêts). On constate la même inflexion pour les requêtes attribuées à une formation judiciaire, qui sont retombées à 40 557 en 2015, soit une baisse spectaculaire en quelques années, suivie toutefois d'une hausse en 2016 (53 427) et 2017 (63 369). Du coup le stock des affaires pendantes continue à décroitre régulièrement, avec 64 850 affaires pendantes au 31 décembre 2015 puis 56 250 au 31 décembre 2017. Mais ces chiffres globaux cachent de fortes disparités, dans la mesure où les requêtes pendantes concernent pour 12,6 % l'Ukraine avec 7 100 affaires, 13,3 % la Turquie avec 7 500 affaires, 13,8 % la Russie avec 7 750 affaires et 17,6 % la Roumanie avec 9 900 affaires, soit bien plus que la moitié du contentieux pour quatre États ! Au sein de l'Union européenne, seule l'Italie, avec 4 650 affaires pendantes (8,3 %) fait figure d'exception, tandis que la France n'enregistre que 359 affaires pendantes, le Royaume-Uni, 130 affaires et l'Allemagne seulement 167... Ces chiffres suffisent à montrer que la crise du système n'est pas seulement juridique, mais qu'elle est aussi politique.

Depuis la conférence d'Interlaken, organisée par la présidence suisse du Comité des ministres le 19 février 2010 et la conférence de Smyrne du 27 avril 2011, sous la présidence turque, une réflexion collective des États a été lancée qui a été accélérée par la présidence britannique pour déboucher sur la déclaration de Brighton du 20 avril 2012. Cette dynamique traduit une reprise en main par les États parties. Lors de cette conférence, le président de la Cour, Sir Nicolas Bratza n'a pas manqué de rappeler « la spécificité de la Convention, traité destiné à garantir collectivement le respect des droits de l'homme et des libertés fondamentales ; ce n'est ni un traité ordinaire, ni une déclaration d'intentions, c'est un instrument contraignant pour les États contractants qui énonce des droits et des libertés dont ils doivent garantir l'exercice (...) En instaurant une Cour pour garantir le respect des engagements qu'ils ont pris dans la Convention, les États membres du Conseil de l'Europe ont consenti à mettre en place un système judiciaire fonctionnant selon les règles de l'État de droit (...) Pour cette raison, nous sommes, je dois le dire, mal à l'aise à l'idée selon laquelle les États peuvent, en quelque sorte, dicter à la Cour la manière dont sa jurisprudence doit évoluer ou dont elle doit exercer les fonctions judiciaires qui lui sont conférées ».

Passant outre cet avertissement solennel, les États ont lancé une série de réformes, les unes techniques, les autres politiques, visant à contrôler les pouvoirs de la Cour. La plus symbolique est sans doute l'idée, assez futile par ailleurs, d'inscrire dans le préambule de la Convention européenne « une référence au principe de subsidiarité et à la doctrine de la marge d'appréciation telle que développée dans la jurisprudence de la Cour » (§ 12 b). Plus pratique et contraignante – sans être totalement dirimante pour le droit de recours – est le raccourcissement du délai pour l'introduction d'une requête devant la Cour de six à quatre mois après la décision interne définitive. Ces deux points font l'objet du Protocole n° 15, adopté à Strasbourg le 24 juin 2013 qui doit être ratifié par tous les États parties pour entrer en vigueur. Avec 45 ratifications, (au 1er septembre 2020) il ne manque plus que l'engagement des deux derniers signataires (Italie, Bosnie Herzégovine). Potentiellement plus porteuse de changements est l'instauration d'une procédure facultative d'avis consultatif entérinée par le Protocole n° 16 du 2 octobre 2013. En vertu de ce texte, les plus hautes juridictions d'un État partie ayant ratifié le Protocole pourront, dans le cadre d'affaires pendantes devant elles, saisir la Cour d'une demande d'avis consultatif. Cet avis est, comme son nom l'indique, non obligatoire sur le plan formel, mais on peut se demander si « l'autorité de chose interprétée » ne vient pas suppléer l'absence de valeur juridique : car le refus pour la cour suprême du pays de suivre l'interprétation dégagée par la Cour se traduira par le dépôt de nouvelles requêtes individuelles donnant lieu à des arrêts et à des réparations à caractère obligatoire. La France a été le dixième État partie à ratifier le Protocole, déclenchant son entrée en vigueur au

1er août 2018. Le protocole a recueilli 15 ratifications et 7 signatures (au 1er septembre 2020). La France a été également le premier État a transmettre une demande d'avis consultatif, à l'initiative de la Cour de cassation.

■ 234 Aux termes de ces initiatives diplomatiques, dans une ambiance marquée par l'euroscepticisme croissant dans plusieurs pays européens, le système de la Convention pouvait sembler fragilisé. Mais la mise en œuvre, non sans difficultés, des mesures radicales de rationalisation de traitement des requêtes à travers la procédure de juge unique a permis à la Cour de se défaire d'un arriéré gigantesque de requêtes en souffrance. De même, la Cour a su répondre fermement aux tentatives de certains États de prendre le contrôle de la Cour au prétexte d'assurer la « subsidiarité » du contrôle. L'ancien président de la Cour, Dean Spielmann, a notamment dénoncé les velléités exprimées par certains États de participer à la rédaction du Règlement de la Cour : « J'y vois un désir de contrôle de notre Cour qui ne me semble pas correspondre aux défis qui se posent actuellement. Consacrons-nous donc à l'essentiel. » (« Les succès et les défis posés à la Cour, perçus de l'intérieur », conférence sur *L'avenir à long terme de la Cour européenne des droits de l'Homme*, Oslo, 7 avril 2014). Ces progrès accomplis ont été reconnus par les États lors de la quatrième conférence de haut-niveau tenue à Bruxelles en mars 2015, tandis que l'accent était mis de manière plus constructive sur la « responsabilité première » des États, qu'il s'agisse du rôle du Comité des ministres dans la surveillance de l'exécution des arrêts ou de la nécessité de mettre en place des mécanismes effectifs de mise en œuvre de la Convention sur le plan interne, ainsi que de prendre des mesures en vue de mettre un terme aux violations structurelles. De même, la Conférence de Copenhague d'avril 2018 s'annonçait sous des auspices peu favorables, avec un projet de texte de la présidence danoise immédiatement très critiqué par les ONG et les autres États, et auquel la Cour elle-même a répondu avec une certaine prudence. La Déclaration finalement adoptée ne constitue nullement une rupture, en s'inscrivant dans la continuité d'un discours ambiant, avec un accent un peu plus mis sur la subsidiarité et le nécessaire « dialogue » avec les Gouvernements, sans pour autant remettre en cause l'indépendance de la Cour et sa compétence pour connaître des violations des droits de l'homme qui n'ont pas bénéficié de recours effectifs sur le plan interne.

3. *Les recours étatiques*

■ 235 Un recours de plein droit concerne les États, selon le schéma du contentieux interétatique, où un État peut attaquer un autre État pour la violation d'un engagement. Il peut s'agir d'une forme classique de protection diplomatique, comme dans la récente affaire (*Danemark c/ Turquie*) qui s'est terminée avec un règlement amiable entériné par la Cour dans un arrêt du 5 avril 2000. Mais l'innovation « révolutionnaire » de cette procédure vient du fait qu'en l'occurrence un État peut mettre en cause un autre État pour avoir violé les droits des nationaux de ce dernier, comme lorsque les Pays-Bas, le Danemark, la Suède et la Norvège ont déposé un recours en 1967 contre la Grèce, après l'instauration d'une dictature militaire bafouant les droits des citoyens grecs. Il s'agit donc de l'inverse de la protection diplomatique, avec la protection des individus, au besoin contre leur propre État.

Comme l'a dit dès 1960 la Commission européenne des droits de l'homme, dans une des premières affaires interétatiques : « en concluant la Convention, les États contractants n'ont pas voulu se concéder des droits et obligations réciproques utiles à la poursuite de leurs intérêts nationaux respectifs, mais réaliser les objectifs et les idéaux tels que les énonce le statut et instaurer un ordre public communautaire des libres démocraties d'Europe » (aff. *Autriche c/ Italie, Annuaire de la Convention européenne des droits de l'homme*, vol. 4, p. 117). La Cour européenne des droits de l'homme a fait sienne cette expression, presque terme pour terme, dans l'arrêt *Loizidou* du 23 mars 1995 (série A, n° 310, exceptions préliminaires) en voyant dans la Convention européenne « l'instrument constitutionnel d'un ordre public européen ».

236 ■ Cette notion est à la base de la garantie collective des droits de l'homme au sein des États parties à la convention. Mais les recours interétatiques restent exceptionnels, les États cherchant à faire prévaloir la diplomatie sur le contentieux au sein d'une même « famille » politique, sauf crise grave comme dans l'affaire grecque en 1967 qui a entraîné le départ provisoire de la Grèce du Conseil de l'Europe, ou l'affaire turque en 1981 qui s'est terminée dès 1983 par un « règlement amiable ». Trois arrêts rendus par la Cour sur la base d'une requête étatique concernent d'ailleurs des contentieux bilatéraux historiques. Dans la première affaire, (*Irlande c/ Royaume-Uni*), jugée le 18 janvier 1978 (série A, n° 25), la Cour a condamné le régime de privation sensorielle des prisonniers politiques en Irlande du Nord, comme un « traitement inhumain et dégradant » au sens de l'article 3 de la Convention, alors que la Commission européenne avait été plus loin en qualifiant les faits de « *torture* ». Le contentieux entre Chypre et la Turquie, qui avait été à deux reprises esquivé par le Comité des ministres, a débouché sur un arrêt de la Cour du 10 mai 2001 concernant les violations commises en 1974 lors de l'invasion de la partie Nord de Chypre par la Turquie. Ce faisant, comme dans l'affaire *Loizidou* précitée, la responsabilité de la puissance occupante a été mise en cause par la Cour, tout en reconnaissant l'obligation d'épuiser les recours internes devant les autorités *de facto*. Dans les deux cas, la Turquie a quant à elle invoqué la nécessité d'une solution politique et l'impossibilité d'une exécution des arrêts en l'absence d'un règlement global, marquant bien les limites du contentieux – que la saisine soit individuelle ou étatique – s'agissant de violations massives et systématiques des droits de l'homme. Relevant le défi, la Cour a adopté le 12 mai 2014 un arrêt de Grande Chambre sur les réparations, où elle reconnaît l'applicabilité de l'article 41 de la Convention aux affaires interétatiques et ordonne à la Turquie de verser à Chypre trente millions d'euros, à distribuer aux victimes individuelles, sous la surveillance du Comité des ministres.

Plus récemment, la montée des tensions dans l'espace ex-soviétique a entraîné une résurgence des affaires interétatiques, avec deux requêtes introduites par la Géorgie contre la Russie en 2007 et 2008, suivies de quatre requêtes présentées par l'Ukraine dans le contexte du conflit armé à l'Est du pays et à la suite de l'annexion de la Crimée. Dans la première des deux affaires géorgiennes, la Cour s'est prononcée sur le fond par un arrêt du 3 juillet 2014, constatant des violations à l'encontre de la Russie en lien avec la situation des expulsions collectives, tandis que dans la deuxième affaire, où la Géorgie mettait en cause un ensemble de violations des droits de l'homme et du droit humanitaire liées à la guerre, la Cour a adopté des mesures conservatoires avant de se prononcer sur la recevabilité dans une décision du 13 décembre 2011. L'Ukraine de son côté a demandé de rayer une des quatre affaires engagées contre la Russie, dans la mesure où les victimes en cause avaient introduit de leur côté des requêtes individuelles. D'ailleurs, des milliers de requêtes individuelles contre la Russie comme contre la Géorgie ou l'Ukraine ont été engagées parallèlement aux requêtes interétatiques. Dans une autre configuration, l'Arménie et l'Azerbaidjan n'ont pas jusqu'ici eu recours à la procédure de recours interétatique, mais un contentieux important entretenu par des requêtes individuelles au sujet du conflit au Haut-Karabakh prend bien souvent des allures de contentieux interétatique par substitution.

4. *Les recours individuels*

237 Sur la base de l'article 34, « la Cour peut être saisie d'une requête par toute personne physique, toute organisation non gouvernementale ou tout groupe de particuliers qui se prétend victime d'une violation ». En pratique, tout individu, qu'il soit un ressortissant ou un étranger, peut aujourd'hui directement attaquer un État partie devant la Cour européenne des droits de l'homme, où il a un *locus standi* qui lui assure une égalité des armes face à l'État défendeur. La décision de la Cour est un arrêt motivé ayant l'« autorité de la chose jugée » (art. 46), qui peut être assorti d'une « satisfaction équitable » (art. 41) sous la forme d'une réparation financière. Au-delà des cas d'espèce, c'est tout un système collectif de supervision du droit national au regard des droits de l'homme qui est ainsi mis en place, avec une jurisprudence de plus en plus abondante. Face à cette masse d'affaires la Cour a été amenée à introduire une « hiérarchisation » dans le traitement du contentieux, en donnant la priorité aux questions les plus importantes, quitte à laisser s'enliser les affaires jugées secondaires, voire à envisager une forme de caducité des recours au bout d'un certain délai. La Cour ne peut pas devenir un énième degré de juridiction mais doit veiller à l'existence de remèdes judiciaires dans le cadre national. L'existence de voies de recours internes, longtemps vue sous l'angle de la recevabilité est devenue une garantie substantielle, la jurisprudence donnant toute sa portée à l'article 13, depuis le revirement introduit avec l'arrêt *Kudla c/ Pologne* du 26 octobre 2000. Bien plus, l'exigence autonome d'un recours effectif a été greffée sur chacune des dispositions de la Convention, notamment les articles 2 et 3. Ce faisant, la Cour risque de devenir le juge du droit, le garant des procédures internes, en se bornant à sanctionner l'absence de voies de recours ou le défaut d'enquêtes effectives comme des violations d'« *obligations positives* » qui pèsent sur les États, sans même chercher à déterminer l'existence de violations du droit matériel au titre des articles 2 et 3, par exemple, comme dans l'affaire *Chypre c/ Turquie* qui concernait des disparitions forcées. Ainsi la Cour se trouve à la croisée des chemins, s'éloignant de plus en plus de son origine internationale fort classique, sans pour autant devenir une juridiction constitutionnelle de droit commun, cherchant une nouvelle voie originale. L'idée d'une sélection des cas intéressants, sur le modèle de la Cour suprême des États-Unis, a souvent été mise en avant. De plus, dès la Conférence de Smyrne de 2011, les États ont mis en garde la Cour contre l'abus de mesures conservatoires en cas d'expulsion d'étrangers, en rappelant que la Cour n'était pas un tribunal du droit d'asile ni un troisième degré de juridiction. Face à la masse du contentieux, une plus grande sélectivité dès le stade de la recevabilité, s'impose pour préserver le droit de recours individuel « en tant que pierre angulaire du système de protection des droits de l'homme ». La jurisprudence de la Cour n'en sera que plus lisible pour tous les intéressés.

238 Dans l'attente d'une réforme statutaire plus radicale, la Cour garde une marge de manœuvre pour se réformer elle-même dans ses structures et ses procédures. Ainsi, elle a créé en 2007 une cinquième chambre de sept juges, les affaires renvoyées en grande chambre restant tout à fait exceptionnelles. L'hypothèse de réduire le nombre des juges de chambre à cinq a également été évoquée lors de la conférence

d'Interlaken. La Cour a renforcé la portée des arrêts, en développant un pouvoir d'injonction à l'égard des États, impliquant des obligations de faire assorties de délais stricts et non plus une seule « satisfaction équitable », y compris dans des affaires individuelles (Arrêt du 8 juill. 2004, *Ila□cu c/ Moldova et Russie*). La Cour a également cherché à remédier aux affaires répétitives qui l'encombrent, comme l'absence de délai raisonnable en matière de justice, ou aux affaires systémiques traduisant une impasse législative, comme en matière de réparation collective, par la pratique d'arrêts pilotes qui sont en quelque sorte des « arrêts de principe » ou des « arrêts de règlement » posant une solution dans un cas précis, quitte à mettre en demeure l'État concerné de trouver une solution d'ensemble pour toutes les personnes dans une situation identique (v. l'arrêt de Grande chambre dans l'affaire *Broniowski c/ Pologne*, 22 juin 2004). Les autres instances en cours sont gelées tant que l'État n'a pas assuré un règlement d'ensemble, quitte à voir la Cour réitérer sa condamnation de principe. L'accent est mis sur les réformes internes prévenant les violations, comme sur le suivi de l'exécution des arrêts par le Comité des ministres, et notamment des mesures générales qui peuvent être prises à la suite d'une condamnation. La Cour a encore accentué cette logique avec l'arrêt de la Grande chambre du 12 octobre 2017 dans l'affaire *Burmych et autres c/ Ukraine*, en décidant de rayer de son rôle quelques 12 000 requêtes répétitives enregistrées à la suite d'un arrêt pilote (*Ivanov c/ Ukraine*), à charge pour le Comité des ministres d'obtenir de l'Ukraine l'adoption de recours effectifs en interne. Parmi les autres pistes évoquées, outre l'entrée en vigueur du Protocole 16 et les avis consultatifs (v. ss 233), la déclaration adoptée à l'issue du Sommet de Copenhague en avril 2018 évoque le développement de la tierce intervention, qui pourrait éclairer les juges sur les enjeux d'un contentieux et faciliter la mise en œuvre des réformes éventuelles. Enfin, le commissaire aux droits de l'homme cherche à trouver un rôle de facilitateur en liaison avec les instances nationales, soit comme *amicus curiae*[Q], soit en offrant ses bons offices pour la bonne exécution des arrêts.

La notion d'« ordre public européen » vise également les « violations indirectes » de la 239 ■
Convention qui restent imputables aux États parties. Elle a trouvé son prolongement à l'égard d'États tiers, en matière d'extradition, comme dans l'affaire *Soering c/ Royaume-Uni* (Arrêt du 7 juill. 1989, série A, n° 161) qui concernait l'application de la peine de mort aux États-Unis. Elle est susceptible d'affecter l'exécution par les États de leurs obligations en vertu d'autres conventions internationales ou de traités constitutifs d'organisations internationales, comme l'a reconnu la Cour dès l'arrêt *Matthews c/ Royaume-Uni* (Arrêt du 18 févr. 1999) à propos de l'organisation des élections européennes à Gibraltar. La logique sous-jacente au raisonnement de la Cour est que « la Convention n'exclut pas le transfert de compétences à des organisations internationales pourvu que les droits garantis par la Convention continuent d'être "reconnus". Pareil transfert ne fait donc pas disparaître la responsabilité des États membres » (§ 32). Toutefois, dans l'affaire « *Bosphorus Airways* » *c/ Irlande* (Arrêt du 30 juin 2005), la Cour a appliqué une présomption de « protection équivalente » des droits de l'Homme par l'Union européenne lorsque l'État partie ne dispose d'aucune marge d'appréciation dans l'application du droit de l'Union : dans ce cas, la Cour ne contrôle pas le respect des droits garantis par la Convention et s'en remet à la Cour de justice de l'UE. Une telle présomption de protection équivalente ne s'applique pas en revanche aux mesures prises par les États pour appliquer les résolutions du Conseil de sécurité des Nations Unies en matière de lutte contre le

terrorisme, en raison de l'insuffisance des garanties mises en place. Mais dans ce cas, la Cour tient compte de l'article 103 de la Charte des Nations Unies qui prévoit la primauté des obligations qui découlent de la Charte sur toute autre obligation conventionnelle. Elle préfère alors « dans un esprit d'harmonisation systémique », conclure « en principe à l'absence d'un conflit d'obligations susceptible d'entraîner la mise en œuvre de la règle de primauté contenue dans l'article 103 de la Charte des Nations Unies » (Arrêt, Gr. ch., 21 juin 2016, *Al Dulimi et Montana Management*, § 140 et avant cela l'arrêt du 7 juillet 2011, *Al Jedda c/ Royaume-Uni*, § 102). Ce n'est que lorsque le Conseil de sécurité entend clairement ordonner des mesures susceptibles de violer les droits de l'Homme que la Cour exerce un contrôle, à condition toutefois que l'État dispose d'une certaine latitude dans la mise en œuvre des résolutions du Conseil de sécurité (Arrêt, Gr. ch., 12 septembre 2012, *Nada c/ Suisse*, § 180).

L'ordre public européen ne va pas non plus jusqu'à remettre en cause les immunités de juridiction des organisations internationales lorsque celles qui sont visées présentent des garanties juridictionnelles équivalentes pour leurs agents (Arrêt du 18 févr. 1999, dans les affaires *Beer* et *Regan*, *Waite* et *Kennedy c/ RFA*, concernant l'Agence spatiale européenne, ou encore les immunités d'État, alors même qu'une norme de *jus cogens* est en cause (Arrêt de nov. 2001, dans l'affaire *Al-Adsani c/ Royaume-Uni*, à propos d'actes de torture commis au Koweit). Enfin, la Cour a été amenée à plusieurs reprises à se prononcer sur la responsabilité des États dans le cadre d'opérations militaires menées à l'étranger : mais dans ce cas, l'ordre public européen trouve sa limite dans des opérations sur lesquelles le Conseil de sécurité exerce un « contrôle effectif » ou une « autorité » et un « contrôle ultime ». Dans la décision de la Grande chambre du 2 mai 2007 dans les affaires *Behrami* et *Saramati*, visant la France et la Norvège, c'est la présence des Nations Unies au Kosovo – la MINUK et la KFOR – qui étaient en cause et la Cour a considéré que les actes des contingents nationaux étaient en fait attribuables aux Nations Unies, ce qui la rendait incompétente. À l'inverse, dans l'affaire *Al Jedda* (préc.), la Cour a attribué au Royaume-Uni l'internement d'un civil dans un camp administré par les Britanniques à Bassorah entre 2004 et 2007, compte tenu du fait que la mission des Nations Unies en Irak n'était chargée d'aucune responsabilité en matière de sécurité.

5. *La portée politique du contrôle*

240 C'est dire l'importance que garde le contrôle politique du respect de la Convention dans le nouveau système mis en place en 1998 et réformé en 2010. Le secrétaire général, qui peut depuis l'origine demander aux États des « explications » sur la manière dont ils assurent l'application effective de la Convention (art. 52), a mis en œuvre ce pouvoir d'enquête – pour la première fois à l'égard d'une situation spécifique – en s'adressant à la Russie à propos de la mise en œuvre de l'article 15 de la Convention en Tchétchénie, puis en s'adressant à la Moldova. En 2005, le secrétaire général a, de son propre chef, invoqué l'article 52 pour interroger tous les États membres au sujet des transferts et des « détentions secrètes » opérés en Europe par les États-Unis dans le cadre de la lutte contre le terrorisme. De même, le nouveau « commissaire des droits de l'homme » du Conseil de l'Europe, dont la fonction a été créée en 1999, s'est lui aussi attaché à la recherche d'une solution politique à la guerre en Tchétchénie, à travers un dialogue avec les autorités russes. Il s'est également assuré d'une présence sur place du Conseil de l'Europe, avec plusieurs

visites du comité européen pour la prévention de la torture (CPT). Lors de son premier mandat, le commissaire aux droits de l'homme, Alvaro Gil Roblès, a publié une série de rapports faisant suite à ses visites dans l'ensemble des États membres, notamment la France en 2005, ainsi que des rapports thématiques. Son successeur, Thomas Hammarberg, a fait de même, avec un nouveau rapport sur la France en 2008, tout comme Nils Muiznieks pour sa visite en France de 2014. Parallèlement, le commissaire aux droits de l'homme publie des rapports thématiques, comme celui sur les « personnes disparues et les victimes de disparitions forcées en Europe » en 2016. Plus généralement les organes politiques du Conseil de l'Europe, Assemblée parlementaire et Comité des ministres, ont mis en œuvre un mécanisme permanent de « *monitoring* » des engagements assumés par les États membres qui visait d'abord seulement les nouveaux membres puis a été étendu à l'ensemble des États. Certains États ont ainsi fait l'objet d'une menace de suspension de leurs droits de la part de l'Assemblée parlementaire, comme dans le cas de l'Ukraine ou même – de manière plus épisodique – de la Russie. À la suite de la crise ukrainienne du printemps 2014, l'APCE a suspendu la participation de la délégation russe ouvrant la voie à un bras de fer avec la Russie.

Cette vigilance s'exerce aussi à l'encontre des pays tiers, comme l'a montré l'affaire des vols clandestins et des prisons secrètes de la CIA sur le sol européen, dans le cadre de la lutte contre le terrorisme. Le commissaire aux droits de l'homme avait le premier évoqué le sujet, avant que le secrétaire général se fonde sur ses pouvoirs de l'article 52 pour demander des réponses précises à tous les États membres. De son côté, l'Assemblée parlementaire du Conseil de l'Europe a établi dès novembre 2005 une commission d'enquête dont les résultats ont été rendus publics et ont débouché sur les résolutions n° 1507 du 27 juin 2006 et n° 1562 du 27 juin 2007, mettant en cause la complicité de plusieurs États membres avec les agissements américains. Dans le même temps, M. Frattini, qui était alors le commissaire à la justice et aux affaires intérieures de la Commission européenne, minimisait la portée de ces enquêtes indépendantes, défendant les États membres en cause comme la Pologne et la Roumanie. Mais le Parlement européen s'est lui-même prononcé sans ambiguïté, avec la résolution n° 2006/2027 (INI) du 6 juillet 2006 et la résolution n° 2006/2200 (INI) du 14 février 2007. Depuis lors de nouveaux États ont été mis en cause, notamment la Lituanie. De même, l'Assemblée parlementaire ne manque pas de faire pression sur les tiers, comme les États-Unis ou le Japon, dans sa campagne pour l'abolition de la peine de mort, sans que la menace d'une remise en cause du statut d'observateur apparaisse crédible. 241 ■

B. Le système interaméricain

Le système interaméricain s'inscrit dans une forte tradition de régionalisme. Les étapes de sa mise en place sont particulièrement complexes, mais l'expérience des dictatures en Amérique latine a renforcé le système de protection des droits de l'homme, avec une dynamique propre, apparue depuis 30 ans. Le système initial est fondé sur la Déclaration américaine des droits et devoirs de l'homme et sur la Charte de l'Organisation des États américains (OEA) adoptées en 1948 à Bogota. Mais c'est seulement en 1959 qu'une Commission interaméricaine des droits de l'homme de 7 membres est instituée par une simple résolution des ministres des Affaires étrangères, avant d'être incorporée dans la charte de l'OEA, en 1967. Le nouvel article 106 242 ■

de la Charte donne à la Commission « comme fonction principale, celle de promouvoir le respect et la défense des droits de l'homme et de servir d'organe consultatif à l'organisation dans ce domaine ». Il est prévu également « qu'une Convention interaméricaine relative aux droits de l'homme déterminera la structure, la compétence et le fonctionnement de cette Commission, ainsi que des autres organes qui s'occupent de cette matière ». La Convention américaine des droits de l'homme (dite Pacte de Bogota), adoptée le 22 novembre 1969, est entrée en vigueur le 18 juillet 1978, marquant une étape décisive, avec la mise en place dès l'année suivante de la Cour interaméricaine des droits de l'homme, composée de sept juges, venant ainsi compléter l'architecture institutionnelle en juxtaposant une Commission et une Cour. Le statut de la Commission et le statut de la Cour ont été adoptés en 1979.

■ **243** La Commission interaméricaine des droits de l'homme, qui est établie au siège de l'OEA, à Washington, « représente tous les pays membres de l'Organisation des États américains ». Elle a des fonctions très larges, y compris la compétence de recevoir des « pétitions concernant des dénonciations ou plaintes relatives à une violation » de la Convention (art. 44), de la part d'individus ou d'ONG. Sa compétence pour recevoir des communications étatiques reste facultative (art. 45). Elle fait de nombreuses missions sur le terrain et peut adresser des « recommandations » aux États.

À un autre niveau, la Cour – qui siège à San-José de Costa-Rica – peut être saisie, soit par un État partie à la Convention, soit par la Commission. Mais ses compétences restent facultatives et dépendant de déclarations de la part des États. En vertu de l'article 62, tout État partie peut « déclarer qu'il reconnaît comme obligatoire (...) la compétence de la Cour pour connaître de tous les différends relatifs à l'interprétation ou à l'application de la Convention ». Le système a pris son essor dans les années 1990 et au début des années 2000, avec une participation accrue des États, avant de connaître de nouvelles difficultés, avec la dénonciation de la Convention par le Venezuela en septembre 2012 et une crise financière et politique sans précédent qui, en 2016, affecte particulièrement la Commission, en raison du refus de certains États de verser leurs contributions volontaires, ce qui réduit de 40 % son budget – qui était de 10 millions de dollars – l'obligeant de ne pas renouveler une grande partie de son personnel et d'interrompre certaines de ses activités.

■ **244** Sur le fond, tant la Commission que la Cour ont développé une très importante jurisprudence aussi bien contentieuse que consultative, qui a influencé le *droit international des droits de l'homme*[Q]. Les premiers arrêts de la Cour rendus en 1986 portaient sur le phénomène des disparitions forcées et ce thème, ainsi que celui des exécutions arbitraires et de la torture, a gardé une part importante par la suite, compte tenu de l'ampleur de ces phénomènes de violations graves sur le continent. Mais la jurisprudence de la Cour s'est aussi déployée sur tout le champ des droits civils et politiques mais aussi, à partir de 2017, des droits économiques, sociaux, culturels et environnementaux, avec des approches originales par rapport à l'approche européenne, notamment sur la question des droits des peuples autochtones ou du « droit à la vérité » (L. Burgorgue Larsen, A. Ubeda de Torres, *Les grandes décisions de la Cour interaméricaine des droits de l'homme*, Bruylant, 2008) Quant à la fonction consultative qui vise à « contribuer à assurer le respect par les États américains, de leurs obligations internationales relatives aux droits de l'homme », elle a amené à qualifier et à interpréter d'autres instruments internationaux que la Convention, s'agissant notamment de protection consulaire, mais aussi à proposer, à la demande des États, des interprétations audacieuses du droit international des droits de l'homme, qu'il s'agisse du droit à l'information sur l'assistance consulaire (avis n° 16), sur le statut juridique des travailleurs migrants irréguliers (avis n° 18) ou encore, plus récemment, du lien entre environnement et droits de l'homme (avis consultatif n° 23) et de la discrimination fondée sur l'orientation sexuelle et l'identité de genre (avis consultatif n° 24) (sur ces derniers avis, v. notamment la chronique d'H. Tigroudja, *RTDH*, n° 114, 2018). Le système interaméricain a également été renforcé par de nouvelles conventions, d'abord des protocoles additionnels, le premier adopté en 1988 et traitant des droits économiques, sociaux et culturels, le second, adopté en 1990 et traitant de l'abolition de la peine de mort. Ont également été adoptées en 1985 une convention interaméricaine pour la prévention et la répression de la torture et, en 1994, une convention interaméricaine sur la disparition forcée des personnes.

C. Le système africain

Le système africain, plus récent et trop longtemps sous-estimé, est aujourd'hui en pleine mutation. Sa base juridique est la Charte africaine des droits de l'homme et des peuples de Banjul adoptée lors d'une conférence des chefs d'État tenue à Nairobi le 28 juin 1981. La Charte est entrée en vigueur en 1986 avec la mise en place, auprès de ce qui était encore l'Organisation de l'unité africaine (OUA) « d'une Commission africaine des droits de l'homme et des peuples, chargée de promouvoir les droits de l'homme et des peuples et s'assurer leur protection en Afrique » (art. 30). Sur le terrain conceptuel, la Charte présente l'originalité de mettre en avant les droits des peuples – avec six articles (art. 19 à 24) y compris le « droit à un environnement satisfaisant et global, propice à leur développement » – et de faire place les devoirs – avec trois articles (art. 27 à 29), notamment le devoir « de contribuer au mieux de ses capacités, à tout moment et à tous les niveaux à la promotion et à la réalisation de l'Unité africaine » – à côté des droits individuels. Elle vise l'ensemble des droits de l'homme et notamment les droits économiques, sociaux et culturels. Il faut souligner qu'avec 53 ratifications, la Charte africaine des droits de l'homme et des peuples couvre aujourd'hui tous les États du continent. La Charte a elle-même été complétée en 1990 par une charte africaine des droits et du bien-être de l'enfant – qui a son propre comité de suivi composé de 11 membres – ainsi que par un protocole relatif aux droits de la femme en Afrique en 2003. Sur le plan politique, l'acte constitutif de l'Union africaine, adopté à Lomé en 2000, a abouti à la novation du cadre juridique de l'organisation panafricaine, l'OUA devenant l'UA. 245 ■

La Commission africaine, composée de 11 membres, élus pour des périodes de six ans renouvelables, a des pouvoirs assez larges pour « donner des avis ou faire des recommandations aux gouvernements », « assurer la protection des droits de l'homme et des peuples dans les conditions fixées par la Charte » et pour « interpréter toute disposition de la présente Charte », Elle peut recevoir des « "communications" émanant des États parties » (art. 47), mais également « des autres communications » (art. 5). La Charte contient des dispositions très intéressantes sur les « principes applicables », en précisant que « la commission s'inspire du droit international relatif aux droits de l'homme et des peuples notamment des dispositions des divers instruments africains relatifs aux droits de l'homme et des peuples, des dispositions de la Charte des Nations Unies, de la Charte de l'Organisation de l'Unité africaine, de 246 ■

la Déclaration universelle des droits de l'homme, des dispositions des autres instruments adoptés par les Nations Unies et par les pays africains dans le domaine des droits de l'homme et des peuples ainsi que des dispositions de divers instruments adoptés au sein d'institutions spécialisées des Nations Unies dont sont membres les parties à la présente Charte » (art. 60). D'autres références figurent comme « moyens auxiliaires », y compris « les pratiques africaines conformes aux normes internationales relatives aux droits de l'homme et des peuples (...) les principes généraux de droit reconnus par les nations africaines » (art. 61). C'est dire si le chantier juridique est énorme.

En pratique, la Commission, malgré des moyens très faibles, a développé peu à peu ses méthodes d'action. Elle a créé des rapporteurs spéciaux, alors même que rien dans la Charte ne prévoyait ce mandat, en dehors des dispositions vagues de l'article 45.1.a. En 1994, un rapporteur spécial sur les exécutions extrajudiciaires, sommaires ou arbitraires a été institué, un rapporteur sur les prisons et autres lieux de détention, et un rapporteur sur les droits de la femme. D'autres missions sur le terrain ou des commissions d'enquêtes sont mises en place sur une base *ad hoc*. La Commission examine également des rapports nationaux. Enfin, dans l'exercice de son mandat de protection, la Commission reçoit des « communications » individuelles.

247 L'adoption du protocole portant création d'une Cour africaine des droits de l'homme et des peuples, formalisée à Ouagadougou en 1998 et entrée en vigueur en 2004, après 15 ratifications, est venue donner une autre dimension au système. La Cour a été mise en place en 2006, avec la première élection de ses 11 juges. Le protocole précise les « relations entre la Cour et la Commission » (art. 2) en indiquant que la Cour « complète les fonctions de protection que la Charte (...) a conférées à la Commission ». Pour sa part, « la Cour a compétence pour connaître de toutes les affaires et de tous les différends dont elle est saisie concernant l'interprétation et l'application de la Charte, du présent protocole, et de tout instrument pertinent relatif aux droits de l'homme et ratifié par les États concernés » (art. 3). Elle exerce une fonction consultative (art. 4) et une fonction contentieuse, sur saisine de la Commission ou d'un État partie, mais aussi des « organisations intergouvernementales africaines ». Chaque État peut, par une déclaration spéciale (art. 34.6), autoriser l'introduction « des requêtes directement devant la Cour » par des individus ou des ONG dotées du statut d'observateur, court-circuitant ainsi la Commission. Mais jusqu'à présent, seuls huit États ont fait cette déclaration et encore le Rwanda a-t-il retiré son acceptation en février 2016, quelques jours avant la tenue d'une audience de la Cour dans l'affaire *Victoire Ingabire Umuhoza* (arrêt du 24 novembre 2017, n° 003/2014, obs. J. Tavernier, *RGDIP* 2018-1, p. 218-220). La Cour a rendu des décisions sur la recevabilité d'une vingtaine d'affaires, avant d'adopter son premier arrêt sur le fond le 14 juin 2013 dans deux affaires jointes contre la Tanzanie. Depuis, la Cour semble avoir pris un rythme de croisière, avec 28 arrêts dont 15 sur le fond en 2019, tandis que le volume de requêtes pendantes ne cesse d'augmenter, avec un total d 177 affaires et 1 demande d'avis consultatif en 2019.

248 Mais la mise en place des institutions de l'Union africaine a entraîné l'adoption du protocole de Maputo du 11 juillet 2003, ratifié par 16 États qui crée une Cour de justice de l'UA. Dans un souci de rationalisation, un nouveau Protocole adopté le 1er juillet 2008 à Sharm El-Sheikh, vise à remplacer les protocoles de 1998 et 2003 afin de créer une seule juridiction de 16 juges, sous le titre de « Cour de justice et des droits de l'homme ». Mais les juges seront élus sur deux listes différentes, des spécialistes du droit international pour siéger dans la section des « affaires générales », des spécialistes du droit international des droits de l'homme pour siéger dans la section des « droits de l'homme », même si la Cour peut se réunir en plénière. Une particularité du nouveau statut est d'ouvrir très largement l'accès de la Cour non seulement aux États et aux organisations intergouvernementales, mais également à la Commission africaine des droits de l'homme, aux institutions nationales des droits de l'homme et aux ONG accréditées. Bien plus un nouveau protocole vise à instituer une troisième section, compétente en matière pénale, au risque de reporter une fois de plus la mise en place d'une juridiction solidement établie et fonctionnant effectivement.

§ 2 La protection universelle des droits de l'homme

Le système onusien de protection des droits de l'homme est beaucoup plus complexe 249 ■
que ces systèmes régionaux. D'abord sur le plan politique, compte tenu de l'hétérogénéité des États membres et des conflits qui les divisent et qui peuvent avoir des répercussions dans les débats sur les droits de l'homme. La crise politique – qui a abouti en 2006 à la suppression de la Commission des droits de l'homme, après 60 ans d'existence, et à son remplacement par un nouveau « Conseil des droits de l'homme », à la suite de la résolution n° 60/251 de l'Assemblée générale adoptée par 170 voix contre 4 (États-Unis, îles Marshall, Israël et Palos) et 3 abstentions (Belarus, Iran, Venezuela) – traduit bien le risque permanent de « politisation » des droits de l'homme au sein des Nations Unies. Ensuite sur le plan juridique, car ces divergences, avivées lors de la guerre froide et de la coexistence pacifique, ont entraîné la multiplication de sous-systèmes cloisonnés, chaque traité ayant son régime propre fondé sur la volonté des États parties. L'existence d'un « tronc commun » institutionnel, enraciné dans la Charte de 1945 et la Déclaration de 1948 va ainsi de pair avec de nombreuses ramifications, sans qu'une coordination de l'ensemble puisse s'imposer malgré les progrès réalisés en ce sens depuis la Conférence mondiale sur les droits de l'homme de Vienne en 1993. Celle-ci a réaffirmé l'indivisibilité et l'universalité des droits de l'homme, en précisant que « s'il ne faut pas perdre de vue l'importance des particularismes nationaux et régionaux et la diversité historique, culturelle et religieuse, il est du devoir des États quel qu'en soit le système politique, économique et culturel, de promouvoir et de protéger tous les droits de l'homme et toutes les libertés fondamentales » (I, § 5). Ce rappel a d'autant plus de force qu'il a fait l'objet d'un consensus de la part de tous les États participants, alors que – par définition – les traités ne concernent que le cercle des États parties. La convergence récente entre le système institutionnel de la Charte et les sous-systèmes conventionnels se trouve renforcée par la vocation universelle des traités relatifs aux droits de l'homme qui a été rappelée par la Déclaration et le programme d'action de Vienne. Ainsi, plus de 170 États ont désormais ratifié chacun des deux Pactes internationaux de 1966 (171 pour le Pacte sur les droits économiques sociaux et culturels et 173 pour le Pacte sur les droits civils et politiques, au 1er septembre 2020), alors qu'il a fallu dix ans pour réunir les 35 premières ratifications nécessaires à leur entrée en vigueur en 1976. En

quarante ans s'est produit un jeu de bascule : c'est la poignée d'États restés à l'écart des traités, notamment des micro-États, qui se trouvent marginalisés et sur la défensive...

A. Les organes conventionnels

250 La mise en place des sous-systèmes conventionnels est relativement récente. Le premier grand instrument en matière de protection des droits de l'homme est la convention sur l'élimination de toutes les formes de discrimination raciale (CERD) adoptée dès 1965 et entrée en vigueur en 1969 qui a été ratifiée par 182 États. La détente entre les deux blocs a permis le déblocage politique de travaux entrepris et déjà largement avancés dès le début des années cinquante, avec l'adoption des deux Pactes internationaux de 1966, dans le droit fil de la Déclaration universelle du 10 décembre 1948 (M. Bossuyt, *Guide to the « travaux préparatoires » of the International Covenant on Civil and Political Rights*, 1987), mais il faudra attendre 1976 pour voir leur entrée en vigueur. Ont suivi, notamment, la convention de 1979 sur l'élimination de toutes les formes de discrimination à l'égard des femmes de 1979, aujourd'hui ratifiée par 189 États, la convention des Nations Unies contre la torture de 1984 ratifiée par 170 États et la convention relative aux droits de l'enfant de 1989 qui, avec 196 États parties, a été ratifiée par tous les États membres des Nations Unies plus la Palestine, « État non membre » (le 2 avril 2014) – à l'exception des États-Unis (la Somalie a ratifié le 1er octobre 2015). La convention relative aux droits de l'enfant a elle-même été complétée dès 2000 par deux protocoles facultatifs, l'un concernant l'implication des enfants dans les conflits armés, qui a 170 États parties, l'autre concernant la vente d'enfants, la prostitution des enfants et la pornographie mettant en scène des enfants, qui a 176 États parties (dont les États-Unis pour les deux protocoles alors même qu'ils n'ont pas ratifié la convention).

Tous les traités n'ont pas obtenu le même succès, comme le montre le sort de la convention internationale sur la protection des droits de tous les travailleurs migrants et des membres de leur famille qui a été adoptée en 1990 mais n'est entrée en vigueur que le 1er juillet 2003 et ne lie *que* 55 États et, qui plus est, tous « États d'origine ou de transit ». Plus récemment, deux nouveaux instruments particulièrement importants ont été négociés, la convention internationale pour la protection de toutes les personnes contre les disparitions forcées, ouverte à la signature à Paris le 6 février 2007, qui est entrée en vigueur le 23 décembre 2010 et lie 63 États, et la convention relative aux droits des personnes handicapées, ouverte à la signature à New York le 15 mars 2007, qui est entrée en vigueur dès le 3 mai 2008 et a connu un succès rapide, avec 182 ratifications en 2018.

L'heure est aujourd'hui à la consolidation de cet ensemble de neuf traités souvent qualifiés un peu trop rapidement de « traités de base » alors que d'autres instruments sont tout aussi essentiels mais ne prévoient pas la mise en place d'un organe de suivi composé d'experts indépendants.

251 La multiplication des mécanismes spécialisés doit aller de pair avec la réaffirmation de l'universalité et de l'indivisibilité des droits de l'homme. Il est convenu de parler de « Charte internationale des droits de l'homme » (*International Bill of Human Rights*) pour désigner le bloc constitué par la Déclaration universelle, les deux Pactes et leurs protocoles, conformément au programme de travail établi par la Commission des droits de l'homme qui visait, après la phase déclaratoire, à franchir une

étape conventionnelle – avec un Pacte, mais l'idée de deux instruments parallèles s'est imposée dès les années cinquante – et, enfin, de garanties de mise en œuvre. Soixante ans après, le programme est accompli pour les deux Pactes. Le Pacte international relatif aux droits civils et politiques prévoit la mise en place du Comité des droits de l'homme, organe conventionnel (*treaty-body*) composé de 18 experts indépendants, chargé d'examiner les rapports périodiques présentés par les États parties. Une déclaration facultative prévue par l'article 41 du Pacte, autorise les « communications » étatiques mais cette procédure n'a jamais été mise en œuvre à ce jour. Un protocole facultatif – ratifié par 116 États – permet les « communications » individuelles devant le Comité qui, au terme d'une procédure écrite, adopte des « constatations » (*views*). Malgré ce vocabulaire très prudent, le Comité n'a cessé, notamment depuis la fin des années quatre-vingt, de développer une conception juridictionnelle de son rôle dans l'examen des requêtes individuelles. Il a insisté sur les obligations procédurales pesant sur les États, notamment en matière de mesures conservatoires ou d'exécution de ses constatations. Le Comité des droits de l'homme a ainsi adopté en 2004 une Observation générale n° 31 sur « la nature de l'obligation juridique générale imposée aux États parties au Pacte » et en 2008 une Observation générale n° 33 sur les obligations découlant du Protocole additionnel, qui viennent consolider sa fonction juridictionnelle, tout comme la décision plus récente de mettre en place une procédure de traitement des « cas répétitifs » ou d'autoriser, dans certains cas exceptionnels, l'audition des parties. Peu à peu, le Comité s'est ainsi doté d'une fonction interprétative portant non seulement sur les dispositions matérielles du Pacte, mais aussi sur la nature même des obligations des États. Ainsi, l'Observation générale n° 24 du 2 novembre 1994 porte sur les réserves, l'Observation générale n° 26 de 1997 sur la continuité des obligations souscrites, l'Observation n° 29 de 2001 sur les situations d'exception. À chacune de ces occasions, le Comité a mis l'accent sur le caractère intangible de certaines obligations relevant du *jus cogens*. Il souligne ainsi que les obligations conventionnelles énumérées par le Pacte s'inscrivent dans un « bloc » juridique de nature différente qui échappe au volontarisme du droit des traités, qu'il s'agisse de réserve, de dénonciation ou de suspension des obligations.

252 La symétrie entre les deux Pactes soulignée par leurs préambules croisés reste trompeuse. Lorsque les États ont décidé d'adopter deux instruments distincts pour « *conventionnaliser* » la Déclaration universelle de 1948, ils ont établi une différenciation politique entre les deux séries de droits dans la mesure où les États parties ne sont pas les mêmes – le Pacte relatif aux droits économiques fait l'objet de 169 ratifications – mais surtout technique, avec des mécanismes d'application moins contraignants. Le Pacte ne prévoit pas lui-même la création du Comité des droits économiques, sociaux et culturels, confiant l'examen des rapports étatiques à l'ECOSOC. C'est ce dernier qui a délégué ses fonctions à un groupe de travail, puis à des experts gouvernementaux, enfin à des experts indépendants, établissant formellement l'existence du Comité des droits économiques, sociaux et culturels en 1985 sur la base d'une simple résolution (ECOSOC, résol. n° 1985/17). Mais cette souplesse a permis au Comité de faire preuve d'un grand dynamisme, non seulement dans l'examen des rapports nationaux, ce qui demeure sa fonction principale, mais dans la conceptualisation des droits. En effet, si le Pacte fixe des obligations progressives, chaque État s'engageant à agir « au maximum de ses ressources disponibles en vue d'assurer progressivement le plein exercice des droits reconnus dans le présent Pacte,

par tous les moyens appropriés, y compris l'adoption de mesures législatives » (art. 2, § 1), il ne s'agit pas seulement de vœux pieux ou de simples « objectifs » sociaux. Dans son observation générale n° 3 du 11 décembre 1990, le Comité a bien montré que les dispositions du Pacte comportaient une série d'obligations précises, en distinguant l'obligation de respecter, l'obligation de protéger et l'obligation de mettre en œuvre les droits garantis. Dans son observation générale n° 11 du 1er décembre 1998 sur l'application du Pacte en droit interne, il a souligné le caractère justiciable de ces droits. C'est dans le même esprit que le Comité a élaboré un projet de protocole additionnel visant les communications individuelles. Ce projet a été transmis à la Commission des droits de l'homme en 1997 (E. Decaux, « La réforme du Pacte international relatif aux droits économiques sociaux et culturels », *in Mélanges N. Valticos*, Pedone, 1999) puis adopté le 18 juin 2008 par la résolution n° 8/2 du Conseil des droits de l'homme. Le protocole est entré en vigueur le 5 mai 2013, après la dixième ratification et compte 24 États parties. La France qui a œuvré pour l'adoption du protocole l'a signé le 11 décembre 2012 avant de déposer son instrument de ratification le 18 mars 2015.

Ainsi, une véritable symétrie entre les deux instruments est-elle en germe, renforçant leur solidarité de principe, comme « instruments de portée globale » constituant avec la Déclaration universelle le « noyau de la Charte internationale des droits de l'homme ». Ce nouveau « modèle » articulant examen des rapports étatiques et communications individuelles tend à se généraliser, sous l'impulsion de la conférence mondiale de Vienne de 1993.

Certains instruments prévoient depuis l'origine, sur la base de déclarations facultatives, la possibilité de « communications » individuelles, mais la pratique est restée très limitée : c'est le cas de l'article 14 de la convention pour l'élimination de toutes les formes de discrimination raciale, ou de l'article 22 de la convention des Nations Unies contre la torture de 1984, et plus récemment de l'article 31 de la convention sur les disparitions forcées de 2007, alors que la convention sur les droits des personnes handicapées était associée à un protocole facultatif. D'autres instruments ont fait l'objet de protocoles additionnels pour permettre les requêtes des particuliers, comme le protocole facultatif à la convention sur l'élimination de toutes les formes de discrimination à l'égard des femmes, entré en vigueur le 22 décembre 2000 et ratifié par 114 États dont la France. Un troisième protocole facultatif à la convention relative aux droits de l'enfant, établissant une procédure de présentation de communications a été adopté le 19 décembre 2011 pour entrer en vigueur le 14 avril 2014 avec 46 États parties. La France l'a ratifié le 7 janvier 2016. De manière plus originale un protocole facultatif à la convention contre la torture de 1984 a été adopté par la Commission des droits de l'homme en 2002, pour permettre, à compter de son entrée en vigueur en juin 2006, des enquêtes sur le terrain à l'instar du Comité européen pour la prévention de la torture. 90 États l'ont déjà ratifié. Il prévoit aussi la mise en place de mécanismes nationaux de contrôle et a entraîné la création en France du poste de « contrôleur général des lieux de privation de liberté », comme préalable à la ratification française qui est intervenue en 2008.

■ 253 La montée en puissance de ces différents instruments implique une meilleure coordination entre les comités conventionnels qui font souvent face aux mêmes difficultés politiques et techniques, pour éviter doubles emplois et contradictions. Depuis la conférence de Vienne, une réunion annuelle des présidents des comités conventionnels permet des contacts de plus en plus marqués, à travers des efforts importants d'harmonisation des méthodes de travail, mais chaque sous-système reste marqué par ses particularismes.

Le Haut-commissariat aux droits de l'homme a tenté en 2005 une réforme radicale du système des traités en préconisant la mise en place d'un organe unique permanent, un « *jumbo committee* », remplaçant les comités actuels. Ce projet s'est heurté à des arguments de fond dans la mesure où les nouveaux comités spécialisés apportent un « éclairage » indispensable à des catégories spécifiques de violation, comme on l'a encore vu avec les disparitions forcées, ou des groupes vulnérables comme pour les personnes handicapées, qui n'étaient pas suffisamment pris en compte par les autres organes. Toutefois, contrairement à la convention sur les droits des personnes handicapées qui a été négociée à New York sans tenir compte des débats de Genève, la convention sur les disparitions forcées prévoyait une révision du système de suivi, laissant ouverte la voie à un rattachement pur et simple à un autre comité, ou à la création d'un sous-comité spécialisé, à l'instar du sous-comité contre la torture. Mais la Conférence des États parties, réunie le 19 décembre 2016, a préféré la solution de continuité et confirmé le Comité dans ses fonctions. Paradoxalement, le seul comité qui n'avait pas de statut conventionnel, le Comité des droits économiques, sociaux et culturels dont le mandat aurait pu très facilement être confié à un comité des droits de l'homme « généraliste » en charge des deux Pactes, a vu consacrée son existence par le protocole facultatif de 2008.

Après cette première tentative pour « *réformer* » le système, le Haut-Commissariat aux droits de l'homme a lancé depuis 2009, sous l'impulsion de Mme Pillay, une vaste réflexion pour « *renforcer* » le système des organes de traités (la différence de vocabulaire doit être soulignée), sur la base de consultations ouvertes avec toutes les « parties prenantes » débouchant sur la publication d'un rapport en juin 2012. Mais sans attendre les conclusions de l'exercice, à l'initiative de la Russie – avec le co-parrainage du Belarus, de la Bolivie, de la Chine, de Cuba, de l'Iran, du Nicaragua, du Pakistan, de l'Iran, de la Syrie, du Venezuela et du Zimbabwe... – l'Assemblée générale a préempté le sujet, avec la résolution n° 66/254 du 23 février 2012 en mettant en place un groupe de travail intergouvernemental en son sein. Il a fallu beaucoup de diplomatie pour introduire dans le projet une référence à l'indépendance des experts et à la consultation des « parties prenantes », notamment les ONG, par le groupe de travail intergouvernemental, sans parler d'une mention du rapport de Mme Pillay... Après la désignation de deux « facilitateurs » pour réfléchir sur la méthode, l'Assemblée générale a passé en revue les questions de fond, à partir de sa 67e session, pour aboutir le 9 avril 2014 à l'adoption par consensus de la résolution 68/268 intitulée « Renforcement et amélioration du fonctionnement de l'ensemble des organes conventionnels des droits de l'homme ». La résolution mêle recommandations, décisions et incitations en direction des organes de traités, des États parties ou du Haut Commisariat aux droits de l'Homme. Il s'agit toutefois essentiellement de prendre des mesures à caractère technique en vue d'améliorer le ratio coût/efficacité du système conventionnel : les organes de traités doivent être plus efficaces pour pouvoir absorber leur arriéré, avec pour horizon la ratification universelle des traités, pour un coût proportionnellement moindre dans un contexte de crise. Ainsi le nombre de pages des documents des comités comme des États est-il limité et les langues de travail réduites en principe à trois, en contrepartie de quoi il est prévu un allongement des sessions, en même temps qu'un renforcement des effectifs du secrétariat mis à la disposition des Comités, mais aussi des États dans le cadre des services consultatifs. Les effets de ces mesures devaient être évalués « au plus tard six ans à compter de la date de l'adoption de la résolution », soit en 2020 (sur le processus en cours, et le fonctionnement des organes de traité dans le cadre de la crise liée à pandémie de COVID-19, v. O. de Frouville, « Les organes de traités des Nations Unies dans une période de transition, un bilan d'étape », *Droits fondamentaux*, Revue électronique du CRDH, n° 18, 2020).

■ 254 Une toute autre réforme serait de renforcer le caractère judiciaire de la procédure des communications en transformant les experts en véritables juges – en terme de compétence professionnelle et d'indépendance – mais les États ne paraissent pour le moment pas envisager de franchir une telle étape. À défaut, les présidents des organes de traités, réunis en juin 2012, ont mis au point des « directives sur l'indépendance et l'impartialité des experts (directives d'Addis Abeba) », mais en amont, la question des critères d'élection et des incompatibilités politiques demeure posée, soulignant les contradictions des États, comme l'illustre la réélection en avril 2012 du ministre des Affaires étrangères en exercice du Belarus en tant que membre du Comité des droits économiques, sociaux et culturels. Reste, à terme, la nécessité de développer une véritable « jurisprudence » internationale et d'éviter les contradictions dans la « pratique » des différents organes – notamment en matière de discrimination – en prévoyant par exemple une procédure d'appel devant une « cour internationale des droits de l'homme » à instaurer. Il faut noter à cet égard que les clauses générales en matière de règlement des différends relatifs à l'interprétation et à l'application d'un traité sont de plus en plus souvent invoquées comme base de compétence de la Cour internationale de justice. Cela a été le cas de la convention contre le génocide à de nombreuses reprises, notamment dans les affaires opposant la Serbie-et-Monténégro et les États membres de l'OTAN, sur la *Licéité de l'emploi de la force*, avec *inter alia* (Arrêt du 15 déc. 2004, *Serbie-et-Monténégro c/ France*) ou encore, conjointement avec la convention sur la discrimination raciale (CERD) et la convention sur la discrimination à l'égard des femmes (CEDAW) dans l'arrêt du 3 février 2006 *Activités armées sur le territoire du Congo (RDC c/ Rwanda).* Plus récemment la convention sur la discrimination raciale a constitué la seule base de compétence dans le contentieux devant la CIJ qui a opposé à partir d'août 2008 la Géorgie et la Russie, *Application de la convention internationale sur l'élimination de toutes les formes de discrimination raciale*, et qui a donné lieu à l'ordonnance du 15 octobre 2008 et à l'arrêt du 1er avril 2011 ; ainsi que dans le contentieux opposant l'Ukraine à la Russie au sujet de la discrimination à l'encontre des Tatars en Crimée occupée ; mais aussi dans l'affaire initiée par le Qatar contre les Emirats arabes unis. Parallèlement ces mêmes affaires ont donné lieu à des communications étatiques devant le CERD, pour la première fois dans l'histoire des organes de traité.

D'une certaine manière, la Cour internationale de Justice est déjà une véritable « Cour internationale des droits de l'homme ». Dans l'arrêt *Diallo* du 30 novembre 2010 (*Guinée c/ RDC*), elle se réfère aussi bien au Pacte international relatif aux droits civils et politiques qu'à la Charte africaine des droits de l'homme et des peuples, en soulignant le rôle du Comité des droits de l'homme, à travers « une jurisprudence interprétative considérable, notamment à l'occasion des constatations auxquelles il procède en réponse aux communications individuelles (...) ainsi que dans le cadre de ses observations générales ». Manifestement à ses yeux la jurisprudence est plus que la jurisprudence ! Elle ajoute une précision essentielle : « Bien que la Cour ne soit aucunement tenue, dans l'exercice de ses fonctions judiciaires, de conformer sa propre interprétation du Pacte à celle du Comité, elle estime devoir accorder une grande considération à l'interprétation adoptée par cet organe indépendant, spécialement établi pour superviser l'application de ce traité. Il en va de la nécessaire clarté et de l'indispensable cohérence du droit international ; il en va aussi de la sécurité juridique qui est un droit pour les personnes privées bénéficiaires des droits garantis comme pour les États tenus au respect des obligations conventionnelles » (§ 66).

B. Le système institutionnel

Le même problème de coordination s'est posé dès le départ à une échelle plus large 255 ■
avec l'ensemble des mécanismes relevant de l'ECOSOC dans le domaine des droits de l'homme. La Charte elle-même a prévu expressément la création « d'une commission pour le progrès des droits de l'homme » (art. 68) mais l'ECOSOC a également institué dès 1946 une « commission de la condition de la femme » qui a presque immédiatement conquis son indépendance. La Commission des droits de l'homme, composée au final de 53 États, a de son côté mis en place des organes subsidiaires, le plus ancien étant la « sous-commission de la lutte contre les mesures discriminatoires et de la protection des minorités » devenue en 1999 « sous-commission de la promotion et de la protection des droits de l'homme » et composée de 26 experts indépendants. Après une première réforme visant l'ensemble des procédures des organes subsidiaires de la Commission adoptée en 2000 (groupe de travail, rapp. E/CN.4/2000/112) qui a eu pour première conséquence de remettre en cause l'indépendance et l'efficacité des procédures, une mise à plat beaucoup plus radicale est intervenue en 2006 avec l'adoption de la résolution n° 60/251 de l'Assemblée générale et la création du Conseil des droits de l'homme.

1. *L'héritage de la Commission des droits de l'homme*

L'action de la Commission, même si elle est controversée, a été cruciale. Après des 256 ■
débuts difficiles (J.-B. Marie, *La Commission des droits de l'homme de l'ONU*, Pedone, 1975), la Commission et sa sous-commission ont été à l'origine de la quasi-totalité des développements normatifs en matière de droits de l'homme qui constituent aujourd'hui l'édifice du « droit international des droits de l'homme ». Sur le plan de la protection, la Commission a développé – d'abord timidement au milieu des années 1970, face aux dictatures d'Amérique latine, puis avec un net déblocage après le tournant des années 1990, avec la fin du système soviétique – une série de mécanismes efficaces appelées « procédures spéciales ». Il s'agit en fait d'organes individuels ou collectifs, composés d'experts indépendants, ne recevant donc aucune instructions de leurs gouvernements. La Commission a de manière tout à fait empirique, au fil des propositions des États, souvent inspirés par les ONG, créé des mandats de « rapporteurs spéciaux » ou des « groupes de travail » chargés soit d'étudier la situation des droits de l'homme dans un pays particulier, soit d'enquêter sur une forme de violation particulière, et ceci dans tous les pays du monde (rapporteur spécial contre la torture, contre le racisme, groupe de travail sur les disparitions forcées ou involontaires, sur la détention arbitraire, etc.). Des enquêtes sur le terrain, avec le consentement des États mais sur la base de leur obligation de coopération avec l'Organisation, ainsi que des procédures de plaintes examinées d'urgence ont été mises en œuvre de manière empirique et souvent fort efficace. Pour certains, ces organes ont su développer des « méthodes de travail » originales, notamment le

groupe de travail sur la détention arbitraire, créé en 1990 et composé de cinq experts indépendants, avec une procédure quasi-juridictionnelle d'examen de plaintes individuelles visant à déterminer le caractère « arbitraire » ou non d'une détention. L'impact du groupe de travail est d'autant plus grand qu'il concerne tous les États membres de l'Organisation des Nations Unies, et en particulier ceux qui ne sont pas déjà liés par des mécanismes conventionnels, comme le protocole facultatif au Pacte sur les droits civils ou politiques.

■ 257 La procédure de plaintes la plus ancienne et la plus générale reste la procédure d'examen de « communications confidentielles », dite « procédure 1503 », instituée en 1970, dont le fonctionnement a été simplifié par la résolution n° 2000/3 de l'ECOSOC adoptée en juin 2000, qui ne retient plus que deux étapes en supprimant le passage par la sous-commission. Un groupe de travail de la sous-commission, appelé « groupe de travail des communications » examinait chaque année les plaintes reçues. Si le groupe de travail relevait des preuves suffisantes de l'existence d'un ensemble de violations massives et systématiques des droits de l'homme, il transmettait directement ces plaintes au « groupe de travail des situations » créé par la Commission en son sein. La confidentialité, qui est une base du système depuis sa mise en place par la résolution n° 1503 (XLVIII) de l'ECOSOC en 1970, rend difficile un véritable bilan. C'est seulement lorsque la Commission décidait de mettre un terme à la procédure confidentielle et de passer à la procédure publique régie par la résolution n° 1235 (XLII) de l'ECOSOC, que le nom des États concernés était révélé, comme dans le cas du Tchad ou de l'Ouzbékistan. D'autres situations de crise restaient au contraire soumises à un examen confidentiel pendant des années, sans que de report en report aucun progrès ne soit enregistré. Force est de souligner la responsabilité de la Commission des droits de l'homme elle-même dans le blocage de cette procédure à l'encontre des grands États, accentuant le sentiment du « deux poids deux mesures ». Mais en imposant un dialogue confidentiel avec tous les États membres, sur la base des engagements de la Déclaration universelle des droits de l'homme, la procédure 1503 a joué un rôle certain, fonctionnant comme une épée de Damoclès face aux pires violations des droits de l'homme.

■ 258 Dans des situations de crise, la Commission des droits de l'homme pouvait se réunir en session extraordinaire, à la demande de la majorité de ses membres, en vertu de la résolution n° 1990/48 de l'ECOSOC. Mais, au fil du temps, cette arme impliquant une mobilisation urgente de la communauté internationale s'est émoussée. Les deux premières sessions extraordinaires, en 1992, ont concerné « la situation des droits de l'homme sur le territoire de l'ancienne Yougoslavie ». Nommé rapporteur spécial, le 14 août 1992, à l'issue de la première session extraordinaire de la Commission, Tadeusz Mazowiecki, l'ancien Premier ministre polonais, a pu accomplir une mission urgente sur le terrain, accompagné du président du groupe de travail de la détention arbitraire et du rapporteur spécial sur les exécutions extrajudiciaires. Ces premiers rapports ont constitué le point de départ des efforts pour lutter contre l'impunité en instituant le Tribunal pénal international pour l'ex-Yougoslavie. La troisième session extraordinaire, convoquée en mai 1994, visait « la situation des droits de l'homme au Rwanda » avant que la question du génocide rwandais ne soit expressément évoquée. Là aussi la désignation d'un rapporteur spécial, René Degni-Segui a permis une enquête immédiate sur les violations commises et ouvert la voie à la création d'un Tribunal pénal international.

Alors que les premières sessions extraordinaires avaient donné lieu à des résolutions adoptées au consensus, la quatrième session sur le Timor oriental, en septembre 1999, a fait l'objet de la résistance de l'Indonésie, appuyée par le groupe asiatique, d'abord pour des raisons de procédure concernant le *quorum* nécessaire à la convocation, puis sur l'utilité même d'une commission internationale d'enquête après les massacres commis au lendemain du plébiscite sur l'indépendance du Timor oriental. Alors même que la résolution finale avait été amendée pour tenir compte de ces réticences, elle ne fut adoptée que par 32 voix contre 12, avec 6 abstentions. Mais c'est la cinquième session extraordinaire, réunie en octobre 2000 au sujet des « violations graves et massives des droits fondamentaux du peuple palestinien par Israël », qui a traduit la division la plus grave au sein de la Commission, puisque la résolution finale, déséquilibrée pour les Occidentaux, n'a été acquise que par 19 voix contre 16, avec 17 abstentions. La politisation de la procédure d'urgence semblait discréditer un instrument d'alarme qui impliquait une mobilisation d'ensemble de la communauté internationale. *A fortiori*, les Occidentaux n'ont jamais pu obtenir du groupe africain la convocation d'une session extraordinaire sur la situation au Soudan, alors que la crise du Darfour ne cessait de s'aggraver depuis le début de l'année 2003.

La réforme du système intervenue en 2000 a été vite remise en cause par les critiques dénonçant le manque de « crédibilité » et la « politisation » de la Commission des droits de l'homme. Plusieurs facteurs ont contribué à cette diabolisation, notamment l'échec de la candidature américaine en 2001 lors du vote de l'ECOSOC pour élire un tiers des membres de la Commission (ils seront cependant élus l'année suivante), puis l'élection de la représentante de la Libye à la présidence en 2003. La radicalisation de plus en plus marquée des débats de la Commission, après la période de consensus qui avait marqué la conférence de Vienne en 1993, a souligné l'ampleur de la crise. 259 ■

2. *Les travaux du Conseil des droits de l'homme*

C'est dans ce contexte qu'ont été décidés la suppression de la Commission des droits de l'homme et son remplacement par un nouveau « Conseil des droits de l'homme » en vertu de la résolution n° 60/251 de l'Assemblée générale du 15 mars 2006. La principale innovation est le rattachement de ce Conseil à l'Assemblée générale, en tant qu'organe subsidiaire. Mais le lien direct avec l'Assemblée générale n'a pas seulement pour but de souligner la place centrale des droits de l'homme dans le système onusien, il élargit le vivier dans lequel le Conseil est élu. Alors que les 53 États membres de la Commission des droits de l'homme étaient élus par les 54 États membres de l'ECOSOC, au risque de voir des États siéger pour neutraliser les critiques plus que pour promouvoir les droits de l'homme, ce sont les 193 États membres de l'Assemblée générale qui élisent à la majorité absolue les 47 États appelés à siéger dans le Conseil. Bien plus, ces élections sont faites sur la base d'engagements précis des candidats en matière de droits de l'homme – ce qui a amené certains États à ne pas mettre en avant leur candidature lors des premières élections – avec en principe plus de candidats que de sièges à pourvoir. Toutefois, en pratique, les différents groupes ont très vite renoncé à jouer le jeu des élections ouvertes. Dès la première année en 2006, le groupe africain qui est le plus nombreux – à égalité avec le groupe asiatique – n'a pas offert de véritable choix en présentant treize candidats pour les treize postes ! En 2007, seul le groupe occidental avait présenté plus de candidats que de poste et c'est seulement parce que la répartition des deux sièges du groupe 260 ■

d'Europe orientale avait été attribuée à la Slovénie et au Belarus, que la candidature de la Bosnie Herzégovine a été suscitée par la France et le Royaume-Uni avec l'appui des États-Unis, évitant ainsi *in extremis* l'élection d'un État comme la Belarus au sein du Conseil des droits de l'homme. En 2008, le groupe occidental a été encore une fois le seul à jouer véritablement le jeu, avec trois candidatures de poids pour deux sièges : la France avec 123 voix et le Royaume-Uni avec 120 voix devançant de peu l'Espagne avec 119 voix. L'année suivante, les Occidentaux ont préféré ne pas prendre de risque pour assurer le retour des États-Unis au sein du Conseil des droits de l'homme. Reste que, même en l'absence de concurrents directs, un État doit obtenir la majorité qualifiée des deux tiers pour être élu. Le principe de rotation jouant également avec une limitation de deux mandats consécutifs, ce sont les États du groupe européens qui sont les principales victimes d'un système à double vitesse – la cooptation jouant pour les groupes du Tiers monde, tandis que les Européens affichent leurs rivalités.

■ 261 Plus que la composition du Conseil, qui restera toujours un microcosme de l'Assemblée générale, c'est son organisation qui est la véritable nouveauté. Alors que la Commission des droits de l'homme se réunissait six semaines par an au printemps, le Conseil doit se réunir au moins dix semaines, avec une « session principale » en mars-avril et deux autres sessions en juin et en septembre. La convocation de sessions extraordinaires est grandement facilitée, puisqu'elle peut être obtenue à la demande d'un tiers des États membres du Conseil (16). Cet abaissement du seuil (pour rappel, les sessions spéciales de la Commission ne pouvaient être décidées qu'à la majorité) a conduit à un développement spectaculaire de cette modalité de réaction, avec 28 sessions (au 1er septembre 2020), à comparer avec les 5 sessions spéciales de la Commission pendant toute son histoire.

■ 262 Afin d'éviter tout risque de double standards, un nouvel instrument a été mis en place, la revue par les pairs (*peer review*), devenue « l'examen périodique universel » (§ 5 e), pour souligner que les États ne seront pas juges et parties mais que toutes les « parties prenantes », notamment les ONG, apporteraient leur contribution à ce bilan public. Les membres du Conseil ont été les premiers à se soumettre à cette procédure à compter de 2008. Le système est assez souple pour permettre à chaque État d'en faire la meilleure ou la pire des choses. D'abord parce que les termes de référence dépendent des obligations internationales de l'État concerné mais aussi des « engagements » (*pledges*) assumés lors de son élection. Or certains États peuvent se montrer très audacieux – c'est le cas du Maroc, promettant de ratifier tout nouvel instrument dans le domaine des droits de l'homme – d'autres plus elliptiques – en 2008 le Gabon a été élu sans même faire la déclaration d'intention requise ! Ensuite les États doivent organiser un véritable débat interne, avec la société civile, pour établir leu propre rapport national qui sera confronté à un compendium des observations finales des comités et des rapports des rapporteurs spéciaux et des experts indépendants – mais aussi des travaux des organisations régionales – et à une synthèse des contributions des « parties prenantes » (*stakeholders*), cette formule vague visant notamment les ONG. Sur cette base documentaire qui peut donc être très riche, diversifiée dans ses sources et approfondie dans l'auto-évaluation, un débat public a lieu devant un groupe de travail du Conseil des droits de l'homme. À ce stade, la procédure peut être un « jeu de rôle » assez caricatural avec des interventions de complaisance, mais le débat peut également déboucher sur une discussion de fond avec la participation active des États qui non seulement posent des questions sensibles mais également font des recommandations précises. La dernière phase est la discussion de ces recommandations devant le Conseil des droits de l'homme lui-même, pendant une heure, ouvrant la voie au suivi, sur le plan interne comme sur le plan international. Il est difficile de juger de l'efficacité de cette procédure inédite – trop vite dénoncée par les ONG – alors que son originalité est d'être un processus diplomatique, inclusif et progressif. Le simple fait que les États y participent activement, posent des questions et formulent des recommandations, peut contribuer à créer une dynamique vertueuse ou une forme d'estoppel. C'est surtout la continuité de l'exercice dans le temps qui constituera le test de son efficacité. Il est ainsi prévu un examen à mi-parcours, permettant de faire le point de la mise en œuvre des recommandations, sans attendre la fin d'un cycle complet. Un nouveau cycle a été lancé en 2012, avec quelques ajustements dans le calendrier – le cycle est étalé sur 5 ans et non plus quatre – et dans la documentation – une contribution propre des Institutions nationales est prévue, à côté de la compilation des autres parties prenantes. Reste que l'exercice est lourd, coûteux, parfois biaisé et surtout peu lisible, faute de priorités claires, voire de consensus, sur les recommandations adressées aux États. Déjà des interrogations sont formulées sur la nature du 3e cycle qui ne sera pas la répétition des deux premiers, mais pourrait se concentrer sur les recommandation non retenues...

Mais, au-delà, il importe que le nouveau Conseil préserve les procédures élaborées empiriquement, par une forme d'évolution créatrice, à travers les organes subsidiaires de la Commission des droits de l'homme : notamment les procédures thématiques et les rapporteurs spéciaux par pays... Or force est de constater que ces questions fondamentales ont été laissées en suspens pendant une phase de rodage où le nouveau Conseil a été chargé de réexaminer et de rationaliser « tous les mandats, mécanismes, fonctions et attributions de la Commission des droits de l'homme de façon à entretenir le régime des procédures spéciales, des avis spécialisés et des plaintes » (§ 6). La réforme a porté un coup sérieux aux rapporteurs par pays qui ont été supprimés dans la plupart des cas (Cuba, Belarus, Ouzbekistan) sans véritable évaluation de la situation des droits de l'homme ni même de la coopération des pays visés avec les Nations Unies. Les rares procédures de rapporteurs spéciaux par pays qui subsistaient visaient des situations extrêmes, comme la Corée du Nord ou le Myanmar, ou encore le cas particulier des « territoires occupés » palestiniens. Dans la plupart des autres cas, le mandat était réduit à la fourniture de services consultatifs, le tout avec le plein consentement de l'État concerné, comme dans le cas d'Haïti, du Soudan et de la Somalie, auxquels on peut ajouter le Cambodge. Une évolution nette a toutefois eu lieu à partir de 2010, tenant à plusieurs facteurs internes, comme la modification de la composition du Conseil, mais aussi externes, avec notamment le « printemps arabe », contribuant à affaiblir la cohésion de l'OCI et du Groupe africain. Cette évolution a abouti à une augmentation rapide des mandats par pays : ont ainsi été créés en 2011 un mandat d'expert indépendant pour la Côte d'Ivoire et des rapporteurs spéciaux pour l'Iran et la Syrie, en 2012, des rapporteurs spéciaux pour l'Erithrée et le Belarus et en 2013 deux experts indépendants sur le Mali et la Centrafrique. À cela s'ajoute un mandat de Rapporteur spécial sur la situation des droits de l'homme en Syrie, décidé lors de la 18e session spéciale du Conseil en 2011, mais dont la particularité est d'être « gelé » jusqu'au terme du mandat de la commission d'enquête sur la Syrie, établie lors de la 17e session spéciale 263 ■

en août 2011... La multiplication des commissions d'enquête est l'autre fait marquant l'évolution de l'« approche pays » du Conseil des droits de l'homme. À vrai dire, cette évolution ne concerne pas seulement le Conseil, puisque des commissions d'enquête ont été mises parallèlement en place par le Conseil de sécurité – comme dans le cas du Darfour – ou par le secrétaire général, par exemple en réaction à l'attaque au gaz d'août 2013 en Syrie.

Le passage de la Commission au Conseil n'a pas entraîné de coup d'arrêt dans le processus de développement des procédures thématiques, même si l'adoption des règles de procédure du Conseil s'est accompagnée de l'élaboration d'un « Code de conduite » des rapporteurs spéciaux visant à définir une sorte de « carcan » pour éviter des excès et des maladresses – on peut en trouver des exemples – mais ce faisant établissant un contrôle, quand ce n'est pas une véritable censure sur le travail des experts indépendants. En revanche, le nombre de mandats n'a cessé d'augmenter depuis 2006, sur un éventail toujours plus étendu de thématiques. À côté des procédures thématiques instituées de longue date confiées à un rapporteur spécial – comme le rapporteur spécial sur les exécutions sommaires et extrajudiciaires depuis 1982, le rapporteur spécial sur la torture depuis 1985, etc. – ou à un groupe de travail de 5 membres – comme le groupe de travail sur les disparitions forcées et involontaires créé en 1980 ou le groupe de travail sur les détentions arbitraires institué en 1991 – de nouvelles procédures ont été développées, atteignant ainsi un total de 37 procédures thématiques et 73 titulaires de mandat (certaines procédures étant organisées en groupes de travail), sans répondre à la rationalisation préconisée lors de l'établissement du Conseil. On peut citer parmi les créations récentes les plus importantes le groupe de travail sur la discrimination à l'égard des femmes dans la législation et la pratique créé en 2010, le groupe de travail sur les entreprises et les droits de l'homme en 2011 et le poste de rapporteur spécial sur la promotion de la vérité, de la justice, de la réparation et des garanties de non-répétition en 2012 qui prolonge l'œuvre de l'ancienne sous-commission. La création et la montée en puissance progressive d'un « comité de coordination » des procédures spéciales a contribué à conserver une certaine cohérence à ce que l'on identifie de plus en plus à un « système » des procédures spéciales. Pour autant – et sans vouloir utiliser le terme inutilement péjoratif de « prolifération » – on peut légitimement s'inquiéter du fait qu'un nombre croissant d'États fixent, parmi les objectifs de leur politique étrangère en matière de droits de l'homme, la création de « leur » procédure spéciale, au risque de favoriser les doubles emplois et les duplications, alors même que l'on déplore le manque de moyens pour assurer l'effectivité des mécanismes existant.

264 Finalement, c'est la sous-commission des droits de l'homme qui a le plus souffert de la réforme de 2006, puisqu'elle a conduit ni plus ni moins qu'à sa disparition. Pendant près de 60 ans, la sous-commission avait fait un travail remarquable de pionnier dans les domaines les plus divers – en approfondissant les questions des minorités nationales et des peuples autochtones, de la lutte contre l'impunité (avec les « principes Joinet ») et des réparations des violations massives des droits de l'homme (les principes Théo van Boven, revus par Chérif Bassiouni, et adoptés par l'Assemblée générale dans la résolution n° 60/147 du 16 décembre 2005 sous le titre de « Principes fondamentaux et directives concernant le droit à un recours et à réparation des victimes des violations flagrantes du droit international des droits de l'homme et des violations graves du droit international humanitaire »), ou plus récemment de la responsabilité des entreprises multinationales en matière de droits de l'homme, de la

question de l'extrême pauvreté et des droits de l'homme, ou encore de l'administration de la justice par les tribunaux militaires, etc. La sous-commission a pu également peu à peu servir d'aiguillon pour les États, grâce à sa procédure publique, avec des débats et des votes sur la situation des droits de l'homme dans un pays donné – cela avait été le cas de la Chine après les massacres de la place Tien An Men mais aussi des États-Unis à propos des tortures d'Abou Graïb – et à la procédure confidentielle, sur la base de la résolution n° 1503 votée en 1970 par l'ECOSOC. Le diagnostic des violations, comme le phénomène des disparitions forcées ou celui de la détention arbitraire, servait d'inspiration permanente au développement de nouvelles normes, de procédures spécifiques ou de standards de *soft law*.

Par une décision n° 1/102 adoptée le 30 juin 2006, le Conseil des droits de l'homme avait pris des dispositions transitoires qui ont débouché un an après sur la résolution n° 5/1 du 18 juin 2007 visant la création d'un « comité consultatif » du Conseil des droits de l'homme. Composé de 18 experts indépendants, ce Comité se réunit pour deux sessions annuelles d'une semaine, ce qui rend difficile l'interaction entre les membres, sans parler de la traduction des documents de travail ou des projets de recommandation – avec un ordre du jour strictement établi par le Conseil. Le comité consultatif conserve toutefois la tâche de désigner en son sein, pour un mandat de trois ans renouvelable une fois, les cinq experts qui siègent dans le groupe de travail des communications, prévu par la nouvelle « procédure de plainte » établi dans le paquet institutionnel de la résolution n° 5/1 du Conseil des droits de l'homme. Cette procédure n° 1503 rénovée est présentée comme « orientée pour les victimes » mais reste strictement confidentielle ; elle comporte deux étapes initiales, avec une phase de recevabilité et un examen sur le fond. La nouvelle procédure est accélérée, le groupe se réunissant deux fois par an au lieu d'une seule à l'origine, ce qui permet un dialogue plus suivi avec les États mis en cause. Mais le système reste très lourd dans la mesure où le groupe des communications – composé d'experts indépendants – doit rendre compte directement au groupe de travail des situations, composé de représentants des États, qui fonctionne dans le cadre du Conseil des droits de l'homme. Le résultat final qui transparaît devant le Conseil ne manque pas d'être jugé décevant par tous les observateurs. Reste que le fait pour les États, les plus petits comme les plus grands, de s'expliquer, sur la seule base juridique de la Déclaration universelle des droits de l'homme, devant un groupe de travail composé de cinq experts indépendants venus de tous les groupes géopolitiques, n'est pas négligeable, surtout lorsque le groupe prend ses décisions au consensus comme c'est la pratique après une phase de dialogue constructif avec les États mis en cause.

section 3

La responsabilité pénale des individus

Les violations des droits de l'homme ne sont pas seulement le fait des États. D'abord, derrière l'abstraction collective des États, ce sont des individus qui agissent, planifient ou exécutent les « crimes internationaux », la responsabilité personnelle des agents étatiques ou des forces paramilitaires vient donc doubler la responsabilité internationale de l'État. Par ailleurs, à côté de ces « violations verticales » des droits de l'homme, 265 ■

il existe des « violations horizontales » lorsque ce sont des individus ou des groupes qui sont à l'origine des violations. De nombreuses violences ethniques ou religieuses sont le fait de communautés de voisinage. L'État se doit de garantir l'égalité des droits des personnes soumises à sa juridiction, mais il arrive qu'il soit impuissant face à des forces qui le dépassent ou le manipulent, comme le terrorisme ou le narco-terrorisme. Se pose alors une double question théorique et pratique : comment imputer aux États des violations qu'ils ne sont pas à même d'empêcher, faute de contrôler l'ensemble de leur territoire ou faute de pouvoir garantir un État de droit ? Comment qualifier ces violations qui sont la négation des droits fondamentaux – à commencer par le droit à la vie – mais qui ne constituent pas des violations des droits de l'homme en tant que tels ? Il y a une frontière entre des crimes de droit commun commis par des individus ou des groupes criminels et sanctionnés dans le cadre du droit interne et des « crimes internationaux » imputables aux individus en vertu du *droit international pénal*[Q].

266 L'idée de mettre en cause la responsabilité internationale des individus est relativement récente. L'article 227 du traité de Versailles prévoyait la constitution d'un tribunal international pour juger l'empereur d'Allemagne, le Kaiser Guillaume II pour sa responsabilité dans le déclenchement et la conduite de la guerre, mais cette disposition du traité est restée lettre morte en raison du refus des Pays-Bas – qui avaient été neutres pendant la guerre de 1914-1918 et s'en tenaient à la vieille immunité de juridiction des souverains – de livrer l'empereur aux Alliés. Au niveau subalterne, certains procès pour crimes de guerre furent entamés devant les juridictions allemandes mais, comme avec les « procès de Leipzig », la procédure devint une parodie de justice où les accusés furent triomphalement acquittés en évoquant l'exécution des ordres reçus comme exonération de leur responsabilité. Après l'assassinat du roi Alexandre de Yougoslavie, la SDN tentera en vain de faire ratifier par les États deux conventions adoptées en 1937, l'une sur la prévention et la répression du terrorisme, l'autre sur la création d'une Cour pénale internationale...

267 C'est seulement après la Seconde Guerre mondiale, avec le tribunal de Nuremberg en 1946 et le tribunal de Tokyo jusqu'en 1948, que le jugement des grands criminels de guerre put avoir lieu sur le plan international. Le tribunal international de Nuremberg fut établi par l'accord interallié de Londres du 8 août 1945, tandis que le tribunal international de Tokyo fut créé le 19 janvier 1946 par une décision unilatérale du général Mac Arthur, le « proconsul » américain au Japon. D'autres procès eurent lieu par la suite devant des tribunaux militaires nationaux, notamment américains à Nuremberg, en vertu d'une décision du Conseil de contrôle des puissances occupantes, puis en vertu du droit interne allemand. Enfin, à côté des différents procès qui eurent lieu lors de l'immédiate après-guerre dans le cadre interne, d'autres procès nationaux eurent lieu plus tardivement dans différents pays, notamment le procès Eichmann en 1961 devant la Cour suprême d'Israël ou, récemment en France, le procès Barbie (Crim. 20 déc. 1986), le procès Touvier (Crim. 21 oct. 1993) et le procès Papon (C. assises Bordeaux, 2 avr. 1998).

268 L'Assemblée générale, par sa résolution n° 95 (I) du 11 décembre 1946, va confirmer « les principes de droit international reconnus par le statut de la cour de Nuremberg et par l'arrêt de cette cour ». Les principes de Nuremberg distinguent trois catégories de *crimes internationaux*[Q] en écartant les exonérations habituelles (immunité du chef d'État, excuse de l'ordre reçu, etc.). Il s'agit :

– des crimes contre la paix (Statut, art. 6.a), avec le déclenchement d'une guerre d'agression et la violation des traités ;

– des crimes de guerre (art. 6.b) qui concernent « les violations des lois et coutumes de la guerre », qu'il s'agisse des règles relatives à la conduite des opérations militaires ou des principes du droit international humanitaire concernant les populations civiles, les blessés et les prisonniers de guerre ;

– des « crimes contre l'humanité » (art. 6.c) qui visent une incrimination spécifique : « l'assassinat, l'extermination, la réduction en esclavage, la déportation et tout autre acte inhumain commis contre toutes les populations civiles, avant ou pendant la guerre, ou bien les persécutions pour des motifs politiques et religieux, lorsque ces actes ou persécutions, qu'ils aient constitué ou non une violation du droit interne du pays où ils ont été perpétrés, ont été commis à la suite de tout crime rentrant dans la compétence du tribunal ou en liaison avec ce crime ».

Peu après, l'Assemblée générale adoptait le 9 décembre 1948 la convention sur la 269 ■
prévention et la répression du crime de génocide, qui constitue une infraction autonome, à la différence des crimes contre l'humanité mentionnés par le statut de Nuremberg. À l'article 1er, « les parties contractantes confirment que le génocide, qu'il soit commis en temps de paix ou en temps de guerre, est un crime du droit des gens »... Le génocide est défini comme un acte, notamment le meurtre, « commis dans l'intention de détruire, ou tout ou en partie, un groupe national, ethnique, racial ou religieux » (art. 2). À côté d'une compétence nationale de l'État sur le territoire duquel l'acte a été commis, la convention prévoit l'existence d'une « Cour criminelle internationale » (art. 6).

De même, la convention internationale sur l'élimination et la répression du crime d'*apartheid* adoptée le 30 novembre 1973 prévoit à son article V que les personnes accusées du « crime d'*apartheid* peuvent être jugées par un tribunal compétent de tout État partie à la convention qui pourrait avoir juridiction sur lesdites personnes, ou par un tribunal pénal international qui serait compétent à l'égard de ceux des États parties qui auront accepté sa compétence ».

Mais dans les deux cas, ces références à une « cour criminelle internationale » ou à un « tribunal pénal international » sont restées lettre morte. Tout au plus, depuis 1947, la Commission du droit international avait-elle été chargée d'établir le statut d'une telle cour, sur la base des principes de Nuremberg. Malgré des projets présentés en 1951 et en 1954, ces travaux sombrèrent avec la guerre froide. En fait, c'est seulement à partir de 1989 que les travaux de la Commission du droit international des Nations Unies (CDI) purent reprendre avec une certaine efficacité, aboutissant à un projet définitivement présenté à l'Assemblée générale en 1994. Au même moment, la crise yougoslave puis la tragédie rwandaise ont remis au premier plan la nécessité de juger les crimes commis. Certes d'autres atrocités ont été commises à grande échelle dans le monde depuis l'après-guerre, mais l'évolution de la situation internationale rendait pour la première fois possible une réaction juridique face à ces crimes. Plutôt que d'évoquer des « doubles standards », il faut plutôt voir dans la création des des tribunaux centrés sur une situation particulière (« *ad hoc* »), internationaux ou « hybrides », un premier pas vers l'établissement d'une justice pénale internationale (§ 1), qui a trouvé son prolongement dans l'adoption, en 1998, du statut de Rome créant une Cour pénale internationale permanente (§ 2).

§ 1 La construction d'une justice pénale internationale ad hoc

270 Après Nuremberg et Tokyo, le modèle de la justice pénale internationale reste celui de tribunaux imposés aux États sur le territoire desquels les crimes ont été commis, et composés de juges qui n'ont la nationalité ni des victimes, ni des auteurs présumés (A). Ce sont les limites et les échecs de ce type de juridictions qui ont conduit à réfléchir à un modèle « hybride », avec un ancrage fort dans la réalité des pays concernés (B).

A. L'œuvre des tribunaux pénaux internationaux sur l'ex-Yougoslavie et le Rwanda

1. *La création des tribunaux ad hoc*

271 La nécessité d'une réaction rapide face à l'« épuration ethnique » mise en œuvre sur le territoire de l'ex-Yougoslavie rendait utopique la négociation, dans le prolongement des travaux de la CDI puis de l'Assemblée générale, d'une convention multilatérale soumise à la ratification de tous les États, et notamment des États les premiers concernés par la crise. À défaut d'une convention générale adoptée par l'Assemblée générale, le recours à une résolution du Conseil de sécurité s'est imposé comme la seule solution efficace pour lutter contre l'impunité. Ainsi, à la suite de diverses initiatives, notamment la proposition française de la « commission Truche » mise en place par le ministre des Affaires étrangères, le Conseil de sécurité a décidé, par sa résolution n° 808 du 22 février 1993 adoptée à l'unanimité, « la création d'un Tribunal international pour juger les personnes présumées responsables de violations graves du droit humanitaire international commises sur le territoire de l'ex-Yougoslavie depuis 1991 », en demandant au secrétaire général de lui soumettre un rapport à cet effet. La résolution n° 827, adoptée elle aussi à l'unanimité le 25 mai 1993, entérine le projet du secrétaire général et adopte le statut du Tribunal international. La création du Tribunal pénal international pour le Rwanda a constitué une seconde étape, utilisant le précédent constitué par le TPIY. La décision du Conseil de sécurité sera d'autant plus rapide, avec la résolution n° 955 du 8 novembre 1994, adoptée par 13 voix, avec l'abstention chinoise, et un vote négatif du Rwanda qui siégeait à l'époque au sein du Conseil de sécurité – le vote négatif du Rwanda qui avait dans un premier temps demandé lui-même la création d'un *tribunal ad hoc*[Q] s'explique par le souhait de cet État d'appliquer la peine de mort aux responsables du génocide, aussi bien en application du droit interne que devant le Tribunal pénal international, alors que le statut des TPI exclut la peine capitale.

272 Ce faisant, le Conseil de sécurité se fonde sur ses compétences dans le cadre du chapitre VII de la Charte, montrant ainsi que la finalité du Tribunal ressort du « maintien de la paix ». Le Conseil de sécurité crée ainsi un nouvel « organe

subsidiaire », au sens de l'article 29, mais celui-ci a la particularité d'être un « organe judiciaire » qui se doit, par définition, d'être pleinement indépendant. Transposant l'avis de la CIJ concernant le TANU (Avis du 13 juill. 1954, *Effets des jugements du TANU accordant une indemnité, Rec.* 47) on pourrait être tenté de considérer que cette indépendance de principe s'exerce tant que le Tribunal existe, mais que sa survie est dans les mains du Conseil de sécurité qui l'a créé. Le Conseil de sécurité peut ainsi être amené à considérer que les circonstances qui entraînaient la mise en œuvre du chapitre VII ne sont plus réunies. Cependant, la notion d'« acte contraire » est beaucoup plus délicate à manier s'agissant du Conseil de sécurité que pour l'Assemblée générale. Le droit de *veto* crée un « effet de cliquet » qui rend très difficile de revenir sur une décision adoptée.

Le fondement juridique de la compétence du Conseil de sécurité au titre du chapitre VII a été contesté de deux manières. D'abord sur le terrain procédural, à l'occasion de procès au cours desquels les accusés ont mis en cause la « légalité » du Tribunal au regard de la Charte. C'est le sens de l'exception préjudicielle d'incompétence soulevée dans la première phase de l'affaire *Tadić*, un des premiers procès jugés par le Tribunal. La chambre de première instance, dans une décision du 10 août 1995, avait suivi le procureur en refusant de prendre en compte des arguments de nature politique qui échapperaient aux juges. La chambre d'appel présidée par Antonio Cassese a, au contraire, écarté cet argument d'irrecevabilité pour raisonner sur le fond et démontrer sa propre compétence dans sa décision du 2 octobre 1995. Il y a certes un paradoxe à voir une juridiction justifier ainsi son existence – car on voit mal le juge scier la branche sur laquelle il est assis – mais le Tribunal a fait ainsi œuvre utile en éclairant les considérations juridiques qui ont présidé à sa création et en réfutant point par point les arguments du requérant. 273 ■

Une deuxième contestation a été diplomatique à l'occasion de la négociation des accords de Dayton (1995). On pouvait en effet se demander si le retour à la paix ne mettait pas fin aux pouvoirs que le Conseil de sécurité tirait du chapitre VII. La résolution n° 827 prévoyait elle-même que le mandat du Tribunal prendrait fin « à une date que déterminera le Conseil de sécurité après la restauration de la paix ». Une nouvelle fois la justice aurait été sacrifiée à la paix et l'impunité aurait été la contrepartie d'un marchandage. Or non seulement les accords de Dayton ne remettent pas en cause la résolution n° 827 mais ils consacrent l'engagement des parties concernées de coopérer avec le Tribunal, liant doublement la Yougoslavie, comme la Croatie et la Bosnie-Herzégovine. Ce qui n'était qu'un « *diktat* » du Conseil de sécurité s'imposant à tous en vertu de l'article 25 devenait également une obligation conventionnelle assumée par les signataires des accords de Dayton... au premier rang desquels le président Milošević.

Même si les deux tribunaux *ad hoc* ont été créés par une résolution du Conseil de sécurité – adoptée à l'unanimité – c'est toute l'Organisation des Nations Unies qui a été impliquée dans leur mise en place. Les tribunaux comportent trois organes de nature différente : les chambres, le procureur et le greffe. Les juges sont élus par l'Assemblée générale et c'est le secrétaire général des Nations Unies qui propose la nomination du procureur au Conseil de sécurité, alors que le greffier est désigné par le secrétaire général sur proposition du président du tribunal. Ces dispositions assurent ainsi l'indépendance et la légitimité des organes du tribunal qui représentent la communauté internationale dans son ensemble. À côté de son 274 ■

indépendance, la représentativité des tribunaux est aussi un atout important, puisqu'ils comportent en leur sein des juges originaires de tous les continents et de nombreuses grandes puissances, de la Chine aux États-Unis. Par leur composition même, les deux tribunaux manifestent que les crimes contre l'humanité sont une atteinte à l'humanité tout entière. En 1994, le TPIR s'est greffé sur la structure déjà mise en place avec le TPIY. Il a suffi, en effet, de décider que la chambre d'appel serait commune aux deux instances et d'élire six nouveaux juges pour les deux chambres de première instance appelées à siéger à Arusha, tandis que le procureur se voyait doté d'un adjoint sur place. En pratique, ce dédoublement fonctionnel n'a pas été heureux en semblant donner un caractère « secondaire » au TPIR loin des centres de décision de La Haye. Cet éloignement a sans doute contribué aux graves problèmes d'organisation et de personnel qui ont marqué le TPIR, entraînant des enquêtes du secrétaire général et la nomination d'un nouveau greffier, le 1er mars 2001. Ces difficultés pratiques ont servi également de prétexte au Conseil de sécurité pour décharger Carla Del Ponte de son mandat concernant le TPIR, sur l'instance des autorités rwandaises, en nommant un procureur en titre à compter du 15 septembre 2003.

L'objectif sans cesse rappelé à partir du milieu des années 2000 par le Conseil de sécurité est de permettre aux tribunaux de venir au terme de leur mission dans les meilleurs délais, grâce aux moyens supplémentaires qui leur ont été accordés, dans le cadre de la « stratégie d'achèvement des travaux », qui visait initialement l'échéance de 2010 (v. not. résol. n° 1534 du 26 mars 2004). Cette perspective est toutefois vite apparue hors de portée tant que des responsables aussi importants que le général Mladić et Radovan Karadžić n'avaient pas été jugés. L'arrestation de ce dernier à Belgrade en juillet 2008 et son transfert au centre de détention du Tribunal pénal international pour l'ex-Yougoslavie à Scheveningen a marqué un tournant, tout comme l'extradition du chef militaire serbe en mai 2011.

La résolution n° 1966 du 22 décembre 2010 a théoriquement mis au point les étapes de la transition avec la création du « Mécanisme pour les tribunaux pénaux internationaux » présidé par le juge Meron – également président en exercice du TPIY – pour un mandat de 4 ans à partir du 1er mars 2012, avec deux divisions : l'une à Arusha, pour le TPIR, mise en place le 1er juillet 2012, l'autre à La Haye, pour le TPIY, à compter du 1er juillet 2013, le MTPI devant à terme comprendre 25 juges pour permettre un fonctionnement résiduel. Le MTPI est compétent pour connaître des appels interjetés contre les derniers jugements rendus par les deux tribunaux. Il est également en charge d'examiner les demandes éventuelles de révision, les allégations d'outrage et de continuer à assurer la protection des témoins. Il lui faudra aussi assurer le jugement des trois derniers fugitifs rwandais encore recherchés.

La résolution 1966 avait prié les deux tribunaux « de tout faire pour achever rapidement leurs travaux (...) et au plus tard le 31 décembre 2014 » pour passer le relais au MTPI. Après avoir rendu l'un de ses jugements les plus longs et les plus complexes dans l'affaire dite de « Butare » (*Le Procureur c/ Pauline Nyiramasuhuko et al.*), le TPIR a fermé ses portes le 31 décembre 2015. Quant au TPIY, il a rendu deux jugements historiques dans l'affaire de l'ancien président de la République serbe de Bosnie-Herzégovine, Radovan Karadžić le 24 mars 2016 (40 ans d'emprisonnement), et dans l'affaire concernant le chef militaire bosno-serbe Ratko Mladić le 22 novembre 2017 (condamné à la perpétuité). Le dernier accusé encore en attente de jugement, l'ancien président de la République serbe autoproclamée de Krajina en Croatie, Goran Hadžić, est mort le 12 juillet 2016. Le tribunal a donc fermé ses portes le

31 décembre 2017, renvoyant au MTPI le soin d'examiner les appels encore en cours. La condamnation de R. Karadžić a été transformée en peine perpétuelle par le MTPI en 2019, tandis que le procès en appel de R. Mladić n'a pu débuter qu'en août 2020.

2. La compétence des tribunaux ad hoc

La compétence matérielle des deux tribunaux est précisée par les premiers articles du statut. Comme l'a rappelé la chambre d'appel dans une décision du 16 octobre 1996 (aff. *Delalić*), « le statut du Tribunal ne crée pas de nouvelles infractions mais sert à conférer au Tribunal une compétence pour connaître des infractions qui font déjà partie du droit coutumier ». Les tribunaux sont ainsi compétents pour juger trois crimes principaux : le génocide, les crimes contre l'humanité et les crimes de guerre, en écho aux « principes de Nuremberg » adoptés par l'Assemblée générale en 1946. La définition du génocide est reprise presque textuellement de la Convention de 1948, en se référant au « dol spécial » caractéristique de cette infraction, à savoir « l'intention de détruire, en tout ou en partie, un groupe national, ethnique, racial ou religieux ». Les crimes contre l'humanité, en revanche, n'avaient jamais été définis conventionnellement et, de fait, leur définition n'est pas identique dans les deux statuts, même si la jurisprudence en a progressivement unifié les éléments constitutifs, cet acquis prétorien ayant d'ailleurs été repris dans le statut de Rome. Ainsi, un crime contre l'humanité est un acte inhumain (meurtre, persécutions, disparitions forcées, viol...) commis dans le cadre d'une attaque généralisée ou systématique contre toute population civile. L'énumération des crimes de guerre posait des défis encore plus considérables, en obligeant les rédacteurs à jongler avec plusieurs corpus conventionnel et à en dégager la substantifique moelle coutumière. Les deux statuts donnent des définitions différentes, elles-mêmes *ad hoc*, puisque le Statut du TPIY insiste sur les crimes de guerre dans les conflits armés internationaux (« infractions graves aux Conventions de Genève » et « violations des lois et coutumes de la guerre »), tandis que le Statut du TPIR se limite aux crimes commis dans les conflits armés internes (violations de l'article 3 commun aux Conventions de Genève et du Protocole II). Ce faisant, les statuts ne constituent nullement une tentative de codification, mais se bornent à définir la compétence matérielle des tribunaux. C'est l'immense apport de la jurisprudence du TPIY, tout comme de celle du TPIR, d'avoir interprété ces différentes dispositions en les appliquant dans des cas concrets, faisant ainsi progresser le droit pénal international comme jamais depuis le tribunal de Nuremberg. 275 ■

La compétence *ratione loci* du TPIY s'étend « au territoire de l'ancienne République fédérative de Yougoslavie » et sa compétence *ratione temporis* « à la période commençant le 1er janvier 1991 » (art. 8), date choisie de manière arbitraire pour éviter toute référence datée à un acte de sécession ou à un acte de guerre marquant le déclenchement du conflit au printemps 1991. L'absence de terme final laisse subsister la compétence du TPIY comme une épée de Damoclès. À défaut de jouer un rôle dissuasif, cette disposition a permis le dépôt d'un acte d'accusation contre Slobodan Milošević le 22 mai 1999, lors de l'offensive serbe au Kosovo. Paradoxalement, les incriminations pour les faits commis entre 1991 et 1995 en Croatie ou en Bosnie-Herzégovine furent rendues publiques ultérieurement. De même, le fait que la compétence *ratione personae* (art. 6) couvre toutes les « personnes physiques » rendait possible – sur le plan théorique – une mise en accusation des forces de l'OTAN pour les bombardements aériens effectués lors de la crise du 276 ■

Kosovo en 1999, même si, après une enquête sommaire, le procureur a écarté cette possibilité. Le Statut du TPIR apporte là aussi des variantes importantes puisque la compétence *ratione temporis* est limitée à l'avance, cette fois, à l'année 1994 – « à la période commençant le 1er janvier 1994 et se terminant le 31 décembre 1994 » – alors qu'à l'évidence la crise a eu des contrecoups, notamment dans les pays voisins qui se poursuivent jusqu'à aujourd'hui. Or la compétence *ratione loci* du nouveau Tribunal « s'étend au territoire du Rwanda (...) et au territoire d'États voisins en cas de violations graves du droit humanitaire commises par des citoyens rwandais » (art. 7). Rien n'aurait empêché le Conseil de sécurité d'étendre la compétence du Tribunal, comme cela a été suggéré, à propos de nouvelles crises commises dans la région des Grands lacs, mais aucune décision n'est intervenue dans ce sens, laissant impunis une grande partie des crimes commis en République démocratique du Congo.

■ 277 Les statuts n'excluaient pas la compétence des tribunaux nationaux mais posaient un principe de primauté de la compétences des tribunaux internationaux. Le TPIY a fait valoir ce principe dans ses premières années, alors que la guerre faisait encore rage et qu'il était matériellement difficile à la fois d'enquêter et d'arrêter des suspects. Mais cette logique s'est progressivement inversée alors que le nombre d'accusés et de détenus augmentait : il a fallu réfléchir alors à une solution de partage des tâches ou de complémentarité, en donnant la priorité aux jugements des plus hauts responsables des crimes, renvoyant au besoin devant les juridictions nationales les personnes considérées par le Procureur comme portant une responsabilité moindre. Cette politique du renvoi a visé en particulier les États sur le territoire desquels les crimes avaient été commis, non sans difficultés, notamment parce que la condition était que le système juridique de ces États fût conforme aux standards internationaux. Ainsi, pendant longtemps, les renvois vers le Rwanda étaient rendus impossibles par le maintien dans ce pays de la peine de mort, dont l'abolition n'est intervenue qu'en 2007. Alors que les tribunaux étaient pressés de fermer leurs portes, la pratique des renvois est cependant devenue un élément important de la stratégie d'achèvement, en permettant aux tribunaux d'alléger leur rôle et de se concentrer sur les affaires les plus symboliques. Les tribunaux ont ainsi connu une phase de flottement avant de faire face à une certaine défiance des États, irrités par une justice « hors sol », trop coûteuse et trop lente. C'est ainsi qu'après les crises ultérieures comme au Kosovo et au Timor, la solution d'une justice hybride, ancrée dans les réalités nationales et surtout moins dispendieuse a semblé préférable.

B. Les voies d'une justice hybride

■ 278 La solution empirique qui a prévalu le plus souvent a été la mise en place de « juridictions mixtes » ou de « juridictions hybrides » qui reposent sur un accord entre l'État concerné et les Nations Unies afin de combiner loi nationale et caution internationale, avec la participation de juges internationaux. C'est le cas pour le Kosovo, le Timor, le Cambodge, la Sierra Leone, le Liban et, plus récemment, pour le Tchad avec le jugement de l'ancien président Hissène Habré par des « chambres africaines extraordinaires » au Sénégal. De même, le Conseil national de transition de la Centrafrique a adopté, en avril 2015, une loi donnant naissance à une « Cour pénale spéciale », tandis que la même année, au Kosovo, des « chambres de spécialistes » et un « Procureur spécialiste » étaient créées par l'Assemblée sur Kosovo, sur la base d'un accord avec l'Union européenne. Dans chacune de ces situations des négociations difficiles ont été menées pour garantir l'indépendance de la justice pénale, avec une présence variable de juges internationaux, et le respect de la souveraineté nationale, à commencer par l'application au moins pour partie de la législation nationale conforme aux standards internationaux.

Il est en effet significatif que les longues tentatives menées à la demande du 279 ■
gouvernement cambodgien depuis 1997 pour organiser le procès des dirigeants Khmers rouges aient abouti, en février 2002, après quatre années de négociations, à un constat d'échec de la part des Nations Unies. Les Nations Unies avaient, dans un premier temps, préconisé la création d'un « tribunal international indépendant » puis, devant le refus des autorités cambodgiennes, envisagé la participation des Nations Unies à un « tribunal interne » avec une « composante internationale » pour assurer le plein respect des standards internationaux en matière de justice. Les Nations Unies avaient même accepté que l'élément international soit minoritaire par rapport à l'élément cambodgien au sein du tribunal, mais en réclamant une minorité de blocage pour garantir « l'indépendance, l'impartialité et l'objectivité » du tribunal. Mais le point de rupture a été atteint lorsque les autorités cambodgiennes ont refusé de signer avec les Nations Unies un accord entérinant ces garanties, en insistant sur la primauté d'un droit cambodgien dont l'efficacité était contestée. Le refus de cautionner un tel précédent a été explicité par Hans Corell, le conseiller juridique des Nations Unies : « *under such a scenario, the United Nations'name would have been attached to a judicial process over which it would have had little or n° control* » (*International Herald Tribune* 19 juin 2002). C'est à la demande expresse de l'Assemblée générale que le secrétaire général a dû reprendre les négociations qui ont abouti à un accord entériné par l'Assemblée générale le 22 mai 2003 (A/RES/57/228 B). Le compromis prévoit la création de « chambres extraordinaires au sein des tribunaux cambodgiens » – une chambre de première instance, composée de trois juges cambodgiens et de deux juges internationaux, et une chambre d'appel composée de quatre juges cambodgiens et de trois juges internationaux, les décisions se prenant à la majorité qualifiée. Par ailleurs, une chambre préliminaire est elle aussi composée de cinq juges, trois juges cambodgiens et deux juges internationaux, tandis que sont désignés deux co-juges d'instruction et deux co-procureurs... Le parlement cambodgien a ensuite tardé à ratifier l'accord, tandis que de longs mois étaient perdus à réunir les contributions volontaires pour le fonctionnement des chambres. Ce n'est qu'en mars 2006 que le secrétaire général a pu proposer une liste de noms à partir de laquelle seront désignés les juges internationaux. La mise en place des chambres est devenue effective, avec les premières procédures entamées en 2008 pour cinq accusés, mais les divergences entre juges nationaux et internationaux sont publiques. Le premier procès entamé en février 2009 concernant le responsable d'une prison surnommé Douch s'est conclu en appel par l'arrêt du 3 février 2012 de la Cour suprême le condamnant à la peine perpétuelle, alors que les juges de première instance s'étaient prononcés pour une peine de 35 ans, en 2010. L'autre procès concernant quatre dirigeants politiques dont Khieu Samphan, un ancien président du *Praesidium*, et Ieng Sary, un ancien vice-Premier ministre et ministre des Affaires étrangères – decédé en cours de procédure – devrait trouver un terme en 2018, après la conclusion d'une première étape en 2016. Deux autres affaires, le « dossier 3 » et le « dossier 4 », suscitent des divisions profondes entre magistrats cambodgiens et magistrats internationaux, soumis à de fortes pressions de la part du gouvernement cambodgien, prompt à tourner la page, en évitant de voir mis en

cause ses propres cadres issus des Khmers rouges (v. notamment à cet égard la décision des co-juges d'instruction de mettre fin à la procédure contre *Im Chaem* dans le dossier 004/1, obs. R. Prouvèze, *RGDIP* 2017-2, p. 521-522).

■ 280 La Sierra Leone donne l'exemple d'une véritable justice sous contrôle international sans passer par la création d'un tribunal *ad hoc* par le Conseil de sécurité, mais sur la base d'un accord signé entre l'ONU et le gouvernement sierra-léonais le 16 janvier 2002, ainsi que prévu par la résolution n° 1315 (2000) du Conseil de sécurité. Le « tribunal spécial » pour la Sierra Leone comporte deux chambres de première instance de trois juges de nationalité étrangère – un désigné par la Sierra Leone et deux par le secrétaire général des Nations Unies – et une chambre d'appel de cinq juges désignés sur les mêmes principes. Ainsi, contrairement aux chambres extraordinaires cambodgiennes, la composante internationale est pleinement assurée tandis que le procureur a été nommé par le seul secrétaire général. Les procès menés à bien à Freetown se sont terminés avec le prononcé des peines par la chambre d'appel dans le procès du Front uni révolutionnaire (RUF), le 26 octobre 2009. À la demande du Liberia, le Nigeria a décidé en 2006 l'extradition de l'ancien chef d'État libérien, Charles Taylor, qui s'était enfui dans ce pays. Pour des raisons de sécurité, le procès s'est déroulé à compter de 2007 à La Haye dans les locaux de la CPI, devant la chambre de première instance I, renforcée d'un juge suppléant pour garantir la continuité du procès. Le Tribunal spécial a reconnu Charles Taylor coupable de crimes contre l'humanité, par une décision du 26 avril 2012 et a fixé, le 30 mai 2012, la peine à 50 ans de prison.

■ 281 La constitution du Tribunal spécial pour le Liban est un troisième exemple de mise en place d'une juridiction *sui generis*. À la suite de l'assassinat ayant coûté la vie à l'ancien Premier ministre Hariri et à une trentaine de personnes, le 14 février 2005, le Conseil de sécurité avait décidé, par la résolution n° 1595 adoptée à l'initiative des États-Unis et de la France, de créer une commission d'enquête internationale indépendante. Plusieurs enquêteurs internationaux se sont succédés, avec des tactiques très différentes, poursuivant leur enquête au plus haut niveau du pouvoir politique et de l'appareil de sécurité au Liban et en Syrie. La résolution n° 1664 de 2006 prévoit la création d'un tribunal *ad hoc* sur la base de négociations entre le jurisconsulte des Nations Unies et les autorités libanaises. Mais l'impasse politique dans le pays, et notamment l'opposition entre le gouvernement et le parlement, a empêché la ratification de l'accord conclu avec l'ONU. Le Conseil de sécurité a décidé de passer outre en adoptant, dans le cadre du chapitre VII, la résolution n° 1757 du 30 mai 2007 qui prévoit l'entrée en vigueur unilatérale de l'accord figurant en annexe, à compter du 10 juin 2007, à défaut d'une ratification en bonne et due forme. Une procédure de sélection des juges a été mise en place mais le nom de ces derniers n'a pas été publié officiellement. Le dernier responsable de l'enquête internationale, le Canadien Bellemare, a quant à lui été désigné procureur. La première décision du tribunal a été de rendre la liberté à quatre généraux syriens qui étaient en détention préventive depuis plusieurs années, considérant que les preuves réunies par les enquêteurs successifs étaient insuffisantes, ce qui était un désaveu cinglant de la politique judiciaire suivie depuis 2005. Mais ce n'est que le 16 janvier 2014 que s'est ouvert le premier procès devant le Tribunal, avec quatre, puis cinq accusés (à l'issue d'une jonction d'instance contestée par la défense), tous en fuite. Quatre années plus tard et un accusé en moins (déclaré décédé), le Procureur terminait la présentation de ses éléments de preuves dans une procédure qui semblait ne jamais pouvoir s'achever. Il a fallu attendre deux années de plus – quinze années au total après l'attentat – pour que le Tribunal rende finalement son jugement le 18 août 2020, acquittant trois des accusés et en reconnaissant un quatrième coupable. La question posée est de savoir si le jeu en valait bien la chandelle et quel héritage – la fameuse *legacy* de la justice pénale internationale – ce tribunal laissera dans l'Histoire, en particulier l'Histoire du Liban. Selon un des avocats ayant participé à la défense, pas plus qu'une « note de bas de page » (v. T. Lingsma, « Tribunal spécial pour le Liban : le procès à 1 milliard de dollars », *Justiceinfo.net* 7 juill. 2020).

282 ■ Alors que la naissance des trois juridictions précédentes s'inscrivait dans des processus politiques impliquant des négociations à haut niveau, la création des Chambres africaines extraordinaires est le fruit de quinze années d'efforts de la part de la société civile en vue de mettre fin à l'impunité de l'ancien président Tchadien Hissène Habré. Lors de son règne entre 1982 et 1990, plus de 40 000 personnes auraient disparu et auraient été exécutées par les services de renseignement, la sinistre Direction de la documentation et de la sécurité. Alors qu'Hissène Habré est exilé au Sénégal, c'est devant les tribunaux de cet État que s'engagent les poursuites : mais celles-ci sont annulées par la Cour d'appel pour défaut de compétence. Les victimes vont alors tenter d'obtenir justice en usant de la loi sur la compétence universelle belge, dont les conditions sont alors particulièrement peu restrictives. En 2005, la justice belge demande officiellement au Sénégal l'extradition d'Hissène Habré, mais les tribunaux sénégalais se déclarent à nouveau incompétents pour statuer sur cette demande, entraînant la naissance d'un « différend » porté par la Belgique devant la Cour internationale de Justice sur le fondement de la clause compromissoire contenue dans la Convention des Nations Unies contre la torture. La Cour rend son arrêt le 20 juillet 2012 et déclare que le Sénégal a, en vertu de la Convention contre la torture, l'obligation soit de juger, soit d'extrader Hissène Habré. Entretemps, le Comité contre la torture lui-même avait rendu des constatations allant dans le même sens le 19 mai 2006, tandis que sur un plan plus politique, en juillet 2006, l'Assemblée des chefs d'États et de gouvernement de l'Union Africaine demandait au Sénégal de juger l'ancien dictateur « au nom de l'Afrique ». Le Sénégal avait révisé pour ce faire sa législation nationale en 2007, mais, saisie par l'intéressé, la Cour de Justice de la CEDEAO estima, dans un arrêt du 18 novembre 2010, que le Sénégal violerait le principe de non rétroactivité de la loi pénale, s'il ne soumettait pas Hissène Habré au jugement d'une juridiction spéciale *ad hoc* à caractère international. C'est à partir de ce principe qu'a été adopté l'accord du 22 août 2012 entre l'Union Africaine et le Sénégal portant création des *Chambres africaines extraordinaires au sein des juridictions sénégalaises pour la poursuite des crimes internationaux commis au Tchad durant la période du 7 juin 1982 au 1er décembre 1990*. Les statuts créent une chambre extraordinaire d'instruction, une chambre extraordinaire d'accusation, une chambre extraordinaire d'assise et une chambre extraordinaire d'assises d'appel, toutes intégrées aux tribunaux du Sénégal. Tous les magistrats composant les chambres sont nommés par le président de la Commission de l'Union Africaine sur proposition du ministre de la Justice du Sénégal et les présidents de la chambre d'assise et de la chambre d'assise d'appel doivent être ressortissants d'un autre État membre de l'UA – ce qui confère aux chambres une composition « internationale ». Les Chambres sont compétentes à l'égard du crime de génocide, des crimes contre l'humanité, des crimes de guerre et de la torture – les

définitions de ces crimes spécifiées dans les Statuts étant inspirées de celles du statut de Rome (pour les trois premiers crimes) et de la Convention des Nations Unies contre la torture (pour le crime de torture). Les chambres sont entrées en fonction le 8 février 2013 et, après une instruction de 19 mois, le procès s'est ouvert le 20 juillet 2015 pour se conclure le 30 mai 2016 par une condamnation à perpétuité de l'ex-dictateur Tchadien, confirmée en appel par un arrêt du 27 avril 2017 (obs. R. Prouvèze, *RGDIP* 2017-3, p. 931-932). Si le procès fut émaillé de multiples incidents (à commencer par la décision de l'accusé et de sa défense de boycotter la procédure), la procédure a constitué un test concluant pour un premier jugement de crimes de masse par une juridiction hybride en Afrique sur la base d'une procédure romano-germanique (alors que tous les autres tribunaux utilisent une procédure de type *common law*).

■ 283 *A contrario*, on notera que c'est uniquement dans un cadre interne que l'administration provisoire irakienne a organisé le procès de Saddam Hussein et de ses principaux complices, à la suite de leur transfert par les Américains aux nouvelles autorités en juin 2004. Cette solution a pu paraître regrettable à un double titre, d'abord parce que de nombreuses victimes du régime ne sont pas irakiennes – notamment les victimes iraniennes ou koweïtiennes des deux premières « guerres du Golfe » – d'autre part parce qu'une telle juridiction ne pouvait être considérée comme un « tribunal indépendant et impartial créé par la loi », au sens du Pacte international relatif aux droits civils et politiques. Paradoxalement, si l'Irak avait ratifié le statut de Rome, à la veille de l'écroulement du régime de Saddam Hussein, ce dernier aurait bénéficié des garanties offertes par la CPI et échappé à la possibilité de se voir infliger la peine de mort. La conduite chaotique du procès, avec la récusation ou l'assassinat de nombreux juges et avocats, tout comme la pendaison de l'ancien dictateur et de ses complices dans des conditions morales et physiques particulièrement indignes n'ont rien à voir avec la justice.

Ces limites, politiques autant que pratiques, ont démontré, s'il en était besoin, à chacune de ces occasions, la nécessité d'une juridiction pénale permanente. Entre la « justice des vainqueurs », faite de sélectivité, et l'impuissance des victimes, sacrifiées à la stabilité, il y a place pour une justice rendue au nom de l'humanité.

§ 2 L'institution de la Cour pénale internationale

A. La mise en place de la CPI

■ 284 L'expérience des deux tribunaux *ad hoc* a constitué un aiguillon important pour la mise en place d'une juridiction pénale internationale pourtant prévue depuis la convention de 1948 sur le génocide. À la suite du projet de statut d'une cour criminelle internationale adopté en 1994 par la commission du droit international (A/49/10), l'Assemblée générale des Nations Unies a décidé en 1996 la mise en place d'un « comité préparatoire pour la création d'une cour criminelle internationale », puis la convocation d'une « conférence de plénipotentiaires » qui s'est tenue à Rome en 1998. À l'issue de cette conférence diplomatique, le 17 juillet 1998, 120 États menés par le groupe des « États-pilotes » ont voté l'acte final adoptant ainsi le statut de la future *Cour pénale internationale* contre sept États et 20 abstentions, à la suite d'un vote ultime demandé par les États-Unis (A/Conf.183/10).

Les États pouvaient signer le statut à Rome pendant trois mois puis à New York jusqu'au 31 décembre 2000. Ainsi la France a-t-elle signé à Rome dès le 18 juillet 1998. 72 États avaient signé la convention au 31 décembre 1998, et 139 au 31 décembre 2000. La signature des États-Unis, apposée le 31 décembre 2000, a été un des derniers gestes de l'administration Clinton pour permettre à la diplomatie américaine de peser sur la suite des négociations au sein de la commission préparatoire. Par un geste contraire à l'article 18 de la convention de Vienne de 1969 qui est sans précédent en droit international, l'administration Bush a annoncé sa volonté de « désigner » (*unsign*) le statut. En fait la démarche officielle du département d'État est plus prudente : par une brève lettre du 6 mai 2002, les États-Unis informent le secrétaire général – en tant que dépositaire – qu'« eu égard au statut de Rome (...) ils n'ont pas l'intention de devenir partie au traité. De ce fait, les États-Unis n'ont aucune obligation juridique découlant de leur signature apposée le 31 décembre 2000. Les États-Unis requièrent que leur intention de ne pas devenir partie, telle qu'exprimée dans cette lettre, soit reflétée dans l'état du traité du dépositaire » ("*Accordingly, the United States has no legal obligations arising from its signature on December 31, 2000. The United States requests that its intention not to become a party, as expressed in this letter, be reflected in the depositary's status list relating to this treaty*").

Certains États ont dû réviser leur Constitution pour ratifier le Statut, comme ce fut le 285
cas de la France – à la suite de la décision du Conseil constitutionnel du 12 janvier 1999 – avant de déposer sa ratification le 9 juin 2000. Le seuil de 60 ratifications nécessaires à l'entrée en vigueur du traité a été dépassé dès le 11 avril 2002. Ainsi, en vertu de l'article 126, le statut de Rome est entré en vigueur le 1er juillet 2002. Ce délai de quatre ans est un démenti aux pessimistes, alors même que la campagne menée par les États-Unis contre le traité prenait la forme de menaces à l'encontre de ses partenaires. À titre de comparaison, la convention de Montego Bay a attendu 12 ans pour réunir ses 60 premières ratifications. Au 1er juillet 2012, le statut réunissait 121 États parties, soit un doublement depuis l'entrée en vigueur 10 ans auparavant, ce chiffre traduisant cependant un tassement évident après la dynamique initiale. Au 1er juillet 2020, la situation n'a guère évolué, avec 123 États parties, le Burundi s'étant retiré du Statut à compter du 27 octobre 2017, et les Philippines à compter du 17 mars 2019. Les États parties se retrouvent en nombre significatif dans tous les groupes géopolitiques avec 2/3 de la communauté internationale, malgré des absences de poids, à commencer par celles des États-Unis, de la Chine, de la Russie, de l'Inde et du Pakistan... Par ailleurs, les affaires kenyannes et le mandat d'arrêt lancé contre le président en exercice du Soudan, Omar Al-Bashir, ont provoqué un vent de fronde au sein du Groupe africain à l'ONU et de l'Union africaine, avec des menaces de retrait en bloc qui n'ont jamais été suivies. Le retrait annoncé de la Gambie a été interrompu par la chute du dictateur Yahya Jammeh. Quant à l'Afrique du Sud, son intention de se retirer à la suite d'une décision de la Cour suprême lui reprochant de ne pas avoir arrêté Omar Al Bashir de passage sur son territoire, a été bloquée en mars 2017 par une décision d'une autre cour jugeant le retrait invalide, faute pour le gouvernement d'avoir consulté le Parlement. Finalement, le seul retrait effectif a été celui du Burundi, suscité par l'annonce de l'ouverture d'un examen préliminaire par le Procureur. Le retrait n'a pas empêché la Chambre préliminaire III d'autoriser l'ouverture d'une enquête à la demande du Procureur.

Un certain nombre de dirigeants africains ont eu beau jeu de dénoncer une Cour presqu'exclusivement focalisée sur l'Afrique et une politique des poursuites discriminatoire. C'est oublier en effet que sur les dix situations africaines examinées par la Cour, six ont fait l'objet d'un renvoi par l'État concerné (Centrafrique I et II, Ouganda, République démocratique du Congo, Mali, Côte d'Ivoire) et deux ont été renvoyées à la Cour par le Conseil de sécurité (Soudan et Libye), ce qui laisse deux situations seulement à l'initiative du Procureur (Kenya et Burundi). Par ailleurs, la Procureur Fatou Bensouda a fait montre de sa volonté d'engager des enquêtes sur d'autres continent : en janvier 2016, elle a ainsi été autorisée par une chambre préliminaire à conduire une enquête en Géorgie, la première sur le sol européen ; et sa demande d'une ouverture d'enquête en Afghanistan depuis le 1er mai 2003 a été finalement approuvée par la Chambre d'appel dans une décision du 5 mars 2020. De même, de façon tout à fait audacieuse, la Chambre préliminaire III a autorisé la Procureur à ouvrir une enquête sur les crimes commis par la junte militaire birmane contre les Rohingya – ceci alors même que le Myanmar n'est pas partie au Statut, mais en se fondant sur le caractère transfrontière des déplacements forcées de population et le flot de réfugiés au Bangladeh, un État partie au Statut. De son côté, la Palestine a elle-même décidé de renvoyer sa propre situation le 22 mai 2018 et il revient au Procureur de décider ou non d'y donner suite. D'autres situations encore font l'objet de simples examens préliminaires, y compris les allégations de crimes commis par les forces britanniques en Irak et l'Ukraine.

Plus le champ des enquêtes s'élargit, plus il est aussi susceptible de se rapprocher des grandes puissances, et en particulier des cinq membres permanents du Conseil de sécurité. La réaction des États-Unis s'est avérée particulièrement radicale, en poursuivant une forme de « guerre » contre la Cour (pour une analyse détaillée, v. J. Fernandez, *La politique juridique extérieure des États-Unis à l'égard de la Cour pénale internationale*, Paris, Pedone, 2010). Sous l'administration Bush Jr, le Congrès a adopté un *American Service-Members' Protection Act* (ASPA) autorisant le Président des États-Unis à faire usage de « tous les moyens nécessaires » pour faire relâcher des membres des forces armées emprisonnées par ou pour le compte de la CPI. L'administration Trump n'est pas en reste : à la suite de l'autorisation d'ouverture d'enquête sur la situation en Afghanistan en 2003 et après l'annonce de l'intention de la Procureure de soumettre à la Chambre préliminaire une demande relative à la question de la compétence territoriale de la Cour pour connaître de la situation en Palestine, le Président Donald Trump a signé le 11 juin 2020 un décret autorisant l'adoption de sanctions économiques contre toute personne pouvant contribuer à la mise en cause de personnels américains devant la Cour (v. la tribune de J. Fernandez, *Le Monde* 26 juin 2020).

286 La rédaction des textes techniques nécessaires à la mise en place de la nouvelle Cour a fait l'objet des travaux d'une « commission préparatoire » où siégeaient tous les États membres des Nations Unies, y compris les États qui se sont opposés au statut et pouvaient être tentés, par le biais de la procédure, de remettre en cause les avancées obtenues à Rome. C'est ainsi que le règlement de procédure et de preuve et les « éléments des crimes » ont été adoptés le 30 juin 2000. Les négociations se sont poursuivies entre les États signataires sur un projet de règles de gestion financière et un projet de principes de base régissant l'accord de siège avec le pays-hôte, les Pays-Bas, mais aussi sur l'organisation interne du greffe, etc.

Une première assemblée des États parties, convoquée en septembre 2002, a permis l'adoption de l'ensemble de ces textes, tandis que l'élection des 18 premiers juges est intervenue le 11 mars 2003, non sans mal, selon des règles complexes visant un équilibre entre juristes et diplomates, les candidatures étant réparties entre deux listes : la liste A visant les candidats ayant « une compétence reconnue dans les domaines du droit pénal et de la procédure pénale, ainsi que l'expérience nécessaire du procès pénal » ; la liste B ceux ayant « une compétence reconnue dans des domaines pertinents du droit international, tels que le droit international humanitaire et les droits de l'homme » (art. 36 § 3). Par ailleurs, le choix des juges devait tenir compte de la nécessité d'assurer « la représentation des principaux systèmes juridiques du monde » et « une représentation géographique équitable » mais également, de manière plus novatrice, « une représentation équitable des hommes et des femmes ». Le statut de Rome tirait ainsi les leçons de l'expérience des tribunaux *ad hoc*, en évoquant « la nécessité d'assurer la présence de juges spécialisés dans certaines matières, y compris les questions liées aux violences contre les femmes ou les enfants » (art. 36 § 8). La mise en œuvre de ces critères croisés a permis de valoriser les candidatures féminines, avec plus de la moitié des juges élus, contrairement aux élections à la Cour internationale de justice (v. ss 326).

La 4e session de l'assemblée des États parties avait fixé le budget-programme à 80 millions d'euros pour 2006. Il atteignait en 2009 à 100 millions d'euros puis 103 millions en 2011, les États parties cherchant à imposer une « croissance zéro », malgré la multiplication des enquêtes confiées à la CPI. Les États ont toutefois accordé une croissance du budget modérée, avec un peu moins de 122 millions d'euros en 2014, un peu plus de 148 millions en 2019.

B. La compétence matérielle de la CPI

La principale question qui a été au cœur des travaux de la conférence de Rome est 287 ■
celle de la compétence matérielle de la Cour. Entre les partisans d'une longue liste d'incrimination, incluant les trafics de stupéfiants ou le terrorisme, et les partisans d'un noyau dur de crimes internationaux par nature, ce sont ces derniers qui l'ont emporté mais, à l'évidence, si la conférence s'était tenue après le 11 septembre 2001, le terrorisme international aurait été pris en compte. En l'état, le statut retient les trois « grands » crimes définis lors du procès de Nuremberg, ainsi que le crime de génocide consacré par le traité de 1948.

Comme le précise l'article 5, paragraphe 1 : « la compétence de la Cour est limitée aux crimes les plus graves qui touchent l'ensemble de la communauté internationale. En vertu du présent statut, la Cour a compétence à l'égard des crimes suivants :

a) les crimes de génocide ;
b) les crimes contre l'humanité ;
c) les crimes de guerre ;
d) le crime d'agression ».

Le statut introduit deux failles dans le dispositif : si les crimes de guerre sont longuement définis, l'article 124 du statut contient une « disposition transitoire » qui permet à un État d'écarter – pour une durée de sept ans – la compétence de la Cour pour ces crimes. La France, qui était à l'origine de cette dérogation, a longtemps été la seule, avec la Colombie, à avoir fait une telle déclaration. La France a annoncé en juin 2008 le retrait de cette déclaration, à l'occasion de la loi d'adaptation du droit français au Statut de la CPI, sans attendre l'échéance du délai de 7 ans. La déclaration de la Colombie ayant expiré en 2009, l'article 124 était devenu sans objet et sa suppression fut décidée par la 14e réunion des États parties, l'amendement devant toutefois être ratifié par les 7/8e des États parties pour entrer en vigueur (art. 121 § 4). Autre faille, la définition du crime d'agression – jugée trop vague en l'état du droit international (v. ss 358) – avait été renvoyée à des travaux ultérieurs et il a fallu attendre la conférence de révision qui s'est tenue à Kampala en juin 2010 (en application de l'article 123 du Statut) pour que soient adoptés plusieurs nouveaux articles, l'article 8 *bis* définissant le crime d'agression et les articles 15 *bis* et 15 *ter* établissant une procédure spécifique de déclenchement des poursuites qui prend en compte le rôle joué par le Conseil de sécurité en matière de qualification de l'acte d'agression. La Cour ne peut exercer sa compétence qu'une année après que 30 États parties ont ratifié les amendements, condition réalisée après le dépôt par la Palestine de son instrument le 26 juin 2016. Par ailleurs, l'activation de la compétence exige le vote d'une décision intervenant « par la même majorité d'États parties que celle requise pour l'adoption d'un amendement au Statut », à savoir une majorité des sept-huitième. Cette décision a finalement été adoptée lors de la 16e Assemblée des États parties, le 14 décembre 2017 (résolution ICC-ASP/16/RES.5), ouvrant ainsi théoriquement la voie à l'exercice par la Cour de sa compétence à partir du 17 juillet 2018. La résolution prend toutefois soin d'exclure cette compétence à l'égard des nationaux et du territoire des États qui n'ont pas ratifié les amendements, à tout le moins en cas de renvoi par un État, ou de saisine *proprio motu*, le Conseil de sécurité restant libre de s'affranchir de ces limites.

288 Le crime de génocide est défini à l'article 6 en reprenant mot pour mot la définition de la Convention des Nations Unies de 1948, en visant « l'intention de détruire, en tout ou partie, un groupe national, ethnique, racial ou religieux, comme tel ». Pour ce qui est des groupes éventuellement visés par un génocide, cette définition conventionnelle est plus étroite que celle du nouveau Code pénal français : « constitue un génocide le fait, en exécution d'un plan concerté tendant à la destruction totale ou partielle d'un groupe national, ethnique, racial ou religieux, ou d'un groupe déterminé à partir de tout autre critère arbitraire »... (livre II, titre I, *Des crimes contre l'humanité*, chapitre Ier, *Du génocide*, art. 211-1). La définition française permet ainsi de qualifier de « génocide » l'assassinat d'un million de Cambodgiens par les Khmers rouges, tandis que devant les Chambres extraordinaires pour le Cambodge – qui ont repris la définition de 1948 – cette qualification ne s'applique qu'aux minorités nationales, ethniques ou religieuses. De même, la destruction systématique des « ennemis de classe » relève bien de la définition du nouveau Code pénal, alors que la définition conventionnelle exclut tout génocide « social » ou « politique ». Sur un autre plan, le Code pénal français exige la démonstration d'un « plan concerté », qui n'est pas un élément de la définition conventionnelle, allégeant ainsi d'autant la charge de la preuve pesant sur le procureur des tribunaux internationaux.

289 Les « crimes contre l'humanité » sont longuement énumérés à l'article 7 du statut, avec une liste de crimes qui reprend et complète les listes des deux tribunaux *ad hoc*. Sont ainsi inclus une liste plus complète de crimes sexuels, ainsi qu'une définition plus stricte de la persécution, mais aussi les disparitions forcées, dont la qualification de crime contre l'humanité est ici confirmée. Le « chapeau » de l'article reprend pour l'essentiel les acquis de la jurisprudence des tribunaux pénaux *ad hoc*, avec d'un côté l'élimination de toute référence à un « conflit armé » – les crimes contre l'humanité pouvant être commis même en temps de paix – et de l'autre le contexte d'une « attaque généralisée *ou* systématique contre toute population civile ». Les deux critères sont alternatifs, permettant ainsi à des crimes peu nombreux mais organisés selon un système de tomber sous le coup de l'incrimination de crime contre l'humanité. En revanche, la définition de la notion d'« attaque » donnée au paragraphe 2 de l'article 7 implique que toute attaque « généralisée » soit en même temps menée « en application ou dans la poursuite de la politique d'un État ou d'une organisation ayant pour but une telle attaque ». La jurisprudence de la Cour a interprété cette condition comme imposant la démonstration par le Procureur d'une certaine « organisation » des crimes et d'une forme de système, ce qui revient à réduire la portée du caractère alternatif des deux critères. Sur le fond, le nouveau Code pénal (chapitre II, *Des autres crimes contre l'humanité*, art. 212-1 s.) reprend à peu près fidèlement l'article 7 du statut.

290 ■ L'article 8 sur les « crimes de guerre » est encore plus long et complexe, en énumérant, d'une part, « les infractions graves aux conventions de Genève » (art. 8, § 2 a) ainsi que « les autres violations graves des lois et coutumes applicables aux conflits armés internationaux dans le cadre établi du droit international » (art. 8, § 2 b) en référence au droit de La Haye (v. ss 364 s.).

D'autre part, « en cas de conflit armé ne présentant pas un caractère international », sont visés « les violations graves de l'article 3 commun aux quatre conventions de Genève » (art. 8, § 2 c). Il est précisé que cet alinéa « ne s'applique pas aux situations de troubles ou tensions internes telles que les émeutes, les actes de violence sporadiques ou isolés et les actes de nature similaire » (art. 8, § 2 d). L'article 8, paragraphe 3, dans sa brièveté traduit bien la réticence des États : « rien dans le paragraphe 2, alinéas c et d, n'affecte la responsabilité d'un gouvernement de maintenir ou de rétablir l'ordre public dans l'État ou de défendre l'unité et l'intégrité territoriale de l'État par tous les moyens légitimes ».

Enfin, une dernière série de disposition concerne « les autres violations graves des lois et coutumes applicables aux conflits armés ne présentant pas un caractère international, dans le cadre établi du droit international » (art. 8, § 2 e), constituées par des incriminations tirées des dispositions du Protocole II ou fondées sur le droit coutumier (comme pour le recrutement et l'utilisation d'enfants soldats). On retrouve la même exclusion des situations de troubles internes, à laquelle s'ajoute une caractérisation positive des conflits armés internes, suivant la formule employée par la chambre d'appel du Tribunal pénal pour l'ex-Yougoslavie dans l'affaire *Tadić*, à savoir des « conflits armés qui opposent de manière prolongée sur le territoire d'un État les autorités du gouvernement de cet État et des groupes armés organisés ou des groupes armés organisés entre eux » (art. 8, § 2 f). Le « seuil » d'application très exigeant du Protocole II se trouve ainsi en partie abaissé, en faisant l'impasse sur la condition de « contrôle » du territoire par les groupes armés.

Le paragraphe 1er de l'article 8 ajoute une limite indicative à la compétence de la Cour, laissant le soin à celle-ci de ne pas examiner des violations isolées, en dehors du contexte caractérisant les situations de crimes de masse : « la Cour a compétence à l'égard des crimes de guerre, en particulier lorsque ces crimes s'inscrivent dans un plan ou une politique ou lorsqu'ils font partie d'une série de crimes analogues commis sur une grande échelle ». C'est sur ce chapitre des crimes de guerre que le

Code pénal français s'éloigne le plus du statut, en opérant une distinction entre des « crimes » et des « délits » de guerre, instaurant ainsi une hiérarchie en termes de gravité qui ne trouve aucun fondement en droit international.

C. L'exercice de la compétence de la CPI

291 La compétence matérielle de la Cour ne joue que pour l'avenir, après l'entrée en vigueur du statut, laissant de côté tous les crimes passés (art. 11). On a retrouvé jusqu'au bout des négociations de Rome la même dialectique entre les « États pilotes » (*like-minded*) désireux d'étendre le champ d'action d'une Cour internationale digne de ce nom, c'est-à-dire indépendante et efficace, et les États soucieux de défendre leur souveraineté contre tous les risques d'ingérence politique. Il en résulte plusieurs compromis qui, tout en maintenant la compétence de la Cour dans un cadre limité, l'étendent au-delà du strict cadre consensuel qui régit généralement les juridictions internationales. Pour que la Cour soit compétente, il faut que « l'État sur le territoire duquel le comportement en cause s'est produit » ou que « l'État dont la personne accusée du crime est un national » soit partie à la convention (art. 12 § 1 et 2). En soi, cette alternative ouvre déjà des perspectives intéressantes, dépassant le consensualisme, dans la mesure où elle permet la prise en compte de situations relatives à des États non parties, soit que le national d'un État non partie ait commis un crime sur le territoire d'un État partie, soit que des crimes aient été commis par le national d'un État partie sur le territoire d'un État non partie. La première possibilité est illustrée par la requête déposée le 14 mai 2013 par l'Union des Comores, État partie au statut, tendant à demander au Procureur d'enquêter sur les crimes commis lors du raid accompli par les forces de défense israéliennes contre la flottille « humanitaire » se rendant à Gaza le 31 mai 2010 : les Comores invoquent notamment l'assassinat de plusieurs personnes sur un navire battant son pavillon et relevant par conséquent de son « territoire ». La deuxième possibilité pose le problème de la responsabilité des soldats d'États parties intervenant sur le territoire d'États tiers, y compris des États non parties, comme la Grande-Bretagne en Irak dans le cadre de la coalition menée par les États-Unis en 2003 ou encore les États-Unis et les autres États intervenant à ses côtés en Afghanistan. Si la situation irakienne fait encore l'objet d'un « examen préliminaire », la Procureure a été autorisée à enquêter sur la situation en Afghanistan par la Chambre d'appel le 5 mars 2020, provoquant la fureur de l'administration américaine.

Une autre possibilité d'élargissement de la compétence de la Cour repose sur une base beaucoup plus classique, en permettant à un État non partie, de consentir, par une déclaration *ad hoc*, à ce que « la Cour exerce sa compétence à l'égard du crime dont il s'agit » (art. 12 § 3). Cette possibilité a été utilisée par la Palestine le 22 janvier 2009 et le 31 décembre 2014, la Côte d'Ivoire le 18 avril 2003 (avec une confirmation le 14 décembre 2010, par le nouveau président Alassane Ouattara) et, plus récemment, le 17 avril 2014, par l'Ukraine, à chaque fois dans un contexte d'urgence, face à une situation de violation des droits de l'homme en cours ou imminente : l'État peut ainsi pallier à une absence de ratification dans le passé, sans avoir à passer par la procédure souvent lourde de ratification d'un traité. Dans le cas de la Palestine, le Procureur a estimé dans une réponse rendue publique le 3 avril 2012, qu'il ne lui revenait pas de prendre partie sur la qualité d'« État » de la Palestine et que c'était aux organes compétents de l'ONU ou à l'Assemblée des États parties de prendre une telle décision. Dans sa lettre, le Procureur notait qu'il n'excluait pas la possibilité d'examiner à l'avenir des allégations relatives à la Palestine si ce « point de droit » était élucidé. Après l'admission de la Palestine comme « État non membre » de l'Organisation, en vertu de la résolution 67/19 de l'Assemblée générale du 29 novembre 2012, la voie était ouverte pour la ratification en bonne et due forme du statut par la Palestine, ce qui fut fait le 2 janvier 2015, conduisant la Procureur à ouvrir le 16 janvier un « examen préliminaire » de la situation prévalant en Palestine depuis le 13 juin 2014, sans même attendre l'entrée en vigueur du Statut le 1er avril 2015.

Une dernière possibilité d'établir la compétence de la Cour passe par le Conseil de sécurité, agissant en vertu du Chapitre VII de la Charte des Nations Unies : par là, le Conseil de sécurité retrouve le pouvoir de provoquer des procédures judiciaires pénales sur une base *ad hoc*, mais dans le cadre permanent de la Cour (art. 13-b du statut). Cette possibilité a été utilisée jusqu'ici à deux reprises, dans le cadre du Soudan/Darfour (résolution 1593 (2005) du Conseil de sécurité du 31 mars 2005) et dans celui de la Libye, alors que le conflit faisait rage (résolution 1970 (2011) du 26 février 2011). La France a réclamé à plusieurs reprises que le Conseil soumette la situation en Syrie à la Cour pénale internationale, mais une telle demande s'est vue opposer le double veto russe et chinois.

Un tel renvoi par le Conseil de sécurité a pour avantage de rendre inutile la vérification des conditions de compétence territoriale et personnelle établie à l'article 12. Tel n'est pas le cas lorsque le renvoi émane d'un État partie au statut (art. 14) et encore moins lorsque c'est le Procureur qui, de sa propre initiative, demande à ouvrir une enquête. Au-delà d'un simple « examen préliminaire » des communications reçues de toutes sources « dignes de foi », le Procureur ne peut en effet procéder à des investigations que sur autorisation de la Chambre préliminaire (art. 15). La plupart des « situations » faisant l'objet d'enquêtes par la Cour procèdent en réalité d'un renvoi par les États de leur *propre* situation : République démocratique du Congo, Ouganda, Centrafrique (situations I et II), Côte d'Ivoire et Mali. Jusqu'à présent, le Procureur a pris l'initiative de demander l'ouverture d'enquêtes dans cinq situations : le Kenya pour les violences postélectorales de 2008, la Géorgie dans le contexte du conflit qui a éclaté en 2008, le Burundi, l'Afghanistan pour les crimes commis depuis l'intervention américaine en 2003 et enfin la situation Bangladesh/Myanmar concernant les crimes commis contre les Rohingya.

Bien que jouant un rôle central, le Procureur voit donc son action doublement 292
limitée. D'un point de vue juridique, la Chambre préliminaire, calquée sur le modèle français de la chambre de l'instruction, sert de filtre aux initiatives du procureur. D'un point de vue politique, le Conseil de sécurité lui-même garde le pouvoir de paralyser l'action du procureur pour des raisons d'opportunité diplomatique. L'article 16 prévoit une procédure de « sursis à enquêter ou à poursuivre » par « une résolution adoptée en vertu du chapitre VII de la Charte des Nations Unies », pour une année renouvelable. Ainsi, au nom du « maintien de la paix », le Conseil de sécurité peut interrompre le cours de la justice, mais pour ce faire une décision positive doit être adoptée, impliquant une majorité qualifiée et un accord des cinq membres permanents. Toutefois, à la suite d'un *veto* américain, le Conseil de sécurité a adopté la résolution n° 1422 (2002) du 12 juillet 2002 qui donne une immunité de principe aux personnels des États non parties participant à des opérations établies ou autorisées par les Nations Unies pendant une année. Cette résolution adoptée à l'unanimité a été reconduite pour une nouvelle année par la résolution n° 1487

(2003) adoptée en juin 2003 par 12 voix contre trois abstentions (France, Allemagne, Syrie). Mais, en 2004, la nouvelle résolution américaine a dû être retirée, devant l'opposition croissante des États membres et les mises en garde du secrétaire général des Nations Unies, à la suite notamment des révélations sur le scandale de la prison d'Abou Graïb où les forces américaines avaient commis des actes de torture. Ainsi ce régime d'exception a pris fin, à compter du 30 juin 2004, au terme de deux années. Une nouvelle tentative d'activation de l'article 16 a eu lieu, en novembre 2013, à la suite de la fronde d'un certain nombre d'États africains, exprimée collectivement lors d'une session extraordinaire de l'Union Africaine le 12 octobre 2013. Treize États africains ont présenté un projet de résolution devant le Conseil de sécurité, tendant à surseoir pour un an à toutes enquêtes et poursuites engagées contre le président et le vice-président du Kenya pendant une période de 12 mois, conformément à l'article 16 du statut. Mais la résolution a été rejetée par 7 voix pour (Azerbaïdjan, Chine, Maroc, Pakistan, Fédération de Russie, Rwanda et Togo) contre 8 abstentions (Argentine, Australie, France, Guatemala, Luxembourg, République de Corée, Royaume-Uni, États-Unis). Cédant du terrain, la Cour a autorisé sous conditions les accusés à ne pas être présents tout au long de leur procès, afin de leur permettre de remplir leurs fonctions officielles. Par ailleurs, l'Assemblée des États parties, sous l'impulsion des États africains, a modifié le Règlement de procédure et de preuve pour permettre légalement la dispense de comparution au procès en raison de fonctions publiques extraordinaires.

293 Alors que les TPI avaient une primauté par rapport aux juridictions internes, le statut de Rome établit un principe de « complémentarité ». Le préambule souligne d'emblée « que la Cour pénale internationale dont le présent statut porte création est complémentaire des juridictions criminelles nationales ». Le principe de complémentarité trouve sa traduction dans les conditions de recevabilité établies par l'article 17 du statut qui oblige la Cour à déclarer une affaire irrecevable si cette affaire fait ou a fait l'objet d'une enquête ou de poursuites, ou si la personne a déjà été condamnée et qu'en vertu du principe *non bis in idem*, elle ne peut être rejugée. Mais il revient à la Cour de prendre la décision et il lui est loisible de déclarer l'affaire recevable si elle juge que l'État n'a pas la capacité ou une volonté réelle de juger ou encore si, ayant jugé, la décision prise relève du déni de justice ou révèle le manque de volonté de l'État. Enfin, la complémentarité se manifeste également à travers la condition de « gravité », la Cour n'ayant vocation à juger que les crimes les plus graves, tandis que les crimes « moins » graves sont laissés à la répression des juridictions nationales.

La complémentarité ne signifie donc pas la subsidiarité – le passage par la juridiction nationale précédant nécessairement la saisine de la Cour, avec une sorte de condition d'épuisement des voies de recours internes. Dans les premières situations soumises à la Cour (RDC, Ouganda), les États n'étaient même pas désireux d'engager des poursuites et n'ont pas contesté la recevabilité des affaires, laissant d'emblée le champ libre à la Cour. Bien plus, le Procureur a élaboré un concept de « complémentarité positive », adoptant une démarche proactive pour inciter certains États à lutter contre l'impunité par eux-mêmes, sous la surveillance du Procureur, avec l'épée de Damoclès d'une demande officielle d'ouverture d'enquête auprès de la Chambre préliminaire. En réalité, la logique du système est, à terme, celle d'un partage des tâches entre la Cour et les juridictions nationales, que celles-ci agissent selon des chefs de compétence traditionnels ou selon la compétence universelle : à la

Cour les affaires les plus « graves » et en particulier celles qui mettent en cause les « décideurs », aux juridictions nationales le reste des affaires, dans le cadre d'un contentieux de masse qu'il serait trop coûteux d'instaurer sur le plan international.

Les 123 États parties ne constituent plus seulement un petit cercle d'« États vertueux » 294 ■
et il est sans doute injuste de dénoncer les doubles standards en matière de saisine, lorsque ce sont les États africains eux-mêmes qui se tournent vers la CPI. Dans certains cas, comme pour la Syrie, seule une décision du Conseil de sécurité pourrait permettre d'engager des poursuites. Mais le Conseil est prisonnier du veto accordé à ses membres permanents et de ce fait condamné à la partialité dans la désignation des criminels. En dépit des crimes contre l'humanité commis quotidiennement en Syrie, la protection de l'allié russe paralyse pour longtemps toute poursuite sur le plan international. Reste aux juridictions nationales à prendre l'initiative, si cela leur est possible, y compris sur le fondement du principe de compétence universelle, donnant ainsi sens au principe de « complémentarité ». C'est notamment le sens des enquêtes menées en France par le « pôle » spécialisé dans la lutte contre les crimes contre l'humanité et les crimes de guerre au tribunal de grande instance de Paris, sur la base du rapport « César », cet ancien médecin légiste syrien qui a confié à la justice ses milliers de photos de corps mutilés par la police politique de Bachar Al Assad.

Le fait même qu'avant son entrée en vigueur on se soit interrogé pour savoir si les attaques terroristes du 11 septembre entraient dans la définition des « crimes contre l'humanité » prévue au statut, en tant qu'« attaque généralisée et systématique lancée contre une population civile » (art. 7, § 1), montre toute l'importance prise par le droit international pénal enfin sorti des limbes de la codification. La conférence de révision de Kampala, sept ans après l'entrée en vigueur, a été une étape décisive pour faire un bilan d'ensemble de l'expérience et revenir sur la définition du « crime d'agression » remise à plus tard lors de la conférence de Rome. Mais la notion même de « guerre au terrorisme » ou la théorie de la légitime défense « préventive » mises en avant depuis 2001 dans des situations aussi diverses que l'Afghanistan, l'Irak, les territoires palestiniens occupés ou la lutte contre Daech en Syrie, n'ont fait que renforcer les difficultés juridiques sur la route d'une définition générale. *A fortiori*, l'idée que le « crime d'agression » peut être imputé à un chef d'État, ou aux responsables politiques et militaires d'un État membre, quel qu'il soit, rend encore plus sensible l'enjeu d'une telle définition pénale.

En l'état, ce sont donc essentiellement des crises internes, nées de rébellions et de sécessions, qui font l'objet de la saisine de la CPI, renforçant les accusations de « justice des vainqueurs », les dirigeants au pouvoir trouvant un moyen pratique de se débarrasser de leurs anciens rivaux, alors qu'ils ont souvent commis les mêmes crimes. Il faut surtout souhaiter, dix-huit ans après l'entrée en vigueur du statut de Rome que la justice pénale continue à changer les esprits et à faire comprendre que la qualité de dirigeant étatique et le principe de souveraineté ne mettent pas à l'abri de toute poursuite les auteurs de crimes graves.

Compléments pédagogiques

Quid

■ *Amicus Curiae* n° **238**

Littéralement « ami de la Cour », vise une tierce intervention dans une procédure pour éclairer le juge sur un point de droit ou de fait. Cette pratique s'est développée notamment dans le cadre du TPIY (art. 7 RPP) à l'initiative des ONG.

■ Corruption n° **223**

Le fait de promettre, d'offrir ou d'accorder, directement ou indirectement, à un individu ou à une entité un avantage quelconque pour obtenir un comportement déterminé de sa part ; ou le fait de solliciter et d'accepter un tel avantage. La convention des Nations Unies contre la corruption, distingue notamment la « corruption d'agent public » et la corruption de personne privée, ainsi que le trafic d'influence.

■ Droit international des droits de l'homme n° **244**

Instruments, normes et procédures du droit international qui ont pour objet la protection de toute personne humaine sans distinction aucune, y compris sur le fondement de la nationalité. À distinguer du droit international humanitaire, qui vise la protection des victimes des conflits armés et la réglementation des méthodes et moyens de combat. Le droit international des droits de l'Homme est applicable en temps de paix comme en temps de conflit armé.

■ Droit international pénal n° **265**

Instruments, normes et procédures du droit international visant la prévention et la répression des « crimes internationaux » commis par des individus ou des entités. À distinguer du droit pénal international qui relève du droit pénal national, lorsqu'intervient un élément d'extranéité (nationalité étrangère de la victime ou de l'auteur, crime commis à l'étranger, question de coopération, dont l'extradition, etc.). L'adjectif « pénal » se traduit en anglais par « *criminal* », d'où des flottements dans le vocabulaire concernant la Cour pénale internationale, *International Criminal Court*, par exemple.

■ Crimes internationaux n° **268**

Incriminations définies par le droit international, qu'il s'agisse du droit conventionnel (conventions de Genève du 12 août 1949, avec les « infractions graves », ou Convention contre la torture…) ou du droit coutumier. Les crimes internationaux les plus graves font l'objet d'une répression internationale, à savoir le génocide, les crimes contre l'humanité, les crimes de guerre et l'agression (article 5 du statut de la Cour pénale internationale). Les autres crimes internationaux relèvent en principe, sauf exception, de la juridiction des tribunaux nationaux.

■ Entreprises transnationales n° **220**

Nom donné dans le système des Nations Unies aux sociétés multinationales, c'est-à-dire aux entreprises ayant des activités dans plusieurs pays. La formule « les entreprises transnationales et autres entreprises » vise à inclure les filiales et sous-traitants dans le régime juridique institué.

■ Pacte mondial (*Global Compact*) n° **220**

Initiative du secrétaire général des Nations Unies visant à faire souscrire par le monde des affaires, sur une base volontaire, un ensemble de principes de base relatifs aux droits de l'homme, au droit du travail et à la protection de l'environnement.

■ Société civile n° **220**

Formule née de la philosophie de Hegel, qui opposait la « société civile » et la société politique. Dans son utilisation actuelle, la notion de « société civile » vise l'ensemble des acteurs et entités non étatiques, que ce soit dans la sphère économique ou dans la sphère associative, avec les Organisations non gouvernementales (ONG). On a pu parler de « société incivile » pour y inclure les groupes terroristes et les mafias transnationales.

■ Tribunal *ad hoc* n° **271**

Littéralement « à cet effet », vise les juridictions à compétences spécialisées créées pour une durée limitée par le Conseil de sécurité, dans le cadre du chapitre VII, à savoir le Tribunal pénal international pour l'ex-Yougoslavie (TPIY) et le Tribunal pénal international pour le Rwanda (TPIR). Par opposition aux juridictions permanentes et en particulier à la Cour pénale internationale.

■ Tripartisme n° **220**

Depuis sa création par le Traité de Versailles en 1919, l'OIT a pour originalité de prévoir dans les délégations nationales, non seulement la représentation de l'État en tant que tel, mais également la représentation des employeurs et des syndicats, sur une base paritaire.

Documents

1) Le rôle de la société civile

Nous, peuples : société civile, Organisation des Nations Unies et gouvernance mondiale. Rapport du Groupe de personnalités éminentes sur les relations entre l'Organisation des Nations Unies et la société civile, 11 juin 2004
(Doc. ONU A/58/817)

Au fil des ans, les relations de l'Organisation des Nations Unies avec la société civile se sont renforcées et multipliées. Le leadership personnel du Secrétaire général y a été pour beaucoup.

Mais en même temps des difficultés et des tensions sont apparues, en particulier dans les processus délibératifs. Les gouvernements ne sont pas toujours disposés à partager ce qui a toujours été leur pré carré. Un grand nombre d'entre eux mettent en doute de plus en plus le nombre d'organisations de la société civile associées à l'ONU et leurs motivations — en contestant la représentativité, la légitimité, l'intégrité ou la responsabilité. Les gouvernements des pays en développement considèrent parfois que les organisations de la société civile roulent « en douce » pour les pays du Nord. En même temps, bien des membres de la société civile commencent à se sentir frustrés ; ils peuvent s'exprimer à l'ONU, mais ils ont le sentiment qu'ils ne sont pas entendus et que leur participation ne mène pas à grand-chose.

Conscient, et de la force immense de la société civile, et des difficultés à affronter, le secrétaire général a clairement indiqué que l'amélioration des relations de l'ONU avec la société civile était un élément important de son programme de réformes, énoncé dans le rapport qu'il a présenté en 2002 sur les nouvelles mesures à prendre pour aller plus loin dans le changement (A/57/387 et Corr.1). En février 2003, il a constitué le Groupe de personnalités éminentes sur les relations entre l'Organisation des Nations Unies et la société civile, présidé par Fernando Henrique Cardoso. (...)

Le contexte mondial

Le Groupe avait parfaitement conscience que l'efficacité de son travail passait d'abord par une analyse des grands changements et problèmes mondiaux qui avaient des répercussions sur l'ONU et sur le multilatéralisme, dans la mesure où ils étaient susceptibles d'influer sur les relations de l'Organisation avec la société civile et d'autres acteurs. À l'évidence, il ne s'agit pas de savoir comment l'ONU aimerait changer, mais, compte tenu de la manière dont le monde a évolué, comment elle doit modifier ses relations avec la société civile pour devenir pleinement efficace et conserver toute sa pertinence. La mondialisation des frontières nationales de plus en plus poreuses, les nouvelles technologies de la communication, la montée en puissance de la société civile et de l'opinion publique, l'insatisfaction croissante suscitée par les institutions traditionnelles de la démocratie, l'impératif de la décentralisation et d'autres facteurs encore ont d'énormes conséquences pour la gouvernance mondiale :

- Concernant la démocratie, un paradoxe manifeste se fait jour : la substance de la politique se mondialise rapidement (dans les domaines du commerce, de l'économie, de l'environnement, des pandémies ou du terrorisme), mais pas le processus politique ; ses principales institutions (élections, partis politiques et parlements) restent fermement enracinées aux niveaux national ou local. La faible influence de la démocratie traditionnelle sur les questions de gouvernance mondiale est l'une des raisons pour lesquelles, dans de nombreuses régions du monde, les citoyens demandent instamment une plus grande responsabilisation démocratique des organisations internationales ;
- Concernant les rôles de la société civile dans la gouvernance, les citoyens jouent de plus en plus un rôle politique en participant directement, par l'intermédiaire des mécanismes de la société civile, au débat sur les grandes questions qui les concernent particulièrement. C'est là un élargissement de la démocratie représentative à la démocratie participative. La démocratie traditionnelle rassemble les citoyens en communautés de voisinage (leur circonscription électorale), alors que la démocratie participative les réunit en communautés d'intérêts. Et grâce aux techniques modernes de l'information et de la communication, ces communautés d'intérêts peuvent être mondiales aussi bien que locales ;
- Concernant le multilatéralisme, la manière dont le programme multilatéral se construit n'est plus la même. Auparavant, les gouvernements se réunissaient pour discuter d'une question nouvelle jusqu'à ce que le consensus soit suffisant pour aboutir à une résolution

intergouvernementale qui, ensuite, conduisait les gouvernements et les organisations intergouvernementales à agir. Aujourd'hui, il est de plus en plus vraisemblable qu'un mouvement de la société civile et une opinion publique de plus en plus pressante appellent l'attention à l'échelle mondiale sur une question nouvelle et que ce soient des coalitions de gouvernements, d'organisations de la société civile et d'autres acteurs représentant de multiples parties prenantes qui soient les premières à s'y attaquer. Le multilatéralisme consiste de plus en plus en processus permanents de débat public et de dialogue et en innovations pour traiter de problèmes nouveaux. (...)

Rôle fédérateur de l'Organisation des Nations Unies : encourager des processus associant différentes parties prenantes

Le pouvoir fédérateur et l'autorité morale de l'ONU permettent à celle-ci d'amener des parties aux intérêts souvent divergents à s'unir pour s'attaquer à des problèmes mondiaux. De nos jours, ce sont souvent les acteurs non étatiques qui font le plus bouger les choses, comme on a pu le voir sur des questions comme les relations entre les sexes, les changements climatiques, l'endettement, les mines terrestres et le sida. La première étape est souvent la création de réseaux mondiaux (de gouvernements et autres acteurs partageant certaines préoccupations) qui favoriseront un débat mondial et dirigeront des activités en vue de combattre directement les problèmes. Jusqu'à présent, l'ONU n'a souvent joué qu'un rôle mineur dans de telles innovations. Mais puisque ce mode devient manifestement un aspect majeur du multilatéralisme, il faut qu'elle s'y mette et se montre plus proactive : il lui faut rassembler toutes les parties prenantes susceptibles de contribuer à la solution des problèmes mondiaux et susciter la constitution de réseaux efficaces. Pour ce faire, il faudra innover au niveau de la gouvernance mondiale et adapter les instances. L'Assemblée générale devrait associer plus régulièrement les organisations de la société civile à ses travaux, car restreindre au Conseil économique et social la participation de ces dernières au processus intergouvernemental ne se justifie plus. Les grandes conférences mondiales peuvent encore jouer un rôle important si l'on y a recours avec parcimonie pour établir des normes mondiales. Des auditions publiques plus modestes, auxquelles participerait également toute la gamme des parties prenantes pertinentes, pourraient être de meilleurs outils pour faire le point sur les progrès accomplis dans la réalisation des objectifs mondiaux convenus.

⇨ *Dans le contexte des efforts de réforme de l'Organisation lancés par le secrétaire général à partir du début des années 2000 un « panel » de personnalités éminentes a été créé pour réfléchir à l'évolution des relations entre l'ONU et la société civile. Le panel — présidé par l'ancien président du Brésil Henrique Cardoso — a rendu son rapport en 2004. Jusqu'ici, ses recommandations sont restées lettre morte.*

2) Les entreprises et la protection diplomatique

CIJ 24 mai 2007, *Aff. Ahmadou Sadio Diallo, République de Guinée c/ République Démocratique du Congo*, exceptions préliminaires

86. La Cour rappelle qu'en matière de protection diplomatique, le principe, tel qu'il a été souligné dans l'affaire de la *Barcelona Traction*, est que :

« La responsabilité n'est pas engagée si un simple intérêt est touché ; elle ne l'est que si un droit est violé, de sorte que des actes qui ne visent et n'atteignent que les droits de la société n'impliquent aucune responsabilité à l'égard des actionnaires même si leurs intérêts en souffrent. » (CIJ 1970, *Rec.* 36, § 46.)

87. Depuis son *dictum* dans l'affaire de la *Barcelona Traction* (CIJ 1970, *Rec.* 48, § 93 ; v. § 82), la Cour n'a pas eu l'occasion de se prononcer sur la question de savoir s'il existe bien, en droit international, une exception à la règle générale « selon laquelle le droit de protection diplomatique d'une société revient à son État national » (*ibid.*, p. 48, par. 93), exception qui autoriserait une protection des actionnaires par leur propre État national « par substitution », et quelle en serait la portée. Certes, dans l'affaire de l'*Elettronica Sicula S.p.A. (ELSI) (États-Unis d'Amérique c/ Italie)*, la Chambre de la Cour a admis un recours des États-Unis en faveur de deux sociétés américaines détenant cent pour cent des actions d'une société italienne, relativement à des actes attribués aux autorités italiennes et dont il était prétendu qu'ils avaient porté atteinte aux droits de ladite société. Cependant, la Chambre s'est fondée à cet effet, non sur le droit international coutumier, mais sur un traité d'amitié, de commerce et de navigation entre les deux pays, qui octroyait directement à leurs ressortissants, sociétés et associations certains droits relatifs à la participation de ceux-ci dans des sociétés et associations de la nationalité de l'autre État. La Cour examinera à présent si l'exception invoquée par la Guinée est consacrée en droit international coutumier, comme celle-ci le prétend.

88. La Cour ne peut manquer de noter qu'en droit international contemporain, la protection des droits des sociétés et des droits de leurs actionnaires, et le règlement des différends y afférents, sont essentiellement régis par des accords bilatéraux ou multilatéraux en matière de protection des investissements étrangers tels les accords sur la promotion et la protection des investissements étrangers, et la convention de Washington du 18 mars 1965 sur le règlement des différends relatifs aux investissements entre États et ressortissants d'autres États investisseurs, qui a créé un centre international de règlement des différends relatifs aux investissements (CIRDI), ainsi que par des contrats entre les États et les investisseurs étrangers. Dans ce contexte, le rôle de la protection diplomatique s'est estompé, celle-ci n'étant en pratique appelée à intervenir que dans les rares cas où les régimes conventionnels n'existent pas ou se sont révélés inopérants. C'est dans ce cadre particulier et relativement limité que la question de la protection par substitution pourrait être soulevée. La théorie de la protection par substitution vise en effet à offrir une protection aux actionnaires étrangers d'une société qui ne pourraient pas invoquer le bénéfice d'un accord international, et auxquels aucun autre recours ne serait ouvert, dans la mesure où les actes prétendument illicites auraient été commis à l'encontre de la société par l'État de la nationalité de celle-ci. La protection par « substitution » constituerait donc le tout dernier recours pour la protection des investissements étrangers.

89. La Cour, ayant examiné avec soin la pratique des États et les décisions des cours et tribunaux internationaux en matière de protection diplomatique des associés et des actionnaires, est d'avis qu'elles ne révèlent pas, du moins à l'heure actuelle, l'existence en droit international coutumier d'une exception permettant une protection par substitution telle qu'invoquée par la Guinée.

90. Le fait, dont se prévaut la Guinée, que différents accords internationaux tels les accords sur la promotion et la protection des investissements étrangers et la convention de Washington aient institué des régimes juridiques spécifiques en matière de protection des investissements, ou encore qu'il soit courant d'inclure des dispositions à cet effet dans les contrats conclus directement entre États et investisseurs étrangers, ne suffit pas à démontrer que les règles coutumières de protection diplomatique auraient changé ; il pourrait tout aussi bien se comprendre dans le sens contraire. Les arbitrages qui ont été invoqués par la Guinée relèvent eux aussi de régimes particuliers, qu'ils aient été fondés sur des accords internationaux spécifiques entre deux ou plusieurs États dont celui responsable des actes prétendument illicites à l'égard des sociétés concernées (voir par exemple le compromis conclu entre les Gouvernements américain, britannique et portugais dans l'affaire *Delagoa* ou celui conclu entre El

Salvador et les États-Unis d'Amérique dans l'affaire de la *Salvador Commercial Company*) ou sur des accords passés directement entre une société et l'État prétendument responsable du préjudice à celle-ci (v. par ex. l'affaire *Biloune c/ Ghana Investment Centre*). (...)

94. Au vu de ce qui précède, la Cour ne saurait accepter la prétention de la Guinée à exercer une protection diplomatique par substitution. C'est donc la règle normale de la nationalité des réclamations qui régit la question de la protection diplomatique à l'égard des sociétés Africom-Zaïre et Africontainers-Zaïre. Or ces sociétés possèdent la nationalité congolaise.

L'exception d'irrecevabilité soulevée par la *RDC* à raison de l'absence de qualité de la Guinée pour agir en protection diplomatique de M. Diallo pour les prétendus actes illicites de la *RDC* dirigés contre les droits des sociétés Africom-Zaïre et Africontainers-Zaïre est par conséquent fondée et doit être retenue.

⇨ *La Cour rejette l'hypothèse d'une protection diplomatique des actionnaires d'une société étrangère « par substitution » : seul l'État national de la société reste habilité à la protéger. Mais parallèlement, la Cour constate le développement des traités bilatéraux d'investissements étrangers et les mécanismes d'arbitrage mis en place pour en assurer la garantie, à travers des procédures opposant directement les investisseurs étrangers aux États de nationalité des sociétés. Face au développement de ces mécanismes (notamment dans le cadre du CIRDI), le rôle de la protection diplomatique « s'est estompé ».*

3) Systèmes internationaux de protection des droits de l'homme

Évolution de la répartition des sièges à l'ONU selon les groupes géopolitiques

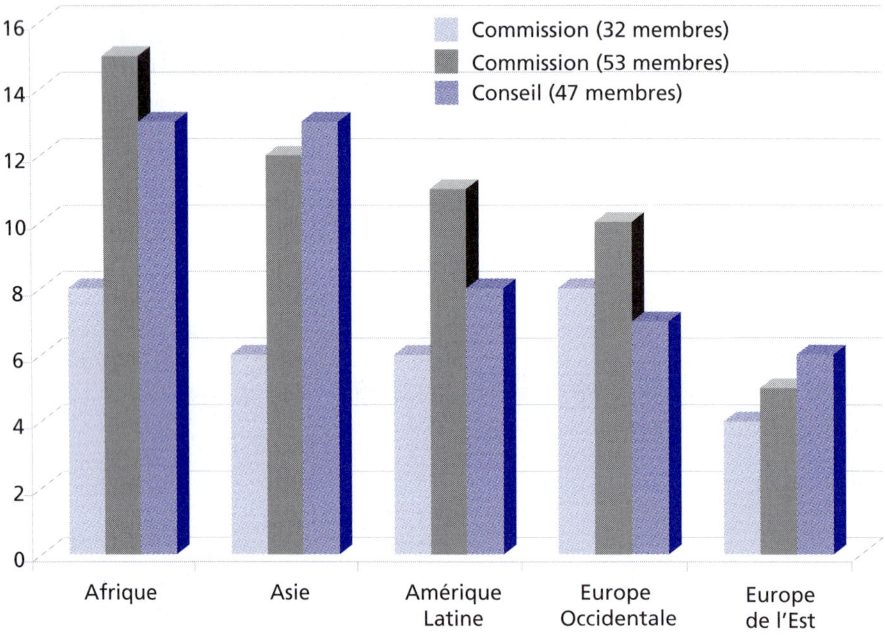

La Commission des droits de l'homme qui était initialement composée de 18 membres en vertu de la résolution n° 9 (II) de l'ECOSOC, a été élargie à 21 membres en 1961 puis à 32 membres à compter de 1967. La résolution n° 1147 (XLI) adoptée en 1966 par l'ECOSOC fixe pour la première fois la répartition des sièges entre les groupes géopolitiques. La résolution n° 1990/48 de l'ECOSOC porte le nombre des membres à 53 à compter de 1992. La création du Conseil des droits de l'homme par la résolution n° 60/251 de l'Assemblée générale introduit une nouvelle clef de répartition entre les 47 membres du nouvel organe.

Le temps des États

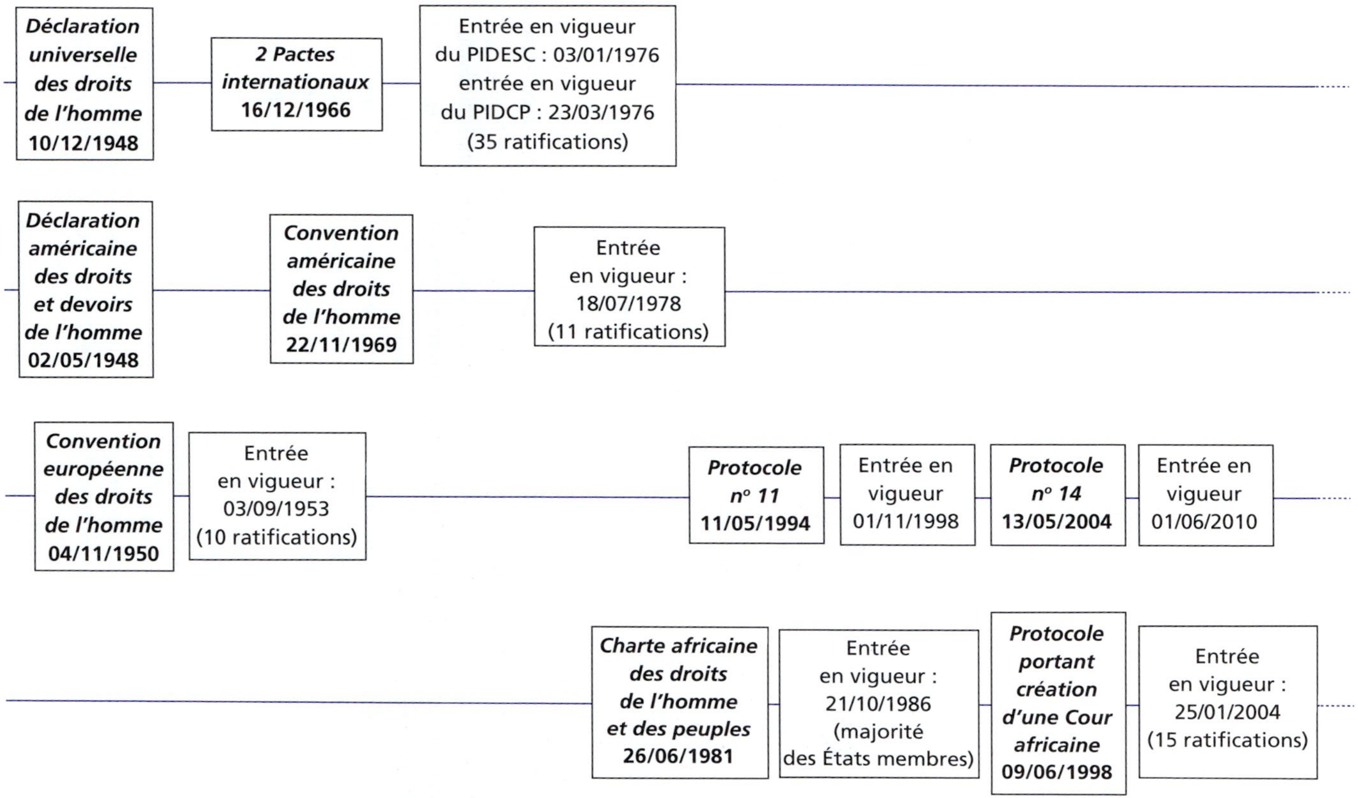

4) La naissance du système universel de protection des droits de l'homme

René Cassin, « La Déclaration universelle et la mise en œuvre des droits de l'homme », *RCADI*, t. 79, 1951, p. 277-279; *ibid.* 343-345

La Déclaration Universelle a été comparée par nous au vaste portique d'un temple, dont le parvis est formé par le Préambule affirmant l'unité de la famille humaine et dont le soubassement, les assises, sont constitués par les principes généraux de liberté, d'égalité, de non-discrimination et de fraternité proclamés dans les articles 1 et 2.

Quatre colonnes d'importance égale soutiennent le portique. La première est celle des droits et libertés d'ordre personnel (art. 3 à 11 inclus) : vie, liberté, sûreté et dignité de la personne, égale protection de la loi, garanties contre l'esclavage, la torture, les arrestations et les peines arbitraires, recours judiciaire contre les abus.

La seconde concerne les droits de l'individu dans ses rapports avec les groupements dont il fait partie et les choses du monde extérieur (art. 12 à 17 inclus). L'homme et la femme ont, sur pied d'égalité, le droit de se marier, de fonder une famille, d'avoir un foyer, un domicile, un asile en cas de persécution. Tout être humain a vocation à être membre d'une cité, à être national d'un pays, à exercer sa maîtrise sur les choses qui sont devenues des biens. Le troisième pilier est celui des facultés spirituelles, des libertés publiques et des droits politiques fondamentaux (art. 18 à 22) : liberté de conscience, de pensée, de croyance, liberté de parole, d'expression, de réunion, d'association, droit de prendre part aux affaires publiques, de participer à des élections périodiques et sincères. La volonté du peuple est proclamée fondement de l'autorité des pouvoirs publics.

Le quatrième pilier, symétrique du premier, dont le caractère est entièrement neuf sur le plan international et dont la puissance ne le cède en rien à celle des autres, est celui des droits économiques, sociaux et culturels (art. 22 à 27 inclus) : droit au travail, au libre choix du travail, à la sécurité sociale, aux libertés syndicales ; droit à l'éducation, aux loisirs, à la vie culturelle, à la protection de la création intellectuelle ou artistique.

Sur ces quatre colonnes, il fallait poser un fronton marquant les liens entre l'individu et la société. Les articles 28 à 30 affirment la nécessité d'un ordre social international tel que les droits et libertés de la personne puissent y trouver leur plein effet. Ils proclament aussi l'existence des devoirs de l'individu envers la communauté, ils fixent les limites que l'homme ne peut franchir : celui-ci a des devoirs envers la communauté ; il doit respecter les droits et libertés d'autrui ; il ne peut attenter aux justes exigences de la morale, de l'ordre public et du bien-être dans une société démocratique, ni aux buts et principes des Nations Unies. Ainsi la Déclaration marque-t-elle un élan continu de l'individuel vers le social.

L'ampleur du nouveau monument correspond bien à celle des buts affirmés dans le Préambule de la Déclaration. La Déclaration couvre indivisiblement l'ensemble des facultés et droits sans lesquels l'homme ne peut épanouir sa personnalité dans sa plénitude. Mais le portique ne saurait être une superbe façade derrière laquelle il n'y a rien. Il faut que les portes de la Déclaration, qui permettent d'entrer dans le temple des Droits de l'Homme, mènent effectivement quelque part. (…)

La reconnaissance expresse aux particuliers, aux groupements d'individus et aux organisations non-gouvernementales (nationales ou internationales) du droit de former une pétition-requête, apte à saisir juridiquement le Comité de toute violation du Pacte imputée à un État partie, constitue une revendication commune à tous les groupements civiques ou philanthropiques s'intéressant aux Droits de l'Homme. Elle est appuyée par les représentants d'États relativement nombreux qui, à l'Assemblée générale de 1948, ont vainement tenté d'insérer dans la Déclaration Universelle le droit de pétition international sur les questions concernant le respect des droits de l'homme, comme un droit de l'homme distinct et fondamental.

En faveur de cette reconnaissance dans le Pacte même, on ne se borne pas à faire valoir que l'admission de l'individu comme sujet du droit des gens, comme membre direct de la société universelle, commande logiquement de lui accorder droit de parole et justice au sein de cette société, au cas où il serait victime d'abus commis dans son propre pays. Ne serait-ce pas opérer un retour en arrière sur les progrès réalisés en faveur du droit de plainte des collectivités et des individus dès 1919 au sein de l'OIT. (travail), de la Société des Nations (mandats, minorités) et, sous le régime de la Charte des Nations Unies, en faveur des habitants des territoires sous tutelle ?

Une autre considération est invoquée, c'est que, si on laisse aux États le monopole du droit de plainte contre un État qui violerait le Pacte, on maintiendra la matière des droits de l'homme dans le domaine de la politique (au lieu de la dépolitiser progressivement comme cela est indispensable). Les États saisiront le Comité ou ne le saisiront pas, soit en faveur de leurs nationaux, soit pour protéger des étrangers contre leur propre État, en tenant compte avant tout de l'état de leurs relations, aigres ou chaleureuses, avec l'État incriminable. L'échec de la protection des minorités nationales devant le Conseil de la SDN. n'est-il pas dû en partie au rôle exclusif réservé aux États devant ce Conseil ? Si, en 1933, celui-ci a eu à connaître effectivement des persécutions infligées par Hitler à certains habitants de Haute-Silésie, n'est-ce pas justement parce que le traité germano-polonais de 1922, dit traité Calonder, avait reconnu un droit individuel de plainte aux habitants de ce territoire ? (...)

Sur le terrain des principes, le système qui dénie aux États le monopole du droit de saisir le Comité des Droits de l'Homme répond en son essence à ce qu'ont voulu les auteurs de la Charte des Nations Unies et ceux de la Déclaration Universelle, préoccupés de protéger les droits et libertés fondamentales de l'être humain contre toute oppression, y compris celle de l'appareil étatique. Il n'y aura jamais une protection internationale complète des droits de l'homme, *si* celui-ci n'est pas admis à faire valoir lui-même ses droits violés devant un for international. »

⇨ *René Cassin donne ici sa vision de la Déclaration universelle des droits de l'Homme, dont il a été l'un des auteurs. Il montre également le caractère central de la question du droit de recours individuel devant un organe international : l'élargissement de ce droit de recours constitue le fil rouge de l'évolution des systèmes de protection des droits de l'Homme sur les plans universel et régional.*

5) La réforme du système universel de protection des droits de l'homme : la création du Conseil des droits de l'homme des Nations Unies

Assemblée générale, 16 sept. 2005, résolution n° 60/1, *Document final du sommet mondial 2005*

Conseil des droits de l'homme

157. Compte tenu de notre volonté de renforcer les mécanismes de l'Organisation des Nations Unies dans le domaine des droits de l'homme, nous décidons de créer un Conseil des droits de l'homme.

158. Le Conseil sera chargé de promouvoir le respect universel et la défense de tous les droits de l'homme et de toutes les libertés fondamentales, pour tous, sans aucune sorte de distinction et de façon juste et équitable.
159. Le Conseil examinera les violations des droits de l'homme, notamment lorsque celles-ci sont flagrantes et systématiques, et fera des recommandations à leur sujet.
Il s'emploiera à ce que les activités du système des Nations Unies relatives aux droits de l'homme soient coordonnées efficacement et à ce que la question des droits de l'homme soit prise en compte systématiquement par tous les organismes du système.
160. Nous prions le Président de l'Assemblée générale d'organiser des négociations ouvertes, transparentes et sans exclusion, devant aboutir le plus tôt possible, au cours de la soixantième session, afin d'arrêter le mandat, les modalités d'organisation, les fonctions, la taille, la composition et les méthodes de travail du Conseil des droits de l'homme.

Assemblée générale, 15 mars 2006, résolution n° 60/251, *Conseil des droits de l'homme*

L'Assemblée générale, (...)
Consciente de l'œuvre accomplie par la Commission des droits de l'homme et de la nécessité de préserver et consolider ses acquis et de remédier à ses carences,
Consciente également qu'il importe d'assurer l'universalité, l'objectivité et la non-sélectivité de l'examen des questions relatives aux droits de l'homme et de mettre fin à la pratique du deux poids deux mesures et à toute politisation, (...)
1. *Décide* d'instituer le Conseil des droits de l'homme, siégeant à Genève en remplacement de la Commission des droits de l'homme, en tant qu'organe subsidiaire de l'Assemblée générale, cette dernière devant réexaminer le statut du Conseil d'ici cinq ans ;
2. *Décide* que le Conseil sera chargé de promouvoir le respect universel et la défense de tous les droits de l'homme et de toutes les libertés fondamentales, pour tous, sans distinction aucune et de façon juste et équitable ;
3. *Décide également* que le Conseil examinera les violations des droits de l'homme, notamment lorsque celles-ci sont flagrantes et systématiques, et fera des recommandations à leur sujet ; il s'emploiera également à ce que les activités du système des Nations Unies relatives aux droits de l'homme soient bien coordonnées et à ce que la question des droits de l'homme soit prise en compte systématiquement par tous les organismes du système ;
4. *Décide* en outre que les activités du Conseil seront guidées par les principes d'universalité, d'impartialité, d'objectivité et de non-sélectivité, du dialogue et de la coopération constructifs à l'échelle internationale de façon à favoriser la promotion et la défense de tous les droits de l'homme – civils, politiques, économiques, sociaux et culturels, y compris le droit au développement ;
5. *Décide* que le Conseil aura pour vocation, notamment : (...)
e) De procéder à un examen périodique universel, sur la foi d'informations objectives et fiables, de la manière dont chaque État s'acquitte de ses obligations et engagements en matière de droits de l'homme de façon à garantir l'universalité de son action et l'égalité de traitement de tous les États ; se voulant une entreprise de coopération fondée sur un dialogue auquel le pays concerné est pleinement associé et qui tient compte des besoins du pays en matière de renforcement de ses capacités, cet examen viendra compléter l'œuvre des organes conventionnels sans faire double emploi ; le Conseil décidera des modalités de l'examen périodique universel et du temps qu'il faudra y consacrer dans l'année qui suivra sa première session ; (...)

6. *Décide également* que le Conseil assumera, réexaminera et au besoin améliorera et rationalisera tous les mandats, mécanismes, fonctions et attributions de la Commission des droits de l'homme de façon à maintenir le régime des procédures spéciales, ainsi qu'un mécanisme de conseil et de plainte ; le Conseil achèvera cet examen dans l'année qui suivra sa première session ;
7. *Décide* en outre que le Conseil sera composé de quarante-sept États Membres qui seront élus directement et individuellement au scrutin secret à la majorité des membres de l'Assemblée générale ; sa composition respectera le principe d'une répartition géographique équitable, les sièges étant répartis comme suit entre les groupes régionaux : treize pour le Groupe des États d'Afrique ; treize pour le Groupe des États d'Asie ; six pour le Groupe des États d'Europe orientale ; huit pour le Groupe des États d'Amérique latine et des Caraïbes ; et sept pour le Groupe des États d'Europe occidentale et autres États ; élus pour un mandat de trois ans, les membres du Conseil ne seront pas immédiatement rééligibles après deux mandats consécutifs ;
8. *Décide* que tous les États Membres de l'Organisation des Nations Unies pourront être candidats à un siège au Conseil ; que les États Membres éliront les membres du Conseil en prenant en considération le concours que chaque candidat a apporté à la cause de la promotion et de la défense des droits de l'homme et les engagements qu'il a pris volontairement en la matière ; qu'elle pourra, à la majorité des deux tiers des membres présents et votants, suspendre le droit de siéger au Conseil d'un membre de celui-ci qui aurait commis des violations flagrantes et systématiques des droits de l'homme ;
9. *Décide* également que les États élus au Conseil observeront les normes les plus strictes en matière de promotion et de défense des droits de l'homme, coopéreront pleinement avec le Conseil et seront soumis à la procédure d'examen périodique universel au cours de leur mandat ;
10. *Décide* en outre que le Conseil se réunira régulièrement tout au long de l'année et tiendra au minimum trois sessions par an, dont une session principale, qui dureront au total au moins dix semaines, et qu'il pourra tenir au besoin des sessions extraordinaires si un de ses membres en fait la demande appuyé en cela par le tiers des membres du Conseil ; (...)

6) Problèmes de compétence et de recevabilité

⇨ *Les extraits reproduits ci-dessous illustrent quelques problèmes délicats de compétence et de recevabilité pouvant se poser devant les juridictions ou les quasi-juridictions de protection des droits de l'homme. Certaines de ces questions sont également posées dans le cas pratique corrigé ci-dessous.*

CEDH, gr. ch., 18 sept. 2009, aff. *Varnava et a. c/ Turquie*, arrêt

B. L'exception d'incompétence *ratione temporis* (...)
130. Il est constant qu'en vertu des règles générales du droit international (voir, en particulier, l'article 28 de la convention de Vienne du 23 mai 1969 sur le droit des traités) les dispositions de la Convention ne lient une Partie contractante ni relativement aux actes ou faits antérieurs à la date de l'entrée en vigueur de la Convention à l'égard de cette partie, ni relativement aux situations qui avaient cessé d'exister avant cette date (*Blec̆ić*, préc., § 70, et *Šilih c/ Slovénie* ([Gr. ch.], n° 71463/01, § 140, CEDH 2009-...). En outre, lorsqu'un requérant engage une procédure pour obtenir le redressement d'un acte, d'une omission ou d'une décision qu'il estime contraires à la Convention et qui ont eu lieu ou se prolongent après l'entrée en vigueur

de la Convention, cette procédure ne saurait être considérée comme formant partie des faits constitutifs de la violation alléguée et ne fait pas entrer la cause dans la compétence temporelle de la Cour (*Blečić*, préc., §§ 77-79).

131. Pour établir la compétence temporelle de la Cour, il est donc essentiel d'identifier dans chaque affaire donnée la localisation dans le temps de l'ingérence alléguée. La Cour doit tenir compte à cet égard tant des faits dont se plaint le requérant que de la portée du droit garanti par la Convention dont la violation est alléguée (*Blečić*, préc., § 82).

b) Application de ces principes au cas d'espèce

132. La Turquie a ratifié la Convention le 18 mai 1954 ; elle a accepté le droit de recours individuel le 28 janvier 1987 et la compétence de l'ancienne Cour le 22 janvier 1990. Le Protocole n° 11, qui a institué la nouvelle Cour, est entré en vigueur le 11 janvier 1998.

133. La Turquie est donc liée par les dispositions de la Convention depuis le 18 mai 1954. Toutefois, son acceptation du droit de recours individuel se limite aux faits survenus après la date – le 28 janvier 1987 – de la déclaration à cet effet. Lorsque l'ancienne Cour a cessé de fonctionner en 1998, la juridiction de la Cour actuelle est devenue obligatoire pour les États contractants, ce à partir de la date d'acceptation par eux du droit de recours individuel. Il s'ensuit que la Cour n'est pas compétente pour examiner les griefs soulevés par les requérants contre la Turquie pour autant que les allégations de violation ont trait à des faits antérieurs au 28 janvier 1987 (*Cankoçak c/ Turquie*, n°s 25182/94 et 26956/95, § 26, 20 févr. 2001, et *Demades c/ Turquie* (satisfaction équitable), n° 16219/90, § 21, 22 avr. 2008).

134. Ainsi, les griefs des requérants mettant en cause la responsabilité de l'État contractant pour des événements concrets survenus en 1974 échappent à la compétence temporelle de la Cour. Quant aux griefs qui pourraient concerner des actes ou omissions de l'État contractant postérieurs au 28 janvier 1987, la Cour a compétence pour en connaître. Elle relève à cet égard que les requérants précisent que leurs griefs ont trait uniquement à la situation telle qu'elle se présente depuis janvier 1987, c'est-à-dire au manquement continu de l'État défendeur à son obligation de mener une enquête effective afin de retrouver la trace des hommes disparus et déterminer ce qu'il est advenu d'eux. (…)

iii. La nature de l'obligation procédurale d'enquêter sur les disparitions

147. La Cour souligne que, comme elle l'a précisé dans son arrêt *Šilih c/ Slovénie* relativement à l'obligation procédurale d'enquêter sur les décès illégaux ou suspects que recèle l'article 2, l'obligation procédurale résultant de cette disposition en cas de disparitions est indépendante de l'obligation matérielle. Elle relève que la Cour interaméricaine et, dans une certaine mesure, le Comité des droits de l'homme appliquent la même démarche quant à l'aspect procédural des disparitions (paragraphes 93-107 ci-dessus), l'un et l'autre examinant les allégations de déni de justice ou de protection judiciaire même lorsque la disparition a eu lieu avant la reconnaissance de leur compétence.

148. Il importe toutefois de différencier dans la jurisprudence de la Cour l'obligation d'enquêter sur un décès suspect et celle d'enquêter sur une disparition suspecte. Une disparition est un phénomène distinct, qui se caractérise par une situation où les proches sont confrontés de manière continue à l'incertitude et au manque d'explications et d'informations sur ce qui s'est passé, les éléments pertinents à cet égard pouvant parfois même être délibérément dissimulés ou obscurcis (v. égal. ci-dessus les définitions de la disparition dans la partie II. B. « Textes juridiques internationaux sur les disparitions forcées »). Cette situation dure souvent très longtemps, prolongeant par là même le tourment des proches de la victime. Dès lors, on ne saurait ramener une disparition à un acte ou événement « instantané » ; l'élément distinctif supplémentaire que constitue le défaut ultérieur d'explications sur ce qu'il est advenu de la

personne disparue et sur le lieu où elle se trouve engendre une situation continue. Par conséquent, l'obligation procédurale subsiste potentiellement tant que le sort de la personne concernée n'a pas été éclairci ; l'absence persistante de l'enquête requise sera considérée comme emportant une violation continue (voir la quatrième requête interétatique, § 136). Il en est ainsi même lorsque l'on peut finalement présumer que la victime est décédée. (...)

iv. Conclusion

150. La Cour rejette les exceptions d'incompétence *ratione temporis* soulevées par le gouvernement défendeur. Toutefois, il reste à examiner si celui-ci avait, au moment de l'introduction des requêtes, une obligation procédurale continue de rechercher les personnes disparues et d'enquêter sur ce qu'il était advenu d'elles. (...)

C. Le délai de six mois (Conv., art. 35, § 1)

151. Le délai de six mois prévu par l'article 35 § 1 vise à assurer la sécurité juridique en garantissant que les affaires qui soulèvent des questions au regard de la Convention puissent être examinées dans un délai raisonnable et que les décisions passées ne soient pas indéfiniment susceptibles d'être remises en cause. Cette règle marque la limite temporelle du contrôle effectué par les organes de la Convention et indique aux particuliers comme aux autorités la période au-delà de laquelle ce contrôle ne peut plus s'exercer (voir, parmi d'autres, *Walker c/ Royaume-Uni* (déc.), n° 34979/97, CEDH 2000-I).

152. En règle générale, le délai de six mois commence à courir à la date de la décision définitive intervenue dans le cadre du processus d'épuisement des voies de recours internes. Toutefois, lorsqu'il est clair d'emblée que le requérant ne dispose d'aucun recours effectif, le délai de six mois prend naissance à la date des actes ou mesures dénoncés ou à la date à laquelle l'intéressé en prend connaissance ou en ressent les effets ou le préjudice (2 juill. 2002, *Dennis et a. c/ Royaume-Uni* (déc.), n° 76573/01). En outre, l'article 35, § 1 ne saurait être interprété d'une manière qui exigerait qu'un requérant saisisse la Cour de son grief avant que la situation relative à la question en jeu n'ait fait l'objet d'une décision définitive au niveau interne. Par conséquent, lorsqu'un requérant utilise un recours apparemment disponible et ne prend conscience que par la suite de l'existence de circonstances qui le rendent ineffectif, il peut être indiqué de considérer comme point de départ de la période de six mois la date à laquelle le requérant a eu ou aurait dû avoir pour la première fois connaissance de cette situation (4 juin 2001, *Paul et Audrey Edwards c/ Royaume-Uni* (déc.), n° 46477/99).

153. Dès lors, en cas de décès, les proches requérants sont censés prendre des mesures pour se tenir au courant de l'état d'avancement de l'enquête, ou de sa stagnation, et introduire leurs requêtes avec la célérité voulue dès lors qu'ils savent, ou devraient savoir, qu'aucune enquête pénale effective n'est menée (28 mai 2002, *Bulut et Yavuz c/ Turquie* (déc.), n° 73065/01 ; *Bayram et Yıldırım c/ Turquie* (déc.), n° 38587/97, CEDH 2002-III). Les mêmes principes ont été appliqués, *mutatis mutandis*, dans des affaires concernant des disparitions (4 juill. 2002, *Eren et a. c/ Turquie* (déc.), n° 42428/98 ; 28 mars 2006, *Üçak et Kargili et a. c/ Turquie* (déc.), n°s 75527/01, 11837/02).

154. Cela étant, les organes de la Convention ont dit que le délai de six mois ne s'applique pas en tant que tel aux situations continues (v., par ex., 12 févr. 1992, *Agrotexim Hellas S. A. et a. c/ Grèce*, n° 14807/89 ; DR 72, p. 148 ; 24 juin 2008, *Cone c/ Roumanie*, n° 35935/02, § 22). Dans le cas d'une situation de violation continue, en effet, le délai recommence en fait à courir chaque jour, et ce n'est que lorsque la situation cesse que le dernier délai de six mois commence réellement à courir. (...)

161. (...) Dans les affaires de disparition, tout comme il est impératif que les autorités internes compétentes ouvrent une enquête et prennent des mesures dès que la personne a disparu dans

des circonstances mettant sa vie en péril, il est indispensable que les proches de la personne disparue qui entendent se plaindre à Strasbourg d'un manque d'effectivité de l'enquête ou de l'absence d'une enquête ne tardent pas indûment à saisir la Cour de leur grief. Au fil du temps, la mémoire des témoins décline, ceux-ci risquent de décéder ou d'être introuvables, certains éléments de preuve se détériorent ou disparaissent et les chances de mener une enquête effective s'amenuisent progressivement, de sorte que l'examen et le prononcé d'un arrêt par la Cour risquent de se trouver privés de sens et d'effectivité. Par conséquent, en matière de disparitions, les requérants ne sauraient attendre indéfiniment pour saisir la Cour. Ils doivent faire preuve de diligence et d'initiative et introduire leurs griefs sans délai excessif. La Cour examinera ci-dessous ce qu'implique cette obligation.

c) Délai excessif dans les affaires de disparition

162. Premièrement, la Cour tient à préciser qu'il y a lieu d'établir une distinction avec les affaires concernant un décès survenu dans des conditions illégales ou violentes. En pareil cas, on sait d'ordinaire à quel moment précis la mort a eu lieu et certains faits de base sont notoires ; la stagnation ou l'ineffectivité d'une enquête sont d'une manière générale plus facilement décelables. Dans ces conditions, les exigences de célérité peuvent commander qu'un requérant saisisse la Cour de Strasbourg dans un délai de quelques mois ou, au maximum, selon les circonstances, d'un nombre très restreint d'années après les événements. Dans les affaires de disparition, où les proches des personnes disparues se trouvent dans un état d'ignorance et d'incertitude et où, par définition, les autorités restent en défaut de fournir des explications sur ce qui s'est passé, voire, dans certains cas, semblent dissimuler la vérité ou faire obstruction à sa manifestation, la situation est moins tranchée. Il est plus difficile pour les proches d'apprécier ce qui se passe, ou ce qu'ils peuvent attendre. Il y a lieu de tenir compte de l'incertitude et de la confusion qui marquent fréquemment la période qui suit une disparition. (...)

165. Néanmoins, la Cour estime que des requêtes peuvent être rejetées pour tardiveté dans des affaires de disparition lorsque les requérants ont trop attendu, ou attendu sans raison apparente, pour la saisir, après s'être rendus compte, ou avoir dû se rendre compte, de l'absence d'ouverture d'une enquête ou de l'enlisement ou de la perte d'effectivité de l'enquête menée, ainsi que de l'absence dans l'immédiat, quel que soit le cas de figure, de la moindre chance réaliste de voir une enquête effective être menée à l'avenir. Lorsque des initiatives sont prises relativement à une disparition, les proches peuvent raisonnablement s'attendre à obtenir des éléments nouveaux de nature à résoudre des questions de fait ou de droit cruciales. Dans ces conditions, tant qu'il existe un contact véritable entre les familles et les autorités au sujet des plaintes et des demandes d'information, ou un indice ou une possibilité réaliste que les mesures d'enquête progressent, la question d'un éventuel délai excessif ne se pose généralement pas. En revanche, après un laps de temps considérable, lorsque l'activité d'investigation est marquée par d'importantes lenteurs et interruptions, vient un moment où les proches doivent se rendre compte qu'il n'est et ne sera pas mené une enquête effective. Le point de savoir quand ce stade est atteint tient forcément aux circonstances de l'affaire.

166. Lorsque, dans une situation complexe de disparition telle celle de l'espèce, qui s'inscrit dans le contexte d'un conflit international, il est allégué qu'aucune enquête n'est menée et qu'il n'y a pas de contacts véritables avec les autorités, on peut escompter que les proches introduisent leur requête dans un délai maximum de quelques années après l'incident. Si une forme d'enquête est menée, même si elle l'est de façon sporadique et se heurte à des difficultés, les proches peuvent raisonnablement attendre quelques années de plus, jusqu'à ce qu'ils aient réellement perdu l'espoir de voir l'enquête progresser. Après plus de dix ans, ils doivent généralement

démontrer de façon convaincante que des progrès concrets étaient accomplis pour justifier leur délai à saisir la Cour. Des conditions plus strictes s'appliquent lorsque les requérants ont directement accès aux autorités d'enquête au niveau national.

d) Application de ces principes au cas d'espèce

167. Les requérants ont introduit leurs requêtes le 25 janvier 1990, environ quinze ans après la disparition de leurs proches en 1974. (...)

170. La Cour estime que les requérants, qui faisaient partie d'un groupe important de personnes touchées par des disparitions, pouvaient raisonnablement attendre l'issue des initiatives prises par leur gouvernement et par les Nations Unies, eu égard à la situation exceptionnelle de conflit international, dans laquelle aucune procédure d'enquête normale n'était disponible. Ces initiatives auraient pu aboutir à la conduite d'investigations sur des sites connus de charniers et constituer la base d'autres mesures. Cela étant, la Cour est convaincue que vers la fin des années 1990 les requérants ont dû s'apercevoir que ces procédures, en raison de leur caractère confidentiel, non contraignant et problématique, ne leur permettaient plus aucun espoir réaliste de voir dans un avenir proche des progrès être accomplis dans la recherche de dépouilles ou des explications être livrées quant au sort de leurs parents. Par conséquent, en saisissant la Cour en janvier 1990, ces requérants ont agi, eu égard aux circonstances particulières de leurs affaires, avec une célérité raisonnable aux fins de l'article 35, § 1 de la Convention. (...)

⇨ *La compétence ratione temporis de la Cour porte normalement sur les actes et faits intervenus après l'entrée en vigueur de la Convention pour un État partie (ou après l'acceptation de la compétence de la Cour lorsque cette acceptation était encore nécessaire). Une telle limite n'empêche toutefois pas la Cour de se reconnaître compétente pour connaître d'une allégation de violation par un État de ses obligations procédurales, en lien avec une disparition forcée qui est un fait continu.*

⇨ *La Convention européenne impose un délai de six mois pour l'introduction d'une requête : en matière de disparitions forcées, ce délai doit être interprété de manière souple, compte tenu de la nature de ce crime. Les familles ne doivent pas moins agir avec diligence en vue de rechercher leurs proches.*

CEDH 13 déc. 2011, *Géorgie c/ Russie*, décision

A. Épuisement des voies de recours internes

2. Appréciation de la Cour

a) Quant à l'existence d'une pratique administrative

84. La Cour rappelle d'abord que la règle de l'épuisement des voies de recours internes telle que la consacre l'article 35 § 1 de la Convention vaut pour les affaires interétatiques (article 33) comme pour les requêtes individuelles (article 34) quand l'État demandeur se borne à dénoncer une ou des violations prétendument subies par des particuliers auxquels il se substitue en quelque sorte.

85. En revanche, elle ne s'applique en principe pas s'il attaque une pratique administrative en elle-même, dans le but d'en empêcher la continuation ou le retour sans inviter la Cour à statuer sur chacun des cas qu'il cite à titre de preuves ou exemples de cette pratique (v. 18 janv. 1978, *Irlande c/ Royaume-Uni*, § 159, série A n° 25 ; 8 juin 1999, *Chypre c/ Turquie*, décision de la Commission préc., *Danemark c/ Turquie* (déc), n° 34382/97 ; *Géorgie c/ Russie (I)*, n° 13255/07, § 40,). La pratique administrative, quant à elle, se définit par l'existence de deux éléments : la répétition des actes et la tolérance officielle (v. 6 déc. 1983, *France, Norvège, Danemark, Suède et Pays-Bas c/ Turquie*, n°s 9940-9944/82, décision de la Commission, § 19, DR 35).

86. La Commission a par ailleurs explicité ainsi le seuil requis en matière de preuve dans les affaires interétatiques (*France, Norvège, Danemark, Suède et Pays-Bas c/ Turquie*, décision de la Commission préc., § 21-22) :
« Cependant, conformément à la jurisprudence de la Commission en matière de recevabilité, il ne suffit pas d'alléguer simplement l'existence d'une pratique administrative. Il faut également, pour exclure l'application de la règle d'épuisement des voies de recours internes, démontrer par des preuves suffisantes l'existence de la pratique alléguée. (...)
La Commission observe que l'expression « preuves suffisantes » utilisée dans la première Affaire grecque ne saurait être comprise comme signifiant une preuve complète. La question de savoir si l'existence d'une pratique administrative est ou non établie ne peut être tranchée qu'après un examen au fond. Au stade de la recevabilité, le commencement de preuve, certes nécessaire, doit également être considéré comme suffisant (...) Or, ce commencement de preuve d'une pratique administrative existe lorsque les allégations relatives à des cas individuels sont suffisamment étayées si on les considère dans leur ensemble et à la lumière des observations présentées tant par le requérant que par le gouvernement défendeur. C'est en ce sens qu'il faut comprendre l'expression « preuves suffisantes. »
87. En l'espèce, la Cour relève que le gouvernement requérant soumet un certain nombre de documents - dont notamment les rapports d'organismes internationaux tels que Human Rights Watch, Amnesty International, l'OSCE ainsi que le Conseil de l'Europe - à l'appui de ses allégations quant à l'existence d'une pratique administrative comprenant une répétition d'actes et une tolérance officielle. Le gouvernement défendeur quant à lui nie l'existence d'une pratique administrative visant les ressortissants géorgiens et conteste les allégations du gouvernement requérant quant au rôle des forces militaires russes au cours du conflit. Il soumet également des documents – dont notamment les mêmes rapports d'organismes internationaux ainsi que le rapport de la mission d'enquête internationale - pour réfuter la thèse adverse. D'après lui, le gouvernement requérant n'a pas soumis d'éléments de preuve suffisants justifiant un examen au fond de la requête.
88. Pour déterminer l'existence d'un commencement de preuve, la Cour doit rechercher – à la lumière des critères déjà appliqués par la Commission et la Cour dans des affaires interétatiques – si les allégations du gouvernement requérant sont « pas du tout étayées » (« *wholly unsubstantiated* ») ou que « feraient défaut les éléments constitutifs d'une véritable allégation au sens de l'article 33 de la Convention » (« *lacking the requirements of a genuine allegation in the sense of Article 33 of the Convention* ») (v. *France, Norvège, Danemark, Suède et Pays-Bas c/ Turquie*, décision de la Commission préc., § 12 ; *Danemark c/ Turquie*, décision préc. ; *Géorgie c/ Russie (I)*, décision préc., § 44).
89. Or en l'espèce, eu égard aux éléments soumis par les parties, elle estime que les allégations du gouvernement requérant ne sauraient être considérées comme pas du tout étayées ou que feraient défaut les éléments constitutifs d'une véritable allégation au sens de l'article 33 de la Convention. À cet égard, elle tient notamment compte des rapports du 27 novembre 2008 du BIDDH de l'OSCE et de septembre 2009 de la mission d'enquête internationale indépendante de l'Union européenne sur le conflit en Géorgie, ainsi que des rapports des 17 décembre 2008 et 26 janvier 2009 de la commission de suivi et des résolutions n°s 1633 et 1647 de l'Assemblée Parlementaire du Conseil de l'Europe portant sur les événements litigieux.
90. Cependant, l'examen de toutes les autres questions relatives à l'existence et à la portée de cette pratique administrative ainsi que sa compatibilité avec les dispositions de la Convention se rapportent au fond de l'affaire et ne sauraient être examinées par la Cour au stade de la recevabilité.

b) Quant à l'épuisement des voies de recours internes

91. La Cour rappelle ensuite que la règle de l'épuisement des voies de recours internes, si elle devait trouver à s'appliquer, impose aux personnes désireuses d'intenter contre l'État une action devant un organe judiciaire ou arbitral international, l'obligation d'utiliser auparavant les recours qu'offre le système juridique de leur pays. Elle constitue en effet un aspect important du principe voulant que le mécanisme de sauvegarde instauré par la Convention revête un caractère subsidiaire par rapport aux systèmes nationaux de garantie des droits de l'homme.

L'article 35, § 1 prévoit également une répartition de la charge de la preuve. Il incombe au gouvernement défendeur excipant du non-épuisement de convaincre la Cour que le recours était effectif et disponible tant en théorie qu'en pratique à l'époque des faits. Cependant, une fois cela démontré, c'est au requérant – en l'occurrence au gouvernement requérant - qu'il revient d'établir que le recours évoqué par le gouvernement défendeur a en fait été employé ou bien, pour une raison quelconque, n'était ni adéquat ni effectif compte tenu des faits de la cause (v. not. 16 sept. 1996, *Akdivar et a. c/ Turquie*, § 68, *Recueil* 1996-IV ; *Danemark c/ Turquie*, décision préc. ; *Géorgie c/ Russie (I)*, décision préc., § 48).

92. En l'espèce, la Cour relève que le gouvernement défendeur soutient que la règle de l'épuisement des voies de recours internes n'a pas été respectée, car les ressortissants géorgiens n'ont pas prouvé qu'ils ont tenté d'utiliser les voies de recours existant en droit russe et les plaintes des organisations de protection des droits de l'homme étaient dépourvues de fondement. Le gouvernement requérant réplique que les voies de recours théoriquement ouvertes en Fédération de Russie n'étaient pas disponibles et effectives en pratique. Malgré les plaintes déposées par les victimes géorgiennes ainsi que par des organisations de protection des droits de l'homme, aucune enquête effective n'aurait été menée par les autorités russes.

93. La Cour considère que la question de l'application de la règle de l'épuisement des voies de recours internes et celle de son respect dans les circonstances de l'espèce sont si étroitement liées à celle de l'existence d'une pratique administrative (paragraphe 85 ci-dessus) qu'elles devraient être abordées conjointement lors de l'examen de l'affaire au fond.

94. Dès lors elle décide de joindre l'exception soulevée à cet égard par le gouvernement défendeur au fond de l'affaire.

⇨ *La condition de recevabilité de l'épuisement des voies de recours internes s'applique tout autant aux requêtes interétatiques qu'aux requêtes individuelles. Toutefois, elle connaît des exceptions lorsque le demandeur peut démontrer l'existence d'une « pratique administrative », ou lorsque les recours sont inexistants ou ineffectifs.*

7) Les étapes de l'élaboration du statut de Rome de la Cour pénale internationale

Chronologie

– 9 décembre 1948 : adoption par l'Assemblée générale de la convention pour la prévention et la répression du crime de génocide, qui prévoit dans son article 6 la création d'une « Cour criminelle internationale ».

– Dans sa résolution n° 44/39 du 4 décembre 1989, l'Assemblée générale prie la Commission du droit international d'étudier la question de la création d'une Cour de justice pénale internationale.

– 1994 : à sa 46e session, la commission du droit international adopte un projet de statut, qu'elle soumet à l'Assemblée générale. Cette dernière décide, dans sa résolution n° 49/53 du

9 décembre 1994, de la création d'un comité *ad hoc* ouvert à tous les États et les institutions spécialisées de l'ONU et chargé d'examiner les principales questions de fond et d'ordre administratif que soulève le projet de statut de la Commission du droit international.
– 1995 : le comité *ad hoc* tient deux réunions au siège des Nations Unies, à New York. Par sa résolution n° 50/46 du 11 décembre 1995, l'Assemblée générale décide de créer un comité préparatoire (PrepCom) chargé de mettre au point un projet de convention qui sera présenté à une conférence de plénipotentiaires.
– 1996-1998 : l'Assemblée générale convoque six réunions de la PrepCom. Lors de sa dernière réunion, celle-ci termine l'élaboration du projet de convention portant création d'une Cour criminelle internationale qui est transmise à la conférence de plénipotentiaires.
– 15 juin-17 juillet 1998 : 160 États participent à la conférence diplomatique de plénipotentiaires des Nations Unies sur la création d'une Cour criminelle internationale à Rome. Le statut est adopté le 17 juillet avec 120 voix pour, 7 contre et 21 abstentions.
– La résolution F de l'acte final adopté par la conférence des plénipotentiaires prévoit la création d'une commission préparatoire pour la Cour pénale internationale, chargée d'élaborer des propositions concernant les dispositions pratiques à prendre pour que la Cour puisse être instituée et commencer à fonctionner. La PrepCom a en particulier pour mandat de préparer : le règlement de procédure et de preuve ; la définition des éléments constitutifs des crimes ; un projet d'accord appelé à régir les relations entre la Cour et l'ONU, un projet de principes de base devant régir l'accord de siège qui sera négocié entre la Cour et le pays hôte ; un projet de règlement financier et de règles de gestion financière ; un projet d'accord sur les privilèges et immunités de la Cour ; un projet de budget pour le premier exercice ; un projet de règlement intérieur de l'assemblée des États parties. La PrepCom a tenu dix sessions entre 1999 et 2002.
– Par sa résolution n° 56/85 du 12 décembre 2001, l'Assemblée générale demande au secrétaire général d'entreprendre les préparations nécessaires à la réunion de l'Assemblée des États parties qui doit se tenir au siège des Nations Unies, lors de l'entrée en vigueur du statut.
– 26 février 2002 : adoption de la loi française n° 2002-268 relative à la coopération avec la Cour pénale internationale.
– 11 avril 2002 : 10 nouveaux États ratifient le statut, portant à 66 le nombre de ratifications, ce qui dépasse les soixante ratifications exigées pour l'entrée vigueur du statut.
– 1er juillet 2002 : entrée en vigueur du statut de la Cour pénale internationale.
– 11 mars 2003 : élection des juges.
– 31 mars 2005 : par sa résolution n° 1593 (2005), le Conseil de sécurité décide de déférer au procureur de la Cour pénale internationale la situation au Darfour, en application du chapitre VII de la Charte et de l'article 13 b) du statut de Rome.
– 17 mars 2006 : première arrestation et premier transfert de Thomas Lubanga devant la Cour, dans le cadre de l'examen de la situation en République démocratique du Congo.
– 1er décembre 2014 : condamnation en appel de Thomas Lubanga.

Évolution du nombre d'États parties au statut de Rome

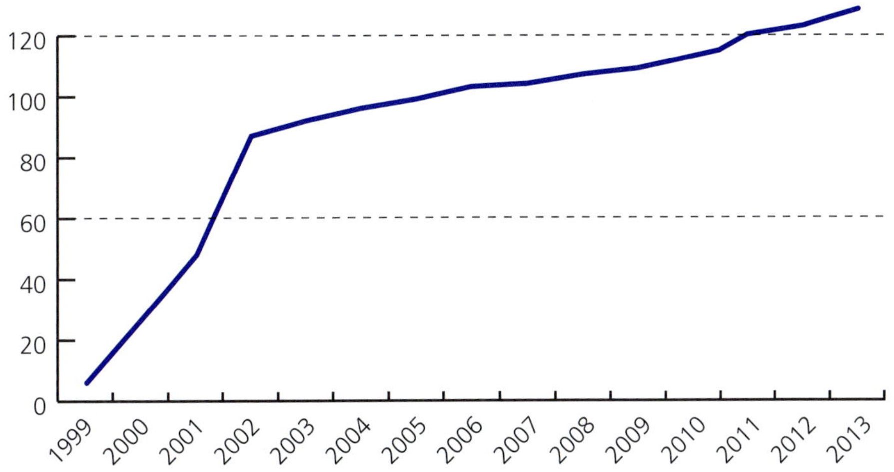

8) La saisine de la Cour pénale internationale par le Conseil de sécurité

V. également la résolution n° 1970 (2011) du 26 février 2011 sur la Libye, dans les compléments pédagogiques relatifs à l'encadrement du recours à la force, Documents n° 7

Conseil de sécurité, 31 mars 2005, résolution n° 593 (2005)

Le Conseil de sécurité,

Prenant note du rapport de la commission internationale chargée d'enquêter sur les violations du droit international humanitaire et des instruments internationaux relatifs aux droits de l'homme commises au Darfour (S/2005/60),

Rappelant l'article 16 du statut de Rome, selon lequel aucune enquête ni aucune poursuite ne peuvent être engagées ni menées par la Cour pénale internationale pendant les 12 mois qui suivent la date à laquelle le Conseil de sécurité a fait une demande en ce sens,

Rappelant aussi les articles 75 et 79 du statut de Rome et encourageant les États à alimenter le Fonds de la Cour au profit des victimes,

Prenant note de l'existence d'accords tels que ceux qui sont visés à l'alinéa 2 de l'article 98 du statut de Rome,

Constatant que la situation au Soudan continue de faire peser une menace sur la paix et la sécurité internationales,

Agissant en vertu du chapitre VII de la Charte des Nations Unies,

1. Décide de déférer au procureur de la Cour pénale internationale la situation au Darfour depuis le 1er juillet 2002 ;

2. Décide que le gouvernement soudanais et toutes les autres parties au conflit du Darfour doivent coopérer pleinement avec la Cour et le procureur et leur apporter toute l'assistance nécessaire conformément à la présente résolution et, tout en reconnaissant que le statut de

Rome n'impose aucune obligation aux États qui n'y sont pas parties, demande instamment à tous les États et à toutes les organisations régionales et internationales concernées de coopérer pleinement ;
3. Invite la Cour et l'Union africaine à examiner ensemble des modalités pratiques susceptibles de faciliter les travaux du procureur et de la Cour, et notamment à envisager que les procédures se tiennent dans la région, ce qui contribuerait à la lutte que la région mène contre l'impunité ;
4. Encourage la Cour, selon qu'il conviendra et conformément au statut de Rome, à soutenir la coopération internationale à l'appui des efforts visant à promouvoir l'état de droit, défendre les droits de l'homme et combattre l'impunité au Darfour ;
5. Souligne qu'il importe de promouvoir l'apaisement et la réconciliation et, à cet égard, encourage la création d'institutions auxquelles soient associées toutes les composantes de la société soudanaise, par exemple des commissions vérité et/ou réconciliation, qui serviraient de complément à l'action de la justice, et renforceraient ainsi les efforts visant à rétablir une paix durable, avec le concours de l'Union africaine et de la communauté internationale si nécessaire ;
6. Décide que les ressortissants, responsables ou personnels en activité ou anciens responsables ou personnels, d'un État contributeur qui n'est pas partie au statut de Rome de la Cour pénale internationale sont soumis à la compétence exclusive dudit État pour toute allégation d'actes ou d'omissions découlant des opérations au Soudan établies ou autorisées par le Conseil ou l'Union africaine ou s'y rattachant, à moins d'une dérogation formelle de l'État contributeur ;
7. Convient qu'aucun des coûts afférents à la saisine de la Cour, y compris ceux occasionnés par les enquêtes et poursuites menées comme suite à cette saisine, ne sera pris en charge par l'Organisation des Nations Unies et que ces coûts seront supportés par les parties au statut de Rome et les États qui voudraient contribuer à leur financement à titre facultatif ;
8. Invite le procureur à informer le Conseil, dans les trois mois suivant la date de l'adoption de la présente résolution, puis tous les six mois, de la suite donnée à la présente résolution ;
9. Décide de rester saisi de la question.

9) La question de la coopération des États avec la Cour

CPI, Chambre préliminaire I, 13 décembre 2011, *Situation au Darfour (Soudan). Le Procureur c/ Omar Hassan Ahmad Al Bashir*. Rectificatif à la Décision rendue en application de l'article 87-7 du statut de Rome relativement au manquement par la République du Malawi à l'obligation d'accéder aux demandes de coopération que lui a adressées la Cour aux fins de l'arrestation et de la remise d'Omar Hassan Ahmad Al Bashir

10. À titre préliminaire, la Chambre fait remarquer que bien qu'ayant été averties par le Greffe avant le séjour d'Omar Al Bashir, les autorités de la République du Malawi n'ont ni répondu à la Cour et ni arrêté le suspect. La Chambre y voit l'indication d'un manquement par la République du Malawi à son obligation de coopérer pleinement avec la Cour, telle que consacrée par l'article 86 du Statut.
11. La République du Malawi a choisi d'ignorer le fait que c'est exclusivement à la Cour qu'il revient de décider quelles immunités s'appliquent dans chaque cas. Ce pouvoir est énoncé à l'article 119-1 du Statut, aux termes duquel « [t]out différend relatif aux fonctions judiciaires de la Cour est réglé par décision de la Cour ». (...)

12. Par conséquent, la Chambre conclut qu'à cet égard, la République du Malawi n'a pas coopéré avec la Cour afin de régler le problème. La République du Malawi aurait dû porter la question à l'attention de la Chambre et lui fournir toutes les informations disponibles pour lui permettre de se prononcer. (...)

16. La Chambre est d'avis que le premier argument présenté par la République du Malawi soulève la question suivante : au regard du Statut, les chefs d'État en exercice dans des pays qui ne sont pas parties au Statut jouissent-ils de l'immunité s'agissant de l'*exécution*, par des autorités nationales, d'un mandat d'arrêt délivré par la Cour ? (...)

37. La Chambre note qu'il existe un conflit entre, d'une part, les articles 27-2 et 98-1 du Statut et, d'autre part, le rôle joué par l'immunité lorsque la Cour recherche la coopération d'États aux fins de l'arrestation d'un chef d'État. Elle considère que le Malawi, et par extension l'Union africaine, n'ont pas le droit d'invoquer l'article 98-1 du Statut pour justifier leur refus d'accéder aux Demandes de coopération.

38. Premièrement, comme expliqué plus haut, l'argument tiré de l'immunité des chefs d'État devant des juridictions internationales a été rejeté à maintes reprises depuis la Première Guerre mondiale.

39. Deuxièmement, cette dernière décennie a vu se multiplier les poursuites engagées contre des chefs d'État par des juridictions internationales. Une seule procédure visant un chef d'État avait été engagée devant une juridiction internationale lorsqu'a été rendu l'arrêt dans l'Affaire du mandat d'arrêt ; ce procès (celui de Slobodan Milošević) ne s'est ouvert que deux jours avant que cet arrêt ne soit rendu et son existence n'est même pas mentionnée dans la décision prise par les juges de la CIJ à la majorité. Après le 14 février 2002, les poursuites devant des juridictions internationales à l'encontre de Charles Taylor, Muammar Qadhafi, Laurent Gbagbo ainsi que dans la présente affaire montrent que l'engagement de telles poursuites contre des chefs d'État est devenu une pratique largement reconnue et acceptée.

40. Troisièmement, en plus de neuf ans d'existence, le Statut a été ratifié par 120 États qui ont tous accepté que les immunités dont jouissent leurs plus hauts responsables en droit international leur soient retirées. Tous ces États ont renoncé à faire valoir ces immunités lorsqu'ils ont accepté le texte de l'article 27-2 : « Les immunités ou règles de procédure spéciales qui peuvent s'attacher à la qualité officielle d'une personne, en vertu du droit interne ou du droit international, n'empêchent pas la Cour d'exercer sa compétence à l'égard de cette personne ». Même certains États non parties au Statut ont à deux reprises autorisé le renvoi à la Cour de situations en application de résolutions du Conseil de sécurité, en sachant pertinemment que ces renvois pourraient entraîner des poursuites à l'encontre de chefs d'État qui normalement jouiraient d'immunités devant des juridictions nationales.

41. Quatrièmement, tous les États mentionnés ci-dessus ont ratifié le Statut et/ou s'en remettent à la Cour pour exercer « sa compétence à l'égard des personnes pour les crimes les plus graves ayant une portée internationale ». Il apparaît incohérent que le Malawi reconnaisse cette mission de la Cour et qu'il refuse ensuite de lui remettre un chef d'État poursuivi pour avoir orchestré la commission d'un génocide, de crimes de guerre et de crimes contre l'humanité. Interpréter l'article 98-1 de façon à justifier la non-remise à la Cour d'Omar Al Bashir pour des raisons liées à son immunité entraverait le travail de celle-ci et plus généralement de la justice pénale internationale d'une façon totalement contraire au but du Statut ratifié par le Malawi.

42. La Chambre considère que l'engagement de la communauté internationale à ne pas appliquer les immunités lorsque des juridictions internationales demandent l'arrestation de

quiconque pour des crimes internationaux a atteint une masse critique. Si tant est qu'il ait jamais été approprié de le dire, il n'est certainement plus possible d'affirmer que l'immunité prévue en droit international coutumier s'applique dans le présent contexte.
43. Pour les raisons exposées plus haut et compte tenu de la jurisprudence précitée dans la présente décision, la Chambre constate que le droit international coutumier crée une exception à l'immunité des chefs d'État lorsque des juridictions internationales demandent l'arrestation d'un chef d'État pour la commission de crimes internationaux. Il n'y a pas de conflit entre les obligations du Malawi envers la Cour et ses obligations en droit international coutumier ; partant, l'article 98-1 du Statut ne s'applique pas.
Conséquences des conclusions de la Chambre pour les États parties
44. Par ailleurs, la Chambre est d'avis que l'absence d'immunités contre les poursuites engagées par des juridictions internationales s'applique à tout acte de coopération étatique qui fait partie intégrante des poursuites.
45. Tel que prévu au chapitre IX du Statut, le régime de coopération liant la Cour et les États parties ne saurait en effet être assimilé au régime de coopération interétatique liant des États souverains. C'est ce qui ressort du Statut même, dont l'article 91 mentionne le « caractère particulier de la Cour », et l'article 102 opère une distinction claire entre la « remise », fait pour un État de livrer une personne à la Cour, et l'« extradition », fait pour un État de livrer une personne à un autre État en application d'un traité, d'une convention ou de la législation nationale.
46. La Chambre est même d'avis que lorsqu'ils coopèrent avec la Cour et qu'ils agissent ainsi en son nom, les États parties sont des instruments au service de l'exercice du *jus puniendi* de la communauté internationale, pouvoir de sanction pénale dont la Cour est investie lorsque les États n'ont pas pu poursuivre les personnes responsables des crimes relevant de sa compétence.
47. Par conséquent, la Chambre conclut, en application de l'article 87-7 du Statut, que la République du Malawi n'a pas accédé aux Demandes de coopération contrairement à ce que prévoit le Statut et a ainsi empêché la Cour d'exercer les fonctions et les pouvoirs que celui-ci lui confère. La Chambre décide d'en référer tant au Conseil de sécurité de l'ONU qu'à l'Assemblée des États parties.

⇨ *La Chambre constate que le Malawi a violé son obligation de coopération en ne procédant pas à l'arrestation de l'actuel chef d'État du Soudan, sous le coup d'un mandat d'arrêt de la Cour. Selon la Chambre, le droit international coutumier crée une exception à la règle de l'immunité des chefs d'État : cette règle ne s'applique pas aux tribunaux internationaux comme la CPI.*

Biblio

1) Sur l'émergence d'une société civile internationale et plus largement sur le rôle des acteurs privés :

– N. Angelet et al., *Société civile et démocratisation des organisations internationales*, Gent, Academia Press, 2005.
– R. Ben Achour, S. Laghmani (dir.), *Acteurs non étatiques et droit international*, Pedone, 2007.
– L. Boisson de Chazournes, R. Mehdi (dir.), *Une société internationale en mutation : quels acteurs pour une nouvelle gouvernance ?*, Bruylant, 2005.

– M. Arcari, L. Balmond (dir.), *Diversification des acteurs et dynamiques normative en droit international*, Naples, Editoriale Scientifica, 2013.
– A. Clapham, *Human Rights Obligations of Non-State actors*, Oxford University Press, 2006.
– O. Corten et B. Delcourt, *Le droit international face au terrorisme*, Pedone, coll. « CEDIN », 2002.
– P. M. Dupuy, L. Vierucci, *NGOs in International Law. Efficiency in Flexibility ?*, Cheltenham/Northampton, Edward Elgar, 2008.
– B. Frydman (dir.), *La société civile et ses droits*, Bruylant, 2004.
– H. Gherari et S. Szurek (dir.), *L'émergence de la société civile internationale, vers la privatisation du droit international ?*, Pedone, coll. « CEDIN », 2003.
– G. Pirotte, *La notion de société civile*, La Découverte, coll. « Repères », 2007.
– E. Roucounas, *Facteurs privés du droit international public*, *RCADI* 2002, t. 299, Nijhoff, 2003.
– P. Ryfman, *Les ONG*, La Découverte, coll. « Repères », 2009.

2) Plus spécialement sur les entreprises transnationales :

– I. Daugareilh (dir.), *Responsabilité sociale de l'entreprise transnationale et globalisation de l'économie*, Bruylant, 2010.
– E. Decaux (dir.), *La responsabilité des entreprises multinationales en matière de droits de l'homme*, Bruylant, 2010.
– P. de Fontbressin, *L'entreprise et la Convention européenne des droits de l'homme*, Bruylant, 2009.
– H. Gherari et Y. Kerbrat (dir.), *L'entreprise dans la société internationale*, Pedone, 2010.
– K. Martin-Chenut et R. de Quenaudon (dir.), *Développement durable : mutations ou métamorphoses de la responsabilité ?* Pedone, 2016.
– K. Martin-Chenut et R. de Quenaudon (dir.), *La RSE saisie par le droit, perspectives interne et internationale*, Pedone, 2016

3) Sur la protection internationale des droits de l'homme, on se rapportera d'abord aux textes de base :

– E. Decaux et N. Bienvenu, *Les grands textes internationaux des droits de l'homme*, 2e éd., Doc. fr., 2016.
– Nations Unies, *Principaux instruments relatifs aux droits de l'homme*, New-York et Genève, 2014.

4) Pour des instruments de travail :

– M. Bettati, O. Duhamel, L. Greislamer (dir.), *La Déclaration universelle des droits de l'homme*, 2e éd., coll. « Points », Le Seuil, 2008.
– G. Braibant, *La Charte des droits fondamentaux de l'Union européenne*, coll. « Points », Le Seuil, 2001.
– É. David, P. Heirman, *Code de droit international pénal*, 3e éd., 2015.
– S. Hennette-Vauchez, *La Déclaration universelle des droits de l'homme*, 2e éd., Dalloz, 2018.
– É. David, Fr. Tulkens, D. Vandermeerch, *Code de droit international humanitaire*, 7e éd., 2016.
– O. De Schutter, Fr. Tulkens, S. Van Drooghenbroeck, *Code de droit international des droits de l'homme*, 4e éd., 2014.

5) Des dictionnaires sont également utiles :

– J. Andriantsimbazovina et al., *Dictionnaire des droits de l'homme*, PUF, 2008.

– D. Chagnollaud, G. Drago (dir.), *Dictionnaire des droits fondamentaux*, Dalloz, 2010.

6) Pour les principales sources :

– G. Alfredsson, A. Eide, *The Universal Declaration of Human Rights*, Oxford Univ. Press, 2e éd., 1998.

– M. Bossuyt, *Guide to the 'Travaux préparatoires' of the International Covenant on Civil and Political Rights*, Nijhoff, 1987.

– E. Decaux (dir.), *Le Pacte international relatif aux droits civils et politiques*, Economica, 2010.

– E.Decaux et O. De Schutter (dir.), *Le Pacte international relatif aux droits économiques, sociaux et culturels*, Economica, 2019.

– A. Eide (dir.), *Economic, Social and Cultural Rights*, A text book, Nijhoff, 1995.

– M. Nowak (dir.), *The Covenant on Civil and Political Rights*, Engel, 2e éd., 2005. Une 3° edition complètement refondue a été publiée par W. Schabas en 2019.

– L. Hennebel, *La jurisprudence du comité des droits de l'homme*, Bruylant, 2007.

– W. Schabas, *The Universal Declaration of Human Rights, The Travaux préparatoires*, 3 vol., Cambridge University Press, 2013.

7) À compléter dans une perspective historique par :

– R. Cassin, *La Déclaration universelle et la mise en œuvre des droits de l'homme*, *RCADI* t. 79, 1951-II.

– M. A. Glendon, *A World Made New, Eleanor Roosevelt and the Universal Declaration of Human Rights*, Random House, 2001.

– J. Humphrey, *Human Rights and the United Nations, A Great Adventure*, Dobbs Ferry, 1984.

– H. Lauterpacht, *The International Protection of Human Rights*, *RCADI* t. 70, 1947-I.

– J.-B. Marie, *La Commission des droits de l'homme*, Pedone, 1975.

– É. Pateyron, *La contribution française à la rédaction de la Déclaration universelle des droits de l'homme, René Cassin et la Commission consultative des droits de l'homme*, Doc. fr. 1998.

– A. Verdoodt, *Naissance et signification de la Déclaration universelle des droits de l'homme*, éd. Nauweelaerts, 1964.

– Et la journée d'étude de la CNCDH au Conseil d'État, *De la France libre aux droits de l'homme, l'héritage de René Cassin*, Doc. fr. 2009.

8) Sur le système international des droits de l'homme, il existe désormais d'excellentes synthèses en langue française :

– L. Hennebel et H. Tigroudja, *Traité de droit international des droits de l'homme*, 2e éd., Pedone, 2018.

– M. Hottelier et M. Hertig, *Introduction aux droits de l'homme*, Schulthess, 2014.

Des colloques permettent d'avoir une vue d'ensemble de la question sous l'angle juridique :

– E. Bribosia, L. Hennebel (dir.), *Classer les droits de l'homme*, Bruylant, 2004.

– G. Cohen-Jonathan, J.-Fr. Flauss (dir.), *Droit international, droits de l'homme et juridictions internationales*, Bruylant, 2004.

– Colloque Strasbourg SFDI, *La protection des droits de l'homme et l'évolution du droit international*, Pedone, 1998.
– Colloque CNCDH, *La Déclaration universelle des droits de l'homme (1948-1998), L'avenir d'un idéal commun*, Doc. fr., 1999.
– Colloque CNCDH, *La Déclaration universelle des droits de l'homme (1948-2008), La réalité d'un idéal commun ?* (les droits économiques, sociaux et culturels en question), Doc. fr., 2009.
– E. Decaux (dir.), *Les Nations Unies et les droits de l'homme, enjeux et défis d'une réforme*, Pedone, 2006.
– E. Decaux et S. Touzé (dir.), *La prévention des violations des droits de l'homme*, Pedone, 2014.
– E. Decaux et O. de Frouville (dir.), *La dynamique du système des traités de l'ONU en matière de droits de l'homme*, Pedone, 2015.
– O. de Frouville (dir.), *Le système de protection des droits de l'homme des Nations Unies. Présent et avenir*, Pedone, 2018.
V. aussi l'étude de S. Guillet pour la CNCDH, *Diplomatie et droits de l'homme*, Doc. fr., 2008.
– H. Thierry, E. Decaux (dir.), *Droit international et droits de l'homme, la pratique juridique française dans le domaine de la protection internationale des droits de l'homme*, Cah. CEDIN, n° 5, Montchrestien, 1990.

9) La littérature anglophone doit également être consultée :

– Ph. Alston, F. Mégret, *The United Nations and Human Rights. A Critical Appraisal*, 2d éd., Oxford University Press, 2020.
– Ph. Alston, J. Crawford (dir.), *The Future of UN Human Rights Treaty Monitoring*, Cambridge Univ. Press, 2000.
– I. Bartekas, L. Oette, *International Human Rights and Practice*, 3rd éd., Cambridge University Press, 2020.
– M. Cherif Bassiouni and William Schabas (dir.), *New Challenges for the UN Human Rights Machinery. What Future for the UN Treaty Body System and the Human Rights Council Procedures ?*, Cambridge, Intersentia, 2011.
– K. Boyle (dir.), *New Institutions for Human Rights Protection*, Oxford, Oxford University Press, 2009.
– A. Cançado Trindade, *Coexistence and Co-ordination of mechanisms of International Protection of Human Rights (at Global and Regional Levels)*, *RCADI* t. 202, 1987-II. Du même juriste brésilien qui a présidé la Cour interaméricaine des droits de l'homme avant de devenir juge à la CIJ, un essai en français, *Évolution du droit international au droit des gens, L'accès des particuliers à la justice internationale, le regard d'un juge*, Pedone, 2008.
– R. Freedman, *The United Nations Human Rights Council. À critique and Early Assessment*, Abingdon, Routledge, 2013.
– J. Kozma, A. Müller-Funk, M. Nowak (dir.), *Vienna+20. Advancing the Protection of Human Rights. Achievements, Challenges and Perspectives. 20 Years after the World Conference*, Vienne, Intersentia, 2014.
– B. Ramcharan, *The Security Council and the Protection of Human Rights*, Nijhoff, 2002.
– B. Ramcharan, *A United Nations Commissioner in Defense of Human Rights*, Nijhoff, 2004.
– E. Tistounet, *The UN Human Rights Council*, Elgar, 2020.

10) Pour une perspective théorique, on retiendra plusieurs thèses importantes :

– M. Bidault, *La protection internationale des droits culturels*, Bruylant, 2010.
– E. Birden, *La limitation des droits de l'homme au nom de la morale*, LGDJ, 2015.
– M. Boumghar, *Une approche de la notion de principe à travers le système de la Convention européenne des droits de l'homme*, Pedone, 2010.
– O. de Frouville, *L'intangibilité des droits de l'homme en droit international (régime conventionnel des droits de l'homme et droit des traités)*, Pedone, 2004.
– P. Meyer-Bisch, *Le corps des droits de l'homme (l'indivisibilité comme principe d'interprétation et de mise en œuvre des droits de l'homme)*, PU Fribourg, 1992.

11) Et parmi les thèses plus récentes :

– M. Ailincai, *Le suivi du respect des droits de l'homme au sein du Conseil de l'Europe. Contribution à la théorie du contrôle international*, Pedone, 2012.
– Y. Attal-Galy, *Droits de l'homme et catégories d'individus*, LGDJ, 2004.
– Cl. Callejon, *La réforme de la Commission des droits de l'homme*, Pedone, 2008.
– M. Gambaraza, *Le Statut de la Déclaration universelle des droits de l'homme*, Pedone, 2016.
– M. Tabal, *Les sessions extraordinaires du Conseil des droits de l'homme des Nations Unies*, Fondation Varennes, 2018.
– S. Touzé, *La protection des droits des nationaux à l'étranger*, Pedone, 2007.
– A. Weber, *Les mécanismes de contrôle non contentieux du respect des droits de l'homme*, Pedone, 2008.

12) Le système international a fait l'objet de monographies très utiles :

– M. Bidault, *Le comité pour l'élimination de la discrimination raciale*, Montchrestien, CEDIN, Perspectives internationales, n° 12, 1997.
– O. de Frouville, *Les procédures thématiques : une contribution efficace des Nations Unies à la protection des droits de l'homme*, Pedone, 1996.
- D. Roman (dir.), *La Convention pour l'élimination de la discrimination à l'égard des femmes*, Pedone, 2014.
– R. Sodini, *Le comité des droits économiques, sociaux et culturels*, Montchrestien, CEDIN, Perspectives internationales, n° 18, 2000.

13) Dans le cadre régional, de nombreux travaux sont consacrés à la jurisprudence de la Convention européenne des droits de l'homme :

– V. Berger, *Jurisprudence de la Cour européenne des droits de l'homme*, 13e éd., Sirey, 2014.
– G. Cohen-Jonathan, *Aspects européens des droits fondamentaux*, 3e éd., Montchrestien, 2002.
– M. Eudes, *La pratique judiciaire interne de la Cour européenne des droits de l'homme*, Pedone, 2006.
– J.-Fr. Renucci, *Traité de droit européen des droits de l'homme*, 8e éd., LGDJ, 2019, faisant suite au Droit européen des droits de l'homme, LGDJ, 3e éd., 2002.

– Fr. Sudre, *Le droit international et européen des droits de l'homme*, 14e éd., PUF, coll. « Droit fondamental », 2019. À compléter, par l'excellent ouvrage du même auteur et al., *Les grands arrêts de la Cour européenne des droits de l'homme*, 9e éd., PUF, 2019.

– On doit aussi se référer aux colloques annuels organisés par P. Tavernier sur la « jurisprudence française », not. : *La France et la Cour européenne des droits de l'homme, 1998-2008, Une décennie d'application du protocole XI, La jurisprudence en 2007*, Bruylant, 2008. Et plus récemment P. Tavernier et Ch. Pettiti, *La France et la Convention européenne des droits de l'homme*, Anthénis, 2013.

– C. Teitgen-Colly (dir.), *Cinquantième anniversaire de la Convention européenne des droits de l'homme*, Bruylant, 2002. Et, sous la direction du même auteur, *La Convention européenne des droits de l'homme. 60 ans et après ?*, LGDJ, 2013.

– V. aussi, la journée d'étude de la CNCDH, « La Convention européenne des droits de l'homme et la justice française », *Gaz. Pal.* 12 juin 2007, n° 163.

Et pour des synthèses récentes en langue anglaise :

– J. Christoffersen, *Fair Balance : Proportionality, Subsidiarity and Primarity in the European Convention on Human Rihghts*, Nijhoff, 2009.

– W. Schabas, *The European Convention on Human Rights, A Commentary*, Oxford University Press, 2015.

14) Pour le système africain :

– M. Kamto (dir), *La Charte africaine des droits de l'homme et des peuples*, Bruylant, 2011.

– J. Matringe, *Tradition et modernité dans la Charte africaine des droits de l'homme et des peuples*, Bruylant, 1996.

– K. Mbaye, *Les droits de l'homme en Afrique*, 2e éd., Pedone, 2002.

– M. Mubiala, *Le Système régional africain de protection des droits de l'homme*, Bruylant, 2005.

– F. Ouguergouz, *La Charte africaine des droits de l'homme et des peuples*, PUF, 1993. Et pour une version anglaise plus à jour, *The African Charter on Human and People's Rights*, Nijhoff, 2e éd., 2007.

– P. Tavernier (dir.), *Recueil juridique des droits de l'homme en Afrique*, vol. I, 1996-2000, Bruylant, 2002 ; vol. II, 2000-2004, 2 t., Bruylant, 2005.

15) Pour le système interaméricain :

– L. Burgorgue Larsen, A. Ubeda de Torres, *Les Grandes décisions de la Cour interaméricaine des droits de l'homme*, Bruylant, 2008.

– L. Hennebel, *La Convention américaine des droits de l'homme*, Bruylant, 2007.

– L. Hennebel, H. Tigroudja (dir.), *Le particularisme interaméricain des droits de l'homme*, Pedone, 2009.

– B. Santoscoy, *La Commission interaméricaine des droits de l'homme et le développement de sa compétence par le système de pétitions individuelles*, PUF, 1995.

– H. Tigroudja, I. Panoussis, *La Cour interaméricaine des droits de l'homme, analyse de la jurisprudence consultative et contentieuse*, Bruylant, 2003.

16) Pour un premier tableau d'ensemble en matière pénale :

– H. Ascensio, E. Decaux, A. Pellet (dir.), *Droit international pénal*, Pedone, 1re éd., 2000 et 2e éd., 2012.

– É. David, *Éléments de droit pénal international et européen*, Bruylant, 2009. Et du même auteur : *La Cour pénale internationale*, *RCADI* 2005, t. 313, p. 325-454.
– O. de Frouville, avec la participation d'A.-L. Chaumette, *Droit international pénal. Sources, incriminations et responsabilité*, Pedone, 2012, deuxième édition à paraître en 2021.
– R. Kolb et al., *Droit international pénal*, Précis, Helbing Lichtenbahn, Bruylant, 2008.
– R. Maison, *Justice pénale internationale*, Paris, Puf, 2017.
– D. Rebut, *Droit pénal international*, 3e éd., Dalloz, 2019.

17) À prolonger par plusieurs recueils d'études :

– H. Ascensio, É. Lambert, J.-M. Sorel (dir.), *Les juridictions pénales internationalisées (Cambodge, Kosovo, Sierre Leone, Timor Leste)*, Société de législation comparée, 2006.
– O. Beauvallet (dir.), *Dictionnaire encyclopédique de la justice pénale internationale*, Berger-Levrault, Boulogne-Billancourt, 2017.
– A. Cassese, M. Delmas-Marty (dir.), *Crimes internationaux et juridictions internationales*, PUF, 2002 ; *Juridictions nationales et crimes internationaux*, PUF, 2002.
– Et l'excellent commentaire en français, article par article, du statut de Rome de la Cour pénale internationale, dirigé par J. Fernandez, X. Pacreau, M. Ubéda-Saillard, 2 vol., Pedone, 2e édition, 2019.

18) Et les actes d'un rendez-vous désormais annuel : les « journées de la justice pénale internationale »

– J. Fernandez (dir.), *Justice pénale internationale. Actes des premières journées de la Justice pénale internationale (2016)*, éd. CNRS, coll. « Biblis », 2016.
– J. Fernandez, O. de Frouville (dir.), *Actes des deuxièmes journées de la Justice pénale internationale (2017)*, revue en ligne « Droits fondamentaux », 2018.
– J. Fernandez, O. de Frouville (dir), *Les mutations de la justice pénale internationale ? Actes des troisièmes journées de la Justice pénale internationale (2018)*, Paris, Pedone, coll. « Publications du CRDH », 2018.
– J. Fernandez, O. de Frouville (dir), *L'hirondelle et la tortue. Quatrièmes journées de la Justice pénale internationale (2019)*, Paris, Pedone, coll. « Publications du CRDH », 2020.

19) Et des synthèses en anglais :

– A. Cassese, *International Criminal Law*, 2e éd., Oxford Univ. Press, 2008.
– G. Metraux, *International Crimes and the ad hoc Tribunals*, Oxford Univ. Press, 2005.
– W. Schabas, *Introduction to the International Criminal Court*, 3e éd., Cambridge Univ. Press, 2007. Et du même auteur : *The International Criminal Court, A Commentary on the Rome Statute*, 2e ed, Oxford Univ. Press, 2016.
– *The UN International Criminal Tribunals. The former Yugoslavia, Rwanda and Sierra Leone*, Cambridge Univ. Press, 2006.

20) Pour d'excellentes monographies :

– A. Borghi, *L'immunité des dirigeants politiques en droit international*, Helbing & Lichtenhahn et Bruylant, LGDJ, 2003.
– J. Fernandez, *La politique juridique des États-Unis à l'égard de la Cour pénale internationale*, Pedone, 2010.

– I. Fouchard, *Crimes internationaux, entre internationalisation du droit pénal et pénalisation du droit international*, Bruylant, 2014.
– S. Garibian, *Le crime contre l'humanité au regard des principes fondateurs de l'État moderne*, Bruylant, LGDJ et Schulthess, 2009.
– M. Henzelin, *Le principe de l'universalité en droit pénal international*, Helbing & Lichtenhahn et Bruylant, 2000.
– Y. Jurovics, *Réflexion sur la spécificité du crime contre l'humanité*, LGDJ, 2001
– A.-M. La Rosa, *Juridictions pénales internationales. La procédure et la preuve*, PUF, 2003.
– A.-Ch. Martineau, *Les juridictions pénales internationalisées. Un nouveau modèle de Justice hybride ?*, Pedone, coll. « Cerdin Paris 1 – Perspectives internationales », n° 28, 2007.
– A.-L. Vaurs-Chaumette, *Les sujets du droit international pénal : vers une nouvelle définition de la personnalité juridique internationale ?*, Pedone, 2009.
– W. Schabas, *Genocide in international law*, Cambridge Univ. Press, 2000.

21) Pour une perspective politique ou philosophique :

– A. Garapon, *Des crimes qu'on ne peut ni punir ni pardonner*, Odile Jacob, 2002.
– A. Garapon, *Peut-on réparer l'histoire ? Colonisation, esclavage, Shoah*, Odile Jacob, 2008.
– P. Hazan, *La justice face à la guerre (de Nuremberg à La Haye)*, Stock, 2000.
– P. Hazan, *Juger la guerre, juge l'histoire, Du bon usage des commissions Vérité et de la justice internationale*, PUF, 2007.
– M. Osiel, *Juger les crimes de masse, la mémoire collective et le droit*, Le Seuil, 2006.
– J. Semelin, *Purifier et détruire : usages politiques des massacres et génocides*, Le Seuil, 2005.
– J. Semelin (dir.), *La résistance aux génocides : de la pluralité des actes de sauvetage*, Presses Sciences Po, 2008.
– M. Walzer, *Guerres justes et injustes*, Belin, 1999.

Quiz

1) Sujet corrigé

Cas pratique

La Bordurie et la Syldavie sont deux pays voisins qui ont historiquement entretenu des relations tumultueuses. Dans les années 2000, tandis que la Bordurie est un pays industrialisé, entamant une transition vers une économie tertiaire, au taux de natalité relativement bas, et candidat à l'Union européenne, la Syldavie accuse un retard de développement important et présente un taux de natalité élevé de même qu'un fort taux de chômage. Nombreux sont les citoyens syldaves qui viennent chercher un emploi dans la riche Bordurie. Si la Bordurie admet chaque année un contingent d'immigration légale, qui correspond à ses besoins en main-d'œuvre peu qualifiée, l'essentiel de l'immigration est illégale. On estime que la population de nationalité syldave ou d'origine syldave (naturalisée bordure) sur le territoire bordure représente 10 % de la population totale, soit une forte minorité. Depuis quelques années, une forte xénophobie et un anti-européanisme s'est développé au sein de la population bordure, également mécontente des affaires de corruption qui entache la réputation des membres de la classe politique traditionnelle. La colère de la population et la haine des groupes extrémistes bordure se retournent bien souvent contre la population immigrée syldave, victime d'actes racistes et de brimades en tout genre.

En 1989, déjà, les autorités avaient encouragé les populations bordures à lancer des pogroms contre des populations syldaves dans plusieurs localités du pays. Ces opérations, appuyées par la police et l'armée, s'étaient soldées par l'expulsion collective de milliers de personnes vers la Syldavie, des exécutions sommaires, des tortures et des disparitions forcées. En 1990, une transition politique avait eu lieu dans les deux pays, marquée par la prise de pouvoir de partis libéraux, pro-démocratiques et pro-européens. Un traité d'amitié et de commerce avait alors été signé entre les deux parties, ainsi qu'un traité d'établissement (bénéficiant essentiellement aux citoyens syldaves). Les auteurs des violences de 1989 avaient été amnistiés en Bordurie et les autorités syldaves s'étaient engagées publiquement à n'engager aucune procédure d'aucune sorte à leur encontre, ceci en vue de favoriser la réconciliation et les bonnes relations entre les deux pays.

En 2006, toutefois, le mouvement de mécontentement amène au pouvoir en Bordurie une majorité composite dominée par le parti nationaliste « La Patrie avant tout ! » Le parti s'attribue au gouvernement les postes régaliens, dont le ministère de l'Intérieur et le ministère des Affaires étrangères. Fort de cette domination au sein du gouvernement, le parti impulse une politique nationaliste, xénophobe et sécuritaire. Le ministère de l'Intérieur encourage la formation de « milices de citoyens », tandis que des réformes sont passées visant à ramener l'immigration à un taux « zéro », à empêcher toute naturalisation de syldaves et à créer un fichage et un recensement systématique de la population d'origine syldave sur le territoire. Bientôt, des violences éclatent. Lors des plus chaudes nuits du mois d'août 2008, un véritable pogrom est mené dans plusieurs villes bordures : les milices attaquent les quartiers en majorité habités par des syldaves, brûlent les maisons et commerces. On déplore plusieurs morts par exécution sommaire, des disparus, et des rapports font état de viols et de tortures. Les personnes expulsées de leurs foyers sont conduites par la force vers la frontière syldave pour y être expulsées

La police arrive tardivement sur les lieux, constate les dégâts et enregistre les plaintes. Le lendemain, le chef du gouvernement déplore les violences et promet que des enquêtes seront menées. La Syldavie, de son côté, émet des protestations par l'intermédiaire de son ambassadeur et exige que les citoyens syldaves sur le sol bordure soient effectivement protégés.

Mais la situation continue de s'envenimer. Aucune mesure n'est adoptée par le Gouvernement à l'encontre des milices. Les enquêtes ouvertes par la justice piétinent.

La Syldavie et la Bordurie sont membres de l'Organisation des Nations Unies et parties au Statut de la Cour internationale de Justice. Ils ont tous deux accepté en 1992 la juridiction obligatoire de la Cour par des déclarations formulées en vertu de l'article 36, § 2 du Statut, sans aucune réserve. Depuis 1999, ces deux États sont également parties aux conventions suivantes : la Convention pour la prévention et la répression du crime de génocide de 1948 ; le Pacte international sur les droits civils et politiques (PIDCP) de 1966 (mais ils n'ont pas fait la déclaration de l'article 41 sur la procédure de plainte interétatique) ; le Protocole facultatif au Pacte ; la Convention contre la torture (CAT) de 1984 (mais aucun des deux États n'a fait la déclaration des articles 21 et 22) ;

la Convention européenne des droits de l'Homme (CEDH), ainsi que les Protocoles 1 et 4 (Prot. 1 et 4 CEDH) à cette Convention. Les deux États ont également ratifié en 2003 le statut de Rome portant création de la Cour pénale internationale (StCPI) de 1998.

I. Analysez *prima facie* les faits, en les qualifiant *sommairement* sur le plan juridique au regard des instruments internationaux en vigueur pour les deux États concernés.

II. Vous êtes conseiller à la direction des affaires juridiques du ministère des Affaires étrangères de la Syldavie. Le ministre vous demande de rédiger un bref avis faisant un recensement des procédures juridictionnelles ou quasi juridictionnelles (excluant donc les organes politiques et les organes non juridictionnels comme les procédures spéciales du Conseil des droits de l'Homme des Nations Unies) qui seraient ouvertes à la Syldavie pour protéger la minorité syldave en Bordurie. Il ne vous est pas demandé de porter des jugements sur l'opportunité d'actionner telle ou telle procédure (ces jugements relèvent de l'autorité politique), ni de procéder à une analyse détaillée des conditions de compétence et de recevabilité. Vous mentionnerez toutefois les difficultés qui, *prima facie*, pourraient survenir dans l'établissement de la compétence des organes concernés ou dans la recevabilité des requêtes que présenterait la Syldavie.

III. Vous êtes l'avocat syldave des familles des victimes des violences de 1989. Celles-ci souhaitent revendiquer leurs droits à la faveur des nouvelles tensions entre la Syldavie et la Bordurie. Elles vous demandent conseil sur les voies de recours juridictionnelles ou quasi juridictionnelles qui leur sont accessibles et une analyse *prima facie* des potentiels obstacles juridiques que leur démarche pourrait rencontrer.

Voir le corrigé en fin de rubrique.

2) Sujets

Dissertations

L'individu est-il sujet de droit international ?

Système universel et systèmes régionaux de protection des droits de l'homme.

3) Corrigé

Cas pratique

I. Analyse sommaire de la qualification juridique des faits

Les faits font apparaître deux épisodes de violence en Bordurie à l'encontre de la minorité syldave. En 1989, tout d'abord, puis en août 2008. Dans les deux cas, il est fait état de « pogroms » à l'encontre de la minorité syldave. Plus précisément, l'énoncé mentionne plusieurs types d'actes qui peuvent être qualifiés de violations des droits de l'Homme :

- des exécutions sommaires, qui sont des violations du droit à la vie, garanti notamment par les articles 6 du PIDCP et 2 de la CEDH ;

- des tortures et mauvais traitements qui sont des violations du droit de ne pas être soumis à la torture garanti par les articles 7 PIDCP et 3 CEDH. La torture est également prohibée par la CAT (art. 2), de même que les traitements cruels, inhumains ou dégradants (art. 16).

- des viols qui sont des violations du droit de ne pas être soumis à la torture, garanti par les articles 7 PIDCP et 3 CEDH.

- des disparitions forcées, qui constituent des violations du droit à la liberté, garanti par les articles 10 PIDCP et 5 CEDH ; du droit de ne pas être soumis à la torture ou à des traitements cruels, inhumains ou dégradants garantis par les articles 7 PIDCP et 3 CEDH ; du droit à la reconnaissance de la personnalité juridique garanti par l'article 16 PIDCP ; et, dans certains cas, du droit à la vie, garanti par les articles 6 PIDCP et 2 CEDH.

- des expulsions forcées des personnes de leurs domiciles, des incendies de propriété, qui sont des violations des articles 17 PIDCP et 8 CEDH qui garantissent le droit à la vie privée et au domicile, ainsi que de l'article 1er du Protocole 1 CEDH qui garantit le droit à la jouissance de ses biens.

- des expulsions collectives en dehors du territoire national, qui sont des violations de l'article 13 PIDCP et de l'article 4 du Protocole 4 CEDH.

Ces deux ensembles de faits peuvent par ailleurs recevoir une qualification au regard du droit international pénal et en particulier au regard des crimes qui forment la compétence *ratione materiae* de la Cour pénale internationale.

- Le crime de génocide (art. 6 du StCPI) se définit par des actes accomplis dans l'intention de détruire un groupe national, ethnique, religieux ou racial, comme tel. Parmi ces actes, l'article 6 mentionne le meurtre et les atteintes graves à l'intégrité physique ou mentale. Les actes commis en l'espèce ont nettement une dimension discriminatoire, en ce qu'ils visent tous la minorité syldave en tant que telle. Il n'est pas certain que l'on puisse déduire *prima facie* des faits une intention de destruction de ce groupe national ; mais en attendant une analyse plus approfondie, cette qualification peut être retenue.

- Les crimes contre l'humanité (art. 7 du StCPI) sont des actes accomplis dans le cadre d'une attaque généralisée ou systématique contre la population civile, et en connaissance de cette attaque. Parmi ces actes, l'article 7 du Statut mentionne : le meurtre, la déportation ou le transfert forcé de populations, l'emprisonnement, le viol, les persécutions, les disparitions forcées et les autres actes inhumains. *Prima facie*, il semble bien que les différentes attaques ayant eu lieu contre la minorité syldave aient constitué des « attaques généralisées ou systématiques » contre la population civile syldave. Il semble donc également pertinent d'envisager cette qualification dans le cadre d'un examen sommaire.

II. Avis juridique à l'intention du Ministre des affaires étrangères de la Syldavie

Sont exclues *a priori* les procédures de plaintes interétatiques prévues par les articles 41 du PIDCP et 22 de la CAT, puisque ni la Bordurie, ni la Syldavie n'ont fait les déclarations nécessaires pour accepter la compétence des comités à cet effet. La Syldavie a donc à sa disposition trois voies procédurales : elle peut déposer une requête devant la Cour internationale de justice (1°), porter l'affaire devant la Cour européenne des droits de l'Homme (2°), ou encore saisir le Procureur de la Cour pénale internationale (3°).

1) La Cour internationale de Justice

La Syldavie comme la Bordurie ont reconnu la compétence de la Cour internationale de Justice sur la base d'une déclaration facultative de l'article 36, § 2. Par ailleurs, la Syldavie comme la Bordurie sont parties à la Convention sur le génocide qui comporte une clause compromissoire (art IX) conférant compétence à la Cour pour connaître des « différends entre les Parties contractantes relatifs à l'interprétation, l'application ou l'exécution de la présente Convention, y compris ceux relatifs à la responsabilité d'un État en matière de génocide ou de l'un quelconque des autres actes énumérés à l'article III ». Il serait peut-être préférable toutefois de se fonder plutôt, comme base de compétence, sur les déclarations d'acceptation de la juridiction de la Cour : comme on l'a vu plus haut (qualification des faits), la qualification de génocide n'est pas certaine, tant qu'une intention génocidaire dans le chef des auteurs des actes reprochés n'a pas été prouvée ; par ailleurs une action sur la base des déclarations de l'article 36, § 2 du Statut de la Cour permettrait d'élargir l'instance sur le plan *ratione materiae* en visant non seulement les conventions internationales auxquelles la Bordurie est partie, mais également les principes du droit coutumier ou les principes généraux du droit international.

Au regard de la recevabilité, il n'est pas certain *prima facie* que la Syldavie parvienne à établir la recevabilité de sa demande s'agissant des violations commises à l'encontre de personnes appartenant à la minorité syldave, mais ayant acquis la nationalité bordure. Dans l'affaire des *Activités armées sur le territoire du Congo*, (*République démocratique du Congo c/ Ouganda*), l'Ouganda avait présenté une demande reconventionnelle au sujet de la violation du « standard minimum de justice » dû aux étrangers s'agissant de personnes prétendument de nationalité ougandaise qui auraient été l'objet de violences de la part des autorités congolaises. La Cour a interprété cette demande comme une action en protection diplomatique, dont la recevabilité était conditionnée par la démonstration que les victimes avaient la nationalité de l'État protecteur (l'Ouganda) et avaient épuisé les recours internes disponibles. La Cour a rejeté la demande ougandaise, en considérant que l'Ouganda n'avait pas fait la démonstration de la nationalité ougandaise des victimes. L'arrêt se distingue toutefois de la présente affaire, en ce sens où l'Ouganda n'invoquait pas des normes conventionnelles ou coutumières en matière de droits de l'homme ou de droit humanitaire, mais le « standard minimum de justice » qui constitue la base traditionnelle pour l'action en protection diplomatique (v. à cet égard l'arrêt sur les exceptions préliminaires dans l'affaire *Ahmadou Sadio Diallo*, § 39).

Dans l'affaire du *Génocide* en Bosnie-Herzégovine, la Cour était saisie d'une demande de la Bosnie au sujet de prétendues violations par la Serbie des droits de « non ressortissants » de la Bosnie sur son territoire. La Cour a rejeté la demande au fond, en considérant que l'intention génocidaire ne pouvait être établie. Ce faisant, elle a considéré qu'elle n'avait pas à en déterminer la recevabilité. Elle a relevé à cet égard la complexité de la question posée :

« Dans la mesure où cette demande viserait des victimes non bosniaques, elle pourrait soulever certaines interrogations quant à l'intérêt juridique ou à la qualité pour agir du demandeur à l'égard de telles questions et quant au caractère de *jus cogens* qui s'attache aux normes pertinentes et au caractère *erga omnes* que revêtent les obligations pertinentes. » (Arrêt sur le fond du 26 févr. 2007, § 185).

La Cour voulait dire par là que le caractère *erga omnes* ou de *jus cogens* des normes en cause aurait pu éventuellement conférer qualité pour agir à la Bosnie au bénéfice de personnes n'ayant pas sa nationalité. Mais elle a renoncé à donner une réponse ferme à la question.

En l'espèce, pour que la demande soit recevable, la Cour devrait être amenée à considérer qu'en violant la Convention sur le génocide et le Pacte international sur les droits civils et politiques, la Cour a violé non seulement les droits des individus concernés, mais également les droits propres de la Syldavie : l'action exercée par cette dernière ne pourrait donc pas être qualifiée d'action en protection diplomatique et les conditions de recevabilité propres à ce type d'action ne pourraient être exigées.

Une autre possibilité serait que la Cour adopte une interprétation large de la notion de « nationalité », comme le Tribunal pénal pour l'ex-Yougoslavie l'a fait dans son interprétation de la quatrième convention de Genève : la Chambre d'appel du TPIY, dans son arrêt *Tadić* du 15 juillet 1999 (§ 163-166), a en effet considéré que la « nationalité » d'une personne pouvait s'entendre comme un « lien d'allégeance » entre cette personne et un État dont elle n'aurait pas la nationalité légale. En l'état, en tout cas, la jurisprudence de la Cour internationale de Justice à ce sujet est incertaine.

2) La Cour européenne des droits de l'homme

Les deux États étant parties à la Convention européenne des droits de l'Homme, la Syldavie peut également saisir la Cour européenne sur la base de son article 33, en vertu duquel « Toute Haute Partie contractante peut saisir la Cour de tout manquement aux dispositions de la Convention et de ses Protocoles qu'elle croira pouvoir être imputé à une autre Haute Partie contractante. »

Prima facie, une question pourra éventuellement se poser au regard des conditions posées à l'article 35, § 1 de la Convention, qui stipule :

« La Cour ne peut être saisie qu'après l'épuisement des voies de recours internes, tel qu'il est entendu selon les principes de droit international généralement reconnus, et dans un délai de six mois à partir de la date de la décision interne définitive. »

Dans sa décision (*Georgie c/ Russie II*) du 13 décembre 2011 (§ 84), la Cour a réitéré la règle selon laquelle :

« (...) la règle de l'épuisement des voies de recours internes telle que la consacre l'article 35, § 1 de la Convention vaut pour les affaires interétatiques (art. 33) comme pour les requêtes individuelles (art. 34) quand l'État demandeur se borne à dénoncer une ou des violations prétendument subies par des particuliers auxquels il se substitue en quelque sorte. »

Cependant, elle a aussi rappelé que la règle de l'épuisement ne s'applique « en principe pas [si l'État demandeur] attaque une pratique administrative en elle-même, dans le but d'en empêcher la continuation ou le retour sans inviter la Cour à statuer sur chacun des cas qu'il cite à titre de preuves ou exemples de cette pratique ». La Cour définit la notion de « pratique administrative » par « deux éléments : la répétition des actes et la tolérance officielle » (§ 85). L'État demandeur doit donc en principe apporter un commencement de preuve de la pratique en cause, s'il souhaite écarter la règle de l'épuisement – ce qui ne devrait guère être difficile en l'espèce. Par ailleurs, dans la même décision, la Cour rappele qu'il appartient au défendeur de « convaincre la Cour que le recours était effectif et disponible tant en théorie qu'en pratique à l'époque des faits. » (§ 91). Dans la présente affaire, il devrait être aisé de démontrer que, compte tenu de l'absence de toute enquête effective sur les incidents d'août 2008 et, plus généralement de la discrimination généralisée dont sont victimes les personnes appartenant à la minorité syldave, les recours, même existants, étaient voués à l'échec. La réponse à de telles questions pourrait toutefois être jointe au fond par la Cour (comme dans l'affaire *Géorgie c/ Russie*).

Il faut enfin attirer l'attention du Ministre sur la règle du délai de six mois. Comme l'a rappelé la Cour :

« en l'absence de recours, le délai de six mois doit être calculé à partir de l'acte ou de la décision prétendument incompatible avec la Convention » (not. Décis. *Géorgie c/ Russie II*, § 97).

3) La Cour pénale internationale

Les deux États sont parties au statut de la CPI depuis 2003. L'article 11, § 2 du statut stipule :

« Si un État devient Partie au présent Statut après l'entrée en vigueur de celui-ci, la Cour ne peut exercer sa compétence qu'à l'égard des crimes commis après l'entrée en vigueur du Statut pour cet État, sauf si ledit État fait la déclaration prévue à l'article 12, paragraphe 3 ».

Ratione temporis, la Cour serait donc compétente pour connaître des crimes perpétrés en 2008 sur le territoire de la Bordurie.

La Syldavie peut décider de saisir elle-même le Procureur de la Cour de la situation prévalant en Bordurie (StCPI, art. 13-a et 14). La compétence de la Cour sera établie sans difficulté, à partir du moment où les crimes auront été commis sur le territoire d'un État partie (StCPI, art. 12, § 2-a) par des personnes ayant la nationalité d'un État partie (art. 12, § 2-b). La recevabilité des affaires devant la Cour est d'abord régie par le principe de complémentarité : l'affaire n'est irrecevable que si des poursuites effectives ont été menées par un État compétent (art. 17). C'est à la Cour de décider de la recevabilité des affaires et non aux États parties (art. 18). De plus, l'affaire doit être « suffisamment grave ». Là encore, c'est à la Cour d'en décider.

III. Avis juridique à l'intention des familles des victimes des violences de 1989

Il faut exclure *a priori* toute requête devant le CAT, dans la mesure où ni la Syldavie, ni la Bordurie n'ont fait la déclaration nécessaire à la reconnaissance du Comité pour connaître de communications individuelles. En revanche, les deux États ont reconnu la compétence du Comité des droits de l'homme pour recevoir de telles communications (Protocole I au PIDCP). Ils ont par ailleurs ratifié la Convention européenne des droits de l'Homme et ont donc accepté, depuis l'entrée en vigueur du Protocole n° 11, la compétence de la Cour européenne pour connaître des requêtes formulées par des individus (CEDH, art. 34). Les familles des victimes peuvent donc saisir l'un de ces deux organes.

Prima facie, toutefois, les requêtes se heurteront aux limites de la compétence *ratione temporis* tant du Comité que de la Cour, dans la mesure où les faits invoqués sont intervenus en 1989, c'est-à-dire avant l'entrée en vigueur du Pacte, du Protocole au Pacte et de la Convention pour les deux États concernés (en 1999). C'est un principe du droit international que les traités internationaux ne lient pas une partie pour des actes et des faits antérieurs à l'entrée en vigueur de ce traité à l'égard de cette partie

(Conv. de Vienne, art. 28 sur le droit des traités). La jurisprudence fait toutefois généralement la différence, à cet égard, entre les faits instantanés et les faits continus. La disparition forcée est notamment considérée comme un fait continu, dans la mesure où l'un des éléments de cet acte se poursuit jusqu'à ce que le sort de la personne soit établi. Dans l'affaire *Varnava*, la Cour européenne des droits de l'homme en a déduit que l'État restait lié par ses obligations procédurales de manière continue, jusqu'à ce que le sort de la personne soit élucidé. Il en résulte que la Cour sera compétente pour connaître des manquements de l'État à ses obligations procédurales intervenus après l'entrée en vigueur de la Convention (ou l'acceptation du droit de recours individuel), en lien avec la disparition forcée commencée avant l'entrée en vigueur du traité (Arrêt de Grande chambre *Varnava c/ Turquie*, § 148). Il est donc probable que la Cour se reconnaisse compétente pour connaître des requêtes des familles des personnes victimes de disparitions forcées en 1989 (la jurisprudence du Comité des droits de l'homme, en revanche, est plus fluctuante sur la question).

Reste la condition de recevabilité liée au délai de six mois (art. 35, § 1). Les faits étant intervenus en 1989 et les requérants envisageant le dépôt d'une plainte vingt années après, la question se pose. Dans l'affaire (*Varnava c/ Turquie*), la Cour européenne a toutefois adopté une conception souple de ce délai, en particulier dans les affaires de disparitions forcées. Elle a considéré que l'on ne saurait être trop exigeant quant au respect strict de ce délai, compte tenu de la nature du crime de disparition forcée, caractérisé par l'incertitude des familles quant au sort réservé à la personne disparue. En même temps, les familles doivent faire preuve de diligence et prendre les mesures qui s'imposent, compte tenu des circonstances, pour rechercher leurs proches. La Cour a fixé quelques directives à cet égard. Dans l'affaire *Varnava*, la Cour a considéré que les requérants avaient agi avec une célérité raisonnable aux fins de l'article 35, § 1 en présentant une requête en 1990 au sujet de disparitions intervenues en 1974 (Arrêt, § 170).

partie 3

La recherche d'un ordre international

Cette société internationale aux structures complexes, où l'action des États s'exerce directement au nom d'une souveraineté exclusive — la tentation de l'unilatéralisme est plus prégnante que jamais — et, indirectement, par le biais de la diplomatie multilatérale et le canal des organisations internationales, ne doit pas seulement être considérée d'un point de vue statique. Il y a une dynamique qui s'exerce dans la recherche d'un ordre international fondé sur la justice et la paix. 295

Le droit classique mettait sur le même plan la paix et la guerre. Le livre fondateur de Grotius, *De jure belli ac pacis, Du droit de la guerre et de la paix* (rééd. PUF, 1999), traduit cette équivalence. Au lendemain de la première guerre mondiale, *Le traité de droit international public* de Paul Fauchille se partageait entre deux tomes, le droit de la paix d'une part (il est vrai subdivisé en trois volumes), le droit de la guerre d'autre part. L'alternance de la guerre et de la paix, ainsi que le subtil équilibre maintenu de ce fait, entre États souverains, s'inscrivaient dans la logique du droit international.

Depuis la fin du XIXe siècle tout un mouvement d'idées a au contraire tenté de faire naître la paix du droit et de cantonner la guerre. D'une certaine manière, à un moment d'essor de la puissance des États européens, les conférences de la paix de La Haye, convoquées à l'initiative du tsar en 1899 et en 1907, relèvent de cet état d'esprit, avec l'accent mis sur le règlement pacifique des différends, sur la limitation des armements et sur la codification des « lois et coutumes de la guerre ». Paradoxalement, par leur horreur même, chacune des deux guerres mondiales a relancé ce mouvement. La SDN a pour la première fois développé le concept de « sécurité collective » en y associant l'arbitrage et le désarmement, dans une sorte de triptyque qui a marqué l'entre-deux-guerres.

Sur ce point, l'ONU reste dans le droit fil de la SDN en reprenant ses objectifs et en présupposant que ses membres sont des « États pacifiques ». Alors qu'avec la SDN les États « belliqueux » et déstabilisateurs furent très vite hors du système, qu'ils quittérent brutalement le plus souvent, l'ONU, dont les bases ont été fixées lors de la conférence de Yalta - réunissant Churchill, Roosevelt et Staline en Crimée en février 1945 - a toujours compris des États « contestataires » en son sein au risque de multiplier les blocages. Il en est résulté une contradiction permanente entre les buts proclamés avec idéalisme par la Charte et les réalités moins glorieuses d'un siècle marqué par la violence.

296 Mais cette violence, après 1945 et plus encore après le mouvement de décolonisation, prend place essentiellement à l'intérieur des États, et non entre eux. Ce sont de nouveaux conflits, avant tout « non-internationaux », opposant un gouvernement et des groupes armés, ou des groupes armés entre eux, ou « transnationaux », alors que se multiplient les réseaux terroristes. En revanche, le nombre de conflits interétatiques a considérablement décru, même si on a pu assister au début du XXIe siècle à une relative résurgence des interventions militaires en Europe, avec la guerre de 2008 entre la Géorgie et la Russie, puis le conflit entre la Russie et l'Ukraine de 2014, sans même compter les tensions en Méditérannée entre la Grèce et la Turquie. Certes, y est pour beaucoup l'équilibre de la terreur – MAD, *Mutually Assured Destruction* – instauré par l'arme nucléaire, avec le risque constant d'une apocalypse. Mais cette décrue est aussi à mettre à l'actif de l'Organisation des Nations Unies, qui a su faire vivre la double obligation de règlement pacifique des différends (chapitre 6) et d'interdiction du recours à la force dans les relations internationales (chapitre 7).

La signification de la paix, telle que conçue dans la Charte, ne s'arrête toutefois pas à l'absence de guerre. À cet égard, le droit international contemporain va au-delà de l'ambition assignée au droit international « classique », qui visait à assurer la coexistence entre entités souveraines et à limiter les guerres. La paix est aussi une paix « positive », comprise comme « construction de la paix » à travers la réduction des facteurs belligènes dans la société. Il ne s'agit donc plus de mettre fin à la guerre, mais à « toutes les guerres », dans le fil du projet kantien de paix perpétuelle, en vue de la formation d'un droit « cosmopolitique », ce que l'on appelle plus volontiers aujourd'hui un « droit mondial », ou encore, à travers un anglicisme, un droit « global ». Le droit international se voit désormais assigner, au-delà de sa fonction d'ordre au sens strict – une absence de trouble – la tâche de créer un ordre dans la mondialisation (chapitre 8).

chapitre **6**

Le règlement des différends

Le principe du règlement pacifique des *différends*[Q], comme substitut au recours à la force et au fait accompli, est clairement posé par la Charte dès l'article 2, paragraphe 4 : « les membres de l'Organisation règlent leurs différends internationaux par des moyens pacifiques, de telle manière que la paix et la sécurité internationales ainsi que la justice ne soient pas mises en danger ». Sa portée est précisée en tête du chapitre VI qui lui est consacré. Selon l'article 33 : « les parties à tout différend dont la prolongation est susceptible de menacer le maintien de la paix et de la sécurité internationales doivent en rechercher la solution, avant tout, par voie de négociation, d'enquête, de médiation, de conciliation, d'arbitrage, de règlement judiciaire, de recours aux organismes ou accords régionaux, ou par d'autres moyens pacifiques de leur choix ». **297**

Mais derrière le caractère impératif du principe, l'éventail des moyens évoqués marque un grand empirisme : certains « moyens pacifiques » se complètent ou peuvent se cumuler, tandis que le caractère vague et incomplet de la liste (« ou par d'autres moyens »...) offre autant d'échappatoires aux États désireux de tergiverser. Les États « doivent » régler leurs différends par des moyens pacifiques, mais ils gardent une totale liberté dans le choix et l'appréciation de ces moyens (v. « La déclaration de Manille sur le règlement pacifique des différends », adoptée le 5 nov. 1982 par l'AG, résol. n° 37/10 ; et son commentaire par C. Economidès, *in AFDI* 1982). Il suffit donc que deux États divergent sur les moyens à utiliser pour que le conflit sur le fond se double d'un conflit sur la procédure.

Parmi les moyens énumérés par la Charte, certains restent souples et non contraignants, ce sont les moyens non juridictionnels (section 1) ; d'autres, au contraire, correspondent à des modes juridictionnels, imposant une solution en droit, que ce soit l'arbitrage (section 2) ou le « règlement judiciaire », c'est-à-dire la justice internationale (section 3). **298**

Plan analytique

section 1

Les moyens non juridictionnels

§ 1 La négociation

§ 2 Les bons offices et la médiation

§ 3 La conciliation

§ 4 L'enquête

section 2

L'arbitrage international

§ 1 L'évolution historique de l'arbitrage

§ 2 La base juridique de l'arbitrage

§ 3 La portée de la sentence arbitrale

section 3

La justice internationale

§ 1 L'organisation de la Cour internationale de justice

§ 2 Les compétences de la Cour

§ 3 Le bilan de la jurisprudence de la Cour

§ 4 L'apparition de nouvelles juridictions internationales

Compléments pédagogiques

section 1

Les moyens non juridictionnels

À côté de la négociation directe, qui est un point de passage obligé pour tout contentieux, les modes de règlement des différends visent à dépasser le face-à-face des États en conflit, pour faire intervenir un tiers impartial, dans un cadre diplomatique ou institutionnel. 299

§ 1 La négociation

La négociation est la base même de la diplomatie, comme le rappelait le *Testament de Richelieu* en recommandant de négocier partout et en tout temps, sans jamais se lasser. Mais ici la notion prend un aspect plus technique. La négociation joue en effet un double rôle, comme moyen direct de résoudre les conflits entre États ou de tenter de les résoudre, en inscrivant des contacts réguliers dans la durée (v. les négociations bilatérales en cours entre la Russie et la Chine relative à leur délimitation frontalière ; ou l'exercice de la CSCE qui a constitué une vaste négociation multilatérale dans un cadre informel), mais aussi comme préalable du contentieux. Pour autant, il n'existe pas d'obligation générale de négocier en droit international. Les articles 2, paragraphe 4 et 33 de la Charte des Nations Unies précités créent bien une obligation de régler pacifiquement les différends, mais laissent aux États le libre choix des moyens, et la négociation n'en est qu'un parmi d'autres (v. l'arrêt sur le fond de la CIJ du 1er octobre 2018 dans l'affaire de l'*Obligation de négocier un accès à l'océan Pacifique, Bolivie c. Chili*, § 165). De même, « le fait de négocier une question donnée à un moment déterminé ne suffit pas pour donner naissance à une obligation de négocier. » (*id.*, § 91). Si obligation il y a, elle trouve donc nécessairement son fondement dans une règle du droit international et porte en général sur un objet limité. 300

Certains traités prévoient une phase préalable de négociation comme condition à la saisine d'une juridiction internationale. Ainsi l'article 22 de la Convention sur l'élimination de la discrimination raciale (CERD) dispose que « [t]out différend entre deux ou plusieurs États parties touchant l'interprétation ou l'application de la présente Convention qui n'aura pas été réglé par voie de négociation ou au moyen des procédures expressément prévues par ladite Convention sera porté, à la requête de toute partie au différend, devant la Cour internationale de justice pour qu'elle statue à son sujet, à moins que les parties au différend ne conviennent d'un autre mode de règlement. »

Encore faut-il pouvoir interpréter correctement ce type de clauses, dont le langage est parfois ambigu, comme l'a montré l'affaire *Géorgie c/ Russie*, où la Cour internationale de justice a changé d'avis entre la phase des mesures conservatoires et celle des exceptions préliminaires : alors que – dans le cadre de son examen *prima facie* conduit dans une ordonnance en indication de mesures conservatoires – elle avait estimé que l'article 22 n'imposait aucune négociation préalable à la saisine de la Cour, elle a pris le parti exactement opposé dans son arrêt sur les exceptions préliminaires du 1er avril 2011 (v. ci-dessous les extraits reproduits dans les compléments pédagogiques, Documents n° 3 ; et, à propos de l'article 84 de la Convention de Chigago sur l'aviation civile, l'arrêt du 14 juillet 2020 sur l'*Appel concernant la compétence du Conseil de l'OACI en vertu de l'article 84 de la Convention relative à l'aviation civile internationale, Arabie Saoudite, Bahreïn, Egypte et Emirats Arabes Unis c. Qatar*, §§ 88). Quoiqu'il en soit, en l'absence d'une telle obligation conventionnelle, la négociation préalable n'est pas, en général, une condition à la saisine de la Cour (v. *Affaire de la frontière terrestre et maritime entre le Cameroun et le Nigeria* et l'*Affaire relative aux Plateformes pétrolières*, Documents n° 3).

D'autres traités fixent un cadre de négociation obligatoire en tant qu'obligations procédurales dont le respect conditionne la faculté pour l'une des parties d'adopter certaines mesures. Ainsi, dans l'affaire de l'*Usine de pâtes à papier*, opposant l'Argentine à l'Uruguay, la Cour internationale de Justice a reconnu la responsabilité de l'Uruguay pour avoir donné l'autorisation de construire certains ouvrages sur le fleuve sans avoir respecté son obligation de négocier en vertu du traité (arrêt du 20 avril 2010, v. Documents n° 2). La Cour, à cette occasion, a insisté sur le respect du « principe de bonne foi » qui doit guider les États dans l'application de leurs obligations.

■ **301** Ce principe de l'« obligation de négocier de bonne foi » a été précisé par l'arbitrage du 16 novembre 1957 dans l'affaire du *Lac Lanoux* opposant l'Espagne et la France, qui mentionnait « une obligation d'accepter de bonne foi tous les entretiens et contacts qui doivent, par une large confrontation d'intérêts et par une bonne volonté réciproque, les mettre dans les meilleures conditions pour conclure des accords » (*RSA*, XII, p. 308). Mais il ne faut pas assimiler cette « obligation de négocier » qui reste une obligation de moyens, avec une « obligation de conclure » qui constitue une véritable obligation de résultat, un *Pactum de contrahendo* (P. Reuter, « De l'obligation de négocier », *Mélanges G. Morelli*, Giuffré, 1975).

En pratique, la distinction est parfois mince entre fermeté et obstruction, d'autant plus que les torts sont souvent réciproques. Comme l'a précisé la Cour internationale de justice, « les parties sont tenues d'engager une négociation en vue de réaliser un accord et non pas simplement de procéder à une négociation formelle comme une sorte de condition préalable à l'application automatique d'une certaine méthode de délimitation, faute d'accord ; les parties ont l'obligation de se comporter de telle manière que la négociation ait un sens, ce qui n'est pas le cas lorsque l'une d'entre elles insiste sur sa propre position sans envisager aucune modification » (Arrêt 1969, *Rec.* 47, § 85). Pour autant, le Tribunal du droit de la mer, établi par la Convention de Montego Bay, a estimé qu'« un État Partie n'a pas obligation de poursuivre un échange de vues, lorsqu'il arrive à la conclusion que les possibilités de parvenir à un accord ont été épuisées » (TIDM, ord., 3 déc. 2001, *Usine MOX (Irlande c/ Royaume-Uni), mesures conservatoires, Rec.* 2001, p. 107, § 60). Dans son ordonnance sur les mesures conservatoires demandées par les Pays-Bas dans l'affaire de l'*Arctic Sunrise*

– le navire de Greenpeace intercepté avec son équipage aux abords d'une plaforme pétrolière dans la ZEE de la Fédération de Russie – le Tribunal a constaté qu'un échange de vues avait bien eu lieu, comme en témoignaient les « notes diplomatiques et la correspondance officielle échangées » entre les deux États, mais aussi le fait que les ministres des Affaires étrangères avaient « évoqué le différend à plusieurs reprises » (TIDM, ord., 22 nov. 2013, *Affaire de l' « Arctic Sunrise » (Royaume des Pays-Bas c/ Fédération de Russie, mesures conservatoires*, §§ 73-77). Dans l'affaire opposant l'Ukraine à la Russie, la Cour a constaté que les négociations avaient duré environ deux ans et que, pendant toute cette période, la position des Parties, au fil de leurs échanges diplomatiques, n'avait pas fondamentalement changé. Elle en a « déduit que les négociations entre les Parties étaient devenues inutiles ou avaient abouti à une impasse lorsque l'Ukraine a déposé sa requête sur le fondement de l'article 22 de la CIEDR. » (*Application de la Convention internationale pour la répression du financement du terrorisme et de la Convention internationale sur l'élimination de toutes les formes de discrimination raciale*, arrêt du 8 novembre 2019, § 120). En tout état de cause, la question de savoir si les négociations ont été suffisantes pour satisfaire à l'obligation est « une question de fait, une "question d'espèce" » (arrêt du 1er avril 2011, *Géorgie c. Russie*, § 160, citant l'arrêt de la CPJI dans l'affaire des *Concessions Mavrommatis en Palestine* ; et arrêt du 14 juillet 2020, *Arabie Saoudite, Bahreïn, Egypte et Emirats Arabes Unis c. Qatar*, § 93).

Plus rares sont les cas dans lesquels l'obligation de négocier se voit assigner un objectif précis. Dans ce cas, on approche de l'obligation de résultat, ou à tout le moins d'une obligation de mettre en œuvre tous les moyens possible pour atteindre le résultat désiré. Un bon exemple est celui de l'article VI du traité de non-prolifération nucléaire qui crée une obligation de « négocier de bonne foi un désarmement nucléaire ». Pour la CIJ, « la portée juridique de l'obligation considérée dépasse celle d'une simple obligation de comportement ; l'obligation en cause ici est celle de parvenir à un résultat précis – le désarmement nucléaire dans tous ses aspects – par l'adoption d'un comportement déterminé, à savoir la poursuite de bonne foi de négociations en la matière » (Arrêt 1996, *Rec.* 263, § 99). Il s'agit donc d'une « double obligation de négocier et de conclure », autrement dit non seulement d'une obligation de moyens mais aussi d'une obligation de résultat.

La CIJ a également insisté sur l'obligation des États de négocier, comme moyen de 302 ■
prévenir ou de compléter une solution judiciaire. Cela a été le cas avec l'ordonnance du 29 juillet 1991 dans l'affaire du *Passage par le Grand Belt*, opposant la Finlande et le Danemark à propos de la construction d'un pont qui aurait limité la navigation par les détroits danois. Au lieu de trancher une question de principe fort embarrassante, la Cour a préféré renvoyer les parties à un accord négocié sur le terrain de la réparation financière, en leur laissant ainsi un sursis après s'être proclamée compétente. Elle a également souligné à plusieurs occasions, notamment en matière de délimitations maritimes, les « avantages » d'une solution négociée sur un règlement judiciaire, en rappelant que les négociateurs ont toute liberté pour trouver une solution en équité, alors que les juges restent prisonniers du droit. La négociation peut également s'imposer en vue d'adapter les clauses d'un traité à une situation qui a fondamentalement changée, sur le plan factuel ou normatif : ainsi, dans son arrêt du 25 septembre 1997 concernant le *projet Gabčíkovo-Nagymaros* entre la Hongrie et la Slovaquie, la Cour a considéré que l'application de la règle *pacta sunt servanda*

exigeait des parties « qu'elle puissent trouver d'un commun accord une solution dans le cadre de coopération que prévoit le traité ». (*Rec.* 78, § 142, v. rubrique compléments pédagogiques ci-dessous, Documents n° 2).

La négociation offre donc une marge de manœuvre importante aux États s'ils savent l'utiliser pleinement. Trop souvent, par manque d'initiative ou d'imagination, la négociation piétine. Le recours aux tiers devient alors indispensable pour imaginer une solution par le haut.

§ 2 Les bons offices et la médiation

303 Dans la nébuleuse des moyens diplomatiques de règlement des conflits, certaines formes particulières se sont cristallisées et ont été codifiées par la première convention de La Haye pour le règlement pacifique des conflits internationaux de 1899.

La modalité la plus souple est celle des « bons offices » qui permet à un tiers de tenter de rapprocher les points de vue, à travers des contacts formels ou informels. C'est le rôle permanent des organisations internationales à travers leurs principaux organes. Ainsi, le secrétaire général des Nations Unies, X. Perez de Cuellar a joué un rôle de premier plan dans les négociations entre l'Irak et l'Iran après la première guerre du Golfe en 1986, ou lors du déclenchement de la seconde guerre du Golfe avec des négociations de la dernière chance en 1990, tout comme Kofi Annan en se rendant lui-même à Bagdad en 1998. Il peut également désigner des « représentants personnels » pour prolonger son action, mais la mutiplication de ces représentants personnels, sans véritable poids diplomatique, crée le risque d'une certaine banalisation, comme on l'a vu avec la démission des personnalités en charge du dossier syrien, d'abord Kofi Annan puis Lakhdar Brahimi. Force est de reconnaître que l'action diplomatique des Nations Unies s'enlise souvent, faute des moyens politiques et économiques de pression dont disposent surtout les États-Unis, mais aussi l'Union européenne. Mais la diplomatie morale garde tout ses atouts, comme le montre le rôle aussi discret qu'efficace du pape François dans le rapprochement historique entre Cuba et les États-Unis en 2015, après plus de 50 ans de blocus.

De plus en plus toutefois les grandes puissances, en marge de l'Organisation des Nations Unies, imposent leur parrainage à des conférences diplomatiques et signent des traités, à côté des parties prenantes, qu'ils viennent cautionner de leur poids politique : cela a été le cas de la conférence de Madrid sur le Proche-Orient, avec les États-Unis et la Russie comme « co-parrains », ou de la conférence de Dayton sur l'ex-Yougoslavie, avec les cinq États du « groupe de contact » (États-Unis, Fédération de Russie, France, Royaume-Uni, République fédérale d'Allemagne). Parfois ces pressions diplomatiques se concluent par un échec comme la conférence de Rambouillet sur le Kosovo, en février 1999. L'escalade de la tension entre l'Inde et le Pakistan, en juin 2002, a entraîné la multiplication des tentatives de bons offices des États-Unis comme de la Russie. Plus récemment, l'accord de Vienne sur le nucléaire iranien du 14 juillet 2015, après de longues années de négociation des grandes puissances avec l'Iran, a été entériné par le Conseil de sécurité dans sa résolution 2231 du 20 juillet 2015, ouvrant la voie à une levée progressive des sanctions mises en place depuis 2006. C'est le fruit d'un processus original impliquant les cinq membres permanents du Conseil de sécurité, ainsi que l'Allemagne et l'Union européenne, associées à la France et au Royaume-Uni selon la formule « E3+UE ». Au-delà de l'enjeu central du nucléaire iranien, cette forme de « directoire international », a permis des contacts permanents au plus haut niveau entre les États-Unis et la Russie, même dans des périodes de tension Est-Ouest. Les résultats du « format Normandie » pour tenter de résoudre la crise ukrainienne, avec le tandem franco-allemand négociant avec l'Ukraine et la Russie, en court-circuitant les enceintes mutilatérales comme celle l'OSCE, restent moins probants. *A fortiori*, le désaccord frontal entre grandes puissances compromet les chances de succès d'une négociation, comme le montre le processus de Genève avec la Syrie ou la remise en cause unilatérale de l'accord de Vienne sur le nucléaire iranien signé le 14 juillet 2015, depuis l'arrivée au pouvoir de Donald Trump, malgré les efforts des autres membres du groupe « P5 +1 » (Chine, France, Royaume-Uni, Russie et Allemagne).

La médiation suppose un cadre plus formel de négociation, les deux parties s'en remettant au médiateur pour servir d'intermédiaire en menant des négociations parallèles. Cela a été le cas en 1979 de la médiation du Saint-Siège dans le différend entre l'Argentine et le Chili que n'avait pu résoudre l'arbitrage sur le canal de Beagle (A. Brouillet, *in AFDI* 1979), de la négociation de Camp-David organisée par le président Carter entre l'Égypte et Israël en 1978, ou du rôle de la Norvège dans les contacts secrets entre Israël et l'OLP en 1993. Les accords d'Alger de 1981 pour régler le contentieux américano-iranien poussent jusqu'au bout la fiction des négociations cloisonnées puisqu'ils comportent deux accords distincts : un accord entre l'Algérie et l'Iran, d'une part, et un accord entre l'Algérie et les États-Unis, d'autre part, les États ne voulant pas faire voisiner leurs signatures. 304 ■

On peut rapprocher de cette formule le rôle personnel joué par X. Perez de Cuellar dans le règlement de l'affaire du *Rainbow Warrior* en 1986. On a parlé d'une « médiation » dont les parties avaient accepté à l'avance de respecter les termes. Il s'agit donc plutôt d'une forme d'arbitrage politique définie précisément par son caractère obligatoire. Mais la médiation du secrétaire général avait été précédée de négociations secrètes entre la France et la Nouvelle-Zélande qui avaient ainsi précisé les contours du compromis cautionné par l'autorité morale du secrétaire général.

§ 3 La conciliation

La conciliation (J.-P. Cot, *La conciliation internationale*, Pedone, 1968) impose une procédure contradictoire, dans un cadre préconstitué le plus souvent par l'existence de « listes » de conciliateurs, mais devant un organe non juridictionnel et sans caractère obligatoire. Elle a connu un grand essor dans l'entre-deux-guerres avec la vogue des « traités d'arbitrage et de conciliation », d'abord dans un cadre bilatéral, sur le modèle des traités de conciliation suisses, puis dans un cadre multilatéral (acte général d'arbitrage de 1928, révisé en 1949, et formellement dénoncé par la France en 1974 après l'affaire des essais nucléaires). 305 ■

On la retrouve comme mode alternatif dans des conventions de codification, à commencer par la convention de Vienne de 1969 qui lui fait la part belle, du moins sur le papier, comme pis-aller à l'absence de clause juridictionnelle obligatoire (art. 66 et annexe qui prévoit une « liste de conciliateurs »), tout comme dans la convention de Montego Bay de 1982 (art. 284 et annexe V). Il en va de même de la plupart traités relatifs aux droits de l'homme, comme la Convention internationale pour l'élimination de toutes les formes de discrimination raciale de 1965 qui prévoit la mise en place d'une « commission de conciliation *ad hoc* » à la suite d'une plainte étatique (art. 11 s.). Ces dispositions ont été mises en œuvre pour la première fois en 2018, avec la saisine du Comité pour l'élimination de la discrimination raciale (CERD) par le Qatar contre l'Arabie saoudite et par le Qatar contre les Emirats arabes unis, ainsi que par la Palestine contre Israël.

Elle figure également dans des systèmes régionaux, à côté des voies de recours juridictionnels (arbitrage et compétence de la Cour internationale de justice), comme le pacte de Bogota de 1948 pour l'OEA, ou la convention européenne pour le règlement des différends de 1957 dans le cadre du Conseil de l'Europe. Sur un plan plus technique, elle constitue une modalité de fonctionnement du CIRDI créé en 1965 sous les auspices de la Banque mondiale, à côté de l'arbitrage et de l'enquête, mais la pratique de la conciliation reste mince alors que celle de l'arbitrage s'est généralisée.

Enfin, il faut rappeler que la Convention européenne des droits de l'homme de 1950 comportait une phase de conciliation où la Commission européenne des droits de l'homme « se met (...) à la disposition des intéressés en vue de parvenir à un règlement amiable de l'affaire qui s'inspire du respect des droits de l'homme tels que les reconnaît la présente convention » (art. 28). Aujourd'hui c'est la Cour (Conv. révisée, art. 38) qui est chargée de cette mission, mais on voit mal comment la même instance pourra jouer ce rôle et exercer sa fonction judiciaire. On a pu aussi s'interroger sur la conformité aux principes des droits de l'homme de certains règlements politiques, comme avec le règlement confidentiel survenu pour l'affaire turque en 1983.

306 Dans une tentative plus récente, la convention de Stockholm du 15 décembre 1992 porte création d'une Cour de conciliation et d'arbitrage au sein de l'OSCE, avec la particularité d'être une procédure obligatoire pour tous les États parties alors que l'arbitrage reste facultatif. Il s'agit de l'aboutissement des efforts entrepris dans le droit fil de l'Acte final de la Conférence de Helsinki dont le principe V vise le règlement pacifique des différends. Sous l'impulsion d'États neutres comme la Suisse, des engagements politiques ont été adoptés, comme lors de la réunion d'experts sur le règlement pacifique des différends organisée à La Valette au début 1991 (cf. Ch. Leben, *RGDIP* 1991). Avec la convention de Stockholm, à l'initiative notamment de la France, le débat se trouve placé sur le terrain des obligations juridiques, dans un cadre multilatéral ouvert aux États participants de l'OSCE. La Cour est un organe permanent, en liaison avec les institutions de l'OSCE, avec un siège à Genève, qui comporte deux branches distinctes, une liste de conciliateurs et une liste d'arbitres nommés pour 6 ans par les États parties (v. *infra*). Les conciliateurs forment le vivier pour la constitution d'une « commission de conciliation » dans une affaire donnée. Dans le cadre d'une procédure confidentielle et contradictoire entre les États concernés, « la commission de conciliation aide les parties au différend à régler celui-ci conformément au droit international et aux engagements auxquels ils ont souscrit dans le cadre de la CSCE » (art. 24). Le rapport de la commission est transmis aux instances de l'OSCE qui peuvent ainsi donner leur poids politique à ces propositions. En cas de désaccord persistant, les parties peuvent enfin décider conjointement de recourir à l'étape de l'arbitrage. La constitution d'un tribunal arbitral obéit aux mêmes règles, les arbitres désignés par le bureau de la Cour étant plus nombreux que les arbitres désignés par les deux parties en conflit, afin de laisser la prédominance à la composante "neutre" du Tribunal. Mais les phases de la conciliation et de l'arbitrage sont distinctes et gardent leur logique propre : dans un cas le recours à la conciliation est accessible sur une base unilatérale, mais le resultat de la conciliation n'est pas obligatoire, dans l'autre, l'arbitrage est conditionné par l'accord des parties mais la sentence arbitrale s'impose à elles. La Convention de Stockholm qui est entrée en vigueur le 5 décembre 1994 a été ratifiée par 34 États parties, mais ses mécanismes restent ouverts a tous les États participants de l'OSCE, sur une base *ad hoc*. Pour autant, à ce jour, malgré la mutiplication des crises dans l'espace paneuropéen, ces procédures prometteuses n'ont pas encore été mises en œuvre.

Les traités bilatéraux offrent des exemples symptomatiques des difficultés de mise en œuvre de la conciliation en liaison avec un arbitrage. L'accord de pêche franco-canadien du 27 mars 1972 dont l'interprétation était en jeu dans l'affaire du *Filetage dans le golfe du Saint-Laurent* (sentence du 17 juill. 1986) prévoyait dans une première phase une tentative de conciliation par trois experts, avant de passer à la phase d'arbitrage, la commission de conciliation se transformant en « tribunal arbitral » avec les trois mêmes membres. Toutefois, lors de la mise en œuvre de la procédure, il apparut que la tâche des arbitres serait rendue très délicate s'ils avaient auparavant pris position en proposant des solutions dans leur rôle de conciliation. Il fut donc décidé de passer directement à l'étape de l'arbitrage. Dans l'affaire de *Taba* entre l'Égypte et Israël (sentence du 29 sept. 1988) la procédure était encore plus complexe puisque les accords de Camp-David du 17 septembre 1978 avaient prévu la constitution d'un tribunal arbitral de cinq membres, dont trois auraient à exercer une tentative de conciliation auprès des parties mais dont ils devaient en garder secrètes les conditions à l'égard des deux autres arbitres, ce qui ne manquait pas de les placer dans une position assez fausse. Là encore, la conciliation a débouché sur une impasse. Néanmoins, on peut constater un renouveau de la conciliation (cf. Ch. Tomuschat et M. Kohen, *Flexibility in International Dispute Settlement, Conciliation Revisited*, Brill, 2020), avec notamment l'affaire *Timor-Leste c. Australie* qui a abouti à un « accord global » le 30 août 2017, portant notamment sur les frontières maritimes et le statut juridique des ressources gazières, grâce aux efforts d'une commission de conciliation réunie à La Haye dont la Cour permanente d'arbitrage assurait le greffe. 307 ■

§ 4 L'enquête

L'enquête est une procédure à part qui a pour but l'établissement des faits, en laissant aux États le soin de déterminer les suites à donner à ce constat, notamment en matière de responsabilité (T. Bensalah, *L'enquête internationale dans le règlement des conflits*, LGDJ, 1976). Sous cette forme technique, codifiée par les conventions de 1899 et de 1907, elle a joué un rôle historique avant le développement des organisations internationales (même s'il est toutefois toujours loisible aux États de convenir d'une procédure d'enquête dans un cadre strictement bilatéral, comme ce fut le cas dans l'affaire du *Red Crusader* entre le Danemark et le Royaume-Uni en 1961. V. G. Timsit, « Le fonctionnement de la procédure d'enquête dans l'affaire du "Red Crusader", *AFDI* 1963, vol. 9, pp. 460-472). 308 ■

En pratique, c'est dans un cadre institutionnel que les mécanismes d'enquête, d'établissement des faits (*fact-finding*), de vérification, d'inspection ou de surveillance (*monitoring*) ont pris un développement considérable. La pratique de la « vérification », des enquêtes et des inspections sur place s'est ainsi particulièrement développée dans le domaine du désarmement. De même, en matière de droit humanitaire, le protocole additionnel I aux conventions de Genève de 1949 prévoit la mise en place d'une « commission internationale d'établissement des faits » de quinze experts indépendants (art. 90). Celle-ci établie en 1991 a été renouvelée depuis lors tous les cinq ans, sans être saisie d'aucune enquête, et cela jusqu'en 2017 où elle a été amenée à se pencher sur un « incident ayant touché la mission spéciale de monitorage de l'OSCE », au cours duquel un employé paramédical de l'OSCE avait été tué et deux autres membres d'une patrouille blessés. La Commission a conclu que le véhicule blindé n'avait pas été pris pour cible mais avait vraisemblablement explosé sur une mine.

■ 309 Dans le cadre de la Convention européenne des droits de l'homme, la première tâche de la Commission européenne des droits de l'homme, parallèlement à ses efforts de règlement amiable, était d'établir les faits, au besoin en procédant à une enquête sur le terrain : « afin d'établir les faits, elle procède à un examen contradictoire de la requête avec les représentants des parties et, s'il y a lieu, à une enquête pour la conduite efficace de laquelle les États intéressés fourniront toutes les facilités nécessaires, après échange de vues avec la Commission » (art. 28). C'est désormais la Cour qui devrait exercer ce pouvoir d'enquête (Conv. révisée, art. 38), mais faute de moyens elle a mis l'accent sur l'obligation positive qui incombe à un État de mener une enquête en cas de violation (v. par ex. arrêt *Chypre c/ Turquie* 2001, préc.). Dans le même temps, les organes statutaires du Conseil de l'Europe ont eux-mêmes développé leurs propres systèmes de « *monitoring* », comme le comité des ministres et l'assemblée parlementaire, mais aussi comme le secrétaire général (Conv., art. 52). Cela a été le cas de l'enquête menée en 2007 par le secrétaire général du Conseil de l'Europe, Terry Davies, auprès de tous les États parties à la Convention européenne des droits de l'homme s'agissant des vols clandestins de la CIA, dans le cadre de la « guerre contre le terrorisme », parallèlement à l'enquête d'un sénateur suisse, Dick Marty pour l'assemblée parlementaire. Ces rapports ont ainsi révélé que non seulement certains États avaient accepté le survol de leur territoire, voire des escales techniques, mais surtout que des prisons secrètes avaient fonctionné, notamment en Pologne, comme lieu de transit et d'interrogatoire.

Toujours dans le cadre du Conseil de l'Europe, la Convention européenne pour la prévention de la torture, adoptée le 26 novembre 1987, met en place un Comité européen pour la prévention de la torture (CPT) composé d'experts indépendants qui mène des enquêtes périodiques dans tous les lieux publics de détention des États parties. Alors que les rapports sur la situation de chaque pays devaient rester confidentiels, la publication de ces rapports avec l'accord des États s'est généralisée. Dans des situations critiques, le CPT peut faire des « déclarations publiques ».

■ 310 On peut rapprocher de ces enquêtes les mécanismes de la dimension humaine de la CSCE, notamment le « mécanisme de Moscou » instauré en 1991 qui permet à plusieurs États de demander l'envoi d'une « mission de la CSCE » afin de faire un rapport sur la situation des droits de l'homme dans un État participant, et ce même sans l'aval de l'État ainsi visé. Cette procédure comporte plusieurs variantes plus consensuelles : le comité des ministres peut lui-même décider l'envoi d'une mission de rapporteurs ; un seul État peut également inviter une mission sur son territoire. La procédure est facilitée par la constitution préalable de listes d'experts par les États participants, et par le suivi que doivent assurer les instances de la CSCE (E. Decaux, *Sécurité et coopération en Europe, les documents officiels du processus de Helsinki,*

Doc. fr., coll. « Retour aux textes », 1992). Alors que le mécanisme de Moscou n'avait pas été utilisé pendant près de dix ans, il a été invoqué par dix États occidentaux selon la procédure d'urgence à l'encontre du Turkménistan, au début de 2003. À la suite de ce rapport, transmis aux Nations Unies, la Commission des droits de l'homme, puis l'Assemblée générale ont adopté des résolutions sur la situation des droits de l'homme au Turkménistan. S'agissant de la situation en Ouzbékistan, c'est le directeur du bureau des institutions démocratiques et des droits de l'homme (BIDDH) qui a décidé de son propre chef de faire un rapport sur les violations des droits de l'homme dans ce pays. Le mécanisme de Moscou a été une nouvelle fois invoqué en 2011 par 14 États au sujet de la situation du Belarus, après la répression qui a suivi l'élection présidentielle du 19 décembre 2010, marquant une étape dans l'isolement du pays, jusqu'à la désignation d'un rapporteur spécial par le Conseil des droits de l'homme en 2012. Plus récemment le mécanisme de Moscou a été déclenché en 2018 par 16 États – dont la France – pour enquêter sur les violations des droits de l'homme en Tchétchénie depuis 2017, notamment à l'égard de personnes LGBTI et de défenseurs des droits de l'homme. Cet élargissement du champ de la procédure d'urgence est significatif du renouveau du mécanisme de Moscou, si l'on se rappelle que les expériences précédentes étaient centrées sur un événement critique. Mais en pratique l'OSCE a également développé des méthodes informelles, avec les missions de longue durée sur le terrain, et surtout l'expérience de sa mission de vérification au Kosovo (MVK) à l'automne 1998 dont les rapports constituent une référence sur la dégradation de la situation avant la crise qui a entraîné le retrait de la mission et l'intervention de l'OTAN. On ne peut que s'étonner de la mise en veilleuse de ces instruments lors du conflit entre la Russie et la Géorgie : l'Union européenne a financé une « commission internationale », présidée par un diplomate suisse, pour établir les causes de la guerre d'août 2008, alors que l'implication des « mécanismes » de l'OSCE aurait donné une toute autre légitimité à cette commission qualifiée unilatéralement d'indépendante. Il en va de même au printemps 2014, avec la crise ukrainienne, l'OSCE ayant mis en avant les bons offices de la présidence en exercice, assurée par la diplomatie suisse, en mobilisant les différentes institutions de l'OSCE, comme le BIDDH ou le Haut-Commissaire aux minorités nationales, et en assurant l'envoi — non sans risques — d'observateurs sur le terrain. Le suivi quotidien des incidents survenus dans les zones disputées qui est depuis lors assuré par l'OSCE est une composante importante des efforts de déescalade entrepris en liaison avec les négociations politiques dans le cadre du "format Normandie" (France, Allemagne, Russie, Ukraine).

On retrouve la pratique d'enquêtes menées par des experts indépendants, au sein des 311 ■
Nations Unies, notamment dans le domaine des droits de l'homme. Ainsi, à côté du rôle essentiel joué par « procédures spéciales » du Conseil des droits de l'homme, des commissions d'enquête peuvent être créées par les différents organes de l'ONU : le Conseil des droits de l'homme lui-même, mais aussi le Conseil de sécurité ou l'Assemblée générale, ainsi que le Haut-Commissariat aux droits de l'homme. Depuis 1963, on recense plus de 70 mécanismes de ce type, dont les structures et les mandats varient, mais dont le point commun est d'être temporaires et constitués d'experts indépendants. Chronologiquement, on constate toutefois une montée en puissance de cette forme d'enquête qui est corrélative du développement du droit international pénal et de l'accent mis sur la responsabilité pénale individuelle : les commissions documentent le plus souvent non seulement des « violations » des droits de l'homme

mais aussi des crimes internationaux (génocide, crimes contre l'humanité, crimes de guerre). Mais les mécanismes peuvent collecter des preuves sans que les poursuites soient toujours au rendez-vous. Ainsi, le Conseil des droits de l'homme a créé en 2011 une « commission d'enquête internationale et indépendante » sur la République arabe syrienne (Résol. S.17/1). Mais alors que la Syrie n'a pas ratifié le Statut de Rome, en raison du double veto russe et chinois au Conseil de sécurité, la situation syrienne n'a jamais pu être renvoyée à la Cour pénale internationale et la Commission doit se résoudre à conserver les preuves et à publier des rapports pour dénoncer les violations. Face à cette impasse, un groupe de pays ont décidé de contourner le Conseil de sécurité en faisant voter par l'Assemblée générale la résolution 71/248 du 21 décembre 2016 créant un « Mécanisme international, impartial et indépendant » – souvent appelé « M3I » – chargé de « faciliter les enquêtes sur les violations les plus graves du droit international commises » en Syrie depuis mars 2011 et « d'aider à juger les personnes qui en sont responsables ». Concrètement, ce mécanisme recueille les éléments de preuve selon une méthodologie judiciaire et coopère avec les juridictions nationales (non syriennes) enquêtant sur les crimes commis en Syrie. Sur ce même modèle, le Conseil des droits de l'homme a décidé de créer un Mécanisme d'enquête indépendant pour le Myanmar (résol. 39/2 du 27 sept. 2018). Mais contrairement à la situation syrienne, la Cour pénale internationale a pu finalement se saisir d'au moins une partie des violations commises contre les Rohingya, en fondant sa compétence sur les expulsions forcées des membres de cette population vers le Bangladesh, partie au Statut de Rome (v. la décision de la Chambre de première instance II du 14 novembre 2019 autorisant la Procureur à ouvrir une enquête).

■ 312 Enfin, on doit mentionner, les « commissions pour la vérité et la réconciliation » instaurées sur un plan strictement interne depuis les années quatre-vingt, notamment en Argentine (commission nationale pour les disparus, CONADEP, 1983-1984) et au Chili (*Nunca Mas*, 1990-1991) avec des limites politiques et juridiques qui se sont traduites par de nouveaux contentieux sur le plan international comme dans le cadre interne (v. aff. *Pinochet*, 1998). Un processus exemplaire a été mis en place en Afrique du Sud, là aussi sur le plan interne, avec la « commission pour la vérité et la réconciliation » (1995-2000) présidée par Mgr Desmond Tutu, le Prix Nobel de la paix, dont le rapport a été rendu public en 1998. La commission sud-africaine avait le pouvoir d'amnistier les personnes acceptant de témoigner, mais elle pouvait aussi poursuivre devant la justice certains responsables tout comme les personnes refusant de témoigner devant elle. La tâche première de ces commissions est d'établir les faits, sur les violations massives des droits de l'homme commises, en considérant que la vérité est la première étape de la justice due aux victimes et de la lutte contre l'impunité, conformément aux « principes » dégagés par le rapporteur spécial des Nations Unies Louis Joinet (L. Joinet [dir.], *Lutter contre l'impunité*, La découverte, 2002) et repris à son compte par la Commission des droits de l'homme des Nations Unies en 2005.

Il peut y avoir une dialectique entre enquête nationale et enquête internationale, comme le montre bien le processus de suivi de la situation des droits de l'homme au Sri Lanka, après la victoire militaire remportée contre la guerilla des Tigres Tamouls (LTTE) en 2009, au prix de nombreuses violations des droits de l'homme et du droit humanitaire. Dans sa résolution 25/1, le Conseil des droits de l'homme motive sa décision de confier une mission d'enquête internationale à la Haute Commissaire par le constat, fait par cette dernière, de « l'absence d'un mécanisme national crédible obtenant des résultats tangibles » (résol. 25/1, § 10). Ceci après avoir pris note, dans le préambule, des « conclusions et recommandations formulées dans le rapport de la Commission des enseignements et de la réconciliation de Sri Lanka » et reconnu « qu'elles peuvent contribuer à un processus de véritable réconciliation nationale à Sri Lanka ».

section 2

L'arbitrage international

L'arbitrage, qui implique le recours à un tiers pour imposer une solution aux parties à un litige, est une procédure fort ancienne qu'on aurait pu croire vouée à la disparition avec l'apparition du règlement judiciaire au XXe siècle. Pourtant l'arbitrage garde toute son actualité, en raison de sa souplesse même. 313 ■

§ 1 L'évolution historique de l'arbitrage

La forme primitive de l'arbitrage était celle de l'arbitrage par souverain, le prestige moral et le poids politique de l'arbitre étant un gage d'autorité pour une sentence. Il reste une trace de cette pratique, avec des vieux traités de délimitation toujours en vigueur et des contentieux s'enchaînant dans le temps. La sentence arbitrale rendue par le roi d'Espagne le 23 décembre 1906 a été remise en cause, notamment pour sa motivation insuffisante, dans l'affaire opposant le Honduras et le Nicaragua devant la Cour qui a rendu son arrêt le 18 novembre 1960 pour confirmer la validité de la sentence, acceptée à l'époque par les parties (*Rec.* 192). Dans l'affaire du *Canal de Beagle*, la reine d'Angleterre avait eu elle-même, à la suite de ses prédécesseurs désignés par des traités, à arbitrer un différend entre l'Argentine et le Chili. En pratique, elle constitua une commission d'arbitrage, composée de cinq éminents juristes sous la présidence de Sir Gerald Fitzmaurice qui était alors le juge britannique au sein de la CIJ, modernisant ainsi la pratique de l'arbitrage par souverain qui au départ n'avait guère à être motivé en droit. Malgré ces précautions, la sentence arbitrale rendue le 22 avril 1977 fut contestée en toute impunité par une partie, menaçant ainsi le fondement même de l'arbitrage international. 314 ■

L'arbitrage a pris une forme technique, avec le traité Jay de 1794 qui devait régler le contentieux en suspens entre les États-Unis et le Royaume-Uni après la guerre d'indépendance, grâce à des commissions mixtes. Mais ces commissions restaient paritaires et en cas de partage des voix entre les membres nationaux, seul le tirage au sort permettait de les départager. C'est la désignation d'un arbitre neutre qui donnera naissance à l'arbitrage moderne, en 1872 à Genève avec l'affaire de *l'Alabama*, soumise à un tribunal de cinq arbitres – dont deux arbitres nationaux et trois arbitres neutres – pour une affaire de contrebande maritime pendant la guerre de sécession (v. l'historique présenté par H. La Fontaine, *Pasicrisie internationale 1794-1900, histoire documentaire des arbitrages internationaux*, rééd. Nijhoff, 1997). 315 ■

La fin du XIXe siècle va consacrer l'essor de l'arbitrage, sur le plan pratique et avec la codification qu'apporte le titre IV de la convention de La Haye de 1899 pour le règlement pacifique des conflits internationaux. La conférence de 1907 franchira une étape supplémentaire en créant la cour permanente d'arbitrage (CPA), qui constitue un cadre institutionnel de facilitation mis à la disposition des États et des personnes privées, en plus d'une liste de quatre experts par pays, constituant le « groupe national de la CPA ». En cas de litige soumis à l'arbitrage, les États sont libres de puiser dans cette liste ou de désigner des arbitres extérieurs.

Après une longue période de sommeil, on assiste à un véritable renouveau des activités de la CPA en tant que support administratif pour des arbitrages de toute nature, des arbitrages interétatiques comme des arbitrages transnationaux, dans les années récentes. Il peut s'agir d'arbitrages techniques, comme le contentieux entre les Pays-Bas et la France concernant la pollution du Rhin par les hydrocarbures qui a donné lieu à une sentence du 12 mars 2004 ou du contentieux entre la Belgique et les Pays-Bas, à propos d'une voie ferroviaire, « le Rhin de fer », avec une sentence rendue le 24 mai 2005 qui a fait l'objet d'une interprétation et d'un rectificatif le 20 septembre 2005. Mais dans d'autres cas, il s'agit d'un contentieux de la délimitation, comme dans le cas de l'Érythrée et du Yemen, avec une sentence du 9 octobre 1998 sur la souveraineté territoriale et une sentence du 17 octobre 1999 pour la délimitation maritime ou, plus récemment, l'arbitrage du 12 juillet 2016 sur la mer de Chine méridionale entre les Philippines et la Chine, rendu malgré le refus de la Chine de participer à la procédure (v. N. Aloupi, *RGDIP* 2016-4, pp. 875-882 et R. Le Bœuf, *AFDI* 2016, pp. 159-181). On retrouve le droit de la mer, avec la sentence du 17 septembre 2007 sur la frontière maritime entre la Guyana et le Suriname, et la sentence du 11 avril 2006 portant sur le partage de la ZEE entre la Barbade et Trinité-et-Tobago ou encore la sentence du 18 mars 2015 sur la Zone de protection marine instituée par la Grande-Bretagne autour de l'archipel des Chagos, revendiqué par Maurice. Le contentieux est encore plus politique, avec l'établissement de la frontière entre l'Éthiopie et l'Érythrée, après une longue guerre d'indépendance qui s'était achevée en 1993. Une nouvelle guerre particulièrement meurtrière a opposé les deux pays de 1998 à 2000. À la suite des accords d'Alger conclus le 12 décembre 2002, une commission d'arbitrage a été établie pour fixer la frontière, mais sans sentence a été récusée par l'Érythrée. Un nouvel arbitrage rendu le 21 décembre 2005 a fait porter sur l'Érythrée la responsabilité du déclenchement des hostilités, entraînant la mise en place d'une commission des réclamations. Après de nouveaux retards, une commission de délimitation a été créée pour baliser la frontière. De même, c'est sur la base de la Convention de Montego Bay que trois arbitrages interétatiques sont en cours, dans le cadre de la CPA. La première affaire introduite en 2015 oppose l'Italie et l'Inde à la suite d'un incident concernant un tanker Italien, l'Enrica Lexie qui met en cause la compétence pénale de l'État côtier, des marins italiens étant accusés d'avoir tué deux pêcheurs indiens (aff. 2015-28). Les deux autres arbitrages concernent l'Ukraine et la Russie, au sujet de leurs droits respectifs en mer Noire et en mer d'Azov, à la suite de l'annexion de la Crimée par la Russie (aff. 2017-06), le sort de marins ukrainiens arraisonnés en 2019 dans le détroit de Kertch, se greffant à ce contentieux (aff. 2019-28).

316 Mais la véritable institutionnalisation de l'arbitrage doit plutôt être cherchée du côté des séries de contentieux qui sont confiées à un organe arbitral s'inscrivant dans une certaine durée et développant sa propre *jurisprudence*Q. Cela a concerné le

contentieux des biens étrangers, sur le modèle des commissions Jay, avec des commissions créées en 1903 entre le Venezuela et des puissances européennes, ou les commissions établies avec le Mexique, dans les années 1920. Après les deux guerres mondiales, sous des intitulés trompeurs, la série des tribunaux d'arbitrage mixte (TAM) des traités de paix de 1919 et la commission de conciliation des traités de paix de 1947 (commission franco-italienne) ou la commission d'arbitrage sur les biens, droits et intérêts en Allemagne mise en place à la suite des accords de Paris de 1954, marquent bien une systématisation de l'arbitrage. On retrouve le même phénomène avec la création, à la suite des accords d'Alger du 19 janvier 1981, du tribunal des différends irano-américains, dont les débuts à La Haye ont été facilités par les services matériels de la CPA. Même si ces séries de contentieux, le plus souvent ouverts aux particuliers, finissent par s'achever, elles constituent un important corps de précédents qui a enrichi le droit de la responsabilité (v. Vincent Coussirat-Coustère et Pierre Michel Eisemann, *Répertoire de la jurisprudence arbitrale internationale*, Nijhoff, 1989).

Une autre forme d'institutionnalisation, plus durable celle-là, s'est faite dans un cadre 317 ■
restreint, qu'il soit technique ou régional. Sur le plan régional, la Cour de conciliation et d'arbitrage au sein de l'OSCE (v. *supra*) peut mettre en place un tribunal arbitral, avec l'accord des États parties. L'arbitrage est enfermé dans des conditions plus strictes que la conciliation, puisque « le rôle du tribunal arbitral est de trancher, conformément au droit international, les différends qui lui sont soumis. La présente disposition ne porte pas atteinte à la faculté pour le tribunal, si les parties au différend sont d'accord, de statuer *ex aequo et bono*[Q] » (art. 30). Tout est ainsi fait pour éviter l'arbitrage politique. Là encore le suivi est assuré par les instances de l'OSCE, ce qui permet, par le biais du consensus qui est de règle, aux États non parties à la convention de Stockholm – comme les États-Unis – de garder un regard sur la procédure. Le poids des États dans le système est tel qu'eux seuls peuvent saisir la Cour d'arbitrage et de conciliation, limitant l'intérêt pratique de la nouvelle institution dans une Europe où la question des minorités nationales est une des principales sources de tension et renforçant ainsi l'emprise des « nations-sœurs » sur les minorités nationales, en recréant une sorte de « protection diplomatique » indirecte au lieu de favoriser une garantie collective des droits des personnes appartenant à des minorités nationales (v. *contra* la décision du 11 janv. 1961 de la Commission européenne des droits de l'homme, dans l'affaire *Autriche c/ Italie*, *préc.*, qui concernait un incident meurtrier au Haut-Adige). De même les conflits internes, nés de la multiplication d'entités autoproclamées échappent à la logique de l'arbitrage interétatique

Cette expérience peu fructueuse contraste avec le succès croissant du Centre international pour le règlement des différends relatifs aux Investissements – le CIRDI – établi à l'initiative de la Banque mondiale par la Convention de Washington pour le règlement des différends relatifs aux investissements entre États et ressortissants d'autres États, adoptée le 18 mars 1965 et entrée en vigueur le 14 octobre 1966. La Convention a été ratifiée par 163 États (sept. 2020), mais il est intéressant de noter que trois États l'ont successivement dénoncé en 2007, 2010 et 2012, la Bolivie, l'Equateur et le Venezuela, au motif identique que les sentences rendues seraient trop favorables aux investisseurs. Mais aujourd'hui la contestation est plus large et vient de la société civile qui dénonce les fondements même de l'arbitrage, au nom de la protection de l'environnement, y compris dans les acccords de libre-échange de la nouvelle génération comme le CETA entre l'Union européenne et le Canada. Cette constestation ne semble toutefois pas affecter globalement la croissance régulière du nombre d'affaires portées devant le centre : depuis la première affaire (*Holiday Inns c. Maroc*) de 1972, 524 affaires ont été définitivement tranchées, parfois en passant par un panel d'appel, ce qui contribue à ralentir la procédure et à créer une certaine insécurité juridique. Par ailleurs, 163 affaires sont pendantes. Dans la plupart de ces affaires, la compétence du tribunal arbitral est fondée sur un traité bilatéral d'investissement, dont le nombre n'a lui aussi pas cessé d'augmenter, offrant une alternative avantageuse à d'autres techniques de protection, comme la protection diplomatique.

§ 2 La base juridique de l'arbitrage

318 Le principe de l'arbitrage est de faire trancher un différend entre deux parties par un tiers. En ce sens, l'arbitrage dépasse le seul cadre du contentieux interétatique. Il s'applique aussi bien au contentieux transnational entre un État et des entreprises ou des particuliers, voire aux différends opposant un État et une organisation internationale (v. ss l'exemple de l'accord de siège du 26 juin 1947 entre les États-Unis et les Nations Unies et l'avis consultatif de la Cour du 26 avr. 1988, *Rec.* 49). On a même vu un arbitrage entre un État et une ONG, lorsque la France et Greenpeace ont établi à Genève un tribunal d'arbitrage privé, qui a condamné la France à verser une importante somme pour le sabotage du *Rainbow Warrior*, sans que la motivation de la sentence soit rendue publique (cette procédure doit être distinguée du contentieux avec la Nouvelle-Zélande à la suite du même incident). Plus curieusement encore, un arbitrage dans l'affaire d'Abyei est intervenu entre le gouvernement du Soudan et le mouvement dit « Armée populaire de libération du Soudan » pour déterminer la frontière administrative au sud du pays, qui bénéficiait alors d'une large autonomie à la suite des accords de paix. Le tribunal composé de 5 membres, mis en place à La Haye en juillet 2008 a rendu sa sentence un an plus tard, le 22 juillet 2009, tandis que le Soudan du Sud faisait sécession en juillet 2011, avant de devenir membre de l'ONU.

S'agissant de l'arbitrage interétatique, la base juridique de l'arbitrage peut prendre des formes très variées. Le degré zéro de l'arbitrage consiste dans un compromis d'arbitrage entre deux États pour une affaire donnée, en dehors de tout engagement préalable. L'arbitrage est facultatif. C'est le compromis qui fixe le principe et l'objet de l'arbitrage, ainsi que ses modalités pratiques, en désignant nommément les arbitres, comme dans le cas de l'accord franco-britannique de 1974 qui est à l'origine de l'arbitrage relatif à la délimitation du plateau continental de la mer d'Iroise (sentence du 30 juin 1977).

Mais parfois l'engagement de principe est antérieur à l'apparition du contentieux : on parle alors d'arbitrage obligatoire. Les États ont accepté, dans un traité bilatéral ou multilatéral, une formule de règlement obligatoire des différends qui peut soit prévoir le recours systématique à l'arbitrage, soit placer celui-ci comme mode alternatif parmi d'autres (v. E. Decaux, « La pratique française des clauses d'arbitrage », *in AFDI* 1978). Dans tous ces cas, un compromis d'arbitrage s'impose pour mettre en œuvre sur un plan concret l'engagement général qui a été pris.

Une formule particulière d'arbitrage obligatoire a été marquée, notamment pendant l'entre-deux-guerres, par la pratique d'engagements généraux, dans des traités ayant cette seule finalité et non plus à travers les clauses juridictionnelles d'un traité bilatéral ou multilatéral ayant un objet matériel spécifique. Il y a eu ainsi toute une génération de traités bilatéraux d'arbitrage et de conciliation, sur le modèle de la pratique suisse. Cette vague a culminé avec la conclusion de l'Acte général d'arbitrage de 1928, révisé en 1949 pour l'adapter au cadre des Nations Unies (v. *supra*).

Tout le problème pratique est de passer d'un engagement de principe, parfois vague, pris « à froid » par les États, à un accord pour mettre en place l'organe arbitral, « à chaud », alors que la suspicion règne entre les parties. Derrière tous les éléments techniques apparaissent des enjeux importants qui sont des gages pour le bon déroulement de l'arbitrage. Ces difficultés sont accrues par l'échelle de l'organe arbitral – arbitre unique, tribunal de trois membres avec un surarbitre, tribunal de cinq arbitres, etc. – et la procédure de désignation des arbitres. Si la structure impaire reste le schéma-type de l'arbitrage, ces variantes ont en effet des conséquences pratiques importantes. 319 ■

L'arbitre unique exerce évidemment une responsabilité toute particulière, d'autant qu'il ne dispose pas de l'appui d'arbitres nationaux mieux au fait du contexte interne de l'affaire. Il incarne la figure du « sage », en prenant la suite du souverain, qui par définition était un arbitre unique. C'était le cas de Max Huber, avec la sentence du 4 avril 1928 dans l'affaire de *l'Île des Palmes*. Plus près de nous, dans des conditions rendues encore plus difficiles du fait du refus de la Libye de participer à la procédure, cela a été également le cas de René-Jean Dupuy, pour la sentence du 19 janvier 1977 dans l'affaire *Texaco-Calasiatic-Libye*.

Les tribunaux de trois arbitres, tout en permettant un débat interne, laissent encore le surarbitre assez isolé face aux deux arbitres nationaux. En fait tout le poids de l'arbitrage pèse sur lui, qu'il fasse pencher la balance dans un sens ou un autre, au risque de laisser frustré l'arbitre national qui n'a pas réussi à faire prévaloir ses vues. Dès la désignation du surarbitre, les jeux sont souvent faits. Parfois, les désaccords semblent tels que chacun des trois arbitres marque son mécontentement, menaçant ainsi l'autorité de la sentence, comme avec la sentence arbitrale du 31 juillet 1989 dans une affaire de délimitation maritime opposant la Guinée-Bissau et le Sénégal, qui a été remise en cause par la Guinée-Bissau devant la Cour internationale de justice, pour « inexistence », incompétence et excès de pouvoir. Tout en affirmant la validité de la sentence afin de consolider l'institution de l'arbitrage, dans un arrêt du 12 novembre 1991, les juges se sont montrés particulièrement sévères à l'égard des arbitres (*Rec.* 52). Rares sont les cas où le président du tribunal arrive à forger une solution unanime, comme l'a fait Paul Reuter avec l'arbitrage du 24 mars 1982 dans l'affaire *Aminoil-Koweit*.

Ainsi la formule qui prévaut pour les affaires d'importance est la constitution d'un tribunal de cinq membres, ce qui contribue à augmenter les incertitudes. C'est la pratique des « grands arbitrages », de l'affaire de *L'Alabama* à la *Mer d'Iroise*. Les deux arbitres nationaux sont présents, ce qui reste utile pour pleinement éclairer le tribunal et assurer les États que leurs arguments seront pris en compte, mais ils ne sont plus l'élément dominant face aux trois arbitres « neutres ».

La difficulté de désigner des arbitres acceptables par les deux parties ne doit pas être sous-estimée, des blocages pouvant intervenir à toutes les étapes de la constitution du tribunal. L'expérience aidant, des mécanismes de substitution ont été prévus. La solution la plus simple reste la désignation des arbitres dans le compromis d'arbitrage, qu'il s'agisse d'un arbitrage facultatif ou d'un arbitrage obligatoire. Les États 320 ■

peuvent aussi laisser aux arbitres nationaux qu'ils ont désignés chacun pour leur compte, le soin de chercher un surarbitre. Mais en cas d'impasse, une autorité de recours peut être amenée à effectuer cette nomination : c'est souvent le cas du président de la Cour internationale de justice, mais cela peut aussi bien être une autre autorité morale, comme le secrétaire général des Nations Unies, le président de la Cour européenne des droits de l'homme. Plus délicate est la situation où l'État refuse de nommer son arbitre national, car toute solution extérieure, comme le recours à une tierce autorité, ne peut que mettre en porte-à-faux l'arbitre ainsi désigné.

Enfin, le tribunal doit pouvoir fonctionner jusqu'au terme de sa mission et là encore, il peut être fragilisé par une série d'incidents : décès d'un arbitre, manque d'impartialité d'un membre (v. l'affaire *Holiday Inn c/ Maroc* devant le CIRDI où l'arbitre britannique a démissionné pour devenir le conseil de la société demanderesse. Sa démission a été refusée et il a été destitué d'office par le tribunal), voire violence commise au sein même du tribunal (v. le cas du Tribunal des différends américano-iranien dont deux arbitres iraniens ont été suspendus par le président après avoir frappé un arbitre américain ! Pendant un temps, le tribunal qui comprenait 9 arbitres, n'a pu continuer à fonctionner, que sur la seule base des trois arbitres neutres). Dans l'arbitrage opposant la Croatie et la Slovénie sur la délimitation la baie de Piran, qui avait été institué sous l'égide de l'Union européenne – le tribunal arbitral siégeant à Bruxelles – des fuites survenues en 2015 ont mis en cause l'impartalité de l'arbitre slovéne qui a dû démissionner. Malgré les tentatives du tribunal arbitral – nouvellement composé – pour reprendre l'affaire sur des bases purgées, avec une décision de procédure de juillet 2016, la Croatie n'a jamais voulu revenir devant le tribunal qui s'est prononcé sur le fond, sans la participation de l'État lésé.

§ 3 La portée de la sentence arbitrale

321 Une fois mis en place le tribunal, la procédure judiciaire suivie est tout à fait classique, avec pour but d'assurer l'égalité des armes entre les parties. La seule différence majeure avec la justice internationale réside dans la possibilité pour les États de choisir une procédure confidentielle, seule la *sentence*[Q] arbitrale étant rendue publique, comme dans le cas de l'arbitrage de la *Mer d'Iroise*. Sur le plan pratique, l'arbitrage doit être organisé à partir de rien, en établissant un règlement de procédure, en trouvant un lieu, en mettant en place un greffe, en assurant un financement spécifique, alors que les services de la Cour internationale de justice répondent à tous ces besoins. Par définition chaque arbitrage est unique. Cette souplesse de fonctionnement fait sa force et sa fragilité. Cela ne fait que renforcer la tendance de plus en plus affirmée de recourir à des cadres préexistants, comme la CPA ou le CIRDI, qui mettent à disposition des parties toutes les facilités nécessaires, sans pour autant compromettre la flexibilité recherchée.

Sur le fond, la sentence bénéficie de l'autorité relative de la chose jugée. Elle s'impose aux parties mais, comme on l'a vu, certaines décisions sont contestées par une partie qui s'estime lésée. Cela a été le cas de l'arbitrage de la reine d'Angleterre du 22 avril 1977 dans l'affaire du *Canal de Beagle*, où la sentence arbitrale est restée lettre morte du fait du refus de l'Argentine de l'appliquer. Seule la médiation du Saint-Siège a alors empêché les deux États d'en venir aux armes. Dans l'affaire de la *sentence arbitrale du 31 juillet 1989*, portée devant la Cour par la Guinée-Bissau qui contestait elle aussi la sentence, la Cour internationale de justice a bien montré qu'elle n'entendait pas devenir une instance de réformation, ou une sorte de juge d'appel en matière d'arbitrage (Arrêt du 12 nov. 1991, *Rec.* 52). Parfois les États peuvent décider de revenir devant le tribunal arbitral, pour faire interpréter un point peu clair de la sentence, comme dans l'affaire de la *Mer d'Iroise*, où une sentence interprétative du 14 mars 1978 est venue compléter la sentence arbitrale du 30 juin 1977. La contestation radicale d'une sentence arbitrale, en niant la compétence du tribunal dès le départ de la procédure, avec une politique de la "chaise vide" est un phénomène plus inquiétant, illustré par l'attitude de la Chine à l'égard de la sentence du 12 juillet 2016 dans son différend avec les Philippines (v. ci-dessus). Au-delà de l'autorité des arbitres – par ailleurs juges du Tribunal du droit de la mer de Hambourg – c'est l'effectivité du droit international qui se trouve mise en cause par une grande puissance affichant brutalement ses ambitions géopolitiques.

Au-delà de cette autorité de la chose jugée, qui ne concerne que les parties, la portée d'un arbitrage dépend surtout de sa qualité intrinsèque. En soi, l'arbitrage ne s'inscrit pas dans le fil d'une jurisprudence, comme pour une Cour qui est liée par une série de précédents. Traditionnellement la Cour internationale de justice, qui cite abondamment ses arrêts ou ceux de la Cour permanente pour étayer ses innovations en s'appuyant sur une continuité jurisprudentielle, mentionne très rarement la pratique arbitrale. Il est d'autant plus remarquable que dans l'arrêt du 14 juin 1993 sur l'affaire de la *Délimitation maritime dans la région située entre le Groenland et Jan Mayen*, la Cour esquisse une synthèse du droit de la délimitation, en mêlant les références à sa propre jurisprudence et à la jurisprudence arbitrale, non sans opérer un certain tri entre les sentences : si la sentence du 30 juin 1977 dans l'affaire du *Plateau continental de la mer d'Iroise* entre la France et le Royaume-Uni a droit à une place de choix, l'arbitrage du 10 juillet 1992 entre le Canada et la France pour la *délimitation maritime de Saint-Pierre-et-Miquelon* est passé sous silence, ce qui est un désaveu éloquent pour un arbitrage atypique. 322 ■

Il faut faire une place à part aux arbitrages politiques, qui n'ont pas à être fondés sur le droit strict, mais peuvent tenir compte de l'opportunité ou de l'équité. Dans le passé, cette formule a pu servir d'habillage à un véritable diktat, comme avec les « arbitrages » Ciano-Ribbentrop de 1940, où les deux ministres des Affaires étrangères de l'Axe ont imposé à ses voisins des remembrements en faveur de la Hongrie. En fait, il s'agit d'un faux arbitrage, qui impose le rapport de forces du moment. 323 ■

On a pu voir récemment, dans un esprit tout autre, un certain renouveau de l'arbitrage politique, avec la commission d'arbitrage de la Conférence pour la paix en Yougoslavie. Cette « Commission d'arbitrage » créée par une décision du 27 août 1991 de l'Union européenne, était composée de cinq présidents de Cours suprêmes placés sous la présidence de Robert Badinter qui était à l'époque le président du Conseil constitutionnel. Elle a été élargie, un an plus tard, après la Conférence de Londres sur l'ex-Yougoslavie d'août 1992, pour lui donner un caractère international – avec trois présidents de Cour, un juge désigné par le président de la Cour internationale de justice et un juge désigné par le président de la Cour européenne des droits de l'homme.

Elle a rendu une série d'« *avis consultatifs*[Q] » particulièrement importants en matière de succession d'États (v. les chroniques d'Alain Pellet dans l'AFDI 1991 et sq., à ce sujet). Ces avis ont servi de guide à l'action de l'Union européenne, notamment en matière de reconnaissance d'État. Mais même si ces avis sont motivés en droit, on peut s'interroger sur leur portée : la commission d'arbitrage a joué en fait le rôle d'un organe consultatif auprès de la conférence et l'Union européenne n'a pas suivi à la lettre ses conclusions. *A fortiori*, on voit mal comment ces « avis » pourraient avoir une force obligatoire à l'égard des États membres de l'Union européenne ou d'États tiers. C'est la rigueur de l'argumentation qui reste la base la plus sûre de l'autorité morale de cette « fonction consultative » inédite.

Il est significatif que les accords de Dayton n'aient pas eu recours à la « commission Badinter » lorsqu'il a fallu régler la question de l'enclave de Brcko. Les accords de paix ont mis en place un arbitrage politique, sous la présidence d'un surarbitre américain. Après avoir différé sa réponse d'un an, le tribunal a pratiqué un « jugement de Salomon » dans son arbitrage rendu le 5 mars 1999, en créant un district neutre, là où un arbitrage juridique aurait dû faire prévaloir un titre territorial sur un autre.

section 3

La justice internationale

■ 324 À la différence de l'arbitrage, la justice internationale reste une idée neuve. Après diverses tentatives mort-nées (Cour internationale des prises, Cour de justice arbitrale mais aussi, sur le plan régional, Cour de justice centre-américaine), elle s'est imposée dans le cadre de la SDN avec la Cour permanente de justice internationale (CPJI) dont le statut est entré en vigueur en 1921. La Cour internationale de justice (CIJ) qui en est l'héritière directe, a vu son rôle consacré par la Charte de 1945, en tant qu'« organe judiciaire principal des Nations Unies » (art. 92). Malgré un renouveau relatif, toutes les virtualités de la Cour n'ont pas été pleinement utilisées par les États qui restent trop souvent sur la défensive face à la *juridiction*[Q] obligatoire de la Cour. Bien plus en multipliant les juridictions spécialisées, comme le Tribunal international du droit de la mer ou la Cour pénale internationale, les États prennent le risque d'affaiblir la vocation unique de la Cour internationale de justice à « dire le droit ».

§ 1 L'organisation de la Cour internationale de justice

■ 325 Alors que le statut de la CPJI était un traité distinct du Pacte de la SDN, avec son propre cercle d'États parties (*membership*), le statut de la CIJ figure en annexe de la Charte. C'est un progrès apparent, puisque « tous les membres des Nations Unies sont *ipso facto* parties au statut de la Cour internationale de justice » (art. 93). Mais sur le plan pratique, cela n'engage en rien les États à accepter les mécanismes de la justice internationale qui restent fondés sur le volontarisme des États.

■ 326 Comme la CPJI à partir de 1929 (auparavant elle n'avait que 11 membres), la Cour reste composée de 15 juges, qui constituent « un corps de magistrats indépendants élus, sans égard à leur nationalité, parmi les personnes jouissant de la plus haute considération morale, et qui réunissent les conditions requises pour l'exercice, dans leurs pays respectifs, des plus hautes fonctions judiciaires, ou qui sont des jurisconsultes possédant une compétence notoire en matière de droit international » (Statut, art. 2). Pour autant, l'élection doit permettre d'assurer « la représentation des grandes formes de civilisation et des principaux systèmes juridiques du monde » (art. 9). Les candidats, présentés par les « groupes nationaux » de la CPA (v. *supra*) pour éviter — du moins en principe — une emprise trop directe des États, sont soumis à un « double scrutin » parallèle de l'Assemblée générale et du Conseil de sécurité, où la majorité absolue est requise. Le mandat de neuf ans des juges marque leur indépendance, même s'il est renouvelable. Il en résulte une continuité très forte, certains juges ayant même pu siéger dans le passé pendant trois mandats — soit vingt-sept années — sans aucune limite d'âge.

Si, depuis l'origine, les équilibres internes au sein de la Cour de La Haye ont pu se modifier, avec des phases de nette rupture survenant après certaines périodes de crise, comme en 1951 ou en 1967, une répartition géographique a tendu à prévaloir. Par ailleurs, les cinq membres permanents ont presque toujours été assurés en pratique d'avoir un de leurs ressortissants au sein de la Cour — avec toutefois un bref intermède chinois, avant 1971 et, de manière plus retentissante, la non-réélection du juge britannique Sir Christopher Greenwood en 2018, battu par le juge indien Dalveer Bhandari. Cette élection a donné lieu à un affrontement symptomatique entre le Conseil de sécurité qui donnait à chaque tour la préférence à un membre du "P5", alors que l'Assemblée générale votait pour un représentant du Tiers monde. Devant cette impasse le Royaume-Uni a préféré retirer la candidatute du juge sortant. Il y a aussi une grande tradition de juges français, avec le professeur Jules Basdevant, avec deux mandats de neuf ans (1946-1964) — qui a présidé la Cour de 1949 à 1951 —, le professeur André Gros, avec lui aussi deux mandats (1964-1982), le juge Guy de Lacharrière (1982-1987) — trop vite disparu, alors qu'il était vice-président de la Cour — et le juge Gilbert Guillaume (1987-2005) qui a présidé la Cour de 2000 à 2003. À la suite de sa démission, c'est le directeur des affaires juridiques du ministère des Affaires étrangères, Ronny Abraham, qui a été élu à compter du 15 février 2005, pour finir son mandat. Le juge français a été désigné par ses pairs comme président de la Cour de 2015 à 2018, avant d'être réélu comme membre de la Cour pour neuf ans en 2018. On peut noter aussi une série de juges britanniques prestigieux, avec Dame Rosalyn Higgins qui a présidé la Cour de 2006 à 2009, tout comme l'avaient fait ses prédécesseurs — à l'exception de Sir Gerald Fitzmaurice — comme lord McNair, de 1952 à 1955, Sir Humphrey Waldock, de 1979 à 1981, Sir Robert Jennings de 1991 à 1994.

À l'occasion de chaque renouvellement de la Cour, le président et le vice-président sont désignés pour un mandat de 3 ans par leurs pairs sur la base d'une rotation complexe entre les systèmes juridiques, les continents, les langues de travail, mais aussi en tenant compte de l'ancienneté et de la personnalité de chacun des juges. Les autres juges sont classés protocolairement selon l'ordre d'ancienneté.

Avec 5 ou même 4 sièges (depuis la non-réélection du juge britannique), les juges occidentaux ne sont pas sous-représentés, loin de là, à côté de 3 juges africains, de 3 ou 4 juges asiatiques, de 2 juges latino-américains et de 2 juges issus de l'Europe orientale, dont la Russie. De même, il existe un certain équilibre entre les cultures juridiques, notamment le droit anglo-saxon et le droit continental, ou entre les deux langues de travail de la Cour que sont l'anglais et le français. Par contre, la Cour est longtemps restée loin de la parité, puisque hormis le professeur Suzanne Bastid

(France) qui avait été juge *ad hoc* en 1981, la première femme à avoir été élue juge en 1995 a été le professeur Rosalyn Higgins (Royaume-Uni). Avec l'élection plus récente de trois femmes, les juges américaine et chinoise en 2010 puis ougandaise en 2012, et la désignation d'un juge *ad hoc*, Mme Charlesworth (Australie), on peut noter une nette évolution. Par ailleurs il faut noter que l'Afrique noire francophone qui avait été représentée par des grands juges comme Kéba Mbaye (Sénégal) ou Raymond Ranjeva (Madagascar) est absente depuis le renouvellement de 2009, à la suite de la défaite du professeur Maurice Kamto (Cameroun), un membre de la Commission du droit international, face à Ahmed Yusuf (Somalie), l'ancien directeur juridique de l'UNESCO, parfait francophone, il est vrai, qui est devenu le président de la Cour en 2018.

■ 327 Dans le passé, des critiques contradictoires ont pu être faites à la Cour. Les pays du Tiers-Monde expliquaient leur peu d'empressement à aller devant la Cour par son caractère « conservateur », alors que les États occidentaux se méfiaient d'une Cour supposée trop « tiers-mondiste ». Cette politisation est mal venue : ainsi lors de l'affaire *Nicaragua c/ États-Unis*, certains juristes américains ont cherché à recenser les votes des juges dans le passé, pour y déceler un *biais* anti-américain, n'hésitant pas à mettre en cause les juges « communistes », comme le juge polonais, Manfred Lachs. En fait, le décompte des votes successifs dans l'arrêt du 27 juin 1986 montre clairement qu'une nette majorité se dégageait, transcendant les clivages politiques ou géographiques (v. C. Lang, *L'aff. Nicaragua c/ États-Unis devant la CIJ*, LGDJ, 1990). Inversement le juge Schwebel a parfois voté contre les positions des États-Unis, y compris lors de l'ordonnance prise à l'unanimité le 9 avril 1998 dans l'affaire relative à la convention de Vienne sur les relations consulaires (*Paraguay c/ États-Unis*) par laquelle la Cour demandait aux autorités américaines de surseoir l'exécution d'un ressortissant paraguayen condamné à mort en Virginie. Malgré l'avis du département d'État, le gouverneur de Virginie a décidé l'exécution du condamné. L'affaire a été par la suite retirée du rôle de la Cour à la demande des deux États. Mais une affaire identique concernant l'Allemagne a été introduite ultérieurement l'affaire *La Grand* : là encore le juge Schwebel a voté l'ordonnance du 3 mars 1999 sur les mesures conservatoires adoptées à l'unanimité, mais le juge Buergenthal a fait une opinion dissidente lors de l'arrêt au fond du 27 juin 2001. Lors de l'affaire *Avena*, (*Mexique c/ États-Unis*) qui a donné lieu à un arrêt quasi-unanime du 31 mars 2004, le juge Buergenthal faisait au contraire partie de la majorité de 14 voix, seul le juge venézuélien votant contre l'arrêt.

Il est arrivé à la Cour d'étaler ses divisions dans des affaires sensibles, comme lors de son revirement à propos de la recevabilité des requêtes de l'Éthiopie et du Liberia contre l'Afrique du Sud dans l'affaire du *Sud-Ouest africain*, avec l'arrêt du 18 juillet 1966, pris avec la voix prépondérante du président (*Rec.* 6). Cette marque de conservatisme, « étranger à l'esprit du temps » a entraîné une réaction politique des États qui a durablement marqué la Cour. Entre la tentation de la tour d'ivoire et l'opportunisme à courte vue, la Cour doit donner une réponse juridique aux besoins de son temps, comme cela a été le cas des grandes générations de juges internationaux. Après les crises des années soixante et les affrontements des années quatre-vingt - les commentateurs cherchant des clefs politiques aux votes des juges dans l'affaire *Nicaragua c/ États-Unis* - la Cour a réaffirmé l'importance de la collégialité, dans la préparation de ses décisions, adoptant assez fréquemment des décisions unanimes ou à une très large majorité, notamment en matière consultative (*contra*, l'Avis du 8 juill. 1996). Un clivage politique assez net est également apparu dans l'ordonnance du 15 octobre 2008 sur les mesures provisoires dans l'affaire *Géorgie c/ Russie*. Non seulement la décision a été prise par 8 voix – dont celle du juge *ad hoc*, le professeur Gaja – contre 7, mais surtout deux camps apparaissent nettement, avec d'un côté les « juges occidentaux », Rosalyn Higgins, Thomas Buergenthal, Bruno Simma, Ronny Abraham, Kenneth Keith suivis par le juge Owada et le juge Sepulveda, de l'autre les juges du Tiers-monde, ainsi que le juge russe et le juge slovaque. Ce partage serré rend moins surprenant le revirement de la Cour déclarant l'affaire irrecevable dans son arrêt sur les exceptions préliminaires du 1er avril 2011. La décision prise par 10 voix contre 6, traduit le même fort clivage, le juge anglais, Christopher Greenwood et le juge néo-zélandais, Kenneth Keith ayant toutefois voté avec la majorité.

Deux particularités techniques marquent le poids que gardent les États dans la composition de la Cour. La première concerne la désignation de juges *ad hoc*, dans une affaire donnée, lorsqu'une des parties n'a pas de juge de sa nationalité sur le siège de la Cour (art. 31). Cela laisserait supposer que le juge de la nationalité d'un pays est un « juge national », ce qui statutairement n'est pas le cas. Historiquement on a d'ailleurs vu des grands juges comme Anzilotti marquer leur indépendance à l'encontre de leur propre pays. La pratique du juge *ad hoc* a du moins le mérite de rassurer l'État que son point de vue sera pleinement pris en compte, comme en matière d'arbitrage. D'une certaine manière, c'est un gage d'exhaustivité qui est donné à l'État. 328 ■

Le statut précise que les juges *ad hoc* – qui, avant « d'entrer en fonction », prêtent serment public, comme les autres juges, « d'exercer (leurs) attributions en pleine impartialité et en toute conscience » (art. 20) – « participent à la décision dans des conditions de complète égalité avec leurs collègues » (art. 31, § 6). Là aussi, la pratique montre que des juges *ad hoc*, peuvent faire preuve d'une indépendance complète, comme Suzanne Bastid, dans son opinion séparée dans l'arrêt du 10 décembre 1985 sur la *demande en révision et en interprétation de l'arrêt du 24 février 1982* qui opposait la Tunisie et la Libye (*Rec.* 190), particulièrement critique à l'égard de la Tunisie qui l'avait désignée. Mais souvent aussi, on voit le juge *ad hoc* maintenir un point de vue très isolé, dans une opinion dissidente, face à l'ensemble de la Cour. En pratique, le ou les juges *ad hoc* sont noyés dans la masse des quinze juges de la Cour, qui ont une autorité et une expérience sans commune mesure avec celle des juges *ad hoc*, même si ceux-ci ont parfois eux-mêmes déjà siégé, à un titre ou à un autre, à La Haye, comme juge, comme greffier, voire comme ancien juge *ad hoc*.

Une autre particularité technique consiste dans le développement des « chambres » de cinq juges, facilitée par une réforme du règlement intervenue en 1978 pour simplifier le fonctionnement de la Cour et accélérer le traitement des affaires. Le statut évoquait déjà la possibilité de créer des chambres spécialisées « pour connaître de catégories déterminées d'affaires, par exemple d'affaires de travail et d'affaires concernant le transit et les communications » (art. 26, § 1), même si ces suggestions sont restées lettre morte. La Cour a renoncé en 2006 à désigner une chambre de sept juges – dont le président et le vice-président de la Cour – spécialisée pour l'environnement, constatant qu'aucune affaire ne lui a été soumise pendant douze ans. Cette contradiction est mise en évidence, par le développement d'un contentieux environnemental, depuis l'affaire du *Projet Gabčíkovo-Nagymaros* opposant la Hongrie et la 329 ■

Slovaquie, avec l'affaire *de l'usine de pâte à papier sur le fleuve Uruguay*, opposant l'Argentine et l'Uruguay (arrêt du 29 avril 2010), l'affaire des *épandages aériens d'herbicide*, opposant l'Équateur et la Colombie, rayée du rôle le 17 septembre 2013, les deux parties étant parvenues à un accord amiable, mais aussi l'affaire de la *Chasse à la baleine dans l'Antarctique* initiée par l'Australie contre le Japon, avec l'intervention de la Nouvelle-Zélande. On doit aussi signaler qu'une chambre de cinq juges pour « une procédure sommaire » est également à la disposition des parties (art. 29).

Loin de ces préoccupations substantielles, la création éventuelle de chambres correspond davantage à la volonté des États d'exercer davantage d'emprise sur la procédure, en rapprochant la justice de l'arbitrage. Lors de la composition d'une chambre, les parties à un litige peuvent en effet manifester leurs préférences, au risque d'entraîner des clivages au sein de la Cour, à travers une régionalisation, voire une politisation. Ces préoccupations étaient particulièrement nettes, lors de la composition de la première chambre appelée à trancher l'affaire du *Golfe du Maine* entre le Canada et les États-Unis, les parties laissant nettement entendre que si la composition de la chambre ne leur convenait pas, elles étaient prêtes à recourir à l'arbitrage. Cette marge de manœuvre laissée aux États a été vivement critiquée, notamment par le juge soviétique, M. Morozov (v. Ord. du 20 janv. 1982, *Rec.* 2 et le commentaire d'E. Zoller, « La constitution d'une chambre spéciale de la CIJ », *in RGDIP* 1982. 311). De fait la Chambre présidée par le juge Ago (Italie), comprenait le juge français, le juge allemand, le juge américain et un juge *ad hoc* canadien.

Les frontières entre arbitrage et justice se trouvent certes émoussées : il y a peu de différences entre une chambre de cinq juges – qui peut comporter deux juges *ad hoc* désignés directement par les parties – et un tribunal arbitral de cinq membres, dont deux arbitres nationaux. Mais c'est surtout l'homogénéité de la Cour qui est en cause, si on laisse les parties choisir et récuser les juges à leur gré, avec le risque de remettre en cause l'unité de la jurisprudence. De fait, dans la pratique récente, certains États comme la Suisse ont refusé la création d'une chambre de cinq juges.

330 L'expérience montre pourtant qu'il n'y a pas eu de divergences de jurisprudence entre les diverses chambres, ou entre les chambres et la Cour plénière. Par la suite en effet, la dérive vers des « chambres régionales » a été évitée, que ce soit dans l'affaire du *Différend frontalier* entre le Burkina Faso et le Mali (Arrêt du 22 déc. 1986, *Rec.* 553), dans l'affaire *Elettronica Sicula* entre les États-Unis et l'Italie (Arrêt du 20 juill. 1989, *Rec.* 15) ou dans l'affaire du *Différend frontalier terrestre, insulaire et maritime* entre le Salvador et le Honduras (Arrêt du 11 sept. 1992, *Rec.* 351). Dans cette affaire, un intéressant problème de procédure s'est posé avec la demande d'intervention du Nicaragua : celle-ci devait-elle être tranchée par la chambre ou par la Cour plénière ? Par une ordonnance du 28 février 1990, la Cour plénière a elle-même renvoyé la question à la chambre déjà saisie (*Rec.* 3, v. *op.* diss. du juge Shahabuddeen, p. 18). Deux autres chambres ont été mises en place en 2002, notamment à l'occasion d'un différend territorial entre le Bénin et le Niger qui a fait l'objet d'un arrêt rendu le 12 juillet 2005.

Si le statut précise que « tout arrêt rendu par l'une des chambres [...] sera considéré comme rendu par la Cour » (art. 27), les juges ont pris soin de s'inscrire dans le courant principal de la jurisprudence, évitant ainsi de faire peser les voix des différentes formations de jugement. Reste que contrairement aux attentes de la réforme de 1978, le recours à des chambres, n'a en rien simplifié la procédure, ni même démultiplié les formations de jugements capables de fonctionner simultanément au sein de la Cour. Il est notable que ce soit sur la base d'un compromis en date du 15 juin 2001 que par une lettre conjointe du 11 avril 2002, le Bénin et le Niger demandent la création d'une chambre pour trancher un différend frontalier, optant ainsi pour une formule plus resserrée.

Il est difficile de dire si cet assouplissement des règles de fonctionnement de la Cour a permis d'attirer des États réticents à l'égard de la compétence obligatoire de la Cour, en dehors du cas des États-Unis qui, après avoir dénoncé en 1984 leur déclaration facultative d'acceptation de la compétence de la Cour, sont revenus à La Haye, devant une chambre spécialisée. La France elle-même a proposé au Canada de soumettre leur contentieux relatif à la délimitation maritime autour de Saint-Pierre-et-Miquelon à une chambre *ad hoc*, mais le Canada a préféré recourir à l'arbitrage, pensant que celui-ci lui serait plus favorable. 331 ■

§ 2 Les compétences de la Cour

La Cour a deux séries de compétences relevant soit de la fonction contentieuse, soit de la fonction consultative. La fonction contentieuse qui s'applique aux différends interétatiques — et à eux seuls — suppose un accord de principe des États concernés. À l'origine, la « voie royale » de la compétence de la Cour était celle des déclarations facultatives d'acceptation de la compétence obligatoire de la Cour (v. *supra*), prévue à l'article 36, paragraphe 2 du statut : 332 ■

« Les États parties au présent statut pourront à n'importe quel moment, déclarer reconnaître comme obligatoire de plein droit et sans convention spéciale, à l'égard de tout autre État acceptant la même obligation, la juridiction de la Cour sur tous les différends d'ordre juridique ayant pour objet :

a. l'interprétation d'un traité ;

b. tout point de droit international ;

c. la réalité de tout fait qui, s'il était établi, constituerait la violation d'un engagement international ;

d. la nature ou l'étendue de la réparation due pour la rupture d'un engagement international ».

Il s'agissait là d'un compromis politique, sauvegardant le volontarisme des États, mais les pères fondateurs de la justice internationale escomptaient bien voir tous les États se lier peu à peu de manière irréversible par des déclarations unilatérales, formant ainsi un vaste faisceau d'engagements convergents. Cela n'a jamais été le cas, et si certains engagements pris du temps de la SDN étaient des engagements inconditionnels, les États n'ont cessé de multiplier les limitations dans le temps (*ratione temporis*), ainsi que les réserves matérielles (*ratione materiae*) dédoublées par le jeu de la réciprocité (v. l'affaire des *Emprunts norvégiens*, où la France a été déboutée, Arrêt du 6 juill. 1957, *Rec.* 9) transformant le système des déclarations facultatives en une véritable peau de chagrin. Dès les années 1950, on a pu parler du « déclin » de la clause facultative. 333 ■

Bien plus, face à un contentieux particulier, les États au lieu de saisir l'occasion de faire trancher l'affaire par la Cour, ont eu tendance à multiplier les exceptions d'irrecevabilité ou d'incompétence, quitte à ne pas se présenter devant la Cour qui a dû mener des procès en l'absence du défendeur — tout en s'efforçant de préserver l'égalité juridique entre les parties – et rendre des jugements par défaut, notamment dans les années 1970 qui ont marqué une véritable crise pour l'autorité de la Cour internationale ainsi contestée dans son fondement.

Enfin certains États, et non des moindres, ont retiré leur déclaration d'acceptation de la compétence de la Cour, comme la France en 1974, lors de l'affaire des *Essais nucléaires*, et les États-Unis en 1984, à l'occasion de l'affaire des *Activités militaires et paramilitaires au Nicaragua*. Venant de deux États qui avaient été parmi les plus fermes partisans de la justice obligatoire, le désaveu était de taille. On peut relever que des cinq membres permanents du Conseil de sécurité, seul le Royaume-Uni accepte la compétence obligatoire de la Cour. Les « Cinq » n'en poursuivent pas moins depuis la fin des années 1980 une concertation pour tenter de renforcer le rôle de la Cour...

On peut-on compter aujourd'hui 74 déclarations, pour 193 États parties, c'est à dire un peu plus d'un tiers d'entre eux. Certaines déclarations datent encore de la SDN, s'agissant de Haïti, de Panama et de l'Uruguay (1921), du Nicaragua (1929) ou du Luxembourg (1930). En 2019 la Lettonie a fait une nouvelle déclaration remplaçant une déclaration datant de 1935. Depuis le tournant des années 1990, une relance certaine se manifeste, avec notamment les déclarations de l'Espagne et de la Pologne (1990), de l'Estonie (1991), de la Bulgarie et de la Hongrie (1992), de la Grèce (1994) et de la Géorgie (1995) ou encore, plus récemment, de l'Italie (2014) et de la Roumanie (2015). On peut aussi noter le renouvellement de la déclaration portugaise du 25 février 2005 – remplaçant celle de 1955 – et la déclaration allemande formulée le 30 avril 2008, pour les différends futurs. Le Royaume-Uni qui reste le seul membre permanent du Conseil de sécurité à accepter la compétence facultative de la Cour a fait une nouvelle déclaration en 2017. Au total 23 des États membres de l'Union européenne ont formulé une déclaration facultative, la France restant avec la Croatie, la Slovénie et la République tchèque à l'écart de cette dynamique. Parfois un contentieux précis se profile derrière des déclarations soudaines, comme dans le cas de la Guinée-Bissau (1989), du Cameroun (1994) et de la Yougoslavie (1999), de Chypre (2002), de Djibouti (2005) et des Iles Marshall (2013). Mais, en pratique, le regain d'activités de la Cour est venu par d'autres voies.

334 À côté du système des déclarations facultatives, la compétence de la Cour peut être établie sur la base d'un traité (art. 36, § 1). Nombre de traités bilatéraux ou multilatéraux (plus de 300 selon la Cour) comportent des clauses juridictionnelles prévoyant que tout différend concernant l'« application ou l'interprétation » du traité pourra être soumis à la Cour par la voie d'une requête unilatérale de l'État le plus diligent. Parfois, la compétence du juge n'est qu'une alternative dans un système plus complexe, faisant une place à l'arbitrage, ou même comme dans la convention de Montego Bay offrant le choix entre la juridiction de la Cour internationale de justice, le recours à l'arbitrage ou la compétence du Tribunal du droit de la mer institué par la convention. De plus les États peuvent faire des réserves aux clauses finales, refusant ainsi toute clause de règlement obligatoire des différends. Cela a été la pratique constante de l'Union soviétique et de ses satellites (v. Avis du 28 mai 1951 *sur les Réserves à la convention contre le génocide*, *Rec.* 496), jusqu'à une évolution remarquée lorsque l'URSS de Gorbatchev et de Chevernadze a retiré en 1989 une série de réserves concernant les clauses juridictionnelles de plusieurs conventions dans le domaine des droits de l'homme. L'ironie de l'histoire fait que c'est sur cette base que la Géorgie a pu saisir la Cour d'un différend avec la Russie, à la suite du conflit d'août 2008.

Mais la voie la plus aisée pour saisir la Cour reste celle d'un compromis où les États décident conjointement des termes de la question soumise au juge. Cette procédure a, en principe, l'avantage d'éviter tout débat sur la recevabilité, même si l'interprétation du compromis peut présenter des difficultés, comme dans l'affaire *Tunisie-Libye*. La contrepartie est de faire de la volonté des parties exprimée dans le compromis la véritable base de la compétence de la Cour, au risque de substituer cette base subjective – et parfois arbitraire – à la base objective de la fonction juridictionnelle que constitue le statut de la Cour. Le compromis peut-il lier le juge, alors que celui-ci a la « compétence de sa compétence » (art. 36, § 6) ? 335 ■

Ainsi dans l'affaire du *Plateau continental*, le compromis conclu entre la Libye et la Tunisie demandait à la Cour de s'inspirer « des nouvelles tendances du droit international » (v. Arrêt du 24 févr. 1982, *Rec.* 18 avec l'op. ind. du juge Gros dénonçant cette entrave à la pleine compétence de la Cour). De manière plus pragmatique, dans l'affaire de la *Frontière maritime dans la région du golfe du Maine*, les États-Unis et le Canada ont pu fixer des conditions très strictes à la compétence de la Cour, désignant assez artificiellement le point de départ de la délimitation et traçant un triangle dans lequel devait se trouver le point d'arrivée de la délimitation : faut-il considérer ces pré-conditions comme attentatoires à la pleine compétence du juge ou admettre plus modestement que le premier objectif de la justice est de satisfaire les parties ? C'est le souci d'« apprivoiser » les États qui a prévalu, mais il est vrai que les compromis, pour maladroits qu'ils aient pu sembler, ne remettaient pas en cause les bases du droit international (v. Arrêt du 12 oct. 1984, *Rec.* 252, avec là aussi un commentaire acerbe du juge Gros).

Après la politique de la « chaise vide » de 1974 qui faisait suite à l'affaire sur les *Essais nucléaires* (arrêt du 20 décembre 1974), la France a assoupli sa position et n'a pas hésité à revenir devant la Cour pour des affaires particulièrement sensibles. Elle l'a fait d'abord sous forme « d'aide-mémoire informel » à propos de la tentative de la Nouvelle-Zélande tendant à faire revivre la requête de 1974 (*demande d'examen de la situation au titre du § 63 de l'arrêt de 1974, Nouvelle Zélande c/ France*, ord. du 22 sept. 1995). Un pas supplémentaire a été franchi avec la série d'affaires visant les États de l'OTAN pour leurs bombardements lors de la crise du Kosovo, sous le titre officiel *Licéité de l'emploi de la force (Yougoslavie c/ France)*, l'agent et les conseils de la France participant pleinement aux différentes phases de la procédure écrite et orale. De même, la France a accepté de soumettre à la Cour, à la demande de la République du Congo, un différend concernant *Certaines procédures pénales engagées en France* (Ord. du 11 juill. 2003), sur la base de l'article 38, § 5 du Règlement intérieur de la Cour : celui-ci autorise en quelque sorte un État à inviter un autre État à consentir à la juridiction de la Cour pour un différend donné. Même si cette décision s'explique par les circonstances de l'espèce et traduit une certaine connivence, les deux parties semblant décidées à faire traîner les choses, elle n'en marque pas moins un précédent redoutable. C'est ce qu'a confirmé la requête présentée par la République de Djibouti contre la France, dans l'affaire intitulée *Certaines questions concernant l'entraide judiciaire en matière pénale*. La France a accepté cette requête sur la même base, tout en plaidant pour une interprétation stricte de cet accord, alors 336 ■

que Djibouti cherchait à étendre *ultra petita* la compétence de la Cour internationale. Djibouti souhaitait que la Cour se prononce non seulement sur le refus non motivé de transmettre le dossier de l'enquête menée en France à la suite de l'assassinat du juge Borrel — un magistrat français en mission de coopération — survenu sur son territoire dans des conditions suspectes, mais également sur la compétence du juge français dans cette affaire. Dans son arrêt du 4 juin 2008, la Cour a constaté, à la quasi-unanimité, que l'absence de motivation était une violation du traité bilatéral d'entraide judiciaire, mais que ce constat était une satisfaction suffisante pour Djibouti, mettant ainsi fin à une affaire particulièrement sensible sur le terrain politique et diplomatique, puisque des perquisitions avaient été menées à bien au ministère des Affaires étrangères et au ministère de la Défense nationale, sans tenir compte du « secret défense ». En dernier lieu, la France a contesté sans succès la compétence de la Cour dans l'affaire dite des « biens mal acquis » impliquant certaines propriétés détenues par le fils du président de la Guinée équatoriale, la Cour accueillant la thèse guinéenne selon laquelle le différend relatif au statut d'un immeuble de la rue Foch entrait dans les prévisions de l'article premier du protocole de signature facultative à la convention de Vienne sur les relations diplomatiques (arrêt du 6 juin 2018 sur les exceptions préliminaires). Cette affaire introduite le 13 juin 2016 qui a connu son dernier tour de plaidoiries en février 2020 est encore en délibéré.

■ **337** À côté de cette compétence contentieuse particulièrement sensible, la Cour exerce une série de compétences liées à la fonction consultative. Selon le statut, « la Cour peut donner un *avis consultatif*[Q] sur toute question juridique, à la demande de tout organe ou institution qui aura été autorisé par la Charte des Nations Unies, ou conformément à ses dispositions, à demander un avis » (art. 65). La Charte, quant à elle, donne compétence de plein droit à l'Assemblée générale et au Conseil de sécurité pour « demander un avis consultatif sur toute question juridique » (art. 96, § 1), mais ajoute : « Tous autres organes de l'Organisation et institutions spécialisées qui peuvent, à un moment quelconque, recevoir de l'Assemblée générale une autorisation à cet effet ont également le droit de demander à la Cour des avis consultatifs sur des questions juridiques qui se poseraient dans le cadre de leur activité » (art. 96, § 2). Cette dernière précision est d'importance, car c'est sur cette compétence strictement spécialisée que la Cour s'est fondée pour ne pas donner suite à la demande d'avis de l'OMS concernant la licéité des armes nucléaires, alors qu'elle s'est prononcée sur la demande d'avis présentée par l'Assemblée générale des Nations Unies (Avis du 8 juill. 1996, *Rec.* 226).

■ **338** La fonction consultative n'a pas eu la place que l'on aurait pu attendre, pour consacrer en pratique le rôle de la Cour comme « organe judiciaire principal des Nations Unies », en marge du contentieux interétatique ou en l'absence d'accord des États. Parfois cependant, une demande d'avis a pu être une sorte de substitut au contentieux, en permettant d'éclaircir une question particulièrement litigieuse sans pour autant la « trancher » avec l'autorité de la chose jugée. Cela a été les cas de l'avis sur le Sahara occidental rendu le 16 octobre 1975 (*Rec.* 6) où l'aspect de quasi-contentieux a été souligné par la désignation tout à fait exceptionnelle d'un juge *ad hoc* par le Maroc. Au contraire, dans l'affaire dite des *Conséquences juridiques pour les États de la présence continue de l'Afrique du Sud en Namibie*, l'Afrique du Sud s'est vue refuser la désignation d'un juge *ad hoc*, alors que la validité de son mandat a été remise en cause par l'avis du 21 juin 1971 (*Rec.* 16), afin de rattraper le « manqué » des arrêts du 21 décembre 1962 (*Rec.* 319) et du 18 juillet 1966 (*Rec.* 6) dans l'affaire du Sud-Ouest africain. Dans les deux cas, la demande d'un avis consultatif semble être la poursuite du contentieux par d'autres moyens.

Il en va de même, d'une certaine manière avec l'avis consultatif demandé par l'Assemblée générale – face au blocage du Conseil de sécurité par le *veto* des États-Unis – en ce qui concerne *les conséquences juridiques de l'édification d'un mur dans le territoire palestinien occupé*, comme le souligne l'analogie des titres. Dans son avis du 9 juillet 2004 rendu par quatorze voix contre une, celle de Thomas Buergenthal, le juge américain, la Cour met l'accent sur la portée juridique de la question qui lui est posée, en rappelant les obligations d'Israël au titre du droit international humanitaire, en tant que puissance occupante. Si Israël a boycotté la Cour, après avoir tenté de récuser le juge égyptien, – un ancien diplomate qui avait pris part aux travaux antérieurs de l'Assemblée générale –, la procédure a permis d'entendre de nombreux représentants des États membres, mais aussi de la Palestine, de la Ligue arabe et de l'Organisation de la Conférence islamique. Tout en rappelant qu'elle avait « le pouvoir discrétionnaire de décider s'il échet de donner un avis », la Cour a considéré que son avis s'adressait à l'Assemblée générale « et non à un État ou à une entité déterminés ». Cela n'a pas empêché la Cour de souligner toutes les « conséquences juridiques » de l'illicéité du mur construit sur le territoire palestinien, en invoquant « la responsabilité internationale d'Israël » et son « obligation de cesser immédiatement les travaux d'édification du mur, de démanteler immédiatement celui-ci et d'abroger immédiatement ou de priver immédiatement d'effet les actes législatifs et réglementaires adoptés en vue de son édification [...] ». La répétition de l'adverbe immédiatement dans le sommaire de l'avis consultatif semble transformer celui-ci en injonction adressée à Israël, d'autant que la Cour insiste sur le « caractère *erga omnes* de certaines obligations violées par Israël » pour rappeler l'« obligation de tous les États de ne pas reconnaître la situation illicite découlant de la construction du mur ». La Cour conclut son avis par la « nécessité pour l'Organisation des Nations Unies, et spécialement l'Assemblée générale et le Conseil de sécurité d'examiner, en tenant dûment compte de l'avis consultatif, quelles nouvelles mesures doivent être prises afin de mettre un terme à la situation illicite découlant de la construction du mur et du régime qui lui est associé ».

Se situe également dans un cadre quasi-contentieux, la demande adressée par la résolution n° 63/2 de l'Assemblée générale, votée le 8 octobre 2008 à l'initiative de la Serbie, avec l'appui de la Russie, afin de savoir si la déclaration unilatérale d'indépendance du Kosovo est « conforme au droit international ». Dans son avis rendu le 22 juillet 2010, la Cour a profité du fait que la question était finalement mal posée pour esquiver les difficultés. Elle a considéré qu'il ne lui était pas demandé – comme dans le cas de la Namibie ou du « Mur » – de déterminer la validité ou les effets juridiques de la reconnaissance du Kosovo et par conséquent la question de savoir si le Kosovo avait ou non accédé à la qualité d'État. Par là, elle évitait également de répondre à la question épineuse de l'existence d'un droit de « sécession-remède » à l'oppression et, plus généralement, d'un droit pour une entité infra-étatique de se séparer unilatéralement d'un État existant. La Cour s'est donc bornée à constater que la déclaration unilatérale d'indépendance ne violait pas le cadre juridique pertinent en droit international, composé de la résolution 1244 (1999) et du « cadre constitutionnel » de la MINUK, sans oser s'avancer sur la question du droit à l'autodétermination, au risque de provoquer des réactions en chaîne dans une Europe animée par des forces centrifuges. Aussi n'est-ce qu'avec une certaine mauvaise foi ou une candide ignorance, que la Russie ou les Occidentaux invoqueront l'avis de la Cour en 2014 pour défendre ou au contraire s'opposer à la déclaration unilatérale d'indépendance de la Crimée, suivi de son rattachement à la Fédération de Russie.

En dernier lieu, l'Assemblée générale a adopté le 22 juin 2017 une résolution 71/292 par laquelle elle saisit la Cour d'une demande d'avis consultatif sur les *Effets juridiques de la séparation de l'archipel des Chagos de Maurice en 1965.* Là encore, il s'agit de poursuivre une démarche contentieuse qui vient épauler les efforts diplomatiques pour faire reconnaître notamment aux chagossiens déportés un « droit au retour » (v. notamment l'arrêt de la Cour EDH, *Chagos Islanders c. Royaume-Uni*, du 11 décembre 2012 et la sentence arbitrale du 18 mars 2015, *Aire marine protégée des Chagos*). L'avis du 25 février 2019 consacre les droits des populations contre l'ancienne puissance coloniale qui a construit la base militaire de Diego Garcia sur une des îles de l'archipel, en expulsant ses habitants. Au-delà du cas d'espèce, la portée de principe de l'avis est évidente, comme en témoigne la déclaration du juge français, Ronny Abraham, prenant la peine de souligner que cette solution de saurait être transposée à la situation de Mayotte, dont le statut résulte d'un référendum d'autodétermination.

339 La fonction consultative a également pris une forme inattendue en permettant à la Cour de se prononcer dans une série d'affaires relevant des tribunaux administratifs (v. *supra*), notamment jusqu'à une réforme intervenue en 1995 sur saisine du « comité des demandes de réformation » des jugements du TANU. Dans tous ces cas, les textes constitutifs des tribunaux prévoient que l'avis consultatif a une force obligatoire, ce que la Cour a confirmé dès la première occasion pour le TAOIT (Avis du 23 oct. 1956, sur les *jugements du TAOIT sur requêtes contre l'UNESCO, Rec.* 84) comme pour le TANU (Avis du 12 juill. 1973, sur la *demande de réformation du jugement n° 158 du TANU, Rec.* 183). En 2010, la Cour a été saisie d'une nouvelle affaire concernant le TAOIT à propos du jugement n° 2867 sur le FIDA (Fonds international de développement agricole) tranchée par un avis du 1er février 2012.

340 Reste la fonction consultative à l'état pur, où la Cour a à jouer le rôle de conseiller juridique de l'Organisation des Nations Unies, le plus souvent à la demande de l'Assemblée générale qui a saisi 14 fois la Cour. Cette fonction a été cruciale, lors des premières années de fonctionnement de l'Organisation, avec une Cour particulièrement présente (v. par ex., Avis du 11 avr. 1949, *Réparation des dommages subis au service des Nations Unies, Rec.* 174). Plus récemment, la Cour a retrouvé ce rôle, avec des avis ayant d'autant plus de poids qu'ils étaient rendus à l'unanimité et dans les meilleurs délais (Avis du 26 avr. 1988, aff. *l'OLP, Rec.* 49 ; 15 déc. 1989, aff. *Mazilu, Rec.* 175 ; 29 avr. 1999, aff. *Cumaraswamy*). Au contraire, le débat ouvert en 1996 concernant *la licéité des armes nucléaires* a profondément embarrassé et divisé la Cour, qui après de longues audiences où nombre d'États ont fait valoir leurs thèses, n'a pu que faire un constat d'impuissance juridique, compte tenu de l'état actuel du droit positif et des limites inhérentes à la fonction consultative (Avis 8 juill. 1996, préc.).

La fonction consultative garde tout son potentiel. Elle permet en effet aussi bien de clarifier les différends techniques entre États et Organisation, que les éventuels conflits entre organes au sein des Nations Unies. De ce point de vue, le droit de saisine devrait être accordé au secrétaire général pour demander à la Cour des avis consultatifs, au même titre qu'aux autres « organes principaux », ce qui n'est pas le cas. Or, comme le soulignait le président M. Bedjaoui : « La procédure consultative apparaît comme un instrument de "diplomatie préventive", un moyen privilégié pour la Cour de désamorcer les tensions et de prévenir les conflits en disant le droit » (discours devant la 6e commission, le 16 oct. 1995, *Annuaire CIJ 1995-1996*, p. 296).

§ 3 Le bilan de la jurisprudence de la Cour

Malgré un net renouveau, depuis une dizaine d'années, la Cour est loin de jouer le 341 ■
rôle central qui lui a été dévolu. Jamais autant d'affaires n'ont été inscrites à son rôle, en provenance de tous les continents, ce qui là aussi est sans précédent, mais le bilan dressé après une cinquantaine d'années de fonctionnement reste modeste. D'un simple point de vue quantitatif, la Cour permanente avait rendu 32 arrêts sur le fond et 27 avis en moins de vingt ans (1922-1940). Depuis sa mise en place en 1947, la Cour a officiellement inscrit 179 affaires à son rôle en un peu plus de 70 ans. Elle a rendu 28 avis consultatifs et plus d'une centaine d'arrêts sur le fond, l'apparition de contentieux en série (comme les plaintes de la Serbie-Montenegro, concernant la licéité de l'emploi de la force, contre les 16 États membres de l'OTAN faisant l'objet d'une série d'arrêts en date du 15 décembre 2004) rendant quelque peu arbitraire tout calcul précis...

Toutefois ces chiffres doivent être modulés dans le temps : 15 affaires contentieuses sont pendantes sur son rôle, dont certaines toutes récentes, comme l'affaire opposant la Gambie et le Myanmar concernant l'application de la convention contre le génocide de 1949, au sujet du sort des Rohingya, qui a été introduite en 2019, avec une première ordonnance sur les mesures conservatoires rendue le 23 janvier 2020. Il n'est pas rare de voir des affaires se prolonger une dizaine d'années, comme avec le contentieux territorial et maritime entre Bahreïn et le Qatar dont l'arrêt du 16 mars 2001 a marqué l'heureuse conclusion (v. pour un comm. *AFDI* 2001) ou encore l'affaire opposant la Croatie à la Serbie sur l'application de la Convention sur le génocide, introduite initialement en 1999. D'anciens contentieux reviennent parfois devant la Cour, comme en 2011 avec *la demande d'interprétation de l'arrêt du 15 juin 1962 en l'affaire du Temple de Préah Vihear*, opposant le Cambodge et la Thaïlande, avec un arrêt du 11 novembre 2013. Certaines affaires particulièrement envenimées sont d'ailleurs volontairement différées par les parties elles-mêmes qui multiplient les exceptions préliminaires et demandent des délais supplémentaires à chaque phase de la procédure, comme les affaires qui ont opposé la Libye aux États-Unis et au Royaume-Uni à la suite de « l'incident aérien de Lockerbie » (Arrêts du 27 févr. 1998 sur les exceptions préliminaires, *Rec.* 9 ; *ibid.* 114) ou l'Iran aux États-Unis pour *la destruction de plates-formes pétrolières* (Arrêt du 12 déc. 1996 sur les exceptions préliminaires, *Rec.* 803), avant de faire l'objet d'un règlement diplomatique les retirant du rôle. Mais dans d'autres cas, La Cour a montré qu'elle pouvait se prononcer dans des délais rapides de 2 ou 3 ans, comme avec le contentieux *sur l'île de Kasikili-Sedudu* entre le Bostwana et la Namibie introduit en 1996 tranché par un arrêt du 13 décembre 1999 (v. *AFDI* 1999, p. 434) ou le différend *sur le mandat d'arrêt du 11 avril 2000* qui opposait la République démocratique du Congo (*RDC*) et la Belgique, et a été jugé le 14 février 2002. De même dans l'affaire *Avena et al.*, s'agissant de la situation d'une cinquantaine de ressortissants mexicains, dans le « couloir de la mort » aux États-Unis, la Cour, saisie le 9 janvier 2003 par le Mexique sur la base de la convention de Vienne sur les relations consulaires de 1963, a décidé des mesures provisoires par une ordonnance du 5 février 2003, pour les cas les plus urgents, avant de se prononcer sur le fond, un peu plus d'un an après, avec son arrêt du 31 mars 2004. Bien plus, à la suite d'un arrêt de la Cour suprême des États-Unis, rendu le 25 mars 2008 (*aff. Medellin*), qui confortait les pouvoirs du Texas, en tant qu'État fédéré, malgré les demandes du département d'État américain visant à tirer les conséquences de l'arrêt rendu par la Cour internationale de justice, le Mexique a saisi le 13 juin 2008 la Cour d'une *demande d'interprétation de l'arrêt du 31 mars 2004,* assortie d'une demande de mesures conservatoires pour empêcher de nouvelles exécutions capitales de condamnés mexicains. La Cour a rendu dès le 16 juillet 2008 son ordonnance sur les mesures conservatoires, sachant que l'exécution de M. Medellin a été fixée par les autorités du Texas au 5 août 2008. Dans son arrêt du 19 janvier 2009 sur le fond, la Cour rejette la demande en interprétation, mais condamne les États-Unis pour avoir violé l'obligation dont ils étaient tenus en vertu de l'ordonnance en indication de mesures conservatoires, du fait de l'exécution de M. Medellin.

Plus généralement, la Cour elle-même cherche à accélérer sa production en réformant la procédure, notamment pour les affaires présentées sur la base d'un compromis, pour lui permettre de venir à bout dans les meilleurs délais des affaires inscrites à son rôle. Elle a pris des mesures de simplification dans ce sens, même si pour les États le temps peut aussi être un facteur diplomatique pour apaiser les tensions et rechercher des compromis.

■ 342 Dans le même temps, le rôle de la Cour s'est diversifié avec des affaires concernant tous les continents : l'Afrique reste très présente, avec notamment en 1994 le contentieux *sur la frontière terrestre et maritime* entre le Nigeria et le Cameroun sur lequel s'est greffée l'intervention de la Guinée équatoriale (Arrêt du 11 juin 1998, exceptions préliminaires, *Rec.* 275 ; 10 oct. 2002). Après la mise en place d'une « commission mixte », l'affaire a trouvé son aboutissement par une ultime négociation en 2006. Le contentieux territorial reste toutefois exceptionnel, même si on peut noter le différend frontalier entre le Burkina Faso et le Niger, soumis d'un commun accord à la Cour en 2010 qui a fait l'objet d'un arrêt le 16 avril 2013, ainsi que l'introduction en 2014 par la Somalie d'une requête contre le Kenya, invitant la Cour à une délimitation complète de la frontière maritime entre les deux États dans l'Océan indien. Les audiences, reportées en juin 2020, ont dû à nouveau être repoussées en mars 2021 en raison de la pandémie du COVID-19. L'onde de choc provoquée par le génocide rwandais et la guerre qui s'est étendue par la suite au Zaïre (devenu République démocratique du Congo, RDC) voisin a provoqué l'apparition d'affaires très politiques concernant des « *Activités armées sur le territoire du Congo* », opposant la RDC à ses voisins, l'Ouganda, le Rwanda et le Burundi. L'arrêt du 19 décembre 2005 dans le contentieux entre la République démocratique du Congo et l'Ouganda a été rendu sur le fond, tandis que la Cour se déclarait incompétente, par un arrêt du 3 février 2006, à se prononcer sur le contentieux avec le Rwanda.. Après plusieurs années d'inactivité, le contentieux a été ranimé en 2015 par la RDC qui, invoquant l'échec des négociations avec l'Ouganda, a demandé à la Cour de se prononcer sur le montant des réparations. Dans une ordonnance du 1er juillet 2015, la Cour a décidé de donner suite à cette demande. D'autres contentieux concernaient des questions de protection diplomatique et de protection des investissements, avec l'affaire *Sadio Diallo* opposant la Guinée et la *RDC*, qui a fait l'objet d'un arrêt du

19 juin 2012, mais aussi d'immunités, avec l'affaire relative à *certaines procédures pénales engagées en France*, finalement rayée du rôle, ou l'affaire relative à *certaines questions concernant l'entraide judiciaire en matière pénale*, à propos de l'assassinat du juge Borrel, qui a donné lieu à un arrêt rendu le 4 juin 2008. L'affaire introduite le 19 février 2009 par la Belgique contre le Sénégal, *Questions concernant l'obligation de poursuivre et d'extrader*, devant la lenteur des autorités sénégalaises à organiser le jugement de l'ancien président tchadien, Hissène Habré, a fait l'objet d'un arrêt rendu le 20 juillet 2012 qui a confirmé l'obligation de juger ou d'extrader incombant au Sénégal en vertu de la Convention contre la torture.

L'Amérique latine reste également toujours attachée à la juridiction de la Cour, avec une série d'affaires de délimitations de frontières territoriales et maritimes qui démontrent à la fois l'utilité de la Cour et en même temps ses limites, chaque affaire ne semblant pouvoir au mieux régler — à tout le moins lorsque les parties acceptent la solution de la Cour — qu'une facette de contentieux plus larges. L'affaire du *Différend territorial et maritime*, introduite par une requête du Nicaragua contre la Colombie en 2001, s'est conclue par un arrêt du 19 novembre 2012 qui a donné lieu à de vives protestations du côté colombien et à la décision du Président Santos de dénoncer le Pacte de Bogota, base de compétence de la Cour. Autre « feuilleton judiciaire » : dans un contentieux croisé, la Cour a été saisie en 2010 par le Costa-Rica de *Certaines activités menées par le Nicaragua dans la région frontalière* et en 2011 par le Nicaragua de la *Construction d'une route au Costa-Rica le long du fleuve San Juan*, faisant suite au *Différend relatif à des droits de navigation et des droits connexes sur le fleuve San Juan entre le Costa-Rica et le Nicaragua* soumis en 2005 et tranché par un arrêt du 13 juillet 2009. Par deux ordonnances du 17 avril 2013, la Cour a décidé d'une jonction d'instance, ce qui ne s'était pas produit depuis l'*Affaire du Plateau continental de la mer du Nord*. Elle a rendu son arrêt sur le fond le 16 décembre 2015. Enfin, 2013 et 2014 ont vu s'inscrire au rôle de la Cour pas moins de quatre nouvelles affaires, toutes relatives à des questions de délimitations territoriales ou maritimes, opposant respectivement la Bolivie au Chili (arrêt sur les exceptions préliminaires du 24 septembre 2015 et arrêt sur le fond le 1er octobre 2018), le Nicaragua à la Colombie (deux affaires et deux arrêts sur les exceptions préliminaires du 17 mars 2016) et le Costa Rica au Nicaragua (arrêt sur le fond du 2 février 2018, couvrant également, après jonction, une requête déposée par le Costa Rica en 2017). En juin 2016, c'est le Chili qui introduit une instance contre la Bolivie au sujet de l'utilisation des eaux du fleuve Silala, considéré comme un cours d'eau international par le Chili, tandis qu'en mars 2018, la Guyane présentait une requête contre le Venezuela en vue de faire confirmer la validité juridique et l'effet contraignant d'une sentence arbitrale rendue en 1899 (en délibéré). Mais l'Amérique latine connaît également un contentieux environnemental, avec l'arrêt rendu le 20 avril 2010 dans l'affaire de l'*Usine de pâte à papier sur le fleuve Uruguay* ainsi que le contentieux sur les *Épandages aériens d'herbicide* opposant *l'Équateur et la Colombie*, finalement rayé du rôle le 17 septembre 2013.

La présence de l'Asie est relativement plus rare que celle de l'Amérique latine, mais loin d'être insignifiante. C'est d'abord un contentieux territorial et maritime, avec l'arrêt du 23 mai 2008 sur la question de *la Souveraineté sur Pedra Blanca Pulau Batu Puteh, Middle Rocks et South Ledge* par une saisine conjointe de la Malaisie et de Singapour qui marque la confiance dans la Cour après le règlement du différend sur Pulau Ligitan et Pulau Sipadan entre l'Indonésie et la Malaisie en 2002. Mais aussi un contentieux environnemental, avec le différend sur la chasse à la baleine dans l'Antarctique opposant l'Australie et le Japon et conclu par un arrêt du 31 mars 2014. La requête introduite en 2014 par les Iles Marshall contre l'Inde, le Pakistan et le Royaume-Uni visait à poursuivre – assez maladroitement – la lutte judiciaire de certains États contre le nucléaire, après l'avis de 1996, en mettant en question le respect par les trois défendeurs de leurs obligations au regard du traité de non-prolifération nucléaire (v. les arrêts du 5 octobre 2016). On peut également signaler le retour du contentieux entre le Cambodge et la Thaïlande autour du Temple de Préah Vihéar, avec une demande en interprétation tranchée par la Cour dans son arrêt du 11 novembre 2013. Et la continuation du différend entre l'Iran et les États-Unis avec, en juin 2016, l'introduction de deux nouvelles instances contre les États-Unis par l'Iran, sur le fondement du traité d'amitié liant les deux États, au sujet d'une part d'actifs saisis par les États-Unis qui seraient couverts par des immunités (arrêt du 13 février 2019 sur les exceptions préliminaires) et d'autre part de la reprise du programme de sanctions après l'accord de Vienne de 2015 (en délibéré). De plus, en 2017, le conflit latent entre l'Inde et le Pakistan s'est cristallié autour du cas d'un ressortissant indien, condamné à mort par un tribunal militaire au Pakistan sans pouvoir bénéficier, selon l'Inde, des garanties prévues par la Convention de Vienne sur les relations consulaires — un cas de figure qui rappelle les affaires *LaGrand* et *Avena* portées respectivement par l'Allemagne et le Mexique contre les États-Unis. Statuant sur la recevabilité et sur le fond dans son arrêt du 17 juillet 2019, la Cour a constaté que le Pakistan avait bien violé ses obligations au regard de l'article 36 de la Convention de Vienne et lui a demandé d'assurer un réexamen et une révision du verdict de culpabilité à titre de mesure de réparation. Dans le Golfe Persique, le conflit ouvert entre le Qatar et ses voisins s'est matérialisé par trois affaires, l'une opposant le Qatar aux Emirats arabes unis (EAU) sur le fondement de la Convention sur l'élimination de toutes les formes de discrimination raciale (v. l'ordonnance en indication de mesures conservatoires à la demande du Qatar du 23 juillet 2018 et l'ordonnance sur les mesures conservatoires à la demande des EAU en date du 14 juin 2019), et les deux autres initiées par l'Arabie saoudite, le Bahreïn et les EAU en appel d'une décision rendue par le conseil de l'OACI donnant raison au Qatar au sujet de restrictions d'accès à l'espace aérien : dans deux arrêts en date du 14 juillet 2020, la Cour a rejeté ces deux appels. La plus médiatique saisine dans la région est toutefois le fait d'un État non-asiatique, la Gambie, qui a saisi la Cour en novembre 2019 en alléguant des violations de la Convention sur le génocide de 1948 à l'encontre du Myanmar, en lien avec les massacres contre les populations Rohingya. La Cour a prononcé à l'unanimité des mesures conservatoires dans une ordonnance en date du 23 janvier 2020, en s'appuyant notamment sur les constatations de la mission internationale indépendante d'établissement des faits mise en place par le Conseil des droits de l'homme et venant ainsi accentuer la pression créée par la décision de la Procureur de la CPI d'ouvrir une enquête.

Les États européens semblent hésiter entre l'arbitrage et la compétence de la Cour au sujet de questions techniques, comme l'affaire sur « *Certains biens* » opposant le Liechtenstein et l'Allemagne dans laquelle la Cour s'est déclarée incompétente (Arrêt du 10 févr. 2005), la question des *immunités juridictionnelles de l'État* qui a opposé l'Allemagne et l'Italie à partir de décembre 2008, avec une tierce intervention de la Grèce, à propos de poursuites de victimes de guerre contre l'Allemagne qui a donné lieu à un arrêt de principe du 3 février 2012, ou encore le différend entre la Belgique et la Suisse en matière de *compétence judiciaire et d'exécution des décisions en matière civile et commerciale* s'agissant d'un tribunal de Lugano, introduit en décembre 2009, qui a fait l'objet d'une ordonnance de radiation le 5 avril 2011. Derrière sa formulation abstraite, la question de *l'application de l'accord intérimaire du 13 septembre 1995*, qui a été introduite par l'Ancienne République yougoslave de Macédoine, tranché par un arrêt du 5 décembre 2011, pose la question des relations entre la FYROM et la Grèce. L'affaire opposant la Roumanie et l'Ukraine au sujet de la *Délimitation maritime en mer Noire* a été tranchée par un arrêt du 3 février 2009. On voit apparaître également des enjeux cruciaux concernant la crise en Yougoslavie, avec une série de contentieux à propos de *l'application de la convention contre le génocide* opposant la Bosnie-Herzégovine à la Serbie et Monténégro (Arrêt du 11 juill. 1996, exceptions préliminaires, *Rec.* I ; 26 févr. 2007, fond) mais aussi la Croatie à la Serbie (Arrêt du 3 févr. 2015). Ou encore les plaintes déposées par la Serbie relatives aux attaques de l'OTAN lors de la guerre du Kosovo, sous le titre *Licéité de l'emploi de la force*, qui ont été écartées par les arrêts du 15 décembre 2004. Le conflit entre la Russie et la Géorgie, déclenchée en août 2008, a également donné lieu à un contentieux clos par un arrêt du 1er avril 2011 au stade des exceptions préliminaires, tandis que l'annexion de la Crimée a conduit l'Ukraine à déposer une requête contre la Russie en 2017 sur le double fondement des clauses compromissoires de la convention sur la répression du financement du terrorisme et de la convention sur l'élimination de toutes formes de discrimination raciale (v. l'arrêt sur les exceptions préliminaires du 8 novembre 2019).

343 Mais derrière les chiffres et les affaires, ce qui compte c'est l'impact de la jurisprudence. On a pu longtemps constater que le recours à la justice internationale correspondait à des contentieux d'ampleur moyenne, les affaires subalternes étant réglées sans passer par la procédure, lente, lourde et coûteuse de la Cour, tandis que les litiges les plus importants échappaient eux aussi au juge (v. M. Virally, « Le champ opératoire du règlement judiciaire international », *in RGDIP* 1982. 281). Si la distinction entre « différends juridiques » et « différends politiques » est assez artificielle, il n'en reste pas moins une ligne à partir de laquelle les États refusent de transiger. Ces frontières sont relatives, et on a vu la France et la Grande-Bretagne soumettre à la Cour une affaire aussi dérisoire que celle des *Îles Minquiers et Ecrehous*, en invoquant sur ces îlots des titres remontant au Moyen-Âge (Arrêt du 17 nov. 1953, *Rec.* 47). Inversement un conflit qui avait mené les parties à la guerre, comme l'affaire de la *Bande d'Aouzou* entre le Tchad et la Libye a pu être réglé en droit grâce à la Cour (Arrêt du 3 févr. 1994, *Rec.* 5). Dans les contentieux plus récents, des crises ouvertes sont en cause derrière des enjeux juridiques : *application de la convention sur le génocide de 1948* pour la guerre en ex-Yougoslavie, mise en cause des bombardements de l'OTAN par la Yougoslavie ou de l'occupation du territoire de la *RDC* par les anciens alliés du régime de Kabila, conflits en Géorgie ou en Ukraine, massacres des Rohyinga au Myanmar...

En simplifiant à peine, on pourrait distinguer dans le contentieux actuel deux nouveaux types de situations : les crises « froides », avec des différends territoriaux aux enjeux politiques et économiques de plus en plus importants qui peuvent envenimer les relations de voisinage et dégénérer en incidents de frontière et que la Cour sait apaiser en gagnant du temps pour imposer une solution équitable fondée sur le droit, qui permet à chaque État en cause de sauver la face ; des crises « chaudes » où les parties cherchent à tirer un avantage tactique du recours au jeu judiciaire, pour mettre le droit de leur côté dans une guerre de propagande, sans forcément souhaiter aller jusqu'au bout d'un contentieux sur les principes beaucoup plus délicat à trancher par la Cour. Reste, dans la logique de l'analyse de Michel Virally, l'écheveau vite symbolique d'un contentieux technique entre pays voisins, dont l'exemple reste le pont sur le Grand-Belt opposant deux États scandinaves, la Finlande et le Danemark, ou le *Projet Gabčíkovo-Nagymaros*, sur le Danube, opposant deux États d'Europe centrale, la Hongrie et la Slovaquie.

■ 344 En fait c'est pour chaque affaire, notamment les plus sensibles, qu'il faudrait évaluer l'impact de la Cour. Dans un premier stade, elle peut imposer des mesures conservatoires. Selon le statut, « la Cour a le pouvoir d'indiquer, si elle estime que les circonstances l'exigent, quelles mesures conservatoires du droit de chacun, doivent être prises à titre provisoire » (art. 41). Parfois, ces décisions restent lettre morte, comme dans l'affaire du *Personnel diplomatique des États-Unis à Téhéran*, où l'Iran qui n'était pas présent au procès n'a tenu aucun compte de la demande de la Cour de libérer les otages (ord. du 15 déc. 1979). Bien plus certains juges ont tiré prétexte de cette *ordonnance*[Q] pour reprocher aux États-Unis d'avoir tenté un raid pour obtenir la libération de leurs ressortissants (v. Opinion individuelle dans l'arrêt du 24 mai 1980, *Rec.* 3). De même, dans l'affaire opposant la Bosnie à la Yougoslavie (Serbie-Montenegro) à propos de l'application de la convention sur le génocide, la partie serbe n'a tenu aucun compte des appels pressants de la Cour (Ord. du 8 avr. 1993 et du 13 sept. 1993). À la suite de ses ordonnances concernant des mesures conservatoires visant à suspendre l'exécution de condamnés à mort aux États-Unis, dans les deux affaires successives relatives à l'application de la convention sur les relations consulaires de 1963, la Cour a été amenée à opérer un revirement de jurisprudence en considérant que les mesures conservatoires s'imposaient aux États avec une « force obligatoire », contrairement à son interprétation constante de l'article 41 du statut. Dans l'arrêt sur l'affaire *LaGrand* du 27 juin 2001, la Cour indique que l'ordonnance du 3 mars 1999 « ne constituait pas une simple exhortation », mais « mettait une obligation juridique à la charge des États-Unis ». Ce revirement dépasse le cas d'espèce et permet à la Cour d'affirmer son autorité et de faire valoir son efficacité dans l'urgence, au même titre que le Tribunal international du droit de la mer (v. *infra*). Elle a d'ailleurs été suivie sur ce point par la Cour européenne des droits de l'homme dans son arrêt *Mamatkulov et Aburasulovic c/ Turquie* du 6 février 2003. Ceci n'a toutefois pas empêché le Texas d'exécuter M. Medellin, qui faisait l'objet des mesures conservatoires de la Cour demandées dans son ordonnance du 16 juillet 2008, dont la violation fut constatée par la suite dans l'arrêt rendu sur le fond le 19 janvier 2009.

■ 345 Une fois l'*arrêt*[Q] rendu, il est revêtu de l'autorité de la chose jugée. Mais comme le précise lui-même le statut, cette autorité est relative : « La décision de la Cour n'est obligatoire que pour les parties en litige et dans le cas qui a été décidé » (art. 59). La Cour est elle-même très soucieuse de ne pas empiéter sur les droits des tiers, au besoin en restreignant sa propre compétence en matière de délimitation terrestre ou maritime. Mais pour les parties au procès, l'autorité de la chose jugée s'impose. L'arrêt lui-même est définitif et sans recours (art. 60), et les tentatives de remise en cause d'un arrêt devant la Cour elle-même ont tourné court, comme lors de l'affaire de la *Demande en révision et interprétation de l'arrêt du 24 février 1982*, où la Tunisie a essuyé une complète fin de non-recevoir, avec l'arrêt du 10 décembre 1985 (*Rec.* 192). Plus récemment, une *demande d'interprétation de l'arrêt du 11 juin 1998* sur les exceptions préliminaires dans l'affaire *Cameroun c/ Nigeria* a été présentée par le Nigeria et tranchée par un arrêt du 25 mars 1999, et dans l'affaire du *Projet Gabčíkovo-Nagymaros*, la Slovaquie a demandé à la Cour de prononcer « un arrêt supplémentaire », à la suite de l'arrêt du 25 septembre 1997, en invoquant un manque d'exécution de la part de la Hongrie. Mais surtout la question de la succession d'États (v. *supra*) a été invoquée comme un « fait nouveau » par la Yougoslavie pour présenter *une Demande en révision de l'arrêt du 11 juillet 1996 en l'affaire relative à l'application de la convention sur le génocide*. On voit mal cependant la Cour qui a déjà un rôle particulièrement encombré passer son temps à revenir sur ses propres décisions, sauf situation limite. Toute différente était la requête déposée le 13 juin 2008 par le Mexique avec sa *demande d'interprétation de l'arrêt du 31 mars 2004* qui vise à faire confirmer par la Cour la primauté du droit international sur le droit interne, les États-Unis arguant de leur Constitution fédérale pour tenter d'expliquer leur impuissance à convaincre l'État du Texas à tenir compte de l'arrêt de la Cour de La Haye dans *l'affaire Avena* ! Mais la Cour a refusé de donner suite à cette demande, arguant qu'elle portait non sur le sens et la portée de l'arrêt de 2004, comme l'exige l'article 60 du statut, mais plutôt sur les effets juridiques de l'arrêt. Elle n'en a pas moins saisi cette occasion pour condamner la violation par les États-Unis de son obligation de respecter les mesures conservatoires prescrites par la Cour dans son ordonnance visant à prévenir l'exécution des nationaux mexicains.

C'est sur le plan politique que la question de la portée des arrêts se pose avec le plus d'acuité. On constate que, malgré tout, les arrêts de la Cour finissent par être respectés par les parties – même lorsqu'elles impliquent des enjeux territoriaux importants, comme avec l'évacuation de la bande d'Aouzou par la Libye (Arrêt préc.) – mais les rares exemples de désaveu qui concernent tous deux le domaine de la responsabilité n'en sont que plus symptomatiques, qu'il s'agisse de l'arrêt du 9 avril 1949 dans l'affaire du *Détroit de Corfou*, rendu en l'absence de l'Albanie (CIJ, *Rec.* 4) ou de l'arrêt du 24 mai 1980 dans l'affaire du *Personnel diplomatique des États-Unis à Téhéran* (*Rec.* 3). Dans l'affaire du *Personnel diplomatique des États-Unis à Téhéran*, c'est le gouvernement américain lui-même qui après avoir obtenu un succès de principe, avec l'arrêt du 24 mai 1980, a renoncé à poursuivre l'affaire sur le terrain de la réparation. Avec les accords d'Alger, les États-Unis abandonnent toute suite judiciaire au contentieux relatif aux otages avec l'Iran, qu'il s'agisse des droits des États-Unis devant la CIJ ou des droits des otages eux-mêmes devant les juridictions internes, assurant ainsi à l'Iran une impunité de fait. Seul le contentieux économique, comme on l'a vu, fera l'objet des travaux du Tribunal américano-iranien des différends. 346

À la différence d'une procédure d'arbitrage, qui reste comme une « monade » en apesanteur, un arrêt de la Cour s'inscrit dans le système préétabli de la Charte. Ainsi la Charte vient-elle renforcer l'autorité intrinsèque de la chose jugée par des garanties politiques : 347

« 1. Chaque membre des Nations Unies s'engage à se conformer à la décision de la Cour internationale de justice dans tout litige auquel il est partie.

2. Si une partie à un litige ne satisfait pas aux obligations qui lui incombent en vertu d'un arrêt rendu par la Cour, l'autre partie peut recourir au Conseil de sécurité et celui-ci, s'il le juge nécessaire, peut faire des recommandations ou décider des mesures à prendre pour faire exécuter l'arrêt » (art. 94).

L'intervention du Conseil de sécurité est *l'ultima ratio* de la Cour, selon le modèle pascalien de la force au service du droit, sans laquelle la justice serait impuissante. Malheureusement la pratique est peu concluante. En effet, dans une seule affaire, avec l'arrêt de 1986 dans l'affaire des *Activités militaires et paramilitaires*, l'article 94 a été invoqué par le Nicaragua, mais c'était à l'encontre des États-Unis, vouant ainsi le Conseil de sécurité à l'impuissance. Le Nicaragua a également tenté de prolonger le contentieux sur le terrain de la réparation, avec un nouveau recours devant la Cour de La Haye, avant de retirer sa requête. L'efficacité pratique de l'article 94, paragraphe 2 de la Charte reste à démontrer.

§ 4 L'apparition de nouvelles juridictions internationales

348 Le bilan serait incomplet si l'on ne situait pas l'activité de la Cour en regard de celle des autres juridictions internationales (v. le colloque de Lyon de la SFDI, *La juridiction internationale permanente*, Pedone, 1987 et le colloque de Lille de 2002 sur *La juridictionnalisation du droit international*, Pedone, 2003). Certaines sont déjà classiques, avec leur domaine propre, comme sur le plan régional la Cour européenne des droits de l'homme de Strasbourg ou la Cour de justice de l'Union européenne à Luxembourg, et sur le plan technique, le système d'arbitrage du Centre international de règlement des différends en matière d'investissement (CIRDI) depuis 1965, et plus récemment l'Organe de règlement des différends de l'OMC, ou encore les différents tribunaux administratifs au sein des organisations internationales.

Mais c'est au moment même où la Cour internationale de justice connaissait un renouveau sans précédent qu'elle a vu apparaître des instances qui ont des missions très voisines de la sienne, avec les risques de conflits de compétences ou de contradictions de jurisprudences que cela implique. Ainsi le Tribunal pénal international pour l'ex-Yougoslavie n'a pas manqué d'aborder sous un angle spécifique la question de l'application de la convention de 1948 contre le génocide qui a été soulevée devant la CIJ par la Bosnie, tout comme elle n'a pas hésité à se prononcer sur la théorie des sources ou la hiérarchie des normes en prenant le contre-pied de la jurisprudence de la CIJ. La création de la Cour pénale internationale est susceptible de faire perdurer ce va-et-vient entre responsabilité internationale des États et responsabilité pénale des individus, surtout depuis que la Cour s'est vu reconnaître une compétence en matière de crime d'agression (v. ss 287).

349 Mais la possible duplication des compétences se pose tout particulièrement pour le Tribunal international du droit de la mer, qui siège à Hambourg, dont les juges ont été élus en août 1996, alors que la CIJ a su faire preuve de toute sa maîtrise en matière de délimitation maritime, contrairement aux méfiances qui sont à l'origine des dispositions de la convention de Montego Bay de 1982, mettant pleinement à profit ce long interrègne (v. not. le point d'orgue que constitue l'arrêt du 14 juin 1993 dans l'affaire de la *Délimitation maritime dans la région située entre le Groenland et Jan Mayen*, *Rec.* 38). Autrement dit la convention sur le droit de la mer a été négociée dans les années 1970, au moment où les réticences à l'égard de la CIJ étaient fortes, notamment de la part de la France, mais elle est entrée en vigueur, alors que la CIJ avait retrouvé tout son lustre. Le Tribunal de Hambourg, composé de 21 juges a mis en place plusieurs chambres spécialisées : la chambre pour le règlement des différends relatifs aux fonds marins prévue par le traité, mais aussi une chambre pour les

questions de pêcheries, une chambre de l'environnement marin et une chambre pour le règlement des différends relatifs à la délimitation maritime. D'autres chambres *ad hoc* peuvent être mises en place pour une procédure particulière, en consultation avec les parties, une possibilité utilisée à deux reprises dans un différend opposant le Chili à l'Union européenne sur la conservation et l'exploitation des stocks d'espadon (2000) et dans une affaire de délimitation entre le Ghana et la Côte d'Ivoire (2015). Le Tribunal, accessible aux acteurs économiques comme aux États, a trouvé sa voie originale en traitant avec rapidité et efficacité les affaires, notamment en matière de saisie de navire.

Parmi les affaires soumises au Tribunal de Hambourg (29 aff. depuis l'origine), la France a déjà fait l'objet de trois demandes de « prompte mainlevée » concernant des navires battant pavillons de complaisance pêchant dans sa zone économique exclusive, avec l'affaire du *Camouco* à la demande de Panama (Arrêt du 7 févr. 2000), puis l'affaire du *Monte Confurco*, à la demande des Seychelles (Arrêt du 18 déc. 2000), enfin l'affaire du *Grand Prince*, à la demande de Belize (Arrêt du 20 avr. 2001). C'est peut-être cette importance potentielle prise par le contentieux qui a fait revenir la France sur son indifférence première en faisant élire en 2002 Jean-Pierre Cot comme nouveau juge au Tribunal international du droit de la mer et en le présentant pour un nouveau mandat de 9 ans, en 2011. À la suite des élections de 7 nouveaux juges en 2020, la France ne compte plus de ressortissant parmi les 21 membres du Tribunal.

D'autres affaires de prompte mainlevée ont opposé la Russie et l'Australie, avec l'affaire du *Volga* (Arrêt du 23 déc. 2002) et le Japon et la Russie (Arrêts du 6 août 2007). D'autres affaires de saisies ont donné lieu à un différend sur le fond : ainsi le Tribunal, dans un arrêt du 14 avril 2014, a-t-il reconnu, par 14 voix contre 9, la responsabilité de la Guinée-Bissau pour la confiscation du navire « Virgina G », battant pavillon panaméen et effectuant des opérations de ravitaillement de navires se livrant à la pêche dans la ZEE de la Guinée-Bissau (aff. n° 19). Dans l'affaire de l'*ARA Libertad*, la demande de mesures conservatoires tendant à la mainlevée de l'immobilisation du « fleuron » de la marine militaire argentine a été présentée devant le Tribunal en vertu de l'article 290, paragraphe 5 de la Convention, en attendant la constitution d'un tribunal arbitral conformément à l'annexe VII. Le navire avait été immobilisé sur décision d'un tribunal ghanéen, sur demande d'un « fonds d'investissement vautour » qui cherchait à exécuter un jugement obtenu aux États-Unis et condamnant l'Argentine pour défaut de paiement de ses créanciers au titre d'obligations émises en 1994.

Enfin, il faut citer le cas très politique de l'« Artic Sunrise » (aff. n° 22), un navire de Greenpeace qui s'était approché d'une plate-forme pétrolière dans le grand nord pour protester contre les menaces à l'environnement polaire, et avait été arraisonné par la marine russe : cette confiscation a fait l'objet d'une ordonnance en date du 25 novembre 2013 dans une affaire opposant les Pays-Bas, État du pavillon, et la Russie. La main levée a été décidée par le Tribunal (par 19 voix contre 2, celles du juge russe et du juge ukrainien). Même si la Russie récusait la compétence du tribunal de Hambourg, une mesure de grâce a permis de libérer l'équipage, lors des fêtes de Noël, tandis que le navire restait saisi à Mourmansk jusqu'à sa restitution à Greenpeace décidée le 6 juin 2014. Parallèlement l'ONG a saisi la Cour européenne des droits de l'homme d'un recours dirigé contre la Russie et l'affaire s'est également conclue dans le cadre d'un arbitrage constitué au sein de la Cour permanente sur le fondement de l'Annexe VII de la Convention sur le droit de la mer : la sentence rendue par le tribunal le 24 août 2015 reconnaît la responsabilité de la Russie non seulement pour des violations de la Convention mais aussi pour ne pas s'être conformée à l'ordonnance rendue par le Tribunal. Dans un contexte politique tendu, le Tribunal a également été saisi du sort des trois navires ukrainiens arraisonés par la Russie dans le détroit de Kertch, avec une sentence rendue le 25 mai 2019 ordonnant de libérer les équipages (aff. n° 26), cette question étant dissociée du contentieux en responsabilité porté devant la Cour permanente d'arbitrage (v. ci-dessus), alors même que la Cour européenne des droits de l'homme est également saisie du différend.

Parallèlement à ce contentieux des saisies qui constitue l'essentiel des affaires portées devant le Tribunal, un contentieux inédit sur la « poldérisation » de certains territoires opposant Singapour et la Malaisie a fait l'objet de mesures conservatoires avec une ordonnance prise en 2003. En revanche, une affaire (aff. n° 7), qui opposait depuis 2000 le Chili et l'Union européenne à propos de la gestion des stocks d'espadon dans le Pacifique, a été radiée du rôle de la Cour en 2009.

Ces quelques exemples suffisent à montrer que s'agissant des délimitations maritimes, les États ont longtemps préféré se tourner vers la Cour, soit parce que, techniquement, la frontière maritime et la frontière terrestre dépendent l'une de l'autre, soit parce que, politiquement, la jurisprudence bien établie de la Cour, avec sa sage lenteur et son goût pour l'équité, rassure les États. Au contraire, la valeur ajoutée du Tribunal de Hambourg est évidente, s'agissant de mesures d'urgence, qu'il s'agisse de prompte mainlevée ou de mesures conservatoires. La contrepartie de cette rapidité est de vider tout aussi rapidement le rôle du Tribunal. Mais la 16e affaire inscrite en 2010 au rôle du Tribunal de Hambourg marque un tournant puisque le Bangladesh et le Myanmar lui ont confié la délimitation de leurs espaces maritimes dans le golfe de Bengale. Autrement dit, pour la première fois, le Tribunal a été chargé d'une délimitation maritime, concurremment à la Cour internationale de justice ou à l'arbitrage, et s'est acquitté de cette tâche de manière tout à fait classique avec son arrêt du 14 mars 2012. Ce cas pourrait faire école, avec déjà une seconde affaire pour la délimitation de la frontière maritime dans l'Atlantique, soumise le 3 décembre 2014 sur la base d'un compromis à une chambre spécial du Tribunal par le Ghana et la Côte d'Ivoire. De même la délimitation de la frontière maritime entre Maurice et les Maldives a été soumise au Tribunal le 24 septembre 2019 (aff n° 28), alors que la CIJ venait de rendre son avis consultatif dans l'affaire des iles Chagos (v. ci-dessus).

Une autre première concerne la demande d'avis consultatif présentée par l'autorité internationale des fonds marins, sur la base de l'article 191 de la Convention, au sujet des « responsabilités et obligations des États » dans la Zone, en vertu de la Partie XI de la Convention qui a donné lieu à un avis rendu par la Chambre pour le règlement des différends relatifs aux fonds marins le 1er février 2011. De plus, le Tribunal s'est reconnu un pouvoir de rendre des avis consultatifs sur d'autres accords internationaux « dans la mesure où un accord international se rapportant aux buts de la Convention » le prévoit (article 138 du Règlement du Tribunal). Ainsi, une demande a-t-elle été soumise le 28 mars 2013 au Tribunal par la Commission sous-régionale des pêches, sur la base de l'article 33 d'une convention du 8 juin sur l'exploitation des ressources halieutiques, au sujet des obligations de l'État du pavillon et de l'État côtier face à des pratiques de pêches illicites. La légalité de la compétence consultative du Tribunal est contestée à cette occasion. Plus de 30 États ont participé à la procédure écrite, visant soit la procédure de l'avis consultatif, soit la question de fond, avec la responsabilité des organisations internationales, en l'occurrence l'Union européenne, pour pêche illicite. Le Tribunal a rendu un avis le 2 avril 2015 et accepté de répondre aux questions qui lui étaient posées, aux termes d'une interprétation que d'aucuns ont jugé extensive de sa compétence consultative.

Il ne faudrait pas que l'essor anarchique de la justice internationale, en passant du vite au trop plein, n'en vienne à affaiblir le rôle essentiel de la Cour internationale de justice comme « organe judiciaire principal des Nations Unies » et surtout, dans le fil d'une jurisprudence cohérente, l'unité même du droit international (v. la mise en garde du juge Gilbert Guillaume à l'occasion du cinquantième anniversaire de la Cour, *in RGDIP* 1996, n° 2, p. 323). À défaut d'une hiérarchie judiciaire difficile à rétablir après coup, la sagesse du *judicial restraint* reste le meilleur moyen d'éviter une cacophonie judiciaire dont le droit international, vite devenu inaudible, serait la première victime. Dans l'affaire *Ahmadou Sadio Diallo (Guinée c/ RDC)*, la Cour internationale de justice a elle-même souligné l'importance de la « cohérence juridique » au nom de la sécurité juridique que sont en droit d'attendre les États comme les individus (arrêt du 30 novembre 2010, § 66, *Rec.* 664, v. compléments pédagogiques, document n° 7). Mais il est évident que l'augmentation du nombre de juridictions ou quasi-juridictions et du contentieux afférents rendra de plus en plus difficile le maintien d'une telle cohérence. 350 ■

6

Compléments pédagogiques

Quid

■ Arrêt n° 345

Décision d'une juridiction saisie d'un différend, dotée de l'autorité de la chose jugée (*judgments*).

■ Avis consultatif n°s 323, 337

Éclaircissement sur un point de droit rendu par une juridiction à la demande d'un organe qualifié (*advisory opinion*).

■ Différend n° 297

« Désaccord sur un point de droit ou de fait (…) opposition de thèses juridiques ou d'intérêt entre deux personnes » (CPJI 30 août 1924, aff. *Mavrommatis*, série n° 2). Synonyme, conflit, litige (*dispute*).

■ *Ex aequo et bono* n° 317

Jugement en équité, possibilité pour le juge de trancher en équité et non en droit strict, à la demande des parties (art. 38, § 2 statut CIJ). On distingue l'équité *sine legem*, lorsque l'équité vient combler une lacune du droit et l'équité *contra legem*, lorsque l'équité remet en cause la lettre du droit.

■ Juridiction n° 324

Au sens organique, Cour, tribunal investi du pouvoir de juger ; mais aussi, au sens matériel, compétence de ce tribunal (ex : la juridiction obligatoire de la CIJ).

■ Jurisprudence n° 316

Ensemble des décisions d'une juridiction (*case-law*), mais aussi précédents pertinentes sur un sujet (*jurisprudence*).

■ Ordonnance n° 344

Décision de procédure d'une juridiction ou de son président (*order*).

■ Sentence n° 321

Décision d'un tribunal arbitral, dotée de l'autorité de la chose jugée (*award*).

Documents

1) La Cour internationale de justice

Liste des affaires sur le rôle de la Cour internationale de justice : 15 affaires sont pendantes (au 1er sept. 2020)

1. Projet Gabčíkovo-Nagymaros (*Hongrie/Slovaquie*).

2. Activités armées sur le territoire du Congo (*République démocratique du Congo c. Ouganda*).

3. Question de la délimitation du plateau continental entre le Nicaragua et la Colombie au-delà de 200 milles marins de la côte nicaraguayenne (*Nicaragua c. Colombie*).

4. Violations alléguées de droits souverains et d'espaces maritimes dans la mer des Caraïbes (*Nicaragua c. Colombie*).

5. Délimitation maritime dans l'océan Indien (*Somalie c. Kenya*).

6. Différend concernant le statut et l'utilisation des eaux du Silala (*Chili c. Bolivie*).

7. Immunités et procédures pénales (*Guinée équatoriale c. France*).

8. Certains actifs iraniens (*République islamique d'Iran c. États-Unis d'Amérique*).

9. Application de la convention internationale pour la répression du financement du terrorisme et de la convention internationale sur l'élimination de toutes les formes de discrimination raciale (*Ukraine c. Fédération de Russie*).

10. Sentence arbitrale du 3 octobre 1899 (*Guyana c. Venezuela*).

11. Application de la convention internationale sur l'élimination de toutes les formes de discrimination raciale (*Qatar c. Emirats arabes unis*).

12. Violations alléguées du traité d'amitié, de commerce et de droits consulaires de 1955 (*République islamique d'Iran c. États-Unis d'Amérique*).

13. Transfert de l'ambassade des États-Unis à Jérusalem (*Palestine c. États-Unis d'Amérique*).

14. Revendication territoriale, insulaire et maritime du Guatemala (*Guatemala/Belize*).

15. Application de la convention pour la prévention et la répression du crime de génocide (*Gambie c. Myanmar*).

NB : Le « / » indique que la Cour a été saisie conjointement par les deux parties qui adressent leurs pièces simultanément, tandis que « c. » marque les affaires où il y a un demandeur contre un défendeur dont les pièces écrites alternent.

(source : www.icj-cij.org)

2) L'obligation de négocier résultant d'un traité ou d'un arrêt de la Cour

CIJ, avis consultatif, 8 juill. 1996, *Licéité de la menace ou de l'emploi d'armes nucléaires*
(*Rec.*, § 98-100 et 103)

98. Compte tenu des questions éminemment difficiles que soulève l'application à l'arme nucléaire du droit relatif à l'emploi de la force, et surtout du droit applicable dans les conflits armés, la Cour estime devoir examiner maintenant un autre aspect de la question posée, dans un contexte plus large.

À terme, le droit international, et avec lui la stabilité de l'ordre international qu'il a pour vocation de régir, ne peuvent que souffrir des divergences de vues qui subsistent aujourd'hui quant au statut juridique d'une arme aussi meurtrière que l'arme nucléaire. Il s'avère par conséquent important de mettre fin à cet état de chose : le désarmement nucléaire complet promis de longue date se présente comme le moyen privilégié de parvenir à ce résultat.

99. La Cour mesure dans ces circonstances toute l'importance de la consécration par l'article VI du traité sur la non-prolifération des armes nucléaires d'une obligation de négocier de bonne foi un désarmement nucléaire. Cette disposition est ainsi libellée :

« Chacune des parties au traité s'engage à poursuivre de bonne foi cessation de la course aux armements nucléaires à une date rapprochée et au désarmement nucléaire et sur un traité de désarmement général et complet sous un contrôle international strict et efficace. »

La portée juridique de l'obligation considérée dépasse celle d'une simple obligation de comportement ; l'obligation en cause ici est celle de parvenir à un résultat précis – le désarmement nucléaire dans tous ses aspects – par l'adoption d'un comportement déterminé, à savoir la poursuite de bonne foi de négociations en la matière.

100. Cette double obligation de négocier et de conclure concerne formellement les 182 États parties au traité sur la non-prolifération des armes nucléaires, c'est-à-dire la très grande majorité de la communauté internationale.

C'est d'ailleurs pratiquement l'ensemble de cette communauté qui a paru concernée lorsqu'à diverses reprises des résolutions de l'Assemblée générale des Nations Unies concernant le désarmement nucléaire ont été adoptées à l'unanimité. De fait, toute recherche réaliste d'un désarmement général et complet, en particulier nucléaire, nécessite la coopération de tous les États. (…)

103. Dans sa résolution n° 984 (1995) en date du 11 avril 1995, le Conseil de sécurité a tenu à réaffirmer qu'il était « nécessaire que tous les États parties au traité sur la non-prolifération des armes nucléaires s'acquittent pleinement de toutes leurs obligations » et a exhorté « tous les États à poursuivre de bonne foi, comme il est stipulé à l'article VI du traité sur la non-prolifération des armes nucléaires, des négociations sur des mesures efficaces relatives au désarmement nucléaire et sur un traité de désarmement général et complet sous un contrôle international strict et efficace, qui demeure un objectif universel ». L'importance de l'exécution de l'obligation exprimée à l'article VI du traité sur la non-prolifération des armes nucléaires a aussi été réaffirmée dans le document final de la conférence des parties au traité sur la non-prolifération des armes nucléaires chargée d'examiner le traité et la question de sa prorogation, qui s'est tenue du 17 avril au 12 mai 1995.

De l'avis de la Cour, il s'agit là indubitablement d'un objectif qui demeure vital pour l'ensemble de la communauté internationale aujourd'hui.

⇨ *Le traité sur la non-prolifération des armes nucléaires impose une double obligation de négocier le désarmement nucléaire dans tous ses aspects et de conclure une telle négociation : il s'agit donc à la fois d'une obligation de moyen et de résultat.*

CIJ 25 sept. 1997, *aff. relative au projet Gabčíkovo Nagymaros, Hongrie c/ Slovaquie* (*Rec.*, § 141-143)

132. (...) il est d'une importance primordiale que la Cour ait constaté que le traité de 1977 est toujours en vigueur et régit par conséquent les relations entre les Parties. Ces relations sont certes aussi soumises aux règles des autres conventions pertinentes auxquelles les deux États sont parties, aux règles du droit international général et, en l'espèce, aux règles de la responsabilité des États ; mais elles sont gouvernées avant tout par les règles applicables du traité de 1977 en tant que *lex specialis*.

133. La Cour ne saurait toutefois ignorer qu'aucune des parties n'a pleinement exécuté le traité depuis des années, ni d'ailleurs que les parties, par leurs actes et leurs omissions, ont contribué à créer la situation de fait qui prévaut aujourd'hui. En se prononçant sur les exigences auxquelles le comportement à venir des Parties devra satisfaire en droit, la Cour ne peut négliger de tenir compte de cette situation de fait et des possibilités et impossibilités pratiques qui en résultent.

Cela ne signifie pas que les faits – en l'occurrence, des faits qui découlent de comportements illicites déterminent le droit. La Cour fait droit au principe *ex injuria jus non oritur* lorsqu'elle conclut que les relations juridiques créées par le traité de 1977 subsistent et ne sauraient en l'espèce être considérées comme annulées par un comportement illicite.

C'est pourquoi il est essentiel de replacer la situation de fait, telle qu'elle s'est développée depuis 1989, dans le contexte de la relation conventionnelle qui s'est maintenue et qui est appelée à évoluer, afin de réaliser son objet et son but dans toute la mesure du possible. Car ce n'est qu'à cette condition qu'il pourra être porté remède à la situation irrégulière due aux manquements des deux Parties à leurs obligations conventionnelles.

140. Il est clair que les incidences du projet sur l'environnement et ses implications pour celui-ci seront nécessairement une question clef. Les nombreux rapports scientifiques présentés à la Cour par les Parties, même si leurs conclusions sont souvent contradictoires, fournissent amplement la preuve que ces incidences et ces implications sont considérables.

Aux fins de l'évaluation des risques écologiques, ce sont les normes actuelles qui doivent être prises en considération. Non seulement le libelle des articles 15 et 19 le permet, mais il le prescrit même dans la mesure où ces articles mettent à la charge des parties une obligation continue, et donc nécessairement évolutive, de maintenir la qualité de l'eau du Danube et de protéger la nature.

La Cour ne perd pas de vue que, dans le domaine de la protection de l'environnement, la vigilance et la prévention s'imposent en raison du caractère souvent irréversible des dommages causés à l'environnement et des limites inhérentes au mécanisme même de réparation de ce type de dommages.

Au cours des âges, l'homme n'a cessé d'intervenir dans la nature pour des raisons économiques et autres. Dans le passé, il l'a souvent fait sans tenir compte des effets sur l'environnement. Grâce aux nouvelles perspectives qu'offre la science et à une conscience croissante des risques que la poursuite de ces interventions à un rythme inconsidéré et soutenu représenterait pour l'humanité – qu'il s'agisse des générations actuelles ou futures –, de nouvelles normes et exigences ont été mises au point, qui ont été énoncées dans un grand nombre d'instruments au cours des deux dernières décennies. Ces normes nouvelles doivent être prises en considération et ces exigences nouvelles convenablement appréciées, non seulement lorsque des États envisagent de nouvelles activités, mais aussi lorsqu'ils poursuivent des activités qu'ils ont engagées dans le passé. Le concept de développement durable traduit bien cette nécessité de concilier développement économique et protection de l'environnement.

Aux fins de la présente espèce, cela signifie que les parties devraient, ensemble, examiner à nouveau les effets sur l'environnement de l'exploitation de la centrale de *Gabčíkovo*. En particulier, elles doivent trouver une solution satisfaisante en ce qui concerne le volume d'eau à déverser dans l'ancien lit du Danube et dans les bras situés de part et d'autre du fleuve.

141. Il n'appartient pas à la Cour de déterminer quel sera le résultat final des négociations à mener par les Parties. Ce sont les Parties elles-mêmes qui doivent trouver d'un commun accord une solution qui tienne compte des objectifs du traité – qui doivent être atteints de façon conjointe et intégrée – de même que des normes du droit international de l'environnement et des principes du droit relatif aux cours d'eau internationaux. La Cour rappellera dans ce contexte ce qu'elle a dit dans les affaires du Plateau continental de la mer du Nord : « les parties ont l'obligation de se comporter de telle manière que la négociation ait un sens, ce qui n'est pas le cas lorsque l'une d'elles insiste sur sa propre position sans envisager aucune modification » (Arrêt 1969, *Rec.* 47, § 85).

142. Ce que la règle *pacta sunt servanda*, telle que reflétée à l'article 26 de la convention de Vienne de 1969 sur le droit des traités, exige en l'espèce des parties, c'est de trouver d'un commun accord une solution dans le cadre de coopération que prévoit le traité.

L'article 26 associe deux éléments, qui sont d'égale importance. Il dispose que « Tout traité en vigueur lie les parties et doit être exécuté par elles de bonne foi. » De l'avis de la Cour, ce dernier élément implique qu'au cas particulier c'est le but du traité, et l'intention dans laquelle les parties ont conclu celui-ci, qui doivent prévaloir sur son application littérale. Le principe de bonne foi oblige les parties à l'appliquer de façon raisonnable et de telle sorte que son but puisse être atteint.

143. Au cours de ce différend, les deux parties ont sollicité l'aide de la Commission des Communautés européennes. Du fait que les parties ont adopté des positions diamétralement opposées sur le point de savoir ce que devait être le résultat des pourparlers trilatéraux qui étaient envisagés, ceux-ci ont échoué. Lorsque, une fois le présent arrêt rendu, les deux parties engageront des négociations bilatérales sans conditions préalables, elles pourront bénéficier de l'assistance et de l'expertise d'une tierce partie. L'acceptation d'une telle aide par les parties attesterait de la bonne foi marquant les négociations bilatérales qu'elles mèneront pour donner effet à l'arrêt de la Cour.

⇨ *Le traité de 1977 prévoyait la construction d'un barrage et d'un système d'écluse en tant qu'investissement conjoint. Le traité a fait l'objet de plusieurs violations de la part des deux parties. La Cour constate que le traité reste en vigueur mais doit être adapté au regard non seulement de l'évolution des faits, mais aussi de l'évolution des normes, notamment en matière environnementale. Pour ce faire, la Cour fait obligation aux deux États de négocier de bonne foi, en vue trouver une solution pour réaliser, sinon la lettre, du moins le but du traité de 1977.*

CIJ 20 avr. 2010, *aff. relative à des usines de pâte à papier sur le fleuve Uruguay, Argentine c/ Uruguay*, arrêt

143. La Cour considère que l'Uruguay n'avait le droit, pendant toute la période de consultation et de négociation prévue aux articles 7 à 12 du statut de 1975, ni d'autoriser la construction ni de construire les usines projetées et le terminal portuaire. En effet, il serait contraire à l'objet et

au but du statut de 1975 de procéder aux activités litigieuses avant d'avoir appliqué les procédures prévues par les « mécanismes communs nécessaires à l'utilisation rationnelle et optimale du fleuve » (article premier). (...)

144. Il en découle, selon la Cour, que tant que se déroule le mécanisme de coopération entre les parties pour prévenir un préjudice sensible au détriment de l'une d'elles, l'État d'origine de l'activité projetée est tenu de ne pas autoriser sa construction et *a fortiori* de ne pas y procéder.

145. La Cour relève, en outre, que le statut de 1975 s'inscrit parfaitement dans le cadre des exigences du droit international en la matière, dès lors que le mécanisme de coopération entre États est régi par le principe de la bonne foi. En effet, selon le droit international coutumier, reflété à l'article 26 de la convention de Vienne de 1969 sur le droit des traités, « [t]out traité en vigueur lie les parties et doit être exécuté par elles de bonne foi ». Cela s'applique à toutes les obligations établies par un traité, y compris les obligations de nature procédurale, essentielles à la coopération entre États. La Cour a rappelé, dans les affaires des *Essais nucléaires (Australie c/ France)* et (*Nouvelle-Zélande c/ France*), ce qui suit :

« L'un des principes de base qui président à la création et à l'exécution d'obligations juridiques, quelle qu'en soit la source, est celui de la bonne foi. La confiance réciproque est une condition inhérente de la coopération internationale... » (*Arrêts, CIJ 1974, Rec.* 268, § 46 ; *ibid.* 473, § 49 ; v. égal. *Actions armées frontalières et transfrontalières (Nicaragua c/ Honduras), compétence et recevabilité, arrêt, CIJ 1988, Rec.* 105, § 94).

146. La Cour a par ailleurs eu l'occasion de mettre l'accent sur les caractéristiques de l'obligation de négocier et sur le comportement qu'elle prescrit aux États concernés : « les parties ont l'obligation de se comporter de telle manière que la négociation ait un sens » (*Plateau continental de la mer du Nord (République fédérale d'Allemagne/Danemark ; République fédérale d'Allemagne/Pays-Bas), arrêt, CIJ 1969, Rec.* 47, § 85).

147. Le mécanisme de coopération prévu par les articles 7 à 12 du statut de 1975 n'aurait pas de sens, de l'avis de la Cour, si la partie d'origine de l'activité projetée autorisait celle-ci ou la mettait en œuvre sans attendre que ce mécanisme soit mené à son terme. En effet, si tel était le cas, les négociations entre les parties n'auraient plus d'objet.

148. À cet égard, les travaux préliminaires des usines de pâte à papier sur des sites approuvés uniquement par l'Uruguay ne font pas exception, contrairement à ce que prétend cet État. Ces travaux font en effet partie intégrante de la construction des usines projetées (v. § 39 et 42).

149. La Cour conclut de ce qui précède que l'accord créant le GTAN n'a pas permis à l'Uruguay de déroger à ses obligations d'informer et de notifier, conformément à l'article 7 du statut de 1975 et que, en autorisant la construction des usines ainsi que du terminal portuaire de Fray Bentos avant la fin de la période de négociation, l'Uruguay n'a pas respecté l'obligation de négocier prévue à l'article 12 du statut. Il en résulte que l'Uruguay a méconnu l'ensemble du mécanisme de coopération prévu par les articles 7 à 12 du statut de 1975.

⇨ *L'Uruguay a construit une usine de pâte à papier sur le fleuve Uruguay (dont l'Argentine est également riveraine) sans respecter les obligations procédurales qui lui étaient imposées par un traité portant statut du fleuve Uruguay. Ce faisant, l'Uruguay a violé l'obligation de négocier de bonne foi que lui imposait le traité.*

3) L'obligation de négocier comme préalable à la saisine de la Cour

CIJ 11 juin 1998, *Affaire de la frontière terrestre et maritime entre le Cameroun et le Nigéria (Cameroun c/ Nigéria)*, arrêt sur les exceptions préliminaires (*Rec.*, § 56)

56. Abordant les questions de droit, la Cour traitera maintenant de la première branche de l'exception nigériane. Elle rappellera tout d'abord que « [l]a négociation et le règlement judiciaire sont l'une et l'autre cités comme moyens de règlement pacifique des différends à l'article 33 de la Charte des Nations Unies)) (*Plateau continental de la mer Egée, arrêt, CIJ 1978, Rec.* 12, § 29). Il n'existe ni dans la Charte, ni ailleurs en droit international, de règle générale selon laquelle l'épuisement des négociations diplomatiques serait un préalable à la saisine de la Cour. Un tel préalable n'avait pas été incorporé dans le Statut de la Cour permanente de Justice internationale, contrairement à ce qu'avait proposé le Comité consultatif de juristes en 1920 (Comité consultatif de juristes, *Procès-verbaux des séances du Comité (16 juin-24 juill. 1920) avec annexes*, p. 679, 725-726). Il ne figure pas davantage à l'article 36 du Statut de la présente Cour.

Un préalable de ce type peut être incorporé et est souvent inséré dans les clauses compromissoires figurant dans les traités. Il peut également figurer dans un compromis, les signataires se réservant alors de ne saisir la Cour qu'une fois écoulé un certain délai (voir par exemple *Différend frontalier (Jamahiriya arabe libyennelTchad), arrêt, CIJ 1994, Rec.* 9). Enfin, les États demeurent libres d'insérer dans leur déclaration facultative d'acceptation de la juridiction obligatoire de la Cour une réserve excluant de la compétence de cette dernière les différends au sujet desquels les parties en cause seraient convenues ou conviendraient d'avoir recours à un autre mode de règlement pacifique. Au cas particulier, aucune réserve de ce type n'avait cependant été insérée dans les déclarations du Nigéria ou du Cameroun à la date d'introduction de la requête.

⇨ *Il n'existe en droit international général, aucune obligation de négociation préalable à la saisine de la Cour. Mais les États peuvent décider de faire d'une telle obligation une condition de leur consentement à la juridiction de la Cour. Ce n'est pas le cas en l'espèce.*

CIJ 6 nov. 2003, *Plateformes pétrolières (République islamique d'Iran c/ États-Unis d'Amérique)*, arrêt, fond

106. L'Iran soutient d'abord que la Cour ne peut connaître de la demande reconventionnelle des États-Unis parce que celle-ci a été présentée sans avoir été précédée de négociations, et qu'elle ne concerne donc pas un différend n'ayant pu être « réglé d'une manière satisfaisante par la voie diplomatique » au sens du paragraphe 2 de l'article XXI du traité de 1955, qui se lit comme suit :

« Tout différend qui pourrait s'élever entre les Hautes Parties contractantes quant à l'interprétation ou à l'application du présent traité et qui ne pourrait pas être réglé d'une manière satisfaisante par la voie diplomatique sera porté devant la Cour internationale de Justice, à moins que les Hautes Parties contractantes ne conviennent de le régler par d'autres moyens pacifiques. »

107. La Cour ne saurait accueillir cette exception de l'Iran. Il est établi qu'un différend est né entre l'Iran et les États-Unis sur les questions soulevées dans la demande reconventionnelle. La

Cour doit prendre acte que le différend n'a pas été réglé d'une manière satisfaisante par la voie diplomatique. Peu importe aux fins de la présente question que l'absence de négociations diplomatiques soit attribuable au comportement de l'une ou de l'autre Partie, ou que ce soit le demandeur ou le défendeur qui a pour ce motif opposé une fin de non-recevoir. Comme dans de précédentes affaires qui mettaient en cause des dispositions conventionnelles pratiquement identiques (v. Personnel diplomatique et consulaire des États-Unis à Téhéran, CIJ 1980, *Rec.* 26-28 ; Activités militaires et paramilitaires au Nicaragua et contre celui-ci (Nicaragua *c/* États-Unis d'Amérique), CIJ 1984, *Rec.* 427-429), il suffit à la Cour de constater que le différend n'a pas été réglé d'une manière satisfaisante par la voie diplomatique avant de lui être soumis.

⇨ *Les États-Unis fondent la compétence de la Cour pour connaître de leur demande reconventionnelle sur la clause compromissoire du Traité d'amitié, de commerce et de droits consulaires, qui les lie à l'Iran. Selon l'Iran, cette clause pose une condition de négociation préalable. La Cour rejette le moyen sur la base du libellé de la clause, selon laquelle peut être soumis à la Cour un différend qui « ne pourrait pas être réglé d'une manière satisfaisante par la voie diplomatique. »*

CIJ 15 oct. 2008, *aff. relative à l'application de la Convention internationale sur l'élimination de toutes les formes de discrimination raciale, Géorgie c/ Fédération de Russie*, demande en indication de mesures conservatoires

113. Considérant que la Cour, ayant établi l'existence d'un tel différend, doit encore déterminer si les conditions procédurales prévues par l'article 22 de la convention sont réunies, avant de décider si elle a compétence *prima facie* pour connaître de l'affaire et, partant, si elle a aussi le pouvoir d'indiquer des mesures conservatoires au cas où les circonstances l'exigeraient ; qu'il est rappelé que l'article 22 prévoit qu'un différend touchant l'interprétation ou l'application de la CIEDR peut être porté devant la Cour s'il n'a pas « été réglé par voie de négociation ou au moyen des procédures expressément prévues par ladite Convention » ; que la Géorgie avance que cette proposition décrit le cas de figure où un différend n'a pas été réglé selon ces modalités et ne se réfère pas à des conditions qu'il faudrait épuiser avant que la Cour puisse être saisie du différend ; que, selon la Géorgie, des discussions et négociations bilatérales sur les questions qui font l'objet de la convention ont eu lieu entre les Parties ; que la Fédération de Russie, quant à elle, fait valoir que, en application de l'article 22 de la CIEDR, la tenue de négociations ou le recours aux procédures prévues par la CIEDR est un préalable indispensable à la saisine de la Cour ; et que la Fédération de Russie souligne qu'aucune négociation n'a eu lieu entre les Parties sur des questions se rapportant à la CIEDR et que la Géorgie n'a pas davantage porté de telles questions à l'attention du Comité pour l'élimination de la discrimination raciale en application des procédures prévues par la convention ;

114. Considérant que l'article 22 de la CIEDR n'est pas structuré de la même façon que les dispositions de certains autres instruments exigeant qu'un certain temps se soit écoulé ou qu'un arbitrage ait été entrepris avant qu'une quelconque instance puisse être introduite devant la Cour ; que la formule « [t]out différend… qui n'aura pas été réglé par voie de négociation ou au moyen des procédures expressément prévues » par la convention, prise dans son sens naturel, ne donne pas à penser que la tenue de négociations formelles au titre de la convention ou le recours aux procédures visées à l'article 22 constituent des conditions préalables auxquelles il

doit être satisfait avant toute saisine de la Cour ; et que l'article 22 donne en revanche à penser que la Partie demanderesse doit avoir tenté d'engager, avec la Partie défenderesse, des discussions sur des questions pouvant relever de la CIEDR ;

⇨ *Statuant sur sa compétence prima facie, dans le cadre d'une demande de mesures conservatoires, la Cour estime que la formulation de l'article 22 « ne donne pas à penser » que le recours aux négociations soit une condition préalable à la saisine de la Cour.*

CIJ 1er avr. 2011, *aff. relative à l'application de la Convention internationale sur l'élimination de toutes les formes de discrimination raciale (Géorgie c/ Fédération de Russie)*, exceptions préliminaires

132. La Cour examinera à présent la référence faite à l'article 22 de la CIEDR à la « négociation ou [aux] procédures expressément prévues » par la convention, afin de déterminer si celles-ci constituent des conditions préalables à sa saisine.

133. Laissant de côté la question de savoir si les deux modes de règlement pacifique sont alternatifs ou cumulatifs, la Cour relève que l'article 22 de la CIEDR limite les « différend[s] » qui pourront être soumis à la Cour à ceux « qui n'aur[ont] pas été réglé[s] » par les moyens de règlement pacifique précisés dans cet article. Il doit être donné effet à ces termes.

(...)

Si l'on interprétait l'article 22 de la convention comme signifiant, ainsi que le soutient la Géorgie, qu'il suffit, en fait, que le différend n'ait pas été résolu (par la négociation ou par les procédures prévues par la convention), cela reviendrait à priver d'effet un passage essentiel de cette disposition.

134. De plus, il va de soi que si, en fait, un différend a été réglé, il cesse d'en être un. Par conséquent, si les mots « qui n'aur[ont] pas été réglé[s] » devaient être interprétés comme posant pour seule condition que le différend porté devant la Cour existe effectivement, ils n'auraient aucune utilité. De même, le choix exprès de deux modes de règlement, à savoir des négociations ou les procédures spécialement prévues par la convention, dénote une obligation positive de recourir à ces modes de règlement préalablement à la saisine de la Cour. S'il en était autrement, leur présence dans le texte de l'article 22 n'aurait pas de sens et aucune conséquence juridique ne pourrait en être tirée, contrairement au principe selon lequel, chaque fois que possible, les mots doivent être interprétés de manière à avoir un effet utile.

135. La Cour relève aussi que, pour la formule susmentionnée, la version française emploie le futur antérieur, tandis que la version anglaise utilise l'indicatif présent (« [a]ny dispute... which is not settled by negotiation or by the procedures expressly provided for *in* this Convention »). Elle note que le futur antérieur renforce encore l'idée qu'une action préalable (une tentative de régler le différend) doit avoir été accomplie avant qu'une autre action (la saisine de la Cour) puisse être engagée. Les trois autres textes de la convention faisant également foi, à savoir les versions chinoise, espagnole et russe, n'infirment pas cette interprétation.

136. La Cour relève en outre que, comme sa devancière, la Cour permanente de Justice internationale, elle a dû se prononcer à plusieurs reprises sur la question de savoir si la référence aux négociations contenue dans des clauses compromissoires établit une condition préalable à sa saisine. (...)

La Cour examinera maintenant sa jurisprudence relative à des clauses compromissoires comparables à l'article 22 de la CIEDR. Les deux Parties invoquent cette jurisprudence à l'appui de leurs interprétations respectives du sens ordinaire de l'article 22.

137. Dans l'affaire des *Activités armées*, la République démocratique du Congo (*RDC*) a invoqué notamment le paragraphe 1 de l'article 29 de la convention sur l'élimination de toutes les formes de discrimination à l'égard des femmes, où figurent les termes : « qui n'est pas réglé par voie de négociation ». Elle a contesté que la clause compromissoire en question contienne quatre conditions préalables, soutenant qu'elle n'en renfermait que deux : le différend devait porter sur l'application ou l'interprétation de la convention et il devait s'être révélé impossible d'organiser un arbitrage (*Activités armées sur le territoire du Congo (nouvelle requête 2002) (République démocratique du Congo c/ Rwanda), CIJ 2006, Rec.* 37, § 85). Notant que la *RDC* avait « formulé de nombreuses protestations contre les agissements du Rwanda prétendument contraires au droit international des droits de l'homme », la Cour a ajouté que, « [q]uelle que puisse être la qualification juridique de telles protestations au regard de l'exigence de l'existence d'un différend entre la *RDC* et le Rwanda aux fins de l'article 29 de la convention, cet article requiert également qu'un tel différend fasse l'objet de négociations » (*ibid.* 40-41, § 91).

138. Dans la même affaire, la Cour, après avoir conclu à l'absence de différend relevant de l'article 75 de la constitution de l'Organisation mondiale de la Santé (OMS), a ajouté :

« quand bien même elle aurait établi l'existence d'une question ou d'un différend entrant dans les prévisions de l'article 75 de la constitution de l'OMS, la *RDC* n'a en tout état de cause pas apporté la preuve que les autres conditions préalables à la saisine de la Cour, fixées par cette disposition, aient été remplies, à savoir qu'elle ait tenté de régler ladite question ou ledit différend par voie de négociation avec le Rwanda ou que l'Assemblée mondiale de la Santé n'ait pu résoudre cette question ou ce différend » (*ibid.* 43, § 100).

139. De même, dans son avis consultatif sur l'Applicabilité de l'obligation d'arbitrage en vertu de la section 21 de l'accord du 26 juin 1947 relatif au siège de l'Organisation des Nations Unies, la Cour devait déterminer si les États-Unis étaient tenus de recourir à l'arbitrage avec l'Organisation des Nations Unies conformément à l'alinéa a) de la section 21 de l'accord relatif au siège de l'Organisation des Nations Unies, disposant que

« *[t]out différend* entre l'Organisation des Nations Unies et les États-Unis au sujet de l'interprétation ou de l'application du présent accord... sera, *s'il n'est pas réglé* par voie de négociations ou par tout autre mode de règlement..., soumis aux fins de décision définitive à un tribunal composé de trois arbitres... » (*Applicabilité de l'obligation d'arbitrage en vertu de la section 21 de l'accord du 26 juin 1947 relatif au siège de l'Organisation des Nations Unies, avis consultatif, CIJ 1988, Rec.* 14, § 7 ; les italiques sont de la Cour).

La Cour a noté que pour pouvoir répondre à cette question, il lui fallait, après avoir déterminé qu'il existait un différend entre l'Organisation des Nations Unies et les États-Unis au sujet de l'interprétation ou de l'application de l'accord de siège, « s'assurer [que le différend en cause] n'a[vait] pu être « réglé par voie de négociations » ou par « tout autre mode de règlement agréé par les parties » » (*ibid.*. 27, § 34).

140. La Cour relève que, dans chacune des affaires susmentionnées où la clause compromissoire invoquée était comparable à celle que contient la CIEDR, elle a toujours interprété la référence aux négociations comme posant une condition préalable à sa saisine.

141. La Cour estime donc que, pris dans leur sens ordinaire, les termes de l'article 22, à savoir « [t]out différend... qui n'aura pas été réglé par voie de négociation ou au moyen des procédures expressément prévues par ladite Convention », établissent des conditions préalables auxquelles il doit être satisfait avant toute saisine de la Cour.

⇨ *La Cour revient dans la même affaire Géorgie c/ Russie sur le sens à donner à l'article 22 de la Convention pour l'élimination de la discrimination raciale : elle y voit cette fois, au stade de l'examen des exceptions préliminaires, une condition préalable à sa saisine.*

CIJ 1er avr. 2011, *aff. relative à l'application de la Convention internationale sur l'élimination de toutes les formes de discrimination raciale, Géorgie c/ Fédération de Russie*, exceptions préliminaires, opinion dissidente commune de M. le juge Owada, Président, et de MM. les juges Simma, Abraham, Mme le juge Donoghue et M. le juge *ad hoc* Gaja

63. La présente affaire est la première dans laquelle la Cour conclut à son incompétence sur la seule base du défaut de réalisation d'une condition de négociation préalable. Nous sommes convaincus que cela n'est pas justifié par les circonstances propres à l'espèce. Bien plutôt, cela s'explique par le fait que la Cour a substitué une approche formelle à l'approche réaliste et matérielle qu'elle avait adoptée constamment, et qui, si elle avait été conservée, aurait dû la conduire à une solution inverse dans la présente affaire, compte tenu des faits pertinents.

4) La multiplication des commissions internationales d'enquête

⇨ *Depuis le milieu des années 2000, les commissions d'enquête internationales sur les violations des droits de l'Homme se sont multipliées. Cet outil d'établissement des faits peut, dans certaines circonstances, constituer la base de poursuites pénales contre les présumés responsables de ces violations. Les documents ci-dessous illustrent le cas de la Syrie, avec d'une part la Commission internationale d'enquête établie par le Conseil des droits de l'homme et d'autre part le Mécanisme international indépendant et impartial (« M3I ») créé par l'Assemblée générale.*

Conseil des droits de l'Homme, 29 avr. 2011, résol. n° S-16/1 (16e session spéciale), *La situation actuelle des droits de l'homme en République arabe syrienne dans le contexte des événements récents*

Le Conseil des droits de l'homme, *S'inspirant* de la Charte des Nations Unies et de la résolution n° 60/251 de l'Assemblée
générale en date du 15 mars 2006,

Réaffirmant les buts et principes de la Charte, la Déclaration universelle des droits de l'homme et les traités internationaux pertinents relatifs aux droits de l'homme, notamment le Pacte international relatif aux droits civils et politiques, et le fait que tous les États sont tenus de promouvoir et protéger les droits de l'homme et les libertés fondamentales,

Rappelant l'article 4 du Pacte international relatif aux droits civils et politiques concernant les droits auxquels il ne peut être dérogé en aucune circonstance, même en cas d'urgence publique,

Exprimant ses vifs regrets devant la mort de centaines de personnes à l'occasion des manifestations politiques récentes et en cours en République arabe syrienne, et sa grave préoccupation devant les allégations de recours délibéré par les autorités syriennes aux assassinats, aux arrestations et à des cas de torture de manifestants pacifiques,

Notant la déclaration récente du Secrétaire général appelant à une enquête indépendante, transparente et effective sur la situation en République arabe syrienne,

Notant également les déclarations récentes de la Haut-Commissaire des Nations Unies aux droits de l'homme et de certains titulaires de mandat au titre des procédures spéciales des Nations

Unies concernant la situation en République arabe syrienne, qui appellent à la fin des tueries, à la détermination des responsabilités à cet égard, à la protection des défenseurs des droits de l'homme et au respect de la liberté d'expression,

Notant en outre l'intention déclarée de la République arabe syrienne de prendre des mesures de réforme et demandant instamment à ce pays de prendre d'urgence des mesures concrètes en vue de répondre aux revendications légitimes de son peuple, notamment en ouvrant davantage le champ de la participation et du dialogue politiques, en concrétisant la suppression de la Haute Cour de sécurité de l'État et en levant les mesures restreignant l'exercice des libertés fondamentales,

Réaffirmant que tous les États Membres de l'Organisation des Nations Unies doivent s'abstenir dans leurs relations internationales de recourir à la menace ou à l'utilisation de la force contre l'intégrité territoriale et l'indépendance politique de quelque État que ce soit ou de quelque autre manière incompatible avec les buts de l'Organisation des Nations Unies,

1. *Condamne catégoriquement* le recours des autorités syriennes à la violence mortelle contre des manifestants pacifiques et les entraves à l'accès aux soins médicaux, demande instamment au Gouvernement de la République arabe syrienne de mettre immédiatement un terme à toutes les violations des droits de l'homme, de protéger sa population et de respecter pleinement tous les droits de l'homme et libertés fondamentales, notamment la liberté d'expression et la liberté de réunion, et demande instamment aussi à ces autorités de permettre l'accès à Internet et aux réseaux de télécommunications et de lever la censure sur les reportages, notamment en permettant l'accès des journalistes étrangers ; (...)

6. *Encourage* les titulaires de mandat au titre des procédures spéciales thématiques pertinentes, dans le cadre de leurs mandats respectifs, à prêter une attention particulière à la situation des droits de l'homme en République arabe syrienne et demande instamment aux autorités syriennes de coopérer avec ces titulaires de mandat thématique, notamment en leur permettant d'effectuer des visites dans le pays ;

7. *Prie* le Haut-Commissariat des Nations Unies aux droits de l'homme de dépêcher d'urgence en République arabe syrienne une mission chargée d'enquêter sur les violations alléguées du droit international des droits de l'homme en République arabe syrienne, d'établir les faits et circonstances de ces violations et des crimes perpétrés, afin que les personnes responsables ne restent pas impunies et répondent pleinement de leurs actes, et de présenter un rapport préliminaire, actualisé oralement, sur la situation des droits de l'homme en République arabe syrienne au Conseil des droits de l'homme à sa dix-septième session puis de présenter un rapport complémentaire au Conseil à sa dix-huitième session, et prie également la Haut-Commissaire d'organiser un dialogue sur la situation des droits de l'homme en République arabe syrienne au cours de la dix-huitième session du Conseil ;

8. *Exhorte* le Gouvernement de la République arabe syrienne à coopérer pleinement avec le personnel de la mission dépêchée par le Haut-Commissariat et de lui accorder l'accès voulu ;

9. *Prie* le Secrétaire général et la Haut-Commissaire de fournir à cette mission l'assistance administrative, technique et logistique dont elle aura besoin pour s'acquitter de son mandat ;

10. *Décide* de demeurer saisi de la question.

[Adoptée par 26 voix contre 9, avec 7 abstentions, à l'issue d'un vote enregistré. Les voix se sont réparties comme suit :

Ont voté pour : Argentine, Belgique, Brésil, Burkina Faso, Chili, Espagne, États-Unis d'Amérique, France, Ghana, Guatemala, Hongrie, Japon, Kirghizistan, Maldives, Maurice, Mexique, Norvège, Pologne, République de Corée, République de Moldova, Royaume-Uni de Grande-Bretagne et d'Irlande du Nord, Sénégal, Slovaquie, Suisse, Uruguay, Zambie.

Ont voté contre : Bangladesh, Chine, Cuba, Équateur, Fédération de Russie, Gabon, Malaisie, Mauritanie, Pakistan.
Se sont abstenus : Arabie saoudite, Cameroun, Djibouti, Nigéria, Ouganda, Thaïlande, Ukraine.]
[Adoptée par 26 voix contre 9, avec 7 abstentions, à l'issue d'un vote enregistré. Les voix se sont réparties comme suit :
Ont voté pour : Argentine, Belgique, Brésil, Burkina Faso, Chili, Espagne, États-Unis d'Amérique, France, Ghana, Guatemala, Hongrie, Japon, Kirghizistan, Maldives, Maurice, Mexique, Norvège, Pologne, République de Corée, République de Moldova, Royaume-Uni de Grande-Bretagne et d'Irlande du Nord, Sénégal, Slovaquie, Suisse, Uruguay, Zambie.
Ont voté contre : Bangladesh, Chine, Cuba, Équateur, Fédération de Russie, Gabon, Malaisie, Mauritanie, Pakistan.
Se sont abstenus : Arabie saoudite, Cameroun, Djibouti, Nigéria, Ouganda, Thaïlande, Ukraine.]

Assemblée générale, 21 décembre 2016, résol. n° 71/248, Mécanisme international, impartial et indépendant chargé de faciliter les enquêtes sur les violations les plus graves du droit international commises en République arabe syrienne depuis mars 2011 et d'aider à juger les personnes qui en sont responsables.

L'Assemblée générale,
Guidée par la Charte des Nations Unies,
Réaffirmant son attachement à la souveraineté de la République arabe syrienne,
Rappelant ses résolutions, celles du Conseil de sécurité et celles du Conseil des droits de l'homme, en particulier la résolution S-17/1 du 23 août 2011 par laquelle le Conseil des droits de l'homme a créé la Commission d'enquête internationale indépendante sur la République arabe syrienne,
Accueillant avec intérêt les travaux que mène la Commission d'enquête et rappelant les rapports qu'elle a présentés et les recommandations qu'elle y a formulées,
Accueillant avec satisfaction les travaux que mène le Mécanisme d'enquête conjoint de l'Organisation pour l'interdiction des armes chimiques et de l'Organisation des Nations Unies et rappelant les rapports qu'il a présentés et les conclusions qu'il y a énoncées,
Saluant le travail que les membres de la société civile internationale et ceux de la société civile syrienne font s'agissant de consigner les faits établissant des violations du droit international humanitaire, des violations du droit des droits de l'homme et des atteintes à ce droit commises en République arabe syrienne durant le conflit,
Notant avec préoccupation que les violations graves du droit international humanitaire, les violations du droit des droits de l'homme et les atteintes à ce droit qui sont commises depuis le début du conflit en République arabe syrienne restent impunies, ce qui favorise la commission d'autres violations et atteintes,
Rappelant les déclarations faites par le Secrétaire général, le Haut- Commissaire des Nations Unies aux droits de l'homme et les représentants des procédures spéciales du Conseil des droits de l'homme, selon lesquelles des crimes contre l'humanité et des crimes de guerre ont probablement été perpétrés en République arabe syrienne,
Notant que le Secrétaire général et le Haut-Commissaire des Nations Unies aux droits de l'homme ont encouragé plus d'une fois le Conseil de sécurité à saisir la Cour pénale internationale de la situation,

1. Souligne qu'il importe de faire en sorte que les auteurs d'actes criminels emportant violation du droit international, en particulier du droit international humanitaire et du droit international des droits de l'homme, dont certains pourraient constituer des crimes de guerre ou des crimes contre l'humanité, commis en République arabe syrienne depuis mars 2011, répondent de leurs actes, et ce grâce à des enquêtes et à des poursuites adaptées à chaque cas, indépendantes et impartiales, au niveau national ou international, et souligne également qu'il importe de prendre des mesures concrètes à cette fin, de manière à rendre justice à toutes les victimes et à prévenir de futures violations ;

2. Souligne également que le processus politique qui sera engagé pour régler la crise en République arabe syrienne devra, pour assurer la réconciliation et une paix durable, faire en sorte que les responsables de violations du droit international humanitaire, de violations du droit des droits de l'homme et d'atteintes à ce droit commises dans le pays rendent véritablement comptent de l'ensemble de leurs actes ;

3. Se félicite que certains États aient ouvert des enquêtes et lancé des poursuites au sujet de crimes perpétrés en République arabe syrienne qui relèvent de leur compétence, conformément à leur législation nationale et au droit international, et engage les autres États à envisager de faire de même et à échanger des informations utiles à cette fin ;

4. Décide de créer, sous les auspices de l'Organisation des Nations Unies, le Mécanisme international, impartial et indépendant chargé de faciliter les enquêtes sur les violations les plus graves du droit international commises en République arabe syrienne depuis mars 2011 et d'aider à juger les personnes qui en sont responsables, et de le charger de coopérer étroitement avec la Commission d'enquête internationale indépendante sur la République arabe syrienne pour ce qui est de recueillir, de regrouper, de préserver et d'analyser les éléments de preuve attestant de violations du droit international humanitaire, de violations du droit des droits de l'homme et d'atteintes à ce droit, et de constituer des dossiers en vue de faciliter et de diligenter des procédures pénales équitables, indépendantes et conformes aux normes du droit international devant des cours ou tribunaux nationaux, régionaux ou internationaux, qui ont ou auront compétence pour connaître de ces crimes conformément au droit international ;

5. Prie le Secrétaire général, à cet égard, d'élaborer, dans un délai de 20 jours ouvrables à compter de l'adoption de la présente résolution, le mandat du Mécanisme international, impartial et indépendant avec l'appui du Haut-Commissariat des Nations Unies aux droits de l'homme, et le prie également d'arrêter sans tarder, en concertation avec la Commission d'enquête, les dispositions, mesures et arrangements nécessaires à la mise en place rapide et au fonctionnement effectif du Mécanisme dont les activités seront financées au départ par des contributions volontaires, en faisant fond sur les moyens existants, y compris pour ce qui est du recrutement ou de l'affectation d'un personnel impartial et expérimenté doté d'un savoir-faire et de compétences spécialisées, comme le veut le mandat ;

6. Demande à tous les États et à toutes les parties au conflit, ainsi qu'à la société civile, de coopérer pleinement avec le Mécanisme international, impartial et indépendant et la Commission d'enquête afin que ceux-ci puissent s'acquitter efficacement de leur mandat et, en particulier, de leur fournir toutes les informations et les documents dont ils pourraient disposer ainsi que toutes les autres formes d'assistance nécessaires à l'exécution de leur mandat ;

7. Prie l'ensemble du système des Nations Unies de coopérer pleinement avec le Mécanisme international, impartial et indépendant et de répondre rapidement à toute demande, y compris toute demande d'accès à toutes les informations et à tous les documents, et décide que le Mécanisme coopérera étroitement à tous les aspects des travaux de la Commission d'enquête ;

8. Prie le Secrétaire général de lui faire rapport sur l'application de la présente résolution dans les 45 jours suivant son adoption et décide de revenir sur la question du financement du Mécanisme international, impartial et indépendant dans les meilleurs délais.
[Résolution adoptée par 105 voix pour, 15 voix contre et 52 abstentions].

5) La saisine de la Cour par compromis

Compromis entre le Bénin et le Niger signé le 15 juin 2001 à Cotonou et entré en vigueur le 11 avr. 2002

Le gouvernement de la République du Bénin et le gouvernement de la République du Niger, ci-après dénommés « les Parties » ;
Considérant que, par l'accord signé le 8 avril 1994, entré provisoirement en vigueur à la date de sa signature, ratifié respectivement par le Bénin le 17 juillet 1997 et par le Niger le 1er février 2001 et entré définitivement en vigueur le 15 juin 2001, date d'échange des instruments de ratification, les deux gouvernements ont procédé à la création de la Commission mixte paritaire de délimitation de leur frontière ;
Considérant qu'en dépit de six sessions de négociations au sein de ladite Commission, les experts des deux États ne sont pas parvenus à se mettre d'accord sur le tracé de la frontière commune ;
Considérant que selon l'article 15 de l'accord du 8 avril 1994 précité, « les parties contractantes conviennent de soumettre tous différends ou litiges nés de l'application ou de l'interprétation du présent accord à un règlement par voie diplomatique ou aux autres modes de règlement pacifique prévus par les chartes de l'Organisation de l'unité africaine et de l'Organisation des Nations Unies » ;
Désireux de parvenir dans les meilleurs délais au règlement du différend frontalier qui les oppose en se fondant sur les dispositions de la Charte ainsi que sur les résolutions de l'Organisation de l'unité africaine et de soumettre la question de la délimitation définitive de l'ensemble de leur frontière à la Cour internationale de justice, ci-après dénommée « la Cour » ;
Sont convenus de ce qui suit :
Article 1er – Constitution d'une Chambre de la Cour internationale de justice
1. Les parties soumettent le différend défini à l'article 2 ci-dessous à une Chambre de la Cour, ci-après désignée « la Chambre », constituée conformément aux dispositions du statut de la Cour et du présent compromis.
2. Chacune des parties exercera le droit que lui confère le paragraphe 3 de l'article 31 du statut de la Cour de procéder à la désignation d'un juge *ad hoc*.
Article 2 – Objet du différend
La Cour est priée de :
a) déterminer le tracé de la frontière entre la République du Bénin et la République du Niger dans le secteur du fleuve Niger ;
b) préciser à quel État appartient chacune des îles dudit fleuve et en particulier l'île de Lété ;
c) déterminer le tracé de la frontière entre les deux États dans le secteur de la rivière Mékrou. (…)
Article 6 – Droit applicable
Les règles et principes du droit international qui s'appliquent aux différends sont ceux énumérés au paragraphe 1er de l'article 38 du statut de la Cour internationale de justice, y compris le principe de la succession d'États aux frontières héritées de la colonisation, à savoir, l'intangibilité desdites frontières.
Article 7 – Arrêt de la Chambre

1. Les parties acceptent, comme définitif et obligatoire pour elles-mêmes, l'Arrêt de la Chambre, rendu en application du présent Compromis.
2. À partir du prononcé de l'arrêt, les parties disposent de dix-huit (18) mois pour commencer les travaux de démarcation de la frontière.
3. En cas de difficulté d'exécution de l'arrêt, une ou l'autre des parties saisira la Cour conformément à l'article 60 du statut de la Cour. (…)
Article 10 – Engagement spécial
En attendant l'arrêt de la Chambre, les parties s'engagent à préserver la paix, la sécurité et la quiétude au sein des populations des deux États.
En foi de quoi le présent compromis établi en deux exemplaires originaux a été signé par les plénipotentiaires.
Fait à Cotonou, le 15 juin 2001, (signatures).

6) L'acceptation ponctuelle de la compétence de la Cour en réponse à une « offre de juridiction »

CIJ 17 juin 2003, *aff. relative à certaines procédures pénales engagées en France*, demande en indication de mesures conservatoires, ordonnance

1. Considérant que, par requête déposée au Greffe de la Cour le 9 décembre 2002, la République du Congo (dénommée ci-après le « Congo ») a entendu introduire une instance contre la République française (dénommée ci-après la « France »), au motif que celle-ci aurait, en premier lieu, « [violé le] principe selon lequel un État ne peut, au mépris du principe de l'égalité souveraine entre tous les Membres de l'Organisation des Nations Unies, proclamé par l'article 2, paragraphe 1, de la Charte des Nations Unies, exercer son pouvoir sur le territoire d'un autre État, en s'attribuant unilatéralement une compétence universelle en matière pénale et en s'arrogeant le pouvoir de faire poursuivre et juger le ministre de l'Intérieur d'un État étranger à raison de prétendues infractions qu'il aurait commises à l'occasion de l'exercice de ses attributions relatives au maintien de l'ordre public dans son pays », et, en second lieu, « [violé] l'immunité pénale d'un chef d'État étranger — coutume internationale reconnue par la jurisprudence de la Cour » ;
2. Considérant que, par cette requête, le Congo priait la Cour « de dire que la République française devra faire annuler les actes d'instruction et de poursuite accomplis par le procureur de la République près le tribunal de grande instance de Paris, le procureur de la République près le tribunal de grande instance de Meaux et les juges d'instruction de ces tribunaux » ;
3. Considérant que, dans la requête, le Congo indiquait qu'il « entend[ait] fonder la compétence de la Cour, en application de l'article 38, paragraphe 5, du Règlement de la Cour, sur le consentement que ne manquera[it] pas de donner la République française » ;
4. Considérant que la requête contenait en outre une « demande d'indication d'une mesure conservatoire » aux termes de laquelle le Congo priait la Cour de « faire ordonner la suspension immédiate de la procédure suivie par le juge d'instruction du tribunal de grande instance de Meaux » ;
5. Considérant que, dès réception au Greffe de la requête, le greffier, conformément au paragraphe 5 de l'article 38 du Règlement, en a transmis copie au Gouvernement français et a informé les deux États que, conformément à cette disposition, l'affaire ne serait pas inscrite au rôle général et qu'aucun acte de procédure ne serait effectué tant que l'État contre lequel la requête était formée n'aurait pas accepté la compétence de la Cour aux fins de l'affaire ;

6. Considérant que, par lettre datée du 8 avril 2003 et reçue au Greffe le 11 avril 2003, le ministre français des affaires étrangères a informé la Cour que « la République française accept [ait] la compétence de la Cour pour connaître de la requête en application de l'article 38, paragraphe 5 », du Règlement de la Cour ; que le greffier a immédiatement transmis une copie de cette lettre au Gouvernement du Congo ; que l'affaire a été inscrite au rôle général de la Cour ; et que le greffier en a informé le Secrétaire général des Nations Unies.

7) L'acceptation facultative de la compétence obligatoire de la Cour

Déclaration d'acceptation de la juridiction obligatoire de la Cour internationale de justice, faite en vertu de l'article 36, paragraphe 2 du statut de la Cour par le Cameroun, le 3 mars 1994

D'ordre du gouvernement de la République du Cameroun, j'ai l'honneur de déclarer que :
Le gouvernement de la République du Cameroun, conformément au paragraphe 2 de l'article 36 du statut de la Cour, reconnaît de plein droit et sans convention spéciale, à l'égard de tout autre État acceptant la même obligation, la juridiction de la Cour pour tous les différends d'ordre juridique.
La présente déclaration restera en vigueur pendant une période de cinq ans. Elle continuera ensuite à produire effet jusqu'à notification contraire ou modification écrite par le gouvernement de la République du Cameroun.
(*Signé*) *Ferdinand Léopold OYONO*,
ministre des relations extérieures.
(Source : http://www.icj-cij.org/)

Déclaration d'acceptation faite par le Nigeria, enregistrée le 3 sept. 1965 (traduction de l'anglais)

Attendu qu'aux termes de l'article 93 de la Charte des Nations Unies, tous les États membres sont *ipso facto* parties au statut de la Cour internationale de justice,
Attendu que le gouvernement de la République fédérale de Nigeria a décidé d'accepter la juridiction de la Cour internationale de justice et qu'il doit, aux termes du paragraphe 2 de l'article 36 du statut de la Cour, faire une déclaration à cet effet,
Nous, Nuhu Bamali, ministre d'État aux Affaires extérieures, déclarons par les présentes que le gouvernement de la République fédérale de Nigeria reconnaît comme obligatoire de plein droit et sans convention spéciale, à l'égard de tout autre État acceptant la même obligation, c'est-à-dire sous la seule condition de réciprocité, la juridiction de la Cour internationale de justice conformément au paragraphe 2 de l'article 36 du statut de la Cour.
Fait à Lagos, le 14 août 1965,
(signé) Nuhu BAMALI
Ministre d'État aux Affaires extérieures
(Source, Annuaire CIJ 1965-1966, n° 20, 1966)

CIJ 11 juin 1998, *Affaire de la frontière terrestre et maritime entre le Cameroun et le Nigéria (Cameroun c/ Nigéria)* (*Rec.*, § 21-22 et 41-46)

21. Selon la première exception, la Cour n'a pas compétence pour connaître de la requête du Cameroun.

22. Dans cette perspective, le Nigéria expose qu'il avait accepté la juridiction obligatoire de la Cour par déclaration datée du 14 août 1965 remise au Secrétaire général des Nations Unies le 3 septembre 1965. Le Cameroun, quant à lui, a accepté cette juridiction par déclaration remise au Secrétaire général le 3 mars 1994. Ce dernier a transmis copie de la déclaration camerounaise aux parties au statut onze mois et demi plus tard. Le Nigéria indique qu'il n'avait donc aucun moyen de savoir et ne savait pas, à la date d'introduction de la requête, soit le 29 mars 1994, que le Cameroun avait remis une déclaration. Le Cameroun aurait par suite « agi prématurément ». En procédant de la sorte, le demandeur « aurait violé son obligation d'agir de bonne foi », « abusé du système institué par l'article 36, paragraphe 2, du statut » et méconnu « la condition de réciprocité » prévue par cet article ainsi que par la déclaration du Nigéria. La Cour ne serait par suite pas compétente pour connaître de la requête. (...)

41. Le Nigéria rappelle en troisième lieu que, par sa déclaration remise le 3 septembre 1965, il avait reconnu « comme obligatoire de plein droit et sans convention spéciale, à l'égard de tout autre État acceptant la même obligation, c'est-à-dire sous la seule condition de réciprocité, la juridiction de la Cour internationale de justice conformément au paragraphe 2 de l'article 36 du statut de la Cour. »

Le Nigéria soutient qu'à la date d'introduction de la requête du Cameroun, il ignorait que ce dernier avait accepté la juridiction obligatoire de la Cour. Il n'aurait donc pu présenter une requête contre le Cameroun. Il y avait dès lors absence de réciprocité à cette date. La condition contenue dans la déclaration du Nigéria jouait ; en conséquence, la Cour serait incompétente pour connaître de la requête.

42. Le Cameroun conteste cette argumentation tant en fait qu'en droit. Il souligne que la condition de réciprocité n'a jamais eu dans l'esprit des États parties à la clause facultative le sens que lui attribue aujourd'hui le Nigéria ; la Cour aurait donné à cette condition un sens tout différent dans plusieurs de ses arrêts. L'interprétation fournie aujourd'hui par le Nigéria de sa propre déclaration serait une interprétation nouvelle à l'appui de laquelle n'est citée aucune autorité. En définitive, selon le Cameroun, la déclaration nigériane aurait eu seulement pour objet de préciser qu'il y a « une seule et unique condition au caractère obligatoire de la compétence de la Cour : que le Cameroun accepte la même obligation que le Nigéria, c'est-à-dire qu'il accepte la compétence de la Cour. C'est le cas. »

43. La Cour a eu à de nombreuses reprises à s'interroger sur le sens qu'il convient de donner à la condition de réciprocité pour l'application du paragraphe 2 de l'article 36 du statut. Dès 1952, elle a jugé dans l'affaire de l'*Anglo-Iranian Oil co.* que, lorsque des déclarations sont faites sous condition de réciprocité, « compétence est conférée à la Cour seulement dans la mesure où elles coïncident pour la lui conférer » (*Rec.* 103). La Cour a appliqué à nouveau cette règle dans l'affaire de *Certains emprunts norvégiens* (Arrêt 1957, *Rec.* 23 : *ibid.* 24) et l'a précisée dans l'affaire de l'*Interhandel* où elle a jugé que : « La réciprocité en matière de déclarations portant acceptation de la juridiction obligatoire de la Cour permet à une partie d'invoquer une réserve à cette acceptation qu'elle n'a pas exprimée dans sa propre déclaration mais que l'autre partie a

exprimée dans la sienne… La réciprocité permet à l'État qui a accepté le plus largement la juridiction de la Cour de se prévaloir des réserves à cette acceptation énoncées par l'autre partie. Là s'arrête l'effet de réciprocité. » (*Rec.* 23.)

En définitive, « [l]a notion de réciprocité porte sur l'étendue et la substance des engagements, y compris les réserves dont ils s'accompagnent, et non sur les conditions formelles relatives à leur création, leur durée ou leur dénonciation » (*Activités militaires et paramilitaires au Nicaragua et contre celui-ci Nicaragua c/ États-Unis d'Amérique*), compétence et recevabilité, arrêt 1984, *Rec.* 419, § 62). Elle conduit seulement la Cour à vérifier si, au moment du dépôt de la requête introductive d'instance, « les deux États ont accepté « la même obligation » par rapport à l'objet du procès » (*ibid.* 420-421, § 64).

Ainsi, dans une instance judiciaire, la notion de réciprocité, comme celle d'égalité, « ne sont pas des conceptions abstraites. Elles doivent être rattachées à des dispositions du statut ou des déclarations » (*Droit de passage sur territoire indien*, exceptions préliminaires, arrêt 1957, *Rec.* 145). Par voie de conséquence, « le principe de réciprocité n'est pas affecté par un délai dans la réception par les parties au statut des copies de la déclaration » (*ibid.* 147).

Le Nigéria estime cependant que ce précédent n'est pas applicable en l'espèce. Il souligne que, s'il a dans sa Déclaration de 1965 reconnu la juridiction de la Cour comme obligatoire à l'égard de tout autre État acceptant la même obligation, il a précisé cette phrase en y ajoutant les mots : « c'est-à-dire sous la seule condition de réciprocité ». « Ces mots supplémentaires ont manifestement un sens et un effet… celui de compléter la « coïncidence » prévue par le paragraphe 2 de l'article 36 par l'élément de mutualité inhérent au concept de « réciprocité ». La condition nigériane aurait en d'autres termes eu pour but « d'atténuer les effets » de la décision prise dans l'affaire du droit de passage sur territoire indien en créant une égalité des risques et en évitant toute saisine de la Cour par surprise.

44. À l'appui de ce raisonnement, le Nigéria invoque la décision rendue dans l'affaire de l'*Anglo-Iranian Oil co.*, dans laquelle la Cour a précisé qu'elle ne saurait fonder son interprétation de la déclaration iranienne reconnaissant la compétence de la Cour « sur une interprétation purement grammaticale du texte. Elle doit rechercher l'interprétation qui est en harmonie avec la manière naturelle et raisonnable de lire le texte, eu égard à l'intention du gouvernement de l'Iran à l'époque où celui-ci a accepté la compétence obligatoire de la Cour. » (Arrêt 1952, *Rec.* 104.) La Cour en avait déduit qu'« il est peu probable que le gouvernement de l'Iran ait été disposé, de sa propre initiative, à accepter de soumettre à une Cour internationale de justice les différends relatifs » (*ibid.* 105) aux conventions capitulaires qu'il venait de dénoncer.

45. La Cour estime que la situation est en l'espèce toute différente. Le Nigéria n'apporte pas de preuve à l'appui de sa thèse selon laquelle il aurait entendu insérer dans sa déclaration du 14 août 1965 une condition de réciprocité ayant un sens différent de celui que la Cour avait donné à de telles clauses en 1957. Dans le but de se protéger contre le dépôt de requêtes par surprise, le Nigéria aurait pu, en 1965, insérer dans sa déclaration une réserve analogue à celle que le Royaume-Uni avait ajoutée à sa propre déclaration en 1958. Une dizaine d'autres États ont procédé de la sorte. Le Nigéria ne l'a pas fait à l'époque. Il s'est borné, comme la plupart des États ayant souscrit à la clause facultative, à rappeler que les engagements qu'il prenait l'étaient, conformément au paragraphe 2 de l'article 36 du statut, à l'égard de tout autre État acceptant la même obligation. À la lumière de cette pratique, le membre de phrase additionnel « c'est-à-dire sous la seule condition de réciprocité » doit être considéré comme explicatif et ne posant aucune condition supplémentaire. Une telle interprétation « est en harmonie avec la manière naturelle et raisonnable de lire le texte » (Arrêt 1952, *Rec.* 104) et la condition de réciprocité du Nigéria ne saurait être regardée comme une réserve *ratione temporis*.

46. La Cour aboutit dès lors à la conclusion que la manière dont la requête camerounaise a été présentée n'a pas été contraire à l'article 36 du statut. Le dépôt de cette requête n'a pas davantage été opéré en violation d'un droit que le Nigéria tiendrait du statut ou de sa déclaration telle qu'en vigueur à la date d'introduction de la requête du Cameroun.

Déclaration d'acceptation de la juridiction obligatoire de la Cour internationale de justice, faite en vertu de l'article 36, paragraphe 2, du statut de la Cour par le Nigéria, le 30 avr. 1998 [traduction de l'anglais]

J'ai l'honneur, au nom du gouvernement de la République fédérale du Nigéria, de déclarer que la Déclaration faite le 14 août 1965 en vertu de l'article 36 du statut de la Cour internationale de justice, par laquelle le gouvernement de la République fédérale du Nigéria a accepté la juridiction obligatoire de la Cour est modifiée comme suit :

conformément au paragraphe 2 de l'article 36 du statut, le gouvernement de la République fédérale du Nigéria reconnaît comme obligatoire de plein droit et sans convention spéciale, à l'égard de tout autre État acceptant la même obligation, c'est-à-dire, sous réserve de réciprocité, la juridiction de la Cour sur tous les différends d'ordre juridique énoncés au paragraphe 2 de l'article 36 du statut de la Cour, à l'exception des cas suivants :

I. lorsque l'une des parties au différend a accepté la juridiction de la Cour par une déclaration déposée moins de 12 mois avant l'introduction d'une requête portant le différend devant la Cour, après la publication de la présente déclaration modifiée ;

II. lorsque l'une des parties a introduit une requête remplaçant tout ou partie d'une requête visée à l'alinéa 1er ;

III. lorsque le différend porte sur une affaire qui relève essentiellement de la compétence nationale de la République fédérale du Nigéria ;

IV. lorsque toute autre partie au différend a accepté la juridiction de la Cour sur le différend ou aux fins de celui-ci ;

V. lorsque les parties au différend ont décidé ou décident d'avoir recours à toute autre méthode de règlement pacifique ;

VI. lorsque le différend porte sur ou est en rapport avec des hostilités ou un conflit armé, que ce soit à l'intérieur d'un pays ou entre plusieurs pays ;

VII. lorsque l'autre partie est un État avec lequel le gouvernement nigérian n'a pas de relations diplomatiques ;

VIII. lorsque le différend porte sur l'attribution, la délimitation ou la démarcation d'un territoire (qu'il s'agisse d'un territoire terrestre, maritime ou lacustre ou d'une partie de l'espace aérien sus-jacent) sauf si le gouvernement nigérian accepte expressément la juridiction de la Cour et dans les limites de cette acceptation ;

IX. lorsque le différend porte sur une question qui a été soulevée avant la date de l'accession du Nigéria à l'indépendance, y compris lorsque la cause, l'origine ou le fondement du différend est antérieur à cette date.

Le gouvernement de la République fédérale du Nigéria se réserve le droit, à tout moment, au moyen d'une notification adressée au Secrétaire général de l'Organisation des Nations Unies et avec effet à compter de la date de cette notification, de compléter, modifier ou retirer la présente déclaration ou les réserves qu'elle contient ou tout texte qui pourrait lui être ajouté ultérieurement.

Fait à Abuja, le 29 avril 1998.

(Signé) Tom IKIMI

Ministre des Affaires étrangères de la République fédérale du Nigéria.

8) La multiplication des juridictions internationales et les risques de conflit

CIJ 26 févr. 2007, *Aff. relative à l'application de la Convention pour la prévention et la répression du crime de génocide (Bosnie-Herzégovine c/ Serbie-et-Monténégro)*, arrêt, fond

Il s'agit de se demander si des organes de la RFY — ayant sans conteste cette qualité selon le droit interne de cet État — ont pu être à l'origine du génocide en donnant des instructions aux auteurs de celui-ci ou en exerçant une direction ou un contrôle et si, par conséquent, le comportement des organes du défendeur, en étant la cause de la commission d'actes contraires à ses obligations internationales, a constitué une violation de celles-ci.

398. À cet égard, la règle pertinente, qui appartient au droit coutumier de la responsabilité internationale, est énoncée à l'article 8 des articles de la CDI sur la responsabilité de l'État dans les termes suivants :

« Article 8 Comportement sous la direction ou le contrôle de l'État

Le comportement d'une personne ou d'un groupe de personnes est considéré comme un fait de l'État d'après le droit international si cette personne ou ce groupe de personnes, en adoptant ce comportement, agit en fait sur les instructions ou les directives ou sous le contrôle de cet État. »

399. La disposition doit se comprendre à la lumière de la jurisprudence de la Cour sur ce point, et en particulier de l'arrêt de 1986 en l'affaire des Activités militaires et paramilitaires au Nicaragua et contre celui-ci (*Nicaragua c/ États-Unis d'Amérique*), cité ci-dessus (§ 391). Dans cet arrêt, après avoir, ainsi qu'il a été dit plus haut, écarté la thèse selon laquelle les contras étaient assimilables à des organes des États-Unis parce qu'ils auraient été placés sous la « totale dépendance » de ceux-ci, la Cour a ajouté que la responsabilité du défendeur pourrait cependant être engagée s'il était prouvé qu'il avait lui-même « ordonné ou imposé la perpétration des actes contraires aux droits de l'homme et au droit humanitaire allégués par l'État demandeur » (CIJ 1986, *Rec.* 64, § 115), ce qui l'a conduite à l'importante conclusion suivante : « Pour que la responsabilité juridique de ces derniers [les États-Unis] soit engagée, il devrait en principe être établi qu'ils avaient le contrôle effectif des opérations militaires ou paramilitaires [menées par les contras] au cours desquelles les violations en question se seraient produites. » (*ibid.* 65.)

400. Le critère ainsi défini se distingue de celui — exposé plus haut — qui permet d'assimiler à un organe d'un État une personne ou une entité à laquelle le droit interne ne confère pas ce statut. D'une part, il n'est plus nécessaire ici de démontrer que les personnes ayant accompli les actes prétendument contraires au droit international étaient en général placées sous la « totale dépendance » de l'État défendeur ; il convient de prouver que ces personnes ont agi selon les instructions ou sous le « contrôle effectif » de ce dernier. Mais, d'autre part, il est nécessaire de démontrer que ce « contrôle effectif » s'exerçait, ou que ces instructions ont été données, à l'occasion de chacune des opérations au cours desquelles les violations alléguées se seraient produites, et non pas en général, à l'égard de l'ensemble des actions menées par les personnes ou groupes de personnes ayant commis lesdites violations. (…)

402. La Cour note toutefois que le demandeur a également contesté le bien-fondé de l'application au cas d'espèce du critère adopté dans l'arrêt relatif aux Activités militaires et paramilitaires et appelé l'attention sur l'arrêt rendu le 15 juillet 1999 par la chambre d'appel du TPIY en l'affaire Tadić (IT-94-1-A, Arrêt du 15 juill. 1999). Dans cette dernière, la chambre s'est écartée de la jurisprudence de la Cour en l'affaire des Activités militaires et paramilitaires : elle a jugé que le critère adéquat, pertinent selon elle à la fois pour qualifier le conflit armé en Bosnie-

Herzégovine d'international et pour attribuer à la RFY les actes commis par les Serbes de Bosnie au regard du droit de la responsabilité internationale, était celui du « contrôle global » exercé sur ceux-ci par celle-là, critère qu'elle a jugé satisfait en l'espèce (sur ce point, v. *ibid.*, § 145). En d'autres termes, la chambre d'appel a été d'avis que la responsabilité internationale de la RFY pourrait être engagée à raison des actes commis par les Serbes de Bosnie, sur le fondement du contrôle global exercé par elle sur la Republika Srpska et la VRS, sans qu'il soit nécessaire de prouver que chaque opération au cours de laquelle auraient été commis des actes contraires au droit international a été menée sur les instructions ou sous le contrôle effectif de la RFY.

403. La Cour, bien qu'ayant attentivement examiné les arguments développés par la chambre d'appel au soutien de la conclusion qui précède, n'est pas en mesure d'adhérer à cette doctrine. Tout d'abord, elle observe que le TPIY n'était pas appelé dans l'affaire Tadić, et qu'il n'est pas appelé en règle générale, à se prononcer sur des questions de responsabilité internationale des États, sa juridiction étant de nature pénale et ne s'exerçant qu'à l'égard des individus. Le Tribunal s'est donc, dans l'arrêt précité, intéressé à une question dont l'examen n'était pas nécessaire pour l'exercice de sa juridiction. Ainsi qu'il a été dit plus haut, la Cour attache la plus haute importance aux constatations de fait et aux qualifications juridiques auxquelles procède le TPIY afin de statuer sur la responsabilité pénale des accusés qui lui sont déférés et, dans la présente affaire, tient le plus grand compte des jugements et arrêts du TPIY se rapportant aux événements qui forment la trame du différend. La situation n'est pas la même en ce qui concerne les positions adoptées par le TPIY sur des questions de droit international général qui n'entrent pas dans son domaine spécifique de compétence, et dont la résolution n'est d'ailleurs pas toujours nécessaire au jugement des affaires pénales qui lui sont soumises.

404. Tel est le cas de la doctrine énoncée dans l'arrêt Tadić précité. Pour autant que le critère du « contrôle global » soit utilisé aux fins de déterminer si un conflit armé présente ou non un caractère international, ce qui était la seule question que la chambre d'appel avait à résoudre, il se peut parfaitement qu'il soit pertinent et adéquat : la Cour ne croit cependant pas opportun de prendre parti sur ce point dans la présente affaire, puisqu'elle n'est pas dans la nécessité de le trancher pour les besoins du présent arrêt. En revanche, le critère du « contrôle global » a été présenté par le TPIY comme ayant aussi vocation à s'appliquer dans le droit de la responsabilité internationale aux fins de déterminer — ce que la Cour est tenue de faire en l'espèce — dans quels cas un État est responsable des actes commis par des unités paramilitaires, forces armées ne faisant pas partie de ses organes officiels. À cet égard, il n'emporte pas la conviction.

405. Il convient d'abord d'observer qu'aucune nécessité logique ne conduit à adopter forcément le même critère pour résoudre les deux questions sus-énoncées, qui sont d'une nature très différente : le degré et la nature de l'implication d'un État dans un conflit armé se déroulant sur le territoire d'un autre État, exigé pour que ledit conflit soit qualifié d'international, pourraient fort bien, sans contradiction logique, être différents de ceux qui sont exigés pour que la responsabilité de cet État soit engagée à raison de tel acte particulier commis au cours du conflit en cause.

406. Il faut ensuite remarquer que le critère du « contrôle global » présente le défaut majeur d'étendre le champ de la responsabilité des États bien au-delà du principe fondamental qui gouverne le droit de la responsabilité internationale, à savoir qu'un État n'est responsable que de son propre comportement, c'est-à-dire de celui des personnes qui, à quelque titre que ce soit, agissent en son nom. Tel est le cas des actes accomplis par ses organes officiels, et aussi par des personnes ou entités qui, bien que le droit interne de l'État ne les reconnaisse pas formellement comme tels, doivent être assimilés à des organes de l'État parce qu'ils se trouvent placés sous sa dépendance totale. En dehors de ces cas, les actes commis par des personnes ou groupes de

personnes — qui ne sont ni des organes de l'État ni assimilables à de tels organes — ne peuvent engager la responsabilité de l'État que si ces actes, à supposer qu'ils soient internationalement illicites, lui sont attribuables en vertu de la norme de droit international coutumier reflétée dans l'article 8 précité (§ 398). Tel est le cas lorsqu'un organe de l'État a fourni les instructions, ou donné les directives, sur la base desquelles les auteurs de l'acte illicite ont agi ou lorsqu'il a exercé un contrôle effectif sur l'action au cours de laquelle l'illicéité a été commise. À cet égard, le critère du « contrôle global » est inadapté, car il distend trop, jusqu'à le rompre presque, le lien qui doit exister entre le comportement des organes de l'État et la responsabilité internationale de ce dernier.

407. C'est donc à la lumière de sa jurisprudence établie que la Cour recherchera si le défendeur a engagé sa responsabilité au titre de la règle de droit international coutumier énoncée à l'article 8 des articles de la CDI sur la responsabilité de l'État.

⇨ *Dans son arrêt Nicaragua c/ États-Unis de 1986, la Cour avait dégagé le critère du « contrôle effectif » comme critère d'imputation à l'État d'actes accomplis par des personnes privées. Ce choix avait été critiqué par la Chambre d'appel du Tribunal pénal pour l'ex-Yougoslavie dans son arrêt Tadić de 1999. La Cour revient sur cette critique et réaffirme fermement sa jurisprudence face à celle du Tribunal. La conséquence pratique en est que la Cour aboutit à la conclusion selon laquelle il est impossible, en l'état des preuves disponibles, d'imputer le génocide de Srebrenica, commis par les forces de la Republika Srpska, à la République Fédérale de Yougoslavie.*

CIJ 30 nov. 2010, Aff. *Ahmadou Sadio Diallo* (*République de Guinée c/ République démocratique du Congo*), arrêt, fond

2. L'examen des faits au regard du droit international applicable

63. La Guinée soutient que les conditions dans lesquelles M. Diallo a été arrêté, détenu et expulsé en 1995-1996 constituent une méconnaissance par la RDC de ses obligations internationales à plusieurs titres.

En premier lieu, l'expulsion de M. Diallo aurait méconnu l'article 13 du Pacte international relatif aux droits civils et politiques (ci-après le « Pacte ») du 16 décembre 1966, auquel la Guinée et la RDC sont devenues parties respectivement le 24 avril 1978 et le 1er février 1977, ainsi que l'article 12, paragraphe 4, de la Charte africaine des droits de l'homme et des peuples (ci-après la « Charte africaine ») du 27 juin 1981, entrée en vigueur pour la Guinée le 21 octobre 1986, et pour la RDC le 28 octobre 1987.

En deuxième lieu, l'arrestation et la détention de M. Diallo auraient violé l'article 9, paragraphes 1 et 2, du Pacte, ainsi que l'article 6 de la Charte africaine.

En troisième lieu, M. Diallo aurait subi des conditions de détention assimilables à des traitements inhumains ou dégradants prohibés par le droit international.

En quatrième lieu et enfin, M. Diallo n'aurait pas été informé, lors de son arrestation, de son droit à solliciter l'assistance consulaire de son pays, en violation de l'article 36, paragraphe 1, alinéa b), de la convention de Vienne sur les relations consulaires du 24 avril 1963, entrée en vigueur à l'égard de la Guinée le 30 juillet 1988 et à l'égard de la RDC le 14 août 1976.

La Cour examinera successivement le bien-fondé de chacune de ces assertions.

a) La violation alléguée de l'article 13 du Pacte et de l'article 12, paragraphe 4, de la Charte africaine

64. L'article 13 du Pacte est ainsi rédigé :
« Un étranger qui se trouve légalement sur le territoire d'un État partie au présent Pacte ne peut en être expulsé qu'en exécution d'une décision prise conformément à la loi et, à moins que des raisons impérieuses de sécurité nationale ne s'y opposent, il doit avoir la possibilité de faire valoir les raisons qui militent contre son expulsion et de faire examiner son cas par l'autorité compétente, ou par une ou plusieurs personnes spécialement désignées par ladite autorité, en se faisant représenter à cette fin. »
En termes voisins, l'article 12, paragraphe 4, de la Charte africaine dispose que :
« L'étranger légalement admis sur le territoire d'un État partie à la présente Charte ne pourra en être expulsé qu'en vertu d'une décision conforme à la loi. »
65. Il résulte des termes mêmes des deux dispositions précitées que l'expulsion d'un étranger qui se trouve légalement sur le territoire d'un État partie à ces instruments ne peut être compatible avec les obligations internationales de cet État qu'à la condition qu'elle soit prononcée conformément à « la loi », c'est-à-dire au droit national applicable en la matière. Le respect du droit interne conditionne ici, dans une certaine mesure, celui du droit international. Mais il est clair que, si la « conformité à la loi » ainsi définie est une condition nécessaire du respect des dispositions précitées, elle n'en est pas la condition suffisante. D'une part, il faut que la loi nationale applicable soit elle-même compatible avec les autres exigences du Pacte et de la Charte africaine ; d'autre part, une expulsion ne doit pas revêtir un caractère arbitraire, la protection contre l'arbitraire étant au cœur des droits garantis par les normes internationales de protection des droits de l'homme, notamment celles contenues dans les deux traités applicables en l'espèce.
66. L'interprétation qui précède est pleinement corroborée par la jurisprudence du Comité des droits de l'homme institué par le Pacte en vue de veiller au respect de cet instrument par les États parties (voir, par exemple, en ce sens : Maroufidou c. Suède, n° 58/1979, par. 9.3 ; Comité des droits de l'homme, observation générale n° 15 : situation des étrangers au regard du Pacte).
Le Comité des droits de l'homme a, depuis sa création, développé une jurisprudence interprétative considérable, notamment à l'occasion des constatations auxquelles il procède en réponse aux communications individuelles qui peuvent lui être adressées à l'égard des États parties au premier Protocole facultatif, ainsi que dans le cadre de ses « Observations générales ».
Bien que la Cour ne soit aucunement tenue, dans l'exercice de ses fonctions judiciaires, de conformer sa propre interprétation du Pacte à celle du Comité, elle estime devoir accorder une grande considération à l'interprétation adoptée par cet organe indépendant, spécialement établi en vue de superviser l'application de ce traité. Il en va de la nécessaire clarté et de l'indispensable cohérence du droit international ; il en va aussi de la sécurité juridique, qui est un droit pour les personnes privées bénéficiaires des droits garantis comme pour les États tenus au respect des obligations conventionnelles.

⇨ *La Cour internationale de justice, appelée à interpréter et à appliquer l'article 9 du Pacte international sur les droits civils et politiques, se réfère pour la première fois à la jurisprudence de son organe de supervision, le Comité des droits de l'homme. Contre la « fragmentation » possible de droit international, la Cour oppose sa nécessaire cohérence et le droit à la sécurité juridique des personnes privées et des États.*

Biblio

1) En dehors des références de base déjà mentionnées, il faut se reporter aux sources de la jurisprudence :

– La série annuelle du *Recueil des arrêts, avis consultatifs et ordonnances de la Cour internationale de justice, depuis 1947-1948.*

– Les séries historiques de la CPIJ ont fait l'objet d'un *reprint.*

– *Le Recueil des sentences arbitrales (RSA)*, dont 32 volumes sont parus.

– V. aussi H. La Fontaine, *Pasicrisie internationale (1794-1900), histoire documentaire des arbitrages internationaux*, rééd., Nijhoff, 1997.

– A. M. Stuyt, *Survey of International arbitrations 1794-1989*, 3e éd., Nijhoff, 1990.

2) Pour aller plus loin, on consultera le récent ouvrage monumental de Robert Kolb :

- *La Cour internationale de Justice*, Pedone, 2013 (traduction en anglais publiée aux éditions Hart).

3) Ainsi que les travaux classiques publiés en langue anglaise :

– G. Fitzmaurice, *The Law and Practice of the International Court*, Nijhoff, 1985.

– S. Rosenne, *The World Court, what it is and how it works*, Nijhoff, 1995.

– S. Rosenne, *The Law and Practice of the International Court* (1920-2005), 4e éd., (4. vol.), Brill Academy, 2006.

– A. Zimmermann, C. Tomuschat et K. Oellers-Frahm (dir.), *The Statute of the International Court of Justice*, 2e éd., Oxford University Press, 2012.

– V. aussi G. Guyomar, *Commentaire du règlement de la CIJ*, 2e éd., Pedone, 1983.

4) Plusieurs colloques de la SFDI ont présenté des synthèses récentes :

– *La juridiction internationale permanente*, colloque de Lyon, Pedone, 1987.

– *Le contentieux de la fonction publique internationale*, Pedone, 1996.

– *La juridictionnalisation du droit international*, colloque de Lille, Pedone, 2003.

5) Il faut citer à part l'excellent manuel de :

– Carlo Santulli, *Droit du contentieux international*, 2e ed, Montchrestien, 2015.

6) Les aspects procéduraux ont été développés dans une nouvelle collection, « contentieux international » :

– H. Ruiz Fabri et J-M Sorel (dir.), *Le contentieux de l'urgence et l'urgence dans le contentieux devant les juridictions internationales : regards croisés*, Pedone, 2001.

– Id, *Le principe du contradictoire devant les juridictions internationales*, Pedone, 2004.

– Id, *Le tiers à l'instance devant les juridictions internationales*, Pedone, 2005.

– Id, *La saisine des juridictions internationales*, Pedone, 2006.

– Id, *La preuve devant les juridictions internationales*, Pedone, 2007.
– Id, *La motivation des décisions des juridictions internationales*, Pedone, 2008.
– Id, *Indépendance et impartialité des juges internationaux*, Pedone, 2009.

7) Ainsi que des thèses stimulantes :

– P. Pazartis, *Les engagements internationaux en matière de règlement pacifique des différends entre États*, LGDJ, 1992.
– L. Trigeaud, *La nullité de l'acte juridictionnel en droit international public*, LGDJ, 2011.
– F. Voeffray, *L'actio popularis ou la défense de l'intérêt collectif devant les juridictions internationales*, PUF, 2004.

8) Pour une analyse d'ensemble sur le règlement des différends :

– L.Caflisch, *Cent ans de règlement pacifique des différends interétatiques, RCADI* 2001, t. 288.
– J.-G. Merrills, *International dispute settlement*, 5e éd., Grotius publications, Cambridge, 2003.
– *Manuel pour le règlement pacifique des différends entre États*, Nations Unies, 1992.
– V. aussi notre chapitre « Règlement des différends », *in* Denis Alland (dir.), *Droit international public*, PUF, 2000, coll. « Droit fondamental », p. 447-517.

9) Sur les différents modes de règlement, il existe des classiques :

– T. Bensalah, *L'enquête dans le règlement des conflits*, LGDJ, 1976.
– J-P. Cot, *La conciliation internationale*, Pedone, 1968.
– Pour l'arbitrage, v. E. Decaux et L.Trigeaud, *in Jurisclasseur Droit international*, fasc. 245 s. « L'arbitrage entre sujets de droit international : États et organisations internationales », mise à jour en 2013.
– A. Plantey, *La négociation internationale, principes et méthodes*, 3e éd., CNRS, 2002.

10) Et plus récemment :

– S. Vité, *Les procédures internationales d'établissement des faits dans la mise en œuvre du droit international humanitaire*, Bruylant, Bruxelles, 1999.

11) Dans une perspective plus systématique, plusieurs colloques en forme de bilan politique :

– D. Bardonnet (dir.), *Le règlement pacifique des différends en Europe*, Nijhoff, 1991.
– L. Caflisch (dir.), *Règlement pacifique des différends entre États : perspectives universelle et européenne*, Kluwer, 1998.
– Y. Daudet (dir.), *Actualité de la Conférence de La Haye de 1097, Deuxième Conférence de la Paix*, Académie de droit international de la Haye, Nijhoff, 2008.
- Ch. Tomuschat (dir), *Conciliation in International Law, the OSCE Court of Conciliation and Arbitration*, Brill, 2016.
- Ch. Tomuschat et M. Kohen (dir), Flexibility in International Dispute Settlement, Conciliation Revisited, Brill, 2020.

Quiz

1) Sujet corrigé

Tests de compréhension

Reportez-vous aux passages reproduits ci-dessus de l'arrêt de la Cour internationale de justice sur les exceptions préliminaires dans l'affaire de la délimitation terrestre et maritime entre le Cameroun et le Nigéria (*Cameroun c/ Nigéria*).

1. Expliquez les conséquences de la condition de réciprocité sur l'acceptation par les États de la juridiction obligatoire de la Cour internationale de justice, en vertu de l'article 36, paragraphe 2, du statut.

2. Pour quels motifs la Cour rejette-t-elle l'exception préliminaire du Nigéria fondée sur la condition de réciprocité ?

3. Le Nigéria a modifié sa déclaration de 1965 d'acceptation de la juridiction de la Cour le 30 avril 1998. En quoi cette modification répond-elle par anticipation à la décision de la Cour sur la portée de la condition de réciprocité ?

Voir le corrigé en fin de rubrique.

2) Sujets

Dissertations

a) Quelle est la portée de l'obligation de négocier de bonne foi ?

b) Arbitrage et justice internationale.

Questions

a) Analysez le compromis signé par le Bénin et le Niger en distinguant les précisions nécessaires et les éléments superfétatoires au regard du statut de la Cour.

b) Commentez le passage reproduit de l'arrêt de la Cour internationale de Justice dans l'affaire du *Génocide* en Bosnie : peut-on dire qu'il y a conflit de jurisprudence entre le Tribunal pénal pour l'ex-Yougoslavie et la Cour ?

Cas pratique

Le Minustan et le Maxistan sont deux États riverains de la mer du Milieu. Leurs côtes sont adjacentes. Le Maxistan est un État industriel dont le sous-sol est riche en minerais de toutes sortes. Le Minustan est un petit État, dont l'économie est fondée presque tout entière sur le tourisme, notamment en raison des plages de rêve qui bordent son littoral. Le Minustan se plaint depuis longtemps des nombreux rejets de déchets industriels effectués par le Maxistan dans la mer du Milieu, qui viennent polluer ses eaux territoriales et ses côtes. En 2014, le Maxistan a décidé de lancer de grands travaux de poldérisation sur plusieurs milliers d'hectares de mer, en vue de la construction d'une nouvelle usine de transformation de minerais utilisant des techniques notoirement polluantes. Les deux États sont parties à une convention multilatérale de protection de l'environnement marin, qui contient une clause compromissoire rédigée comme suit :

« Tout différend entre deux ou plusieurs États parties touchant l'interprétation ou l'application de la présente Convention qui n'aura pas été réglé par voie de négociation ou au moyen des procédures expressément prévues par ladite Convention sera porté, à la requête de toute partie au différend, devant la Cour internationale de justice pour qu'elle statue à son sujet, à moins que les parties au différend ne conviennent d'un autre mode de règlement. »

Les deux États sont membres de l'ONU, et le Maxistan a déposé le 1er juillet 1993 une déclaration facultative d'acceptation de la juridiction obligatoire de la CIJ dépourvue de condition. Le Minustan n'a pas fait une telle déclaration.

Vous êtes le conseiller juridique du Minustan, qui souhaite déposer rapidement une requête devant la Cour internationale de justice, éventuellement assortie d'une demande de mesures conservatoires, afin de bloquer, avant même le début des travaux, le projet de poldérisation envisagé par le Maxistan. Il vous demande s'il serait possible de déposer une requête immédiatement, sans même avoir débuté de quelconques négociations sur ce sujet avec le Maxistan ?

3) Corrigé

Tests de compréhension

1. La condition de réciprocité qui est inhérente à l'article 36, paragraphe 2, du statut de la Cour conduit cette dernière à vérifier que les deux États parties au différend « ont accepté "la même obligation" par rapport à l'objet du procès » (*Activités militaires et paramilitaires au Nicaragua et contre celui-ci, Nicaragua c/ États-Unis d'Amérique*), compétence et recevabilité, arrêt 1984, *Rec.* 420-421, § 64). Autrement dit, les déclarations facultatives d'acceptation de la compétence obligatoire de la Cour doivent « coïncider ». Il ne s'agit pas seulement de l'existence de deux déclarations parallèles mais bien du contenu de ces déclarations.

Cela peut avoir des conséquences importantes en matière de réserves matérielles aux déclarations d'acceptation de la juridiction de la Cour : au nom de la clause de réciprocité un État peut invoquer à son profit une réserve contenue dans la déclaration de l'autre partie au différend. C'est ce qui s'est passé dans l'affaire relative à *Certains emprunts norvégiens* (Arrêt du 6 juill. 1957) : la France avait formulé une réserve à sa déclaration d'acceptation de la juridiction de la Cour selon laquelle elle excluait de cette compétence tout différend qu'elle considérait comme « relevant essentiellement de sa compétence nationale ». La Norvège s'est prévalue avec succès de cette restriction en estimant que le différend relevait de sa compétence nationale.

La question de la réciprocité temporelle est toute différente. Déjà dans l'affaire du *Droit de passage en territoire indien*, le fait que le Portugal — qui venait il est vrai d'être admis aux Nations Unies — fasse une Déclaration le 19 décembre 1955 et dépose une requête le 22 décembre 1955 avait fait l'objet d'exceptions préliminaires de la part de l'Inde (Arrêt du 26 nov. 1957). À défaut de réserve spécifique de nature *ratione temporis* concernant la durée des engagements réciproques, la réciprocité des engagements s'apprécie au moment critique où la Cour est saisie.

2. Le Nigeria invoque la condition de réciprocité sur une base *ratione temporis* : il y aurait absence de réciprocité dans la mesure où, au moment où la plainte fut déposée par le Cameroun, ce dernier était au courant de l'existence d'une déclaration nigérianne, tandis que le Nigéria ignorait l'existence de la déclaration camerounaise.

Dès lors, le Nigéria n'aurait pas pu présenter une requête contre le Cameroun. Il faut en effet rappeler que le Cameroun a fait une déclaration d'acceptation de la juridiction de la Cour le 3 mars 1994 et qu'il a déposé sa requête contre le Nigéria le 29 mars de la même année, alors que sa déclaration n'a été notifiée à l'ensemble des parties au statut qu'en février 1995.

L'argument du Nigéria n'en est pas moins irrecevable, selon la Cour, car la condition de réciprocité ne porte que sur l'étendue et la substance des engagements pris par les États parties au statut. Elle ne peut, en revanche, régir « les conditions formelles relatives à leur création, leur durée ou leur dénonciation » (*Activités militaires et paramilitaires*, *op. cit.*, p. 419, § 62). Autrement dit, il suffit pour la Cour de vérifier, au moment du dépôt de la requête introductive d'instance, que « les deux États ont accepté « la même obligation par rapport à l'objet du procès ». La réciprocité ne joue pas dans le temps.

Le Nigéria tente de contourner l'obstacle en prétendant que la condition de réciprocité insérée dans sa déclaration avait pour objet d'éviter toute saisine de la Cour par surprise. Mais la Cour estime que ceci ne ressort nullement de la lecture de la condition visée : la condition de réciprocité ne correspond pas à une réserve *ratione temporis*. Elle ne limite pas la compétence de la Cour en fonction du moment de la saisine, mais seulement à raison de son contenu.

3. Les audiences devant la Cour ont pris fin le 11 mars 1998. Le 11 juin 1998, la Cour a rendu un arrêt sur les exceptions préliminaires par lequel elle s'est reconnue compétente pour statuer au fond. Par anticipation de cet arrêt, le Nigéria a dès le 30 avril modifié sa déclaration d'acceptation de 1965 en y ajoutant un grand nombre de conditions qui, *de facto*, vident quasiment l'acceptation de la juridiction obligatoire de son contenu. Les deux premières conditions anticipent sur le refus de la Cour d'interpréter la condition de réciprocité comme ayant une portée *ratione temporis* : le Nigéria refuse la compétence de la Cour pour des requêtes introduites moins de douze mois après l'acceptation de la juridiction par l'une des parties. La condition vise donc cette fois explicitement à éviter l'effet de surprise d'une requête déposée avant même que la déclaration n'ait pu être notifiée à l'ensemble des parties au statut.

chapitre 7

L'encadrement du recours à la force

Avec le XIXe siècle, on voit apparaître une nette distinction entre deux types de 351
préoccupations en matière de conflits : la première vise à limiter la licéité du recours à la guerre, en retrouvant la vieille notion restrictive de « guerre juste » qui allait à l'encontre d'un « droit à la guerre » sans conditions (*jus ad bellum*[Q]) ; la deuxième consiste à limiter les moyens de faire la guerre, à fixer des règles pour la conduite des hostilités (*jus in bello*[Q]). Il ne s'agit plus des fins de la guerre, mais des moyens.

Les conférences de La Haye, au tournant du siècle, ont marqué une étape importante, pour tenter de codifier la guerre en limitant ses excès, « au nom des principes de l'humanité et des exigences de la conscience publique ». Mais ces efforts furent vite dépassés par les horreurs des deux guerres mondiales. En plus de réglementer la guerre en cherchant à la rendre « humaine », il faudra la rendre impossible. Les efforts de la SDN puis de l'ONU pour mettre la guerre « hors la loi » relèvent de cet impératif. Tout le système de sécurité collective de l'ONU est fondé sur cette interdiction du recours à la force imposée aux États – même si la guerre subsiste à titre résiduel au nom de la « légitime défense » – tandis que l'Organisation s'arroge le monopole de la violence légale, au service des « principes et buts de la Charte », en entreprenant des opérations de « police internationale » : la Charte fonde ainsi un nouveau *jus contra bellum*[Q].

Dans ce cadre, les « guerres classiques » entre les acteurs majeurs que représentent les États ont pu être limitées ou vite réduites, même si la course aux armements traduit une recherche permanente de la sécurité nationale à travers la supériorité militaire et non dans la coopération internationale. Mais l'enjeu nucléaire a sans doute eu son rôle pour éviter tout affrontement direct entre les grandes puissances, quitte à favoriser les conflits indirects, par tiers interposés. Et sur ce terrain, trop souvent l'ONU, quand elle n'était pas paralysée par l'antagonisme Est-Ouest, a dû s'avouer impuissante face à de nouveaux types de conflits, qu'il s'agisse des guerres de libération nationale ou de guérillas, au moment de la décolonisation, ou plus récemment de crises infra-étatiques, source de guerres civiles, et de menaces asymétriques, avec le terrorisme international.

Ainsi, à défaut d'un ordre juridique cohérent et stabilisé, qui n'a pas plus existé en 352
1945, lorsque la Conférence de Yalta a posé les bases du système de l'après-guerre, qu'en 1991, après la chute du mur de Berlin et la guerre du Golfe, lorsque le président Bush Sr évoquait un « nouvel ordre international », le système reste en devenir. Après l'intervention militaire de l'OTAN au Kosovo en 1999 – décidée collectivement, mais

hors du cadre de l'ONU – les bases juridiques et politiques du système international ont été ébranlées lors de la crise irakienne de 2003, avec une intervention unilatérale des États-Unis, court-circuitant le Conseil de sécurité, tout en démontrant que, malgré ses faiblesses et ses lacunes, le système onusien reste irremplaçable. Depuis lors, la Russie de Poutine a invoqué le précédent du Kosovo, pour reconnaître des entités autoproclamées et intervenir en Géorgie en 2008 puis en Ukraine en 2014, annexant la Crimée, en violation flagrante du principe de l'intangibilité des frontières. Dans un contexte de crise, aggravé par le terrorisme, le système international comporte des éléments inachevés, qui sont encore aujourd'hui complémentaires, que l'on considère l'interdiction du recours à la force (section 1), les efforts en matière de désarmement (section 2), ou le rôle des Nations Unies en matière de maintien de la paix (section 3).

Plan analytique

section 1

L'interdiction du recours à la force

§ 1 Le principe de l'interdiction du recours à la force

§ 2 La guerre résiduelle

section 2

Le droit du désarmement

§ 1 Le cadre juridique du désarmement

§ 2 Le désarmement nucléaire

§ 3 L'interdiction des armes bactériologiques et chimiques

§ 4 Le désarmement conventionnel

section 3

Le maintien de la paix et de la sécurité internationales

§ 1 L'intervention des Nations Unies

A. Les sanctions

B. Les opérations de paix

§ 2 De l'ingérence humanitaire à la responsabilité de protéger

Compléments pédagogiques

section 1

L'interdiction du recours à la force

353 Pendant des siècles le droit international a été un droit de la guerre – et un droit né de la guerre – où des conflits limités avaient un rôle de régulateur pour l'équilibre des États. L'idée de fonder l'ordre international sur la sécurité et la coopération de tous les États a mis longtemps à s'imposer. Elle s'est traduite par le principe de l'interdiction du recours à la force, mais celui-ci reste d'une portée toute relative.

§ 1 Le principe de l'interdiction du recours à la force

354 Plusieurs étapes ont été nécessaires avant d'aboutir à l'affirmation de principe de l'interdiction du recours à la force. Au lendemain de la première guerre mondiale, le Pacte de la SDN se borne à interdire la « guerre d'agression » (art. 10). En dehors de cette hypothèse d'une « provocation », la guerre reste possible. Plus curieusement encore le Pacte prévoit un moratoire de trois mois, avant le déclenchement des hostilités (art. 12), pour permettre le recours préalable au règlement pacifique (v. *supra*). C'est seulement, à l'encontre de l'État qui aura refusé la solution ainsi élaborée, que la guerre sera licite, une « guerre-duel », une guerre pour faire exécuter le droit.

Le Pacte Briand-Kellog de 1928, qui sera vite ratifié par 63 États, marque la volonté des parties de « renoncer à la guerre en tant qu'instrument de politique nationale dans leurs relations mutuelles ». Il s'agit d'une « renonciation », c'est-à-dire d'un abandon de souveraineté fait par les parties sur une base de réciprocité conventionnelle, et non pas d'un principe objectif s'appliquant *erga omnes*.

355 La Charte des Nations Unies vient parachever l'édifice, en proscrivant tout recours à la force : « Les membres de l'Organisation s'abstiennent dans leurs relations internationales de recourir à la menace ou à l'emploi de la force, soit contre l'intégrité territoriale ou l'indépendance politique de tout État, soit de toute autre manière incompatible avec les buts des Nations Unies » (art. 2, § 4). Le mot de « guerre » est lui-même banni, pour prendre en compte toutes les hostilités, incidents de frontière ou représailles armées, en dehors d'une déclaration formelle de guerre, au sens de la IIIe convention de La Haye de 1907. Mais implicitement aussi la Charte esquisse une typologie des conflits armés, en distinguant l'emploi de la force dans les relations internationales et les conflits armés non-internationaux, ce qui ne manquera pas d'émousser l'interdiction, face à une série de crises violentes, qu'il s'agisse de guérillas ou de guerres civiles. Pour autant, le principe a sans aucun doute acquis

un caractère éminent en droit international : il s'agit d'un « principe général *du* droit international » (v. ss 60) ayant par ailleurs valeur de droit impératif (*jus cogens*), c'est-à-dire qu'il fait partie des normes d'ordre public international (v. notamment l'arrêt sur le fond du 27 juin 1986 de la CIJ dans l'*Affaire des activités militaires et paramilitaires au Nicaragua et contre celui-ci*, § 190).

En se référant à la compatibilité du recours à la force aux « buts des Nations Unies » l'article 2, paragraphe 4 ouvre potentiellement une série de brèches dans l'interdiction du recours à la force. La Charte consacre ainsi une sorte de droit de suite inconditionnel des vainqueurs : « Aucune disposition de la présente Charte n'affecte ou n'interdit, vis-à-vis d'un État qui au cours de la Seconde Guerre mondiale a été l'ennemi de l'un quelconque des signataires de la présente Charte, une action entreprise ou autorisée, comme suite de cette guerre, par les gouvernements qui ont la responsabilité de cette action » (art. 107). Cette clause montre bien que les Nations Unies étaient fondamentalement la coalition des vainqueurs, consacrant une légitimité extra-juridique antérieure et supérieure à la Charte elle-même. Les « ex-ennemis » ainsi menacés, même après leur admission comme « États pacifiques » au sein des Nations Unies, n'auront de cesse de remettre en cause cette « épée de Damoclès », alors que l'Union soviétique restera très attachée à cette légitimation historique (v. aussi art. 53, § 2). Au-delà de cette réserve aujourd'hui obsolète, la Charte renvoie implicitement aux actions armées autorisées par le Conseil de sécurité en vertu du Chapitre VII. En revanche, la « compatibilité » de l'intervention d'humanité pour faire cesser des crimes de masse reste posée, notamment dans le contexte du débat sur le droit d'ingérence ou la responsabilité de protéger. 356 ■

Une autre exception prévue explicitement par l'article 51 de la Charte est l'hypothèse de la légitime défense face à une agression : « Aucune disposition de la présente Charte ne porte atteinte au droit naturel de légitime défense, individuelle ou collective, dans le cas où un membre des Nations Unies est l'objet d'une agression armée, jusqu'à ce que le Conseil de sécurité ait pris les mesures nécessaires pour maintenir la paix et la sécurité internationales... » L'interprétation de cet article fondamental a toujours soulevé des controverses, mais celles-ci ont pris depuis une quinzaine d'années une ampleur inégalée, allant jusqu'à fragiliser les fondements même du système de sécurité collective. 357 ■

Une première question a trait à la définition de l'agression qui est particulièrement délicate, comme l'histoire l'a montré, avec l'enchaînement des incidents ou l'escalade des provocations : avant même l'adoption de la Charte, Hitler n'avait pas hésité à susciter de faux incidents de frontière, en utilisant des uniformes polonais, pour invoquer une agression de la Pologne contre l'Allemagne. Après 1945, les États ont multiplié les détours pour éviter que leurs interventions directes ou indirectes ne reçoivent la qualification d'agression, qu'il s'agisse des coups de force menés par l'Union soviétique en Hongrie en 1956 et en Tchécoslovaquie en 1968, ou de l'envoi de mercenaires ou de forces spéciales par les grandes puissances en vue de favoriser l'accès au pouvoir de telle ou telle faction contre le gouvernement en place.

Cette difficulté à s'accorder sur les critères de l'agression armée explique en partie pourquoi l'Assemblée générale mettra près de trente ans pour adopter une définition de l'agression, avec la résolution n° 3314 (XXIX) du 14 décembre 1974, en la présentant comme « la forme la plus grave et la plus dangereuse de l'emploi illicite 358 ■

de la force». La définition donnée est elle-même complexe, puisqu'elle combine plusieurs méthodes. Dans une approche synthétique, l'agression est définie comme «l'emploi de la force armée contre la souveraineté, l'intégrité territoriale ou l'indépendance politique d'un autre État» (art. 1er). Ainsi la résolution établit-elle une sorte de présomption : «L'emploi de la force armée en violation de la Charte par un État agissant le premier constitue la preuve suffisante à première vue d'un acte d'agression», mais le Conseil de sécurité, compte tenu des circonstances spécifiques, peut écarter cette présomption, «y compris (du) fait que les actes en cause ou leurs conséquences ne sont pas d'une gravité suffisante» (art. 2). À peine donnée par l'Assemblée générale, la définition s'effiloche et renvoie à la casuistique du Conseil de sécurité.

L'autre approche mise en avant est celle de l'énumération : «L'un quelconque des actes ci-après, qu'il y ait eu ou non déclaration de guerre, réunit, sous réserve des dispositions de l'article 2 et en conformité avec elle, les conditions d'un acte d'agression...». Suit une liste d'actes dont l'énumération n'est pas limitative, tel que l'invasion ou l'attaque d'un territoire, le bombardement, le blocus maritime, l'attaque des forces armées d'un autre État, «l'utilisation des forces armées d'un État qui sont stationnées sur le territoire d'un autre État avec l'accord de l'État d'accueil, contrairement aux conditions prévues dans l'accord ou toute prolongation de leur présence sur le territoire en question au-delà de la terminaison de l'accord», l'envoi de mercenaires, etc. (art. 3). La résolution conclut en affirmant qu'«une guerre d'agression est un crime contre la paix internationale. L'agression donne lieu à une responsabilité internationale. Aucune acquisition territoriale ni aucun avantage spécial résultant d'une agression ne sont licites ni ne seront reconnus comme tels» (art. 5).

359 Mais cet effort de définition n'a pas fait taire les controverses qui se sont poursuivies depuis 1974 et sont devenues plus vives avec la montée en puissance du terrorisme international et des menaces asymétriques. En fait, l'incertitude pèse au moins sur trois points cruciaux. Tout d'abord la nature de l'attaque armée : celle-ci doit-elle être actuelle, ou suffit-il qu'elle soit imminente, voire en cours de préparation, ce qui tendrait à légitimer une forme de légitime défense «préemptive», voire «préventive» ?

Ensuite l'intensité de l'attaque : est-ce que de simples incursions ou accrochages au-delà de la frontière suffisent, ou y-a t'il un seuil de gravité qui doit être atteint, impliquant des dégâts humains ou matériels particulièrement importants : la question devient brûlante s'agissant des actes de terrorisme qui peuvent prendre la forme d'un «hyperterrorisme», comme avec les attaques du 11 septembre 2001, en transformant des avions de ligne en armes de destruction massive. À l'époque, la France avait admis que l'ampleur des attaques justifiait exceptionnellement que de tels actes de terrorisme puissent être qualifiés d'actes d'agression armée et justifier l'exercice par les États-Unis de leur légitime défense individuelle. Mais elle a appliqué la même exception aux attaques qui l'ont frappées le vendredi 13 novembre 2015 et qui ont été revendiquées, là aussi, par une organisation terroriste, Daech.

Enfin un troisième point d'incertitude concerne l'auteur de l'attaque : la légitime défense ne peut-elle être exercée, dans les relations internationales, que contre un État, ou peut-elle s'étendre à des acteurs non étatiques ? Là encore, la période qui s'est ouverte après le 11 septembre 2001 a ouvert une ère d'insécurité juridique : nul n'a semblé contester alors que les États-Unis puissent exercer leur légitime défense contre un groupe terroriste, *Al Qaïda*, à partir du moment où il semblait étroitement dépendant du gouvernement *de facto* d'un État, l'Afghanistan. Pourtant, la reconnaissance limitée dont jouissait le gouvernement des Taliban pouvait faire douter de la possibilité d'attribuer l'agression à l'État Afghan en tant que tel. Le Conseil de sécurité a cependant entériné cette approche dans sa résolution n° 1368 qui « condamne catégoriquement dans les termes les plus forts les épouvantables attaques terroristes qui ont eu lieu le 11 septembre 2001 à New York, Washington (DC) et en Pennsylvanie et considère de tels actes, comme tout acte de terrorisme international, comme une menace à la paix et la sécurité internationale ». Ainsi, sans à proprement parler d'agression (mais la version anglaise de l'article 51 utilise la formule « *armed attack* »), le Conseil s'inscrit dans le vocabulaire et la logique du chapitre VII. Bien plus, la résolution reconnaît expressément en préambule « le droit inhérent à la légitime défense individuelle ou collective conformément à la Charte » (là encore c'est la formule anglaise, là où la version française parle de « *droit naturel de légitime défense* »). Couplée à une conception de la légitime défense « préventive » et à une vision extensive d'un conflit armé transnational (la « guerre globale contre la terreur »), une telle interprétation de la légitime défense s'exerçant contre des acteurs non-étatiques a conduit à la généralisation, par les États-Unis mais aussi par Israël, d'opérations d'« assassinats ciblés » à l'encontre de membres de groupes terroristes. C'est ainsi notamment que le 2 mai 2011, lors d'un raid sur le territoire du Pakistan et sans le consentement formel de cet État, les États-Unis ont pu procéder à l'élimination d'Oussama Ben Laden, le chef de l'organisation *Al Qaïda*.

Plus récemment, avant même les attaques terroristes du 13 novembre 2015, la France s'est partiellement ralliée à la doctrine américaine d'une légitime défense s'exerçant contre des acteurs non étatiques : alors que la France intervenait déjà contre Daech en Irak à la demande de cet État, le président Hollande a annoncé le 22 septembre 2015, à New York, l'extension de ses frappes aériennes au territoire de la Syrie, au titre de la légitime défense, dans le cadre de la « prévention du terrorisme ». Cette action a été renforcée à la suite des attentats terroristes commis à Paris. Ainsi, alors qu'elle s'en tenait jusqu'alors à une conception classique, la doctrine française a pris en compte les caractéristiques propres de l'organisation « État islamique » qui en font, selon le ministre de la Défense M. Le Drian, « un proto-État » pour en déduire que « en l'espèce et de manière exceptionnelle, l'exigence d'attribution, directe ou indirecte, à un État de l'agression menée par Daech ne s'imposait pas pour invoquer la légitime défense. » (F. Alabrune, directeur des affaires juridiques du Quai d'Orsay, « Fondements juridiques de l'intervention militaire française contre Daech en Irak et en Syrie », *RGDIP* 2016-1, p. 46).

Un autre facteur d'incertitude – et qui rend la définition de la résolution 3314 en 360
partie impraticable – a pour cause le pouvoir de qualification confié par la Charte au Conseil de sécurité. Selon l'article 39 de la Charte, c'est en effet le Conseil qui qualifie un « acte d'agression » et sur cette base peut décider des mesures non militaires ou militaires visant à rétablir la paix et la sécurité internationales. Or le Conseil s'est montré particulièrement prudent dans le recours à la qualification d'agresseur, préférant évoquer une « menace contre la paix ». Dans des conflits durables, le Conseil a même eu tendance à renvoyer la balle dans les deux camps. Ainsi la résolution n° 598 du 20 juillet 1987 qui impose un cessez-le-feu à l'Irak et l'Iran, déplore-t-elle tout à la fois le déclenchement et la prolongation des combats, comme si à une agression initiale avait répondu une autre agression. De même la résolution évite soigneusement de trancher les questions de responsabilité, pour évoquer de manière

plus neutre lers efforts de « reconstruction ». Dans les résolutions sur l'invasion du Koweit par l'Irak, le Conseil de sécurité se réfère à l'article 51, sans même prononcer le mot d'agression, comme dans la résolution n° 661 du 6 août 1990, au prix d'une paraphrase tronquée : il « affirme le droit naturel de légitime défense, individuelle et collective, face à l'attaque armée dirigée par l'Irak contre le Koweit, consacré par l'article 51 de la Charte ». Ces dernières années, cette prudence a même fait place à une sorte de *self-restraint*, le Conseil se bornant à valider des réactions unilatérales ou collectives invoquant la légitime défense, comme pour mieux les domestiquer et les réintégrer dans le cadre de la Charte. Ainsi, l'adoption de la résolution n° 1368 au lendemain des attaques du 11 septembre manifeste en soi une certaine contradiction, puisqu'elle conduit le Conseil à reconnaître le droit de légitime défense des États-Unis avant même que ceux-ci n'aient commencé à l'exercer. Tout se passe comme si le Conseil de sécurité avait voulu rappeler la Charte pour « encadrer » juridiquement la réaction américaine, à défaut de pouvoir la prévenir. Dans sa résolution n° 1373 du 28 septembre 2001, le Conseil va plus loin dans la mise en œuvre du chapitre VII, en adoptant toute une série de mesures contre le terrorisme international, sans pour autant remettre en cause la riposte américaine. Par la suite, lors de l'offensive en Afghanistan contre le régime des Taliban, les États-Unis invoqueront leur droit de légitime défense, sans aucune référence à la Charte des Nations Unies, en laissant entendre que d'autres ripostes seraient possibles, dans sa nouvelle croisade contre « l'axe du mal ». Peu à peu le discours américain est passé d'une « légitime défense » différée – pour éviter une escalade aveugle – à une notion de légitime défense « préventive », visant la préemption de menaces avérées ou supposées, en Irak ou ailleurs. On abandonnerait ainsi les caractéristiques classiques des représailles armées, limitées dans le temps et soumises à une stricte proportionnalité, pour une sorte de « chèque en blanc » à tirage indéfini... Dans ce contexte politique, la référence faite par le Conseil de sécurité lui-même à l'article 51 serait le seul garde-fou face à un unilatéralisme militaire tournant le dos à une « légitime défense collective » encadrée par la Charte.

■ 361 Ces contradictions sont apparues au grand jour lors de la crise irakienne de 2002-2003. La présence d'inspecteurs des Nations Unies sur le terrain pour rechercher des armes de destruction massive irakiennes n'a pas empêché les États-Unis de décider une « guerre préventive », lancée en contournant le Conseil de sécurité, après les affrontements diplomatiques entre le Secrétaire d'État américain, le général Colin Powell, et le ministre français des Affaires étrangères, Dominique de Villepin. L'action militaire des États-Unis et de leurs principaux alliés, comme le Royaume-Uni, l'Italie ou l'Espagne a profondément affaibli les Nations Unies, mais aussi divisé l'OTAN et l'Union européenne, où les partisans du « camp de la paix » comme la France et l'Allemagne se trouvaient marginalisés. C'est seulement après la chute du régime de Saddam Hussein que les États-Unis sont revenus devant les Nations Unies, avec une série de résolutions visant à la « normalisation » de la situation, notamment la résolution n° 1483 (2003) du 22 mai 2003, la résolution n° 1511 (2003) du 16 octobre 2003 et la résolution n° 1546 (2004) du 8 juin 2004. Mais même ce « retour aux Nations Unies » n'a pas freiné la mise en œuvre d'une logique de « guerre globale contre le terrorisme », en vertu de laquelle les États-Unis se sont reconnus le droit de frapper où et quant ils le décident.

Pourtant, dans la logique initiale de la Charte, la légitime défense n'est qu'une réaction provisoire et proportionnée, une mesure préalable à l'entrée en scène du Conseil de sécurité. Mais ceci suppose que le Conseil de sécurité « ait pris les mesures nécessaires pour maintenir la paix et la sécurité internationales ». Faut-il entendre par là qu'il suffit que le Conseil se saisisse d'une question en l'inscrivant à son ordre du jour, ou faut-il qu'il ait pu agir, rapidement et efficacement ? En cas de paralysie ou d'impuissance du Conseil, l'État retrouve-t-il son droit inné de légitime défense ? C'est le problème qui s'est posé à propos de l'embargo sur les armes à l'égard de toutes les parties du conflit en ex-Yougoslavie, qui pénalisait en pratique la Bosnie-Herzégovine en l'empêchant de se défendre contre ses agresseurs. Sans remettre en cause le principe de l'embargo devant le Conseil de sécurité, les États-Unis ont favorisé le réarmement clandestin de la Bosnie – par des voies indirectes, dont celle de l'Iran – tout comme celui de la Croatie en violation de la décision du Conseil de sécurité dont ils contribuaient ainsi à miner la force obligatoire, selon un dangereux précédent. De son côté la Russie a menacé de passer outre aux sanctions économiques imposées par le Conseil de sécurité à la Yougoslavie (Serbie-Montenegro) avant même que celles-ci ne soient officiellement suspendues par le Conseil. Dans les deux cas, à travers le respect de l'article 25 de la Charte, c'est le rôle des Nations Unies en matière de maintien et de rétablissement de la paix qui est en jeu (v. *infra*). On retrouve une situation comparable dans la crise syrienne, où le Conseil se retrouve bloqué par les divergences de vues entre les membres permanents et le double veto russe et chinois, qui empêche toute initiative. Dans ce contexte, c'est à nouveau l'exercice de la « légitime défense » approuvé voire encouragé par le Conseil de sécurité qui sert de fondement aux interventions des différentes puissances, avec une dialectique entre légitime défense individuelle et collective qui n'est pas sans poser des questions. 362 ■

La légitime défense peut en effet être individuelle lorsque l'État réagit contre une attaque armée sur son territoire, mais elle peut aussi être « collective », lorsqu'une attaque contre un État déclenche la réaction d'un groupe d'États alliés. L'article 52 de la Charte consacre d'ailleurs le rôle des alliances militaires défensives en mentionnant les « accords ou organismes régionaux » (art. 52). Au temps de la guerre froide, l'OTAN faisait ainsi face au Pacte de Varsovie dans une symétrie presque parfaite, mais avec un risque d'engrenage fatidique pour la paix mondiale. Après 1990, l'OTAN, d'une alliance strictement défensive, a adapté ses missions au changement de contexte et notamment aux exigences du maintien de la paix dans une Europe secouée par des mouvements centrifuges avec la dissolution de l'ex-Yougoslavie. Mais le 11 septembre 2001 marque le retour de la légitime défense collective, avec l'invocation, pour la première fois dans l'histoire de l'Alliance, de l'article 5 du Traité de l'Atlantique Nord, en vue de prêter assistance aux États-Unis dans leur lutte contre le terrorisme international. Au-delà des alliances préconstituées, les coalitions défensives peuvent aussi se former de manière *ad hoc*, comme lors de la seconde guerre du Golfe avec les « États membres qui coopèrent avec le gouvernement du Koweït », selon la formule de la résolution n° 678 du 29 novembre 1990. 363 ■

Plus récemment, c'est à nouveau la « légitime défense collective » qui a été invoquée par les États-Unis et la France pour justifier dans un premier temps leurs interventions militaires sur le territoire syrien pour frapper les « sanctuaires » de l'organisation Daech. Les deux États partent en effet du principe que l'Irak fait l'objet d'une agression extérieure de la part de l'organisation terroriste, *depuis* le territoire syrien : l'Irak peut donc se réclamer d'un droit de légitime défense individuelle et en appeler à l'appui de ses alliés pour frapper Daech au nom de la légitime défense collective – avec cette difficulté toutefois que l'intervention se fait sur le territoire de la Syrie sans le consentement du gouvernement de Bachar Al Assad. Après le 13 novembre 2015, la France a considéré que l'attaque dont elle avait été victime lui permettait d'invoquer l'article 51 de la Charte cette fois au titre de la légitime défense individuelle, qui devenait un deuxième fondement pour une intervention en territoire Syrie, et lui permettait par ailleurs d'activer, pour la première fois, la clause d'assistance mutuelle de l'article 42, paragraphe 7 du Traité sur l'Union européenne. C'est également sur l'initiative de la France que fut adoptée par le Conseil de sécurité la résolution n° 2249 du 20 novembre 2015 qui confirme le rôle dévolu en cette matière au Conseil depuis le 11 septembre 2001 : le Conseil n'autorise pas le recours à la force mais se borne à « demander » aux États membres « qui ont la capacité de le faire de prendre toutes les mesures nécessaires (...) sur le territoire se trouvant sous le contrôle de l'EIIL, également connu sous le nom de Daech, en Syrie et en Irak (...) » Ce faisant, le Conseil de sécurité laisse libre cours à chacune des puissances intervenantes pour frapper Daech en Syrie, sans prendre partie sur le fondement juridique de leurs interventions : assistance à un État allié pour la Russie dans la lutte contre un groupe armé ; légitime défense collective pour les États appuyant l'Irak, réunis dans la coalition *Inherent Resolve* ; légitime défense individuelle, en plus, pour la France, qui répond aux attaques du 13 novembre et souhaite, au-delà, neutraliser les capacités de l'organisation et prévenir ainsi d'autres attaques. Mais quel que soit le fondement de l'intervention, qui relève du *jus contra bellum*, cela ne règle pas pour autant la question de la licéité des actes de guerre adoptés dans ce contexte, question qui relève du droit des conflits armés, le droit de la guerre résiduelle, le *jus in bello*.

§ 2 La guerre résiduelle

364 En admettant de manière résiduelle certaines hypothèses où le recours à la force peut être licite – et même « légitime » s'agissant du « droit naturel de légitime défense » – la Charte ne rend pas obsolète le « droit de la guerre », tel qu'il s'est développé depuis le dernier tiers du XIXe siècle sous l'appellation de *droit international humanitaire*,[Q] avec ses deux pôles, le droit de la conduite des opérations militaires – le « *droit de La Haye*[Q] » – et le droit de la protection des victimes des conflits – le « *droit de Genève*[Q] ».

À chaque génération, ces normes ont été actualisées et complétées – tout en restant trop souvent « en retard d'une guerre » – de nouvelles strates juridiques s'ajoutant ainsi à l'ensemble des « lois et coutumes de la guerre ». Un rapprochement entre les deux branches du droit de la guerre est apparu, puisqu'après les conventions de Genève relatives au droit humanitaire dans les conflits armés du 12 août 1949 – les quatre conventions de la Croix-Rouge – sont venus s'ajouter les deux protocoles additionnels du 8 juin 1977, à la suite de la « conférence sur la réaffirmation et le développement de certaines règles et matières du droit international humanitaire ». Alors que les quatre Conventions sont ratifiées par 196 États parties, le premier Protocole additionnel a réuni 174 ratifications et le deuxième Protocole additionnel, 169 ratifications (en sept. 2020).

Les deux protocoles additionnels de 1977 introduisent une nouvelle typologie des conflits, plus d'un quart de siècle après les Conventions de Genève de 1949, en tenant compte de la décolonisation.

Le protocole n° I porte sur « la protection des victimes des conflits armés internationaux » et vise non seulement les conflits interétatiques, mais également « les conflits armés dans lesquels les peuples luttent contre la domination coloniale et l'occupation étrangère et contre les régimes racistes dans l'exercice du droit des peuples à disposer d'eux-mêmes » (art. 2). Cette consécration des guerres de libération nationale en tant que conflits internationaux et non comme conflits internes relevant de la compétence exclusive de l'État – comme la France le soutenait à la tribune de l'ONU pendant la guerre d'Algérie – a suscité de nombreuses résistances qui y voyaient une forme de légitimation de la violence et du *terrorisme*[Q]. 365 ■

La résolution n° 2625 (XXV) sur les principes des relations amicales entre les États avait ouvert une première brèche en proclamant que l'interdiction du recours à la force s'appliquait en matière de décolonisation : « Tout État a le devoir de s'abstenir de recourir à toute mesure de coercition qui priverait de leur droit à l'autodétermination, à la liberté et à l'indépendance, les peuples mentionnés dans la formulation du principe de l'égalité de droits et de leur droit à disposer d'eux-mêmes. » La formule est répétée dans un contexte à peine différent au regard du principe de l'égalité de droits des peuples : « Tout État a le devoir de s'abstenir de recourir à toute mesure de coercition qui priverait les peuples mentionnés ci-dessus dans la formulation du présent principe de leur droit à disposer d'eux-mêmes, de leur liberté et de leur indépendance. Lorsqu'ils réagissent et résistent à une telle mesure de coercition dans l'exercice de leur droit à disposer d'eux-mêmes, ces peuples sont en droit de chercher et de recevoir un appui conforme aux buts et principes de la Charte ». Entre ces deux renvois, la déclaration se garde bien de définir la notion de « peuples », se bornant à la volonté de « mettre rapidement fin au colonialisme en tenant dûment compte de la volonté librement exprimée des peuples intéressés ».

La résolution n° 3314 (XXIX) de 1974 relative à la définition de l'agression avait élargi la question à la domination coloniale, l'occupation étrangère – comme la présence d'Israël dans les territoires occupés à partir de 1967 – et au régime de l'*apartheid* en Afrique du Sud, sans la trancher. La définition de l'agression s'achevait en effet avec un article 7 : « Rien dans la présente définition [...] ne pourra en aucune manière porter préjudice au droit à l'autodétermination, à la liberté et à l'indépendance, tel qu'il découle de la Charte, des peuples privés par la force de ce droit [...] ainsi qu'au droit de ces peuples de lutter à cette fin et de chercher et de recevoir un appui... ».

Le protocole n° II porte sur « la protection des victimes des conflits armés non-internationaux ». Il comble une lacune des conventions de Genève et complète le Protocole I, ces deux instruments ne s'appliquant qu'aux situations de conflits internationaux, hormis la clause de l'article 3 commun aux quatre conventions fixant des « normes minimales » applicables « en tout temps et en tout lieu ». Dans le fil de l'article 3 commun, le protocole n° II s'applique quant à lui aux conflits armés « qui se déroulent sur le territoire d'une haute partie contractante entre ses forces armées et les forces armées dissidentes ou des groupes armés organisés qui, sous la conduite d'un commandement responsable, exercent sur une partie du territoire un contrôle tel qu'il leur permette de mener des opérations militaires continues et concertées et [...] d'appliquer le présent protocole ». Ainsi est rétablie une forme de réciprocité avec une entité de fait, suffisamment constituée et hiérarchisée, qui doit elle aussi respecter les principes du droit humanitaire. 366 ■

367 Par ailleurs se pose une question fondamentale sur le « seuil » de la violence qui transforme une crise interne en conflit armé au sens du protocole n° II. Ainsi est-il précisé que « le présent protocole ne s'applique pas aux situations de tensions internes, de troubles intérieurs, comme les émeutes, les actes isolés et sporadiques de violence et autres actes analogues, qui ne sont pas considérés comme des conflits armés » (art. 1er, § 2). Le statut de la Cour pénale internationale, on l'a vu, fait écho à ces distinctions (v. ss 290).

Cette incertitude est d'autant plus grave que se constitue ainsi une « zone grise » de non-droit entre les régimes internes sur les « états d'exception » et les garanties internationales du droit humanitaire. Parallèlement à la définition de l'État de droit (*rule of law*), la CSCE a précisé la notion d'« état d'exception » – notamment lors de la réunion de Moscou de la conférence sur la dimension humaine de la CSCE en 1991, au lendemain du putsch d'août. Mais c'est surtout aux Nations Unies qu'un effort important a été fait pour recenser les situations de crise et préciser les obligations des États dans différentes circonstances. Les traités relatifs aux droits de l'homme maintiennent des garanties minimales et un bloc de droits fondamentaux intangibles pour les « régimes de crise », comme le Pacte relatif aux droits civils et politiques, avec l'article 4 visant un « danger exceptionnel menaçant l'existence de la nation », ou la Convention européenne des droits de l'homme avec l'article 15. L'observation générale n° 29 du Comité des droits de l'homme des Nations Unies précise la portée des obligations s'imposant dans cette « zone grise », au titre de l'article 4 du Pacte en s'appuyant sur l'évolution du droit international contemporain. De plus en plus, c'est une complémentarité entre le droit des droits de l'homme et le droit des conflits armés qui est recherchée. Dans son avis consultatif sur la *Licéité de la menace ou de l'emploi de l'armée nucléaire* de 1996, la CIJ a considéré que le droit international humanitaire constituait une *lex specialis* par rapport aux droits de l'homme. Mais dans son avis relatif au *Mur dans le territoire palestinien occupé*, la Cour a précisé que « dans les rapports entre droit international humanitaire et droits de l'homme, trois situations peuvent (...) se présenter : certains droits peuvent relever exclusivement du droit international humanitaire ; d'autres peuvent relever exclusivement des droits de l'homme ; d'autres enfin peuvent relever à la fois de ces deux branches du droit international » (Avis, 9 juill. 2004, § 106). Dans son arrêt de Grande chambre *Hassan c. Royaume-Uni* du 16 septembre 2014, la Cour européenne des droits de l'Homme a suivi la jurisprudence de la CIJ, en considérant « que, même en cas de conflit armé international, le garanties énoncées dans la Convention continuent de s'appliquer, quoiqu'en étant interprétées à l'aune des règles du droit international humanitaire. » En l'espèce, s'agissant de l'internement d'un suspect par les forces britanniques en Irak en 2003, lors de la « phase active » du conflit, la Cour a considéré qu'en cas de conflit armé, l'article 5 de la CEDH pouvait être interprété comme permettant l'exercice des pouvoirs de détention prévus dans les conventions de Genève, mais imposait de vérifier que la détention était bien « régulière » pour qu'il n'y ait pas violation de l'article 5 §1 : « [C]ela signifie qu'elle doit être conforme aux règles du droit international humanitaire et, surtout, au but fondamental de l'article 5 §1, qui est de protéger l'individu contre l'arbitraire. » (arrêt *Hassan*, § 105 ; voir aussi l'Observation générale n° 35 du Comité des droits de l'Homme sur l'article 9 du Pacte, § 64).

368 Accepter l'application du protocole n° II est perçu par un État comme une forme de « reconnaissance » politique de ses adversaires, qu'il préfère traiter de délinquants de

droit commun, comme l'a fait la Russie en parlant des « bandits tchétchènes », et en refusant l'intervention de la Croix-Rouge dans un conflit interne qui a fait des dizaines de milliers de victimes, notamment civiles. Il en va de même de la Turquie face aux Kurdes du PKK, ou du Pakistan avec les Taliban pakistanais. La Croix-Rouge elle-même évite le plus souvent à qualifier les situations juridiques pour privilégier sa présence effective sur le terrain.

Alors même que les États-Unis invoquaient leur droit de légitime défense pour intervenir en Afghanistan et mettre fin au régime des Taliban après le 11 septembre 2001, la qualification du conflit est restée incertaine, mêlant un conflit armé interne entre factions afghanes et un conflit armé international impliquant les États-Unis. Pour autant les « détenus » transférés sur la base américaine de Guantanamo Bay, à Cuba, se sont vus dénier le statut de « prisonnier de guerre » contrairement aux principes du droit humanitaire rappelés par la Croix-Rouge internationale. Or de deux choses l'une, soit ces prisonniers ont un statut civil et ils doivent dès lors bénéficier des garanties prévues par le droit américain, soit ils ont un statut militaire et le droit international humanitaire doit s'appliquer. Il n'est pas possible de créer un *no man's land* juridique, une zone extraterritoriale de non-droit, où les principes prévus seraient contournés. Ce serait d'ailleurs créer un précédent redoutable qui pourrait se retourner contre les forces américaines, comme on l'a vu dans le passé lors de la guerre du Viêtnam. La Cour suprême des États-Unis, dans sa décision du 28 juin 2004, *Rasul c/ Bush*, a fini par le reconnaître en décidant que les juridictions civiles américaines étaient compétentes pour examiner les recours des prisonniers de Guantanamo Bay contestant la légalité de leur détention au secret. Pour autant, ce retour à la légalité internationale n'a pas réglé toutes les incertitudes. Plusieurs États, à commencer par les États-Unis, continuent à entretenir le flou entre les catégories juridiques, lorsqu'il s'agit de commettre des « assassinats ciblés » par le biais d'opérations spéciales ou de frappes par des drones. Le droit international humanitaire protège en effet toutes les personnes qui n'ont pas le statut de « combattant » et qui ne participent pas directement aux hostilités. Et l'exécution d'une personne en dehors de ces conditions doit respecter les conditions autrement plus strictes du droit international des droits de l'Homme. De même, le droit applicable aux conflits armés non internationaux ne contient aucune disposition régissant la privation de liberté de personnes appartenant à des groupes armés. Or en cas de paralysie des autorités nationales, incapables de détenir et d'emprisonner ces personnes, les forces déployées sur le terrain peuvent être amenées à les détenir et cela pour une période plus ou moins longue. Plusieurs processus sont en cours en vue de tenter de parvenir à un accord sur les règles applicables dans ce type de situations, notamment sous l'égide du CICR qui mène depuis plusieurs années des consultations dans ce sens (v. notamment la résolution sur le « renforcement du droit international humanitaire protégeant les personnes privées de liberté », adoptée lors de la 32e conférence internationale de la Croix rouge et du Croissant rouge du 8 au 10 décembre 2015).

Loin d'être inadapté aux circonstances actuelles, le droit humanitaire est depuis cent cinquante ans un droit de crise, qui a survécu aux deux guerres mondiales en s'adaptant, mais en conservant ses principes de base consacrés par l'article 3 commun des conventions de 1949 qui a non seulement une nature conventionnelle mais aussi une valeur coutumière (v. ss 51 s.). Le CICR a lui-même procédé à une vaste recherche sur le développement du droit coutumier (*Droit international humanitaire coutumier, vol. I: Règles*, CICR Bruylant, 2006. V. l'actualisation périodique de 369 ■

l'étude sur le site web du CICR). Bien plus, les deux protocoles ont intégré dans le « droit de Genève », des normes du « droit de La Haye » relatives à la conduite des conflits armés, permettant leur actualisation et une adaptation aux nouvelles crises. Un troisième protocole, adopté le 8 décembre 2005 et entré en vigueur le 14 janvier 2007 vise à consacrer un « signe distinctif additionnel », un logo abstrait dénommé le « cristal rouge » aux côtés des symboles historiques que sont la Croix rouge et le Croissant rouge. Le Protocole a été ratifié par 77 États. L'objectif politique de ce compromis est de faciliter le respect de l'emblème entre les parties en conflit du Proche-Orient, a défaut de pouvoir reconnaître le « bouclier de David » utilisé par Israël et de permettre enfin l'admission d'Israël qui réclamait de pouvoir utiliser son insigne. Dans le passé, l'acceptation du « lion » iranien – abandonné après la chute de la monarchie – n'avait fait aucune difficulté, mais Israël se heurtait au front des pays de l'Organisation de la conférence islamique. L'admission du mouvement israélien a pu avoir lieu en même temps que celle du Croissant rouge palestinien, en juin 2006. Face à la banalisation de la violence, loin de cette guerre résiduelle que la Charte avait prétendu mettre hors la loi, le droit humanitaire est plus indispensable que jamais. Reste que ces engagements ne concernent que les États laissant ceux-ci vulnérables aux menaces asymétriques d'un terrorisme mondialisé.

Plus de quarante ans après leur adoption, les deux protocoles sont aujourd'hui largement ratifiés, on l'a vu, mais ce mouvement a été très progressif. Ainsi, la France a ratifié le Protocole II dès 1984, mais n'a ratifié le Protocole I qu'en 2001 (v. E. Decaux, « La ratification par la France du premier protocole additionnel aux conventions de Genève », in *RTDH* avr. 2002, n° 50). Mais cette adhésion ne va pas sans limites, que traduisent les nombreuses réserves formulées. Il est significatif à cet égard, que la France ait tenu à rappeler « que les dispositions du protocole I de 1977 ne font pas obstacle à l'exercice par la France, de son droit naturel de légitime défense, conformément à l'article 51 de la Charte des Nations Unies », la même déclaration ayant été faite lors de la ratification du statut de Rome, en écho à l'avis de 1996 sur *la licéité des armes nucléaires* selon lequel « la Cour ne saurait au demeurant perdre de vue le droit fondamental qu'a tout État à la survie, et donc le droit qu'il a de recourir à la légitime défense, conformément à l'article 51 de la Charte, lorsque cette survie est en cause » (Arrêt 1996, *Rec.* 263, § 96). Sur un terrain plus technique, la France reste à l'écart du deuxième protocole à la convention de l'UNESCO sur la protection des biens culturels en période de conflit armé, en arguant d'une conception plus large de la « nécessité militaire », quand bien même elle pourrait assortir sa ratification de réserves.

On retrouve la même frilosité dans le refus d'accepter la compétence de la commission internationale d'enquête, prévue à l'article 90 du Protocole I, alors que cette déclaration a été faite par 76 États, dont la Palestine (au 1er septembre 2020). Le premier mandat de la Commission internationale humanitaire d'établissement des faits n'est intervenu qu'en 2017, pour mener une enquête dans l'est de l'Ukraine, au sujet d'un « incident ayant touché la mission spéciale de monitorage de l'OSCE ». À la suite de quoi la Russie n'a pas manqué de mettre fin à sa déclaration d'acceptation de la compétence de la Commission, le 22 octobre 2019, soulignant la fragilité du système établi par l'article 90 du Protocole I. Tout en déplorant ce retrait, la Commission s'est montrée satisfaite de ce que la Fédération de Russie continue à se considérer liée par le Protocole...

section 2

Le droit du désarmement

L'entreprise du désarmement va de pair avec l'interdiction du recours à la force dans les relations internationales. Elle correspond à des efforts anciens, lorsque les vainqueurs cherchaient à imposer une supériorité militaire durable aux vaincus, mais a pris un autre sens avec la recherche d'un équilibre stable entre les puissances et l'affirmation d'un droit à une égale sécurité pour tous les États. Après avoir examiné le cadre juridique du désarmement, on mettra l'accent sur le régime de certains types d'armes, concernant notamment ce qu'il est convenu d'appeler les « armes de destruction massive ». 370 ■

§ 1 Le cadre juridique du désarmement

Ce n'est pourtant que de manière incidente que la Charte des Nations Unies mentionne la question du désarmement. Elle donne compétence à l'Assemblée générale pour « étudier les principes généraux de coopération pour le maintien de la paix et de la sécurité internationales, y compris les principes régissant le désarmement et la réglementation des armements [...] » (art. 11). Elle peut faire à ce sujet des « recommandations », soit aux États membres, soit au Conseil de sécurité. Par ailleurs le Conseil de sécurité a reçu une mission qui est restée lettre morte : « Afin de favoriser l'établissement et le maintien de la paix et de la sécurité internationales en ne détournant vers les armements que le minimum des ressources humaines et économiques du monde, le Conseil de sécurité est chargé [...] d'élaborer des plans qui seront soumis aux membres de l'Organisation en vue d'établir un système de réglementation des armements » (art. 26). 371 ■

L'immédiat après-guerre sera dominé par la logique nucléaire et l'affrontement Est-Ouest, les travaux du Comité du désarmement co-présidé à partir de 1959 par les États-Unis et l'Union soviétique (comité des 10, devenu le comité des 18) s'enliseront – tandis que le général de Gaulle choisira vite la politique de la « chaise vide ». La relance viendra d'une initiative française débouchant sur une session extraordinaire de l'Assemblée générale tenue en 1978 (v. H. Thierry, « La nouvelle politique française du désarmement », *in AFDI* 1978). Le document final de l'Assemblée met l'accent sur l'objectif d'un « désarmement général et complet sous un contrôle international ». Le comité du désarmement est réformé avec une présidence tournante pour permettre la participation de la Chine et de la France, et devient le « forum multilatéral unique de négociation », avec des travaux menés sur la base du consensus, en liaison avec l'Assemblée générale.

Le comité a pris son nom actuel de « conférence du désarmement » en 1984 et connu plusieurs élargissements successifs portant le nombre de ses membres à 65. Une deuxième session extraordinaire de l'Assemblée générale, programmée en 1982 a surtout été un constat d'échec, en pleine crise des euro-missiles et n'a guère pu que répéter les objectifs généraux fixés lors de la session de 1978. Dix ans après, en 1988, une troisième session extraordinaire a eu lieu dans un meilleur climat, sans pour 372 ■

autant marquer de progrès significatif. La convocation d'une nouvelle session extraordinaire est reportée d'année en année par l'Assemblée générale, mais une réunion de haut-niveau a été convoquée en septembre 2010, avec pour programme la « revitalisation de la Conférence sur le désarmement », comme pour ranimer un organisme en état de vie végétative.

Depuis le tournant des années 1990 cependant, la conférence du désarmement a pu voir progresser certains de ses travaux concernant notamment les armes chimiques et bactériologiques et les essais nucléaires (v. *infra*). Mais face aux blocages dus à la présence des États les plus durs au sein de la conférence, des initiatives ont pris corps en dehors des mécanismes habituels, comme le « processus d'Ottawa », réunissant des États pilotes, comme le Canada et la Norvège, et une coalition d'ONG pour faire aboutir la convention sur les mines anti-personnel, ou encore le « processus d'Oslo », sur le même modèle, pour l'adoption de la Convention sur les armes à sous-munitions du 30 mai 2008.

■ 373 À côté des efforts entrepris en faveur d'un désarmement général par les Nations Unies, il faut faire une place au désarmement régional mené à bien au sein de la Conférence sur la sécurité et la coopération en Europe (CSCE) qui a servi de cadre à des négociations permanentes sur la « première corbeille » relative aux questions de sécurité. Après des débuts très difficiles dans un dialogue de sourds entre l'Est et l'Ouest malgré les efforts des pays neutres et non alignés, elles ont débouché de manière très pragmatique sur l'élaboration de « mesures de confiance et de sécurité », concernant la notification des mouvements de troupes notamment dans les régions frontalières, l'observation des manœuvres militaires et la transparence des budgets militaires. Plusieurs documents successifs, à partir du document final de Stockholm de 1986 sur les mesures de confiance et de sécurité, puis le document de Vienne de 1990, mettront à jour ces données, en précisant les calendriers et en abaissant les seuils de notification, créant ainsi une véritable détente militaire qui sera consacrée par le traité sur les forces armées conventionnelles en Europe (FCE) signé à Paris le 19 novembre 1990 (v. E. Decaux, *La CSCE*, PUF, coll. « Que-sais-je ? », 1992). D'autres réglementations ont été adoptées au niveau sous-régional, dans le cadre des efforts de paix, comme avec les accords de Dayton sur l'ex-Yougoslavie de 1995.

■ 374 En outre, il faut évoquer la situation très particulière de l'Irak, à la suite de la résolution n° 687 du 3 avril 1991 qui lui imposait des contraintes très strictes quant au fond et quant à la procédure, puisque l'Irak devait « réaffirmer inconditionnellement » le respect de ses obligations conventionnelles et que les armes interdites et les missiles devaient être détruits « sous supervision internationale ». Une « commission spéciale » (UNSCOM) mise en place à cet effet a continué ses travaux de vérification jusqu'à la crise de la fin 1998, malgré les tergiversations des autorités irakiennes. Les frappes aériennes décidées unilatéralement par les États-Unis et le Royaume-Uni ont marqué l'échec de l'action de l'UNSCOM sur le terrain. La résolution n° 687 laissait ouvert l'avenir en notant « que les mesures que doit prendre l'Irak en application des paragraphes 8 à 13 de la présente résolution représentent des étapes sur la voie de l'établissement au Moyen-Orient d'une zone exempte d'armes de destruction massive et de tous missiles vecteurs, ainsi que vers une interdiction générale des armes chimiques » (§ 14). Mais ces perspectives régionales sont restées à l'état de vœux pieux. De même le retour des enquêteurs a fait l'objet de négociations interminables, l'ONU réclamant l'application sans conditions ni préalables des résolutions du

Conseil de sécurité, l'Irak demandant une série d'éclaircissements politiques et voulant obtenir la levée des sanctions en contrepartie de son accord pour une reprise des inspections. C'est sous la menace d'un *ultimatum* que l'Irak a fini par accepter en 2002 le retour d'un puissant corps d'inspection des Nations Unies, sous la direction d'Hans Blix, un diplomate suédois, et Mohammed El Baradei, le directeur de l'AEIA, sans qu'une coopération franche ne permette de dédouaner le régime dont c'était pourtant la dernière chance. De leur côté, les dirigeants américain et britannique, ont préparé leur offensive militaire de mars 2003, sans tenir compte de l'absence de toute preuve, directe ou indirecte, de la possession d'armes de destruction massive par l'Irak, ne cherchant qu'un prétexte à une « guerre préventive », comme l'a d'ailleurs récemment confirmé le rapport britannique de la commission d'enquête présidée par Sir John Chilcot, rendu en juillet 2016.

§ 2 Le désarmement nucléaire

Après les bombes d'Hiroshima et de Nagasaki en 1945, les États-Unis, qui disposaient alors d'un monopole nucléaire avaient proposé dans le cadre de la Commission de l'énergie atomique des Nations Unies un véritable désarmement nucléaire internationalement contrôlé (plan Baruch). Le refus de l'Union soviétique lancera une course aux armements, accentuée à partir du lancement du premier *spoutnik*, lorsque les États-Unis perdront leur invulnérabilité territoriale. Ce n'est qu'au lendemain de la crise des fusées de Cuba de 1962 avec sa diplomatie « au bord du gouffre », que de nouveaux efforts en matière de non-prolifération nucléaire seront entrepris. L'affrontement américano-soviétique s'est ainsi transformé en duopole nucléaire, fondé sur la parité des deux grandes puissances et sur le principe de la dissuasion, c'est-à-dire sur la menace de l'utilisation des *armes nucléaires*[Q] selon le principe MAD, de la destruction mutuelle assurée. On peut considérer que les attaques terroristes du 11 septembre 2001 ont donné aux États-Unis la conscience d'une nouvelle vulnérabilité du sanctuaire américain, alors que la logique bipolaire de la guerre froide faisait place à une alliance américano-russe contre le terrorisme. Au même moment, le système de non-prolifération conçu à l'égard des États tiers était gravement menacé par les puissances nucléaires émergentes que sont devenus l'Inde et le Pakistan, ouvrant une nouvelle ère nucléaire, lourde de menaces. 375 ■

Alors que les États-Unis et la Russie disposaient encore chacune en 2002 de plus de 6 000 têtes nucléaires déployées, un nouveau plafond de 1 550 têtes déployées et de 800 lanceurs a été fixé par le nouveau traité signé par le président américain Obama et le président russe Medvedev, le 8 avril 2010 à Prague (v. *infra*). Même si ces chiffres ne tiennent pas compte des armes stockées ou des armes tactiques, cela correspond à un effort symbolique important, visant à relancer les initiatives en matière de désarmement nucléaire. Ceci ne peut que relancer le débat sur le rôle de l'arme atomique au XXIe siècle, le président Obama ayant appelé de ses vœux un monde débarrassé de la menace nucléaire. Les autres puissances nucléaires officielles restent au seuil de la crédibilité, au nom de la doctrine de la dissuasion du faible au fort, avec des chiffres estimés à 300 têtes nucléaires françaises à 200 têtes britanniques, et à un chiffre intermédiaire de 180 à 270 pour les armes chinoises. Israël possède sans doute une centaine de têtes nucléaires, et l'Inde et le Pakistan, plusieurs dizaines... La multiplication des protagonistes ne peut que rendre plus difficile la recherche d'un équilibre nucléaire, longtemps fondé sur la parité américano-soviétique. Déjà dans ce cadre, l'indépendance de la dissuasion française et de la puissance chinoise constituaient un facteur de perturbation dans le « jeu » des deux Grands. *A fortiori*, si des puissances voisines aux frontières contestées, comme la Chine, l'Inde et le Pakistan, s'affrontent sans contrôle démocratique sur leur appareil militaire et sans système régional de sécurité collective.

Les risques actuels de prolifération sont apparus au grand jour, avec la révélation des contacts entre militaires et savants pakistanais — comme le père de la « bombe islamique » — et des transferts secrets allant de la Libye à la Corée du Nord. Cédant aux pressions internationales, dans un revirement soudain au lendemain de la défaite irakienne, après des négociations secrètes avec les États-Unis et le Royaume-Uni, la Libye a renoncé publiquement le 19 décembre 2003 à son important programme nucléaire en se soumettant à des inspections internationales. La Corée du Nord a au contraire fait cavalier seul — depuis qu'elle a dénoncé en janvier 2003 le Traité de non prolifération (v. ss 378) — malgré des discussions interminables à six avec ses principaux voisins, la Corée du Sud, la Chine et le Japon, ainsi que les États-Unis et la Russie. En dépit de la signature d'une déclaration commune en vue de « la paix et de la stabilisation dans la péninsule coréenne » en septembre 2005, la Corée du Nord a poursuivi son escalade, notamment dans le domaine des lanceurs de longue portée, ce qui a conduit le Conseil de sécurité à adopter des sanctions (résolution 1718 du 14 octobre 2006) qui n'ont cessé par la suite d'être renforcées (v. notamment la résolution 1874 du 12 juin 2009 qui crée également un comité de sanctions). La succession interne survenue en 2012, avec sa purge militaire, n'a pas fondamentalement affecté la conduite du régime qui a continué ses essais à un rythme soutenu, provoquant à chaque fois une réaction du Conseil de sécurité (v. notamment la résolution n° 2270 du 2 mars 2016 qui condamne l'essai nucléaire effectué le 6 janvier 2016 et prend un nouveau train de sanctions, la résolution 2321 du 30 novembre 2016, faisant suite à un essai du 9 septembre et la résolution 2375 du 11 septembre 2017 après l'essai du 2 septembre). L'arrivée de Donald Trump à la présidence des États-Unis en janvier 2017 a dans un premier temps semblé porter la tension au seuil de l'affrontement, les deux dirigeants échangeant une suite de propos acrimonieux, avant que Donald Trump ne menace son homologue Kim Jong-un d'un « feu et d'une fureur que le monde n'a jamais vus jusqu'à présent » (*Le Monde* 9 août 2017). Mais après cette passe d'arme, les relations se sont progressivement détendues, avec la venue du dirigeant nord-coréen à Washington en avril jusqu'au sommet du 12 juin 2018 tenu à Singapour, où les deux puissances se sont engagées à « travailler » à la dénucléarisation de la péninsule coréenne. Mais le sommet de Singapour, s'il constitue un pas en avant, ne met pas fin à la crise, un rapport confidentiel remis au Conseil de sécurité le 3 août faisant état de la poursuite du programme nucléaire nord-coréen (*Le Monde* 4 août 2018). Les sommets bilatéraux entre les deux présidents n'ont fait que renforcer l'impasse diplomatique et l'instabilité régionale, avec des risques accrus pour tous les États voisins.

376 La situation de l'Iran a longtemps été tout aussi ambiguë, avec des négociations entamées par les ministres des Affaires étrangères de trois pays européens, le Royaume-Uni, la France et l'Allemagne pour que l'Iran respecte intégralement ses obligations d'État partie au TNP. L'impasse diplomatique s'était accentuée avec l'élection présidentielle de juin 2005, l'ancien président Ahmadinejad multipliant les provocations, comme la brisée des scellés de l'AEIA sur le site d'Ispahan, en août 2005, et les menaces à l'encontre d'Israël qui « doit être rayé de la carte »

(26 oct. 2005). Face à cette escalade, le conseil de l'AEIA a fini par transmettre le dossier au Conseil de sécurité. Les États-Unis faisaient savoir qu'ils gardaient ouvertes toutes les options, y compris le recours à la force, en cas d'échec de la diplomatie européenne à convaincre les autres membres permanents, la Russie et la Chine, d'empêcher la République islamique d'Iran de devenir une puissance nucléaire, au risque de déstabiliser un peu plus la région. Finalement, l'élection d'un nouveau président modéré, Hassan Rohani, à la tête du pays a contribué à une certaine détente, concrétisée par la signature de l'accord préliminaire du 24 novembre 2014 entre les 5+1 (les cinq membres permaments du Conseil de sécurité, plus l'Allemagne) et l'Iran. En vertu de cet accord, l'Iran s'engageait à un gel provisoire pour six mois de son programme nucléaire, en échange d'un allégement des lourdes sanctions décidées par le Conseil de sécurité. Mais c'est le 14 juillet 2015 à Vienne que fut conclu l'accord « historique » ou *Plan d'action global commun* entre l'Iran et le groupe E3/UE +3 (Allemagne, Chine, États-Unis, Fédération de Russie, France, Royaume-Uni et Haute représentante de l'UE), bientôt entériné le 20 juillet 2015 par le Conseil de sécurité dans sa résolution n° 2231. Le Plan d'action prévoyait dans son annexe V un calendrier précis en plusieurs étapes s'étendant sur dix ans et devant conduire à la levée totale et définitive des sanctions en échange de la garantie de la nature exclusivement pacifique du programme nucléaire iranien, sous la supervision étroite du Conseil de sécurité et de l'AIEA. Une fois de plus, l'arrivée de Donald Trump à la présidence des États-Unis a changé la donne : avant même d'être élu, le candidat avait déclaré son hostilité à l'accord de Vienne et le 8 mai 2018, il annonçait le retrait des États-Unis, tout en menaçant d'embargo l'Iran. Depuis lors les autres États engagés s'efforcent envers et contre tout de faire survivre l'accord, mais les sanctions américaines et les provocations iraniennes ne facilitent pas leur tâche (v. le témoignage d'un ancien représentant permanent au Conseil de sécurité, G. Araud, *Passeport diplomatique, Quarante ans au Quai d'Orsay*, Grasset, 2019). La tentative d'utiliser l'accord de 2015 pour faire entériner par le Conseil de sécurité la prolongation indéfinie de l'embargo contre l'Iran a tourné au fiasco, le projet américain de résolution déposé le 14 août 2020, n'obtenant qu'une seule voix, celle de la République dominicaine. Autrement dit la gestion unilatérale du dossier coréen comme du dosssier iranien par l'Amérique du président Trump parait un échec complet.

Ces évolutions contrastées ne font que mettre en valeur la fragilité et la précarité de l'édifice de la non-prolifération patiemment mis en place depuis la crise de Cuba d'octobre 1962 (G. Robin, *La crise de Cuba, du mythe à l'histoire*, Economica, 1984). Les deux « grands » de l'époque, les États-Unis et l'URSS, ont cherché, dans un premier temps, à consolider leur avance nucléaire, à travers des traités universels visant à limiter la prolifération horizontale, c'est-à-dire à freiner, puis interdire l'apparition de nouvelles puissances nucléaires, après les premières explosions nucléaires de l'URSS en 1949 et du Royaume-Uni — étroitement allié aux États-Unis — en 1952. 377

C'est le cas du traité de Moscou du 5 août 1963 qui interdit les essais nucléaires dans l'atmosphère et sous les mers, signé sous l'égide des États-Unis, du Royaume-Uni et de l'Union soviétique, les trois puissances nucléaires « établies ». Les deux autres puissances nucléaires, la Chine et la France qui commençaient à mettre au point leur panoplie nucléaire au début des années 1960, resteront à l'écart du traité de Moscou qui lie 125 États parties. La France qui a procédé a un premier essai nucléaire au

Sahara en 1960, ne renoncera, comme on l'a vu, aux essais nucléaires dans l'atmosphère sur une base unilatérale qu'en 1974. La Chine procédera à la dernière expérience atomique dans l'atmosphère en 1980.

À la suite de divers moratoires unilatéraux intervenus au début des années 1990 de la part des grandes puissances, une évolution s'est faite peu à peu en faveur de l'interdiction définitive de tous les essais nucléaires. La France après avoir effectué une dernière série d'essais à Mururoa en 1995 – qui remettait en cause son moratoire de 1993 – s'est ralliée à cette option avec l'enthousiasme des convertis, tandis que la Chine a poursuivi ses essais puis également accepté le projet élaboré au sein de la Conférence du désarmement, non sans avoir tenté d'obtenir des dérogations pour les essais de taille réduite, puis en matière de vérification.

Malgré l'accord des cinq puissances nucléaires, un consensus n'a toutefois pu être obtenu, à l'issue des travaux de la conférence, le 20 août 1996, en raison du blocage de l'Inde – qui avait déjà procédé en 1974 à une « explosion nucléaire pacifique » et qui comme « puissance nucléaire du seuil » voulait maintenir ouverte toutes ses options – seule et contre tous, dénonçant un « *apartheid* nucléaire » et la « mentalité coloniale » des grandes puissances. Faute de consensus, le projet de traité d'interdiction totale des essais nucléaires (*Comprehensive Test Ban Treaty*) a été présenté par un « groupe des amis du traité » – conduits par l'Australie – à l'Assemblée générale, qui l'a adopté le 10 septembre 1996 par 155 contre 3 (Inde, Libye et Bhoutan) et 5 abstentions (Cuba, Syrie, Liban, Tanzanie, Île Maurice).

En procédant en mai 1998 à une série de cinq essais nucléaires, l'Inde a provoqué une réaction du Pakistan qui a, à son tour, immédiatement procédé à des essais « en raison des menaces d'agression sur sa sécurité ». Après avoir pris des sanctions économiques à l'égard des deux États, les États-Unis ont tenté de renouer le dialogue pour les persuader de ratifier le traité de 1996, sans pour autant accepter de consacrer leur statut de puissance nucléaire « de plein droit ». La crise du 11 septembre 2001 a entraîné un rapprochement des États-Unis avec le Pakistan et l'Inde, avec la fin des sanctions imposées en 1998, mais aussi une dangereuse escalade militaire entre les deux nouvelles puissances nucléaires, autour de la « ligne de contrôle » qui partage le Cachemire depuis cinquante ans.

Le traité d'interdiction totale des essais nucléaires a été ouvert à la signature des États mais il doit être ratifié par 44 États nommément identifiés comme possédant des réacteurs nucléaires, pour entrer en vigueur. Il a été ratifié par 168 États parties mais sept États restent encore dans l'expectative, soit qu'ils aient signé mais non ratifié, comme la Chine, les États-Unis, l'Égypte, l'Iran et Israël soit qu'ils n'aient même pas signé le traité, comme la Corée du Nord, l'Inde, le Pakistan. La situation semble donc durablement bloquée.

378 Après la limitation des essais nucléaires, l'étape privilégiée par les États-Unis, le Royaume-Uni et l'Union soviétique, a été la conclusion du traité de non-prolifération nucléaire (TNP) signé à Londres, Moscou et Washington le 1er juillet 1968 – l'existence de plusieurs dépositaires devant permettre la ratification des deux Allemagnes, sans impliquer une quelconque reconnaissance. En consacrant le monopole nucléaire des cinq grandes puissances et la renonciation des autres États parties à acquérir l'arme nucléaire, sous contrôle de l'Agence internationale de l'énergie atomique de Vienne (AEIA), le traité de 1968 est l'exemple même d'un traité inégal. La France et la Chine après avoir contesté le principe même du traité, ont pris acte de son universalité croissante et ont fini par le ratifier à leur tour en 1992.

De leur côté les pays du Tiers-Monde ont voulu lier leurs engagements à des efforts des grandes puissances en vue d'un désarmement nucléaire complet, imposant des conférences de bilan tous les cinq ans, à partir de l'entrée en vigueur du traité en 1970, et une conférence de renégociation du traité, vingt-cinq ans après son entrée en vigueur. Cette négociation particulièrement délicate a abouti le 12 mai 1995 à une prorogation indéfinie du traité de non-prolifération. Toutefois, en vertu même des clauses finales du traité, rien n'empêche un État en respectant les délais de préavis, de dénoncer unilatéralement le traité, comme l'a fait la Corée du Nord en 2003, en refusant les contrôles de l'AEIA, mais au risque de devenir une sorte d'État « paria » (*rogue State*). Mais l'universalité conquise peu à peu par le traité de non-prolifération est déjà un point important, en isolant les derniers États qui restent encore à l'écart du traité : l'Inde, Israël et le Pakistan. Ces trois États sont des puissances ayant déjà franchi clandestinement ou officiellement le seuil nucléaire — tandis que le Brésil et l'Argentine ont renoncé réciproquement à leurs programmes nucléaires et que l'Afrique du Sud a elle aussi officiellement abandonné le sien. Si les États parties ont accepté la prorogation du TNP, c'est en soulignant la responsabilité qui incombait aux puissances nucléaires de compléter le « désarmement horizontal » par un « désarmement vertical », c'est-à-dire la réduction des stocks d'armes nucléaires en leur possession. Le traité de non-prolifération lie aujourd'hui 191 États. Tous les cinq ans, une conférence d'examen permet aux États parties de faire le bilan des résultats obtenus. La conférence organisée en mai 2010, a été l'occasion d'une relance des efforts en matière de désarmement nucléaire avec l'adoption d'un plan d'action prévoyant notamment l'entrée en vigueur du traité d'interdiction totale des essais et la négociation d'un nouveau traité d'interdiction de la production de matières fissiles pour les armes nucléaires. Mais à la conférence de 2015, il a bien fallu prendre acte du blocage sur les différents dossiers, à tel point que la conférence a été dans l'incapacité de se mettre d'accord sur les dispositions de fond du document final, avec comme abcès de fixation la proposition de créer une zone exempte d'armes nucléaires au Moyen-Orient — un objectif non-officiellement, mais vigoureusement, combattu par Israël. La conférence a cependant pris note, pour la première fois, de la déclaration de 159 États qui, sous l'impulsion de l'Autriche, ont défendu une approche fondée sur « l'impact humanitaire » des armes nucléaires — approche reprise par la suite au sein de l'Assemblée générale (v. par ex. la résolution 70/48 « Engagement humanitaire en faveur de l'interdiction et de l'élimination des armes nucléaires », adoptée par 139 voix contre 29 avec 17 abstentions, les États-Unis, la France, la Grande-Bretagne et la Russie votant contre et la Chine s'abstenant). Pour autant, aucun résultat tangible ne pouvant être accompli dans le cadre du TNP, les États favorables à une interdiction totale de l'arme nucléaire ont dû engager des négociations au sein même de l'Assemblée générale, sous l'impulsion d'une coalition d'ONG réunies dans la Campagne internationale pour l'abolition des armes nucléaires (ICAN). Ces négociations ont conduit à l'adoption, le 7 juillet 2017, lors d'une conférence intergouvernementale, du texte de traité sur l'interdiction totale des armes nucléaires (A/CONF.229/2017/8). La négociation ayant été boycottée par une partie des États, dont les États possesseurs de l'arme nucléaire, le traité a été adopté par 122 voix contre une (les Pays-Bas, seul pays de l'OTAN participant) et une abstention (Singapour). L'enjeu désormais réside dans le processus de ratification, afin d'obtenir les 50 ratifications nécessaires à l'entrée en vigueur., Le traité, dont le secrétaire général des

Nations unies est le dépositaire, a été signé par 84 États et ratifié par 44 États (au 1er sept. 2020), aussi différents que l'Autriche, Cuba, le Mexique, la Nouvelle-Zélande, la Palestine, le Saint-Siège, le Venezuela, le Vietnam...

379 Une autre voie choisie par les États-Unis et l'Union soviétique a été celle des négociations bilatérales, visant la « maîtrise des armements » (*arms control*). Il s'agissait non de réduire les arsenaux nucléaires, mais d'affirmer la parité des deux grandes puissances. Cet équilibre de la dissuasion reposait sur deux piliers. D'un côté la limitation des systèmes défensifs, avec l'accord ABM (*anti-ballistic missiles*) du 26 mai 1972, signé par Nixon et Brejnev, afin de préserver la vulnérabilité mutuelle des deux antagonistes. Le projet de « bouclier des étoiles », lancé par le président Reagan en 1983 avec son Initiative de défense stratégique (*Strategic Defense Initiative*) remettait en cause cette logique, en introduisant une ruineuse course à l'espace qui allait épuiser l'URSS, en rendant aux États-Unis une illusoire invulnérabilité. La marginalisation du traité ABM a été préparée par le président Clinton, avant d'être directement provoquée par l'administration Bush, malgré les mises en garde des Européens qui craignaient une rupture des équilibres stratégiques et une relance de la course aux armements nucléaires. Après avoir longtemps considéré que le traité ABM était la « clef de voûte » de la stabilité nucléaire, la Russie a fini par se résigner au fait accompli, non sans contrepartie diplomatique, y compris dans le cadre du partenariat avec l'OTAN. La notification du préavis de six mois pour la dénonciation unilatérale du traité (article XV) a été annoncée officiellement par le président américain le 13 décembre 2001. Après trente années d'existence, il s'agissait à ses yeux de mettre fin à un vestige de la guerre froide et de s'engager dans une « nouvelle relation stratégique » avec la Russie dont la priorité serait la lutte contre le terrorisme international. Dès le 13 juin 2002, à l'échéance du préavis, les États-Unis ont aussitôt entamé la construction en Alaska des premiers silos de leur « bouclier anti-missiles ». Depuis lors l'implantation de radars dans des pays d'Europe orientale – comme la Pologne et la République tchèque – a été perçue comme une provocation par la Russie alors même que les États-Unis affirmaient que ce système visait la menace iranienne. La recomposition à moindre frais du dispositif, décidée par le président Obama, n'a pas dissipé toutes les craintes de la Russie qui a voulu lier armes défensives et offensives dans les négociations bilatérales sur la limitation des armes nucléaires.

380 D'autre part, en effet, les deux grands avaient mis en place une série d'accords consacrant la parité de leurs systèmes offensifs. Les premiers accords conclus, en fixant des plafonds pour les différents types d'armes, ont contribué à relancer la course aux armements. Les accords SALT I (*Strategic Arms Limitation Talks*), qui ont été conclus par Nixon et Brejnev à Moscou le 26 mai 1972 en même temps que le traité ABM, marquent l'apogée du duopole américano-soviétique. Les accords SALT II, signés à Vienne le 18 juin 1979 par Carter et Brejnev, connaîtront un sort plus compliqué, puisqu'après la crise d'Afghanistan, le président Carter décidera d'en suspendre la ratification, tandis que le président Reagan une fois élu, décidera de ne pas les ratifier. Pour autant ces accords seront respectés *de facto* par les deux parties (v. G. Fischer, « Les accords SALT II », *in AFDI* 1979).

Après une période de crise, pendant laquelle des négociations difficiles se poursuivent tandis que les États-Unis relancent une coûteuse course aux armements, une nouvelle vague d'accords bilatéraux apparaîtra avec le traité de Washington du

8 décembre 1987 sur les missiles à portée intermédiaire (*Intermediate-range Nuclear Forces*) ayant une portée entre 500 et 5 500 km et visant le théâtre européen de la guerre froide, notamment les deux Allemagnes, d'où leur nom « euromissiles » (v. S. Sur, « Problèmes de vérification dans le traité américano-soviétique de 1987 », *in AFDI* 1987). Une autre étape capitale avait été franchie avec les accords START I (*Strategic Arms Reduction Talks*) conclus à Moscou le 31 juillet 1991 entre Bush et Gorbatchev. Pour la première fois l'accent était mis sur une réduction des armes existantes, ainsi que sur une vérification systématique organisée sur le terrain (v. J.-J. Roche, « Le traité START », *in AFDI* 1991).

L'accélération des événements va rendre dépassé un processus très lourd et complexe de négociation et de ratification. La dissolution de l'Union soviétique fait en effet apparaître plusieurs nouvelles puissances nucléaires. Un protocole sur la limitation des armements nucléaires conclu à Lisbonne le 23 mai 1992 entre la Biélorussie, le Kazakhstan, la Russie, l'Ukraine et les États-Unis met en place un régime de transition pour l'application des accords START, en prévoyant que la Biélorussie, le Kazakhstan et l'Ukraine « adhéreront au traité du 1er juillet 1968 sur la non-prolifération des armes nucléaires en tant que parties États non-nucléaires le plus rapidement possible », non sans contreparties économiques et garanties de sécurité (v. notamment l'accord trilatéral entre les États-Unis, la Russie et l'Ukraine). Un accord START II a été conclu entre les États-Unis et la Russie le 3 janvier 1993, avec de nouvelles réductions importantes visant un plafond de 3 000-3 500 têtes nucléaires de part et d'autre, dans un délai de dix ans : ratifié par le Sénat en janvier 1996, il est resté bloqué par la Douma, malgré la perspective d'un futur accord START III esquissée par les États-Unis. La Douma n'a ratifié l'accord en 2000 que sous condition du respect du traité ABM. La dénonciation du traité ABM par les États-Unis a fourni un prétexte à la Russie pour annoncer formellement dès le lendemain, le 14 juin 2002, la « caducité » du traité START II, tout en continuant à le respecter en pratique.

L'enlisement des négociations bilatérales tout comme l'obsolescence des armes 381 ■
russes avaient créé une situation dangereuse pour la non-prolifération nucléaire, mais une série de rencontres au sommet entre les nouveaux présidents américain et russe, notamment à Gênes en juillet 2001 et à Washington en novembre 2001, a permis de rapprocher les points de vue. Des réductions drastiques s'imposaient d'elles-mêmes à la Russie, pour des raisons techniques et financières, mais celle-ci cherchait à sauvegarder un statut de grande puissance nucléaire à travers un nouveau traité en bonne et due forme. De leur côté, les États-Unis voulaient fixer de manière unilatérale le niveau de leur arsenal, en fonction de l'évolution de leurs propres besoins et de la modernisation de leurs armes, sans s'engager à l'égard d'un quelconque partenaire, et en évitant toute contrainte juridique, y compris face au Congrès. À défaut d'une simple poignée de main, comme le préconisaient les États-Unis, George Bush et Vladimir Poutine ont signé le 24 mai 2002 à Moscou un traité d'une page, intitulé *US-Russia Strategic Offensive Reductions Treaty*.

Ce traité, présenté comme le « *dernier traité du* xxe *siècle* », marque la fin des documents fleuves, comme la série des accords SALT et START aussi difficiles à appliquer et à vérifier, que lents à ratifier et à réviser. Se référant aux engagements unilatéraux déjà formulés par les deux présidents, l'article I du traité fixe un objectif de 1700-2200 têtes nucléaires à atteindre au 31 décembre 2012, chaque partie étant libre de déterminer elle-même « la composition et la structure » de son armement nucléaire. En même temps, l'article II confirme le maintien en vigueur du traité

START I de 1991, et par conséquent de ses mécanismes de vérification. Malgré son extrême brièveté, il s'agit d'un traité en bonne et due forme, soumis à ratification et pouvant être dénoncé avec un préavis de trois mois, enregistré en vertu de l'article 102 de la Charte. Pour autant, il fait l'impasse sur des points essentiels, comme la volonté des États-Unis de stocker et non de détruire les armes en surnombre, faisant une fable du désarmement, et soulignant le déséquilibre avec la Russie, contrainte à ne pas renouveler ses stocks. Le nouveau traité n'est donc que la rencontre de deux unilatéralismes débarrassée de tout juridisme.

Les États-Unis et la Russie ont relancé leurs négociations sur de nouvelles bases en 2008, en vue de déterminer le régime commun applicable après le terme de l'accord START qui devait arriver à échéance en décembre 2009. La négociation bilatérale s'est prolongée, chacun essayant d'obtenir des concessions d'un partenaire soucieux de conclure, pour aboutir à la signature d'un « nouveau START » par les deux présidents, le 8 avril 2010. L'accord fixe de nouveaux plafonds, marquant à terme une réduction de 30 % des armes déployées – 1 550 ogives et 800 lanceurs de part et d'autre. Le traité qui est conclu pour 10 ans et peut être prorogé de 5 années supplémentaires, met en place un nouveau système d'inspection. Il devait être ratifié par le Sénat et la Douma, ce qui a limité les concessions acceptables par les deux parties. Ainsi, c'est seulement dans une déclaration politique que la Russie a établi un lien entre les armes offensives et le bouclier anti-missile déployé par les États-Unis, se réservant le droit de dénoncer le traité si ses intérêts nationaux étaient menacés. Mais surtout, comme son nom l'indique, le traité devait être un « nouveau départ » pour les relations entre les deux États, les États-Unis affirmant leur leadership en multipliant les initiatives politiques en matière de sécurité nucléaire, la Russie voyant consacré son partenariat stratégique avec les États-Unis, sans que la crise géorgienne ne constitue un obstacle insurmontable. Mais un tel rapprochement a trouvé ses limites dans la question ukrainienne, avec l'enjeu majeur que constituait pour la Russie la maîtrise de la Crimée et du port de Sébastopol, siège d'une grande partie de la flotte militaire russe. En poussant la Crimée à la sécession, avec une intervention de ses troupes à peine voilée, la Russie a mis en cause le mémorandum de Budapest, signé en 1994, en vertu duquel l'Ukraine acceptait de se débarrasser de son arsenal nucléaire et de rejoindre le TNP, en échange de garanties de sécurité et de respect de son intégrité territoriale de la part des États signataires (Russie, Grande-Bretagne, États-Unis, Ukraine) — garanties réitérées dans le traité « New Start ». Ce faisant, c'est en réalité tout le processus de désarmement qui se trouve déstabilisé, à partir du moment où la méfiance s'installe et où les accords sont brutalement remis en cause. Dans ce contexte les États-Unis ont décidé de se retirer du traité de 1987 sur les missiles à portée intermédiaire à compter du 1er février 2019, sans concertation avec leurs alliés européens directement « visés » par les missiles à moyenne portée. De même, ils ont annoncé leur décision de mettre fin au traité START à compter de février 2021, en accusant la Russie de ne pas avoir respecté ses engagements.

■ 382 À côté des efforts entrepris par les grandes puissances pour favoriser la non-prolifération nucléaire, une voie originale, mise en œuvre par les pays tiers pour favoriser le désarmement nucléaire, est celle de la création de zones dénucléarisées. Dans un premier temps, les États ont consacré la démilitarisation de l'Antarctique, avec le traité de Washington du 1er décembre 1959, puis la dénucléarisation de l'espace extra-atmosphérique par le traité du 27 janvier 1967 et celle des fonds marins par le traité du 11 février 1971 — mais ces traités ne remettent pas en cause les satellites ou les sous-marins nucléaires qui sont à la base de la dissuasion. La création de zones dénucléarisées dans un cadre régional s'est avérée beaucoup plus embarrassante pour les puissances nucléaires qui voyaient remettre en cause le caractère global et indéterminé de la dissuasion et la liberté de transit pour leurs armes.

L'Amérique latine a été la première zone créée, à l'initiative du Mexique, par le traité de Tlatelolco signé le 14 février 1967. Deux protocoles visent directement les grandes puissances, le premier concernant les territoires « non-autonomes » de ces États sur le continent, le second contenant un engagement à respecter le statut de dénucléarisation de la zone, en renonçant à toute menace nucléaire à l'égard de ces États. La France a fini par ratifier le protocole II en 1974, puis le protocole I en 1992 – qui ne menace pas ses activités spatiales en Guyane. Le traité lie l'ensemble des 33 États latino-américains depuis la ratification de Cuba en octobre 2002.

De même le traité de Rarotonga signé le 6 août 1985 vise à créer une zone dénucléarisée dans le Pacifique Sud, qui a été entérinée par la Chine et la Russie. Le traité lie 13 États parties. Longtemps réticente, car elle mettait en cause le site de Mururoa, la France a ratifié les protocoles du traité en 1996 après avoir renoncé à ses essais en Polynésie française et décidé de fermer ses sites d'expérimentation. Les États-Unis restent opposés à la zone en invoquant le principe de la liberté de navigation.

On observe une relance des tentatives régionales, avec deux nouvelles zones mises en place en Asie du Sud-Est avec le traité de Bangkok du 15 décembre 1995, ratifié par 10 États parties, et surtout en Afrique, avec le traité de Pelindada (du nom de l'ancien site nucléaire Sud-africain) signé au Caire le 11 avril 1996 (v. SFDI, *Le droit international des armes nucléaires*, Pedone, 1998) qui est entré en vigueur le 15 juillet 2009 et compte aujourd'hui 39 États parties. La France a ratifié en 1997 les trois protocoles prévus par le traité de Pelindada pour les États extérieurs à la région, mais le traité lui-même avec seulement 8 ratifications n'est pas encore entré en vigueur. Une nouvelle zone d'Asie centrale est couverte par un traité ouvert à signature le 8 septembre 2006 et ratifié par les cinq États de la région. L'ensemble des zones dénucléarisées couvre potentiellement le territoire d'une centaine d'États, notamment toute l'Amérique latine et toute l'Afrique, mais laisse de côté les zones de tensions les plus fortes, comme le Proche-Orient et le sous-contient indien...

Une dernière voie choisie par les États tiers pour favoriser le désarmement nucléaire 383
vertical a été de contester la licéité au regard du droit international des armes nucléaires elles-mêmes. D'une certaine manière c'était l'objectif de l'Australie et de la Nouvelle-Zélande en cherchant à rouvrir le contentieux avec la France, lors de la reprise des essais français en 1995, mais cette voie a été une impasse procédurale, faute de base juridique à la compétence de la Cour qui aurait pu être tirée dans l'arrêt du 20 décembre 1974. Dans un autre contexte, la Cour internationale de justice a été saisie de deux demandes d'avis, l'une déposée en mai 1993 par l'OMS, l'autre soumise en décembre 1994 par l'Assemblée générale des Nations Unies, mais après de longues audiences où un nombre sans précédent d'États ont tenu à exprimer leurs positions, la Cour dans son avis du 8 juillet 1996 n'a pu que constater les limites du droit positif en la matière et renvoyer les États à leur obligation de négocier. D'une certaine manière, la triple requête déposée par les Iles Marshall en 2014 contre respectivement l'Inde, le Pakistan et le Royaume-Uni, opère la synthèse de ces deux approches, puisqu'elle utilise une approche contentieuse, mais en

s'appuyant essentiellement sur l'idée selon laquelle les trois États auraient manqué à leur obligation de négocier en vertu de l'article VI du traité de non-prolifération nucléaire. Mais faute d'avoir suffisamment formalisé le différend qui l'opposait à ces trois États, les Iles Marshall s'exposaient à l'échec, sanctionné, à une très courte majorité des juges de la Cour, par les arrêts du 5 octobre 2016 (v. N. Haupais, *RGDIP* 2017-1, p. 55 ; N. Hajjami, *AFDI* 2016, p. 87).

§ 3 L'interdiction des armes bactériologiques et chimiques

■ 384 Tout comme les armes atomiques, les *armes bactériologiques*[Q] et les *armes chimiques*[Q] font partie des « armes de destruction massive » (A, B, C), mais elles obéissent à un régime d'interdiction élaboré au lendemain de la guerre de 1914-18 où l'utilisation des gaz avait causé de terribles ravages. Pourtant dès les conventions de La Haye de 1899, qui condamnaient les armes « propres à causer des maux superflus », l'interdiction des gaz asphyxiants ou toxiques avait été explicitement consacrée, tout comme l'emploi du poison et des armes empoisonnées avait été interdit par la convention IV de 1907. Ces principes n'ont pas empêché l'usage massif des gaz pendant la Première Guerre mondiale, à partir de l'offensive allemande à Ypres en 1915.

■ 385 Après la Première Guerre mondiale où 125 000 tonnes de gaz ont été utilisées, le « protocole concernant la prohibition d'emploi à la guerre de gaz asphyxiants, toxiques ou similaires et de moyens bactériologiques » signé à Genève le 17 juin 1925, dont la France est le dépositaire, réaffirme de manière purement déclaratoire l'interdiction de l'emploi de ces armes. Largement ratifié et longtemps respecté, le protocole de 1925 reste fondé sur la réciprocité – certaines parties, comme les États-Unis ont fait des réserves pour souligner explicitement cette règle et se réserver le droit d'utiliser de telles armes à titre de représailles. On a pu considérer que cet élément de dissuasion avait joué un rôle important pour assurer le respect du protocole pendant la Seconde Guerre mondiale, alors même que l'Allemagne disposait de 300 000 tonnes de gaz neurotoxiques. Mais en se bornant à interdire l'usage – et en pratique le premier usage des armes bactériologiques et chimiques – le protocole de 1925 favorise indirectement la fabrication de ces armes et la constitution de stocks importants. À la date du 1er septembre 2020, il lie 145 États parties – dont les États-Unis qui avaient signé le traité en 1925 mais ne l'ont ratifié qu'en 1975.

■ 386 L'objectif d'une interdiction totale, à tous les stades, s'est vite imposé, mais s'est heurté à d'importantes difficultés techniques qui ont imposé une dissociation entre les deux types d'armes. S'agissant des armes bactériologiques, la convention du 10 avril 1972, signée à Londres, Moscou et Washington, a porté « sur l'interdiction de la mise au point, de la fabrication et du stockage des armes bactériologiques (biologiques) ou à toxines et sur leur destruction ». Tout en déplorant l'absence de mécanisme de vérification, la France a fini par ratifier la convention en 1984 après en avoir appliqué les dispositions sur le plan interne dès 1972. Les efforts pour mettre au point un système moderne de vérification ont été relancés d'abord sur le plan technique par la IIIe conférence d'examen de 1991, puis sur le terrain juridique par la IVe conférence d'examen sur les armes biologiques de 1996 qui a créé un groupe *ad hoc*. Mais le projet de protocole négocié par le groupe *ad hoc* qui devait aboutir à l'occasion de la Ve conférence d'examen convoquée à Genève en novembre-décembre 2001, a été remis en cause par les États-Unis qui se sont opposés à tout système de contrôle au nom d'une position maximaliste difficile à comprendre. La seule avancée a donc porté sur le renforcement des « mesures de confiance », à l'issue de la septième conférence d'examen en 2011 – mais un tel mécanisme reste essentiellement volontaire et ne permet pas la mise en œuvre d'un véritable contrôle des mesures prises par les États. En septembre 2020, la convention lie 183 États parties et s'approche donc de l'universalité, même si restent toujours à l'écart quelques États comme l'Egypte, la Syrie, la Somalie ou Israël.

Pour les armes chimiques les négociations furent plus difficiles en raison d'enjeux 387 ■
économiques importants, dans la mesure où certains produits commercialisés peuvent être utilisés comme des armes chimiques — le danger étant accru par l'existence d'armes « binaires », composées à partir de deux éléments séparément inoffensifs. Les problèmes de définition des « armes » chimiques et de vérification étaient donc un frein à tout accord. Dans le même temps, il fallait déplorer l'érosion de l'interdiction de principe, avec l'utilisation du napalm lors de la guerre du Viêtnam, puis l'utilisation des gaz par l'Union soviétique en Afghanistan. L'Assemblée générale a adopté le 13 décembre 1982 une « procédure provisoire » d'enquête confiée au secrétaire général « visant à maintenir » l'autorité du protocole de 1925 (Résol. n° 37/98 D), tentant ainsi de combler les lacunes du protocole en matière de vérification en cas de violation alléguée (v. S. Sur, « La résolution n° A/37/98 du 13 déc. 1982... », *in AFDI* 1984). Une telle enquête a été menée à bien en 1984, par un groupe d'experts sous l'autorité du secrétaire général, à la suite des violations commises dans le conflit Iran-Irak, par les deux camps. Le Conseil de sécurité, avec la résolution n° 582 du 22 février 1986, condamnera l'utilisation des armes chimiques par l'Irak, en violation du protocole de 1925.

La conférence sur l'interdiction des armes chimiques organisée à Paris le 11 janvier 1989, à l'invitation de la France, allait relancer les travaux, tout en réaffirmant dans une déclaration solennelle « l'importance et la validité continue » du protocole de 1925. Mais il faudra la seconde guerre du Golfe en 1991, pour faire prendre conscience aux États du risque de banalisation de l'arme chimique, présentée comme l'« arme nucléaire du pauvre ». Face aux menaces de Saddam Hussein d'utiliser ses missiles avec des charges chimiques, soit contre Israël — un État neutre dans le conflit — soit contre les troupes de la coalition alliée, la dissuasion joua sur deux registres : alors que le président Bush menaçait l'Irak d'une escalade avec de représailles nucléaires, le président Mitterrand s'en tenait à une dissuasion à l'identique, avec une riposte chimique à l'utilisation de l'arme chimique. Après la défaite irakienne, ce pays sera soumis à un régime de désarmement unilatéral très strict, par la résolution n° 687 du 3 avril 1991 du Conseil de sécurité (v. *supra*). Le danger d'une banalisation des armes B et C a été souligné par un attentat au gaz sarin commis en 1995 par la secte Aum dans le métro de Tokyo, tout comme la panique causée par la découverte d'une substance toxique, l'anthrax, à Washington, peu après les attentats du 11 septembre. Le risque de l'utilisation par un groupe terroriste d'une « bombe sale » (*dirty bomb*), contenant des substances radioactives ou toxiques, constitue une nouvelle menace asymétrique à laquelle la dissuasion classique d'État à État est impuissante à répondre.

388 Les travaux de la conférence du désarmement ont abouti le 13 janvier 1993 à une convention sur l'interdiction de la mise au point, de la fabrication, du stockage et de l'emploi des armes chimiques et sur leur destruction, qui constitue une étape capitale. Ce traité est entré en vigueur en 1997. Le préambule rappelle la volonté « de réaliser des progrès effectifs vers un désarmement général et complet sous un contrôle international strict et efficace, y compris l'interdiction et l'élimination de tous les types d'armes de destruction massive ». Après une série de dispositions techniques, la convention prévoit la mise en place d'une organisation pour l'interdiction des armes chimiques, dont le siège a été fixé à La Haye. Cette nouvelle Organisation internationale pour l'interdiction des armes chimiques (OIAC) est chargée de « réaliser l'objet et le but de la présente convention, de veiller à l'application de ses dispositions, y compris celles qui ont trait à la vérification internationale du respect de l'instrument » (art. 8).

Depuis que l'Organisation a accepté la ratification déposée par l'État de Palestine, le traité a été ratifié par 193 États– dont la Libye depuis 2004 et l'Irak depuis 2009, puis la Syrie en 2013 (v. *infra*) – avec un État qui reste simple signataire, Israël, alors que trois autres États n'ont ni signé ni ratifié le traité : l'Égypte, la Corée du Nord et le Sud Soudan. Huit États parties ont déclaré détenir des armes chimiques, qu'il s'agisse d'agents toxiques ou de munitions chimiques : l'Albanie, les États-Unis, l'Inde, l'Irak, la Libye, la Russie, la Syrie et un autre État partie qui a requis l'anonymat pour des raisons de sécurité… Les deux plus grosses réserves sont détenues par les États-Unis et la Russie. Le traité prévoyait l'élimination de tous les stocks déclarés pour 2007, avec une possibilité de report de cinq ans supplémentaires, soit jusqu'en 2012. Une fois l'échéance arrivée, il a bien fallu constater que les États-Unis, la Libye et la Fédération de Russie étaient incapables de respecter le délai fixé. En 2017, les États-Unis demeuraient le seul possesseur ayant déclaré des stocks d'armes chimiques restant à détruire, mais la déclaration syrienne restait à l'examen, compte tenu des usages répétés de gaz dans le contexte du conflit (*v. infra*). De même l'utilisation de « poisons » de fabrication militaire pour éliminer des opposants politiques (l'aff. Skripal en 2018 qui a entrainé une crise avec le Royaume-Uni ; l'affaire Navalny en 2020 qui a suscité une réaction très ferme de l'Allemagne) est dénoncé par les États européens comme une violation de la Convention de 1993.

L'OIAC est également chargée de la mise en œuvre des procédures d'inspection « par mise en demeure » ainsi que de celles d'« établissement des faits » particulièrement contraignantes pour les industries chimiques, en multipliant les visites sur le terrain (v. la thèse de J. Clerck, *La vérification de l'élimination de l'arme chimique, essai d'analyse et d'évaluation de la convention de Paris du 13 janvier 1993*, LGDJ, 2001). 370

Alors que l'attention de la communauté internationale est désormais tournée vers l'élimination des armes chimiques, la possibilité pour un État d'en faire usage pouvait sembler appartenir au passé. Dans le cadre du conflit syrien, le régime dont les capacités étaient connues, avait menacé de faire usage d'armes chimiques en cas d'agression, tandis que l'ancien préident américain Obama avaient averti qu'un tel usage signifierait le passage d'une « ligne rouge », laissant entendre qu'une intervention était envisageable. Cette « ligne rouge » était assez artificielle, alors même que le régime commettait des crimes contre l'humanité par toutes sortes d'autres moyens, eux-mêmes interdit par le droit des conflits armés et par conséquent également condamnables en tant que crimes de guerre.

À partir de mai 2012, des allégations d'usage de gaz étaient avancées par les deux parties au conflit, mettant au défi la communauté internationale d'établir les faits : sur demande du régime syrien, le secrétaire général des Nations Unies décida de la constitution d'une mission des Nations Unies d'investigation sur l'usage des armes chimiques, avec le soutien de l'OIAC et de l'OMS. Alors que les inspecteurs étaient sur le terrain, le 21 août 2013, eut lieu une attaque massive au gaz sarin à la Ghouta, une banlieue de Damas, faisant environ 1 500 morts. La « ligne rouge » était franchie amenant les États-Unis mais aussi la France et la Grande-Bretagne à envisager des frappes aériennes. Mais face au blocage du Conseil de sécurité par les veto russe et chinois, et à la difficulté pour rassembler une coalition autour d'un projet d'intervention unilatérale, en violation de la Charte des Nations Unies, le président américain choisit de consulter le Congrès des États-Unis, laissant au régime le temps d'élaborer une solution diplomatique. Le 9 septembre, la Fédération de Russie annonçait, par la voix de son ministre des Affaires étrangères, que le régime de Damas avait accepté le principe de la destruction de l'ensemble de ses stocks d'armes chimiques, sous supervision internationale. Cette annonce finit de réduire à néant les velléités interventionnistes française et américaine, alors que le Parlement britannique avait lui-même exclu la possibilité d'une participation de la Grande-Bretagne.

Le 27 septembre 2013, le Conseil de sécurité a adopté à l'unanimité la résolution 2118, qui considère que l'emploi d'armes chimiques, où que ce soit, constitue une menace contre la paix et la sécurité internationales. La résolution condamne l'emploi d'armes chimiques durant le conflit, en particulier l'attaque du 21 août 2013 et accueille favorablement le « cadre de référence » convenu par les États-Unis et la Fédération de Russie pour l'élimination des armes chimiques en Syrie. La Syrie elle-même a déposé le 14 septembre 2013 son instrument d'adhésion à la Convention, et accepté de recevoir sans attendre, au titre d'une application provisoire du traité, les missions d'inspection de l'OIAC. Pourtant, cinq années après la proposition russe, le problème reste entier. À la suite d'une nouvelle attaque au gaz sarin au Nord de la Syrie le 4 avril 2017, le président Donald Trump décidait de frappes militaires contre une base aérienne le 6 avril, une attaque immédiatement condamnée par la Russie au Conseil de sécurité. En juin 2017 l'attaque était formellement attribuée au régime syrien dans un rapport du mécanisme conjoint d'enquête ONU-OACI. Le 16 novembre, la Russie mettait par ailleurs son veto au renouvellement de ce mécanisme, créé initialement en 2015 et dont la valeur ajoutée, par rapport aux missions de l'OACI, était l'attribution aux responsables. Entretemps, en mai 2017, le nouveau président français Emmanuel Macron avait ranimé l'idée d'une « ligne rouge » liée à l'usage des armes chimiques en Russie. Une nouvelle attaque chimique perpétrée le 7 avril 2018 allait donner l'occasion de montrer la détermination des trois alliés, puisque le 14 avril 2018, les États-Unis, la France et la Grande-Bretagne frappaient à nouveau le régime syrien, à la suite de l'échec au Conseil de sécurité d'un nouveau projet de résolution proposant la création d'un nouveau mécanisme d'enquête. Face au blocage du Conseil de sécurité, la conférence des États parties de l'OACI créa une « équipe d'enquête et d'identification » (IIT) en son sein, par décision du 27 juin 2018, chargée de poursuivre le travail du mécanisme conjoint ONU-OACI. L'équipe est chargée d'enquêter sur les cas d'usage des armes chimiques et d'identifier les responsables et a remis son premier rapport le 8 avril 2020 (doc. OACI S/1867/ 2020).

§ 4 Le désarmement conventionnel

389 À côté des progrès récents concernant les grandes catégories des « armes de destruction massive », le désarmement conventionnel qui concerne les *armes classiques*[Q] fait figure de parent pauvre.

Les principes de base ont pourtant été posés depuis longtemps, avec la Déclaration de Saint-Petersbourg de 1868 interdisant les balles explosives dont le préambule affirmait : « Le seul but légitime de la guerre est l'affaiblissement des forces militaires de l'ennemi ; [...] ce but serait dépassé par l'emploi d'armes qui aggraveraient inutilement les souffrances [...]. L'emploi de pareilles armes serait, dès lors, contraire aux lois de l'humanité. » Comme le dit aussi la IIIe convention de La Haye de 1899 : « Les belligérants n'ont pas un droit illimité quant au choix des moyens de nuire à l'ennemi » (art. 22 repris dans le règlement annexé à la IVe convention de 1907 relative aux lois et coutumes de la guerre). Sont ainsi condamnées les armes causant des « maux superflus » aux victimes. C'est le sens des déclarations adoptées lors de la première conférence de La Haye prohibant les « balles dum-dum » – des balles à fragmentation utilisées lors de la guerre des Boers – ou interdisant les bombardements aériens et les « gaz asphyxiants ou délétères », qui ont vite été dépassées.

390 La convention de New York du 10 avril 1981 sur la « limitation de l'emploi de certaines armes classiques produisant des effets traumatiques excessifs ou frappant sans discrimination » reprend ces objectifs en tenant de les actualiser. La convention comportait à l'origine trois protocoles annexes : le premier sur les armes blessant par éclats non localisables par les rayons X, comme les balles en plastique ; le deuxième sur les mines et les pièges ; le troisième sur les armes incendiaires. S'y sont ajoutés, en 1995, un quatrième protocole sur les armes à laser aveuglantes et, en 2003, un cinquième protocole sur les restes explosifs de guerre.

Une conférence de mise à jour du protocole n° II s'est achevée à Genève en 1996 par un texte de compromis, qui est très en retrait par rapport à l'objectif d'une interdiction complète et immédiate des mines antipersonnel, sur le modèle de la convention de 1993. Ces armes de plus en plus répandues dans les conflits récents, comme au Cambodge, en Angola ou en Bosnie, rendent impossible le retour à une vie normale, en continuant à faire des milliers de victimes après la fin des hostilités, notamment des enfants. D'une certaine manière, le protocole révisé consacre l'utilisation des mines, en multipliant les distinctions : les mines les plus « sophistiquées » – détectables et auto-désamorcées au bout d'un certain délai – sont autorisées ; les autres sont interdites, sauf si elles sont placées en respectant des plans et des repères qui permettront un déminage ultérieur...

Parallèlement, une campagne d'ONG pour l'interdiction complète des mines antipersonnel a été relayée par un certain nombre d'États dans le cadre du « processus d'Ottawa ». Cette nouvelle forme de diplomatie a été consacrée par un succès avec l'adoption de la convention d'Ottawa sur « l'interdiction de l'emploi, du stockage, de la production et du transfert des mines antipersonnel » le 3 décembre 1997 par 133 États. À la suite des soixante premières ratifications, le traité est entré en vigueur le 1er mars 1999. La France qui a été un des premiers États à ratifier la convention a adopté la loi du 8 juillet 1998 pour la mettre en œuvre sur le plan interne. Reste que nombre de puissances ne sont pas engagées par une ratification, à commencer par les États-Unis (qui sont avec Cuba, les deux seuls États du continent américain à être en marge du processus d'Ottawa), la Russie, la Chine, les Corées, l'Inde et le Pakistan, l'Iran, la Syrie, le Liban, Israël, l'Arabie saoudite, mais aussi le Maroc, la Libye et l'Égypte, le Népal, etc. La convention d'Ottawa prévoit une interdiction totale mais celle-ci est encore loin d'être universelle, même si 164 États l'ont ratifiée (en sept. 2020).

Le succès du processus d'Ottawa a encouragé certains États et la société civile à engager un processus similaire pour parvenir à l'adoption d'une Convention sur les armes à sous-munitions, adoptée par 107 États à Dublin le 30 mai 2008. Les armes à sous-munitions ont des effets comparables à celles des mines anti-personnelle, particulièrement lorsque les munitions n'explosent pas à leur arrivée au sol, ce qui est assez fréquent. La Convention est entrée en vigueur le 1er août 2010, six mois après sa ratification par trente États. Elle a été depuis ratifiée par 109 États, dont la France, la Grande-Bretagne et l'Afghanistan, mais là encore, manquent à l'appel des États aussi importants que la Chine, la Russie ou les États-Unis.

Le désarmement classique fait également l'objet de nouveaux efforts, à travers la mise en place depuis 1992 d'un « registre international des ventes d'armes classiques » sur la base de la résolution n° 46/36 de l'Assemblée générale, qui contribue à la transparence mais aussi à la retenue, en mettant en lumière l'accumulation excessive d'armement. Par ailleurs, la conférence des Nations Unies de juillet 2001 sur le commerce illicite des armes légères sous tous ses aspects a permis de mettre au point un « programme d'action en vue de prévenir, de combattre et d'éliminer le commerce illicite des armes légères et de petit calibre (ALPC) » en favorisant leur traçage. Le suivi du programme d'action fait depuis l'objet d'un processus très structuré, avec des conférences biennales et une conférence de suivi tous les cinq ans (2006-2012-2018), supervisant les mesures adoptées par les États sur les plans national et régional – notamment sur le plan européen. Une autre voie est celle de la coopération pénale, à travers le protocole contre la fabrication et les trafics illicites d'armes à feu, de leurs éléments et munitions, adopté en 2001, dans le cadre de la convention des Nations Unies de 2000 contre la criminalité transnationale organisée, entrée en vigueur en 2005. 391

L'adoption d'une Convention sur le commerce des armes par l'Assemblée générale des Nations Unies le 2 avril 2013, après six années de négociations difficiles et deux conférences diplomatiques, marque une nouvelle étape fondamentale pour le désarmement conventionnel. Le traité a été adopté avec 153 voix, 23 abstentions dont la Chine et la Russie et 3 votes contre de la part de la Syrie, de l'Iran et de la République démocratique de Corée. Le processus avait été lancé par une campagne des ONG et relayé par l'Asssemblée générale qui, dans sa résolution 61/89, avait lancé les négociations d'un « instrument global juridiquement contraignant établissant les normes internationales communes pour l'importation, l'exportation et le transfert d'armes classiques ». Le traité oblige les États à mettre en place un système de contrôle de leurs transferts d'armes et interdit toute exportation d'armes conventionnelles, y compris les armes légères et les munitions, lorsque celles-ci sont susceptibles de servir à la commission de crimes internationaux ou lorsque ces exportations ont lieu en violation d'un embargo décidé par le Conseil de sécurité des Nations Unies. Le traité est entré en vigueur le 24 décembre 2014, après la cinquantième ratification. Au 1er septembre 2020, il a été ratifié par 110 États.

Depuis 2013, une campagne des ONG est en cours visant à interdire cette fois les systèmes d'armes automatisés ou « robots tueurs » qui, encore à l'état d'expérimentation, pourraient dans les années qui viennent constituer un nouveau vecteur de violation du droit des conflits armés (*Campaign to Stop Killer Robots*). Le sujet a été incrit pour examen dans le cadre d'une réunion d'experts gouvernementaux des États parties à la Convention sur les armes classiques.

■ 392 Une autre direction prise par le désarmement conventionnel est la recherche d'un équilibre régional, comme cela a été le cas avec la convention sur la réduction des forces conventionnelles en Europe (FCE) négociée entre les deux blocs militaires de l'époque – l'OTAN et le Pacte de Varsovie – et signée à Paris le 19 novembre 1990, la veille du sommet de la CSCE mais qui malgré sa tentative d'actualisation lors du sommet d'Istanbul en 1999, n'a jamais pu jouer un rôle significatif, emporté par la montée des tensions entre la Russie et l'OTAN (v. ss 49). Le passage des « conflits gelés » – visant des entités autoproclamées dans « l'étranger proche », comme en Moldavie et en Géorgie – aux guerres ouvertes de la Russie avec des États voisins, en Géorgie et en Ukraine, a rendu encore plus incertain un équilibre des forces calculé à l'époque de la splendeur de l'URSS. Le président Poutine a décidé de suspendre la participation russe à compter du 12 décembre 2007, avant de quitter définitivement l'accord le 10 mars 2015, faute d'acord possible sur la révision de ses nombreux paramétres (types et niveaux d'armement, zones tampon, etc).

Mais l'OSCE est également le cadre du traité ciel ouvert, signé à Helsinki en 1992, qui couvre quant à lui l'ensemble de l'espace euro-atlantique, de Vancouver à Vladivostok, qui se trouve ainsi ouvert à l'« observation aérienne » à l'aide d'avions équipés de capteurs agréés : chaque État peut effectuer autant de vols qu'il est tenu d'en recevoir, selon des quotas définis en fonction de la superficie de son territoire. Le traité a été mis en œuvre de manière provisoire pendant 10 ans, avant d'entrer en vigueur le 1er janvier 2002, après 20 ratifications. Les États ont largement utilisé leur droit de survol et de vérification depuis la mise en application du traité : en août 2013, le secrétariat de l'OSCE a pu célébrer le 1 000e vol accompli depuis 1992, tandis que la seule année 2012, plus d'une centaine de vols étaient effectués. Le traité ciel ouvert a pris une importance particulière avec la crise en Ukraine, alors que les États-Unis dénonçaient la présence de troupes russes massées aux frontières et prêtes à intervenir. Pour autant, alors que le traité a été ratifié par 34 États, le président Trump a décidé le 21 mai 2020 le retrait des États-Unis, en respectant le délai de notification de 6 mois prévu par l'accord. Le traité garde toute son importance pour les États européens, avec des vols de surveillance sur une base réciproque.

■ 393 Parallèlement les mesures de confiance et de sécurité (MDCS) qui sont au cœur du processus de la CSCE/OSCE ont été mises à jour, au sein du Forum de coopération en matière de sécurité de l'OSCE, le document de Vienne de 1994 étant rénové en 1999 à l'occasion du sommet d'Istanbul puis à nouveau en 2011 à la suite du sommet d'Astana. Le succès de cette expérience, placée sous le contrôle des instances de l'OSCE, est d'autant plus important qu'il pourrait constituer un exemple pour d'autres régions du monde. Dans le contexte de la crise en Ukraine, le document de Vienne a été largement sollicité, d'abord pour des demandes de consultations au regard d'activités militaires inhabituelles (demandes adressées par plusieurs États à la Russie), puis ensuite, à partir de mars 2014, pour fonder diverses activités de vérifications de la part de trente États membres de l'OSCE, à la suite de l'annexion par la Russie de la Crimée. Parallèlement, le Conseil permanent a décidé de la mise en place d'une mission spéciale d'observation de l'OSCE en Ukraine qui rend compte de tous les incidents, parallèlement aux négociations politiques qui ont lieu au plus haut niveau dans le « format Normandie », avec des réunions régulières des chefs d'État pour tenter une désescalade du conflit. À l'évidence on est loin des « mesures de confiance » qui étaient au cœur de la démarche de la CSCE à l'époque de la détente.

section 3

Le maintien de la paix et de la sécurité internationales

Le but premier de la Charte des Nations Unies est le maintien de la paix et de la sécurité internationales et, d'une certaine manière, toutes les dispositions de la Charte concourent à ce but, en cherchant à « préserver les générations futures du fléau de la guerre qui deux fois en l'espace d'une vie humaine a infligé à l'humanité d'indicibles souffrances ». Tenant compte de l'échec de la SDN et de l'expérience de la Seconde Guerre mondiale, les rédacteurs de la Charte ont voulu conférer à la future Organisation de véritables pouvoirs de contrainte. Lorsque les moyens liés au règlement pacifique des différends sont épuisés, alors l'ONU doit pouvoir exercer une action coercitive sur les États. C'est l'objectif du Chapitre VII de la Charte, qui encadre ce recours à la contrainte, soit par des sanctions non militaires, soit par une action armée. Le système onusien a lui-même été infléchi par la guerre froide. Toutes les virtualités de la Charte n'ont pas été mises en œuvre — faute notamment de mise en place effective du « comité d'état-major » prévu par l'article 47 — tandis que des mécanismes qui n'étaient pas prévus initialement ont acquis une grande importance pratique. À côté de l'intervention des Nations Unies se sont développées d'autres formes d'action, avec la notion controversée d'« ingérence humanitaire », à laquelle succède, depuis 2006, le concept de « responsabilité de protéger » (R2P) incombant à la communauté internationale, c'est-à-dire, au premier chef, aux organes des Nations Unies. 394

§ 1 L'intervention des Nations Unies

Face à une crise menaçant « la paix et la sécurité internationales », la Charte offre une série de ripostes graduées, marquées par une nette distinction entre le chapitre VI et le chapitre VII. Le chapitre VI consacré au « règlement pacifique des différends » ressort encore de la diplomatie préventive ou du rétablissement de la paix (*peace making*), afin de régler une situation dont la prolongation « semble devoir menacer le maintien de la paix et de la sécurité internationales » (art. 34). Au contraire, le chapitre VII porte sur l'« action en cas de menace contre la paix, de rupture de la paix et d'acte d'agression ». Il comporte toute une gamme de mesures à la disposition du Conseil de sécurité « pour maintenir ou rétablir la paix et la sécurité internationales » 395 (art. 39). L'article 41 donne au Conseil de sécurité le pouvoir d'adopter des mesures « n'impliquant pas l'emploi de la force armée », y compris des sanctions. L'article 42 réglemente le recours à la force en vue du maintien ou du rétablissement de la paix et de la sécurité internationales. En fait, au-delà de cette dichotomie, la pratique a introduit diverses alternatives, y compris un « chapitre VI *bis* », avec des opérations de maintien de la paix, n'impliquant aucune force coercitive, mais se déployant sur le terrain pour maintenir un *statu quo*, garantir un accord de paix ou venir en aide aux civils victimes des conflits. Aux termes de cette évolution, on peut donc distinguer le régime des sanctions des différentes formes d'opérations impliquant une présence sur le terrain et généralement appelées aujourd'hui « opérations de paix ».

A. Les sanctions

396 Le Conseil de sécurité peut décider, notamment, des mesures non coercitives, avec dans un premier temps des sanctions économiques ou diplomatiques. Selon l'article 41, « [le] Conseil de sécurité peut décider quelles mesures n'impliquant pas l'emploi de la force armée doivent être prises pour donner effet à ses décisions et peut inviter les membres des Nations Unies à appliquer ces mesures. Celles-ci peuvent comprendre l'interruption complète ou partielle des relations économiques et des communications ferroviaires, maritimes, aériennes, postales, télégraphiques, radio-électriques et des autres moyens de communication, ainsi que la rupture des relations diplomatiques ».

Durant la période de l'affrontement Est-Ouest, de telles sanctions ont été décidées, notamment dans le domaine pétrolier à l'encontre de l'Afrique du Sud ou de la Rhodésie, afin de tenter de leur imposer un certain isolement économique, sans effets immédiats, même si sur le moyen terme, une évolution politique a pu être obtenue.

397 La relance du système de sécurité collective au début des années 1990 a été marquée par la décision du Conseil de sécurité d'imposer un embargo économique complet contre l'Irak, comme première réaction après l'invasion du Koweit, avec la résolution n° 661 du 6 août 1990. Un comité *ad hoc* du Conseil de sécurité a été mis en place « concernant la situation entre l'Irak et le Koweit », chargé de veiller au respect des sanctions et à l'application des exceptions prévues « à des fins strictement médicales ou humanitaires ». Le comité était également chargé de la mise en œuvre de la résolution n° 986 dite « pétrole contre nourriture », adoptée en 1995 pour assouplir l'embargo économique, mais longtemps différée en raison du comportement de l'Irak (v. L. Ezzarqui, *Résolution n° 986 : « pétrole contre nourriture »*, Montchrestien, 1998). La chute du régime de Saddam Hussein a mis fin aux sanctions à compter de mai 2003, tout en révélant au grand jour les malversations et les complicités commises dans la gestion internationale du programme « pétrole contre nourriture » (1996-2003) qui ont fait l'objet d'une enquête externe confiée à Paul Volker dont le rapport final a été remis en octobre 2005, mettant en lumière le détournement de plus d'1,8 milliard de dollars au bénéfice du régime de Saddam Hussein, avec la complicité de 2400 entreprises.

De même, lors de la crise yougoslave, le Conseil de sécurité a pris deux séries de mesures relevant de l'article 41. Il a tout d'abord décidé un embargo des armes à destination de tous les belligérants, avec les résolutions n° 713 de 1991 et n° 727 de 1992, tandis qu'un comité *ad hoc* était mis en place par la résolution n° 724. Par ailleurs, le Conseil de sécurité a pris des sanctions économiques à l'encontre de la Yougoslavie (Serbie et Montenegro) avec la résolution n° 757 du 30 avril 1992, assorties de suspension des relations aériennes et de réduction des missions diplomatiques, ainsi que de diverses mesures symboliques dans le domaine sportif ou culturel, visant à isoler le régime de Belgrade, tout en réservant les fournitures liées à des « considérations humanitaires ». Ces mesures seront ultérieurement renforcées avant d'être suspendues à la suite des accords de paix de Dayton.

De manière plus ponctuelle encore, la Libye a fait l'objet de sanctions décidées par la résolution n° 748 de 1992, à la suite du refus de ce pays d'extrader des agents libyens soupçonnés d'être les auteurs de l'attentat de Lockerbie survenu en 1988 lorsqu'un avion de la PanAm avait explosé au-dessus de cette ville d'Écosse, comme le demandait une première résolution du Conseil de sécurité, la résolution n° 731 adoptée le 21 janvier 1992. Ces sanctions, mises en œuvre elles aussi par un comité *ad hoc* du Conseil de sécurité, visaient en particulier la suspension des relations aériennes et la réduction des relations diplomatiques. Elles ont été contestées par la Libye qui a refusé d'extrader ses nationaux et porté son différend avec les États-Unis et le Royaume-Uni au sujet de *l'interprétation et de l'application de la convention de Montréal du 23 septembre 1971 sur la répression d'actes illicites dirigés contre la sécurité de l'aviation civile* devant la Cour internationale de justice. Les sanctions ont été suspendues le 5 avril 1999 à la suite d'un compromis négocié sous l'égide de l'ONU qui a permis de faire le procès de deux « accusés » transférés à La Haye et jugés par la justice écossaise sur le sol néerlandais.

398 ■

À la suite de ces premières expériences peu concluantes, le Conseil de sécurité a multiplié les sanctions en mettant en place de manière presque systématique un « comité des sanctions » pour suivre chaque situation (v. François Alabrune, « La pratique des comités des sanctions du Conseil de sécurité depuis 1990 », *AFDI* 1999, p. 226). Cela a été le cas de la Somalie, avec la résolution n° 751 (1992) ; de l'Angola, avec les sanctions contre l'UNITA prévues par la résolution n° 864 (1993) ; du Rwanda, avec la résolution n° 918 (1994) ; du Libéria, avec le régime des sanctions de la résolution n° 985 (1995), qui a été remplacé par celui de la résolution n° 1343 (2001) ; du Sierra Leone, avec la résolution n° 1132 (1997) ; de la RFY à l'occasion de la crise au Kosovo, avec le régime de la résolution n° 1160 (1998) auquel la résolution n° 1367 (2001) a mis fin ; des membres d'Al Qaïda, avec les résolutions n° 267 (1999) et n° 1989 (2011)... et plus récemment la République centrafricaine, avec la résolution 2127 (2013), le Yemen (résol. n° 2140 (2014)), le Mali (résol. n° 2374 (2017)) et le Soudan du Sud (résol. n° 2428 (2018)). En tout, ce sont plus de 30 régimes de sanctions qui ont été établis depuis 1996. La généralisation des sanctions, avec des résultats politiques peu probants et des conséquences humanitaires catastrophiques, a été mise en cause de plus en plus fréquemment, par des organes indépendants comme le Comité des droits économiques, sociaux et culturels et la Sous-Commission des droits de l'homme. Les États, à commencer par les États-Unis, ont eux-mêmes reconsidéré l'efficacité de leur pratique en la matière, qui favorisait l'éclosion d'un marché noir au profit des mafias politiques en pénalisant doublement les populations civiles. Le Conseil de sécurité a mis en place en avril 2000 un « groupe de travail sur les questions générales des sanctions » qui a fait le bilan de l'expérience de la décennie, en proposant des « sanctions intelligentes » plus ciblées, comme le gel des transactions financières des « élites politiques » ou la lutte contre le trafic illicite de diamants. Cette personnalisation croissante des sanctions a incontestablement permis de les rendre plus « *fair* », c'est-à-dire à la fois plus intelligentes et plus justes, en évitant de sanctionner toute une population pour les crimes commis par certains. En même temps, la personnalisation posait de nouvelles questions relatives au respect des principes relatifs au droit à un procès équitable (*fair trial*) : sur simple dénonciation, des individus ou des personnes morales voyaient soudain leurs avoirs bancaires gelés ou leurs déplacements à l'étranger rendus impossibles par une interdiction de voyager. Or aucune procédure de « *délisting* » — c'est-à-dire de radiation des listes des personnes soumises aux sanctions — n'avait été prévue à l'origine. Les sanctions ont donc progressivement généré un nouveau contentieux devant les tribunaux nationaux mais aussi internationaux. En particulier, statuant dans une affaire *Yasin Abdullah Kadi, Al Barakaat International Foundation*, la Cour de justice des Communautés européennes (aujourd'hui CJUE) a été amenée, par un arrêt du 3 septembre 2008, à annuler les règlements par lesquels l'Union transposait les décisions du « Comité 1267 », au motif que les procédures des Nations Unies n'offraient pas de garanties suffisantes aux personnes inscrites sur les listes. Cette vague de contestations a poussé le Conseil de sécurité à progressivement mettre en place certains mécanismes susceptibles de mieux garantir les droits des personnes visées par les sanctions. Ainsi, la résolution 1730 du 19 décembre 2006 demande au secrétaire général de créer un « point focal », chargé notamment de recevoir les demandes de radiation des listes des comités de sanction, hormis le « Comité 1267 », pour lequel un « Bureau du Médiateur » spécifique est créé par la résolution 1904 du 17 décembre 2009, avec une révision importante consolidant la procédure adoptée par une résolution 1989 (2011). Ces efforts n'ont toutefois pas été jugés concluant par la Cour européenne des droits de l'homme qui, dans son arrêt de Grande chambre *Al-Dulimi et Montana Management Inc c/ Suisse* du 21 juin 2016, a jugé que la procédure du « Médiateur » n'offrait pas une « protection satisfaisante » et ne pouvait dès lors « ni remplacer un contrôle juridictionnel approprié au niveau de l'État défendeur ni même compenser en partie son absence » (§ 153). La Cour a par conséquent jugé que le requérant, resté pendant plus de vingt ans sur une liste sans pouvoir efficacement exercer un recours, avait subi une violation de son droit à l'accès à un tribunal, garanti par l'article 6§1 de la Convention.

B. Les opérations de paix

399 Dans la logique initiale de la Charte, lorsque les sanctions prises sur la base de l'article 41 ne sont pas suffisantes pour « maintenir ou rétablir la paix et la sécurité internationales », le Conseil de sécurité peut, après avoir dûment constaté une menace à la paix et à la sécurité internationales, une rupture de la paix ou un acte d'agression (art. 39), adopter des mesures impliquant l'emploi de la force armée, telles que décrites à l'article 42. Mais pendant toute la période de l'opposition Est-Ouest, cette disposition est restée lettre morte. Pour pallier cette inaction, se sont développées diverses formes d'opérations de terrain généralement englobées sous l'appellation d'*opérations de maintien de la paix* (v. colloque de Rennes de la SFDI, *Le chapitre VII de la Charte et les nouveaux enjeux de la sécurité collective*, Pedone, 1995). Mais la fin de la guerre froide a permis le « réveil de la sécurité collective », sous des formes qui n'étaient toutefois pas prévues initialement. Déjà le secrétaire général Boutros Boutros Ghali avait cherché, à travers son *Agenda pour la paix* (1992), à

rationaliser cette pratique foisonnante. En fait, plusieurs grands cas de figure doivent être distingués, même si des glissements d'une opération à l'autre ont été observés, au risque d'un mélange des genres parfois dangereux sur le terrain.

1. *Le maintien de la paix*

Pendant toute la période de l'opposition Est-Ouest, le mécanisme de sécurité collective était pratiquement paralysé, les propositions d'interventions armées se heurtant au veto de l'une ou l'autre puissance. Les Nations Unies ont donc privilégié une approche fondée sur la notion de « maintien de la paix » (*peace-keeping*) qui relève plutôt du chapitre VI que du chapitre VII ou encore d'une sorte de « chapitre VI *bis* » développé sur une base empirique. L'intervention des forces de maintien de la paix des Nations Unies – les « casques bleus » – a lieu sur la base d'un accord entre toutes les parties prenantes, sans adversaire désigné et sans caractère coercitif. Il s'agit soit d'observer un cessez-le-feu, soit de geler une situation sur le terrain par l'interposition, en attendant qu'une solution diplomatique soit trouvée. La situation peut s'enliser, faute de véritables négociations, ou même devenir fausse lorsque l'accord des parties vient à faire défaut. **400** ■

C'est ainsi que, conformément à cette logique non-coercitive, U. Thant a entériné la demande du colonel Nasser en retirant la première Force d'urgence des Nations Unies (FUNU) en juin 1967 à la veille du déclenchement de la « guerre des six jours », au moment même où il était plus nécessaire que jamais de séparer l'Égypte et Israël. De fait les forces de maintien de la paix n'ont pas les moyens militaires de s'interposer entre des armées ennemies et se trouvent réduites à une simple légitime défense. Ainsi la Force des Nations Unies à Chypre (UNFICYP) créée en mars 1964, a-t-elle assisté à l'intervention turque qui a entraîné la division de l'île en 1974, tout comme la Force des Nations Unies au Liban (FINUL) créée en mars 1978 a vu ses lignes traversées par l'opération « paix en Galilée » de l'armée israélienne. Cela n'a pas empêché ces deux missions de subir de lourdes pertes : 172 morts pour l'UNFICYP et 249 morts pour la FINUL. La seule tentative pour échapper à ce schéma d'opérations pacifiques et neutres se heurta à de vives critiques : en juillet 1960, face à la sécession du Katanga, l'Assemblée générale engagea l'opération des Nations Unies au Congo (ONUC) dans des combats, mobilisant près de 20 000 casques bleus. Il s'ensuivit un retour à l'orthodoxie des opérations de paix, et cela jusqu'à la chute du Mur de Berlin.

À partir du début des années 1990, une nouvelle logique est apparue à la faveur du déblocage du mécanisme de sécurité collective. L'accord retrouvé des cinq membres permanents du Conseil de sécurité permet la multiplication des interventions des Nations Unies, qui interviennent désormais sur presque tous les fronts, à travers des opérations qui présentent à chaque fois des caractéristiques différentes : le moment est à l'expérimentation, avec tous les risques que cela comporte. On distingue désormais les opérations de paix « classiques » et les opérations « complexes », ou encore les opérations de « première génération » et les opérations de « deuxième » ou « troisième génération ». Alors que les opérations « traditionnelles » se cantonnent à l'observation ou à la préservation d'un *statu quo* en attendant que les négociations politiques aboutissent, les opérations « complexes » interviennent dans des environnements instables et conjuguent diverses fonctions : le maintien « classique » de la paix, mais aussi le rétablissement de la paix pour parvenir à un accord définitif entre les belligérants (*peace making*), consolidation de la paix pour éviter la récurrence **401** ■

d'un conflit (*peace building*), mais aussi parfois usage de la force au niveau tactique contre les « fauteurs de troubles » (*spoilers*) ou pour protéger des civils menacés. La notion de « légitime défense » est ainsi élargie, avec le risque de subir des pertes ou même d'être pris comme otages. Pendant un certain temps le mélange des genres a prévalu, comme en Somalie où l'échec subi est d'abord l'échec d'une opération américaine et non celui de l'ONUSOM II en tant que telle. De même, en ex-Yougoslavie, la chaîne de commandement de l'ONU et les responsabilités des États n'ont pas toujours été clairement définies, notamment lorsque la couverture de l'OTAN a été envisagée pour des frappes aériennes. Cette situation ambiguë a contribué à fragiliser la FORPRONU littéralement prise en otage au sol, tout en tentant de continuer à jouer un rôle humanitaire indispensable. La nécessité de mettre en place sur le terrain des forces militaires crédibles s'est manifestée dès 1995 en ex-Yougoslavie, lorsque la France et la Grande-Bretagne ont créé une force de réaction rapide, dotée d'un armement lourd, pour protéger les casques bleus de la FORPRONU menacés par les troupes serbes. C'est dans le même esprit que les accords de Dayton, signés à Paris le 1er décembre 1995, ont prévu la mise en place — en principe pour un an — de l'IFOR, elle-même relayée par la SFOR, sous commandement de l'OTAN mais avec la participation de troupes russes. De même, en RDC, la persistance du conflit et les attaques menées par les groupes armés contre les populations civiles ont conduit le Conseil à durcir le mandat et à structurer différemment la mission, avec la création d'une « brigade d'intervention » apte à conduire des missions de combat (Résol. n° 2098 du 28 mars 2013 et Résol. n° 2147 du 28 mars 2014).

■ 402 Le glissement d'un type de mission à un autre, voire la juxtaposition de plusieurs types de mission lors d'une même crise, les unes confiées à des casques bleus, les autres à des forces nationales comme en Yougoslavie, ont multiplié les ambiguïtés et les contradictions. Cette confusion des genres a abouti à une série de crises graves qui ont entraîné une remise en cause de la « culture » des opérations de maintien de la paix. L'impuissance des Nations Unies a été tragiquement marquée par le retrait de sa force au Rwanda (MINUAR), après le massacre de casques bleus belges, au moment même où se déclenchait le génocide en avril 1994, tout comme par l'incapacité à défendre les « zones de sécurité » que le Conseil de sécurité avait pourtant lui-même créées en Bosnie-Herzégovine, lors de la prise de Srebrenica en juillet 1995, malgré la présence d'un bataillon néerlandais de la FORPRONU. Dans les deux cas, les casques bleus ont été mis en cause, mais surtout la chaîne de commandement militaire et civile des Nations Unies.

En France, comme en Belgique et aux Pays-Bas, d'importants rapports d'enquête parlementaire ont été consacrés au génocide du Rwanda et au massacre de Srebrenica, tandis que les Nations Unies ont elles-mêmes publié des rapports, à la demande de Kofi Annan qui était le secrétaire général adjoint chargé des opérations de maintien de la paix au moment de ces deux crises. La mise en cause de la responsabilité des casques bleus a eu des conséquences importantes pour l'avenir des opérations de maintien de la paix.

Dans un premier temps, c'est un désinvestissement qui a prévalu face à des situations incontrôlables, que cela soit en Somalie ou au Congo. De même, après la rupture des accords de paix en Angola, le Conseil de sécurité a, par un vote unanime, décidé le retrait de sa mission (MONUA) en mars 1999 (Résol. n° 1229 du 25 févr. 1999). Mais une réflexion prospective a également été lancée par les Nations Unies, avec le rapport du « groupe d'experts sur les opérations de maintien de la paix » présidé par Lakhdar Brahimi qui a été présenté au Conseil de sécurité en août 2000. Ce rapport a constitué un tournant grâce à un regard prospectif sur une pratique qui était devenue incompréhensible. Il préconisait notamment l'élaboration d'une doctrine et d'une stratégie plus claire en matière de maintien de la paix, avec « des règles d'engagement fermes », permettant aux casques bleus « de se défendre et de défendre d'autres composantes de la mission et l'exécution du mandat de celle-ci », ouvrant ainsi la voie à ce qu'on a appelé un mandat de maintien de la paix « robuste », c'est-à-dire autorisant l'usage de la force sur le plan tactique. Mais le rapport pointait aussi le doigt sur les insuffisances des États, vrais responsables des errements et des indécisions, avec des conséquences sur la légitimité des Nations Unies, en demandant au Conseil de sécurité de n'établir que des mandats « clairs, crédibles et réalistes ».

403 ■

La nécessité de réagir rapidement pour faire face à des crises locales menaçant de faire tâche d'huile et de déstabiliser des États faibles implique une mobilisation permanente des Nations Unies. Depuis 10 ans, les chiffres n'ont cessé de varier, passant de 80 000 personnels en uniforme en 2006 à plus de 100 000 en 2018, pour revenir à 94 875 personnels en uniforme, militaires et policiers (au 30 juin 2020). Treize opérations sont en cours, pour un total de 71 opérations mises en place depuis 1948. Il est symptomatique que la grande majorité de ces opérations concerne l'Afrique, parfois en coopération avec l'UA ou des organisations sous-régionales, avec des opérations mises en place en 1999 en République démocratique du Congo, en 2003 au Liberia, en 2004 en Côte d'Ivoire, en 2007 au Soudan (Darfour) et en 2011 au Sud-Soudan et à Abyei, et plus récemment au Mali en 2013 et en République centrafricaine en 2014. Pour un total de 110 000 personnels militaires et civils sur le terrain en 2020 les contingents déployés sont très différents selon les situations, avec des engagements très lourds au Soudan (avec trois forces totalisant presque 40 000 hommes), en RDC (avec plus de 20 000 hommes dans la MONUSCO), ou au Mali (15 000 hommes dans la MINUSMA) et en RCA (14 000 hommes dans la MINUSCA). L'engagement historique au Liban reste élevé (près de 12 000 hommes dans l'UNIFIL qui a succédé à la FINUL).

Le budget annuel s'élève à presque 6,5 milliards de dollars en 2020, pour les 13 opérations en cours même si les réticences du Conseil de sécurité à l'égard de la multiplication d'engagements lourds et coûteux demeurent fortes et que les moyens disponibles en termes de contingents sont réduits. Ces chiffres sont relatifs mais traduisent la montée en puissance des opérations de maintien de la paix, avec des composantes civilo-militaires dans les dernières années. La contribution des États membres aux opérations de maintien de la paix reste très contrastée. D'un côté, les contributions financières les plus importantes sont apportées, avec un barème propre, par les grandes puissances : États-Unis avec 27,89 %, Chine avec 15,21 %, suivis par le Japon, l'Allemagne, la France et le Royaume-Uni. De l'autre les gros contingents sont fournis par les États du Tiers Monde, comme l'Ethiopie, le Bangladesh, le Rwanda, le Népal et l'Inde, avec plus de 5 000 hommes. La Chine avec 2 544 personnels en uniforme est le membre permanent le plus présent sur le terrain, loin devant la France (732 h) et le Royaume-Uni (573 h) qui préfèrent aujourd'hui consacrer leurs moyens à des OPEX dans le cadre de coalitions internationales. Cette dichtomie affecte la capacité des Nations Unies à mener des « opérations robustes » pour protéger les populations dans des situations de crise.

Parallèlement des efforts importants ont récemment été faits pour imposer une stricte déontologie aux personnels, avec une politique de « tolérance zéro », après divers scandales, impliquant des crimes de guerre contre des prisonniers ou des crimes sexuels contre les populations civiles, tandis que des efforts importants sont faits pour promouvoir la présence des femmes dans le personnel, y compris militaire (v. not. la résolution n° 2242 du Conseil de sécurité adoptée le 13 octobre 2015).

■ 404 Malgré les tentations de désengagement des grandes puissances face à des crises périphériques pour elles, l'ONU ne peut renoncer à assumer ses responsabilités, d'autant qu'une présence militaire internationale bien gérée peut avoir une utilité marginale très forte pour stabiliser une situation diplomatique et favoriser une transition politique. Depuis le rapport Brahimi, les Nations Unies ont multiplié les réformes ou les ajustements pour parvenir à une pratique plus rationnalisée qui n'expose pas les Nations Unies à l'échec avec, à chaque fois, une perte de légitimité. Après le processus *Opérations de paix 2010* (A/60/696), aboutissant notamment à la rédaction de *Principes et orientations* (2008) à destination du personnel des Nations Unies, le secrétaire général Ban Ki Moon a nommé l'ancien président du Timor oriental, José Ramos Horta, à la tête d'un groupe indépendant de haut niveau sur les opérations de maintien de la paix. Le rapport (A/70/95-S/2015/446) préconise notamment de remettre au premier plan la politique (« [C]e ne sont pas les interventions militaires et les mécanismes techniques qui permette de parvenir à une paix durable mais plutôt les solutions politiques ») et de renforcer les actions de protection des populations. Avec le rapport Brahimi, ce dernier rapport constitue le point de départ d'une nouvelle réflexion, très orientée sur les modalités pratiques, aux termes de laquelle l'ONU espère rationnaliser ses opérations et les rendre plus efficaces (v. notamment l'importante résolution n° 2378 du Conseil de sécurité, adoptée le 20 septembre 2017). Parmi les pistes reprises tant par le Conseil de sécurité que par le secrétaire général, le renforcement de la collaboration entre l'ONU et les organisations régionales figure au premier plan. L'Union Africaine (UA) apparaît à cet égard un partenaire privilégié, compte tenu de la proportion d'opérations menées sur le continent. L'UA a développé ses propres mécanismes sur la base de l'article 4h) de son acte constitutif qui l'autorise à intervenir dans un État membre sur décision de la Conférence dans certaines cirsonstances graves, à savoir : les crimes de guerre, le génocide et les crimes contre l'humanité ou encore une « menace grave à l'ordre légitime afin de restaurer la paix et la sabilité dans l'État membre (...) sur la recommandation du Conseil de Paix et de Sécurité ». Mais après quelques ambiguités, l'action de l'UA s'est inscrite résolument dans le cadre du Chapitre VIII, laissant toutetois en discussion les modalités du financement des actions menées par l'UA sur autorisation du Conseil de sécurité (v. notamment la résolution n° 2320 (2016) du Conseil de sécurité où le Conseil prend note de l'engagement pris par l'UA de financer 25 % du coût de ses opérations, mais aussi le Cadre commun ONU-UA pour un partenariat renforcé signé par le secrétaire général et l'ONU et la Commission de l'UA).

■ 405 Le nouveau secrétaire général de l'ONU, António Guterres, a fait de la réforme de l'action de l'ONU en matière de maintien de la paix et de la sécurité internationales une de ses priorités, en lançant une nouvelle initiative dénommée « Action pour le maintien de la paix » (*Action for Peacekeeping*, ou encore A4P). Il s'agit non seulement d'annoncer un certain nombre de réformes internes, mais aussi et surtout d'inciter le Conseil de sécurité et les États membres à prendre leurs responsabilités au sérieux, en définissant des mandats réalistes et en dotant les opérations créées de moyens suffisants au regard de l'importance et de l'étendue de ces mandats (v. la Déclaration du Président du Conseil de sécurité du 14 mai 2018, mais aussi la Déclaration d'engagements communs proposée à l'adhésion pour tous les États membres par le secrétaire général).

2. *L'imposition de la paix*

Il s'agit de la forme d'opération qui se rapproche le plus de la lettre de l'article 42 406 ■
sans s'y conformer. Faute de véritables forces armées à sa disposition et de constitution d'un comité d'état-major conformément à l'article 47, le Conseil de sécurité autorise des États ou une coalition d'États à recourir à la force contre un autre État, voire contre des groupes non-étatiques.

Hormis l'épisode atypique de l'opération en Corée, il faut en fait attendre l'invasion du Koweit par l'Irak en 1990 pour voir le Conseil de sécurité adopter la résolution n° 678 du 29 novembre 1990, après avoir épuisé sans succès tous les avertissements. La résolution est un véritable *ultimatum* du Conseil de sécurité « agissant en application du chapitre VII de la Charte des Nations Unies » qui « exige que l'Irak se conforme pleinement à (ses) résolutions » en lui accordant « une période de grâce pour lui laisser une dernière chance de le faire ». En même temps, la résolution « autorise les États membres qui coopèrent avec le gouvernement du Koweït, si au 15 janvier 1991 l'Irak n'a pas pleinement appliqué les résolutions susmentionnées [...] à user de tous les moyens nécessaires pour faire respecter et appliquer (les) résolutions pertinentes [...] ainsi que pour rétablir la paix et la sécurité internationales dans la région ».

Ce texte fondamental comporte une série de sous-entendus. En visant « les États qui coopèrent avec le Koweït », il consacre le rôle de la coalition diplomatique forgée par les États-Unis. En même temps, se référant dans le cadre du chapitre VII à « tous les moyens nécessaires », il autorise implicitement le recours à la force militaire contre l'Irak. Le Conseil de sécurité donne une sorte de « feu vert » aux États coalisés, sans engager les Nations Unies en tant que tels dans l'opération militaire. En ce sens le secrétaire général, M. Perez de Cuellar pourra dire que la guerre du Golfe n'est pas une « guerre des Nations Unies ». Pendant des semaines, la montée en puissance de la lourde machine de guerre alliée va de pair avec les dernières initiatives de la diplomatie « au bord du gouffre ». Pour autant les États coalisés n'ont pas un chèque en blanc, et le président Bush Sr sera amené à mettre un terme rapide aux opérations sur le terrain, renonçant à pousser ses troupes jusqu'à Bagdad et à renverser Saddam Hussein, pour rester dans le cadre du mandat imparti qui visait à mettre un terme à l'annexion du Koweït. La dernière référence de la résolution n° 678 qui mentionne la « sécurité internationale dans la région » contient en germe une extension du mandat initial, que l'on retrouvera avec la résolution n° 688 du 5 avril 1991 en matière « d'assistance humanitaire » (v. *infra*).

Les événements du « Printemps arabe » vont donner une nouvelle occasion à l'ONU d'autoriser une intervention armée : alors que l'armée loyaliste au « Guide » libyen Mouammar Kadhafi s'attaque à la population civile, le Conseil de sécurité, dans sa résolution n° 1973 du 17 mars 2011, adoptée par 10 voix et 5 abstentions, autorise « les États membres qui ont adressé au secrétaire général une notification à cet effet et agissent à titre national ou dans le cadre d'organismes ou d'accords régionaux et en coopération avec le secrétaire général, à prendre toutes mesures nécessaires (...) pour protéger les populations et zones civiles menacées d'attaque en Jamahiriya arabe libyenne, y compris Benghazi ». La référence à la « responsabilité de protéger » (R2P) est explicite (v. *infra*). C'est sur cette base que des opérations armées sont lancées par une coalition d'États réunis au sein de l'OTAN. Bientôt, les buts de l'opération changent toutefois de nature : de la protection des civils, on passe insensiblement au « *regime change* », le renversement du dictateur apparaissant comme une condition *sine qua non* pour faire cesser les massacres. La résolution avait pris soin de préciser que l'intervention excluait « le déploiement d'une force d'occupation étrangère sous quelque forme que ce soit et sur n'importe quelle partie du territoire libyen » : la présence de « conseillers » aux côtés de la rébellion a pu être dénoncée comme une violation de cette limitation, alors que de tels agents ne pouvaient être assimilés, selon les Occidentaux, à des « forces d'occupation ». Mais il était clair, pour la Chine et la Russie, en tant que membres permanents, que la résolution n° 1973 ne pouvait servir de « précédent » pour la Syrie (v. ss 419).

■ 407 En dehors de ces deux situations, où l'engagement militaire direct d'une coalition d'États se trouve expressément cautionné par le Conseil de sécurité, il faut faire une place à part aux occasions où l'intervention occidentale a court-circuité le Conseil de sécurité. En dehors même du cas du Kosovo en 1999, que l'on envisagera au titre de l'intervention d'humanité (*v. infra*), c'est en effet dans un tout autre contexte que les États-Unis sont intervenus en Afghanistan, avec le soutien politique de leurs alliés, pour renverser le régime des Taliban, en invoquant leur droit naturel de « légitime défense » à la suite des attaques du 11 septembre. Or il était difficile de lire dans les résolutions du Conseil de sécurité, et notamment dans la résolution n° 1368 du 12 septembre 2001 une quelconque autorisation à une intervention militaire (v. compléments pédagogiques, Documents n° 4).

A fortiori, dans la crise irakienne, les résolutions successives du Conseil de sécurité impliquaient le retour devant celui-ci avant toute intervention militaire. Les États-Unis et leurs alliés sont intervenus en mars 2003 en l'absence de toute autorisation, explicite ou même implicite, de l'ONU. Le rôle des Nations Unies s'est borné, une fois mis devant le fait accompli, à accompagner par étapes la normalisation de la situation, avec la désignation d'un représentant spécial du secrétaire général — d'abord le Haut-commissaire pour les droits de l'homme, Sergio Vieira de Mello, qui devait être tué dans un attentat commis le 19 août 2003, puis un ancien ministre des Affaires étrangères, Lakdhar Brahimi — et la création d'une Mission d'assistance des Nations Unies pour l'Irak (MANUI) de nature purement civile. C'est seulement après le départ de Paul Bremer, le « gouverneur » américain et la mise en place d'un gouvernement intérimaire, marquant « une nouvelle phase de la transition de l'Irak vers un gouvernement élu démocratiquement » que la résolution n° 1546 du 8 juin 2004 prend acte d'un échange de lettres entre le Premier ministre irakien intérimaire et le Secrétaire d'État américain au sujet des « arrangements » avec la « force multinationale sous commandement unifié », dont la résolution n° 1511 du 16 octobre 2003 avait entériné la présence pour des impératifs de sécurité et de stabilité évidents. Le Conseil de sécurité prend soin de noter « que toutes les forces qui agissent en faveur du maintien de la sécurité et de la stabilité en Irak se sont engagées à se conformer au droit international, y compris aux obligations qui découlent du droit international humanitaire, et à coopérer avec les organisations internationales concernées ».

Une logique semblable a prévalu, lorsqu'après la tentative avortée de 2013, les États-Unis, la France et la Grande-Bretagne, dans un tout autre contexte politique, se sont accordés pour lancer des frappes contre le régime syrien le 14 avril 2018 après une nouvelle attaque chimique meurtrière, en application de la doctrine de la « ligne rouge » élaborée initialement par Barak Obama et reprise à son compte par Emmanuel Macron (v. ss 388). Par cette intervention, les trois puissances ambitionnent explicitement de faire cesser une violation grave du droit international. Mais les commentateurs ont pu s'interroger sur la question de savoir comment il était possible de faire cesser un acte illicite en agissant de manière illicite. L'article 50 des articles de la Commission du droit international sur la responsabilité des États stipule bien que les « contre-mesures », qui visent à contraindre un État à s'acquitter de ses obligations – doivent respecter l'obligation de ne pas recourir à la menace ou à l'emploi de la force prévue par la Charte des Nations Unies. Une déclaration du ministre de l'Europe et des Affaires étrangères, Jean-Yves Le Drian, apporte des précisions sur la justification de l'attaque, en évoquant « la violation d'une norme fondamentale du droit international et du droit humanitaire », mais aussi la résolution n° 2118 du Conseil de sécurité de 2013, qui prenait acte de l'engagement de la Syrie de démanteler son arsenal chimique « sous peine d'encourir des mesures relevant du chapitre VII de la Charte des Nations Unies. » Elle prend par ailleurs acte « du blocage systématique du Conseil de sécurité ». L'intervention serait donc à la fois fondée sur le constat de violation d'une norme de *jus cogens* et sur une sorte d'autorisation implicite au recours à la force armée de la part du Conseil de sécurité, ce dernier étant dans l'incapacité, en raison du veto Russe, de renouveler cette autorisation une fois les conditions réunies. De plus, la légalité de l'intervention est également justifiée sur le plan interne, au regard de sa proportionnalité et de son objectif limité (« elle ne cherche pas à atteindre les alliés d'Assad ni la population civile mais à dissuader le régime de poursuivre ces actions criminelles ») (*v.* compléments pédagogiques pour le texte intégral de la Déclaration ministérielle).

3. *La construction de la paix*

Il existe un troisième type d'opérations de maintien de la paix, dont l'originalité avait **408**
été mise en relief en son temps par B. Boutros-Ghali en les qualifiant d'opérations de *peace-building*. Il s'agissait, à ses yeux, d'opérations plus complexes et plus lourdes combinant les dimensions diplomatique, politique, militaire et humanitaire pour « reconstruire » un pays, au sortir d'une crise. L'exemple-type qui peut en être donné est le rôle joué par les Nations Unies au Cambodge, à la suite des accords de la conférence de Paris en octobre 1991, réunissant toutes les parties concernées sous l'égide des grandes puissances. Sur la base de cet accord-cadre, la résolution n° 745 de février 1992 a créé une « autorité provisoire » des Nations Unies (APRONUC), forte de 20 000 hommes, avec une composante militaire chargée du désarmement des factions rivales et une composante civile, pour préparer les élections sous contrôle international. Malgré le harcèlement militaire des Khmers rouges, les premières élections libres purent être organisées en juin 1993, avec une participation massive de plus de 90 % des électeurs qui constituait déjà une victoire pour la paix. De même l'APRONUC a organisé le rapatriement de 370 000 réfugiés. En septembre 1993, la fin de la mission de l'APRONUC — qui a coûté la somme sans précédent à l'époque de 1,5 milliard de dollars — a laissé bien des problèmes en suspens, avec une coalition fragile au pouvoir, mais l'intervention décisive des Nations Unies a permis de sortir

de près de vingt ans de guerre civile marqués par un génocide du peuple cambodgien. Les surenchères politiques à l'approche des élections de 1998, comme les longues négociations entre les Nations Unies et les autorités cambodgiennes pour établir la responsabilité pénale des « khmers rouges », montrent les lourdes hypothèques qui subsistent.

■ 409 D'autres opérations complexes, avec une présence militaire pour permettre des élections libres et des efforts de formation et de reconstruction à l'issue de longues guérillas, ont eu lieu, non sans mal, lors de la mission de vérification des Nations Unies en Angola avec une montée en puissance après un premier échec (UNAVEM I en janvier 1989, puis UNAVEM II en mai 1991 et UNAVEM III, en février 1995, forte de 7 200 hommes relayée par la MONUA de juillet 1997 à mars 1999, avec 1 000 observateurs) et lors de l'opération des Nations Unies au Mozambique (ONUMOZ de déc. 1992 à janv. 1995, avec près de 7000 hommes). Dans tous les cas, les efforts diplomatiques pour fixer un cadre politique à la réconciliation ont été un préalable à l'efficacité des Nations Unies, avec pendant la période transitoire une forte présence de casques bleus pour désarmer les factions et garantir la sincérité des élections. Mais si la volonté politique fait défaut, comme en Angola, tous les efforts des Nations Unies ne peuvent rien pour « imposer la paix » aux factions rivales. On l'a vu également en Sierra Leone, où la mission des Nations Unies (MINUSIL) mise en place par la résolution n° 1270 en octobre 1999 a dû être portée à un plafond de 17 500 casques bleus, appuyés par des commandos britanniques pour rétablir la situation, alors que l'accord de paix signé à Lomé en juillet 1999 était violé par le Front révolutionnaire uni (RUF). La réaction énergique du Conseil de sécurité a permis de revenir sur l'impunité qui avait été concédée au RUF, malgré les crimes contre l'humanité commis et de protéger la population civile en assurant le bon déroulement des élections en mai 2002.

■ 410 Mais surtout, les Nations Unies ont été amenées à exercer coup sur coup un « protectorat de fait », avec des opérations lourdes et coûteuses, au moment même où le concept même d'opérations de la paix était fortement remis en cause. Cela a été le cas au Kosovo après l'intervention de l'OTAN, en assurant une autonomie substantielle de la province qui reste nominalement rattachée à la Serbie, avec la mise en place par la résolution n° 1244 du 9 juin 1999 de la *Mission d'administration intérimaire des Nations Unies au Kosovo* (MINUK). Sous la responsabilité du Représentant spécial du secrétaire général — poste occupé à l'origine par Bernard Kouchner — il s'agit de reconstruire, ou plutôt de construire, un État de droit, en garantissant l'ordre public et la sécurité des personnes, en faisant respecter les droits de l'homme sans discrimination, en instaurant une justice indépendante et impartiale, en préparant des élections libres à tous les niveaux pour instaurer « l'autonomie substantielle » prévue par la résolution n° 1244. Dans le même temps, la résolution n° 1244 a établi un net partage des rôles, puisque le volet militaire est confié à une force spéciale, la KFOR, avec le soutien logistique de l'OTAN, mais également la participation de contingents d'États tiers comme la Russie.

Les Nations Unies ont également dû s'engager, au Timor oriental, à la suite des massacres de l'été 1999, pour amener ce territoire à une pleine indépendance. La résolution n° 1272 du 25 octobre 1999 a créé une administration transitoire des Nations Unies au Timor oriental (ATNUTO) pour remplacer la MINUTO chargée d'organiser la consultation populaire du 8 août 1999. Comme la Namibie, dix ans plutôt, en 1990, le Timor oriental est un nouvel État porté à bout de bras par les Nations Unies. À la suite de l'indépendance officielle du pays, l'ATNUTO a fait place à une autre mission, la Mission d'appui des Nations Unies au Timor oriental (MANUTO), créée pour une « période initiale » d'un an par la résolution n° 410 du 12 mai 2002. La mission, dirigée par un Représentant spécial du secrétaire général comportait « une composante civile », « une composante de police civile » avec 1 250 policiers et « une composante militaire » de 5 000 hommes au maximum. Son mandat était d'instaurer la stabilité, la démocratie et la justice, en assurant la sécurité publique et le maintien de l'ordre, ainsi que la sécurité extérieure et le contrôle des frontières.

De manière plus complexe encore, l'ONU a soutenu l'administration de transition mise en place en Afghanistan, conformément aux « accords de Bonn » élaborés grâce aux efforts du Représentant spécial du secrétaire général, Lakdhar Brahimi, et entérinés à l'unanimité par le Conseil de sécurité avec la résolution n° 1383 du 6 décembre 2001. Peu après, la résolution n° 1386 du 20 décembre 2001 a prévu, pour six mois renouvelables, la création d'une Force intermédiaire d'assistance à la sécurité (ISAF) en Afghanistan, composée de 4 500 hommes environ – issus de 19 pays – dans un premier temps sous commandement britannique, puis sous commandement turc, pour appuyer l'autorité intérimaire afghane en maintenant la sécurité autour de Kaboul. Mais dans le même temps les forces américaines de la coalition restaient sur place, ainsi que 1 700 marines britanniques chargés de la lutte anti-terroriste, soulignant ainsi la double nature de la présence internationale sur le terrain.

Il s'agit pour les Nations Unies dans chacun de ces cas d'opérations de *peace-building*, essentiellement civiles – alors que le volet militaire est confié, directement ou indirectement, à des contingents nationaux. Tout se passe comme si une nouvelle répartition des rôles se dessinait, du moins pour les opérations les plus lourdes et les plus risquées, tirant les leçons de l'enlisement des « casques bleus » dans plusieurs opérations de maintien de la paix récentes.

La volonté de disposer d'un cadre général pour gérer les sorties de crise est à l'origine de la création de la Commission de la consolidation de la paix, instituée en 2006 selon une procédure parallèle par la résolution n° 1645 du Conseil de sécurité et la résolution n° 60/180 de l'Assemblée générale. Il s'agit en fait d'un organe subsidiaire commun à l'Assemblée et au Conseil, ce qui est une innovation, mais également à géométrie variable puisque, selon les situations qui lui seront confiées, il réunit autour des grandes puissances du Conseil de sécurité les diverses « parties intéressées » ainsi que les grandes agences internationales. La commission est assistée par un bureau d'appui et par un fonds pour la consolidation de la paix. La commission a pour rôle de coordonner les programmes de sécurisation, de démocratisation et de développement pour ne pas abandonner les pays à leur sort une fois la crise surmontée et de voir surgir périodiquement des accès de violence. 411

La commission comprend un « comité d'organisation » et des comités spécifiques propres à chaque pays dont la composition est adaptée afin de faire participer les contributeurs et les organisations régionales. Le comité d'organisation a été mis en place en juin 2006, avec 31 membres – sept « sélectionnés par le Conseil de sécurité » dont les cinq membres permanents, sept élus par l'ECOSOC, sept élus par l'Assemblée générale, ainsi que cinq des dix principaux contributeurs financiers aux budgets de l'ONU, y compris un fonds permanent pour la consolidation de la paix (Allemagne, Canada, Japon, Pays-Bas, Suède) et cinq des dix principaux fournisseurs de personnel militaire et de police civile de l'ONU (Bangladesh, Éthiopie, Inde, Nigeria, Pakistan). Il a été partiellement renouvelé depuis, sans grands changements, selon les mêmes critères.

La commission a pour rôle de mobiliser les efforts de la communauté internationale « pour conseiller et proposer des stratégies intégrées sur le rétablissement et la consolidation de la paix au lendemain d'un conflit », notamment en matière de reconstruction et de renforcement des institutions afin d'assurer les bases d'un développement durable, en visant le moyen et le long terme. Il s'agit de faire coopérer tous les acteurs politiques, militaires, humanitaires et du développement, pour sortir de la crise, à travers « un large éventail de compétences et d'expériences » en matière de prévention des conflits, de médiation, de maintien de la paix, de respect des droits de l'homme et de l'état de droit, d'assistance humanitaire, de reconstruction et de développement. Avec la Commission de la consolidation de la paix, qui est au cœur de la réforme souhaitée par les Occidentaux en 2005, l'ONU cherche à se donner les moyens de contribuer à la reconstruction d'un État, de manière coordonnée et en tenant compte de la diversité des situations sur le terrain. Toutefois, seuls six pays sont inscrits à l'ordre du jour de la commission, ce qui ne peut manquer de susciter des questions sur l'attractivité du système. Les deux premiers pays concernés par cette nouvelle procédure ont été le Burundi et la Sierra Leone puis, à compter de décembre 2007, la Guinée-Bissau. La République centrafricaine s'est ajoutée en mars 2009, le Libéria en novembre 2010 et enfin la Guinée qui a signé une déclaration d'engagements mutuels avec la commission le 15 septembre 2011. D'autres pays en sortie de crise bénéficient également de financements d'un fonds pour la consolidation de la paix.

Une première évaluation des travaux en 2010 a dressé un bilan mitigé et proposé quelques ajustements (A/64/868). Un nouvel examen a été lancé en 2015 en deux étapes, avec dans un premier temps un rapport de la part d'un groupe d'experts (A/ 69/968), dont certaines des recommandations ont été reprises dans un second temps par deux résolutions adoptées à l'identique par l'Assemblée générale et le Conseil de sécurité (résolution 2282 (2016) du Conseil de décurité et résolution 70/262 du 27 avril 2016 de l'Assemblée générale). Une des orientations fondamentales consiste à élargir les travaux de la Commission à l'ensemble des activités des Nations Unies qui concernent la « pérennisation » de la paix (*sustaining peace*) en se fondant sur les « trois piliers » de l'ONU que sont la paix et la sécurité, le développement et les droits de l'Homme (v. le rapport intermédiaire du nouveau secrétaire général António Guterres, resituant ces efforts dans le cadre de son projet de restructuration du pilier paix et sécurité de l'ONU, doc. A/72/707-S/2018-43), tandis que sont mis en valeur de manière croissante la contribution des femmes, mais aussi des jeunes, à la pérennisation de la paix (v. notamment la résolution n° 2419 du Conseil de sécurité adoptée le 6 juin 2018). Une nouvelle évaluation a été confiée en 2020 à deux ambassadeurs comme co-facilitateurs, sur la base d'un nouveau rapport du secrétaire général sur « la consolidation de la paix et la paix durable » (doc. A/74/976-S/2020/773).

§ 2 De l'ingérence humanitaire à la responsabilité de protéger

Les grandes distinctions entre les différents types d'opérations de paix, si elles correspondent bien à une certaine logique des « mandats » et des moyens déployés, sont sans cesse remises en cause par la pratique, où les États n'hésitent pas à interférer avec l'action des Nations Unies, au sein même d'une opération ou en dehors de toute mission onusienne. Cela a sans doute été toujours le cas, mais le débat a pris un nouvel éclairage avec la notion d'« ingérence humanitaire ». 412 ■

Dès le XIXe siècle, la notion d'« intervention d'humanité » a été consacrée pour permettre à une grande puissance de protéger ses propres ressortissants ou des sujets « protégés », notamment des minorités religieuses. Mais ces interventions ont souvent également servi de prétexte à la « politique de la canonnière » des États européens pour étendre leurs empires coloniaux ou leurs intérêts commerciaux. Aujourd'hui ce type d'intervention reste le plus souvent limité à l'évacuation militaire des nationaux en cas de crise – comme dans l'opération de Kolwesi menée par la France en 1978 au Zaïre au bénéfice de tous les Européens – mais peut également justifier une véritable occupation du territoire – avec le débarquement américain dans l'île de la Grenade en 1983 pour protéger les étudiants américains sur place.

Dans les années 1980, le débat a été posé sur un autre terrain, avec la consécration progressive par l'Assemblée générale d'un « droit d'ingérence » (v. M. Bettati, *Le droit d'ingérence*, Odile Jacob, 1996). Dans un premier temps, la résolution n° 43/131 du 8 décembre 1988 « relative à l'assistance humanitaire aux victimes de catastrophes naturelles et situations d'urgence du même ordre », insiste sur l'« accès aux victimes » pour les « organisations non gouvernementales agissant dans un but strictement humanitaire ». Tout en réaffirmant rituellement la « souveraineté, l'intégrité territoriale et l'unité nationale des États », la résolution n'en ouvre pas moins une brèche dans le rempart de la souveraineté, en ne laissant pas les victimes aux seules mains de l'État national. Bien plus, elle admet implicitement qu'à côté des « catastrophes naturelles », il puisse exister des urgences humanitaires créées par les hommes (*man-made disaster*). Presque aussitôt un tremblement de terre en Arménie sera l'occasion pour l'URSS d'inviter les premiers secours des États et des ONG. Mais l'hypothèse d'une crise interne ou d'une guerre civile reste en filigrane de la résolution. Ainsi lors de la « révolution » roumaine en décembre 1989, le ministre français des Affaires étrangères, Roland Dumas, n'hésitera pas à demander à l'URSS d'intervenir en Roumanie. 413 ■

Deux ans après la résolution n° 43/131, une nouvelle résolution n° 45/100 du 14 décembre 1990 est venue compléter le dispositif en prévoyant la mise en place de « couloirs d'urgence humanitaire ». Mais à côté de la mission des ONG qui est ainsi confirmée, c'est le rôle des Nations Unies et des États qui va être mis en relief par la suite, à travers des résolutions de plus en plus audacieuses du Conseil de sécurité.

La résolution n° 688 adoptée le 5 avril 1991, au lendemain de la paix imposée à l'Irak, tout en se référant à l'article 2, paragraphe 7, de la Charte et en « réaffirmant l'engagement pris par tous les États membres de respecter la souveraineté, l'intégrité territoriale et l'indépendance politique de l'Irak », s'attache pour la première fois aux problèmes internes d'un État : le Conseil de sécurité « condamne la répression des 414 ■

populations civiles irakiennes [...] qui a pour conséquence de menacer la paix et la sécurité internationales dans la région » et demande « un accès immédiat des organisations humanitaires internationales à tous ceux qui ont besoin d'assistance dans toutes les parties de l'Irak ». Il « lance un appel à tous les États membres et à toutes les organisations humanitaires pour qu'ils participent à ces efforts d'assistance humanitaire ». C'est sur la base de ce mandat très vague que les États-Unis, la France et le Royaume-Uni ont fixé deux zones d'interdiction aérienne au nord de l'Irak jusqu'au 36e parallèle – pour protéger les populations kurdes – et au sud jusqu'au 32e parallèle – pour protéger les populations shiites.

L'ambiguïté du statut juridique de ces zones est apparue en septembre 1996, lorsqu'à la suite d'une offensive irakienne menée au nord contre les Kurdes, les États-Unis ont décidé de procéder à des frappes punitives au sud puis d'étendre unilatéralement la zone de protection aérienne jusqu'au 33e parallèle, aux portes de Bagdad. La décision unilatérale des États-Unis qui n'avait aucun fondement juridique a été contestée par la France, tandis que le Conseil de sécurité, bloqué par l'opposition de la Russie et de la Chine qui désiraient voir condamner toute forme de recours à la force, n'arrivait pas à se mettre d'accord sur un projet de résolution présenté par le Royaume-Uni pour dénoncer la nouvelle répression entreprise par l'Irak.

■ 415 L'engagement des Nations Unies en Somalie a également son point de départ dans le constat que « l'ampleur de la tragédie humaine causée par le conflit en Somalie (...) constitue une menace à la paix et à la sécurité internationales ». Par cette référence incontournable, le Conseil de sécurité peut passer d'un conflit interne à une action internationale. La résolution n° 794 du 3 décembre 1992 vise à appliquer le chapitre VII de la Charte « afin d'instaurer aussitôt que possible des conditions de sécurité pour les opérations de secours humanitaire en Somalie ». Là encore, la mission est confiée aux États, la résolution se référant implicitement à une offre faite par les États-Unis et autorisant « les États membres [...] à employer tous les moyens nécessaires pour instaurer aussitôt que possible des conditions de sécurité pour les opérations de secours humanitaire en Somalie ». Le militaire vient ainsi à la rescousse de l'humanitaire, au risque de mêler les genres, d'autant plus que l'opération classique des Nations Unies (ONUSOM) doit s'articuler à une force militaire sous commandement américain. Dès le départ les différences d'approche entre les deux missions présagent un échec qui devint patent, lorsqu'après avoir subi leurs premières pertes face aux factions des « seigneurs de la guerre » se partageant le pays, les États-Unis décidèrent de retirer leurs forces. Après leur expérience du piège libanais en 1983, le désengagement américain en Somalie marque un tournant : le refus des États-Unis d'engager leurs hommes dans des opérations des Nations Unies qu'ils ne contrôlent pas complètement, l'affirmation de la doctrine « zéro mort » avec le recours à leur supériorité technologique pour écraser l'ennemi sous des bombardements aériens.

■ 416 Deux autres précédents viennent marquer les esprits, renforçant d'une certaine manière le scepticisme à l'égard de la doctrine de l'ingérence humanitaire. Face au drame des réfugiés qui a suivi le génocide au Rwanda et devant l'impuissance de la mission des Nations Unies pour l'assistance au Rwanda (MINUAR), la résolution n° 929 du 22 juin 1994 du Conseil de sécurité a fini par autoriser une intervention française, l'« opération Turquoise », tout en prenant soin de la délimiter étroitement dans l'espace et le temps. Le Conseil de sécurité « donne son accord à ce qu'une opération multinationale puisse être mise sur pied au Rwanda à des fins humanitaires jusqu'à ce que la MINUAR soit dotée des effectifs nécessaires », en précisant qu'il s'agit « d'une opération temporaire, placée sous commandement et contrôle nationaux, visant à contribuer, de manière impartiale, à la sécurité et à la protection des personnes déplacées, des réfugiés et des civils en danger au Rwanda... ». Ainsi sont exclus de cette protection les militaires de l'armée rwandaise, parmi lesquels se trouvent les principaux responsables du génocide, même si certains ont voulu voir dans l'opération française une manière de prendre partie dans le conflit en protégeant les extrémistes hutus face à la poussée du Front patriotique rwandais (FPR). La référence à l'impartialité traduit ainsi une méfiance certaine à l'égard de la France, tout comme la faible majorité de 10 voix contre 5 abstentions (Brésil, Chine, Nouvelle-Zélande, Nigeria et Pakistan). Loin de résoudre la crise, l'intervention a contribué à créer un « abcès de fixation » déstabilisant les États voisins, le Burundi et le Zaïre (devenu la République démocratique du Congo en 1997), comme on l'a vu depuis 1996.

Dans la même période, en Haïti, à la suite de longues sanctions économiques et de nombreuses pressions diplomatiques pour obtenir le rétablissement au pouvoir du « président légitimement élu », le père Aristide, qui avait été évincé par les militaires, le Conseil de sécurité a fini là aussi par constater « que la situation en Haïti continue de menacer la paix et la sécurité de la région ». La crise en fait était purement interne, en dehors de l'afflux de réfugiés sur les côtes américaines qui décida les États-Unis à intervenir directement. Le Conseil de sécurité, avec la résolution n° 940 du 31 juillet 1994 « agissant en vertu du chapitre VII de la Charte des Nations Unies autorise des États membres à constituer une force multinationale [...] et à utiliser dans ce cadre tous les moyens nécessaires [...] ». Une dernière manœuvre diplomatique, confiée à l'ancien président Carter, assortie à cette menace directe du recours à la force par un puissant contingent américain prêt à débarquer, a permis de dénouer pacifiquement la situation. Plus qu'une action humanitaire, il s'agissait pour la première fois de la mise en œuvre d'un principe de « légitimité démocratique », sans précédent dans le cadre onusien. Le contexte géopolitique est toutefois trop particulier, dans « l'arrière-cour » des États-Unis, pour pouvoir extrapoler à partir d'un tel exemple. Et l'évolution ultérieure de la situation, malgré les investissements faits dans la construction d'un État de droit respectueux des droits de l'homme, montre assez qu'une intervention extérieure ne saurait à soi seul constituer une réponse à des défis par ailleurs multiples.

Un tournant important dans le débat sur l'intervention a eu lieu à l'occasion des attaques menées par le régime de la République de Serbie à l'encontre de la population civile albanaise du Kosovo. À la suite de l'échec des négociations et face à l'accélération des opérations ethniques, les puissances occidentales ont décidé d'une intervention dans le cadre de l'OTAN. Face au risque d'un *veto* russe les Occidentaux n'ont pas sollicité une autorisation explicite du Conseil de sécurité de recourir à la force, arguant d'une autorisation implicite fondée sur la résolution n° 1199 du 23 septembre 1998 et la résolution n° 1203 du 24 octobre 1998 mais aussi, particulièrement pour la Grande-Bretagne, en se prévalant de la doctrine de l'intervention d'humanité, justifiant de venir au secours de populations civiles persécutées par leur État, à condition que l'intervention soit limitée à cet objectif, proportionnée dans ses moyens et respecte le *jus in bello*, c'est-à-dire le droit international humanitaire. Seule l'adoption de la résolution n° 1244 du 10 juin 1999 a permis une 417 normalisation rétroactive de la situation, sans résoudre la controverse sur le « précédent » ainsi créé, la diplomatie française insistant au contraire sur la nécessité de ne pas considérer cette intervention comme un précédent et sur le rôle « incontournable » du Conseil de sécurité... La discussion s'est prolongée sur le terrain doctrinal (v. par ex. Ch. Tomuschat (éd.), *Kosovo and the International Community*, Nijhoff, 2001), mais aussi sur le plan institutionnel, avec la proposition du secrétaire général de l'ONU Kofi Annan de tirer les leçons de ce qu'il décrivait comme un dilemme particulièrement douloureux : comment concilier le principe de souveraineté fondant le droit international avec l'impérative nécessité de réagir face aux massacres de populations civiles (v. « Deux concepts de la Souveraineté », *Le Monde* 22 sept. 1999). En réponse à cet appel, le Canada a suscité la création d'une commission indépendante, la « commission internationale de l'intervention et de la souveraineté des États » coprésidée par Gareth Evans et Mohamed Sahnoun, dont le rapport est paru en décembre 2001 sous le titre *La responsabilité de protéger*.

■ 418 Cette réflexion a trouvé son prolongement dans un cadre officiel avec « le groupe de personnalité de haut niveau sur les menaces, les défis et les changements nécessaires », mis en place par le secrétaire général, qui a rendu son rapport le 2 décembre 2004, sous le titre *Un monde plus sûr : notre responsabilité partagée (A/59/565)*. Sur cette base, le secrétaire général a lui-même fait des propositions dans un rapport publié le 21 mars 2005, *Dans une liberté plus grande : Développement, sécurité et droits de l'homme pour tous* (A/59/2005). Même si le document final du sommet mondial (A/RES/60/1) n'a pas repris à son compte toutes les propositions formulées, la responsabilité collective de protéger les populations civiles a été fortement affirmée. Cette responsabilité, dite souvent « R2P », incombe en premier lieu aux États, d'abord à l'État concerné, mais aussi à la communauté internationale des États, à travers les organes de l'ONU et notamment le Conseil de sécurité. Dans les documents adoptés lors du sommet, les États membres du Conseil de sécurité n'ont pas entendu se lier par des directives précises, laissant entière la question de leur appréciation de chaque situation. La question reste également posée de l'action nécessaire en cas de blocage du Conseil de sécurité. L'expérience de l'unilatéralisme au nom de la « guerre préventive » rend plus nécessaire l'existence d'un cadre juridique pour légitimer l'intervention humanitaire. D'un côté, le sommet réaffirme « que les dispositions pertinentes de la Charte sont suffisantes pour faire face à l'ensemble des menaces contre la paix et la sécurité internationales » et « que le Conseil de sécurité dispose de l'autorité voulue pour ordonner des mesures coercitives en vue de maintenir et rétablir la paix et la sécurité internationales », en « soulign(ant) l'importance d'agir conformément aux buts et principes consacrés par la Charte » (§ 79). Mais de l'autre, la Déclaration consacre « la responsabilité de protéger les populations contre le génocide, les crimes de guerre, le nettoyage ethnique et les crimes contre l'humanité », en évoquant le rôle premier de l'État, avant d'ajouter : « Il incombe également à la communauté internationale dans le cadre de l'Organisation des Nations Unies, de mettre en œuvre les moyens diplomatiques, humanitaires et autres moyens pacifiques appropriés, conformément aux chapitres VI et VIII de la Charte, afin d'aider à protéger les populations du génocide, des crimes de guerre, du nettoyage ethnique et des crimes contre l'humanité. Dans ce contexte, nous sommes prêts à mener en temps voulu une action collective résolue, par l'entremise du Conseil de sécurité, conformément à la Charte, notamment son chapitre VII, au cas par cas, et en coopération le cas échéant avec les organisations régionales compétentes, lorsque ces moyens pacifiques se révèlent inadéquats et que les autorités nationales n'assurent manifestement pas la protection de leurs populations contre le génocide, les crimes de guerre, le nettoyage ethnique et les crimes contre l'humanité » (§ 139).

Sous le nouveau vocable de la « responsabilité collective de protéger », les Nations Unies se sont fixées une obligation de résultat, sans pour autant déterminer une obligation de moyen. On l'a vu lorsque saisi en 2007 par les Occidentaux de la situation au Myanmar, à la suite de la répression sanglante de manifestations pacifiques de moines bouddhistes, le Conseil de sécurité a été paralysé par le double *veto* de la Chine et de la Russie, soutenues par le vote négatif de l'Afrique du Sud. L'incurie de la dictature birmane face aux catastrophes naturelles qui ont frappé le pays en 2008, allant de pair avec le refus des secours extérieurs, a posé de nouveau très clairement le dilemme de la communauté internationale face aux catastrophes créées par les hommes. De même, l'intervention de l'OTAN en 2011 en Libye, avec un feu vert du Conseil de sécurité, a donné une nouvelle dimension à la responsabilité de protéger les populations civiles. Mais le fait que le mandat initial dans le strict cadre de la « responsabilité de protéger » soit vite devenu en mandat de « transformation de régime » (*regime change*), aboutissant à la chute de la dictature du colonel Kadhafi, a suscité de nouvelles méfiances de la part de la Russie et de la Chine, paralysant le Conseil de sécurité face à la crise syrienne, par une série de « doubles vetos ». Tout au plus, des résolutions visant la situation humanitaire, comme la résolution n° 2258 de décembre 2015, font une discrète référence à la responsabilité de protéger, se bornant à rappeler que « c'est aux autorités syriennes qu'il incombe au premier chef de protéger la population en Syrie »... Mais la question reste entière si cette responsabilité première est bafouée. Faute d'accord entre les grandes puissances et d'action collective du Conseil de sécurité, c'est alors toute la logique de la R2P qui se trouve entravée. La notion même de R2P donne lieu à un débat annuel devant l'Assemblée générale, mais c'est surtout le travail conceptuel du représentant spécial du secrétaire général pour la responsabilité de protéger, en mettant l'accent sur la dimension préventive de la R2P, qui illustre le potentiel juridique et politique que garde cette notion-clef (v. la thèse de Nabil Hajjami, *La responsabilité de protéger*, Bruylant, 2013). 419 ■

À cet égard le mandat du conseiller spécial du secrétaire général pour la responsabilité de protéger (R2P), qui couvre également la question de la « prévention du génocide » a pris une importance croissante. Sa création par le secrétaire général a d'abord été contestée par les États réticents à toute forme d'ingérence, avec des votes systématiques devant la commission en charge des affaires budgétaires. Mais le travail conceptuel du conseiller spécial a permis de clarifier la portée et la nature de la R2P en mettant l'accent sur l'importance de la prévention et sur la place de la coopération régionale. Sur le plan pratique, le conseiller spécial a su alerter la communauté internationale au sujet du sort des Rohingya persécutés par le Myanmar, en dénonçant des violations systématiques pouvant constituer des crimes contre l'humanité. L'action des États voisins comme le Bangladesh pour accueillir des centaines de milliers de victimes de « nettoyage ethnique » ou la mobilisation diplomatique des pays de l'OCI, relayée par la plainte déposée par la Gambie contre le Myanmar devant la CIJ (v. ci-dessus) montrent toute la place que garde le concept de la R2P. Au même moment où l'enlisement de la situation sur le terrain en Libye, avec des interventions militaires directes ou indirectes par le biais de mercenaires, de la 420 ■

part de Russie ou de la Turquie, en violation de l'embargo sur les armes décidé par le Conseil de sécurité, ne font que confirmer le fiasco de l'intervention de l'OTAN en 2011. Ainsi la notion même de R2P reste à la croisée des chemins, mais l'action humanitaire ou militaire à court terme ne saurait se suffire à elle-même, sans une vision à long terme et un investissemen collectif de la communauté internationale dans la paix et la stabilité.

Compléments pédagogiques

Quid

■ Arme bactériologique (biologique) n° **384**

Arme utilisant des microbes, des virus et autres substances infectieuses.

■ Arme chimique n° **384**

Arme utilisant des substances chimiques, notamment à l'état gazeux.

■ Armes classiques, conventionnelles n° **389**

Par opposition aux armes dites de « destruction massive », que sont les armes atomiques (ou nucléaires), bactériologiques (biologiques) et chimiques, les armes A, B, C.

■ Arme nucléaire n° **375**

Arme utilisant l'énergie nucléaire. On distingue plusieurs générations d'armes nucléaires : la bombe atomique (bombe A) née de la fission d'un atome d'uranium ou de plutonium ; la bombe à hydrogène (bombe H), née de la fusion d'isotopes d'hydrogène ; la bombe à neutron (bombe N), etc.

■ Droit de Genève n° **364**

Expression usuelle pour englober le droit issu des conventions de Genève adoptées sous les auspices de la Croix-Rouge, pour protéger les personnes mises hors combat (blessés, naufragés, prisonniers de guerre) et les populations civiles.

■ Droit de La Haye n° **364**

Expression symétrique pour viser les lois et coutumes de la guerre, issues notamment des conventions de La Haye de 1899 et 1907 sur la conduite des opérations armées.

■ Droit international humanitaire n° **364**

Branche du droit international visant la protection des personnes et des biens en période de conflit armé ou de crise. Initialement constitué par les conventions de Genève, englobe aujourd'hui dans « un seul système complexe » le « droit de Genève » et le « droit de La Haye » (CIJ, avis, 8 juill. 1996, *Rec.* 256, § 75).

■ *Jus ad bellum* n° **351**

Littéralement « droit à la guerre », droit de faire la guerre, principes régissant la licéité mais aussi la légitimité du recours à la guerre, notamment au nom du concept de « guerre juste ».

■ *Jus contra bellum* n° **351**

Littéralement « droit contre la guerre », désigne le régime de sécurité collective mis en place par la Charte des Nations Unies sur le fondement du principe d'interdiction du recours à la force dans les relations internationales (art. 2 § 4 de la Charte).

■ *Jus in bello* n° **351**

Littéralement « droit dans la guerre », lois et coutumes régissant les conflits armés et notamment la conduite des hostilités. Le terme de « droit international humanitaire » tend à remplacer celui de « droit des conflits armés » (C. Rousseau).

■ Terrorisme n° **365**

À défaut de définition internationalement acceptée, on retiendra les éléments constitutifs suivants : actes contre les biens et les personnes commis dans le but d'intimider une population ou de déstabiliser l'organisation politique ou la vie sociale d'un État. On parle de « terrorisme d'État », lorsque ces actes sont commis par ou à l'instigation d'un État.

Documents

1) Le 11 septembre 2001 et l'encadrement du recours à la force

Conseil de sécurité, 15 oct. 1999, résol. n° 1267 (1999)

Le Conseil de sécurité,

Réaffirmant ses résolutions antérieures, en particulier les résolutions n° 1189 (1998) du 13 août 1998, 1193 (1998) du 28 août 1998 et n° 1214 (1998) du 8 décembre 1998, ainsi que les déclarations de son président sur la situation en Afghanistan,

Se déclarant à nouveau résolument attaché à la souveraineté, à l'indépendance, à l'intégrité territoriale et à l'unité nationale de l'Afghanistan, ainsi qu'au respect du patrimoine culturel et historique du pays,

Se déclarant à nouveau profondément préoccupé par les violations du droit international humanitaire et des droits de l'homme qui continuent d'être commises, en particulier la discrimination exercée à l'encontre des femmes et des filles, ainsi que par l'augmentation sensible de la production illicite d'opium, et soulignant que la prise du consulat général de la République islamique d'Iran par les Taliban et l'assassinat de diplomates iraniens et d'un journaliste à Mazar-e-Sharif constituent des violations flagrantes des règles établies du droit international,

Rappelant les conventions internationales contre le terrorisme pertinentes, et en particulier l'obligation qu'ont les parties à ces instruments d'extrader ou de poursuivre les terroristes,

Condamnant avec force le fait que des terroristes continuent d'être accueillis et entraînés, et que des actes de terrorisme soient préparés, en territoire afghan, en particulier dans les zones tenues par les Taliban, et réaffirmant sa conviction que la répression du terrorisme international est essentielle pour le maintien de la paix et de la sécurité internationales,

Déplorant que les Taliban continuent de donner refuge à Usama Bin Laden et de lui permettre, ainsi qu'à ses associés, de diriger un réseau de camps d'entraînement de terroristes à partir du territoire tenu par eux et de se servir de l'Afghanistan comme base pour mener des opérations terroristes internationales,
Notant qu'Usama Bin Laden et ses associés sont poursuivis par la justice des États-Unis d'Amérique, notamment pour les attentats à la bombe commis le 7 août 1998 contre les ambassades de ce pays à Nairobi (Kenya) et à Dar es-Salaam (Tanzanie) et pour complot visant à tuer des citoyens américains se trouvant à l'étranger, et notant également que les États-Unis d'Amérique ont demandé aux Taliban de remettre les intéressés à la justice (S/1999/1021),
Considérant qu'en se refusant à satisfaire aux exigences formulées au paragraphe 13 de la résolution n° 1214 (1998), les autorités des Taliban font peser une menace sur la paix et la sécurité internationales,
soulignant sa volonté résolue de faire respecter ses résolutions,
Agissant en vertu du chapitre VII de la Charte des Nations Unies,
1. Insiste pour que la faction afghane dénommée Taliban, qui se désigne également elle-même sous le nom d'Émirat islamique d'Afghanistan, se conforme sans attendre aux résolutions antérieures du Conseil et cesse, en particulier, d'offrir refuge et entraînement aux terroristes internationaux et à leurs organisations, qu'elle prenne les mesures effectives voulues pour que le territoire tenu par elle n'abrite pas d'installations et de camps de terroristes ni ne serve à préparer ou à organiser des actes de terrorisme dirigés contre d'autres États ou leurs citoyens, et qu'elle seconde l'action menée en vue de traduire en justice les personnes accusées de terrorisme ;
2. Exige que les Taliban remettent sans plus tarder Usama Bin Laden aux autorités compétentes soit d'un pays où il a été inculpé, soit d'un pays qui le remettra à un pays où il a été inculpé, soit d'un pays où il sera arrêté et effectivement traduit en justice ;
3. Décide que tous les États imposeront le 14 novembre 1999 les mesures prévues au paragraphe 4 ci-après, à moins qu'il n'ait décidé avant cette date, sur la base d'un rapport du secrétaire général, que les Taliban se sont pleinement acquittés de l'obligation qui leur est imposée au paragraphe 2 ci-dessus ;
4. Décide en outre qu'afin d'assurer l'application du paragraphe 2 ci-dessus, tous les États devront :
a) refuser aux aéronefs appartenants aux Taliban ou affrétés ou exploités par les Taliban ou pour le compte des Taliban, tels qu'identifiés par le comité créé en application du paragraphe 6 ci-après, l'autorisation de décoller de leur territoire ou d'y atterrir à moins que le comité n'ait préalablement approuvé le vol considéré pour des motifs d'ordre humanitaire, y compris les obligations religieuses telles que le pèlerinage à La Mecque ;
b) geler les fonds et autres ressources financières, tirés notamment de biens appartenants aux Taliban ou contrôlés directement ou indirectement par eux, ou appartenant à, ou contrôlés par, toute entreprise appartenant aux Taliban ou contrôlée par les Taliban, tels qu'identifiés par le comité créé en application du paragraphe 6 ci-après, et veiller à ce que ni les fonds et autres ressources financières en question, ni tous autres fonds ou ressources financières ainsi identifiés ne soient mis à la disposition ou utilisés au bénéfice des Taliban ou de toute entreprise leur appartenant ou contrôlée directement ou indirectement par les Taliban, que ce soit par leurs nationaux ou par toute autre personne se trouvant sur leur territoire, à moins que le comité n'ait donné une autorisation contraire, au cas par cas, pour des motifs humanitaires ;

5. Engage tous les États à s'associer aux efforts menés pour parvenir à ce qui est exigé au paragraphe 2 ci-dessus, et à envisager de prendre d'autres mesures contre Usama bin Laden et ses associés ; [...]
7. Demande à tous les États de se conformer strictement aux dispositions de la présente résolution, nonobstant l'existence de droits accordés ou d'obligations conférées ou imposées par tout accord international, tout contrat conclu ou toutes autorisations ou permis accordés avant la date à laquelle entreront en vigueur les mesures imposées par le paragraphe 4 ci-dessus ; (...)

⇨ *Imposition de sanctions à l'encontre du régime des Talibans*

Conseil de sécurité, 12 sept. 2001, résol. n° 1368 (2001)

Le Conseil de sécurité,
Réaffirmant les buts et principes de la Charte des Nations Unies,
Résolu à combattre par tous les moyens les menaces à la paix et à la sécurité internationales causées par les actes terroristes,
Reconnaissant le droit inhérent à la légitime défense individuelle ou collective conformément à la Charte,
1. Condamne catégoriquement dans les termes les plus forts les épouvantables attaques terroristes qui ont eu lieu le 11 septembre 2001 à New York, Washington (DC) et en Pennsylvanie et considère de tels actes, comme tout acte de terrorisme international, comme une menace à la paix et à la sécurité internationales ;
2. Exprime ses plus profondes sympathies et condoléances aux victimes et à leur famille ainsi qu'au peuple et au gouvernement des États-Unis d'Amérique ;
3. Appelle tous les États à travailler ensemble de toute urgence pour traduire en justice les auteurs, organisateurs et commanditaires de ces attaques terroristes et souligne que ceux qui portent la responsabilité d'aider, soutenir et héberger les auteurs, organisateurs et commanditaires de ces actes devront rendre des comptes ;
4. Appelle également la communauté internationale à redoubler d'efforts pour prévenir et éliminer les actes terroristes, y compris par une coopération accrue et une pleine application des conventions antiterroristes internationales et des résolutions du Conseil de sécurité, en particulier la résolution n° 1269 (1999) du 19 octobre 1999 ;
5. Se déclare prêt à prendre toutes les mesures nécessaires pour répondre aux attaques terroristes du 11 septembre 2001 et pour combattre le terrorisme sous toutes ses formes, conformément à ses responsabilités en vertu de la Charte des Nations Unies ;
6. Décide de demeurer saisi de la question.

⇨ *Condamnation des actes du 11 septembre et reconnaissance du droit à la légitime défense individuelle ou collective.*

Conseil de sécurité, 14 nov. 2001, résol. n° 1378 (2001)

Le Conseil de sécurité, (...)
Condamnant les Taliban pour avoir permis que l'Afghanistan soit utilisé comme base d'exportation du terrorisme par le réseau Al-Qaeda et autres groupes terroristes et pour avoir accordé l'asile à Usama Bin Laden, Al-Qaeda et autres éléments associés, et *appuyant* dans ce contexte les efforts que fait le peuple afghan pour remplacer le régime des Taliban, (...)
3. *Affirme* que l'Organisation des Nations Unies doit jouer un rôle central pour ce qui est d'appuyer les efforts du peuple afghan visant à établir d'urgence une nouvelle administration de

transition conduisant à la formation d'un nouveau gouvernement et *exprime* son plein appui au représentant spécial du secrétaire général dans l'accomplissement de son mandat, et demande aux Afghans, aussi bien à ceux qui se trouvent dans le pays qu'à ceux qui appartiennent à la diaspora afghane, et aux États Membres de coopérer avec lui ;

4. *Demande* aux États membres d'apporter :

– un appui à cette administration et à ce gouvernement, notamment en réalisant des projets à impact rapide ;

– une aide humanitaire d'urgence pour soulager les souffrances de la population afghane, aussi bien celle qui se trouve dans le pays que celle qui est réfugiée, notamment dans le domaine du déminage ; et

– une assistance à long terme pour la reconstruction et le relèvement de l'Afghanistan sur le plan économique et social ;

et *se félicite* des initiatives prises en ce sens ;

5. *Encourage* les États membres à appuyer les efforts visant à assurer la protection et la sécurité des zones de l'Afghanistan qui ne sont plus tenues par les Taliban, en particulier à faire en sorte que Kaboul soit respecté en tant que capitale de tout le peuple afghan, et, tout spécialement, à protéger la population civile, les autorités de transition, le personnel des Nations Unies et le personnel associé ainsi que celui des organisations humanitaires ;

6. *Décide* de rester activement saisi de la question.

⇨ *Rôle central de l'ONU dans le processus de reconstruction de l'Afghanistan*

Lettre datée du 23 nov. 2001, adressée au président du Conseil de sécurité par le représentant permanent de la France auprès de l'Organisation des Nations Unies (S/2001/103)

D'ordre de mon gouvernement, à la suite des attaques terroristes perpétrées le 11 septembre 2001 aux États-Unis d'Amérique, j'ai l'honneur de faire savoir que la France, conformément à l'exercice du droit naturel de légitime défense individuelle et collective (Charte des Nations Unies, art. 51), tel que visé par la résolution n° 1368 (2001) du Conseil de sécurité, et en réponse aux encouragements adressés aux États membres par le Conseil au paragraphe de sa résolution n° 1378 (2001), a engagé des actions impliquant la participation de moyens aériens, terrestres et navals.

Je vous serais obligé de bien vouloir faire distribuer le texte de la présente lettre comme document du Conseil de sécurité.

(signé) Jean-David Levitte

⇨ *Base juridique de la participation française à la coalition américaine*

Conseil de sécurité, 6 déc. 2001, résolution n° 1383 (2001)

Le Conseil de sécurité, (...)

Se félicitant de la lettre du Secrétaire général en date du 5 décembre 2001 l'informant de la signature, le 5 décembre 2001 à Bonn, de l'accord définissant les arrangements provisoires applicables en Afghanistan en attendant le rétablissement d'institutions étatiques permanentes (S/2001/1154),

Notant que les arrangements provisoires doivent être la première étape vers la constitution d'un gouvernement à large base, soucieux de l'équité entre les sexes, multiethnique et pleinement représentatif,

1. *Fait sien* l'accord définissant les arrangements provisoires applicables en Afghanistan en attendant le rétablissement d'institutions étatiques permanentes, tel que le Secrétaire général en a rendu compte dans sa lettre du 5 décembre 2001 ;
2. *Demande* à tous les groupes afghans d'appliquer pleinement cet accord, en particulier en apportant une coopération pleine et entière à l'autorité intérimaire qui doit entrer en fonction le 22 décembre 2001 ;
3. *Réaffirme* qu'il appuie pleinement le Représentant spécial du Secrétaire général et approuve les missions qui lui ont été confiées à l'annexe 2 de l'accord susmentionné ;
4. *Se déclare prêt* à continuer d'agir, sur la base du rapport du Secrétaire général, pour appuyer les institutions intérimaires établies par l'accord susmentionné et, le moment venu, pour appuyer la mise en œuvre de cet accord et de ses annexes ; (...)

⇨ *Endossement par le Conseil de sécurité de l'Accord de Bonn.*

Accord sur des dispositions provisoires en Afghanistan avant le rétablissement d'institutions gouvernementales permanentes, Annexe I – force internationale de sécurité

1. Les participants aux pourparlers des Nations Unies sur l'Afghanistan considèrent que la responsabilité du maintien de la sécurité, de la loi et de l'ordre dans le pays revient aux Afghans eux-mêmes. À cette fin, ils s'engagent résolument à faire tout ce qui est en leur pouvoir pour assurer cette sécurité, y compris pour les représentants des Nations Unies et de toutes organisations gouvernementales ou non gouvernementales déployées en Afghanistan.
2. Avec cet objectif à l'esprit, les participants requièrent l'assistance de la communauté internationale pour aider les nouvelles autorités afghanes à lever et à entraîner de nouvelles forces de sécurité et une nouvelle armée.
3. Sachant que la constitution de forces pleinement opérationnelles prendra un certain temps, les participants demandent au Conseil de sécurité des Nations Unies d'autoriser le déploiement rapide d'une force mandatée par les Nations Unies. Cette force contribuera au maintien de la sécurité de Kaboul et des environs et pourra progressivement s'étendre à d'autres centres urbains et d'autres secteurs.
4. Les participants aux pourparlers des Nations Unies s'engagent à retirer toutes les unités militaires de Kaboul et autres centres urbains ou secteurs dans lesquels sera déployée la force mandatée par les Nations Unies. Il serait également souhaitable que cette force contribue à la restauration de l'infrastructure de l'Afghanistan.

⇨ *Accord de Bonn : demande d'assistance au Conseil de sécurité en attendant la mise en place de nouvelles forces de sécurité nationales.*

Conseil de sécurité, 20 déc. 2001, résol. n° 1386 (2001)

Appuyant l'action internationale entreprise pour extirper le terrorisme, conformément à la Charte des Nations Unies, et réaffirmant également ses résolutions n° 1368 (2001) du 12 septembre 2001 et n° 1373 (2001) du 28 septembre 2001, (...)
Prenant acte de la demande adressée au Conseil de sécurité au paragraphe 3 de l'annexe I à l'Accord de Bonn d'envisager le déploiement rapide en Afghanistan d'une force de sécurité internationale et du compte rendu que le Représentant spécial du Secrétaire général a fait le 14 décembre 2001 sur ses entretiens avec les autorités afghanes, au cours desquels celles-ci ont dit se féliciter du déploiement en Afghanistan d'une force internationale de sécurité autorisée par les Nations Unies, (...)

Se félicitant de la lettre en date du 19 décembre 2001, adressée au Secrétaire général par le Secrétaire d'État aux Affaires étrangères et au Commonwealth du Royaume-Uni de Grande-Bretagne et d'Irlande du Nord (S/2001/1217), et prenant acte de l'offre qui y est faite par le Royaume-Uni de diriger l'organisation et le commandement d'une force internationale d'assistance à la sécurité,
Soulignant que toutes les forces afghanes doivent se conformer strictement aux obligations qui leur incombent en vertu des droits de l'homme, notamment le respect des droits des femmes, et en vertu du droit international humanitaire,
Réaffirmant son profond attachement à la souveraineté, à l'indépendance, à l'intégrité territoriale et à l'unité nationale de l'Afghanistan,
Constatant que la situation en Afghanistan demeure une menace pour la paix et la sécurité internationales,
Résolu à faire pleinement exécuter le mandat de la Force internationale d'assistance à la sécurité, en consultation avec l'Autorité intérimaire afghane établie par l'Accord de Bonn,
Agissant à ces fins en vertu du chapitre VII de la Charte des Nations Unies,
1. *Autorise*, comme prévu à l'annexe I à l'Accord de Bonn, la constitution pour six mois d'une force internationale d'assistance à la sécurité pour aider l'autorité intérimaire afghane à maintenir la sécurité à Kaboul et dans ses environs, de telle sorte que l'Autorité intérimaire afghane et le personnel des Nations Unies puissent travailler dans un environnement sûr ;
2. *Demande* aux États membres de fournir du personnel, du matériel et des ressources à la Force internationale d'assistance à la sécurité, et *invite* les États membres intéressés à se faire connaître auprès du commandement de la Force et du Secrétaire général ;
3. *Autorise* les États membres qui participent à la Force internationale d'assistance à la sécurité à prendre toutes les mesures nécessaires à l'exécution du mandat de celle-ci ;
4. *Demande* à la Force internationale d'assistance à la sécurité de travailler en consultation étroite avec l'Autorité intérimaire afghane pour l'accomplissement de son mandat, ainsi qu'avec le représentant spécial du Secrétaire général ; (...)

⇨ *Autorisation de la constitution pour six mois de la Force internationale d'assistance à la sécurité prévue par l'Accord de Bonn.*

Conseil de sécurité, 28 mars 2002, résol. n° 1401 (2002)

Se félicitant de la création, le 22 décembre 2001, de l'autorité intérimaire afghane et attendant avec intérêt l'évolution du processus énoncé dans l'Accord de Bonn,
Insistant sur l'importance vitale de la lutte contre la culture et le trafic de drogues illicites et de l'élimination de la menace que constituent les mines terrestres, ainsi que de la maîtrise du trafic des armes légères,
Ayant examiné le rapport du Secrétaire général en date du 18 mars 2002 (S/2002/278), (...)
1. *Approuve* la création, pour une période initiale de 12 mois à compter de l'adoption de la présente résolution, d'une Mission d'assistance des Nations Unies en Afghanistan (MANUA) avec le mandat et la structure tels qu'exposés dans le rapport du Secrétaire général en date du 18 mars 2002 (S/2002/278) ; (...)
5. *Demande* à toutes les parties afghanes de collaborer avec la MANUA à l'exécution de son mandat et d'assurer la sécurité et la liberté de mouvement de son personnel dans l'ensemble du pays (...)

⇨ *Création de la Mission d'assistance des Nations Unies en Afghanistan (MANUA).*

La situation en Afghanistan et ses conséquences pour la paix et la sécurité internationale. Rapport du Secrétaire général S2002278 : VI structure proposée pour la Mission d'assistance des Nations Unies en Afghanistan (MANUA)

97. Si le Conseil de sécurité autorise la création de la MANUA, celle-ci aura essentiellement pour mandat de :

a) s'acquitter des tâches et des responsabilités, y compris dans le domaine des droits de l'homme, de l'État de droit et de la promotion de la femme, confiées à l'ONU dans l'Accord de Bonn et approuvées par le Conseil de sécurité dans sa résolution n° 1383 (2001) ;

b) promouvoir la réconciliation et le rapprochement à l'échelle nationale, grâce aux bons offices de mon Représentant spécial ;

c) sous l'autorité de mon Représentant spécial et en coordination avec l'autorité intérimaire et les administrations qui prendront sa succession en Afghanistan, diriger l'ensemble des activités d'assistance humanitaire, de relèvement et de reconstruction menées par le système des Nations Unies en Afghanistan.

2) L'évolution de la légitime défense et l'intervention française en Syrie

Lettres identiques datées du 8 septembre 2015, adressées au Secrétaire général et au Président du Conseil de sécurité par le Représentant permanent de la France auprès de l'Organisation des Nations Unies

Les actions terroristes de Daech, y compris les exactions commises contre les populations civiles en République arabe syrienne et en Iraq, ont été qualifiées par le Conseil de sécurité, notamment dans ses résolutions 2170 (2014), 2178 (2014) et 2199 (2015), de menace pour la paix et la sécurité internationales. Elles constituent également une menace directe et exceptionnelle pour la sécurité de la France.

Dans leur lettre datée du 20 septembre 2014 adressée à la présidence du Conseil de sécurité des Nations Unies (S/2014/691), les autorités iraquiennes ont demandé l'assistance de la communauté internationale dans la lutte contre les attaques perpétrées par Daech.

Conformément aux dispositions de l'Article 51 de la Charte des Nations Unies, la France a engagé des actions impliquant la participation de moyens militaires aériens face aux attaques perpétrées par Daech à partir du territoire de la République arabe syrienne.

Je vous prie de bien vouloir faire diffuser la présente lettre auprès des membres du Conseil de Sécurité.

(*Signé*) François Delattre

⇨ *La France annonce qu'elle entend frapper Daech sur le territoire syrien. Elle invoque comme fondement l'article 51 de la Charte et la légitime défense collective exercée au profit de l'Irak qui subit des attaques de Daech à partir du territoire de la République arabe syrienne.*

Conseil de sécurité, Déclaration de M. François Delattre, représentant permanent de la France auprès de l'Organisation des Nations Unies, 20 novembre 2015, S/PV.7565.

Le 13 novembre dernier, Daech commettait un acte de guerre contre la France. En conduisant ses attaques meurtrières à Paris et à Saint-Denis, Daech a voulu frapper plus qu'une capitale, il a voulu frapper ce qui définit notre nation. Le bilan est particulièrement lourd, le Conseil le sait : 130 personnes ont été tuées, plus de 600 ont été blessées, 193 sont encore hospitalisées, beaucoup entre la vie et la mort.

Mais Daech, ce jour-là, n'a pas seulement frappé la France et les Français. Il a cherché à atteindre bien au-delà. Il a touché le monde, dans cette ville cosmopolite qu'est Paris. Parmi les personnes décédées, ce sont 24 nationalités qui ont été recensées à ce jour. Et je ne peux ici que rappeler qu'avant Paris, Daech s'est attaqué au Liban, à l'Iraq, à la Turquie, à la Tunisie, à la Russie et à de nombreux autres pays. Il a voulu porter atteinte à un idéal, celui de notre liberté et de notre humanité partagée ; un idéal qui est celui de l'Organisation des Nations unies.

Le Président Hollande s'est exprimé lundi devant le Parlement français réuni en Congrès pour marquer la détermination absolue de la France à lutter avec tous les moyens nécessaires contre Daech. Et dans sa lutte implacable contre le terrorisme de Daech, la France veut être fidèle à ses valeurs. Membre fondateur de l'Organisation des Nations Unies, la France croit profondément à la raison d'être de l'Organisation. L'ONU, c'est le primat du droit et de la sécurité collective. C'est donc vers le Conseil de sécurité que le Président de la République s'est naturellement tourné pour organiser et mobiliser notre action internationale.

En adoptant la résolution 2249 (2015), le Conseil de sécurité s'est mobilisé, à l'unanimité de ses membres et à la hauteur de ses responsabilités. La résolution que nous venons d'adopter reconnaît le caractère exceptionnel de la menace de Daech. Le Conseil appelle tous les États Membres à prendre toutes les mesures nécessaires pour éradiquer le sanctuaire que Daech a créé en Syrie et en Iraq, mais aussi repousser son idéologie radicale. Cette résolution encadre notre action dans le cadre du droit international et dans le respect de la Charte des Nations Unies, qui est notre bien commun, j'allais dire : qui est notre trésor commun. Il offre aussi une garantie de lutte efficace contre le terrorisme transnational.

Les attentats du 13 novembre ont constitué, je l'ai dit, une agression armée contre la France. Nos actions militaires, dont nous avons informé le Conseil de sécurité dès l'origine, qui étaient justifiées par la légitime défense collective, peuvent désormais se fonder également sur la légitime défense individuelle conformément à l'Article 51 de la Charte des Nations Unies. Sur le fondement de cette résolution historique du Conseil de sécurité, la France poursuivra et amplifiera ses efforts pour mobiliser toute la communauté internationale afin de vaincre notre ennemi commun. La France prendra toute sa part à cet effort. (…)

Cette résolution crée donc les conditions d'une mobilisation internationale. Dans ce contexte, nous en appelons à l'Europe. Mon pays a demandé et obtenu cette semaine de l'Union européenne l'activation, pour la première fois de son histoire, de la clause de solidarité mutuelle. Car la France paie un lourd tribut dans sa lutte contre le terrorisme, contre Daech en Syrie et en Iraq mais également contre Al-Qaida au Sahel. Nous attendons que l'Europe se mobilise activement à nos côtés, pour notre sécurité partagée et celle des pays frontaliers de la Syrie.

Nous en appelons également à tous les membres du Conseil de sécurité et au-delà. C'est dans cet esprit que le Président de la République se rendra la semaine prochaine à Washington puis à Moscou. Nous avons pris et prendrons contact avec de multiples partenaires. Nous sommes en effet déterminés à obtenir une mobilisation aussi large que possible. Face à Daech, mes chers amis, nous avons l'humanité en commun. Nous, les peuples des Nations Unies, avons le devoir de la défendre.

⇨ *Déclaration du représentant français qui suit l'adoption par le Conseil de sécurité, à l'unanimité de ses membres, de la résolution n° 2249 le 20 novembre 2015. Si les actions de la France en Syrie étaient jusque là fondées sur la légitime défense collective, « elles peuvent désormais se fonder également sur la légitime défense individuelle conformément à l'article 51 de la Charte des Nations Unies. »*

Résolution n° 2249 (2015), adoptée par le Conseil de sécurité à sa 7565e séance, le 20 novembre 2015.

Réaffirmant que le terrorisme, sous toutes ses formes et dans toutes ses manifestations, constitue une des menaces les plus graves contre la paix et la sécurité internationales et que tous les actes de terrorisme sont criminels et injustifiables, quels qu'en soient les motivations, le moment et les auteurs,

Considérant que (...) l'État islamique d'Iraq et du Levant (EIIL, également connu sous le nom de Daech) constitue une menace mondiale d'une gravité sans précédent contre la paix et la sécurité internationales,

Rappelant que le Front el-Nosra et tous les autres individus, groupes, entreprises et entités associés à Al-Qaida constituent également une menace contre la paix et la sécurité internationales

Résolu à combattre par tous les moyens cette menace d'une gravité sans précédent contre la paix et la sécurité internationales,

Prenant note des lettres datées des 25 juin et 20 septembre 2014 émanant des autorités iraquiennes, dans lesquelles celles-ci déclarent que Daech a établi un sanctuaire hors des frontières iraquiennes, qui constitue une menace directe pour la sécurité du peuple et du territoire iraquiens, (...)

1. Condamne sans équivoque et dans les termes les plus forts les épouvantables attentats terroristes qui ont été commis par l'EIIL, également connu sous le nom de Daech, le 26 juin 2015 à Sousse, le 10 octobre 2015 à Ankara, le 31 octobre 2015 au-dessus du Sinaï, le 12 novembre 2015 à Beyrouth et le 13 novembre 2015 à Paris, et tous les autres attentats commis par l'EIIL, également connu sous le nom de Daech, y compris les prises d'otage et les assassinats, note que cette organisation a la capacité et l'intention de perpétrer d'autres attentats et considère que tous ces actes de terrorisme constituent une menace contre la paix et la sécurité ;
2. Exprime ses très sincères condoléances et sa sympathie aux victimes et à leur famille, aux peuples et aux Gouvernements de la Tunisie, de la Turquie, de la Fédération de Russie, du Liban et de la France, ainsi qu'à tous les gouvernements dont les ressortissants ont été pris pour cibles lors des attentats susmentionnés et à toutes les autres victimes du terrorisme ;
3. Condamne également dans les termes les plus forts les atteintes flagrantes, systématiques et généralisées aux droits de l'homme et les violations du droit international humanitaire, ainsi que les actes barbares de destruction et de pillage du patrimoine culturel que continue de commettre l'EIIL, également connu sous le nom de Daech ;
4. Réaffirme que ceux qui commettent des actes terroristes, des violations du droit international humanitaire ou des atteintes aux droits de l'homme, ou qui sont d'une manière ou d'une autre responsables de ces actes ou violations, doivent en répondre ;
5. Demande aux États Membres qui ont la capacité de le faire de prendre toutes les mesures nécessaires, conformément au droit international, en particulier à la Charte des Nations Unies, au droit international des droits de l'homme, au droit international des réfugiés et au droit international humanitaire, sur le territoire se trouvant sous le contrôle de l'EIIL, également connu sous le nom de Daech, en Syrie et en Iraq, de redoubler d'efforts et de coordonner leur action en vue de prévenir et de faire cesser les actes de terrorisme commis tout particulièrement par l'EIIL, également connu sous le nom de Daech, par le Front el-Nosra et tous les autres individus,

groupes, entreprises et entités associés à Al-Qaida, ainsi que les autres groupes terroristes qui ont été désignés comme tels par le Conseil de sécurité de l'Organisation des Nations Unies ou qui pourraient par la suite être considérés comme tels par le Groupe international d'appui pour la Syrie avec l'approbation du Conseil de sécurité, conformément à la Déclaration du Groupe en date du 14 novembre, et d'éradiquer le sanctuaire qu'ils ont créé sur une partie significative des territoires de l'Iraq et de la Syrie ; (...)

⇨ *Au paragraphe 5 de cette résolution 2249, le Conseil ne décide rien mais se borne à demander aux États de prendre « toutes les mesures nécessaires » — des termes qui signifient prendre des mesures impliquant l'emploi de la force militaire — contre Daech, y compris sur le territoire de la Syrie. La Russie a ajouté au texte français l'incise « conformément au droit international, en particulier à la Charte des Nations Unies », ce qui revient à réserver sa position sur la légalité des interventions de la coalition Inherent Resolve, alors qu'elle-même intervient en territoire syrien sur sollicitation du gouvernement de Bachar Al Assad.*

3) La justification française de l'intervention du 14 avril 2018 contre la Syrie

Déclaration de M. Jean-Yves Le Drian, ministre de l'Europe et des Affaires étrangères - Situation en Syrie - 14.04.2018

Mesdames et Messieurs,

Le Président de la République a constaté que l'utilisation de l'arme chimique dans la ville de Douma, près de Damas, le 7 avril, au cours d'une offensive des forces du régime de Bachar al Assad, était à la fois avérée et imputable au régime syrien. Cette attaque chimique a fait plusieurs dizaines de victimes, au moins 45 d'après des sources médicales convergentes présentes sur place, et des centaines de blessés. La ligne rouge fixée par le Président de la République dès mai 2017 a donc été franchie.

Nous avions dit qu'une telle transgression ne nous laisserait pas sans réaction. Nous avons pris acte du blocage systématique du Conseil de sécurité. Nous avons donc agi conformément à notre parole et à notre responsabilité, en coordination avec nos Alliés.

Le régime d'Assad a choisi délibérément de briser le tabou que représente, depuis le début du xxe siècle, l'emploi des armes chimiques. Depuis sept ans, il n'a cessé d'enfreindre les normes internationales, dans le mépris le plus complet du droit de la guerre et de la simple humanité.

L'escalade chimique en Syrie n'est pas acceptable. Elle n'est pas acceptable parce ce que l'utilisation des armes chimiques constitue la violation d'une norme fondamentale du droit international et du droit humanitaire.

L'emploi de ces armes de terreur transgresse des conventions parmi les plus anciennes : le Protocole de 1925 qui prohibe l'usage à la guerre des armes chimiques. Il viole la Convention internationale d'interdiction des armes chimiques signée à Paris en 1993, à laquelle Damas a adhéré en 2013. La fabrication et l'utilisation de ces armes représentent une menace pour la paix et la sécurité internationale. Ceux qui y contreviennent se placent d'eux-mêmes au banc des nations.

L'escalade chimique n'est pas acceptable parce que le régime syrien avait pris l'engagement de démanteler intégralement son arsenal.

En septembre 2013, le conseil de sécurité avait pris acte de cet engagement et décidé par sa résolution 2118 que la Syrie devait s'y tenir, sous peine d'encourir des mesures relevant du chapitre VII de la Charte des Nations unies. Le chapitre VII a un sens clair : c'est le recours à des mesures militaires pour contraindre ceux qui menacent la paix et la sécurité internationale.

L'escalade chimique en Syrie n'est pas acceptable, parce que, depuis les déclarations du Président de la République, chacun était prévenu des conséquences d'une violation des engagements pris par le régime syrien devant la communauté internationale. Le régime de Bachar al-Assad savait à quoi il s'exposait en employant une nouvelle fois ces armes odieuses contre son peuple, en choisissant à nouveau délibérément de fouler aux pieds le droit international.

L'action qui a été conduite par nos forces armées, que je tiens à saluer car je connais leur professionnalisme et leur sang-froid au service de la France, vous sera détaillée dans un instant par Mme la ministre des Armées, Florence Parly.

Cette action est légitime. Elle vise à mettre un terme à une atteinte grave au droit. Elle est circonscrite à des objectifs précis : la destruction des capacités chimiques du régime syrien afin de l'empêcher de commettre de nouveaux massacres chimiques, de poursuivre sa stratégie de terreur à l'encontre de sa propre population. C'est une action proportionnée et ciblée : elle ne cherche pas à atteindre les alliés d'Assad ni la population civile, mais à dissuader le régime syrien de poursuivre ces actions criminelles. Le régime de Damas doit cesser d'employer de telles armes.

Depuis sept ans, le conflit syrien ne cesse de s'aggraver et s'amplifier. Il affecte directement la sécurité de la France et de l'Europe. Dans ce contexte, nous avons deux priorités : la lutte contre les groupes djihadistes, en particulier Daech, et le retour à la stabilité qui appelle une solution politique. Elle seule peut être synonyme de paix et de sécurité pour le peuple syrien, pour la région et pour la communauté internationale.

C'est pourquoi, très vite, nous allons donc prendre des initiatives politiques. Nous avons trois impératifs : 1°, le démantèlement du programme chimique syrien, de manière vérifiable et irréversible.

2°, un cessez le feu sur l'ensemble du territoire syrien et l'accès humanitaire aux populations civiles, comme l'exigent les résolutions du conseil de sécurité. Ces décisions ont force de loi internationale. Elles s'imposent à tous. Elles sont restées lettre morte jusqu'à présent. Nous devons les faire vivre.

3°, un plan de sortie de crise, qui doit être trouvé avec une solution politique. Nous sommes prêts à y travailler dès maintenant, avec tous les pays qui peuvent y contribuer.

4) La Commission internationale d'établissement des faits du CICR

Les États acceptant la compétence de la Commission internationale d'établissement des faits, en vertu de l'article 90 du Protocole additionnel I aux Conventions de Genève, apparaissent en gris. L'isolement des États-Unis et de la France, par rapport à leurs partenaires européens apparaît très clairement. Au sein du Tiers-monde, il y a un contraste évident entre l'adhésion latino-américaine et l'apparente indifférence des États africains et asiatiques.

Missions administrées par le département des opérations de maintien de la paix. Source CICR – Comité international de la Croix-Rouge

5) La question de la licéité des armes nucléaires

CIJ, avis consultatif, 8 juill. 1996, *Licéité de la menace ou de l'emploi d'armes nucléaires* (*Rec.* 239 s.)

51. La Cour, après avoir examiné les dispositions de la Charte relatives à la menace ou à l'emploi de la force, se penchera maintenant sur le droit applicable dans les situations de conflit armé. Elle traitera d'abord de la question de savoir s'il existe en droit international des règles spécifiques qui régissent la licéité ou l'illicéité du recours aux armes nucléaires en tant que telles ; elle passera ensuite à l'examen de la question qui lui a été posée, à la lumière du droit applicable dans les conflits armés proprement dit, c'est-à-dire des principes et règles du droit humanitaire applicable dans lesdits conflits ainsi que du droit de la neutralité.

52. La Cour rappellera à titre liminaire qu'il n'existe aucune prescription spécifique de droit international coutumier ou conventionnel qui autoriserait la menace ou l'emploi d'armes nucléaires ou de quelque autre arme, en général ou dans certaines circonstances, en particulier lorsqu'il y a exercice justifié de la légitime défense. Il n'existe cependant pas davantage de principe ou de règle de droit international qui ferait dépendre d'une autorisation particulière la licéité de la menace ou de l'emploi d'armes nucléaires ou de toute autre arme. La pratique des États montre que l'illicéité de l'emploi de certaines armes en tant que telles ne résulte pas d'une absence d'autorisation, mais se trouve au contraire formulée en termes de prohibition. (...)

62. La Cour note que les traités qui portent exclusivement sur l'acquisition, la fabrication, la possession, le déploiement et la mise à l'essai d'armes nucléaires, sans traiter spécifiquement de la menace ou de l'emploi de ces armes, témoignent manifestement des préoccupations que ces armes inspirent de plus en plus à la communauté internationale ; elle en conclut que ces traités pourraient en conséquence être perçus comme annonçant une future interdiction générale de l'utilisation desdites armes, mais ne comportent pas en eux-mêmes une telle interdiction. Pour ce qui est des traités de Tlatelolco et de Rarotonga et leurs protocoles, ainsi que des déclarations faites dans le contexte de la prorogation illimitée du traité sur la non-prolifération des armes nucléaires, il ressort de ces instruments :

a) qu'un certain nombre d'États se sont engagés à ne pas employer d'armes nucléaires dans certaines zones (Amérique latine, Pacifique Sud) ou contre certains autres États (États non dotés d'armes nucléaires parties au traité sur la non-prolifération des armes nucléaires) ;

b) que toutefois, même dans ce cadre, les États dotés d'armes nucléaires se sont réservés le droit de recourir à ces armes dans certaines circonstances ; et

c) que ces réserves n'ont suscité aucune objection de la part des parties aux traités de Tlatelolco ou de Rarotonga, ou de la part du Conseil de sécurité.

63. Ces deux traités, les garanties de sécurité données en 1995 par les États dotés d'armes nucléaires et le fait que le Conseil de sécurité en ait pris acte avec satisfaction montrent que l'on se rend de mieux en mieux compte de la nécessité d'affranchir la communauté des États et le grand public international des dangers qui résultent de l'existence des armes nucléaires. La Cour relève d'ailleurs que tout récemment encore ont été signés, le 15 décembre 1995, à Bangkok, un traité sur la dénucléarisation du Sud-Est asiatique, et le 11 avril 1996, au Caire, un traité sur une zone exempte d'armes nucléaires en Afrique. Elle ne regarde cependant pas ces éléments comme constitutifs d'une interdiction conventionnelle complète et universelle d'emploi ou de menace d'emploi de ces armes en tant que telles.

64. La Cour passera maintenant à l'examen du droit international coutumier à l'effet d'établir si on peut tirer de cette source de droit une interdiction de la menace ou de l'emploi des armes

nucléaires en tant que telles. Ainsi que la Cour l'a déclaré, la substance du droit international coutumier doit « être recherchée en premier lieu dans la pratique effective et l'*opinio juris* des États » (*Plateau continental Jamahiriya arabe libyenne/Malte*), arrêt 1985, *Rec.* 29, § 27).
65. Les États qui soutiennent que l'utilisation d'armes nucléaires est illicite se sont employés à démontrer l'existence d'une règle coutumière portant interdiction de cette utilisation. Ils se réfèrent à une pratique constante de non-utilisation des armes nucléaires par les États depuis 1945, et veulent voir dans cette pratique l'expression d'une *opinio juris* des détenteurs de ces armes.
66. Certains autres États, qui affirment la licéité de la menace et de l'emploi d'armes nucléaires dans certaines circonstances, ont invoqué à l'appui de leur thèse la doctrine et la pratique de la dissuasion. Ils rappellent qu'ils se sont toujours réservés, de concert avec certains autres États, le droit d'utiliser ces armes dans l'exercice du droit de légitime défense contre une agression armée mettant en danger leurs intérêts vitaux en matière de sécurité. À leurs yeux, si les armes nucléaires n'ont pas été utilisées depuis 1945, ce n'est pas en raison d'une coutume existante ou en voie de création, mais simplement parce que les circonstances susceptibles de justifier leur emploi ne se sont heureusement pas présentées.
67. La Cour n'entend pas se prononcer ici sur la pratique dénommée « politique de dissuasion ». Elle constate qu'il est de fait qu'un certain nombre d'États ont adhéré à cette pratique pendant la plus grande partie de la guerre froide et continuent d'y adhérer. De surcroît, les membres de la communauté internationale sont profondément divisés sur le point de savoir si le non-recours aux armes nucléaires pendant les cinquante dernières années constitue l'expression d'une *opinio juris.* Dans ces conditions, la Cour n'estime pas pouvoir conclure à l'existence d'une telle *opinio juris.* (...)
73. Cela étant, la Cour observera que l'adoption chaque année par l'Assemblée générale, à une large majorité, de résolutions rappelant le contenu de la résolution n° 1653 (XVI) et priant les États membres de conclure une convention interdisant l'emploi d'armes nucléaires en toutes circonstances est révélatrice du désir d'une très grande partie de la communauté internationale de franchir, par une interdiction spécifique et expresse de l'emploi de l'arme nucléaire, une étape significative sur le chemin menant au désarmement nucléaire complet. L'apparition, en tant que *lex lata*, d'une règle coutumière prohibant spécifiquement l'emploi des armes nucléaires en tant que telles se heurte aux tensions qui subsistent entre, d'une part, une *opinio juris* naissante et, d'autre part, une adhésion encore forte à la pratique de la dissuasion.
96. La Cour ne saurait au demeurant perdre de vue le droit fondamental qu'a tout État à la survie, et donc le droit qu'il a de recourir à la légitime défense, conformément à l'article 51 de la Charte, lorsque cette survie est en cause. Elle ne peut davantage ignorer la pratique dénommée « politique de dissuasion » à laquelle une partie appréciable de la communauté internationale a adhéré pendant des années. La Cour note aussi les réserves que certains États dotés d'armes nucléaires ont apportées aux engagements qu'ils ont pris en vertu, notamment, des protocoles aux traités de Tlatelolco et de Rarotonga, ainsi que des déclarations faites par eux dans le cadre de la prorogation du traité sur la non-prolifération des armes nucléaires, de ne pas recourir à ces armes.
97. En conséquence, au vu de l'état actuel du droit international pris dans son ensemble, tel qu'elle l'a examiné ci-dessus, ainsi que des éléments de fait à sa disposition, la Cour est amenée à constater qu'elle ne saurait conclure de façon définitive à la licéité ou à l'illicéité de l'emploi d'armes nucléaires par un État dans une circonstance extrême de légitime défense dans laquelle sa survie même serait en cause.

6) Les opérations de maintien de la paix

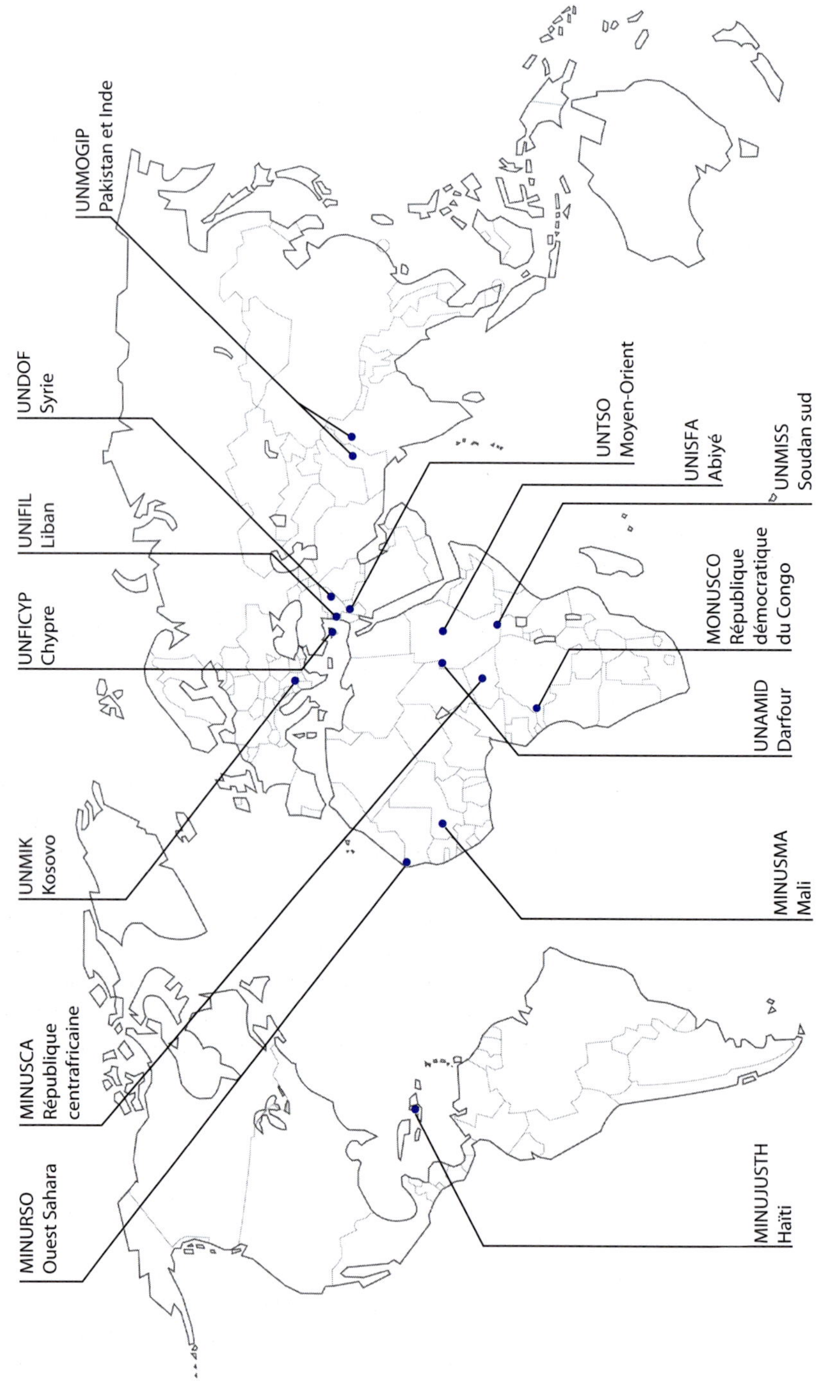

source ONU (juillet 2018)

7) La question de l'intervention et la responsabilité de protéger

Boutros Boutros-Ghali, secrétaire général des Nations Unies, *Discours d'ouverture de la conférence mondiale sur les droits de l'homme*, Vienne, 14 juin 1993
(A/CONF.157/22, v. « Livre bleu », *Les Nations Unies et les droits de l'homme*, doc. n° 84, 1995)

Si les droits de l'homme constituent un objectif commun à l'ensemble des membres de la société internationale, si chacun se reconnaît dans cette question, chaque culture a sa façon particulière de la formuler. À cet égard, il faut être reconnaissant aux États membres qui ont, au niveau régional, rappelé cette réalité.

Encore faut-il que ce rappel soit source de réflexions positives, et non pas de malentendus stériles. En effet, les droits de l'homme, pensés à l'échelle universelle, nous confrontent à la dialectique la plus exigeante qui soit : la dialectique de l'identité et de l'altérité, du « moi » et de l'« autre ». Ils nous enseignent, sans détour, que nous sommes tout à la fois identiques et différents.

Dès lors, les droits de l'homme que nous énonçons, et que nous cherchons à garantir, ne peuvent être que le résultat d'un dépassement, le produit d'un effort conscient pour retrouver notre essence commune par-delà nos clivages apparents, nos différences du moment, nos barrières idéologiques et culturelles.

Bref, je veux dire par là, de la façon la plus solennelle, que les droits de l'homme dont nous allons débattre ici à Vienne ne sont pas le plus petit dénominateur commun de toutes les nations, mais, au contraire, ce que je voudrais appeler « l'irréductible humain », c'est-à-dire la quintessence des valeurs par lesquelles nous affirmons, ensemble, que nous sommes une seule communauté humaine. (...)

En tant qu'instrument de référence, les droits de l'homme constituent le langage commun de l'humanité grâce auquel tous les peuples peuvent, dans le même temps, comprendre les autres et écrire leur propre histoire. Les droits de l'homme sont, par définition, la norme ultime de toute politique. (...)

Je suis tenté de dire que, par leur nature, les droits de l'homme abolissent la distinction traditionnelle entre l'ordre interne et l'ordre international. Ils sont créateurs d'une perméabilité juridique nouvelle. Il s'agit donc de ne les considérer, ni sous l'angle de la souveraineté absolue, ni sous celui de l'ingérence politique. Mais, au contraire, il faut comprendre que les droits de l'homme impliquent la collaboration et la coordination des organisations internationales.

Dans ce contexte, l'État devrait être le meilleur garant des droits de l'homme. C'est à l'État que la communauté internationale devrait, à titre principal, déléguer le soin d'assurer la protection des individus.

Mais la question de l'action internationale doit se poser lorsque les États se révèlent indignes de cette mission, lorsqu'ils contreviennent aux principes fondamentaux de la Charte et lorsque, loin d'être les protecteurs de la personne humaine, ils en deviennent les bourreaux. (...)

Dans de telles circonstances, c'est à la communauté internationale de prendre le relais des États défaillants, c'est-à-dire aux organisations internationales, universelles ou régionales. Il y a là une construction juridique et institutionnelle qui n'a rien de choquant et qui ne me semble pas attentatoire à la conception moderne que nous avons de la souveraineté. Car je pose — je nous pose — la question : est-il en droit d'espérer le respect absolu de la communauté internationale, l'État qui ternit la belle idée de souveraineté en en faisant ouvertement un usage que la conscience universelle et que le droit réprouvent. Lorsque la souveraineté devient l'ultime argument invoqué par des régimes autoritaires pour porter atteinte aux droits et libertés, des hommes, des femmes, des enfants, à l'abri des regards, alors — je le dis gravement — cette souveraineté-là est déjà condamnée par l'Histoire.

Kofi Annan, « Deux concepts de la souveraineté » (*The Economist* 18 sept. 1999, trad. *in Le Monde* 22 sept. 1999, p. 20)

La souveraineté des États, au sens le plus fondamental, est redéfinie — et notamment par les forces de la mondialisation et de la coopération internationale. On s'accorde désormais à voir en eux des instruments au service de leurs peuples et non le contraire. En même temps, la souveraineté individuelle — par quoi j'entends la liberté fondamentale de chaque être humain, inscrite dans la Charte des Nations Unies et dans les traités internationaux ultérieurs — s'est vue rehaussée par une conscience accrue et renouvelée des droits de l'individu. Lire la Charte aujourd'hui, c'est comprendre plus que jamais que son but est de protéger les individus, non pas ceux qui les tourmentent. (…)

Une lumière crue a été jetée sur le dilemme de ce qu'on appelle « l'intervention humanitaire ». D'un côté, est-il légitime pour une organisation régionale d'utiliser la force sans mandat de l'ONU ? De l'autre, est-il admissible de laisser se poursuivre impunément des violations brutales et systématiques des droits de l'homme ? L'inaptitude de la communauté internationale, dans le cas du Kosovo, à concilier ces deux intérêts contraignants est d'évidence tragique.

Pour en éviter la répétition dans le siècle prochain, je crois qu'il est essentiel que l'ensemble des nations arrive à un consensus — non seulement sur le principe qu'il faut réprimer les violations massives et systématiques des droits de l'homme, où qu'elles aient lieu, mais aussi sur la manière de décider de l'initiative nécessaire, de son moment et de ses acteurs.

Commission internationale de l'intervention et de la souveraineté des États, co-présidée par Gareth Evans et Mohamed Sahnoun (rapp. *La responsabilité de protéger*, déc. 2001)

8.31 Au fil de ses délibérations, la Commission a cherché à concilier deux objectifs : d'une part renforcer — et non affaiblir — la souveraineté des États, et d'autre part accroître la capacité de la communauté internationale à réagir résolument lorsque des États ne sont pas en mesure de protéger leur propre population ou ne sont pas disposés à le faire. Il est indispensable de faire coexister ces deux objectifs puisque nous n'avons aucune chance de parvenir à une authentique égalité entre les peuples à moins de faire respecter la souveraineté des États et d'améliorer leur capacité de protéger leurs propres citoyens. Inversement, l'expression « communauté internationale » ne sera plus qu'un cliché dénué de sens si les États du monde ne sont pas en mesure d'agir, collectivement et résolument, lorsque des groupes importants d'êtres humains sont victimes de massacres ou d'actes de nettoyage ethnique.

8.32 La Commission a des raisons d'espérer que ces deux objectifs — renforcer la capacité souveraine des États et améliorer l'aptitude de la communauté internationale à protéger les populations dont la vie est en danger — pourront être conciliés en pratique. Nos travaux reflètent l'évolution remarquable, voire historique, du comportement des États et du fonctionnement du Conseil de sécurité depuis une génération. Grâce à cette évolution, nul n'oserait soutenir aujourd'hui que des États peuvent traiter — ou maltraiter — leurs propres populations à leur guise, derrière le paravent de la souveraineté. Dans la nouvelle communauté internationale, tout comme l'emploi unilatéral injustifié de la force ne saurait à présent rester impuni, les auteurs de massacres et d'actes de nettoyage ethnique doivent être traqués sans relâche et recevoir le châtiment qu'ils méritent.

8.33 Ces principes fondamentaux, sur lesquels on s'entend généralement désormais, nous amènent à conclure que la communauté internationale a la responsabilité d'agir résolument lorsque les États ne sont pas disposés à s'acquitter de ces responsabilités fondamentales ou ne sont pas en mesure de le faire. La Commission s'est donnée pour mission d'énoncer clairement ce nouveau consensus. Elle lance un appel à tous les membres de la communauté des nations, ainsi qu'aux acteurs non gouvernementaux et aux citoyens des États, pour qu'ils reconnaissent que la responsabilité de protéger constitue dorénavant un élément fondamental du code de citoyenneté mondiale des pays et des peuples au XXIe siècle.

8.34 Relever ce défi n'est pas un luxe moral, mais une nécessité vitale. L'idéal que nous partageons en affirmant l'égalité de valeur et de dignité de tous les êtres humains, notre aspiration à faire de la Terre un lieu où nul ne doit se sentir exclu, est plus que jamais remis en question chaque fois que la communauté des États se montre incapable de prévenir les génocides, les massacres et les actes de nettoyage ethnique. Si nous croyons que tous les êtres humains ont également le droit d'être protégés contre des actes qui choquent notre conscience collective, nous devons faire de notre discours une réalité, traduire nos principes dans la pratique. Nous ne saurions plus nous contenter de rapports et de déclarations. Nous devons être prêts à agir. Tel est le prix que nous devons être prêts à payer si nous voulons avoir la conscience en paix.

Sommaire. La Responsabilité de protéger : principes de base

(1) Principes fondamentaux

A. La souveraineté des États implique une responsabilité, et c'est à l'État lui-même qu'incombe, au premier chef, la responsabilité de protéger son peuple.

B. Quand une population souffre gravement des conséquences d'une guerre civile, d'une insurrection, de la répression exercée par l'État ou de l'échec de ses politiques, et lorsque l'État en question n'est pas disposé ou apte à mettre un terme à ces souffrances ou à les éviter, la responsabilité internationale de protéger prend le pas sur le principe de non-intervention.

(2) Fondements

Les fondements de la responsabilité de protéger en tant que principe directeur pour la communauté internationale des États reposent sur :

A. Les obligations inhérentes à la notion de souveraineté ;

B. L'article 24 de la Charte de l'ONU, qui confère au Conseil de sécurité la responsabilité du maintien de la paix et de la sécurité internationales ;

C. Les impératifs juridiques particuliers énoncés dans les déclarations, pactes et traités relatifs aux droits de l'homme et à la protection des populations, le droit international humanitaire et la législation nationale ;

D. La pratique croissante des États et des organisations régionales, ainsi que du Conseil de sécurité lui-même.

(3) Éléments

La responsabilité de protéger comprend trois obligations particulières :

A. La responsabilité de prévenir : éliminer à la fois les causes profondes et les causes directes des conflits internes et des autres crises produites par l'homme qui mettent en danger les populations.

B. La responsabilité de réagir : réagir devant des situations où la protection des êtres humains est une impérieuse nécessité, en utilisant des mesures appropriées pouvant prendre la forme de mesures coercitives telles que des sanctions et des poursuites internationales et, dans les cas extrêmes, en ayant recours à l'intervention militaire.
C. La responsabilité de reconstruire : fournir, surtout après une intervention militaire, une assistance à tous les niveaux afin de faciliter la reprise des activités, la reconstruction et la réconciliation, en agissant sur les causes des exactions auxquelles l'intervention devait mettre un terme ou avait pour objet d'éviter.

Assemblée générale, 16 sept. 2005, résol. n° 60/1 *Responsabilité de protéger les populations contre le génocide, les crimes de guerre, le nettoyage ethnique et les crimes contre l'humanité* (Doc. final sommet mondial 2005)

138. C'est à chaque État qu'il incombe de protéger ses populations du génocide, des crimes de guerre, du nettoyage ethnique et des crimes contre l'humanité. Cette responsabilité consiste notamment dans la prévention de ces crimes, y compris l'incitation à les commettre, par les moyens nécessaires et appropriés. Nous l'acceptons et agirons de manière à nous y conformer. La communauté internationale devrait, si nécessaire, encourager et aider les États à s'acquitter de cette responsabilité et aider l'Organisation des Nations Unies à mettre en place un dispositif d'alerte rapide.
139. Il incombe également à la communauté internationale, dans le cadre de l'Organisation des Nations Unies, de mettre en œuvre les moyens diplomatiques, humanitaires et autres moyens pacifiques appropriés, conformément aux chapitres VI et VIII de la Charte, afin d'aider à protéger les populations du génocide, des crimes de guerre, du nettoyage ethnique et des crimes contre l'humanité. Dans ce contexte, nous sommes prêts à mener en temps voulu une action collective résolue, par l'entremise du Conseil de sécurité, conformément à la Charte, notamment son chapitre VII, au cas par cas et en coopération, le cas échéant, avec les organisations régionales compétentes, lorsque ces moyens pacifiques se révèlent inadéquats et que les autorités nationales n'assurent manifestement pas la protection de leurs populations contre le génocide, les crimes de guerre, le nettoyage ethnique et les crimes contre l'humanité. Nous soulignons que l'Assemblée générale doit poursuivre l'examen de la responsabilité de protéger les populations du génocide, des crimes de guerre, du nettoyage ethnique et des crimes contre l'humanité et des conséquences qu'elle emporte, en ayant à l'esprit les principes de la Charte et du droit international. Nous entendons aussi nous engager, selon qu'il conviendra, à aider les États à se doter des moyens de protéger leurs populations du génocide, des crimes de guerre, du nettoyage ethnique et des crimes contre l'humanité et à apporter une assistance aux pays dans lesquels existent des tensions avant qu'une crise ou qu'un conflit n'éclate.

Conseil de sécurité, 28 avr. 2006, résol. n° 1674 (2006), *Protection des civils dans les conflits armés*

Le Conseil de sécurité,
Ayant présente à l'esprit la responsabilité principale que la Charte des Nations Unies lui a assignée de maintenir la paix et la sécurité internationales, et *soulignant* qu'il importe de prendre des mesures pour prévenir et régler les conflits,
(...)

4. *Réaffirme* les dispositions des paragraphes 138 et 139 du Document final du Sommet mondial de 2005 relatives à la responsabilité de protéger les populations du génocide, des crimes de guerre, de la purification ethnique et des crimes contre l'humanité ;

Conseil de sécurité, 26 févr. 2011, résol. n° 1970 (2011), *Paix et sécurité en Afrique (Libye)*

Le Conseil de sécurité,

Se déclarant gravement préoccupé par la situation en Jamahiriya arabe libyenne, et condamnant la violence et l'usage de la force contre des civils,

Regrettant vivement les violations flagrantes et systématiques des droits de l'homme, notamment la répression exercée contre des manifestants pacifiques, exprimant la profonde préoccupation que lui inspire la mort de civils et *dénonçant* sans équivoque l'incitation à l'hostilité et à la violence émanant du plus haut niveau du Gouvernement libyen et dirigée contre la population civile,

Considérant que les attaques systématiques et généralisées actuellement commises en Jamahiriya arabe libyenne contre la population civile pourraient constituer des crimes contre l'humanité, (...)

Rappelant que les autorités libyennes ont la responsabilité de protéger le peuple libyen, (...)

Soulignant également que les auteurs des attaques perpétrées contre des civils, y compris les attaques menées par des forces placées sous leur contrôle, doivent être amenés à répondre de leurs actes,

Rappelant l'article 16 du Statut de Rome, selon lequel aucune enquête ni aucune poursuite ne peuvent être engagées ni menées par la Cour pénale internationale pendant les 12 mois qui suivent la date à laquelle le Conseil de sécurité a fait une demande en ce sens,

Conscient de la responsabilité principale du maintien de la paix et de la sécurité internationales qui lui est assignée par la Charte des Nations Unies,

Agissant en vertu du Chapitre VII de la Charte des Nations Unies et prenant des mesures au titre de son article 41,

1. *Exige* qu'il soit immédiatement mis fin à la violence et demande que des mesures soient prises pour satisfaire les revendications légitimes de la population ;

2. *Exhorte* les autorités libyennes :

a)À faire preuve de la plus grande retenue, à respecter les droits de l'homme et le droit international humanitaire, et à donner aux observateurs internationaux des droits de l'homme un accès immédiat au pays ;

b)À garantir la sécurité de tous les étrangers et de leurs biens et à faciliter le départ de ceux qui souhaitent quitter le pays ;

c)À veiller à ce que les fournitures médicales et humanitaires et les organismes et travailleurs humanitaires puissent entrer dans le pays en toute sécurité ; et

d)À lever immédiatement les restrictions imposées aux médias de tous types ;

3. *Prie* tous les États Membres, dans la mesure du possible, de coopérer à l'évacuation des étrangers qui souhaitent quitter le pays ;

Saisine de la Cour pénale internationale

4. *Décide* de saisir le Procureur de la Cour pénale internationale de la situation qui règne en Jamahiriya arabe libyenne depuis le 15 février 2011 ;

5. *Décide* que les autorités libyennes doivent coopérer pleinement avec la Cour et le Procureur et leur apporter toute l'assistance voulue, en application de la présente résolution et, tout en

reconnaissant que le Statut de Rome n'impose aucune obligation aux États qui n'y sont pas parties, demande instamment à tous les États et à toutes les organisations régionales et internationales concernées de coopérer pleinement avec la Cour et le Procureur ;

6. *Décide* que les ressortissants, responsables ou personnels en activité ou anciens responsables ou personnels, d'un État autre que la Jamahiriya arabe libyenne qui n'est pas partie au Statut de Rome de la Cour pénale internationale sont soumis à la compétence exclusive dudit État pour toute allégation d'actes ou d'omissions découlant des opérations en Jamahiriya arabe libyenne établies ou autorisées par le Conseil ou s'y rattachant, à moins d'une dérogation formelle de l'État ;

7. *Invite* le Procureur à l'informer, dans les deux mois suivant la date de l'adoption de la présente résolution, puis tous les six mois, de la suite donnée à celle-ci ;

8. *Convient* qu'aucun des coûts afférents à la saisine de la Cour, y compris ceux occasionnés par les enquêtes et poursuites menées comme suite à cette saisine, ne sera pris en charge par l'Organisation des Nations Unies et que ces coûts seront supportés par les Parties au Statut de Rome et les États qui voudraient contribuer à leur financement à titre facultatif ;

Embargo sur les armes

9. *Décide* que tous les États Membres doivent prendre immédiatement les mesures nécessaires pour empêcher la fourniture, la vente ou le transfert directs ou indirects à la Jamahiriya arabe libyenne, à partir de leur territoire ou à travers leur territoire ou par leurs nationaux, ou au moyen de navires ou d'aéronefs battant leur pavillon, d'armements et de matériel connexe de tous types – armes et munitions, véhicules et matériels militaires, équipements paramilitaires et pièces détachées correspondantes –, ainsi que toute assistance technique ou formation, et toute aide financière ou autre en rapport avec les activités militaires ou la fourniture, l'entretien ou l'utilisation de tous armements et matériel connexe, y compris la mise à disposition de mercenaires armés venant ou non de leur territoire, et décide également que cette mesure ne s'appliquera pas :

a)Aux fournitures de matériel militaire non létal destiné exclusivement à un usage humanitaire ou de protection et à l'assistance technique ou la formation connexes qui auront été approuvées à l'avance par le Comité créé en application du paragraphe 24 ci-après ;

b)Aux vêtements de protection, dont les gilets pare-balles et les casques militaires, temporairement exportés en Jamahiriya arabe libyenne, pour leur usage personnel uniquement, par des personnels des Nations Unies, des représentants des médias et des agents humanitaires et du développement ou des personnels connexes ;

c)Aux autres ventes ou fournitures d'armements et de matériel connexe, ou à la fourniture d'une assistance ou de personnel, qui auront été approuvées à l'avance par le Comité ;

10. *Décide* que la Jamahiriya arabe libyenne doit cesser d'exporter tous armements et matériel connexe et que tous les États Membres devront interdire l'acquisition de ces articles auprès de la Jamahiriya arabe libyenne par leurs ressortissants, ou au moyen de navires ou d'aéronefs battant leur pavillon, que ces articles aient ou non leur origine dans le territoire libyen ; (...)

Interdiction de voyager

15. *Décide* que tous les États Membres doivent prendre les mesures nécessaires pour empêcher l'entrée ou le passage en transit sur leur territoire des individus désignés dans l'annexe I à la présente résolution ou désignés par le Comité créé en application du paragraphe 24 ci-après, étant entendu qu'aucune des dispositions du présent paragraphe n'oblige un État à refuser à ses propres nationaux l'entrée sur son territoire ; (...)

Gel des avoirs

17. *Décide* que tous les États Membres doivent geler immédiatement tous les fonds, autres avoirs financiers et ressources économiques se trouvant sur leur territoire qui sont en la possession ou sous le contrôle direct ou indirect des individus ou entités désignés dans l'annexe II à la présente résolution ou désignés par le Comité créé en application du paragraphe 24 ci-après, ou de tout individu ou entité agissant pour le compte ou sur les ordres de ceux-ci, ou de toute entité en leur possession ou sous leur contrôle, et *décide en outre* que tous les États Membres doivent veiller à empêcher que leurs nationaux ou aucune personne ou entité se trouvant sur leur territoire ne mettent à la disposition des individus ou entités désignés dans l'annexe II à la présente résolution ou aux individus désignés par le Comité aucuns fonds, avoirs financiers ou ressources économiques ;

Critères de désignation

22. *Décide* que les mesures prévues aux paragraphes 15 et 17 s'appliquent aux individus et entités désignés par le Comité, conformément aux alinéas b) et c) du paragraphe 24, respectivement :

a) Qui ordonnent, contrôlent ou dirigent de toute autre manière la commission de violations graves des droits de l'homme contre des personnes se trouvant en Jamahiriya arabe libyenne ou sont complices en la matière, y compris en préparant, commandant, ordonnant ou conduisant des attaques, en violation du droit international, notamment des bombardements aériens, contre des populations ou des installations civiles, ou en étant complices en la matière ; (...)

Nouveau comité des sanctions

24. *Décide* de créer, conformément à l'article 28 de son règlement intérieur provisoire, un comité du Conseil de sécurité composé de tous ses membres (ci-après « le Comité »), qui s'acquittera des tâches ci-après : (...)

Assistance humanitaire

26. *Demande* à tous les États Membres, agissant de concert et en coopération avec le Secrétaire général, de faciliter et d'appuyer le retour des agences humanitaires et de rendre accessible en Jamahiriya arabe libyenne une aide humanitaire et une aide connexe, prie les États concernés de le tenir régulièrement informé des progrès accomplis quant aux mesures prises en application du présent paragraphe et se déclare prêt à envisager de prendre d'autres mesures pertinentes, si nécessaire, pour y parvenir ;

Volonté d'examiner la situation

27. *Affirme* qu'il suivra en permanence la conduite des autorités libyennes et se tiendra prêt à examiner l'opportunité des mesures énoncées dans la présente résolution, y compris de leur renforcement, de leur modification, de leur suspension ou de leur levée, selon ce que dicterait la manière dont les autorités libyennes se conforment aux dispositions pertinentes de la présente résolution ;

28. *Décide* de rester activement saisi de la question.

Conseil de sécurité, 30 mars 2011, résol. n° 1975 (2011), *La situation en Côte d'Ivoire*

Le Conseil de sécurité, (...)

Condamnant les graves exactions et autres violations du droit international, notamment le droit international humanitaire, le droit international des droits de l'homme et le droit international des réfugiés, perpétrées en Côte d'Ivoire, *réaffirmant* la responsabilité qui incombe au premier chef à chaque État de protéger les civils et *réitérant* qu'il incombe avant tout aux parties à tout conflit armé de prendre toutes mesures possibles pour assurer la protection des civils et faciliter l'acheminement rapide et sans entrave de l'aide humanitaire et la sûreté du personnel humanitaire, *rappelant ses résolutions* 1325 (2000), 1820 (2008), 1888 (2009) et 1889 (2009) sur les femmes, la paix et la sécurité, ses résolutions 1612 (2005) et 1882 (2009) sur les enfants et les conflits armés et ses résolutions 1674 (2006) et 1894 (2009) sur la protection des civils en période de conflit armé, (…)

Soulignant que les personnes responsables de ces graves exactions et violations, y compris celles perpétrées par des forces placées sous leur contrôle, doivent répondre de leurs actes,

Réaffirmant qu'il est de la responsabilité de la Côte d'Ivoire de promouvoir et protéger tous les droits de l'homme et toutes les libertés fondamentales, d'enquêter sur les violations présumées de droits de l'homme et du droit international et de traduire en justice les responsables de tels actes,

Considérant que les attaques qui se perpètrent actuellement en Côte d'Ivoire contre la population civile pourraient constituer des crimes contre l'humanité et que leurs auteurs doivent être tenus responsables au regard du droit international, et notant que la Cour pénale internationale peut, en se fondant sur le paragraphe 3 de l'article 12 du Statut de Rome, décider de sa compétence concernant la situation en Côte d'Ivoire,

Considérant que la situation en Côte d'Ivoire continue de menacer la paix et la sécurité internationales,

Agissant en vertu du Chapitre VII de la Charte des Nations Unies, (…)

6. *Rappelle*, tout en soulignant qu'il l'a assurée de son plein appui à cet égard, qu'il a autorisé l'ONUCI, dans le cadre de l'exécution impartiale de son mandat, à utiliser tous les moyens nécessaires pour s'acquitter de la tâche qui lui incombe de protéger les civils menacés d'actes de violence physique imminente, dans la limite de ses capacités et dans ses zones de déploiement, y compris pour empêcher l'utilisation d'armes lourdes contre la population civile, et *prie* le Secrétaire général de le tenir informé de manière urgente des mesures prises et des efforts faits à cet égard ;

12. *Décide* d'adopter des sanctions ciblées à l'encontre des personnes qui répondent aux critères établis dans la résolution n° 1572 (2004) et les résolutions postérieures, notamment les personnes qui font obstacle à la paix et à la réconciliation en Côte d'Ivoire et aux activités de l'ONUCI et des autres acteurs internationaux en Côte d'Ivoire et qui commettent de graves violations des droits de l'homme et du droit international humanitaire, *décide* en conséquence que les personnes figurant sur la liste à l'annexe I de la présente résolution seront soumises aux mesures concernant les opérations financières et les voyages imposées aux paragraphes 9 et 11 de la résolution n° 1572 (2004), et *réaffirme* son intention d'envisager d'autres mesures, selon qu'il conviendra, y compris des sanctions ciblées contre les membres des médias qui répondent aux critères établis pour ces sanctions, notamment en incitant publiquement à la haine et à la violence ;

Biblio

1) Les deux guerres du Golfe ont fait l'objet de plusieurs colloques et notamment :

– B. Stern (dir.), *Les aspects juridiques de la crise et de la guerre du Golfe*, Montchrestien, Cahiers CEDIN, n° 6, 1991. À compléter par le volume de documents présenté par H. Gherari, *La guerre du Golfe, le dossier d'une crise internationale (1990-1992)*, Doc. fr., 1993.

– K. Bannelier, T. Christakis, O. Corten et P. Klein (dir.), *L'intervention en Irak et le droit international*, Cahiers CEDIN, n° 19, Pedone, 2004.

– R. Kherad (dir.), *Les implications de la guerre en Irak*. Colloque international à l'Université d'Angers, Pedone, 2004.

2) Et pour une analyse juridique de la crise yougoslave :

– Y. Daudet (dir.), *Les Nations Unies et l'ex-Yougoslavie*, Pedone, 1998.

– C. Tomuschat (dir.), *Kosovo and the International Community*, Nijhoff, 2002.

3) Le thème de l'interdiction du recours à la force a fait l'objet de plusieurs synthèses, notamment :

– O. Corten, *Le droit contre la guerre*, 2e éd., Pedone, 2014.

– M. Kamto, *L'agression en droit international*, Paris, Pedone, 2010.

– R. Kolb, *Ius contra bellum, Le droit international relatif au maintien de la paix*, Précis, 2e éd., Helbing Lichttenhahn Bruylant, 2009.

3) Sur les transformations du rôle de l'ONU dans le domaine de la sécurité collective, deux colloques de la SFDI :

– *Le chapitre VII de la Charte des Nations Unies et les nouveaux enjeux de la sécurité collective*, Pedone, 1995.

– *Les métamorphoses de la sécurité collective. Droit, pratique et enjeux stratégiques. Journée franco-tunisienne*, Pedone, 2005.

4) À prolonger par :

– P. Daillier, *Les opérations multinationales consécutives à des conflits armés en vue du rétablissement de la paix, RCADI* 2005, t. 314.

– A. Novosseloff, *Le Conseil de Sécurité des Nations Unies et la maîtrise de la force armée*, Bruylant, 2003.

– A. Novosseloff (dir.), *Le Conseil de sécurité des Nations Unies. Entre impuissance et toute puissance*, Paris, CNRS édition, Biblis, 2016.

– J.-M. de la Sablière, *Le Conseil de sécurité des Nations Unies, ambitions et limites*, 2e éd., Larcier, 2018. Voir aussi *Indispensable ONU*, Plon, 2017.

– S. Sur, *Le Conseil de sécurité dans l'après 11 Septembre*, Paris, LGDJ, 2004.

– U. Villani, *Les rapports entre l'ONU et les organisations régionales dans le domaine du maintien de la paix, RCADI* 2001, t. 290.

Et le *handbook* d'Oxford University Press : J. A. Koops et al, *The Oxford Handbook of United Nations Peacekeeping Operations*, 2015.

5) V. aussi la série des « Livres bleus » de l'ONU, des monographies sur des opérations plus anciennes :

– *Les Nations Unies et le Cambodge (1991-1995)*, 1995.

– *Les Nations Unies et El Salvador (1990-1995)*, 1995.

– *Les Nations Unies et le Mozambique (1992-1995)*, 1995.

– Et un bilan malheureusement quelque peu daté, *The Blue Helmets: A Review of United Nations Peace-Keeping*, 3e éd., 1996.

6) Et la série de monographies du CEDIN sur les opérations de maintien de la paix. Notamment :

– P. Achilléas, *L'UNFICYP*, Montchrestien, 2000.
– K. Perrin, *Moyen-Orient (1956-1967) FUNU I*, Montchrestien, 2000.
– S. Barbier, *Cambodge (1991-1993) : MIPRENUC, APRONUC*, Montchrestien, 1999.

7) Le grand débat sur le « devoir d'ingérence » a renouvelé la littérature sur le droit humanitaire :

– M. Bettati, *Le droit d'ingérence*, Odile Jacob, 1996.
– L. Condorelli (dir.), *Les Nations Unies et le droit international humanitaire*, Pedone, 1996.
– O. Corten et P. Klein, *Droit d'ingérence ou obligation de réaction ?*, Bruylant, 1992.
– O. Paye, *Sauve qui veut ? Le droit international face aux crises humanitaires*, Bruylant, 1996.
– P. Tavernier et L. Burgorgue-Larsen (dir.), *Un siècle de droit international humanitaire*, Bruylant, 2001.
– V. S. Mani, *« Humanitarian » Intervention Today*, *RCADI*, t. 313 (2005).

8) À compléter par toute une littérature plus récente sur la responsabilité de protéger :

– Le Rapport de la Commission internationale de l'intervention et de la souveraineté des États (commission Evans-Sahnoun), *La Responsabilité de protéger*, et la version anglaise avec les annexes *The Responsibility to Protect*, Ottawa, 2001. En ligne : www.iciss.ca.
– SFDI, *La responsabilité de protéger. Colloque de Nanterre*, Pedone, 2008.
– R. Kherad (dir.), *La sécurité humaine, théorie(s) et pratique(s), en l'honneur du doyen Dominique Breillat*, Pedone, 2010.
– N. Hajjami, *La responsabilité de protéger*, Bruylant, 2013.
Et le très utile et complet « Que-sais-je ? » de J.-B. Jeangène-Vilmer, *La responsabilité de protéger*, Puf, 2015.

9) Pour une mise en perspective historique de l'action humanitaire :

– H. Dunant, *Un souvenir de Solferino*, 1862 (rééd, L'Âge d'homme, 1986).
– C. Chaponnière, *Henry Dunant, la croix d'un homme*, Perrin, 2010.

10) On prolongera cette réflexion avec les sommes publiées à l'initiative du CICR :

– M. Sassoli et Antoine Bouvier, *Un droit dans la guerre ? (cas, documents et supports d'enseignement relatif à la pratique contemporaine du droit international humanitaire)*, 3 vol., CICR, 2012.
– J.-M. Henckaerts et Louise Doswald-Beck, *Droit international humanitaire coutumier*, vol. I : Règles, CICR Bruylant, 2006. Et pour l'édition complète en 3 volumes, *Customary International Humanitarian Law*, ICRC Cambridge University Press, 2005.

11) Et par d'excellentes synthèses :

– A. Biad (dir.), *L'action humanitaire internationale, entre droit et pratique*, Anthémis, 2016.

– D. Momtaz, *Le droit international humanitaire applicable aux conflits armés non internationaux*, *RCADI* 2001, t. 292.

– O. Casanovas, *La protection internationale des réfugiés et des personnes déplacées dans les conflits armés*, *RCADI* 2003, t 306.

– É. David, *Principes de droit des conflits armés*, 5e éd., Bruylant, 2013.

– Y. Dinstein, *Conduct of hostilities under the law of international armed conflict*, Cambridge University Press, 2004.

– M. Bettati, *Droit humanitaire*, Paris, Dalloz, 2012.

– J. d'Aspremont, J. de Hemptinne, *Droit international humanitaire*, Pedone, 2012.

– F. Bouchet-Saulnier, *Dictionnaire pratique du droit humanitaire*, Paris, 4e éd., Paris, La Découverte, 2013.

12) Dans la matière particulièrement technique du désarmement, des publications récentes ont permis de faire le point :

– SFDI, *Le droit international des armes nucléaires*, Pedone, 1998.

– S. Sur, *Vérification en matière de désarmement*, *RCADI* 1998, t. 273.

– R. Mehdi (dir.), *Les Nations Unies face aux armes de destruction massive*, Pedone, 2004.

13) Ainsi que plusieurs thèses :

– J. Clerckx, *La vérification de l'élimination de l'arme chimique*, LGDJ, 2001.

– K. Mollard-Bannelier, *La protection de l'environnement en temps de conflit armé*, Pedone, 2001.

– P. d'Argent, *Les réparations de guerre en droit international public : la responsabilité internationale des États à l'épreuve de la guerre*, Bruylant/LGDJ, 2002.

14) Pour des aperçus sur la sécurité régionale en Europe après la fin de la guerre froide :

– E. Decaux, *La CSCE*, PUF, coll. « Que sais-je ? », n° 2661, 1992.

– *Sécurité et coopération en Europe (1973-1992)*, Doc. fr., coll. « Retour aux textes », 1993.

– E. Decaux et A. Sicilianos (dir.), *Dimension humaine de la CSCE et règlement des différends*, Montchrestien, *Cahiers CEDIN*, n° 8, 1993.

– E. Decaux, S. Sur (dir.), *L'OSCE, Trente ans après l'Acte final de Helsinki, sécurité coopérative et dimension humaine*, Pedone, 2008.

– V.-Y. Ghebali, *La diplomatie de la détente, la CSCE, 1973-1989*, Bruylant, 1989 ; et *L'OSCE dans l'Europe post-communiste 1990-1996*, Bruylant, 1996. V. aussi le volume d'hommages, *Conflits, sécurité et coopération, Liber Amicorum Victor-Yves Ghebali*, Bruylant, 2007.

– M. Bothe, N. Ronzitti et A. Rosas, *The OSCE in the Maintenance of Peace and Security*, Kluwer, 1997.

Quiz

1) Sujets corrigés

A) Dissertation

1. Quelles sont les sources du droit international sur lesquelles la Cour fonde son raisonnement dans les extraits ci-dessus de l'avis du 8 juillet 1996 (« avis Assemblée générale ») relatif à *la licéité de la menace ou de l'emploi d'armes nucléaires* ?

Voir le corrigé en fin de rubrique.

B) Tests de compréhension

Répondez aux questions suivantes :

1. Quel est le cadre juridique de l'intervention de la coalition réunie par les États-Unis en Afghanistan ?

2. À partir des documents reproduits ci-dessus, décrivez le rôle de l'Organisation des Nations Unies, et en particulier du Secrétaire général et du Conseil de sécurité, dans la gestion de la crise en Afghanistan avant et après le 11 septembre 2001.

Voir le corrigé en fin de rubrique.

2) Sujets

Dissertations

a) La légalité de l'intervention de l'OTAN au Kosovo.

b) La légitime défense en droit coutumier et dans l'article 51 de la Charte.

Questions

Analysez les documents relatifs à la responsabilité de protéger. Comment le concept a-t-il évolué depuis ses origines jusqu'à sa consécration par l'Assemblée générale ? Selon vous, quel est l'apport de ce concept au regard des mesures que peut adopter et qu'adopte le Conseil de sécurité face à une situation où se commettent des violations graves des droits de l'Homme ?

3) Corrigés

Dissertation

I. Les sources du droit applicable dans les situations de conflit armé

Se penchant « sur le droit applicable dans les situations de conflit armé », la Cour est amenée à distinguer plusieurs sources du droit international.

A. Les sources matérielles

Elle distingue d'abord des sources matérielles, en passant en revue les « *branches du droit* » à prendre en compte dans sa démonstration, ce qui l'amène ici à rechercher l'existence d'un régime spécifique des armes nucléaires, mais aussi la mise en œuvre du régime général du « droit applicable dans les conflits armés proprement dit, c'est-à-dire des principes et règles du droit humanitaire » (§ 51). Ce faisant, la Cour retrouve la dialectique entre normes particulières et normes générales, entre la *lex specialis* des obligations juridiques qui concernent spécialement les armes nucléaires et les « *principes cardinaux* » (§ 78) du droit humanitaire tels qu'ils existent depuis plus d'un siècle, et notamment le « principe primordial d'humanité ». La question est d'autant plus complexe que la demande d'avis vise tout à la fois la « menace » et l'« emploi » de l'arme nucléaire, or le propre de la « politique de dissuasion » est d'avoir précisément pour but de rendre impossible l'emploi. On se trouve donc sur le fil du rasoir entre *jus ad bellum* et *jus in bello*, ainsi que le soulignera le juge Gilbert Guillaume dans son opinion individuelle (Arrêt 1996, *Rec.* 290, § 8).

B. Les sources formelles

Cette dialectique trouve son prolongement dans la dualité des sources formelles. De manière classique, la Cour distingue le « droit international coutumier ou conventionnel », sans s'interroger à ce stade sur une hiérarchie au sein de chacune de ces sources. Certes, la Cour s'est penchée en premier lieu sur le droit de la Charte, dont la primauté est consacrée par son article 103, mais la notion de « légitime défense » évoquée à l'article 51 échappe largement au droit de la Charte tant il s'agit d'un droit naturel, inhérent pour les États. Mais c'est surtout en cantonnant son raisonnement au « droit coutumier » que la Cour escamote un élément essentiel du débat, avec la question du *jus cogens*. C'est seulement dans la déclaration individuelle du président de la Cour, M. Bedjaoui, qu'on pourra lire : « Il ne fait aucun doute pour moi que la plupart des principes et règles du droit humanitaire et, en tout cas, les deux principes interdisant l'un l'emploi des armes à effets indiscriminés et l'autre celui des armes causant des maux superflus font partie du *jus cogens* ». Si la Cour a jugé que « la question de la nature du droit humanitaire » applicable n'entrait pas dans le cadre de la demande d'avis présentée, elle n'en a pas moins expressément considéré ces règles fondamentales comme des « règles intransgressibles du droit international coutumier » (§ 73) (Arrêt 1996, § 21).

II. Le contenu du droit applicable

Ayant ainsi écarté le mot sinon l'idée de *jus cogens*, la Cour se retrouve sur un terrain plus familier pour analyser le contenu du droit applicable. Elle procède, à titre préliminaire, par une clarification entre trois types d'obligations juridiques, la prescription, l'autorisation et la prohibition. À l'évidence, il n'y a pas de norme prescrivant le recours à l'arme nucléaire « ou de quelque autre arme », que ce soit « en général ou dans certaines circonstances en particulier lorsqu'il y a exercice justifié de la légitime défense » (§ 52). Elle écarte aussi rapidement la discussion sur l'autorisation, ce qu'on peut regretter, s'agissant notamment du jeu de la légitime défense qui pourrait s'exercer dans le cadre du chapitre VII, mais par sa nature même la légitime défense reste une décision souveraine et ultime de l'État. C'est dire la marge étroite de la Cour qui concentre son raisonnement sur le seul registre de la prohibition.

A. La prohibition du recours aux armes nucléaires dans les traités

S'agissant du droit conventionnel, la Cour évoque d'abord les traités en vigueur, notamment les traités relatifs au désarmement nucléaire. Mais ces traités eux-mêmes ont fait l'objet de réserves de la part des parties et leur portée juridique reste relative.

On pourrait même par un raisonnement *a contrario* considérer que si des zones régionales dénucléarisées ont été instituées, c'est bien parce que l'on reste loin d'une « interdiction complète et universelle ». Quant aux traités non encore en vigueur, ils traduisent tout au plus une « intention » qui pourrait être prise en compte sur le terrain coutumier.

B. La prohibition en droit coutumier

S'agissant du droit coutumier, la démonstration est plus complexe. La Cour rappelle les deux éléments de la coutume, la pratique effective et l'*opinio juris* (§ 64). La pratique elle-même est contradictoire, même si la Cour ne peut écarter la « politique de dissuasion ». Mais sans se prononcer sur cette pratique elle-même, la Cour se borne à faire le constat de l'absence d'une *opinio juris* (§ 67). L'examen du droit résolutoire n'est pas plus probant, et la Cour ne voit tout au plus dans les résolutions de l'Assemblée générale que « le désir d'une très grande partie de la communauté internationale » de voir aboutir une convention interdisant les armes nucléaires en toutes circonstances (§ 73). On est donc loin de « l'apparition, en tant que *lex lata*, d'une règle coutumière prohibant spécifiquement l'emploi des armes nucléaires en tant que telles ». On se trouve tout au plus en présence d'une « *opinio juris* naissante » face à une pratique controversée.

À défaut de droit spécifique, reste le cadre général du droit humanitaire mais aussi celui de la légitime défense, comme si seul le « droit naturel » pouvait servir de rempart aux armes inventées au XXe siècle…

Tests de compréhension

1. Dès sa résolution n° 1368 (2001), adoptée le lendemain des attentats du 11 septembre 2001, le Conseil de sécurité reconnaît l'existence de « menaces à la paix et à la sécurité internationales causées par les actes terroristes ». Il se place donc de toute évidence — bien que non explicitement — sur le terrain du chapitre VII de la Charte des Nations Unies, qui permet l'adoption par le Conseil d'un certain nombre de mesures relevant de la sécurité collective et impliquant ou n'impliquant pas la force armée. Mais simultanément, le Conseil reconnaît dans le deuxième alinéa du préambule de la même résolution « le droit inhérent à la légitime défense individuelle ou collective conformément à la Charte ». Et de fait, l'action militaire des États-Unis contre l'Afghanistan s'inscrira par la suite explicitement dans le cadre du droit naturel de légitime défense, et non dans le cadre du chapitre VII de la Charte.

Pendant toute la durée de l'offensive militaire contre les bases d'Al-Qaeda sur le sol afghan, le Conseil s'abstiendra d'intervenir se bornant à réaffirmer, dans sa résolution n° 1373 du 28 septembre 2001, le droit à la légitime défense et à appuyer, dans sa résolution n° 1386 du 20 décembre 2001 « l'action internationale entreprise pour extirper le terrorisme, conformément à la Charte des Nations Unies ». L'OTAN entérinera à son tour cette version des faits, lorsque son secrétaire général Lord Robertson décidera de recourir à l'article 5 du traité de l'Atlantique Nord pour la première fois dans l'histoire de l'Organisation, au nom de la légitime défense collective qui marque la solidarité de tous les membres de l'Alliance avec un État membre victime d'une « agression ».

Cette série de qualifications n'est pas sans poser certaines difficultés.

a) Tout d'abord, selon l'article 51 de la Charte lui-même, l'usage de la légitime défense vient en réponse d'une agression armée. Or il n'est pas certain en l'espèce que l'on puisse qualifier les attentats aux États-Unis d'« agression armée », celle-ci étant entendue comme une action émanant d'un ou plusieurs États, alors qu'il s'agissait ici d'actions terroristes. On a toutefois pu faire remarquer que, d'une certaine manière, ce problème s'est résolu de lui-même à partir du moment où un lien très étroit a pu être établi entre le réseau Al-Qaeda et le régime taliban. Pourtant, là encore, des incertitudes demeurent, non seulement du fait de la nature du régime taliban qui, s'il était bien le gouvernement *de facto* de l'Afghanistan, n'en était pas pour autant le gouvernement *de jure*, mais aussi eu égard à la définition même d'une agression armée. Sur ce point, on peut rappeler ce passage de l'arrêt au fond de la Cour internationale de justice sur les *Activités militaires et paramilitaires au Nicaragua et contre celui-ci* (Arrêt du 27 juin 1986, *Rec.* 103-104, § 195), qui nuance la qualification d'agression lorsque les auteurs d'une attaque sont des forces irrégulières : « L'accord paraît aujourd'hui général sur la nature des actes pouvant être considérés comme constitutifs d'une agression armée. En particulier, on peut considérer comme admis que, par agression armée, il faut entendre non seulement l'action des forces armées régulières à travers une frontière internationale mais encore « l'envoi par un État ou en son nom de bandes ou de groupes armés, de forces irrégulières ou de mercenaires qui se livrent à des actes de force armée contre un autre État d'une gravité telle qu'ils équivalent » (entre autres) à une véritable agression armée accomplie par des forces régulières, « ou [au] fait de s'engager d'une manière substantielle dans une telle action ». Cette description, qui figure à l'article 3, alinéa g), de la définition de l'agression annexée à la résolution n° 3314 (XXIX) de l'Assemblée générale, peut être considérée comme l'expression du droit international coutumier. La Cour ne voit pas de raison de refuser d'admettre qu'en droit international coutumier la prohibition de l'agression armée puisse s'appliquer à l'envoi par un État de bandes armées sur le territoire d'un autre État si cette opération est telle, par ses dimensions et ses effets, qu'elle aurait été qualifiée d'agression armée et non de simple incident de frontière si elle avait été le fait de forces armées régulières. Mais la Cour ne pense pas que la notion d'« agression armée » puisse recouvrir non seulement l'action de bandes armées dans le cas où cette action revêt une ampleur particulière, mais aussi une assistance à des rebelles prenant la forme de fourniture d'armements ou d'assistance logistique ou autre. On peut voir dans une telle assistance une menace ou un emploi de la force, ou l'équivalent d'une intervention dans les affaires intérieures ou extérieures d'autres États », violations du droit international certes graves, mais qui ne justifient pas l'usage de la légitime défense par l'État victime.

Pour qualifier les attentats du 11 septembre d'agression armée, il aurait donc fallu déterminer avec précision le degré d'implication du régime taliban dans la préparation et la commission des attentats, autrement dit le degré d'intrication entre les talibans et Al-Qaeda. On notera que le Conseil de sécurité se garde de parler expressément d'agression, mentionnant des « actes terroristes » ou des « attaques terroristes » pour justifier la mise en œuvre du « droit inhérent de légitime défense ».

b) Un autre problème réside dans l'autorisation continue donnée par le Conseil de sécurité de faire usage de la légitime défense. L'article 51 de la Charte prévoit en effet qu'« [a]ucune disposition de la présente Charte ne porte atteinte au droit naturel de légitime défense, individuelle ou collective, dans le cas où un membre des

Nations Unies est l'objet d'une agression armée, *jusqu'à ce que le Conseil de sécurité ait pris les mesures nécessaires* pour maintenir la paix et la sécurité internationales ». La logique du système veut donc que l'usage de la légitime défense s'efface progressivement au profit d'une action sous la houlette du Conseil de sécurité. Or dès le 28 septembre, celui-ci adopte dans sa résolution n° 1373 une série de mesures visant à éradiquer le terrorisme international. Pourtant, dans la même résolution est confirmé le droit de légitime défense : est-ce à dire que le Conseil a d'emblée renoncé à la possibilité de prendre les mesures « nécessaires » pour assurer le maintien de la paix et de la sécurité internationale ? En se prolongeant au-delà de la chute du régime taliban, l'usage du droit de légitime défense par les États-Unis se transforme progressivement en une action non plus seulement défensive, mais préventive, qui vise à neutraliser tout danger potentiel émanant d'un des soixante États mis sur la liste noire des États apportant d'une manière ou d'une autre leur soutien au terrorisme. On parvient ainsi à une notion pour le moins diluée de la « légitime défense », laissant de surcroît de côté les principes de nécessité et de proportionnalité qui constituent les critères de la licéité de la riposte à l'agression armée (v. *Activités militaires et paramilitaires au Nicaragua et contre celui-ci*, arrêt préc., *Rec.* 104, § 194).

2. Si l'Organisation des Nations Unies a été maintenue à l'écart des opérations militaires menées par les États-Unis et ses alliés en Afghanistan, elle n'est pas pour autant restée spectatrice.

a) *Avant même le 11 septembre*, l'ONU était saisie du conflit afghan. Les extraits de la résolution n° 1214 (1998) du Conseil de sécurité donnent un aperçu de cette activité. Sans se placer encore sur le terrain du chapitre VII de la Charte, le Conseil déplore la poursuite du conflit et appelle les différentes factions à la cessation des hostilités. Il condamne par ailleurs les violations du droit international imputables aux talibans, dont la culture et le trafic de drogue et les violations des droits de l'homme et du droit humanitaire, mais aussi et surtout l'accueil et l'entraînement de terroristes internationaux sur le territoire afghan. À cet égard, dans le paragraphe 13 de la résolution, il exige des talibans, qu'ils cessent d'offrir un refuge et un entraînement aux terroristes et qu'ils « secondent l'action entreprise pour traduire en justice les personnes accusées de terrorisme ».

C'est le non-respect de cette dernière obligation par les talibans qui conduit le Conseil de sécurité, dans la résolution n° 1267 (1999) du 15 octobre 1999, à constater l'existence d'une situation menaçant la paix et la sécurité internationale, conformément à l'article 39 de la Charte, et à décider de prendre des « mesures n'impliquant pas l'emploi de la force armée », conformément à son article 41. Ces mesures sont des sanctions destinées à frapper le régime *de facto* afghan jusqu'à l'extradition ou la remise d'Usama Bin Laden : interruption des liaisons aériennes, gel des fonds et des autres ressources financières des talibans.

b) *Après les attentats du 11 septembre*, le Conseil de sécurité affirme dans sa résolution n° 1378 du 14 novembre 2001 que « l'Organisation des Nations Unies doit jouer un rôle central pour ce qui d'appuyer les efforts du peuple afghan visant à établir d'urgence une nouvelle administration de transition conduisant à la formation d'un nouveau gouvernement ». Une répartition des tâches s'esquisse donc : aux États-Unis et à leurs alliés le « *peace-making* », tandis que les Nations Unies doivent jouer un rôle central dans le « *peace-building* ». Le secrétaire général des Nations Unies constitue de toute évidence le pivot de cette action : il lui revient de mener sa propre action en faveur de la paix, en rendant compte régulièrement au Conseil et en recherchant son approbation lorsque cela est nécessaire.

Le secrétaire général agit à travers un Représentant spécial qui prend part aux négociations entre les différentes factions. Ces négociations conduisent à la signature de l'Accord de Bonn « sur les dispositions provisoires en Afghanistan avant le rétablissement d'institutions gouvernementales permanentes ». Cet accord confie aux Nations Unies un certain nombre de missions. Le Conseil se borne à endosser l'accord dans sa résolution n° 1383 (2001) et à se placer en position d'attente, en se déclarant « prêt à continuer d'agir, sur la base du rapport du secrétaire général, pour appuyer les institutions intérimaires établies par l'accord susmentionné et, le moment venu, pour appuyer la mise en œuvre de cet accord et de ses annexes. » C'est donc sur la base d'un rapport du secrétaire général que le Conseil décide, dans sa résolution n° 386 du 20 décembre 2001, de créer « comme prévu à l'annexe I à l'Accord de Bonn », « une force internationale d'assistance à la sécurité pour aider l'Autorité intérimaire afghane à maintenir la sécurité à Kaboul et dans ses environs ». Cette décision est prise en vertu du chapitre VII des Nations Unies, dans la mesure où la force ainsi créée doit pouvoir être en mesure de faire usage de la force armée. C'est encore sur la base d'un rapport du secrétaire général qu'est créée, par la résolution n° 1401 (2002) du 28 mars 2002, la mission d'assistance des Nations Unies en Afghanistan (MANUA). Cette fois, le recours au chapitre VII n'est pas nécessaire, dans la mesure où, comme l'indique le rapport du secrétaire général en question, il s'agit d'une mission civile de « *peace-building* », essentiellement consacrée à la protection des droits de l'homme, à la restauration de l'État de droit, à la promotion de la réconciliation nationale et à l'assistance humanitaire.

chapitre 8

L'ordre dans la mondialisation ?

On l'a dit, le droit international contemporain ne vise pas seulement l'absence de guerre (la paix « négative »), mais à mettre fin à toutes les guerres (la paix « positive »). 421
Les auteurs de la Charte partent du constat – mis en lumière par Kant un peu moins de deux siècles plus tôt – que la violence entre États trouve ses origines à l'intérieur des États. Les origines du Second conflit mondial – avec la montée en puissance des totalitarismes sur le terreau de la crise sociale, du nationalisme et du racisme l'ont montré. C'est l'injustice, la pauvreté, l'ignorance, l'intolérance et l'oppression politique qui poussent les peuples les uns contre les autres. Pour prévenir les guerres, il faut donc instaurer la justice et la démocratie dans chaque État, et fonder un ordre dans lequel la dignité et l'égalité de chaque être humain trouvent « plein effet », pour reprendre l'expression de l'article 28 de la Déclaration universelle des droits de l'Homme. La « théorie des deux sphères » au fondement du droit international classique se trouve donc dépassée : désormais le droit international reconnaît un lien de cause à effet entre la paix « interne » et la paix « internationale » ; il est donc amené à régir des domaines autrefois considérés comme « internes », c'est-à-dire considérés comme relevant de la compétence « exclusive » des États. Cette ambition apparaît dès le préambule de la Charte qui, après avoir rappelé la résolution des « peuples des Nations Unies » à « préserver les générations futures du fléau de la guerre », met au fronton de l'Organisation « les droits fondamentaux de l'homme », la « dignité et la valeur de la personne humaine », « l'égalité de droits des hommes et des femmes, ainsi que des nations, grandes et petites ». Ainsi, les auteurs de la Charte établissent un lien entre l'abolition de la guerre et la « justice », mais aussi le « progrès social » et l'instauration de « meilleures conditions de vie dans une liberté plus grande », faisant écho à la Déclaration de Philadelphie adoptée par l'OIT en 1944 : « la pauvreté, où qu'elle existe, constitue un danger pour la prospérité de tous ».

Mais alors que la plus grande partie du droit international contemporain a été échafaudée sur ces bases, un décrochage s'est opéré après l'échec de l'entrée en vigueur de la Convention de La Havane, qui devait mettre en place une « Organisation internationale du Commerce » conforme à ces principes. À partir de ce moment s'élabore, en quelque sorte « à côté » des Nations Unies, un « droit international économique » qui revendique son autonomie et poursuit avant tout un objectif : l'expansion du capitalisme. Comme le remarquait Jacques Chevallier en 2001 (« Mondialisation du droit ou droit de la mondialisation ? », in *Le droit saisi par la mondialisation*, Bruylant, 2001, pp. 37-61), il devient alors possible – sans jeu de mot exagéré – de distinguer deux phénomènes bien distincts : d'un côté la mondialisation du droit, correspondant à la « reconnaissance de certains principes d'application générale, qui révèle l'existence d'une communauté de valeurs entre tous les États » (J. Chevallier, *id.*) (section 1) ; et de l'autre, la construction d'un « droit de la mondialisation » visant à la régulation – et au développement – des flux économiques transfrontières (section 2).

Plan analytique

section 1

La mondialisation du droit

§ 1 Mesure de la mondialisation du droit

A. Les prémisses de la mondialisation du droit

B. L'accélération de la mondialisation du droit dans le cadre des Nations Unies

§ 2 Dynamique et résistances à la mondialisation du droit

A. Mondialisation du droit et souveraineté : le cas des migrations internationales et des réfugiés

B. La mondialisation du droit face aux crises : l'assistance humanitaire

C. La mondialisation du droit face aux risques globaux

D. Un cadre holistique : les objectifs du développement durable

section 2

Le droit de la mondialisation

§ 1 Le système commercial multilatéral

A. Du GATT à l'OMC

B. Principe et dynamique de la négociation multilatérale

C. La recherche de cohérence

§ 2 Le système monétaire et financier

A. L'évolution du système monétaire et financier

B. Un système monétaire et financier pour l'économie et la finance ?

Compléments pédagogiques

section 1

La mondialisation du droit

422 Le temps du « monde fini » annoncé par Paul Valéry au début du XXe siècle est désormais le nôtre : la multiplication des échanges, le développement des transports, la révolution des communications et des nouveaux médias, les flux d'idées, de biens et de personnes, mais aussi l'évolution démographique (2,37 milliards d'êtres humains en 1945, 7,70 en 2019...) tout contribue à unifier le « village planétaire », dans un espace interconnecté et en un temps instantané. Ce phénomène d'interdépendance croissante est aussi appelé « mondialisation » ou « globalization », en anglais, qui donne « globalisation » en français. L'économiste Joseph E. Stiglitz a donné de ce terme la définition suivante : « [...] l'intégration plus étroite des pays et des peuples du monde [...] réalisée d'une part [par] la réduction considérable des coûts du transport et des communications, et, d'autre part, (par) la destruction des barrières artificielles à la circulation transfrontières des biens, des services, des capitaux, des connaissances et (dans une moindre mesure) des personnes » (*La grande désillusion*, 2002).

423 D'une certaine manière, on peut dire que le droit international a à la fois anticipé et accompagné ce mouvement. Anticipé : parce que l'idée d'une mondialisation qui mettrait en présence non plus seulement les « États souverains », mais les peuples, se trouve déjà présente dans le Traité de Versailles conclu à la fin de la Première Guerre mondiale, en particulier dans sa Partie XIII, instituant l'OIT : « Attendu que la Société des Nations a pour but d'établir la paix universelle et qu'une telle paix ne peut être fondée que sur la base de la justice sociale ». Accompagné : parce que le droit international qui découle de ce traité fondateur et de ses principes substantiels ne fait qu'approfondir cette idée, une nouvelle impulsion décisive étant donnée en 1945 avec l'adoption de la Charte des Nations Unies : sous l'égide de la SDN, puis de l'ONU, ou plus indirectement suivant les principes de nature constitutionnelle qui les fondent, est élaboré un immense corpus de normes couvrant pratiquement tous les domaines de l'activité humaine ; tandis que sont mises en place un très grand nombre d'organisations internationales aux compétences variées. Selon l'Union internationale des Associations, il y aurait 289 organisations intergouvernementales de type « classique » – sans compter les arrangements plus informels ou plus atypiques, et surtout les dizaines de milliers d'organisations internationales non gouvernementales. Ces organisations constituent autant d'ordres juridiques partiels au sein d'un ordre juridique universel. Entre le droit international « universel » – élaboré dans le cadre universel des institutions multilatérales ouvertes à tous les États de la planète – et le droit régional résultant de l'activité des multiples organisations de coopération

ou d'intégration des différentes régions du monde, le droit « supranational » est partout ; et se diffuse au sein des ordres juridiques nationaux, soit par des processus classiques d'application, soit par un subtil jeu d'influence. Pourtant, dans un contexte international troublé et caractérisé par la contestation du multilatéralisme, beaucoup d'États semblent avoir eu tendance à privilégier la fermeture des frontières, le repli sur soi et l'action unilatérale.

Il convient dans un premier temps de tenter de prendre la mesure de ce phénomène de mondialisation du droit (§1) avant d'en saisir la dynamique et les résistances auxquelles il se heurte (§2).

§ 1 Mesure de la mondialisation du droit

A. Les prémisses de la mondialisation du droit

Les premières organisations internationales constituaient déjà un fort adjuvant à la 424 ■
mondialisation en favorisant la circulation des marchandises et des personnes et la communication à travers les frontières des États. La commission centrale pour la navigation du Rhin, créée en 1804 et la Commission européenne du Danube, établie en 1856, ont institué la liberté de circulation fluviale en Europe. L'Union télégraphique internationale (devenue Union internationale des télécommunications) et l'Union postale universelle, créées respectivement en 1865 et en 1874, ont été – et demeurent encore aujourd'hui – au fondement du système technique et commercial qui permet à tout un chacun de communiquer d'un pays à l'autre, d'un continent à l'autre, au-delà des océans. De même, les deux conférences pour la paix de 1899 et de 1907 posent les bases de ce qui deviendra le droit international humanitaire ouvrant un nouveau chapitre dans le droit international public au nom de « considérations élémentaires d'humanité ». Tandis que déjà, la question des maladies transmissibles – à l'époque la peste amenée par les bateaux traversant la Méditerranée – provoquait la convocation de la première conférence sanitaire internationale, à Paris, en 1851 puis la création de l'Office international d'hygiène publique par l'Arrangement de Rome du 9 décembre 1907. En 1919, la fin du conflit mondial voit naître toutes sortes d'initiatives internationalistes ou solidaristes : les mouvements transnationaux se multiplient, avec des organisations non gouvernementales dont certaines promeuvent des idéaux cosmopolitiques, comme la Fédération internationale des Ligues des Droits de l'Homme, qui réunit, dans une structure fédérale, les organisations nationales de défense des droits de l'Homme d'une vingtaine de pays européens ; tandis que d'autres constituent des associations professionnelles transnationales, comme la Chambre internationale de la marine marchande, qui voit le jour en 1921. Sous la houlette de la Société des Nations et de l'OIT se développent de multiples champs de la coopération internationale, comme en témoigne rétrospectivement, en 1947, William E. Rappard, dans ce qui ressemble à un inventaire à la Prévert : « Le relèvement économique et financier d'États défaillants, l'uniformisation de la statistique économique et la standardisation des sérums et des produits biologiques, la défense de la liberté syndicale, la protection de l'enfance, la coopération intellectuelle en matière de bibliothèques, d'art populaire, de science historique, de cinéma, de critique dramatique et musicale, d'entraide universitaire, bref presque toute l'activité humaine devait être, sous certains de ses

aspects, l'objet d'études et de tentatives de réglementation internationale.» (*Vues rétrospectives sur la société des Nations*, *RCADI*, vol. 71, p. 192). C'est ainsi que la SDN crée notamment l'Institut International d'Agriculture, ancêtre de la FAO ou l'Institut International de Coopération Intellectuelle, auquel succédera l'UNESCO. De même l'Office international d'hygiène publique de la SDN sera l'ancêtre de l'OMS et de l'UNICEF.

B. L'accélération de la mondialisation du droit dans le cadre des Nations Unies

425 Les rédacteurs de la Charte des Nations Unies ne partaient donc pas de rien. Pour autant, l'ambition manifestée dès les premiers articles de la Charte paraît immense. L'article 1, paragraphe 3, notamment, fixe comme but à l'Organisation de «[r]éaliser la coopération internationale en résolvant les problèmes internationaux d'ordre économique, social, intellectuel ou humanitaire, en développant et en encourageant le respect des droits de l'homme et des libertés fondamentales pour tous, sans distinction de race, de sexe, de langue ou de religion.» Le Chapitre IX, consacré à la coopération économique et sociale internationale, et en particulier l'article 55, détaille ces objectifs, à savoir: «a. le relèvement des niveaux de vie, le plein-emploi et des conditions de progrès et de développement dans l'ordre économique et social; b. la solution des problèmes internationaux dans les domaines économique, social, de la santé publique et autres problèmes connexes, et la coopération internationale dans les domaines de la culture intellectuelle et de l'éducation; c. le respect universel et effectif des droits de l'homme et des libertés fondamentales pour tous, sans distinction de race, de sexe, de langue et de religion.»

426 À elle seule, l'introduction des droits de l'homme dans la Charte constitue une novation considérable: la Charte est le premier texte international à les reconnaître, sans pour autant en dresser la liste, ce qui sera fait ultérieurement avec la Déclaration universelle des droits de l'Homme, puis tous les instruments subséquents qui en découlent qui ce soit au niveau régional ou universel (v. chap. 5, section 2, v. ss 224 s.). Sans doute les États fondateurs des Nations Unies n'ont pas tout à fait conscience de consacrer, ce faisant, des normes qui ne valent pas seulement comme droits subjectifs mais qui, par dans leur dimension objective, font également fonction de normes constitutionnelles: en effet, en tant qu'ils sont réputés «inhérents à la nature humaine», ils tendent à s'imposer comme normes objectives hiérarchiquement supérieures dans tous les ordres juridiques où ils sont «reconnus» – l'idée de «reconnaissance» indiquant par elle-même que ces droits sont supposés précéder et surplomber ces ordres juridiques. Or, par l'étendue de leur catalogue, les droits reconnus dans la Déclaration couvrent tous les secteurs de la vie sociale: vie politique, statut civil, vie privée, vie culturelle, condition économique et sociale... Déclinés dans des conventions internationales, rendus applicables dans les ordres juridiques internes et justiciables devant les tribunaux, les droits de l'homme exercent une influence décisive sur les législations et les pratiques: à travers le droit au tribunal et les garanties du procès équitable, c'est tout l'appareil de la justice qui est concerné; les libertés d'opinion, d'expression et d'association et le droit à la participation aux affaires publiques font obligation, pris ensemble, de démocratiser la vie publique et politique; tandis que le droit à la sécurité sociale, le droit au travail ou encore le droit à un niveau de vie suffisant devraient conduire à une forte

intervention redistributrice des autorités publiques au niveau national et international. En tant que tels, ces textes servent de fondement à la compétence des organisations internationales pour mener des actions dans l'ensemble de ces domaines, dans tous les pays, et dans une perspective non seulement internationale, mais aussi globale.

Plus généralement, l'œuvre des Nations Unies continue à la fois d'accompagner et de 427 ■
stimuler la mondialisation par le développement continue des relations transnationales, et cela dans tous les domaines. Et ce développement des relations transnationales et de l'interdépendance tend lui-même à accroître la demande de « gouvernance » à l'échelle internationale. Il s'agit, autrement dit, d'un cycle qui s'entretient lui-même (sur ce cycle et sur les difficultés contemporaines qui en résultent dans la gouvernance globale, v. T. Hale, D. Held et K. Young, *Gridlock. Why Global Cooperation is Failing when we Need it Most*, Polity, 2013). L'adoption de la Charte est suivie par la tenue de nombreuses conférences aboutissant soit à la rénovation d'institutions créées sous l'égide de la SDN, soit à la création de nouvelles organisations ayant vocation à faire de la coopération économique et sociale prévue dans le chapitre IX de la Charte une réalité : santé (OMS), agriculture et alimentation (FAO), culture (UNESCO), aviation civile (OACI), navigation (OMI), tourisme (OMT)... Il est prévu par la Charte que l'ensemble de ces « institutions spécialisées » seront rattachées à l'ONU par des accords spéciaux (art. 63) et coordonnées par le Conseil économique et social (sur l'agencement institutionnel des Nations Unies et en particulier le rôle du Conseil économique et social, v. chap. 4). Il existe aujourd'hui dix-sept institutions spécialisées, organisations autonomes mais liées aux Nations Unies par un accord, qu'il faut différencier des fonds (comme l'UNICEF) et programmes (comme le PNUE) directement créés par l'Organisation mondiale. Chacune dans son secteur, ces organisations remplissent un rôle normatif et opérationnel et contribuent à développer la mondialisation du droit dans tous les domaines. À titre d'exemple, l'IUT, créée en 1865, est aujourd'hui notamment responsable de l'attribution des fréquences radioélectriques et des orbites de satellite et élabore des normes techniques nécessaires au fonctionnement des communications téléphoniques et de l'internet. Autrement dit, comme l'expose non sans fierté l'Union sur son site web, à chaque fois que l'on téléphone ou que l'on envoie un mail, on est « redevable à l'IUT ». Parfois, ces missions de « service public international » sont assurées par une conjonction des actions menées par des organisations gouvernementales et non gouvernementales dans le secteur d'activité concerné. Dans le domaine des télécommunications, l'IUT a ainsi été écartée de la gestion des noms de domaine sur internet au profit d'une société privée à but non lucratif de droit américain, l'ICANN (*Internet Corporation for Assigned Names and Numbers*), tandis que le règlement des litiges entre personnes privées portant sur ces noms de domaine a été pris en charge par le Centre d'arbitrage et de médiation de l'OMPI (v. les *Principes directeurs concernant le règlement uniforme des litiges relatifs aux noms de domaines*). Dans un autre domaine, celui des transports aériens, les États ont adopté en 1944 la Convention de Chicago constituant l'Organisation Internationale de l'Aviation Civile (OACI). La Convention confère à l'Organisation un pouvoir quasi-législatif avec la compétence d'adopter des « normes, pratiques recommandées et procédures internationales » qui sont obligatoires pour les États membres (art. 37), à moins que ceux-ci ne notifient à l'Organisation les raisons qui empêchent leur application (art. 38) – cette faculté n'étant toutefois pas offerte pour toutes les règles

qui concernent le survol de la haute mer (art. 12). Mais cette action normative est complétée par l'activité des acteurs privés comme l'Association internationale du Transport Aérien (IATA), qui compte parmi ses membres quelques 290 compagnies aériennes assurant 82 % du trafic aérien et est à l'origine de plusieurs « réglementations » commerciales, effectivement appliquées dans la profession sur le transport des marchandises dangereuses ou encore sur le transport d'animaux vivants. Plus largement, la mondialisation s'est accompagnée d'une multiplication des acteurs publics, privés ou « hybrides » aux compétences souvent redondantes et qui sont amenées à coopérer et à se coordonner – ou pas – dans la « régulation » d'un domaine particulier de l'activité sociale : la mondialisation du droit, aujourd'hui, est le fruit de cet entrelacement complexe d'institutions et de compétences qui se juxtaposent ou se superposent au grés des initiatives. En l'absence de ce qui pourrait faire fonction d'État mondial, le développement du droit global est voué à un certain désordre, relativement modéré par une forme de polycentrisme, c'est-à-dire la relative condensation du pouvoir autour de certaines institutions comme l'Organisation des Nations Unies, de structures de délibération, comme le G7 ou le G20, mais aussi, encore et toujours, de certains États dont la « puissance » est, de plus en plus, définie par la capacité de modeler le sens et les modalités de la gouvernance globale.

§ 2 Dynamique et résistances à la mondialisation du droit

■ 428 Ainsi la mondialisation du droit s'auto-entretient elle : à chaque problème collectif, une nouvelle solution qui crée elle-même de nouveaux problèmes auxquelles répondent des solutions nouvelles, dans un cycle qui approfondit toujours plus l'interdépendance, l'interconnexion et diversifie toujours davantage les modes de coopération. Telle est la dynamique de la mondialisation du droit qui transforme profondément la nature du droit international. Mais cette dynamique n'est pas sans rencontrer des résistances. Ne serait-ce que parce que la mondialisation projette la politique et le droit dans des zones inconnues : jusqu'ici, politique et droit se jouaient essentiellement à l'intérieur de communautés humaines restreintes, les États. Dans ceux-ci se sont construites tant bien que mal des formes de légitimation du pouvoir et du droit. La légitimité du droit international « classique » est un dérivé de ces formes de légitimation : c'est parce qu'il est « inter-national » que le droit régissant la coopération entre entités souveraines a pu se développer. Le droit « mondial » dépasse cette nature interétatique et se heurte donc avant tout aux revendications de souveraineté, comme l'illustre le cas des migrations internationales (A). Même là où le droit mondial semble devoir s'imposer comme une évidence, les résistances restent vives : il en est ainsi face aux crises humanitaires (B), comme face aux risques globaux (C).

A. Mondialisation du droit et souveraineté : le cas des migrations internationales et des réfugiés

■ 429 Alors que, comme on le verra (v. ss 469), la mondialisation économique a développé la libre circulation des marchandises et des capitaux, les États sont attachés à une réglementation principalement nationale (voire éventuellement régionale, au sein de l'UE) de la circulation des personnes. Pourtant, même ce domaine est peu à peu gagné par la globalisation. C'est que les déplacements internationaux de population ont pris, dans la deuxième moitié du XXe siècle et au début du XXIe siècle, des proportions inédites : sans s'appesantir sur les chiffres, on est passé de 153 millions de migrants en 1990 – soit 2,9 % de la population mondiale – à 272 millions en 2020 – soit 3,5 % (Rapport mondial sur les migrations 2020), auxquels il faut ajouter quelques 25,9 millions de « réfugiés » reconnus comme tels par le HCR (20,4 millions) et par l'UNRWA (5,5 millions). Si le monde a toujours connu les migrations, le phénomène a changé de nature par son ampleur. Dans un monde structuré en États-souverains constitués eux-mêmes autour d'une promotion des intérêts de la « communauté nationale » – intérêts économiques, culturels et politiques – les mouvements de population inhérents à la mondialisation sont perçus au mieux comme un défi à relever, au pire comme un risque ou même un « danger » mais rarement comme une « chance ». Dans un monde en crise, une telle perception est un terreau pour le nationalisme, la xénophobie, le racisme et l'intolérance comme l'évolution politique dans de nombreux États ces vingt dernières années l'illustre parfaitement.

Le droit international a toujours distingué dans ces flux deux catégories bien distinctes : celle des migrants et celle des réfugiés et apatrides. Depuis les mouvements massifs de population qui ont suivi la Première guerre mondiale et l'adoption du « passeport Nansen », la question des réfugiés est considérée comme « internationale », car les réfugiés et les apatrides sont par définition des personnes qui ne peuvent plus se réclamer de la protection de leur État national – qui les persécute ou les a privés de leur nationalité. Leur afflux est souvent concomitant à des crises et est dès lors un sujet de préoccupation pour tous les États. Inversement, les « migrants » sont identifiés comme des personnes qui se déplacent d'un État à un autre pour des raisons économiques, en quête d'un travail ou de meilleures conditions d'existence ou tout simplement de dépaysement prolongé – en cela, le migrant est une des figures contemporaines du « cosmopolite », celles ou celui qui se tient « sur les frontières » (v. M. Agier, *La condition cosmopolite. L'anthropologie à l'épreuve du piège identitaire*, Paris, La Découverte, 2013) Le droit international s'est structuré autour de cette distinction, en laissant les États libres de fixer les conditions d'entrée et de séjour des migrants sur leur territoire, tandis qu'était élaboré un statut juridique protecteur des réfugiés. 430

La question des migrations a toutefois connu une internationalisation progressive, avant d'être désigné plus récemment comme susceptible de faire l'objet d'une gouvernance globale. C'est par le biais des droits individuels que la question des migrations est entrée dans le droit international. Et d'abord les droits des travailleurs, avec les conventions conclues sous l'égide de l'OIT et plus précisément la Convention n° 97 sur les travailleurs migrants de 1949 et la Convention n° 143 sur « les migrations dans des conditions abusives et sur la promotion de l'égalité des chances et de traitement des travailleurs migrants ». Mais certains États de migrations étaient désireux de parvenir à une réglementation plus complète qui permette une meilleure protection de leurs ressortissants à l'étranger, y compris lorsque ceux-ci s'y trouvaient en situation irrégulière. C'est la raison pour laquelle le Maroc et le Mexique lancèrent une initiative dans ce sens, aboutissant à l'adoption de la Convention des Nations sur les droits de tous les travailleurs migrants et des membres de leur famille de 1990. La Convention est entrée en vigueur en 2003 mais jusqu'à présent elle ne comprend que 55 États parties et souffre de ce que l'ensemble des États de 431 destination en ont d'emblée rejeté le contenu, en ce qu'elle étendait sa protection aux migrants en situation irrégulière et pouvait dès lors être interprétée, selon eux, comme favorisant une immigration clandestine.

■ 432 Face à cette impasse, il a fallu trouver une approche pour parvenir à une forme de régulation qui permettrait de trouver une conciliation entre les États de migration et les États d'immigration. En 2003, le secrétaire général des Nations Unies crée une Commission globale sur les migrations internationales, en partant du constat qu'il existe une lacune sur le plan de la gouvernance globale des migrations. L'initiative aboutit à la mise en place du *Global Migration Group* en 2003 qui a pour vocation de réunir et coordonner les efforts des différentes organisations internationales et institutions spécialisées impliquées dans les questions migratoires Parallèlement, sur un plan plus politique, les États occidentaux relient la question des migrations à celle du développement, en partant de l'idée simple – et peut-être simpliste – que le développement peut prévenir les migrations : si les gens peuvent trouver du travail et des conditions de vie décentes chez eux, ils préfèrent y demeurer plutôt que de s'exiler. Par ailleurs, le lien entre les deux sujets permet aussi d'envisager de nouvelles conditionnalité, en subordonnant l'aide au développement à des concessions de la part des pays en développement pour retenir autant que possible, y compris par des mesures sécuritaires, les aspirants à la migration sur leur territoire. Il s'agirait ainsi d'une approche « *win, win, win* » – autrement dit, selon ses promoteurs, elle viserait à favoriser en même temps les pays d'origine, les pays de destination et les migrants eux-mêmes. C'est ainsi que l'Assemblée générale décide de la tenue, en 2006, d'un « Dialogue de Haut niveau » consacré au lien entre migration internationale et développement. Le Dialogue conduit lui-même à la création d'un Forum sur la migration et le développement, qui depuis 2007 se tient annuellement, mais en dehors des Nations Unies, plusieurs États, dont les États-Unis, ayant manifesté leur hostilité à ce qu'une telle discussion puisse être menée au sein de l'organisation mondiale, où les États en développement sont susceptibles de peser trop fortement.

■ 433 Dix ans de discussion au sein du Forum ont permis la maturation des questions, alors que parallèlement se poursuivait une dynamique propre pour les réfugiés, aboutissant finalement à l'adoption, le 19 septembre 2016 par les chefs d'États et de gouvernements, lors d'une réunion plénière de haut niveau tenue à l'occasion de l'Assemblée générale, de la « Déclaration de New York pour les réfugiés et les migrants » (résolution 71/1 de l'Assemblée générale). La Déclaration reconnaît sans ambiguïté le caractère global du sujet : « Il s'agit d'un phénomène mondial appelant des approches et des solutions mondiales. Aucun État ne peut à lui seul gérer ces déplacements. » (§7). La Déclaration lance par ailleurs le processus de rédaction d'un « Pacte mondial pour les migrations sûres, ordonnées et régulières » (Annexe II). Ce dernier a finalement été conclu à Marrakech les 10 et 11 décembre 2018 et placé en annexe de la résolution 73/195 de l'Assemblée générale du 19 décembre 2018, adoptée par 152 voix pour, 5 voix contre (États-Unis, Hongrie, Israël, Pologne, République tchèque) et 12 abstentions.

■ 434 Les circonstances qui ont précédé l'adoption du Pacte témoignent, si cela était nécessaire, de ce que la question reste extrêmement sensible pour les opinions publiques au Nord, influencées par les « *fake news* » diffusées sur les réseaux sociaux, y compris par certains responsables politiques et gouvernants populistes et xénophobes : Donald Trump comme Viktor Orban ou Matteo Salvini ont dénoncé un texte qui viserait à « favoriser les migrations », qui inciterait les populations des pays en développement à se jeter sur les routes pour rejoindre les pays développés. Les théories du complot se sont multipliées sur la toile les jours précédant l'adoption du Pacte, accusant l'ONU de vouloir « abolir la souveraineté des États », créer un « droit opposable à la migration », ou encore organiser le « grand remplacement » – en référence à la théorie complotiste selon laquelle il y aurait un « plan » des élites mondialisées pour « remplacer » la population l'Europe par une population issue des migrations. Prise dans cette tourmente, l'Union européenne s'est elle-même déchirée, plusieurs États membres annonçant qu'ils ne « signeraient » pas le Pacte, en prenant la suite de la Hongrie de Viktor Orban (v. *Le Monde*, « Europe : le pacte migratoire de la discorde », 27 novembre 2018). Il a fallu les efforts inouïs des négociateurs, et notamment de Louise Arbour, la représentante spéciale de l'ONU pour les migrations, pour ramener un peu de calme dans les esprits et parvenir à communiquer une information fiable au sujet du Pacte. Tout d'abord, les défenseurs du Pacte ont insisté sur son caractère « non-contraignant » – tel que cela est écrit noir-sur-blanc au paragraphe 7 du document – alors même que circulait l'information selon laquelle, en le signant, les États assumeraient des obligations. En effet, le Pacte est typique de ces actes concertés non conventionnels adoptés aux termes des négociations programmatiques onusiennes (v. chap. 1, v. ss 36). Il ne s'agit donc pas d'un traité et d'ailleurs le Pacte n'est pas soumis à un processus de ratification formelle et ne crée donc, en tant que tel, aucune nouvelle obligation qui soit applicable ou invocable devant les autorités ou les tribunaux nationaux. Pour autant, en arguant du caractère « non-contraignant » du Pacte, ses défenseurs en édulcoraient quelque peu la portée, puisque les programmes adoptés dans le cadre des organisations internationales, en tant qu'instrument de la gouvernance globale, bien que non obligatoire sur le plan formel, sont loin d'être sans effet juridiques et pratiques. Ensuite, il a fallu expliquer la portée du texte et ses objectifs : celui-ci se présente comme visant à « favoriser la coopération internationale en matière de migration entre tous les acteurs compétents, sachant qu'aucun État ne peut gérer seul la question des migrations ». Il s'agit donc d'élaborer une « démarche globale [...] afin d'optimiser l'ensemble des avantages de la migration » (§11). Le Pacte énonce pour ce faire les principes sur lesquels doit reposer cette coopération, puis énumère pas moins de 23 objectifs, allant de la collecte des données pour mieux connaître le phénomène de la migration, au renforcement des « partenariats mondiaux » en passant par une action coordonnée en vue de retrouver les migrants disparus, la prise en compte des vulnérabilités, le travail décent et la facilitation des envois de fonds... Puis le Pacte met en place un cadre de mise en œuvre et de suivi en substituant au Dialogue de haut niveau sur les migrations et le développement un nouveau « Forum d'examen des migrations internationales » qui devrait se tenir tous les quatre ans à partir de 2022 et « offrira l'occasion d'examiner l'état d'avancement de l'application du Pacte mondial aux niveaux local, national, régional et mondial » (§49). Même si la « globalisation » de la question migratoire est aujourd'hui actée, un « régime » global de la migration est encore loin d'avoir vu le jour.

Par contraste, les prémisses du régime de protection des réfugiés remontent à l'entre-deux-guerres et un régime plus complet a été établi après la Seconde guerre mondiale. Ce régime s'organise autour de la Convention de Genève du 28 juillet 435 ■

1951 relative au statut de réfugiés (146 États parties, auquel s'ajoute un Protocole adopté le 31 janvier 1977, qui en généralise la portée temporelle) et d'une institution spécialisée des Nations Unies, le Haut-Commissariat aux réfugiés (HCR) ainsi que d'un certain nombre de systèmes régionaux (v. sur le plan africain la Convention de l'OUA d'Addis-Abeba du 10 septembre 1969 ; sur le plan latino-américain, la Déclaration de Carthagène de 1984 ; et en Europe, une série de directives harmonisant le droit des États membres et le « règlement de Dublin » déterminant l'État responsable du traitement de la demande d'asile sur le territoire de l'Union). Les États parties à la Convention s'engagent à reconnaître le statut de réfugié à toute personne qui craint avec raison « d'être persécutée du fait de sa race, de sa religion, de sa nationalité, de son appartenance à un certain groupe social ou de ses opinions politiques, se trouve hors du pays dont elle a la nationalité et qui ne peut ou, du fait de cette crainte, ne veut se réclamer de la protection de ce pays ». La Convention interdit d'appliquer des sanctions pénales à un demandeur d'asile qui se trouve en situation irrégulière sur le territoire de l'État (art. 31) et impose une obligation de non-refoulement vers les frontières « où sa vie ou sa liberté serait menacée ». La Convention laisse libre les États de déterminer leur propre procédure de reconnaissance du statut. Mais une fois ce statut acquis, les États ont l'obligation d'accorder un réfugié un traitement au moins égal à celui accordé aux autres étrangers (professions salariées ou non salariées, logement...), et, pour certaines questions, égal à celui accordé aux nationaux (éducation, assistance publique...) Le régime de 1951 a été renforcé par le biais des conventions de protection des droits de l'Homme, qui ont notamment permis de préciser l'obligation de non-refoulement.

■ 436 Le régime a toutefois montré ses limites face à la multiplication des crises et aux afflux massifs de personnes fuyant la persécution, avec une dégradation constante des conditions d'accueil et une fermeture progressive des frontières et la multiplication de cas de refoulement voire, dans le cas de l'Europe, la signature avec les pays d'origine d'accords de « réadmission » ou la création sur place de « hotspots » visant à opérer un tri avant que les réfugiés ne puissent parvenir aux frontières de l'Union. L'instabilité qui s'est accrue au début du siècle a rendu la situation critique, aboutissant à une situation comparable à celle qui prévalait après les deux guerres mondiales. La violence politique et la crise économique dans un certain nombre de pays d'Amérique latine ont ainsi accéléré les déplacements vers les voisins du Nord, tandis que la permanence de l'instabilité en Afghanistan et les suites du « Printemps arabe », et en particulier la guerre en Syrie, la montée en puissance de l'État islamique au Proche Orient et dans la bande sahélienne, ont provoqué un afflux sans précédent de personnes en quête de protection aux frontières de l'Union européenne, entraînant ainsi une « crise des réfugiés » – qui est en fait bien plus une crise du système européen de protection des demandeurs d'asile, avec pour prix, entre 2014 et 2020, déjà plus de 20 000 morts ou disparus en mer.

■ 437 Dans ce contexte tendu, le HCR a mis en lumière le fait que les déplacements de populations récents se caractérisaient par des « flux mixtes », mélangeant migrants et réfugiés, ces catégories étant de plus en plus difficile à distinguer : une personne qui fuit la misère et l'insécurité dans son pays plongé dans un conflit civil sans fin est-elle un « réfugié » ou un « migrant » (v. J. Fernandez, *Exilés de guerre. La France au défi de l'asile*, Armand Colin, 2019) ? *Quid* des déplacements massifs de population provoqués par le changement climatique, alors que le gouvernement du pays ne prend pas les mesures nécessaires pour prévenir et atténuer des catastrophes environnementales prévisibles ? Par ailleurs, la « gestion globale » des réfugiés est loin de correspondre à une exigence de justice globale, lorsqu'on sait que la majorité des réfugiés se trouve dans dix pays seulement et que 85 % d'entre eux sont dans des pays en voie de développement, tandis que dix autres pays fournissent 93 % du budget du HCR. De toute évidence, le droit des réfugiés, dont les grandes lignes ont été élaborées après la Seconde guerre mondiale dans un contexte différent, nécessite d'être réévalué, sinon dans ses principes, du moins dans ses mécanismes. Dans cette perspective, les Nations Unies ont volontairement lié le sujet des migrations et des réfugiés dans une démarche de réflexion et de globalisation : non pour confondre les deux catégories, mais pour souligner l'impossibilité de les dissocier complètement. La Déclaration de New York pour les réfugiés et les migrants adoptée le 19 septembre 2016, déjà citée, établit un « cadre d'action global pour les réfugiés », placé en Annexe 1 de la Déclaration. Le Cadre est « fondé sur le principe de la coopération internationale et le partage des charges et des responsabilités » et a vocation à s'appliquer « dans chaque situation donnant lieu à un déplacement massif de réfugiés ». Il porte sur certains aspects cruciaux laissés dans l'ombre par la Convention de 1951, et notamment la procédure d'accueil et d'admission, l'assistance immédiate et surtout la coopération internationale, exprimée dans l'idée-force d'un « partage des charges et des responsabilités » qui, tout en figurant dans le Préambule de la Convention de 1951, n'était pas explicité en termes d'obligations pour les parties. C'est en se fondant sur ce Cadre que fut négocié le « deuxième » Pacte : le Pacte mondial sur les réfugiés. Alors que le Pacte sur les migrations avait déclenché une forme d'emballement, voire d'hystérie collective, l'adoption du Pacte sur les réfugiés se fit presque sans aucun remous, certes dans un cadre beaucoup moins formel, puisqu'aucune conférence diplomatique ne fut cette fois convoquée : le Pacte, contenu dans la deuxième partie du rapport annuel de 2018 sur les activités du HCR, fut « approuvé » dans le paragraphe 23 de la résolution omnibus de l'Assemblée générale concernant les travaux du HCR (résolution 73/151 du 17 décembre 2018, adopté par 181 voix pour, 2 voix contre, celles des États-Unis et de la Hongrie, et trois abstentions : Érythrée, Libye et République dominicaine).

Le Pacte comme tel est un document ambitieux qui poursuit quatre objectifs qui 438 ■
feront l'objet d'une évaluation dans le cadre d'un nouveau « Forum mondial sur les réfugiés », appelé à se réunir tous les quatre ans à partir de 2019 : « i) alléger la pression sur les pays d'accueil ; ii) renforcer l'autonomie des réfugiés ; iii) élargir l'accès aux solutions dans des pays tiers ; et iv) favoriser les conditions d'un retour dans les pays d'origine en sécurité et dans la dignité » (§7). Le Forum est convoqué au niveau ministériel et les États sont appelés à annoncer des engagements concrets et faire des contributions pour atteindre les objectifs, dont la mise en œuvre est évaluée lors du Forum suivant et aussi lors d'un examen à mi-parcours, tous les deux ans, dans le cadre de réunions officielles de haut niveau (§19). Par ailleurs, le Pacte encourage les États à mettre en place des « dispositifs nationaux » et prévoit qu'ils ont la possibilité de solliciter la mise en place de « plateformes d'appui » regroupant des États prêts à fournir une aide dans une situation particulière d'afflux massif, le HCR et d'autres « parties prenantes », comme des institutions spécialisées, des ONG humanitaires ou des entreprises. L'objectif est de fournir un appui dans un certain nombre de domaines clés qui ne sont pas réglementés par le droit international : l'accueil et l'admission des réfugiés, le soutien et la résilience des réfugiés mais aussi

des communautés d'accueil, etc. Le premier forum s'est tenu à Genève les 17 et 18 décembre 2019, plus de 3 000 personnes, dont 200 ONG et 100 entreprises ou fondations y ont participé et de multiples engagements ont été pris par toutes les parties prenantes, trois plateformes d'appui et un réseau académique ont été lancés, etc.

B. La mondialisation du droit face aux crises : l'assistance humanitaire

439 De fait, toutes les activités qui impliquent ou concernent deux ou plusieurs États ou des relations entre entités ou individus ayant des nationalités différentes sont aujourd'hui régies par ce que l'on pourrait appeler des « politiques publiques » élaborées au sein d'institutions internationales. Celles-ci n'ont pas pour autant vocation à se substituer aux États, mais tendent plutôt à impulser des processus d'harmonisation, voire d'unification du droit et des pratiques. Elles sont plus rarement elles-mêmes opérateurs, et se contentent plutôt de coordonner et d'influencer la pratique des opérateurs publics ou privés. Il faut toutefois mettre à part certaines situations extrêmes. La Charte, on l'a vu, prévoit notamment la coopération dans le domaine « humanitaire » en vue de porter secours aux populations civiles dans des situations de crises extrêmes causées par des catastrophes naturelles, des conflits armés, ou des crises politiques (v. Sandra Szurek, Marina Eudes et Philippe Ryfman (dir.), *Traité de droit et pratique de l'action humanitaire*, LGDJ, 2019). Ce domaine de l'action humanitaire est lui-même ancien puisqu'il avait déjà été théorisé et même en partie codifié à l'initiative d'Henri Dunant puis du Comité international de la Croix Rouge dès le milieu du XIXe siècle. Mais il a connu un développement fulgurant après la Seconde guerre mondiale et plus encore dans la période de la détente, puis avec la fin de l'opposition entre les deux blocs, qui a permis la reconnaissance progressive d'un « droit à l'assistance humanitaire » par les Nations Unies (v. ss 413). L'action humanitaire et son droit sont essentiellement d'origine privée, sous l'impulsion des organisations humanitaires, avec notamment, pour une part d'entre elles, des associations qui se revendiquent d'un « sans-frontiérisme », c'est-à-dire d'une vision qui fait primer l'accès et l'aide aux victimes sur la souveraineté des États et ses attributs, en particulier l'exclusivité de la compétence territoriale. Autrement dit, dans leur action, ces organisations se pensent déjà comme une forme de service public à l'échelle mondiale, ayant vocation à se substituer à l'État en cas de défaillance de celui-ci. De fait, l'action humanitaire est devenue de très près liée aux débats sur « l'ingérence humanitaire » et, plus récemment, « la responsabilité de protéger » (v. ss 418), théorisant cette substitution des organisations internationales aux États défaillants. En ce sens, il existe bien une globalisation de l'aide humanitaire dans la mesure où toute catastrophe appelle aujourd'hui une réponse humanitaire internationale que les États ne peuvent pas rejeter complètement, sauf peut-être les pays les plus fermés comme la Corée du Nord. Pourtant, il n'existe pas d'agence humanitaire des Nations Unies. Tous les acteurs interviennent de manière autonome, qu'il s'agisse des ONG, des institutions spécialisées des Nations Unies mais aussi des États. La globalisation intervient donc davantage sur le registre de la coordination que de la direction, dans un rapport horizontal, ou faiblement hiérarchisé, les Nations Unies se voyant reconnaître un rôle de leadership sans pour autant exercer une quelconque autorité sur les différentes parties prenantes. Ce rôle de

coordinateur est assuré par le Bureau de la coordination des affaires humanitaires (OCHA) par l’intermédiaire d’une structure multi-acteurs originale : le Comité permanent inter-organisations (IASC), créé en 1991, et qui réunit en tout 18 personnalités : 10 à titre de membres, à savoir les représentants des institutions des Nations Unies (PNUD, UNFPA, UNICEF, HCR, PAM, FAO, WHO, UN-HABITAT, OCHA et OMI), 5 autres en tant qu’invités permanents (le CICR, la FICR, le HCDH, le rapporteur spécial sur les droits de l’homme et les personnes déplacées du Conseil des droits de l’homme, et la Banque mondiale), plus trois consortiums d’ONG, chaque consortium étant représenté par une personne, à laquelle peuvent se joindre jusqu’à deux autres représentants d’ONG. Par ailleurs, des ONG non représentées à titre permanent peuvent être invitées sur une base *ad hoc*. Le Comité est présidé par un coordonnateur des secours d’urgence, qui a le rang de secrétaire général adjoint. Pratiquement, en cas d’urgence, tous les acteurs déploient leur aide humanitaire, non sans parfois un certain esprit de compétition qui commande d’être les premiers « sur le terrain » des catastrophes. Les Nations Unies agissent de leur côté et peuvent proposer une forme de coordination, en mobilisant leurs présences locales, notamment les coordinateurs résidents. Mais aucun acteur n’est concrètement obligé de prendre part à cette coordination, en particulier les acteurs locaux. Par ailleurs, l’ONU doit préserver ses liens diplomatiques avec l’État hôte, ce qui peut conduire les ONG internationales à vouloir conserver leur indépendance et se tenir à l’écart des instances de coordination.

On est donc encore loin d’un service public global de l’humanitaire : la diversité des **440**
acteurs, la fragmentation des actions, les rivalités en vue de la captation des financements demeurent des obstacles majeurs. Comme le résumait – dans un langage à peine diplomatique – l’ancien secrétaire général des Nations Unies, M. Ban Ki Moon : « le système de l’aide internationale ne s’est pas adapté à l’évolution des défis évoqués, à la multiplication des organisations opérant dans ce domaine et au besoin d’une action plus unifiée exploitant les moyens et les ressources de toutes les parties prenantes afin de venir en aide aux populations dans le besoin » (« Une seule humanité, des responsabilités partagées, A/70/709, 2 février 2016, § 4). C’est pour tenter de surmonter ces obstacles qu’il a proposé la convocation d’un « Sommet mondial sur l’action humanitaire » qui s’est tenu les 23 et 24 mai 2016 à Istanbul en Turquie, après un processus de consultation qui aura duré trois ans, et dont les résultats sont désormais suivis dans le cadre du « Programme d’action pour l’humanité » et ses « cinq responsabilités fondamentales » (v. « Résultats du sommet mondial sur l’action humanitaire », A/71/353, 23 août 2016). Mais le Sommet est loin d’avoir résolu toutes les contradictions et certains acteurs l’ont même boudé, comme Médecins sans Frontières, au motif « que les enjeux brûlants – la crise en Syrie, la difficulté d’acheminer l’aide, l’échec du traitement des épidémies comme Ebola, la crise migratoire, l’accord UE-Turquie pour la déportation des réfugiés – ne seront pas abordés » (*Le Monde* 25 mai 2016). Mais la question est de savoir s’il existe une alternative à une coordination plus robuste des acteurs qui, sans cela, agissent chacun de leur côté dans une logique d’urgence, et souvent sans considération pour les spécificités des « terrains » sur lesquels ils interviennent. En réalité, l’humanitaire doit être inséré dans un continuum et en partie détaché de sa logique « urgentiste » pour envisager les situations dans leur complexité politique, économique et culturelle. Sur ce plan, le Sommet esquisse incontestablement des pistes intéressantes, l’accent étant mis sur le rôle que doivent jouer les organisations locales – jusque-là

souvent considérées comme de simples « opérateurs » d'une aide décidée à l'extérieur – le nécessaire dépassement du clivage entre action humanitaire et développement, mais aussi un « grand compromis » entre bailleurs et organisations humanitaires consistant à « réserver 25 % du financement aux acteurs nationaux et locaux de manière aussi directe que possible d'ici à 2020 » en échange d'un accroissement des financements.

C. La mondialisation du droit face aux risques globaux

441 Spontanément on pourrait penser que l'existence d'un risque commun à l'humanité aurait nécessairement pour origine de favoriser la globalisation du droit. Là où les États sont en quelque sorte « par nature » jaloux de leur souveraineté et peinent parfois à concrétiser leur solidarité autour de buts communs, l'apparition de menaces, ressenties directement par les opinions publiques par l'intermédiaire des *mass medias* globaux, devrait pousser les États à se coordonner et à travailler ensemble pour trouver des solutions. Et pourtant, c'est bien souvent la tentation du « chacun pour soi » qui l'emporte, comme si les États, enfermés dans une logique de souveraineté, devaient attendre que la catastrophe se concrétise pour agir de concert.

442 Or les défis et les périls communs n'ont cessé de se multiplier, comme en témoigne l'actualité de la lutte contre les changements climatiques et contre les pandémies mondiales.

1. *Le changement climatique*

443 Le changement climatique n'est au départ, qu'une des menaces identifiées au titre des risques pesant sur l'environnement, et ceci dès la fin des années 1970. Le phénomène était en effet connu des scientifiques, mais aussi des entreprises pétrolières comme Exxon qui tout en anticipant les conséquences de l'exploitation des énergies fossiles ont exercé leur influence pour en empêcher la prise en compte (« Changement climatique : le double discours d'Exxon Mobil », *Le Monde* 24 août 2017). Le temps passant – et la situation s'aggravant d'années en années – le réchauffement de l'atmosphère apparaît de plus en plus comme surdéterminant toutes les autres questions environnementales, avec les risques de crises en cascade, compromettant les résultats des autres politiques menées par ailleurs, qu'il s'agisse de la biodiversité, des océans ou de la pollution atmosphérique. Les conséquences du réchauffement climatique sont notamment la hausse du niveau des mers et la multiplication des événements climatiques extrêmes (tempêtes, typhons, inondations, vagues de chaleurs) avec des effets immédiats dévastateurs sur l'environnement, l'agriculture, l'habitabilité de régions entières du globe, et des effets induits et indirects tout aussi inquiétants : déplacements forcés de population et migrations climatiques, multiplication des causes de conflits notamment autour de la maîtrise et de l'accès à l'eau douce... Le Groupe d'experts intergouvernemental sur l'évolution du climat (GIEC) créé en 1988 par le PNUE et l'OMM, a pour objectif de fournir « une vision scientifique claire de l'état actuel des connaissances en matière de changements climatiques et de leur incidence potentielle sur l'environnement et la sphère socio-économique ». Dans son rapport spécial publié en 2008, le GIEC examine les conséquences d'un réchauffement planétaire de 1,5 °C par rapport aux niveaux préindustriels et les « trajectoires » nécessaires pour ne pas dépasser un tel seuil, aux

conséquences déjà catastrophiques. Or le maintien des émissions au niveau actuel pourrait conduire, sans changement radical de paradigme, à une augmentation de 3 à 4 °C d'ici la fin du siècle. Question globale par excellence, le changement climatique semble donc devoir naturellement faire l'objet d'un « régime global ». Or il apparaît que malgré la multiplication des signaux d'alerte et alors que la planète et ses habitants font désormais l'expérience concrète du changement climatique, la mise en place d'un tel régime global peine à voir le jour.

C'est la conférence sur l'environnement humain de Stockholm de 1972 qui a marqué le point de départ des travaux onusiens en la matière, prolongée, dix ans après, par la conférence sur l'environnement et le développement de Rio en 1992. À l'occasion de cette dernière furent adoptées trois conventions « sœurs » et liées dans leur objet : la Convention sur la diversité biologique, la Convention sur la désertification et la Convention-cadre sur les changements climatiques. Entrée en vigueur en 1994, cette dernière est aujourd'hui universelle avec 197 États parties. Elle fixe pour objectif aux parties de « stabiliser [...] les concentrations de gaz à effet de serre dans l'atmosphère à un niveau qui empêche toute perturbation anthropique dangereuse du système climatique » (art. 2). Pour opérationnaliser ce « cadre » général, la troisième conférence des États parties (« COP 3 ») a adopté le protocole de Kyoto le 11 décembre 1997 – lui-même ratifié aujourd'hui par 192 parties (191 États et l'UE). Le Protocole établit des engagements précis uniquement pour les États industrialisés, conformément au principe, agréé dans la Convention-cadre, des « responsabilités communes mais différenciées » en fonction du niveau de développement de chaque État – étant entendu que les États développés doivent se situer à « l'avant-garde » de la lutte contre le changement climatique. Ces objectifs chiffrés étaient étalés dans le temps, pour permettre aux États de réduire leurs émissions d'au moins 5 % par rapport au niveau de 1990. Les États-Unis avaient signé le protocole le 12 novembre 1998 mais le président Bush a décidé, sans aucune concertation, en mars 2001, de ne pas le ratifier, ce qui a mis à mal l'ensemble du processus. Malgré ce contretemps, les grands pays occidentaux ont réaffirmé leur volonté politique de voir entrer en vigueur un traité essentiel pour l'avenir de la planète. Après les ratifications des Quinze de l'Union européenne (24,2 % en 2002), — dont la RFA (7,4 %) alors que la France ne représente que 2,7 % — puis des États comme la Pologne (3 %), suivi par le Japon (8,5 %) et le Canada (3,3 %), c'est la ratification de la Russie — un des gros pollueurs (17,4 %) — intervenue le 18 novembre 2004 qui a permis, en dépassant le seuil des 55 %, l'entrée en vigueur du protocole à compter du 16 février 2005. La première période d'engagement s'est donc ouverte en 2008 et s'est terminée fin 2012, année également marquée par le retrait du Canada du Protocole. L'amendement adopté lors de la COP 18 à Doha, visant à fixer une nouvelle période d'engagement, n'est jamais entré en vigueur, faute d'atteindre le nombre de ratifications exigé (144). Entre-temps, le principe d'un nouvel instrument avait été agréé en 2011 lors de la conférence de Durban. Dès lors, la diplomatie globale a pris une forme inédite, à l'initiative de la présidence de la COP21 qui revenait à la France, en tant que pays hôte, afin de mobiliser toutes les « parties prenantes » bien au-delà du cercle des États parties. 444 ■

Le succès de la négociation multilatérale ayant conduit à la conclusion de l'Accord de Paris en 2015 a été facilité par l'annonce d'un accord de principe entre les États-Unis et la Chine — deux acteurs clefs de la négociation qui représentent à eux seuls 38 % 445 ■

des émissions – mais aussi par l'implication des États les plus pauvres, particulièrement vulnérables aux changements climatiques, menacés de désertification ou de disparition, comme certaines îles du Pacifique, ainsi que par l'engagement de la société civile, des entreprises multinationales et des grandes métropoles. La diplomatie française a utilisé toutes les ressources de son « *soft power* » pour multiplier les partenariats et sensibiliser l'opinion publique afin de mettre les négociateurs en face de leurs responsabilités. Les plus hautes autorités religieuses ont contribué à cette prise de conscience, comme le pape François en publiant son encyclique « *Laudato si* ». Des négociations techniques au sein du « groupe de travail spécial de la plateforme de Durban pour une action renforcée », créé par la COP17, ont permis d'aboutir à un projet assez élaboré pour que la conférence de Paris puisse se concentrer sur les derniers arbitrages et les ultimes compromis, jusqu'à l'adoption unanime du document final, le 12 décembre 2015, sous la présidence de Laurent Fabius, le ministre français des Affaires étrangères, en présence de Ban Ki-moon, mais aussi du secrétaire d'État américain, John Kerry, très présent jusqu'au bout des négociations. À ce jour, l'Accord de Paris a été ratifié par 189 des 197 États parties à la Convention-cadre.

■ **446** Formellement, le rapport de la COP21 contient une décision 1/CP.21 « Adoption de l'Accord de Paris », l'Accord lui-même se trouvant en annexe. En soi, la décision est déjà un document important et pas seulement formel, puisqu'elle régit l'application provisoire du traité jusqu'à son entrée en vigueur. L'article 2 de l'Accord de Paris énonce l'objectif assigné, à savoir « renforcer la riposte mondiale à la menace des changements climatiques, dans le contexte du développement durable et de la lutte contre la pauvreté, notamment en : a) Contenant l'élévation de la température moyenne de la planète nettement en dessous de 2 °C par rapport aux niveaux préindustriels et en poursuivant l'action menée pour limiter l'élévation des températures à 1,5 °C, étant entendu que cela réduirait sensiblement les risques et les effets des changements climatiques ; b) Renforçant les capacités d'adaptation aux effets néfastes des changements climatiques et en promouvant la résilience à ces changements et un développement à faible émission de gaz à effet de serre, d'une manière qui ne menace pas la production alimentaire ; [...] ». Les deux maîtres mots de la stratégie sont donc *l'atténuation* d'une part, correspondant à la limitation de l'élévation de la température, principalement par une baisse des émissions de carbone, mais par des moyens alternatifs ; et *l'adaptation* d'autre part, compte tenu du fait que l'élévation des températures est inéluctable dans une certaine proportion et que cette élévation aura des conséquences néfastes auxquelles il faut se préparer (v. le rapport spécial du GIEC sur les 1,5 °C, préc.).

■ **447** *S'agissant de l'atténuation*, le volet technique du Protocole de Kyoto reposait pour l'essentiel sur un « marché carbone », avec une possibilité pour les États d'échanger des « droits d'émission ». L'Accord de Paris fixe aux parties pour objectif un « plafonnement mondial des émissions de gaz à effet de serre dans les meilleurs délais [...] et à opérer des réductions rapidement par la suite conformément aux meilleures données scientifiques disponibles » (article 4.1). Pour ce faire, chaque Partie a l'obligation de communiquer et actualiser tous les cinq ans des « contributions déterminées au niveau national » impliquant des mesures d'atténuation sur le plan national (art. 4.2). La succession des contributions nationales des États est régie par un principe de progression ou effet cliquet et doit correspondre au « niveau d'ambition le plus élevé possible » (art. 4.3.). Bien sûr, conformément à la Convention-cadre, les obligations des États à cet égard doivent être comprises « compte tenu des responsabilités communes mais différenciées » et des capacités respectives des États. Mais s'il est toujours attendu que les pays développés « montrent la voie », ils ne sont plus seuls à être liés, comme dans le Protocole de Kyoto : tous les États parties à la Convention-cadre sont visés par l'Accord de Paris.

Quant à l'adaptation, l'Accord la présente comme un « défi mondial qui se pose à tous, comportant des dimensions locales, infranationales, nationales, régionales et internationales » (art. 7.2)... autrement dit une question « globale » par excellence. Sur le plan substantiel, l'Accord demande aux États d'intensifier leur coopération, en reprenant un certain nombre de pistes déjà explorées lors de la COP16 de 2010 à Cancún, au Mexique, notamment par des plans nationaux d'adaptation. Enfin l'Accord prévoit un volet sur l'aide à apporter aux États en développement (finance, capacité, technologie) et un autre sur les « pertes et préjudices liés aux effets néfastes des changements climatiques » sur la base du « Mécanisme de Varsovie » qui avait été mis en place par la COP19 en 2013, visant essentiellement à faciliter la coopération entre les parties sur un certain nombre de thématiques comme la préparation aux situations d'urgence et la résilience des communautés affectées. 448 ■

Le suivi des engagements se fonde d'abord sur l'obligation périodique de communication des parties selon des modalités « claires et transparentes » quant aux mesures d'atténuation et d'adaptation, mais aussi, pour les États développés, s'agissant des ressources financières pour venir en aide aux pays en développement. Un « cadre de transparence » est mis en place, comprenant plusieurs modalités de surveillance, dont un comité d'experts chargé d'examiner les contributions nationales et les rapports sur l'aide aux pays en développement. Par ailleurs, tous les États se soumettent annuellement à un « examen multilatéral, axé sur la facilitation des progrès accomplis eu égard aux efforts entrepris en vertu de l'article 9 [aide des pays développés aux pays en développement], ainsi que dans la mise en œuvre et la réalisation de sa contribution déterminée au niveau national » (art. 13.11.). Finalement, la conférence des parties est chargée de faire périodiquement un « bilan mondial » tous les cinq ans, en commençant en 2023. 449 ■

L'Accord de Paris est entré en vigueur le 4 novembre 2016, soit 30 jours après la ratification de 55 Parties représentant « au moins 55 % du total des émissions mondiales de gaz à effet de serre », conformément à l'article 21 (condition dite du « double seuil »). Mais la dynamique de Paris peine à se perpétuer dans un contexte international déstabilisé par l'arrivée au pouvoir de gouvernements nationalistes, populistes et climato-sceptiques dans plusieurs pays « gros émetteurs ». En annonçant jeudi 1er juin 2017 le retrait des États-Unis de l'Accord de Paris, Donald Trump a considérablement fragilisé le régime international de lutte contre le réchauffement climatique quand bien même, dans un premier temps, les conséquences de ce retrait apparaissent limitées. D'une part, l'article 28 prévoit qu'une dénonciation ne peut intervenir qu'après un délai de 3 ans à compter de l'entrée en vigueur du traité en 2016, le retrait ne produisant ses effets qu'après une année, soit en novembre 2020, ce qui correspond aux élections américaines. D'autre part, la décision de Donald Trump n'a pas réussi à entraîner un revirement des autres États engagés par un processus à long terme, ni l'implication des acteurs non étatiques, à commencer par 450 ■

les grandes métropoles et les États fédérés, comme la Californie, les multinationales ou les grandes fondations qui étaient en première ligne lors de la négociation des accords de Paris. Reste que la dynamique collective est affectée par l'invocation de l'intérêt égoïste à très court terme d'une grande puissance renonçant à son *leadership* moral en tournant le dos à un intérêt collectif bien compris. Ce peu d'entrain s'est manifesté lors des différentes COP qui ont suivi celle de Paris, et singulièrement la COP25, en décembre 2019 : initialement prévue pour se tenir au Chili, la COP a dû être déplacée en urgence à Madrid en Espagne, en raison de la protestation massive qui affectait le pays. De l'avis des observateurs, la Conférence s'est achevée sur un bilan mitigé, voire catastrophique, l'ONG de défense de l'environnement Greenpeace dénonçant « un délit de fuite des puissantes économies du carbone » : si 80 pays s'étaient engagés à rehausser leurs engagements, ils ne représentaient que 10,5 % des émissions de carbone, tandis que les plus grands émetteurs, à savoir la Chine, l'Inde, le Brésil, l'Australie, le Japon ou les États Unis ne prenaient aucun engagement et participaient même à « freiner, voire bloquer, toute action climatique » (A. Garric, in *Le Monde* 15 déc. 2019).

■ 451 Face au risque et à l'urgence, la mondialisation du droit semble donc marquer le pas : le droit international issu des négociations interétatiques ne paraît pas être en mesure de conduire à une action décisive et risque de se retrouver éclipsé par une autre facette de la mondialisation constituée par l'action des acteurs non étatiques. Entreprises, villes, régions et métropoles, organisations de la société civile, mouvements de jeunes etc., se mobilisent en effet de plus en plus pour le climat et entreprennent des actions en toute autonomie. L'action des jeunes pour le climat est maintenant connue de tous, symbolisée par la figure d'une jeune suédoise, Greta Thunberg. Elle se déploie selon différents registres, depuis des actions de désobéissance civile inspirées de Gandhi et du mouvement des droits civiques américain, jusqu'aux « procès climatiques », consistant à utiliser le prétoire pour tenter de contraindre les États à respecter leurs obligations internationales. De telles actions sont désormais intentées dans de nombreux pays, y compris la France, où le recours en carence fautive de l'État par plusieurs associations a été dénommé par elles « l'affaire du siècle ». (v. le dossier « Le contentieux climatique devant le juge administratif français », *RFDA* 2019. 629 ; C. Cournil, « "L'affaire du siècle" devant le juge administratif' », *AJDA* 2019. 437 ; C. Collin, « Suite et fin de l'affaire Urgenda : une victoire pour le climat », *Dalloz actualité* 29 janv. 2020). Preuve s'il en était besoin que les « questions globales » ne sont plus l'apanage des États, ni même des organisations intergouvernementales, mais sont désormais directement traitées par des entités infra-étatique ou de simples personnes privées en tant que « citoyens du monde ».

2. *Les pandémies*

■ 452 Les pandémies ont toujours été une question « internationale » en quelque sorte « par définition : la pandémie désigne en effet une épidémie au niveau d'un continent ou étendue au monde entier ». C'est un truisme de dire que les virus ne connaissent pas les frontières et se caractérisent par leur capacité à se transmettre d'un individu à un autre. Elles ont également un potentiel catastrophique bien connu lorsque la contamination est rapide et que les effets sur la santé humaine sont suffisamment graves. Rappelons seulement les ravages de la peste noire au XIVe siècle en Europe : 30 % à 50 % de la population en est victime et c'est toute la société et l'économie qui s'écroulent – et déjà ce sont les échanges internationaux qui en sont responsables, puisque la maladie, on le sait, est arrivée par bateau, portée par les rats infestés de puces vecteurs du bacille. Il en va de même pour les grandes épidémies de choléra au début du XIXe siècle. C'est toujours pour faciliter les échanges mais aussi pour protéger la santé publique que douze États se réunissent à Paris en 1851 pour la première conférence sanitaire internationale, ceci en vue d'uniformiser leurs pratiques de quarantaine. Ce sont donc les épidémies et leurs conséquences qui sont à l'origine du droit international de la santé et, aujourd'hui, de ce que l'on peut appeler le « régime global de la santé ». En quoi consiste-t-il ?

D'abord, en une organisation universelle qui fait partie des « institutions spécialisées des Nations Unies » : l'Organisation Mondiale de la Santé, créée en 1946 (mais comme d'autres institutions spécialisées, elle avait une ancêtre : l'Organisation d'Hygiène de la SDN). Le champ de compétence de l'OMS est large, comme précisé dans sa « Constitution » (c'est comme cela qu'on nomme son traité constitutif, ratifié par 193 États). Son but est d'« amener tous les peuples au niveau de santé le plus élevé possible » (art. 1er) et pour ce faire, l'OMS se doit avant tout d'« agir en tant qu'autorité directrice et coordinatrice, dans le domaine de la santé, des travaux ayant un caractère international » (art. 2-a). Elle dispose à cet égard d'un pouvoir normatif : l'Assemblée de la Santé, son organe principal (à côté d'un « Conseil » plus restreint et d'un secrétariat dont le chef est le Directeur général) « a autorité pour adopter des conventions ou accords » (art. 19), mais aussi pour adopter des « règlements » (art. 21) et des recommandations (art. 23). Les conventions sont des traités internationaux qui doivent être ratifiés comme tous les autres traités (même si l'Assemblée peut adopter ces traités à une majorité des deux-tiers et si un État doit motiver son refus de le ratifier). En pratique, il n'y a qu'une seule convention de l'OMS : la Convention-cadre pour la lutte antitabac adoptée le 21 mai 2003 à Genève et ratifiée par 182 États. Les règlements, en revanche, sont des actes unilatéraux de type quasi-législatifs, puisque selon l'article 22, ils entrent automatiquement en vigueur sauf pour les membres qui notifient explicitement au Directeur général leur refus ou leurs réserves : depuis le début de son histoire, l'Organisation a adopté deux règlements, dont le plus important : le Règlement sanitaire international (RSI), adopté initialement en 1951 et révisé en 1969 et dernièrement en 2005, à la suite de la crise épidémique liée au syndrome respiratoire aigu sévère (SRAS) en 2003. 453 ■

Mais ce « régime mondial » n'a finalement émergé en tant que tel qu'assez tard, au sein et au-delà de l'OMS. C'est en effet la lutte contre une pandémie meurtrière qui s'est répandue dans le monde entier qui a provoqué un début de mondialisation du droit de la santé : le VIH/SIDA. Le virus se développe à partir de 1981 et infectera par la suite plus de 60 millions de personnes et en tuera 30 millions. Face à ce fléau, les réseaux transnationaux, les associations de malades développent leur action et les initiatives privées commencent à voir le jour. Dans les pays les plus fragiles économiquement, l'impact sur les sociétés est tel que le lien est opéré entre les politiques de développement et la lutte contre la maladie. Constatant les insuffisances d'une action de l'OMS seule, les Nations Unies décident de créer un programme conjoint des institutions spécialisées, logé au sein de l'ONU plutôt que de l'OMS : ONUSIDA. C'est donc l'organisation mondiale qui prend le leadership et entreprend la coordination, plutôt que l'OMS, qui connaît par ailleurs des difficultés de financement chronique qui durent encore, avec à peine 20 % de son budget assuré sur les contributions ordinaires des membres, le reste étant comblé par des contributions volontaires. Sous 454 ■

l'impulsion des Nations Unies, la question de la santé est largement incluse dans les Objectifs du millénaire en 2000, puis à nouveau en 2015 dans les Objectifs du développement durable (sur ce cadre holistique, v. ss 461). Le développement appelant un financement, de nouveaux instruments sont créés notamment dans le cadre de la Banque mondiale, avec également une multiplication des initiatives de la part du G8/7 et du G20 (v. ss 469). Parallèlement, la santé est aussi saisie par le commerce, notamment à travers la question de la propriété intellectuelle et de la protection des brevets sur les médicaments – question qui soulève de vastes polémiques et agit comme un révélateur des contradictions entre les finalités du droit international économique et les finalités des Nations Unies (v. ss 469). L'ampleur et la gravité de l'épidémie de fièvre Ebola contribueront à faire entrer la santé dans le domaine de la sécurité collective, le Conseil de sécurité qualifiant la pandémie de « menace pour la paix et la sécurité internationales » dans sa résolution 2177(2014). Enfin, c'est également pendant cette période que des acteurs privés se saisissent des politiques globales de santé, en particulier la Fondation Bill et Melinda Gates, deuxième contributeur volontaire de l'OMS après les États-Unis. Cette implication des acteurs privés se traduit par des initiatives qui se situent en dehors de l'OMS, tout en étant coordonnées à son action sous la forme de partenariats publics-privés, c'est-à-dire de structures originales animées sur un pied d'égalité par des États et des acteurs privés : ainsi de l'Alliance pour le vaccin et l'immunisation (GAVI), officiellement lancée au Forum mondial de Davos en 2000 et rendue possible par la Fondation des époux Gates, mais aussi du Fonds mondial contre le SIDA, la tuberculose et le paludisme.

■ **455** La globalisation du droit de la santé est donc une réalité au tournant du XXIe siècle : globalisation matérielle parce que la santé est désormais saisie dans un programme général consacré au développement durable ; globalisation des acteurs par l'implication des institutions spécialisées et des acteurs privés, au-delà du système intergouvernemental de l'OMS ; globalisation fonctionnelle, par la modification progressive des fonctions normatives et opérationnelles. Dans ce domaine comme ailleurs, la mondialisation du droit est nourrie par la globalisation des risques : après le VIH/SIDA, le monde est confronté à de nouvelles épidémies qui se révèlent être des pandémies par leur diffusion sur une large échelle et sur plusieurs territoires, voire à une échelle mondiale : la grippe H1N1 en 2009 ; le virus de la polio en 2014, la fièvre Ebola en 2014, le virus de Zika en 2016, la nouvelle flambée d'Ebola en 2018-2020 et enfin la COVID-19 en 2020. Toutes ces pandémies ont fait l'objet d'une déclaration, de la part du Directeur de l'OMS, d'une urgence de santé publique internationale, déclenchant une riposte globale, coordonnée par l'OMS pour toute la partie strictement « santé », mais aussi largement, et de plus en plus, par l'ONU, afin de prendre en compte toutes les dimensions et les implications de la pandémie sur la société.

■ **456** Cette diversification des réactions a aussi été suscitée par les critiques adressées à l'OMS sur son manque de réactivité et la lourdeur de ses procédures. Le RSI prévoit une démarche en deux étapes, avec une phase de surveillance et détection assurée sur le plan national et qui implique la mise en place d'une capacité de surveillance adéquate, et une phase de riposte sur le plan international qui dépend de l'OMS. En réalité, le problème se situe aux deux niveaux : lors de la crise d'Ebola, les États concernés ont tardé à signaler la flambée épidémique, et l'OMS a peut-être trop attendu pour pallier ces insuffisances, alors qu'elle disposait d'informations de la part d'autres réseaux de surveillance non nationaux. Les appels à la réforme se sont multipliés, conduisant l'OMS à renforcer notamment sa capacité de riposte en urgence, mais aussi son intégration et sa complémentarité avec d'autres partenaires étatiques ou non étatiques.

Lors de l'apparition du coronavirus 2019-nCoV, à l'origine de la maladie à COVID-19, l'OMS a pourtant fait l'objet de semblables critiques, mais dans un contexte extrêmement politisé par l'affrontement déclaré par les États-Unis de Donald Trump contre la Chine de Xi Jinping. Le fait est que la dangerosité potentielle du virus avait été signalée par des scientifiques chinois dès la fin décembre (v. la chronologie établie par Hélène de Pooter, Chronique des faits internationaux, *RGDIP* 2020-2, p. 356) – mais ces « lanceurs d'alerte » ont été promptement rappelés à l'ordre et même réduits au silence par les autorités, qui ont minimisé les risques et nié la potentielle transmission interhumaine. Or l'OMS a, dans un premier temps, relayé cette information « officielle » sans sembler vouloir la vérifier, alors que plusieurs cas commençaient à être signalés en dehors des frontières chinoises, de la part de personnes qui revenaient de Wuhan où les premiers cas avaient été signalés. Ce n'est que le 22 janvier, après une visite à Wuhan, qu'une délégation de l'OMS déclare que les données collectées suggèrent qu'une transmission interhumaine a eu lieu. Pour autant, le Comité d'urgence, réuni à deux reprises les 22 et 23 janvier par le Directeur général de l'OMS, temporise. Et il faut attendre une troisième réunion du Comité, le 30 janvier, pour que celui-ci recommande au Directeur général de déclarer une « urgence de santé publique de portée internationale » permettant au Directeur général de recommander aux États membres l'adoption de mesures temporaires. Dans sa déclaration, le Directeur général félicitait un peu trop vivement la Chine, sans doute au-delà de ce que les usages diplomatiques exigeaient, ce qui lui fut reproché, et plus particulièrement par le Président étasunien qui, le 14 avril, annonçait le gel de la contribution américaine à l'OMS et la notification ultérieure de son retrait, au motif que l'Organisation aurait été sous influence chinoise. Mais les tweets rageurs de Donald Trump s'inscrivaient en fait dans la continuité d'une politique américaine hostile à toute forme de gouvernance mondiale de la santé qui servirait trop les intérêts des pays en développement (v. la perspective historique de Jean-Paul Gaudillière et Christoph Gradmann, « La sortie de l'OMS des États-Unis s'inscrit dans une longue tradition d'hostilité américaine envers cette institution », *Le Monde* 11 juill. 2020). Et en pratique, les États occidentaux ont attendu encore six semaines avant de réagir de manière effective à l'urgence, ce qui fait porter sur eux la faute d'un retard éventuel dans la riposte. En fait, l'OMS demeure relativement faible au regard des enjeux et des attentes, et les gouvernements nationaux sont souvent prompts à tout exiger du multilatéralisme tout en jouant systématiquement la carte nationale lorsque cela les arrange. La crise de la COVID-19 l'a démontré, alors que les États multipliaient les mesures unilatérales aux frontières sans concertation et cherchaient, par exemple, à capter les envois de masques en provenance de Chine, alors que les stocks de certains pays européens s'avéraient insuffisants. De même, un certain nombre d'États n'ont pas hésité à négocier directement avec les grands laboratoires pharmaceutiques pour se réserver une quantité de doses de vaccins, en cas de réussite, allant à l'encontre de toute forme de démarche coordonnée et solidaire. 457

458 Face à cette tentation des États de faire « cavalier seul » pour « sauver sa peau », les Nations Unies ont défendu les idéaux de la Charte, à savoir la « justice » entendu au sens d'une juste répartition, et les droits de l'homme sans discrimination. Blâmer l'OMS, dans ce contexte, c'était jeter la pierre au messager qui porte de mauvaises nouvelles et au seul acteur pouvant mobiliser la coopération multilatérale. La pandémie, en tant que menace globale, exigeait en effet une réponse « globale » dans tous les sens du terme : à tous les niveaux de décision – international, régional, national, local – par une coordination de toutes les institutions compétentes ; et à travers une vision totale, qui appréhende l'ensemble des déterminants et des conséquences de l'événement, à rebours du fonctionnement « en silos » des organisations internationales. Dans ce sens, l'Assemblée générale des Nations Unies a adopté le 2 avril 2020 – en siégeant à distance et par une procédure d'acceptation implicite – la résolution 74/270 « Solidarité mondiale dans la lutte contre la maladie à coronavirus 2019 (COVID-19) ». Constatant les « conséquences sans précédent de la pandémie », l'Assemblée générale « demande au système des Nations Unies, sous l'égide du secrétaire général, de collaborer avec tous les acteurs concernés afin d'engager une action mondiale coordonnée face à la pandémie et à ses conséquences sociales, économiques et financières néfastes pour toutes les sociétés ». La démarche présentée par le secrétaire général se situe effectivement dans cette optique « globale » : « La pandémie n'est pas qu'une crise sanitaire ; c'est une crise économique, une crise humanitaire, une crise de sécurité et une crise des droits humains. Elle a touché tout le monde, nos familles, nos sociétés. La crise a mis en évidence les fragilités qui existent au sein des nations et entre elles. Il n'est pas exagéré de dire que notre riposte doit consister à remodeler et à réinventer les structures mêmes des sociétés et la manière dont les pays coopèrent au nom du bien commun. Pour sortir de cette crise, il faudra adopter une approche mobilisant la société dans son ensemble, le gouvernement dans sa totalité et le monde entier dans un esprit de compassion et de solidarité » (*Riposte globale du Système des Nations Unies face à la COVID-19. Sauver des vies, protéger les sociétés, reconstruire en mieux*, Nations Unies, juin 2020). Cette politique globale conduit à envisager une « stratégie axée sur trois piliers » : une « réponse sanitaire à grande échelle, coordonnée et globale, guidée par l'OMS » ; « un effort de grande envergure pour traiter les aspects socio-économiques et humanitaires de la crise ainsi que ceux touchant aux droits humains » ; un « processus de relance qui permette de reconstruire en mieux ». Ainsi, la riposte des Nations Unies s'inscrit non seulement dans une perspective opérationnelle de mobilisation des compétences à tous les niveaux, mais aussi dans l'orbite des courants de pensée qui, durant cette période, ont envisagé la « crise » comme une fenêtre d'opportunité pour changer les choses en profondeur. Les trois volets sont eux-mêmes déclinés en objectifs stratégiques, tandis que sont identifiés les « partenaires » (États, organisations internationales, acteurs non étatiques) et les ressources nécessaires, correspondant à des instruments de financements dédiés (v. ci-dessous compléments pédagogiques, Document n° 1).

459 Pour accompagner ces efforts, le secrétaire général a pris deux initiatives fondamentales. La première, correspondant à l'idéalisme pacifique de l'Organisation est un appel à un cessez-le-feu mondial, lancé le 23 mars, et « approuvé » par 180 États membres et « plus de 20 mouvements armés », selon l'ONU. Pourtant l'appel n'a pas permis, dans l'immédiat, de faire cesser les combats (et les massacres) en Syrie, au Yémen ou en Libye. Et il a fallu bien des efforts – de la part des diplomaties tunisienne

et française, coauteurs du projet – pour que cet appel puisse être relayé par le Conseil de sécurité dans sa résolution 2532 (2020) du 1er juillet 2020 où le Conseil, « [j]ugeant que l'ampleur sans précédent de la pandémie de COVID-19 risque de menacer le maintien de la paix et de la sécurité internationales [...] [e]xige la cessation générale et immédiate des hostilités dans toutes les situations dont il est saisi » et « [d]emande à toutes les parties à des conflits armés de prendre part immédiatement à une pause humanitaire durable pendant au moins 90 jours consécutifs, de façon à permettre l'acheminement sûr, sans entrave et durable de l'aide humanitaire [...] » – appel immédiatement suivi d'une exception, et de taille, de nature à ruiner la crédibilité du message : « Déclare que la cessation générale et immédiate des hostilités et la pause humanitaire ne s'appliqueront pas aux opérations militaires dirigées contre l'État islamique d'Iraq et du Levant (EIIL, également connu sous le nom de Daech), Al-Qaida et le Front el-Nosra et tous les autres individus, groupes, entreprises et entités associés à Al-Qaida ou à l'EIIL, ainsi que tous les autres groupes terroristes qu'il a désignés comme tels ». L'autre initiative prise par le secrétaire général est la « campagne "vérifié" » contre la désinformation, visant à lutter contre « l'infodémie » à savoir la diffusion de fausses nouvelles (*fake news*) sur la pandémie. Il s'agit, à cet égard, de la première initiative globale opérationnelle de *fact-checking*, une pratique déjà largement mise en œuvre par de nombreux médias.

S'agissant de l'accès aux traitements médicaux, y compris les vaccins, la tendance du 460 ■
« cavalier seul » a été dénoncée notamment par la France, par la voix du Président Macron qui a évoqué, lors du Sommet mondial sur la vaccination le 4 juin 2020, la nécessité de faire en sorte « qu'un vaccin contre le COVID-19, lorsqu'il sera découvert, bénéficie à tous, parce qu'il sera un bien public mondial ». Plus tôt, le 20 avril 2020, l'Assemblée générale avait adopté une résolution 74/274 « Coopération internationale visant à assurer l'accès mondial aux médicaments, aux vaccins et au matériel médical pour faire face à la COVID-19 » chargeant le secrétaire général de l'ONU de trouver des « solutions » « pour promouvoir et assurer l'accès mondial aux médicaments, aux vaccins et aux équipements médicaux nécessaires pour faire face à la COVID-19 » et « engageant » les États membres et les autres parties prenantes « à prendre immédiatement des mesures pour empêcher, dans le respect de leurs cadres juridiques respectifs, la spéculation et le stockage excessif qui pourraient entraver l'accès à des médicaments essentiels, des vaccins [...] » C'est dans le fil de cette résolution qu'a été lancée, notamment à l'initiative de la France, « une collaboration mondiale pour accélérer la mise au point, la production et l'accès équitable à de nouveaux produits de diagnostic, traitements et vaccins contre la COVID-19 » le 24 avril 2020 (*Access to COVID-19 Tools (ACT) accelerator*) et que l'Assemblée de l'OMS, réunie en ligne le 19 mai à l'occasion de sa 73e session a adopté une résolution reconnaissant le vaccin contre la COVID-19 en tant que « bien commun global » (résolution « COVID-19 Response », WHA73.1). Mais ces différentes initiatives peuvent-elles surmonter le « nationalisme vaccinal » qui se fait jour, fondé sur un réflexe primaire du « sauve-qui-peut », bien loin de ce qui pourrait être attendu des responsables politiques à l'âge de la globalisation. Ainsi le thème de la lutte contre les pandémies est-il à son tour entré dans la mondialisation. Mais même l'imminence du risque – peut-être encore plus perceptible que le changement climatique – ne semble pas parvenir à faire plier complètement les vieux réflexes nationaux de défense et de compétition entre « puissances ».

D. Un cadre holistique : les objectifs du développement durable

461 Si une « mondialisation matérielle » se dessine bien à travers les différents exemples donnés jusqu'à présent, il demeure l'impression que tous ces processus sont menés séparément, selon une logique de silos : la fragmentation est en effet une réalité de la gouvernance globale qui reflète la multiplicité des organisations et des acteurs et l'impossibilité de les coordonner tout à fait, sauf à créer de nouvelles structures unifiées. Or toute réforme organique, qui viendrait substituer une sorte de super-organisation mondiale à la collection des entités séparées héritées de l'histoire de la mondialisation paraît en l'état hors d'atteinte, si tant est qu'elle soit tout à fait souhaitable (v. à cet égard les projets développés au sein du *World Federalist Movement* et de l'organisation *Democracy Without Borders*, notamment par Andreas Bummel, en particulier : *A Renewed World Organization for the 21st Century*, discussion paper, July 2018). Le seul moyen de renforcer la coordination de l'action consiste donc à définir un cadre holistique, prenant en compte l'ensemble des activités menées par les différents acteurs pour les placer au service d'objectifs communs. C'est à ce difficile exercice que se sont livrées les Nations Unies depuis l'aube du XXIe siècle, avec les Objectifs du Millénaire pour le développement couvrant la période 2000-2015 suivis, à partir de 2015, par les Objectifs du développement durable jusqu'en 2030.

462 La notion de « développement durable » elle-même est plus ancienne : elle a émergé progressivement dans le courant des années 1970 et 1980, à partir de la Conférence de Stockholm, alors que les Nations Unies étendent leur mandat à la question de l'environnement : d'emblée, les États industrialisés font valoir un certain nombre de principes et normes environnementaux, tandis que les États du « tiers-monde » leur opposent l'impossibilité de financer un développement « propre ». Le lien entre les deux questions n'est toutefois explicitement formulé qu'en 1983, avec la création de la Commission mondiale pour l'environnement et le développement et le rapport « Notre avenir à tous », sous la direction de la première ministre norvégienne Gro Harlem Brundtland, qui donne pour la première fois une définition du « développement durable » comme « un mode de développement qui répond aux besoins des générations présentes sans compromettre la capacité des générations futures de répondre aux leurs ». C'est à la suite de la présentation du rapport qu'est convoquée la Conférence de Rio de 1992, dite « Sommet de la terre », qui établit définitivement le concept de développement durable en tant que concept clé des politiques internationales menées par la suite, sous la supervision de la Commission durable, un organe subsidiaire du Conseil économique et social. Rappelons qu'en plus de la « Déclaration de Rio sur l'environnement et le développement », le Sommet accouche d'un « Agenda 21 » qui constitue déjà un programme ambitieux de travail sur plusieurs fronts, ainsi que de deux conventions cadres fondamentales, la première sur les changements climatiques et la seconde sur la biodiversité. Dans cette décennie 1990, les grandes conférences programmatiques des Nations Unies s'enchaînent en posant les jalons de la mondialisation du droit : la deuxième Conférence mondiale sur les droits de l'Homme en 1993, la Conférence sur la population et le développement de 1994, le Sommet mondial sur le développement social de 1995, la quatrième conférence sur les femmes en 1995, etc. Parallèlement, les rapports annuels du PNUD sur le développement durable approfondissent conceptuellement les bases de cette mondialisation en mettant en avant des concepts comme la sécurité humaine, la

participation et les partenariats mondiaux. Mais c'est au tournant du Millénaire que naît vraiment l'ébauche d'un programme holistique, avec l'adoption d'une ambitieuse « Déclaration du Millénaire » le 13 septembre 2020, à l'occasion d'un sommet des chefs d'État et de gouvernement (résolution 55/2). La Déclaration établit notamment huit *Objectifs du Millénaire pour le développement* (OMD) :

1. Éliminer l'extrême pauvreté et la faim ;
2. Assurer l'éducation primaire pour tous ;
3. Promouvoir l'égalité des sexes et l'autonomisation des femmes ;
4. Réduire la mortalité des enfants de moins de 5 ans ;
5. Améliorer la santé maternelle ;
6. Combattre le VIH/Sida, le paludisme et d'autres maladies ;
7. Assurer un environnement durable ;
8. Mettre en place un partenariat mondial pour le développement.

Si la liste des objectifs est déterminée au sein du secrétariat en dehors de toute négociation diplomatique, le PNUD mène par la suite des consultations pour associer à chacun des grands objectifs des « cibles » précises et des indicateurs mesurables. Le huitième objectif porte lui-même davantage sur les modalités de réalisation des objectifs, en échafaudant la vision d'un « partenariat mondial pour le développement » qui vise à mettre non seulement un terme à la fragmentation entre organisations intergouvernementales, mais aussi à élargir le cercle aux acteurs non étatiques, organisations de la société civile, entreprises, fondations, université, villes, etc., une approche qui fut encore approfondie dans la résolution de l'Assemblée générale sur les « partenariats globaux » adoptée en 2001 (résolution 55/215) et lors du Sommet mondial de Johannesburg en 2002.

Dès 2010, les prévisions faisaient apparaître que la date de 2015 ne serait qu'une étape dans un processus de plus longue haleine. Tout en s'engageant à accélérer leurs efforts pour atteindre les objectifs, les chefs d'État et de gouvernement demandèrent au secrétaire général de faire des recommandations sur un éventuel agenda post-2015 (réunion de haut niveau de l'Assemblée générale le 22 septembre 2010, résolution 65/1). La Conférence des Nations Unies sur le développement durable (Rio +20) a été l'occasion de créer un Groupe de travail ouvert sur les objectifs de développement durable, chargé de formuler les objectifs post-2015. La Conférence prévoit aussi la création d'un « Forum politique de haut niveau sur le développement durable » appelé à remplacer la Commission du développement durable, et dont les modalités sont mises au point dans la résolution 67/290 de l'Assemblée générale). Un débat mondial est lancé en 2012 (*My World*) par le secrétaire général. Celui-ci nomme par ailleurs un panel de haut niveau, dont le rapport de synthèse (« *Une vie de dignité pour tous* », A/68/202) est présenté lors d'une manifestation spéciale consacrée au bilan de l'action entreprise pour atteindre les objectifs du Millénaire (25 septembre 2013), dont le document final prévoit la convocation d'un sommet des chefs d'État et de gouvernement, au cours duquel devait être adopté le programme de développement pour l'après-2015. 463

Sur le plan formel, le nouveau document s'inscrit dans la « suite donnée aux textes issus du Sommet du Millénaire », et se fonde sur un document d'étape soigneusement négocié, adopté par consensus lors d'une séance plénière informelle de l'Assemblée générale tenue le 2 août 2015 (A/69/L.85). Ce consensus minutieusement préparé était le gage du succès du Sommet des Nations Unies, réunissant des dizaines de chefs 464 d'État et de gouvernement à New York, du 25 au 27 septembre 2015, à l'occasion de l'ouverture de la session annuelle de l'Assemblée générale. Le document ainsi transmis a été définitivement adopté sous forme d'une résolution de l'Assemblée générale, la résolution 70/1 du 25 septembre 2015 intitulée « Transformer notre monde : le Programme de développement durable à l'horizon 2030 ».

■ 465 La richesse mais aussi la complexité du document sont évidentes si l'on compare les 8 objectifs du Millénaire définis en 2000 et les 17 objectifs assortis de 169 cibles, et les 230 indicateurs, qui sont les composantes des Objectifs du développement durable (ODD ; pour la liste des objectifs, v. ci-dessous les compléments pédagogiques, Documents n° 2).

Sur le bilan des OMD, le nouveau texte porte un regard nuancé : ceux-ci « ont constitué un cadre essentiel pour le développement et des avancées importantes ont été réalisées dans un certain nombre de domaines. Les progrès ont toutefois été inégaux, surtout en Afrique, (...) et certains des OMD n'ont toujours pas été atteints, en particulier ceux ayant trait à la santé maternelle, néonatale et infantile et à la santé de la procréation (...) Le nouveau programme s'inscrit dans le prolongement des OMD et vise à réaliser ce que ceux-ci n'ont pas permis de faire, en particulier pour les groupes les plus vulnérables » (§16). Mais les ODD traduisent une approche diversifiée et un changement conceptuel : « La portée du Programme que nous présentons aujourd'hui va bien au-delà de celle des OMD. Outre les priorités de développement qui existent déjà et qui concernent l'élimination de la pauvreté, la santé, l'éducation, la sécurité alimentaire et la nutrition, c'est un vaste éventail d'objectifs économiques, sociaux et environnementaux qui sont énoncés dans le programme qui prévoit aussi l'avènement de sociétés plus pacifiques et inclusives » (§17).

■ 466 Autrement dit, les ODD réalisent pour la première fois une intégration complète des différentes dimensions des travaux des Nations Unies. Il s'agit, en tous points, d'un programme « global ». Global dans sa portée matérielle, comme en témoigne l'énumération des « dossiers » (résol. 70/1, §14 ; v. ci-dessous les compléments pédagogiques, Documents n° 2), qui renvoient à autant de « chantiers » et « processus en cours » dans le champ de la gouvernance globale : lutte contre la pauvreté – grande cause commune de l'ensemble des institutions spécialisées de l'ONU notamment – les inégalités entre les sexes, les menaces sanitaires mondiales, les crises humanitaires, la désertification, les changements climatiques, qualifiés de « l'un des plus grands défis de notre temps », etc.

Le développement durable devient donc le concept commun fédérant l'ensemble des « politiques publiques globales ». Global aussi dans sa portée normative, puisque les ODD contribuent à décloisonner les ordres juridiques partiels et rappellent la valeur constitutionnelle de certains instruments et principes, à commencer par la Déclaration universelle des droits de l'homme et les autres instruments internationaux relatifs aux droits de l'homme et au droit international, avec le rappel que, conformément à la Charte, les États ont la « responsabilité » de « respecter, protéger et promouvoir les droits de l'homme et les libertés fondamentales ». Global enfin, dans sa portée personnelle, puisque les ODD envisagent leur mise en œuvre non par la seule action des gouvernements et des organisations internationales, mais par un « Partenariat mondial revitalisé » visant notamment à assurer un financement aux politiques nécessaires à la réalisation des objectifs. Référence est faite sur ce plan au

« Programme d'action d'Addis-Abeba » adopté lors de la troisième conférence internationale sur le financement du développement en juillet 2015 : tout en réaffirmant le « rôle crucial » des finances publiques, le document souligne le « rôle que le secteur privé dans toute sa diversité – depuis les micro-entreprises jusqu'aux multinationales en passant par les coopératives – les organisations de la société civile et les organisations philanthropiques sont appelés à jouer dans la mise en œuvre du nouveau Programme » (§41).

Au niveau « mondial », le suivi des ODD est confié au Forum politique de haut niveau sur le développement durable, chargé de mener une évaluation sur la base d'un rapport annuel établi par le secrétaire général et de rapports fournis sur une base volontaire par les États « et d'autres parties prenantes, dont la société civile et le secteur privé » (§§83-84). De manière originale le Forum se réunit tous les ans sous les auspices du Conseil économique et social et tous les quatre ans, au niveau des chefs d'État et de gouvernement, dans le cadre de l'Assemblée générale. Le premier « Sommet » de ce type a eu lieu les 24 et 25 septembre 2019 et s'est conclu par l'adoption d'une « Déclaration politique » portant « préparatifs pour une décennie d'action et de réalisations en faveur du développement durable ». La déclaration se base sur le rapport annuel du secrétaire général sur les ODD et sur le rapport mondial du PNUD sur le développement durable pour tirer un bilan mitigé des premières années de mise en œuvre des ODD, bilan qui justifie une « action accélérée » et une « action concertée » de la part de « toutes les grandes conférences et réunions au sommet des Nations Unies dans les domaines économique et social et les domaines connexes » (§24). Cet appel correspond-il à une volonté réelle de mettre un terme à une gouvernance mondiale agissant en « silos » ? En tout état de cause, ce renforcement de la mobilisation autour de la « Décennie d'action et de réalisations en faveur des ODD » est rendu encore plus nécessaire par les conséquences économiques et sociales de la crise sanitaire, comme l'a souligné l'Assemblée générale dans sa résolution du 2 avril 2020, en « constatant que les plus pauvres et les plus vulnérables sont les plus touchés par la pandémie et que l'effet de la crise va réduire à néant les gains chèrement acquis en matière de développement et entraver la réalisation des ODD ». Avant d'en appeler à une « coopération et solidarité mondiales constantes » et à une « action mondiale coordonnée » (résolution 74/270). 467 ■

Les Nations Unies sont-elles véritablement en mesure, au regard des conditions actuelles, de mettre en place une « gouvernance globale » effective ? Sur le plan conceptuel, il est incontestable que les structures de cette gouvernance et ses objectifs ont été précisés et se trouvent bien plus fermement établis qu'au début du siècle. Ce qui frappe, dans ce droit et cette gouvernance globale en voie d'émergence, c'est à la fois la diversification des objets du droit international, mais aussi la transformation profonde des modes d'élaboration et de mise en œuvre du droit international. 468 ■

Pour autant, les institutions multilatérales et les programmes internationaux restent faiblement dotés et leur capacité d'entraînement, déjà réduite, se voit encore affaiblie par la contestation rampante du multilatéralisme. Surtout, tout un pan de la gouvernance semble échapper aux ODD : c'est celui qui concerne l'économie internationale elle-même, qui n'est pas seulement la clé pour l'accès aux financements des politiques globales, mais qui, plus profondément, détermine les limites dans lesquelles ces politiques sont appelées à se déployer. La mondialisation du droit, sur ce plan, est intrinsèquement dépendante du droit de la mondialisation économique.

section 2

Le droit de la mondialisation

469 La mondialisation a diverses facettes : culturelle, politique, technologique, juridique... mais toutes ces mondialisations sont essentiellement activées et leur dynamique entretenue par une mondialisation en quelque sorte « principale » : la mondialisation économique. La mondialisation, c'est en effet, avant tout, l'interpénétration des économies nationales, l'accélération et la généralisation des flux financiers, la globalisation des entreprises multinationales, la déterritorialisation des activités économiques et la création d'un marché financier mondial en grande partie dérégulé. En ce sens, le droit de la mondialisation désigne l'ensemble des normes, processus et institutions qui accompagnent, régulent et, plus rarement, règlementent, la mondialisation économique. Il serait faux d'opposer le droit de la mondialisation économique à la mondialisation du droit que l'on a présentée dans la précédente section : les deux phénomènes sont étroitement liés et concomitants. La mondialisation économique est en grande partie la raison de l'interdépendance des États ; elle a créé un destin commun de l'humanité, en ce sens où il n'existe plus d'économie strictement « nationale », mais elle place aussi l'humanité devant des défis communs, parce que le modèle de la croissance économique mondiale est aussi la cause principale de l'accroissement des inégalités, du réchauffement climatique, de la perte de la biodiversité, de la désertification, etc. Par conséquent, le phénomène de mondialisation du droit se présente bien souvent comme une réponse aux déséquilibres et aux difficultés engendrées par la mondialisation économique, étant entendu qu'au total, les effets de celle-ci seraient bénéfiques à l'humanité tout entière. Autrement dit, la mondialisation économique va son cours, selon sa logique propre, accompagnée et « facilitée » par le droit international économique, avec ses propres institutions et organes, tandis que le droit des Nations Unies, ce droit mondial, politique, social, humain, environnemental serait là pour en traiter les *« externalités »*[Q], selon la terminologie utilisée par les économistes. On pourrait penser raisonnablement que cela devrait être l'inverse, à savoir, que ce sont des considérations politiques, humaines, sociales etc. qui devraient venir en premier et être servies par l'économie – mais dans notre monde globalisé, il n'en est rien.

470 La raison de cette asymétrie entre les deux composantes de l'ordre juridique mondial est liée à la conception même de l'économie internationale, fondée sur les préceptes du libéralisme. Ces préceptes ont été adoptés à partir du milieu du XIXe siècle par l'ensemble des États européens sous l'influence de la Grande-Bretagne. Mais à la fin XIXe siècle et surtout à partir de la Première guerre mondiale, les États commencent à mettre en place des politiques protectionnistes, qui se multiplient dans l'entre-deux-guerres, avec l'instauration d'un cercle vicieux des représailles et contre-représailles et des dévaluations compétitives des monnaies. Les effets sur l'économie sont

catastrophiques et, combinés à d'autres facteurs, aboutissent à la grande crise de 1929, dont on sait qu'elle fut l'une des causes l'aggravation des tensions internationales et, finalement, de l'explosion du deuxième conflit mondial.

Alors que celui-ci fait encore rage, en 1941, les Alliés ont commencé à poser les bases de l'économie internationale de l'après-guerre sur des préceptes libéraux, en prônant la libéralisation des échanges commerciaux et donc l'élimination des obstacles au commerce. Ce soutien au libre-échange est fondé sur la théorie des avantages comparatifs développée par David Ricardo dès 1817 et perfectionnée par la suite par Heckscher en 1917 puis Ohlin en 1933 (théorie dite « Hecksher-Ohlin »). Ricardo démontre que dans les échanges entre deux pays, chaque pays profitera du fait de se spécialiser dans la production et l'exportation des biens qu'il peut produire à un coût relativement faible et que, inversement, chaque pays profitera du fait d'importer les biens qu'il produit à un coût relativement élevé. Ricardo prend l'exemple du commerce du drap et du vin entre l'Angleterre et Portugal : même si le Portugal bénéfice d'une productivité supérieure en drap et en vin, Ricardo montre que le Portugal a toutefois intérêt à se spécialiser dans la production de vin et à exporter son vin vers l'Angleterre et à importer ses draps d'Angleterre plutôt que de les produire nationalement. Inversement l'Angleterre aura intérêt à se spécialiser dans la production de draps et à importer son vin du Portugal. Cette ouverture au commerce international produit des *gains à l'échange*, à savoir essentiellement des effets de rendement d'échelle croissants, une baisse des prix à la consommation, un élargissement des possibilités de consommation dans un pays donné, etc. Les gains à l'échange sont présents même lorsqu'un des deux pays est en situation d'avantage absolu pour tous les biens : par exemple, si les États-Unis ont un avantage absolu dans la production de coton et d'ordinateurs par rapport à la Côte d'Ivoire, cette dernière a toujours intérêt à s'ouvrir aux échanges avec les États-Unis et à se spécialiser dans la production de ce pourquoi elle dispose d'un avantage comparatif, à savoir la production de coton. Conclusion : il est toujours bénéfique d'ouvrir son économie plutôt que de la maintenir fermée. Tous les économistes, y compris les plus libéraux, admettent toutefois que cette théorie « fonctionne » dans des conditions qui ne sont pas celles qui prévalent dans la réalité, à savoir des conditions de concurrence parfaite des marchés (pas de monopole ou d'oligopole), une parfaite mobilité des facteurs de production, le plein-emploi et en omettant les coûts de transport, etc. De plus, les mêmes économistes admettent aussi que la maximisation générale du bien-être qui résulte des gains à l'échange ne profite pas à tout le monde de manière égale : il y a des « gagnants » et des « perdants » de l'ouverture au commerce : ceci résulte du fait que la spécialisation entraîne une valorisation des facteurs les plus abondants dans un pays donné. Par exemple, si un État possède beaucoup de riz mais peu de pommes de terre, il va tendre à se spécialiser dans la production du riz, avec cette conséquence que les producteurs de riz vont s'enrichir tandis que les producteurs de pomme de terre vont s'appauvrir, voire disparaître, car il pourra s'avérer moins cher d'importer de la pomme de terre d'un pays qui dispose d'un avantage comparatif dans cette production. L'État pourrait souhaiter protéger ses producteurs de pomme de terre et par conséquent créer des droits de douane pour freiner l'importation de ce bien, ou bien encore subventionner ses producteurs de pomme de terre. La plupart des économistes déconseillent cette solution : ils montrent qu'en

471 ■

définitive un politique protectionniste aura des effets négatifs sur l'économie, et qu'il vaut bien mieux indemniser les producteurs de pomme de terre et les aider à se reconvertir dans la production de riz.

472 Pour l'essentiel, ces idées phares du libéralisme – ici présentées de manière très simplifiée – demeurent au fondement du processus de la mondialisation économique et du droit international économique, dont les bases ont été posées lors de la Conférence de Bretton Woods. Pour autant, des divergences existent entre différentes écoles du libéralisme qui tiennent essentiellement à la question du rapport entre la politique et le droit d'un côté, et l'économie de l'autre. Pour résumer, certains estiment que les opérateurs privés de l'économie font parfois des mauvaises décisions qui conduisent à une inefficience macroéconomique, et qu'il convient par conséquent de permettre à l'État d'intervenir activement dans le secteur économique, y compris en réglementant les activités des opérateurs ; c'était la position de Lord John Maynard Keynes, qui représentait le gouvernement britannique à Bretton Woods. Même dans ce groupe d'économistes, les vues divergent sur le degré d'interventionnisme de l'État, mais l'idée générale est que l'État doit intervenir uniquement pour créer le cadre d'une activité économique libre et éventuellement corriger les distorsions de la concurrence, par exemple du fait de la formation de monopoles dans un secteur donné. Une deuxième position, que l'on peut qualifier d'« ultralibérale » souvent aussi qualifiée de manière un peu vague de « néolibérale » (sur ce terme v. Serge Audier, *Néo-libéralisme(s). Une archéologie intellectuelle*, Paris, Grasset, 2012) estime préférable de tenir complètement l'État à distance de l'économie : selon l'idée de la « main invisible », il faut laisser les opérateurs économiques s'autoréguler, car l'équilibre des marchés se crée de manière spontanée, par le libre jeu de la concurrence, et que toute intervention de l'État est de nature à troubler cet équilibre naturel. Une telle conception ultralibérale a tendance à exalter l'économie comme « science » au sens d'une science dure et à considérer les lois économiques, notamment la loi des avantages comparatifs et des gains à l'échange, comme relevant d'une forme de « droit naturel ».

473 Après la guerre, c'est la première version du libéralisme, favorable à une intervention limitée de l'État, qui a eu tendance à dominer sur le plan mondial, même si les vues de Lord Keynes n'ont pas été entièrement réalisées, les thèses américaines l'ayant emporté sur un certain nombre de points cruciaux à Bretton Woods. Mais la crise économique que connaît le monde « libre » à partir du milieu des années 1970 entraîne un retour en force des idées ultralibérales, activement promues notamment par le président américain Ronald Reagan et la première ministre britannique Margaret Thatcher au début des années 1980. C'est l'époque du *« Consensus de Washington »*[Q], une expression qui renvoie à un corps de principes prônés par le FMI et la Banque mondiale (qui siègent à Washington) : libéralisation financière et commerciale, ouverture totale des économies à l'investissement direct étranger, privatisation de l'ensemble des entreprises, y compris de service public, élimination de tous les obstacles à la concurrence (« dérégulation »), protection renforcée de la propriété intellectuelle, etc. Les deux institutions financières conditionnent l'octroi de leurs prêts aux pays en développement à la réalisation de ce « programme », au terme d'un « ajustement structurel » qui doit en théorie permettre l'intégration de ces pays à l'économie mondiale. Au fur et à mesure que les économies s'ouvrent se développent la circulation des capitaux et les marchés boursiers. Cette

« financiarisation » de l'économie s'accélère encore à partir du début des années 1990 portée par le développement des nouvelles technologies de l'information et de la communication (NTIC), alors que le volume des échanges internationaux ne cesse d'augmenter sous l'influence des négociations menées dans le cadre du GATT puis de l'OMC qui abaissent progressivement les droits de douane et les autres obstacles au commerce. La mondialisation en pleine expansion connaît toutefois des crises à répétition dans les pays émergents (Russie, Turquie, Brésil, Argentine...) ou sur le plan global, avec la « bulle » internet au début des années 2000. Mais la plus grave crise mondiale intervient en 2007-2008 : la crise des *subprimes* ou « Grande récession », comme on l'a appelée en écho à la « Grande dépression » de 1929, ébranle l'ensemble des économies et révèle l'ampleur mais aussi l'opacité des marchés financiers. Elle entraîne des faillites de banques en cascade, jette des millions de personnes dans les rues, incapables de rembourser leur emprunt immobilier et provoque une augmentation massive du chômage. La riposte à cette crise prend la forme d'une coordination accrue des États, notamment par l'intermédiaire du G20 et un renforcement relatif des structures de « gouvernance » et de la régulation des marchés financiers.

Alors que l'économie mondiale commençait à panser ses plaies, douze années après la crise, une nouvelle crise lui assène en quelques mois un choc sans précédent : la pandémie de COVID-19. Selon les prévisions du FMI, le PIB mondial devrait se contracter de 4,9 % en 2020, avec des conséquences dramatiques sur l'emploi et de répercussions particulièrement lourdes pour les ménages à bas revenus, compromettant la réalisation des objectifs fixés en matière de réduction de l'extrême pauvreté. Le rapport 2020 consacré à la réalisation des Objectifs du développement durable ajoute que des dizaines de millions de personnes risquent d'être replongées dans la pauvreté, effaçant les progrès déjà trop limités accomplis ces dernières années pour la réalisation des ODD. L'heure est à l'urgence qui se concrétise par des interventions massives de la part des États sur le plan budgétaire, entraînant une hausse majeure des déficits particulièrement difficiles à soutenir pour les pays les plus vulnérables. L'ONU plaide pour un changement de cap, de même que nombre d'intellectuels dans le monde qui voient aussi la crise comme une opportunité pour un changement de perspective. Il est trop tôt pour dire si de tels changements interviendront. À ce stade il est seulement possible de porter un regard rétrospectif tant sur système commercial multilatéral (§1) que le système monétaire et financier (§2) qui, s'ils ont profondément évolué en soixante-dix ans, demeurent fondamentalement inchangés dans leurs présupposés et leurs objectifs. 474 ▪

§ 1 Le système commercial multilatéral

Le libéralisme comme doctrine implique, on l'a vu, la libéralisation des échanges commerciaux. Selon la théorie des avantages comparatifs, l'ouverture du commerce aux échanges conduit nécessairement à des « gains à l'échange » qui favorisent la croissance et l'augmentation globale des richesses. À côté de la reconstruction (BIRD) et du système monétaire (FMI), le troisième pilier de la construction post-conflit en 1944 devait donc être la création d'une organisation multilatérale dédiée au commerce mondial. Cette organisation, l'Organisation internationale du Commerce, ne vit toutefois jamais le jour en raison de l'opposition du Congrès américain, avec 475 ▪

pour conséquence l'abandon de tout le volet social intégré dans la Charte de La Havane. Mais parallèlement à ce processus se mettaient en place des négociations, engagées en 1947, rassemblant 23 États en dehors du cadre des Nations Unies, pour parvenir à des concessions mutuelles en matière douanière. Un accord « provisoire » est finalement conclu le 30 octobre 1947 : l'Accord général sur le commerce et les tarifs, dont l'acronyme anglais est GATT (*General Agreement on Tariffs and Trade*). Ce qui devait être au départ un arrangement provisoire va durer... 47 ans ! Le GATT va progressivement s'institutionnaliser et élargir sa participation à 123 États représentant 80 % du commerce mondial.

A. Du GATT à l'OMC

476 Pendant longtemps ce système institutionnel dominé par les Occidentaux (*westminded*) a été récusé par le bloc communiste et le Tiers-Monde qui ont cherché à mettre en place d'autres forums internationaux, plus favorables à la cause du développement, comme la CNUCED, ou même des groupes de pression, comme le cartel des producteurs de pétrole que constitue l'OPEP. Toute une série d'organisations techniques spécialisées pour les « produits de base » ont été créées sur le principe d'une parité entre pays producteurs et pays consommateurs en vue de la bonne régulation du marché.

Mais le cadre du GATT s'est imposé de plus en plus nettement, au fur et à mesure, où il contribuait à la libéralisation des échanges, dans un cadre multilatéral, sur la base du principe de la nation la plus favorisée, consistant à l'extension automatique à tous les participants des avantages accordés à l'un d'entre eux. Plusieurs cycles de négociations tarifaires de plus en plus longs et complexes (les fameux « *rounds* ») ont permis de passer des réductions des tarifs douaniers (*Dillon Round, Kennedy Round*) aux « obstacles non tarifaires » au commerce, avec le *Tokyo Round*, conclu en 1979. Par la suite, le champ des négociations a été élargi à de nouveaux domaines particulièrement sensibles, comme les produits agricoles ou les services. La dernière étape a été marquée par le « cycle de l'Uruguay » (*Uruguay Round*) aboutissant aux accords de Marrakech du 15 avril 1994 qui fondent l'Organisation mondiale du commerce (OMC).

477 Avec 164 membres – les dernières adhésions concernant le Liberia et l'Afghanistan en 2016 – l'OMC ne regroupe plus seulement toutes les « économies de marché », mais de nombreux pays en voie de développement, notamment les pays émergents. L'ensemble des membres représente aujourd'hui la quasi-totalité (98 %) des échanges mondiaux. L'appartenance à l'OMC concerne formellement tout État ou tout « territoire douanier jouissant d'une entière autonomie dans la conduite de sa politique commerciale ». Ainsi, après de longues négociations, la Chine a été admise comme 143e membre le 11 décembre 2001, aussitôt suivie comme 144e membre du « *Tapei chinois* » admis le 1er janvier 2002 sous la dénomination de « territoire douanier distinct de Taiwan, Penghu, Kinmen et Matsu », récusant formellement la théorie des « deux Chines », mais admettant des « territoires douaniers » distincts, comme c'était déjà le cas de « *Hong Kong, Chine* » et de « *Macao, Chine* » depuis 1995.

De plus, une vingtaine de pays candidats ont le statut d'observateur, leur permettant de mener à terme les négociations d'accession à l'OMC. C'est le cas de l'Algérie, de la Libye, de l'Iraq, de l'Iran... comme de la Serbie et de la Bosnie-Herzégovine. La reconnaissance à la Russie du « statut d'économie de marché » en mai 2002, coup sur coup, par l'Union européenne puis par les États-Unis, a ouvert la voie à l'admission de ce pays au sein de l'OMC en août 2012, au terme de négociations entamées en 1993 et longtemps barrées par l'opposition du Sénat américain.

Alors que le GATT restait un simple cadre de négociations multilatérales, l'OMC est une organisation internationale en bonne et due forme, ce qui a permis de consolider ses mécanismes de règlement des différends – longtemps caractérisés par la pratique informelle de groupes techniques, les « panels » ayant un rôle de conciliation sans pouvoir imposer de décision – avec la création d'un organe de règlement des différends (ORD). Il s'agit là de la plus grande innovation des Accords de Marrakech, ayant connu un succès croissant depuis 1995, avec presque 600 affaires enregistrées. Les États membres de l'OMC ne peuvent régler leurs différends au sujet de l'Accord autrement que par le recours à l'ORD, faisant des Accords un « *self contained regime* » – un régime se suffisant à lui-même. Le recours aux contre-mesures, traditionnellement en usage dans les relations commerciales, est ici exclu ou plutôt étroitement réglementé par le Mémorandum d'accord sur le règlement des différends : ce n'est que sur autorisation de l'ORD lui-même, et après avoir recouru à plusieurs moyens en vue d'obtenir satisfaction, que les États membres pourront éventuellement suspendre l'application de certaines concessions, afin d'obtenir compensation du dommage subi et constaté préalablement. De plus, le mécanisme revêt un caractère juridictionnel : les décisions des « panels » et de l'Organe d'appel sont réputées adoptées par l'ORD, et par conséquent obligatoires pour les parties au différend, à moins que celui-ci ne décide par consensus de les rejeter (v. schéma de la procédure, dans les compléments pédagogiques ci-dessous, Document n° 3°. 478 ■

B. Principe et dynamique de la négociation multilatérale

La fin de l'opposition Est-Ouest rend envisageable l'adoption d'une approche beaucoup plus globale : il ne s'agit plus seulement d'envisager l'abaissement des tarifs douaniers, mais de libéraliser le commerce dans tous les domaines possibles : marchandises, services, propriété intellectuelle... La conclusion du cycle se traduit donc par l'adoption de plusieurs textes – raison pour laquelle on parle *des* accords – qui constituent un « package », conformément au principe de l'engagement unique (*single undertaking*) ayant gouverné la négociation. Il y a d'abord l'accord instituant l'OMC, fixant les structures de l'organisation ; puis les accords multilatéraux sur le commerce des marchandises comprenant le « GATT de 1994 », c'est-à-dire « l'héritage » du GATT, mais aussi des accords sur certains autres secteurs comme les textiles et l'agriculture ou visant à l'élimination de certains obstacles non tarifaires comme les subventions ou le dumping ; l'Accord général sur le commerce des services (AGCS ou GATS) ; l'accord sur les droits de propriétés liés au commerce (ADPIC ou TRIPS) ; le mémorandum sur les règles et procédure et le règlement des différends, créant l'ORD ; et enfin le Mécanisme d'examen des politiques commerciales, un système de suivi des engagements par les pairs. À ce bloc indivisible s'ajoutent encore plusieurs accords plurilatéraux optionnels, sur le commerce des aéronefs civils, les marchés publics, les produits laitiers et la viande bovine... Ainsi la création de l'Organisation mondiale du commerce (OMC) sur le fondement des accords de Marrakech, doit marquer une étape majeure dans l'entreprise de libéralisation et de mondialisation de l'économie. 479 ■

480 La négociation multilatérale commerciale est régie par un certain nombre de principes qui ont été mis en place dans le cadre du GATT. Un premier principe est celui de la *protection douanière exclusive* : il signifie que l'objectif de la négociation est l'abaissement des tarifs douaniers mais aussi l'élimination de toutes les barrières non douanières, qui sont jugées plus difficiles à évaluer et à contrer. Ainsi les membres du GATT ont-ils l'obligation de baisser toujours leurs taxes à l'importation, selon un principe de « désarmement progressif » qui implique que, lors de chaque négociation, les États ne peuvent revenir sur leurs engagements précédents. Un second principe fondamental est celui de la *réciprocité* complété par le principe des *avantages mutuels*, l'idée étant que chaque participant doit pouvoir trouver son compte dans la négociation tout en avançant sur la voie du désarmement progressif. Dès lors, et c'est la force du multilatéralisme, la négociation aboutit non à un réseau d'engagements bilatéraux, mais à un accord global qui traduit un progrès d'ensemble sur la voie de la libéralisation. Concrètement cette réciprocité globale est assurée par un autre principe appelé *clause de la nation plus favorisée* qui implique qu'un avantage reconnu par un membre à un autre membre est automatiquement élargi à toutes les autres parties à la négociation. La clause connaît toutefois deux exceptions. La première, appelée *« clause d'habilitation »*[Q], prévoit que certains avantages accordés aux pays en développement peuvent ne pas être étendus aux autres (v. ss 487). La seconde vise spécifiquement les unions douanières et zones de libre-échange, qui sont réputées participer au développement du commerce international, ce qui justifie par conséquent que les préférences que ses membres s'accordent entre eux ne soient pas nécessairement étendues à tous. Le principe du *traitement national* est une transposition du principe de non-discrimination au commerce et implique l'égalité entre produits étrangers et nationaux similaires sur le plan domestique, et donc l'élimination de toutes les taxes et conditions qui pourraient s'appliquer, en vertu de la législation interne. Enfin, dernier principe, la *transparence*, s'applique à toutes les négociations mais aussi plus largement aux données nationales sur le commerce de chaque partie, ceci en vue de permettre une visibilité des concessions réciproques et la sécurité et prévisibilité des relations entre les parties. Le principe se traduit par des obligations d'information et de notification, mais aussi par le mécanisme de suivi par les pairs mis en place dans le cadre de l'OMC.

481 Le droit du GATT et de l'OMC constitue en somme un cadre juridique pour une négociation orientée dans un seul sens : la libéralisation du commerce international. Pour autant, les accords prévoient un certain nombre de flexibilités limitées, sous la forme d'exceptions et de dérogations que les États peuvent invoquer pour se soustraire aux engagements qu'ils ont pris et adopter des mesures restrictives (restrictions quantitatives) ou rétablir des droits de douane à l'entrée de certaines marchandises. Ces différentes clauses et accords (par exemple l'accord sur les sauvegardes) sont une porte de sortie de secours permettant aux États de faire-valoir certaines circonstances ou encore certains intérêts nationaux (risques de désorganisation du marché ou d'atteinte disproportionnées à la production nationale), mais aussi des enjeux qui dépassent la dimension nationale : protection de la santé (lutte contre le tabagisme, par exemple) ou protection de l'environnement (protection de certaines espèces, comme les tortues marines). Toutefois, ces mesures sont soumises à des conditions strictes et les États qui s'estiment en être victimes peuvent les contester devant l'ORD : si celui-ci estime que les conditions ne sont pas remplies, l'État qui s'estime lésé peut être autorisé à mettre en œuvre des mesures de rétorsion.

Pour revenir aux négociations elle-même, il a fallu attendre la 4e conférence ministérielle de l'OMC, réunie à Doha (Qatar), en novembre 2001, pour qu'un nouveau cycle soit lancé, dans un contexte caractérisé par la contestation de la mondialisation libérale. D'un côté, en effet, les États en développement accentuaient leur pression sur les États développés pour obtenir des concessions. Leurs revendications prenaient plus de poids avec les BRICS, alors que venaient d'être adoptés les Objectifs du Millénaire pour développement. Mais cette contestation étatique était doublée d'une nouvelle contestation de la part de la société civile et des mouvements altermondialistes, dont la relative structuration s'était opérée à l'occasion des réunions du Forum social mondial de Porto Alegre (Brésil), conçu comme une riposte aux sommets du « Forum économique mondial » qui se tient chaque année à Davos et fait se rencontrer les élites politiques et économiques dans la plus grande discrétion. Cette contestation souvent radicale – qui traduisait aussi une prise de conscience des enjeux du commerce international dans le grand public – apparut dans toute son ampleur à l'occasion du Sommet de Seattle en 1999, bousculé par les manifestations et les émeutes. 482 ■

Pour ressusciter l'OMC, il était nécessaire de prendre en compte certaines revendications. Le document adopté à Doha prend donc la forme d'un « programme pour le développement », assorti d'un nouveau mandat de négociations devant arriver à terme au 1er janvier 2005. La déclaration ministérielle du 14 novembre 2001 mettait l'accent sur le rôle majeur que pouvait jouer le commerce international « dans la promotion du développement économique et la réduction de la pauvreté (...) la majorité des membres de l'OMC sont des pays en développement. Nous visons à mettre leurs besoins et leurs intérêts au centre du Programme de travail adopté dans la présente déclaration ». Dans le même temps l'OMC rappelait l'importance des institutions de Bretton Woods pour une « plus grande cohérence dans l'élaboration des politiques économiques au niveau mondial » (§5) tout en « prenant note... des travaux en cours à l'OIT sur la dimension sociale de la mondialisation » (§8). Il est également significatif, que pour contrer la méfiance des petits États marginalisés dans les négociations commerciales et l'hostilité des mouvements altermondialistes, le nouveau cycle prétendait établir la transparence, en recherchant la participation effective de tous les États « en vue de parvenir à un équilibre global dans le résultat des négociations ». 483 ■

Mais la cinquième conférence ministérielle de 2003, tenue à Cancún, au Mexique – qui devait faire le bilan des premières années du cycle – fut un échec brutal, la surenchère des principaux émergents rencontrant l'absence de volonté de négocier des États-Unis et de l'Union européenne, s'accusant mutuellement de refuser toute concession dans le domaine des subventions agricoles. La conférence ministérielle de l'OMC, réunie à Genève en juillet 2004, permit de relancer la négociation en repoussant l'échéance initiale au 1er janvier 2007, mais l'année électorale rendit encore plus difficile toute concession des États-Unis par rapport à leurs puissants lobbies protectionnistes. Prenant acte du blocage des négociations, le directeur général de l'OMC, Pascal Lamy, « suspendit » le cycle de Doha, en juillet 2006, tout en s'efforçant de relancer les négociations. Réélu en avril 2009 en pleine « Grande récession », pour un nouveau mandat de 4 ans, à compter du 1er septembre 2009, M. Lamy tenta de relancer la négociation, sans grand succès dans un contexte peu favorable, avant de laisser la main à son successeur, le brésilien Roberto Azêvedo. Il 484 ■

faudra attendre décembre 2013 pour qu'un premier accord soit adopté à Bali, lors de la neuvième conférence interministérielle, suivi d'un nouveau « paquet », deux ans plus tard, lors de la conférence de Nairobi en 2016. Le modeste succès de Nairobi réside dans le renouvellement de l'engagement des États développés d'éliminer les subventions pour les exportations des produits agricoles, mais la question reste posée pour les soutiens internes, sur lesquels nul ne semble vouloir avancer. De plus des divergences se sont fait jour sur le programme de Doha lui-même, comme le résume pudiquement la déclaration finale : « [l]es Membres ont des vues différentes sur la façon d'aborder les négociations ». La conférence ministérielle de Buenos Aires en 2017 n'a pas permis d'aller plus loin, confirmant que la dynamique multilatérale était en panne, ouvrant la voie au développement des accords plurilatéraux entre certains membres. La 12e conférence ministérielle qui devait se tenir à Nour-Sultan en juin 2020, au Kazakhstan, a été reportée *sine die* en raison de la crise sanitaire. Le fait est que les tensions avec la Russie, l'influence grandissante de la Chine et les nouvelles ambitions des émergents ont rendu pratiquement inenvisageable tout accord global et donc toute conclusion d'un « round » tel qu'envisagé initialement en 2001. La « crise » de l'OMC n'a fait que s'accentuer depuis l'élection de Donald Trump en 2017 : celui-ci, cohérent dans son hostilité au multilatéralisme, a pris une série de mesures de relèvement des droits de douane sur plusieurs produits, visant particulièrement la Chine et l'Union européenne qui y ont répliqué par des relèvements sur des importations américaines. Parallèlement, l'administration américaine s'est attaquée à l'ORD en refusant de nommer des membres de l'organe d'appel, avec le risque d'un blocage complet de l'organe. En décembre 2019, l'Organe d'appel n'était plus composé que d'un seul membre et par conséquent dans l'incapacité de se réunir.

■ 485 La paralysie de la négociation multilatérale a laissé la place à l'expansion des accords commerciaux spéciaux sur une base régionale, transrégionale voire intercontinentale. Dans cette configuration, les négociations peuvent avancer plus vite et aller plus loin que dans un cadre multilatéral gouverné par la règle du consensus qui aboutit trop souvent au plus petit dénominateur commun. On recense plus de 500 accords de ce type, parmi lesquels certains « mega-accords » conclus entre les grandes puissances économiques, comme le CETA – entre l'UE et le Canada – ou encore le JEFTA entre l'UE et le Japon. Là aussi, le protectionnisme de l'administration Trump rebat les cartes, en dénonçant l'accord de libre-échange transpacifique (TPP) et en remettant en cause les négociations avec les Européens (TAFTA/TTIP) par l'imposition de nouvelles taxes, en violation des engagements pris à l'OMC. Pour autant, à Nairobi, les membres de l'OMC ont voulu réaffirmer « la prééminence de l'OMC en tant qu'instance mondiale pour l'établissement des règles commerciales et la gouvernance du commerce » tout en soulignant « la nécessité de faire en sorte que les accords commerciaux régionaux (ACR) restent un complément, et non un substitut, du système commercial multilatéral ».

C. La recherche de cohérence

■ 486 Alors que le projet d'OIC opérait une liaison entre libéralisation des échanges et les autres objectifs des Nations Unies énumérés à l'article 55 de la Charte – notamment l'emploi et le développement – le GATT est au départ un simple cadre de négociation en apparence « neutre », mais en réalité orienté vers un seul but : l'ouverture au commerce. On l'a vu, si d'autres considérations sont prises en compte, comme la santé, la vie culturelle ou l'environnement, c'est uniquement au titre des exceptions que l'État peut tenter de faire valoir selon des conditions restrictives. Ce rapport du principe à l'exception est déterminant dans la manière d'appréhender la relation entre le droit du commerce international et les autres régimes juridiques développés au sein des Nations Unies ou des organisations spécialisées : ceux-ci sont perçus avant tout comme « extérieurs » et comme sources d'obstacles sur la voie de la libéralisation. La prise en compte progressive des finalités et des régimes juridiques « tiers » ne se fera donc que progressivement et bien souvent sous l'effet d'une pression « extérieure ». Cette quête de la cohérence entre les différents régimes juridiques qui accompagnent la mondialisation est manifeste dans les domaines de l'aide au développement, des normes sociales, de la santé et de la protection de l'environnement.

1. Commerce et développement

Alors que le processus de décolonisation touchait à sa fin et profitant de la position majoritaire qu'ils avaient acquise aux Nations Unies, les pays en développement ont cherché à fonder un modèle concurrent à celui de la mondialisation libérale : le *Nouvel ordre économique international* (NOEI), qui se traduit notamment par la création, en 1964, de la CNUCED, dont la première réunion à Genève revendique pour ces États une « indépendance réelle » et, en matière de commerce, un *fair trade*, s'opposant au *free trade* promu par le GATT et les Occidentaux. En réalité la CNUCED agira comme un groupe de pression, mais aussi une force de proposition, avec l'idée d'un « système généralisé des préférences » ou encore la demande faite aux pays développés de consacrer 0,7 % de leur PIB à l'aide publique au développement. De fait, le GATT intègre certaines de ces revendications. En 1966 est ajoutée à l'accord une Partie IV intitulée « Commerce et développement » qui consacre notamment le principe de non-réciprocité : « Les parties contractantes n'attendent pas de réciprocité pour les engagements pris par elles dans des négociations commerciales de réduire ou d'éliminer les droits de douane et autres obstacles au commerce des parties contractantes peu développées » (article XXXVI : 8). En 1979, une décision rend permanente une dérogation à la clause de la nation la plus favorisée en faveur des pays en développement et pérennise le principe du « traitement différencié et plus favorable » : c'est ce qu'on appelle la « clause d'habilitation », parce qu'elle permet aux membres d'accorder un traitement plus favorable aux pays en développement sans l'accorder à d'autres parties contractantes. C'est sur ce fondement qu'est établi un « système généralisé des préférences », mis en œuvre notamment à travers des accords transrégionaux conclus entre l'Union européenne et les pays d'Afrique, Caraïbe et Pacifique (ACP). Ce système de préférence « standard » réduisant les droits d'importation est complété par des réductions supplémentaires pour les PMA et d'un système incitatif, le SGP+, conduisant à la suppression totale des droits de douane pour une majorité d'importations, sous condition de respect de certains critères liés à au développement durable et à la bonne gouvernance. 487 ■

Mais cette dynamique impulsée par les pays en développement s'épuise à partir du début des années 1980, avec la rupture du Mouvement des Non Alignés qui suit l'invasion soviétique en Afghanistan et l'endettement croissants d'États en développement dont le modèle économique s'avère être un échec. C'est le temps du « consensus de Washington » et de « l'ajustement structurel » imposé par le FMI et la 488 ■

Banque mondiale. De plus, le destin économique des « pays du Tiers-Monde » se diversifie avec l'émergence des « nouveaux pays industrialisés » (Singapour, Taïwan, Corée du Sud, Hong Kong), des « Tigres » asiatiques (Malaisie, Indonésie, Philippines, Thaïlande), des pays latino-américains au début des années 1990 (Brésil, Argentine, Chili) et surtout de la Chine, dont la croissance est propulsée par la nouvelle doctrine du Parti communiste de Deng Xiaoping, le « socialisme de marché ». Au tournant du siècle, il ne s'agit plus pour les pays composant le groupe hétérogène du « Groupe des 77 » de changer le monde mais de peser autant que possible dans la négociation multilatérale à l'OMC. Parallèlement, le temps du « consensus de Washington » semble révolu pour les organisations économiques internationales. Face à la montée en puissance de la contestation de la mondialisation libérale, les pays occidentaux sont prêts à ouvrir le régime du commerce à certaines préoccupations des pays en développement et même à intégrer la question du développement économique en tant que finalité des négociations – c'est le sens du « programme de Doha pour le développement ». Seulement ce lien repose toujours sur le présupposé que la libéralisation des échanges est la condition du développement économique. Du *fair trade*, on passe au *aid for trade* : il s'agit d'aider les pays en développement à s'intégrer au commerce mondial, une formule qui n'est pas sans rappeler le « enrichissez-vous ! » de François Guizot. Mais cet optimisme libéral n'est pas sans ambiguïté. Couplée aux prescriptions du FMI et de la Banque mondiale tendant à privatiser toutes les activités « non rentables », la libéralisation du commerce des services (AGCS) exerce une pression sur les pays en développement pour accepter l'ouverture à la concurrence et aux investissements étrangers dans les services publics de l'éducation ou de la santé. De même, en matière d'agriculture, les subventions massives accordées par les pays développés à leurs agriculteurs ont eu pour conséquence un dumping de produits agricoles dans les pays en développement, avec pour effet la destruction de la production nationale et de l'agriculture vivrière, la substitution des semences importées aux semences locales, aggravant les problèmes d'approvisionnement et de sous-alimentation (v. notamment le rapport du Rapporteur spécial sur le droit à l'alimentation, Olivier De Schutter, sur sa mission à l'OMC le 25 juin 2008, A/HRC/10/5/Add.2).

2. *Commerce et normes sociales*

489 Le lien entre commerce et droits de l'homme a d'abord été abordé sous l'angle plus étroit que la problématique du « dumping social » et son remède éventuel, la « clause sociale » à insérer dans les accords sur le commerce. Le travail est en effet un facteur de production, comme la terre et le capital. Or selon la théorie des avantages comparatifs déjà décrite, les États se spécialisent naturellement dans une production qui nécessite l'utilisation du facteur le plus abondant. Lorsqu'un pays a en abondance de la main-d'œuvre peu qualifiée – par exemple pour fabriquer des textiles – il est normal que ce pays attire la production de ce type de bien. Avec deux effets induits : la réduction des possibilités d'emploi dans ce secteur dans les pays qui ont une main-d'œuvre moins abondante et plus coûteuse ; et la baisse du coût de production des produits et donc une baisse des prix sur le marché mondial. Les rédacteurs de la Charte de La Havane avaient abordé cette problématique dans une optique keynésienne, en visant l'égalisation progressive des conditions de travail comme but de la future OIC, en reconnaissant « que l'existence de conditions de travail non équitables, particulièrement dans les secteurs de la production travaillant pour l'exportation,

crée des difficultés aux échanges internationaux. » La seule trace restant de cette problématique dans le GATT est une clause d'exception de l'article XX sur l'interdiction de l'importation d'articles fabriqués dans les prisons. Dans le cadre de l'Uruguay Round, toutefois, la question de la « clause sociale » est relancée sous l'impulsion de l'OIT. Mais la proposition de création d'un comité « travail et emploi » au sein de la future OMC se heurte à l'opposition très ferme des pays en développement et des émergents qui perçoivent la « clause sociale » avant tout comme une arme protectionniste à la disposition des États développés. Plus de deux décennies après, le débat n'a guère progressé. Le seul résultat tangible au sein de l'OMC est un point de la déclaration ministérielle adoptée à l'issue de la conférence de Singapour en 1996 au terme de laquelle, tout en affirmant leur « engagement d'observer les normes fondamentales » de l'OIT, les États membres expriment leur conviction que la croissance et le développement des échanges commerciaux « contribuent à la promotion de ces normes » et rejettent « l'usage des normes du travail à des fins protectionnistes » tout en convenant « que l'avantage comparatif des pays, en particulier des pays en développement à bas salaires, ne doit en aucune façon être remis en question. » Cette prise de position assez radicale a conduit l'OIT à envisager d'autres voies pour promouvoir les normes du travail dans le commerce, aboutissant notamment à l'adoption, en 1998, de la Déclaration sur les principes et droits fondamentaux au travail. Par ailleurs, la voie des accords commerciaux régionaux ou transrégionaux a été explorée, en particulier par les États-Unis et l'Union européenne, y compris par des clauses de conditionnalité imposant aux États en développement un alignement sur certaines normes de travail (v. l'étude produite dans le cadre de l'OIT, *La dimension sociale des accords de libre-échange*, 2013).

Aujourd'hui, toutefois, la problématique dépasse celle de la clause sociale et c'est l'impact du commerce international sur l'ensemble des droits de l'homme qui est discuté, dans une perspective souvent critique de la doctrine néolibérale. Les organes de protection des droits de l'homme s'en sont saisis, tandis que les ONG interviennent désormais directement sur les terrains régis par les accords commerciaux. À « l'intérieur » du système de l'OMC, toutefois, le terme « droits de l'homme » n'est pas prononcé. Les enjeux liés aux droits de l'homme sont donc abordés sous l'angle des exceptions, au premier rang desquelles les considérations majeures liées à la santé publique 490 ■

3. *Commerce et santé publique*

Une des questions les plus symptomatiques est celle qui touche aux limitations à l'accès aux médicaments (composante du droit à la santé) et les Accords de l'OMC sur les droits de propriétés liés au commerce (ADPIC). Ce sujet avait été introduit dans le cycle de l'Uruguay à l'initiative des États-Unis, du Japon et de l'Union européenne qui souhaitaient notamment pouvoir faire face à la concurrence grandissante des pays émergents dans le domaine des biotechnologies et des industries de pointe. Les ADPIC permettent de placer des médicaments sous brevet et octroient à l'auteur de l'invention des droits commerciaux exclusifs pendant 20 ans (art. 33), ce qui implique le droit exclusif d'utilisation et de vente de l'invention (art. 28). L'ADPIC prévoit par ailleurs des « flexibilités », c'est-à-dire des possibilités d'utilisation sans autorisation du propriétaire du brevet, avec la possibilité pour les gouvernements d'octroyer des « licences obligatoires » à des entreprises pour la production de médicaments sous brevet, dans des conditions très restrictives, notamment l'usage de la production sur 491 ■

le territoire national et donc l'interdiction des exportations vers d'autres pays. La problématique est apparue au grand jour lorsque 39 laboratoires pharmaceutiques lancèrent une procédure devant la Haute Cour de Pretoria en Afrique du Sud en vue de faire déclarer inconstitutionnelle une loi de 1997 autorisant des importations parallèles de médicaments sous brevet, y compris des antirétroviraux utilisés dans la lutte contre le virus du VIH/SIDA. Rendue publique, l'affaire déclencha une campagne mondiale de protestation et la plainte fut retirée. Il restait aux membres de l'OMC à en tirer les conséquences lors de la conférence de Doha : à cette occasion fut adoptée une « Déclaration sur l'accord sur les ADPIC et la santé publique » du 14 novembre 2001 par laquelle l'OMC reconnaissait que l'accord ne devrait pas empêcher les membres de prendre des mesures pour protéger la santé publique, et appuyait à cet effet le droit des membres de recourir pleinement aux dispositions de l'accord relatives aux flexibilités et donc à accorder des licences obligatoires. Restait la problématique des « importations parallèles », c'est-à-dire la possibilité pour un État ne disposant pas capacités nationales de production d'importer le médicament produit sous licence obligatoire. La question fut réglée en deux temps avec, en 2003, une « dérogation » puis, en 2005, un amendement à l'Accord ADPIC qui est finalement entrée en vigueur en 2007 avec la ratification de deux-tiers des membres, la dérogation continuant à s'appliquer pour les États n'ayant pas ratifié. La question de l'accès aux médicaments a de nouveau été soulevée dans le contexte de la crise sanitaire liée à la COVID-19, faisant apparaître le caractère toujours très polarisé du débat, les États développés considérant l'accord comme « l'outil qui convenait pour trouver un juste équilibre entre l'innovation et la protection de la santé publique, y compris l'accès à des médicaments abordables pour tous », tandis que les pays en développement appelaient à la « suppression des complexités figurant dans l'Accord sur les ADPIC afin d'améliorer l'efficacité de la Déclaration » (communiqué de presse OMC du 30 juillet 2020 sur la réunion du Conseil ADPIC).

■ 492 La question des liens entre santé et commerce dépasse toutefois cette problématique des médicaments. Au sein de l'OMC, elle s'est notamment manifestée de manière éclatante dans le cadre de l'affaire de l'amiante qui a opposé l'UE et le Canada (CE-*Mesures affectant l'amiante et les produits en contenant*, rapport de l'organe d'appel du 12 mars 2001). Le Canada mettait en cause un décret français d'interdiction de l'amiante interdisant l'importation de ce produit. L'Organe d'appel a donné raison à l'UE en considérant que la mesure française n'était pas discriminatoire dans la mesure où elle opérait une distinction légitime entre l'amiante – aux propriétés cancérigènes connues – et un autre produit de substitution mis en avant par la France. Ainsi, par le contrôle de la justification de mesures restrictives, le juge de l'OMC parvient-il progressivement à intégrer des considérations non strictement commerciales dans le fonctionnement des accords.

4. *Commerce et environnement*

■ 493 Le péril du réchauffement climatique, la réduction de la biodiversité, la désertification, la pollution des océans et la surexploitation des ressources halieutiques conduisant à leur disparition progressive... tous ces phénomènes qui s'accélèrent conduisent de plus en plus à pointer du doigt la responsabilité de la libéralisation des échanges prônée par l'OMC. En effet, le développement du commerce mondial participe à l'augmentation d'une croissance économique non durable. Elle encourage les échanges de biens entre pays – et donc l'usage massif du fret maritime ou aérien polluant – au lieu de privilégier les « circuits courts », et encourage à une consommation toujours plus grande d'une toujours plus vaste diversité de biens et de services, là où une certaine « sobriété », comme dirait Pierre Rabhi, semble de mise pour relever les défis du XXIe siècle. Mais l'approche GATT/OMC est toute autre : elle vise avant tout à contrer le risque de « protectionnisme vert », c'est-à-dire la mise en avant par les États des impératifs liés à la protection de l'environnement pour maintenir leurs restrictions au commerce. À l'inverse, il est également soutenu qu'une libéralisation bien menée des échanges mondiaux bénéficie en fait, à terme, à la protection de l'environnement. Les économistes s'appuient à cet égard sur la « courbe environnementale de Kuznets » qui a la forme d'une courbe en cloche : la pollution augmente lorsqu'un pays sort de la pauvreté, se stabilise lorsqu'il atteint un niveau de revenu moyen, puis diminue lorsqu'il devient plus prospère. Cette idée simpliste doit pourtant être relativisée, notamment parce que la baisse de pollution dans les pays développés est essentiellement la conséquence des délocalisations des industries et méthodes polluantes vers les pays en développement. Un autre argument avancé au sein de l'OMC consiste à soutenir que le commerce international contribue à la protection de l'environnement en favorisant les échanges de biens et de services environnementaux – il convient donc de progresser plus vite pour abaisser les barrières aux échanges sur ces biens et services.

En pratique, la prise en compte des questions environnementales par le système 494 ■
commercial multilatéral est assez tardive, même si le GATT avait créé, en 1971, un groupe de travail sur la question en lien avec la préparation de la Conférence Stockholm – mais le groupe ne se réunira pas avant 1991, cette fois-ci en vue d'une contribution au « Sommet de la terre » de Rio. Le Préambule des Accords de Marrakech prend note de l'objectif de développement durable en vue de protéger et préserver l'environnement et la nécessité d'une utilisation « optimale » des ressources – là où la Charte de l'OIC parlait d'une « pleine utilisation ». Le ton a donc changé et, en apparence au moins, l'objectif est de concilier les finalités du commerce et de l'environnement, à partir d'une pétition de principe énoncée par une décision ministérielle adoptée à l'issue du cycle de l'Uruguay : « il ne devrait pas y avoir et [...] il n'y a pas nécessairement de contradiction au plan des politiques entre la préservation et la sauvegarde d'un système commercial multilatéral ouvert, non discriminatoire et équitable d'une part et les actions visant à protéger l'environnement et à promouvoir le développement durable d'autre part ». La décision crée un Comité du commerce et de l'environnement au sein de l'OMC chargé de faire des recommandations pour déterminer « s'il y a lieu de modifier les dispositions du système commercial multilatéral » – mais jusqu'à présent aucune recommandation de la sorte n'a été faite, et les accords ne prennent en compte la question environnementale qu'en tant qu'exception à l'ouverture des marchés. L'accord sur les « obstacles techniques au commerce » par exemple, traite de la problématique de l'éco-étiquetage et prévoit que les règlements techniques et normes – notamment celles qui visent à indiquer l'origine et la fabrication du produit – ne doivent pas avoir « pour objet ni pour effet de créer des obstacles non nécessaires au commerce international » (art. 2.2.) En pratique, la conciliation entre les principes de l'OMC et la plupart des « accords multilatéraux en matière d'environnement » (AME) s'avère délicate, dans la mesure où ceux-ci prévoient fréquemment des clauses restrictives au commerce qui vont à l'encontre du principe de non-discrimination et de traitement national du GATT.

495 L'Organe de règlement des différends a été saisi à plusieurs reprises de ces risques de contradiction, alors que des États invoquaient la protection de l'environnement pour justifier des mesures restrictives. La position des membres des panels est restée dans un premier temps très réservée, alertée des risques de « protectionnisme vert » et il faut attendre l'affaire *États-Unis-Essences ancienne et nouvelle formule* pour voir l'Organe d'appel (DS2, 29 avril 1996 ; v. ci-dessous les compléments pédagogiques, rubrique « Documents », n° 4) évoquer « la capacité de tout membre de l'OMC de prendre des mesures pour lutter contre la pollution atmosphérique ou, d'une façon plus générale pour protéger l'environnement », même si, en l'espèce, la mesure restrictive imposée par les États-Unis à travers le *Clean Air Act* fut jugée discriminatoire sur d'autres fondements. Surtout, pour la première fois, l'Organe d'appel se réfère à l'article 31 de la Convention de Vienne sur le droit des traités portant sur les règles d'interprétation, ce qui l'amène à la conclusion fondamentale selon laquelle « il ne faut pas lire l'*Accord général* en l'isolant cliniquement du droit international public. » C'était dénoncer l'illusion d'une autonomie de la sphère économique et par conséquent du droit international économique par rapport aux autres finalités du droit international. De même, dans l'affaire *États-Unis-Crevettes/tortues*, l'Organe d'appel condamne en tant que discriminatoire une législation ayant pour effet de limiter l'importation de crevettes pêchées à l'aide d'un filet dans lequel les tortues de mer restent prisonnières, alors qu'il s'agit d'une espèce incluse dans le champ de la Convention sur le commerce international des espèces de faune et de flore sauvages menacées d'extinction (CITES). Mais il prend soin dans un long *obiter dictum* de préciser que sa décision ne saurait s'interpréter comme minorant l'importance de l'objectif de protection de l'environnement qui doit être poursuivi par des mesures unilatérales ou multilatérales (DS58, 22 octobre 2001). Enfin, dans l'affaire *Brésil-pneumatique rechapés*, l'Organe d'appel valide une interdiction de la part du Brésil d'importer des pneus usagés en provenance de l'Union européenne – au motif que l'entassement de ces pneus faciliterait le développement des moustiques porteurs de maladie et que leur combustion dégagerait des fumées toxiques (DS332, 3 décembre 2007). Ce faisant, sans la citer, son interprétation se conforme aux principes de la Convention de Bâle sur le contrôle des mouvements transfrontières de déchets dangereux et leur élimination du 22 mars 1989.

§ 2 Le système monétaire et financier

496 La libéralisation du commerce international telle qu'envisagée par les rédacteurs des accords de Bretton Woods impliquait d'une part d'assurer le relèvement économique des États qui sortaient exsangues du conflit mondial, en particulier les États européens, et d'autre part de mettre en place un système monétaire international stable facilitant les échanges entre les États à partir de leurs devises nationales. La conférence de Bretton Woods qui se tient en 1944 dans le New Hampshire aux États-Unis vise donc l'adoption des statuts de deux organisations internationales économiques correspondant à ces deux objectifs : la Banque internationale pour la reconstruction et le développement (BIRD), qui deviendra le groupe de la Banque mondiale (BM), et le Fonds monétaire international (FMI). Ces deux institutions quasi universelles (elles ont chacune 189 États membres) sont censées être les piliers de la mondialisation économique, aux côtés du projet d'Organisation internationale du Commerce. Mais les conditions historiques et les

progrès de la mondialisation ont profondément influencé leur évolution (A). Après les crises à répétition et le constat d'échec des politiques d'ajustement structurel, les deux institutions se sont réformées et ont déclaré vouloir coordonner leurs politiques aux objectifs des Nations Unies. Il semble toutefois que leurs finalités demeurent essentiellement d'ordre économique (B).

A. L'évolution du système monétaire et financier

La BIRD avait été créée pour aider l'Europe à se relever de la guerre et pour financer le développement des territoires colonisés ou sous mandat. Dès 1948, le Plan Marshall rend le premier objectif obsolète en raison des montants accordés, pour l'essentiel sous forme de dons, qui dépassent de loin les capacités de prêts de la Banque. De plus, les débuts de la guerre froide, et plus encore la prise de pouvoir par les communistes en Chine en 1949 conduisent à recentrer son intervention sur l'aide aux pays issus des processus de décolonisation. À partir des années 1950, la Banque devient donc, avant tout, une institution de développement dont la première fonction est d'accorder des prêts, au départ essentiellement pour de gros travaux d'infrastructure : ponts, routes, barrages… Pour assumer ces responsabilités vis-à-vis des pays du « Tiers-Monde », elle crée en 1954 la Société financière internationale (SFI), habilitée à accorder des prêts directement aux entreprises privées des pays en développement et, en 1960, l'Association internationale de développement (AID), destinée spécifiquement aux pays les plus pauvres – là où la BIRD se spécialisera de son côté dans les prêts aux pays de revenus intermédiaires et solvables. Ce dispositif est complété par deux autres institutions qui participent à la promotion et à la facilitation de l'investissement direct étranger (IDE) : une agence multilatérale de garantie des investissements (AMGI) – qui offre des garanties contre des risques non-commerciaux, comme l'expropriation ou le terrorisme – et le Centre international de règlement des différends (CIRDI), sur la base de la Convention de Washington de 1965, qui sert de cadre institutionnel aux arbitrages prévus sur la base de traités bilatéraux d'investissement signés entre États. L'ensemble de ces cinq institutions constitue ce que l'on appelle le groupe de la Banque mondiale ou plus simplement la Banque mondiale. 497

Quant au FMI, sa mission est au départ centrée sur la coopération monétaire en vue de « faciliter l'expansion et l'accroissement harmonieux du commerce international et contribuer ainsi à l'instauration et au maintien de niveaux élevés d'emploi et de revenu réel et au développement des ressources productives de tous les États membres […] » (art. 1-ii des Statuts). Commerce et emploi sont donc liés, comme dans la Charte de La Havane, et l'on reproche fréquemment au FMI d'avoir oublié cette disposition de ses statuts. Cette coopération monétaire doit « promouvoir la stabilité des changes, maintenir entre les États membres des régimes de change ordonnés et éviter les dépréciations concurrentielles des changes » (art. 1-iii), « aider à établir un système multilatéral de règlement des transactions courantes entre les États membres et à éliminer les restrictions de change qui entravent le développement du commerce mondial » (art. 1-iv) mais aussi « donner confiance aux États membres en mettant les ressources générales du Fonds temporairement à leur disposition moyennant les garanties adéquates, leur fournissant ainsi la possibilité de corriger les déséquilibres de leurs balances des paiements […] » (art. 1-v). Pour rendre possibles les transactions entre États, la convertibilité des monnaies apparaît 498 également comme un objectif majeur. Les accords de Bretton Woods prévoient un régime de changes fixes, avec pour référence le dollar américain, celui-ci étant exprimé en or, au prix officiel de 35 dollars l'once d'or, la valeur des autres monnaies étant définie par rapport à l'or ou au dollar. L'objectif est de maintenir l'indépendance de la politique monétaire des pays pour favoriser l'emploi, ce qui impliquait de limiter la circulation internationale des capitaux. Pratiquement, le FMI est donc chargé de plusieurs fonctions : il doit assurer le respect par les États du « code de bonne conduite monétaire » par la surveillance des politiques macroéconomiques des États, le dialogue, la fourniture de conseils et éventuellement des sanctions pouvant aller théoriquement jusqu'au retrait du droit de vote ; l'assistance technique pour aider les États à résoudre leurs difficultés macroéconomiques ; la prévention ou l'aide à la résolution des difficultés de balance de paiement, lorsque l'État fait face à une pénurie de liquidités et se retrouve dans l'incapacité d'emprunter sur les marchés et de faire face à ses paiements. L'assistance financière du fond est toutefois conditionnée : le Fonds peut demander à l'État, en échange de l'assurance de tirage qui lui est accordé, de prendre un certain nombre de mesures macroéconomiques tendant, par exemple, à réduire le déficit budgétaire par la privatisation des entreprises ou la réduction des dépenses de l'État (services publics, etc.)

499 Dans le courant des années 1960 et 1970, le rôle du FMI va se trouver profondément affecté par plusieurs facteurs. Le premier trouve son origine dans la décision prise en 1971 par les États-Unis, dans le contexte de la guerre du Vietnam, de suspendre la convertibilité du dollar en or, entraînant deux ans plus tard le flottement des monnaies sur les marchés de change, définitivement acté en 1978 par le deuxième amendement aux statuts. L'objectif de stabilité des taux de change est donc abandonné au profit d'une libre circulation internationale des capitaux, ce qui, conjugué à d'autres facteurs (choc pétrolier, afflux des « pétrodollars »...), a pour conséquence le développement exponentiel des marchés financiers, et cela en dehors de toute régulation publique internationale, car les statuts du FMI n'avaient pas prévu cette configuration. Cette financiarisation de l'économie mondiale a pour résultat une réduction de l'importance du rôle du Fonds, car les États peuvent désormais emprunter auprès des marchés privés, et sans condition. En même temps, le FMI reste et demeure jusqu'à aujourd'hui une référence, y compris pour les banques privées, ce qui explique qu'il n'a pas été mis fin à la conditionnalité. Au contraire, celle-ci s'est amplifiée à partir du début des années 1980, avec l'élaboration du « consensus de Washington » fondé sur des préceptes ultralibéraux. Le FMI devient donc dans les années 1980 et 1990, avec la Banque mondiale, le symbole de la dérégulation et de la privatisation de l'économie, en général au profit des grandes multinationales des pays industrialisés. De plus, dans un contexte de globalisation de la finance et de création d'un « mégamarché unifié de l'argent » (D. Plihon, *Le nouveau capitalisme*, 4e éd., La Découverte, 2016), les crises économiques se multiplient et le FMI est appelé à intervenir de plus en plus souvent pour venir en aide aux États à cours de devises. Après la crise asiatique (1997), la « bulle internet » (2000), la crise majeure de 2007-2008 (crise dite des *subprimes* entraînant la « Grande récession »), suivie par la crise des dettes souveraines dans la zone euro, confirme la fragilité du système monétaire devenu également un système *financier* international et la nécessité d'un renforcement des politiques publiques internationales. Le profil de l'économie mondiale a profondément changé avec la montée en puissance des économies émergentes, en particulier de la Chine, qui réclament à juste titre de pouvoir participer au pilotage de l'économie mondiale. Alors que dans les années 1980 et 1990, le Groupe des sept pays les plus industrialisés (G7) constituait l'instance privilégiée de « gouvernance » mondiale de l'économie, ce rôle est dévolu, à partir de 1999 au « Groupe des vingt » (G20) comprenant les émergents. À la suite de la crise des *subprimes*, le G20 impulse un certain nombre de réformes majeures qui concernent en particulier le FMI et sa place dans un système économique mondial rénové. Lors du sommet de Londres d'avril 2009, les vingt s'accordent sur un plan de relance économique à 5 000 milliards de dollars sur deux ans. Ils décident également de la création d'un Conseil de stabilité financière (CSF), version rénovée et renforcée du Forum de stabilité financière créé par le G7 en 1999. Le CSF siège à Bâle et pour l'essentiel son rôle consiste à chercher à identifier les vulnérabilités du système financier et à élaborer des recommandations appropriées pour y remédier. Pour ce faire, il coordonne les efforts de ses membres, à savoir la multiplicité d'institutions qui agissent dans le paysage fragmenté des acteurs de la finance internationale : ministères nationaux des finances, banques centrales, autorités de régulation nationales et internationales et institutions internationales comme le FMI et la Banque mondiale. Tous ces acteurs s'engagent à respecter les « standards » de la finance internationale – pour l'essentiel formé par des textes dits de *soft law* – et à se soumettre tous les cinq ans au contrôle du FMI et de la Banque mondiale dans le cadre d'un Programme d'évaluation du secteur financier (PESF/FSAP) qui s'adresse également aux 25 pays dont les secteurs financiers sont considérés comme d'importance systémique. Mais le CSF fait rapport au FMI qui reste l'organisation pilote du renforcement du système financier. À cet égard, le G20 renforce ses ressources pour lui permettre d'en faire l'organisation centrale du « filet de sécurité financier mondial » (Déclaration finale des dirigeants du Sommet d'Osaka de juin 2019). Ce renforcement du FMI va de pair avec une réforme de l'institution, quant à ses objectifs, mais aussi quant aux modalités de son fonctionnement, et notamment l'attribution des quotes-parts, revues tous les cinq ans : cette modification prend la forme de plusieurs amendements, devant aboutir à un transfert de plus de 6 % des quotes-parts aux pays émergents.

Ainsi le FMI revient-il au centre du jeu, alors que les États tentent de reprendre la main et d'assurer un contrôle minimum des marchés financiers pour éviter de futures catastrophes économiques. Les facteurs exogènes à la finance n'avaient pourtant pas été pris en compte : ainsi la crise du COVID-19 intervenue à la fin 2019 prend de court l'ensemble des acteurs de la finance globale. Mais les mesures de renforcement prises ces dix dernières années ont préparé le terrain pour une réaction plus rapide et mieux coordonnée. 500 ■

B. Un système monétaire et financier pour l'économie et la finance ?

Si le système monétaire et financier et ses institutions ont connu des transformations majeures depuis les accords de Bretton Woods en 1944, il n'est pas certain pour autant qu'elles aient achevé leur intégration dans un système de gouvernance global et cohérent. Les finalités des institutions financières internationales (IFI) semblent demeurer largement distantes, voire parfois divergentes des finalités définies au sein de l'ONU et des institutions spécialisées. 501 ■

502 Tout d'abord, le non-alignement des finalités des IFI avec les Nations Unies ne date pas d'hier : dès les débuts de la guerre froide et qui plus est dans le cadre du processus de décolonisation, le décalage est présent. Ainsi, par exemple, le FMI a toujours considéré l'Afrique du Sud de l'apartheid comme un partenaire fiable dont la monnaie était appuyée sur les réserves d'or, écartant toute idée de « sanctions politiques » à l'égard du régime. Le système de pondération des voix en fonction des quotes-parts qui détermine le processus de décision y est pour beaucoup : par le jeu du lien entre quotes-parts et nombre de votes, tant la Banque que le FMI se trouvent dominés par un petit nombre d'États membres, les États-Unis et, aujourd'hui, l'Union européenne (à titre collectif) disposant d'un droit de veto sur toutes les décisions. Selon un « *gentlemen's agreement* » passé entre ces deux parties et qui perdure encore aujourd'hui, le président de la Banque mondiale est états-unien, tandis que le Directeur du FMI est européen, flanqué toutefois d'un numéro deux étasunien. Si, comme on l'a vu, l'équilibre a été infléchi en faveur des émergents à la fin des années 2000, les pays les plus riches demeurent en position de force. Cette structuration a pu raisonnablement suggérer que les deux organisations serviraient avant tout les intérêts des pays développés. De fait, les orientations choisies montrent dès les années 1950 une prise de distance avec les Nations Unies alors dominées par les mots d'ordre du « Nouvel ordre économique international » lancé par la CNUCED. La conversion des deux institutions aux préceptes du néolibéralisme – le « consensus de Washington » – ne rend pas les rapports entre Genève et Washington plus aisé : au contraire, les politiques d'ajustement structurel prônées par la Banque et le FMI sont dénoncées aux Nations Unies comme une forme d'impérialisme, de même que l'activité des multinationales est pointée du doigt dans le soutien aux États ciblés par le Groupe des 77 : l'Afrique du Sud de l'apartheid, le Chili de Pinochet et Israël.

503 L'attitude de la Banque mondiale à l'égard des normes internationales élaborées au sein des Nations Unies et de ses institutions spécialisées est symptomatique. À l'occasion du 50e anniversaire de la Déclaration universelle des droits de l'homme, en 1998, la Banque mondiale publie un communiqué dans lequel l'institution se défend d'être inactive dans le domaine des droits de l'homme (ce qui est en soi un euphémisme au regard des accusations qui sont alors portées contre elles) : au contraire, dit-elle, l'ensemble de son action a, sinon pour but, du moins pour *effet*, d'« aider les gens ». Toutefois son mandat purement « économique » l'empêche de se prévaloir explicitement de ces normes – et surtout des droits civils et politiques – et d'ailleurs, argue-t-elle, son action n'en est que plus efficace si elle s'en abstient. Implicitement le document se réfère à l'article IV-10 des statuts qui stipule que « [l]a Banque et ses dirigeants n'interviendront pas dans les affaires politiques d'un État membre quelconque [...]. Leurs décisions seront fondées exclusivement sur des considérations économiques [...] » Au début des années 1990, la Banque faisait face à une forte critique, y compris interne, en lien avec l'affaire du projet de barrage sur le fleuve Narmada en Inde : 120 000 personnes avaient été déplacées et le barrage soulevait de graves préoccupations environnementales. Suivant les recommandations d'une enquête indépendante, la Banque accepte de mettre en place un mécanisme de recours accessible aux personnes qui sont concernées par les projets qu'elle finance : mais le Panel d'inspection ainsi créé ne peut que se référer aux directives opérationnelles de la Banque et se voit toutefois dénier la possibilité de se référer explicitement à des normes considérées comme « externes ». Pour la Direction de la Banque : « les problèmes relatifs aux droits de l'homme [ne] peuvent interférer sur le

travail de la Banque [que] s'ils risquent d'avoir une incidence économique directe prononcée sur le projet en question. » (rapport d'enquête du Panel d'inspection, *Projet pétrolier et d'oléoduc Tchad-Cameroun*, 17 septembre 2002). Au tournant des années 2000, la Banque, sous la direction de James Wolfensohn, nommé par Bill Clinton, amorce pourtant un changement de perspective. Le consensus de Washington est remis en cause par l'économiste en chef de la Banque, Joseph Stiglitz. Désormais la Banque mondiale se donne pour mission première l'élimination de la pauvreté – mais les moyens mis en œuvre restent fondamentalement les mêmes, malgré certains changements d'étiquettes et si la Banque accepte d'être soumise à l'évaluation (Commission mondiale des barrages, commission d'évaluation des industries extractives), elle rejette en général les recommandations qui lui sont faites.

Aussi le discours de la Banque se présentant comme un acteur de la réalisation des ODD doit-il être jugé sur pièce. À titre d'exemple la Banque a lancé un vaste processus de consultation visant à élaborer un « Cadre environnemental et social », adopté en 2016, et supposé devoir décrire « l'engagement de la Banque à promouvoir le développement durable à travers une politique et un ensemble de normes environnementales et sociales conçues pour appuyer les projets des pays emprunteurs dans le but de mettre fin à l'extrême pauvreté et de promouvoir une prospérité partagée ». Mais à bien chercher dans le document final, de normes, il n'y en a guère. L'institution réussit ainsi ce tour de force de s'auto-imposer des standards en matière sociale et environnementale, mais sans référence aucune aux normes internationales en vigueur, affaiblissant au passage leur portée. La réaction officielle de l'OIT est cinglante : elle regrette que la Banque ait renoncé à se référer explicitement aux normes sociales internationales, en particulier à la Convention 187 sur la liberté syndicale et à la Déclaration sur les principes et droits fondamentaux au travail. Pire, elle déplore les changements intervenus entre le projet initialement discuté et la version définitive issue des consultations internes entre les directeurs de la Banque : par exemple, l'objectif de soutien aux libertés d'association et de négociation collective est soumis à la condition que ces libertés s'exercent « conformément aux lois nationales »... (*ILO Statement on the World Bank Environnemental and Social Policy*, 8 août 2016, sur le site de l'OIT). Cette attitude persistante de la Banque a amené Philip Alston, en tant que rapporteur spécial de l'ONU sur l'extrême pauvreté à conclure, dans un rapport de 2015, que la Banque mondiale était « une zone exempte de droits de l'homme » et que « dans ses politiques opérationnelles, en particulier, elle semble traiter les droits de l'homme beaucoup plus comme une maladie infectieuse que comme des valeurs et des obligations universelles » (doc. A/70/274, 4 août 2015)... S'agit-il seulement d'un problème de terminologie ? En pratique, les enquêtes du Panel d'inspection et du mécanisme d'Ombudsperson de l'IFC ont contribué à l'intégration de normes *en rapport avec* les droits de l'homme (protection des populations autochtones, lutte contre la violence faite aux femmes etc.) mais le « lien » normatif avec le système universel n'est toujours pas fait et les violations continuent (v. en particulier les enquêtes du *International Consortium of Investigative Journalists* (ICIJ) sur leur site internet, « *Evicted and Abandoned : The World Bank's Broken Promise to the Poor* »). 504 ■

Le FMI de son côté a tenté de répondre aux critiques nombreuses qui lui étaient adressées, y compris par des économistes ne pouvant être soupçonnés d'être hostiles au libéralisme et à la mondialisation (Joseph Stiglitz, par exemple, ancien économiste 505 ■

en chef de la Banque mondiale dans son ouvrage *La grande désillusion*). En mars 2009, sous l'impulsion de Dominique Strauss-Kahn, alors directeur, le FMI annonce, dans le cadre d'un train de réforme de sa gouvernance et de ses méthodes, un assouplissement de sa politique de conditionnalité, une orientation poursuivie par Christine Lagarde qui déclare en 2015 qu'elle souhaite donner à l'institution « un visage humain ».

■ 506 Mais l'expérience des crises de la dette souveraine en Irlande, au Portugal et surtout en Grèce, contraintes d'adopter de vastes programmes d'austérité budgétaire, a pu faire douter les observateurs de la réalité de changement de cap. En 2017, un rapport de l'office indépendant d'évaluation du FMI sur la protection sociale relaye en partie ces critiques : tout en constatant que le Fonds, en pratique, intègre la problématique de protection sociale dans ses politiques et ses programmes, il constate que le Fonds n'a pas de définition opérationnelle de ce concept et donc pas de cadre stratégique clair pour mettre en œuvre cet objectif et conseille notamment à l'Institution financière de renforcer son dialogue avec les autres institutions chargées du développement. Les ONG de développement vont plus loin et accusent le FMI d'adopter une approche de la protection sociale fondée sur le « paradigme de la charité », en contradiction avec l'approche en vigueur aux Nations Unies, soutenu par l'OIT et intégrée dans les ODD, à avoir une approche universaliste fondée sur les droits. Philip Alston, de son côté, dans un rapport de 2018 consacré au FMI, résume ses conclusions de la manière suivante, avec son sens de la formule : « [j]usqu'ici, le FMI a été une organisation dotée d'un grand cerveau, d'un *ego* démesuré et d'une conscience minuscule » (doc. A/HRC/38/33, 8 mai 2018, v. ci-dessous les extraits reproduits dans les compléments pédagogiques, Documents n°°4). Le rapporteur spécial pointe une difficulté fondamentale, déjà relevée à propos de la Banque mondiale quatre ans plus tôt, mais mieux documentée à propos du FMI : la culture institutionnelle, qui non seulement rend le personnel du Fonds trop certain d'appliquer des remèdes validés par la « science » économique, mais aussi imperméable à tout autre discours présentant une perspective différente.

■ 507 La crise sanitaire de la COVID-19 amorce-t-elle un tournant dans ce droit de la mondialisation libérale ? Alors que, pendant la période de « confinement mondial », à partir d'avril 2020, se multipliaient les interventions d'intellectuels et responsables politiques appelant à imaginer un « après » qui soit en rupture avec « l'avant », certains responsables du FMI et de la Banque mondiale semblaient se rallier à l'idée d'une nouvelle mondialisation. La directrice du FMI voyait en effet dans la crise l'occasion de construire un monde « plus vert, plus intelligent et plus juste » (« *greener, smarter and fairer* », *Finance and Development*, juin 2020, vol. 57, n° 2). Le chemin semble toutefois encore long pour que le droit de la mondialisation rejoigne le mouvement de la mondialisation du droit. Le précédent de la crise de 2008, où après le sauvetage des banques au détriment des populations, tout avait recommencé « comme avant », fait craindre que les promesses d'un nouveau monde ne soient vite oubliées.

Compléments pédagogiques

Quid

■ Consensus de Washington n° 473

Expression qui renvoie à un corps de principes prônés par le FMI et la Banque mondiale (qui siègent à Washington) : libéralisation financière et commerciale, ouverture totale des économies à l'investissement direct étranger, privatisation de l'ensemble des entreprises, y compris de service public, élimination de tous les obstacles à la concurrence (« dérégulation »), protection renforcée de la propriété intellectuelle, etc.

■ Clause d'habilitation n° 480

Dans le système du GATT puis de l'OMC, dérogation à la « clause de la nation la plus favorisée » en application du principe du « traitement différencié et plus favorable » appliqué aux pays en développement : les avantages tarifaires accordés aux États en développement n'ont pas à être automatiquement étendus aux autres participants à la négociation.

■ Externalité n° 469

En économie, désigne une activité économique qui a un effet indirect ou secondaire (sur une population, sur l'environnement, etc.). Il peut s'agir d'une externalité « négative » comme la pollution, qui cause un dommage à l'environnement dont le coût n'est pas assumé par l'opérateur économique.

Documents

1) L'ONU face à la pandémie de COVID-19

ONU, Riposte globale du Système des Nations Unies face à la COVID-19. Sauver des vies, protéger les sociétés, reconstruire en mieux, juin 2020, Schéma, p. 4.

Voir schéma ci-après.

Initiatives politiques mondiales et stratégies opérationnelles

Initiatives politiques du Secrétaire général

- 19 juin – Le monde du travail et de la COVID-19
- 9 juin – L'impact de la COVID-19 sur la sécurité alimentaire et la nutrition
- 3 juin – La COVID-19 et les personnes en situation de déplacement
- 21 mai – Campagne vérifiée sur des informations factuelles fiables au sujet de la COVID-19
- 20 mai – L'impact de la COVID-19 en Afrique
- 13 mai – La COVID-19 et la nécessité d'agir pour préserver la santé mentale
- 8 mai – Appel contre la haine et la xénophobie
- 6 mai – Inclusion du handicap dans la riposte à la COVID-19
- 1 mai – L'impact de la COVID-19 sur les personnes agées
- 23 avril – COVID-19 et droits humains : réagissons ensemble !
- 17 avril – Dette et COVID-19 : une action mentale et solidaire
- 16 avril – L'impact de la COVID-19 sur les enfants
- 9 avril – L'impact de la COVID-19 sur les femmes
- 5 avril – Appel contre la violence de genre dans le contexte de la COVID-19
- 31 mars – Responsabilité partagée et solidarité mondiale : gérer les retombées socioéconomiques de la COVID-19
- 23 mars – Appel à un cessez-lefeu mondial

Stratégies opérationnelles conjointes mises en œuvre dans le cadre de la riposte par la famille des Nations Unies et ses partenaires

1 - LA RIPOSTE À LA COVID-19

Objectifs stratégiques

1. Organiser rapidement la coordination internationale et le soutien aux opérations
2. Renforcer les opérations liées à la préparation et à la riposte des pays
3. Accélérer la recherche et l'innovation prioritaires

Partenaires

Plus de 200 gouvernements, organisations internationales et non gouvernementales, instituts de recherche et entreprises

Ressources nécessaires

1 740 millions de dollars nécessaires dont 1 022 millions de dollars (59 %) reçus ou promis au 24 juin

2 - HUMANITAIRE : PLAN DE RÉPONSE HUMANITAIRE GLOBAL

Objectifs stratégiques

1. Endiguer la propagation de la pandémie de COVID-19 et réduire la morbidité et la mortalité qui y sont associées
2. Diminuer la détérioration du capital humain et des droits humains, de la cohésion sociale et des moyens de subsistance
3. Protéger, aider et défendre les réfugiés, les personnes déplacées, les migrants et les communautés vulnérables

Partenaires

Plus de 60 organisations internationales et non gouvernementales

Ressources nécessaires

7 320 millions de dollars nécessaires dont 1 440 millions de dollars (19,7 %) reçus ou promis au 24 juin

3 - DÉVELOPPEMENT : CADRE D'INTERVENTION SOCIOÉCONOMIQUE DE L'ONU

Objectifs stratégiques

1. Protéger les services et les systèmes de santé pendant la crise
2. Protéger les personnes : protection sociale et services de base
3. Protéger les emplois, les petites et moyennes entreprises et le secteur informel
4. Faciliter la riposte macroéconomique et la collaboration multilatérale
5. Soutenir la cohésion sociale et la résilience des populations

Partenaires

Plus de 165 institutions nationales dans des pays et territoires où des équipes de pays des Nations Unies sont présentes

Ressources nécessaires

1 000 millions de dollars nécessaires pour les 9 premiers mois de la riposte, dont 49 millions de dollars (5 %) ont été obtenus

Conseil de sécurité, résolution 2532 (2020) du 1er juillet 2020

Le Conseil de sécurité,

Rappelant qu'il a la responsabilité principale du maintien de la paix et de la sécurité internationales,

Réaffirmant les buts et principes énoncés dans la Charte des Nations Unies,

Se déclarant gravement préoccupé par les conséquences dévastatrices de la pandémie de COVID-19 dans le monde entier, en particulier dans les pays ravagés par un conflit armé, sortant d'un conflit ou en proie à une crise humanitaire,

Conscient que la violence et l'instabilité qui règnent dans les situations de conflit peuvent exacerber la pandémie et que, réciproquement, la pandémie peut aggraver les conséquences humanitaires néfastes des situations de conflit,

Conscient que les acquis obtenus par les pays en transition et les pays sortant d'un conflit en matière de consolidation de la paix et de développement risquent d'être réduits à néant par la pandémie de COVID-19,

Soulignant que la lutte contre la pandémie nécessite un renforcement de la coopération et de la solidarité nationales, régionales et internationales, ainsi qu'une action internationale coordonnée, inclusive, globale et mondiale, l'Organisation des Nations Unies jouant à cet égard un rôle de coordination essentiel,

Remerciant le personnel national et international de santé et de secours humanitaire pour la contribution qu'il ne cesse d'apporter à la lutte pressante contre la pandémie de COVID-19 et pour le dévouement dont il fait preuve,

Conscient des efforts déployés par le secrétaire général et des mesures qu'il propose pour faire face aux effets que pourrait avoir la pandémie de COVID-19 sur les pays touchés par un conflit, en particulier son appel en faveur d'un cessez-le-feu mondial immédiat,

Ayant examiné la résolution 74/270 intitulée « Solidarité mondiale dans la lutte contre la maladie à coronavirus 2019 (COVID-19) » adoptée par l'Assemblée générale le 2 avril 2020,

Prenant acte du lancement, par l'Organisation des Nations Unies, du Plan de réponse humanitaire global COVID-19, qui place les personnes au centre des mesures d'intervention,

Jugeant que l'ampleur sans précédent de la pandémie de COVID-19 risque de menacer le maintien de la paix et de la sécurité internationales,

1. *Exige* la cessation générale et immédiate des hostilités dans toutes les situations dont il est saisi et *soutient* les efforts déployés à cet égard par le Secrétaire général et ses représentants et envoyés spéciaux ;

2. *Demande* à toutes les parties à des conflits armés de prendre part immédiatement à une pause humanitaire durable pendant au moins 90 jours consécutifs, de façon à permettre l'acheminement sûr, sans entrave et durable de l'aide humanitaire, la fourniture des services y afférents par des intervenants humanitaires impartiaux, dans le respect des principes humanitaires d'humanité, de neutralité, d'impartialité et d'indépendance, et les évacuations médicales, conformément au droit international, y compris le droit international humanitaire et le droit des réfugiés selon qu'il convient ;

3. *Déclare* que la cessation générale et immédiate des hostilités et la pause humanitaire ne s'appliqueront pas aux opérations militaires dirigées contre l'État islamique d'Iraq et du Levant (EIIL, également connu sous le nom de Daech), Al-Qaida et le Front el-Nosra et tous les autres individus, groupes, entreprises et entités associés à Al-Qaida ou à l'EIIL, ainsi que les autres groupes terroristes qu'il a désignés comme tels ;

4. *Prie* le Secrétaire général de contribuer à faire en sorte que toutes les entités compétentes du système des Nations Unies, y compris les équipes de pays des Nations Unies, compte tenu des mandats de chacune, accélèrent leurs interventions face à la pandémie de COVID-19, l'accent étant mis sur les pays qui en ont besoin, y compris ceux en proie à un conflit armé ou à une crise humanitaire ;
5. *Prie* le Secrétaire général de le tenir informé des efforts déployés par l'Organisation des Nations Unies pour faire face à la pandémie de COVID-19 dans les pays en proie à un conflit armé ou à une crise humanitaire, ainsi que des effets qu'a la pandémie sur la capacité des opérations de maintien de la paix et des missions politiques spéciales de s'acquitter des tâches prioritaires qui leur incombent ;
6. *Prie également* le Secrétaire général de donner pour instruction aux opérations de maintien de la paix de fournir, dans le respect de leurs mandats et compte tenu de leurs capacités, un appui aux autorités du pays hôte dans les efforts qu'elles déploient pour contenir la pandémie, dans le but en particulier de faciliter l'accès humanitaire, y compris aux personnes déplacées et aux camps de réfugiés, et de permettre les évacuations médicales, et *prie* le Secrétaire général et les États Membres de prendre toutes les mesures appropriées pour protéger la sûreté, la sécurité et la santé de tous les membres de personnel des Nations Unies participant aux opérations de paix des Nations Unies, tout en assurant la continuité des opérations, ainsi que toutes autres mesures pour former le personnel de maintien de la paix aux questions liées à la prévention de la propagation de la COVID-19 ;
7. *Reconnaît* le rôle essentiel que les femmes jouent dans la lutte contre la COVID-19, ainsi que les effets négatifs et disproportionnés, notamment sur le plan socio-économique, que la pandémie a sur les femmes et les filles, les enfants, les réfugiés, les personnes déplacées, les personnes âgées et les personnes handicapées, et *demande* que des actions concrètes soient entreprises pour minimiser ces effets et faire en sorte que les femmes et les jeunes participent pleinement et véritablement, sur un pied d'égalité, à l'élaboration et à la mise en œuvre d'une riposte appropriée et durable à la pandémie ;
8. *Décide* de rester saisi de la question.

2) Les objectifs du développement durable

Une vie de dignité pour tous : accélérer les progrès dans la réalisation des objectifs du Millénaire pour le développement et dans la définition du programme de développement des Nations Unies. Rapport du Secrétaire général
(doc. ONU A/68/202, 26 juillet 2013)

13. Le présent rapport vise à intensifier les efforts en vue d'éliminer la pauvreté et de parvenir à une croissance durable et sans exclusive. Il nous faudra des dirigeants éclairés et courageux dans les couloirs du pouvoir, ainsi que l'engagement d'entreprises responsables et de la société civile, dans le monde entier. J'ai été profondément inspiré par un processus dynamique lancé l'année dernière sous l'égide des Nations Unies – un débat mondial lancé en 2012 sur les priorités du nouveau programme de développement, sur la base des objectifs du Millénaire pour le développement. Dans le cadre d'une série de consultations mondiales, régionales et nationales organisées dans près de 100 pays, ainsi que sur les réseaux sociaux, plus d'un million de personnes ont donné leur avis sur le monde auquel elles aspiraient. Je suis extrêmement reconnaissant à tous ceux qui ont exprimé leurs espoirs et leurs attentes, et proposé des idées

et des critiques constructives. L'Organisation est fermement résolue non seulement à entendre ces voix, mais aussi à les amplifier pour concrétiser ce qui a été dit et ce que nous pouvons en apprendre. [...]

15. Les rapports présentés par le Réseau des solutions pour le développement durable, le Pacte mondial, l'Équipe spéciale des Nations Unies chargée du programme de développement pour l'après-2015, les commissions régionales et nos partenaires de la société civile et des universités ont aussi apporté d'importantes contributions, notamment en proposant des recommandations concernant la formulation et la teneur des futurs processus à mettre en place.

16. Ces contributions présentent bien davantage de points communs que de différences. Il est en effet possible de discerner les contours d'un nouveau programme de développement durable : à caractère universel, mais répondant aux complexités, besoins et capacités de chaque pays et région ; ambitieux, mais simple dans sa conception ; attentif aux aspects économiques, sociaux et environnementaux, mais faisant de l'élimination de la pauvreté et de la réduction des inégalités une priorité absolue ; soucieux de protéger la planète, la diversité biologique, les ressources en eau et les terres ; axé sur les droits de l'homme, l'accent étant mis sur les femmes, les jeunes et les groupes marginalisés ; à l'affût de partenariats novateurs ; et fondé sur des concepts innovants en matière de collecte de données, ainsi que sur des dispositifs rigoureux de responsabilisation. Sur la base de cette vision ambitieuse, nous pourrions définir une série limitée d'objectifs qui placeraient le développement durable au centre des préoccupations, comme l'ont préconisé les participants à la Conférence des Nations Unies sur le développement durable, et qui tiendraient compte tant des enjeux actuels que des priorités qui auront été définies dans le nouveau programme, en vue de nous guider dans la transformation que nous souhaitons. [...]

A. À quel stade en est la réalisation des objectifs ?

23. Sur le plan mondial, la pauvreté et la faim sont en net recul. Dans les régions en développement, le pourcentage de personnes vivant avec moins de 1,25 dollar par jour a diminué de plus de la moitié, passant de 47 % en 1990 à 22 % en 2010, la majorité d'entre elles vivant dans des zones rurales. Toutefois, une grande partie de ces progrès ont été réalisés dans un petit nombre de grands pays, essentiellement la Chine et l'Inde. En outre, même si l'objectif relatif à la pauvreté a été atteint, 1,2 milliard de personnes vivent toujours dans l'extrême pauvreté. Ainsi, en dépit de la récente croissance économique vigoureuse et de la diminution du taux de pauvreté en Afrique subsaharienne, davantage de personnes vivent dans la pauvreté et la région reste vulnérable à des chocs qui peuvent rapidement éliminer les acquis.

24. L'objectif consistant à réduire de moitié la proportion de la population qui souffre de la faim d'ici à 2015 est prêt d'être atteint. Le pourcentage de personnes sous-alimentées dans les régions en développement est passé de 23,2 % en 1990-1992 à 14,9 % en 2010-2012. Toutefois, une personne sur huit continue à souffrir de sous-alimentation chronique et un enfant sur quatre connaît des retards de croissance par suite de la malnutrition.

25. Peut-être ne tiendrons nous pas notre promesse de permettre à tous les enfants d'être scolarisés. Le nombre des enfants non scolarisés dans l'enseignement primaire est tombé de 102 millions à 57 millions entre 2000 et 2011, mais les progrès se sont nettement ralentis ces cinq dernières années. En l'absence d'efforts renouvelés, il semble que l'objectif consistant à permettre à tous les enfants, dans le monde entier, d'achever un cycle complet d'enseignement primaire ne sera pas atteint d'ici à 2015, en particulier dans les pays victimes de conflits. Près de la moitié des enfants non scolarisés dans le monde vivent en Afrique subsaharienne et le pourcentage est encore plus élevé chez les enfants et les adolescents dont les familles sont

parmi les plus pauvres. Il faudra faire preuve de bien plus d'énergie pour améliorer la qualité de l'enseignement et offrir des possibilités d'apprentissage durant toute l'existence, en particulier pour les jeunes filles et les femmes, les minorités ethniques, les personnes handicapées et les enfants vivant dans des zones de conflit, dans les zones rurales ou dans des taudis.

26. Les femmes et les filles sont les principales forces de développement. Il n'en reste pas moins que les défis en matière d'égalité entre les sexes et de réalisation des droits des femmes demeurent redoutables. Dans de nombreux pays en développement, on interdit aux filles d'exercer leur droit à l'enseignement primaire. Les femmes ont accédé à l'emploi dans des secteurs non agricoles, mais elles occupent fréquemment des emplois plus précaires et dotés de moins d'avantages sociaux que ceux détenus par les hommes. Aussi bien dans la vie publique que dans la vie privée, les femmes n'ont toujours pas leur mot à dire quant aux décisions qui ont des incidences sur leur existence. La violence sexiste porte atteinte aux droits des femmes et des filles, sape le développement et constitue un affront à notre humanité commune.

27. En dépit des progrès notables réalisés sur le plan mondial et dans de nombreux pays, il faut faire preuve d'une détermination renouvelée pour améliorer la santé et les perspectives d'existence des mères et des enfants. Le taux de mortalité des enfants de moins de 5 ans a diminué de 41 % entre 1990 et 2011 – ce qui est remarquable, mais nettement inférieur à l'objectif fixé, à savoir une réduction de deux tiers. Le taux de mortalité maternelle a diminué de 47 % au cours des 20 dernières années : il s'agit, là encore, d'un progrès notable, mais bien loin de l'objectif fixé, une réduction de 75 %. Il faut redoubler d'efforts pour atteindre les femmes et les enfants les plus vulnérables et garantir l'exercice de leurs droits en matière de santé procréative et sexuelle et leurs droits liés à la procréation. Ceci comprend un plein accès aux services de santé de base et une éducation sexuelle et relative à la procréation.

28. Les nouvelles infections par VIH ont diminué de 21 % dans le monde au cours des 10 dernières années et près de 10 millions de personnes séropositives bénéficient d'une thérapie antirétrovirale salvatrice. L'expansion de la thérapie et de la prévention a permis de réduire de 25 % les décès liés au sida entre 2005 et 2011. Il n'en reste pas moins que 2,5 millions de nouvelles infections continuent à se produire chaque année et que des millions de personnes ne peuvent accéder à la thérapie dans de nombreuses régions du monde. La mortalité imputable au paludisme a décliné de plus de 25 % dans le monde ces 10 dernières années, ce qui a permis de sauver quelque 1,1 million de personnes. Entre 1995 et 2011, 51 millions de personnes atteintes de tuberculose ont été guéries, ce qui a permis de sauver 20 millions de vies.

29. Certains des objectifs relatifs à la préservation de l'environnement ont été réalisés : l'objectif visant à améliorer les sources d'alimentation en eau a été atteint avant la date prévue et au cours des 10 dernières années, plus de 200 millions d'habitants de taudis, soit deux fois la cible retenue, ont bénéficié d'installations améliorées d'alimentation en eau et d'assainissement, d'un logement durable ou d'un logement d'une superficie suffisante. De plus, de 1990 à 2011, 1,9 milliard de personnes ont pu accéder à des latrines, à des toilettes à chasse d'eau ou à de meilleures installations d'assainissement d'un autre type. Toutefois, le nombre d'habitants des taudis augmente, en raison de l'urbanisation rapide et de la croissance démographique. Deux milliards et demi de personnes ne peuvent accéder à de meilleures installations d'assainissement et 1 milliard pratiquent la défécation à l'air libre, source persistante de maladies.

30. Dans tous les pays, la réalisation de l'objectif 7, « Préserver l'environnement », est sérieusement compromise, en raison des défis profonds et urgents que posent les changements

climatiques. Les émissions de dioxyde de carbone sont supérieures de 46 % à leur niveau de 1990. La teneur de CO_2 dans l'atmosphère est supérieure à 400 parties par million, niveau non constaté durant des millions d'années, qui menace l'existence de la planète.
31. La perte de biodiversité se poursuit rapidement. Les ressources en eau douce s'appauvrissent et les stocks de poissons sont surexploités. La dégradation des sols et la désertification, l'acidification de l'océan et la perte des espèces et des forêts se poursuivent à un rythme alarmant.
32. Comme l'indique le rapport du Groupe de réflexion sur le retard pris dans la réalisation des OMD 2013, le progrès sur la voie d'un partenariat mondial en faveur du développement n'a pas répondu aux attentes. Après une augmentation encourageante de l'aide publique au développement depuis 2000, les courants d'aide ont diminué ces deux dernières années. Malgré un important allégement de la dette pour de nombreux pays, le service de la dette reste un fardeau intolérable pour certains pays à faible revenu. Les progrès en matière d'amélioration de l'accès aux débouchés pour de nombreux pays en développement ont été lents et l'initiative Aide pour le commerce a subi le contrecoup de la diminution de l'aide publique au développement. Malgré des progrès bienvenus en matière de connectivité, une profonde fracture numérique persiste entre régions développées et régions en développement.

⇨ *Dans son rapport le secrétaire général dresse un bilan de la mise en œuvre des objectifs du millénaire pour le développement, encourage les États à accélérer leurs efforts en vue d'atteindre ces objectifs, mais aussi chercher à dégager les grandes lignes de ce que pourrait être l'agenda « post 2015 ».*

Transformer notre monde : le Programme de développement durable à l'horizon 2030. Résolution 70/1 de l'Assemblée générale, 25 septembre 2015.

Préambule

Le Programme de développement durable est un plan d'action pour l'humanité, la planète et la prospérité. Il vise aussi à renforcer la paix partout dans le monde dans le cadre d'une liberté plus grande. Nous considérons que l'élimination de la pauvreté sous toutes ses formes et dans toutes ses dimensions, y compris l'extrême pauvreté, constitue le plus grand défi auquel l'humanité doive faire face, et qu'il s'agit d'une condition indispensable au développement durable.
Tous les pays et toutes les parties prenantes agiront de concert pour mettre en œuvre ce plan d'action. Nous sommes résolus à libérer l'humanité de la tyrannie de la pauvreté et du besoin, à prendre soin de la planète et à la préserver. Nous sommes déterminés à prendre les mesures audacieuses et porteuses de transformation qui s'imposent d'urgence pour engager le monde sur une voie durable, marquée par la résilience. Et nous nous engageons à ne laisser personne de côté dans cette quête collective.
Les 17 objectifs de développement durable et les 169 cibles que nous annonçons aujourd'hui témoignent de l'ampleur de ce nouveau Programme universel et montrent à quel point il est ambitieux. Ils s'inscrivent dans le prolongement des objectifs du Millénaire pour le développement et visent à réaliser ce que ceux-ci n'ont pas permis de faire. Ils visent aussi à réaliser les droits de l'homme pour tous, l'égalité des sexes et l'autonomisation des femmes et des filles. Intégrés et indissociables, ils concilient les trois dimensions du développement durable : économique, sociale et environnementale
Les objectifs et les cibles guideront l'action à mener au cours des 15 prochaines années dans des domaines qui sont d'une importance cruciale pour l'humanité et la planète.

L'humanité

Nous sommes déterminés à éliminer la pauvreté et la faim, sous toutes leurs formes et dans toutes leurs dimensions, et à faire en sorte que tous les êtres humains puissent réaliser leur potentiel dans des conditions de dignité et d'égalité et dans un environnement sain.

La planète

Nous sommes déterminés à lutter contre la dégradation de la planète, en recourant à des modes de consommation et de production durables, en assurant la gestion durable de ses ressources naturelles et en prenant d'urgence des mesures pour lutter contre les changements climatiques, afin qu'elle puisse répondre aux besoins des générations actuelles et futures.

La prospérité

Nous sommes déterminés à faire en sorte que tous les êtres humains aient une vie prospère et épanouissante et que le progrès économique, social et technologique se fasse en harmonie avec la nature.

La paix

Nous sommes déterminés à favoriser l'avènement de sociétés pacifiques, justes et inclusives, libérées de la peur et la violence. En effet, il ne peut y avoir de développement durable sans paix ni de paix sans développement durable.

Les partenariats

Nous sommes déterminés à mobiliser les moyens nécessaires à la mise en œuvre de ce Programme grâce à un Partenariat mondial revitalisé pour le développement durable, qui sera mû par un esprit de solidarité renforcé, où l'accent sera mis sur les besoins des plus démunis et des plus vulnérables, et auquel participeront tous les pays, toutes les parties prenantes et tous les peuples.

Atteindre le but que nous nous sommes donné ne sera possible que si les objectifs de développement durable sont intimement liés et leur mise en œuvre intégrée. Si nous réalisons toutes les ambitions affichées dans ce Programme, chacun vivra bien mieux dans un monde meilleur. [...]

14. Nous nous réunissons à un moment où d'immenses défis se posent en matière de développement durable. Des milliards de personnes continuent de vivre dans la pauvreté, privées de leur dignité. Les inégalités se creusent dans les pays et d'un pays à l'autre. Il y a d'énormes disparités en termes de perspectives, de richesse et de pouvoir. Les inégalités entre les sexes constituent toujours un problème de taille. Le chômage est un sujet de préoccupation majeur, surtout le chômage des jeunes. Les menaces sanitaires mondiales, les catastrophes naturelles de plus en plus fréquentes et intenses, la recrudescence des conflits, le terrorisme et les crises humanitaires connexes, et les déplacements forcés de populations risquent de réduire à néant une grande partie des progrès accomplis au cours des dernières décennies en matière de développement. L'épuisement des ressources naturelles et les effets néfastes de la dégradation de l'environnement, notamment la désertification, la sécheresse, la dégradation des terres, la pénurie des ressources en eau douce et l'appauvrissement de la biodiversité viennent s'ajouter à la liste des difficultés avec lesquelles l'humanité est aux prises aujourd'hui, ce qui rend la situation encore plus difficile. Les changements climatiques représentent l'un des plus grands défis de notre temps et leurs incidences risquent d'empêcher certains pays de parvenir au développement durable. L'élévation des températures à l'échelle mondiale et du niveau de la mer, l'acidification des océans et d'autres effets des changements climatiques ont de graves répercussions sur les zones côtières et les pays côtiers de basse altitude, y compris nombre de pays parmi les moins avancés et de petits États insulaires en développement. C'est la survie de bien des sociétés qui est en jeu ainsi que celle des systèmes biologiques dont la planète a besoin.

15. Mais c'est aussi un moment où les possibilités sont immenses. Des progrès considérables ont été accomplis et de nombreux problèmes de développement sont en passe d'être surmontés. En l'espace d'une génération, des centaines de millions de gens sont sortis de l'extrême pauvreté. L'accès à l'éducation a été nettement amélioré, pour les garçons comme pour les filles. L'expansion de l'informatique et des communications et l'interdépendance mondiale des activités ont le potentiel d'accélérer les progrès de l'humanité, de réduire la fracture numérique et de donner naissance à des sociétés du savoir, sans parler de l'innovation scientifique et technologique dans des domaines aussi différents que la médecine et l'énergie.

16. Les objectifs du Millénaire pour le développement ont été arrêtés il y a près de 15 ans. Ils ont constitué un cadre essentiel pour le développement et des avancées importantes ont été réalisées dans un certain nombre de domaines. Les progrès ont toutefois été inégaux, surtout en Afrique, dans les pays les moins avancés, les pays en développement sans littoral et les petits États insulaires en développement, et certains des objectifs du Millénaire pour le développement n'ont toujours pas été atteints, en particulier ceux ayant trait à la santé maternelle, néonatale et infantile et à la santé de la procréation. Nous nous engageons de nouveau à réaliser pleinement tous les objectifs du Millénaire, y compris ceux pour lesquels du retard a été pris, notamment en fournissant une aide ciblée et renforcée aux pays les moins avancés et aux autres pays en situation particulière, compte tenu des programmes d'aide les concernant. Le nouveau Programme s'inscrit dans le prolongement des objectifs du Millénaire pour le développement et vise à réaliser ce que ceux-ci n'ont pas permis de faire, en particulier pour les groupes les plus vulnérables.

17. La portée du Programme que nous présentons aujourd'hui va bien au-delà de celle des objectifs du Millénaire pour le développement. Outre les priorités de développement qui existent déjà et qui concernent l'élimination de la pauvreté, la santé, l'éducation, la sécurité alimentaire et la nutrition, c'est un vaste éventail d'objectifs économiques, sociaux et environnementaux qui sont énoncés dans ce Programme, qui prévoit aussi l'avènement de sociétés plus pacifiques et inclusives. Y sont définis également des moyens de mise en œuvre. L'approche intégrée que nous avons décidé d'adopter se traduit par l'imbrication étroite des nouveaux objectifs et des nouvelles cibles et l'existence de nombreux éléments communs. [...]

Objectifs de développement durable

Objectif 1. Éliminer la pauvreté sous toutes ses formes et partout dans le monde

Objectif 2. Éliminer la faim, assurer la sécurité alimentaire, améliorer la nutrition et promouvoir l'agriculture durable

Objectif 3. Permettre à tous de vivre en bonne santé et promouvoir le bien-être de tous à tout âge

Objectif 4. Assurer à tous une éducation équitable, inclusive et de qualité et des possibilités d'apprentissage tout au long de la vie

Objectif 5. Parvenir à l'égalité des sexes et autonomiser toutes les femmes et les filles

Objectif 6. Garantir l'accès de tous à des services d'alimentation en eau et d'assainissement gérés de façon durable

Objectif 7. Garantir l'accès de tous à des services énergétiques fiables, durables et modernes, à un coût abordable

Objectif 8. Promouvoir une croissance économique soutenue, partagée et durable, le plein emploi productif et un travail décent pour tous

Objectif 9. Bâtir une infrastructure résiliente, promouvoir une industrialisation durable qui profite à tous et encourager l'innovation

Objectif 10. Réduire les inégalités dans les pays et d'un pays à l'autre

Objectif 11. Faire en sorte que les villes et les établissements humains soient ouverts à tous, sûrs, résilients et durables
Objectif 12. Établir des modes de consommation et de production durables
Objectif 13. Prendre d'urgence des mesures pour lutter contre les changements climatiques et leurs répercussions*
Objectif 14. Conserver et exploiter de manière durable les océans, les mers et les ressources marines aux fins du développement durable
Objectif 15. Préserver et restaurer les écosystèmes terrestres, en veillant à les exploiter de façon durable, gérer durablement les forêts, lutter contre la désertification, enrayer et inverser le processus de dégradation des terres et mettre fin à l'appauvrissement de la biodiversité
Objectif 16. Promouvoir l'avènement de sociétés pacifiques et inclusives aux fins du développement durable, assurer l'accès de tous à la justice et mettre en place, à tous les niveaux, des institutions efficaces, responsables et ouvertes à tous
Objectif 17. Renforcer les moyens de mettre en œuvre le Partenariat mondial pour le développement durable et le revitaliser
* Étant entendu que la Convention-cadre des Nations Unies sur les changements climatiques est le principal mécanisme international intergouvernemental de négociation de l'action à mener à l'échelle mondiale face aux changements climatiques.

3) La procédure devant l'Organe de règlement des différends de l'OMC

Schéma ORD

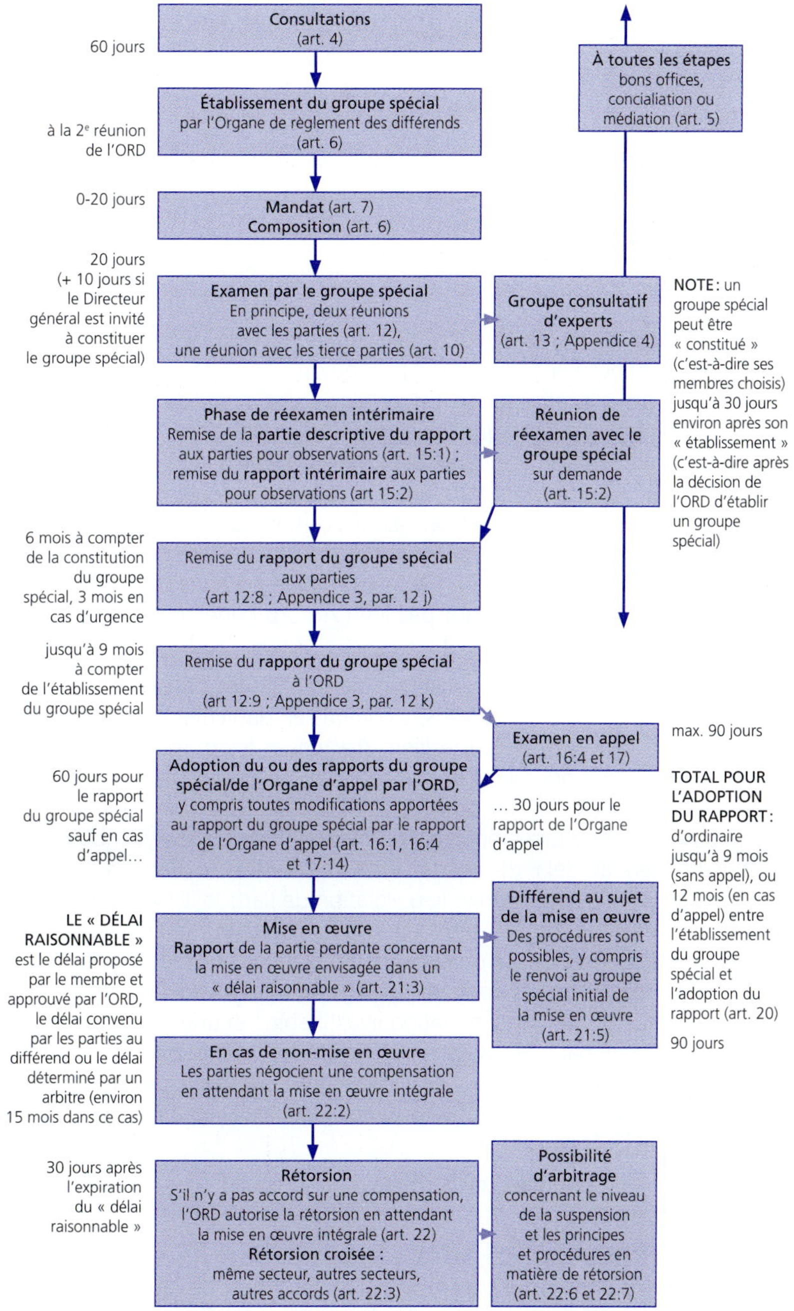

Organe de règlement des différends de l'OMC, Organe d'appel, *États-Unis-Normes concernant l'essence ancienne et nouvelle formules*, WT/DS2/AB/R, 29 avril 1996

De l'avis de l'Organe d'appel, ce qui pose surtout problème en ce qui concerne la façon dont le Groupe spécial a appliqué l'article XX g) aux règles d'établissement des niveaux de base est qu'il a négligé une règle fondamentale de l'interprétation des traités. Cette règle a été formulée de manière succincte dans un texte qui fait autorité, la Convention de Vienne sur le droit des traités (la "Convention de Vienne"), dont le passage pertinent est ainsi libellé :

ARTICLE 31

Règle générale d'interprétation

1. Un traité doit être interprété de bonne foi suivant le sens ordinaire à attribuer aux termes du traité dans leur contexte et à la lumière de son objet et de son but.

Tous les participants et les participants tiers se sont fondés sur la "règle générale d'interprétation" énoncée ci-dessus, mais pas toujours au sujet de la même question. Cette règle générale d'interprétation est devenue une règle du droit international coutumier ou général. En tant que telle, elle fait partie des "règles coutumières d'interprétation du droit international public" que l'Organe d'appel a pour instruction, en vertu de l'article 3 2) du Mémorandum d'accord sur le règlement des différends, d'appliquer lorsqu'il s'emploie à clarifier les dispositions de l'*Accord général* et des autres "accords visés" de l'*Accord de Marrakech instituant l'Organisation mondiale du commerce* (l'"*Accord sur l'OMC*"). Cette instruction est dans une certaine mesure la reconnaissance du fait qu'il ne faut pas lire l'*Accord général* en l'isolant cliniquement du droit international public. [...]

Nous avons décelé ci-dessus deux omissions de la part des États-Unis : ils ont omis d'étudier de façon adéquate les moyens, y compris en particulier la coopération avec les gouvernements vénézuélien et brésilien, d'atténuer les problèmes administratifs avancés par les États-Unis pour justifier leur refus des niveaux de base individuels pour les raffineurs étrangers ; et ils ont omis de tenir compte des coûts entraînés par les niveaux de base réglementaires pour les raffineurs étrangers. Selon nous, ces deux omissions vont bien au-delà de ce qui était nécessaire au Groupe spécial pour déterminer qu'il y avait eu en premier lieu violation de l'article III : 4. La discrimination qui en a résulté devait avoir été prévue, et n'était pas purement accidentelle ou inévitable. Compte tenu de ce qui précède, nous concluons que les règles d'établissement des niveaux de base que contient la Réglementation sur l'essence, dans leur application, constituent une "discrimination injustifiable" et une "restriction déguisée au commerce international". Nous considérons, en résumé, que les règles d'établissement des niveaux de base, même si elles entrent dans le cadre de l'article XX g), ne peuvent pas bénéficier de la protection, qui les justifierait, conférée par l'article XX dans son ensemble. [...]

Il est d'une certaine importance que l'Organe d'appel souligne ce que cela ne signifie pas.

Cela ne signifie pas, ou n'implique pas, que la capacité de tout Membre de l'OMC de prendre des mesures pour lutter contre la pollution atmosphérique ou, d'une façon plus générale, pour protéger l'environnement, est en cause. Cela reviendrait à ne pas tenir compte du fait que l'article XX de l'*Accord général* contient des dispositions visant à permettre que d'importants intérêts des États – y compris la protection de la santé des personnes et la conservation des ressources naturelles épuisables - trouvent leur expression. Les dispositions de l'article XX n'ont pas été modifiées à la suite des négociations commerciales multilatérales du Cycle d'Uruguay. De fait, dans le préambule de l'*Accord sur l'OMC* et dans la *Décision sur le commerce et l'environnement*, il est spécifiquement reconnu qu'il importe de coordonner les politiques relatives au commerce et à l'environnement. Les Membres de l'OMC disposent d'une large autonomie pour déterminer leurs propres politiques en matière d'environnement (y compris la relation entre l'environnement et le commerce), leurs objectifs environnementaux et la législation environnementale qu'ils adoptent et mettent en œuvre. En ce qui concerne l'OMC, cette autonomie n'est limitée que par la nécessité de respecter les prescriptions de l'*Accord général* et des autres accords visés.

4) Le FMI et la pauvreté

Rapport du rapporteur spécial sur les droits de l'homme et l'extrême pauvreté, Le Fonds monétaire international et l'incidence de ses activités sur la protection sociale, A/HRC/38/33, 8 mai 2018

65. L'extrême pauvreté est abjecte, porte atteinte aux droits fondamentaux et relève d'un choix politique. Le FMI ne doit plus la considérer comme un élément abstrait inscrit comme un autre au bilan. Dans l'esprit qui est actuellement le leur, les membres du personnel du FMI jouent un rôle essentiellement technique, scientifique et apolitique. Les images souvent évoquées à cet égard sont révélatrices. Dans les situations d'urgence, ils se voient comme des médecins urgentistes, indiquant de la sorte qu'ils appliquent systématiquement les interventions chirurgicales prescrites et n'ont pas le temps d'envisager l'application d'autres méthodes médicales. Dans le cadre de leur fonction de surveillance, ils se considèrent comme des policiers, laissant entendre là encore qu'il y a certaines règles strictes à suivre. Il a été dit au sujet des économistes du FMI que les analyses fondées sur des chiffres, des modèles et des règles semblent justes et impartiales, et constituent un moyen de défense contre les accusations de comportement politisé et non professionnel qui peuvent nuire à l'autorité des bureaucrates en tant qu'experts.

66. En réalité, il manque un cadre éthique sous-jacent. Par exemple, l'assainissement des finances publiques n'est pas une mesure neutre ; elle peut renforcer les élites ou privilégier les pauvres, ou encore servir bien d'autres buts situés entre les deux. Les choix traduisent des valeurs, et les moyens employés pour rétablir l'équilibre des finances publiques ne devraient pas devenir une fin en soi. En déclarant qu'elle a pour mission d'accorder une attention particulière aux pauvres, la Banque mondiale ne discrédite pas la logique économique et n'abandonne pas les marchés. Les fonctionnaires du FMI emploient souvent le terme « équité », mais celui-ci n'est pas défini de manière précise et sert rarement à axer les politiques sur la situation des personnes qui vivent dans la pauvreté. Ils évoquent aussi souvent les « personnes vulnérables », mais il s'agit là encore d'une notion vague et non limitative, dont le contenu stratégique est rarement fixé. [...]

69. Le FMI se répand souvent en paroles sur le rôle important des « partenaires de développement », « des parties prenantes extérieures », « de la Banque mondiale et d'autres institutions », ainsi que des « autorités nationales », mais comme l'a fait

remarquer un interlocuteur, la plupart des observateurs pensent que le FMI obéit à ses propres règles. Une représentante de pays du FMI, interrogée sur ses échanges avec la société civile, a décrit les efforts considérables qu'elle employait à convaincre la société civile de plaider en faveur des priorités du FMI, mais il semblerait que leur collaboration se limitait à cela. Le FMI devrait mener plus systématiquement des consultations avec un large éventail de groupes de la société civile, dans le cadre des examens dans les pays prévus par l'article IV, et il devrait être véritablement disposé à apprendre et à modifier son approche. La vision du monde que l'on développe en traitant uniquement avec les ministères des finances du monde ne peut guère, à elle seule, former une vision équilibrée ou appropriée. [...]

72. Dans un monde qui souffre aujourd'hui des conséquences de l'approche asymétrique de la mondialisation que le FMI a appliquée par le passé et de sa recherche obstinée d'un modèle d'assainissement des finances publiques faisant intervenir les effets sociaux rétrospectivement, le FMI est non seulement responsable du passé, mais aussi de la nouvelle orientation que pourrait prendre l'avenir. Jusqu'ici, le FMI a été une organisation dotée d'un grand cerveau, d'un ego démesuré et d'une conscience minuscule. S'il tenait sérieusement compte de la protection sociale, plutôt que de prendre des engagements symboliques dans la mise en place de dispositifs de protection sociale minimale, il pourrait montrer qu'il a bel et bien tiré des enseignements de ses erreurs passées.

Biblio

1) La littérature sur la mondialisation, la gouvernance globale et le droit global est foisonnante mais relève souvent plus des relations internationales que du droit international.

En français, les références sont moins nombreuses mais on pourra se reporter avec profit aux ouvrages de Bertrand Badie, par exemple :

– B. Badie, *Nous ne sommes plus seuls au monde. Un autre regard sur l'« ordre international »*, Paris, La Découverte, 2016.

En anglais, les travaux de David Held sont incontournables :

– D. Held, A. McGrew, D. Goldblatt, J. Perraton, *Global Transformations. Politics, Economics and Culture*, Polity, 1999.

– T. Hale, D. Held (ed.), *Transnational Governance*, Polity, 2011.

– T. Hale, D. Held, K. Young, *Gridlock. Why Global Cooperation is Failing when we need it most*, Polity, 2013.

– T. Hale, D. Held et al., *Beyond Gridlock*, Polity, 2017.

Mais aussi :

– T. G. Weiss, R. Wilkinson, *International Organization and Global Governance*, London, Routledge, 2nd ed., 2018.

2) Dans la littérature juridique, l'attention à la globalisation et à la gouvernance globale est grandissante, même si l'objet de la recherche suscite encore le débat :

Pour une approche en philosophie du droit de la problématique du droit global, on lira avec plaisir les contributions stimulantes de Benoit Frydman, et notamment :

– B. Frydman, *Petit manuel pratique de droit global*, Bruxelles, Académie royale de Belgique, 2014.

Et pour une approche partant du droit international public :

– M. Kamto, *Droit international de la gouvernance*, Paris, Pedone, 2013.

Pour une tentative de systématisation de la notion de droit global :

– N. Walker, *Intimations of Global Law*, Cambridge, Cambridge University Press, 2015.

Et pour une étude de la gouvernance en réseau :

– Anne-Marie Slaughter, *A New World Order*, Princeton University Press, 2004.

Le cours à l'Académie de droit international de La Haye d'Eyal Benvenisti est le premier portant explicitement sur le sujet de la « gouvernance mondiale » :

– E. Benvenisti, « The International Law of Global Governance », *R.C.A.D.I.* 2013, t. 368, pp. 47-280.

Mais d'autres cours récents sont également pertinents et notamment :

– E. Brown Weiss, « Establishing Norms in a Kaleidoscopic World », *R.C.A.D.I.* 2019, t. 396, pp. 37-415.

Plus spécifiquement sur les compétences normatives des organisations internationales, un cours déjà ancien :

– H. Saba, « L'activité quasi-législative des institutions spécialisées des Nations Unies », *RCADI* 1964, vol. 111, pp. 603-727.

L'« école » du « droit administratif global » apporte une contribution importante et très discutée à l'élaboration de la problématique de la mondialisation du droit :

– S. Cassese et al., *Global Administrative Law. The Casebook*, 3rd ed., Institute for International Law and Justice, New York University School of Law, 2012.

– S. Cassese, *A World Government ?*, Sevilla, Global Law Press, 2018.

Et pour une perspective critique :

– Clémentine Bories (dir.), *Un droit administratif global ?*, Paris, Pedone, 2012.

– Et le dossier publié à la *Revue Française de droit administratif* en 2019.

Pour une approche plus sectorielle, on se reportera notamment à certains des colloques de la SFDI :

– le colloque d'Orléans, *L'eau en droit international*, Pedone, 2011.

– le colloque de Nancy, *l'État dans la mondialisation*, Pedone, 2013.

– le colloque de Rouen, *Internet et le droit international*, Pedone, 2014.

– le colloque de Rennes, *Santé et droit international*, Pedone, 2019.

Et pour des perspectives réformistes du droit et des institutions internationales :

– J. E. Schwartzberg, *Transforming the United Nations System*, United Nations University Press, 2013.

– A. Lopez Claros, A. L. Dahl, M. Groff, *Global Governance and the Emergence of Global Institutions for the 21st Century*, Cambrige, Cambridge University Press, 2020.

– J. Leinen, A. Bummel, *A World Parliament. Governance and Democracy in the 21st Century*, Democracy Without Borders, 2020.

3) Il est important de garder un œil aussi sur les sciences économiques pour comprendre les enjeux de la mondialisation :

Les ouvrages publiés par La Découverte dans la collection « Repères » sont riches d'enseignement, y compris pour les « profanes » :

– C. Chavagneux et al., *Les enjeux de la mondialisation. Les grandes questions économiques et sociales III*,

– J.C. Graz, *La gouvernance de la mondialisation*, 4e éd., Paris, La Découverte, coll. « Repères », 2013.

– D. Plihon, *Le nouveau capitalisme*, 4e éd., Paris, La Découverte, coll. « Repères », 2016.

On peut aussi consulter les ouvrages de Joseph Stiglitz, prix nobel d'économie et ancien économiste en chef de la Banque mondiale, notamment :

– J. E. Stiglitz, *La Grande désillusion*, Fayard, 2002.

– J. E. Stiglitz, *Un autre monde. Contre le fanatisme du marché*, Paris, Fayard, 2006.

4) Pour toute recherche sur le droit de la mondialisation ou droit international économique, il existe d'excellents ouvrages de référence :

– H. Ascensio, *Droit international économique*, 2e éd., Paris, PUF, 2020.

– R. Bismuth, D. Carreau, A. Hamann, P. Juillard, *Droit international économique*, 6e éd., Dalloz, coll. « Précis », 2017.

– P. Daillier, G. de La Pradelle et H. Gherari (dir.), *Droit international de l'économie*, Pedone, 2004.

Le système de l'OMC a fait depuis l'objet de nombreuses études, notamment d'excellentes synthèses :

– T. Flory, *L'Organisation mondiale du commerce, droit institutionnel et substantiel*, Bruylant, 1999.

– É. Canal-Forgues, *Le règlement des différends à l'OMC*, 3e éd., Bruylant, 2008.

– B. Kieffer, *L'Organisation mondiale du commerce et l'évolution du droit international public*, Larcier, 2008.

– H. Lesaffre, *Le règlement des différends au sein de l'OMC et le droit de la responsabilité internationale*, LGDJ, 2008.

– H. Gherari, *Droit international des échanges*, Bruxelles, Bruylant, 2017.

– H. Gherari, *Droit international économique. 1. Les échanges internationaux* et *2. Le système monétaire international public, l'investissement étranger*, Paris, La Documentation française, coll. « Documents d'études », 2013.

– H. Gherari, *Les accords commerciaux préférentiels*, Bruxelles, Larcier, 2013.

Le droit international du développement a retenu l'attention des internationalistes dans le courant des années 1970 et 1980 avec des approches critiques telles que :

– M. Benchikh, *Droit international du sous-développement. Nouvel ordre dans la dépendance*, Paris, Berger-Levrault, 1983.

- A. Pellet, *Le droit international du développement*, 2e éd., Paris, PUF, coll. « Que sais-je », 1987.

Les études sur le droit du développement connaissent toutefois un renouveau avec :

– le colloque de la SFDI de Lyon, *Droit international et développement*, Pedone, 2015.

– la nouvelle édition du manuel de Guy Feuer et Hervé Cassan : H. Cassan, P.-F. Mercure, M. A. Bekhechi, *Droit international du développement*, Paris, Pedone, 2019.

De même le « retour » du droit international social, avec :

– J.-M. Thouvenin et A. Trebilcock (dir.), *Droit international social*, Bruxelles, Bruylant, 2 vol., 2013.

5) Il faut également évoquer les perspectives tracées par plusieurs colloques :

– le colloque de la SFDI de Nice, *La réorganisation mondiale des échanges*, Pedone, 1996.

– et la journée d'étude de la SFDI, *Un accord multilatéral sur l'investissement, d'un forum à l'autre*, Pedone, 1999, à compléter par celle sur *Le pouvoir normatif de l'OCDE*, Pedone, 2013.

– H. Gherari et S. Szurek (dir.), *Sanctions unilatérales, mondialisation du commerce et ordre juridique international*, Montchrestien, *Cahiers du CEDIN*, n° 14, 1998.

– J.-F. Flauss et G. Cohen-Jonathan (dir.), *Commerce mondial et protection des droits de l'homme (les droits de l'homme à l'heure de la globalisation des échanges économiques)*, publications de l'Institut international des droits de l'homme, Bruylant, 2001.

– H. Gherari (dir.), *Les dérèglements économiques internationaux : crise du droit ou droit des crises ?*, Pedone, 2014.

6) Et sur le droit international des investissements, les très précieux :

– A. de Nanteuil, *Droit international de l'investissement*, Pedone, 2014. V. aussi *L'expropriation indirecte en droit international des investissements*, 2e ed., Pedone, 2017.

– Ch. Leben (dir.), *Droit international des investissements et de l'arbitrage transnational*, Pedone, 2015.

7) Sur le droit international de l'environnement :

– M. Bettati, *Le droit international de l'environnement*, Odile Jacob, 2012.

– L. Boisson de Chazournes, *Protection internationale de l'environnement*, Recueil d'instruments juridiques, 2e éd., Pedone, 2006.

– M. A. Fitzmaurice, *International Protection of Environment*, *RCADI* 2001, t. 293, Nijhoff, 2003.

– Y. Kerbrat, S. Maljean-Dubois, *The transformation of International environmental law*, Pedone & Hart, 2011.

– S. Maljean-Dubois, *La diplomatie climatique*, Pedone, 2015.

– L. Boisson de Chazournes, *Fresh Water in International Law*, Oxford University Press, 2015.

– M. Boumghar et O. Quirico (dir), *Climate Change and Human Rights*, Routeledge, 2016.

– J.-P. Beurier, *Droit international de l'environnement*, 5e éd., Paris, Pedone, 2017.

Et le colloque de la S.F.DI. d'Aix-en-Provence :

– SFDI, *Le droit international face aux enjeux environnementaux*, Paris, Pedone, 2010.

chapitre 9

Conclusion

Ainsi, le droit international reste sans cesse à réinventer. Les facteurs d'incertitude 508 l'emportent sur les certitudes du droit, en ébranlant la notion même d'un ordre international fondé sur des règles communes, définies dans un cadre multilatéral, sanctionnées par des juges indépendants, garanties par la continuité des engagements et la « bonne foi » des États. Les causes d'instabilité ne viennent pas seulement des « acteurs non-étatiques », ni même des « *rogue States* », ces soi-disant États délinquants, mais des plus grandes puissances qui étaient tout à la fois les inspiratrices, les garantes et les bénéficiaires de l'ordre établi.

Des attentats terroristes du 11 septembre 2001 qui ont marqué la naissance du nouveau siècle, jusqu'à la pandémie mondiale de COVID-19, en passant par les conséquences en chaîne de la crise financière de 2008 – notamment pour l'Union européenne ébranlée par le Brexit avec la perspective d'un « *no deal* » – ce sont les certitudes morales du monde occidental, fondées sur l'illusion de la « fin de l'histoire », à travers le triomphe du marché et la « globalisation heureuse », mais aussi d'un ordre international sanctionné par le droit qui se trouvent remises en cause. D'un côté, la « guerre contre le terrorisme » lancée par le président Bush est devenue un engrenage sans fin, en Afghanistan, puis en Irak, faute de véritable stratégie politique permettant la construction d'un État de droit. Bien plus, les libertés prises avec la Charte des Nations Unies ont considérablement affaibli le système mis en place après-guerre, donnant des arguments à la Russie pour intervenir dans son étranger proche, transformant des « conflits gelés » en interventions militaires, en Géorgie en 2008 et en Ukraine en 2014. Dans le même temps, l'hyper-terrorisme s'est développé, avec Daech doté pour la première fois d'une assise territoriale en Irak et en Syrie, au bénéfice d'une guerre civile sans pitié qui a vu le régime syrien ne reculer devant aucun moyen, y compris l'utilisation d'armes chimiques, pour se maintenir avec la connivence de la Russie, de la Turquie et de l'Iran, malgré l'intervention militaire des Occidentaux. De leur côté, la France et le Royaume-Uni se sont trouvés en première ligne pour renverser le régime du colonel Kadhafi en 2011, sans être à même de gérer la situation post-conflit sur le terrain, tout en propageant une crise migratoire à l'échelle de toute la Méditerranée. Un arc de crise traverse le Sahel en déstabilisant les États africains les plus fragiles, comme le Mali et la République Centrafricaine. La récurrence des attaques terroristes en Europe, et notamment en France depuis l'année 2015, tend à brouiller la distinction classique entre action policière contre la violence de droit commun, relevant du droit pénal, et conflit armé international ou non-international, obéissant au droit humanitaire. D'un côté, il s'agit de criminels qui doivent être poursuivis, jugés et condamnés, de l'autre d'ennemis, soumis aux « lois de la guerre » dans le cadre du droit des conflits armés. La France a mutiplié les engagements militaires au Proche-Orient, en Irak, à l'appui de cet État, mais aussi en Syrie, comme au Sahel, en essayant de mobiliser les États concernés dans le cadre de coalitions internationales, sans que des perspectives de solution n'apparaissent.

Alors que les États-Unis avaient connu un interventionisme sans frein, au nom de la « guerre contre le terrorisme », sous la présidence républicaine de W. G. Bush (2001-2008), en multipliant les engagements militaires, son successeur démocrate, Barak Obama (2009-2016) a marqué un éphémère retour au multilatéralisme, notamment dans le cadre onusien, avec des initiatives salutaires en matière de désarmement nucléaire ou de sauvegarde de l'environnement, mais sa prudence diplomatique, renforcée par l'opposition du Sénat, allait trop souvent jusqu'à l'effacement, notamment après avoir tracé en vain une « ligne rouge » à la suite de l'utilisation d'armes chimiques par le régime syrien en 2013. Depuis son élection en 2016, le républicain Donald Trump, alliant nationalisme et unilatéralisme, a pris le contrepied systématique de ses prédécesseurs. Non seulement il est revenu sur la signature des États-Unis en dénonçant les accords de Paris sur le climat et l'accord de Vienne sur le nucléaire iranien, mais il a quitté l'UNESCO et l'OMS, tout en multipliant les critiques contre l'OMC et les sanctions contre la CPI. Bien plus, contrairement à la grande diplomatie américaine fondée sur les institutions mises en place après la seconde guerre mondiale, il a fragilisé le principe juridique de l'Alliance atlantique, en mettant en cause l'automaticité de la défense collective — prévue par l'article 5 du traité de 1949 — et lancé une série de « guerres commerciales » contre ses plus proches voisins - le Canada et le Mexique- et ses alliés occidentaux, imposant les sanctions à leur encontre. Le président Trump a encouragé les divisions au sein de l'Union européenne, perdant ainsi de vue les valeurs et les intérêts des États-Unis. Ce sont tous les piliers de l'ordre transatlantique et du multilatéralisme international qui se trouvent ainsi menacés.

Dans le même temps, les régimes autoritaires ont donné libre cours à leur volonté de puissance, par l'affirmation unilatérale de la force et le culte du « fait accompli », en retrouvant la vieille logique du décisionnisme de Carl Schmitt, fondant la légitimité sur l'efficacité. L'annexion de la Crimée par la Russie au printemps 2014 a brutalement ébranlé les principes de base de l'ONU comme ceux de l'OSCE, en remettant en cause l'inviolabilité des frontières. Le président Poutine n'a pas non plus craint l'escalade militaire en nucléarisant l'enclave de Kaliningrad, sur la Baltique, et la presqu'île de Crimée, sur la mer Noire, ou en menant des manœuvres de déstabilisation chez les Occidentaux, y compris avec des assassinats sur le sol britannique. La Russie a également inscrit la Syrie dans sa « zone d'influence », confortant ses bases militaires dans les « mers chaudes ». De manière encore prudente mais de plus en plus assurée, la Chine poursuit sa montée en puissance militaire et son expansion historique en mer de Chine, au détriment de ses voisins, en marge des règles du droit international, mais aussi à travers le monde avec la conquête de nouveaux marchés en Afrique et l'investissement dans les « routes de la soie » assumant sans complexe son ambition de grande puissance, tout en imposant l'ordre à Hong-Kong et en réprimant massivement les Ouïghours au Xinjiang. Face aux trois grandes puissances tentées par l'unilatéralisme et la force, l'Union européenne ne cesse de plaider pour le multilatéralisme, dans la ligne de « l'Alliance pour le multilatéralisme » lancée en 2019 par la France et l'Allemagne pour favoriser des coalitions à géométrie variable, dans le domaine de l'environnement, du développement comme de la santé : un plurilatéralisme des bonnes volontés à défaut d'un multilatéralisme universel. À cet égard le défi global qu'a constitué la pandémie de la COVID-19, avec ses conséquences sanitaires, financières économiques et sociales, mais aussi ses implications géopolitiques, constitue un test de la résilience d'un système international fragmenté et fragilisé au moment où tout impose la coopération et la solidarité.

509 ■ Le fonctionnement efficace des Nations Unies présuppose la coopération des grandes puissances, plaçant la communauté internationale devant le risque d'un retour aux « zones d'influence », à l'image des accords de Yalta, à défaut d'une démocratisation de la société internationale, fondée sur l'égalité juridique des États, selon la tradition cosmopolitique de Kant. Antonio Gutteres, le secrétaire général des Nations Unies qui a pris ses fonctions en 2017, pour un mandat de 5 ans, a pour premier objectif de sauvegarder le cadre institutionnel mis en place avec la Charte des Nations Unies, alors que les États-Unis réduisent leur contribution budgétaire, mais également de rendre son efficacité à une organisation paralysée par les vetos des grandes puissances au sein du Conseil de sécurité. Les crises régionales comme les défis globaux ne peuvent trouver de réponses que dans ce cadre multilatéral qui reste irremplacable.

Les efforts entrepris après les deux guerres mondiales pour créer un véritable ordre mondial, capable d'assurer la paix par le droit, ont été remarquables, à travers la décolonisation des années 1960 et la démocratisation des années 1990. Faute d'avoir pu se réformer, malgré les efforts diplomatiques de Kofi Annan, en 2000 et en 2005, les Nations Unies ont su adopter des programmes à long terme, en faveur du développement, avec les Objectifs du Millénaire pour le développement (2000-2015) puis les Objectifs du développement durable (2015-2030), qui trouvent leur prolongement dans les engagements en matière de lutte contre le changement climatique adoptés lors de la COP 21 de Paris en 2015. De nouvelles initiatives ont été prises, malgré les États-Unis, qu'il s'agisse de promouvoir le désarmement nucléaire ou d'adopter un pacte mondial sur les migrations. Mais il ne faudrait pas que le cap ainsi fixé par la communauté internationale sur la base d'un consensus fragile, constitue une fuite en avant, au détriment d'une réaction collective face aux urgences du court terme. Les Nations Unies ont eu le mérite de « durer », à la différence de la SDN dont la faillite sera consommée dès les années 1930, mais qui traçait encore des plans sur la comète jusqu'aux années 1950, avec l'échelonnement des réparations prévu par le plan Young... De la crise financière de 2008 à la crise économique de 2020, le monde retrouve les angoisses des années 1930 après la « Grande crise » de 1929, au moment où les démocraties libérales étaient affaiblies face aux dictatures.

À l'évidence, 75 ans après la création des Nations Unies, une nouvelle ère historique s'ouvre, après les illusions et les incertitudes qui ont marqué la fin de la guerre froide. Le monde bipolaire de la coexistence pacifique, fondé sur l'équilibre de la terreur, a cédé la place après le tournant de 1990, à l'illusion d'un monde unipolaire, marqué par la domination américaine mais à défaut d'un monde multipolaire structuré, c'est une forme d'anarchie, un monde « a-polaire » — pour reprendre une expression d'Hubert Védrine — qui menace la planète. On est loin du « nouvel ordre international » proclamé par Georges Bush Sr à la suite de la guerre du Golfe, au début des années 1990. Le paradoxe de ce nouveau désordre mondial est que les États-Unis sont devenus une puissance disruptive, encourageant le nationalisme tous azimuts. L'Europe est trop divisée et fragile pour affirmer elle-même un modèle international, mais elle peut inspirer une nouvelle gouvernance multilatérale pour échapper à un duopole conflictuel marqué par l'antagonisme sino-américain.

Si l'ONU est impuissante sans l'engagement collectif de ses États membres, elle reste indispensable, comme forum permanent de négociation multilatérale et surtout comme instance de légitimation juridique. Mais une crise peut en cacher une autre. La crise du droit est aussi une crise de légitimité. C'est l'article 28 de la Déclaration universelle des droits de l'homme qui souligne que « toute personne a droit à ce que règne sur le plan social et sur le plan international un ordre tel que les droits et liberté énoncés dans la présente Déclaration puissent y trouver plein effet ». On sait que cet ordre social implique dans le cadre interne l'existence d'une « société démocratique » et le respect de l'État de droit (*rule of law*). Reste à définir un « ordre international » digne de ce nom, sans revenir aux errements du XIXe siècle, ou pire aux crises du XXe siècle. Le défi est de mettre l'accent moins sur la souveraineté externe des États face au droit international, que sur la souveraineté interne, à travers une véritable démocratie pluraliste, qui est la condition de toute légitimité durable. La Charte reste fondée sur des principes difficilement contestables : la primauté du droit, la coopération internationale, l'égalité juridique des États, l'inviolabilité des frontières, le respect des droits de l'homme pour tous. Elle offre des moyens diversifiés pour gérer les crises régionales ou les conflits internes qui se multiplient, en assumant la « responsabilité de protéger » et en construisant la paix, mais aussi pour esquisser une solidarité globale dans les grands domaines du désarmement et de la sécurité humaine, du développement durable et de l'environnement. Ce sont les États qui restent les maîtres du jeu, pour répondre aux contestations, aux défis et aux crises, et surtout pour orienter le droit, l'enrichir par de nouveaux engagements, l'infléchir par de nouveaux précédents. Le droit international ne fait que leur renvoyer leur propre image.

Sujet terminal

Cas pratique

Énoncé

La République de l'Orme et la République du Bouleau sont toutes deux riveraines de la mer Bleue. La frontière entre les deux États passe tout près d'Ormonville, la capitale de la République de l'Orme, qui est aussi le port industriel de cet État. De l'autre côté de la frontière, sur le territoire de l'État du Bouleau, se trouve la petite ville de Bouleau-sur-Mer abritant un port spécialisé dans la pêche côtière et menant également quelques activités réduites de fret et de commerce.

I. En septembre 2011, le gouvernement de l'Orme annonce qu'il a l'intention d'entreprendre la construction, à proximité de la capitale, d'une grande usine de retraitement de déchets radioactifs. Ce projet aura pour conséquence, de manière directe ou indirecte, la création d'environ 3000 emplois, ce qui n'est pas négligeable pour un État qui connaît un fort taux de chômage.

Le gouvernement du Bouleau prend connaissance avec inquiétude de ce nouveau projet. Le Bouleau craint que des rejets radioactifs n'aient lieu dans la mer Bleue à l'occasion du processus de retraitement, avec le risque de contaminer le milieu marin et de condamner la pêche dans ces eaux, qui constitue pourtant le principal revenu des habitants du port de Bouleau-sur-Mer.

Par la voie diplomatique, le gouvernement demande communication des détails du projet, y compris les mesures de sécurité prises pour prévenir toute fuite éventuelle de radioactivité ainsi que la pollution du milieu marin qui pourrait en résulter. À ses questions, le gouvernement ne reçoit que des réponses évasives de la part de l'Orme.

Le Président du Bouleau fait alors valoir, par une lettre officielle adressée à son homologue de l'Orme le 12 octobre 2011, que la République de l'Orme a l'obligation, en vertu du droit international, de transmettre toute information utile relative à la protection de l'environnement dans la mer Bleue. Lors d'une conférence de presse donnée le lendemain, le 13 octobre, le Président de l'Orme déclare ce qui suit : « Le Bouleau n'a pas à nous demander des comptes à ce sujet. Il s'agit d'un projet ambitieux, qui répond à une nécessité nationale, et dont la mise en œuvre relève entièrement de nos affaires internes. La protection de l'environnement marin n'est pas en cause ici. Nous sommes un État souverain, et nous n'allons pas nous laisser dicter notre conduite par des étrangers ».

Après cette prise de position, le Président du Bouleau envisage de mener une action contentieuse sur le plan international. Il vous demande conseil sur le recours le plus approprié.

Les deux États sont parties à une convention plurilatérale de protection de l'environnement marin en mer Bleue. Cette convention contient une clause compromissoire en vertu de laquelle : « Tout différend concernant l'interprétation ou l'application du

Traité qui ne pourrait être réglé par négociation directe peut être soumis par l'une ou l'autre des Parties à l'arbitrage ». Son article III s'intitule « Accès à l'information » et est rédigé comme suit :

« 1. Les Parties contractantes font en sorte que leurs autorités compétentes soient tenues de mettre à la disposition de toute personne physique ou morale les informations décrites au paragraphe 2 du présent article, en réponse à toute demande raisonnable, sans que ladite personne soit obligée de faire valoir un intérêt, sans frais disproportionnés, le plus rapidement possible et dans un délai de deux mois au plus.

2. Les informations visées au paragraphe 1 du présent article sont constituées par toute information disponible sous forme écrite, visuelle, sonore ou contenue dans des banques de données concernant l'état de la zone maritime et les activités ou les mesures les affectant ou susceptibles de les affecter, ainsi que les activités conduites ou les mesures adoptées conformément à la convention. »

Les deux États sont également parties à la convention de Montego Bay sur le droit de la mer qui, dans sa partie XII, comprend des dispositions relatives à la « protection et préservation du milieu marin » (il ne vous est pas demandé ici d'analyser ces dispositions : on suppose qu'elles traitent effectivement de divers aspects du différend).

Enfin, les deux États ont fait une déclaration d'acceptation de la juridiction obligatoire de la Cour internationale de justice en vertu de l'article 36 § 2 du statut. La déclaration de la République de l'Orme est faite sous la seule condition de réciprocité et s'applique aux différends qui trouvent leur origine dans des faits intervenus avant le 24 octobre 2001. La déclaration de la République du Bouleau est rédigée de la manière suivante : « La République du Bouleau déclare par la présente reconnaître comme obligatoire, de plein droit et sans convention spéciale, à l'égard de tout autre État acceptant les mêmes obligations et sous la seule condition de réciprocité, la juridiction de la Cour internationale de justice sur tous les différends d'ordre juridique autres que a) les différends antérieurs au 10 septembre 1999 ; b) les différends au sujet desquels les parties seraient convenues ou conviendraient d'avoir recours à un autre mode de règlement pacifique ; c) les différends relatifs à des questions qui, d'après le droit international, relèvent exclusivement de la compétence nationale du Bouleau, telle qu'entendue par celui-ci ».

II. La petite ville de Bouleau-sur-Mer se trouve à proximité de l'embouchure du fleuve Effluve. Avant de pénétrer sur le territoire du Bouleau, ce fleuve traverse l'extrémité Nord-Est d'Ormonville, puis chemine longuement sur le territoire de l'Orme. Encore en amont, il traverse le territoire de la République du Tilleul et passe notamment au milieu de sa capitale, Tilleulville, important centre de commerce. Depuis des temps immémoriaux, les pêcheurs de Bouleau-sur-Mer remontent le fleuve Effluve jusqu'à Tilleulville pour aller vendre une partie de leur pêche sur le marché. Le poisson est consommé par la population du Tilleul, qui n'a pas d'accès à la mer. La République du Tilleul est en revanche un grand producteur de riz. Une partie de cette production est chargée sur des barges qui descendent le fleuve Effluve jusqu'au port de Bouleau-sur-Mer.

Ayant eu vent de la volonté des autorités du Bouleau d'engager une action contentieuse, le Président de l'Orme, peu enclin au compromis, décide de bloquer provisoirement la circulation des pêcheurs de Bouleau-sur-Mer sur la portion du fleuve qui traverse son territoire. Plusieurs bateaux de pêcheurs sont ainsi arraisonnés le 30 octobre 2011 par les forces de sécurité et reconduit à la frontière, avec la menace pour leurs équipages d'être, la fois suivante, mis en prison pour infraction à la législation sur l'entrée et le séjour des étrangers. Dans un communiqué de presse, la présidence annonce que des études scientifiques récentes ont fait apparaître que l'augmentation intensive de la circulation sur le fleuve ces dernières années menace gravement la survie de la faune et de la flore. Des mesures de restriction sont donc prises, en priorité à l'encontre des ressortissants étrangers, ceci pour se conformer au « principe de précaution » reconnu en droit de l'environnement et identifié par le Président comme « une norme de *jus cogens* ».

Confronté à l'urgence de la situation et à la révolte des pêcheurs, le gouvernement du Bouleau tente d'établir le dialogue avec les autorités de l'Orme, mais le Président de l'Orme refuse toute négociation. Constatant l'échec de ses démarches diplomatiques, le Président du Bouleau souhaite, là encore, recourir aux instances internationales. Il vous rappelle que tant son pays que l'Orme ont accepté la compétence de la Cour internationale de justice dans les conditions précisées ci-dessus.

Le 3 novembre 2011, le Président du Bouleau fait parvenir à la Cour internationale de justice une requête rédigée selon les prescriptions de l'article 38, paragraphe 5, du Règlement de la Cour internationale de justice. Au cas où l'Orme consentirait à la compétence de la Cour, il demande à cette dernière de reconnaître que l'Orme a violé son obligation internationale de laisser circuler librement les ressortissants du Bouleau sur le fleuve Effluve. Cette obligation internationale découle d'une pratique ancestrale, aux termes de laquelle les deux pays ont toujours reconnu la liberté de navigation à leurs ressortissants respectifs sur le fleuve. L'« offre de juridiction » ainsi formulée est transmise par le greffe de la Cour à la République de l'Orme. Le 12 novembre 2011, le Président de l'Orme répond par lettre qu'il considère que le Bouleau « n'a aucune autorité pour lui imposer quoi que ce soit » et que « le fier peuple de l'Orme ne cédera pas devant la menace de recours à des instances étrangères ». Il ajoute que « le peuple de l'Orme n'a pas peur de ces instances et est prêt à venir défendre sa cause légitime devant n'importe quelle cour de justice internationale, qui lui donnera évidemment raison ».

Le Président du Bouleau vous demande si, dans ces conditions — et nonobstant les déclarations d'acceptation de la juridiction faites par les deux États — la Cour est compétente pour connaître de l'affaire. Dans l'hypothèse où elle le serait, a-t-il des chances d'obtenir gain de cause ? Vous ne vous intéresserez qu'à la valeur juridique des normes mises en concurrence, sans rentrer sur le terrain de leur conciliation au fond. Les deux États sont parties à la convention de Vienne sur le droit des traités de 1969 et n'ont pas fait de réserve.

III. Le conflit s'envenime entre l'Orme, le Bouleau et le Tilleul. Le 10 décembre 2011, un groupe de pêcheurs radicaux de Bouleau-sur-Mer entreprend une action commando contre deux postes militaires placés le long du fleuve Effluve, sur le territoire de l'Orme. Des roquettes sont lancées contre les bâtiments, les détruisant en partie, et faisant trois morts et plusieurs blessés parmi les forces de sécurité.

Le jour même, dans un communiqué de presse, le Président du Bouleau condamne l'attaque sur le principe, mais dit comprendre la révolte des pêcheurs et en appelle aux présidents de l'Orme et du Tilleul pour débloquer la situation.

Le 11 décembre 2011, les présidents de l'Orme et du Tilleul, dans un communiqué conjoint, dénoncent l'« agression terroriste » dont l'Orme a été la victime et se disent prêts à exercer leur droit de légitime défense. En effet, le 13 décembre 2011, les troupes de l'Orme franchissent la frontière depuis Ormonville et foncent vers Bouleau-sur-Mer, pénètrent dans la ville et se dirigent vers le port. Là, ils chassent les pêcheurs de leurs maisons et incendient ces dernières. Les membres des forces de l'ordre du Bouleau qui cherchent à s'interposer sont tués. À la fin de l'expédition, on dénombre une trentaine de morts, visiblement victimes d'exécutions sommaires, tandis que plusieurs femmes disent avoir été violées par les soldats. Les forces armées de l'Orme se retranchent vers la frontière, mais établissent un camp sur le territoire du Bouleau, l'objectif étant, à terme, d'établir des barrages sur toutes les routes traversant la frontière. Parallèlement, le même scénario se reproduit à l'Est : les troupes du Tilleul franchissent la frontière et occupent la petite ville frontière de Corneille, sur le territoire du Bouleau. Là encore, plusieurs assassinats et viols sont à déplorer.

Le Bouleau n'a pas les moyens militaires de riposter à ces attaques, portées sur deux fronts à la fois. Il vous demande ce qu'il pourrait faire sur le plan international. Dans un premier temps, il souhaiterait saisir les organes politiques de l'ONU. Lesquels seraient, selon vous, les plus à mêmes de réagir efficacement à cette situation ? Quels arguments le Bouleau pourrait-il avancer pour défendre sa cause auprès des États ?

Par ailleurs, il vous fait remarquer que l'Orme et le Tilleul sont parties au statut de la Cour pénale internationale depuis le 31 décembre 2003, contrairement au Bouleau, qui lui ne l'est pas. Une action pénale contre les responsables des exactions commises à Bouleau-sur-Mer et à Corneille serait-elle néanmoins possible ? Pour répondre à cette question, vous supposerez que les crimes commis relèvent de la compétence *ratione materiae* de la Cour.

Voir le corrigé en fin de rubrique.

Corrigé

Cas pratique

I.

A. Sur la compétence de la Cour internationale de justice

Les deux États ont fait une déclaration d'acceptation de la juridiction obligatoire de la Cour internationale de justice. Mais ils ont assorti cette reconnaissance de certaines conditions, dont il faut examiner la portée pour savoir si la Cour pourrait éventuellement se reconnaître compétente.

– Les conditions *ratione temporis* ne posent pas de problème, en l'espèce, dans la mesure où le différend est survenu après le 10 septembre 1999 (date posée dans la déclaration du Bouleau) et même après le 24 octobre 2001 (date fixée par la déclaration de l'Orme). La Cour internationale de justice a défini la notion de « différend » de la manière suivante : « un différend est un désaccord sur un point de droit ou de fait, une contradiction, une opposition de thèses juridiques ou d'intérêts entre deux personnes » (CPJI 30 août 1924, *Concessions Mavrommatis en Palestine*, arrêt sur les exceptions préliminaires, série A, n° 2, *Rec.* 11). La Cour a précisé, dans les *Affaires du Sud-Ouest africain* (CIJ 21 déc. 1962, *Éthiopie c/ Afrique du Sud* ; *Liberia c/ Afrique du Sud*, arrêt sur les exceptions préliminaires, *Rec.* 319) : « il faut démontrer que la réclamation de l'une des parties se heurte à l'opposition manifeste de l'autre ».

En l'espèce, le différend entre les deux États semble être né le jour de la conférence de presse du Président de l'Orme, c'est-à-dire le 13 octobre 2011, lorsque le Président de l'Orme a affirmé, d'une part, que la protection de l'environnement marin n'était pas en cause et, d'autre part, que le Bouleau n'avait pas « à demander des comptes » à l'Orme sur ce sujet.

– Les conditions *ratione materiae* posées dans la déclaration du Bouleau semblent beaucoup plus problématiques. Certes, ces conditions sont posées dans la déclaration de l'État qui souhaite déposer une requête, et non dans celle de l'État potentiellement défendeur. Mais il ne faut pas oublier que, les deux déclarations étant faites sous condition de réciprocité, l'Orme pourra invoquer à son profit, le moment venu, les conditions formulées par le Bouleau dans sa déclaration. Ainsi, dans l'affaire relative à *Certains emprunts norvégiens* (Arrêt du 6 juill. 1957) la Norvège s'était prévalue avec succès de la « réserve automatique » française.

En l'espèce, la première condition exclut tous les différends à propos desquels les parties ont convenu d'un autre mode de règlement des différends. Or on sait que les États sont parties à une convention pour la protection de l'environnement marin en mer Bleue qui comprend une clause compromissoire renvoyant à un tribunal arbitral. De plus, les deux États sont aussi parties à la convention de Montego Bay qui prévoit elle aussi des modes de règlement des différends. Il nous reste à examiner la portée de ces engagements (v. *infra*), mais on peut dire *prima facie* que les deux États ont convenu d'autres modes de règlement pour ce qui est des différends qui les opposent. La deuxième condition paraît encore plus rédhibitoire : elle exclut de la compétence de la Cour tout différend relevant de la compétence nationale du Bouleau, telle qu'entendue par celui-ci. Il s'agit d'une réserve « automatique », par laquelle l'État laisse à sa seule appréciation la portée de son engagement. Le Bouleau se retrouverait ainsi dans la position de la France, dans l'affaire relative à *Certains emprunts norvégiens* : l'Orme pourrait très bien invoquer cette condition et défendre l'idée, soutenue d'ailleurs par son Président lors de sa conférence de presse, que l'objet du différend entre les deux États relève de la compétence nationale de l'Orme — ce qui exclurait la compétence de la Cour pour en connaître.

B. Sur les autres modes de règlement des différends

Si la compétence de la Cour internationale de justice semble compromise, il reste que le Bouleau tient à sa disposition deux autres voies de recours international.

– La première est issue de la convention plurilatérale sur la protection de l'environnement dans la mer Bleue.

Sur le fond, la seule disposition de cette convention dont l'énoncé fait état est l'article III, relatif à l'accès à l'information. Cette disposition concerne effectivement une partie du différend opposant les deux États, puisque le Bouleau a fait valoir que l'Orme avait l'obligation de lui fournir des informations, tandis que l'Orme, de son côté, a affirmé que le Bouleau n'avait pas à lui « demander des comptes ».

Sur la compétence, cette convention contient une clause compromissoire par laquelle les États parties acceptent par avance de reconnaître la juridiction d'un tribunal arbitral pour régler leurs différends relatifs à l'interprétation ou à l'application de la convention. Aucun des deux États ne semble avoir exclu l'application de cette disposition par une réserve. Reste toutefois que l'article pose une condition à l'établissement de la compétence du tribunal : celui-ci ne peut connaître que de différends qui « ne pourraient pas être réglés par voie de négociation directe ». En l'espèce, le Bouleau a demandé à deux reprises des explications aux autorités de l'Orme, sans succès. L'attitude adoptée par le Président de l'Orme semble par ailleurs indiquer que cet État s'oppose à toute négociation en la matière.

Dans son arrêt du 30 août 1924, affaire des *Concessions Mavrommatis en Palestine (Grèce/Royaume-Uni)*, la Cour permanente de justice internationale a affirmé, à propos de l'obligation de négociation : « l'appréciation de l'importance et des chances de réussite d'une négociation diplomatique est essentiellement relative. Une négociation ne suppose pas toujours et nécessairement une série plus ou moins longue de notes et de dépêches ; ce peut être assez qu'une conversation ait été entamée ; cette conversation a pu être très courte : tel est le cas si elle a rencontré un point mort, si elle s'est heurtée finalement à un *non possumus* ou à un *non volumus* péremptoire de l'une des Parties et qu'ainsi il est apparu avec évidence que le différend n'est pas susceptible d'être réglé par la négociation diplomatique » (Arrêt 1924, série A, n° 2, *Rec.* 13). En l'espèce, les demandes du Bouleau se sont heurtées à un refus brutal, un « *non volumus* péremptoire ». Il semble donc bien que le différend entre les deux États ne « pourrait » pas être réglé par voie de négociation. Le Bouleau peut donc demander la constitution d'un tribunal arbitral.

– La seconde voie de recours consiste à utiliser les dispositions relatives au règlement des différends contenues dans la partie XV de la convention de Montego Bay sur le droit de la mer. En vertu de l'article 279 de la convention, les parties ont l'obligation de régler pacifiquement leurs différends relatifs à l'application ou l'interprétation de la convention.

Sur le fond, le Bouleau pourra effectivement invoquer contre l'Orme différentes dispositions de la partie XII de la convention, intitulée « protection et préservation du milieu marin ».

Quant à la compétence, l'article 287 de la convention prévoit que chaque État partie est libre de choisir, par déclaration écrite, parmi quatre modes de règlement : la Cour internationale de justice, le Tribunal international du droit de la mer, un tribunal arbitral constitué en vertu de l'annexe VII à la convention ou un tribunal arbitral spécial constitué en vertu de l'annexe VIII, pour une ou plusieurs catégories de différends qui y sont spécifiées. Si les États n'ont pas fait de déclaration de ce type ou encore si les États n'ont pas choisi le même mode de règlement, alors le différend est soumis par défaut à la procédure d'arbitrage de l'annexe VII, à moins que les parties n'en conviennent autrement.

En l'espèce, nous ne disposons pas d'information sur un éventuel choix fait par les deux États. On peut donc présumer que la procédure applicable est celle du tribunal arbitral constitué en vertu de l'annexe VII.

Ce tribunal sera-t-il nécessairement compétent pour connaître de l'affaire ?

Pour répondre à cette question, on peut se référer à une affaire dont les faits sont à peu près similaires, l'affaire de l'*Usine Mox*. Il s'agissait d'un différend entre l'Irlande et la Grande-Bretagne à propos de la construction par cette dernière d'une usine de production de combustible nucléaire Mox sur le site de retraitement de Sellafield, situé dans le Nord-Ouest de la Grande-Bretagne, à une centaine de kilomètres des côtes irlandaises. L'Irlande craignait des rejets radioactifs en mer. Les deux États étaient par ailleurs parties à la convention pour la protection du milieu marin dans l'Atlantique du Nord-Est (dite « convention OSPAR »), contenant une disposition relative à l'information et une clause compromissoire renvoyant à un tribunal arbitral. Enfin, les deux

États étaient également parties à la convention de Montego Bay. L'Irlande demanda la constitution d'un tribunal arbitral en vertu de la convention OSPAR, s'agissant des aspects liés au droit à l'information, ainsi que d'un tribunal arbitral de l'annexe VII de la convention de Montego Bay, pour tous les problèmes liés à la protection et à la préservation du milieu marin. En attendant la constitution de ce dernier tribunal, elle saisit le Tribunal international du droit de la mer d'une demande en indication de mesures conservatoires, conformément à l'article 290-5 de la convention, qui dispose :

« En attendant la constitution d'un tribunal arbitral saisi d'un différend en vertu de la présente section, toute cour ou tout tribunal désigné d'un commun accord par les parties ou, à défaut d'accord dans un délai de deux semaines à compter de la date de la demande de mesures conservatoire, le Tribunal international du droit de la mer ou, dans le cas d'activités menées dans la Zone, la Chambre pour le règlement des différends relatifs aux fonds marins, peut prescrire, modifier ou rapporter des mesures conservatoires conformément au présent article *s'il considère, prima facie, que le tribunal devant être constitué aurait compétence et s'il estime que l'urgence de la situation l'exige*. Une fois constitué, le tribunal saisi du différend, agissant conformément aux paragraphes 1 à 4, peut modifier, rapporter ou confirmer ces mesures conservatoires ».

Pour juger de la recevabilité de la requête en indication de mesures conservatoires, le Tribunal du droit de la mer était donc conduit à se prononcer sur la compétence *prima facie* du tribunal constitué en vertu de l'annexe VII. Dans ce cadre, il s'est interrogé sur la portée de l'article 282 de la convention, qui dispose :

« Lorsque les États Parties qui sont parties à un différend relatif à l'interprétation ou à l'application de la convention sont convenus, dans le cadre d'un accord général, régional ou bilatéral ou de toute autre manière, qu'un tel différend sera soumis, à la demande d'une des parties, à une procédure aboutissant à une décision obligatoire, cette procédure s'applique au lieu de celles prévues dans la présente partie, à moins que les parties en litige n'en conviennent autrement ».

Cette disposition signifie-t-elle que le tribunal arbitral devrait se déclarer incompétent, compte tenu de l'existence d'une autre « procédure aboutissant à une décision obligatoire », celle prévue par la convention plurilatérale sur l'environnement marin ?

Dans son ordonnance du 3 décembre 2001, le Tribunal adopte une interprétation restrictive de cette disposition : il estime qu'elle ne s'applique qu'aux procédures de règlement de différends contenues dans d'autres conventions, mais qui auraient pour objet de régler des litiges relatifs à l'interprétation ou à l'application de la convention sur le droit de la mer (v. aussi récemment, parmi d'autres, la sentence sur la compétence et la recevabilité rendue par le tribunal constitué en vertu de l'annexe VII de la Convention de Montego Bay le 29 octobre 2015 dans l'affaire opposant les Philippines à la Chine sur la mer de Chine méridionale, CPA n° 2013-19, § 315). À partir du moment où la procédure considérée porte sur les dispositions de la convention en cause, l'article 282 ne s'applique pas, quand bien même les droits et obligations prévus par ces dispositions seraient similaires ou identiques aux droits et obligations énoncés dans la convention de Montego Bay (§ 48-53).

Dans cette même ordonnance, le tribunal s'est aussi posé la question de l'application de l'article 283 de la convention, intitulé « obligation de procéder à un échange de vues » et qui dispose :

« 1. Lorsqu'un différend surgit entre des États Parties à propos de l'interprétation ou de l'application de la convention, les parties en litige procèdent promptement à un échange de vues concernant le règlement du différend par la négociation ou par d'autres moyens pacifiques.

2. De même, les parties procèdent promptement à un échange de vues chaque fois qu'il a été mis fin à une procédure de règlement d'un tel différend sans que celui-ci ait été réglé ou chaque fois qu'un règlement est intervenu et que les circonstances exigent des consultations concernant la manière de le mettre en œuvre. »

Le Tribunal a donné à cette obligation la même portée que l'obligation de négocier avant d'engager un différend, qui est prévue dans certains traités ou dans certaines clauses compromissoires, à savoir qu'« un État Partie n'a pas obligation de poursuivre un échange de vues, lorsqu'il arrive à la conclusion que les possibilités de parvenir à un accord ont été épuisées » (§ 60).

Les mêmes solutions s'appliquent à l'affaire qui nous est soumise. D'une part, en effet, le Bouleau souhaite la constitution d'un tribunal arbitral au titre de la convention sur la protection de l'environnement en mer Bleue, pour connaître d'un litige à propos de l'application de l'article III de cette convention. La question posée au tribunal n'a donc pas trait à l'interprétation ou à l'application des dispositions de la convention de Montego Bay. L'article 282 n'est donc pas applicable.

D'autre part, on l'a déjà vu plus haut, le Bouleau a tenté d'établir un dialogue avec la République de l'Orme, mais celle-ci a répondu de manière très négative, coupant ainsi court à tout espoir de négociation. L'obligation de procéder à des échanges de vues est donc remplie.

On peut donc considérer que le tribunal constitué en vertu de l'annexe VII de la convention pourra se déclarer compétent pour connaître de l'affaire.

II.

A. Sur la compétence de la Cour

L'article 38 § 5 du Règlement permet à un État de saisir unilatéralement la Cour d'une requête à l'encontre d'un autre État qui n'a pas consenti à sa compétence. Une telle requête n'entraîne pas l'inscription de l'affaire au rôle général de la Cour et « aucun acte de procédure n'est effectué tant que l'État contre lequel la requête est formée n'a pas accepté la compétence de la Cour aux fins de l'affaire ».

En l'espèce, la question qui se pose est de savoir s'il est possible de dire que l'Orme a « accepté la compétence de la Cour aux fins de l'affaire ». Il convient, pour répondre à cette question, d'analyser les termes de la réponse adressée par le Président de l'Orme au greffe de la Cour. Au-delà du caractère très politique de cette réponse, le Président de l'Orme ne semble pas contester la compétence de la Cour. Au contraire, il dit qu'il est prêt à se présenter « devant n'importe quelle cour de justice internationale » pour venir défendre la « cause légitime » du peuple de l'Orme. Cette lettre étant adressée au greffe de la Cour en réponse à l'offre de juridiction, on peut en déduire que l'Orme consent à comparaître devant la Cour pour discuter du fond de la requête formulée par le Bouleau.

Dans son arrêt rendu sur les exceptions préliminaires dans l'affaire du *Détroit de Corfou* (Arrêt du 25 mars 1948), la Cour rappelle que « ni le statut ni le Règlement n'exigent que le consentement à la juridiction s'exprime dans une forme déterminée ». Aussi « l'acceptation par un État de la juridiction de la Cour dans un cas particulier n'est pas, selon le statut, soumise à l'observation de certaines formes, comme, par exemple, l'établissement d'un compromis formel préalable ». Le simple fait d'accepter de comparaître devant la Cour peut être constitutif du consentement à la juridiction, selon le principe de l'extension de la juridiction (*forum prorogatum*). Ainsi, dans cette même affaire, l'Albanie avait, dans un premier temps, accepté de comparaître, alors même qu'elle jugeait la saisine de la Cour irrégulière. Le fait qu'elle ait, dans un second temps, présenté une exception préliminaire tendant à contester la régularité de cette saisine n'était pas de nature, selon la Cour, à remettre en cause sa compétence.

Il semble donc bien que la compétence de la Cour ait été établie par la réponse du Président de l'Orme et que la Cour puisse de ce fait inscrire cette affaire à son rôle.

B. Sur le fond

La République du Bouleau invoque une violation par l'Orme de l'obligation internationale qui imposerait à ce dernier de laisser naviguer librement les pêcheurs de Bouleau-sur-Mer sur le fleuve Effluve. Selon elle, cette obligation trouve sa source dans une « pratique ancestrale » des deux États. La question est de savoir si une telle pratique peut effectivement être constitutive d'une norme internationale. Il s'agit de toute évidence d'une norme non écrite car non transposée dans un traité. Il faut donc se tourner vers la coutume internationale. Celle-ci est classiquement définie — aux termes de l'article 38 du statut de la Cour internationale de justice — « comme preuve d'une pratique générale, acceptée comme étant le droit ». Deux éléments doivent donc être réunis : un élément matériel, constitué par une « pratique générale », et un élément psychologique, « caractérisé par la conscience que cette pratique obéit au droit ». En l'espèce, il existe bien une « pratique », mais l'énoncé fournit peu d'éléments pour arriver à une conclusion quant à l'élément psychologique. Le caractère « ancestral » de la pratique donne toutefois à penser que celle-ci était respectée non pas seulement au titre de la courtoisie, mais en raison de la conviction des deux États et de leurs ressortissants qu'ils étaient titulaires d'un *droit* de libre navigation.

Reste à savoir si une norme qui ne concerne que deux États peut se voir reconnaître la qualité de norme coutumière. La Cour a déjà répondu par l'affirmative à cette question dans son arrêt sur le fond rendu le 12 avril 1960 en l'affaire du *Droit de passage sur territoire indien (fond)*, (*Portugal c/ Inde*). À l'Inde qui contestait qu'une coutume locale puisse se constituer entre deux États seulement, la Cour a répondu qu'elle voyait difficilement pourquoi le nombre des États entre lesquels une coutume locale peut se constituer sur la base d'une pratique prolongée devrait nécessairement être supérieur à deux.

On peut donc considérer *prima facie* — tout en émettant un doute quant à l'existence de l'élément psychologique — que la liberté de navigation sur le fleuve Effluve constituait bien une norme coutumière liant les deux États et leur imposant l'obligation d'offrir un libre accès aux portions du fleuve se trouvant sur leurs territoires.

Cependant, le Président de l'Orme invoque, quant à lui, les risques liés à la dégradation de l'environnement sur le fleuve. Il semble fonder les restrictions à la navigation qu'il impose sur le « principe de précaution » qu'il qualifie de « norme de *jus cogens* ». Les deux États sont parties à la convention de Vienne sur le droit des traités de 1969 et n'y ont pas apporté de réserve. Ils semblent donc bien reconnaître le concept de *jus cogens*. L'article 53 de la convention définit les normes de *jus cogens* de la manière suivante :

« Aux fins de la présente convention, une norme impérative de droit international général est une norme acceptée et reconnue par la communauté internationale des États dans son ensemble en tant que norme à laquelle aucune dérogation n'est permise et qui ne peut être modifiée que par une nouvelle norme de droit international général ayant le même caractère ».

Selon cette définition, une norme de *jus cogens* n'admet aucune dérogation. Dans un jugement *Anto Furundzija* du 10 décembre 1998, une chambre de première instance du Tribunal pénal international pour l'ex-Yougoslavie (TPIY), a considéré que : « En raison de l'importance des valeurs qu'il protège, [le principe de prohibition de la torture] est devenu une norme impérative ou *jus cogens*, c'est-à-dire une norme qui se situe dans la hiérarchie internationale à un rang plus élevé que le droit conventionnel et *même que les règles du droit coutumier « ordinaire »*. La conséquence la plus manifeste en est que les États ne peuvent déroger à ce principe par le biais de traités internationaux, *de coutumes locales ou spéciales* ou même de règles coutumières générales qui n'ont pas la même valeur normative » (v. outils pédagogiques, p. 61-62).

On peut supposer, sur la foi de ces précédents, qu'une norme de *jus cogens* prévaut non seulement sur toute norme conventionnelle contraire, mais aussi sur toute norme coutumière, qu'elle soit générale ou locale. Il en serait ainsi d'une norme de *jus cogens* à l'égard de la coutume sur la liberté de navigation qui lie le Bouleau et l'Orme.

Reste à savoir si le « principe de précaution » peut effectivement être qualifié de « norme de *jus cogens* ». Sur ce point, la réponse semble devoir être négative. Le principe de précaution est une norme reconnue dans de nombreuses conventions internationales de protection de l'environnement, ainsi que dans un certain nombre de législations nationales. Mais sa nature coutumière et — *a fortiori* — de norme de *jus cogens* n'a encore jamais fait l'objet d'une reconnaissance explicite, que ce soit de la part des États eux-mêmes ou de la jurisprudence internationale. Pour s'en tenir à cette dernière, la Cour internationale de justice a refusé d'entériner ce principe en tant que norme générale du droit internationale de l'environnement dans son arrêt du 25 septembre 1997, *Projet Gabčíkovo Nagymaros* (*Hongrie c/ Slovaquie*). Elle s'est bornée à constater que, dans le domaine de la protection de l'environnement, « la vigilance et la prévention s'imposent » (§ 140).

Les autres juridictions saisies de la même question ont été à peine au-delà. Ainsi, le Tribunal international du droit de la mer s'est toujours refusé lui aussi à consacrer le principe de précaution, en se contentant de dégager une obligation pour les États d'agir « avec prudence et précaution » en cas d'incertitude scientifique. Dans l'affaire de l'*Usine Mox*, par exemple, le Tribunal rappelle — au titre des mesures conservatoires demandées par l'Irlande — que « la prudence et la précaution exigent que l'Irlande et le Royaume-Uni coopèrent en échangeant des informations relatives aux risques ou effets qui pourraient découler ou résulter des opérations de l'usine Mox et qu'ils élaborent des moyens permettant, le cas échéant, d'y faire face ».

Quant à l'Organe de Règlement des Différends de l'Organisation mondiale du commerce, son organe d'appel a considéré, dans l'affaire du *Bœuf aux hormones* (*Mesures communautaires concernant les viandes et produits carnés (Hormones)*, rapport du 16 janvier 1998) que « le principe de précaution » est « pris en compte » dans l'accord sur l'application des mesures sanitaires et phytosanitaires mais qu'il n'est pas intégré dans l'accord comme « motif justifiant des mesures SPS qui sont par ailleurs incompatibles avec les obligations des Membres ». Il en est donc resté à une approche essentiellement préventive en considérant qu'en évaluant la légalité du maintien d'une mesure SPS, un groupe spécial doit avoir à l'esprit que « les gouvernements représentatifs et conscients de leurs responsabilités agissent en général *avec prudence et précaution* en ce qui concerne les risques de dommages irréversibles, voire mortels, pour la santé des personnes ».

On peut déduire de ces différents éléments que le principe de précaution n'a pas encore été reconnu en tant que norme coutumière ou en tant que norme de *jus cogens*. Par conséquent, ce principe ne saurait prévaloir sur la coutume bilatérale établie entre le Bouleau et l'Orme.

III.

A. Sur la saisine des organes politiques de l'ONU

Sans même se prononcer à ce stade sur la légalité des attaques menées par l'Orme et le Tilleul, il est possible d'affirmer que l'on est face à une situation de « rupture de la paix », au sens de l'article 39 de la Charte. Le Bouleau peut donc saisir les organes qui sont compétents en matière de maintien de la paix et de la sécurité internationales. En vertu de l'article 24 § 1 de la Charte, le Conseil de sécurité détient la « responsabilité principale » du maintien de la paix et de la sécurité internationales. C'est donc en priorité à cet organe que le Bouleau doit s'adresser. Le Bouleau peut également porter la question devant l'Assemblée générale qui, en vertu de l'article 11 § 2 de la Charte, peut « discuter toutes questions se rattachant au maintien de la paix et de la sécurité internationales dont elle aura été saisie par l'un quelconque des Membres des Nations Unies ». En principe toutefois, cette possibilité est conditionnée à l'inaction ou au blocage du Conseil de sécurité. L'article 12 § 1 stipule en effet que « [t]ant que le Conseil de sécurité remplit, à l'égard d'un différend ou d'une situation quelconque, les fonctions qui lui sont attribuées par la présente Charte, l'Assemblée générale ne doit faire aucune recommandation sur ce différend ou cette situation, à moins que le Conseil de sécurité ne le lui demande ». De plus, la résolution n° 377 (V) du 3 novembre 1950, Union pour le maintien de la paix (dite « résolution Dean Acheson »), prévoit que lorsque « le Conseil de sécurité manque à s'acquitter de sa responsabilité principale », l'Assemblée peut recommander aux États « les mesures collectives à prendre », y compris l'« emploi de la force armée » (v. cours, § 179).

Au-delà de la question du maintien de la paix et de la sécurité internationale, de graves violations des droits de l'homme semblent avoir été commises lors de l'attaque de l'Orme et du Tilleul (exécutions sommaires, viols). À la date à laquelle se situent les faits, l'organe politique principalement compétent en matière de droits de l'homme est le Conseil des droits de l'Homme des Nations Unies : en effet, la résolution n° 60/251 de l'Assemblée générale mettant en place un nouveau Conseil des droits de l'homme date du 15 mars 2005. Qu'il soit ou non membre de ce Conseil, le Bouleau peut dénoncer les violations des droits de l'homme imputables à l'Orme et au Tilleul devant le Conseil, lors de ses sessions ordinaires. Il peut également saisir les différents organes subsidiaires de la Commission, à savoir ses « procédures spéciales », et en particulier les rapporteurs spéciaux sur les exécutions extrajudiciaires, sommaires ou arbitraires et sur la violence contre les femmes. Il peut enfin essayer de convaincre la majorité des membres du Conseil de convoquer une session extraordinaire au regard de l'urgence et de la gravité de la situation (une session extraordinaire peut-être décidée à l'initiative d'un tiers des membres du Conseil).

Sur le fond, il s'agit de déterminer la légalité de l'intervention du Tilleul et de l'Orme sur le territoire du Bouleau. Le Tilleul et l'Orme disent faire usage de leur « droit naturel de légitime défense ». Celui-ci est reconnu à l'article 51 de la Charte des Nations Unies. Il ne peut être effectivement exercé qu'en réponse à une « agression armée ». Le problème est donc, dans un premier temps, de savoir si l'attaque menée par les groupes de pêcheurs radicaux contre des postes militaires de l'Orme sur son territoire est constitutive d'une « agression armée ».

Dans son arrêt au fond sur les *Activités militaires et paramilitaires au Nicaragua et contre celui-ci* (Arrêt du 27 juin 1986, *Rec.* 103-104, § 195), la Cour internationale de justice a reconnu que pouvait être qualifié d'« agression », au sens de l'article 51, « l'envoi par un État de bandes armées sur le territoire d'un autre État si cette opération est telle, par ses dimensions et ses effets, qu'elle aurait été qualifiée d'agression armée et non de simple incident de frontière si elle avait été le fait de forces armées régulières ». Mais, à l'inverse, la Cour a dit qu'elle ne pensait pas « que la notion d'« agression armée » puisse recouvrir [...] une assistance à des rebelles prenant la forme de fourniture d'armements ou d'assistance logistique ou autre. On peut voir dans une telle assistance une menace ou un emploi de la force, ou l'équivalent d'une intervention dans les affaires intérieures ou extérieures d'autres États, violations du droit international certes graves, mais qui ne justifient pas l'usage de la légitime défense par l'État victime ».

En l'espèce, il est donc nécessaire de déterminer le lien factuel existant entre les autorités du Bouleau et les groupes de pêcheurs radicaux. De toute évidence, les pêcheurs ont agi de leur propre initiative. Par la suite, le Président du Bouleau a « condamné » ces attaques, mais a aussi dit « comprendre » les pêcheurs. Il s'agit donc d'une réaction ambiguë. Une telle « compréhension » revenait-elle à endosser les actes des attaquants ? Quand bien même cela serait vérifié, cela suffirait peut-être pour engager la responsabilité internationale du Bouleau (v. affaire relative aux *Personnel diplomatique et consulaire des États-Unis à Téhéran*, arrêt sur le fond du 24 mai 1980), mais pas pour qualifier ces attaques d'« agression armée ». En l'absence d'autres éléments tendant à prouver un lien entre les autorités et les pêcheurs, on en arrive à la conclusion que le Bouleau n'a pas commis d'agression à l'encontre de l'Orme. Par conséquent, ce dernier ne pouvait pas exercer légalement son droit de légitime défense.

B. Sur la compétence de la Cour pénale internationale

L'article 12 du statut de Rome fixe les « conditions préalables à l'exercice de la compétence » de la Cour pénale internationale. En vertu du paragraphe premier de cet article, « [u]n État qui devient Partie au statut accepte par là même la compétence de la Cour à l'égard des crimes visés à l'article 5 ». À moins qu'elle ne soit saisie directement par le Conseil de sécurité, la Cour ne peut toutefois exercer sa compétence que si « l'un des États suivants ou les deux sont Parties au présent statut ou ont accepté la compétence de la Cour : a) L'État sur le territoire duquel le comportement en cause a eu lieu [...] ; b) L'État dont la personne accusée du crime est un ressortissant ». En l'espèce, les crimes ont été commis sur le territoire du Bouleau, qui n'est pas partie au statut. Mais ils ont été commis par des ressortissants de l'Orme et du Tilleul, ces deux États étant parties au statut depuis le 31 décembre 2003. Selon l'article 11, § 2 du statut : « Si un État devient Partie au présent statut après l'entrée en vigueur de celui-ci, la Cour ne peut exercer sa compétence qu'à l'égard des crimes commis après l'entrée en vigueur du statut pour cet État, sauf si ledit État fait la déclaration prévue à l'article 12, paragraphe 3 ». En l'espèce, la question d'une déclaration spéciale ne se pose pas, puisque les deux États étaient parties au statut au moment où les crimes ont été commis.

En supposant, comme le demande l'énoncé, que les crimes commis rentrent dans la compétence *ratione materiae* de la Cour, on peut donc affirmer que la Cour est compétente pour en connaître. Cependant, l'exercice effectif d'une telle compétence est conditionné par la saisine du procureur ou par l'ouverture par ce dernier d'une enquête. L'article 13 du statut dispose en effet : « La Cour peut exercer sa compétence à l'égard d'un crime visé à l'article 5, conformément aux dispositions du présent statut : a) Si une situation dans laquelle un ou plusieurs de ces crimes paraissent avoir été commis est déférée au procureur par un État partie, comme prévu à l'article 14 ; b) Si une situation dans laquelle un ou plusieurs de ces crimes paraissent avoir été commis est déférée au procureur par le Conseil de sécurité agissant en vertu du chapitre VII de la Charte des Nations Unies ; ou c) Si le procureur a ouvert une enquête sur le crime en question en vertu de l'article 15 ».

En tant qu'État non partie à la Cour, le Bouleau ne peut pas déférer la situation prévalant sur son territoire au procureur. Il lui reste donc trois solutions : soit transmettre des informations au procureur, en incitant celui-ci à ouvrir une enquête, conformément à l'article 15 du statut ; soit solliciter un autre État qui serait, lui, partie au statut, pour qu'il défère la situation du Bouleau au procureur ; soit encore insister auprès du Conseil de sécurité pour qu'il défère cette situation au procureur, comme le Conseil l'a fait pour le Darfour et la Libye.

Bibliographie générale

1. Ouvrages et manuels

Il existe toute une nouvelle génération d'excellents manuels, fréquemment mis à jour. On recommandera plus particulièrement les ouvrages suivants :

- D. Alland, *Manuel de droit international public*, 7e éd, 2020 et Thibaut Fleury Graff, *Manuel de droit international public. Tome 2*, PUF, coll. « Droit fondamental », 2016.
- M. Benchikh, *Droit international public*, Casbah éd., 2016.
- D. Carreau et F. Marrella, *Droit international*, 12e éd., Pedone, 2018 (met l'accent sur les relations entre droit interne et droit international, qu'il soit public ou privé).
- J. Combacau et S. Sur, *Droit international public*, 13e éd., Montchrestien, coll. Précis Domat, 2019 (brillant et dense, approche théorique du droit). À comparer avec le cours général, présenté de manière très synthétique, de Serge Sur, *La créativité du droit international, RCADI* 2012, t.363, Nijhoff, 2014.
- P. Daillier, M. Forteau et A. Pellet, *Droit international public*, 8e éd., LGDJ, 2009 (particulièrement précis et complet, une somme de 1700 pages mais qui nécessiterait une mise à jour).
- P.-M. Dupuy et Y. Kerbrat, *Droit international public*, 15e éd., Dalloz, coll. « Précis », 2020 (prend soin de préciser de manière très pédagogique les données de base et les nouvelles problématiques). V. aussi le cours général de Pierre-Marie Dupuy : *L'unité de l'ordre juridique international, RCADI* 2002, t. 297, Nijhoff, 2003.
- J. Verhoeven, *Droit international public*, Bruxelles, Larcier, 2000. À compléter par le cours général du même auteur : *Considérations sur ce qui est commun, RCADI* 2008, t. 334, Nijhoff, 2009.

Et pour une brillante synthèse sous l'angle des relations internationales :

- J. Fernandez, *Relations internationales*, 2e éd., Paris, Dalloz, 2019.

Et pour des approches stimulantes publiées en langue anglaise :

- A. Clapham, *Brierly's Law of Nations : An Introduction to the Role of International Law in International Relations*, 7e éd, Oxford University Press, 2012.
- James Crawford, *Brownlie's Principles of public international law*, 9e éd., Oxford University Press, 2019.
- A. Cassese, *International law*, 2e éd., Oxford University Press, 2004.
- J. Klabbers, *International law*, 2nd ed, Cambridge University Press, 2017.
- T. Meron, *International Law in the age of the Human Rights, RCADI* 2003, t. 301, Nijhoff, 2004.
- S. Rosenne, *The perplexities of modern International Law, RCADI* 2001, t. 291, Nijhoff 2003.
- C. Tomuschat, *International law : Ensuring the survival of mankind on the eve of a new century, RCADI* 1998, t. 281, Nijhoff, 2001.
- T. Treves, *The expansion of International Law, RCADI* 2019, t. 398, Nijhoff 2019.

Certains ouvrages, également récents, peuvent offrir un accès plus aisé aux débutants :

- D. Ruzié et G. Teboul, *Droit international public*, 25e éd., Dalloz, coll. « Mémentos », 2019 (sans bibliographie).
- O. Corten, *Méthodologie du droit international public*, 3e ed, Éditions de l'Université de Bruxelles, 2017 (qui constitue un guide théorique et pratique tout à fait remarquable).
- C. Santulli, *Introduction au droit international*, Pedone, 2013.

Des traités de nature encyclopédique, mais datant déjà d'une ou de plusieurs générations, permettent également des recherches approfondies :

- P. Fauchille, *Traité de droit international public*, tome I, *Paix*, Librairie Arthur Rousseau, 1922-1926, tome II, *Guerre et neutralité*, *id.*, 1921.
- C. Rousseau, *Droit international public*, Sirey, 1970-1982. À compléter du même auteur par *Le droit des conflits armés*, Pedone, 1983.
- M. Bedjaoui (dir.), *Droit international, bilan et perspectives*, UNESCO, Pedone, 1991.

2. Sources, recueils et commentaires

Le travail sur la matière même du droit international est désormais facilité par l'existence de commentaires collectifs ou de recueils de documents.

- Le *Dictionnaire de droit international public*, publié sous la direction de J. Salmon (préf. de G. Guillaume), Bruxelles, Bruylant/Agence universitaire de la francophonie, 2001, est un instrument très précieux, dans le prolongement du *Dictionnaire de la terminologie du droit international public*, Sirey, 1960, dirigé par J. Basdevant.
- V. aussi J.-P. Pancracio, *Dictionnaire de la diplomatie*, Dalloz, 2006.

Parmi les recueils généraux, on peut citer :

- P.-M. Dupuy, Yann Kerbrat, *Grands textes de droit international public*, 10e éd. Dalloz, 2018.
- J.-L. Iten, R. Bismuth, C. Crépet-Daigremont, G. Le Floch, A. de Nanteuil, *Les grandes décisions de la jurisprudence internationale*, Paris, Dalloz, 2018.
- É. David et C. Van Assche, *Code de droit international public*, 6e éd., Bruylant, 2016. Du même auteur, *Code du droit des organisations internationales*, Bruylant, 2014.

Malgré leur date plus ancienne, d'autres anthologies restent précieuses :

- P. Reuter et A. Gros, *Traités et documents diplomatiques*, 5e éd., PUF, coll. Précis Thémis, 1982.
- H. Thierry, *Droit et relations internationales : traités, résolutions, jurisprudence*, Montchrestien, 1984.

Il faut faire une place à part à l'inventaire de la pratique française, qui pour sa méthode et sa richesse, mériterait d'être prolongé jusqu'à nos jours :

- A.-C. Kiss, *Répertoire de la pratique française en matière de droit international public*, CNRS, 1962-1972.

Pour une approche spécialisée, il est indispensable de se reporter aux ouvrages récents sur la pratique des Nations Unies :

- J.-P. Cot, A. Pellet et M. Forteau (dir.), *La Charte des Nations Unies, commentaire article par article*, 3e éd., Economica, 2006. À comparer avec la 2e édition de 1992.
- B. Simma (dir.), *The Charter of the United Nations. À commentary*, 3e éd., Oxford University Press, 2012.
- D. Placidi (et al), *Les Grandes résolutions du Conseil de sécurité*, Dalloz, 2012.
- D. Rauschning et *al.*, *Key resolutions of the United Nations General Assembly, 1946-1996*, Cambridge University Press, 1997 (une anthologie qui n'a pas son équivalent en français).

La série du *United Nations Yearbook* offre une mine d'informations techniques. Le volume 68 (2014) n'est paru qu'en oct. 2019. La collection est accessible en ligne : http://unyearbook.un.org/

De même, s'agissant du contentieux international, on se référera notamment à :
- P. M. Eisemann et P. Pazartis, *La Jurisprudence de la Cour internationale de Justice*, Pedone, 2008.
- V. Coussirat-Coustère et P. M. Eisemann, *Répertoire de la jurisprudence arbitrale internationale*, 4 vol., Nijhoff, 1989.

3. Revues et collections de référence

Plusieurs collections s'imposent comme le point de départ de toute recherche approfondie en langue française :
- *Le Recueil des cours de l'Académie de droit international de La Haye* (en français et en anglais), Nijhoff (*RCADI*). Tables et index depuis 1923 (chaque année un « cours général » particulièrement important est donné en français ou en anglais, à côté de séries de cours thématiques). Une collection de livres de poche créée en 2007 (Brill) permet un accès facile à une sélection des meilleurs cours. Pour une consultation en ligne : http://www.nijhoffonline.nl/public_home
- L'*Annuaire français de droit international* (AFDI), CNRS. Tables et index depuis 1955 (c'est la « bible » de tous les internationalistes, avec des chroniques de jurisprudence et des rubriques bibliographiques très précieuses). On regrettera l'absence de tables consolidées. La consultation en ligne est possible, grâce au site Persée : http://www.persee.fr/web/revues/home/prescript/revue/afdi
- Il faut y ajouter la collection de *l'Annuaire français des relations internationales* (AFRI), créé en 2000 par S. Sur, qui est disponible sur le site du Centre Thucydide : http://www.afri-ct.org
- Le *Jurisclasseur de droit international*, avec fascicules de mise à jour, Éditions Lexis-Nexis, sous la direction de H. Fulchiron (une mine de documentation trop peu utilisée par les étudiants).
- Le *Répertoire de droit international* (4 volumes), Dalloz, sous la direction de Paul Lagarde, Domnique Carreau et Hervé Synvet, offre également une excellente information par les meilleurs spécialistes des sujets traités.
- La série des colloques annuels de la *Société française pour le droit international*, publiée chez Pedone depuis 1971, complétée par les journées d'études de la SFDI (il s'agit d'une encyclopédie vivante du droit international constituée au fil de l'actualité). V. aussi la « galerie des internationalistes », sur le site de la SFDI, http://www.sfdi.org

De même, plusieurs publications en langue anglaise font référence :
- Le *British Yearbook of International Law* (BYBIL) depuis 1919, Oxford University Press. Un index consolidé des volumes 37-72 a été publié en 2004 : *Index to the British Yearbook of International Law, 1961-2001*. Certains articles sont acessibles en ligne, http://www.oxford.journals.org
- L'*Encyclopedia of Public International Law*, publiée par le Max Planck Institute de Heidelberg, sous la direction du juge Rudolf Bernhardt, 12 vol. (1980-1990), avec une seconde édition en 4 vol. (1992-2000). Une refonte complète a été dirigée par Rüdiger Wolfrum (2004-2008), avec une mise à jour électronique chez Oxford University Press.
- Il faut citer à part la collection des *International Law Reports*, publiée de 1919 à 1949 sous le titre *d'Annual Digest of Public International Law Cases* (16 volumes) et depuis 1950 sous le titre actuel, jusqu'au volume 161, Grotius Publishing, Cambridge University Press, 2016. Il existe deux volumes de tables : 1-125 et 126-145. La collection est dirigée par Elihu Lauterpacht et Christopher Greenwood. La publication est accessible en ligne par abonnement sur le site www.justis.com

On doit compléter ces références par le recours systématique aux principales revues de droit international qui développent désormais des ressources informatiques. Parmi beaucoup d'autres, on peut citer :

- *La Revue générale de droit international public*, Pedone. Pour consulter en ligne les archives de 1894 à 1940 : http://gallica.bnf.fr
- *Le Journal du droit international, Clunet*, Éditions techniques (fait une grande place au droit international privé et à la jurisprudence).
- *La Revue belge de droit international*, Bruylant. Les numéros antérieurs à 2000 sont accessibles en ligne, http://www. bruylant.be
- L'*European Journal of International Law* (EJIL), www.ejil.org
- L'*American Journal of International Law* (AJIL). À compléter par la série de documents des *International Legal Materials* (ILM), publiés tous deux par l'*American Society of International Law*, www.asil.org

Le développement de l'informatique offre de nouvelles possibilités de recherche. À côté de l'accès en ligne direct aux documents récents des États, des organisations internationales et des ONG, on trouve de plus en plus de revues en ligne et de blogs commentant l'actualité du droit international. Le blog de la société européenne de droit international est particulièrement actif : http://www.ejiltalk.org. Voir aussi http://opiniojuris.org ; http://ilreports.blogspot.ch. D'autres sites fournissent des informations ciblées, par exemple sur l'activité du Conseil de sécurité : http://www.securitycouncilreport.org

La direction des affaires juridiques (OLA) a récemment mis en ligne sur le site des Nations Unies, une *Médiathèque de droit international* qui comporte notamment une série de conférences faites en anglais ou en français sur des thèmes très variés, par les meilleurs spécialistes, universitaires ou/et praticiens du droit. v. http://legal.un.org/

Index alphabétique

Les chiffres sans crochets renvoient aux numéros de paragraphe du cours. Les chiffres entre crochets renvoient aux définitions des mots dans la rubrique « Quid ».

A

B

C

G

H

I

J

K

L

M

N

O

P

Q

R

V

W

Y

Z

Table des matières

Cet ouvrage a été composé
par IGS-CP à L'Isle-d'Espagnac (16)

719931 (I) CSB-G 80g – IGS - (EDO)
Achevé d'imprimer en novembre 2020
Dépôt légal : novembre 2020
Imprimé en Italie par LEGO S.p.A.